Verhandlungen

des

Sechsundzwanzigsten
Deutschen Juristentages.

Herausgegeben

von

dem Schriftführer-Amt der ständigen Deputation.

Dritter Band.
(Verhandlungen.)

Berlin 1903.
Commissions-Verlag von J. Guttentag, Verlagsbuchhandlung,
G. m. b. H.

Inhalts-Verzeichniß.

Statut

des

deutschen Juristentages.

§ 1.

Der Zweck des deutschen Juristentages ist: eine Vereinigung für den lebendigen Meinungsaustausch und den persönlichen Verkehr unter den deutschen Juristen zu bilden; auf den Gebieten des Privatrechts, des Processes und des Strafrechts den Forderungen nach einheitlicher Entwickelung immer größere Anerkennung zu verschaffen, die Hindernisse, welche dieser Entwickelung entgegenstehen, zu bezeichnen und sich über Vorschläge zu verständigen, welche geeignet sind, die Rechtseinheit zu fördern.

§ 2.

Der deutsche Juristentag tritt in der Regel alljährlich zusammen, doch ist die ständige Deputation ermächtigt, aus Gründen der Zweckmäßigkeit ausnahmsweise die Wiedereinberufung des Juristentages erst in dem auf dessen letzten Zusammentritt folgenden zweiten Kalenderjahre vorzunehmen.

§ 3.

Zur Mitgliedschaft berechtigt sind die deutschen Richter, Staatsanwälte, Advocaten und Notare, die Aspiranten des Richteramts, der Anwaltschaft und des Notariats, sowie jeder, der nach seinen Landesgesetzen zum Richteramte, zur Anwaltschaft oder zur Ausübung des Notariats für befähigt erkannt ist, ferner die Lehrer an den deutschen Hochschulen, die Mitglieder der gelehrten Academien, die Doctoren der Rechte und die rechtsgelehrten Mitglieder der Verwaltungsbehörden.

§ 4.

Die Mitgliedschaft beginnt mit dem Empfange der Mitgliedskarte. Sie berechtigt zur Theilnahme an den Verhandlungen und an der Abstimmung.

§ 5.

Der Beitrag der Gesellschaftsmitglieder beträgt Sechs Mark jährlich und ist innerhalb vier Wochen nach Beginn des neuen Jahres zu entrichten, widrigenfalls derselbe durch Postvorschuß eingezogen wird. Nimmt ein Mitglied den mit Postvorschuß beschwerten Brief nicht an, so wird dies einer ausdrücklichen Austrittserklärung gleich erachtet. — Für die am Orte des Juristentages selbst zu lösende Anmeldungskarte sind Drei Mark zu entrichten.

§ 6.

Den Plenarverhandlungen des deutschen Juristentages gehen der Regel nach Abtheilungsberathungen voraus. Zu diesem Zwecke werden durch freiwillige Einzeichnungen der Mitglieder folgende vier Abtheilungen gebildet:

1) Abtheilung für Privatrecht, insbesondere Obligationen- und Pfandrecht, juristisches Studium und praktische Ausbildung.
2) Abtheilung für Handels-, Wechsel-, See- und internationales Recht.
3) Abtheilung für Strafrecht, Strafproceß und Gefängnißwesen.
4) Abtheilung für Gerichtsverfassung und Civilproceß.

Die Abtheilungen wählen ihre Vorsitzenden, Schriftführer, Berichterstatter und benachrichtigen den Vorsitzenden der Plenarversammlung (§ 7), sobald ihre Berathungen über einzelne Gegenstände geschlossen sind; ihre Anträge sind schriftlich zu fassen. In jeder Abtheilung stimmen nur Diejenigen mit, welche sich in die betreffende Abtheilung bereits eingezeichnet haben.

Sämmtliche Beschlüsse der Abtheilungen werden in der Plenarversammlung mitgetheilt. Es findet jedoch eine Erörterung und Entscheidung im Plenum nur dann statt, wenn dieselbe von der betreffenden Abtheilung vorgeschlagen, oder wenn sie von mindestens zehn Mitgliedern beantragt und von der Plenarversammlung beschlossen wird. Ueber die Vorfrage, ob dem von mindestens zehn Mitgliedern gestellten Antrage auf Plenarentscheidung stattzugeben, wird nur einem der Antragsteller und dem Berichterstatter das Wort ertheilt.

§ 7.

Die Verhandlungen der Plenarversammlung leitet ein Vorsitzender, welcher für die Dauer eines jeden Juristentages in der ersten Plenarversammlung durch Stimmzettel oder Acclamation gewählt wird. Derselbe benennt zwei bis vier Stellvertreter und vier Schriftführer. Er bestimmt die Tagesordnung und kann einzelne Gegenstände, ohne Vorberathung in den Abtheilungen (§ 6), unmittelbar zur Plenarberathung stellen. Auch ist er befugt, Nichtmitglieder als Zuhörer zuzulassen.

§ 8.

Bei allen Beschlüssen der Plenarversammlung und der Abtheilungen entscheidet einfache Majorität der anwesenden Mitglieder, bei allen Wahlen relative Majorität und im Falle der Stimmengleichheit das Loos.

§ 9.

Wird Schluß der Debatte beantragt, so wird über diesen Antrag sofort abgestimmt. In der Plenarversammlung sind alle Anträge mit Ausnahme des Antrages auf Schluß der Debatte schriftlich zu stellen.

§ 10.

Vor dem Schlusse eines jeden Juristentages wird von der Plenarversammlung durch Acclamation oder in einem einzigen Scrutinium durch Stimmzettel eine aus neunzehn Mitgliedern und dem Präsidenten des letzten Juristentages als Ehrenpräsidenten bestehende ständige Deputation gewählt. Die Liste der zur Acclamation vorzuschlagenden Personen wird durch den Präsidenten der Plenarversammlung, seine Stellvertreter und je zehn von jeder Abtheilung gewählte Vertrauensmänner gemeinschaftlich festgestellt.

Die ständige Deputation hat folgende Befugnisse und Obliegenheiten:

1) sie sorgt für die Ausführung der von dem Juristentage gefaßten Beschlüsse, veranlaßt nach eigenem Ermessen den Druck der Protocolle und Vorlagen, bewirkt die Vertheilung der Drucksachen an die Mitglieder und verwahrt alle Acten und Schriftstücke des Juristentages;
2) sie bestimmt Zeit und Ort des nächsten Juristentages, trifft die für denselben nöthigen Vorbereitungen, erläßt die Einladungen, stellt die vorläufige Tagesordnung auf, wobei sie in der Regel nur die bis zum 31. Mai des laufenden Jahres eingegangenen Vorlagen zu berücksichtigen hat, und bereitet Abänderungsvorschläge in Betreff der Geschäftsordnung für die Plenarversammlung vor;
3) sie nimmt die Beitrittserklärungen neuer Mitglieder entgegen, fertigt die Mitgliedskarten aus, empfängt die Beiträge, bestreitet die Ausgaben und legt der folgenden Deputation Rechnung;

4) sie ergänzt sich selbst, falls eins oder mehrere Mitglieder während des Geschäftsjahres ausscheiden.

Die Deputation wählt aus ihrer Mitte einen Vorsitzenden, einen Schriftführer, welcher ein von der Deputation festzusetzendes Pauschquantum für baare Auslagen erhält, und einen Cassirer. Der Letztere ist verpflichtet, der ständigen Deputation bei ihrem jedesmaligen Zusammentritt einen Cassenabschluß vorzulegen. Die Deputation läßt durch eines oder mehrere ihrer Mitglieder die Rechnung prüfen und die Casse revidiren.

Die Deputation bestimmt Ort und Zeit ihrer Zusammenkunft. Zur Gültigkeit ihrer Beschlüsse ist die Einladung sämmtlicher Mitglieder, sowie die Mitwirkung von wenigstens fünf Mitgliedern erforderlich.

§ 11.

Abänderungen dieses Statuts können zwar von der Plenarversammlung durch einfache Stimmenmehrheit, jedoch nur auf schriftlichen Antrag, der vier Wochen vor dem Zusammentritt des Juristentages der ständigen Deputation (§ 10) überreicht worden, beschlossen werden.

Berlin SW.46, den 7. Juli 1902.
Hafenplatz 6.

Mittheilungen betreffend den bevorstehenden Juristentag.

I. Die 10 Berathungsgegenstände sind unter Angabe der Gutachter und der Referenten unter VII. aufgezählt.

II. Nach den Beschlüssen der ständigen Deputation und des hiesigen Ortsausschusses ist folgendes Programm festgestellt:

A. **Die Verhandlungen beginnen am 10. September d. J.** mit einer Plenarversammlung in den **Räumen des Abgeordnetenhauses,** welche auch bereitgestellt sind an den beiden folgenden Tagen 11. und 12. September sowohl für die Plenar- als für den Abtheilungssitzungen.

B. Als **Festlichkeiten** sind zu erwarten:

a) Zufolge Einladung der hiesigen juristischen Gesellschaft Begrüßung der Theilnehmer in den Räumen der Börse, hier Neue Friedrichstraße 54, am Dienstag, den 9. September, Abends $7^1/_2$ Uhr.

b) Mittwoch, den 10. September, Abends 8 Uhr: Empfang im städtischen Rathhause, hier.

c) Donnerstag, den 11. September: Theater.

d) Freitag, den 12. September, Nachmittags 6 Uhr: Gemeinschaftliches Festessen im Zoologischen Garten, hier.

e) Sonnabend, den 13. September: Ausflug nach Wannsee.

III. Die Herren Mitglieder der ständigen Deputation des Deutschen Juristentages werden hiermit zu **außerordentlichen Sitzungen** ergebenst eingeladen in dem Sitzungssaal des Abgeordnetenhauses hier

1. auf Dienstag, den 9. September, Nachmittags $5^1/_2$ Uhr,
2. auf Freitag, den 12. September, nach Schluß der Plenarversammlung.

IV. **Empfangsbureaus** sind geöffnet für alle Theilnehmer am 9. September von Vormittag 9 bis Nachmittag 6 Uhr und an den drei folgenden Tagen von Vormittag 9 Uhr bis Nachmittag 2 Uhr

im Abgeordnetenhause

außerdem am 9. September, Abends 7 Uhr in der Börse.

V. Anfragen, Wünsche und Anmeldungen nimmt der Ortsausschuß entgegen zu Händen des Herrn Rechtsanwalts Karl Wilke, Berlin SW.[46], Hafenplatz 6.

VI. In Hinblick auf die zu erwartende starke Betheiligung liegt es im Interesse der verehrten Herren Theilnehmer, sich bis Mitte August anzumelden und dabei anzugeben, mit wieviel Personen Theilnahme an den Festlichkeiten gewünscht wird.

VII. **Tagesordnung für die Verhandlungen** nach dem Vortrage des Herrn Kammergerichtsrath a. D. Thinius über die Gesetzgebung der letzten Jahre:

1. Sind für die Ausbildung der Juristen Zwischenprüfungen zweckmäßig?

   Gutachten der Herren Professoren Hiller-Graz und Rosin-Freiburg i. Br.

   Referenten: die Herren Geheimer Justizrath Professor Dr. Enneccerus-Marburg und Landgerichtspräsident Dr. Dorner-Karlsruhe.

2. Empfiehlt sich und in welchem Umfange die Ausdehnung der Haftpflicht auf Fahrzeuge, die unabhängig von Schienensträngen auf öffentlichen Straßen durch elementare Kraft fortbewegt werden?

   Gutachten des Herrn Professors Dr. Karl Hilse-Berlin.

   Referenten: die Herren Regierungsrath Dr. G. Eger-Berlin und Rechtsanwalt Dr. Leo Bossen-Cöln.

3. Wie weit ist das Recht am eignen Bilde anzuerkennen und zu schützen?

   Gutachten des Herrn Geheimen Justizraths und Kammergerichtsrath Dr. Keyßner-Berlin und des Herrn Geh. Justizraths Professor Dr. Gareis-Königsberg i. Pr.

   Referenten: die Herren Rechtsanwalt am Reichsgericht Dr. Wildhagen-Leipzig und Prof. Dr. Schuster-Prag.

4. Welchem der jetzt amtlich veröffentlichten Entwürfe eines Gesetzes zum Schutze der Bauhandwerker ist der Vorzug zu geben?
   Gutachten des Herrn Justizraths Dr. Harnier-Cassel und des Herrn Heinrich Freese-Berlin.
   Referenten: die Herren Dr. Georg Solmßen-Berlin und Professor Dr. Heymann-Königsberg i. Pr.

5. Ist eine Revision des deutschen Strafgesetzbuchs in Aussicht zu nehmen?
   Welche Grundfragen für eine solche sind dem Deutschen Juristentage in seinen folgenden Tagungen zur Berathung vorzulegen?
   Gutachten der Herren Professoren Geheimer Justizrath Dr. von Liszt-Berlin und Dr. von Calker-Straßburg i. E.
   Referenten: Herr Geheimer Justizrath Professor D. Dr. Kahl-Berlin und ein zweiter Herr, in Betreff dessen die Verhandlungen noch schweben.

6. Welche Maßregeln empfehlen sich für die rechtliche Behandlung der Ringe oder Kartelle?
   Gutachten des Herrn Professors Dr. Heinrich Waentig-Greifswald und des Herrn Hof- und Gerichts-Advokaten Dr. Julius Landesberger-Wien.
   Referenten: die Herren Professor Dr. Menzel-Wien und Landgerichtspräsident Nentwig-Gleiwitz.

7. Soll die Strafbarkeit der fahrlässigen falschen eidlichen Aussage vor Gericht im Deutschen Rechte beibehalten, im Oesterreichischen Rechte eingeführt werden?
   Gutachten des Herrn Reichsgerichtsraths a. D. Stenglein-Leipzig.
   Referenten: die Herren Ober-Reichsanwalt Dr. Olshausen-Leipzig und Professor Dr. Adolf Lenz-Czernowitz.

8. Ueber die Rechtskraft der Entscheidungen der Verwaltungsbehörden.
   Gutachten der Herren Oberverwaltungsgerichtsrath Dr. Schultzenstein-Berlin und Professor Dr. Bernatzik-Wien.
   Referenten: die Herren Professor Dr. Gustav Seidler-Wien und Professor Geheimer Justizrath Dr. Zorn-Bonn.

9. Bedarf die Civilprozeßordnung einer Aenderung in der Richtung, daß dem Richter eine größere Mitwirkung bei dem Prozeßbetriebe gewährt wird?

Gutachten: der Herren Oberlandesgerichtsrath Dr. Neukamp-Cöln und Geheimrath Professor Dr. Wach-Leipzig.

Referenten: die Herren Oberlandesgerichtspräsident Wirklicher Geheimer Ober-Justizrath Hamm-Cöln und Rechtsanwalt Justizrath Ernst Heinitz-Berlin.

10. Empfiehlt sich die Aenderung der Vorschrift des § 313 des Bürgerlichen Gesetzbuchs, wonach die obligatorische Verpflichtung zur Uebertragung eines Grundstückseigenthums an gerichtliche oder notarielle Beurkundung des Vertrags geknüpft ist?

Gutachten der Herren Justizrath und Notar F. Dorst-Cöln und Rechtsanwalt und Notar Justizrath Dr. J. Stranz-Berlin und kurze Bemerkungen des Herrn Rechtsanwalts und Notars Karl Haenschke-Berlin.

Referenten: die Herren Dr. Freiherr von Pechmann, Direktor der Bayerischen Handelsbank-München, und Wirklicher Geheimer Ober-Justizrath Hamm, Oberlandesgerichtspräsident in Cöln.

Berlin SW.46, Hafenplatz 6.

Der Schriftführer:

Geheimer Justizrath Dr. Richard Wilke.

Alphabetisches Verzeichniß

derjenigen

Mitglieder des deutschen Juristentages

welche

dem Verein im Jahre 1902 angehören.

Abel, Justizrath, Hannover, Kanalstr. 4.
Dr. Abraham, Theodor, Rechtsanwalt, Berlin, Münzstr. 18.
Dr. Abraham, Hugo, Rechtsanwalt, Bremen, Fehrfeld 63.
Abraham, J., Rechtsanwalt und Notar, Rixdorf, Bergstr. 125.
Abrahamsohn I, Th., Rechtsanwalt, Berlin, Voßstr. 34.
Dr. Abrahamsohn, Willy, Rechtsanwalt, Berlin, Zimmerstr. 78.
Abramczyk, Wilhelm, Rechtsanwalt, Berlin, Kronenstr. 68/69.
Abt, F., Rechtsanwalt, Colmar (Elsaß), Judengasse.
Ackermann, Fr., Geh. Ober-Justizrath, Dessau.
Dr. Adam, Robert, Rechtsanwalt, Berlin, Jägerstr. 12.
Adams, Hubert, Notar, Aachen, Wilhelmstr. 9.
Aders, Albert, Handelsrichter, Düsseldorf I.
Dr. van Aken, Rechtsanwalt, Karlsruhe (Baden).
Alberts, Staatsanwalt, Hamburg, Rentzelstr. 70.
Dr. Albrecht, Carl, Rechtsanwalt, Hamburg, Neuer Wall 60.
Albrecht, Geh. Regierungsrath in Oberrechnungskammer, Potsdam.
Dr. Alexander, Alphons, Rechtsanwalt, Berlin, Friedrichstr. 8.
Dr. Alexander-Katz, Hugo, Justizrath, Berlin, Mohrenstr. 7.
Dr. Alexander-Katz, Paul, Rechtsanwalt, Privatdozent, Berlin, Leipzigerstr. 39.
Dr. Alexander-Katz, Rich., Rechtsanwalt, Berlin, Kleiststr 8.
Dr. Allfeld, Philipp, kgl. Univ.-Professor, Erlangen, Bismarckstr. 14.
Allonas, Notar, Straßburg i. E., Johannisstaden.
Dr. Alscher, Rechtsanwalt, Königsberg i. Ostpr., Bergplatz 6.
Alsberg, Max, Referendar, Bonn a. Rh., Meckenheimerstr. 70.
Dr. jur. Altmann, P., kgl. Amtsrichter, Berlin, Tempelhofer Ufer 8.
Altsmann, Landgerichtsdirektor, Grunewald.
Dr. Ampach, Georg, Amtsgerichtsrath, Berlin, van der Heydtstr. 15.
Dr. Andrae, Landgerichtspräsident, Landsberg a. W.
Dr. André, Geh. Regierungsrat, Oberbürgermeister, Chemnitz (Sachsen).
Anhaeuser, Oberlandesgerichtsrath, Cöln a. Rhein, Eintrachtstr. 101.
Anschütz, E., Justizrath, Leipzig.
Dr. Anschütz, Reinh., Rechtsanwalt, Leipzig.
Antonetty, Rechtsanwalt, Cöln a. Rhein.
Appelrath, Joseph, Rechtsanwalt, Wilmersdorf-Berlin, Uhlandstr. 105, 1.
Dr. Apelt, Geh Regierungsrath, Ministerialdirektor, Dresden, Wintergartenstr. 23.

Dr. Apt, Max, Gerichtsassessor a. D., Syndikus der Aeltesten der Kaufmannschaft, Berlin, Magdeburgerstr. 33.
Dr. Arndt, A., Geh. Rath Professor, Königsberg i. Pr.
Arndt, Ludwig, Rechtsanwalt, Berlin, Oranienburgerstr. 60/63.
Arndts, Franz, Justizrath, Berlin, Charlottenstr. 59.
Arndts, Geh. Justizrath, Leipzig.
Arnholz, Rechtsanwalt, Cüstrin.
Arnim, Ernst, Landrichter, Berlin, Pariserstr. 63.
Aron, Erich, Landgerichtsrath, Straßburg i. E., Rupprechtsauer Allee 32.
Aronius, Arthur, Rechtsanwalt, Berlin, Leipzigerstr. 10.
Aronsohn, Max, Rechtsanwalt, Berlin, Chausseestr. 10/11.
Aronsohn, Rechtsanwalt, Bromberg.
Aronson, A., Justizrath, Berlin, Leipzigerstr. 35.
Dr. Asch, Justizrath, Posen.
Dr. Aschenheim, Willy, Rechtsanwalt, Berlin, Königin Augustastr. 44.
Ascher, Präsident der Königl. General-Kommission, Münster (Westfalen).
Dr. Aschrott, Paul Felix, Landgerichtsrath, Berlin, Bendlerstr. 25/26.
Aßmann, Arnold, Gerichtsassessor, Lüdenscheid, Löhrstr. 10.
v. Auer, Justizrath, München, Herrenstr. 13.
Auerbach, M., Amtsgerichtsrath, Dirschau.
Auerbach, Eugen B., Justizrath, Berlin, Kochstr. 53.
Dr. Auerbach, E., Rechtsanwalt, Frankfurt a. M., Schillerstr. 22.
Dr. Auerbach, Rechtsanwalt, Schöneberg, Colonnenstr. 1.
Dr. Auerbach, Siegbert, Referendar, Jastrow (Westpr.)
Averdunk, Rechtsanwalt, Justizrath, Potsdam, Hoditzstr. 3.
Axhausen, Paul, Rechtsanwalt, Berlin, Neuenburgerstr. 13.
Axster, A., Rechtsanwalt, Berlin, Wilhelmstr. 57.
Dr. jur. Aye, Rechtsanwalt, Flensburg.
Dr. Baasch, Ernst, Bibliothekar der Commerz-Bibliothek, Hamburg, Börsen-Arkaden.
Dr. Bach, R., Amtsgerichtsrath, Berlin, Wangenheimstr. 9.
Dr. Bacher, Rechtsanwalt, Stuttgart, Paulinenstr. 32.
Badstübner, P., Amtsgerichtsrath, Berlin, Ansbacherstr. 8, III.
Dr. jur. Badstübner, Otto, Landrichter, Meseritz.
Dr. Ball, Ernst, Rechtsanwalt, Berlin, Königstr. 34/36.
Ballhorn, Friedrich, Rechtsanwalt, Berlin, Linienstr. 145.
Dr. v. Bar, Geh. Justizrath, Prof., Göttingen.
Dr. Baer, M. H., Justizrath, Frankfurt a. Main, Börsenstr. 15.
Baer, Franz, Landgerichtsrath, Berlin, Winterfeldstr. 25a.
Barchewitz, Landgerichtsdirektor, Potsdam, Augustastr. 37.
Barckhausen, Landgerichtsdirektor, Cassel.
Bärwinkel, Emil, Justizrath, Leipzig.
Dr. de Bary, Justizrath, Frankfurt a. Main.
Basch, Justus, Justizrath, Berlin, Kanonierstr. 2.
Dr. Bassenge, Otto, Regierungsrath, Berlin-Grunewald, Kaspar Theyßstr. 6.
Bassermann, Ernst, Rechtsanwalt, Mannheim.
Dr. jur. Bauer, Herm., Kammergerichtsrath, Berlin, Uhlandstr. 138/9.
Bauer, Siegfried, Oberamtsrichter, Pforzheim.
Bauer, Ludwig, Rechtsanwalt, Augsburg.

Bauer, Jakob, Rechtsanwalt, Berlin, Friedrichstr. 127.
Bauer, Referendar, Berlin, Kurfürstenstr. 14.
Dr. Baum, G., Rechtsanwalt, Berlin, Friedrichstr. 94a.
Dr. Baumann, P, Rechtsanwalt, Berlin, Neue Friedrichstr. 50.
Dr. Baumert, Rechtsanwalt, Justizrath, Spandau, Potsdamerstr.
E. Baur, Rechtsanwalt, Karlsruhe i. B., Akademiestr. 3.
Becher, R., Rechtsanwalt, Berlin, Leipzigerstr. 119/120.
Becher, Fr., Rechtsanwalt, München, Neuhauserstr 7.
Dr. Becherer, W., Rechtsanwalt, Berlin, Mohrenstr. 14.
Bechtel, Jakob, Landgerichtsrath, Frankenthal.
Beck, Ferd., Rechtsanwalt, Baden-Baden.
Beck, Hugo, Rechtsanwalt, Leipzig, Plauenschestr. 2.
Dr. Becker, Robert, Justizrath, Düsseldorf.
Becker, Georg, Rechtsanwalt, Berlin, Große Frankfurterstr. 102.
Dr. Beckh, Herm., Justizrath, Nürnberg.
Dr. jur. Beckmann, Wilhelm, Gerichtsassessor, Dortmund, Limburgerstr. 15.
Dr. Beeck, Landgerichtsdirektor, Hamburg, Eilenau 31.
Dr. jur. Beer, Ludwig, Dozent an der Universität, Leipzig, Rabensteinplatz 2.
Dr. Beer, E., Rechtsanwalt, Berlin, Behrenstr. 24.
Dr. Beer, Max, Rechtsanwalt, Berlin-Steglitz, Albrechtstr. 12.
Behr, Rechtsanwalt, Bartenstein (Ostpr.)
Behrend, Felix, Rechtsanwalt, Berlin, Alt-Moabit 10b.
Behrend, Johannes, Rechtsanwalt, Danzig, Brodbänkengasse 17.
Dr. Behrend, Reichsgerichtsrath a. D., Leipzig, Plagwitzerstr. 7.
Dr. Behrens, Militärintendanturrath, Stettin, Kronenhofstr. 16a.
Beier, Landgerichtsdirektor, Gleiwitz.
Below, Landrichter, Cöslin, Elisenstr. 7.
Benda, G., Rechtsanwalt, Berlin, Mauerstr. 80.
Bender, Ernst, Assessor, Stettin, Falkenwerderstr. 9.
Bender, J., Notar, Karlsruhe i. B.
Benedict, W, Rechtsanwalt, Justizrath, Berlin, Tempelhofer Ufer 1b.
Dr. Berbig, M., Rechtsanwalt, Berlin, Friedrichstr. 78.
Berendes, Oberlandesgerichtsrath, Frankfurt a. M, Savignystr. 50.
Berg. R, Rechtsanwalt, Berlin, Friedrichstr. 47.
Berger, Julius, Justizrath, Leipzig.
Dr. Béringuier, Richard, Landgerichtsrath, Berlin, Nettelbeckstr. 21.
Dr. Berlin, Max, Oberlandesgerichtsrath, Nürnberg, Frauenthorplatz 37.
Berner, M., Oberverwaltungsgerichtsrath, Berlin, Joachimsthalerstr. 29.
Dr. Bernhard, Maximilian, Justizrath, Charlottenburg, Knesebeckstr. 76.
Bernstein, H., Justizrath, Berlin, Hackescher Markt 1.
Dr. Bernstein, Wilh., Rechtsanwalt, Berlin, Dorotheenstr. 65/66.
Dr. Bernstein, Eduard, Rechtsanwalt, Berlin, Friedrichstr. 76.
Dr. Beschütz, Oberlandesgerichtssekretär, Hamburg, Oberstr. 83.
Dr. Beseler, Oberlandesgerichtspräsident, Kiel.
Beutler, Karl Emil, Rechtsanwalt, Reichenbach (Voigtland).
Beyer, Landrichter, Braunsberg.
Dr. Bieber, R, Rechtsanwalt, Berlin, Kaiser Wilhelmstr. 39.
Dr. Bielschowsky, Otto, Gerichtsassessor, Charlottenburg, Hardenbergstr. 29.

Dr. Bielschowsky, Richard, Rechtsanwalt, Berlin, Alexanderstr. 55, II.
Bienutta, H, Landgerichtsrath, Tilsit.
Dr. Bierling, Geh. Justizrath, Professor, Greifswald.
Dr. Biermann, Professor, Gießen.
Dr. Binder, J., Professor, Rostock, Bismarckstr. 17.
Dr. Binder, Hermann, Rechtsanwalt, Hamburg, Bleichenbrücke 1.
Bindewald, Justizrath, Magdeburg.
Dr. Binding, Carl, Geheimrath, Professor, Leipzig, Bismarckstr. 6.
Dr. Bingner, Senatspräsident, Wirkl. Geh. Rat, Leipzig, Beethovenstr. 12
Birkenbihl, Landrichter, Frankfurt a. M., Friedrichstr. 30.
Dr. Birkmeyer, Professor, München, Osterwaldstr. 95.
Bitta, R. A., Generaldirektor, Neudeck in Oberschlesien.
Bittner, Ernst, Gerichtsassessor, Stettin, Hohenzollernstr. 67.
Blanckmeister, Landgerichtsdirektor, Graudenz.
Blaschkauer, R., Rechtsanwalt, Berlin, Kommandantenstr. 7/9.
Blau, L., Fabrikant, Berlin, Flensburgerstr. 8.
Bleyberg, Rechtsanwalt, Berlin, Neanderstr. 3.
Dr. Bloch, Amtsrichter, Soldau i. Ostpr.
Blume, Reichsgerichtsrath, Leipzig, Jakobstr. 5.
von Blume, Universitätsprofessor, Mittelhufen b. Königsberg i. Pr.
Dr. Blumenfeld, Rechtsanwalt, Hamburg, Große Bleichen 5.
Blumenthal I, Rechtsanwalt, Berlin, Alexanderstr. 58.
Bobrecker, Rechtsanwalt, Berlin, Königstr. 24.
Bochner, Rechtsanwalt, Fürstenwalde a. Spree.
Boecking, Landgerichtspräsident, Straßburg i. E.
Dr. Boden, Assessor, Hamburg, Conventstr. 26.
Bodlaender, Justizrath, Berlin, Leipzigerstr. 115.
Boehlau, Rechtsanwalt, Berlin, Dessauerstr. 19.
Bohm, Landgerichtsrath, Konitz i. Westpr.
Boehm, Justizrath, Sagan.
Boehm, Rechtsanwalt, Berlin, Köthenerstr. 45.
Boehmert, Paul, Rechtsanwalt, Dresden-A., Fürstenstraße 95.
Dr. Boisselier, C. Th., Rechtsanwalt, Bremen, Soyastr. 19.
Bojunga, Justizrath, Hannover.
Dr. Bondi, Felix, Rechtsanwalt, Dresden, Comeniusstr. 33.
Dr. Boner, F. A., Dispacheur, Bremen, Börsen-Nebengebäude.
Bong-Schmidt, Rechtsanwalt, Notar, Flensburg.
Boenheim, Rechtsanwalt, Soldau i. Ostpr.
Dr. von Boenninghausen, Rechtsanwalt, Hamburg.
Dr. Borchardt, Oskar, Assessor, Berlin, Französische Straße 32.
Borchers, Ad., Justizrath, Celle.
Borinski, Rechtsanwalt, Berlin, Roßstr. 1a.
Dr. Bornhak, Conrad, Professor, Berlin, Blücherplatz 1.
Bornstein, W., Rechtsanwalt, Berlin, Kaiser Wilhelmstr. 31.
Boschan, Amtsrichter, Groß-Lichterfelde, Lorenzstr. 6/7.
Boettcher, Landgerichtsrath, Elbing, Sonnenstr. 9.
Dr. Boethke, Landrichter, Berlin, An der Apostelkirche 11.

Boctzow, Staatsanwalt, Essen a. d. Ruhr, Kaiserstr. 49.
Dr. Bourwieg, Geh. Ober-Justizrath, Berlin, Joachimsthalerstr. 12.
Boyens, Justizrath, Leipzig.
Bozi, Landgerichtsrath, Hanau.
Dr. Brackenhoeft, Rechtsanwalt, Hamburg, Gr. Bleichen 5.
Dr. jur. Brandis, W., Schriftsteller, Syndikus, Groß-Lichterfelde, Drakestr. 11.
Brandi, Referendar, Berlin, Viktoria-Louisenplatz 4.
Brandt, Rechtsanwalt, Berlin, Charlottenstr. 66.
Dr. Brasch, Magistratsassessor, Berlin, Klopstockstr. 53.
Dr. Braubach, Rechtsanwalt, Justizrath, Leipzig.
Brauer, Rechtsanwalt, Notar, Cosel i. Ob.-Schl.
Dr. Braun, Justizrath, Bankdirektor, Berlin, Behrenstr. 3.
Braun, Franz, Geh. Ober-Justizrath, Landgerichtspräsident, Berlin, Kurfürstenstr. 113.
Bremer, Rechtsanwalt, Berlin, Fasanenstr. 36.
Brennecke, Carl, Kammergerichtsrath, Berlin, Calvinstr. 8, III.
Breslauer, Bernhard, Justizrath, Berlin, Kaiser Wilhelmstr. 3.
Breslauer, Justizrath, Rawitsch.
Dr. L. Brink, Notar, Mayen i. Rhld.
Brink, Rechtsanwalt, Nakel.
Brinkmann, Major a. D., Referendar, Berlin, Marburgerstr. 4
Dr. Brock, Rechtsanwalt, Berlin, Chausseestr. 116.
Broede, Franz, Geh. Justizrath, Kammergerichtsrath, Berlin, Fürtherstr. 11, III.
Dr. Brodnitz, Georg, Privatdozent, Halle a. Saale.
Dr. Brodnitz, Rechtsanwalt, Berlin, Wallstr. 17/18.
Dr. Broh, Rechtsanwalt, Berlin, Jüdenstr. 14.
Broicher, Franz Otto, Geh. Justizrath, Kammergerichtsrath, Berlin, Lützow-Ufer 18.
Brose, Referendar, Berlin, Gneisenaustr. 34.
Brown, A., Landgerichtsrath, Berlin, Ziethenstr. 24.
Dr. Bruch, Ludwig, Rechtsanwalt, Mainz, Kaiserstr. 10.
Dr. Bruck, Wilhelm, Gerichtsassessor, Berlin, Kurfürstendamm 254, III.
Bruck, Georg, Rechtsanwalt, Berlin, Jägerstr. 63a.
Dr. Brück, Emil, Justizrath, Wiesbaden.
Dr. Brückmann, W., Rechtsanwalt, Berlin, Blücherstr. 9.
Dr. Brückmann, A., Referendar, Berlin, Friedrichstr. 129, II.
Brühl, Justizrath, Berlin, Burgstr. 29.
Brümmer, Senator, Rostock (Mecklenburg).
Dr. Brunner, Geh. Justizrath, Professor, Berlin, Lutherstr. 36.
Dr. Bruns, Rechtsanwalt, Berlin, Brücken-Allee 21.
H. Brunswig, Rechtsanwalt, Notar, Neustrelitz.
Dr. Brunswig, Peter, Referendar, Neustrelitz.
Brzeszinski, Rechtsanwalt, Königsberg i. Pr., Kneiph. Langgasse 57.
Buchner, Ernst, Rechtspraktikant, Nürnberg, Wurzelbauerstr. 22.
Bülau, Ernst, Rechtsanwalt, Zwickau i. S.
Bünger, Kammergerichtsrath, Berlin, Hallesche Straße 2.
Bunsen, Friedrich, Ober-Amtsrichter, Rostock (Mecklenburg).
Dr. Burchard, Joh., Privatdozent, Berlin, Kurfürstendamm 26.
Burchardt, Staatsanwalt, Berlin, Alte Schönhauserstr. 59.
Burdach, Oberlandesgerichtsrath, Königsberg i. Pr., Paradeplatz 7.

Burghardt, Kammergerichtsrath, Berlin, Spenerstr. 31.
Burgheim, Paul, Rechtsanwalt, Minden (Westfalen).
Dr. Busch, Eduard, Justizrath, M.-Gladbach.
Busch, Louis, Kammergerichtsrath, Berlin, Calvinstr. 4.
Dr. jur. utr. Busch, Heinrich, Rechtsanwalt, Notar, Lutzerath a. Eifel.
Büsing, Referendar, Berlin, Neue Winterfeldstr. 34.
Dr. Büttner, Regierungsassessor, Potsdam, Neue Königstr. 17a.
Bytinski, Felix, Rechtsanwalt, Karlsruhe.
Caesar, R., Justizrath, Homburg v. d. Höhe.
Cahen, Albert, Rechtsanwalt, Cöln, Kattenburg 19/21.
Dr. Cahn, Geh. Legationsrath, Berlin, Maienstr. 5.
Dr. van Calker, Professor, Straßburg i. E.
Dr. Callmann, Rechtsanwalt, Cöln a. Rh., Mohrenstr. 5.
Callomon, Hugo, Justizrath, Breslau, Junkernstr. 34.
Dr. Calm, Rechtsanwalt, Berlin, Leipzigerstr. 37.
Dr. Cannedt, Rechtsanwalt, Berlin, Mauerstr. 41.
Carlssohn, Rechtsanwalt, Notar, Heiligenbeil.
Caro, Ernst, Rechtsanwalt, Berlin, Zimmerstr. 78.
Caro, Hugo, Rechtsanwalt, Berlin, Friedrichstr. 98/99.
Caro, Richard, Rechtsanwalt, Berlin, Beuthstr. 2.
Carstens, Rechtsanwalt, Kottbus.
Dr. Caspari, F., Justizrath, Frankfurt a. M., Schillerstr. 2.
Caspari, Fritz, Rechtskandidat, Berlin, Kurfürstendamm 29.
Dr. Casper, Adolf, Gerichtsassessor, Cöln a. Rhein.
Chodziesner, L., Rechtsanwalt, Berlin, Kaiser Wilhelmstr. 49.
Chodziesner, Max, Rechtsanwalt, Berlin, Rosenthalerstr. 1.
Dr. Chormann, Rechtsanwalt, Mühlhausen i. E., Hoffnungstr. 9.
Dr. Cillis, Justizrath, Bonn.
Citron, Landgerichtsrath, Charlottenburg, Uhlandstr. 183.
Claasen, Geh. Regierungsrath u. vortragender Rath in der Oberrechnungskammer, Potsdam, Jäger-Allee 16.
Dr. Claasen, Rechtsanwalt, Cöln, Apernstr. 19.
Cludius, Gerichtsassessor, Berlin, Köthenerstr. 46, III.
von Cöllen, Justizrath, Cöln a. Rhein.
Dr. Cohen, Max, Rechtsanwalt, Hamburg.
Dr. Cohn, Martin, Assessor, Berlin, Lützowstr. 105.
Cohn, Justizrath, Berlin, Belle-Allianceplatz 6a.
Cohn I, Justizrath, Berlin, Jägerstr. 20.
Dr. Cohn, Ludwig, Justizrath, Breslau, Agnesstr. 1, II.
Cohn, Ferdinand, Justizrath, Glogau.
Dr. Cohn, Georg, Professor, Zürich V, Heliosstr. 6.
Dr. Cohn, Heinrich, Rechtsanwalt, Berlin, Unter den Linden 11.
Cohn, Joseph, Rechtsanwalt, Berlin, Spandauer Brücke 9.
Dr. Cohn, Ignatz, Rechtsanwalt, Berlin, Alte Schönhauserstr. 5.
Cohn, Julius, Rechtsanwalt, Berlin, Holzmarktstr. 4.
Cohn, Louis, Rechtsanwalt, Berlin, Burgstr. 28.
Cohn, Oskar, Rechtsanwalt, Berlin, Kaiser Wilhelmstr. 2.
Cohn, S., Rechtsanwalt, Berlin, Jüdenstr. 53.

Dr. Cohn, L., Rechtsanwalt, Bremen, Markt 15.
Dr. Cohn, Rechtsanwalt, Dessau.
Cohn, M., Rechtsanwalt, Notar, Rostock i. M.
Cohn, Georg, Rechtsanwalt, Notar, Justizrath, Tilsit.
Cohn, Eugen, Referendar, Berlin, Melanchtonstr. 18.
Dr. Cosack, Professor, Bonn.
Cremer, Otto, Gerichtsassessor, Solingen, Brüderstr. 38.
Dr. Cretschmar, Erster Staatsanwalt, Berlin, Flensburgerstr. 16.
Crome, Paul, Rechtsanwalt, Justizrath, Berlin, Belle-Alliancestr. 91.
Dr. Crome, Carl, Professor, Bonn, Meckenheimerstr. 80.
Dr. Crone, Amtsrichter, Bromberg, Mittelstr. 18 II l.
Dr. Crusen, Amtsrichter, Tsingtau (Kiautschau).
Dr. Daberkow, Landrichter, Berlin, Alt-Moabit 106.
Dr. jur. Daffis, Gerichtsassessor, Charlottenburg, Joachimsthalerstr. 5 II.
Dahlmann, Landgerichtspräsident, Naumburg a. d. Saale.
Dr. Dambitsch, Gerichtsassessor, Breslau, Ernststr. 10.
Dr. Damme, F., Regierungsrath, Berlin, Fasanenstr. 78.
Daniel, Gerichtsassessor, Berlin, Nettelbeckstr. 18/19.
Danielcik, Kammergerichtsrath, Berlin, Victoria Louisenplatz 1 I.
Dr. Dannenbaum, Assessor, Berlin, Steglitzerstr. 27.
Danziger, Max, Rechtsanwalt, Berlin, Alexanderstr. 71.
Dr. Danziger, N., Rechtsanwalt, Berlin, Molkenmarkt 12/13.
Danziger, Rechtsanwalt, Brieg (Bez. Breslau).
Daus, J., Justizrath, Altona (Elbe).
David, Cornelius, Justizrath, Frankenthal (Pfalz).
David, Hugo, Rechtsanwalt, Frankenthal (Pfalz).
Dr. Davidsohn, Leo, Rechtsanwalt, Berlin, Chausseestr. 2 c.
Dedolph, Justizrath, Cottbus.
Deegen, Max, Amtsrichter, Berlin, Matthäikirchstr. 16.
Dr. Degenkolb, Geh. Hofrath, Professor, Leipzig, Bismarckstr. 16.
Dr. Deiß, Justizrath, Leipzig, Bismarckstr. 2.
Dr. Delaquis, E., Berlin, Eislebenerstr. 19.
Delbrück, Kammergerichtsrath, Gr.-Lichterfelde, Sternstr 15.
Dr. Delius, Landgerichtsrath, Cottbus.
Dr. jur. Demcker, Berlin, Fasanenstr. 39.
Denso, Landgerichtsdirektor, Berlin, Keithstr. 22.
Dr. Dernburg, Geh. Justizrath, Professor, Westend, Charlottenburg, Kirschenallee.
Dr. Detmold, Professor, Göttingen.
Dettmar, Amtsgerichtsrath, Harburg a. d. Elbe.
Dr. Deutsch, Gerichtsassessor, Berlin, Regentenstr. 22.
Dialoczynski, Rechtsanwalt, Berlin, Markgrafenstr. 62.
Dr. Dickel, Amtsgerichtsrath, Professor, Berlin, Uhlandstr. 14.
Dr. Dickel, Kammerrath, Wernigerode.
Diefenbach, Landgerichtsrath, Colmar i. E.
Dinkgraeve, Rechtsanwalt, Aurich i. Ostfriesland.
Dietrich, Rechtsanwalt, Prenzlau.
Dietz, Michael, Rechtsanwalt, Bamberg.
Dr. Dittmar, Staatsminister der Justiz, Darmstadt.

Dohrn, Eugen, Rechtsanwalt, Itzehoe.
Donath, Paul, Rechtsanwalt, Notar, Guhrau (Bez. Breslau).
Dr. Dormitzer, Rechtsanwalt, Nürnberg.
Dr. Dorn II, Rechtsanwalt, Berlin, Friedrichstr. 105 a.
Dr. Dorner, E., Landgerichtspräsident, Karlsruhe i. B., Stefanienstr. 71.
Dorst, Franz, Justizrath, Köln a. Rhein, Norbertstr. 26.
Dove, Heinrich, Landgerichtsrath, Berlin, Friedrich Wilhelmstr. 10.
Dr. Drabert, Landrichter, Berlin, Paulstr. 28.
Dr. Drucker, Rechtsanwalt, Leipzig.
Dumreicher, Reichsgerichtsrath, Leipzig.
Dunst, Landgerichtsdirektor, Breslau.
Duquesne, J., Professor an der Universität Grenoble.
Dürr, Justizrath, München, Promenadeplatz 13.
Duesberg, Otto, Justizrath, Bochum.
Dyhrenfurth, R., Handelsrichter, Berlin, Leipzigerstr. 129.
Eberhard, L., Justizrath, Hanau.
Dr. Eddelbüttel, Rechtsanwalt, Hamburg, Heuberg 11.
Edzard, E., Rechtsanwalt, Bremen, Steinbrücke 1.
Dr. Eger, Rechtsanwalt, Berlin, Gertraudtenstr. 25.
Dr. Eger, Georg, Regierungsrath, Berlin, Rauchstr. 5.
Dr. jur. Egger, A., Friedrichshagen, Wilhelmstr. 24.
Ehrenberg, Landgerichtspräsident, Potsdam.
Dr. Ehrenberg, Universitätsprofessor, Göttingen.
Ehrenfried, Rechtsanwalt, Berlin, Prinzenstr. 39.
Ehrlich, Max, Justizrath, Berlin, Taubenstr. 16/18.
Ehrlich, Oskar, Justizrath, Berlin, Blücherplatz 1.
Eichelbaum, Julius, Kammergerichtsrath, Berlin, Lützowstr. 66.
Eichhorn, Gerhard, Senatspräsident, Berlin, Landgrafenstr. 3.
Eichner, Amtsgerichtsrath, Wongrowitz.
Dr. Eifert, Rechtsanwalt, Berlin, Friedrichstr. 57.
Eisele, A., Rechtsanwalt, Ellwangen.
Eisenmann, Justizrath, Berlin, Chausseestr. 2.
Eisenstädt, Rechtsanwalt, Berlin, Münzstr. 30.
Dr. Eisenstädt, Alfred, Rechtsanwalt, Berlin, Zimmerstr. 16/17.
Dr. Eisermann, Rechtsanwalt, Berlin, Lindenstr. 84.
Elenz, Geh. Ober-Justizrath, Senatspräsideut am Oberlandesgericht, Cöln a. Rh.
Dr. Eliopoulos, Pelopidas, Rechtsanwalt, Athen, Acharnaestr. 87.
Eller, Landgerichtsrat, Berlin, Kleiststr. 16.
Dr. Ellstätter, Carl, Berlin, Kanonierstr. 29/30.
Dr. Elsässer, Oberlandesgerichtsrath, Stuttgart, Olgastr. 6.
Elsbach, Rechtsanwalt, Berlin, Französischestr. 24.
Elsperger, W., Langerichtspräsident, Hof i. Bayern.
Eltzbacher, Carl, Rechtsanwalt, Cöln a. Rh., Unter-Sachsenhausen 11/15.
Elze, Justiz- und Stadtrath, Halle a. d. Saale.
Enderlein, E., Justizrath, Ansbach, Promenade.
Engel, J., Oberlandesgerichtsrath und Landgerichtspräsident, Hamburg-Hohenfelde, Eilenau 34.
Dr. Engels, Rechtsanwalt, Ruhrort a. Rh.

Dr. Enneccerus, Geh. Justizrath, Professor, Marburg i. H.
Dr. Enzmann, Otto, Justizrath, Chemnitz i. S., Kronenstr. 4.
Dr. Ephraim, Martin, Rechtsanwalt, Frankfurt a. Main.
Dr. Epstein, M., Assessor, Spremberg N.-L.
Dr. Epstein, Emil, Rechtsanwalt, Augsburg.
Dr. Epstein, Gotthardt, Rechtsanwalt, Breslau, Schweidnitzerstr. 31.
Dr. Erlanger, M., Rechtsanwalt, Nürnberg, Karolinenstr. 22, I.
Dr. Erlanger, Rechtsanwalt, Stuttgart, Tübingerstr. 14 A 1.
Ernst, Amtsrichter, Berlin, Ansbacherstr. 38, I.
Erythropel, Justizrath, Leipzig.
Dr. Esche, Arthur, Amtsrichter a. D., Mitglied des Reichstags, Dresden, Canalettostr. 9.
Eschenbach, August, Rechtsanwalt, Berlin, Schützenstr. 52.
Esselborn, Notar, Mannheim i. Baden.
Esser, Robert, Geheimer Justizrath, Cöln a. Rh., am Hof 20.
Dr. Eulitz, Max, Rechtsanwalt, Dresden, Grünaerstr. 2 II.
Eyck, Erich, Referendar, Berlin, Kalckreuthstr. 11.
Eylau, Otto, Rechtsanwalt, Berlin, Charlottenstr. 84.
Dr. von Faber, Staatsminister, Stuttgart, Schloßstr. 39.
Fabisch, Max, Gerichtsassessor, Berlin, Rosenthalerstr. 72.
Fahle, Justizrath, Posen.
Falk, Rechtsanwalt, Cöln a. Rhein.
Falkenbach, Justizrath, Merzig.
Falkmann, Kammergerichtsrath, Berlin, Lutherstr. 6.
Dr. Fastenrath, Hofrath, Cöln a. Rh, Christophstr. 12.
Feig, Otto, Rechtsanwalt, Berlin, Schützenstr. 32.
Feilchenfeld, Daniel, Rechtsanwalt, Berlin, Spandauer Brücke 10.
Dr. Antoine-Feill sen., H. F. A., Rechtsanwalt, Hamburg, Adolphsbrücke 4.
Dr. Antoine-Feill, H. N., Rechtsanwalt, Hamburg, Adolphsbrücke 4.
Feldmann, Rechtsanwalt, Swinemünde.
Dr. Felisch, Wirkl. Admiralitätsrath, Berlin, Stromstr. 36.
Fendel, Amtsgerichtsrath, Lorch a. Rh.
Fenner, Geh. Justizrath, Leipzig.
Fensch, Justizrath, Wrietzen.
Dr. Fester, Adolf, Justizrath, Frankfurt a. M., Hochstr. 29.
Dr. Fester, Hans, Rechtsanwalt, Frankfurt a. M., Bleidenstr. 12.
Fickler, Amtsrichter, Quedlinburg.
Fiedler, Rechtsanwalt, Lehe b. Bremerhaven.
Dr. Fiegen, Assessor, Berlin, Neue Winterfeldstr. 28.
Figge, Staatsanwaltschaftsrath, Berlin, Uhlandstr. 31.
Filbry, Hermann, Staatsanwaltschaftsrath, Berlin, Alt-Moabit 116.
Filitz, Rechtsanwalt, Notar, Trebbin (Kr. Teltow).
Dr. Finger, August, Universitäts-Professor, Halle a. S.
Dr. jur. Finkelnburg, K., Strafanstaltsdirektor, Düsseldorf-Derendorf.
Fischer, Amtsgerichtsrath, Berlin, Pfalzburgerstr. 53 I.
Fischer, D., Gerichtsassessor, Berlin, Bendlerstr. 13.
Dr. Fischer, Otto, Geh. Justizrath, Professor, Breslau, Monhauptstr. 3.
Fischer I, J. J., Justizrath, Cöln a. Rh., Burgmauer 31.
Fischer II, G., Rechtsanwalt, Cöln a. Rh., Burgmauer 31.

Fischer, Landgerichtsrath, Gnesen.
Dr. H. Fischer, Rechtsanwalt, Charlottenburg, Knesebeckstr. 86/87.
Dr. Fitzler, Kammergerichtsrath, Charlottenburg, Goethestr. 85.
Flatau, Rechtsanwalt, Berlin, Dorotheenstr. 22.
Fleck, Hugo, Amtsgerichtsrath, Cöln a. Rhein, Käsenstr. 14.
Dr. Fleck, Otto, Amtsgerichtsrath, Düsseldorf.
Fleischer, Rechtsanwalt, Berlin, Alexanderstr. 71.
Dr. Fleischmann, Gerichtsassessor, Privatdozent, Halle a. S., Wilhelmstr. 18.
Flickel, Kammergerichtsrath, Berlin, Nollendorfplatz 7.
Fließ, Rechtsanwalt, Fraustadt.
Fließ, Rechtsanwalt, Stettin, Schützenstr. 33/34.
Foertsch, Senatspräsident, Leipzig, Windmühlenstr. 49.
Dr. Fösser, R., Justizrath Frankfurt a. M., Roßmarkt 6.
Dr. Frank, Reinh., Professor, Tübingen.
Francke, W. Chr., Oberlandesgerichtsrath a. D., Hannover, Bödeckerstr. 10.
Fraenkel, Amtsrichter a. D., Berlin, Kurfürstenstr. 52.
Dr. Fraenkel, Herbert, Rechtsanwalt, Berlin, An der Stadtbahn 4.
Fraenkel, Max, Rechtsanwalt, Berlin, Müllerstr. 180.
Frankfurter, Rechtsanwalt, Berlin, Potsdamerstr. 8.
Franz, August, Landrichter, Hirschberg i. Schl.
Frege, Geh. Justizrath, Klitschdorf.
Frenkel, Justizrath, Leipzig, Katharinenstr. 29.
Dr. Freudenstein, Justizrath, Hannover.
Dr. Freund, Geh. Justizrath, Breslau I, Altbüßerstr. 2.
Dr. Freund, Rechtsanwalt, Berlin, Potsdamerstr. 141.
Dr. Freund, Regierungsrath, Berlin, Neue Winterfeldstr. 41.
Freytag, Otto Emil, Rechtsanwalt, Leipzig, Nicolaistr. 17.
Dr. Friedberg, Geh. Rath, Professor, Leipzig, Karl Tauchnitzstr. 43.
Friedberg, Landgerichtspräsident, Altona.
Dr. Friede, Hugo, Rechtsanwalt, Hamburg, Gr. Theaterstr. 12.
Dr. Friedeberg, Edmund, Gerichtsassessor, Berlin, Unter den Linden 42.
Dr. Friedemann, E., Justizrath, Berlin, Potsdamerstr. 1a.
Friedemann, Referendar, Berlin, Potsdamerstr. 118c.
Friedenthal, Ernst, Rechtsanwalt, Breslau V, Museumstr. 11.
Dr. Friedenthal, Felix, Referendar, Berlin, Dessauerstr. 31, II.
Friedlaender, Amtsgerichtsrath, Berlin, Ludwigkirchstr. 14.
Dr. Friedlaender, G., Weimar.
Friedlaender, S., Justizrath, Berlin, Holzmarktstr. 68.
Dr. Friedlaender, Justizrath, Potsdam.
Dr. Friedlaender, C. E., Rechtsanwalt, Berlin, Zimmerstr. 23.
Friedlaender, Frdr., Rechtsanwalt, Berlin, Oranienstr. 96.
Friedlaender, Leo, Rechtsanwalt, Berlin, Mohrenstr. 21.
Dr. Friedlaender, Siegmar, Rechtsanwalt, Charlottenburg, Berlinerstr. 130.
Dr. Friedlaender, Rechtsanwalt, Notar, Lublinitz, Ob.-Schl.
Friedlaender, Eugen, Referendar, Berlin, Neanderstr. 4.
Dr. Friedleben, Fritz, Rechtsanwalt, Frankfurt a. M.
Dr. Friedmann, Th, Justizrath, Berlin, Alt-Moabit 119.
Friedmann, Justizrath, Glogau.

Friedmann, Gustav, Rechtsanwalt, Berlin, Kaiser Wilhelmstr. 29.
Friedmann, Leonhard, Rechtsanwalt, Berlin, Friedrichstr. 61.
Friedrichs, Carl, Dr. jur., Justiziar, Dortmund, Hamburgerstr. 61.
Dr. Friedrichs, Rechtsanwalt, Verden (Hannover).
Fritsch, Landgerichtsrath, Berlin, Nürnbergerstr. 40.
Dr. Fritzschen, Landgerichtsrath, Berlin, Hallesches Ufer 10.
Fritz, Landgerichtsdirektor, Berlin, Pariserstr. 55.
Fritze, Geh. Ober-Justizrath, Berlin, Wormserstr. 4.
Froehlich, Justizrath, Köln a. Rh., Richmodstr. 4.
Fromm, Bruno, Kammergerichtsrath, Berlin, Maaßenstr. 14.
Dr. Frommhold, Professor, Greifswald.
Frowein, Oberverwaltungsgerichtsrath, Berlin, Kurfürstendamm 20/21.
Frühauf, Rechtsanwalt, Karlsruhe.
Dr. Fuchs, Eugen, Justizrath, Berlin, Großbeerenstr. 9.
Fuchs, E., Rechtsanwalt, Berlin, Französische Str. 13.
Fuchs I, Max, Rechtsanwalt, Berlin, Friedrichstr. 71.
Fuchs, Ernst S., Rechtsanwalt, Karlsruhe i. B., Moltkestr. 17.
Dr. Fuld, L., Justizrath, Frankfurt a. M.
Dr. Fuld, L., Rechtsanwalt, Mainz, Bahnhofstr. 6.
Fürst, Alexander, Rechtsanwalt, Heidelberg.
Dr. Fürst, R., Rechtsanwalt, Heidelberg.
Dr. Fürst, Friedrich, Rechtsanwalt, Mannheim.
Dr. Fuß, Gerichtsassessor, Berlin, Steglitzerstr. 70 II.
Gaebel, Präsident des Reichsversicherungsamts, Berlin, Königin Augustastr. 25/27.
Gaebel, E., Rechtsanwalt, Schneidemühl.
Gadebusch, Assessor, Berlin, Rathenowerstr. 4.
Dr. Gaitzsch, Rechtsanwalt, Chemnitz (Sachsen).
Gall, Alfred, Justizrath, Danzig.
Galland, Rechtsanwalt, Berlin, Alexanderstr. 50.
Dr. Gallinger, Rechtsanwalt, Nürnberg.
Gaenßler, Justizrath, München, Salvatorstr. 18.
Dr. Ganz, S., Rechtsanwalt, Frankfurt a. M., Neue Mainzerstr. 68.
Gaettens, R., Ober-Amtsrichter, Rostock i. M.
Gebbert, Erster Staatsanwalt, Prenzlau.
Dr. Gebhard, Geheimrath, Professor, Charlottenburg, Hardenbergstr. 24.
Gebhardt, Rechtsanwalt, Frankfurt a. O.
Gehestiftung, Kanzlei der, Dresden, Kleine Brüdergasse 21.
Dr. Geiger, B., Justizrath, Frankfurt a. M., Zeil 19.
Geißler, Justizrath, Freiberg i. S.
Dr. Gelpke, Max, Rechtsanwalt, Notar, Berlin, Mohrenstr. 66.
Dr. Gentsch, Rechtsanwalt, Leipzig, Katharinenstr.
Gerber, Amtsrichter, Berlin, Urbanstr. 6.
Gerhardt, Stephan, Justizrath, Berlin, Mohrenstr. 41.
Gerichten, Friedrich, Ober-Amtsrichter, Pirmasens.
Dr. Gerson, Rechtsanwalt, Berlin, Friedrichstr. 76.
Gesenius, Geh. Regierungsrath, Berlin, Eichhornstr. 5.
Dr. Gierke, Geh. Justizrath, Professor, Charlottenburg, Carmerstr. 12.
Dr. Gierke, Privatdozent, Göttingen, Herzberger Chaussee 1.

Giesecke, Justizrath, Magdeburg, Breiteweg 230.
Gimkiewicz, Justizrath, Berlin, Kronenstr. 48.
Gisevius, Geh. Ober-Justizrath, Landgerichtspräsident, Posen.
Dr. von Gizycki, Ober-Regierungsrath, Marienwerder.
Dr. Glas, Justizrath, Schneidemühl.
Glaser, Justizrath, Breslau.
Gliemann, Erster Staatsanwalt, Elbing, Friedr. Wilhelmplatz.
Glogauer, Hermann, Amtsgerichtsrath, Tarnowitz (O.-Schl.).
Glogowski, Rechtsanwalt, Rawitsch.
Dr. Glücksmann, Alfr., Gerichtsassessor, Breslau, Thiergartenstr. 47a.
Goecke, F., Geh. Justizrath, k. Notar, Cöln a. Rhein.
Dr. Goldenring, Landgerichtsrath, Straßburg (Elsaß), Goethestr. 11.
Dr. Goldfeld, Jul., Rechtsanwalt, Hamburg, ABC-Straße 6.
Goldmann, Justizrath, Berlin, Potsdamerstr. 22a.
Dr. Goldschmidt, James, Gerichtsassessor u. Privatdozent a. d. Universität, Berlin, Landgrafenstr. 13.
Dr. Goldschmidt, L., Landgerichtsrath, Bochum i. W.
Goldschmidt, Ivan, Rechtskandidat, Berlin, Linienstr. 112.
Goldstein, E., Rechtsanwalt, Kattowitz i. O.-Schl.
Gonschorowski, Rechtsanwalt, Stallupönen.
Dr. Gordan, F., Erster Staatsanwalt, Geheimer Justizrath, Duisburg.
Dr. von Gordon, Justizrath, Berlin, Charlottenstr. 57.
Dr. Gorius, Rechtsanwalt, Cöln a. Rhein.
Goerke, Paul, Gerichtsassessor, Kattowitz.
Goerrig, Rechtsanwalt, Cöln a. Rhein.
Goßmann, Georg, Rechtsanwalt, Berlin, Mohrenstr. 47.
Gotthein, Georg, Bergrath, Berlin, Sommerstr. 6.
Gotthelf, Justizrath, München, Salvatorstraße.
Dr. Gotthelf, Willy, Gerichtsassessor, Berlin, Jägerstr. 19 I.
Dr. Gotthelf, Rechtsanwalt, Berlin, Markgrafenstr. 35.
Dr. Gottschalk, Amtsgerichtsrath, Solingen.
Gottschalk, Leopold, Rechtsanwalt, Berlin, Französische Straße 8.
Dr. Gottschalk, H., Rechtsanwalt, Leipzig, Thomaskirchhof 17.
Gottschalk, Alfred, Referendar, Berlin, Lutherstr. 6.
Grabowsky, Julius, Handelsrichter, Berlin, Wilhelmstr. 43.
Dr. Gradenwitz, Professor, Königsberg (Preußen), Schönstr. 8.
Dr. vom Grafen, Rechtsanwalt, Justizrath, Cöln a. Rhein.
Dr. Graßhoff, Rechtsanwalt, Berlin, Neue Promenade 2.
Grau, Rechtsanwalt, Berlin, Unter den Linden 53.
Greiff, Geh. Justizrath, Berlin, Nettelbeckstr. 10.
Dr. Grelling, Ernst, Rechtsanwalt, Berlin, Spandauerstr. 48.
Dr. Greve, Albert, Amtsrichter, Hamburg, Bundesstr. 8.
Griese, Gerichtsassessor, Tremessen.
Grieser, Justizrath, Colberg.
Groß, Friedrich, Rechtsanwalt, Mergentheim.
Dr. Freiherr v. Groß, Staatsminister, Weimar.
Dr. Grosse, Rudolf, Chefredakteur der Münchener Neuesten Nachrichten, Berlin, Königgrätzerstr. 27.

Grosse, Justizrath, Berlin, Reinickendorferstr. 2.
Groth, Landgerichtsrath, Landsberg a. Warthe.
Dr. Grote, H., Richter, Bremen, Gerichtshaus.
Dr. Grueber, Erw., Professor, München, Gieselastr. 5/6.
Grünbaum, Rechtsanwalt, Berlin, Spandauer Brücke 9.
Dr. Grünberg, Rechtsanwalt, Berlin, Landsbergerstr. 23.
Dr. Gründler, Rechtsanwalt, Berlin, Friedrichstr. 59.
Grünebaum, Landgerichtsrath, Essen a. d. Ruhr, Rellinghausenstr. 111.
Gruner, Fr., Justizrath, Berlin, Wittenbergplatz 3a.
Grünschild, Rechtsanwalt, Berlin, Leipzigerstr. 98.
Dr. Gryczewski, Oberlandesgerichtspräsident, Posen.
Dr. Guhrauer, Rechtsanwalt, Justizrath, Berlin, Kommandantenstr. 68/69.
Gumbinner, Landgerichtsrath, Berlin, Bülowstr. 44.
Gumpert, Rechtsanwalt, Berlin, Kronenstr. 48.
Gunk, Franz, Notar, Elberfeld, Hofkamp 43.
Dr. Günther, Gerichtsassessor, Berlin, Genthinerstr. 30.
Günther, Senatspräsident, Hamm i. W.
Dr. Güterbock, Geh. Justizrath, Professor, Königsberg i. Pr., Königstr. 63.
Dr. Gutbrod, Wirklicher Geheimer Rath, Direktor im Reichs-Justizamt, Berlin, Derfflingerstr. 6.
Gutfeld, Rechtsanwalt, Berlin, Prinzenstr. 41.
Dr. Gutfleisch, Justizrath, Giessen.
Gutsche, Rechtsanwalt, Magdeburg, Breiteweg 198, I.
Guttfeld, Caspar, Rechtsanwalt, Berlin, Königstr. 27.
Dr. Guttmann, Rechtsanwalt, Berlin, Friedrichstr. 240.
Guttmann, Julius, Rechtsanwalt, Berlin, Klosterstr. 83.
Guttmann, Eduard, Rechtsanwalt, Magdeburg, Breiteweg 146.
Guttmann, Rechtsanwalt, Wiesbaden.
Gyßling, Robert, Rechtsanwalt, Königsberg i. Pr. Münzplatz 2.
Dr. Haac, Justizrath, Berlin, Potsdamerstr. 119.
Haack, Oskar, Senatspräsident, Berlin, Lützow Ufer 21.
Dr. Haas, Heinrich, Rechtsanwalt, Karlsruhe, Kaiserstr. 191.
Haase, Johannes, Referendar, Berlin Skalitzerstr. 59 b.
Haber, Rechtsanwalt, Justizrath, Leipzig, Schwägrichenstr. 13.
Dr. Häberlein, C. J, Rechtsanwalt, Justizrath, Frankfurt a. M.
Haberstroh, Landgerichtsrath, Berlin, Bachstr. 10.
Dr. Hachenburg, Max, Rechtsanwalt, Mannheim C. 2 N. 23.
Häckermann, Rechtsanwalt, Greifswald.
Hadra, Arthur, Rechtsanwalt, Berlin, Markgrafenstr. 76 I.
Hagemann, R., Gerichtsassessor, Charlottenburg, Kantstr. 122.
Hagen, Otto, Landrichter, Berlin, Luitpoldstr. 11.
Dr. Hagena, Referendar, Gr.-Lichterfelde, Elisabethstr. 41.
Hagenauer, Geh. Justizrath, Straßburg i. E., Apfelstr. 23.
Hahn, Julius, Amtsgerichtsrath, Berlin, Paulstr. 11.
Hahn, Franz, Rechtsanwalt, Berlin Klosterstr. 29.
Hahn, Max, Rechtsanwalt, Berlin, Potsdamerstr. 138.
Hahn, Rudolf, Rechtsanwalt, Berlin, Brüderstr. 39.
Hahn, Rechtsanwalt, Rogasen (Bez. Posen).

Hahn, Justizrath, Wongrowitz.
Dr. Haillant, Napoleon, Rechtsanwalt, Bromberg.
Haken, Kammergerichtsrath, Berlin. Ludwigkirchstr. 9.
Dr. Halle, Rechtsanwalt, Notar, Berlin, Kronenstr. 56.
Hallensleben, Rechtsanwalt, Berlin, Alexanderstr. 41.
Dr. Halpert, Rechtsanwalt, Berlin, Neue Friedrichstr. 76.
Dr. Hamburger, Ludwig, Rechtsanwalt, Berlin, Lindenstr. 11.
Hamburger, Landgerichtsrath, Berlin, Kurfürstenstr. 49.
Hamburger I, Oskar, Rechtsanwalt, Berlin, Alexanderstr. 30.
Hamburger, Carl, Wilhelm, Rechtsanwalt, Berlin, Alexandrinenstr. 45.
Hamburger, Leo, Rechtsanwalt, Berlin, Friedrichstr. 232.
Hamburger, Rechtsanwalt, Berlin, Potsdamerstr. 118c.
Hamburger, Rechtsanwalt, Berlin, Spandauerbrücke 11.
Dr. Hamburger, Geheimer Justizrath, Frankfurt a. M.
Dr. Hamm, Wirkl. Geh. Ober-Justizrath, Oberlandesgerichtspräsident, Cöln a. Rh.
Dr. jur. Hammacher, Friedrich, Berlin, Kurfürstenstr. 115.
Hammer, Justizrath, Chemnitz (Sachsen).
Hammerschmidt, Rechtsanwalt, Cottbus.
Haendly, Justizrath, Berlin, Taubenstr. 32.
Handt, Oberlandesgerichtsrath, Celle.
Haenisch, Landgerichtspräsident, Köslin.
Hannemann, Landgerichtsrath, Berlin, Kleiststr. 39.
Hannemann, Erster Staatsanwalt, Görlitz.
Hansch, Amtsrichter, Neustettin.
Hanschecorne. Landgerichtsrath, Charlottenburg, Leibnitzstr. 13.
Hänsel, Justizrath, Bergen a. Rügen.
Dr. Hantke, Rechtsanwalt, Berlin, Charlottenstr. 70.
Häntschke, Carl, Rechtsanwalt, Berlin, Brüderstr. 4.
Dr. Harburger, Oberlandesgerichtsrath, Professor, München, Karlstr. 21
v. Harder, Alexander, Rechtsanwalt, Mannheim, N. 2. 1.
Dr. Harmening, Rechtsanwalt, Jena.
Dr. Harnier, Aug., Geh. Ober-Justizrath, Berlin, Passauerstr. 4.
Dr. Harnier, Ed., Rechtsanwalt, Justizrath, Cassel.
Harries, Rechtsanwalt, Kiel, Klinke 26.
Dr. Hartmann, Adolf, Amtsgerichtsrath, Berlin, Corneliusstr. 4.
Hartmann, Langerichtspräsident, Berlin, Schaperstr. 14.
Dr. Hartmann, K. A., Landgerichtspräsident, Plauen i. Vgtl.
Hartmann, Rechtsanwalt, Berlin, Dorotheenstr. 88.
Dr. Hartmann, Referendar, Hannover, Glockseestr. 40.
Hartwich, Rechtsanwalt, Berlin, Lindenstr. 101/102.
Hase, Otto, Geh. Justizrath, Altenburg (Sachsen-Altenburg).
Hasse, Landgerichtsdirektor, Breslau, Palmstr. 33a.
Hauptmann, Rechtsanwalt, Notar, Frankfurt a. O., Junkerstr. 20.
Hausmann, W., Rechtsanwalt, Berlin, Margarethenstr. 8.
Havenstein, Kammergerichtsrath, Berlin, Göbenstr. 10 II.
Dr. Haymann, Franz, Assessor, Cassel.
Dr. Hayum, Rechtsanwalt, Tübingen.
Hazeltine, Harold D., Bachelor of law of the University of Harvard, London.

Hecht, Amtsgerichtsrath, Beeskow.
Dr. Hecht, L., Rechtsanwalt, Notar, Frankfurt a. M., Seilerstr. 19a.
Dr. Hecht, Felix, Geh. Hofrath, Mannheim.
Dr. Heck, Professor, Tübingen.
Dr. Heidemann, Rechtsanwalt, Köslin.
Heidensleben, Amtsrichter, Rostock i. M.
Heilberg, Rechtsanwalt, Breslau, Nicolai-Stadtgraben 26.
Heilborn, Justizrath, Finsterwalde.
Dr. Heilborn, Professor, Berlin, Joachimsthalerstr. 33/34, IV.
Heilborn, Arthur, Rechtsanwalt, Hirschberg i. Schl.
Heilbronn, Rechtsanwalt, Berlin, Krausenstr. 38.
Heiliger, Justizrath, Cöln a. Rh.
Dr. jur. Heiling, Referendar, Friedeburg b. Freiberg i. S., Schloßstr. 80.
Heilpern, S., Rechtsanwalt, Leipzig, Katharinenstraße.
Heim, Michael, Rechtsanwalt, Würzburg, Paradeplatz.
Heimann, Rud., Gerichtsassessor, Hannover, Nienburgerstr. 12.
Dr. Heimann, Adolf, Rechtsanwalt, Berlin, Mauerstr. 76, II.
Dr. Heimann, Alfred, Rechtsanwalt, Berlin, Wilhelmstr. 88.
Dr. Heinemann, Rechtsanwalt, Berlin, Kronenstr. 8/9.
Heinitz, E., Justizrath, Berlin, Mohrenstr. 56.
Heinitz, Frz., Rechtsanwalt, Berlin, Viktoriastr. 5.
Dr. Heins, Amtsrichter, Lüchow.
Heinsheimer, Otto, Rechtsanwalt, Karlsruhe, Kaiserstr. 161.
Dr. Heinsheimer, Julius, Ober-Landgerichtsrath, Karlsruhe (Baden).
Dr. Heink, Paul Friedrich, Advokat, Zürich, Sonnenquai 1.
Heiser, Fritz, Referendar, Frankfurt a. M., Feldstr. 20.
Heller, Ritter v., Staatsrath, München, Müllerstr. 45a.
Hellmann, Landgerichtsrath, Burtscheid-Aachen.
Dr. Hellmann, Friedr., Professor, München, Gabelsbergerstr. 1a.
Dr. Hellwig, Professor, Erlangen.
Henckel, Rechtsanwalt, Nienburg a. d. Weser.
Hennig, G., Amtsgerichtsrath, Gommern (Prov. Sachsen).
Dr. Henning, Rechtsanwalt, Greiz.
Henrich, Justizrath, Völklingen a. d. Saar.
Henschel, M., Rechtsanwalt, Berlin, Roßstr. 2.
Henschel, Rechtsanwalt, Breslau V, Schweidnitzer Stadtgraben 10.
Hercher, Wolfgang, Rechtsanwalt, Berlin, Alexandrinenstr. 88.
Herhaus, Notar, Hillesheim a. Eifel.
Hermanowski, Justizrath, Berlin, Brunnenstr. 21.
Herr, Justizrath, Leipzig, Bismarckstr. 12.
Dr. Herr, Referendar, Berlin.
Herrendoerfer, Justizrath, Swinemünde.
Dr. Herrmann, Gustav, Rechtsanwalt, Berlin, Poststr. 27.
Hertwig, Landgerichtsdirektor, Meiningen, Berlinerstraße.
Dr. Hertz, Rechtsanwalt, Frankfurt a. M., Schillerstr. 14.
Dr. Hertz, G., Senator, Hamburg, Magdalenenstr. 3.
Dr. Herz, Justizrath, Wiesbaden.
Dr. Hesdörffer, M. H., Rechtsanwalt, Frankfurt a. M., Gr. Bockenheimstr. 25.

Dr. Hesekiel, Landgerichtsrath, Berlin, Hallesche Straße 6.
Dr. Heß, Ludwig, Rechtsanwalt, Ellwangen.
Hetzell, Paul, Kammergerichtsrath, Berlin, Gleditschstr. 40.
Dr. Heumann, Rechtsanwalt, Bremen.
van der Heyde, Rechtsanwalt, Rüdesheim a. Rh.
Dr. Heyl, Syndikus, Bremen, Lübeckerstr. 19.
Heymann, Justizrath Altona a. E.
Dr. jur. Heymann, E., Professor der Rechte, Königsberg i. Pr., Königstr. 12.
Heymann, Adolf, Rechtsanwalt, Berlin, Blumenstr. 39.
Heymann, S., Rechtsanwalt, Berlin, Bülowstr. 28.
Dr. Heymann, S., Rechtsanwalt, Hamburg, Gerhofstr. 19.
Heyn, Julius, Rechtsanwalt, Berlin, Französischestr. 14.
Dr. Hick, Ober-Landesgerichtsrat, Karlsruhe (Baden).
Dr. Hiedemann, Rechtsanwalt, Cöln a. Rh., Elisenstr. 11.
Hildebrand, H. C. F., Senator, Bremen.
Hilf, Justizrath, Limburg a. d. Lahn.
Dr. Hilpert, Justizrath, Nürnberg, Hauptmarkt 11.
Dr. Hilse, Benno, Kreisgerichtsrath a. D., Syndikus, Königgrätzerstr. 61.
Dr. Hilse, Carl, Syndikus, Professor, Berlin, Königgrätzerstr. 61.
Dr. jur. Hinrichsen, Robert, Rechtsanwalt, Notar, Güstrow i. M.
Dr. Hinsberg, A., Rechtsanwalt, Barmen, Berlinerstr. 31.
Dr. v. Hippel, R., Professor, Göttingen.
Dr. Hirl, Bezirksgerichtsrath a. D., München, Thorwaldstr. 12.
Dr. Hirsch, Karl, Gerichtsassessor, Frankfurt a. M., Westendstr. 52.
Hirsch, Landgerichtsrath, Berlin, Rankestr. 6.
Hirsch, Leonhard, Rechtsanwalt, Berlin, Eichhornstr. 9.
Hirsch, Rechtsanwalt, Notar, Schwetz a. d. Weichsel.
Hirschberg, Landrichter, Thorn.
Dr. Hirschberg, Paul, Rechtsanwalt, Berlin, Königgrätzerstr. 27.
Dr. Hirschel, Rechtsanwalt, Berlin, Spandauerstr. 63a.
Hirschfeld, Ernst, Amtsgerichtsrat, Sommerfeld.
Hirschfeldt, Rechtsanwalt, Berlin, Kaiser Wilhelmstr. 18.
Hirschhorn, R., Rechtsanwalt, Justizrath, Gießen.
Hirsekorn, Felix, Rechtsanwalt, Berlin, Unter den Linden 60.
Dr. Hirsekorn, Stadtsyndikus, Berlin, Ansbacherstr. 5.
Hoffmann, Max, Landgerichtsrath, Augsburg.
Dr. Hoffmann, E., Wirklicher Geheimer Ober-Regierungsrath, Berlin, Courbièrestr 10.
Hoffmann, Hermann, Gerichtsassessor, Berlin, Schönebergerstr. 29, I.
Dr. Hoffmann, Hans, Justizrath, Berlin, Dorotheenstr. 80.
Hoffmann, Ober-Verwaltungsgerichtsrath, Berlin, Luitpoldstr. 39, I.
Hoffmann, Erich, Rechtsanwalt, Berlin, Chausseestr. 114.
Dr. Hoffmann, Max, Rechtsanwalt, Berlin, Unter den Linden 16.
Hoffmann, Rechtsanwalt und Notar, Pankow b. Berlin, Breitestr. 30.
Hoffmann, Th., Oberlandesgerichtsrath, Nürnberg, Bayreutherstr. 46.
Hoffstaedt, W., Rechtsanwalt, Berlin, Zimmerstr. 94.
Hofmann, Amtsrichter, Rennerod.
Hoegg, Justizrath, Wollstein (Posen).
Dr. Hölder, Geh. Hofrath, Professor, Leipzig.

Dr. Holdheim, Paul, Justizrath, Frankfurt a. M.
Holland, W., Staatsanwalt, Braunschweig, Wendethorpromenade 2.
Dr. Hollaender, Rechtsanwalt, Berlin, Klosterstr. 28.
Dr. Hollaender, Staatsanwalt, Altona, Flottbecker Chaussee 142.
Hollenberg, Rechtsanwalt, St. Goar a. Rh.
Dr. Holtz, L., Regierungsassessor, Charlottenburg, Grolmanstr. 59a.
Holz, Rechtsanwalt, Berlin, Mauerstr. 68.
Hoenemann, Oberverwaltungsgerichtsrath, Berlin, Ansbacherstr. 34.
Honig, Rechtsanwalt und Notar, Gnesen.
Dr. Hoepfner, Gerichtsassessor, Privatdozent, Göttingen, Friedländer Weg 17.
Dr. Horwitz, Rechtsanwalt, Berlin, Lindenstr. 11.
Dr. Horwitz, O., Rechtsanwalt, Hamburg, Gr. Reichenstr. 15/17.
Dr. Hothorn, Justizrath, Leipzig.
Huber, R., Amtsrichter, Berlin, Bayreuterstr. 5.
Dr. Hübler, Geh. Ober-Regierungsrath, Professor, Berlin, Landgrafenstr. 3.
Dr. Hubrich, Eduard, Professor der Rechte, Königsberg i. Pr., Am Rhesianum 2.
Dr. Huch, Rechtsanwalt und Notar, Braunschweig.
Dr. Humser, Geh. Justizrath, Frankfurt a. M.
Hundt, Carl, Justizrath, Krefeld.
Dr. Hüneberg, Rechtsanwalt, Hamm i. W.
Jacob, Emil, Kommerzienrath, Handelsrichter, Berlin, Kurfürstenstr. 114.
Jacobi, O., Rechtsanwalt, Bergen a. Rügen.
Jacobi, Rechtsanwalt, Frankfurt a. O.
Dr. Jacobi, Julius, Gerichtsassessor, Berlin, Marsiliusstr. 9.
Jacobsohn, Max, Justizrath, Berlin, Leipzigerstr. 128.
Jacobsohn, Gustav, Rechtsanwalt, Berlin, Friedrichstr. 120.
Jacobsohn, Julian, Rechtsanwalt, Berlin, Kaiser Wilhelmstr. 17.
Jacobsohn, Rechtsanwalt, Bromberg.
Jacobsohn, Rechtsanwalt, Rixdorf-Berlin.
Jacoby, Hermann, Handelsrichter, Berlin, Neustädtische Kirchstr. 9.
Jacoby, Rechtsanwalt, Königsberg i. Pr., Kneiph. Langgasse 15.
Jacoby, Ernst, Referendar, Berlin, Bayreuterstr. 41.
Jacusiel, Kurt, Rechtsanwalt, Berlin, Kaiser Wilhelmstr. 20.
Jaentsch, Hugo, Landrichter, Dessau i. A.
Dr. Jaffa, Sally, Kammergerichtsreferendar, Charlottenburg, Herderstr. 7.
Dr. Jaffé, Referendar, Berlin, Bendlerstr. 20.
Dr. Jaffé, Rechtsanwalt, Gr.-Lichterfelde, Marienstr. 7.
Dr. Jaeger, Otto, Notar, Rombach i. Lothrg.
Dr. Jaeger, Ernst, Universitätsprofessor, Würzburg, Hofpromenade 1.
Dr. Jahn, Rechtsanwalt u. Notar, Bremerhaven.
Jansen, Rechtsanwalt, Berlin, Unter den Linden 15.
Jarecki, Rechtsanwalt, Berlin, Thurmstr. 13.
Jarecki, Rechtsanwalt, Posen, Neue Straße 1.
Jastrow, Amtsgerichtsrath, Berlin, Birkenstr. 44a.
Dr. Ichenhäuser, Justus, Herausgeber der Zeitschrift für das gesammte Aktienwesen, Berlin, Altonaerstr. 36.
Jelito, Emil, Oberamtsrichter a. D., Landau (Pfalz), Stadthausgasse 14.

Jentzsch, C., Landgerichtsdirektor, Hannover, Bödeckerstr. 21.
Jerusalem, A., Landgerichtsrath, Saarbrücken.
Illch, Rechtsanwalt, Berlin, Leipzigerstr. 56.
Imberg I, Rechtsanwalt, Berlin, Potsdamerstr. 136.
Dr. Immerwahr, Privatdozent, Berlin, Regentenstr. 9.
von Ingersleben, Landgerichtsrath, Berlin, Gossowstr. 8.
Joachim, Rechtsanwalt, Berlin, Königgrätzerstr. 65.
Jockisch, Wilhelm, Amtsgerichtsrath, Posen, St. Adalbertstr. 3.
Dr. Joel, Ernst, Gerichtsassessor, Berlin, Uhlandstr. 161.
Johaentges, Notar, Saarunion.
Jonas, Paul J., Rechtsanwalt, Berlin, Spandauerbrücke 1.
Joseph, Rechtsanwalt, Berlin, Prinzenstr. 34.
Dr. Josephson, C. M., Rechtsanwalt, Hamburg, Kaiser Wilhelmstr. 76.
Josephsohn, J., Rechtsanwalt, Potsdam, Am Kanal 45.
Josephsohn, R., Rechtsanwalt, Potsdam, Wollnerstr. 2.
Josephthal, Gustav, Justizrath, Nürnberg, Karolinenstr. 6.
Dr. Jouvenal, Rechtsanwalt, Cassel.
Irmler, Rechtsanwalt, Berlin, Friedrichstr. 79a.
Dr. Isaac, Martin, Rechtsanwalt, Berlin, Neue Friedrichstr. 55.
Isaacsohn, Amtsgerichtsrath, Posen.
Isaacsohn, Rechtsanwalt, Berlin, Kaiser Wilhelmstr. 13.
Dr. Isay, Rechtsanwalt, Berlin, Behrenstr. 24.
Dr. Isenbiel, Ober-Staatsanwalt, Berlin, Augsburgerstr. 37.
Dr. Israel, Alfr., Rechtsanwalt, Hamburg, Hohe Bleichen 23.
Dr. Israel, Simon, Rechtsanwalt, Hamburg, Gr. Bleichen 5.
Jübel, Otto, Justizrath, Hannover.
Jüßen, Peter, Rechtsanwalt, Cöln a. Rh., Gereonshof 31.
Ivers, Rechtsanwalt, Berlin, Jägerstr. 67.
Kade, Carl, Landgerichtsrath, Berlin, Invalidenstr. 123.
Kah, Amtsgerichtsrath, Berlin.
Dr. Kahl, Geh. Justizrath, Professor, Berlin, Kurfürstenstr. 113.
Dr. Kaehne, Rechtsanwalt u. Notar, Halle a. S.
Kaehrn, Rechtsanwalt, Notar, Salzwedel.
Kaisenberg, Notar, Justizrath, München.
Dr. Kaiser, Rechtsanwalt, Cöln a. Rh., Mastrichterstr. 29.
Kaiser, Rechtsanwalt, Weißensee.
Dr. Kalisch, Referendar, Gr.-Lichterfelde-Ost, Wilhelmstr. 17.
Kalischer, Landgerichtsrath, Charlottenburg, Mommsenstr. 88.
Kaliski, Rechtsanwalt, Breslau.
Kamm, Rechtsanwalt, Königsberg i. Pr.
von Kamptz, Oberverwaltungsgerichtsrath, Berlin, Passauerstr. 4.
Kantorowicz, Rechtsanwalt, Berlin, Dresdenerstr. 18.
Kapferer, Rechtsanwalt, Cöln a. Rh.
Karsten, Amtsrichter, Berlin, Straßburgerstr. 6/8.
Dr. Karsten, Kammergerichtsrath, Berlin, Motzstr. 62.
Kassel, Eduard, Justizrath, Schweidnitz.
Katz I, Justizrath, Berlin, Alexanderstr. 2.

Dr. Katz, Edwin, Rechtsanwalt, Berlin, Französischestr. 14.
Katz, S., Rechtsanwalt, Berlin, Königstr. 45.
Dr. Katz, Rechtsanwalt, Berlin, Prinzenstr. 26.
Kauffmann, F., Assessor, Dortmund.
Kaufmann, Felix, Justizrath, Berlin, Jüdenstr. 51.
Kaufmann, Amtsgerichtsrath, Straßburg (Elsaß), Zürcherstr. 1.
Dr. Kaufmann, Hugo, Rechtsanwalt, Krefeld.
Kaulla, Max, Rechtsanwalt, Stuttgart, Moserstr. 20.
Kayser, Notar, Zabern (Elsaß).
Dr. Kayser, Erster Staatsanwalt, Hamm i. W.
Keibel, W., Amtsrichter, Birnbaum.
Keil, Geh. Regierungsrath, Berlin, Altonaerstr. 34.
Dr. Keller, A., Justizrath, Straßburg, Schlossergasse 25.
Kempf, Rechtsanwalt, Berlin, Unter den Linden 30.
Kempner, M., Rechtsanwalt, Berlin, Landgrafenstr. 18.
Kempner, Amtsgerichtsrath, Königshütte i. O.-Schl.
Kennes, Rechtsanwalt, Potsdam, Am Kanal 57.
Kerckhoff, Notar, Diedenhofen.
Dr. Kessel, Rechtsanwalt, Luckau i. L.
Keyßner, Assessor, Berlin, Lützowstr. 66.
Dr. Keyßner, Geh. Justizrath, Kammergerichtsrath, Berlin, Lützowstr. 66.
Dr. Kiese, Rechtsanwalt, Stuttgart, Werastr. 3.
Kiehl, Johannes, Kammergerichtsrath, Berlin, Courbierestr. 12.
Dr. Kilzer, W., Justizrath, Frankfurt a. M., Goethestr. 17.
Kindel, Wilh., Senatspräsident, Berlin, Bayreuterstr. 35.
Dr. Kipp, Professor, Berlin, Meineckestr. 20.
Dr. Kirch, Justizrath, Königswinter.
Dr. v. Kirchenheim, Professor, Heidelberg.
Dr. Kirschbaum, Rechtsanwalt, Berlin, Kommandantenstr. 1.
Kirschner, Oberbürgermeister, Berlin, Alt-Moabit 90.
Kirschner, Emil, Rechtsanwalt, Brandenburg a. H.
Kitz, Erster Staatsanwalt, Hannover.
Kleefeld, Rechtsanwalt, Sorau, N.-L.
Klein, Amtsrichter a. D., Direktor des Strafgefängnisses zu Tegel, Reinickendorf-West, Seidelstr. 6.
Klein, Rechtsanwalt, Cöpenick b. Berlin, Victoriastr. 18.
Dr. Kleinfeller, Professor, Kiel, Niemannsweg 101.
Dr. jur. Klemperer, Victor, Berlin, Dorotheenstr. 43/44.
C. Klewitz, Kais. Regierungsrath, Berlin, Rankestr. 7.
Dr. Klöppel, Peter, Justizrath, K. Rechtsanwalt beim Reichsgericht, Privatdozent an der Universität, Leipzig, Schenckendorfstr. 8.
Dr. Kloß, Amtsrichter, Eibenstock.
Klüpfel, Finanzrath, Fabrikdirektor, Essen a. d. Ruhr, Hohenzollernstr. 17.
Knaute, Kurt, Referendar, Lissa i. Posen, Kaiser Wilhelmstr. 15.
Knebel, Paul, Rechtsanwalt und Notar, Zehlendorf, Hauptstr. 46.
Knein, H., Landgerichtsdirektor, Aachen.
Dr. Kniep, Professor, Jena.
Dr. Knopf, Albert, Rechtsanwalt, Berlin, Leipzigerstr. 59.

Knöpfler, Geh. Justizrath, Marienwerder i. Westpr.
Koch, Amtsgerichtsrath, Berlin, Rathenowerstr. 68, I.
Koch, Amtsrichter, Alt-Landsberg.
Koch, Amtsrichter, Berlin, Elßholzstr. 19.
Dr. Koch, R., Wirklicher Geheimer Rath, Direktor des Reichsbankdirektoriums, Berlin, Oberwallstr. 10/11.
Koch, Rechtsanwalt, Berlin, Friedrichstr. 71.
Koch, Adolf, Rechtsanwalt, Jever.
Kochmann, Georg, Rechtsanwalt, Gleiwitz, Ring 2.
Dr. Kockerols, Notar, Koblenz, Schloßstr. 2.
Dr. Koffka, P., Landgerichtspräsident, Oppeln.
Köhler, Amtsrichter, Flatow i. Westpr.
Dr. Köhler, Oberamtsrichter, Waldshut.
Dr. Köhler, August, Privatdozent, München, Theresienstr. 2.
Dr. Kohlrausch, E., Professor, Königsberg i. Pr., Mittelhufen-Louisen-Allee 30.
Dr. jur. et phil. Köhne, Carl, Privatdozent an der technischen Hochschule, Berlin, Courbièrestr. 16.
Dr. Köhne, Paul, Amtsgerichtsrath, Berlin, Joachimsthalerstr. 12.
Koelle, Amtsrichter, Klausthal.
Koenig, Landgerichtsdirektor, Koblenz.
Dr. Koppel, Friedrich, Rechtsanwalt, Berlin, Potsdamerstr. 56.
Köppel, Rechtsanwalt, Belgard (Pommern).
Köppen, Rechtsanwalt, Bromberg.
Dr. Koppenhagen, Rechtsanwalt, Gleiwitz, Ring 2.
Koerbitz, Referendar, Berlin, Elsasserstr. 4.
Korn, Assessor, Berlin, Hallesche Straße 22.
Dr. Korn, Alfr., Rechtsanwalt, Berlin, Friedrichstr. 238.
Kortum, Karl, Geh. Justizrath, Naumburg a. d. Saale.
Kosinna, Justizrath, Nordhausen, Lutherplatz 6.
Köster, Landgerichtsdirektor, Berlin, Bayreutherstr. 10.
Kraft, Rechtsanwalt, Berlin, Potsdamerstr. 122c.
Krah, Oberlandesgerichtspräsident, Celle.
Krapp, Erster Staatsanwalt, Fürth i. B.
Dr. Krause, Justizrath, Berlin, Behrenstr. 24.
Krause, Geh. Justizrath, Landgerichtsdirektor, Berlin, Kalckreuthstr. 18.
Kraußold, Justizrath, München, Museumstraße.
Dr. von Kraewel, Staatsanwalt, Aachen.
Dr. Krech, Referendar, Berlin, Schaperstr. 2.
Kreppel, Fr. Ludw., Justizrath, Notar, Bamberg, Judengasse 12.
Kreß, Landrichter, Rottweil.
Dr. Frhr. v. Kreß, Justizrath, Nürnberg, Füll 12.
Dr. Kretschmar, Paul, a. o. Professor, Leipzig, Poniatowskistr. 14.
Kretzer, Rechtskandidat, Berlin.
Krieg, Emil, Rechtsanwalt, Notar, Leipzig, Peterstr. 15.
Dr. Kronecker, E., Kammergerichtsrath, Berlin, Kurfürstendamm 241.
Kroner, Amtsgerichtsrath, Pr. Stargard.
Dr. Kroner, Heinrich, Rechtsanwalt, Berlin, Wilhelmstr. 51.
Dr. Kronfeld, Rechtsanwalt, Berlin, Leipzigerstr. 100.

Dr. Krückmann, Professor, Münster i. W., Hoyastr. 22.
Krüger, Willy, Gerichtsassessor, Berlin, Blücherstr. 11, II.
Krüger, E., Justizrath, Halberstadt.
Krüger, Oskar, Landgerichtsrath, Berlin, Lessingstr. 52.
Dr. Krüger, Landgerichtsrath, Saargemünd.
Krüll, Georg, Rechtsanwalt, Elberfeld.
Krumbiegel, Notar, Elberfeld.
Kübler, Geh. Justizrath und vortragender Rath im Justizministerium, Berlin, Hohenstaufenstr. 1.
Dr. Kübler, B., Professor, Gr. Lichterfelde-Ost, Auguststr. 14.
Küchendahl, Justizrath, Stettin
Kuhn, Wilhelm, Rechtsanwalt und Notar, Lüben i. Schl.
Kühn, Amtsgerichtsrath, Breslau, Augustastr. 68, III.
Kühn, R, Justizrath, Breslau X, Kreuzburgerstr. 10.
Kühn, E., Rechtsanwalt, Meerane i. S.
Kühnast, Rechtsanwalt, Berlin, Potsdamerstr. 23.
Kuhne, Justizrath, Kottbus.
Kulemann, W., Landgerichtsrath, Braunschweig.
Dr. Kulenkampff, Jul., Rechtsanwalt, Bremen, Domsheide 3.
Kulenkampff, Herm., Rechtsanwalt, Bremen, Domsheide 3.
Kummerfeld, Amtsrichter, Znin.
Kunkel, Rechtsanwalt, Justizrath, Landsberg a d. Warthe.
Küntzel, Amtsrichter, Berlin, Bendlerstr. 10.
Dr. Küntzel, Wirklicher Geheimer Ober-Justizrath, Unterstaatssekretär im Justizministerium, Berlin, Genthinerstr. 39.
Kunze, Amtsgerichtsrath, Berlin, Lützowstr. 94.
Dr. Kurlbaum, C, Wirklicher Geheimer Rath, Oberlandesgerichtspräsident, Excellenz, Stettin, Schillerstr. 11.
Kurnick, Rechtsanwalt u. Notar, Landeshut i. Schl.
Kurnicki, Rechtsanwalt, Berlin, Friedrichstr. 249.
Kusel, A, Rechtsanwalt, Karlsruhe i. B., Friedrichsplatz 10.
Dr. Kußmann, Gerichtsassessor, Schneidemühl.
Dr. Kuznitzky, Rechtsanwalt, Berlin, Lindenstr. 13.
Kyritz, Rechtsanwalt u. Notar, Küstrin.
Dr. Lab, Ernst, Berlin, Charlottenstr. 54.
Lademann, Erster Staatsanwalt, Berlin, Blücherplatz 2.
Ladewig, Justizrath, Berlin, Kaiserhofstr. 1.
Ladewig, Fritz, Rechtsanwalt, Berlin, Müllerstr. 175.
Lahn, Rechtsanwalt, Berlin, Dorotheenstr. 30.
Lähr, Amtsgerichtsrath, Belgard (Pommern).
Lamp, Rechtsanwalt, Elmshorn i. Holstein.
Dr. Lamprecht, Landrichter, Hamburg, Sophienterrasse 3.
Landau, Adolf, Rechtsanwalt, Berlin, Kurstr. 20/21.
Dr. Landau, Felix, Rechtsanwalt, Berlin, Potsdamerstr. 27.
Dr. Landé, Amtsrichter Birnbaum.
Dr. Landsberg, Gerichtsassessor, Offenbach a. Main, Ludwigstr. 6.
Landsberg, Rechtsanwalt, Posen.
Landsberger, A., Rechtsanwalt, Berlin, Markusstr. 1.

Landsberger, Rechtsanwalt, Oels (Schlesien).
Dr. Langbein, Oskar, Justizrath, Leipzig, Schloßgasse 2.
Lange, Rechtsanwalt, Straßburg (Elsaß), Marktgasse 8.
Langerhaus, Wilh., Landgerichtsrath, Berlin-Grunewald, Bilsestr. 4.
Langner, Amtsgerichtsrath, Rixdorf-Berlin, Bergstr. 27.
Lasker, Justizrath, Landsberg a. W.
Lasker, Rechtsanwalt u. Notar, Trebnitz.
Dr. Laß, Regierungsrath, Professor, Neu-Babelsberg, Ringstr. 15.
Laubhardt, E., Amtsgerichtsrath, Zehlendorf, Wannseebahn.
Laue, Walter, Rechtsanwalt, Berlin, Kochstr. 9.
Lazarus, Rechtsanwalt, Berlin, Schöneberger Ufer 40.
Dr. Leander, Rechtsanwalt, Berlin, Taubenstr. 43.
Dr. Lebin, Justizrath, Berlin, Friedrichstr. 44.
Dr. Lebin, Ernst, Rechtsanwalt, Berlin, Friedrichstr. 44.
Leers, Rechtsanwalt, Berlin, Neue Promenade 2.
Dr. Lehfeld, Rechtsanwalt, Berlin, Potsdamerstr. 134b.
Dr. Lehmann, Assessor, Berlin, Steglitzerstr. 12.
Dr. Lehmann, Gerichtsassessor, Berlin, Meineckestr. 6.
Lehmann, Landrichter, Berlin, Nollendorfstr. 35 p. r.
Dr. Lehmann, H, Professor, Marburg i. Hessen, Schwanenallee 11.
Dr. Lehmann, Karl, Professor, Rostock i. M.
Lehmann, Max, Rechtsanwalt, Berlin, Andreasstr. 32.
Dr. Lehmann, Rud., Rechtsanwalt, Hamburg, Gr. Reichenstr. 67.
Dr. Lehmann, Rechtsanwalt, Potsdam, Brandenburgerstr. 25.
Lehnebach, Rechtsanwalt, Straßburg i. E., Münstergasse 22.
Dr. Lehning, Elberfeld, Kipdorfstr. 13.
Lehr, Justizrath, Posen.
Leipheimer, Rechtsanwalt, Stuttgart.
Dr. Leipziger, Georg, Rechtsanwalt, Breslau, Neue Graupenstr. 10.
Lemberg, Rechtsanwalt, Berlin, Potsdamerstr. 9.
Dr. Lemberg, Rechtsanwalt, Breslau, Schweidnitzer Stadtgraben 10.
Dr. jur. Lembser, Rechtsanwalt, Halle a. S., Barfüßerstr. 15.
Dr. Lenel, Professor, Straßburg i. Elsaß, Goethestr. 9.
Dr. Lennig, Rechtsanwalt, Straßburg i. Elsaß, Blauvolkengasse 2.
Dr. Leo, Julius Walter, Assessor, Berlin, Lutherstr. 13.
Leonhardt, Rechtsanwalt u. Notar, Swinemünde, Kl. Markt 6.
Dr. Leonhard, Geh. Justizrath, Professor, Breslau, Lindenallee 6.
Dr. Leoni, Ministerialrath a D., Straßburg i. Elsaß, Kochstaden 5.
Dr. Freiherr v. Leonrod, Staatsminister der Justiz, München, v. d. Tannstr. 7.
Dr. Lepa, Berlin, Blumenthalstr. 4.
Lerche, Amtsgerichtsrath, Nordhausen.
Lesse, Geheimer Justizrath, Berlin, Kleiststr. 26.
Leuchert, Notar, St. Avold.
von Levetzow, Referendar, Charlottenburg, Pestalozzistr. 30.
Levi, Rechtsanwalt, Bonn.
Levi, Rechtsanwalt, Stuttgart.
Dr. Levi, Sigmund, Rechtsanwalt, Mainz, Flachsmarkt 3.
Levin, Leopold, Rechtsanwalt, Berlin, Schillstr. 12.

Dr. Levin, Robert, Rechtsanwalt, Berlin, Mohrenstr. 59.
Levinsohn, Landgerichtsrath, Berlin, Uhlandstr. 31.
Dr. Levis, Otto, Amtsrichter, Pforzheim, Lindenstr. 17.
Levot, Rechtsanwalt, Cöln a. Rh.
Dr. Levy, Advokat, Amsterdam.
Levy, Leopold, Gerichtsassessor, Berlin, Belle-Allianceplatz 4.
Dr. J. Levy, Redakteur der Vossischen Zeitung, Berlin, Breitestr. 8.
Levy, H., Rechtsanwalt, Berlin, Seydelstr. 3.
Levy, Julius, Rechtsanwalt, Berlin, Stralauerstr. 13/14.
Levy, Max, Rechtsanwalt, Berlin, Kommandantenstr. 66.
Lewald, E., Justizrath, Leipzig, Simsonstr. 2.
Lewek, Justizrath, Kalkberge-Rüdersdorf, Dampferstr. 11.
Lewin, Amtsgerichtsrath, Grünberg i. Schl.
Lewin, Felix, Kammergerichtsreferendar, Berlin, Roonstr. 18, I.
Lewin II, Rechtsanwalt, Berlin, Potsdamerstr. 23.
Dr. Lewin, Max, Rechtsanwalt, Guben.
Dr. Lewin, Rechtsanwalt, Stettin, Breitestr. 33.
Dr. Lewinski, Justizrath, Posen.
Lewinski, Rechtsanwalt, Berlin, Friedrichstr. 112.
Lewinsky II, Rechtsanwalt, Berlin, Dresdenerstr. 136.
Lewinsky, Rechtsanwalt, Danzig-Langfuhr.
Dr. jur. Lewinsohn, R. J., Dozent, Berlin, Kurfürstenstr. 18.
Dr. Lewinsohn, Max, Rechtsanwalt, Berlin, Alexanderstr. 44.
Dr. Lewinsohn, Rechtsanwalt, Berlin, Jägerstr. 20.
Lewy, Alfred, Rechtsanwalt, Berlin, Wallstr. 14.
Dr. Lewy, Felix, Rechtsanwalt, Berlin, Spandauerstr. 11/13.
Dr. Leyser, Rechtsanwalt, Charlottenburg, Berlinerstr. 139, I.
Dr. jur. Licht, Referendar, Posen, Wilhelmstr. 27, II.
Liebenow, Staatsanwalt, Charlottenburg, Bleibtreustr. 46.
Liebenthal, Justizrath, Berlin, Magdeburgerstr. 8.
Dr. Liebknecht, Karl, Rechtsanwalt, Berlin, Spandauer Brücke 8.
Liebling I, Rechtsanwalt, Berlin, Münzstr. 30.
Dr. Liebling II, Karl, Rechtsanwalt, Berlin, An der Spandauer Brücke 7.
Liebrecht, Gerichtsassessor, Berlin, Friedebergstr. 31.
Liebster, Arno, Justizrath, Leipzig, Burgstr. 35, II.
Liedtke, Rechtsanwalt, Berlin, Genthinerstr. 35.
Dr. Liefmann, Robert, Privatdozent, Gießen.
Dr. Liepmann, Amtsrichter, Oderberg i. Mark.
Dr. Liepmann, Professor, Kiel, Moltkestr. 42.
Dr. Liepschütz, Rechtsanwalt, Berlin, Wilhelmstr. 8.
Dr. Lilia, Gerichtsassessor, Krefeld.
Dr. v. Lilienthal, Professor, Hofrath, Heidelberg.
Lilienthal, Rechtsanwalt, Berlin, Neue Friedrichstr. 49.
Dr. Linckelmann, Rechtsanwalt und Notar, Hannover.
Dr. Lindenau, Gerichtsassessor, Berlin, Potsdamerstr. 118b.
Lindenberg, Landgerichtspräsident, Ratibor.
Dr. Lipmann-Wulf Franz, Rechtsanwalt, Berlin, Leipzigerstr. 41.
Dr. Lippelt, Rechtsanwalt, Berlin, Bülowstr. 24/25.

Dr. Lippmann, Jul., Rechtsanwalt, Hamburg, Neust. Fuhlentwiete 31.
Lisco, Justizrath, Berlin, Mohrenstr. 13.
Dr. Lisco, Geh. Ober-Justizrath, Berlin, Landgrafenstr. 3.
Lißner, J., Rechtsanwalt, Berlin, Alexanderstr. 48.
Lißner, D., Rechtsanwalt, Berlin, Landsbergerstr. 48.
Dr. v. Liszt, Franz, Geh. Rath, Professor, Charlottenburg, Hardenbergstr. 19.
Loeb, Rechtsanwalt, Berlin, Kottbuserdamm 2.
Löhmann, R., Oberlandesgerichtsrath, Hamburg, Uhlenhorstweg 11.
Dr. Lohse, G., Hofrath, Leipzig, Katharinenstr. 20.
Lomnitz, Rechtsanwalt, Berlin, Neue Promenade 2.
Dr. Loock, Gerichtsassessor, Halle a. d. Saale, Schillerstr. 19.
Lorentz, Amtsrichter, Oranienburg.
Dr. Lorenz, Paul, Amtsgerichtsrath, Berlin, Bayreuterstr. 2.
Dr. Lorey, Justizrath, Frankfurt a. Main, Hirschengraben 8.
Löser, Ottomar, Rechtsanwalt, Frankfurt a. d. Oder.
Dr. Lossen, Ober-Landgerichtsrath, Colmar i. E.
Löwe, Landgerichtsrath, Berlin, Wichmannstr. 19.
Loewe, F., Rechtsanwalt, Berlin, Friedrichstr. 154.
Loewe II, Alphons, Rechtsanwalt, Spandau.
Loewenberg, Julius, Rechtsanwalt, Berlin, Holzmarktstr. 4.
Dr. Loewenfeld, Rechtsanwalt, Berlin, Rathenowerstr. 78.
Dr. Loewenfeld, Th., Rechtsanwalt und Universitätsprofessor, München, Pfandhausstr. 3, 1.
Dr. Löwenstein, Eugen, Rechtsanwalt, Cöln a. Rh., Apostelnkloster 17.
Löwenthal, Otto, Rechtsanwalt, Altona, Blücherstr. 19.
Löwenthal, F., Rechtsanwalt, Schwerin (Mecklenburg).
Loewenthal, Max, Rechtsanwalt, Berlin, Jägerstr. 68.
Dr. Loewenthal, Carl, Rechtsanwalt, Berlin, Mauerstr. 11.
Dr. Loewinsohn, Martin, Rechtsanwalt, Berlin, Potsdamerstr. 112a.
Dr. Loewy, Landgerichtsrath, Berlin, Lessingstr. 5.
Dr. Loewy, Rechtsanwalt, Berlin, Holzmarktstr. 68.
Dr. Loewy, Emil, Rechtsanwalt, Berlin, Leipzigerstr. 19, II.
Dr. Lubszinski, Rechtsanwalt, Berlin, Potsdamerstr. 23a.
Dr. Lucas, Ministerialdirektor, Wirkl. Geh. Ober-Justizrath, Berlin, Achenbachstr. 6.
Ludwig, Prinz von Bayern, Kgl. Hoheit, München.
Lurje, Justizrath, Stettin, Reifschlägerstr. 17/18.
Dr. Lürmann, Senator, Bremen.
Lustig, Rechtsanwalt, Justizrath, Gleiwitz.
Lütkemann, W., Rechtsanwalt, Notar, Einbeck.
Lützeler, Max, kgl. Notar, Barmen.
Dr. Maas, Georg, Bibliothekar im Reichsmilitärgericht, Berlin, Nettelbeckstr. 7.
Mack, Oskar, Landgerichtspräsident, Aschaffenburg.
Magnus, Landgerichtsrath, Bonn, Lessingstr. 15.
Dr. Magnus, Oberverwaltungsgerichtsrath, Berlin-Grunewald, Kronbergerstr. 15.
Magnus, Julius, Rechtsanwalt, Berlin, Händelstr. 16.
Magunna, Amtsgerichtsrath, Stettin, Friedrich Carlstr. 26.
Mahla, Notar, Dürkheim.
Mahla, Friedrich, Rechtsanwalt, Landau (Pfalz).

Mainhard, Landgerichtsrath, Karlsruhe i. Baden.
Dr. Mallmann, Landgerichtsrath, Cöln, Mastrichterstr. 9.
Dr. Mallmann, Landgerichtsrath, Zabern.
Manasse I, Rechtsanwalt, Berlin, Kommandantenstr. 84.
Manasse II, Rechtsanwalt, Berlin, Kaiser Wilhelmstr. 12.
Mandowski, Rechtsanwalt, Landeshut i. Schl.
Mankiewitz, Rechtsanwalt, Berlin, Jüdenstr. 50/51.
Dr. Mann, Richard, Rechtsanwalt, Frankenthal.
Dr. Mann, R, Rechtsanwalt, Justizrath, Stettin.
Dr. Mannheimer, Rechtsanwalt, Berlin, Potsdamerstr. 112b.
Dr. Mansfeld, Landrichter, Braunschweig, Rosenthal 7.
Dr. Marck, Georg, Rechtsanwalt, Breslau, Blücherplatz 10, I.
Marcus, J., Amtsgerichtsrath, Tilsit.
Dr. Marcus, Landgerichtsrath, Berlin, Burggrafenstr. 16.
Marcus, Rechtsanwalt, Berlin, Charlottenstr. 48.
Marcuse, Herm., Rechtsanwalt, Berlin, Frankfurter Allee 10.
Marcuse, Th., Rechtsanwalt, Berlin, Friedrichstr. 33.
Marggraff, Rechtsanwalt, Berlin, Potsdamerstr. 48.
Markwald, Alexander, Rechtsanwalt, Berlin, Mohrenstr. 10.
v. Martens, C., Oberamtsrichter, Geislingen i. Württemberg.
Dr. Martin, R., Senatspräsident, Hamburg, Werderstr. 42.
Martin, Justizrath, Nürnberg,
Martins, Oberbürgermeister a. D., Geh. Regierungsrath, Glogau.
Dr. v. Martitz, Oberverwaltungsgerichtsrath, Professor, Berlin, Fasanenstr. 93.
Dr. Marwitz, Rechtsanwalt, Berlin, Leipzigerstr. 6.
Maschke, Rechtsanwalt, Konitz i. Westpr.
Mattersdorf, Franz, Rechtsanwalt, Berlin, Münzstr. 23.
Matthaei, F., Amtsgerichtsrath, Hannover, Sophienstr. 6.
Dr. Matthes, Rechtsanwalt und juristischer Stadtschultheißenamtssekretär, Stuttgart, Rathhaus.
Dr. Matthias, Professor, Rostock i. M., Graf Schackstr. 6.
Maubach, J. R., Notar, Koblenz.
Maurer, Carl, Landgerichtsrath a. D., Mannheim, Rosengartenstr. 21.
Dr. May, V., Rechtsanwalt, Frankfurt a. M., Bleidenstr. 1.
Dr. Mayer, Carl, Rechtsanwalt, Justizrath, Cöln a. Rh., Georgstr. 5a.
Dr. Mayer, Amtsrichter, Dresden-Altstadt, Theresienstr. 16.
Dr. Mayer, Moritz, Rechtsanwalt, Frankenthal (Pfalz).
Dr. Mayer, F. Carl, Justizrath, Gmünd.
Dr. phil. et jur. Mayer, Max Ernst, Privatdozent der Rechte, Straßburg i. Elsaß, Zornstaden 14.
Dr. Mayer, F. P., Rechtsanwalt, Mainz.
Dr. Mayer, Otto, Professor, Straßburg i. Elsaß, Schlossergasse.
Mecke, W., Gerichtsassessor, Bonn.
Mehnert, Rechtsanwalt, Altenburg S.-A.
Meibauer, Rechtsanwalt und Notar, Flatow i. Westpr.
von Meier, Geh. Ober-Regierungsrath, Berlin, Kurfürstendamm 24.
Dr. Meier, Carl, Gerichtsassessor, Halensee, Johann Sigismundstr. 5.
Meinhardt, Rechtsanwalt, Berlin, Königin Augustastr. 43.

Meisner, Christian, Rechtsanwalt, Würzburg.
Meisner, Rechtsanwalt, Berlin, Leipzigerstr. 83.
Dr. Meisner, Geh. Justizrath, Senatspräsident, Posen, Lindenstr. 8.
Meister, Rechtsanwalt, Stettin, Bismarckstr. 6.
Melchior, Victor, Justizrath, Dortmund.
Dr. Mencke, Oberverwaltungsgerichtsrath, Berlin, Passauerstr. 5.
Dr. Mendel, Rechtsanwalt, Dresden, Seestr. 14.
Menschell, Amtsgerichtsrath, Alt-Damm b. Greifenhagen.
Dr. Menz, Landgerichtsrath, Berlin, Regensburgerstr. 4.
Dr. Menzen, Carl Degenhard, Amtsgerichtsrath, Frankfurt a. M., Liebigstr. 32.
Merckle, Rechtsanwalt, Frankenthal (Pfalz).
Dr. Merkel, R., Professor, Freiburg (Baden).
Merschberger, Staatsanwaltschaftsrath, Berlin, Paulstr. 34.
Dr. Meschelsohn, Rechtsanwalt, Berlin, Leipzigerstr. 115/6.
Messow, Alfred, Rechtsanwalt, Berlin, Dirckstr. 48/49.
Metz, August, Rechtsanwalt, Gießen.
Metzel, Rechtskandidat, Berlin, Potsdamerstr. 29.
Metzler, Rechtsanwalt und Notar, Wollin i. P.
v. Metzsch, Hugo, Rechtsanwalt, Leipzig.
Dr. Meurer, Professor, Würzburg.
Meuser, Paul, Rechtsanwalt, Cöln a. Rh., Spichernstr. 42.
Meyer, Amtsgerichtsrath, Charlottenburg, Knesebeckstr. 12.
Dr. Meyer, Ernst, Amtsrichter, Lübeck, Friedrich Wilhelmstr. 39.
Meyer, Emil, Gerichtsassessor, Berlin, Göbenstr. 15.
Meyer, Sigmund, Justizrath, Berlin, Lützow-Ufer 5a.
Dr. Meyer, Fritz, Justizrath, Frankfurt a. M., Neue Zeil 63.
Meyer, Landgerichtsdirektor, Berlin, Passauerstr. 42.
Meyer, Otto, Landrichter, Lüneburg, Bardowickerstr. 11.
Meyer, Fedor, Rechtsanwalt. Berlin, Bayreuterstr. 15.
Dr. Meyer, Oskar, Rechtsanwalt, Berlin, Belle-Alliancestr. 10.
Dr. Meyer, Max, Rechtsanwalt, Berlin, Charlottenstr. 53.
Meyer, Paul, Rechtsanwalt, Berlin, Friedrichstr. 239.
Meyer, Hermann W., Rechtsanwalt, Berlin, Potsdamerstr. 1a.
Meyer, Richard, Rechtsanwalt, Berlin, Königstr. 53/54.
Meyer, Georg Emil, Rechtsanwalt, Berlin, Neue Roßstr. 21.
Meyer, Georg, Rechtsanwalt, Berlin, Potsdamerstr. 40.
Dr. Meyer, Friedrich Arthur, Rechtsanwalt, Berlin, Zimmerstr. 86.
Meyer, Rechtsanwalt, Brandenburg a. H.
Dr. Meyer, Max, Rechtsanwalt, Frankfurt a. M., Zeil 44.
Dr. Meyer, Ludwig, Rechtsanwalt, Hannover.
Meyerhoff, Georg, Rechtsanwalt, Berlin, Lindenstr. 11.
Meyerowitz, Rechtsanwalt, Tilsit.
Meyersohn, Rechtsanwalt, Berlin, Alexanderstr. 22.
Dr. Meyßner, Erich, Justizrath, Berlin, Behrenstr. 4.
Michaelis, Amtsgerichtsrath, Straßburg, Ohmachtstr. 5, I.
Dr. Michaelis, Max, Rechtsanwalt, Berlin, Alexanderstr. 56a.
Dr. Michel, J., Notar, Oberbronn i. E.
Dr. Milch, Rechtsanwalt, Breslau I, Altbüßerstr. 2.

Milentz, Gustav, Amtsgerichtsrath a. D., Stettin, Lindenstr. 12.
Dr. Minden, Syndikus des Pfandbriefamtes, Berlin, Tempelhofer Ufer 1c.
Dr. Mirus, Rechtsanwalt, Hofrath, Leisnig i. Sachsen.
Dr. Misch, Arthur, Rechtsanwalt, Berlin, Chausseestr. 49/50.
Dr. Misch, Emil, Rechtsanwalt, Berlin, Königstr. 31.
Dr. Mittelstraß, A., Rechtsanwalt, Hamburg, Gr. Bleichen 42.
Dr. Mittermaier, W., Professor, Bern, Schloßhaldenstr. 31.
Dr. Mohr, Landgerichtsdirektor, Bremen.
Mohr, O., Rechtsanwalt, Rudolstadt.
Mohrmann, Justizrath, Verden i. Hannover.
Dr. Moll, H., Justizrath, Berlin, Karlsbad 26.
Moll, Landgerichtsrath, Berlin, Kurfürstenstr. 98.
Möllenhoff, Oberverwaltungsgerichtsrath, Berlin, Kurfürstendamm 35.
Möller, Privatdozent, Berlin.
Montigny, Oberlandesgerichtsrath, Cöln a. Rh., Hermann Beckerstraße.
Morris, Rechtsanwalt, Berlin, An der Stadtbahn 20.
Morsbach, Rechtsanwalt, Bonn.
v. Moser, Amtsrichter, Niederwüstegiersdorf.
Moses, Richard, Rechtsanwalt, Berlin, Rosenthalerstr. 41.
Dr. Mosler, E., Syndikus und Gerichtsassessor a. D., Charlottenburg, Uhlandstraße 184.
Moßdorf, Henry, Rechtsanwalt, Erfurt, Eimergasse.
Motty, Rechtsanwalt, Justizrath, Grätz (Posen).
Mügel, Geh. Ober-Justizrath, Berlin, Kurfürstendamm 32.
Dr. Mühsam, Benno, Rechtsanwalt, Berlin, Genthinerstr. 5.
Dr. Mühsam, Georg, Rechtsanwalt, Berlin, Mohrenstr. 54.
Mulertt, Oberlandesgerichtsrath, Naumburg a. d. S.
Müller, Otto, Amtsgerichtsrath, Berlin, Calvinstr. 8.
Müller, Landgerichtsrath, Berlin, Augsburgerstr. 9.
Müller, Eugen, Rechtsanwalt u. Notar, Berlin, Bülowstr. 85a.
Müller, Otto, Rechtsanwalt u. Notar, Berlin, Potsdamerstr. 97.
Müller, L, Rechtsanwalt, Glogau.
Dr. Müller, Ernst, Rechtsanwalt, Justizrath, Metz, Esplanaden 4.
Müller, C. H., Rechtsanwalt, Rostock i. M.
Müller, Julius, Rechtsanwalt, Verden (Hannover).
Müller, Ed., Reichsgerichtsrath, Leipzig, Elsterstr. 49.
Munk, Landgerichtsdirektor, Berlin, Burggrafenstr. 18.
Mundry, Staatsanwalt, Charlottenburg, Goethestr. 85.
Dr. Murray, Gerichtsassessor, Göttingen, Lotzestr. 12.
Dr. Muskat, Eugen, Amtsgerichtsrath, Waldenburg i. Schl.
Nack, Landrichter, Posen.
Nathan, Hugo, cand. jur., Tübingen, Olgastr. 3, II.
Nathan, Rechtsanwalt, Breslau, Ohlauerstr. 4.
Dr. Nathan, Leopold, Referendar, Berlin, Mansteinstr. 15.
Nathansohn, Rechtsanwalt, Berlin, Kommandantenstr. 61.
Nausester, Landgerichtsrath, Berlin, Marburgerstr. 16.
Nehse, Georg, Kammergerichtsrath, Berlin, Elßholzstr. 23.
Neitzel, Rechtsanwalt, Zabern i. Elsaß.

Nelke, Handelsrichter, Berlin, Bellevuestr. 18.
Dr. Nelke, Rechtsanwalt, Berlin, Wilhelmstr. 51.
Nentwig, Landgerichtspräsident, Gleiwitz.
Neubauer, Senatspräsident, Berlin, Würzburgstr. 3.
Dr. Neubecker, Privatdozent, Berlin, Alt-Moabit 113.
Neuer, Wilhelm, Rechtsanwalt, Cöln a. Rh.
Neufeld, Rechtsanwalt, Berlin, Krausenstr. 30.
Dr. Neuhaus, Amtsgerichtsrath, Spandau, Charlottenstr. 6.
Neuhaus, Rechtsanwalt, Frankfurt a. M., Kleiner Hirschgraben 4.
Dr. Neukamp, Oberlandesgerichtsrath, Cöln a. Rh., Hansaring 57.
Dr. Neumann, Siegmund, Amtsgerichtsrath, Nieder-Wüstegiersdorf b. Waldenburg i. Schl.
Neumann, Fritz, Justizrath, Berlin, Königgrätzerstr. 28.
Neumann I, S., Rechtsanwalt, Justizrath, Berlin, Oranienstr. 142.
Neumann, Ad., Justizrath, Sorau (Niederlausitz).
Neumann III, Rechtsanwalt, Berlin, Friedrichstr. 11.
Dr. Neumann, Rechtsanwalt, Berlin, Klosterstr. 65.
Neumann, Oskar, Rechtsanwalt, Berlin, Leipzigerstr. 56.
Dr. Neumann, Hugo, Rechtsanwalt, Berlin, Potsdamerstr. 118.
Neumann, Georg, Rechtsanwalt, Berlin, Rosenthalerstr. 57.
Dr. Neumann, Ernst, Referendar, Berlin, Dörnbergstr. 6.
Neundörfer, Ober-Amtsrichter, Mainz, Gartenfeldstr. 17.
Neusch, Rechtsanwalt, Gleiwitz.
Nickse, Rechtsanwalt, Kottbus.
Niedner, Alexander, Landrichter, Meiningen.
Niemand, Landpfennigmeister, Heide i. Holstein.
Dr. Niemeyer, Professor, Kiel.
Dr. Nienholdt, Rechtsanwalt, Leipzig, Schlossergasse 24.
Niese, Referendar, Schöneberg, Bahnstr. 23.
Noelting, Staatsanwaltschaftsrath, Berlin, Luitpoldstr. 9.
Dr. Nord, Walther, Referendar, Hamburg, Gr. Theaterstr. 48.
Nowoczyn, Justizrath, Neustadt i. Westpr.
Dr. Nußbaum, Julius, Rechtsanwalt, Berlin, Bärwaldstr. 52.
Dr. Oberneck, Rechtsanwalt, Berlin, Anhaltstr. 8.
von Oberniedermayr, Anton, Oberlandesgerichtspräsident, München, Thierschplatz 9.
Obuch, Carl, Rechtsanwalt, Justizrath, Graudenz.
Oehme, O. F., Ober-Justizrath, Leipzig.
Dr. Oelsner, Justizrath, Frankfurt a. M., Neue Mainzerstr. 68.
Ohnstein, Otto, Referendar, Prenzlau.
Olbricht, Erster Staatsanwalt, Lüneburg.
Dr. Ollendorf, Landgerichtsrath, Stolp.
Ollendorf, Rechtsanwalt, Breslau, Zwingerplatz 2.
Ollmann, P., Rechtsanwalt, Justizrath, Greifswald.
Dr. Olshausen, Ober-Reichsanwalt, Leipzig, Lessingstr. 1.
Olshausen, J., Gerichtsassessor, Alt-Landsberg.
Dr. Olshausen, Referendar, Berlin, Dessauerstr. 33.
Dr. Opet, Otto, Gerichtsassessor, Privatdozent, Kiel, Hospitalstr. 7.

Dr. Oppenheim, Professor, London, W. L. 31 Inverness Terrace.
Dr. Oppenheim, L., Rechtsanwalt, Mainz, Kaiserstr. 18.
Oppenheimer, Rechtsanwalt, Berlin, Kurstr. 41/42.
Dr. Oppenheimer, E., Rechtsanwalt, Berlin, Mauerstr. 34.
Dr. Oppermann, Landgerichtsdirektor, Berlin, Kurfürstenstr. 99a.
Dr. Oppler, Rechtsanwalt, Hannover, Georgstr. 45.
Orgler, Kurt, Rechtsanwalt, Barmen.
Dr. Orgler, Rechtsanwalt, Posen.
Dr. Oertmann, Paul, Professor, Erlangeu.
Dr. Ortweiler, Rechtsanwalt, Meiningen.
Oßwald, Oberbürgermeister, Altenburg (S.-A.).
Dr. jur. Osterrieth, Schriftsteller, Berlin, Wilhelmstr. 57/58.
Dr. Oswalt, Henry, Justizrath, Frankfurt a. M., Neue Mainzerstr. 68.
Ott, Heinrich, Rechtsanwalt, Justizrath, Straßburg (Elsaß), Marktgasse 2.
Dr. Otto, Victor, Justizminister, Dresden, Zinzendorfstr. 2a.
Dr. v. Oven, Senator, Frankfurt a. M., Hiedemannstr. 39.
Packscher, Rechtsanwalt, Berlin, Potsdamerstr. 5.
Dr. jur. Paech, Fritz, Berlin, Frobenstr. 36.
Pallaske, Rechtsanwalt, Liegnitz, Goldbergerstr. 17.
Dr. Pappenheim, Max, Professor, Kiel.
Dr. phil. et jur. Passow, Rich., Referendar, Berlin, Schönebergerstr. 23.
Pauli, Emil, Landgerichtsrath, Stettin, Philippstr. 74.
Pausch, Justizrath, Kronach.
Freiherr von Pechmann, W., Direktor der Bayerischen Handelsbank, München, Maffeistr. 5, II.
Dr. Peine, Amtsrichter, Hamburg, Oberstr. 81.
Peiser, Landgerichtsrath, Danzig.
Peiser, Rechtsanwalt, Berlin, Schützenstr. 64.
Peiser, Georg, Rechtsanwalt, Breslau I, Kupferschmiedestr. 17.
Peltasohn, Landgerichtsrath, Bromberg, Elisabethstr. 42 a.
Peltzer, Oberlandeskulturgerichtsrath, Berlin, Passauerstr. 13.
Dr. jur. Perels, Curt, Privatdozent an der Universität Kiel, Berlin, Fasanenstr. 78.
Pergament, Michael, Professor, Odessa, Puschkinstr. 76.
Dr. Perl, Rechtsanwalt, Berlin, Potsdamerstr. 116a.
Perls, Gerichtsassessor, Breslau.
Peters, Oberverwaltungsgerichtspräsident, Berlin, Kurfürstendamm 25.
Peters, Norbert, Rechtsanwalt, Coblenz, Löhrstr. 31.
Dr. Petong, R., Rechtsanwalt, Neu-Ruppin.
Petrich, Rechtsanwalt, Samter.
Petzall, Rechtsanwalt, Berlin, Kirchbachstr. 14.
Petzall, Berthold, Rechtsanwalt, Berlin, Neue Friedrichstr. 41.
Peyser, Rechtsanwalt, Wreschen.
Pfeiffer, Oberlandesgerichtsrath, Stettin.
Pfitzner, Georg, Landrichter, Frankfurt a. M., Ober-Atzemer 4.
Dr. Pflüger, Professor, Bonn, Kaiser Friedrichstr. 7.
Dr. Philippi, Amtsgerichtsrath, Berlin, Fasanenstr. 30.
Dr. Philippi, Landrichter, Prenzlau.
Pick, Amtsrichter, Mehlauken.

Pick, Carl, Rechtsanwalt, Berlin, Prenzlauerstr. 47.
Dr. Pick, Felix, Rechtsanwalt, Berlin, Jerusalemer Kirche 2.
Pickert, Max, Magistratsassessor, Berlin, Am Friedrichshain 16.
Dr. Pieck, Geh. Regierungsrath, Berlin, Königin Augustastr. 38.
Pietsch, Rechtsanwalt u. Notar, Reichenbach i Schl.
Dr. Pilling, Carl, Justizrath, Dresden, Dippoldiswalderstr. 13.
Pincus I, Rechtsanwalt, Berlin, Münzstr. 11.
Pincus II, Georg, Rechtsanwalt, Berlin, Friedrichstr. 135.
Pinn, Rechtsanwalt, Berlin, Friedrichstr. 208.
Pinner, Rechtsanwalt, Berlin, Französische Straße 9.
Dr. Piper, Landgerichtspräsident, Neustrelitz, Seestr. 32.
Dr. Planck, Wirklicher Geheimer Rath, Professor, Excellenz, Göttingen.
Plaschke, Staatsanwaltschaftsrath, Berlin, Fasanenstr. 79.
Plath, Landgerichtsrath, Graudenz.
Pleßner, Landgerichtsrath, Berlin, Marburgerstr. 9.
Pleuß, Gerichtsassessor, Berlin, Bernburgerstr. 31, I.
Plonsker, Rechtsanwalt, Berlin, Badstr. 54.
Pohlmann, Amtsrichter, Rawitsch.
Pomorski, Rechtsanwalt, Ostrowo.
Dr. Pöppel, Rechtsanwalt, Justizrath, Bromberg.
Poppelauer, Georg, Rechtsanwalt, Berlin, Köpenickerstr. 70a.
Poschmann, Oberverwaltungsgerichtsrath, Berlin, Kurfürstenstr. 51.
Posner, Rechtsanwalt, Berlin, Leipzigerstr. 122.
Preibisch, Rechtsanwalt, Berlin, Michaelkirchstr. 41.
Prerauer, Justizrath, Berlin, Charlottenstr. 65.
Dr. Preuß, Privatdozent, Berlin, Matthäikirchstr. 29.
Preuß, Rechtsanwalt, Köpenick.
Preuß, Erster Staatsanwalt, Berlin, Passauerstr. 14.
Priber, Rechtsanwalt, Frankenberg (Sachsen).
Priester, Rechtsanwalt, Berlin, Zimmerstr. 21.
Prinz, Georg, Rechtsanwalt, Berlin, Elsasserstr. 1.
von Prittwitz und Gaffron, Oberstaatsanwalt, Naumburg a. d. S.
Proskauer, Rechtsanwalt, Berlin, Neue Königstr. 51.
Protzen, Amtsgerichtsrath, Ratibor.
Prym, Emil, Rechtsanwalt, Düsseldorf, Marienstr. 11.
Quast, Landgerichtsdirektor, Tilsit.
Rabe, Ernst, Kammergerichtsrath, Berlin, Augsburgerstr. 34.
Rabe, Ober-Staatsanwalt, Cöln a. Rh., Richard Wagnerstr. 39.
Rabenhofer, Josef, Ober-Landesgerichtsrath, München, Sonnenstr. 3.
Dr. jur. Radbruch, Gustav, Referendar, Berlin, Dreysestr. 11.
Raddatz, Ober-Landesgerichtsrath, Posen, Langestr. 18.
Dr. Rading, Referendar, Berlin, Königin Augustastr. 3.
Radlauer, Amtsgerichtsrath, Halle a. d. S., Martinsberg.
Raphael, Rechtsanwalt u. Notar, Berlin, Schönhauser Allee 184.
Rassow, Rechtsanwalt, Berlin, Unter den Linden 30.
Dr. Rathenau, Fritz, Gerichtsassessor, Berlin, Bendlerstr. 25/26.
Ratkowski, Rechtsanwalt, Berlin, Königstr. 27.
Raetzell, Rechtsanwalt und Notar, Berlin, Französische Straße 48.

Rau, Meinhold, Rechtsanwalt, München, Landwehrstr. 4.
Raumann, Oskar, Rechtsanwalt, Berlin, Chausseestr. 123.
Rauscher, Landgerichtsdirektor, Elbing.
Rausnitz, Rechtsanwalt, Justizrath, Berlin, Blücherstr. 4.
Dr. jur. Rawitscher, Referendar, Brieg, Paulauerstr. 11.
Dr. Reatz, Geh. Justizrath, Gießen.
Recke, Landgerichtsdirektor, Berlin, Passauerstr. 41, II.
Dr. Regelsberger, Geheimrath, Professor, Göttingen.
Dr. Rehme, Paul, Professor, Halle a. d. S.
Reich, Geh. Justizrath, Magdeburg, Kaiserstr. 97.
Dr. Reiche, Martin, Rechtsanwalt, Berlin, Krausenstr. 42/43.
Reichenbach, Rechtsanwalt, Berlin, Königstr. 56/57.
Reichensperger, Landgerichtspräsident, Aurich, Prov. Hannover.
Dr. Reimer, Rechtsanwalt, Berlin, Derfflingerstr. 6.
Dr. Reinach, Justizrath, Mülhausen i. Elsaß, Sinnestr. 16.
Dr. Reinartz, Justizrath, Düsseldorf, Eckstr. 15.
Reinberger, Rechtsanwalt, Berlin, Stralauerstr. 33.
Reincke, Reichsgerichtsrath, Leipzig.
Reinhold, Ph., Justizrath, Frankenberg i. Sachsen.
Reis, Staatsanwaltschaftsrath, Berlin, Alt-Moabit 11.
Reisner, Rechtsanwalt, Breslau, Schloßstr. 5.
Reiß, Paul, Justizrath, Frankfurt a. M., Neue Mainzerstr. 31.
Dr. Remak, Paul, Referendar, Berlin, Kalckreuthstr. 18.
Reuscher, Rechtsanwalt, Kottbus.
Dr. Rewoldt, Justizrath, Berlin, Sommerstr. 5.
Rheinwald, Oberlandesgerichtsrath a. D., Stuttgart, Neckarstr. 48 b.
Dr. Rhenius, Geh. Regierungsrath, Berlin, Nürnbergerstr. 69.
Rieck, Landgerichtspräsident, Bromberg.
Riedel, Sigmund, k. Amtsrichter, Lichtenfels i. Bayern.
Dr. Riedel, Oberlandesgerichtsrath, Naumburg a. d. S.
Riemann, Amtsrichter, Maerkisch Friedland.
Dr. Riemenschneider, Rechtsanwalt u. Notar, Bremerhaven.
Dr. Riesenfeld, Conrad Ernst, Syndikus der Handelskammer, Gerichtsassessor a. D., Breslau, Goethestr. 24/26.
Dr. Rieß, Rechtsanwalt, Forchheim 2 i. Bayern.
Dr. Rießer, J., Geh. Justizrath, Bankdirektor, Berlin, Schinkelplatz 1/2.
Rieth, Justizrath, Cöln a. Rh.
Riff, Rechtsanwalt, Straßburg i. Elsaß, Gr. Steinstr. 30.
Riffart, Jos., Justizrath, Cöln a. Rh., Berlich 25.
Ring, Kammergerichtsrath, Berlin, Schöneberger Ufer 46.
Rippner, Rechtsanwalt, Berlin, Friedrichstr. 235.
Dr. Ritthausen, Rechtsanwalt, Pankow b. Berlin, Berlinerstr. 122, I.
Rittleng sen., Alfr., Notar, Straßburg i. Elsaß, Blauvolkengasse.
Dr. Rodewald, C., Rechtsanwalt und Notar, Celle.
Dr. Roedler, Geh. Justizrath, Landgerichtsdirektor, Metz.
Roedlinger, Landgerichtsrath, Görlitz.
Roge, Regierungsrath, Berlin, Kaiserin Augustastr. 68.
Dr. v. Rohland, W., Professor, Freiburg i. Baden, Goethestr. 28.

Rohr, Rechtsanwalt, Lyck.
Röhrig, Rechtsanwalt, Berlin, Kanonierstr. 44.
Dr. Romberg, Geh. Justizrath, Leipzig, Sternwartenstr. 79.
Roemer, Rechtsanwalt und Notar, Bochum i. W.
Ronniger, P, Rechtsanwalt, Leipzig.
von Roon, Senatspräsident, Berlin, Derfflingerstr. 17.
Dr. Roscher, Th, Rechtsanwalt und Notar, Justizrath, Hannover.
Rosenbaum, Justizrath, Berlin, Französische Straße 52.
Dr. Rosenberg, Landrichter, Charlottenburg, Leibnizstr. 79b.
Dr. Rosenberg, Georg, Rechtsanwalt, Berlin, Potsdamerstr. 138.
Rosenberg, Julius, Rechtsanwalt, Göttingen.
Dr. Rosenberg, Leo, Referendar, Posen, Kanonenplatz 5.
Rosenberg, Staatsanwalt, Straßburg i. Els.
Dr. Rosenberger, Rechtsanwalt, Berlin, Jägerstr. 26.
Dr. Rosendorff, Rich., Kammergerichtsreferendar, Berlin, Königin Augustastr. 3.
Rosenfeld, Georg, Rechtsanwalt, Berlin, Dresdenerstr. 133.
Dr. Rosenfeld, Rechtsanwalt, Mannheim.
Dr. Rosenthal, F., Justizrath, München, Perusastr. 1/2.
Dr. Rosenthal, Gerichtsassessor, Berlin, Bayreutherstr. 41.
Rosenthal, W., Rechtsanwalt, Berlin, Friedrichstr. 201.
Rosenthal, Rechtsanwalt. Kottbus.
Dr. Rosenthal, Wilhelm, Rechtsanwalt, München, Promenadenstr. 3.
Roeser, Oberlandesgerichtsrath, Breslau, Ohlau-Ufer 35.
Dr. Rosin, Geh. Hofrath, Professor, Freiburg i. Baden, Günthersthal 64.
Roth, Rechtsanwalt, Berlin, Kronenstr. 8/9.
Dr. Rothe, Justizrath, Berlin. Königgrätzerstr. 60.
Rothenberg I, Rechtsanwalt, Berlin, Markgrafenstr. 61.
Dr. Rothschild, Paul, Landgerichtsrath, Cöln a. Rh., Göbenstr. 1.
Rothschild, Gerichtsassessor, Cöln-Lindenthal, Herwarthstr. 3.
Dr. Rubensohn, Rechtsanwalt und Notar, Rybnitz i. O.-Schl.
Rückel, Justizrath, Bamberg.
Ruge, Albert, Regierungsassessor, Halle a. d. S., Lindenstr. 62, II.
Dr. Rußbaum, Oberverwaltungsgerichtsrath, Berlin, Augsburgerstr. 30/31.
Ruhm, Rechtsanwalt und Notar, Landsberg i. Ostpr.
Rumpf, Rechtsanwalt, Frankfurt a. M., Neue Mainzerstr. 68.
Runge, Rechtsanwalt, Berlin, Seydelstr. 21.
Dr. jur. Russel, Ernst Enno, Berlin, Keithstr. 17.
Saage, Landrichter, Konitz.
Dr. Saalfeld, Alfred, Rechtsanwalt, Berlin, Rosenthalerstr. 18.
Saassen, J. H., Justizrath und Notar, Bonn.
Dr. Sachs, Eduard Gerichtsassessor, Berlin, Kurfürstenstr. 23.
Sachs, Emil, Justizrath. Leipzig.
Sachs, Hugo, Rechtsanwalt, Berlin, Justizrath, Königstr. 52.
Sachse, A., Staatsanwaltschaftsrath, Charlottenburg, Knesebeckstr. 13/14.
Dr. Sachsenhaus, Rechtsanwalt, Danzig.
Dr. jur. Sack, Th., Schriftsteller, München, Herzog Heinrichstr. 24.
Salinger, Max, Justizrath, Berlin, Schellingstr. 16.
Dr. Salinger, Landrichter, Konitz.

Salinger, George, Rechtsanwalt, Berlin, Fasanenstr. 91.
Salinger, Rechtsanwalt, Wollstein.
Dr. v. Salis, Professor, Bern (Schweiz), Gerechtigkeitsgasse 31.
Dr. Sallinger, Rechtsanwalt, Nürnberg.
Salomon, Amtsgerichtsrath, Elbing.
Salomon, Alfred, Landrichter, Elberfeld, Ottenbruch 43.
Salomon, Leopold, Rechtsanwalt, Berlin, Spandauer Brücke 13.
Dr. Salomon, Rechtsanwalt, Berlin, Lindenstr. 66.
Dr. Salomonsohn, Geschäftsinhaber der Diskonto-Gesellschaft, Berlin, Unter den Linden 35.
Salomonsohn, Rechtsanwalt, Notar a. D., Berlin, Alsenstr. 9.
Salz, Rechtsanwalt, Justizrath, Posen.
Dr. Samter, Justizrath, Berlin, Mohrenstr. 35.
Dr. Sammer, K., Bankdirektor, Gotha.
Sandberg, Rechtsanwalt, Berlin, Oranienstr. 47.
Sander, Rechtsanwalt, Berlin, Friedrichstr. 227.
Dr. Sänger, Bruno, Rechtsanwalt, Berlin, Klosterstr. 10.
Saenge, Rechtsanwalt, Berlin, Potsdamerstr. 33.
Sänger, A., II, Rechtsanwalt, Stuttgart.
Sauer, Amtsgerichtsrath, Berlin, Birkenstr. 3.
Schachian, Rechtsanwalt, Berlin, Hinter der katholischen Kirche 1.
Dr. Schachtel, Rechtsanwalt, Berlin, Leipzigerstr. 119.
Schachtel II, Rechtsanwalt, Berlin, Frankfurter Allee 193.
Schäfer, Wilhelm, Amtsgerichtsrath, Inowrazlaw.
Schäfer, Amtsgerichtsrath, Strasburg i. Westpr.
Schäfer, Amtsgerichtsrath, Schönlanke.
Schaffeld, Oberlandesgerichtsrath, Frankfurt a. M.
Dr. Schall, R., Rechtsanwalt, Stuttgart, Büchsenstraße.
Dr. Scharlach, Rechtsanwalt, Hamburg, Nobelshof.
Schepers, Kammergerichts-Senatspräsident, Berlin, Bülowstr. 67.
Scheff, Rechtsanwalt, Berlin, Kochstr. 72.
Scheffler, Rechtsanwalt, Berlin, Schützenstr. 46.
Dr. Scheiff, Rechtsanwalt, Cöln a. Rh.
Dr. Schellhas, Amtsrichter, Rixdorf, Richardplatz 16.
Schellong, Oberverwaltungsgerichtsrath, Charlottenburg, Carmerstr. 10.
Schenck, Rechtsanwalt, Hagen i. W.
Schenke, Friedr., Amtsrichter, Ziegenrück.
Scherer, Justizrath, kgl. Advokat und Rechtsanwalt, Aschaffenburg.
Dr. Scherer, M., Rechtsanwalt, Leipzig, Nürnbergerstr. 40.
Dr. Scherer, Rechtsanwalt, Mainz, Clossestr. 6.
Scheunemann, Rechtsanwalt, Neu-Stettin.
Schiemang, Rechtsanwalt, Kottbus.
Schiller, Rechtsanwalt, Berlin, Alexanderstr. 31.
Schindler, Rechtsanwalt, Berlin, Friedrichstr. 3.
Dr. Schlauch, Walter, Syndikus der Diskonto-Gesellschaft, Berlin W. 50, Meineckestraße 2.
Dr. jur. Schlegelberger, Gerichtsassessor, Königsberg i. Pr., Tragheimer Pulverstraße 32.

Dr. Schlesier, Gerichtsassessor, Berlin, Neue Winterfeldtstr. 38.
Schlesier, Landrichter, Berlin, Hafenplatz 8.
Schlesinger, Rechtsanwalt u. Notar, Friedrichshagen b. Berlin.
Schlesinger, Rechtsanwalt, Leipzig, Neumarkt 1.
Schlockermann, Landrichter, Berlin, Achenbachstr. 22.
Schlomann, Rechtsanwalt, Berlin, Hackescher Markt 1.
Schloß, Rechtsanwalt, Heilbronn.
Dr. Schloßmann, Professor, Kiel.
Dr. Schlotter, A., Rechtsanwalt, Gera (Reuß).
Schmid, Rechtsanwalt, Berlin, Friedrichstr. 49a.
v. Schmidt, Christian, Ober-Landesgerichtspräsident, Bamberg.
Schmidt-Bardeleben, Kammergerichtsrath, Berlin, Kleinbeerenstr. 27, III.
Schmidt, Landgerichtsrath, Berlin, Fasanenstr. 94.
Schmidt, Staatsanwalt, Berlin, Birkenstr. 29a.
Schmidt, Landrichter, Charlottenburg, Kantstr. 147.
Dr. Schmidt-Polex, C., Rechtsanwalt, Frankfurt a. M.
Dr. Schmidt, Carl, Rechtsanwalt, Fürth (Bayern).
Schmidt, Landrichter, Gnesen.
Dr. Schmidt, Ober-Staatsanwalt, Mainz, Ludwigstr. 4.
Dr. Schmidt, Alwin, Amtsrichter, Militsch i. Schl.
Schmidt, Ministerialdirektor, Schwerin i. Mecklenburg.
von Schmidlin, Oberlandesgerichtspräsident, Stuttgart.
Dr. Schmit, Florian, Rechtsanwalt, Luxemburg, Neuthor-Allee 11.
Dr. v. Schmitt, Justizrath, Bamberg.
Schmittendorf, Assessor, Schlachtensee b. Berlin.
Schmitz, Emil, Rechtsanwalt, Justizrath, Cöln a. Rh., Gereonsdriesch 15.
Schnulewitz, Rechtsanwalt, Berlin, Landsbergerstr. 64.
Schneider, Amtsgerichtsrath a. D., Charlottenburg, Kleiststr. 21.
Schneider, Amtsgerichtsrath, Posen, Königsplatz 5.
Dr. Schneider, Victor, Justizrath, Berlin, Leipzigerstr. 101/102.
Schneider, K., Oberlandesgerichtsrath, Stettin, Arndtstraße.
Schneider, Rechtsanwalt, Berlin, Belle Allianceplatz 19.
Dr. Schnitzler, Rechtsanwalt, Krefeld, Ostwall 149.
Dr. Schöller, Landgerichtsrath, Düsseldorf.
Dr. Scholz, Oberverwaltungsgerichtsrath, Berlin, Rankestr. 13.
Schoenfeld, Rechtsanwalt, Berlin, Friedrichstr. 114.
Schoenfeld, Rechtsanwalt, Breslau.
Schoenian, Erster Staatsanwalt, Berlin, Regensburgerstr. 30.
Schoenlank, Rechtsanwalt, Berlin, Invalidenstr. 164.
Schoenlank, Rechtsanwalt, Tegel.
Dr. Schoeps, Gustav, Rechtsanwalt, Berlin, Alexanderstr. 53.
Schorcht, Justizrath, Hameln a. d. Weser.
Schöttländer, Rechtsanwalt, Posen.
Schrader, K, Eisenbahndirektor a. D., Mitglied des Reichstags, Berlin, Steglitzerstraße 68.
Dr. Schramm, Rechtsanwalt, Bremen.
Schreier, Rechtsanwalt, Berlin, Spandauer Brücke 14.
Dr. Schreiner, M, Justizrath, Cöln a. Rh.

Schrock, F., Landgerichtsrath, Berlin, Klopstockstr. 23.
Dr. Schrock, E., Rechtsanwalt, Justizrath, Marienwerder i. Westpreußen.
Dr. Schröder, Gerichtsassessor, Berlin, Friedrich Wilhelmstr. 23.
Schröder, Justizrath, Eisleben.
Dr. Schröder, R., Geheimrath, Professor, Heidelberg.
Schrödter, Referendar, Berlin, Brandenburgstr. 6.
Schrötter, Landgerichtspräsident, Danzig, Langfuhr Heiligenbrunnweg.
Schubert, H., Staatsanwalt, Erfurt, Kasinostr. 7.
Schück, Rechtsanwalt, Breslau, Schweidnitzerstr. 19.
Schüler, Rechtsanwalt, Dortmund.
Schüler, Gustav, Rechtsanwalt, Stolp i. P.
Dr. Schultz, Justizrath, Hagen i. W.
Schultz, Paul, Regierungsrath, Berlin, Luitpoldstr. 12.
Schultz-Voelker, Landgerichtsrath, Danzig.
Schultze, Kammergerichtsrath, Berlin, Calvinstr. 13a.
Dr. Schultze, A. S., Professor, Straßburg i Elsaß.
Dr. Schultze, Alfred, Professor, Oberlandesgerichtsrath, Jena, Mozartstr. 1, II.
Dr. Schultzenstein, Oberverwaltungsgerichtsrath, Berlin, Motzstr. 86.
Dr. Schulz, Professor, Oberbibliothekar, Leipzig, Jakobstr. 10.
Dr. Schulz, Carl, Rechtsanwalt, Frankenthal i. d. Pfalz, Bahnhofstr. 31.
Schulz, Rechtsanwalt, Kottbus.
Schulze, Justizrath, Berlin, Erdmannstr. 5.
Schulze, W., Rechtsanwalt, Berlin, Invalidenstr. 113.
Schumacher, R., Rechtsanwalt, Berlin, Königgrätzerstr. 28.
Schumacher, Rechtsanwalt, Cöln a. Rh.
Schumann, Heinr., Rechtsanwalt, Mösbach i. Baden.
Schumann, Staatsanwalt, Posen.
Schütze, Erster Staatsanwalt, Geh. Justizrath, Königsberg i. Pr.
Schwabach, Regierungsrath, Hamburg-Pöseldorf, Schultzweg 9.
Schwartz, Paul, Rechtsanwalt, Berlin, Alexanderstr. 21.
Schwartz, Martin, Referendar, Steglitz-Berlin, Schloßstr. 39.
Dr. Schwartz, Johann Christoph, a. o. Professor der Rechte an der Universität Berlin, vorm. Rathsherr zu Riga, Berlin, Klopstockstr. 14.
Dr. v. Schwarze, Joh., Reichsgerichtsrath, Leipzig, Beethovenstr. 23.
Schwarz, Staatsanwaltschaftsrath, Berlin, Alt-Moabit 118.
Dr. jur. Schwarzkopff, J., Major a. D., Gerichtsassessor, Westend, Eichenallee 33.
Schweickert, Carl, Rechtsanwalt, Frankenthal i. d. Pfalz.
Schwerin, Gerichtsassessor, Berlin, Potsdamerstr. 78.
Dr. Schwering, Rechtsanwalt, Hamm.
Dr. Schwickerath, Staatsanwalt, Essen a. d. Ruhr, Schäferstr. 25.
Schwindt, Erster Bürgermeister, Gnesen.
Dr. Seckel, E., Professor, Berlin, Kurfürstenstr. 76/77.
Dr. von Seeger, Professor, Tübingen, Karlsstr. 3.
Seeler, H., Rechtsanwalt, Justizrath, Berlin, Kurfürstenstr. 87.
Dr. v. Seeler, Wilh., Professor, Berlin, Achenbachstr. 2.
Dr. Seelig, Justizrath, Leipzig, Schreberstr. 13.
Segall, Gerichtsassessor, Wittenberge.
Dr. Segalla, Rechtsanwalt, Hamburg.

Seibert, Landrichter, Bremen, Berchenstr. 4.
Dr. Seitz, Carl Josef, Landgerichtsrath a. D., München, Bruderstr. 1, I.
Seligmann, Moritz, Handelsrichter, Cöln a. Rh., Kasinostr. 12.
Dr. Seligsohn, Rechtsanwalt, Justizrath, Berlin, Neustädtische Kirchstr. 11.
Seligsohn, Martin, Rechtsanwalt, Berlin, Neustädtische Kirchstr. 11.
Dr. Seligsohn, Rechtsanwalt, Wiesbaden.
Sello, Amtsrichter, Pinne.
Semler, Amtsrichter, Berlin, Königgrätzerstr. 61.
Senff, Rechtsanwalt, Berlin, Taubenstr. 44/45.
Senger, Max, Rechtsanwalt, Berlin, Alexanderstr. 45.
Seyfert, E. H., Senatspräsident, Dresden, Stephanienstr. 30.
Siebert, Fritz, Rechtsanwalt, Wiesbaden, Adolfsallee 5.
Siegel I, Rechtsanwalt, Justizrath, München, Dienerstr. 20.
Dr. Sieger, F., Rechtsanwalt, Frankfurt a. M.
Sieveking, Justizrath, Altona a. d. Elbe.
Dr. Sievert, Referendar, Flensburg, Wrangelstr. 24.
Dr. von Sikorski, Justizrath, Berlin, Maßenstr. 14.
Dr. Silberstein, Max, Rechtsanwalt, Berlin, Margarethenstr. 12.
Dr. Silberstein, H., Rechtsanwalt, Berlin, Oranienburgerstr. 91.
Dr. Silberstein, Albert, Rechtsanwalt, Charlottenburg, Knesebeckstr. 70/71.
Dr. Siméon, P., Landrichter, Landsberg a. d. W.
Dr. Simon, Oberlandesgerichtsrath, Frankfurt a. M.
Dr. Simon, Oberlandesgerichtsrath, Posen.
Dr. Simon, H. V., Rechtsanwalt, Justizrath, Berlin, Viktoriastr. 5.
Dr. Simon, Hans, Rechtsanwalt, Berlin, Zimmerstr. 95/96.
Dr. Simon, Referendar, Berlin, Kurfürstendamm 20/21.
Dr. Simonis, Adolf, Bürgermeister, Rostock i. Mecklenburg.
Simons, W., Landrichter, Meiningen.
Simonson, Oberlandesgerichtsrath, Breslau, Lindenallee 6.
Dr. Simonson, Landgerichtsrath, Berlin, Bambergerstr. 2.
von Simson, Geh. Justizrath, Berlin, Jägerstr. 52.
Sinn, P., Rechtsanwalt und Notar, Rendsburg.
Sluzewski, Rechtsanwalt, Berlin, Wallstr. 3.
Dr. jur. Sluzewski, Emil, Syndikus der Allgemeinen Elektrizitätsgesellschaft, Charlottenburg, Leibnizstr. 61.
Dr. Sobernheim, Justizrath, Berlin, Charlottenstr. 33a.
Dr. Sochaczewer, L., Gerichtsassessor, Berlin, Alt-Moabit 21/22.
Dr. Sokolowski, P., Universitätsprofessor, Moskau.
Söldner, Wilhelm, Erster Bürgermeister, Kgl. Hofrath, Schweinfurt.
Dr. Solmitz, Paul, Amtsrichter, Hamburg, Kippingstr. 12.
Dr. Solmsen, Georg, Gerichtsassessor, Berlin, Unter den Linden 35.
Sommer, Oberlandesgerichtspräsident, Braunschweig.
Sommer, Eugen, Referendar, Schöneberg, Vorbergstr. 9.
Sonnenfeld, Rechtsanwalt, Berlin, Gertraudtenstr. 18/19.
Dr. Sontag, Gerichtsassessor, Berlin, Lindenstr. 93.
Dr. Soetbeer, Generalsekretär des deutschen Handelstages, Berlin, Tauenzienstr. 7c.
Spangenberg, Oberverwaltungsgerichtsrath, Berlin, Rankestr. 4.
Spangenberg, Justizrath, Hannover, Georgstr. 13.

Specht, Felix, Reichsgerichtsrath, Leipzig.
Dr. jur. Sperling, Heinrich, Kammergerichtsrath, Berlin, Teltowerstr. 9, I.
Dr. Frhr. v. Spiegel v. u. z. Pechelsheim, Landgerichtsdirektor, Cöln a. Rh.
v. Spreckelsen, Rechtsanwalt, Bremen.
Dr. Stachow, Rechtsanwalt, Bremen, Domsheide 10/12.
Dr. Stadthagen, Jul., Justizrath, Berlin, Zimmerstr. 16/17.
Stahn, Eugen, Amtsgerichtsrath, Breslau, Brandenburgstr. 52.
Stapff, A., Justizrath, Weimar.
Starck, Assessor, Stettin.
Dr. Staub I, H., Rechtsanwalt, Justizrath, Berlin, Ansbacherstr. 9.
Dr. Stauder, Karl, Rechtsanwalt, Nürnberg.
Steffan, Amtsgerichtsrath, Straßburg i. Els., Apfelstr. 4.
Stein, Paul, Rechtsanwalt, Berlin, Leipzigerstr. 39.
Stein, Hans, Rechtsanwalt, Berlin, Rathenowerstr. 78.
Steinau, Rechtsanwalt, Berlin, Friedrichstr. 175.
Steinbach, Geh. Justizrath, Magdeburg, Kaiserstr. 34.
Steiner, Ludwig, Rechtsanwalt, Berlin, Königstr. 25.
Steinhardt, Rechtsanwalt, Notar, Danzig.
Steinhausen, Landrichter, Berlin, Wartenburgstr. 25.
Dr. Steinitz, Rechtsanwalt, Berlin, Kommandantenstr. 19.
Dr. Steinitz, Max, Rechtsanwalt, Breslau I, Ring 4.
Steinmann-Bucher, Herausgeber der deutschen Industriezeitung, Berlin, Tauenzienstraße 9.
Stelling, Amtsgerichtsrath, Rotenburg i. Hannover.
Stellmacher, Reichsgerichtsrath, Leipzig.
Stelzer, Rechtsanwalt, Deutsch-Krone.
Dr. Stenglein, Reichsgerichtsrath a. D., Halle a. d. S., Prinzenstr. 10.
Dr. Stern, Jacques, Referendar, Berlin, Alexanderstr. 63.
Stern, Max, Amtsrichter, M.-Gladbach.
Dr. Stern, Otto, Gerichtsassessor, Neiße i. O.-Schl.
Dr. Stern, Fedor, Justizrath, Berlin, Behrenstr. 23.
Stern I, Justizrath, Berlin, Taubenstr. 34.
Dr. Stern, Leo, Rechtsanwalt, Berlin, Potsdamerstr. 73.
Dr. Stern, S., Rechtsanwalt, Mannheim
Sternberg, Amtsgerichtsrath, Zielenzig.
Dr. Sternberg, Rechtsanwalt, Berlin, Potsdamerstr. 28.
Stettiner, Otto, Rechtsanwalt, Berlin, Kronenstr. 73.
Stichling, Carl, Geh. Justizrath, Oberlandesgerichtsrath, Jena.
Stillschweig, Rechtsanwalt, Berlin, Kochstr. 72.
Dr. Stintzing, W., Privatdozent, Leipzig.
Stock, Rechtsanwalt, Neu-Weißensee, Königschaussee 20.
Dr. Stoeckel, Geh. Ober-Justizrath, Berlin, Ansbacherstr. 55.
Dr. Stolze, Referendar, Berlin, Bayreutherstr. 4.
Dr. Stölzel, Landrichter, Neu-Ruppin.
Story, Rechtsanwalt, Berlin, Oranienstr. 145.
Dr. v. Stoesser, Geh. Rath, Senatspräsident a. D., Karlsruhe i. Baden, Hirschstr. 51 b.
Dr. Kekule v. Stradonitz, Fürstlich Schaumburg. Kammerherr, Groß-Lichterfelde b. Berlin, Marienstr. 16.

Straehler, Landgerichtsrath, Berlin, Melanchthonstr. 27.
Dr. Stranz, J., Justizrath, Berlin, Leipzigerstr. 34.
Dr. Stranz, M., Rechtsanwalt, Berlin, Oranienburgerstr. 48/49.
Straube, Landgerichtsrath, Halberstadt, Spiegelstraße.
Dr. Straus, Moritz, Rechtsanwalt, Karlsruhe i. B, Kaiserstr. 92.
Dr. Strauß, Alfred, Rechtsanwalt, Berlin, Potsdamerstr. 118.
Dr. von Strauß und Torney, Senatspräsident, Berlin, Bayreutherstr. 40.
Strelitz, Rechtsanwalt, Stettin, Reifschlägerstr. 4.
Stroh, Rechtsanwalt und Notar, Elbing, Friedrich Wilhelmplatz 16.
Dr. Strohal, Emil, Professor, Leipzig, Jakobstraße.
Dr. Struckmann, Gustav, Regierungsrath im Reichsjustizamt, Berlin, Nettelbeckstraße 6.
Dr. Struckmann, Geh. Ober-Regierungsrath, Berlin, Landgrafenstr. 15.
Stubenrauch, Paul, Kammergerichtsrath, Berlin, Kalckreuthstr. 18.
Stüler, Ludw., Amtsgerichtsrath, Heiligenstadt (Eichsfeld).
Stumpff, Geh. Ober-Justizrath und Landgerichtspräsident, Wiesbaden, Alexanderstraße 12.
Suchsland, Adolf, Landgerichtsdirektor, Torgau.
Dr. Suling, W., Rechtsanwalt, Bremen.
Dr. Süpfle, Robert, Rechtsanwalt, Karlsruhe i. Baden, Kaiserstr. 109.
Supper, Geh. Ober-Justizrath, Berlin, Nürnbergerstr. 28.
Süßbach, Amtsrichter, Winzig.
Süskind, H., Senatspräsident, Stuttgart.
Sußmann, Rechtsanwalt, Halberstadt.
Syring, Rechtsanwalt, Justizrath, Danzig, Brodbänkenstr. 29, I.
Tachau, B., Rechtsanwalt, Hamburg.
Tackmann, Landgerichtsdirektor, Berlin, Eislebenerstr. 5, I.
Tafel, Hermann, Rechtsanwalt, Stuttgart.
Tannen, Rechtsanwalt und Notar, Wittmund i. Ostfriesland.
Techow, Magistratsassessor, Berlin, Von der Heydtstr. 7.
Techow, Oberverwaltungsgerichtsrath, Berlin, Martin Lutherstr. 86.
Teschendorf, Landgerichtsrath, Berlin, Kochstr. 9.
Dr. Teuscher, Justizrath, Sommerfeld, Bez. Frankfurt a. d. Oder.
Theremin, Landgerichtsrath, Schweidnitz.
Thiel, Justizrath, Wreschen.
Thiel, Erwin, Rechtsanwalt, Berlin, Lützowstr. 45, I.
Thiele, Oberlandesgerichtsrath, Königsberg i. Pr., Augustastr. 7, II.
Thiemann, Max, Rechtsanwalt, Braunschweig.
Thinius, Kammergerichtsrath a. D., Bankdirektor, Berlin Calvinstr. 20.
Dr. jur. Thiesing, Gerichtsassessor, Göttingen, Herzbergerchaussee 34.
Thomas, Amtsgerichtsrath, Berlin, Eislebenerstr. 5.
Thomaszewski, Amtsgerichtsrath, Berlin, Frankenstr. 8
Thomsen, Amtsgerichtsrath, Emden.
Dr. Thomsen, Oberlandesgerichtsrath, Hamburg, Moorweidtstr. 26.
Dr. Thomsen, Professor, Kiel, Rawenthor-Allee 5.
Thomsen, Landgerichtspräsident, Münster i. Westf.
Throner, Ludwig, Notar, Justizrath, Würzburg.
von Thur, Dr. A., Professor, Straßburg i. Els., Schwarzwaldstraße.

Thurm, E., Justizrath, Cöln a. Rh., Margarethenkloster.
Tichauer, Justizrath, Berlin, Zimmerstr. 61.
Timendorfer, Rechtsanwalt, Berlin, Oranienstr. 145/146.
Tischbein, Referendar, Rostock i. M., Ludwigstr. 12.
Dr. von Tischendorf, Geh. Ober-Regierungsrath, Berlin, Kronprinzen Ufer 19.
Dr. Titze, Professor, Göttingen.
Traeger, Justizrath, Berlin, Behrenstr. 54.
Traumann, Landgerichtsrath, Berlin, Lietzenburgerstr. 3.
Trautner, Rechtsanwalt, Bamberg.
Treibel, Landgerichtsrath, Tilsit.
Treiß, Landgerichtsdirektor, Elberfeld.
Treumann, Rechtsanwalt, Hann. Münden.
Dr. Treutler, Hamburg, Stadthausbrücke.
Trimborn, Balduin, Justizrath, Rechtsanwalt, Cöln a. Rh., Limburgerstr. 9.
Dr. Trinks, Landgerichtspräsident, Rudolstadt.
Dr. Troendlin, Ober-Bürgermeister, Leipzig, Rathaus.
Dr. Türck, Amtsgerichtsrath, Battenberg.
Dr. Türcke, Robert, Amtsrichter, Stendal.
Türk, Rechtsanwalt, Berlin, Friedrichstr. 87.
Ueberhorst, Kammergerichtsrat, Berlin, Neue Winterfeldstr. 16.
Uhde, Oberstaatsanwalt, Posen.
Uhles, Emil, Geh. Justizrath, Kammergerichtsrath, Berlin, Tiergartenstr. 3a.
Dr. Ullmann, E., Professor, München, Ludwigstr. 29.
Ullmann, Rechtsanwalt, Justizrath, Posen.
Ullstein, Rechtsanwalt, Berlin, Kochstr. 23/24.
Dr. Ullstein, Franz, Berlin, Lutherstr. 4.
Unger, J., Rechtsanwalt, Berlin, Königstr. 20/21.
Unger, Hugo, Rechtsanwalt, Berlin, Mohrenstr. 15.
Unger, Rechtsanwalt, Prenzlau.
Ury, Rechtsanwalt, Berlin, Poststr. 11.
Varenkamp, Karl, Rechtsanwalt, Düsseldorf, Blumenstr. 9.
Vater, Amtsrichter, Seidenberg.
Dr. von Veh, Rechtsanwalt, Berlin, Ansbacherstr. 55.
Velde, Justizrath, Diez a. d. Lahn.
Viebig, E., Justizrath, Berlin, Bülowstr. 24/25.
Vierhaus, Professor, Geh. Ober-Justizrath, Berlin, Fasanenstr. 96.
Vierling, Albert, k. Oberlandesgerichtsrath, München.
Viëtor, Landgerichtsrath, Hildesheim (Hannover), Immengarten 39.
Vietsch, Wirkl. Geh. Ober-Justizrath, Direktor im Justizministerium, Berlin, Burggrafenstr. 6.
Vleugels, Justizrath, Cöln, St. Apernstr. 17.
Dr. Vogelstein, Theodor, München.
Volckmar, Landgerichtsrath, Potsdam, Neue Königstr. 17.
Voß, Justizrath, Birnbaum.
Dr. Vossen, Leo, Rechtsanwalt, Cöln a. Rhein.
Dr. Wach, Professor, Leipzig.
Wachler, Ludwig, Geh. Ober-Justizrath, Ober-Staatsanwalt, Berlin, Luitpoldstr. 46.
Wachtel, Landgerichtsrath, Berlin, Meierottostr. 2.

Wächter, Amtsgerichtsrath, Hameln a. d. Weser.
Wagner, Notar, Niederbronn.
Dr. jur. Wagner, Amtsgerichtsrath, Berlin, Flemmingstr. 4.
Wagner, Erster Staatsanwalt, Potsdam.
Dr. Waldow, Rechtsanwalt, Stettin, Kaiser Wilhelmstr. 8.
Dr. jur. Waldschmidt, Rechtsanwalt, Berlin, Dorotheenstr. 43/44.
Waldstein, Rechtsanwalt, Altona a. d. Elbe.
Dr. v. d. Wall, Referendar, Berlin, Wullenweberstr. 11.
Walther, K., Landgerichtsdirektor, Frankfurt a. Main, Böhmerstr. 52.
Dr. Waentig, H., Professor, Münster i. W.
Dr. Warburg, J., Rechtsanwalt, Altona a. d. Elbe, Palmallee 3.
Dr. Warburg, F. M., Referendar, Hamburg, Mittelweg 17.
Dr. Warnatsch, Amtsgerichtsrat, Görlitz, Grüner Graben 6.
Dr. Warschauer, Otto, Professor der Staatswissenschaften, Berlin, Augsburgerstr. 62.
Warschauer, Rechtsanwalt, Tremessen.
Dr. Wassermann, Albert, Rechtsanwalt, Berlin, Burgstr. 21.
Dr. Wassermann, M., Rechtsanwalt, Hamburg, Neuer Wall 34.
Wassermeyer, Justizrath, Bonn.
Wechselmann, Landgerichtsrath, Memel.
Wedekind, Landgerichtsrath, Danzig.
Wedel, Magistratsassessor, Berlin, Schönebergerstr. 2 II.
Wedemeyer, Gerichtsassessor, Göttingen.
Wedow, Geh. Ober-Justizrath, Berlin, Uhlandstr. 44.
Wegner, Geh. Justizrath, Berlin, Französischestr. 28.
Wehlau, Rechtsanwalt, Berlin, Linkstr. 23.
Wehr, Assessor, Berlin, Steglitzerstr. 84.
Weichsel, O., Reichsgerichtsrath, Leipzig.
Weidner, H., Landgerichtsrath, Kempten.
Dr. Weigert, Erich, Gerichtsassessor, Berlin, Bayreutherstr. 38.
Dr. Weil, Julius, Landgerichtsrath, Breslau-Kleinburg, Kastanien-Allee.
Weinberg, Rechtsanwalt, Berlin, Königstr. 37.
Weingarten, Ernst, Rechtsanwalt u. Notar, Pößneck i. Th.
Weise, Stadtrath, Berlin, Keithstr. 18.
Dr. Weiß, Wilhelm, Rechtsanwalt, Breslau I, Zwingerplatz 8.
Weißler, Adolf, Rechtsanwalt, Halle a. S., Gr. Steinstraße.
Weizsacker, Hugo, Landrichter, Marburg a. d. Lahn.
Wendelstadt, Adolf, Geheimrath, Berlin, Brücken-Allee 3.
Wendorff, Landgerichts-Präsident a. D., Stralsund.
Wenning, Rechtsanwalt, Cassel.
Wenzig, Amtsrichter, Berlin, Hallesche Str. 20.
Werner, E., Geh. Ober-Justizrath, Berlin, Lutherstr. 48/49.
Dr. Werner, Rechtsanwalt, Berlin, Kurfürstenstr. 74.
Werner, Rechtsanwalt, Berlin, Reinickendorferstr. 2.
Dr. Werner, Joseph, Rechtsanwalt, Bamberg.
Werner, Emil, Rechtsanwalt, Magdeburg, Kaiserstr. 13.
Werner, Justizrath, Naumburg a. d. Saale.
Werren, Justizrath, Aschersleben.
Werry v. Limont, Emil, Amtsrichter, Trier, Eberhardstr. 6.

Dr. Werthauer, Rechtsanwalt, Berlin, Karlstr. 22.
Dr. Werthauer, Rechtsanwalt, Leipzig, Markt 5.
Dr. Wertheimer, Rechtsanwalt, Baden-Baden.
Werther, Franz, Landgerichtsrath, Frankfurt a. M., Feldstr. 10.
Dr. Westerkamp, Geh. Justizrath, Professor, Marburg i. Hessen.
Westphal, Landrichter, Hamburg, Hochallee 6.
Dr. Weyer, Landgerichtsdirektor, Straßburg i. Els., Universitätsplatz 5.
Weyhe, Gerichtsassessor, Berlin, Köthenerstr. 31, I.
Dr. Weyl, R., Professor, Kiel, Feldstraße 53.
Wiebe, Geh. Justizrath, Berlin, Bendlerstr. 10.
Dr. Wiegand, Lloyddirektor, Bremen.
Wielandt, K., Reichsgerichtsrath a. D., Karlsruhe i. B., Hertzstr. 8.
Wiener, Rechtsanwalt, Berlin, Französische Straße 32.
Wienskowski, Landrichter, Berlin, Neue Winterfeldtstr. 17.
Wienstein, Kammergerichtsrath, Berlin, Luitpoldstr. 35.
Dr. Wieprecht, Regierungsrath, Berlin, Achenbachstr. 21.
Dr. Wilderink, R., Staatsanwaltschaftsrath, Berlin, Uhlandstr. 181.
Dr. Wildhagen, Rechtsanwalt, Leipzig, Leibnizstr. 26/28.
Dr. Wilke, Richard, Geh. Justizrath, Berlin, Hafenplatz 6.
Wilke, Karl, Rechtsanwalt, Notar, Berlin, Hafenplatz 6.
Winkler, Landgerichtsdirektor, Hagen i. W., Neumarktstr. 20.
Winterfeld, Heinrich, Justizrath, Berlin, Oranienstr. 69.
Wintterlin, Präsident, Stuttgart, Olgastr. 73.
Witte, Landgerichtspräsident, Geheimer Ober-Justizrath, Düsseldorf.
Wittelshöfer, Rechtsanwalt, Berlin, Yorkstr. 73.
Dr. Wittelshöfer, Rechtsanwalt, Justizrath, Fürth i. Bayern.
Witting, Oberbürgermeister, Posen.
Dr. Wittkowsky, Rechtsanwalt, Berlin, Schellingstr. 16.
Wize, Rechtsanwalt, Posen.
Wodtke, Justizrath, Havelberg.
Dr. Wolf, Eduard, Justizrath, Dresden, Johannisstr. 19, II.
Wolfen, Justizrath, Bromberg, Kasernenstr. 1.
Wolff, Leopold, Gerichtsassessor, Berlin, Ansbacherstr. 55.
Wolff, Ernst, Gerichtsassessor, Berlin, Lützowstr. 59.
Dr. Wolff, Martin, Privatdozent, Gerichts-Assessor, Berlin, Margarethenstr. 1.
Wolff, Justizrath, Lissa i. P.
Dr. Wolff, Richard, Rechtsanwalt, Berlin, Dorotheenstr. 22.
Dr. jur. Wolff, Max, Rechtsanwalt, Lissa i. P.
Dr. Wolff, Rechtsanwalt, Berlin, Unter den Linden 60.
Wolff, Eugen, Rechtsanwalt, Berlin, Potsdamerstr. 26b.
Wolfram, Emil, Kammergerichtsrath, Berlin, Eislebenerstr. 9.
Wolfsthal, Max, Landgerichtsrath, Regensburg, L. 73.
Wolinski, Rechtsanwalt, Posen.
Wollstein, Landgerichtsrath, Breslau.
Wolter, Amtsgerichtsrath, Berlin, Perlebergerstr. 9, p.
Worms, A., Rechtsanwalt, Moskau.
Dr. Woulffert, Staatsrath, Petersburg.
Wreschner, Semi, Rechtsanwalt, Berlin, Gormannstr. 1.

Wreschner I, Ludw., Justizrath, Berlin, Kommandantenstr. 56.
Wronker, Rechtsanwalt, Justizrath, Berlin, Kaiser Wilhelmstr. 49.
Wulff, Paul, Rechtsanwalt, Berlin, Kottbuserstr. 9.
Wunder, August, Justizrath, Bischheim a. d. S. bei Straßburg i. Els.
Wundermacher, Th., Gerichtsassessor, Charlottenburg, Bleibtreustr. 40.
Wunsch, Rechtsanwalt, Charlottenberg, Kleiststr. 26.
Wussow, Rechtsanwalt, Berlin, Leipziger Platz 14.
Wüstenfeld, Reichsgerichtsrath, Leipzig, Schwägrichenstr. 13.
Zachariae, Otto, Kammergerichtsrath, Berlin, Passauerstr. 11a.
Zade, Rechtsanwalt, Berlin, Königstr. 28.
Zborowski, Amtsgerichtsrath, Inowrazlaw.
Zborowski, Rechtsanwalt, Berlin, Mittelstr. 9.
Dr. Zehme, F., Rechtsanwalt, Leipzig.
Dr. am Zehnhoff, Rechtsanwalt, Cöln a. Rh.
Dr. Zeiß, H., Justizrath, Jena.
Zelter, Rechtsanwalt, Stettin, Augustaplatz 1.
Dr. Ziegler, A. Gottfr, Privatier, Würzburg, Paradeplatz 4.
Ziemssen, Kammergerichtsrath, Berlin, Klopstockstr. 25.
Dr. Ziemssen, F., Rechtsanwalt, Berlin, Louisenstr. 31a.
Dr. Zimmer, Rechtsanwalt, Berlin.
Dr. Zinkeisen, Max, Landrichter, Hamburg-Uhlenhorst, Zimmerstr. 31.
Zinkeisen, Alex., Justizrath, Leipzig, Kl. Burgstr. 4.
Dr. Zirndorfer, P., Rechtsanwalt, Frankfurt a. M., Kaiserstr. 18.
Dr. Zitelmann, Geh. Justizrath, Professor, Bonn.
Dr. Zoder, John, Rechtsanwalt, Hamburg, Graskeller 17.
Zoeller, Julius, Landgerichtspräsident, Kaiserslautern.
Dr. Zorn, Geh. Justizrath, Professor, Bonn.
Zschucke, Th., Amtsgerichtsrath, Leipzig, Floßplatz 35.
Zückler, Justizrath, Glauchau.
Zündorf, Friedr., Rechtsanwalt, Cöln a. Rh, Elisenstr. 19.
Zutt, Adolf, Rechtsanwalt, Karlsruhe i. Baden.
Zweig, Amtsgerichtsrath, Berlin, Rathenowerstr. 31.

Niederländischer Juristenverein, z. H. des Herrn Professor Dr. G. A. van Hamel, Amsterdam, 48 Nicolas Witsenkade.

Verzeichniß
der
österreichisch-ungarischen Mitglieder des Deutschen Juristentages
im Jahre 1902.

Dr. Adler, Karl, Universitätsprofessor, Czernowitz.
Dr. Benda, Eduard, Advokat, Teplitz.
Dr. Bendiener, Ludwig, Advokat, Prag
Dr. Benedict, Edmund, Hof- und Gerichtsadvokat, Wien I, Schottenring 19.
Dr. Beran, Wladimir, Landgerichtsrath, Graz, Humboldtstr. 27.
Dr. Berger, Samuel, Landes- und Wechselgerichtsadvokat, Kaposvar i. Ungarn.
Dr. Bernatzik, Edmund, Professor der Rechte, Wien IV, Hechtengasse 7.
Dr. Beurle, Carl, Advokat, Linz, Landstr. 9.
Dr. Biach, Wolf, Hof- und Gerichtsadvokat, Wien I, Judenplatz 8.
Dr. jur. Boghitchévitsch, M., Wien.
Dr. Boschau, Eugen v., Hof- und Gerichtsadvokat, Wien I, Teinfaltstr. 7.
Dr. von Bozoki, Kgl. Rath, Direktor der Kgl Rechtsakademie, Nagy Varad.
Dr. Brunslein, Jos. L., Hof- und Gerichtsadvokat, Wien I, Krugerstr. 13.
Dr. Buchtel, Alfred, k. k. Landgerichtsrath, St. Poelten (N.-Ö.).
Dr. Byloff, Fritz, Privatdozent, Graz, Richard Wagnergasse 8.
Dr. Coumont, Eduard, Hof- und Gerichtsadvokat, Wien I, Wallfischgasse 4.
Dr. Czuka, Eduard, Advokat, Sa Ujhely i. Ungarn.
Dr. Dalnoky, Bela, Rechtsanwalt, Budapest V, Leopoldring 8.
Dr. Derlich, Leo, k k. Sekretär der Finanzprokuratur, Prag.
Dr. Dworschak, Joh., Advokat, Deutsch-Landsberg, Steiermark.
Dr. Ehrenzweig, Armin, Professor der Rechte, Wien XIX, Vegagasse 5.
Dr. Eisinger, Dominik, k. k. Gerichtsadjunkt, Mährisch-Trübau.
Dr. Feigl, Oskar, Hof- und Gerichtsadvokat, Wien I, Maria-Theresienstr. 22.
Dr. Feistmantel, Carl, Ritter v., Hof- und Gerichtsadvokat, Wien.
Dr. Feldner, Alois, k k. Landgerichtsrath, Graz
Dr Finschger, Josef, Advokat, Graz.
Dr Foltanek, Franz, k. k. Notar, Wien II, Praterstr. 8.
Dr. Frankl, Emil, Hof- und Gerichtsadvokat, Wien I, Fleischmarkt 1
Dr. Frankl, Otto, Universitätsprofessor, Prag-Smichow, Ferdinandsquai 16
Dr Freund, Gustav, Advokat, Prag I, Schulengasse 9.
Dr Fried, Alfred, Advokaturskandidat, Wien VII, Kirchengasse 7.
Dr. Fröhlich, Eugen, R. v. Fröhlichsthal, Landgerichtspräsident und k. k. Hofrath, Graz.
Dr. von Fürstel, Oberlandesgerichtsrath, Prag.
Dr. Geller, Leo, Hof- und Gerichtsadvokat, Wien I, Franz Josef-Quai 11.

Gerichtszeitung, allgem. österreichische, zu Händen Dr. Karl Schreiber, k. k. Sektionsrath, im Eisenbahnministerium, Wien.
Dr. Geringer, Victor, k. k. Finanzrath, Graz.
Dr. Glaser, Heinrich, Hof- und Gerichtsadvokat, Wien.
Dr. Goldschmidt, Alfred, Advokat, Prag, Obstmarkt 9.
Dr. jur. Graetz, Victor, Wien.
Dr. Greistorfer, Carl, Advokat, Graz
Dr. Groß, Siegfried, Hof- und Gerichtsadvokat, Wien I, Schultergasse 5.
Dr. Grünberg, Professor, Wien XVIII, Gentzgasse 38.
Dr. Gschmeidler, August Edler v., Advokat, Oberhollabrunn.
Dr. Haberler, Franz R. v., Hof- und Gerichtsadvokat, Wien I, Hohermarkt.
Dr. Hamm, Carl, k. k. Gerichtsadjunkt, Urfahr b. Linz.
Dr. Hanausek, Gustav, o. o. Universitätsprofessor, Graz, Elisabethstr. 20.
Dr. Heilpern, Gustav, Hof- und Gerichtsadvokat, Wien I, Salzgries 10.
Dr. Heinrich, Thomas, k. k. Hofrath beim obersten Gerichtshof, Wien VIII, Lerchenfelderstr. 55.
Dr. Heller, Procop Benedict, k. k. Universitätsprofessor u. Syndikus a. D., Graz, Morellenfeldgasse 32.
Dr. Herz, Ludwig, Hof- und Gerichtsadvokat, Wien I, Spiegelgasse 2.
Dr. Hiller, Regierungsrath, Professor, Graz, Albertstr. 19.
Dr. Hlaváč, Adolf von, k. k. Adjunkt, Graz, Schillerstr. 22.
Dr. Hoffmann, Herm., Advokat, Salzburg.
Dr. Hohenburger, Victor R. v., Advokat, Graz.
Dr. Hugelmann, Carl, k. k. Hofrath, Wien, k. k. Reichsgericht, Schillerplatz 4.
Dr. Hupka, Josef, Dozent, Wien.
Dr. Hye-Glunek, Frz. Freih. v., k. k. Oberlandesgerichtsrath, Wien I, Schellinggasse 3.
Dr. Jaeger, Anton, Advokat, Salzburg.
Juristische Gesellschaft, zu Händen ihres Obmanns Herrn Dr. Willibald Müller, Troppau.
Dr. Juster, Heinrich, k. k. Konzipient der Prokuratur, Wien.
Dr. Kaiser, Johann, Advokat, Ung. Hradisch.
Dr. Kaiserfeld, Wilh. Edler von, Kanzleidirektor der steiermärkischen Sparkasse, Graz, Schmiedgasse 2.
Dr. Kaiserfeld, Max Ritter v., Advokat, Graz.
Dr. Kaufmann, Friedrich, Advokat, Prag, Graben 17.
Dr. Kindinger, Eduard Ritter v., Exc., k. k. Oberlandesgerichtspräsident u. Geh. Rath, Triest.
Dr. Klein, Franz, Excell., k. k. Geh. Rath, Sektionschef u. Universitäts-Professor, Wien VI, Pumpendorferstr. 5.
Kleß, Anton, k. k. Oberlandesgerichtsrath, Graz, Heinrichstr. 13.
Dr. Klima, Anton, Advokat, Graz.
Dr. Kolbe, Dominik, Hof- und Gerichtsadvokat, Wien IV, Alleegasse 28.
Dr. Konirsch, Alfred, Hof- und Gerichtsadvokat, Wien.
Dr. Környei, Eduard, Advokat, königl. Rath, Budapest IV, Deák-utza 5.
Dr. Krasnopolski, k. k. Univ.-Professor, Prag, Florenzgasse.
Dr. Krasny, Arnold, Ministerialsekretär im k. k. Eisenbahnministerium, Professor a. d. Konsularakademie, Wien IV, Favoritenstr. 15.

Dr. Kunwald, Ludw., Hof- und Gerichtsadvokat, Wien I, Schulerstr. 1.
Dr. Lammasch, Heinr., k. k. Univ.-Professor, Wien IX, Frankgasse 2.
Dr. Landesberger, Julius, Univ.-Professor, Hof- und Gerichtsadvokat, Wien I, Hohenstaufengasse 7.
Dr. Lautner, Franz, k. k. Statthaltereirath, Hofrath, Graz, Stadtkai 47.
Dr. Lederer, Max, Dozent, Wien.
Dr. Lenk, Viktor, k. k. Notar, Friedland i. Böhmen.
Dr. Lenz, Professor, Czernowitz.
Dr. Lichtenstern, Ludw, Hof- und Gerichtsadvokat, Wien I, Wipplingerstr. 28.
Dr. Links, S. Emil, Hof- und Gerichtsadvokat, Wien I, Hohenstaufengasse 2.
Dr. Löffler, Alexander, k. k. Gerichtssekretär und Professor, Wien IX, Broschkegasse 1.
Dr. Löw, Gustav, Advokat, Mähr. Schönberg.
Dr. Löwy, M., Hof- und Gerichtsadvokat, Wien I, Strauchgasse 1.
Dr. Luggin, Josef, Präsident der Advokatenkammer, Klagenfurt.
Dr. Mathias, Adolf, Hof- und Gerichtsadvokat, Wien I, Helferstorferstr. 4.
Dr. Menger, Max, Hof- und Gerichtsadvokat, Wien VIII, Auerspergstr. 21.
Dr. Menzel, Adolf, Univ.-Professor der Rechte, Wien IX, Schwarzspanierstr. 20.
Michelitsch, Josef, k. k. Bezirksrichter, Schönstein (Steiermark).
Dr. Millanich, Alois, Hof- und Gerichtsadvokat, Wien I, Wollzeile 22.
Dr. Mitewski, Max, k. k. Sekretär, Graz.
Dr. Mitscha, Jos. Ritter v. Märheim, k. k. Regierungsrath, Wien I, Elisabethstr. 12.
Dr. von Neumann, Ettenreich Robert, Oberlandesgerichtsrath, Wien.
Dr. Neußer, Hugo, Advokat, Troppau.
Dr. Nicoladoni, Alex., Hof- und Gerichtsadvokat, Linz.
Dr. Ofner, Julius, Hof- und Gerichtsadvokat, Wien.
Dr. von Ohmeyer, Kamillo, Gerichtsadjunkt, Wien VII, Siegmundstr. 93.
Dr. Pfaff, Ivo, k. k. Universitätsprofessor, Prag-Weinberge.
Dr. Pfaff, Leopold, k. k. Universitätsprofessor, Wien I, Am Hof 7.
Dr. Pollack, Professor, Wien.
Dr. Prischl, F., Advokat, Wels O.-Ö.
Dr. Puntschert, Paul, ord. Prof. der Rechte a. d. Universität, Graz.
Dr. Rauchberg, Heinrich, o. Prof. des öffentl. Rechts, Prag.
Dr. Reich, Max, k. k. Notar, Leoben i. Steiermark.
Dr. Reif, Emanuel, Hof- und Gerichtsadvokat, Wien I, Annahof.
Dr. Reiser, Ahmar, Hof- und Gerichtsadvokat, Wien I, Tuchlauben 4.
Dr. Reissig, Carl, Advokat, Brünn.
Dr. Reitzes, Joseph, Hof- und Gerichtsadvokat, Wien I, Seilerstätte 11.
Dr. Richter, Julius, k. k. Notar, Wien I, Seilerstätte.
Dr. Riehl, Anton, Advokat, W. Neustadt i. N.-Oesterreich.
Dr. Rintelen, Anton, Advokat, Graz.
Dr. Rosenbacher, Arnold, Advokat, Prag.
Dr. Schauer, k. k. Sektionsrath im Justizministerium, Wien.
Dr. von Schey, Josef, Professor, Wien.
Dr. Schiffner, Professor, Hofrath, Innsbruck.
Dr. Schlesinger, Rich., Hof- und Gerichtsadvokat, Wien I, Fleischmarkt 1.
Dr. Schlosser, Alois, Präsident der Advokatenkammer, Graz.
Dr. Schmeykal, Franz, Advokat, Prag.

Dr. Schmidt, Josef, Advokat, Elbogen bei Carlsbad (Böhmen).
Dr. Schreiner, Hugo, a. o. Professor des deutschen Rechts, Prag.
Dr. Schrutka, Emil Edler v. Rechtenstamm, k. k. Univ.-Professor, Wien, Währing-Cottagegasse 53.
Dr. Schulz, Paul, k. k. Ministerialrath, Wien VII, Spittelberggasse.
Dr. Schuster, Heinrich, k. k. Univ.-Professor, Prag, Weinberge.
Dr. Seidler, Gustav, k. k. Univ.-Professor, Wien IX, Hasenauerstr. 53.
Dr. Singer, Heinrich, o. Professor des Kirchenrechts, Prag, Kleinseite 602.
Dr. Sperl, Hans, k. k. Univ.-Professor, Graz.
Dr. Spiegel, Ludwig, Univ.-Professor, Prag II, Tyrsgasse 7.
Dr. Stahl, Philipp Ritter v, k. k. Sektionsrath, Wien I, Elisabethstr. 10.
Dr. Stein, Richard, Hofbuchhändler, Wien I, Kohlmarkt 20.
Dr. Steinbach, Emil, 2. Präsident des K. K. obersten Gerichtshofes, Wien I, Hohenstaufengasse 12.
Dr. Steinlechner, Paul, a. ö. Univ.-Professor, Graz.
Dr. Sternberg, Moritz, Advokaturskandidat, Wien I, Maximilianstr. 7.
Dr. von Stourzh, Alois Edler, Vizepräsident des k. k. Kreisgerichts, Korneuburg bei Wien.
Dr. Strauß, Max, Hof- und Gerichtsadvokat, Wien I, Schottenring 14.
Dr. Thanner, Universitäts-Professor, Graz.
Theumer, Leo, k. k. emer. Notar, Elbogen.
Dr. Thumim, Nathaniel, Hof- und Gerichtsadvokat, Wien I, Judenplatz 8.
Dr. Ulbrich, Professor des öffentl. Rechts, Prag.
Dr. Ullmann, Julius, Hof- und Gerichtsadvokat, Wien I, Friedrichstr. 4.
Dr. Unger, Josef, Excellenz, Minister a. D., Geh. Rath u. Präsident des Reichsgerichts, Wien I, Kantgasse 3.
Dr. Vagi, Moritz, kgl. Oberlandesgerichtspräsident, Györ.
Dr. Vock, Franz, k. k. Notar, Laibach.
Dr. Walker, Gustav, k. k. Gerichtssekretär und Privatdozent an der Universität, Wien VI, Amalienstr. 7.
Dr. Wehli, Albert, k. k. Gerichtssekretär, Wien.
Dr. Weil, Friedrich, Hof- und Gerichtsadvokat, Wien I, Jasomirgottgasse 4.
Dr. Weis, Ostborn, Friedrich, Ritter v., Advokat, Graz, Kaiserfeldgasse 22.
Dr. Weißel, Edmund, Hof- und Gerichtsadvokat, Wien I, Strauchgasse 1.
Dr. Weitlof, Moritz, Hof- und Gerichtsadvokat, Wien I, Rathausstr. 5.
Dr. Wellspacher, Moritz, Universitätsdozent, Graz, Liebiggasse 22.
Dr. Wenger, Leopold, a. o. Professor an der Universität, Graz, Richard Wagnergasse 27.
Winter, Rechtsanwalt, Neuburg a. d. Donau.
Dr. Wien, Franz, Advokat, Prag.
Dr. Winter, Josef, Vertheidiger in Strafsachen, Ung. Hradisch.
Dr. Wurmser, Anton v., k. k. Landgerichtsrath, Cilli.

Verzeichniß der Mitglieder
der
ständigen Deputation
nach der Wahl des 26. Juristentages 1902.

Dr. Brunner, Geh. Justizrath, Professor, Berlin.
Dr. Enneccerus Geh. Justizrath, Professor, Marburg.
Dr. Gierke, Geh. Justizrath, Professor, Berlin.
Dr. Hamm. Wirkl. Geh. Ober-Justizrath, Oberlandesgerichtspräsident, Cöln.
Dr. Hanausek, Professor, Graz.
Dr. Kahl, Geh. Justizrath, Berlin.
Dr Hugo Neumann, Rechtsanwalt, Berlin.
Dr. Olshausen, Ober-Reichsanwalt, Leipzig.
Dr. Freiherr v. Pechmann, Direktor der Bayrischen Handelsbank, München.
Dr. Pfaff, Hofrath, Professor, Wien.
Dr Riesser, Justizrath, Berlin.
Schmidlin, Staatsrath, Ober-Landesgerichtspräsident, Stuttgart.
Dr. Stenglein, Reichsgerichtsrath a. D., Leipzig.
Dr. Stösser, Ober-Landesgerichtspräsident a. D., Karlsruhe
Dr Strohal, Professor, Leipzig.
Thinius, Kammergerichtsrath a. D, Berlin.
Dr. Vierhaus, Oberjustizrath, Professor, Berlin.
Dr. Wildhagen, Rechtsanwalt am Reichsgericht, Leipzig.
Dr. Richard Wilke, Geh. Justizrath, Berlin.

Uebersicht

über den Vermögensbestand des Deutschen Juristentages laut Bücherauszug der Deutschen Bank vom 10. September 1902.

A. Effekten:

Mk.	3 000	$3\frac{1}{2}$prozent. Landsch. Central-Pfandbriefe.
"	3 000	$3\frac{1}{2}$prozent. Pommersche Pfandbriefe.
"	3 000	3prozent. Pommersche Pfandbriefe.
"	6 800	3prozent. Sachsenrente.
Sa. Mk.	15 800.	

B. Baares Guthaben Mk. 991,55.

Der Schatzmeister:
gez. Dr. **Neumann.**

Stenographische Berichte.

Erste Plenarsitzung
des
Sechsundzwanzigsten Deutschen Juristentages
zu Berlin am 10. September 1902.
im Preußischen Abgeordnetenhause.

(Beginn: Vormittags 10 Uhr.)

Ehren-Vorsitzender der ständigen Deputation Senats-Präsident Dr. **K. v. Stoesser** (Karlsruhe):

Hochgeehrte Herren:

Nachdem wir uns gestern Abend gegenseitig freudigst begrüßt, werden wir heute zur ernsten Arbeit übergehen. Wir beginnen damit, daß wir unsern Vorstand wählen, insbesondere den ersten Vorsitzenden.

Sie wissen, verehrte Herren, daß dies seit langen Jahren regelmäßig in der Art geschehen ist, daß auf den Vorschlag der ständigen Deputation die Versammlung sich erklärt, ob sie durch allgemeinen Zuruf diesen Vorgeschlagenen zum Präsidenten wählen will. Ist es Ihnen recht, wenn wir es dieses Jahr wieder so halten? (Ja!) Gut, so habe ich die Freude und die Ehre, im Auftrage der ständigen Deputation, Ihnen als ersten Vorsitzenden für diesen Deutschen Juristentag den in der Wissenschaft allgemein glänzenden Namen und den um den Deutschen Juristentag seit langen Jahren hochverdienten Geheimrath Prof. Dr. Brunner vorzuschlagen.

(Lebhafter Beifall.)

Verehrte Herren! Ihr einmüthiger Ruf bestätigt, daß die ständige Deputation des Juristentags in Ihrem Sinne mit diesem Vorschlage richtig gehandelt hat; ich erkläre somit den Herrn Geheimrat **Brunner** zum **ersten Vorsitzenden** des diesjährigen Deutschen Juristentags (Bravo!) und bitte ihn, diesen Ehrensitz zu übernehmen.

(Lebhaftes Bravo und Beifallklatschen.)

1*

Geheimer Justizrath Prof. Dr. **Brunner** (Berlin): Ich danke Ihnen, m. H., für diese ehrenvolle Wahl und ich danke Ihnen für die ehrenvolle Art, in der sie erfolgt ist. Ich nehme diese Wahl an nicht mit leichtem Herzen, sondern in dem Bewußtsein, daß es eine außerordentlich schwierige und verantwortungsvolle Aufgabe ist, die Verhandlungen dieses Juristentags so zu leiten, wie es der Vergangenheit des Juristentags, wie es dem Geschick und der Begabung meiner bewährten Vorgänger und wie es den ruhmvollen Traditionen des Hauses entspricht, in welchem zu tagen uns heute vergönnt ist.

M. H., einigermaßen gereicht mir's zum Trost, daß ich die Verantwortlichkeit, die mit diesem Amte verbunden ist, nicht ausschließlich zu tragen habe. Zum Theil trägt sie ja auch die ständige Deputation, welche die Kühnheit hatte, mich Ihnen vorzuschlagen, und zum Theil trägt sie diese hochansehnliche Versammlung selbst, die mir einen so schwerwiegenden Beweis ihres Vertrauens geschenkt hat, auf die Gefahr hin, sich etwa nachträglich culpa in eligendo vorwerfen zu müssen. (Heiterkeit.) Ich bitte Sie, diese Verantwortlichkeit mir und der ständigen Deputation und sich selbst dadurch zu erleichtern, daß Sie mich in der Führung der Geschäfte allseitig freundlichst unterstützen. (Bravo!)

In erster Linie richte ich aber die Bitte um Unterstützung an diejenigen Herren Mitglieder, die ich gemäß dem Statut im Einverständniß der ständigen Deputation als Mitvorsitzende und als Schriftführer zu bestimmen habe. Ich glaube in Ihrem Sinne zu handeln, wenn ich Ihnen als ersten Mitvorsitzenden vorschlage einen Oesterreicher (Bravo!), Herrn Sektionschef Klein aus Wien. Ich bitte ihn, hier Platz zu nehmen. Dann Herrn Wirklichen Geheimen Ober-Regierungsrath Peters, Präsident des Oberverwaltungsgerichts (Bravo!); ferner Herrn Stadtrath und Oberlandesgerichts-Präsidenten v. Schmidlin aus Stuttgart, unseren Vertreter für Württemberg, (Bravo!); dann Herrn Geheimen Ober-Justizrath Wachler, Oberstaatsanwalt am Kammergericht. (Bravo!) Ich bitte die Herren, diese Würde anzunehmen durch konkludente Handlung, indem Sie die Plätze der Mitvorsitzenden einnehmen. (Heiterkeit.)

Ich habe dann gemäß dem Statut noch 4 Schriftführer zu ernennen und bestimme als solche Herrn Rechtsanwalt Karl Wilke, Herrn Professor Dr. Ritter von Wretschko (Innsbruck), Herrn Staatsanwaltschaftsrath Plaschke (Berlin) und Herrn Justizrath Arnold Seligsohn (Berlin).

Somit wäre das Bureau gebildet, so weit das Statut es vorschreibt. Ich habe Ihnen aber noch eine Wahl vorzuschlagen, die das

Statut zwar nicht vorschreibt, aber auch nicht ausschließt. M. H., nach meinem persönlichen Empfinden hätte es sich empfohlen, zum Präsidenten des 26. Deutschen Juristentags den Präsidenten des 25. zu wählen: das älteste Mitglied der ständigen Deputation, das Einzige, welches bereits an dem Berliner Juristentag von 1860 theilgenommen und seitdem der ständigen Deputation ununterbrochen angehört hat, Herrn Präsidenten von Stoesser aus Karlsruhe. (Bravo!) In der Deputation war die gute Absicht vorhanden, Ihnen Herrn von Stoesser vorzuschlagen; er hat aber von vornherein und unerbittlich es abgelehnt, die Bürde des Präsidiums dieses Mal zu übernehmen. Das schließt aber nicht aus, daß wir ihm eine Würde ohne Bürde übertragen, daß wir das Alterspräsidium, welches ihm kraft seiner Jahre zusteht — Herr von Stoesser hat selbst gelegentlich bemerkt, daß er beinahe doppelt so alt sei wie der Juristentag —, daß wir dieses Alterspräsidium in ein Ehrenpräsidium verwandeln (Bravo!) und Herrn von Stoesser in Anerkennung der hohen Verdienste, die er sich in 42jähriger treuer und redlicher Arbeit um den Deutschen Juristentag erworben hat, zum Ehrenpräsidenten wählen.

(Lebhaftes Bravo und Händeklatschen.)

M. H., Ihr Beifall bekundet, daß Sie mit diesem Vorschlag allgemein einverstanden sind, und ich proklamire hiermit Herrn Präsidenten von Stoesser als Ehrenpräsidenten des 26. Deutschen Juristentags.

(Wiederholtes Beifallklatschen.)

Ehrenpräsident **von Stoesser** (Karlsruhe): Verehrte Herren! Freudig überrascht und tiefgerührt durch den ehrenvollen Vorschlag des Herrn Präsidenten sage ich Ihnen meinen wärmsten Dank für Ihre freundliche und wohlwollende Zustimmung.

Verehrte Herren! Ich wünsche jedem von Ihnen, daß, wenn er 42 Jahre lang dem Juristentag angehört hat, er mindestens ebenso rüstig und voller Freudigkeit und jugendlichen Eifers für den Deutschen Juristentag noch beseelt sein möge, wie es Gottlob mir heute noch vergönnt ist. Ich sage Ihnen meinen herzlichsten Dank.

(Anhaltender Beifall.)

Präsident: Ich habe der Versammlung ein Schreiben des Herrn Reichskanzlers zur Kenntniß zu bringen:

Norderney, den 21. August 1902.

Der Deputation beehre ich mich für die freundliche Mittheilung vom 9. dieses Monats meinen verbindlichsten Dank auszusprechen, und darauf ergebenst zu erwidern, daß es mir leider persönlich nicht möglich ist, mich an der 26. Generalversammlung des Deutschen Juristentages und den damit verbundenen Veranstaltungen zu betheiligen. Ich habe aber Seine Excellenz den Herrn Staatssekretär des Reichsjustizamts Kaiserlich Wirklichen Geheimen Rath Dr. Nieberding ersucht, meine Vertretung zu übernehmen.

v. Bülow.

Seine Excellenz der Herr Staatssekretär des Reichsjustizamts hat das Wort.

Staatssekretär des Reichsjustizamts Dr. **Nieberding**, Wirklicher Geheimer Rath: Meine hochgeehrten Herren! Neben dem Schreiben, das Ihr verehrter Herr Präsident Ihnen eben mitgetheilt hat, ist von dem Herrn Reichskanzler auch noch persönlich mir gegenüber zum Ausdruck gebracht worden, wie großen Werth er darauf lege, seine Theilnahme für die Verhandlungen des Juristentages hier im Hause selbst zu bezeugen, und ich rechne es mir zur besonderen Ehre, im Namen des leitenden Ministers des Reiches dieser hochansehnlichen Versammlung deutscher Juristen, nicht nur aus allen Gauen unseres Reiches, sondern auch aus der Ferne über die Grenzen hinweg, vor allem aus dem uns eng befreundeten Nachbarreiche an der Donau, ein herzliches Willkommen zu bieten.

Meine Herren, seitdem der Juristentag erstand, ist er stets unentwegt der Träger großer volkstümlicher, weitausschauender Ideen im Sinne einer kraftvollen aber auch maßvollen Entwickelung unserer Rechtseinrichtungen gewesen. Darin liegt das Geheimniß der bedeutsamen geistigen Machtstellung, welche der deutsche Juristentag unleugbar in den weitesten Kreisen unseres Volkes besitzt, und die daraus entquellende schöpferische Kraft, meine Herren, das müssen wir dankbar anerkennen, ist uns vor allem hier im Reiche zu Gute gekommen. Indem der Herr Reichskanzler Ihnen in dankbarer Erinnerung an das, was der deutsche Juristentag in der Vergangenheit gethan und geleistet hat, seinen Willkommen bietet, hegt er den Wunsch, daß auch diese Zusammenkunft dazu beitragen möge, die alten Freundschaftsbande zwischen den Juristen Deutschlands und Oesterreichs zu festigen, hegt er aber auch die lebendige Hoffnung, daß der Juristentag treu seiner Vergangenheit auch diesmal Bedacht nehmen werde auf die Mehrung und Kräftigung jenes unschätzbaren Gutes, dessen das Deutsche Reich sich in seinem einheitlichen Recht erfreut.

Diesem Willkommen des Herrn Reichskanzlers, meine Herren, gestatte ich mir hinzuzufügen einen warmen Gruß der Reichsjustizverwaltung.

Wir im Reichsjustizamt betrachten den Deutschen Juristentag als die vornehmste Stätte, an welcher wir mit den langsam und leise sich fortbildenden Rechtsanschauungen des Volkes, geklärt und geläutert durch den Gedankenaustausch in der juristischen Theorie und Praxis, in die engste und unmittelbarste Fühlung treten. Deshalb folgen wir stets mit dankbarem Interesse den Verhandlungen des Deutschen Juristentages, deshalb werden wir auch diesmal seinen Verhandlungen unsere volle Aufmerksamkeit schenken, und zwar um so mehr, als dies das erste Mal ist, daß der Juristentag seine Verhandlungen unter den Augen der Justizverwaltung des Reiches führt. Meine Herren, die Bestrebungen des Deutschen Juristentages und die Ziele der deutschen Gesetzgebungspolitik bilden glücklicherweise keinen Gegensatz. Wenn wir zurückblicken auf das Menschenalter deutscher Reichsgesetzgebung, das jetzt hinter uns liegt, wie viel Keime zu den reichen und großen gesetzgeberischen Schöpfungen dieser Zeit finden wir nicht schon gegeben in den früheren Verhandlungen des Juristentages! Dieser fruchtbare Zusammenhang, dieser wahrhaft glückliche Zusammenhang zwischen den idealen Arbeiten des Deutschen Juristentages und den praktischen Problemen des politischen Lebens, möge er uns auch in Zukunft erhalten werden zum Segen der deutschen Rechtsentwickelung, zum Ruhme des Deutschen Juristentages. Mit dieser Hoffnung, meine Herren, wünsche ich im Namen der Reichsjustizverwaltung dem Deutschen Juristentag eine ebenso schöne wie erfolgreiche Tagung.

(Lebhafter Beifall und Händeklatschen.)

Präsident: Die Zustimmung der Versammlung bekundet Ihnen, Excellenz, welch' starkes Echo Ihre Worte in den Reihen des Deutschen Juristentages geweckt haben. Die anerkennende Ansprache, mit welcher der Herr Staatssekretär des Reichsjustizamts im Namen des Herrn Reichskanzlers und im Namen der Reichsjustizverwaltung uns begrüßt hat, bringt uns den gewaltigen Umschwung zu vollem Bewußtsein, der zwischen dem ersten und dem zweiten Berliner Juristentage in der deutschen Rechtsentwicklung eingetreten ist. Als der deutsche Juristentag im Jahre 1860 zusammentrat, fehlte uns die politische Einheit und fehlte uns die Rechtseinheit, die nur erst auf dem Gebiete des Verkehrsrechts angebahnt war; sie lagen beide, wie der Dichter des 26. Deutschen Juristentages sagt, noch im Reich der Träume. Heute heißt uns der Kanzler des Deutschen Reiches durch seinen Vertreter willkommen, heute begrüßt uns der Träger des Amtes, dem die Aufgabe zufiel, die von uns angestrebte Rechtseinheit in die Wege zu leiten, heute begrüßt uns der Herr Staatssekretär des Reichsjustizamts, dem es beschieden war und dem es gelungen ist, die schwierigste aller Kodifikationsarbeiten, das Bürgerliche Gesetzbuch und seine Nebengesetze unter Dach und Fach zu bringen.

(Bravo.)

Meine Herren! Der deutsche Juristentag schließt ja die Politik grundsätzlich von seiner Wirksamkeit aus, allein ich darf hier, ohne eine politische Frage anzuschneiden und ohne ein politisches Urteil abzugeben, immerhin darauf hinweisen, daß die populären Strömungen im deutschen Volke, die sich die politische Einheit, und jene, die sich die Rechtseinheit zum Ziele setzten, sich ungefähr gleichzeitig in Vereinen organisirten. Im September 1859 entstand der deutsche Nationalverein unter dem Vorsitze Rudolf von Bennigsen's, in welchem das deutsche Volk vor kurzem einen seiner treuesten Söhne und die deutsche Juristenwelt eine ihrer hervorragendsten Persönlichkeiten verloren hat. Wie Ihnen bekannt, stellte am 3. März 1860 Franz von Holtzendorff in der Berliner juristischen Gesellschaft den Antrag, die Ausschreibung eines Deutschen Juristentages zu veranlassen. So stellen sich der Deutsche Nationalverein und der Deutsche Juristentag trotz der Verschiedenheit ihrer Ziele, trotz der Verschiedenheit ihrer Organisation und ihrer Wirksamkeit und trotz der Verschiedenheit ihrer Geschicke gewissermaßen dar wie zwei Blätter, die derselbe Trieb entfaltet hat, im Grunde genommen, der nationale Selbsterhaltungstrieb des deutschen Volkes.

Ebensowenig wie der deutsche Nationalverein die politische Einheit, ebensowenig hat der deutsche Juristentag die Rechtseinheit geschaffen. Aber ohne unbescheiden zu sein, darf der Deutsche Juristentag sich rühmen, daß er durch seine redliche Pionierarbeit dazu beigetragen hat, den Gedanken an die Rechtseinheit lebendig zu erhalten im deutschen Volke. Meine Herren! Wir sind weit entfernt, die Bedeutung unserer Beschlüsse zu überschätzen — unter uns Aelteren ist wohl keiner, der nicht irgend eine Abstimmung zu verwürgen hätte, mit der er einmal in der Minderheit geblieben. Aber wir dürfen dreist behaupten, in einzelnen Fragen die jeweilige communis opinio der deutschen Juristen zum Ausdruck gebracht, in anderen Fragen wenigstens nützliche Anregungen gegeben, andere im Feuer der Diskussion geklärt, auf wunde Punkte unserer Rechtsordnung und auf Lücken in der Gesetzgebung hingewiesen zu haben.

Was man immer etwa an einzelnen unserer Beschlüsse tadeln mag, wir dürfen uns das Zeugniß geben, daß wir uns fern gehalten haben von abstraktem Radikalismus, daß wir unser Ziel mit Besonnenheit, mit Beschränkung auf das praktisch Erreichbare verfolgt haben und mit jenem

Wirklichkeitssinn, dessen Niemand so sehr bedarf, als gerade der Jurist. Ihre Worte, Herr Staatssekretär, sind uns ein hochwillkommenes Zeugniß, daß auch die Reichsregierung unsere Arbeit nicht als eine störende oder hemmende, sondern als eine fördernde und gedeihliche Mitarbeit an dem Ausbau der deutschen Rechtsordnung betrachtet, und dafür gestatten Sie mir im Namen des Deutschen Juristentages Ihnen unseren tiefempfundenen Dank auszudrücken mit der Bitte, diesen unseren Dank auch für den Herrn Reichskanzler entgegenzunehmen. (Beifall.)

Seine Excellenz der Herr Justizminister wünscht zur Versammlung zu sprechen.

Staatsminister Dr. **Schönstedt,** Excellenz: Meine hochgeehrten Herren! Den begrüßenden Worten, die Sie vorhin aus dem Munde des Vertreters des Reichs gehört haben, schließe ich mich im Namen der preußischen Staatsregierung und insonderheit der preußischen Justizverwaltung aus vollem Herzen an. Wie vor 42 Jahren, — zu der Zeit, an welche der Herr Präsident soeben erinnert hat, — der damalige Justizminister der Gründung des Deutschen Juristentages von vornherein seine wärmsten Sympathien entgegen brachte, so hat seitdem die Justizverwaltung Preußens nicht aufgehört, Ihren Arbeiten und Bestrebungen das lebhafte Interesse zuzuwenden, welches sie vollauf verdienten; „vollauf" sage ich und bestätige damit das, was soeben zum Ruhme der Leistungen des Juristentages der Herr Präsident Ihnen gesagt hat. Das zwanglose Zusammenwirken von Berufsgenossen aus Nord und Süd mit der nicht dankbar genug anzuerkennenden treuen Mitarbeit der Mitglieder aus Oesterreich (Bravo!), die unmittelbare Berührung zwischen Theorie und Praxis, die harmonische Zusammenarbeit von Richtern und Anwälten nach denselben Zielen zu denselben Zwecken, meine Herren, alles das hat einen so mächtigen Faktor in der Entwicklung unseres Rechtslebens gebildet, daß auch die Staatsregierung nur mit Dankbarkeit auf diese Leistungen zurückblicken kann; und, meine Herren, es giebt, glaube ich, kaum einen Jahrgang der Gesetzesblätter aus dem letzten Jahrzehnt, in dem nicht die Spuren der Thätigkeit, der vorbereitenden, der anregenden, der fördernden Thätigkeit des Juristentages nachzuweisen wären. Nun, meine Herren, ist in der Presse sowohl, wie in den aus Anlaß der gegenwärtigen Tagung erschienenen Festschriften der Gedanke mehrfach erörtert und die Frage aufgeworfen worden nach der fortdauernden Daseinsberechtigung des Juristentages. Meine Herren! Ich nehme keinen Anstand, diese Frage aus voller Ueberzeugung zu bejahen. Zwar ist es richtig, daß die nächsten großen Ziele des Deutschen Juristentages, die Einheitlichkeit des Strafrechtes, des Privatrechtes, des Prozesses, im Wesentlichen erreicht worden sind. Unleugbar ist es auch, daß in weiten Kreisen und auch wohl bei den Faktoren der Gesetzgebung ein gewisses Ruhebedürfniß sich geltend macht, wenn ich nicht von Ermüdung sprechen soll, nach der großen Arbeit der letzten Jahre. Für nicht unberechtigt halte ich auch die Auffassung, daß den Richtern wie den Anwälten und ebenso der Bevölkerung eine gewisse Zeit gelassen werden müsse, sich mit den großen Gesetzen, die die letzten Jahre gebracht haben, vertraut zu machen, sie geistig zu durchdringen, ehe an neue große Arbeiten herangetreten werden könne. Aber, meine Herren, ein solcher Zustand und solche Empfindungen, sie können nicht dauernd sein, sie können nur als eine vorübergehende Erscheinung betrachtet werden, und die Gesetzgebung verträgt keinen dauernden Stillstand. Ein Blick in die nicht mit Unrecht sogenannte Verlustliste des Bürgerlichen Gesetzbuches zeigt uns, daß es noch weite Gebiete giebt, von denen es nicht erwünscht wäre, wenn sie dauernd der einheitlichen Regelung entzogen blieben. (Zustimmung.) Andererseits stellen der mächtige Aufschwung von Handel und Industrie, die nicht rastenden Fortschritte der Technik, die zunehmende Bedeutung unserer internationalen Beziehungen, die Ausdehnung der deutschen Einflußsphäre auf ferne Welttheile und nicht zuletzt auch der sich auf sozialem und wirthschaftlichem Gebiete vollziehende Umschwung, der Gesetzgebung täglich neue Aufgaben, die nicht ungelöst bleiben können. Für ihre Lösung rechnen wir auf die fortdauernde Unterstützung des Juristentages. Freilich, meine Herren, ist der Juristentag nicht eine gesetzgebende Versammlung; er will es nicht sein, und er soll es nicht sein. Seine Beschlüsse haben keine bindende Kraft; ihre Bedeutung liegt in ihrem inneren Werthe, und der innere Werth ergiebt sich wiederum aus dem Ernste, aus der Besonnenheit, aus der Sachlichkeit, aus dem Wirklichkeitsgefühl, wie der Herr Präsident sich ausgedrückt hat, der ihnen zu Grunde liegenden Verhandlungen.

Meine Herren! An diesen Eigenschaften hat es den bisherigen Juristentagen nicht gefehlt. Wir haben die Hoffnung, daß es auch in Zukunft so bleiben werde, und ich schließe mit dem Ausdruck der Zuversicht, daß die Verhandlungen, in die Sie nunmehr eintreten wolen, von dem gleichen Geiste getragen sein mögen, wie die früheren, und daß sie dadurch wiederum einen werthvollen Beitrag liefern werden zur Förderung unseres Rechtslebens.

(Lebhafter anhaltender Beifall.)

Präsident: Meine Herren! Durch die ehrenvolle Begrüßung des Herrn Justizministers gewinnt unsere diesjährige Tagung erhöhte Bedeutung. Es ist meines Wissens das erste Mal, daß ein preußischer Justizminister das Plenum des Deutschen Juristentages persönlich begrüßte, und Ihr allgemeiner Beifall hat bereits den Dank zum Ausdruck gebracht, den wir ihm dafür schulden. Es bleibt mir nur übrig, ihn mit kurzen Worten zu erläutern.

Die preußische Staatsregierung hat dem Deutschen Juristentage von seinen ersten Anfängen an lebhaftes Interesse und wohlwollende Förderung entgegengebracht. Wie mit so Vielem, was wir seit 42 Jahren in Deutschland erreicht haben, ist auch mit der Gründung des Deutschen Juristentages der ehrwürdige Name unseres hochseligen Kaisers Wilhelms I. und der Name seines unvergeßlichen Sohnes, Kaiser Friedrichs, verbunden. Als Prinzregent bewilligte Wilhelm I. die Geldmittel, die erforderlich waren, um den ersten Deutschen Juristentag auszuschreiben und zu Stande zu bringen. Prinz Friedrich Wilhelm beehrte die erste Plenarversammlung des ersten Deutschen Juristentages mit seiner hohen Gegenwart und empfing den Deutschen Juristentag am 29. August 1860 in dem Neuen Palais in Potsdam, wo er sich die Mitglieder des Juristentages vorstellen ließ.

Daß mit dem Wachsthume des preußischen Staates die Theilnahme der preußischen Staatsregierung an unseren Bestrebungen gewachsen ist, das haben Ihnen die anerkennenden Worte bewiesen, die uns eben durch den Mund des Herrn Justizministers zu Theil geworden sind.

Meine Herren! In der eng begrenzten Sphäre seines Wirkens und in der denkbar losesten Form der Vereinigung verfolgt auch der Deutsche Juristentag, unbeirrt durch die harten Kämpfe wirthschaftlicher Interessen, das hohe Ziel, das die preußische Justizverwaltung sich von Alters her gesteckt hat, das Ziel, im Rahmen des Rechts den Gedanken der Gerechtigkeit zu verwirklichen. Theodor Mommsen, nebenbei gesagt, Mitglied des ersten Deutschen Juristentages, hat kürzlich eine neuentdeckte lateinische Inschrift veröffentlicht. Sie stammt aus dem Anfange des V. Jahrhunderts und ist in — für diese Zeit verhältnißmäßig eleganten — Distichen abgefaßt. Es ist eine Ehreninschrift; sie ist gewidmet dem Statthalter der Provincia Lugdunensis tertia, Namens Valerius Dalmatius, der darin unter Anderem bezeichnet wird als legum minister und als justissimus rector. Die Inschrift rühmt von ihm, daß es ihm: „Lex est jus ad justitiam revocare aequumqe tueri“. . . . . Die Juristen von heutzutage verstehen ja glücklicher Weise noch so viel

Latein, (Große Heiterkeit) daß man immerhin ein lateinisches Distichon citiren mag:

„Jus ad justitiam revocare aequumque tueri
Dalmatio lex est, quam dedit alma fides.“

In schlichter Kürze spricht hier der gallische Dichter ein Kernwort aus, das jedem wahren Juristen aus der Seele gesprochen ist, den Zweck, den jede gesunde Rechtspflege zu allen Zeiten und aller Orten verfolgte, den Gedanken, der die preußische Justiz und die preußische Justizverwaltung mindestens seit den Tagen Friedrichs des Großen beseelte.

Der Deutsche Juristentag ist, wie der Herr Justizminister eben mit Recht bemerkte, durch die Herstellung der angestrebten Rechtseinheit nicht überflüssig geworden; er fühlt sich berufen, weiter zu arbeiten an der Fortbildung der Rechtseinheit und an der Fortentwicklung des Reichsrechts, der Landesrechte, insbesondere auch des preußischen Rechts, geleitet von dem Motive des jus ad justitiam revocare aequumque tueri.

Meine Herren! Der Deutsche Juristentag ist das einzige Band der Vereinigung, welches die Juristen Deutschlands und Oesterreichs umschlingt, mit all' den Gegensätzen, die die deutsche Juristenwelt in sich birgt — Praktiker und Theoretiker, Justiz und Verwaltung, Richter und Anwälte. Allein der Deutsche Juristentag ist keine Interessenvertretung und will es nicht sein; er betrachtet es nicht als seine Aufgabe, etwa die Sonderinteressen der deutschen Juristen überhaupt oder bestimmter Gruppen von Juristen zu fördern, sondern er hat von vornherein seine Aufgabe in den Dienst der Allgemeinheit gestellt, in den Dienst des ganzen deutschen Volkes, ohne, wie heute bereits hervorgehoben worden, mit irgend welcher Autorität von irgend einer Seite bekleidet zu sein und darum selbst unabhängig von jeder Autorität. Gerade dadurch glaubt der Deutsche Juristentag seinem Vaterlande und auch den deutschen Juristen am besten zu dienen, das Ansehen und das berechtigte Selbstbewußtsein des deutschen Juristenstandes zu stärken und jener allgemeinen Anerkennung Werth zu bleiben, die Se. Excellenz der Herr Justizminister eben in so warmen, in so dankenswerten Worten zum Ausdruck gebracht hat.

(Bravo! Händeklatschen).

Präsident (fährt fort): Meine Herren! Das deutsche Recht hat große und weite Provinzen. Zu ihnen zählt nicht nur das Deutsche Reich; vom Standpunkte rechtsgeschichtlicher Betrachtung erscheint als eine Provinz des deutschen Rechtes auch Oesterreich, ebenso wie die Schweiz, (Heiterkeit) d. h. als Theil eines größeren Ganzen, von dem das Deutsche Reich selbst auch nur ein Theil ist. (Bravo!)

Nur böser Wille oder Gedächtnißschwäche oder Mangel an Logik könnte diese meine Bemerkung mißdeuten.

(Bravo! Händeklatschen.)

Besonders eng ist das Band der Rechtsgemeinsamkeit, das uns mit der verbündeten Monarchie, das uns mit Oesterreich umschlingt. Wer jemals ein Kolleg über deutsches Privatrecht gehört hat, (Heiterkeit) der weiß oder könnte wissen, wie oft gerade das österreichische Recht als Beispiel anzuführen ist für die typische Ausgestaltung eines deutschen Rechtsinstitutes. (Bravo!)

Die Gemeinsamkeit zwischen uns äußert sich außerdem im Wechselrechte, sie äußert sich in den Grundlagen des Handelsrechtes, und sie äußert sich in dem Parallelismus der neueren und der neuesten Gesetzgebung des Deutschen Reiches einerseits und Oesterreichs andererseits. Unsere diesmalige Tagesordnung beweist Ihnen, wie viele und wie wichtige Fragen uns und Oesterreich gemeinsam berühren. Die Gemeinsamkeit zwischen uns kommt aber insbesondere auch zum Ausdruck in der Existenz des Deutschen Juristentages, der von vornherein nicht bloß als ein deutscher, sondern zugleich als ein deutsch-österreichischer geschaffen worden ist. Sie kommt zum Ausdruck in der stattlichen Reihe österreichischer Namen guten Klanges, die in unseren Gutachten und in unseren Referaten vertreten sind. Sie kommt auch zum Ausdruck in der Zusammensetzung Ihres Präsidiums; bin ich doch selbst kraft Geburt und kraft Vergangenheit gewissermaßen ein Stück Personalunion eines Reichsdeutschen und eines deutsch-österreichischen Juristen.

(Bravo! Händeklatschen.)

Meine Herren! Der Deutsche Juristentag hat das Band der Gemeinsamkeit mit Oesterreich trotz aller Wandlungen festgehalten, und wir reichsdeutsche Juristen legen den höchsten Werth darauf, daß dieses Band erhalten bleibe. (Bravo!)

Daß aber auch die Oesterreicher nicht anders denken, das haben sie durch ihr zahlreiches Erscheinen in dieser Versammlung bewiesen. Ich freue mich, konstatiren zu können, daß der Zuzug aus Oesterreich diesmal stärker und stattlicher ist, denn seit langen Jahren, (Bravo!) und ich glaube, meine Herren, keinen Fehlschluß zu thun, wenn ich daraus die Folgerung ziehe, daß der Wunsch, das Band der Gemeinsamkeit zu erhalten und enger zu knüpfen, bei den deutschen Juristen Oesterreichs ebenso lebhaft ist als bei den Juristen des Deutschen Reiches.

(Bravo! Händeklatschen.)

Vor Eintritt in die Tagesordnung habe ich noch eine Schuld des Dankes abzutragen. Wir wären, meine Herren, nicht in der Lage gewesen, den Deutschen Juristentag bei der großen Zahl seiner diesjährigen Theilnehmer gebührend zu empfangen, wenn uns nicht das Präsidium des Abgeordnetenhauses diese prächtigen und für unsere Zwecke so trefflich passenden Räume mit liebenswürdiger Bereitwilligkeit zur Verfügung gestellt hätte. (Bravo!)

Ich glaube, in Ihrem Namen zu sprechen, wenn ich dafür unseren verbindlichsten Dank sage. Am besten werden wir allerdings unseren Dank dadurch abstatten, daß wir unsere Verhandlungen mit jener Ruhe und mit jener Sachlichkeit führen, wie sie dem Ansehen und der Würde dieses Hauses entsprechen. (Bravo!)

Meine Herren! Es ist alter Brauch des Deutschen Juristentages, dem Landesherrn des Staates, in welchem der Deutsche Juristentag versammelt ist, seine Huldigung darzubringen. Wir tagen diesmal in der Haupt- und Residenzstadt Preußens und des Deutschen Reiches, wir tagen in Berlin. Schon in Posen hat der Deutsche Juristentag Sr. Maj. unserem Kaiser und König seine Huldigung telegraphisch übermittelt, und Se. Maj. haben damals geruht, wie es ausdrücklich in dem Antworttelegramm hieß, „dem Deutschen Juristentage zu seinen nationalen Bestrebungen Glück zu wünschen". Ich bin Ihres Einverständnisses sicher, wenn ich Ihnen vorschlage, daß der Deutsche Juristentag auch heute Sr. Maj. unserem Kaiser und König den Ausdruck seiner unwandelbaren Treue und seiner ehrfuchtsvollen Huldigung entgegenbringt. (Bravo!)

Unser Juristentag umschließt aber auch die Deutsch-Oesterreicher, und es entspricht ebenfalls altem Herkommen, wenn wir gleichzeitig Sr. Maj. dem Kaiser von Oesterreich Franz Joseph unsere Huldigung übermitteln. (Bravo!) Dafür nehme ich Ihr Einverständniß an.

Ich habe, meine Herren, noch einige Mittheilungen zu machen, zum Theil betrübender, zum Theil erfreulicher Art.

Die Deputation des Deutschen Juristentages hat in den letzten zwei Jahren eine Anzahl herber, betrübender Verluste erlitten.

Von den Mitgliedern, welche der Bamberger Juristentag in die Deputation gewählt hatte, verstarb der Geh. Justizrath Prof. Dr. Eck, der mehrere Jahre hindurch die Last des Schriftführeramtes getragen und die Geschäfte des Schriftführers mit gewissenhafter Sorgfalt geführt hat. Es starb ferner der Herr Justizrath Dr. Julian Goldschmidt aus Berlin, der das Amt des Schatzmeisters verwaltete und, wie Ihnen erinnerlich sein dürfte, oftmals entweder als Referent oder in der Diskussion die Verhandlungen des Deutschen Juristentages belebte. Es starb

Herr Ministerialrath Julius von Schnell, der Vertreter Bayerns, der zu Bamberg in den Juristentag neu gewählt wurde, aber aus dem Leben schied, ehe er Gelegenheit fand, an den Arbeiten der ständigen Deputation theilzunehmen. Auf unserer Verlustliste steht endlich noch Herr Landgerichtspräsident Pfaff aus Tübingen, der Vertreter Württembergs. Er hat der Deputation bis 1900 angehört, hat aber bereits in Bamberg aus Gesundheitsrücksichten vorahnend eine Wiederwahl abgelehnt.

Ich glaube, Ihren Gefühlen zu entsprechen, wenn ich Sie auffordere, sich zu Ehren der Verstorbenen von Ihren Sitzen zu erheben.

(Geschieht.)

Dem Berliner Juristentag ist eine Anzahl von bedeutsamen Festschriften und von Begrüßungsartikeln gewidmet worden. Ich nenne zunächst die Festgabe unseres Ortsausschusses, die ja in Ihrer aller Händen ist: „Aus dem Berliner Rechtsleben." Ferner wurde uns übermittelt eine Festschrift, gewidmet von der Verlagsbuchhandlung Guttentag, bei welcher die Verhandlungen des Deutschen Juristentages erscheinen, mit einem Beitrage unseres civilistischen Altmeisters Heinrich Dernburg, der leider verhindert ist, heute hier zu erscheinen, mit Beiträgen von Hermann Staub und Franz von Liszt, die wir, wenn ich nicht irre, die Ehre haben, in unserer Mitte zu sehen, und mit einem Beitrage von Richard Schröder betreffend ein Unternehmen, dessen Vorbereitung von dem Deutschen Juristentage finanziell unterstützt worden ist: nämlich die Herstellung eines Wörterbuchs der deutschen Rechtssprache. Otto Liebmanns Verlag widmet uns als Festgabe eine Nummer der deutschen Juristenzeitung prächtig ausgestattet und mit reichem Inhalt; Karl Heymann's Verlag überreicht uns eine interessante Nummer des juristischen Litteraturblattes. Der Verein für die Geschichte Berlins übersendet uns eine Nummer seiner Mittheilungen rechtsgeschichtlichen Inhalts. Ich betrachte mich als ermächtigt, hier den Verfassern, den Herausgebern und den Verlegern der gewidmeten und gesendeten Schriften im Namen des Juristentages öffentlich unseren Dank auszusprechen.

(Bravo!)

Wir gelangen nunmehr zur Vertheilung der Berathungsgegenstände an die einzelnen Abtheilungen. Da spezifisch handelsrechtliche Themata nicht vorliegen, so schlägt Ihnen die Deputation vor, die Abtheilungen 1 und 2, wie das früher schon oft vorgekommen ist, zu kombiniren, also eine kombinirte 1. und 2. Abtheilung herzustellen. Dieser Abtheilung wären zuzuweisen nach dem Vorschlage der Deputation die Fragen 1, 2, 3 und 4 der gedruckten vorläufigen Tagesordnung, also die Fragen:

1. „Sind für die Ausbildung der Juristen Zwischenprüfungen zweckmäßig?“

2. „Empfiehlt sich und in welchem Umfange die Ausdehnung der Haftpflicht auf Fahrzeuge, die unabhängig von Schienensträngen auf öffentlichen Straßen durch elementare Kraft fortbewegt werden?“

3. „Wie weit ist das Recht am eigenen Bilde anzuerkennen und zu schützen?“

4. „Welchem der jetzt amtlich veröffentlichten Entwürfe eines Gesetzes zum Schutze der Bauhandwerker ist der Vorzug zu geben?“

Die Deputation schlägt Ihnen ferner vor, der 3. Abtheilung, der Abtheilung, die sich vorwiegend mit Strafrecht zu befassen hat, zuzuweisen, die Fragen der gedruckten Tagesordnung:

5. „Ist eine Revision des deutschen Strafgesetzbuches in Aussicht zu nehmen? „Welche Grundfragen für eine solche sind dem Deutschen Juristentage in seinen folgenden Tagungen zur Berathung vorzulegen?“

6. „Welche Maßregeln empfehlen sich für die rechtliche Behandlung der Ringe oder Kartelle?“

7. „Soll die Strafbarkeit der fahrlässigen falschen eidlichen Aussage vor Gericht im deutschen Rechte beibehalten, im österreichischen Rechte eingeführt werden?“

Das Thema Nummer 6 selbstverständlich ohne irgendwie der Frage vorzugreifen, ob etwa die Maßregeln bezüglich der Kartelle zu suchen seien auf civilrechtlichem Wege oder auf strafrechtlichem Wege oder auf beiden Wegen oder auf keinem von beiden, sondern etwa auf verwaltungsrechtlichem Wege.

Endlich schlägt Ihnen die Deputation vor, der 4. Abtheilung die Fragen zuzuweisen Nr. 8, 9 und 10, also

8. „Ueber die Rechtskraft der Entscheidungen der Verwaltungsbehörden“,

9. „Bedarf die Civilprozeßordnung einer Aenderung in der Richtung, daß dem Richter eine größere Mitwirkung bei dem Prozeßbetrieb gewährt wird?“

10. „Empfiehlt sich die Aenderung der Vorschrift des § 313 des Bürgerlichen Gesetzbuchs, wonach die obligatorische Verpflichung zur Uebertragung eines Grundstückseigenthums an gerichliche oder notarielle Beurkundung des Vertrags geknüpft ist?“

Ich bemerke: Jeder einzelnen Abtheilung steht es frei, die Reihenfolge der ihr überwiesenen Berathungsgegenstände beliebig festzusetzen. Die Abtheilungen sind in diesem Punkte souverän. Es steht z. B. nichts im Wege, daß die 1. Abtheilung Punkt 4 unserer gedruckten Tagesordnung vor Punkt 2 erledigt.

Ich stelle nun die Frage, ob die Versammlung damit einverstanden ist, daß der kombinirten 1. und 2. Abtheilung überwiesen wird die Frage 1: „Sind für die Ausbildung u. s. w. Wenn kein Widerspruch erhoben wird, nehme ich an, daß die Plenarversammlung damit einverstanden ist. Dann die Frage 2: „Empfiehlt sich und in welchem Umfange u. s. w.“ Auch darin scheint Einverständniß vorhanden zu sein.

Dann Frage 3: „Wieweit ist u. s. w.“ Es erhebt sich kein Widerspruch. Der Vorschlag ist angenommen.

Dann Frage 4: Welchem der jetzt u. s. w.“ Auch damit ist die Versammlung einverstanden. Hiermit wären also der 1. mit der 2. kombinirten Abtheilung die Fragen 1 bis 4 zugewiesen.

Ich bringe nunmehr zur Abstimmung: Ist die Versammlung damit einverstanden, daß der 3. Abtheilung, die Frage zugewiesen wird Nr. 5: „Ist eine Revision u. s. w.“ Die Entscheidung ist nach unserem Statut eigentlich selbstverständlich.

Die Frage Nr. 6: „Welche Maßregeln u. s. w.?“ Es erhebt sich kein Widerspruch. Der Vorschlag ist angenommen. Ferner die Frage Nr. 7: „Soll die Strafbarkeit der fahrlässigen, falschen, eidlichen Aussage u. s. w.“

Ich nehme an, daß das Plenum damit einverstanden ist, daß der 3. Abtheilung die Fragen Nr. 5, 6 und 7 zuzuweisen sind.

Es erübrigt noch für die 4. Abtheilung die Frage Nr. 8: „Ueber die Rechtskraft der Entscheidungen der Verwaltungsbehörden“ — es erhebt sich kein Widerspruch —; dann die Frage Nr. 9: „Bedarf die Civilprozeßordnung u. s. w.“ — auch damit ist die Versammlung einverstanden —; endlich die Frage Nr. 10: „Empfiehlt sich die Aenderung der Vorschrift des § 313 des Bürgerlichen Gesetzbuchs u. s. w. — Auch damit scheint die Versammlung einverstanden zu sein. Ich nehme sohin als beschlossen an, daß an die 4. Abtheilung überwiesen werden die Fragen 8, 9 und 10.

M. H., die Abtheilung I/II tagt in dem Saal Nr. 8 West-Bureaugeschoß, die Abtheilung III tagt heute in diesem großen Sitzungssaale. Morgen wird sie aber auswandern müssen aus einem Grunde, den ich Ihnen sofort mittheilen werde. Die Abtheilung IV tagt heute im Saale Nr. 12 Ost-Bureaugeschoß. Morgen werden die Abtheilungen III und IV ein changez les places vornehmen müssen. Die ständige Deputation setzt nämlich voraus, daß die Verhandlungen über die Revision des Strafgesetzbuches und die über das Thema Nr. 9 (Aenderung der Civiprozeßordnung) am meisten besucht sein werden. Da beide Abtheilungen natürlich nicht gleichzeitig in diesem Saale tagen können, so muß eine Auseinandersetzung stattfinden. Die Deputation schlägt Ihnen daher vor, daß die Strafrechtsrevision (der 3. Abtheilung zugewiesen) heute in diesen Räumen verhandelt wird, und daß morgen die Frage Nr. 9 (der 4. Abtheilung zugewiesen) gleichfalls in diesem Saale zur Verhandlung gelangt. Die 4. Abtheilung tagt heute in Nr. 12 Ost-Bureaugeschoß und die 3. Abtheilung tagt morgen in dem Saale Nr 12 Ost-Bureaugeschoß. Damit ist dieser Punkt der Tagesordnung erledigt.

Auf der Tagesordnung stünde zunächst der **Bericht**, welchen Herr Kammergerichtsrath a. D. Thinius (Berlin) in Vertretung unseres Schriftführers über die **Rechtsentwickelung** im Deutschen Reiche und in Oesterreich seit den letzten zwei Jahren ausgearbeitet hat. Früher ist dieser Bericht regelmäßig mündlich erstattet worden. Aber früher kam der Juristentag, wie Sie wissen, alle Jahre zusammen; da konnte der Bericht verhältnißmäßig kurz sein, weil er nur mit der Rechtsentwickelung eines Jahres zu thun hatte. Jetzt versammelt sich der Juristentag nur noch alle zwei Jahre, weil sich herausgestellt hat, daß es schlechterdings unmöglich sei, die Tagesordnung durch gründliche Gutachten in kürzerer Zeit vorzubereiten. Bei der Fruchtbarkeit unserer Gesetzgebung schwillt der Stoff für den Bericht über eine zweijährige Rechtsentwickelung so sehr an, daß der Vortrag geraume Zeit in Anspruch nimmt. Die Spanne Zeit, die den Abtheilungen am ersten Versammlungstage zur Verfügung steht, würde dadurch allzusehr gekürzt werden. Nach einer Mittheilung des Herrn Thinius würde der mündliche Vortrag des von ihm erstatteten Berichts nicht weniger als $1^1/_2$ Stunden in Anspruch nehmen. Schon in Bamberg hat sich der Juristentag damit begnügt, daß ihm der Bericht nur gedruckt eingehändigt wurde. Da Ihnen auch der diesjährige Bericht ehestens gedruckt zugehen wird, so schlägt Ihnen die ständige Deputation vor, von dem mündlichen Vortrag des Berichts abzusehen und, um in der Sprache des Bürgerlichen Gesetzbuches zu sprechen, den Bericht des Herrn Thinius als einen solchen anzusehen, welcher erstattet worden ist. (Heiterkeit.) Es schließt das natürlich nicht aus, daß wir Herrn Thinius schon jetzt für seinen mit gewohnter Sorgfalt und Gründlichkeit abgefaßten Bericht unseren verbindlichen Dank abstatten.

M. H.! Jede Abtheilung wählt ihren Vorsitzenden, dieser bestimmt seinen Stellvertreter und bestimmt die Schriftführer der Abtheilung. Die

Vorsitzenden der Abtheilungen gestatte ich mir auf § 10 unseres Statuts aufmerksam zu machen. Danach hat jede Abtheilung **10 Vertrauensmänner** zu wählen, welche der zweiten Plenarversammlung, also übermorgen, die Mitglieder der künftigen ständigen Deputation vorschlagen sollen. Ich bitte, die Wahl der Vertrauensmänner in den Atheilungen spätestens morgen vornehmen zu lassen und mir die Liste der Gewählten einzuhändigen. Die Vertrauensmänner versammeln sich übermorgen $^1/_2$ Stunde vor der zweiten Plenarversammlung und zwar in dem Saal Nr. 14 Ost-Bureaugeschoß.

Ich bitte die Vorsitzenden der Abtheilungen ferner, mir die Beschlüsse der einzelnen Abtheilungen schriftlich mitzutheilen, ebenso die Namen der von der Abtheilung für das Plenum gewählten Referenten, und ebenso bitte ich mir mitzutheilen, ob der Beschluß der Abtheilung dem Plenum nur zur Kenntnißnahme oder aber zur weiteren Berathung und Beschlußfassung vorgelegt werden soll.

Ich schlage vor, die zweite Plenarversammlung Freitag, den 12. September um 10 Uhr zu beginnen, damit die Abtheilungen in der Lage sind, vorher noch etwaige Reste zu bewältigen. Ich schlage Ihnen dann noch vor, jetzt eine halbstündige Pause beginnen zu lassen. Ich bemerke, daß in diesem Hause ein Buffet eingerichtet ist, an welchem die Herren sich die für die Berathungen der Abtheilungen nothwendige oder wünschenswerthe leibliche Stärkung holen können. Spätestens um 12 Uhr bitte ich die Mitglieder des Juristentugs, sich in die für die Abtheilungen bestimmten Räume zu verfügen.

Noch eins! Wie ich gehört habe, soll unsere Präsenzliste nicht vollständig sein, weil einzelne Herren es versäumt haben, sich einzutragen. Ich bitte diese Herren, sich auf dem Bureau zu melden und dort ihre Namen in die Präsenzliste einzutragen.

Ich schließe, m. H,, die erste Plenarversammlung des 26. Deutschen Juristentags mit dem Wunsche, daß die Arbeit der Abtheilungen eine recht förderliche und ergebnißreiche sein möge. (Bravo!)

(Schluß der Sitzung $^1/_2$12 Uhr Mittags.)

Bericht über die Rechtsentwickelung in Deutschland während der letzten beiden Jahre.

Wenngleich die Quellen der Gesetzgebung in der gegenwärtigen Berichtsperiode nicht so überaus reichlich geflossen sind wie in den beiden früheren Perioden, so haben sie doch immer noch ein auch für die Zwecke des Juristentages recht beträchtliches Ergebniß geliefert.

I. Reichsgesetzgebung.

1. Von den Reichsgesetzen wesentlich privatrechtlichen Inhalts sind in erster Linie die nach sehr gründlicher Kommissionsberathung ergangenen Gesetze vom 19. Juni 1901

betreffend das Verlagsrecht und

betreffend das Urheberrecht an Werken der Literatur und der Tonkunst

zu erwähnen.

In dem erstgenannten Gesetz wird der Verlagsvertrag als der Vertrag bestimmt, durch welchen der Verfasser verpflichtet wird, dem Verleger das Werk zur Vervielfältigung und Verbreitung für eigene Rechnung zu überlassen, der Verleger aber das Werk zu vervielfältigen und zu verbreiten.

Die wichtigsten Grundsätze des neuen Gesetzes lassen sich dahin zusammenfassen:

Dem Verfasser bleibt die Befugniß zur Vervielfältigung und Verbreitung für die Uebersetzung in eine andere Sprache oder in eine andere Mundart, für die Wiedergabe einer Erzählung in dramatischer Form oder eines Bühnenwerks in der Form einer Erzählung, sowie für die Bearbeitung eines Werkes der Tonkunst, soweit sie nicht lediglich in einem Auszuge oder in Uebertragung in eine andere Tonart oder Stimmlage besteht.

Der Verleger ist nicht berechtigt, ein Einzelwerk für eine Gesammtausgabe oder Theile eines Sammelwerks für eine Sonderausgabe zu verwerthen.

Der Verleger ist nur zu einer Auflage berechtigt, deren Umfang mangels anderweiter Bestimmung auf 1000 Abzüge festgesetzt ist.

Bis zur Beendigung der Vervielfältigung darf der Verfasser Aenderungen an dem Werke vornehmen. Vor der Veranstaltung einer neuen Auflage ist ihm Gelegenheit zur Vornahme von Aenderungen zu geben. Nimmt der Verfasser nach dem Beginne der Vervielfältigung Aenderungen vor, die das übliche Maß übersteigen, so ist er zum Ersatz der daraus entstehenden Kosten verbunden.

Der Verleger, der das Recht hat, eine neue Auflage zu veranstalten, ist nicht verpflichtet, von diesem Rechte Gebrauch zu machen. Macht er innerhalb der ihm gesetzten Frist von seinem Rechte keinen Gebrauch, so kann der Verfasser vom Vertrage zurücktreten.

Die Bestimmung des Ladenpreises, zu welchem ein Werk verbreitet wird, steht für jede Auflage dem Verleger zu. Er darf den Ladenpreis ermäßigen, soweit das berechtigte Interesse des Verfassers nicht verletzt wird, und denselben mit Zustimmung des Verfassers erhöhen.

Die Frage der Uebertragbarkeit, die den Juristentag lebhaft beschäftigt hat, ist dahin geregelt, daß die Rechte des Verlegers mangels abweichender Vertragsbestimmungen übertragbar sind. Der Verleger kann jedoch durch einen Vertrag, der nur über einzelne Werke geschlossen wird, seine Rechte nicht ohne Zustimmung des Verfassers übertragen. Letzterer kann die Zustimmung nur verweigern, wenn ein wichtiger Grund vorliegt. Die Zustimmung gilt als ertheilt, wenn sie nicht binnen zwei Monaten nach erfolgter Aufforderung verweigert wird.

Bis zum Beginne der Vervielfältigung kann der Verfasser vom Vertrage zurücktreten, wenn sich Umstände ergeben, die bei dem Abschluß des Vertrages nicht vorauszusehen waren und den Verfasser bei Kenntniß der Sachlage und verständiger Würdigung des Falles von der Herausgabe abgehalten haben würden. Er ist, wenn er vom Rücktrittsrechte Gebrauch macht, dem Verleger zum Ersatz der gemachten Aufwendungen verpflichtet.

Die Fälle der verzögerten Lieferung und der Lieferung des Werks in nicht vertragsmäßiger Beschaffenheit, sowie die Fälle nicht vertragsmäßiger Vervielfältigung oder Verbreitung des Werks sind eingehend geregelt.

Hinsichtlich der Beiträge, die für eine Zeitung, eine Zeitschrift oder ein sonstiges periodisches Sammelwerk zur Veröffentlichung angenommen sind, sind zum Theil besondere Bestimmungen getroffen.

In bürgerlichen Rechtsstreitigkeiten, betreffend das Verlagsrecht, ist in letzter Instanz das Reichsgericht zuständig.

Nach Maßgabe des Gesetzes, betreffend das Urheberrecht an Werken der Literatur und der Tonkunst vom 19. Juni 1901, werden geschützt:

1. die Urheber von Schriftwerken und solchen Vorträgen oder Reden, welche dem Zwecke der Erbauung, der Belehrung oder der Unterhaltung dienen;
2. die Urheber von Werken der Tonkunst;
3. die Urheber von solchen Abbildungen wissenschaftlicher oder technischer Art, welche nicht ihrem Hauptzwecke nach als Kunstwerke zu betrachten sind.

Das Gesetz giebt eingehende Bestimmungen darüber, wer als Urheber anzusehen ist.

Das Recht des Urhebers geht auf die Erben über. Es kann beschränkt oder unbeschränkt auf Andere übertragen werden. Im Falle der Uebertragung hat der Erwerber, soweit nicht ein Anderes vereinbart ist, nicht das Recht, an dem Werke selbst, an dessen Titel und an der Bezeichnung des Urhebers Zusätze, Kürzungen oder sonstige Aenderungen vorzunehmen. Indeß sind ihm solche Aenderungen gestattet, für die der Berechtigte seine Einwilligung nach Treu und Glauben nicht versagen kann.

Die Zwangsvollstreckung in das Recht des Urhebers oder in sein Werk findet gegen den Urheber selbst ohne dessen Einwilligung nicht statt. Die Einwilligung kann nicht durch den gesetzlichen Vertreter ertheilt werden. Gegen den Erben des Urhebers ist ohne seine Einwilligung die Zwangsvollstreckung nur zulässig, wenn das Werk erschienen ist.

Das Urheberrecht stellt sich als die ausschließliche Befugniß dar, das Werk zu vervielfältigen und gewerbsmäßig zu verbreiten. Das Urheberrecht an einem Bühnenwerk oder an einem Werke der Tonkunst enthält auch die ausschließliche Befugniß, das Werk öffentlich aufzuführen. So lange nicht der wesentliche Inhalt eines Werkes öffentlich mitgetheilt ist, ist der Urheber ausschließlich zu einer solchen Mittheilung befugt. Der Urheber eines Schriftwerkes oder eines Vortrags hat, so lange nicht das Werk erschienen ist, die ausschließliche Befuguiß, das Werk öffentlich vorzutragen.

Die Befugnisse des Urhebers erstrecken sich insbesondere auf:

1. die Uebersetzung in eine andere Sprache oder Mundart,
2. die Rückübersetzung in die Sprache des Originalwerkes,

3. die Wiedergabe einer Erzählung in dramatischer Form oder eines Bühnenwerkes in der Form einer Erzählung,
4. die Herstellung von Auszügen aus Werken der Tonkunst, sowie von Einrichtungen solcher Werke für einzelne oder mehrere Instrumente oder Stimmen.

Unbeschadet der danach dem Urheber zustehenden Befugnisse ist die freie Benutzung des Werkes zulässig, wenn dadurch eine eigenthümliche Schöpfung hervorgebracht wird.

Eine Vervielfältigung ohne Einwilligung des Berechtigten ist unzulässig, gleichviel durch welches Verfahren sie bewirkt wird, und zwar selbst dann, wenn sie nur in einem Exemplare erfolgt. Zulässig ist indeß eine Vervielfältigung zum persönlichen Gebrauche, wenn sie nicht den Zweck hat, aus dem Werk eine Einnahme zu erzielen. Abgesehen hiervon führt das Gesetz noch eine Reihe von einzelnen Fällen auf, in denen die Wiedergabe oder die Vervielfältigung zulässig ist.

Der Schutz des Urheberrechts endigt, wenn seit dem Tode des Urhebers 30 Jahre und außerdem seit der ersten Veröffentlichung 10 Jahre abgelaufen sind. Ist der wahre Name des Urhebers nicht bei der ersten Veröffentlichung angegeben, so endigt der Schutz mit dem Ablauf von 30 Jahren seit der Veröffentlichung. Wird der wahre Name binnen 30 Jahren angegeben oder von dem Berechtigten zur Eintragung in die Eintragsrolle angemeldet, oder wird das Werk erst nach dem Tode des Urhebers veröffentlicht, so gelten die allgemeinen Bestimmungen.

Vorsätzliche wie fahrlässige Verletzungen des Urheberrechts verpflichten zum Schadenersatz. Nur die vorsätzlichen, nicht auch die fahrlässigen Verletzungen werden auf Antrag mit Geldstrafe und, falls diese nicht beizutreiben ist, mit Gefängnißstrafe geahndet. Neben der Strafe kann auf Verlangen des Berechtigten auf eine an diesen zu erlegende, die Geltendmachung weiteren Anspruchs auf Schadenersatz ausschließende Buße bis zum Betrage von 6000 Mk. erkannt werden.

Für sämmtliche Bundesstaaten sollen Sachverständigenkammern bestehen, die verpflichtet sind, auf Erfordern der Gerichte und Staatsanwaltschaften Gutachten abzugeben, und befugt sind, auf Anrufen der Betheiligten über Schadensansprüche, sowie über die Vernichtung von widerrechtlich hergestellten oder verbreiteten Exemplaren und Vorrichtungen als Schiedsrichter zu verhandeln und zu entscheiden.

In dem Erlaß des Reichskanzlers vom 13. September 1901 sind neue Bestimmungen über die Führung der Eintragsrolle für Werke der Literatur, der Tonkunst und der bildenden Künste ergangen. Es wird danach die Eintragsrolle wie bisher bei dem Stadtrath zu Leipzig geführt. Der Antrag auf Eintragung ist schriftlich oder zu Protokoll des Stadtraths zu stellen. In dem Antrag ist außer dem Namen des Urhebers und der Bezeichnung des Werkes anzugeben, wann und in welcher Form die erste Veröffentlichung erfolgt ist. Der Vorlegung des Werkes bedarf es nicht. Ein Exemplar der Eintragsrolle wird unter sicherem Verschluß gehalten, das zweite Exemplar zur öffentlichen Einsicht ausgelegt.

Weiter hat der Reichskanzler auf Grund des Urheberrechtsgesetzes unter dem 13. September 1901 Bestimmungen über die Zusammensetzung und den Geschäftsbetrieb der Sachverständigen-Kammern für Werke der Literatur und der Tonkunst erlassen. Danach sind für Werke der Literatur und für Werke der Tonkunst gesonderte Kammern zu bilden. In keinem Bundesstaat soll von solchen Kammern mehr als je eine bestehen. Jede Kammer besteht aus 7 Mitgliedern und der erforderlichen Zahl von Stellvertretern. Die Sachverständigen werden von der Landescentralbehörde ernannt und nach erfolgter Ernennung gerichtlich beeidigt.

Eine durchgreifende Neuregelung hat das Versicherungsrecht durch das Reichsgesetz über die privaten Versicherungsunternehmungen vom 12. Mai 1901 erfahren. Die privaten Versicherungsunternehmungen unterliegen nach Maßgabe dieses Gesetzes der Beaufsichtigung durch die Landesbehörden, wenn sich ihr Geschäftsbetrieb auf das Gebiet eines Bundesstaats beschränkt, anderenfalls der Beaufsichtigung durch die hierzu bestellte Reichsbehörde. Von dieser behördlichen Beaufsichtigung sind bis auf Weiteres insbesondere die Unternehmungen ausgeschlossen, welche die Versicherung gegen Kursverluste oder die Transportversicherung oder ausschließlich die Rückversicherung zum Gegenstande haben. Versicherungsunternehmungen bedürfen zum Geschäftsbetriebe der Genehmigung der Aufsichtsbehörde. Die Ertheilung der Erlaubniß erfolgt unabhängig von dem Nachweis eines Bedürfnisses. Sie darf jedoch Personenvereinigungen, welche die Versicherung ihrer Mitglieder nach dem Grundsatz der Gegenseitigkeit betreiben wollen, nur ertheilt werden, wenn diese Vereinigungen nach Maßgabe des Gesetzes in der Form der Versicherungsvereine auf Gegenseitigkeit errichtet werden. Zum Betriebe der verschiedenen Arten von Lebensversicherung, sowie zum Betriebe der Unfall-, Haftpflicht-, Feuer- oder Hagelversicherung darf die Erlaubniß außer Versicherungsvereinen auf Gegenseitigkeit nur an Aktiengesellschaften ertheilt werden. Die Verhältnisse der Versicherungsvereine auf Gegenseitigkeit sind im Gesetze besonders geregelt. Hier ist in dieser Beziehung Folgendes zu erwähnen:

Es finden auf diese Versicherungsvereine die in Betreff der Kaufleute im 1. und 3. Buche des H.G.B. gegebenen Vorschriften Anwendung, soweit das Gesetz nicht ein Anderes bestimmt. Die Satzung des Vereins bedarf der gerichtlichen oder notariellen Beurkundung. Für alle Verbindlichkeiten des Vereins haftet den Vereinsgläubigern nur das Vereinsvermögen. Die Satzung kann einen Höchstbetrag festsetzen, auf welchen die Pflicht der Mitglieder zur Zahlung von Nachschüssen oder Umlagen beschränkt ist. Dabei ist jedoch eine Beschränkung, nach welcher die Ausschreibung nur zu dem Zwecke der Deckung von Versicherungsansprüchen der Mitglieder stattfinden darf, unzulässig. Gegen die Forderung des Vereins aus der Beitragspflicht kann das Mitglied eine Aufrechnung nicht geltend machen. Der Verein ist bei dem Gerichte, in dessen Bezirk er seinen Sitz hat, zur Eintragung in das Handelsregister anzumelden. Die Satzung hat insbesondere Bestimmung über Bildung eines Vorstandes, eines Aufsichtsraths und eines obersten Organs (Versammlung von Mitgliedern oder deren Vertreter) zu treffen. Auf die drei Organe des Vereins finden die im H.G.B. hinsichtlich des Vorstandes, des Aufsichtsraths und der Generalversammlung der Aktionäre einer Aktiengesellschaft gegebenen Vorschriften mit einigen Abweichungen Anwendung. Durch eine Aenderung der Satzung oder der allgemeinen Versicherungsbedingungen wird ein bestehendes Versicherungsverhältniß nur berührt, wenn der Versicherte ausdrücklich zustimmt, es sei denn, daß die Satzung bereits die Zulässigkeit der Aenderung mit Wirkung für die bestehenden Versicherungsverhältnisse vorsieht. Auf kleinere Vereine, die bestimmungsgemäß einen sachlich, örtlich oder hinsichtlich des Personenkreises eng begrenzten Wirkungskreis haben, finden die für Versicherungsvereine gegebenen Vorschriften nur in beschränktem Umfang Anwendung. Versicherungsaktiengesellschaften und Versicherungsvereine auf Gegenseitigkeit bedürfen zum Erwerb von Grundstücken der Genehmigung der Aufsichtsbehörde, soweit es sich nicht um den Erwerb von ihnen beliehener Grundstücke im Zwangsversteigerungsverfahren handelt. Das Gesetz giebt ferner Vorschriften über die Bildung, Anlegung und sonstige Behandlung der Prämienreserven bei der Lebensversicherung. Der Fond ist gesondert von jedem anderen Vermögen zu verwalten und aufzubewahren. Seine Bestände sind in ein besonderes Register einzutragen. Im Falle des Konkurses hat das Konkursgericht den Versicherten einen Pfleger behufs Wahrung ihrer Rechte an der Prämienreserve zu bestellen. In Ansehung der Befriedigung aus den in das Register eingetragenen Gegenständen gehen die Forderungen auf die rechnungsmäßige Prämienreserve insoweit als für sie die Zuführung zu dem Fond vorgeschrieben ist, allen übrigen Konkursforderungen vor. Zwecks Beaufsichtigung der Versicherungsunternehmungen sind den Aufsichtsbehörden umfassende Befugnisse eingeräumt. Dabei ist den Aufsichtsbehörden auch das Recht eingeräumt, den Geschäftsbetrieb mit der Wirkung zu untersagen, daß neue Versicherungen nicht abgeschlossen, früher abgeschlossene nicht erhöht oder verlängert werden dürfen, falls eine Unternehmung fortgesetzt den ihr nach Maßgabe der Gesetze oder des Geschäftsplans obliegenden Pflichten zuwiderhandelt oder sich bei Prüfung der Geschäftsführung und der Vermögenslage so schwere Mißstände ergeben, daß die Interessen der Versicherten gefährdet oder der Geschäftsbetrieb mit den guten Sitten in Widerspruch steht. Bei Versicherungsvereinen auf Gegenseitigkeit hat die Untersagung des Geschäftsbetriebs die Wirkung des Auflösungsbeschlusses. Als aufsichtsführende Reichsbehörde ist das Kaiserliche Aufsichtsamt für Privatversicherung errichtet, welchem ein aus Sachverständigen des Versicherungswesens bestehender Beirath beigeordnet ist. Das Aufsichtsamt entscheidet in erster Instanz in der Besetzung von drei Mitgliedern unter Zuziehung von zwei Mitgliedern des Beiraths und in der Rekursinstanz in der Besetzung von drei Mitgliedern unter Zuziehung von zwei Mitgliedern des Beiraths, sowie eines richterlichen Beamten und eines Mitglieds des höchsten Verwaltungsgerichtshofs. Weiterhin sind in dem Gesetz noch besondere Bestimmungen über ausländische Versicherungsunternehmungen, ferner ausführliche Uebergangsbestimmungen und endlich lich Strafvorschriften getroffen. Hinsichtlich der letzteren mag erwähnt werden, daß das Gesetz Geldstrafen bis zu 20 000 Mk. androht. Auf Grund der kaiserlichen Verordnung vom 24. November 1901 ist das Gesetz vom 1. Januar 1902 seinem ganzen Umfange nach in Kraft getreten.

Durch die Verordnung vom 23. Dezember 1901 ist das Verfahren und der Geschäftsgang des Kaiserlichen Aufsichtsamts für Privatversicherung geregelt worden.

Das Unfallfürsorgegesetz für Gefangene vom 30. Juni 1900 regelt nach Analogie der sonstigen Unfallfürsorgegesetze die Unfallfürsorge für Gefangene den besonderen Verhältnissen derselben entsprechend. Das Unfallfürsorgegesetz für Beamte und Personen des Soldatenstandes vom 18. Juni 1901 betrifft Aenderungen des Gesetzes vom 15. März 1886, welches zugleich eine neue Fassung erhalten hat.

Das Reichsgesetz vom 30. Dezember 1901 zur Abänderung der Strandungsordnung ordnet an, daß, wenn die Schiffahrt dadurch beeinträchtigt wird, daß in einem Fahrwasser, auf einer Rhede oder in einem Hafen ein Schiff oder Wrack hülflos treibt oder gestrandet oder gesunken ist oder Anker oder sonstige Gegenstände auf den Grund gerathen, die Behörde befugt ist, die Beseitigung des Hindernisses zu veranlassen. Sobald die Behörde eingeschritten und dies öffentlich erkennbar oder den Betheiligten bekannt gemacht ist, darf ohne Genehmigung das Hinderniß nicht mehr beseitigt und von dem Schiff oder Wrack nichts mehr fortgeschafft werden.

Durch die Kaiserliche Verordnung vom 16. Februar 1902 ist der § 21 des Gesetzes betreffend die Schlachtvieh= und Fleischbeschau vom 3. Juni 1900 vom 1. Oktober 1902 ab mit den bezüglichen Straf=bestimmungen in Kraft gesetzt worden. Der Beschluß des Bundesraths vom 18. Februar 1902 hat die Stoffe im Einzelnen bestimmt, welche nach § 21 Abs. 1 des eben angegebenen Reichsgesetzes bei der gewerbs=mäßigen Zubereitung von Fleisch nicht angewendet werden dürfen.

Das Gesetz vom 22. März 1902 zum Schutze des Genfer Neutra=litätszeichens ordnet an, daß das Kreuz auf weißem Grunde, sowie die Worte „Rothes Kreuz" fortan zu geschäftlichen Zwecken sowie zur Be=zeichnung von Vereinen und Gesellschaften oder zur Kennzeichnung ihrer Thätigkeit nur auf Grund einer von der Landes=Centralbehörde zu er=theilenden Erlaubniß gebraucht werden dürfen. In gewissen Fällen ist die Fortführung des Rothen Kreuzes bis zum 1. Juli 1906 gestattet.

In dem Bericht vom Jahre 1900 ist es in Folge eines bedauer=lichen Fehlers unterblieben, das insbesondere privatrechtlich sehr be=deutungsvolle Reichsgesetz vom 4. Dezember 1899 betreffend die gemein=samen Rechte von Schuldverschreibungen zu erwähnen. Das Gesetz be=trifft im Inland ausgestellte Schuldverschreibungen mit im Voraus be=stellten Nennwerthen, die nach dem Verhältniß dieser Werthe den Gläu=bigern gleiche Rechte gewähren. Unter der Voraussetzung, daß die Nenn=werthe der ausgegebenen Schuldverschreibungen zusammen mindestens 300 000 Mark und die Zahl der ausgegebenen Stücke mindestens 300 betragen, können von einer Versammlung der Gläubiger aus diesen Schuldverschreibungen zur Wahrung ihrer gemeinsamen Interessen Be=schlüsse gefaßt werden, die für alle Gläubiger der bezeichneten Art ver=bindliche Kraft haben. Die Versammlung kann zur Wahrnehmung der Rechte der Gläubiger einen gemeinsamen Vertreter bestellen. Eine Ver=pflichtung zu Leistungen kann für die Gläubiger durch Beschluß der Ver=sammlung nicht begründet werden. Die Beschlüsse bedürfen im Allge=meinen der — nach den Beträgen der Schuldverschreibungen zu berech=nenden — Mehrheit der abgegebenen Stimmen. Ein Beschluß indeß, durch welchen Rechte der Gläubiger aufgegeben oder beschränkt werden, bedarf einer Mehrheit von mindestens drei Viertheilen der abgegebenen Stimmen. Es muß diese Mehrheit überdies mindestens die Hälfte des Nennwerthes der im Umlaufe befindlichen Schuldverschreibungen und wenn dieser nicht mehr als 12 Millionen beträgt mindestens $^2/_3$ des Nennwerths und wenn der Umlauf weniger als 16, aber mehr als 12 Millionen Mark beträgt, mindestens 8 Millionen erreichen. Die Aufgabe oder Beschränkung von Rechten der Gläubiger kann von der Gläubigerversammlung nur zur Abwendung einer Zahlungseinstellung oder des Konkurses des Schuldners beschlossen werden. Die Gläubigerversammlung ist durch den Schuldner zu berufen, wenn Gläubiger, deren Schuldverschreibungen zusammen den 20. Theil des Gesammtbetrages der im Umlauf befindlichen Schuldverschreibungen oder ein von der Gläubigerversammlung bestellter Vertreter der Gläubiger die Berufung schriftlich unter Angabe des Zwecks und der Gründe verlangen. Wird dem Verlangen nicht entsprochen, so kann das Amtsgericht, in dessen Bezirk der Schuldner seinen Wohnsitz oder seine gewerbliche Niederlassung hat, die Antragssteller zur Berufung der Versammlung ermächtigen. Das Gesetz verhält sich im Uebrigen noch eingehend über die Rechte und Pflichten des bestellten Gläubigervertreters, über die Abberufung desselben sowie über den Fall der Eröffnung des Konkurses über das Vermögen des Schuldners. Es ist bekanntlich bereits mehrfach zur Verhütung des drohenden Zusammenbruchs großer Bankinstitute praktisch wirksam geworden.

2. Auf dem Gebiet des Handels- und Seerechts ist das Reichsgesetz vom 29. Mai 1901 zur Abänderung des Gesetzes betreffend das Flaggenrecht der Kauffahrteischiffe ergangen. Dasselbe bestimmt, daß die Vorschriften des Gesetzes vom 22. Juni 1899 auch auf seegehende Lustyachten, Schulschiffe sowie auf solche Seefahrzeuge Anwendung finden sollen, welche für Rechnung von auswärtigen Staaten oder deren Angehörigen im Inlande erbaut sind. Wenn solche Fahrzeuge von dem Rechte zur Führung der Reichsflagge Gebrauch machen, unterliegen sie den für Kauffahrteischiffe geltenden Vorschriften.

Von erheblicher praktischer Bedeutung ist die auf der Grundlage der Seemannsordnung vom 27. Dezember 1872 erlassene, diese jedoch nach vielfacher Richtung hin abändernde und ergänzende Seemannsordnung vom 2. Juni 1902. Ein Eingehen auf den reichhaltigen Inhalt dieses Gesetzes würde zu weit führen.

Im Anschluß an die neue Seemannsordnung ist das Gesetz vom 2. Juni 1902 betreffend die Verpflichtung der Kauffahrteischiffe zur Mitnahme heim zu schaffender Seeleute ergangen, durch welches bestimmt wird, daß jedes deutsche Kauffahrteischiff deutsche Seeleute, welche außerhalb des Reichsgebietes sich in einem hilfsbedürftigen Zustande befinden oder wegen einer nach den Reichsgesetzen strafbaren Handlung an die heimischen Behörden abgeliefert werden sollen, behufs Zurückbeförderung nach Deutschland gegen eine im Gesetz festgesetzte Entschädigung auf schriftliche Anweisung des Seemannsamts mitzunehmen hat.

Das Gesetz vom 2. Juni 1902 betreffend die Stellenvermittelung für Schiffsleute ordnet an, daß auf die gewerbsmäßige Stellenvermittelung für Schiffsleute im Allgemeinen die Vorschriften der Gewerbeordnung Anwendung finden sollen, trifft jedoch eine Reihe von Sondervorschriften. Nach diesen letzteren ist die gewerbsmäßige Stellenvermittelung nur mit Erlaubniß der höheren Verwaltungsbehörde zulässig. Der gewerbsmäßige Stellenvermittler darf in der Regel nicht zugleich gewerbsmäßige Vermittelung von Wohn- und Schlafstellen, Gast- und Schankwirtschaft, Kleinhandel mit geistigen Getränken, Handel mit Ausrüstungsgegenständen für Schiffsleute und das Geschäft eines Geldwechslers oder Pfandleihers betreiben. Die den Stellenvermittlern zukommenden Gebühren werden durch Taxen bestimmt, die nach Anhörung von Vertretern der Stellenvermittler, der Rheder und der Schiffsleute von den Landesregierungen oder den von diesen bezeichneten Behörden festgesetzt werden. Die Gebühr ist vom Rheder und dem Schiffsmanne je zur Hälfte zu zahlen; eine entgegengesetzte Vereinbarung zu Gunsten des Schiffsmanns ist nichtig. Zuwiderhandlungen gegen die Vorschriften des Gesetzes, insbesondere Ueberschreitung der Taxgebühren, werden strafrechtlich geahndet.

Mit Rücksicht auf die durch die Seemannsordnung getroffenen Neuerungen sind endlich durch Gesetz vom 2. Juni 1902 betreffend die Abänderung seerechtlicher Vorschriften des Handelsgesetzbuchs die §§ 481, 547 bis 549, 553, 749 H.G.B. abgeändert und die §§ 553a und 553b eingeschaltet worden.

Das internationale Recht hat eine wesentliche Fortbildung durch das Uebereinkommen vom 30. Dezember 1899 zwischen dem Deutschen Reiche und Oesterreich-Ungarn betreffend den Schutz des Urheberrechts an Werken der Literatur, Kunst und Photographie gefunden. Das zunächst auf 10 Jahre geschlossene Uebereinkommen ist am 15. Tage nach dem am 9. Mai 1901 erfolgten Austausch der Ratifikationen in Kraft getreten. Nach dem Uebereinkommen genießt jedes Werk der Literatur, der Kunst und der Photographie, welches in den Staatsgebieten eines der Vertragsstaaten einheimisch ist, in denen des andern den dort für Werke gleicher Art durch die inländische Gesetzgebung jeweils gewährten Schutz. Der Schutz besteht nicht länger als der gesetzliche Schutz dort dauert, wo das Werk einheimisch ist. Der vertragsmäßige Schutz ist nur von der Erfüllung der Bedingungen und Förmlichkeiten abhängig, welche durch die Gesetzgebung des Theils vorgeschrieben ist, in dessen Gebiet das Werk einheimisch ist. Abweichend von dieser Regel ist im Verhältniß zwischen dem Deutschen Reiche und den Ländern der ungarischen Krone der vertragsmäßige Schutz davon abhängig, daß nicht nur den Gesetzen und Vorschriften des vertragsschließenden Theils, in dessen Gebiet das Werk einheimisch ist, sondern auch denjenigen des anderen Theils, in dessen Gebiet der Schutz gewährt werden soll, entsprochen worden ist. Das ausschließliche Uebersetzungsrecht dauert hinsichtlich der Sprachen, in welchen nicht eine rechtmäßige und vollständige Uebersetzung herausgegeben worden ist, keineswegs länger als 3 Jahre nach der Herausgabe des Werkes. Die Bestimmungen des Uebereinkommens finden auf die vor Beginn der Wirksamkeit desselben vorhandenen Werke Anwendung. Bereits begonnene Vervielfältigungen, deren Herstellung nicht bisher verboten war, können indeß vollendet und verbreitet werden.

Völkerrechtlich von hoher Bedeutung sind die neuerdings veröffentlichten Ergebnisse der Haager Friedenskonferenz. Es ist auf Grund der Konferenz seitens der Signatarmächte unter dem 29. Juli 1899 eine Reihe von Abkommen getroffen bezw. von Erklärungen erlassen worden.

Nach dem „Abkommen zur friedlichen Erledigung internationaler Streitfälle" sind die Signatarmächte übereingekommen, im Falle ernster Meinungsverschiedenheit, bevor sie zu den Waffen greifen, „die guten Dienste oder die Vermittelung" einer befreundeten Macht oder mehrerer befreundeter Mächte anzurufen, soweit dies die Umstände gestatten werden. Die Aufgabe des Vermittlers wird lediglich darin erblickt, die entgegengesetzten Ansprüche auszugleichen und Verstimmungen zu beheben. Bei Streitigkeiten, die weder Ehre noch wesentliche Interessen berühren, erachten es die Signatarmächte für nützlich, daß die Parteien, soweit es die Umstände gestatten, eine „internationale Untersuchungskommission" mit dem Auftrag einsetzen, die Lösung der Streitigkeiten zu erleichtern, indem sie durch eine unparteiische und gewissenhafte Prüfung die Thatfragen aufklären. Die internationalen Prüfungskommissionen werden durch besonderes Abkommen der streitenden Theile gebildet. Weiterhin ist in dem Abkommen die förmliche „internationale Schiedssprechung" geregelt. Gegenstand derselben ist die Erledigung von Streitigkeiten zwischen den Staaten durch Richter ihrer Wahl. Das Schiedsabkommen schließt die Verpflichtung in sich, sich nach Treu und Glauben dem Schiedsspruche zu unterwerfen. Um die unmittelbare Anrufung zur Schiedssprechung zu erleichtern, ist ein „ständiger Schiedshof" eingerichtet. Für denselben soll jede Signatarmacht höchstens 4 Personen von anerkannter Sachkunde in Fragen des Völkerrechts, die sich der höchsten

Achtung erfreuen, benennen. Die Art der Zusammensetzung des Schiedsgerichts und das Verfahren vor demselben sind eingehend geregelt.

In dem „Abkommen betreffend die Gesetze und Gebräuche des Landkriegs" haben die Signatarmächte zugesagt, ihren Landheeren Verhaltungsmaßregeln zu geben, die den „Bestimmungen über Gesetze und Gebräuche des Landkriegs" entsprechen. In den Bestimmungen wird zunächst festgesetzt, daß die Gesetze, die Rechte und Pflichten des Krieges nicht nur für das Heer, sondern auch für die Milizen und Freiwilligen-Korps gelten, wenn dieselben die besonders angegebenen Bedingungen erfüllen. Es wird die Behandlung der Kriegsgefangenen, der Kranken und Verwundeten, der Spione und Parlamentäre geregelt. Die Bestimmungen verhalten sich überdies über die Mittel, die nicht zur Schädigung des Feindes angewendet werden sollen, über das Verhalten bei Belagerungen und Bombardements, über den Waffenstillstand, die Ausübung der militärischen Gewalt auf besetztem feindlichen Gebiet und schließlich über die Internirung Kriegführender und Verwundeter auf neutralem Gebiet,

Das „Abkommen betreffend die Anwendung der Grundsätze der Genfer Konvention auf den Seekrieg" trifft insbesondere Bestimmungen über die Behandlung der Lazarethschiffe.

Die Signatarmächte haben ferner eine „Erklärung betreffend das Verbot des Werfens von Geschossen und Sprengstoffen aus Luftschiffen oder auf ähnlichem Wege" ferner eine „Erklärung betreffend das Verbot der Verwendung von Geschossen mit erstickenden oder giftigen Gasen" und endlich eine „Erklärung betreffend das Verbot von Geschossen, die sich leicht im menschlichen Körper ausdehnen oder platt drücken", erlassen.

Die angegebenen Abkommen und Erklärungen sind von allen Signatarmächten mit Ausnahme von China und der Türkei, das Abkommen betreffend die Gesetze und Gebräuche des Landkriegs mit fernerer Ausnahme der Vereinigten Staaten, von Schweden und Norwegen, das Abkommen betreffend die friedliche Erledigung internationaler Streitfälle von den Vereinigten Staaten, Rumänien und Serbien indeß nur mit gewissen Vorbehalten ratifizirt worden.

3. Von den Neuerungen auf dem Gebiete des Strafrechts und Strafprozesses ist an erster Stelle das nach heftigen Vorstößen der Tagespresse zu Stande gekommene im Wesentlichen einem Beschlusse des 25. Juristentages entsprechende Gesetz vom 13. Juni 1902, betreffend die Abänderung des § 7 der Strafprozeßordnung zu erwähnen. Nach demselben hat § 7 Str.P.O. folgende Fassung erhalten:

„Der Gerichtsstand ist bei demjenigen Gericht begründet, in dessen Bezirk die strafbare Handlung begangen ist.

Wird der Thatbestand der strafbaren Handlung durch den Inhalt einer im Inland erschienenen Druckschrift begründet, so ist als das nach Abs. 1 zuständige Gericht nur dasjenige Gericht anzusehen, in dessen Bezirk die Druckschrift erschienen ist. Jedoch ist in den Fällen der Beleidigung, sofern die Verfolgung im Wege der Privatklage stattfindet, auch das Gericht, in dessen Bezirk die Druckschrift verbreitet worden ist, zuständig, wenn in diesem Bezirk die beleidigte Person ihren Wohnsitz oder gewöhnlichen Aufenthalt hat."

Von den sonst ergangenen Reichsgesetzen wesentlich strafrechtlichem Inhalts ist zunächst das Gesetz vom 24. Mai 1901, betreffend den Verkehr mit Wein, weinhaltigen und weinähnlichen Getränken, zu erwähnen. Das Gesetz definirt den Wein als das durch alkoholische Gährung aus dem Safte der Weintraube hergestellte Getränk. Es stellt fest, was nicht als Verfälschung oder Nachmachung des Weines im Sinne des Nahrungsmittelgesetzes anzusehen ist und giebt die Stoffe an, deren Verwendung bei der gewerbsmäßigen Herstellung oder Nachmachung von Wein verboten ist. Das Gesetz giebt ferner den — von den Landesregierungen zu bestellenden — Beamten die Befugniß, in Räume, in denen Wein, weinhaltige oder weinähnliche Getränke gewerbsmäßig hergestellt, aufbewahrt, feilgehalten oder verpackt werden, einzutreten und legt den Inhabern solcher Räume die Verpflichtung auf, den betreffenden Beamten und Sachverständigen Auskunft über das Verfahren bei Herstellung der Erzeugnisse, über den Umfang des Betriebs und die zur Verwendung gelangenden Stoffe zu ertheilen, auch die geschäftlichen Aufzeichnungen, Frachtbriefe und Bücher vorzulegen. Die für den Fall der Zuwiderhandlung gegen die Bestimmungen des Gesetzes getroffenen Strafbestimmungen bieten kein allgemeines Interesse.

Sehr bemerkenswerth, insbesondere durch seine strafrechtlichen Bestimmungen, ist ferner das Schaumweinsteuergesetz vom 9. Mai 1902. Nach demselben ist die Schaumweinsteuer vom Hersteller des Schaumweins mittels Anbringung eines Steuerzeichens an der Umschließung zu entrichten, bevor der fertige Schaumwein aus der Erzeugungsstätte entfernt oder innerhalb derselben getrunken wird. Das Gesetz trifft sehr weitgehende Vorschriften über die Kontrolle der Schaumweinfabriken. Schaumwein, welcher der Vorschrift des Gesetzes zuwider nicht mit den erforderlichen Steuerzeichen oder Zollzeichen versehen ist, unterliegt der Einziehung, gleichviel wem er gehört und ob gegen eine bestimmte Person ein Strafverfahren eingeleitet wird. Ebenso unterliegen der hergestellte und in der Herstellung begriffene Schaumwein, sowie die zur Herstellung, Lagerung und Aufmachung geeigneten Geräthe und Materialien der Einziehung, wenn mit der Herstellung begonnen worden ist, bevor die Betriebs- und Lagerräume angemeldet sind. Das Gesetz unterscheidet Defraudations- und Ordnungsstrafen. Der Defraudation macht sich schuldig, wer es unternimmt, Schaumweinsteuer zu hinterziehen. Dabei wird die Defraudation schon als vollbracht angenommen, wenn mit der Herstellung in nicht vorschriftsmäßig angemeldeten Betriebs- und Lagerräumen begonnen wird, wenn fertiger unversteuerter Schaumwein vom Hersteller in anderen als den genehmigten Lagerstätten aufbewahrt wird, ferner wenn Händler, Hersteller oder Wirthe Schaumwein in Verwahrung haben, der nicht mit den erforderlichen Steuerzeichen versehen ist. Wird festgestellt, daß eine Hinterziehung nicht verübt oder beabsichtigt war, so tritt Ordnungsstrafe ein. Der Defraudant hat als Strafe den vierfachen Betrag der vorenthaltenen Steuer, mindestens aber 30 Mk. für jeden einzelnen Fall zu entrichten. Kann der vorenthaltene Betrag nicht festgestellt werden, so tritt Geldstrafe bis zu 10 000 Mk. ein. Liegt eine Uebertretung vor, so sind Beihülfe und Begünstigung mit Geldstrafe bis zu 150 Mk. zu bestrafen. Im Falle der Wiederholung der Defraudation wird die Strafe verdoppelt. Jeder fernere Rückfall zieht Gefängniß bis zu 3 Jahren nach sich; doch kann auch im Rückfall nach richterlichem Ermessen auf Haft oder Geldstrafe erkannt werden. Hersteller, Händler und Wirthe haften für die von ihren Verwaltern, Geschäftsführern und Gehülfen, sowie für die von ihren Familien- und Haushaltungsmitgliedern verwirkten Geldstrafen und Prozeßkosten, sowie für die nachzuzahlende Steuer, im Falle des Unvermögens des eigentlich Schuldigen beim Nachweise, daß die Zuwiderhandlung ohne ihren Willen verübt ist, indeß nur für die Steuer. Schließlich enthält das Gesetz noch Sondervorschriften über Fälschung von Steuerzeichen.

Zu dem Schaumweinsteuergesetze hat der Bundesrath unter dem 9. Mai 1902 Ausführungsbestimmungen erlassen.

Die kaiserliche Verordnung vom 18. Juli 1900 bestimmt, daß das strafgerichtliche Verfahren gegen Militärpersonen der Schutztruppen sich nach den Vorschriften der Militärstrafgerichtsordnung und des dazu ergangenen Einführungsgesetzes mit gewissen Modifikationen regelt. Für die Angehörigen der Schutztruppen gelten während ihres Aufenthalts außerhalb Europas die für das Verhältniß an Bord gegebenen Vorschriften. Gerichtsherren der höheren Gerichtsbarkeit sind der kommandirende General des Gardekorps mit den Befugnissen des kommandirenden

Generals und in jedem Schutzgebiete der dort angestellte rangälteste Offizier mit den Befugnissen eines Divisionskommandeurs.

4. In Ansehung der Gerichtsverfassung und des Verfahrens ist zunächst die kaiserliche Verordnung vom 19. Oktober 1900, betreffend den Geschäftsgang und das Verfahren vor dem Reichsversicherungsamte, zu erwähnen. Es bestehen danach bei dem Reichsversicherungsamte zwei Abtheilungen, und zwar eine solche für Angelegenheiten der Unfallversicherung und eine solche für Invalidenversicherung. Die Spruchkollegien führen jetzt die Bezeichnung Senate. Die Senate für Unfallversicherung entscheiden in der Besetzung von 7, die für Invalidenversicherung in der Besetzung von 5 Mitgliedern. Falls der Direktor der Abtheilung oder der Vorsitzende eines Senates in Uebereinstimmung mit dem Berichterstatter der Meinung ist, daß es sich bei der Entscheidung um die noch nicht festgestellte Auslegung gesetzlicher Bestimmungen von erheblicher grundsätzlicher Bedeutung handelt, sowie auf Beschluß des Senats, wenn sich in der mündlichen Verhandlung ergiebt, daß diese Voraussetzungen vorliegen, so sind noch ein nichtständiges und ein ständiges Mitglied zuzuziehen. Wenn ein Senat in einer grundsätzlichen Rechtsfrage von einer früheren Entscheidung abweichen will, so ist die Sache zur Entscheidung an den mit 11 Mitgliedern besetzten erweiterten Senat zu verweisen. Das Verfahren ist einfach geregelt. Anträge auf Entscheidung sind schriftlich an das Reichsversicherungsamt zu richten. Die für den Gegner bestimmte Abschrift wird demselben vom Reichsversicherungsamt zur Einreichung einer Gegenschrift zugestellt. Die Betheiligten können sich durch einen mit schriftlicher Vollmacht versehenen Bevollmächtigten vertreten lassen. Ehegatten, Verwandte in aufsteigender Linie und großjährige Verwandte der absteigenden Linie können auch ohne schriftliche Vollmacht zugelassen werden. Bevollmächtigte und Beistände, die das Verhandeln vor Gericht geschäftsmäßig betreiben, können zurückgewiesen werden, soweit nicht Rechtsanwälte oder Prozeßagenten, denen das mündliche Verhandeln durch Anordnung der Justizverwaltung gestattet ist, in Frage kommen. Das Verfahren vor dem Reichsversicherungsamt ist kostenfrei. Es können den Betheiligten indeß solche Kosten des Verfahrens zur Last gelegt werden, die durch Muthwillen oder durch ein auf Verschleppung oder Irreführung berechtigtes Verhalten derselben veranlaßt worden sind. Auch ohne Antrag ist zu prüfen, ob und in welchem Betrag eine unterliegende Partei dem Gegner die erwachsenen außergerichtlichen Kosten zu erstatten hat. Der Betrag dieser Kosten ist im Urtheil festzusetzen. Die festgesetzten Beträge werden durch Vermittelung des Reichsversicherungsamts in derselben Weise wie die Gemeindeabgaben beigetrieben.

Auch das Verfahren vor den Schiedsgerichten für Arbeiterversicherung hat — durch kaiserliche Verordnung vom 22. November 1900 — eine umfassende Neuregelung erfahren. Von den vielen eigenartigen Bestimmungen mögen hier nur folgende hervorgehoben werden: Ein Beschluß, welcher ein Ablehnungsgesuch für unbegründet erklärt, kann nur mit der Entscheidung in der Hauptsache angefochten werden. Die Berufung auf schiedsgerichtliche Entscheidung muß innerhalb eines Monats nach Zustellung des Bescheides bei dem zuständigen Gericht eingegangen sein. Die Frist gilt indeß auch dann als gewahrt, wenn die Berufung bei einer anderen inländischen Behörde oder in Streitsachen und der Unfallversicherung bei einem Genossenschaftsorgan, in Angelegenheiten der See-Unfallversicherung auch bei einem deutschen Seeamt im Ausland eingegangen ist. Ist die Berufung nicht rechtzeitig eingelegt oder ist das Schiedsgericht gesetzlich zur Entscheidung über die Beschwerdepunkte nicht zuständig, so kann der Vorsitzende die Berufung durch Bescheid zurückweisen. Der Berufende kann binnen zwei Wochen nach Zustellung des Bescheides Anberaumung eines Termins bei dem Schiedsgericht zur mündlichen Verhandlung beantragen. Hinsichtlich der Zulassung von Bevollmächtigten und Beiständen gelten dieselben Grundsätze wie im Verfahren vor dem Reichsversicherungsamt. Nicht prozeßfähigen Parteien, welche ohne gesetzlichen Vertreter sind, oder deren gesetzliche Vertreter dem Aufenthalte nach unbekannt oder vom Sitze des Schiedsgerichts weit entfernt sind, kann vom Vorsitzenden ein besonderer Vertreter mit der Befugniß bestellt werden, alle Parteirechte zum Zwecke der Durchführung des Feststellungsverfahrens wahrzunehmen. Das Schiedsgericht hat den zur Klarstellung des Sachverhalts erforderlichen Beweis ohne Rücksicht darauf zu erheben, ob derselbe von den Parteien angetreten ist oder nicht. Im Uebrigen ist der Vorsitzende befugt, auch ohne vorausgehenden Beschluß des Schiedsgerichts Zeugen und Sachverständige vorzuladen, geeigneten Falls eine Beweiserhebung auch schon vor der Anberaumung des Termins zur mündlichen Verhandlung zu veranlassen. Ueber Beschwerden, betreffend die Prozeßführung, entscheidet in Streitsachen aus der Invalidenversicherung das Reichsversicherungsamt, in Streitsachen aus der Unfallversicherung das Reichsversicherungsamt oder das Landesversicherungsamt, sofern ihm die Entscheidung über einen Rekurs zusteht. In Betreff der Geschäftssprache finden die Vorschriften des Gerichtsverfassungsgesetzes entsprechende Anwendung. Eingaben, welche nicht in deutscher Sprache abgefaßt sind, werden nicht berücksichtigt.

Durch die Gewerbegerichtsnovelle vom 30. Juni 1901 hat insbesondere das Verfahren vor den Gewerbegerichten nach mehrfacher Richtung hin Aenderungen erfahren. Das Gesetz ordnet zunächst an, daß in allen Gemeinden, die nach der jeweilig letzten Volkszählung mehr als 20 000 Einwohner haben, ein Gewerbegericht errichtet werden muß. Die Zuständigkeit der Gewerbegerichte ist neu geregelt. Schiedsverträge, durch welche die Zuständigkeit der Gewerbegerichte für künftige Rechtsstreitigkeiten ausgeschlossen wird, sind nur dann rechtswirksam, wenn nach dem Schiedsvertrage bei der Entscheidung Arbeitgeber und Arbeitnehmer in gleicher Zahl unter einem Vorsitzenden mitzuwirken haben, welcher weder Arbeitgeber oder Angestellter eines betheiligten Arbeitgebers noch Arbeiter ist. Die örtliche Zuständigkeit der Gewerbegerichte ist anderweit dahin bestimmt, daß dasjenige Gewerbegericht zuständig ist, in dessen Bezirk die streitige Verpflichtung zu erfüllen ist oder sich die gewerbliche Niederlassung des Arbeitgebers befindet oder beide Parteien ihren Wohnsitz haben. Das Versäumnißverfahren greift jetzt auch dann Platz, wenn nach voraufgegangener Beweisaufnahme eine Partei in dem zur Fortsetzung der mündlichen Verhandlung anberaumten Termine nicht erscheint. Die Thätigkeit des Gewerbegerichts als Einigungsamt ist anderweit geregelt.

Auf Grund der Novelle hat das Gewerbegerichtsgesetz durch Erlaß des Reichskanzlers vom 29. September 1901 eine neue Fassung erhalten.

Endlich ist in diesem Zusammenhange noch das Reichsgesetz vom 28. Mai 1901, betreffend die freiwillige Gerichtsbarkeit und andere Angelegenheiten in Heer und Marine, zu erwähnen. Dasselbe bestimmt, daß im Felde hinsichtlich der im § 1 Nr. 1, 6, 7, 8 der Militärstrafprozeßordnung erwähnten Personen auch die Kriegsgerichts- und Oberkriegsgerichtsräthe für die nach § 167 des Reichsgesetzes über freiwillige Gerichtsbarkeit den Amtsgerichten zustehenden Verrichtungen zuständig sind und daß der Militärgerichtsschreiber die Verrichtungen des erforderlichen Falls zuzuziehenden Gerichtsschreibers versieht. Um Uebrigen werden noch Vorschriften über die Form der aufzunehmenden Urkunden und Protokolle gegeben.

Durch die Kaiserliche Verordnung vom 25. Oktober 1900 ist bestimmt, daß das Gesetz über die Konsulargerichtsbarkeit vom 7. April 1900 mit dem 1. Januar 1901 in Kraft tritt. Im Uebrigen enthält die Verordnung noch folgende bemerkenswerthe Bestimmungen:

Für die Uebertragung des Eigenthums an Grundstücken in den Konsulargerichtsbezirken genügt, soweit nicht für diese Grundstücke ein Grundbuch im Sinne der Reichsgesetze angelegt ist, die Beobachtung der Form, die den von der dortigen Staatsgewalt erlassenen Vorschriften entspricht. Innerhalb Rumäniens, Serbiens und Bulgariens gilt das

Gleiche auch für die Form eines anderen Rechtsgeschäfts, welches dort vorgenommen wird, sowie für die Form der Eheschließung. Statt der im B.G.B. aufgestellten Zinssätze gilt in den Konsulargerichtsbezirken ein den landesüblichen Vertragszinsen entsprechender Zinssatz, jedoch höchstens ein solcher von 10 pCt. für das Jahr.

5. Auch für die Schutzgebiete sind mehrere wichtige Gesetze und Verordnungen ergangen.

Es hat das Schutzgebietsgesetz durch das Gesetz vom 25. Juli 1900 weitgehende Aenderungen erfahren und durch Verordnung vom 10. September 1900 eine neue Fassung erhalten. Danach finden auf die Gerichtsverfassung in den Schutzgebieten die Vorschriften des Gesetzes über die Konsulargerichtsbarkeit vom 7. April 1900 mit der Maßgabe entsprechende Anwendung, daß an Stelle des Konsuls der vom Reichskanzler zur Ausübung der Gerichtsbarkeit bestimmte Beamte und an Stelle des Konsulargerichts das Gericht des betreffenden Schutzgebiets tritt. Es gelten in den Schutzgebieten die dem bürgerlichen Rechte angehörenden Vorschriften der Reichsgesetze und daneben die im früheren Geltungsbereich des Allgemeinen Landrechts in Kraft stehenden allgemeinen Vorschriften, die Vorschriften der bezeichneten Gesetze über das Verfahren in Civil- und Konkurssachen und in Angelegenheiten der freiwilligen Gerichtsbarkeit, ferner die dem Strafrecht angehörenden Vorschriften der Reichsgesetze mit Einschluß der Vorschriften dieser Gesetze über das Verfahren. Die Eingeborenen sowie andere durch Kaiserliche Verordnung den Eingeborenen gleichgestellte Theile der Bevölkerung unterliegen dieser Gerichtsbarkeit nur insoweit, als dies durch Kaiserliche Verordnung bestimmt ist. Durch Kaiserliche Verordnung können insbesondere

1. in Vorschriften über Materien, die nicht Gegenstand des St.G.B. sind, Gefängniß bis zu 1 Jahr, Haft, Geldstrafe und Einziehung angedroht,
2. hinsichtlich des Verfahrens in Strafsachen und der Strafvollstreckung nach mehrfacher Richtung hin Abweichungen von dem Gesetz über die Konsulargerichtsbarkeit angeordnet,
3. für die Zustellungen, die Zwangsvollstreckung und das Kostenwesen die Anwendung einfacher Bestimmungen vorgeschrieben,
4. für die gerichtliche und notarielle Beurkundung mit Ausschluß der Verfügungen von Todeswegen ein einfacheres Verfahren zugelassen sowie die Zuständigkeit der Notare eingeschränkt,
5. Verlängerungen aller gesetzlich gestellten Fristen angeordnet werden.

Auf die Eheschließung und die Beurkundung des Personenstandes finden die Vorschriften des Gesetzes vom 4. Mai 1870 entsprechende Anwendung. Die Eingeborenen und die diesem gleichgestellten Theile der Bevölkerung unterliegen den betreffenden Vorschriften indeß nur insoweit, als dies durch Kaiserliche Verordnung bestimmt wird. Ausländern, die sich in den Schutzgebieten niederlassen, sowie Eingeborenen kann durch Naturalisation vom Reichskanzler oder dem durch diesen dazu ermächtigten Beamten die Reichsangehörigkeit verliehen werden. Deutsche Kolonialgesellschaften können auf Grund eines vom Reichskanzler genehmigten Gesellschaftsvertrages durch Beschluß des Bundesraths die Fähigkeit erlangen, unter ihrem Namen Rechte zu erwerben und Verbindlichkeiten einzugehen, vor Gericht zu klagen und verklagt zu werden. In solchem Falle haftet den Gläubigern nur das Vermögen der Gesellschaft.

In weiterer Ausführung des erwähnten Gesetzes ist die Kaiserliche Verordnung vom 9. November 1900 betreffend die Rechtsverhältnisse in den deutschen Schutzgebieten ergangen. Dadurch werden den Eingeborenen grundsätzlich die Angehörigen farbiger Stämme gleichgestellt. Japaner gelten indeß nicht als Angehörige farbiger Stämme. Die im Gesetz über die Konsulargerichtsbarkeit bezeichneten Vorschriften des bürgerlichen Rechts bleiben in Ansehung des Immobiliarsachenrechts außer Anwendung. Insoweit die diesbezüglichen Verhältnisse nicht bereits im Verordnungswege geregelt sind, ist der Reichskanzler und mit dessen Genehmigung der Gouverneur (Landeshauptmann) bis auf Weiteres befugt, die erforderlichen Bestimmungen zu treffen. In Strafsachen tritt, sofern es sich um Verbrechen und Vergehen handelt, die Mitwirkung einer Staatsanwaltschaft ein. Die Hauptverhandlung findet ohne Zuziehung von Beisitzern statt, wenn es sich um eine Strafthat handelt, die der Zuständigkeit der Schöffengerichte untersteht, sowie bei den in den §§ 74, 75 G.V.G. bezeichneten Vergehen. Diese Vorschrift findet indeß für das Schutzgebiet von Kiautschou keine Anwendung. Die Gerichtsbarkeit in den zur Zuständigkeit der Schwurgerichte gehörigen Sachen wird den Gerichten erster Instanz übertragen. Die nach dem Gesetz über die Konsulargerichtsbarkeit begründete Zuständigkeit des Reichsgerichts wird für die einzelnen Schutzgebiete bestimmten Gerichten zweiter Instanz mit der Maßgabe zugewiesen, daß das Gericht aus dem zur Ausübung der Gerichtsbarkeit zweiter Instanz ermächtigten Beamten und vier Beisitzern besteht. Der Reichskanzler ist befugt, für die Schutzgebiete Notare zu ernennen. Die Zuständigkeit solcher ist indeß auf die Beurkundung von Geschäften unter Lebenden beschränkt.

Durch Erlaß des Reichskanzlers vom 27. Oktober 1900 endlich ist auf Grund des § 2 des Gesetzes über die Konsulargerichtsbarkeit bestimmt worden, inwieweit ausländische Schutzgenossen, sowie Handelsgesellschaften und Genossenschaften dem deutschen Schutze unterstellt sind. Von einem Eingehen auf die einzelnen Bestimmungen des Erlasses muß abgesehen werden.

II. Landesgesetzgebung.

Der Reichsgesetzgebung gegenüber ist die Landesgesetzgebung während der Berichtsperiode hinsichtlich der Reichhaltigkeit und Bedeutung fast in allen Bundesstaaten erheblich zurückgetreten.

Einen breiten Raum nehmen in den Landesgesetzen die Ausführungsbestimmungen zu dem Reichsgesetze über die privaten Versicherungsunternehmungen, zu den Unfallversicherungsgesetzen, zu dem Gesetz betreffend den Verkehr mit Wein, weinhaltigen und weinähnlichen Getränken und zu dem Gesetz betreffend die Bekämpfung gemeingefährlicher Krankheiten ein.

In einer ganzen Reihe von Bundesstaaaten sind Verordnungen betreffend die Führung von Titeln ergangen, die mit den auf außerhalb des Deutschen Reichs erlangten akademischen Graden verbunden sind.

Für die meisten Bundesstaaten hat sich ferner die Regelung des Verkehrs von Fahrrädern und Motorwagen auf öffentlichen Straßen und Plätzen als nothwendig erwiesen.

In Preußen, Hessen, Braunschweig, Anhalt und Elsaß-Lothringen sind Gesetze oder Verordnungen über die Verpflichtung der Gemeinden zur Haltung von Zuchtstieren zu Stande gekommen. Nach dem betreffenden Hessischen Gesetz über das Faselwesen hat die Gemeinde nach Bedürfniß nicht nur Zuchtstiere, sondern auch Zuchteber und Ziegenböcke zu halten.

Für Oldenburg, Lübeck und Bremen ist Fürsorge gegen die mißbräuchliche Benutzung von Seezeichen und die unbefugte Anbringung von solchen getroffen worden.

Ein näheres Eingehen auf die angedeuteten landesgesetzlichen Bestimmungen dürfte sich erübrigen.

Im Einzelnen soll hier nur Folgendes erwähnt werden:

1. Für **Preußen** ist durch Erlaß des Justiz- und des Unterrichtsministers vom 1. Februar 1902 die wichtige Neuerung getroffen worden, daß zum Rechtsstudium auch solche Studirende zugelassen werden, welche das Zeugniß der Reife von einem deutschen Realgymnasium oder einer

preußischen Oberrealschule erworben haben. Es bleibt diesen Studirenden ebenso wie solchen Gymnasialabiturienten, deren Reifezeugniß im Lateinischen nicht mindestens das Prädikat „genügend" aufweist, überlassen, sich die für ein gründliches Verständniß der Quellen des Römischen Rechts erforderlichen sprachlichen und sachlichen Vorkenntnisse zu erwerben. Bei Einrichtung des juristischen Studiums und der ersten juristischen Prüfung wird Vorkehr getroffen werden, daß Studirende dieser Art sich über die gedachten Vorkenntnisse ausweisen.

Dem hervorgetretenen Bedürfniß entsprechend hat die Verordnung betreffend die Kompetenzkonflikte zwischen den Gerichten und den Verwaltungsbehörden durch das Gesetz vom 22. Mai 1902 eine Abänderung erfahren. Danach ist, wenn in einer Sache der Gerichtshof zur Entscheidung der Kompetenzkonflikte den Rechtsweg für zulässig erklärt hat, die Zuständigkeit der Verwaltungsbehörden oder der Verwaltungsgerichte ausgeschlossen. Hat in einer Sache das Reichsgericht die Unzulässigkeit des Rechtswegs ausgesprochen, so können die Verwaltungsbehörden oder Verwaltungsgerichte sich nicht deshalb für unzuständig erklären, weil sie den Rechtsweg für zulässig erachten. Hatten vor der Entscheidung des Reichsgerichts die Verwaltungsbehörden oder Verwaltungsgerichte sich aus dem bezeichneten Grunde endgültig für unzuständig erklärt, so hat auf Antrag einer Partei diejenige Instanz, von welcher die Unzuständigkeit endgültig ausgesprochen worden ist, die frühere Entscheidung aufzuheben.

Nach dem Vorgange des betreffenden für die Reichsbeamten ergangenen Gesetzes ist auch für die preußischen Beamten ein Gesetz, betreffend die Fürsorge von Beamten in Betriebsunfällen vom 12. Juni 1902, zu Stande gekommen.

Durch die Anweisung der Minister der Justiz, des Unterrichts und des Innern vom 26. März 1901 haben die früheren Bestimmungen über die Unterbringung von Geisteskranken, Epileptischen und Idioten in Privatirrenanstalten eine eingehende Neuregelung erfahren.

Das Gesetz vom 24. Mai 1901 verhält sich über die Art der Rückübertragung des Eigenthums an Grundstücken, die für die Festlegung der trigonometrischen Punkte und die Sicherstellung der Marksteine nicht mehr erforderlich sind.

Durch das Gesetz vom 2. Juni 1902 ist der Landespolizeibehörde die Befugniß eingeräumt worden, zur Verhinderung oder Verunstaltung landschaftlich hervorragender Gegenden Reklameschilder u. s. w., welche das Landschaftsbild verunzieren, außerhalb der geschlossenen Ortschaften durch Polizeiverordnung zu verbieten.

Das Gesetz vom 15. April 1902 hat dem schottischen Moorhuhn dieselbe Schonzeit wie dem Rebhuhn eingeräumt.

Die Hohenzollernschen Lande haben durch Gesetz vom 10. März 1902 eine neue Jagdordnung erhalten.

Durch das Gesetz vom 29. Mai 1902 endlich hat § 1 des Gesetzes vom 18. März 1868, betreffend die Errichtung öffentlicher, ausschließlich zu benutzender Schlachthäuser, eine Aenderung erfahren.

2. Nach dem Vorgang anderer Bundesstaaten ist auch für Bayern ein Gesetz vom 10. Mai 1902, die Zwangserziehung betreffend, erlassen.

In der ausgesprochenen Absicht, auf Verbesserung der Wohnungsverhältnisse namentlich der Minderbemittelten hinzuwirken, ist die Verordnung vom 10. Februar 1901, die Wohnungsaufsicht betreffend, ergangen. Die Handhabung der Wohnungsaufsicht liegt den Ortsbehörden ob. In größeren Städten und in anderen Orten mit dichter Bevölkerung sind nach Bedarf besondere Wohnungskommissionen zu bilden. Die Beseitigung von Mißständen soll zunächst im Wege der Belehrung und Mahnung erfolgen. Erst wenn diese Maßnahmen erfolglos bleiben, soll die Ortspolizeibehörde einschreiten.

Im Anschlusse hieran ist die Verordnung, die Bauordnung betreffend, vom 17. Februar 1901 zu erwähnen. Dieselbe verhält sich über die Baulinie, Baugenehmigung, Bauausführung und das Verfahren sowie die Zuständigkeit der Behörden.

Sehr bemerkenswerth ist das Feldschadengesetz vom 6. März 1902, von welchem hier nur einige Bestimmungen hervorgehoben werden können. Nach dem Gesetz ist, wenn Hausthiere auf bestellte fremde Aecker vor der Ernte, auf Wiesen während der Hegezeit oder in Gärten, Weinberge und Baumschulen übertreten, derjenige, welcher die Thiere hält, zur Zahlung eines bestimmten Ersatzgeldes verpflichtet, ohne daß es des Nachweises eines Schadens bedarf. Wird Ersatzgeld verlangt, so ist die Geltendmachung weiteren Schadens ausgeschlossen. Zur Sicherung des Anspruchs auf Ersatzgeld oder Schadenersatz können die Thiere gepfändet werden. Die Pfändung ist indeß nur auf dem Grundstücke zulässig und darf sich nur auf die zur Sicherung erforderliche Anzahl erstrecken. Das Pfandrecht geht allen Rechten vor, mit denen das gepfändete Thier belastet ist. Es erlischt, wenn nicht binnen 24 Stunden der Ortspolizeibehörde Anzeige gemacht wird. Die Verpflichtung zur Zahlung von Ersatzgeld oder zum Ersatze des Schadens kann auch im strafgerichtlichen Verfahren geltend gemacht werden. Die Vollstreckung der Entscheidung erfolgt auch in Ansehung des Schadenersatzes oder des Ersatzgeldes von

Amtswegen. Die Bestimmungen des Gesetzes finden entsprechende Anwendung, wenn Enten in fremdes fließendes Wasser während der Schonzeiten der darin hauptsächlich vorkommenden Fischarten eindringen.

In der Verordnung vom 11. Juli 1900 werden die jagdbaren Thiere aufgezählt.

Das Berggesetz hat durch die Bekanntmachung vom 20. Juli 1900 eine neue Fassung erhalten.

Auf Grund des Reichsgesetzes, betreffend die Gewerbegerichte, ist nach der Bekanntmachung vom 1. November 1901 ein Berggewerbegericht in München zur Entscheidung von gewerblichen Streitigkeiten zwischen den auf Kohlengruben, den unterirdisch betriebenen Cementgruben der Berginspektion München beschäftigten Arbeitern einerseits und ihren Arbeitgebern andererseits errichtet worden.

Die Bekanntmachung vom 28. Dezember 1900 verhält sich über die Formen des Verfahrens und den Geschäftsgang bei dem Landesversicherungsamt.

In der Verordnung vom 25. Januar 1901 sind neue Vorschriften zum Vollzuge des Gesetzes vom 8. August 1878, betreffend die Errichtung eines Verwaltungsgerichtshofes, ergangen.

Nach der Bekanntmachung vom 2. März 1902 sind die pfälzischen Hypothekenämter vom 1. April 1902 ab mit den Amtsgerichten, an deren Sitz sie sich befanden, vereinigt.

Die Verordnung vom 28. Juli 1900 hat die Gebühren der Notare in Grundbuchsachen geregelt. Die Verordnung vom 26. März bezw. 4. April 1902 verhalten sich über die Gebühren der Rechtsanwälte in Angelegenheiten der Rechtspflege, der Verwaltung und Verwaltungsrechtspflege bezw. in dem Verfahren vor dem Landesversicherungsamt.

3. Für Sachsen ist ein allgemeines Baugesetz vom 1. Juli 1900 nebst Ausführungsverordnung dazu ergangen. Es sind darin sehr eingehende Bestimmungen getroffen über Ortsgesetze und Polizeiverordnungen, Feststellung und Wirkung der Bebauungs-Fluchtlinien und Ortserweiterungspläne, Beschaffung und Unterhaltung der öffentlichen Verkehrsräume und Schleusenanlagen, Umlegung und Enteignung von Grundstücken, Entschädigung, Erstattungsansprüche und Bauabgaben, Bebauung der Grundstücke, Schutzmaßregeln bei der Bauausführung und polizeiliche Beaufsichtigung der Bauten. Hervorgehoben mag werden, daß eine Umlegung von Grundstücken auch behufs Gewinnung geeigneter Baustellen erfolgen kann, wenn dies im öffentlichen Interesse liegt und ein bezüglicher Antrag von der Gemeindevertretung und mehr als der Hälfte der Grundeigenthümer, die mehr als die Hälfte der Grundstücke haben, bei

der Baupolizeibehörde gestellt wird. Wer eine den gesetzlichen Erfordernissen entsprechende Straße angelegt hat, ist berechtigt, antheilige Erstattung des Aufwandes von den später Anbauenden zu verlangen.

Die Rechtsverhältnisse des Familienfideikommisses haben durch das Gesetz vom 7. Juli 1900 über Familienanwartschaften eine neue Regelung gefunden. Nach dem Gesetze kann eine Familienanwartschaft nur aus Grundbesitz mit jährlich mindestens 7500 Mk. Reinertrag errichtet werden. Der Grundbesitz darf nur bis zu einem Drittel seines Ertragswerthes mit Hypotheken, Grundschulden und Rentenschulden belastet sein. Auf Geldsummen kann die Anwartschaft nur erstreckt werden, wenn dieselben zur Erhaltung, Verbesserung oder Vergrößerung der Anwartschaft, zur besseren Lebenshaltung des Anwartschaftsbesitzers oder zur Versorgung von Familienmitgliedern oder von Angestellten bestimmt sind. Die Errichtung der Anwartschaft bedarf landesherrlicher Genehmigung. Aenderung der Satzung, sowie Aufhebung der Anwartschaft sind insbesondere zulässig, wenn die Anwartschaft mit Einschluß des vom Stifter berufenen ersten Anwärters in die dritte Hand gekommen ist. Anwartschaftsbehörde ist der für Angelegenheiten der freiwilligen Gerichtsbarkeit zuständige Senat des Oberlandesgerichts. Ueber Beschwerden entscheidet der Justizminister.

In der Verordnung vom 24. Juli 1900 sind sehr eingehende Vorschriften zur Ausführung des Allgemeinen Berggesetzes gegeben.

Das Königliche Hausgesetz hat durch das Gesetz vom 6. Juli 1900 Ergänzung und Aenderung erfahren. Es steht danach die Volljährigkeitserklärung, die Entmündigung und Aufhebung derselben in Ansehung der Mitglieder des Königlichen Hauses dem Könige zu. Die elterliche Gewalt der verwittweten Königin ist in Ansehung der Sorge für das Vermögen auf das Privatvermögen der Kinder beschränkt.

Die Verordnung vom 24. Juli 1900 setzt die Voraussetzungen fest, unter welchen die Unterbringung von Kranken in Privatirrenanstalten zulässig ist und regelt die Aufsicht über solche Anstalten.

In der Verordnung vom 12. Dezember 1900, die Feststellung des Werthes von Grundstücken zum Zwecke mündelsicherer Beleihung betreffend, ist angeordnet, daß die Schätzung des Werthes durch amtlich bestellte Sachverständige, die vom Amtsgericht ernannt und vereidigt werden, erfolgt. Die Auswahl der Sachverständigen für die Schätzung landwirthschaftlicher Grundstücke geschieht auf Vorschlag des Bezirksausschusses. Die Schätzung ist auf den Verkaufswerth zu richten. Dabei hat indeß die Verwendbarkeit als Bauland außer Betracht zu bleiben.

Das Gesetz vom 19. Juli 1900 ordnet die Verwaltungsrechtspflege.

Durch Gesetz vom 1. März 1902 sind die nach landgesetzlicher Vorschrift zu erhebenden Gerichtsgebühren um 25 vom Hundert erhöht worden.

4. Für Württemberg kommt zunächst das Gesetz vom 28. November 1900, betreffend die Ablösung der Realgemeinderechte und ähnlichen Rechte, in Betracht. Es unterliegen danach die mit Realgemeinderechten oder ähnlichen Rechten als bleibende Last verknüpften privatrechtlichen Verbindlichkeiten zu Leistungen für öffentliche Zwecke auf Antrag des berechtigten oder verpflichteten Theils der Ablösung. Das Gleiche gilt für die aus dem Realgemeindeverhältniß oder aus ähnlichen Verhältnissen privatrechtlicher Natur herrührenden Ansprüche auf besondere oder erhöhte Nutzungen an dem Eigenthum oder sonstigen Vermögensrechten der bürgerlichen Gemeinde. Zu dem Gesetz sind durch Verfügung der Ressortminister vom 3. Dezember 1901 sehr eingehende Vollziehungsbestimmungen erlassen.

Eine durchgreifende gesetzliche Regelung hat ferner das Wasserrecht durch das Wassergesetz vom 1. Dezember 1900 erfahren. Zu dem Gesetz hat das Ressortministerium unter dem 16. November 1901 Vollzugsbestimmungen und mit Rücksicht auf dasselbe unter dem 4. November 1901 genaue Vorschriften über Führung der Wasserrechtsbücher, unter dem 5. November 1901 solche über Aich- und Sicherheitszeichen für Stauanlagen und unter dem 6. November 1901 solche betreffend die Wasserschau erlassen.

Durch Gesetz vom 19. Februar 1902 sind die Vorschriften über die Bewirthschaftung und Beaufsichtigung der Waldungen der Gemeinden, Stiftungen und sonstigen öffentlichen Körperschaften abgeändert worden und es haben daraufhin das Körperschaftsforstgesetz und das Forstpolizeigesetz eine Neufassung erhalten.

Das Gesetz vom 20. Februar 1902, betreffend die Aenderung des Gesetzes zur Ausführung der C.P.O. ordnet an, daß wegen Geldforderungen unter gewissen Voraussetzungen das Mahnverfahren vor dem Vorstande des Gemeindegerichts stattfindet. Auf das Verfahren finden die §§ 688—703 C.P.O. entsprechende Anwendung. Erhebung des Widerspruchs gegen einen Theil des Anspruchs schließt Erlaß des Vollstreckungsbefehls bezüglich des unwidersprochen gebliebenen Theils aus. Gegen Versagung des Vollstreckungsbefehls steht Beschwerde an das Amtsgericht, gegen den Vollstreckungsbefehl an Stelle des Einspruchs Berufung auf den ordentlichen Rechtsweg offen.

5. Nach dem Vorgang anderer Bundesstaaten ist auch Baden durch Gesetz vom 10. August 1900, die Untheilbarkeit der Grundstücke

betreffend, der übermäßigen Zersplitterung des Grundbesitzes entgegengetreten. In dem Gesetz ist andererseits angeordnet, daß auch die Vereinigung mehrerer Grundstücke zu einem Ganzen nur bedingungsweise zulässig ist. Durch die Verordnung vom 17. Mai 1901 sind die Bezirksämter, in wichtigeren Fällen, sowie bei etwaigen Bedenken die Bezirksräthe befugt, Befreiung von der Untheilbarkeit auszusprechen.

Durch das Gesetz vom 19. August 1900 hat das Berggesetz die durch die Einführung des B.G.B., der G.B.O. und des Enteignungsgesetzes gebotenen Aenderungen erhalten.

In der landesherrlichen Verordnung vom 13. Dezember 1900 und die sich anschließende ministerielle Verordnung vom 18. Februar 1901 sind umfassende Vorschriften über die Ausführung der G.B.O. getroffen. Das Grundbuchamt ist im Allgemeinen ein staatliches, in Städten mit mehr als 10 000 Einwohnern jedoch ein Gemeindeamt. Als staatliche Grundbuchbeamte fungiren die Notare, als deren Hülfsbeamte die Rathsschreiber, als städtische Grundbuchbeamte die vom Stadtrath dazu ernannten Beamten.

Für das Gebiet der Gerichtsverfassung ist die Verordnung vom 29. September 1900 zu erwähnen, durch welche die bisher von dem Kollegium des Landgerichts ausgeübte Dienstaufsicht über die Amtsgerichte dem Landgerichtspräsidenten zugewiesen worden ist.

Die Verordnung vom 18. Juli 1900 ordnet die Beitreibung der auf öffentlich rechtlichem Titel beruhenden Forderungen der Amtskassen.

Die Verordnung vom 4. Mai 1901, das Verfahren bei der Zwangsversteigerung und der Zwangsverwaltung betreffend, giebt Vorschriften über die Einleitung des Verfahrens durch die Amtsgerichte und den weiteren Vollzug durch das Notariat.

Die Verordnung vom 21. Januar 1900 behandelt das Kostenwesen in den Angelegenheiten der freiwilligen Gerichtsbarkeit und bei Zwangsvollstreckung in das unbewegliche Vermögen.

Durch die Verordnung vom 14. Juni 1900 sind eingehende Vorschriften zur Verhütung von Thierquälerei gegeben.

6. Für Hessen ist zunächst das Gesetz vom 26. März 1902, die Regentschaft betreffend, zu erwähnen, welches Fürsorge für den Fall trifft, daß der Großherzog minderjährig oder dauernd behindert ist, die Regierung zu führen, sowie für den weiteren Fall, daß bei Erledigung des Thrones die Person des Thronfolgers ungewiß ist.

Die Verordnung vom 16. Februar 1902 regelt die Vertretung des Großherzoglichen Fiskus in dem Verfahren der Zwangsvollstreckung in Forderungen und andere Vermögensrechte.

Das Gesetz vom 22. Dezember 1900 ändert das Gesetz vom 30. August 1884, betreffend die Erbschafts- und Schenkungssteuer in wesentlichen Punkten ab, bietet indeß kein allgemeineres Interesse.

Die Verordnung vom 25. Januar 1902 regelt die Gebühren der Rechtsanwälte, soweit dies nicht durch Reichsgesetze geschehen ist.

7. Für Mecklenburg-Schwerin und Mecklenburg-Strelitz sind in den Bekanntmachungen vom 20. Juni bezw. 4. Juli 1901 Vorschriften für die baulichen Einrichtungen in Städten und Vorstädten gegeben.

In beiden Staaten ist ferner — und zwar durch Verordnungen vom 30. November bezw. 30. Oktober 1901 — das Aussetzen wilder Kaninchen im Freien wie auf eingehegten Grundstücken unter Androhung namhafter Geld- und Freiheitsstrafen verboten.

Ein allgemeineres Interesse bietet im Uebrigen nur noch die Mecklenburg-Strelitz'sche Verordnung vom 6. Juni 1902, welche sich gegen die Beschäftigung vertragsbrüchiger land- und forstwirthschaftlicher Arbeiter wendet. Es werden danach Arbeitgeber und deren Vertreter, welche derartige Arbeiter, von denen sie wissen, daß sie ihr bisheriges Arbeitsverhältniß ohne Rechtsgrund verlassen haben, für einen Zeitraum in Arbeit nehmen, für welchen sie dem anderen Arbeitgeber zur Arbeit verpflichtet sind, ingleichen Vorschnitter und andere Personen, welche die Vermiethung vertragsbrüchiger Arbeiter dieser Art vermitteln, mit Geldstrafe bis zu 150 Mk. oder mit Haft bis zu 2 Wochen bestraft.

8. In Sachsen-Weimar ist die Bergpolizeiordnung vom 21. Januar 1901 behufs Sicherung der Salzlagerstätten gegen Wassersgefahr und den Bergversatz zu Stande gekommen.

Durch das Gesetz vom 12. März 1902 wird die Beseitigung des Vorbehalts Dritter an einem Grundstück ermöglicht. Es findet nämlich, soweit ein Grundstück mit dem Vorbehalt des besseren Rechts Dritter übereignet ist, zur Beseitigung des Vorbehalts ein Aufruf statt. Ist ein solches Grundstück bereits gerichtlich übereignet, so erlischt der Vorbehalt, wenn bis zum 31. Dezember 1902 die Anmeldung eines besseren Rechts nicht erfolgt. Ist ein Grundstück noch nicht gerichtlich übereignet, so findet künftig dessen Uebereignung, je nachdem die Anmeldung eines besseren Rechts bis zum 31. Dezember 1902 erfolgt oder nicht, mit Vorbehalt des angemeldeten Rechts oder vorbehaltlos statt.

Durch das Gesetz vom 19. März 1902 betreffend das Recht an Faustpfändern und Hypotheken ist bestimmt, daß, soweit Hypotheken, die vor dem 1. Januar 1845 bestellt worden sind, oder Rechte an solchen oder Eigenthumsrechte oder Rechte wegen Lehns- oder Fideikommißvermögen, welche vor dem 1. Januar 1845 herrühren, aus den alten

Unterpfandsbüchern oder alten Handelsbüchern oder Handelsprotokollen noch nicht in die Hypothekenbücher übertragen sind, ein — besonders geregelter — öffentlicher Aufruf stattfindet.

Durch Gesetz vom 20. Januar 1900 ist ein Schuldbuch bei der Großherzoglichen Landeskreditkasse eingerichtet.

Das Gesetz vom 8. Oktober 1900 befaßt sich mit der Fürsorge für Idioten.

Die Verordnung vom 4. August 1901 droht Uebertretungsstrafen demjenigen an, der ohne Genehmigung der zuständigen Behörde eine Sammlung von freiwilligen Gaben durch Herumgehen oder Herumschicken veranstaltet, für eine solche Sammlung Einsammlungen bewirkt oder beim Einsammeln nicht mit der erforderlichen Legitimation versehen ist oder deren Vorzeigung verweigert.

9. Für Oldenburg sind in der Bekanntmachung vom 3. Juni 1901 neue Vorschriften betreffend die juristischen Prüfungen und den Vorbereitungsdienst ergangen. Danach müssen die Referendare während ihres dreijährigen Vorbereitungsdienstes auch 5 Monate hindurch bei einer Regierung, einem Amt oder einem Stadtmagistrat 1. Klasse thätig sein.

Laut Bekanntmachung vom 14. Januar 1902 ist das Amtsgericht zu Oldenburg für das Aufgebotsverfahren zum Zwecke der Todeserklärung von oldenburgischen Staatsangehörigen, die einen Wohnsitz im Deutschen Reich nicht gehabt haben, für zuständig erklärt.

Nach der Verordnung vom 23. Juli 1900 sind innerhalb des Geschäftskreises der Aemter die bei denselben angestellten Aktuare und Aktuargehülfen zu Beglaubigungen von Unterschriften unter Beifügung des Amtssiegels befugt.

Dem sittenpolizeilichen und strafrechtlichen Gebiet gehört die Bekanntmachung vom 3. September 1900 an. Danach sind in Schankräumen, in denen weibliche Personen zur Bedienung gehalten werden, alle Einrichtungen verboten, durch welche Räume oder Plätze dem freien Ein- und Ueberblick entzogen werden. Die Kellnerinnen haben anständige und unauffällige Kleidung zu tragen. Es ist ihnen verboten, in unanständiger oder auffälliger Weise an den Fenstern zu verweilen, die Gäste zum Trinken anzuregen, für sich oder Andere Speisen oder Getränke von den Gästen zu erbitten und an den Tischen in Gemeinschaft mit den Gästen Platz zu nehmen. Für die Beachtung der Vorschriften sind sowohl die Kellnerinnen wie die Wirthe verantwortlich.

Wesentlich strafrechtlicher Natur ist auch das Gesetz vom 4. Januar 1902 betreffend die öffentlichen Lotterien und Ausspielungen.

10. Auch in **Braunschweig** ist — und zwar durch Gesetz vom 23. August 1901 — eine anderweitige Regelung des juristischen Vorbereitungsdienstes erfolgt. Die Vorbereitungszeit ist auf 3 Jahre 6 Monate festgesetzt. Innerhalb derselben muß der Referendar auch 8 Monate hindurch bei einer Verwaltungsbehörde thätig sein. Das Gesetz vom 30. Mai 1902 giebt Vorschriften zur Bekämpfung der Spargelschädlinge, nämlich der Spargelfliege und des Spargelrostes, und ordnet für Zuwiderhandlungen Uebertretungsstrafen an.

Bemerkenswerth ist weiter das Gesetz vom 10. Dezember 1900 betr. den Vertragsbruch in landwirthschaftlichen Arbeitsverhältnissen. Es werden danach vertragsbrüchige landwirthschaftliche Arbeiter auf Antrag mit Geld- oder Haftstrafe belegt. Wer landwirthschaftliche Arbeiter zur widerrechtlichen Verweigerung des Antritts oder zu widerrechtlichem Verlassen der Arbeit verleitet, wird wegen Uebertretung bestraft, ist auch den Arbeitgebern neben dem Arbeiter als Gesammtschuldner für den Schaden haftbar. Wer vertragsbrüchige landwirthschaftliche Arbeiter für die Zeit, für welche sie einem Andern zur Arbeit verpflichtet sind, in der — auch aus den Umständen zu entnehmenden — Kenntniß vom Vertragsbruch in Arbeit nimmt, wird wegen Uebertretung bestraft. Arbeitgeber, welche vorsätzlich und rechtswidrig die Annahme landwirthschaftlicher Arbeiter verweigern oder solche Arbeiter entlassen, ohne ihnen die vertragsmäßige Vergütung zu gewähren, werden auf den — binnen 1 Woche zu stellenden — Antrag der Arbeiter mit Geld- oder Haftstrafe belegt.

11. Auch in **Meiningen** ist — und zwar durch Gesetz vom 28. Februar 1901 — Fürsorge zur Sicherung der Salzlagerstätten getroffen.

Die Gesindeordnung vom 12. März 1901 enthält die eigenartige Bestimmung, daß zur Entscheidung von Gesindedienststreitigkeiten, die sich vor Antritt des Dienstes oder vor Ablauf der vertragsmäßigen Dienstzeit ergeben, zunächst die Schiedsmänner zuständig sind. Diese haben ihre Entscheidungen schriftlich abzufassen. Die Entscheidungen sind von Amtswegen für vorläufig vollstreckbar zu erklären. Sie gehen in Rechtskraft über, wenn nicht binnen 10 Tagen seit der Verkündigung Klage bei dem ordentlichen Gericht erhoben wird.

Durch Gesetz vom 7. März 1901 über die Zeugnißpflicht des Landesherrn ist festgestellt, daß der Landesherr nicht als Zeuge aufgerufen werden kann und daß seine Vernehmung als Zeuge nur zulässig ist, wenn er sie wünscht.

12. Für **Sachsen-Altenburg** sind hier nur die sehr ausführlichen Baugesetze für die Städte und für die Dörfer vom 17. Januar 1901 und die dem Thierschutz dienende Verordnung vom 7. Mai 1900 betr.

die Benutzung der Hunde zum Ziehen zu erwähnen. Nach der angezogenen Verordnung müssen die Ziehhunde eine bestimmte Größe und Schwere haben und darf die zu ziehende Last einschließlich des Gefährtes niemals 200 kg betragen.

13. Für Coburg-Gotha kommt das Gesetz vom 10. Mai 1901 betr. den Vorbereitungsdienst der Referendare in Betracht. Es ist danach die Dauer des Vorbereitungsdienstes auf 4 Jahre festgestellt.

Ferner sind die Gesetze vom 12. März und 17. Mai 1902 betr. die Erbschafts- und Schenkungsabgaben zu Stande gekommen. Auf strafrechtlichem Gebiet bewegt sich die Verordnung vom 12. Dezember 1901 betr. den Verkehr mit Weihnachtsbäumen.

14. Von den für Anhalt ergangenen Gesetzen und Verordnungen sind hier nur die Verordnung vom 17. November 1900 betr. die Abschätzung von Grundstücken und das Gesetz vom 14. April 1902 betr. die Abänderung des Jagdpolizei-Gesetzes zu erwähnen.

15. In Schwarzburg-Rudolstadt können die Waisenräthe nach dem Gesetz vom 1. April 1902 von den Gemeinden für baare Auslagen und notwendige Wege außerhalb des Waisenrathsbezirkes eine bestimmt fixirte Entschädigung fordern, für jede Reise im Ganzen jedoch mindestens 2 Mark und höchstens 5 Mark.

Im Uebrigen ist hier nur noch das Gesetz vom 31. Mai 1902 betr. die Errichtung und Erhaltung der Marksteine zu erwähnen.

16. In Schwarzburg-Sondershausen sind durch Gesetz vom 19. Dezember 1900 betr. den Staatsdienst die Verhältnisse der Staatsbeamten neu geregelt worden.

Weiter sind durch Gesetz vom 27. Juli 1901 anderweite Bestimmungen über das Vereins- und Versammlungsrecht ergangen. Danach hat Jedermann das Recht, gemeinschaftlich mit Anderen einen Verein zu bilden, sofern er die gesetzlichen Bestimmungen beobachtet. Die Bildung oder das Fortbestehen von Vereinen, deren Zweck oder Beschlüsse den Strafgesetzen oder der Sittlichkeit zuwiderlaufen oder deren Bestrebungen den Staat oder die öffentliche Ordnung und Sicherheit zu gefährden geeignet sind, ist vom Landrath zu verbieten. Gegen das Verbot ist Beschwerde an den Minister des Innern und gegen dessen Entscheidung Beschwerde an das Gesammtministerium zulässig.

Die Abhaltung öffentlicher Versammlungen, in denen öffentliche Angelegenheiten erörtert werden sollen, darf nur verboten werden, wenn dringende Besorgniß einer Gefährdung der öffentlichen Ruhe, Sicherheit oder Sittlichkeit besteht. Personen unter 18 Jahren, Lehrlinge und

Schüler dürfen an öffentlichen Versammlungen, in denen öffentliche Angelegenheiten erörtert werden sollen, nicht theilnehmen.

Durch das Gesetz vom 17. Mai 1902 betr. den gewerbsmäßigen Vertrieb von Staatslotterieloosen ist angeordnet, daß das gewerbsmäßige Feilbieten oder Verkaufen von Loosen der Staatslotterie nur mit Genehmigung zulässig ist.

17. Für Waldeck ist das Gesetz vom 29. Januar 1902 über die Fürsorgeerziehung Minderjähriger zu Stande gekommen; zu dem Gesetz, welchem das entsprechende Preußische Gesetz zum Muster gedient hat, sind eingehende Verwaltungsvorschriften erlassen.

Durch die Verordnung vom 25. Juni 1900 ist das Preußische Gesetz betr. das Verfahren in Auseinandersetzungs-Angelegenheiten in der Fassung vom 10. Oktober 1899 eingeführt worden.

18. Das für Reuß älterer Linie erlassene Gesetz vom 19. Januar 1901 richtet sich gegen das Spielen in öffentlichen Lotterien, die nicht ausdrücklich zugelassen sind.

19. Von den in Reuß jüngerer Linie ergangenen Gesetzen ist zunächst das Gesetz vom 12. Mai 1900 betr. den Vertragsbruch landwirhschaftlicher Arbeiter und Arbeitgeber bemerkenswerth. Dasselbe stellt dieselben Handlungen unter Strafe, wie das oben inhaltlich wiedergegebene Braunschweigische Gesetz, will überdieß aber auch die landwirthschaftlichen Arbeiter — und zwar mit Gefängniß bis zu 6 Monaten — bestraft wissen, welche den Arbeitgeber zu gewissen Handlungen oder Zugeständnissen dadurch zu bestimmen suchen, daß sie eine vertragswidrige Einstellung der Arbeit oder eine Verhinderung derselben bei einzelnen oder mehreren Arbeitgebern vereinbaren. Anstifter sollen ebenso bestraft werden, auch wenn sie nicht landwirthschaftliche Arbeiter sind.

Das Gesetz vom 7. Januar 1902 hat das polizeiliche Verordnungsrecht und die polizeiliche Zwangsbefugniß zum Gegenstande. Es sind danach die Polizeibehörden berechtigt, innerhalb ihres Geschäftsbereichs allgemeine polizeiliche Verordnungen zu erlassen und in diesen Geldstrafe bis zu 150 Mark oder Haft bis zu 6 Wochen anzudrohen. Die Gerichte haben nur die gesetzliche Gültigkeit der erlassenen Verordnungen zu erörtern.

Neben dem Verordnungsrecht haben die Polizeibehörden das Recht aus Gründen des öffentlichen Wohls im Einzelfalle schriftliche Gebote und Verbote unter Strafandrohung zu erlassen, auch bei Nichtbefolgung die angeordneten Maßnahmen auf Kosten der Ungehorsamen zur Ausführung bringen zu lassen.

20. Hinsichtlich des Fürstenthums Schaumburg-Lippe kommt nur die Verordnung vom 15. September 1900 betr. das Verwaltungszwangsverfahren und das Gesetz vom 20. April 1901 betr. die Abänderung des Ausführungs-Gesetzes zum Unterstützungswohnsitz-Gesetz in Betracht.

21. Von den für das Fürstenthum Lippe erlassenen Gesetzen sind hier das Gesetz vom 14. November 1900 betr. die Ablösung von Holz- und Streuberechtigungen, das Gesetz vom 20. März 1901 betr. die Ergänzung des Feld- und Forstpolizeigesetzes und das Gesetz vom 27. März 1901 betr. die Schonzeiten des Wildes zu erwähnen. Das letztere verbietet auch das Fangen der geschützten Wildarten, darunter auch das Fangen von Wachteln, Enten und Schnepfen. Das Ausnahmen von Eiern oder Jungen von jagdbarem Federwild ist auch für den Jagdberechtigten verboten. Eier darf der letztere indeß ausnehmen, wenn es geschieht, um sie ausbrüten zu lassen. Das Ausnehmen von Kibitzeiern nach dem 30. April ist verboten.

22. In Lübeck sind durch Verordnung vom 18. September 1901 Vorschriften über das juristische Studium erlassen. Bemerkenswerth ist davon, daß die Studirenden, welche zur ersten Prüfung zugelassen werden wollen, sich in der Regel darüber ausweisen müssen, daß sie auf der Universität an Uebungen im bürgerlichen Recht und im Civilprozeß theilgenommen haben.

Nach der Verordnung vom 25. April 1900 wird wegen Streikpostenstehens mit Geldstrafe oder Haft bestraft, wer sich planmäßig zum Zwecke der Beobachtung oder Beeinträchtigung der Arbeiter einer Arbeitsstelle an einem öffentlichen Orte aufhält.

Wesentlich strafrechtlicher Natur ist auch das Gesetz vom 17. September 1900 betr. die Zulassung von auswärtigen Lotterien und Ausspielungen, sowie den Gewerbebetrieb der Lotterie-Kollekteure.

Zu erwähnen sind weiter die Notariatsordnung vom 23. April 1900, das Gesetz betr. die Gebühren des Rechtsanwaltes in Zwangsversteigerungs- und Zwangsverwaltungssachen vom 28. Mai 1901, das Gerichtskostengesetz, die Gebührenordnung für Gerichtsvollzieher und die Gebührenordnung für Notare vom 12. November, sowie endlich die Verordnung vom 9. Oktober 1901 betreffend Maßnahmen zur Verhütung der Weiterverbreitung und zur Vertilgung des Spargelrostes.

23. In Bremen hat das Gesetz betr. die Zwangsvollstreckung im Verwaltungswege durch Gesetz vom 29. Dezember 1901 eine Aenderung erfahren und daraufhin eine andere Fassung erhalten. Ebenso ist durch

Gesetz vom 31. Dezember 1901 das Gesetz betr. das Gewerbegericht in Bremen abgeändert und neu redigirt worden.

Durch Verordnung vom 31. Januar 1902 ist das Amtsgericht zu Bremen für zuständig zu Todeserklärungen von Bremischen Staatsangehörigen erklärt worden, die im Deutschen Reich keinen Wohnsitz gehabt haben.

24. Die für Hamburg während der Berichtsperiode erlassenen Gesetze und Verordnungen bieten für die Zwecke des Juristentages kein allgemeines Interesse.

25. Hinsichtlich Elsaß-Lothringens ist nur das Gesetz vom 17. Juni 1900 betr. die Abänderung des Gesetzes über die Erbschaftssteuer und die Verordnung vom 22. April 1902 betr. die Erweiterung der Zuständigkeit des Kaiserlichen Raths hinzuweisen, ohne daß ein näheres Eingehen auf den Inhalt geboten ist.

Im Uebrigen ist noch zu bemerken, daß durch das Reichsgesetz vom 18. Januar 1902 die dem Statthalter durch § 2 des Gesetzes, betreffend die Verfassung und die Verwaltung Elsaß-Lothringens vom 4. Juli 1879, in Verbindung mit § 10 des Gesetzes, betreffend die Einrichtung der Verwaltung vom 30. Dezember 1871 übertragenen außerordentlichen Gewalten aufgehoben worden sind.

III. Gesetzgebung in Oesterreich.

Der Bericht über die Gesetzgebung in Oesterreich darf auch diesmal kurz sein. Das Parlament hat zwar seine Arbeitsfähigkeit wiedererlangt, ist aber nach so langer Störung überwiegend mit Arbeiten beschäftigt gewesen, über welche hier nicht zu berichten ist.

An erster Stelle ist das Gesetz vom 3. Juni 1901, betreffend die Verwendung von Theilen der Gebahrungsüberschüsse der gemeinschaftlichen Waisenkassen, zu erwähnen. Seit nahezu einem halben Jahrhundert bestehen in mehreren Kronländern sogenannte kumulative Waisenkassen, in denen Mündelgelder angelegt werden können. Die sich bei der Verwaltung ergebenden Ueberschüsse der Einnahmen über die Ausgaben waren allmählich weit über das Maß eines normalerweise zur Deckung von Verlusten erforderlichen Reservefonds angewachsen. Das neue Gesetz will sie in näher bestimmter Weise zum Besten der Waisenpflege und zwar zur Pflege und Erziehung armer Waisen bis zum vollendeten 18. Lebensjahre, sowie verwahrloster oder verlassener Kinder verwenden. Vorzugsweise zu berücksichtigen sind die Waisen von im Kriege oder sonst in mittelbarer Ausübung des Wehrdienstes ums Leben gekommener Militärpersonen.

Durch Nothverordnung vom 16. August 1899 waren die Gebühren des Liegenschaftsverkehrs neu geregelt und Maßregeln zur Sicherung der Nachlaßgebühren verfügt. Die Verordnung hatte in weiten Kreisen Erregung hervorgerufen. Es besorgten insbesondere die Baugewerbetreibenden von ihr eine Lähmung ihres Gewerbebetriebes. Ueberdies wurden Bedenken laut, ob es zulässig sei, die Verweigerung des Manifestationseides in einem in der Novelle bezeichneten Falle mit Haft zu bedrohen. Die Verordnung ist nunmehr — ohne daß ihr übrigens die Genehmigung des Reichsrathes gewährt oder versagt wäre — zu allseitiger Befriedigung durch das Gesetz vom 18. Juni 1901 ersetzt worden.

Das Gesetz vom 25. Februar 1902 stellt sich als sehr reichhaltige Novelle zur Gewerbeordnung dar. Es werden darin genau die Voraussetzungen angegeben, unter denen ein Gewerbeinhaber selbst oder durch amtlich legitimirte Handlungsreisende im Umherreisen außerhalb des Standortes Bestellungen auf Waaren aufsuchen darf. Das Gesetz verhält sich ferner über den Geschäftsbetrieb der selbständigen Handelsagenten, regelt auch das Feilbieten von Waaren im Umherziehen von Ort zu Ort und von Hand zu Hand.

Die Verordnung des Gesammtministeriums vom 15. Mai 1902 ordnet im Einverständnisse mit der ungarischen Regierung das Verfahren in bürgerlichen Rechtsstreitigkeiten vor den Konsulargerichten dahin, daß im Allgemeinen die Vorschriften des summarischen Verfahrens (Hofdekret vom 24. Oktober 1845) und subsidiär die Bestimmungen der westgalizischen Gerichtsordnung vom 19. Dezember 1796 und deren Nachtragsverordnungen zur Anwendung kommen. Es bleiben jedoch die besonderen Vorschriften über das Verfahren in Ehestreitigkeiten, Besitzstörungs-, Bestands-, Wechselsachen, ferner über das Mandatsverfahren auf Grund von Notariatsurkunden von legalisirten und grundbücherlich eingetragenen Privaturkunden und über das Mahnverfahren aufrecht erhalten. Anwaltszwang besteht nur bei Rechtsstreitigkeiten über einen Werth von mehr als 1000 Kr. unter der Voraussetzung, daß im Gerichtsorte wenigstens zwei zur Vertretung berechtigte Rechtsfreunde ihren Sitz haben.

Durch die Verordnung des Justizministers vom 4. März 1902 ist eine, allerdings nicht tief einschneidende Aenderung in der Ordnung des richterlichen Vorbereitungsdienstes getroffen worden.

Endlich ist die bereits im Gerichtsorganisationsgesetz von 1896 in den Grundzügen gegebene Regelung der Richteramtsprüfung durch die Verordnungen vom 1. November 1900 und 28. Oktober 1901 zum Abschluß gelangt. Die Prüfungskommission wird bei jedem Oberlandesgericht vom Justizminister im Dezember für die Dauer der nächsten

3 Jahre gebildet. Die Oberlandesgerichtspräsidenten haben im November Vorschläge über die Zahl und die Personen der Prüfungsmitglieder zu machen. Wenn sich am Sitze des Oberlandesgerichts eine Universität befindet, so werden sämmtliche ordentliche und außerordentliche Professoren der juristischen Fakultät zu Kommissionaren bestellt, wenn sie sich dazu bereit erklären. Die Prüfung zerfiel schon früher in eine schriftliche (Klausurarbeiten) und eine mündliche. Es ist jetzt eine rechtswissenschaftliche Hausarbeit hinzugetreten, für deren Fertigstellung 2 Monate gewährt werden. Die mündliche Prüfung dauert mit einem Kandidaten 2 Stunden, mit zwei Kandidaten 3 Stunden.

Erste Sitzung der ersten und zweiten Abtheilung

am Mittwoch, 10. September 1902.

(Beginn: Mittags 12 Uhr.)

Geh. Justizrath Prof Dr. **Enneccerus** (Marburg): M. H., im Auftrage der Ständigen Deputation schlage ich Ihnen Herrn Geh. Justizrath Prof. Dr. Gierke als Vorsitzender vor. — Da sich kein Widerspruch erhebt, so nehme ich an, daß diese Wahl von der Versammlung durch Akklamation gutgeheißen ist (Bravo!), und bitte demnach Herrn Professor Gierke, den Vorsitz zu übernehmen.

Geh. Justizrath Prof. Dr. **Gierke** (Berlin): Ich nehme die Wahl mit Dank an und habe nach den Statuten zunächst einen der Herren zu bitten, den stellvertretenden Vorsitz zu übernehmen. Ich möchte Herrn Geheimrath Prof. Dr. Enneccerus darum ersuchen.

Außerdem müssen zwei oder drei Schriftführer bestellt werden. Ich möchte aber fragen, ob vielleicht Herren da sind, die sich zu diesem Amte melden. Da dies nicht der Fall ist, bitte ich mir Vorschläge aus der Versammlung für das Amt der Schriftführer aus.

(Rufe: Prof. Seckel!)

Sind Sie bereit, Herr Kollege Seckel? — Dann würde ich also Herrn Professor Seckel bitten. Aber ist nun auch noch ein Herr Assessor da?

(Ruf: Assessor Weigert!)

Wenn Sie die Güte haben wollen!

(Ruf: Landrichter Weizsäcker!)

Herr Landrichter Weizsäcker! Dann bitte ich die drei Herren, das Amt zu übernehmen. (Geschieht.)

Also ich eröffne dann die Sitzung der Abtheilung.

Unsere nächste Aufgabe ist es, die Reihenfolge der Themata, die wir zu erledigen haben, festzusetzen. Als Nr. 1 ist das Thema der Zwischenprüfungen vorläufig angegeben. Es bestehen indeß gewichtige Gründe, diese Erörterung vielleicht bis morgen früh zu verschieben. (Bravo!) Einmal sind viele Herren, die sich dafür interessieren, gerade in der Strafrechtabtheilung betheiligt; vor allem aber hat mir Herr Geheimrath Kahl, der in Bamberg über diese Frage referirt hat, diesen Wunsch ausgesprochen, und um die Kontinuität zu wahren, ist es sehr wünschenswerth, daß er dabei ist. Wir könnten also heute an erster Stelle die Frage der Bauhandwerker erledigen. Die beiden Herren Referenten sind, glaube ich, anwesend und bereit, heute gleich ihr Referat zu erstatten. Referent ist Herr Dr. Solmssen und Korreferent Herr Prof. Heymann. Ist die Versammlung damit einverstanden? — Da kein Widerspruch erfolgt, treten wir also in die Erörterung dieses Themas ein, und ich bitte Herrn Dr. Solmssen, das Referat zu erstatten.

Berichterstatter Dr. **Georg Solmssen** (Berlin): Meine hochverehrten Herren! Die zum Referat gestellte Frage, welchem der beiden von der amtlichen Kommission ausgearbeiteten Entwürfe zum Schutze der Bauforderungen der Vorzug zu geben sei, schließt eine Vorfrage in sich, die ich nicht ganz mit Stillschweigen übergehen kann. Wenn diese Vorfrage nämlich Verneinung fände, würde unsere Berathung eigentlich zwecklos sein. Diese Vorfrage ist, ob eine Gesetzgebung wie die geplante heute überhaupt noch von Nöten sei. Wird diese Frage negirt, so ist all' das, worüber zu verhandeln wir uns anschicken, reine Theorie. Wird die Vorfrage dagegen bejaht, so dürfen wir hoffen, daß unsere Verhandlungen dazu beitragen werden, einem wichtigen Mangel unseres gegenwärtig geltenden Rechtes abzuhelfen.

Von Praktikern des Baugewerbes ist behauptet worden, alle Schäden, welche früher auf diesem Gebiete hervortraten, seien jetzt beseitigt. Dazu komme, daß im Baugewerbe eine Konsolidirung Platz gegriffen habe, welche die Wiederkehr solcher Schäden vollkommen ausschließe. Das unsolide Baugeschäft und die unsolide Bodenspekulation seien verschwunden, um nie wiederzukehren.

Meine Herren, gestatten Sie mir, gegenüber dieser Behauptung eine etwas skeptische Stellung einzunehmen. Ich bin der Ansicht, daß, so lange die Voraussetzungen fortbestehen, welche es ermöglicht haben, daß die Schäden, die beklagt wurden, hervortraten, auch die Wiederkehr solcher Schäden immerhin möglich ist, ja ich möchte sogar weitergehend sagen: ganz sicher ist. Ich gehe nämlich davon aus, daß das Auftreten der Boden- und Bauspekulation nur eine Folgeerscheinung der allgemeinen wirthschaftlichen Konjunktur ist. Wenn durch diese ermöglicht wird, daß eine Spekulation à la hausse — und eine solche kann die Boden- und Bauspekulation nur sein — entsteht, so muß sie eintreten, und muß Schaden stiften, so lange wir nicht die Lücke im Recht zustopfen, welche den gerügten Mißständen Einlaß verschafft hat.

Das ist bis jetzt nur eine Behauptung. Ich will den Versuch unternehmen, sie, wenigstens für die Vergangenheit, auf Thatsachen zu stützen, und habe mir deshalb erlaubt, diese Tafel aufzuhängen*), welche geeignet ist, etwas Licht darüber zu verbreiten, wie sich diese Verhältnisse während der letzten drei Jahrzehnte in Berlin entwickelt haben. Ich glaube, Sie werden mir zugeben, daß, wenn ich einigermaßen nachweisen kann, daß in Berlin in der Vergangenheit die Konjunkturbewegungen der Bodenspekulation und des Baugewerbes sich deckten mit den allgemeinen Konjunkturen des wirthschaftlichen Lebens, daß wenn dieser Nachweis gelingt, kein Recht besteht zu behaupten, in Zukunft werde sich dieser Zusammenhang nicht wieder zeigen.

Zunächst bitte ich Sie, sich auf der Tafel diese aufsteigenden schwarze Linie zu betrachten, welche die Bevölkerungszunahme unserer Stadt während der Jahre 1867—1900 anzeigt. Ihr stetiges, stolzes Steigen läßt erkennen, welche enormen Aufgaben der Boden- und Bauspekulation gestellt worden sind; galt es doch zeitweise, wie z. B. in der Periode von 1869 bis 1878 für einen Zustrom von 300 000 Menschen Wohnung zu schaffen. Ich bitte Sie, nunmehr dieser vollausgezogenen rothen Linie und der ihren Schwankungen mit einer gewissen Parallelität folgenden strichirten blauen Linie zu folgen. Beide zeigen an, welche Haussebewegungen die Boden- und Bauspekulation durchgemacht hat. Die strichirte blaue Linie nämlich bezeichnet den durchschnittlichen Kaufwerth des Bodens in Prozenten des Bodenwerthes, während diese stark ausgezogene mit 100 bezeichnete schwarze Querlinie hier den Paristand dieser Werthe kennzeichnet**). Die rothe Linie giebt an, wie viel Baugenehmigungen ertheilt worden sind. Wenn Sie den Wellenbewegungen dieser beiden Linien folgen, sehen Sie sogleich, daß ihrem Auf und Ab entgegengesetzt sich die Bewegung dieser strichirten rothen und dieser vollausgeozgenen blauen Linie vollzieht, welche selbst wiederum einander ziemlich parallel laufen.

Es ist dies ganz natürlich; denn die strichirte rote Linie zeigt die Zahl der leerstehenden Wohnungen an, während die vollausgezogene

---

*) Verkleinerter Abdruck der Tafel befindet sich hinter Seite 56.

**) Vgl. hierzu: Ballod in den Schmoller'schen Jahrbüchern, 1902, Heft 1.

blaue Linie die Zahl der Subhastationen von bebauten Grundstücken wiedergiebt. Es liegt nun auf der Hand, daß die Höchstpunkte dieser beiden letztgenannten Linien schlechte Konjunkturen in der Boden- und Bauspekulation darstellen, welche dementsprechend auch durch den Tiefstand der die Baugenehmigungen und die Bodenwerthe wiedergebenden Linien ausgedrückt werden. Anderseits muß naturgemäß mit dem allmählichen Steigen der vollausgezogenen rothen, die Baugenehmigungen zeigenden Linie die Zahl der leerstehenden Wohnungen abnehmen, um auf ihren Tiefpunkt zu gelangen, wenn diese rothe Linie ihren Höchstpunkt erreicht hat, und erst allmählich wieder zu steigen, wenn jene zu fallen beginnt.

Lassen Sie uns nun der vollausgezogenen rothen Linie auf ihrem Wege über die Tafel folgen. Wir sehen, wie sie in den Jahren 1872 und 1873 einen Höchstpunkt erreicht, d. h. in jenen Jahren, als die allgemeine Konjunktur in Deutschland in vollster Blüthe stand, wir sehen, wie sie alsdann mit der im Jahre 1874 bereits einsetzenden und im Jahre 1875 zum vollen Ausdruck kommenden Krisis rapide fällt, und zwar um so schärfer, je rascher sich die abgängige Bewegung in der allgemeinen wirthschaftlichen Konjunktur, wie dieses besonders in den Jahren 1877 und 1878 der Fall war, vollzog. Nur im Jahre 1886 entspricht die Linie nicht der wirthschaftlichen Lage im Lande, denn bis zum Jahre 1886 war der Geschäftsgang durchweg gedrückt, was besonders durch den in jener Zeit erfolgten Zusammenbruch der Bontoux'schen Gründungen in Frankreich veranlaßt wurde. Daß die Bewegung der Linie zu dem Höhepunkt des Jahres 1886 abnorm war, können Sie auch am besten daraus ersehen, daß sie innerhalb des nächsten Jahres einen ganz jähen Absturz erfährt. Die durch ihr Fallen angezeigte Abnahme der Baugenehmigung erreicht die hohe Zahl von 3000. Der Belebung des Geschäftsganges gegen Ende der achtziger Jahre entspricht das sich hier wiederum zeigende Aufsteigen der Zahl der Baugenehmigungen, um alsdann den durch den Sturz des Hauses Baring verursachten Fall des Jahres 1890 wiederzuspiegeln.

Hierauf kam die trübe Zeit der amerikanischen Krisis des Jahres 1893, die auch uns in Mitleidenschaft zog, bis endlich im Jahre 1896 die Aufschwungbewegung begann, der sich im Jahre 1901 der noch jetzt bemerkbare Niedergang anreihte.

Um die Uebereinstimmung der Bewegung der Konjunkturen in der Boden- und Bauspekulation mit dem Gang der allgemeinen Konjunktur noch besser hervortreten zu lassen, finden Sie auf dieser Tafel noch eine grüne Linie vermerkt, welche das Steigen und Fallen des Privatdiskonts in der behandelten Periode ausdrückt. Die Strichirung dieser Linie, vom Jahre 1875 ab rückwärts, soll kennzeichnen, daß ich für diese Zeit nicht die volle Verantwortlichkeit für die Richtigkeit der Berechnung übernehmen kann. Die aus jenen Jahren erhaltenen Feststellungen des Marktdiskonts sind recht lückenhaft, so daß man nicht mit Bestimmtheit behaupten kann, der berechnete Durchschnittswerth sei unbedingt zuverlässig. Für die späteren Jahre, in denen die grüne Linie vollgezeichnet ist, kann ich diese Garantie übernehmen. Wenn ich die Bewegung des Privatdiskonts als Gradmesser für die allgemeine Konjunktur hinstellte, so folge ich damit einer wohl nicht mehr bestrittenen Auffassung, die noch in letzter Zeit durch Sachkenner wie Helfferich vertreten worden ist. Sie sehen nun, ganz abgesehen von der eben geschilderten Parallelität zwischen wirthschaftlicher Konjunktur und Boden- und Baukonjunktur diese Parallelität auch in diesem Bilde erscheinen, wenn Sie dem Gange der rothen Baugenehmigungslinie und der grünen Privatdiskontlinie folgen. Sie steigen und fallen mit einander, allerdings nicht ganz so gleichartig wie etwa die Linien der leerstehenden Wohnungen und der Zwangsversteigerungen, es läßt sich aber doch deutlich erkennen, daß die allgemeine Tendenz der Bewegung der einen Linie, sich auch in der bald darauf eintretenden Bewegung der anderen Linie äußert. Ausgenommen allein das Jahr 1886, das ich bereits als abnorm gekennzeichnet habe. In dem letzten Jahrzehnt tritt sogar fast vollständiger Parallelismus der Linien ein.

Meine Herren, ich bitte um Nachsicht, falls ich Ihre Geduld mit diesem statistischen Nachweis zu lange in Anspruch genommen haben sollte, aber es lag mir sehr viel daran, Ihnen den Zusammenhang zwischen der allgemeinen Konjunktur und der Boden- und Baukonjunktur für die vergangenen drei Dezennien vorzuführen, um eine feste Begründung für meine Ueberzeugung zu liefern, daß mit der Wendung der gegenwärtig schlechten allgemeinen Konjunktur zum Besseren nothwendig auch wiederum derjenige Aufschwung im Bodenhandel und im Baugewerbe eintreten muß, welcher die Voraussetzung der Klagen bildet, mit deren Heilung wir uns beschäftigen wollen. Ich kann deshalb nur dringend empfehlen, die Mahnung unseres Gutachters, Herrn Freese, zu beachten, die dahin geht, die jetzt ruhige Zeit zu benutzen, um ein Gesetz zu schaffen, das den Stürmen gewachsen ist, welche kommen können und, nach meiner Ueberzeugung, sicher kommen werden. Mag das allgemeine Interesse an der Frage auch augenblicklich erkaltet sein; ich glaube, es ist richtiger, vorsorgend eine Gesetzgebung auszuarbeiten, welche die Wiederkehr von Fällen wie des Falles Seeger verhindert und wohl durchdacht zur Stelle ist, wenn sie gebraucht wird. Zur Unterstützung dieses Standpunktes mag noch darauf hingewiesen werden, daß auch außerhalb Deutschlands die Lage in gleicher Weise beurtheilt wird.

Der von Prof. Huber verfaßte Vorentwurf zum Schweizerischen Civilgesetzbuch enthält in den §§ 823—825 Vorschriften, die bestimmt sind, den Bauhandwerkern und Unternehmern dinglichen Schutz zu gewähren; und ebenso sind im Oesterreichischen Justizministerium in den Jahren 1899 und 1902, allerdings noch nicht veröffentlichte, umfangreiche Entwürfe für eine Schutzgesetzgebung ausgearbeitet worden, die sich die deutschen Forschungen zu Nutzen machen.

Wenn nun die Frage gestellt wird, ob es denn möglich sei, das wirthschaftliche Problem, das uns vor Augen tritt, juristisch zu lösen, so vertrete ich die Ueberzeugung, daß dies der Fall ist, und zwar gründet sich diese Ueberzeugung darauf, daß wir im Stande sind, die erfolgreiche Lösung, wenn ich so sagen darf, am lebenden Körper zu studiren. In den Vereinigten Staaten von Amerika haben sich in der Boden- und Bauspekulation, allerdings weiter zurückliegend, genau dieselben Verhältnisse abgespielt wie bei uns. Dort hat sich aber seit mehr als hundert Jahren in langsamem, schichtenweisem Aufbau eine Schutzgesetzgebung entwickelt, die denselben wirthschaftlichen Voraussetzungen und denselben rechtlichen Grundsätzen, wie sie bei uns noch vorliegen, entsprungen, zu Erfolgen geführt hat, die zur Nachahmung reizen. Nun wird allerdings die Ansicht vertreten, daß eine Uebertragung des amerikanischen Rechtes auf unsere Verhältnisse ohne weiteres nicht möglich sei; ja, man geht sogar weiter und sagt: wenn man das amerikanische Recht als Ganzes betrachtet, so ergiebt sich eine so verwirrende Unmasse, eine solche Fülle von Bestimmungen und abweichenden Vorschriften, daß man daraus den Schluß ziehen muß: dieses Recht ist noch sehr unvollkommen und kann auf die gefestigte Rechtsordnung, deren wir uns erfreuen, nicht übertragen werden. Ich finde die Spur einer solchen Betrachtungsweise auch in dem Gutachten des Herrn Justizraths Harnier, der sonst an vielen Punkten geneigt ist, die Einführung amerikanischen Rechts zu fordern. Er kommt aber in der Frage, ob den mittelbaren Baugläubigern auch der erstrebte gesetzliche Schutz zu gewähren sei, dahin, zu sagen, man müsse sich sehr besinnen, an dieser Stelle dem amerikanischen Rechte zu folgen; denn seine einschlägigen Vorschriften wiesen ein nur aus der Buntscheckigkeit des Völkerkonglomerats jenseits des Oceans erklärliches Durcheinander verschiedenartiger Regelung auf.

Da ich im Folgenden vielfach auf das amerikanische Muster werde zurückgreifen müssen, will ich kurz andeuten, wie ich mich zu dem amerikanischen Rechte überhaupt stelle und welche Bedeutung ihm meines Erachtens beigemessen werden muß. Es ist richtig, daß dem kontinentalen Juristen eine erschreckende Menge von Bestimmungen gegenübertritt, wenn er sich anschickt, dem Studium des amerikanischen Rechtes näher zu treten. Dieses, äußerlich genommen, verwirrende Durcheinander lichtet sich aber bald bei näherem Eindringen. Die anscheinende Verwirrung hat ihren Grund in der eigenthümlichen Entstehungsart amerikanischer Rechtsnormen. Das Recht erwächst dort aus der Entscheidung des Einzelfalls und bildet sich als das Ergebnis von Rechtssprüchen fort. Den Gerichten, die als ein Ganzes gedacht sind, ist die Autorität gegeben, durch ihren Spruch festzulegen, was Recht sei, allerdings mit der Beschränkung, daß die ergangene Vorentscheidung alle Gerichte für den gleichen Thatbestand nur so lange mit gesetzlicher Kraft bindet, bis nachgewiesen wird, daß sie auf Rechtsirrthum oder falscher Anwendung des Rechts beruht. Auch wenn das Recht durch unseren Gesetzen ähnelnde Statuten in ein festeres Gewand geschlossen wird, bleibt dieses doch noch sehr lose. Den Gerichten steht nämlich die souveräne Macht zu, nicht nur mit Gesetzeskraft zu sagen, was in dem Statut stehe, nicht nur es autoritativ auszulegen, sondern auch über die Geltung des Statuts selbst zu entscheiden und diese zu negiren. wenn das Statut in Widerspruch zu den allgemeinen Rechtsnormen tritt, wie sie in den Verfassungen niedergelegt sind.

Es ist nun allerdings von einem kontinentalen Juristen viel verlangt, sich diesem stets wechselnden Rechtsbilde gegenüber auf den richtigen Standpunkt stellen. Ich habe oft die Ansicht gehört, — und ich habe sie getheilt, als ich mich dem Studium dieses Rechtes zuerst widmete, — nämlich, daß dieses bewegliche Recht überhaupt kein Recht sei. Wir sind ja zu sehr gewöhnt, das Recht als eine durch die höhere Einsicht der Staatsautorität diktirte Wahrheit zu betrachten, als daß wir uns leicht mit einer Auffassung befreunden könnten, die davon ausgeht, daß das Recht als solches zur Entstehung gelangt, so bald das ihm zu Grunde liegende wirthschaftliche Verhältniß entstanden ist, so daß es nur der Erkenntniß des Rechtssatzes durch den Richter bedürfe, um diesem Rechte Wirksamkeit zu geben. Wir wollen stets nach dem Gesetzbuche greifen können, um in ihm die Festlegung der Grundsätze finden, welche auf den Einzelfall anzuwenden sind. Das mag für unsere gefestigteren Verhältnisse richtig sein. Meine Herren, jedenfalls hat aber das Recht jenseits des Oceans einen großen Vorzug vor dem unsrigen: es ist nicht am grünen Tische erwachsen, es ist kein theoretisches Recht, sondern es ist ein Recht, das, nur entstehend, wenn ein praktischer Fall seine Entstehung heischt, deshalb in der Lage ist, den wirthschaftlichen Erfordernissen unmittelbar auf dem Fuße zu folgen. Allerdings wird auch drüben vielfach noch veraltete Form mitgeschleppt. Im Großen und Ganzen sind das aber nur Schönheitsfehler. Man darf vielmehr sagen: wenn etwas zu dem phänomenalen wirthschaftlichen Aufschwunge der Union beigetragen hat, so ist es sicherlich der Umstand, daß jedes Mal, wenn neue wirthschaftliche Forderungen an das Recht herantraten, dieses Recht leicht die Formen fand, in welche das neue wirthschaftliche Verhältniß zu gießen war. Ich möchte deshalb dringend davor warnen, mit geringschätzigem Achselzucken auf das amerikanische Recht herabzublicken. Wir Kaufleute empfinden heute schon an vielen Punkten — ich erinnere nur an das Kolonialrecht — die drückende Einengung, welche unser festgefügtes Recht mit sich bringt. Wir wünschten oft, daß die rechtliche Rüstung, die wir zu tragen haben, leichter wäre, und es wäre uns oftmals lieb, wenn nicht erst ein schwerfälliger Apparat in Bewegung gesetzt werden müßte, um ein verfehltes oder veraltetes Gesetz abzuändern, sondern ein frei erkennender Richter, der die Thatsachen abwägt, mit Gesetzeskraft sagen könnte: „Unter diesen Umständen ist folgender Satz Recht".

Jedenfalls aber, meine Herren, ist das amerikanische Recht geeignet, als Muster für die geplante Schutzgesetzgebung herangezogen zu werden. Es hat sich drüben eine Boden- und Bauspekulation entwickeln müssen, neben der die unsrige Kinderspiel ist. Es sind dort in kürzester Zeit Städte aus dem Boden gestampft worden, mit einer Verve, die nirgends sonst wiederkehrt. Die Entstehung ganzer Ortschaften läßt sich auf den Willen Einzelner zurückleiten, die vorausschauend die bevorzugte Lage einer Siedelungsstätte erkannten. Der Bodenspekulant ist dort nicht nur — sagen wir — Jobber, der die Baustelle dreimal im Jahre verkauft, sondern zu dieser Kategorie zählen dort Leute mit weiteren Zielen, Leute, die auf Grund der wirthschaftlichen Bedeutung ihrer Thätigkeit zu eminentem Einflusse auf die ganze Entwickelung der wirthschaftlichen Lage des Landes gelangt sind. Wenn unter solchen Verhältnissen das Schutzrecht sich als ein Hemmschuh für die Boden- und Bauspekulation erwiesen hätte, wie man glaubt, daß die Entwürfe, wenn sie in Kraft träten, bei uns es sein würden, so würde das Schutzrecht in den Vereinigten Staaten längst über Bord geworfen sein; denn es giebt dort keinen mächtigeren Machthaber als die öffentliche Meinung. Es ist deshalb ein sprechender Beweis für die Bewährung des Schutzrechts, daß es, aus kleinen Anfängen erwachsen, heute das Riesengebiet der Union umschließt, und es ist ein Ruhmestitel der amerikanischen Großkapitalisten der Boden- und Bauspekulation, daß sie den wiederholten Anläufen auf Abschaffung des Schutzrechts gegenüber immer wieder betont haben, daß die Beseitigung dieses Horts mit Rücksicht auf die kleinen Träger ihres Gewerbes unmöglich sei. Noch kürzlich hat der Kongreß der Vereinigten Staaten selbst, nachdem er schon vor Jahrzehnten für den Bundesdistrikt Columbia das Schutzrecht proklamirt hatte, das Gleiche für den ihm unterstehenden Distrikt Alaska gethan und damit anerkannt, daß die Schutzgesetzgebung einen nicht mehr zu beseitigenden Bestandtheil des allgemeinen Rechts der Union bilde.

Ich kann es daher nur mit großer Freude begrüßen, daß in den Entwürfen, wie sie vorliegen, nicht nur die Grundprinzipien des amerikanischen Schutzrechts, sondern auch mancher Richterspruch, der jenseits des Ozeans erging, dankbare Aufnahme gefunden haben.

Meine Herren, wenn ich mich jetzt der Beurtheilung der Entwürfe selbst zuwende, so möchte ich in den Vordergrund stellen, daß wir es mit einem wirthschaftlichen Problem zu thun haben. Wir werden deshalb stets fragen müssen: welche wirthschaftliche Erscheinung liegt vor, und wie weit darf das Recht eingreifen, um nicht das Getriebe des Wirthschaftslebens zu sehr zu stören?

Zunächst drängt sich die Frage auf, wodurch entsteht die Boden- und Bauspekulation? Sie entspringt der Ansicht, daß der Bevölkerungszustrom sich einem Verkehrscentrum in gesteigertem Maße zuwenden werde; ihre Grundlage ist also die Hoffnung, daß der Bodenwerth steigen wird, und ihre Triebfeder der Wunsch, aus dieser Steigerung Gewinn zu ziehen und sich aus dem erzielten Ueberschuß zu bereichern. Diese Boden- und Bauspekulation ist an sich vollkommen gerechtfertigt. Sie wird ungerechtfertigt und sie erfordert gesetzgeberisches Eingreifen erst in dem Moment, wenn derjenige, welcher dieser Spekulation nachgeht, sie nicht auf eigenes Risiko treibt, sondern auf das Risiko Anderer, und das ist der Fall, mit dem wir uns zu beschäftigen haben.

Der Bau, dessen Erträgniß sich aus der, wie geschildert, beurtheilten Konjunktur ergeben soll, wird mit fremdem Gelde auf einer unbezahlten Baustelle errichtet und verdankt Leistungen seine Entstehung, die nicht gegen Bezahlung, sondern auf Kredit ausgeführt werden. Die Betheiligung an einem derartigen Geschäft bedeutet für alle zu dem Bau Beitragenden ein Risiko, gleichviel ob der Beitrag in der Hingabe des unbezahlten Grund und Bodens, in der Darleihung des durch Pfand gesicherten Baugeldes oder in der Ausführung von Arbeit oder Lieferung von Materialien auf Kredit besteht.

Der Grund, daß sich die Betheiligung an derart spekulativen Bauten gerade für die Bauhandwerker so leicht verhängnißvoll gestaltet, ist darin zu suchen, daß die rechtliche Regelung dieses wirthschaftlichen Vorganges bis jetzt ungenügend geblieben ist. So lange der Satz „Superficies solo cedit" gilt, unterwerfen die hypothekarisch gesicherten Forderungen der ihnen bewilligten Pfandverbindlichkeit an dem Grundstücke alles, was mit diesem dauernd verbunden wird. Wenn also die Baugläubiger, die ja mit Ausnahme der Lieferanten, um Bezahlung erlangen zu können, vorher erfüllen müssen, die zu ihrer Befriedigung bestimmt gewesenen Gelder nicht erhalten und wenn der hypothekarische Gläubiger, welcher diese Gelder gegeben hat, bei Mißlingen der ganzen Spekulation seine Rechte an dem Pfande geltend macht, so unterliegen diesem Pfande alle Arbeits- und Werkerzeugnisse, welche von den Baugläubigern zur Errichtung des Hauses beigetragen worden sind. Der hypothekarisch gesicherte Gläubiger erwirbt oder veräußert dann das pfandrechtlich behaftete Haus und die Baugläubiger sind sowohl außer Stande Befriedigung zu erhalten, wie die von ihnen fertiggestellten Leistungen zurückzuerlangen.

Dies ist in rohen Zügen das Ihnen wohl allen bekannte Bild, wie es heute noch bei uns besteht und in den Vereinigten Staaten vor hundert Jahren ebenso bestanden hat.

Um Ihnen nun zu zeigen, in welcher Weise die Lucke des Rechts von der Boden- und Bauspekulation benutzt wird, um sich auf Kosten der Baugläubiger zu bereichern, will ich Ihnen kurz den Thatbestand erzählen, der einem vor gar nicht langer Zeit, nämlich im September 1901 ergangenen Beschlusse des Reichsversicherungsamts zu Grunde lag und seitens dieser hohen Behörde zum Ausgangspunkt von allgemeinen Erwägungen gemacht worden ist, die in Verbindung mit dem zeitlich nahe Zurückliegen des besprochenen Falls einen schlagenden Beweis dafur liefern, daß es mit der behaupteten Konsolidirung des Baugewerbes doch noch recht weite Wege hat.

Der Fall ist typisch und in mehr als einer Hinsicht lehrreich. X. erwarb im Jahre 1892 in Schmargendorf eine Baustelle für 25 000 Mk., verkaufte sie im Jahre 1894 für 77 000 Mk., erwarb sie gleich darauf in der Zwangsversteigerung zurück, verkaufte sie im Jahre 1895 wieder und zwar für 79 000 Mk., um sie bald darauf wiederum in der Zwangsversteigerung zurückzuerwerben und sie endlich im Jahre 1898 an einen gewissen W. für 80 000 Mk. zu veräußern. Von diesem Kaufpreise sollten 6000 Mk. bei Vertragsschluß und 4000 Mk. bei Auflassung des Grundstückes bezahlt werden, 17 000 Mk. übernahm W. in Vorhypotheken in Anrechnung auf den Kaufpreis, 53 000 Mk. wurden ihm gestundet und für den Verkäufer X. eingetragen.

Eine Baustelle, die im Jahre 1892 nur 25 000 Mk. werth war, wurde also bereits zwei Jahre später für mehr als das Dreifache verkauft, und diese Werthsteigerung setzte sich fort, obgleich sich ein Eigenthümer nach dem anderen darauf nicht halten konnte. Später wurde allerdings von dem amtlichen Sachverständigen ermittelt, daß der von X. mit W. vereinbarte Kaufpreis von 80 000 Mk. den damaligen Werth der Baustelle um rund 25 000 bis 30 000 Mk. überstiegen habe. Ebenso auffallend wie der hohe Kaufpreis sind aber die zwischen dem Verkäufer X. und dem Käufer W. vereinbarten Zahlungsbedingungen. Der Käufer besaß nämlich zur Zeit als er den Kaufvertrag schloß im Ganzen nur 4000 Mk. eigenes Vermögen. Er borgte sich 4000 Mk. von einem Holzhändler hinzu, dem er sagte: „Wenn Du mir das Geld giebst, erhältst Du die Lieferungen für den Bau." Natürlich ging der Holzhändler auf diesen Vorschlag ein. Entsprechend seinen reduzirten Vermögensverhältnissen zahlte W., als es zur Auflassung kam, nicht die bis dahin fällig gewordenen 10 000 Mk., sondern nur das bei Vertragsschluß fällig gewesene Angeld von 6000 Mk., während der Rest von 4000 Mk. gestundet, als Hypothek eingetragen und später bezahlt wurde, und zwar woraus, meine Herren, nun selbstverständlich aus den Baugeldern, das heißt, aus Geldern, die bestimmungsgemäß den Baugläubigern hätten zufließen müssen.

W. besaß also zur Bauausführung im Ganzen nur 2000 Mk., von denen ihm aber kein Pfennig gehörte. Und trotzdem gelang es diesem bis über die Ohren verschuldeten Menschen, sich das Baugeld, und zwar in Höhe von nicht weniger als 123 000 Mk. zu beschaffen. Als jemand, der nichts sein eigen nannte, bekam er 123 000 Mk. auf Kredit! Freilich, unter welchen Bedingungen! Dieselben enthalten die Quintessenz des ganzen, Ihnen geschilderten Falles. Zunächst wurde natürlich der Baugeldhypothek das Vorrecht eingeräumt vor der Kaufgeldhypothek, weiter wurde aber auch in dem Kaufvertrage mit X. sowohl, wie in dem Baugeldvertrage mit der Bank bestimmt, daß der Bau nach dem bereits vorliegenden Plane, den X. hatte ausarbeiten lassen, zu bauen sei. Es wurde ferner bestimmt, daß die geringste Abweichung von diesem Plane sowohl die Baugeld- wie die Kaufgeldhypothek fällig machten. Mithin hatte also sowohl X. wie der Baugeldgeber den W. vollkommen in der Hand. Wovon bezahlte aber W., der, wie gesagt, nichts sein eigen nannte, die Zinsen der Kaufgeldhypothek? Natürlich ebenfalls aus den Baugeldern! Wir sehen also, daß das Baugeld in weitestem Maße dazu diente, um zur Tilgung der Schulden verwandt zu werden, die der Käufer des Grundstückes kontrahirt hatte.

Das Reichsversicherungsamt steht nicht an, diesen Fall als typisch hinzustellen, und er ist daher wohl geeignet, als Grundlage der Betrachtung darüber zu dienen, wie sich das unerlaubt spekulative Boden- und

Baugeschäft in einer Großstadt wie Berlin zu Zeiten aufsteigender Konjunktur gestaltet. Das Schema dieser Gestaltung ist folgendes:

Ein Grundstückseigenthümer, der Bauspekulation treibt, will an dem Gewinne Theil haben, der sich aus der schnellen Werthsteigerung neubesiedelten städtischen Grundbesitzes ziehen läßt, will aber diesen Gewinn ohne Risiko, d. h. selbst in dem Falle machen, wenn die Grundstückpreise sich ungünstig entwickeln sollten. Der Baustellenverkäufer verkauft deshalb die Baustelle, aber zu einem Preise, dessen Höhe er nach dem aus der Bebauung zu erwartenden Gewinne bestimmt, der den wirklichen Werth der nackten Baustelle also erheblich übersteigt. Die Berechnung dieses Gewinns ist natürlich stets unsicher, oft willkürlich hoch. Vermögende Bauunternehmer verstehen sich deshalb zur Bewilligung eines solchen Preises nicht und der Baustellenhändler hat somit aus dem Vermögen des Bauunternehmers keine Befriedigung seiner Forderung zu erwarten. Deshalb ist es das Ziel des Grundstückshändlers, der Hypothek, die für ihn auf dem Grundstücke eingetragen wird, die aber noch keine Sicherheit bietet, weil ihr Betrag den Werth des Grundstückes übersteigt, diese Sicherheit durch die Bebauung des Grundstücks zu verschaffen. Zu diesem Zwecke stellt er den Bauplan auf und giebt dem Bauunternehmer, der mit seinen geringen Mitteln, oder sagen wir richtiger, mit seinem Minusvermögen sonst überhaupt nicht bauen könnte, ein Baugeld-Darlehen, oder verschafft es ihm von der Hypothekenbank, indem er sich verpflichtet, der Bank ein Vorrecht vor seiner Hypothek zu gewähren, weil die Bank die überlastete Baustelle anderenfalls nicht beleihen würde.

Den Bauplan hat der Grundstückshändler in der Regel schon vor dem Verkaufe fertig gestellt und die polizeiliche Bauerlaubniß eingeholt. Die Befolgung des Bauplans aber schreibt er dem Bauunternehmer gewöhnlich in dem Kaufvertrage vor, mit der Bedingung, daß ein Verstoß gegen denselben einen Verfall der Hypothek zur Folge habe. Der Händler hat alsdann, da der Bauunternehmer Zahlung ja nicht leisten kann, unmittelbar das Recht, ihn im Wege der Zwangsversteigerung aus dem Grundstücke zu entsetzen. Eventuell erreicht der Händler seinen Zweck auch mit Hülfe des Baugeldvertrages; denn auch diesem Vertrage wird der Bauplan zu Grunde gelegt. Ein Verstoß gegen den Bauplan giebt dem Händler dann nach seinem Vertrage das Recht, die Baugelder sofort zu sperren und die Zurückzahlung der schon gegebenen Baugelder zu fordern. Auch das gestundete Restkaufgeld für das Grundstück wird alsdann fällig, da der Bauunternehmer die Zinsen, die er ja natürlich auch nur wieder aus dem Baugelde bezahlen konnte, nicht mehr zu entrichten vermag. Der Händler kann also auch in diesem Falle das Grundstück mit Hülfe seiner Hypotheken zur Zwangsversteigerung bringen, und sein Zweck, die Bebauung des Grundstücks nach seinem Bauplan zu erzwingen, ist auf diese Weise gesichert.

Diese Stellung des Baustellenhändlers ändert sich auch nicht wesentlich, wenn eine Hypothekenbank die Baugelder giebt. Da die Bank das Vorrecht für ihre Hypothek vor der Hypothek des Baustellenhändlers verlangen muß, so muß der Bauunternehmer hierzu die Zustimmung des Baustellenhändlers haben. Der Baustellenhändler ist also auch hier wiederum in der Lage, seine Bedingungen zu stellen.

Die Baugelder werden stets nur in Höhe eines Theils, und zwar in der Regel nur in der Höhe von $^2/_3$ der veranschlagten Baukosten gegeben, so daß die Lieferanten und Handwerker, die sich aus Unkenntniß der Verhältnisse, oder aus Arbeitsmangel auf die Lieferungen oder Leistungen für den Bau einlassen, aus den Baugeldern nur eine Theilzahlung erhalten können und sich für den gestundeten Rest ihrer Forderungen mit einer Hypothek hinter der Baugeld- oder Kaufgeld-Hypothek begnügen müssen.

Auf diese Weise erreicht der Baustellenhändler seine Absicht, nämlich das Risiko der Bebauung auf Andere zu übertragen. Wenn nämlich die erwartete Werthsteigerung des Grundstücks nach der Bebauung nicht so groß ist, daß die Baukosten und der beabsichtigte Gewinn des Baustellenhändlers daraus gedeckt werden, so fallen die Hypotheken der Lieferanten und Handwerker ganz oder zum Theil aus. Der Baustellenhändler erlangt also seinen Gewinn, aber auf Kosten der Lieferanten und Handwerker, die somit das Risiko der Bebauung tragen.

Sowohl für den spekulirenden Baustellenverkäufer wie für den Baugeldgeber ist mithin Grundlage ihrer Spekulation die Gewißheit, daß sich der Werth des Grund und Bodens bis zu einem gewissen Grade nicht tödten läßt, sowie daß der Werth derjenigen Leistungen, welche geschehen, um ein Bestandtheil des Grund und Bodens werdendes Gebäude aufzuführen, nie unter ein bestimmtes Minimalmaß herabgedrückt werden kann. Für diese Betheiligten der Spekulation ist also Centrum derselben die Immobilie und was durch Verbindung mit ihr zur Immobilie wird. Aber auch die Baugläubiger d. h. diejenigen, deren Leistungen aus der todten Baustelle das einen neuen wirthschaftlichen Werth darstellende Haus schaffen, kalkuliren mit der durch sie selbst herbeigeführten Werthsteigerung der Immobilie.

Auch für sie ist dieser Werth der Immobilie Mittelpunkt ihrer Operation. Sie betheiligen sich an der Spekulation, die ein Haus auf Vor-

5*

rath baut, ebenfalls nur auf Grund der Hoffnung, aus dem Gewinn bezahlt zu werden, der bei der Veräußerung des Hauses erzielt werden soll. Sie würden der Operation fern bleiben, wenn nicht in der Immobilie ein fester Vermögenswerth derjenigen Person verkörpert wäre, an die sie ihre Leistungen abführen.

Wir sehen also in dem Spekulationsbau ein wirthschaftliches Unternehmen vor uns, das die an ihm Betheiligten, so verschieden ihre nächsten Beweggründe auch sein mögen, doch zu einem und demselben Ziele zusammenschließt, nämlich dem, durch ihr gemeinsames Bemühen ein zinstragendes Gebäude zu errichten und die im Vertrauen auf das Gelingen dieser Operaton mit ihren Leistungen in Vorschuß treten. Der Baustellenverkäufer tritt in Vorschuß mit der Baustelle, welche seitens des Käufers nicht bezahlt wird, der Baugeldgeber mit dem Baugeld und der Bauhandwerker und Lieferant endlich mit seinen Leistungen.

Ich lege großes Gewicht auf diese wirthschaftliche Konstruktion des uns beschäftigenden Problems, weil sie für die uns interessirende Spekulationsgruppe der Baugläubiger nicht so klar in Erscheinung tritt, wie für die übrigen Betheiligten: den Baustellenverkäufer und den Baugeldgeber. Grund hierfür ist, daß die Baugläubiger sich gegen das in der ganzen Operation liegende Risiko nicht in gleicher Weise zu sichern vermögen, wie der Baustellenverkäufer und der Baugeldgeber. Auf Kredit des zu schaffenden Gebäudes liefern sie aber ebenso wie jene. Sie werden um so eher bereit sein, ihre Dienste zur Durchführung dieser Spekulation zur Verfügung zu stellen, je wahrscheinlicher ihnen erscheint, daß diese zu gewinnbringender Abwicklung gelangen werde. Auch für sie ist alleiniger Ausgangspunkt das Vertrauen auf den sichtbar zu Tage tretenden, in der Immobilie verkörperten Vermögensstand des Empfängers der Bauleistungen.

Das Gesagte genügt, um erkennen zu lassen, an welchen Punkten eine Gesetzgebung einzugreifen hat, die Hülfe schaffen will.

Diese Gesetzgebung hat eine doppelte Aufgabe zu erfüllen: sie muß einerseits verhüten, daß die Baugläubiger, welche einen Bau ausführen, sich wehrlos gefallen lassen müssen, wenn die Baugelder, anstatt ihnen ausgezahlt zu werden, in die Tasche des Unternehmers wandern und besten Falles dazu zu dienen, die Zinsen des Kaufpreises zu tilgen. Andererseits muß sie verhindern, daß die Baugläubiger darunter leiden, wenn eine Baustelle mit einer ihren Werth weit übersteigenden Summe beliehen wird, weil der Geldgeber auf der gesetzlichen Regelung fußt, daß für seine Hypothek außer der Baustelle auch die später auf ihr errichteten Baulichkeiten haften, gleichviel, ob diejenigen, welche diese Baulichkeiten errichtet haben, bezahlt worden sind oder nicht. In dieser Formulirung erkennen wir bereits die beiden Grundprinzipien des Schutzes, den ich als den „vorbeugenden" und den „vollstreckenden" Schutz bezeichnet habe. Der vorbeugende Schutz, wie ich ihn mir denke, soll die Baugelder denjenigen zuführen, denen sie zuzukommen haben; der vollstreckende Schutz soll dem wehren, daß der Mehrwerth, der durch die Bauleistungen erzielt worden ist, anderen zufällt als denen, die diesen Mehrwerth geschaffen haben.

Ich glaube nun, daß der Entwurf B eine Grundlage bildet, um diese beiden Schutzformen zu verwirklichen. Freilich kann ich diese Behauptung im Rahmen meines Vortrages nicht bezüglich jeder Einzelbestimmung nachweisen. Ich werde mich vielmehr in Erfüllung der mir gestellten Aufgabe, ein Referat darüber zu erstatten, welchen Vorschriften der beiden Entwürfe der Vorzug zu geben sei, darauf beschränken, die wesentlichsten Punkte des Schutzrechts, wie es in den Entwürfen zu Tage tritt, zu behandeln.

Als solche wesentliche Punkte betrachte ich: den Schutz der Lieferanten und mittelbaren Baugläubiger und die Festsetzung des Bausteilenwerthes. Bevor ich jedoch zur Erörterung dieser grundlegenden Fragen gelange, muß ich noch kurz einige Bestimmungen der Entwürfe streifen, welche besonders markant ihren Grund der wirthschaftlchen Konstruktion des Problems entnehmen. Es sind das die Vorschriften, welche das örtliche und das materielle Geltungsgebiet des Gesetzes begrenzen.

Was zunächst das örtliche Geltungsgebiet betrifft, so sehen wir, daß auch in den neuen Entwürfen, in dem Entwurfe A sowohl, wie in dem Entwurfe B, der bereits in dem Entwurfe des Jahres 1897 enthaltene Grundsatz, wenn auch in etwas anderer Form, beibehalten und bestimmt wird, daß die Schutzgesetzgebung nur dort Platz greifen solle, wo die lokalen Verhältnisse ihre Einführung erfordern. Die jetzigen Entwürfe unterscheiden sich von dem Entwurfe des Jahres 1897 bezüglich dieser Vorschrift nur darin, daß sie nicht wie jener auch Theile von Gemeinden als Geltungsbezirke des Gesetzes vorsehen, und nicht besonders hervorheben, an welche Voraussetzung die Einführung des Schutzrechts gebunden sein solle.

Als solche war in dem Entwurfe von 1897 genannt, daß für den betreffenden Bezirk die Errichtung von Neubauten in größerem Umfange zu erwarten sein müsse. Die Begründung läßt sich nicht darüber aus, welche Erwägungen zur Fortlassung dieser Bestimmung geführt haben. Möglicherweise wollte man die Auffassung abschneiden, daß zur Einführung des Gesetzes bereits geschritten werden solle, bevor sich eine auf ungesunder Grundlage beruhende Spekulation bemerkbar gemacht habe. Wenigstens möchte ich zu Gunsten der Entwürfe annehmen, daß die erfolgte Abänderung des Textes aus diesem Gedanken heraus stattgefunden hat. Sollte dies nicht der Fall sein, so wäre zu wünschen, daß wenigstens für die Zukunft festgelegt werde, daß die Einführung des Gesetzes nicht schon dann beabsichtigt ist, wenn eine Zunahme der Neubauten bemerkbar wäre, sondern erst dann, wenn sich gezeigt habe, daß es zu Auswüchsen kommt, die in ungesunder Bauspekulation ihren Grund haben.

Man hat sich vereinzelt darüber lustig gemacht, daß das Gesetz gleichsam experimentirend vorgehen wolle, und daß die Legislatur sich zu fürchten scheine, das Schutzrecht für einen größeren Bezirk zu dekretiren. Als beste Rechtfertigung des eingeschlagenen Weges kann auf die amerikanische Entwickelung verwiesen werden, die sich genau in derselben Weise vollzogen hat. Auch in den Vereinigten Staaten ist die Einführung des Schutzrechts schrittweise, entsprechend dem hervorgetretenen Bedürfniß erfolgt, ja man ist sogar in der ersten Zeit, nämlich bei einem im Jahre 1808 in Pennsilvania erlassenen Gesetze so weit gegangen, dessen Dauer auf 3 Jahre zu beschränken. Gerade die allmähliche Ausbreitung des Schutzrechts war mit ein Grund dafür, daß das amerikanische Schutzrecht in so viele einzelne Schutzgesetze zersplittert worden ist; finden sich doch z. B. allein im Staate New-York gegen 10 Gesetze, die in den Jahren 1848—1880 nach einander erlassen wurden, um die lokale Geltung des Schutzrechts auf immer weitere Bezirke auszudehnen.

Ich stimme mithin den Entwürfen darin bei, daß sie ihre einschneidenden Maßregeln nur dort Platz greifen lassen wollen, wo man ihrer bedarf. Die Frage, in welcher Weise das Gesetz in Kraft gesetzt werden soll, will ich nicht weiter berühren, da meines Wissens Widerspruch gegen die von den neuen Entwürfen in Uebereinstimmung mit dem Entwurf von 1897 gewährten Modus der landesherrlichen Verordnung nicht laut geworden ist.

Wenden wir uns nunmehr dem materiellen Geltungsbereich der Entwürfe zu, so finden wir, daß beide der Aufgabe, das Schutzrecht zu einem Hemmniß der spekulativen Mißbräuche zu machen, dadurch entsprechen, daß sie nur Neubauten von zu Wohn- und gewerblichen Zwecken errichteten Gebäuden treffen wollen.

Ich glaube, daß diese Beschränkung durchaus zu billigen ist. Allerdings ist man in den Vereinigten Staaten weiter gegangen und hat schließlich alle Arbeiten, welche einem Bau dienen, der Gesetzgebung unterworfen. Ich glaube aber, daß es für unsere Verhältnisse zunächst vollkommen genügt, wenn wir nur diejenigen Bauten treffen, welche den Mittelpunkt der spekulativen Bewegung bilden. In dem Gutachten des Herrn Freese wird allerdings weitergehend verlangt, daß sich die Gesetzgebung auch auf Umbauten erstrecken solle. Man würde aber mit dieser Ausdehnung Schwierigkeiten heraufbeschwören, welche in dem jetzigen Stadium der Bewegung, wo wir froh sein müssen, wenn wir überhaupt ein Gesetz unter Dach und Fach bringen, die Erreichung dieses Ziels fast unmöglich machen würden.

Der Begriff des Neubaus ist in den Entwürfen durchaus prägnant gefaßt. Es ist vollkommen ausreichend, wenn gesagt wird: Neubauten sind solche Bauten, welche auf einer zur Zeit der Bebauung nicht unterworfenen oder nur mit Gebäuden untergeordneter Art besetzten Baustelle errichtet werden. Auch die Regelung der Frage, welches Terrain als zum Neubaue gehörig zu betrachten sei, ist in zweckentsprechender Weise erfolgt. Die Begründung des § 2 der Entwürfe zeigt, daß nach dieser Richtung die Verkehrsanschauung maßgebend sein soll. Die Entwürfe decken sich darin wiederum mit dem amerikanischen Rechte, das bereits im Jahre 1836 für Pennsylvania den Satz aufgestellt hat, daß soviel Terrain zu einem Gebäude gehöre, wie zu seiner gebräuchlichen und gewöhnlichen Benutzung erforderlich sei.

Gleichfalls zu billigen ist die Beschränkung des Schutzrechtes auf diejenigen Neubauten, welche Wohn- oder gewerblichen Zwecken dienen. Ebenso billige ich, daß eine Bestimmung darüber fehlt, welche Baulichkeiten als zu dem Neubau gehörig zu gelten haben. Ich sehe in diesem der Rechtsprechung gelassenen Spielraume keine Gefahr; im Gegentheil, es wäre verfehlt, wenn man hier eingreifen wollte, da die Fragen, welche auftauchen können, zu mannigfaltig sind, als daß ihre Regelung irgendwelchen Erfolg verspricht.

Um zu zeigen, nach welcher Richtung hier die Rechtsentwickelung drängen wird, sei kurz erwähnt, daß in den Vereinigten Staaten eine detaillirte Judikatur darüber besteht, ob Wasseranlagen zur Kanalisation oder Anlagen für Elektrizität, ob Pflasterung und andere derartige, räumlich von dem Gebäude getrennte Installationen als zu dem Neubaue gehörig zu betrachten seien. Als Ergebnis dieser Judikatur läßt sich der Satz hinstellen, daß alle für die Benutzung eines Hauses erforderlichen Baulichkeiten auch als zu ihm gehörig gelten, gleichviel ob sie räumlich von ihm getrennt sind oder nicht.

Im Zusammenhange mit der Besprechung des Begriffs des Neubaus will ich hervorheben, obgleich diese Erörterung einem späteren Stadium des Vortrages angehört, daß ich nicht billigen kann die Ausdehnung des Schutzrechtes auf sämmtliche Neubauten. In der Form, wie das Schutzrecht jetzt gedacht ist, fallen darunter Neubauten auch solcher Bauherren, welche gar keine spekulativen Absichten haben. Ein Bauherr, der sich eine Villa baut, und über den Zweifel erhaben ist, daß er jeden Pfennig baar bezahlen werde, muß sich nach den Entwürfen die Beschränkungen des Gesetzes ebenso gefallen lassen, wie derjenige, der Baustellenhändler ist. Mit Recht sind zahlreiche Stimmen gerade aus der Praxis laut geworden, die hiergegen Front machen. Ich komme jedoch auf diesen Punkt noch ausführlicher zurück.

Wir gelangen nunmehr dazu, zu erörtern, wem das Schutzrecht zu Theil werden soll. In dieser Hinsicht divergiren die Entwürfe erheblich. Entwurf A bezeichnet in § 6 als Baugläubiger die an der Herstellung des Bauwerkes oder eines einzelnen Theiles desselben auf Grund eines Werk- oder Dienstvertrages Betheiligten wegen ihrer Ansprüche auf die in Geld vereinbarte Vergütung, sofern der betreffende Vertrag von dem Eigenthümer der Baustelle oder für dessen Rechnung oder mit Jemand geschlossen worden ist, der den Bau mit Zustimmung des Bauenden ausführt. Entwurf A berücksichtigt also nur die sogenannten unmittelbaren Bauforderungen, d. h. die Forderungen derjenigen Baugläubiger, welche in unmittelbaren vertraglichen Kontakt treten zu dem Eigenthümer der Baustelle, auch wenn dieser Kontakt durch eine Mittelsperson hergestellt wird. Nicht berücksichtigt sind im Entwurfe A die mittelbaren Bauforderungen, d. h. diejenigen, bei denen dieser vertragliche Kontakt fehlt, und die Lieferanten. Entwurf B läßt diese beiden Kategorien, allerdings unter gewissen Beschränkungen, zu. Er betrachtet außer den Klassen, welche Entwurf A berücksichtigt, als Baugläubiger auch diejenigen, welche auf Grund eines mit einem unmittelbaren Baugläubiger geschlossenen Werkvertrags Leistungen für den Bau ausführen. Ebenso gewährt er das Schutzrecht den Lieferanten. Letzteren will ich mich zunächst zuwenden.

Im Großen und Ganzen glaube ich sagen zu können, daß über die theoretische Nothwendigkeit, über die rechtliche Nothwendigkeit, den Lieferanten denselben Schutz zu gewähren, welchen man den übrigen Baugläubigern geben will, kein Streit besteht. Wenn verlangt wird, die Lieferanten auszuschließen, so werden dafür nur Zweckmäßigkeitsgründe ins Feld geführt. Es wird gesagt: die bei einem Bau vorkommenden Materiallieferungen sind so groß, daß, wenn man ihnen den Schutz zubillige, für die kleineren Ansprüche der Handwerker nichts übrig bleibt. Meine Herren! Ich glaube nicht, daß das eine Deduktion ist, die als stichhaltig gelten darf. Wenn wir uns dahin entscheiden, allen Baugläubigerklassen das Recht auf den Schutz zu gewähren, so dürfen wir auch die Lieferanten nicht ausschließen. Und wohin es führt, wenn man sie ausschließen will, das zeigt am besten der Entwurf A, der nothwendiger Weise bewirken würde, daß die Lieferanten ihre Lieferungen nicht für den Eigenthümer, sondern für einen Baugläubiger ausführen, der selbst den Schutz genießt. Von den Herren Gutachtern hat sich Herr Justizrath Harnier für die Zulassung der Lieferanten entschieden; Herr Freese hat dagegen die von mir erwähnten Bedenken betont. Ihm gegenüber möchte ich außer dem bereits Gesagten anführen, daß bei der besseren Vermögenslage der Materiallieferanten, die ihnen eher als den Handwerkern gestattet, sich ihre Kunden auszusuchen, nicht darauf zu rechnen ist, daß viele Forderungen für Materiallieferungen zur Anmeldung kommen werden.

Um ein Bild davon zu geben, wie sich bei Zulassung der Lieferanten die Verhältnisse voraussichtlich gestalten werden, sei auf die hierüber besonders reichhaltige Judikatur der Gerichte in den Vereinigten Staaten hingewiesen, die in hochinteressanter Entwickelung genau festgelegt hat, welche Lieferungsverträge als schutzberechtigt anzuerkennen seien. In engstem Anschluß an die wirthschaftliche Gestaltung, deren Zergliederung uns die Baugläubiger als spekulirende Gruppe erkennen ließ, die ihre Leistungen auf Kredit der Immobilie ausführt, ist nämlich in den Vereinigten Staaten entschieden worden, daß die Lieferungen unbedingt für das Gebäude erfolgt sein müssen, d. h. daß sie erfolgt sein müssen nicht auf den Personalkredit des Bestellers hin, sondern im Hinblick auf die durch die Immobilie gewährte Sicherheit. Es darf also nicht ein Verkauf von Material zu beliebiger Verwendung desselben vorliegen. Der Käufer darf nicht in den Laden gegangen sein und dort von den auf Vorrath gefertigten Nägeln einen Posten für den Bau erstanden haben. Die Absicht des Lieferanten muß vielmehr von vorn herein darauf gerichtet gewesen sein, dem geplanten oder in der Errichtung befindlichen Gebäude einen Beitrag zuzuführen.

In den Vereinigten Staaten ist die Frage stark diskutirt worden, ob das für den Bau gelieferte Material auch wirklich in dem Bau Verwendung gefunden haben müsse. Die Judikatur ist schwankend geblieben, jedoch hat sich im Großen und Ganzen der Grundsatz herausgebildet, daß die Bauforderung nicht gewährt werde, wenn das Material nicht zur Verwendung gekommen ist, ein Satz, der unzweifelhaft richtig ist, denn es sollen ja doch nur diejenigen Baugläubiger geschützt werden, welche dem Grundstück wirklich eine Wertherhöhung einverleibt haben. Diese aus dem Prinzip der nützlichen Verwendung gezogene Konsequenz finden Sie in § 8 beider Entwürfe wieder.

Die amerikanische Judikatur hat sich aber auch eingehend mit der Frage beschäftigt, welcher Art die Materialien sein müssen, für die das Schutzrecht gewährt werden soll, und ist dabei zu logisch wohldurchdachten, durchaus richtigen Grundsätzen gekommen, die Entwurf B ebenfalls acceptirt hat. Es wurde nämlich, wiederum aus dem Gedanken der nützlichen Verwendung heraus, festgestellt, daß ein Verbrauch des Materials vorliegen müsse, daß es hingegen nicht genüge, wenn ein bloßer Gebrauch des Materials stattfinde. In der Begründung des Entwurfes B finden Sie zwei Beispiele citirt, welche der amerikanische Richter in diesem Sinne entschieden hat. Das eine ist die Verwendung von Pulver zur Sprengung von Felsen, die beseitigt werden müssen, um die Fundamente des Gebäudes zu legen. Für diesen Fall ist entschieden worden, daß, wiewohl solches Sprengpulver dem Gebäude selbst nicht einverleibt werde, doch ein Verbrauch von Material vorliege zu dem Zwecke, um das Gebäude zu errichten. Die andere Entscheidung bezieht sich auf die Lieferung von Hilfsmaterial, wie z. B. von einem Gerüst, das errichtet werden muß, um den Bau aufführen zu können. Für diesen Fall wurde entschieden, daß keine Materiallieferung im Sinne des Schutzrechtes vorliege; das Gerüst sei ja später noch weiter verwendbar, werde also nicht beim Bau verbraucht, sondern nur gebraucht.

Sie sehen also, meine Herren, daß man die Grenzen der Lieferungsverträge, die als schutzberechtigt zugelassen werden müssen, wohl umschreiben kann und nicht in's Uferlose zu gehen braucht, wenn man den Lieferanten dasselbe Recht gewährt, welches die Handwerker beanspruchen. Ich gebe daher unbedingt dem Entwurfe B bezüglich der Stellung der Lieferanten den Vorzug.

Ich komme nunmehr zu der Zulassung der mittelbaren Baugläubiger und damit zu dem schwierigsten Probleme des Schutzrechts. Nach dem, was ich Ihnen vorhin als meine Auffassung des wirthschaftlichen Vorgangs entwickelt habe, wird es Sie nicht überraschen, wenn ich den Standpunkt vertrete, daß man unbedingt die Gesammtheit aller Baugläubiger berücksichtigen muß. Sie alle bilden ja eine einheitliche Gruppe, welche sich mit dem Baugeldgeber einerseits und dem Baustellenverkäufer andererseits zu der spekulativen Operation verbindet, auf einer Baustelle ein zinstragendes Gebäude zu errichten. In der That herrscht auch, wie ich glaube sagen zu dürfen, theoretisch kein Zweifel darüber, daß das von mir aufgestellte Axiom richtig ist. Man hat nur behauptet, die Erfüllung dieser Forderung sei nicht durchführbar. Herr Freese steht in seinem Gutachten vollkommen auf meiner Seite. Herr Harnier bekennt, daß die zwei Seelen der Kommission, welche zur Ausarbeitung der beiden verschiedenen Entwürfe A und B geführt haben, auch in seiner Brust leben und er kommt dazu, wie er selbst sagt schweren Herzens, sich dafür auszusprechen, daß die mittelbaren Gläubiger nicht berücksichtigt werden dürfen. Ich erkenne die großen Schwierigkeiteiten, welche sich der juristisch-technischen Durchführung dieses Schutzes entgegenstellen, vollkommen an, gebe aber die Hoffnung nicht auf, daß es gelingen werde, den Weg zu finden, um dem wirthschaftlichen Problem auch in diesem Punkte gerecht zu werden. Zum Theil mag an der Abneigung gegen den Schutz der mittelbaren Baugläubiger Schuld tragen, daß die Entwürfe, so ungemein sorgfältig sie gefertigt sind, doch an dieser Stelle den Fehler einer zu abstrakten Fassung zeigen, deren Verständniß selbst dem mit der Materie Vertrauten erst nach längerem Studium möglich wird. Herr Justizrath Harnier erzählt in seinem Gutachten, daß bei einer Besprechung der §§ 6a bis 6d und 15a des Entwurfs B geseufzt worden sei, das Ganze gleiche einem komplizirten Rechenexempel, das unentwirrbar bleibe. Und ich selbst möchte glauben, und zwar auf Grund der Kritik, welche die Entwürfe erfahren haben, daß sehr vielen Kritikern, besonders den nicht durchgebildeten Juristen, der Inhalt dieser Vorschriften dunkel geblieben und deshalb von ihnen als unannehmbar bezeichnet worden ist.

Ich kann Ihnen nun unmöglich zumuthen, meine Herren, mit mir in sämmtliche Einzelheiten der Paragraphen 6 a, b, c, d und 15 a des Entwurfs B hineinzusteigen. Wir würden damit doch nicht weiterkommen, und ich will mich deshalb darauf beschränken, Ihnen die Lösung dieses anscheinend so komplizirten Exempels vorzuführen, und Ihnen zu sagen, was eigentlich mit den genannten Paragraphen gemeint ist.

Ihre Vorschriften lassen sich am besten verstehen, wenn man an die Entwicklung anknüpft, welche dieser Teil des Schutzrechts in den Vereinigten Staaten erfahren hat. Auch dort hat lange der Zwist darüber getobt, ob der Schutz sich nur auf die mit dem Eigenthümer kontrahirenden Gläubiger, oder auf die ganze Baugläubigerkette erstrecken solle. Man ist schließlich, nach hartem Kampfe und nach sorgfältiger Erwägung zu dem Ergebniß gekommen, daß dieser erweiterte Schutz unbedingt gewährt werden müsse. Man ist theilweise sogar, nachdem man das Ziel einmal richtig erkannt hatte, im ersten Eifer darüber hinausgegangen und hat den Schutz der unmittelbaren Baugläubiger im Wege einer Radikalkur vollkommen beseitigt, indem man sagte: die Unternehmer sind allein daran Schuld, daß die mittelbaren Baugläubiger leer ausgehen, ihr Schutz muß daher gestrichen werden. Natürlich hat sich bald gezeigt, daß diese Auffassung nicht haltbar sei, und man ist wieder in die ruhigere Bahn der Ausdehnung des Schutzes auf alle Gläubiger zurückgekehrt.

Die Gewährung dieses Schutzes ist auf zweifache Weise bewirkt worden. Anfangs wurde im Wege des sogenannten Pennsylvania-Systems, das, weil zuerst in Pennsylvania eingeführt, diesem Staate seinen Namen verdankt, versucht, den Knoten durchzuhauen und allen Baugläubigern ein direktes Pfandrecht an der Immobilie zu geben, ohne Rücksicht darauf, daß dadurch der Eigenthümer gezwungen wird, unter Umständen dieselbe Forderung mehrmals zu bezahlen. Allmählich erkannte man, daß dieses Verfahren nicht angängig sei, und ging in dem New Yorker System, das zuerst im Staate New York ausgebildet wurde, dazu über, das wirthschaftliche Problem der juristischen Regelung zu Grunde zu legen. Das New Yorker System hat sich nämlich zu dem der wirthschaftlichen Gestaltung entsprechenden Gedanken durchgerungen, daß bei der auf Schaffung des Spekulationsbaues gerichteten Operation, zu welcher sich Grundstückseigenthümer, Baugeldgeber und Baugläubiger zusammenschließen, die Mittel, welche zur Bezahlung des geplanten Baues dienen sollen, als Ganzes zu denken seien, denen als Ganzes die Summe der Forderungen derjenigen Personen gegenübersteht, die zu diesem Baue Beiträge leisten. Das „Gesammtbaugeld" soll also zur Deckung der „Gesammtbauforderung" dienen. Die Gliederung dieser „Gesammtbauforderung" in die Einzelbauforderungen der betheiligten Baugläubiger ist aber, wenn ich so sagen darf, nur schachtelartig denkbar. Nimmt man nämlich an, daß der ganze Bau nur einem einzigen Bauunternehmer übertragen ist, so würde dessen Forderung naturgemäß als „Gesammtbauforderung" zugleich die Forderungen aller seiner Nachmänner, d. h. derjenigen Baugläubiger enthalten müssen, welche Einzelleistungen für den Bau ausgeführt haben. Was für die Forderung des Hauptunternehmers zutrifft, gilt auch für die Forderungen seiner Nachmänner. Die Forderung eines jeden Einzelnen von ihnen umschließt die Forderungen derjenigen Baugläubiger. die auf Grund eines Vertrages mit ihm Bauleistungen ausführen. Die Konsequenz dieses Satzes ist, daß die Bauforderung jedes Nachmannes in dem Anspruche seines Vormannes enthalten sein muß, wohlgemerkt: die Bauforderung des Nachmannes! Nämlich die Beschränkung der Summe der Nachmänneransprüche auf die Forderung ihres Vormannes betrifft nur den Umfang, in welchem die Forderung durch das Schutzrecht gesichert wird, d. h. nur ihren Umfang als Bauforderung. Als solche kann sie nie mehr betragen als der Anspruch, welcher dem Vormanne des Nachmannes zusteht. Wenn also ein Baugläubiger den Nachmännern einen Preis bewilligt, der seine eigene Forderung an seinen Vormann übersteigt, wenn z. B. der Unternehmer der den Dachstuhl herstellen will, den Einzellieferanten des Holzes Preise zugesteht, deren Summe mehr ergiebt, als er selbst von seinem Vormanne zu fordern hat, so ist das seine Sache; die persönlichen Forderungen der Einzellieferanten würden durch diese Divergenz nicht beeinträchtigt werden. Als Bauforderungen aber können für den Bau nur in Frage kommen diejenigen Summen, welche zusammen enthalten sind in der Forderung, die dem Unternehmer des Dachstuhls gebührt. Das New Yorker System hat nun die Zusammenfassung der Forderungen aller Baugläubiger zu einer Einheit dazu benutzt, um dem einzelnen Baugläubiger zu ermöglichen, zu erzwingen, daß derjenige Theil des gesammten Baugeldes, welcher durch die Hand der Vormänner an ihn gelangen müßte, auch wirklich an ihn gelangt und nicht auf diesem Wege stecken bleibt. Man ist sich aber in den Vereinigten Staaten darüber klar gewesen, daß nichts schädlicher wäre, als wenn man den regelmäßigen Abstrom des Baugeldes hinderte, und hat sich deshalb wohl gehütet, die auch bei uns von einigen Seiten verlangte Behörde zu schaffen, welche die Vertheilung des Baugeldes überwachen soll, indem man sich sagte, daß eine derartige amtliche Instanz mit zu großer Verantwortlichkeit belastet wäre, um nicht schwerfällig arbeiten zu müssen. Die Sachlage stellt sich nunmehr nach dem New Yorker System folgendermaßen. Der Baugläubiger, dessen Forderung nicht bezahlt wird, ist berechtigt, dem Disponenten über das „Gesammtbaugeld" hiervon Anzeige zu erstatten, und zwar mit der Wirkung, daß er die nach dieser Anzeige aus dem „Gesammtbaugelde" an seinen nicht zahlenden Vormann gelangten Baugeldzahlungen nicht gegen sich gelten zu lassen braucht. Deutlicher gesagt: wenn nach jener Anzeige dem nicht zahlenden Vormanne des Anzeigenden noch weiter Baugeld ausgezahlt wird, so setzt sich derjenige, welcher diese Zahlung leistet, obgleich er von jener Anzeige wußte, der Gefahr aus, dem Anzeigenden in Höhe seiner angezeigten Forderung nochmals Zahlung leisten zu müssen. Der Baugläubiger nämlich, welcher die Anzeige von seiner Nichtbefriedigung erstattet hat, kann demjenigen, welcher in Kenntniß dieser Anzeige Baugeldzahlungen an den nichtzahlenden Vormann gelangen läßt, Folgendes entgegensetzen: „Du hast gewußt, daß der mir gehörende Theil des „Gesammtbaugeldes" nicht an mich gelangt ist, sondern auf dem Wege zu mir von demjenigen, der ihn an mich hätte gelangen lassen müssen, festgehalten worden ist; ich habe Dich hiervon benachrichtigt, damit Du einen meiner Forderung entsprechenden Theil der bis zu meiner Anzeige noch nicht gezahlten Raten des „Gesammtbaugeldes" meinem nichtzahlenden Vormanne vorenthieltest und dadurch von dem „Gesammtbaugelde" soviel reservirtest, wie ich entsprechend meiner Anzeige von jenem Vormanne noch zu fordern habe. Ich halte mich nunmehr an Dich, in Höhe der Forderung, die ich Dir als nicht gezahlt gemeldet habe, und nehme das Baugeld, soweit es noch in Deinen Händen ist, bis zu diesem Betrage für mich in Anspruch."

Der seine Nichtbezahlung anzeigende Baugläubiger rückt also in Höhe seiner unbeglichenen Forderung in den Anspruch ein, welcher dem nichtzahlenden Vormanne zur Zeit der Anzeigeerstattung noch auf das Baugeld zustand; er legt auf diesen Anspruch Beschlag, er erwirbt an ihm ein Pfandrecht. Anfänglich war nach amerikanischem Rechte die die Auszahlung hemmende Anzeige an den Eigenthümer des Grundstücks selbst als den eigentlichen Disponenten über das „Gesammtbaugeld" zu richten. Später ließ man zu, daß die Anzeige an einen jeden Vormann, welcher über Baugelder zu verfügen hatte, erfolgen könne.

Das Gesagte ergiebt, wie nochmals hervorgehoben sei, daß rechtmäßige Minderung des „Gesammtbaugeldes" allen Betheiligten gegenüber wirksam sind. Soweit Zahlungen an einen Baugläubiger erfolgen, bevor Anzeige eines seiner Nachmänner gegen ihn vorliegt, müssen die Nachmänner diese Minderung des „Gesammtbaugeldes" gegen sich gelten lassen.

Als Folge dieser Konstruktion ergab sich, daß Vorkehrungen getroffen werden mußten, welche sowohl jedem einzelnen Baugläubiger ermöglichen, den Weg festzustellen, den das „Gesammtbaugeld" bis zu ihm selbst zurückzulegen hat, als auch ihn dagegen schützen, daß es später durch neue, nicht zu seiner Kenntniß kommende Abmachungen von diesem Wege abgelenkt wird. Diesem Ziele dienen mannigfach von einander abweichende Vorschriften, welche aber alle darauf hinauslaufen, zum mindesten den Baugeldvertrag, vielfach aber auch die einzelnen Unterverträge zur amtlichen Registrirung zu bringen, sie den Interessenten zugänglich zu machen, diese gegen kollusive Umgehung der Verträge zu schützen und die Gültigkeit späterer Abänderungen der Verträge, sowie die Abtretung der aus ihnen resultirenden Rechte an die Bedingung zu knüpfen, daß sie öffentlich eingetragen werden.

Meine Herren! Im Wesentlichen verkörpern die §§ 6 a bis d, sowie 7, 7 a und b und 15 a des Entwurfes B das, was ich Ihnen eben erzählt habe. In Einzelheiten weichen sie ab, im Großen und Ganzen enthalten sie aber das Bild, wie es sich bei Uebertragung der New Yorker Verhältnisse auf unsere Zustände ergiebt. Allerdings sind gewisse Unterschiede vorhanden, die ich nicht ganz mit Stillschweigen übergehen kann; besonders einer ist wichtig, den ich kurz hier registriren will.

Das New Yorker System gewährt nämlich dem nichtbezahlten Nachmann eine mit der Anzeige entstehende Anwartschaft auf ein Pfandrecht an dem Anspruche seines Vormannes auf das Baugeld. Der Entwurf B dagegen giebt, wenn ich den § 15 richtig verstehe, dem nicht bezahlten Baugläubiger keine Anwartschaft auf das Baugeld, sondern auf den Antheil, welcher dem anmeldenden Vormann an der Bauhypothek gebührt. Ich stehe dieser Vermengung vorbeugenden und vollstreckenden Schutzes, wie sie der § 15 enthält, etwas skeptisch gegenüber, zumal, da, wie Herr Amtsgerichtsrath Schneider hervorgehoben hat, nicht klar ist, was geschehen soll, wenn der erste Vormann seine Forderungen überhaupt nicht anmeldet. Ich finde, daß die Bauhypothek, die doch nur als ultima ratio gelten soll, durch diese Bestimmung zu sehr in den Vordergrund gerückt und der vorbeugende Schutz dadurch aus der prinzipalen Stellung, die ihm zukommt, verdrängt würde. Aus dem amerikanischen Rechte läßt sich im Gegensatze hierzu als Lehre folgern, daß der Zielpunkt des Schutzrechts in erster Linie sein muß, die Baugläubiger anzuhalten, selbst dafür zu sorgen, daß das „Gesammtbaugeld" seinen richtigen Weg gehe, und nur soweit dieser Zweck nicht zu verwirklichen ist, Befriedigung in der Bauhypothek zu suchen. Der zu diesem Zwecke erfolgte Zusammenschluß aller Baugläubiger zu einer Gesammtheit, die sich gefallen lassen muß, daß von dem „Gesammtbaugeld" diejenigen Beträge abgezweigt und zurückgehalten oder hinterlegt werden, welche der Höhe der angezeigten Bauforderungen entsprechen, hat sich durchaus bewährt. Durch diese Regelung ist das Interesse aller Betheiligten an der ordnungsmäßigen Ausführung der Bauleistungen, sowie daran geweckt worden, daß Anzeigen nicht grundlos oder chikanöser Weise ergehen. Alle Interessenten haben ja das lebhafteste Interesse daran, daß sich die Auszahlung des „Gesammtbaugeldes" ohne Stockung vollziehe, und so ist es denn jenseits des Ozeans dazu gekommen, daß nicht nur die Gewerbevereinigungen der Handwerker, d. h. die Trade Unions, selbst über ordnungsmäßige Ausführung der Vertragsleistungen ihrer Mitglieder wachen, sondern auch vielfach die Erstattung der Anzeige selbst in die Hand genommen haben und sie nur zulassen, wenn ihnen deren Berechtigung nachgewiesen worden ist. Was jene Ueberwachung der Ausführung der Arbeiten betrifft, so ist mir von amerikanischen Bauleuten versichert worden, es genüge, wenn ein Bauhandwerker schlecht arbeitet, seiner Trade Union Mittheilung zu machen, um ihren Schutz gegen diese mangelhafte Vertragserfüllung zu erhalten. Die Trade Union erblickt in solcher Beschwerde, wenn sie begründet ist, den Hinweis darauf, daß der schlecht arbeitende Handwerker den von ihm beanspruchten Theil des Baugeldes nicht erhalten werde. Die dadurch verursachte Stockung der ganzen Baugeldauszahlung ist für alle Betheiligten zu schädlich, als daß es nicht aller Interesse entspräche, den seiner Vertragspflicht nicht nachkommenden Handwerker vom Bau zu entfernen.

Die Prüfung der Rechtmäßigkeit der Anzeige ist von beiden Entwürfen in die Hand des Prozeßrichters gelegt worden, dem nach § 13 die anzumeldende Forderung glaubhaft zu machen ist. Für das Verfahren betreffs der streitigen Forderung gelten dann die Bestimmungen des 5. Abschnittes des 8. Buches der Civilprozeßordnung.

An dieser Stelle wird, wie ich glaube, wenn die Zulassung der mittelbaren Baugläubiger erfolgt, unbedingt eine weitere Ausgestaltung des Schutzrechts erforderlich werden. Ohne ein besonderes, die schnelle Feststellung der Ansprüche ermöglichendes Verfahren wird man nicht auskommen können. Ich muß mir versagen, dies im Einzelnen auszuführen, und will nur darauf hinweisen, daß der noch nicht veröffentlichte neue Entwurf der Oesterreicher, unserer Brüder in iure, wie unser verehrter Herr Präsident vorhin sagte, nach dieser Richtung hin höchst beachtenswerthe Bestimmungen enthält.

Auch dieser Entwurf läßt alle Baugläubigerklassen zu, genügt aber dem vorbeugenden Schutze nicht durch Bewilligung des Pfandrechts an den Forderungen der Vormänner, sondern nur durch die Zulassung der Treuhänder-Bestellung. Gemäß dem überwiegenden Gewichte, das auch von diesem Entwurfe dem vollstreckenden Schutze beigemessen wird, legt er in die Hand des Grundbuchamtes ein schleuniges Verfahren zwecks Feststellung der streitigen Anmeldungen. Das Grundbuchgericht hat nach Ablauf der Anmeldefrist eine Sitzung anzuberaumen, zu der alle Betheiligten zu laden sind. In dieser Sitzung hat — und damit komme ich zu dem mir nachahmenswert erscheinenden Teil jener Vorschriften — der Richter möglichst auf gütliche Einigung hinzuwirken und die Forderungen, soweit sie auf Zahlung gehen zu erörtern. Für alle Nichterscheinenden sind die Entscheidungen als Versäumnißurtheil bindend. Das Gericht kann auf Grund der von den Parteien beigebrachten Beweismittel auf Grund sachverständiger Gutachten und Augenscheinnahme durch Beschluß entscheiden, dem, wenn er auf Zahlung geht, binnen 14 Tagen zu entsprechen ist. Nur soweit *streitige* Thatsachen geltend gemacht werden, die ein förmliches Beweisverfahren erfordern, ist der Streitfall auf den gewöhnlichen Klagewege, der binnen einmonatlicher Nothfrist begangen werden muß, zu verweisen.

Abgesehen von dem zu fordernden ähnlichen schnellen Verfahren werden auch die Bestimmungen des Entwurfs B, die in §§ 7 und 7 a verkörpert sind, noch Abänderung erfahren müssen. Besonders § 7 hat seitens unseres Gutachters Herrn Freese scharfe Zurückweisung erfahren. § 7 findet sich auch im Entwurfe A, d. h. in demjenigen Entwurfe, der die mittelbaren Baugläubiger nicht zuläßt. Ich halte ihn dort für unnöthig. Wenn man sich nicht entschließt, den mittelbaren Baugläubigern Schutz zu bewilligen, so braucht man, nach meiner Meinung, auch keine Bestimmungen, welche es den Betheiligten ermöglichen sollen, den Weg, den das Baugeld nimmt, festzustellen. Für Entwurf B halte ich dagegen, und zwar im Hinblick auf die Ihnen bereits skizzirten Vorschriften des New Yorker Systems eine Bestimmung für dringend erforderlich, die den Nachmännern ermöglicht, Gewißheit über die Modalitäten zu erlangen, unter denen die Auszahlung des „Gesammtbaugeldes" zu erfolgen hat, und Kenntniß davon zu erlangen, welche Ansprüche auf dasselbe geltend gemacht werden können. Nur wenn der Baugläubiger weiß, wann die einzelnen Raten des „Gesammtbaugeldes" fällig werden, ist er im Stande, bei Zeiten einzugreifen, um dessen Verwendung für andere als die bestimmungsgemäßen Zwecke vorzubeugen, und nur wenn er weiß, von wem sein Vormann bezahlt wird, kann er in geeigneter Weise auf dessen Forderung Hand legen.

Jedenfalls wird es deshalb geboten sein, die beiden Entwürfen gemeinsame Bestimmung des § 16 beizubehalten, die das Grundbuch und damit den Baugeldvertrag, soweit das Baugeld, was wohl stets zutrifft, hypothekarisch gesichert ist, Jedem erschließt, wobei ich allerdings rathen möchte, aus diesem „Jedem" zu machen, „Jedem, der sein Interesse als Baugläubiger nachweist". Im Uebrigen glaube ich, daß eine der im Staate New York geltenden Vorschrift analoge Bestimmung genügt, wonach der Eigenthümer verpflichtet ist, auf Verlangen eines Baugläubigers den Inhalt der Bauverträge und die auf sie geschuldeten oder in Zukunft fällig werdenden Beträge mitzutheilen. Der Baugläubiger erhält damit die Möglichkeit, die Auskunftsertheilung im Klagewege zu erzwingen, und man kann schließlich auch, wie das in Amerika geschehen ist, dazu übergehen, eine gewisse Strafe auf die Auskunftsverweigerung zu setzen, indem man, wie z. B. in New York, die Bauforderung dann nicht nur auf den unbezahlten Anspruch des Vormannes, sondern auf ihren ganzen Betrag erstreckt.

Die Entwürfe enthalten noch weitere, ebenfalls unter den vorbeugenden Schutz zu registrirende Vorschriften über die Bezahlung des Baugeldes vermittelst eines Treuhänders. Im Großen und Ganzen haben diese Bestimmungen keinen Widerspruch gefunden, und ich glaube, daß ihre Annahme segensreich wirken würde. In Amerika hat sich der Treuhänder, wie es scheint, bewährt, wenn es auch vielfach vorgekommen ist, daß er in Abhängigkeit von dem Baugeldgeber gelangt. Auch der österreichische Entwurf hat, wie schon gesagt, das Institut des Treuhänders rezipirt.

Ich gelange nun zu den Bestimmungen, welche dem vollstreckenden Schutze angehören. Diese Vorschriften sind für beide Gesetzentwürfe identisch, und ich wäre daher eigentlich im Rahmen meines Referates, das nur sagen soll, welchen der von einander abweichenden Vorschriften der beiden Entwürfe der Vorzug zu geben sei, gar nicht berechtigt, den Inhalt dieser Paragraphen zu berühren. Ich muß es aber thun, weil ich ketzerisch genug bin, in dieser Hinsicht keinem der Entwürfe die Palme zu geben. Ich habe bereits erwähnt, daß der Punkt, an dem ich Anstoß nehme, die vorherige Feststellung des Baustellenwerthes ist.

Vorausschicken will ich der Erörterung dieses Punktes nur noch die Bemerkung, daß das Prinzip des vollstreckenden Schutzes als solches, wie es durch die Regelung der Bauhypothek im Entwurfe A und B festgelegt ist, durchaus gebilligt werden muß. Man ist bei uns ebenfalls dem amerikanischen Beispiele gefolgt, das dazu gekommen ist, für die Gesammtheit der Bauforderungen an dem bebauten Grundstücke eine dingliche Sicherheit zu gewähren, an der alle Baugläubiger zu gleichen Theilen ratirlich theilnehmen. Die Rangstellung dieser, „Bauhypothek" genannten Sicherheit ist dahin bestimmt, daß sie zur bevorrechtigten Befriedigung aus dem Mehrwerthe gelangt, den die Leistungen der Baugläubiger der Immobilie zuführen. Der Bauhypothek geht nur die zur Sicherung der Baugelder bewilligte Hypothek, aber auch diese nur so weit vor, als das Baugeld zur Befriedigung der Baugläubiger Verwendung gefunden hat.

Diese Regelung ist logisch und klar; sie schmiegt sich eng an den wirthschaftlichen Vorgang an und findet in ihm ihre Erläuterung. Die Baugläubiger, welche wir als eine an der spekulativen Operation beteiligte, in sich geschlossene Gruppe kennen gelernt haben, erhalten auf diese Weise eine ihnen allen gemeinschaftliche Sicherung, deren Rang sich bestimmt nach dem Bauvermerke, durch dessen Festsetzung die Zweifel darüber beseitigt werden, wie weit die Bauhypothek zurückzudatiren sei, Zweifel, welche in Amerika eine große Rolle gespielt haben, da man nicht wußte, ob man den Baubeginn oder das Bauende als Rangfestsetzungspunkt für die Bauhypothek hinstellen solle, und die auf diese Weise glücklich umgangen werden. Die Baugläubiger können nun verlangen, daß diejenigen Verpfändungen des Grundstückes, die erfolgten, **bevor** das Grundstück mit dem Baue besetzt war, auch auf den damaligen Werth der Immobilie beschränkt bleiben und daß die durch den Bau bewirkte spätere Werthsteigerung der Immobilie ihrer Befriedigung vorbehalten bleibe. Andererseits kann der Darleiher des Baugeldes, dessen Hingabe allein die Errichtung des Gebäudes ermöglicht, fordern, daß sein Anspruch pfandrechtlich vorgehe, so weit das Gebäude mit seinem Gelde zur Entstehung kam.

Insoweit stimme ich also dem vollstreckenden Schutze der Entwürfe zu. Schwere Bedenken erweckt in mir aber die Art, in der diese Rangfolge von den Entwürfen verwirklicht wird. Entwurf B nämlich und ebenso Entwurf A stellen sich durch Proklamirung des Grundsatzes, daß der Baustellenwerth vor dem Beginne des Baues, also vor Ertheilung der Bauerlaubniß genehmigt werden müsse, auf den Boden der s. g. Differenzkaution, d. h. es soll die Bauerlaubniß erst ertheilt werden, nachdem für den den Baustellenwerth übersteigenden Theil der hypothekarischen Belastung des Grundstücks Sicherheit geleistet worden ist.

Meine Herren, in dieser vorherigen amtlichen Feststellung des Baustellenwerthes erblicke ich eine unannehmbare Bestimmung. Dieselbe widerspricht zunächst, wie bereits hervorgehoben, dem Zwecke des Schutzrechts, nur die Auswüchse des spekulativen Baugewerbes zu treffen. Wird diese Vorschrift Gesetz, so muß sich Jeder, der einen Neubau aufführt, gefallen lassen, daß dem Beginne des Baues die amtliche Schätzung vorangehe, und Jeder muß, wenn diese Schätzung eine Belastung über den Baustellenwerth hinaus ergiebt, die Differenz baar oder in Werthpapieren hinterlegen. Dieser Prozedur muß sich Jeder unterwerfen, gleichviel zu welchem Zwecke er baut, gleichviel ob er ein rechtlicher Mann ist, der nicht daran denkt, sich auf Kosten seiner Baugläubiger zu bereichern, oder ob er als Betrüger bekannt ist.

Aber bedenken Sie weiter, meine Herren, welchen, ich möchte sagen, unerhörten Eingriff die amtliche Schätzung der Baustelle in das Privateigenthum bedeutet! Durch derartige Schätzungen kann jemand, der überhaupt nicht baut, über Nacht zum armen Manne werden! Nehmen Sie an, neben einem bereits stehenden bis zu einer gewissen Höhe beliehenen Hause solle auf einem bisher brach liegenden, aber schon beliehenen Acker ein Neubau errichtet werden. Bei der Abschätzung des Baustellenwerths ergiebt sich, daß dieser erheblich hinter der Taxe zurückbleibt, die der benachbarte Hausbesitzer bisher seiner Bilanz zu Grunde gelegt hat und von der seine Hypothekengläubiger ausgegangen sind. Glauben Sie, meine Herren, daß letztere, besonders wenn sie, wie Hypothekenbanken, die Interessen fremder Leute zu vertreten haben, einer solchen ihre eigene Sicherheit mindernden Schätzung des Baustellenwerts zusehen könnten, ohne sofort die Hypothek auf dem bebauten Nachbargrundstücke zu kündigen. Ich glaube es nicht, und ich habe, wo immer ich auch im Kreise meiner kaufmännischen Berufsgenossen diese Frage gestellt habe, überall gleiche Bedenken gegen diese Bestimmung äußern hören.

Zu vielen anderen Stimmen hat sich noch vor Kurzem die Handelskammer zu Kiel gesellt und nachdrücklich auf das Bedenkliche dieser alle Baugrundstücke treffenden vorherigen amtlichen Schätzung hingewiesen.

Und weiter, meine Herren, wer garantirt denn, daß die Feststellung des Baustellenwerths, die erfolgte, als die Baugenehmigung nachgesucht wurde, noch zutrifft, wenn der Bau vollendet ist und es zur Zwangsversteigerung kommt? Lassen Sie den Bau mitten in eine Krise fallen, lassen Sie unsere rothe Baugenehmigungslinie sich gerade brechen, wenn der Bau fertig ist, dann muß sich die Schätzung als völlig falsch erweisen! Kurz, ich sehe nur Schwierigkeiten aus der Regelung entstehen, wie sie die Entwürfe vorsehen. Meines Erachtens ist der einzig richtige Weg, um zum Ziele zu gelangen, der, daß man die vorherige Feststellung des Baustellenwerthes fallen läßt und die Feststellung in die Zwangsversteigerung, d. h. dorthin verweist, wo sie hingehört. Dann erreicht man, daß alle Bauten, bei denen kein Grund zum Einschreiten vorliegt, von den Beschränkungen der Schutzgesetzgebung befreit werden. Derjenige Bauherr, der den Bau in eigener Regie aufführt, derjenige, welcher das, was er schuldig wird, glatt bezahlt, wird dann von der Schutzgesetzgebung fast gar nicht berührt werden. In den Fällen hingegen, wo dem Baustellenhändler ein spekulatives Verschulden zur Last fällt, muß er hierfür dadurch büßen, daß die Werthminderung, welche sich nach der Bebauung herausstellt, auch seine Hypothek gefährdet. Die Regelung wie sie jetzt gedacht ist, läßt sich bezeichnen als der Versuch, durch polizeiliche Maßregeln zu verhüten, daß Jemand seine Baustelle zu theuer verkaufe. Ich halte dieses Vorgehen, auch abgesehen von den angeführten Gründen, volkswirthschaftlich für verfehlt; denn wo führt es hin, wenn wir derart in die freie Preisbildung eingreifen wollen!

Man kann nun in verschiedener Weise zum Ziele gelangen. Entweder läßt man, wie sich dies als Ergebniß der amerikanischen Rechtsbildung zeigt, die Werthminderung des Grundstücks, die in der Zwangsvollstreckung zu Tage tritt, auch die vorhergehenden Hypotheken treffen, d. h. man versteigert Grundstück und Gebäude gemeinsam und vertheilt den Erlös entsprechend dem Werthe des Bodens und des Gebäudes auf die vorgehenden Hypotheken und die Baugläubiger; oder man legt, wie es der Vorentwurf des schweizerischen Civilgesetzbuchs thut, die Werthminderung den Hypothekengläubigern nicht in vollem Maße, sondern nur soweit zur Last, als eine zu weit gehende Verpfändung des Grundstücks auf Gefahr der Baugläubiger stattgefunden hat. Der genannte Vorentwurf sagt nämlich in den §§ 824 und 825:

„Kommen die Forderungen der Baugläubiger bei der Pfandverwerthung zu Verlust, so ist dieser aus dem Verwerthungsantheil der vorgehenden Pfandgläubiger insoweit zu ersetzen, als diese durch ihre Pfandrechte das Grundstück auf Gefahr der Baugläubiger überlastet haben."

„Eine Ueberlastung" —

fährt das Gesetzbuch dann fort —

„auf Gefahr der Baugläubiger liegt vor, wenn ein Grundstück durch ein vorgehendes Grundpfand mit Rücksicht auf die aus dem Werk zu erwartende Werthsteigerung über seinen damaligen Werth belastet worden ist,"

sowie:

„wenn zum Zwecke der Errichtung des Werkes ein Grundpfand für ein Darlehen auf das Grundstück gelegt worden ist, das keine Verwendung für das Werk gefunden hat."

„Ob diese Voraussetzungen vorliegen", so schließt der Vorentwurf den Paragraphen, „entscheidet nach Anhörung von Sachverständigen der Richter nach seinem Ermessen".

Auch das schweizerische Recht scheut sich also nicht, die Feststellung des Baustellenwerthes, ebenso wie es das amerikanische Recht thut, zum Gegenstande der Beweisaufnahme in der Zwangsvollstreckung zu machen, und damit alle Bauten, bei denen es nicht zur Subhastation kommt, von den Fesseln des Schutzrechts zu befreien.

Mir selbst ist an sich die Lösung des amerikanischen Rechts sympathischer, weil ich diejenige Regelung für die logische halte, die davon ausgeht, daß, wenn die Zwangsversteigerung eines bebauten Grundstücks eine erhebliche Werthverminderung ergebe, dieser Werthfall Grundstück und Gebäude in gleichem Maße treffen müsse. Zu bedenken ist hierbei, daß die Hypothek, welche unter einer derartigen Regelung leiden würde, da es sich ja um Bauten auf unbebautem Terrain handelt, im Wesentlichen nur die Kaufgeldhypothek des Veräußerers sein kann, und da, meine Herren, möchte ich Sie wiederum an den Ihnen mitgetheilten Fall jenes Terrainspekulanten in Schmargendorf erinnern, der zur Kognition des Reichsverversicherungsamtes kam. So sehr es meinem Gefühl widerstrebt, durch polizeiliche Beengung des freien Verkehrs Jemanden daran zu verhindern, sein Grundstück zu verkaufen so theuer, wie es ihm nur möglich ist, und so sehr ich mich gegen die vorherige Abschätzung der Baustelle wehre, ebenso sehr halte ich es für unbedingt erforderlich, daß ein derartiger Verkäufer, der bei Licht besehen, nur einen fiktiven Verkauf ausführt, aber durch geschickte Vertragsbestimmungen das Heft völlig in der Hand behält, auch das Risiko mittrage, welches mit der ganzen spekulativen Operation verknüpft ist. Die Rechtsprechung der Gewerbegerichte, des Reichsversicherungsamts und auch des Kammergerichts — nicht des Reichsgerichts — hat, ganz im Einklange mit dieser Anschauung, schon seit lange den Begriff des Bauherrn im Sinne des § 29 des Bauunfallversicherungsgesetzes dahin präzisirt, daß ein sich mit derartigen Kautelen schützender Verkäufer der eigentliche Bauherr sei und deshalb für die Versicherungsprämie haften müsse.

Von den Herren Gutachtern spricht sich Herr Justizrath Harnier entschieden gegen den Vorschlag, wie ich ihn zu unterbreiten mir erlaubt habe, aus. Herr Freese ist ihm geneigter und will ihn verwirklichen, indem er für das Gebäude ein besonderes Grundbuchblatt einrichten will, dessen Anlegung erfolgen soll, wenn die Bauerlaubniß ertheilt wird. Dieses Grundbuchblatt würde der Registrirung der Pfandansprüche der Baugläubiger und des Baugeldgebers dienen, während die Gläubiger der Baustelle auf deren Grundbuchblatt beschränkt blieben. Mir ist dieser Vorschlag in seinen Konsequenzen nicht ganz klar geworden. Die erwähnten beiden Grundbuchblätter müßten doch ein zusammenhängendes Ganzes bilden, denn den Baugläubigern kommt ja nicht nur der Werth des Gebäudes zu, sondern auch der Mehrwerth des Grundstücks, der durch den Bau des Gebäudes erzielt worden ist. Der Mehrwerth des Grundstücks plus Gebäude, ist aber etwas ganz anderes als der Werth des Gebäudes allein, das als Sondersache gar nicht versteigert werden kann.

Auch die Entwickelung in Amerika lehrt, daß diese äußere Scheidung von Grundstück und Gebäude, wie sie Herr Freese anstrebt, mit den modernen Verhältnissen nicht gut vereinbar ist. Gerade in den Vereinigten Staaten hat anfänglich eine vollkommene Trennung zwischen Grundstück und Gebäude bestanden. Hervorgerufen durch die eigenthümlichen lehnrechtlichen Anschauungen, welche dort im Eigenthumsrechte noch spuken, und gestützt auf die leichte Beweglichkeit des amerikanischen Holzhauses, hat man anfänglich kurzer Hand entschieden: Haus und Grundstück werden getrennt versteigert. Wenn es zum Zuschlag kommt, wird das Gebäude auf Abbruch verkauft; es wird von dem Platze auf dem es steht weggenommen, der Ersteher kann es sich holen. Im Laufe der Zeit ist man aber immer mehr dazu gekommen, einzusehen, daß dieses Verfahren mit modernen Wohnungsverhältnissen und mit dem Steinbau nicht mehr vereinbar sei, daß vielmehr die Beziehungen zwischen Grundstück und Gebäude zu eng geknüpft seien, um ihre äußere Trennung angängig erscheinen zu lassen. Die Folge dieser Erkenntniß war die Ausbildung des Satzes, daß Grundstück und Gebäude, wenn auch ein zusammenhängendes Ganzes, doch als getrennte Werthe zu betrachten seien, auf die der bei der Subhastation erzielte Erlös entsprechend vertheilt wird.

Endlich will ich, meine Herren, noch kurz streifen die Frage, inwieweit der § 21 des Entwurfes B, der den fünften Theil des Baugeldes reservirt, Zustimmung verdient. Auch diese Bestimmung ist dem amerikanischen Rechte entnommen. Ob sie acceptirt wird oder nicht, halte ich im Großen und Ganzen für gleichgültig. Ich glaube, man kann sie entbehren, wenn man Vorschriften vorsieht, welche verhindern, daß das Baugeld seinem eigentlichen Zwecke entfremdet wird; ich sehe aber kein Unglück darin, wenn man diese Vorschrift annimmt. Jedenfalls möchte ich die Diskussion nicht dadurch beschweren, daß ich nach dieser Richtung eine entscheidende Ansicht ausspräche.

Wenn der Entwurf A also angenommen werden soll, so müssen ihm diejenigen Bestimmungen des Entwurfs B einverleibt werden, die den Lieferanten und den mittelbaren Baugläubigern Schutz gewähren, wobei ich jedoch als unerläßliche Bedingung hinstelle: die Verlegung der Feststellung des Baustellenwerths in die Zwangsvollstreckung.

Vorsitzender: Bevor ich dem Herrn Korrefenten das Wort gebe, möchte ich ein paar kurze Bemerkungen zu dieser Frage machen. Es sind mir von der Geschäftsstelle des Westpreußischen Gewerkblattes im Auftrage der Handwerkerkammer zu Danzig eine Reihe von Blättern des Westpreußischen Gewerkblattes zur Vertheilung in dieser Abtheilung überreicht worden. Wesentlich scheint es sich gegen die Berücksichtigung der Lieferanten auszusprechen. Außerdem ist von dem Zentralverbande der städtischen Haus- und Grundstücksbesitzervereine Deutschlands, unterzeichnet von dem Verbandsdirektor Hartwig in Dresden, eine Eingabe an den Vorsitzenden der ständigen Deputation gemacht, die an die Ab theilung abgegeben ist und erledigt werden muß. In dieser Eingabe wird zunächst ausgeführt, daß der Verband, der 10 000 Mitglieder zähle, natürlich ein besonderes Interesse an der von uns erörterten Frage habe. Dann heißt es weiter: „Wir müssen Werth darauf legen, daß dem Juristentage bekannt werde, welche Stellung unser Centralverein zu den jetzt vorliegenden Entwürfen einnimmt und welche er zu dem früheren Entwurfe vom Jahre 1897 eingenommen hat. Das Letztere müssen wir um so nothwendiger ansehen, als im Preußischen Justizministerium darüber die nicht zutreffende Meinung Platz gegriffen hatte, als sei unser Centralverband Gegner jenes früheren Entwurfs, während er im Gegentheil auf dem Verbandstage zu Wiesbaden 1898 Zustimmung dazu beschlossen hatte. Die beim Justizministerium vorhandene gegentheilige Meinung findet sich offiziell kundgegeben auf Seite 105 der Entwürfe eines Reichsgesetzes, betreffend Sicherung der Bauforderungen. Amtliche Ausgabe. Berlin 1901. R. von Decker's Verlag. Zur Berichtigung erfolgte unterm 23. November 1901 eine Eingabe an den Herrn Justizminister. Von Letzterem war am $\frac{\text{19. September}}{\text{30. Oktober}}$ 1901 an den Centralverband unter Beifügung eines Exemplars der neuen Gesetzentwürfe die Aufforderung ergangen, sich gutachtlich über dieselben zu äußern. Dieser Aufforderung entsprechend sind die neuen Entwürfe in dem aus 16 Mitgliedern, darunter 3 Rechtsanwalten, bestehenden Vorstande des Centralverbandes sorgfältig berathen und begutachtet worden. Man hat dem Entwurfe B zugestimmt und nur wenige Aenderungen vorgeschlagen, die als wünschenswerthe Verbesserung bezeichnet wurden. Dieses Gutachten ist dem preußischen Herrn Justizminister unterm 20. Januar 1902 eingereicht worden."

Der Verband legt also großen Werth darauf, daß diese beiden Schriftstücke allen Mitgliedern des Juristentages bekannt werden. Er bittet daher um ein Verzeichniß der Mitglieder des Juristentages, um sie ihnen auf Kosten des Verbandes zuzustellen, und ersucht zugleich, zu gestatten, daß die Schriftstücke ausgelegt werden. Die Abtheilung ist aber natürlich nicht im Stande, diesem Wunsche zu genügen. Ich glaube, bisher hat weder eine Vertheilung noch eine Auslegung stattgefunden. Jetzt noch in dieser Richtung unternommene Schritte würden verspätet sein. Ich kann daher weiter nichts thun, als daß ich den Herren im Allgemeinen von dem Inhalte des Schreibens Kenntniß gebe. In der Hauptsache erfahren wir ja daraus, was der Verband erklären will.

Ich ertheile nun dem Herrn Korreferenten das Wort.

Mitberichterstatter Professor Dr. **Heymann** (Königsberg i. Pr.): Meine hochverehrten Herren! Ich werde mir gestatten, mich recht kurz zu fassen, da ja der Herr Vorredner bereits in einem sehr eingehenden Vortrag ein Bild von der Sachlage gegeben hat.

Ich möchte zunächst bemerken, daß ich mich im Einzelnen auf das amerikanische Recht nicht einlassen werde. Zwar interessire ich mich persönlich sehr für das angloamerikanische Recht und bin auch der Meinung, daß der Herr Vorredner sich durch sein umfassendes Buch über das amerikanische Bauhandwerkerrecht ein großes Verdienst deshalb erworben hat, weil man aus diesem amerikanischen Rechte ja deutlich ersieht, daß

Einwohner	Baugenehmigungen	Zwangs-versteigerungen	Leer stehende Wohnungen.	Privatdiscont i. Jahres-Durchschnitt	Durchschnittlicher Kaufwerth des Bodens ist % des Bodenwerthes.
2060000	9740	690	31100	5,15	198
2040000	9040	680	30650	5,10	196
2020000	8940	670	30200	5,05	194
2000000	8840	660	29750	5,00	192
	8740	650			190
1900000			27500	4,75	
	8240	600			180
1800000			25250	4,50	
	7740	550			170
1700000			23000	4,25	
	7240	500			160
1600000			20750	4,00	
	6740	450			150
1500000			18500	3,75	
	6240	400			140
1400000			16250	3,50	
	5740	350			130
1300000			14000	3,25	
	5240	300			120
1200000			11750	3,00	
	4740	250			110
1100000			9500	2,75	
	4240	200			100
1000000			7250	2,50	
	3740	150			90
900000			5000	2,25	
	3240	100			80
800000			2750	2,00	
780000	2740	50	2300	1,95	70
760000	2640	40	1850	1,90	68
740000	2540	30	1400	1,85	66
720000	2440	20	950	1,80	64

—— Einw

1864 1865 1866

J. Guttentag, Verlagsbuchhandlung G.m.b.H. Berlin.

tik der Boden- und Bau-Spekulation

Baugenehmigungen — Subhastation bebauter Grundstüc

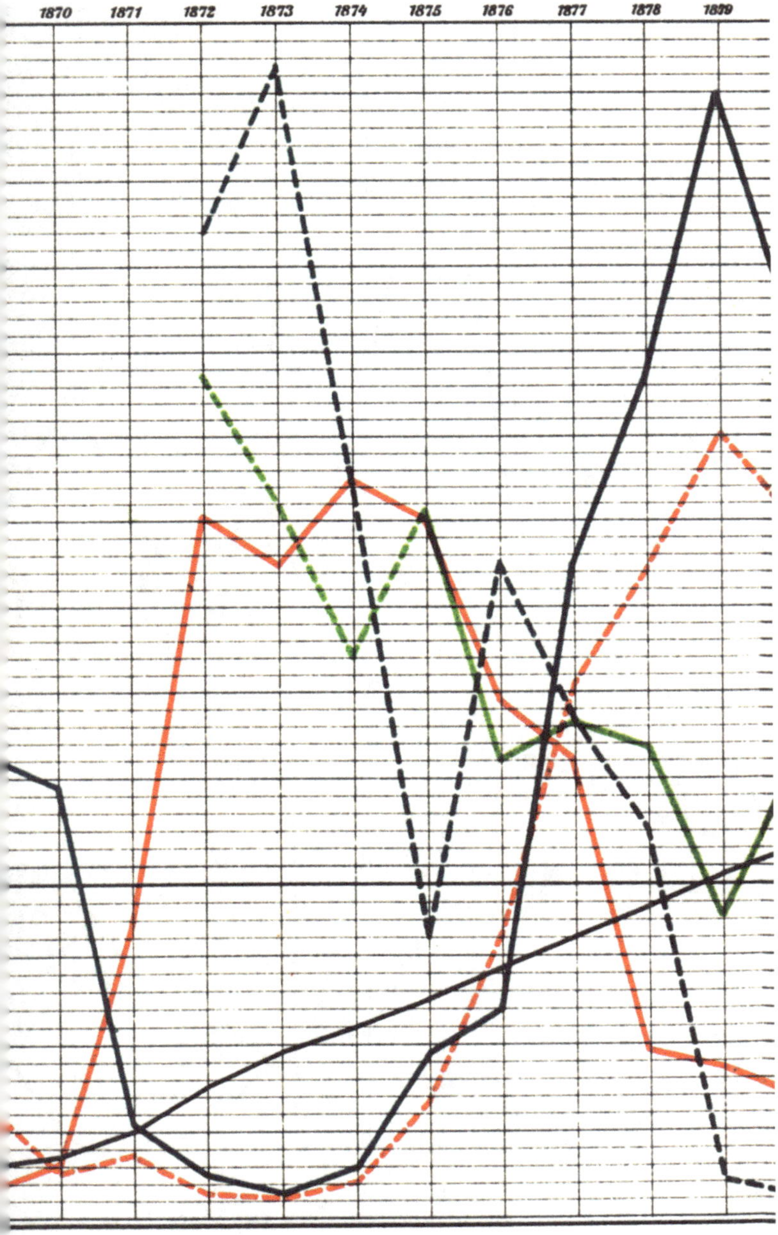

Die Erklärung der Tafel findet sich in d

in Berlin während der Jahre 1867-

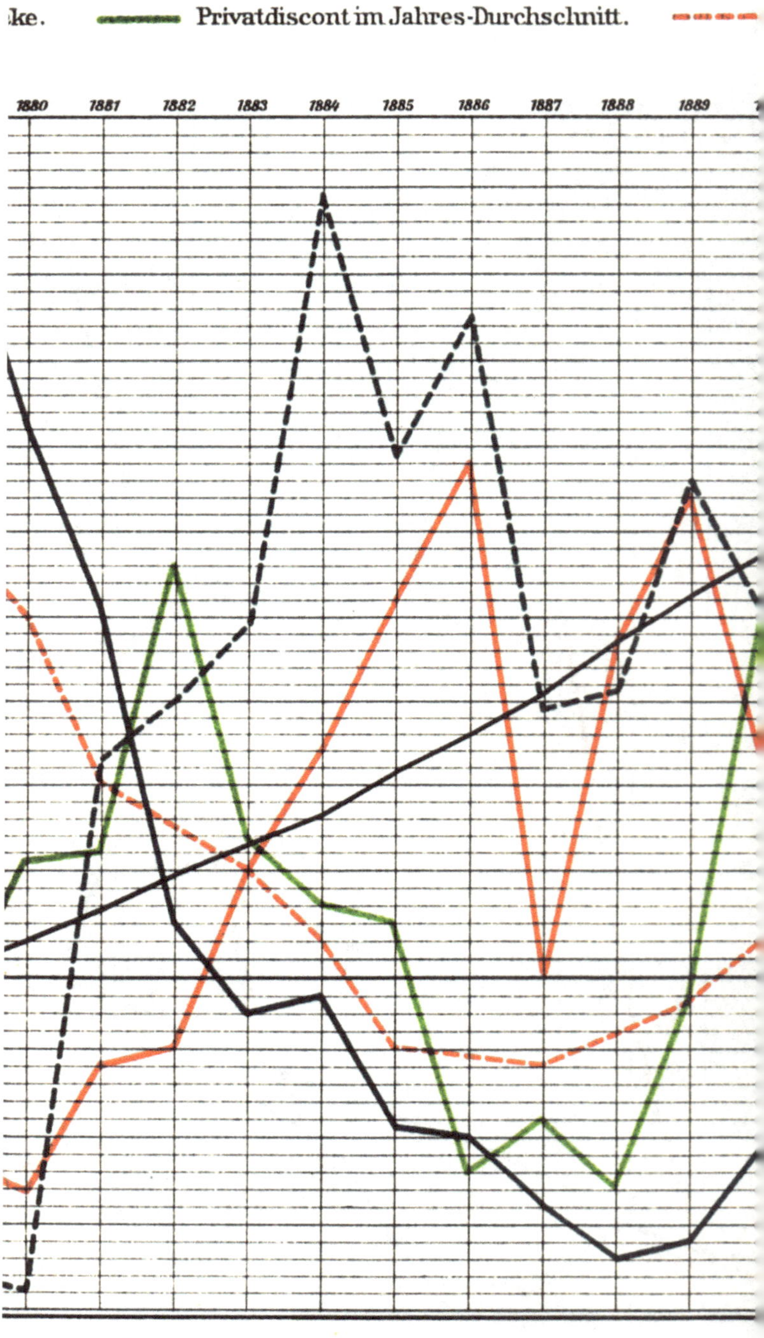

em Referate des Herrn Dr. Solmssen.

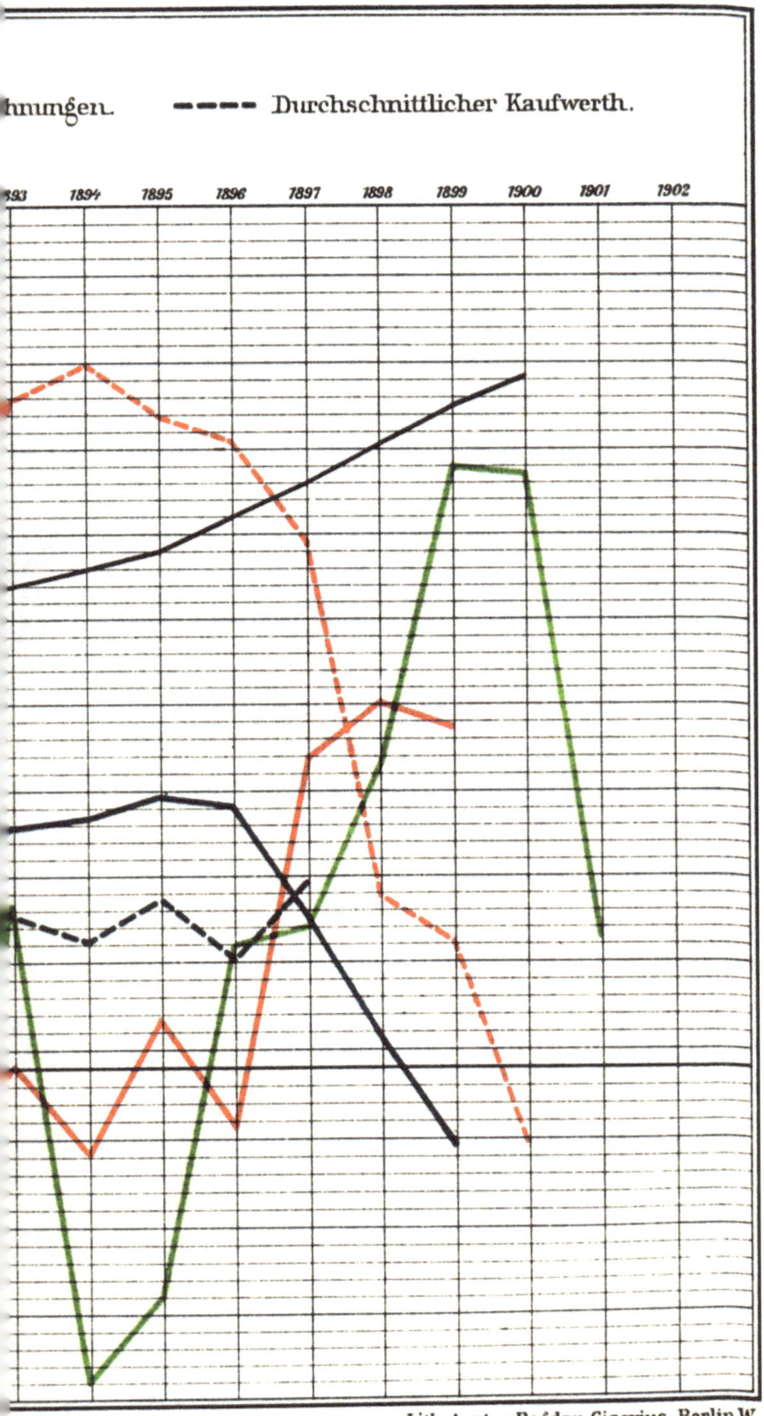

Lith. Anst. v. Bogdan Gisevius, Berlin W.

ein solcher Bauhandwerkerschutz auch unter den sogenannten fortgeschrittensten wirthschaftlichen Verhältnissen möglich ist. Indessen bin ich der Meinung, daß sich das amerikanische Recht in seinen Einzelheiten hier nicht besonders zur Diskussion eignet, weil diese Einzelheiten sich nicht unmittelbar für unsere Verhältnisse verwerthen lassen: dort fehlt das Grundbuchsystem, und es besteht andererseits eine rechtliche Zweitheilung von Grundstück und Bauwerk in Anlehnung an das englische Lehnsrecht. Viele Bestimmungen bedürfen daher einer technischen Neuverarbeitung. Das ist auch das Bestreben der Entwürfe gewesen, die meiner Ansicht nach eine ganz vorzügliche Leistung darstellen, an der Jahre lang schon gearbeitet wird unter Mitwirkung fast des ganzen deutschen Volkes, fast aller Parlamente, der Juristentage, der Ministerien und des Reichsjustizamtes. Ich meine, man kann auf den Entwürfen weiterarbeiten und nur noch einzelne Verbesserungen machen und Details anbringen, in denen wir aber hier nicht zu weit gehen dürfen. Diese Details eignen sich besser für Zeitschriften, die dem Einzelnen ja gern ihre Spalten öffnen werden. Das wäre der allgemeine Standpunkt.

Ich meine, wir müssen uns möglichst zu einem der beiden Entwürfe entschließen. Das ist taktisch zu wünschen. Denn es ist über die Grundlagen der ganzen Sache gerade auch auf den Juristentagen hinlänglich debattirt worden. Wegen der Grundlagen möchte ich nur eins bemerken. Es geht der Entwurf von dem Gedanken aus, daß die Bauhandwerker ihre Bauhypothek unmittelbar hinter dem Baustellenwerte bekommen sollen, und zu diesem Zwecke soll der Baustellenwerth abgeschätzt werden. Der Herr Vorredner hat ausgeführt, daß seiner Ueberzeugung nach die Abschätzung bedenklich wäre. Ich meine nach näherer Prüfung, daß die Bedenken nicht so stichhaltig sein werden.

Es ist zunächst gesagt worden, die Abschätzung sei schwierig, ja auch wohl, sie sei ganz undurchführbar. M. H., wenn wir die Kurse von Getreide und von anderen Produkten, von Werthpapieren abschätzen können, so können wir sehr wohl auch den Werth von Grundstücken abschätzen. Daß man es kann, beweist dieses Tableau. Es ist allerdings dabei in Rücksicht zu ziehen, daß Momente vielfach mitwirken, die die Abschätzung erschweren. Es ist zu berücksichtigen, daß im Baustellenhandel Krisen sehr schnell und plötzlich einzutreten pflegen, daß man da mit sehr starken Preisschwankungen zu rechnen hat. Indessen sind doch keine unüberwindbaren Schwierigkeiten vorhanden. Es wird sich, wenn Abschätzungen eingeführt werden, der Baustellenhandel wohl einigermaßen fügen, es werden solche Schwankungen in dem Maße vielleicht nicht mehr stattfinden. Aber sei es, wie es wolle, es werden die Schwierigkeiten jedenfalls zu überwinden sein. Auch die Frankfurter Hypothekenbank hat ausgesprochen, daß die Abschätzung möglich sei; es genügt, darauf hinzuweisen, daß sich eine Vertretung der Bankinteressen für eine derartige Maßregel ausgesprochen hat, um sie als möglich hinzustellen.

Es ist gesagt worden, wir dürften nicht in die freie Preisbildung eingreifen, und wenn wir abschätzten, griffen wir in sie ein. Ich glaube, wenn es irgendwo zulässig wäre, in die freie Preisbildung einzugreifen, würde es hier sein; denn der Grund und Boden ist nicht zu behandeln (wie einmal treffend gesagt wurde), wie ein Pfefferkuchen! Er ist anders zu behandeln als bewegliche Sachen; das ist ein Grundgedanke, der unser deutsches Recht seit Jahrhunderten durchzieht und den wir nicht verlassen dürfen. Ich glaube, daß gut organisirte Bauämter im Stande sein werden, die Grundstücke in geeigneter Weise abzuschätzen.

Und schließlich die praktische Seite. Es handelt sich ja gar nicht darum, daß jemand, für dessen Grundstück ein solcher Kurs festgestellt wird, unbedingt darunter leiden muß. Er tritt ja mit seiner Kaufgeldhypothek dann nur in der Höhe des übersteigenden Betrages hinter die Baugelder zurück. Bewährt sich das Gesetz sonst, so wird die Sachlage dann die sein: zunächst kommt bei der Belastung die Kaufpreishypothek in Höhe des Baustellenwerths, darauf die Bauhypothek der Handwerker und sonstigen Baugewerbetreibenden; an diese reiht sich die Baugeldhypothek und diese rückt im Verlaufe des ganzen Vorganges successive in die Stelle der Bauhypothek ein, sodaß schließlich nur der Baustellenwerth und dahinter die Baugeldhypothek auf dem Grundstücke lastet. Daran schließt sich natürlich der übersteigende Spekulationsgewinn des Baustellenverkäufers, und wenn wirklich die Abschätzung zu gering war, so wird der zuletztstehende Spekulationsverkäufer immer noch mit diesem Spekulationsgewinn, wenn er auf Grund desselben das Haus ersteht, gut zu Stande kommen. Daß der Preis vielleicht etwas gedrückt wird, ist möglich. Es ist aber dabei zu berücksichtigen, daß die Baustellenhändler ja doch nicht nur in einseitiger Eigenschaft, sondern als Verkäufer wie als Käufer auftreten und gegenseitig schon eine Regulirung der Kurse herbeiführen werden. Ich glaube, daß es den an solche komplizirte Verhältnisse gewöhnten Bauspekulanten nicht schwer werden wird, sich diesen Verhältnissen zu akkommodiren. Deshalb glaube ich, daß diese Grundlage durchaus geeignet ist.

Was nun im übrigen die Durchführung anlangt, so ist zunächst ein Punkt zu erwähnen, der in dem Gutachten vielfach behandelt ist, nämlich ob es empfiehlt, daß der Baustellenwert unbedingt der Bauhypothek, also der Hypothek der Handwerker vorgehen soll, oder ob vielleicht der

Erlös repartirt werden soll, verhältnißmäßig zwischen dieser Baustellenhypothek, d. h. der Kaufpreishypothek und der Hypothek der Bauhandwerker. Ich meine, daß sich ein derartiges Verfahren nicht empfiehlt, sondern, daß man, wie schon früher — und auch gerade beim Juristentage — ausgeführt worden ist, dabei bleiben soll, daß der Baustellenwerth in erster Linie steht und allen anderen Hypotheken vorgeht, sodaß insoweit der Baustellenverkäufer in jedem Falle gesichert ist. Dabei ist zu beachten, daß, wenn wir die Abschätzung bekommen, ja die abgeschätzte Summe, die den anderen Hypotheken vorgeht, immer nur erscheinen wird als der Grundbetrag, der zu Grunde gelegt wird, und der nicht ausschließt, daß der Kaufpreis und auch der wahre Werth des Grundstücks einmal ein höherer ist.

Die andere Frage ist das Verhältniß der Bauhypothek zur Baugeldhypothek. Hier ist der Grundgedanke beider Entwürfe der, daß die Baugeldhypothek, welche hinter der Bauhypothek steht, successive in den Rang dieser Bauhandwerker-Hypothek einrückt, wenn allmählich die Raten des Baugeldes gezahlt werden. Wenn eine Rate gezahlt ist, rückt die Hypothek, und zwar immer vor dem Rest der Bauhandwerker-Hypothek in die erste Stelle dieser Hypothek ein. Dieser Grundgedanke ist ebenfalls bemängelt worden. Man meint, daß es unzweckmäßig sei, wenn die einrückende Baugeldhypothek jedenfalls dem Reste der Bauhypothek vorgeht. Es hat dieses Bedenken seinen Grund darin, daß das Baugeld immer nur in Höhe von zwei Dritteln des Bedürfnisses gegeben wird, sodaß schließlich die Bauhandwerker mit ihrem letzten Drittel sehr gefährdet sein werden. Diese Erwägung ist richtig. Ich möchte aber doch davon abrathen, mit Rücksicht auf sie etwa von dieser Grundlage abzusehen. Dieses letzte Drittel wird jedenfalls hinreichend geschützt; wenn auch nicht so wie die ersten zwei Drittel dieser ganzen Hypothek, so wird immerhin noch einiger Schutz für die im letzten Drittel stehenden Bauhandwerker, die am meisten gefährdet sind, vorhanden sein.

Was nun die Wahl zwischen beiden Entwürfen anlangt, die hier eigentlich zur Diskussion steht, so bin ich mit dem Herrn Vorredner vollständig übereinstimmend der Ueberzeugung darin, daß die Grundlage einer gesetzlichen Regelung nur sein kann der Entwurf B, der sich von dem ersten Entwurf unterscheidet durch die Aufnahme der Lieferanten, durch den Schutz für die Nachmänner und durch die Reservirung eines Fünftels der Baugelder bis nach Beendigung des Baues zur Befriedigung der etwa sonst ausfallenden Baugläubiger. M. H., was zunächst die Lieferantenfrage anlangt, so kann ich mich ganz kurz fassen. Ich glaube zunächst einmal, daß der Schutz, den man den Lieferanten danach gewähren soll, ein Postulat der einfachsten Gerechtigkeit ist. Wenn scherzhaft gesagt worden ist, daß man es mache wie der heilige Crispin, wenn man den Lieferanten die Bausicherung entzöge, so ist das eine ganz richtige und treffende Bemerkung, denn hier wird in der That der Baulieferant, der gegenüber dem Bauhandwerker zurückgestellt wird, nicht nur in seinem bisherigen Verhältnisse belassen, sondern einfach erheblich schlechter gestellt als der Bauhandwerker, und das geht meiner Ansicht nach nicht; es ist auf diesen Gesichtspunkt der Gleichberechtigung doch ein erhebliches Gewicht zu legen. Und die Nichtberücksichtigung der Lieferanten ist außerdem auch unzweckmäßig; denn es würde die Folge sein, daß man das ganze Baugewerbe in die Hände des Großkapitals treibt, daß die Lieferanten genöthigt sind, entweder als Selbstunternehmer aufzutreten oder daß sie sich hinter die Bauhandwerker verkriechen und dadurch zu einer Sicherung kommen. Ich glaube, deshalb muß man die Lieferanten jedenfalls schützen, obgleich gewiß der Entwurf für die Bauhandwerker viel günstiger wäre, wenn die Lieferanten nicht mit aufgenommen würden.

Der zweite Punkt ist dann die Frage des Schutzes der Nachmänner. Es ist in dem Gutachten von Harnier, das ja auf dem Standpunkte steht, man solle die Nachmänner nicht schützen, geltend gemacht worden, sie seien geschützt durch den § 826 des Bürgerlichen Gesetzbuchs. Das ist kein durchgreifender Einwand, § 826 gewährt eine rein persönliche Haftung, es ist gar keine dringliche Sicherung gegeben, das genügt keinesfalls. Gerade darum handelt es sich ja, daß man mit dieser Bestimmung jedenfalls nicht auskommen kann. Es ist dann als Haupteinwand aber immer wieder, um die einzelnen anderen Einwendungen zu übergehen, geltend gemacht worden: es wird das Gesetz zu komplizirt, wenn man die Nachmänner schützt. Die Begründung zum Entwurfe lese sich wie ein Buch mit 7 Siegeln, wie ein Lehrbuch der Mathematik. Meine Herren! An und für sich ist es für ein Buch kein Vorwurf, wenn es sich wie ein Lehrbuch der Mathematik liest; wenn etwas Vernünftiges drin steht, ist es vielleicht doch noch zu gebrauchen. Es ist aber auch zu bestreiten, daß der Entwurf so schwierig ist, wie es auf den ersten Moment erscheint. Ich glaube, daß die Baustellenhändler und die interessirten Kreise sich in das etwas komplizirte System des Entwurfes B leicht hineinfinden werden. Die finden sich, soweit sie unsolide Elemente sind, in die Wechselschiebungen und viele andere Dinge sehr leicht hinein, und auch die große Masse der soliden Elemente des Baugewerbes muß sich da hineinfinden, schon um ihre geehrten Mitkontrahenten etwas kontrolliren zu können. Wer sich aber in diese Dinge hineingefunden hat, der wird sich auch in den Entwurf B hineinfinden. Und was die Juristen anlangt, so habe ich das unbedingte Vertrauen zu dem Juristenstande, daß, wenn sie sich in die Erbenhaftung des Bürgerlichen Gesetzbuchs hineingefunden haben, sie sich auch in diesen Entwurf B hineinfinden werden. (Heiterkeit.)

Wir brauchen also als Juristen der Sache nicht zu ängstlich gegenüber zu stehen; sie ist gar nicht so sehr kompliziert. Wenn man sich diese Grundsätze ansieht, so kann man sie auf ein paar Grundgedanken zurückführen: der erste Baugläubiger bekommt die Bauhypothek, die nachfolgenden bekommen immer am Recht ihres Vormannes ein Pfandrecht; natürlich kann das Pfandrecht des Nachmannes gegenüber dem Vormanne nicht weiter gehen als das Recht des Vormannes selbst, weil ja eben zunächst weiter nichts da ist, was für den Nachmann haften könnte. Das ist der Grundgedanke, und nun darf gesagt werden: in gewissen Ausnahmefällen bekommt der Nachmann über dieses Pfandrecht am Rechte seines Vormannes hinaus noch ein übersteigendes Pfandrecht am Rechte des weiteren Vormanns; das ist zunächst für den einen Fall gegeben, daß der Vormann trotz einer Anzeige, die an den Schuldner gemacht worden ist, die Zahlungen in Empfang genommen hat, sodaß der Nachmann um die Zahlung geprellt ist; dann in einigen anderen Fällen, wo der Vormann nicht durch Offenlegung des ganzen Verhältnisses klargestellt hat, wie groß seine Forderungen waren, wann sie fällig waren u. s. w. sodaß der Nachmann sich nicht genügend danach richten konnte und im falschen Vertrauen auf das Vorhandensein eines genügenden Haftungsobjekts schließlich hineingefallen ist. Ich meine, das sind zwei so einfache Gedanken, daß man sie einem Kinde klar machen kann, und die jedem Menschen einleuchten. Daß das in der Fassung des Entwurfs etwas schwieriger erscheint, liegt einfach daran, daß, wenn wir überhaupt die Nachmänner schützen, immer von dem Gedanken auszugehen ist: wir müssen verhindern, daß Strohmänner eingeschoben werden. Wenn wir nur dem Vormanne das Pfandrecht gewähren, dann wird natürlich der erste Baugläubiger ein Strohmann sein, und der zweite ist der wirkliche Kontrahent. Es muß aber das Gesetz mit einer unendlichen Reihe von Strohmännern rechnen; denn wenn wir für fünf Gläubiger Bestimmung treffen, so wird erst der sechste der wahre Kontrahent sein. Deswegen muß die Sache immer für eine endlose Reihe ausgedrückt werden, und daher ist der Ausdruck schwierig. Das wird aber in der That nur auf dem Papiere stehen. Es ist gesagt worden, das wäre ein schlechter Trost. Das ist kein schlechter Trost, wenn es gelingt, eine Formulierung zu finden, die wirklich eventuell jeden Strohmann ausschließen würde; denn dann würden eben überhaupt keine Strohmänner genommen werden, und ich glaube, diese Formulirung ist im wesentlichen im Entwurfe B nach endlosem Mühen und unter intensivster Arbeit aller Betheiligten gefunden worden, und deshalb glaube ich, daß wir den Entwurf so, wie er ist, annehmen können.

Freilich mit einer Einschränkung. Ein Bedenken liegt nämlich darin vor, daß der Entwurf B fordert, daß der Unternehmer die gesammten Bauverträge der Oeffentlichkeit kundbar macht. Das schädigt den Unternehmer entschieden. Es ist unangenehm, wenn alle Leute sehen, wie er seine Verträge abgeschlossen hat. Und es schädigt auch die Handwerker im höchsten Grade; sie werden diskreditirt, wenn sie einmal zu einem sehr billigen Preise geliefert haben. Die Konkurrenz wird ihnen das vorwerfen; aber es kann sehr wohl einmal der solide Handwerker dazu genöthigt sein, sodaß es für alle Betheiligten unangenehm ist, wenn diese Verhältnisse in's Einzelne offen gelegt werden müssen. Es sind daher die Gutachter nach dieser Richtung alle einer Meinung, auch Herr Freese hat sich auf den Standpunkt gestellt: hier muß eine Aenderung geschaffen werden. Ich halte auch den Vorschlag des Herrn Vorredners nicht für ausreichend, daß man diese Bauverträge nur dann zugänglich machen soll, wenn jemand es verlangt; denn dann werden eben die Interessenten es verstehen, durch einen Mittelsmann das Verlangen stellen zu lassen oder werden es direkt stellen, und dann werden die Verhältnisse doch offen gelegt. Ich möchte die Sache nur zur Diskussion stellen, als Antrag will ich es nicht formuliren: ich meine, daß es vollkommen genügt, wenn man statt dieser Offenlegung der Bauverträge sich begnügt mit der Offenlegung eines detaillirten Kostenanschlags und eines detaillirten Bauplanes, und daß man außerdem vielleicht noch verlangt — es wäre das auch nicht einmal unbedingt nöthig — daß der Name derjenigen Personen angegeben wird, die als Unterunternehmer oder Nachmänner bei dem Bau beschäftigt sind. Ich meine, damit kann man auskommen.

Es ist ja richtig, wenn nur bekannt ist, wie hoch ungefähr im Einzelnen der Bau hergestellt werden soll, wie die Einzelpositionen bewerthet werden sollen, hat der Nachmann, der mit dem Vormanne kontrahirt, keine Sicherheit, daß er auch unbedingt gedeckt sein wird. Es ändern sich erfahrungsgemäß die Bauanschläge, es können unrichtige Angaben darin enthalten sein. Es muß deshalb eine Sicherung gesucht werden. Man kann nun zunächst einmal eine Sicherung dadurch schaffen, daß man sagt: es werden an die unrichtigen Angaben der Bauanschläge dieselben Wirkungen geknüpft, wie jetzt an unrichtige Angaben über Bauverträge geknüpft werden. Es würde das aber noch wenig nützen; denn damit kommt man in den Fällen nicht weiter, wo es heißt: es haben sich die Verhältnisse geändert, und wir haben anders bauen müssen. Man könnte außerdem vielleicht aber noch Folgendes thun — und ich schließe mich da an einen Gedanken an, den in anderem Zusammenhange einmal beim Juristentage Herr Geheimrath Enneccerus geäußert hat: man könnte vielleicht sagen, daß jedesmal, wenn sich die Bebauung in wesentlichen Punkten ändert, wenn etwa statt eines Prunkbaues eine Miethskaserne erbaut wird, jeder Betheiligte das Recht hat, den Bau zu inhibiren, sodaß der Bau stillstehen muß. Das ist zwar ein gefährliches Mittel für den Unternehmer, der dadurch an den Bettelstab gebracht werden kann; aber es ist wirksam und technisch nicht schwer durchzuführen. Denn eine einstweilige Verfügung zu erwirken auf der einfachen Grundlage, daß „offenbar von dem angegebenen Bauplane abgewichen ist", ist nicht schwer; das kann man durch eidesstattliche Versicherung der Baugläubiger oder anderer Betheiligter machen. Das wäre ein Weg, um zu einer richtigen Angabe zu zwingen.

Es würde aber auch das noch nicht ausreichen; denn es bliebe immer noch eine Unsicherheit, und da möchte ich noch einen Punkt vorschlagen, auch, wie gesagt, nur zu dem Zwecke, daß darüber diskutirt wird; das wäre, daß man doch wieder auf das alte Prinzip der versio in rem zurückgeht, und daß man sagt: es hat der Nachmann an und für einen dinglichen Schutz in dem Umfange des dinglichen Rechtes des Vormannes; es richtet sich dieser Schutz nach dem Umfange des Rechtes des Vormannes; es hat aber außerdem weiterhin der Nachmann einen darüber hinausgehenden dinglichen Schutz (der sich gegenüber dem übernächsten Vormann als unmittelbar darstellt) insoweit, als er einen nachweisbaren Werth in das Grundstück hineingesteckt hat, als der Werth seiner Verwendung beträgt. Diesen Werth der Verwendung thatsächlich festzustellen, ist nicht schwer; denn zunächst, was verwendet worden ist, stellt man sehr leicht (wie die Denkschrift an anderer Stelle und in anderem Zusammenhange dargelegt hat) fest dadurch, daß man eine eidesstattliche Versicherung abgiebt, oder eine Bescheinigung der Gehülfen, Arbeiter oder der anderen Baugläubiger beibringt. Die Frage, wie hoch nun aber die gemachte Verwendung zu bewerthen ist, die würde ich vorschlagen in der Weise zu regeln, daß man die Vermuthung aufstellt, daß die gemachte Verwendung den in dem Bauanschlag ausgeworfenen Einzelpositionen entspricht. So kann man dann für diese Frage den Bauanschlag verwerthen, und der Bauanschlag gewinnt auf diese Weise eine Bedeutung für den ganzen Hergang des Baues. Auf diese Weise könnten wir erreichen, daß ohne Offenlegung der Verträge auch der

Nachmann hinreichend geschützt wird. Er hat zunächst das Recht wie der Vormann, darüber hinaus nach der Höhe seiner Verwendung, natürlich begrenzt durch den von dem Entwurfe so genannten Anspruch aus dem Werkvertrage. Ich glaube, wenn man das annähme — und das ließe sich in einem einzigen Paragraphen, mit dessen Formulirung ich Sie verschonen will, machen — so könnten wir dann den Entwurf B in jeder Beziehung zur Annahme befürworten.

Denn — um auch das nur mit einem Worte zu erwähnen — es ist klar, daß die auch von dem Herrn Vorredner in gleichem Sinne geschilderte Zurückhaltung des einen Fünftels der Baugelder sich empfiehlt; sie hat sich auch in Amerika bewährt. Es wird leicht sein, ein Fünftel der Baurate zurückzuhalten, und dann bekommen die am meisten gefährdeten Baugläubiger wenigstens zwei Siebentel ihrer Forderung heraus, das wäre also etwa ein Viertel. Es ist ein verhältnißmäßig günstiger Betrag, jedenfalls viel besser als gar nichts. Diese letzten Baugläubiger möchte ich wenigstens mit einem Worte streifen. Nämlich ich sagte schon: ein Drittel der Baugläubiger ist allerdings gefährdet, weil die Baugelderhypotheken immer nur in Höhe von zwei Dritteln gegeben werden, und weil das letzte Drittel in Folge dessen nicht mehr gedeckt ist. Aber wir dürfen auch mit dem Schutze der Bauhandwerker nicht zu weit gehen. Es ist sehr richtig, die Bauhandwerker dürfen nicht so gestellt werden, daß sie sich nicht vorsehen; es muß ihnen das Bewußtsein beigebracht werden, daß jeder für sich selbst zu sorgen hat und die Gemeinschaft nur hülfsweise eintreten kann. Es ist vor einer Uebertreibung des Schutzes der Bauhandwerker zu warnen, und aus diesem Gesichtspunkte kann man etwas zurückstecken. Sie bekommen im letzten Drittel eine relativ gute Hypothek, eine Hypothek, die viel besser ist als die Hypothek, mit der sie jetzt bei der Subhastation regelmäßig ausfallen. Denn jetzt kann ihrer Hypothek ein unbeschränkter Betrag anderer Belastungen vorgehen, vor allem auch Scheinhypotheken und die Spekulationsgewinne des Baustellenverkäufers. Diese jetzige Hypothek ist in der That sehr schlecht. Ganz anders künftig, wenn die Baustellenhypothek unmittelbar hinter dem Bauwerthe steht; da wird das letzte Drittel immer noch realisirbar sein, es wird sich immer noch ein Käufer finden, für den etwas dabei herauskommt. Die Baugläubiger müssen daran denken, an das Gesetz einen energischen Selbstschutz anzuknüpfen, besonders auch bezüglich der Publikation der Bauanschläge, indem sie sich zu gegenseitigem Schutze zusammenschließen.

Es würde das meiner Ansicht nach ausreichen, um dem Schutzbedürfniß entgegenzukommen. Denn das, m. H., glaube ich allerdings auch mit dem Herrn Vorredner: der verderbliche Zustand im Baugewerbe ist augenblicklich nicht mehr in dem Maße wie vor einigen Jahren da; sicher wird er aber wiederkehren, wenn wir nicht vorbauen, und es ist gut, wenn das in einer Zeit der Ruhe geschieht, wo jede Animosität fehlt. Die Schweiz thut es auch, Amerika hat es lange gethan; auch wir müssen unbedingt zu dem Schutze kommen, und ich möchte Sie bitten, bei der ganzen Frage die Details nicht zu sehr in den Vordergrund treten zu lassen. Ich bin nach sehr eingehender Prüfung des Ganzen, die ich Ihnen vorenthalten will, zu der Ueberzeugung gekommen, daß es mit dem Entwurfe geht, er ist juristisch zu verstehen, und es werden sich alle Fragen erledigen lassen. Allen Anforderungen kann das Gesetz nicht entsprechen, es beruht auf einem Kompromiß der Interessen, und daher glaube ich, daß es genügt, wenn wir beschließen — und das möchte ich zu meinem Antrage machen im Einklange mit dem Herrn Vorredner — daß der Deutsche Juristentag empfiehlt, von den beiden amtlich veröffentlichten Entwürfen des Gesetzes zum Schutze der Bauforderungen den Entwurf B als geeignet zur Grundlage für eine hinreichende Sicherung der Baugläubiger zu erklären.

Damit wäre ich mit meinen Ausführungen am Ende.

Vorsitzender: Vielleicht hat der Herr Korreferent die Güte, den Antrag dann schriftlich einzureichen; im wesentlichen ist kaum ein Unterschied gegen den Antrag des Herrn Referenten. Dessen Antrag lautet:

(Wird verlesen.)

Nun klingt das, als wenn der Entwurf A zu Grunde gelegt werden soll, ergänzt aus B.

Berichterstatter Dr. **Solmssen** (Berlin): Ich ändere nunmehr meinen Antrag dahin, daß Entwurf B zu acceptiren, aber die Feststellung des Baustellenwerths in die Zwangsvollstreckung zu verlegen ist.

Vorsitzender: Es haben sich bereits vier Herren zum Worte gemeldet: zunächst Herr Kreisgerichtsrath Hilse, zugleich zur Begründung eines Zusatzantrages, nämlich dem § 2 Abs. 2 des Entwurfes hinzuzufügen:

„Es dürfen die aus den Feuerkassen zu zahlenden Entschädigungen zu keinem anderen Behuf als zur Wiederherstellung der abgebrannten Baulichkeiten verwendet werden und darf deshalb darauf nur derjenige Arrest suchen, welcher zu diesem Zwecke Materialien geliefert oder Arbeitslohn oder solche Geldvorschüsse zu fordern hatte, welche wirklich zum Bau verwendet worden sind."

Außerdem haben sich zum Worte gemeldet die Herren Rechtsanwalt Dr. Scherer, Justizrath Harnier und Justizrath Boyens. Ich ertheile zunächst Herrn Kreisgerichtsrath Hilse das Wort.

Kreisgerichtsrath Dr. **Hilse:** Meine Herren! Zunächst gehe ich von der Annahme aus, daß beabsichtigt wird, einen Schutz für die Bauhandwerker zu schaffen. Deshalb sind die Interessen derjenigen Körperschaften in's Auge zu fassen, die geschützt werden sollen. In Folge dessen muß ich wie 1898 in Posen gleichsam im Namen des korporirten deutschen Bauhandwerkes, d. h. des Innungsverbandes deutscher Baugewerksmeister als dessen langjähriger Rechtsbeistand erklären, daß er jeden der beiden Entwürfe für annehmbar hält, weil sie den Grundsätzen Rechnung tragen, welchen der Posener Juristentag zustimmte und welche er selbst als Schutz für die Interessen des Bauhandwerkes begehrt. Ein solcher Schutz ist aber erforderlich, um der auf den Verhandlungen des Deutschen Juristentages in Stettin und Straßburg beruhenden Sicherungshypothek am Baugrundstücke, also dem seinen Beschlüssen zufolge in's Bürgerliche Gesetzbuch eingefügten § 648 die Eigenschaft eines todten Gedankens zu nehmen und ihm Leben zu geben. Denn nur wenn ein gesetzlicher Schutz dem Bauhandwerker gegeben wird, welcher dem Baugläubiger ermöglicht, seine Forderungen auf dem Baugrundstücke einzutragen und gegen Schiebungen in dessen Besitz und Belastung seitens zahlungsunfähiger oder böswilliger Bauherren Schutz zu finden, nur dann kann verhütet werden, daß das Baugewerbe in seiner gewerblichen und wirthschaftlichen Leistungsfähigkeit vernichtet wird. Es wird aber nothwendig, dem die Baulieferanten und Nachmänner mitumfassenden Entwurfe B Geltung zu verschaffen, wenn man nicht das ganze Baugeschäft der Macht des Großkapitals ausliefern will. Denn würde nur der Entwurf A angenommen, so würde bald der Brauch sich ausbilden, daß Ausführung und Lieferung von derselben Person übernommen werden, womit die Hypothekenbanken und die Terrainverkäufer das ganze Baugeschäft an sich ziehen. Einzelne große kapitalsstarke Baugeschäfte würden vielleicht fortbestehen, aber der Mittelstand würde vernichtet werden, welcher als festes Bollwerk zwischen der Kapitalmacht und der Arbeitskraft steht. Dem sozialen Probleme des Aufrechterhaltens der heutigen Gesellschaftsordnung wird nur Rechnung getragen, wenn einem Aufeinanderplatzen dieser beiden einander feindlichen Elemente vorgebeugt wird. Ich befürworte deshalb mit den beiden Berichterstattern die Annahme des Entwurfes B.

Ein Beschluß über den Begriff Baugläubiger im Sinne des Entwurfes B ist insofern nothwendig, als wir sonst eine Unterscheidung schaffen zwischen Privatrecht und öffentlichem Recht. Der Herr Berichterstatter Dr. Solmssen hat bereits hervorgehoben, daß das Reichsversicherungsamt eine von den Lehren des heutigen Privatrechts abweichende Erklärung des Begriffs „Bauherr" aufgestellt hat. Dieser allerdings nur für den Regiebau geltende grundlegende Beschluß ist von seinem Präjudiziensenate unter dem 10. Juni d. J. erst gefaßt und unter der Nr. 1958 in den amtlichen Nachrichten des Reichsversicherungsamtes veröffentlicht worden. Derselbe beweist, daß noch in der neuesten Zeit die Notwendigkeit erkannt worden ist, einen Schutz für die mittelbaren neben den unmittelbaren Bauhandwerkern zu schaffen.

Wenn ich etwas weitergehe und bitte, dem von mir gestellten Zusatzantrag Ihre Zustimmung zu ertheilen, so geschieht dies aus folgenden Gründen. Es wird nach § 2 beider Entwürfe der Werklohnschutz ausdrücklich ausgeschlossen, wenn es sich um den Wiederaufbau von abgebrannten Baulichkeiten handelt und wenn policemäßig die Zahlung der Brandentschädigung nur zur Wiederherstellung zu erfolgen hat. Es würde der von mir beantragte Zusatz zwar dann entbehrlich sein, wenn der § 1130 des Bürgerlichen Gesetzbuches thatsächlich die Bedeutung hätte, daß, während die Brandentschädigung nach § 1127 sonst den Hypothekengläubigern verpfändet ist, dies ausgeschlossen wäre, sobald die Versicherungssumme nur zum Wiederaufbau der abgebrannten Baulichkeiten verwendet werden kann, also eine andere Verwendung nicht statthaft wäre. Dies ist aber nicht der Fall. In Preußen galt nach § 972 Titel 11 Theil 1 des Allgemeinen Landrechts in Verbindung mit § 18 Titel 29 Theil 1 der Allgemeinen Gerichtsordnung, ferner in Bayern nach dem Hypothekengesetze § 12, in Württemberg nach dem Pfandgesetze Art. 27 und seit der Veröffentlichung des ersten Entwurfes zum Bürgerlichen Gesetzbuch auch in Sachsen nach § 393a des Bürgerlichen Gesetzbuches für das Königreich Sachsen die Einrichtung, daß die Feuerkassengelder zu keinem anderen Zwecke verwendet werden durften und daß auf diese Versicherungsgelder niemand anders Beschlag legen durfte als derjenige, welcher zur Wiederherstellung der abgebrannten Baulichkeiten beigetragen hatte. Mehr als dies enthält mein Zusatzantrag nicht. Es wird seitens der korporativen Verbände im Baugewerbe für absolut nothwendig gehalten, dem Grundsatze meines Zusatzantrages in Erweiterung des § 648 des Bürgerlichen Gesetzbuches gesetzliche Anerkennung zu verschaffen. Und aus diesem Grunde ersuche ich Sie, für den Entwurf B, unter Hinzufügen meines Zusatzantrages, sich zu erklären.

Rechtsanwalt beim Reichsgericht Dr. **Scherer** (Leipzig): Der heutige Entwurf beschäftigt zum zweiten Male den Juristentag. In Posen wurde der erste gelobt, heute wird der zweite gelobt und zur Annahme empfohlen. Wenn dieser Entwurf auf seinen Werth für die Praxis geprüft werden soll, so müssen wir fragen; wo ist die Ursache dieses Entwurfs? Und diese befindet sich einzig und allein in Berlin, und zwar im sogenannten Berliner Baurezept. Es ist uns gesagt worden, das Reichsversicherungsamt hätte vor einigen Tagen diesen typischen Fall publizirt. Ich will Ihnen einen anderen Fall anführen, der in der Juristischen Wochenschrift publizirt ist. Ein Grundstücksbesitzer will billig bauen; zu diesem Zwecke verkauft er sein Grundstück an einen Menschen, der nichts besitzt, und verpflichtet ihn durch eine Vertragsklausel, einen Bau im Werthe von 300 000 Mk. auszuführen. Der Verkäufer besorgt dem Käufer, damit er den Bau aufführen kann, bei einer Bank eine Baugelderhypothek in Höhe von 300 000 Mk., indem er (der Verkäufer) Garantie leistet. Diese Baugeldhypothek enthält aber die Strafklausel: wenn irgend etwas nicht eingehalten wird, kann die Zwangsvollstreckung erfolgen; wenn der Bau fertig ist und ehe die letzten Baugläubiger bezahlt sind, ist die Strafklausel verfallen, die Zwangsversteigerung tritt ein; der Gläubiger kauft durch einen Zwischenmann den Bau wieder an, und die Handwerker, welche zuletzt in den Bau kommen, fallen aus. Im fraglichen Falle sind die Bauhandwerker um ca. 40 000 Mk. ausgefallen. Das ist ein Rezept, wie man billig bauen kann. Das Reichsgericht hat das Berliner Baurezept gebilligt, hat ihm seine Sanktion ertheilt; vergl. Juristische Wochenschrift 1902, 441, 442. Es ist selbstverständlich, daß diese Entscheidung in den betheiligten Kreisen großes Interesse erregt hat, und dieses Rezept ist die Ursache der beiden Entwürfe, die vorliegen.

Es fragt sich, ob es nothwendig ist, für diesen Spezialfall ein Gesetz zu erlassen, das 34 Paragraphen umfaßt. Bisher habe ich nur immer zustimmende Antworten gehört. Aber von Franke ist im „Recht“, Jurist. Wochenschrift 1902, 389—391, vor Kurzem ein Aufsatz veröffentlicht worden; hier ist die entgegengesetzte Ansicht ausgesprochen, und sind Gutachten der Berliner Kaufmannschaft und des Hannöverischen Ständetages zitirt. Hiervon habe ich bei den Referaten kein Wort gehört.

Nunmehr wird empfohlen das amerikanische System. Ich war anfangs sehr gespannt auf dieses amerikanische Recht; schließlich habe ich nur gehört, daß der amerikanische Richter das Recht hat, sich wie der römische Richter über die Gesetze hinwegzusetzen, sie zu korrigiren. Warum soll dieses Römische Recht — so legen die Angelsachsen das corpus iuris aus — mit Justinian verschwunden sein, dessen Gesetzbuch von sog. actiones utiles geradezu schwirrt, aufgehoben sein! Auch das französische Recht kennt jenes jus praetorium im milderen Sinne in Art. 1382 Code civil; man hat im ganzen rheinischen Rechtsgebiete mit diesem Artikel gute Erfahrungen gemacht. Weiter hat das rheinisch französische Recht genau dieselben Prinzipien für die Baugelderhypothek, genau dieselben Prinzipien, wie sie heute für das amerikanische Recht entwickelt sind. Es hat den römischen Grundsatz verworfen: superficies solo cedit; Art. 2103 Nr. 4 Code civil.

Wie wurde verfahren? Wenn jemand bauen wollte, so hatte er das Recht, den Grund und Boden eines Grundstücks abschätzen zu lassen, ehe er den Bau begann, und 6 Monate nachher ihn wieder abschätzen zu lassen, und zwar durch Sachverständige. Auf diesen Gesichtspunkten beruhen auch die beiden Entwürfe; nur ist das Verfahren in Art. 2103 Nr. 3 Code civil viel einfacher geregelt. Was von der Schweiz gesagt worden ist, so muß ich bemerken: sie hat im Wesentlichen ihre Bestimmungen aus den Bestimmungen des französischen Rechts abgeschrieben. Trotzdem ist das französische Recht in dem Gutachten nicht berücksichtigt. Der Schutz der mittelbaren Bauhandwerker findet sich ebenfalls in Artikel 1798 Code civil geregelt; es ist Anzeige mittels Klage erfordert. Alles, was wir von dem amerikanischen Recht gehört haben, ist in den rheinischen Landen nichts Neues, war längst der Fall seit 1806, die betreffenden Artikel sind übrigens so wenig praktisch geworden, daß sowohl in Rheinhessen wie in Rheinbayern diese Sicherung 1888 und 1893 als überflüssig aufgehoben wurde, weil Art. 1382, actio culpae, vollständig ausreichte; vgl. Scherer, Das Erste Jahr des B.G.B. S. 38 Nr. 99. Nun frage ich, wozu soll heute dieser Entwurf dienen? Bloß dazu, um dem Berliner Rezept die Spitze abzubrechen? Dazu brauchen wir nicht ein Gesetz für ganz Deutschland.

Mein Antrag geht dahin: Keiner der beiden Entwürfe verdient Billigung, sondern die actio culpae ist einzuführen, falls sich ergiebt, daß sich diese Klage im rheinisch-französischen Rechtsgebiete als segensreich erwiesen hat. Wenn diese actio culpae angenommen wird, wird überdies eine ganze Reihe von Fragen verschwinden, die jeden Juristentag beschäftigen. Heute kommt z. B. die Frage des Rechts am eigenen Bilde. Das wird alles durch die actio culpae erledigt. Auf dem vorigen Juristentage handelte es sich um den Schutz der Briefe. Da hat es geheißen: die Franzosen haben das schon längst. Woher? Aus Art. 1382 actio culpae.

Ich will nun die actio culpae nicht ohne weiteres eingeführt wissen, sondern ich will sie erst dann eingeführt sehen, wenn sich ergeben hat, daß sie nicht zum Mißbrauch gedient hat, daß sie sich von 1804—1809 im rheinischen Gebiete bewährt hat, und dann ist das ganze Gesetz überflüssig. Denn wenn ein Grundstücksbesitzer so spekulirt, daß er denkt, zum Schluß fallen die letzten Bauhandwerker aus, so ist das eine Handlung, die mindestens unter die actio culpae fällt. Im rheinischen Rechtsgebiet hätte überhaupt kein Notar gewagt, so bedenkliche Urkunden über Baugelderhypotheken in der Art aufzunehmen, wie es hier in Berlin geschehen ist.

Der rheinische Notar, welcher eine Baugelderhypothek beurkundet, schließt sich an einen Bauplan an und wirft die Summen für die Erdarbeiten, Maurerarbeiten, Dachdeckerarbeiten usw. aus, und es wird nach Maßgabe des fortschreitenden Baues bezahlt. Der rheinische Notar hat nicht nur die Pflicht, zu beurkunden, was die Parteien wollen, sondern er hat auch einen Akt aufzunehmen, welcher einen geordneten Verkehr ermöglicht. Er darf seine Hand nicht dazu bieten, die Bauhandwerker, welche zuletzt an den Bau kommen, hereinfallen zu lassen. Deshalb könnte man im rheinischen Rechtsgebiet ein Gesetz beseitigen, was wir heute einführen wollen. Das rheinische Recht hatte aber den Vorzug, die Materie in zwei Artikeln zu erledigen, während hier ca. 34 empfohlen werden, dennoch hat dieser Entwurf keine anderen Prinzipien wie der Code civil. Es ist auch unrichtig, daß das französische Recht in dieser Hinsicht nie praktisch wurde. Als ich Rechtsanwalt in Mainz war, habe ich selbst für einen Bauunternehmer Wirth im Mombach gerade diese Bestimmung in Anwendung gebracht.

Ich komme nun zu einem zweiten Punkte. Wenn man überhaupt den Bauhandwerkern einen Schutz gewähren will, so ist das einzige Prinzip: der Mehrwerth gehört den Baugläubigern. Der Juristentag hat sich in der Regel darauf beschränkt, Direktiven zu geben, nicht genau ausgearbeitete Gesetzentwürfe, und deshalb bitte ich Sie, es dabei bewenden zu lassen.

Ich muß noch einen Punkt hervorheben. Man hat gesagt: was der Jurist leisten kann, das hat das Bürgerliche Gesetzbuch gefunden; das Bürgerliche Gesetzbuch ist so klar, so einfach, daß nicht viel dazu gehört, sich in ihm zurecht zu finden. Aber dieser Gesetzentwurf ist zwei Stunden lang vorgetragen wurden, und ich glaube, er ist so schwer, daß er schwerlich von jedem so verstanden worden ist, daß er angewendet werden kann.

Dann darf ich noch auf einen Punkt hinweisen, daß ich im Jhering gelesen habe, im „Geist des römischen Rechts". Da ist ausgeführt, die Russen haben 6000 Gesetze. Das führt Jhering an zum Beweise dafür, daß die russische Gesetzgebung schlecht sei. Wenn wir so fortfahren mit Gesetzen und immer ein Spezialgesetz machen, wie hier für das Berliner Rezept, so werden wir den Russen bald gleichkommen und bald mehr als 6000 Gesetze haben.

Justizrath Dr. **Harnier** (Cassel): M. H., ich muß zunächst auf einige Ausführungen des letzten Herrn Vorredners antworten, obwohl ich das eigentlich nicht vorhatte, als ich mich zum Worte meldete. Ich glaubte, darüber, daß auf dem Gebiete, das uns heute beschäftigt, irgend etwas im Wege der Gesetzgebung erfolgen müsse, darüber sind wir auf dem Juristentage einig, denn darüber sind Beschlüsse ergangen. Für uns handelt es sich heute nur um die Frage, wie es auszugestalten ist.

Ich muß auch dem Unterschiede widersprechen, den der Herr Vorredner ausgesprochen hat zwischen den in wirthschaftlicher Beziehung unglücklichen Berlinern und den glücklichen Rheinländern. Die Mißstände bestehen keineswegs bloß in Berlin. Ich hatte kürzlich Gelegenheit, an den Verhandlungen der Handelskammer in meiner Vaterstadt Cassel theilzunehmen, und da wurden diese Uebelstände rückhaltlos auch für unsere Stadt Cassel bestätigt. Ich habe theilgenommen an den Verhandlungen der Vertreter deutscher Handelskammern in Berlin. Da wurde selbst aus kleineren Orten, z. B. aus Göttingen, das Vorhandensein derartiger Mißstände durchaus bestätigt. Also, daß das ein schönes Vorrecht der Berliner wäre, solche ungesunde Bauspekulation groß zu ziehen, das muß ich bestreiten.

Im Uebrigen ist es ebenso unzutreffend, zu behaupten, daß die rheinische Gesetzgebung dafür ausreichend sei; denn das französische Gesetz gilt nicht bei uns, und wir haben uns nicht darüber auszusprechen, daß irgend ein Gesetz, das nach rheinischem Rechte gegolten hat, in Deutschland einzuführen ist oder nicht, sondern darüber, ob einer dieser beiden Gesetzentwürfe unsere Billigung verdient.

Ich habe mich nun in erster Linie zum Worte gemeldet, um die Ausführungen des zweiten Herrn Berichterstatters zu unterstützen gegenüber dem ersten. Ich kann nicht anerkennen mit dem ersten Herrn Berichterstatter, daß man sich mit den Grundlagen des Entwurfs B einverstanden erklären kann, dann aber den Grundstein des ganzen Gebäudes, die vorherige Feststellung des Bauwerthes, herausnehmen kann. Ich glaube, das geht nicht. Ich kann nicht anerkennen, daß das, was der erste Herr Berichterstatter in dieser Richtung ausgeführt hat, geeignet gewesen wäre, mich von der Unmöglichkeit der Durchführung der gesetzlichen Regelung, die den beiden Entwürfen A und B gemeinsam ist, zu überzeugen. Herr Dr. Solmssen hat gesagt, die Feststellung sei schwierig. Nun, meiner Meinung nach ist sie in der Zwangsversteigerung noch viel schwieriger als im Anfang. Im Anfang, bevor der Bau errichtet wird, wo die Kaufverträge über dieses Grundstück, über das Nachbargrundstück u. s. w. vorliegen, wird es viel leichter sein, eine befriedigende Feststellung vorzunehmen, als nach Jahren, wo es zur Zwangsversteigerung kommt. Also die bloße Schwierigkeit wird durch den Vorschlag Solmssen meines Erachtens nicht beseitigt, außerdem aber wird an diese Abschätzung nicht mehr, wie die früheren Entwürfe wollten, eine Verschiebung des Ranges der Hypotheken geknüpft, sondern lediglich die Leistung einer Differenzkaution. Es ist meines Erachtens in der Begründung nachgewiesen, wie gerade dieser veränderte Standpunkt einen wesentlichen Theil der Bedenken, die gegen die frühere Regelung vorgeführt wurden, beseitigt hat. Die einzige Schädigung, die jemand erfahren kann, ist. daß er eine etwas höhere Differenzkaution zu leisten hat, wenn die Schätzung zu niedrig ausgefallen ist. Des Näheren bin ich darauf in meinem Gutachten eingegangen.

Eine andere Frage, die ich nicht ausführen, sondern nur streifen will, ist die, ob die Regelung der Differenzkaution, wie sie vorgeschlagen ist, unter allen Umständen aufrecht zu erhalten ist mit Rücksicht auf die Baugeldhypothek. Die Begründung geht davon aus, daß die Bauhypothek hinter der Baugeldhypothek steht, daß also eine Differenzkaution dann nicht Platz greifen würde, wenn ein zu bebauendes Grundstück an erster Stelle lediglich belastet ist mit einer Hypothek, die dem wirklichen Werthe des Bauplatzes entspricht. Wenn aber eine Bank oder ein anderes Geldinstitut einen Kredit eröffnet zur Erbauung eines Hauses und dafür eine Baugeldhypothek eintragen läßt, — ich will sagen: auf einem für 20 000 Mk. gekauften Grundstück soll ein Haus von 100 000 Mk. gebaut werden, und ein Kreditinstitut gewährt einen Kredit von 60 000 Mark, — so würde folgen, daß nun diese 60 000 Mark als Differenzkaution alsbald, ehe ein Spatenstich gethan ist, baar hinterlegt werden müssen. Das halte ich für eine Forderung, die nicht durchgeführt werden kann. Ich gehe nicht darauf ein, weil ich glaube mit dem Herrn Berichterstatter, daß die Befürwortung, die wir dem einen oder anderen der beiden Entwürfe zu Theil werden lassen, lediglich einen ganz allgemeinen Charakter hat und wir auf Einzelheiten überhaupt nicht einzugehen brauchen. Abgesehen von diesem einen Punkte, wo ich anderer Ansicht bin als der erste Herr Berichterstatter, habe ich mich auch hinsichtlich der mittelbaren Baugläubiger in anderem Sinn in einem Gutachten, wenn auch, wie der Herr Berichterstatter gesagt hat, schweren Herzens ausgesprochen. Einigermaßen sind meine Bedenken durch den zweiten Herrn Berichterstatter gemildert worden. Gelingt es, diese ganz unleidliche Anzeigepflicht aus dem Gesetze herauszubringen und gleichwohl den Schutz der mittelbaren Baugläubiger aufrecht zu erhalten, so würde ich diese Bedenken wohl schon eher in der Lage sein, zurücktreten zu lassen. Ich darf auch das erwähnen: in den Verhandlungen der Casseler Handelskammer wurde von hervorragenden Vertretern des Handels auf die Unleidlichkeit dieser Anzeigepflicht ganz ausschlaggebender Werth gelegt. Es gelang schließlich, eine Einverständnißerklärung mit großer Mehrheit — ich glaube, es waren nur zwei Herren dagegen — herbeizuführen, aber auch diese Mehrheit ging davon aus, daß diese äußerst lästige Anzeigepflicht beseitigt wird. Wenn das mit dem zweiten Herrn Berichterstatter möglich ist, dann würde ich meinerseits wenigstens den Widerspruch gegen Annahme des Entwurfes B hinsichtlich der mittelbaren Baugläubiger nicht gerade aufrecht erhalten, obwohl ich allerdings nicht verkenne, daß es recht schwierig ist, hier mit zu arbeiten, doch vielleicht etwas schwieriger, als die Herren hier gemeint haben. Entscheidenden Werth aber lege auch ich auf die Aufnahme der Lieferanten, aus den Gesichtspunkten, die bereits von früheren Herren Rednern erwähnt worden sind und denen ich hinzufügen möchte, daß ja die Verschlechterung der Lage der Lieferanten namentlich darin besteht, daß in Zukunft aus den Baugeldern an die Lieferanten gar nichts bezahlt werden dürfte, wenn sie nicht Baugläubiger wären, denn der Baugeldgeber, der für seine Baugeldhypothek die bevorzugte Stellung erwerben will, erwirbt sie nur insoweit, als er an Baugläubiger gezahlt hat; ist der Lieferant das nicht, so kann er aus den Baugeldern nichts bezahlt erhalten, weil der Geldgeber sagt: wenn ich z. B. den Steinlieferanten bezahle, so erwerbe ich keinen Vorzug für meine Hypothek. Darin gerade — das war vielleicht nicht so scharf hervorgehoben — liegt die wesentlich verschlechterte Stellung der Lieferanten. Die heute morgen so schön ausgeführten Grundsätze müssen gerade dazu zwingen, auch hier das gleiche Recht für alle zu verwirklichen. Auf die Verschiedenheit mit dem Fünftel lege ich gar keinen Werth. Ich halte die Sache für recht unpraktisch und bedauere überhaupt, daß sie darin steht. Wollen Sie sie mit in Kauf nehmen, in Gottes Namen. Ich glaube, es wird doch nachher sehr viel Wasser in den Wein gegossen werden. In der Praxis wird diese Bedingung mit dem Fünftel doch unter den Tisch fallen; wollen Sie aber in diesem Sinne aufnehmen in Bausch und Bogen, so habe ich nichts dagegen und kann mich also unter diesen Vorbehalten ebenfalls für Entwurf B als geeignetere Grundlage einer gesetzlichen Regelung aussprechen.

Vorsitzender: Ich habe mitzutheilen, daß Herr Dr. Heymann jetzt folgenden Antrag gestellt hat: „Der Deutsche Juristentag befürwortet von den beiden amtlich veröffentlichten Entwürfen den Entwurf B als geeignete Grundlage für gesetzgeberische Maßregeln.“ Außerdem ist ein Antrag des Herrn Rechtsanwalt Scherer eingegangen: „Keiner der beiden

Entwürfe verdient Billigung, sondern die actio culpae ist einzuführen, falls sich ergiebt, daß sich diese Klage im rheinischen Rechtsgebiet in der Zeit von 1804—1900 als segensreich erwiesen hat. Außerdem gehört der durch den Bau erzielte Mehrwerth den Baugläubigern."

Nunmehr ertheile ich das Wort Herrn Justizrath Boyens.

Justizrath **Boyens** (Leipzig): Auch ich stehe auf dem Standpunkte, daß etwas zum Schutze der Bauhandwerker geschehen muß, und meine, daß während der langen Verzögerung, die die Gesetzgebung in dieser Sache sich hat zu Schulden kommen lassen, die Krisis nicht völlig überstanden ist, auch eine neue eintreten kann. Aber ich verschließe mich nicht den Bedenken, die beiden Entwürfen entgegenstehen. Es ist bereits von dem ersten Herrn Berichterstatter auf das Bedenkliche einer Feststellung des Baustellenwerthes hingewiesen worden. Er meint, man könnte dieser Schwierigkeit dadurch entgehen, daß man denselben hinterher bei der Zwangsversteigerung feststellte. Dieses Auskunftsmittel halte ich mit meinem sehr geehrten Vorredner für ausgeschlossen. Es würde dies noch gefährlicher sein, als wenn der Werth vorher festgestellt wäre. Denn es würde eine Unsicherheit der Eintragungen zur Folge haben: es würde sich erst in der Zwangsversteigerung entscheiden, ob die inzwischen eingetragenen Hypotheken überhaupt einen Werth haben, wenn eben die Belastungsfähigkeit des Grundstücks von dem Baustellenwerth abhängig wäre. Dieser Weg ist also nicht gangbar. Ferner ist mit Recht von verschiedenen Seiten hervorgehoben worden, daß das Anzeigesystem und die ganze Komplizirtheit der Entwürfe in der Praxis große Schwierigkeiten bereiten würde. Ich meinerseits glaube, daß derselbe Erfolg erzielt werden kann auf einem einfacheren Weg als dem, den die vorliegenden Entwürfe einschlagen. Die Sache ist doch so: bei jedem hier interessirenden, wenn ich den Ausdruck gebrauchen darf, inkriminirten Bauten, spielt stets der Baugeldgeber eine ständige Rolle. Denn es handelt sich um solche Bauten, bei denen der eigentliche Bauherr wenige Mittel hat oder gar insolvent ist. Nun bin ich der Ueberzeugung, daß es besser sein würde, wenn man die Baugläubiger in der Weise schützte, daß man ihnen ein festes Anrecht an das Baugeld giebt und dem Bauherrn dieses Recht abspricht, also die Sache so stellt, als wenn in dem Augenblicke, wo die Baugelderhypothek eingetragen ist, diese Baugelderhypothek durch eine gesetzliche Cession auf die Baugläubiger übergegangen wäre. Ich möchte also dem Baugläubiger ein direktes Recht an die Baugelder geben unter Ausschluß des Bauherrn. Dadurch würden die Baugläubiger besser geschützt sein als durch die Bestimmung der Entwürfe, nach welcher für sie eine gesetzliche Bauhypothek eingetragen werden soll. Welchen Werth hat denn die Bauhypothek? Ohne Baugeld wird sicher kein Haus gebaut, und das flüssige Geld ist das, was der Bauhandwerker verlangt. Wenn das Grundstück subhastirt worden und eine vielköpfige Gesellschaft von 10 und 20 Bauhandwerkern sich durch die Subhastation vermöge der Bauhypothek befriedigen soll, so ist das eine bedenkliche Sache. Ich habe das selbst in der Praxis durchgemacht, wenn für eine Anzahl von Handwerkern im Wege des Arrestes Hypotheken zum Schutz ihrer Bauforderungen eingetragen waren. Ich besinne mich allerdings auf einige Fälle, wo sich die Bauhandwerker zusammenthaten und das Baugrundstück gemeinsam erwarben, aber sie sind dabei recht schlecht gefahren. Eine ganz andere Sache ist es aber, wenn ihnen direkt ein Anrecht auf die Baugelder gegeben wird.

Der erste Herr Berichterstatter hat in seinem ausführlichen Vortrage aus dem amerikanischen Rechte und aus seiner eigenen Erfahrung uns vorgeführt: das eigentliche Ziel, das ins Auge zu fassen sei, sei, daß das Baugeld in die richtige Bahn geleitet werde, den rechten Weg gehe. Das ist vollkommen richtig; aber diesen rechten Weg haben die Entwürfe nicht gefunden. Die Entwürfe konstruiren eine Bauhypothek für die Baugläubiger. Dahinter soll die Hypothek des Baugeldgebers stehen. Dieser soll successive in die Bauhypothek aufrücken, wenn er Beträge gezahlt hat, die irgend ein Baugläubiger zu fordern hatte. Nun kann aber Folgendes entstehen: Eingeschlossen wollen unter die Baugläubiger die Lieferanten sein. Alle bisherigen Redner haben sich dafür ausgesprochen; auch ich will sie nicht ausschließen. Diese Lieferanten sind aber diejenigen, die zuerst mahlen. Der Mann, der die Steine liefert, der Holzlieferant u. s. w., die werden aus den Baugeldern befriedigt, und in demselben Moment rückt die Baugeldhypothek in die Bauhypothek, diese wird um so viel kleiner. Dadurch entsteht die große Gefahr, daß dann die übrigen Baugläubiger wenig oder nichts bekommen, ja es ist nicht einmal eine völlige Sicherheit dafür vorhanden, daß das Material, das an den Bau geliefert und bezahlt wird, wirklich in das Grundstück verbaut wird. Es kann sich so das, was den eigentlichen Bauhandwerkern verbleibt, auf ein Minimum reduziren. Die in dem Entwurf B vorgeschlagene vorläufige Zurückhaltung von einem Fünftel des Baugelds giebt keinen ausreichenden Schutz. Ich bin daher und durch meine Erfahrung an Hand von mir geführter Prozesse zu der Ueberzeugung gekommen, daß es richtig sein würde, wenn man die Baugelder von vornherein den Baugläubigern nach einem bestimmten Verhältniß, und zwar nach dem Verhältniß ihrer Leistungen, antheilweise überwiese. Dadurch würde auch eher die ganze wirthschaftliche Entwicklung des Bauwesens gefördert. Es würde die Komplizirtheit des Gesetzes wegfallen, das ganze Gesetz würde sich auf wenige Paragraphen reduziren.

Wie ich mir das im Einzelnen denke, werde ich durch Vorlesung eines skizzirten Gesetzes — natürlich, kann es nur eine Skizze sein — Ihnen zeigen. Ich will nicht gerade beantragen, daß sich der Juristentag speziell für diese meine Formulirung ausspreche. Es handelt sich nur um das Prinzip. Ich will nur beantragen, daß sich der Juristentag statt für die Entwürfe für ein auf der Grundlage, die ich vertrete, zu entwerfendes Gesetz ausspreche. Also die Skizze lautet folgendermaßen:

1. Die Eintragung des Bauvermerks — ich setze voraus, daß ein Bauvermerk eingetragen wird — hat die Wirkung, daß, so lange derselbe in Kraft steht, keine Grundschulden und nur solche Hypotheken eingetragen werden dürfen, welche die Gewährung von Baugeldern bezwecken. Diese Hypotheken werden als Sicherungshypotheken eingetragen und können erst nach Löschung des Vermerks in gewöhnliche Hypotheken umgewandelt werden.

Mit letzterer Bestimmung will ich dem vorbeugen, daß die Hypotheken vor der Befriedigung der Baugläubiger in dritte Hand übergehen und dadurch Einwendungen gegen die Hypotheken in gut gläubiger Hand abgeschnitten werden.

2. Jedem Baugläubiger steht ein direkter Anspruch an die Baugelder in Höhe eines, auf Grundlage gleichen Rechtes für alle, sowie nach Maßgabe eines Anschlages zu berechnenden verhältnißmäßigen Antheils an jeder Baugelderrate wegen der bis zu ihrer Fälligkeit von ihm thatsächlich gewährten Bauleistungen zu. Dem Bauherrn ist jede Verfügung über das Baugeld untersagt.

Ich setze voraus, daß alle Herren wissen, was „Baugelderrate" bedeutet. An jeder Rate — z. B. der bei Vollendung des Rohbaues fälligen — sollen nach meinem Vorschlag alle diejenigen Lieferanten und Handwerker, die bis zu ihrer Fälligkeit wirklich in das Haus Gut und Blut hinein verwendet haben, ein Anrecht, und zwar unter Grundlage gleichen Rechtes für Alle haben. — Ferner, um ein solches Gesetz möglich zu machen, um einem Einwand der Baubanken zu begegnen, daß sie sich mit den einzelnen Handwerkern nicht einlassen könnten, wird folgende Bestimmung hinzugefügt:

3. Der Baugeldgeber zahlt gültig zu Händen eines gerichtlich zu bestellenden Treuhänders, der für die Baugelder Quittung ertheilt und sie grundbuchmäßig vertritt.

Ich beziehe mich auf § 1189 des B.G.B. in Betreff der Zulässigkeit eines solchen Vertreters.

Also die Baubank zahlt, wenn eine Baurate fällig geworden ist, das ganze Geld an den Treuhänder. Was soll der Treuhänder thun? Er soll es so vertheilen, daß alle Gläubiger nach Maßgabe der bereits geleisteten Bauleistungen bezahlt werden. Daher ferner:

4. Der Treuhänder stellt nach Fälligkeit jeder Baugelderrate einen Plan zur Vertheilung derselben an die Baugläubiger auf, der nach widerspruchslosem Ablauf einer gesetzlichen Frist seit Offenlegung vollstreckbar wird.

Diese Offenlegung denke ich mir so, daß an der Baustelle angeschlagen wird: „Der Plan zur Auszahlung der Baurate liegt auf meinem Geschäftszimmer aus. Von heute an beginnt die Frist zum Widerspruch." Es wird eine Frist von vielleicht einer Woche festgesetzt, erfolgt innerhalb dieser Frist kein Widerspruch, so wird die Vertheilung vollzogen; erfolgt ein Widerspruch, so muß der Betrag, den der Widerspruch betrifft, hinterlegt werden, und es muß weiter verfahren werden wie sonst in solchen Fällen. — Das sind die ganzen gesetzlichen Bestimmungen, die ich vorschlage. Sie sind einfach; sie würden dieses verwickelte Gesetz, das in der That von vielen und besonders auch von einer Reihe von Bauhandwerkern gefürchtet wird, unnöthig machen, und doch würde ein außerordentlicher Fortschritt gegenüber den jetzt bestehenden Zuständen gemacht sein. Das faktisch schon jetzt bisweilen bei freiwilliger Cession der Baugelder bestehende Institut des Treuhänders würde zu einem gesetzlichen werden. Der Treuhänder würde aber eine öffentliche Person werden mit ganz anderer Bedeutung wie jetzt, es würde die ganze Abwickelung eine leichtere sein.

Ich beantrage also, keinem der vorliegenden Entwürfe die Zustimmung zu geben, der Juristentag wolle sich vielmehr dahin aussprechen, daß auf Grundlage der vorgelesenen Sätze ein anderweitiger Entwurf eines Gesetzes zum Schutze der Bauhandwerker ausgearbeitet werde. Ich werde den Antrag gleich noch formuliren.

[Es wird Schluß der Debatte beantragt, von der Versammlung aber beschlossen, die beiden vorgemerkten Redner Mattes (Stuttgart) und Prof. Dr. Oertmann vor dem Schlußworte der Berichterstatter noch zu hören.]

Rechtsanwalt Dr. **Mattes** (Stuttgart): Ich hatte mich ursprünglich nicht zum Worte gemeldet; erst die Ausführungen des Herrn Rechtanwalts Scherer haben mich veranlaßt, das Wort zu ergreifen. Ich ging nämlich davon aus — und das habe ich auf Grund der beiden über den Gegenstand veröffentlichten Gutachten angenommen — daß die Frage, ob ein den Schutz der Bauhandwerker bezweckendes Gesetz überhaupt eingeführt werden solle, als durch die Beschlüsse des früheren Juristentags erledigt anzusehen sei und daß es sich heute nur darum handle, ob man dem Entwurf A oder B den Vorzug geben solle. Nachdem aber Herr Scherer die Frage, ob sich die Einführung eines solchen Gesetzes überhaupt empfehle, wieder aufgeworfen hat, und auch Herr Justizrath Boyens weiter auf diese Frage eingegangen ist, glaube ich in der That, daß auch die Erörterung der Vorfrage, die kurz ja auch vom Herrn Referenten Dr. Solmssen berührt worden ist, ob nämlich überhaupt gesetzliche Maßnahmen zum Schutze der Bauhandwerker ergriffen werden sollen, nicht ohne Nutzen ist. Ich gehöre nämlich gleichfalls zu denen, die einen Fortschritt in den beiden vorliegenden Gesetzentwürfen nicht sehen. Zwar gebe ich zu, daß sich in vielen Theilen Deutschlands das Bedürfniß eines besseren Schutzes der Forderungen der Bauhandwerker gezeigt hat, und ich wäre der letzte, der eine gesunde und glückliche Lösung dieser Frage nicht warm begrüßen würde. Aber ich kann in den beiden vorliegenden Entwürfen eine glückliche Lösung der Frage nicht erblicken; die beiden Entwürfe scheinen mir so komplizirt und insbesondere auch für die Anwendung so schwierig, daß, wie ich glaube, die Vortheile, die durch den größeren Schutz der Baugläubiger erreicht werden wollen und zum Theil auch erreicht werden, reichlich aufgewogen werden durch die Nachtheile, die sich auf anderen Gebieten aus dem Gesetze ergeben werden. Neben der in der Praxis zweifellos überaus schweren Anwendung der vorgeschlagenen komplizirten Gesetzesbestimmungen, die eine Menge zweifelhafter und schwieriger Prozesse hervorrufen werden — (Sehr richtig!) — erscheint es mir zweifellos, daß durch das neue Gesetz die Bauthätigkeit erschwert und damit namentlich in großen Städten eine weitere Steigerung der Wohnungsnoth und Erhöhung der Miethzinse herbeigeführt werden wird. Diese Erwägung allein zwingt uns, glaube ich, zur größten Vorsicht bei der geplanten gesetzgeberischen Aktion. Nun wird mir entgegengehalten werden: das Gesetz ist ja nicht obligatorisch, sondern es soll durch landesherrliche Verordnung für einzelne Landestheile eingeführt werden können; ja, das ist recht und gut. Aber abgesehen davon, daß auf einem wichtigen Gebiete die kaum erlangte Rechtseinheit wieder durchbrochen wird, habe ich doch das Bedenken, ob den örtlichen Verhältnissen auch immer richtig Rechnung getragen werden wird. Jedenfalls würde ich es vorziehen, wenn in dem Gesetze selbst zum Ausdrucke kommen würde, daß dessen Einführung der autonomen Festsetzung durch die Gemeinden selbst überlassen sein solle. Ich habe zwar zu den einzelnen deutschen Staatsregierungen durchaus das Vertrauen, daß den Gemeinden nicht etwa gegen ihren Willen ein solches Gesetz aufgezwungen werden würde; aber man hat auch schon Fälle erlebt, wo in solchen die ganze Entwickelung eines Gemeinwesens berührenden Fragen auf diese bezw. ihre verantwortlichen Organe nicht die nöthige Rücksicht genommen worden ist: peccatur intra muros et extra. Mir scheint daher eine Anregung in der Richtung, daß eine autonome Festsetzung durch die Gemeinden selbst an Stelle der Einführung durch landesherrliche Verordnung treten soll, nicht ohne Werth; einen ausdrücklichen Antrag will ich zwar in dieser Richtung nicht stellen; es genügt mir die Feststellung im Protokoll; vielleicht wird diese Anregung bei der Berathung des Gesetzes im Reichstag oder in den einzelnen Landesvertretungen in dieser oder jener Form aufgenommen. Ich habe schon bemerkt, daß ich für keinen der beiden Entwürfe große Sympathie habe, und habe auch die Gründe hierfür kurz angedeutet. Ich kann hier auch einfügen, daß wir z. B. in Stuttgart keine große Sehnsucht nach dem Gesetze haben, und daß sich die zuständige Abtheilung des Stadtraths in Stuttgart, die sich auf Veranlassung der Württ. Regierung über die beiden Entwürfe geäußert hat, sich gegen die Einführung des Gesetzes überhaupt ausgesprochen hat. Bei uns in Stuttgart — das kann ich ruhig auf Grund genauer Information sagen — ist das typische Beispiel des Bauschwindlers wie es in den Motiven des Gesetzes so drastisch geschildert ist, einfach unbekannt. Neben einem kleineren Falle aus der jüngsten Zeit, auf den ich noch zu sprechen komme, ist, wie mir versichert worden ist, seit 1870 nur ein einziger Fall größeren Umfangs vorgekommen, in dem die Bauhandwerker unter Verhältnissen, wie sie das Gesetz im Auge hat, ihre Forderungen verloren haben. Dieser Fall, der Anfangs der siebziger Jahre passirt ist, war aber nicht so fest eine Erscheinungsform des Bauschwindels als solchen, sondern beruhte auf anderen Ursachen, insbesondere der damaligen wirthschaftlichen Lage überhaupt. So mag es kommen, daß auch in den Interessenkreisen Württembergs selbst der Wunsch nach der Einführung des Gesetzes nicht besonders stark zum Ausdruck gekommen ist; es liegt mir z. B. vor das Protokoll der Sitzung des Innungsverbandes deutscher Baugewerksmeister, der im vorigen Jahre hier in Berlin stattgefunden hat. Diesem Protokolle zu Folge hat sich der württembergische Vertreter, Herr Werkmeister Brinzinger, der Vorstand der Handwerkerkammer in Eßlingen, ungefähr ähnlich ausgesprochen, wie ich vorhin, daß nämlich in Württemberg kein Bedürfniß nach dem Gesetzentwurfe vorhanden sei.

Wenn man aber der Frage der Einführung eines gesetzlichen Schutzes der Baugläubiger näher treten und in den vorgelegten Gesetzesentwürfen eine geeignete Grundlage hierfür erblicken will, so gestatten Sie mir nur mit einem Worte noch auf einige Einzelheiten einzugehen: und da kann ich nun vor allem nicht einsehen und nicht als genügend begründet erachten, warum man die Umbauten vom Gesetz ausnehmen und nur die Neubauten unter dasselbe beziehen will. Ich habe vorhin davon gesprochen, daß in neuerer Zeit in Stuttgart ein Fall vorgekommen sei, in dem Baugläubiger theilweise um ihre Forderungen gekommen seien; dieser Fall betrifft nun eben gerade einen Umbau, nicht einen Neubau. Der Fall ist kurz der: es hat der Unternehmer eines Waarenhauses ein älteres Haus angekauft und es zu einem modernen Waarenhaus bekannten Stils umgebaut; die Baarmittel, u. a. auch die Baugelder wurden dazu benutzt, um Waaren einzukaufen — die mußten natürlich baar bezahlt werden — die Handwerksleute dagegen mußten Kredit geben; nach einiger Zeit brach der Konkurs aus und die Baugläubiger sahen sich vor die Frage des Verlustes ihrer Forderungen gesetzt. Die weitere Entwickelung dieses Falles ist aber so lehrreich — lehrreich in der Richtung, ob nicht auf andere Weise, als durch Gesetze, wie das vorliegende, der Schutz der Baugläubiger gesucht und erreicht werden soll — daß ich auch sie anführen will: die betr. Gläubiger schlossen sich nun ihrerseits zu einer Genossenschaft zusammen, erwarben das Gebäude, bauten es um und betreiben jetzt ein gutgehendes Hotel auf dem Grundstück. Es hat mir diese letzte Phase der Entwickelung dieses Falles recht lebhaft die Erwägung vor Augen geführt, ob die Frage des Schutzes der Baugläubiger nicht besser auf einem ganz anderen Gebiete, nämlich dem gewerblichen, gesucht würde. Die beste gesetzliche Vorschrift ist nichts werth und versagt, wenn die durch sie zu schützende Person sich nicht selbst schützt. Ich glaube, daß die Handwerker u. s. w. auf dem Wege der genossenschaftlichen Organisation vielleicht einen wirksameren Schutz erreichen würden als durch die vorgesehenen Gesetzparagraphen, über deren Sinn die Juristen jetzt schon nicht einig sind und aus denen Laien noch viel weniger klug werden. Auf dem Gebiete der Selbsthülfe, durch den Zusammenschluß zu Genossenschaften, denen dann auch die wirksame Vertretung der Genossen im Falle der Gefährdung der Forderungen übertragen werden könnte, würde sich zweifellos manches für die Sicherung der Baugläubiger erreichen lassen. Ich erinnere nur daran, daß der Kaufmannsstand hier zu seinem Selbstschutz bereits in erfolgreichster Weise vorgegangen ist, so durch Organisation kaufmännischer Auskunftsbureaux und Schaffung von Associationen, die ein gemeinschaftliches Vorgehen gegen Kreditschwindler ermöglichen (Verein Kreditreform u. s. w.).

Um aber wieder auf die angeregte Frage der Einbeziehung der Umbauten unter das Gesetz zurückzukommen, so glaube ich, daß, wenn man einmal an die Einführung eines Gesetzes gehen will, kein genügender Grund vorhanden ist, die Umbauten von dem Gesetz auszunehmen.

Der Fall, daß Umbauten in größerem Stil vorgenommen werden, und daß gerade von Bauspekulanten ganze Quartiere zu diesem Zweck aufgekauft werden, ereignet sich gar nicht selten. So erinnere ich daran, daß das Bestreben in vielen befestigten Städten dahin geht, — ich will aus jüngster Zeit nur Posen erwähnen —, daß die Befestigungen fallen oder über die engere Stadtgrenzen hinausgeschoben werden. Mit der Erweiterung des Stadtgebiets geht Hand in Hand, daß die alten, eingezwängten Quartiere zusammengerissen werden und neuen luftigen Stadttheilen Platz machen müssen. Wollte nun ein Unternehmer auf einem solchen mit älteren Gebäuden überbauten Platz Neubauten erstellen, und es vermeiden, unter das Gesetz zu fallen, so brauche er nur so vorsichtig zu sein, sich die Bauerlaubniß ertheilen zu lassen, so lange das alte Gebäude noch steht, dann würde er dem Gesetz nicht unterliegen; denn dann würde es sich nicht um eine Baustelle handeln, „die zur Zeit der Bauerlaubniß unbebaut ist". Diese unterschiedliche Behandlung der verschiedenen Baustellen stellt meines Erachtens einen Mangel des Gesetzes dar, der mich veranlaßt, an den Juristentag den Antrag zu stellen, sich prinzipiell auch für die Einbeziehung der Umbauten unter das Gesetz auszusprechen. Die Schwierigkeiten, die sich aus der Neuregelung der Pfandverhältnisse, namentlich mit Rücksicht auf schon bestehende Hypotheken erheben, sind nicht unlösbar, jedenfalls sind sie keineswegs größer, als diejenigen, die sich aus der Frage der Berücksichtigung der sog. Nachmänner ergeben. Bezüglich dieser Frage stehe ich auf dem Standpunkte des Entwurfs B und bin der Ansicht, daß die Berücksichtigung der Nachmänner nicht nur ein Gebot der Gerechtigkeit ist, sondern daß durch deren Nichtberücksichtigung der Umgehung des Gesetzes Thür und Thor geöffnet würde. Auch bezüglich der andern Punkte, in denen die Entwürfe A und B abweichen, so insbesondere in der Frage der Berücksichtigung der Lieferanten, glaube ich, verdient der Entwurf B den Vorzug.

Nachdem aber Justizrath Boyens einen ganz neuen Gesetzentwurf vorgelegt hat, so muß sich der Juristentag doch wohl vor allem die Frage vorlegen, ob dieser Entwurf nicht eine bessere Lösung der ganzen Frage darstellt. Ich werde daher in erster Linie für den Antrag Boyens stimmen, auf die Gefahr hin, daß die ganze Frage auf dem nächsten Juristentag eventuell nochmals behandelt werden muß.

Vorsitzender: Es ist ein Antrag des Herrn Kammergerichtsrathes Dr. Keyßner eingegangen, den Antrag Heymann anzunehmen, der also erklärt, es sei der Entwurf B die geeignete Grundlage, aber darin in dem Passus „als geeignete Grundlage" das Wort „geeignete" durch das Wort „geeignetere" zu ersetzen, also den Komparativ zu setzen. Außerdem ist jetzt ein Antrag von Herrn Rechtsanwalt Boyens eingegangen:

> Es empfiehlt sich, vorliegenden beiden Entwürfen nicht zuzustimmen, dagegen einen neuen Entwurf auf folgender Grundlage aufzustellen,

und nun folgt sein Gesetzentwurf.

Prof. Dr. **Oertmann** (Erlangen): M. H.! Verzeihen Sie, nur wenige Worte! Sie kennen vielleicht meinen prinzipiellen Standpunkt den Bauhandwerkern gegenüber, den ich wiederholt vertreten habe. Ich habe nicht den mindesten Anlaß, an meiner grundsätzlichen Stellungnahme etwas zu ändern oder von ihr Abstand zu nehmen. Selbstverständlich bin ich ein Freund der Entwürfe und freue mich, wenn wenigstens etwas zu Stande kommt. Ich habe mich eigentlich nur zum Worte gemeldet, weil die Bemerkungen des Herrn Rechtsanwaltes Dr. Scherer meines Erachtens nicht unwidersprochen bleiben können, sofern das französische Recht in Frage kommt, zumal Herr Scherer als Autorität auf dem Gebiete des französischen Rechtes anerkannt ist. Herr Scherer glaubt aus dem Umstande, daß die einschlägigen Bestimmungen des code civil nie angewandt worden sind, schließen zu dürfen, daß ein Entwurf überflüssig sei. Es wäre zunächst merkwürdig, wenn die Verhältnisse in den französischen Rechtsgebieten so anders sein sollten als in den benachbarten Gebieten, in Cassel, Bielefeld, Bochum u. s. w. — und von dorther gerade sind verschiedene Klagen laut geworden, wonach dort der Bauschwindel in Blüthe steht. Schon deshalb dürfte man annehmen, daß in den benachbarten Gebieten des französischen Rechtes ähnliche Verhältnisse bestehen. Wir wissen auch ganz genau, warum das französische Recht unangewendet geblieben ist. Dasselbe hat nicht bloß die Wirkung des Vorrechts in der von den Entwürfen angenommenen Weise begrenzt, sondern es hat das ganze Vorrecht von einer zweimaligen Abschätzung abhängig gemacht, einmal vor Beginn der Arbeiten und einmal nach Fertigstellung derselben. Sämmtliche Schriftsteller, insbesondere aus Frankreich selbst Paul Pont und andere, haben ausdrücklich erklärt, daß diese Bestimmung allzu minutiös, die Sache in der Praxis nicht ausführbar sei. Es kam regelmäßig so, daß die Bauhandwerker zu vertrauensselig waren und nicht von vornherein mit der Abschätzung vorgingen, zumal sie andernfalls den Gegenkontrahenten gar leicht verscheucht hätten. Somit mußte das französische Gesetz ein todter Buchstabe bleiben. Wir können dasselbe also nicht als Argument für oder gegen die Zweckmäßigkeit oder Nothwendigkeit des Gesetzes verwenden.

Gegenüber den Ausführungen des Herrn Mattes wäre es sehr verlockend, ihm auf diesem Gebiete zu folgen; aber ich fürchte, bei der vorgeschrittenen Zeit würden wir damit nicht fertig werden. Wir würden diese Frage ebensowenig wie die soziale in einer allgemein befriedigenden Weise lösen, und wenn wir bis Mitternacht hier säßen.

Ich glaube, Jeder, der hier anwesend ist und sein Interesse für die Frage durch seine Theilnahme an der Sektionssitzung bethätigt, hat schon einen prinzipiellen Standpunkt, und so wenig wir eine grundsätzliche Debatte über den Schutz des Bauhandwerks zu scheuen haben, können wir, wie die Verhältnisse einmal liegen, sie um so weniger noch einmal hervorziehen, als der Juristentag seine prinzipielle Stellungnahme schon in Posen bethätigt hat. Ich glaube, es liegt nicht der mindeste Grund vor, auch nur einen Schritt zurückzuweichen; es wird sich in der That empfehlen, daß wir alsbald zur Abstimmung kommen.

Ich selbst habe früher dem Entwurfe A den Vorzug gegeben und sehe noch heute darin manches Gute. Aber ich muß bekennen, daß die Gutachter und die Herren Referenten mich bis zu einem gewissen Grad umgestimmt haben, und ich glaube auch dem Entwurfe B zustimmen zu können, obwohl ich den Entwurf A nicht vollständig verwerfen möchte. Wir müssen uns hüten, die beiden Entwürfe in einen allzu großen Gegensatz zu stellen. Ich glaube mit allen Gutachtern und Referenten darin einig zu gehen, wenn ich noch einmal betone, daß der Gegensatz der beiden Entwürfe weit zurücktritt hinter dem, was sie eint. Ob wir den Entwurf A oder den Entwurf B annehmen, erscheint mir als eine Frage von untergeordneter Bedeutung gegenüber dem, daß wir überhaupt zur Annahme eines Entwurfes kommen und daß der Juristentag noch einmal seine prinzipielle Meinung in der einen oder anderen Richtung abgiebt. Wer für den Entwurf A oder für den Entwurf B stimmt: das muß konstatirt werden, jedenfalls bewährt er sich als grundsätzlicher Freund des Bauhandwerkerschutzes. Daß sich der Juristentag in diesem Sinn *allgemein* für den Schutz der Bauhandwerker ausspricht, das würde ich nicht für die geringste Frucht unserer Berathungen und Erwägungen ansehen. (Beifall).

Vorsitzender: Herr Dr. Mattes hat beantragt, der Juristentag wolle beschließen, daß auch die Umbauten in das Gesetz mit einzubeziehen seien. Der Antrag, m. H., auf Schluß der Debatte ist dadurch erledigt, daß sich Niemand mehr zum Worte gemeldet hat. Ich gebe daher nunmehr dem Herrn Korreferenten das Schlußwort.

Mitberichterstatter Prof. Dr. **Heymann** (Königsberg i. Pr.): M. H.! Ich will mich ganz kurz fassen.

Ich möchte nur wegen der Frage der Einbeziehung der Umbauten erwähnen, daß ich es für an sich wünschenswerth finde, daß wir auch bei den Umbauten dem Schwindel entgegentreten. Es hat sich nur bisher gezeigt, daß sich der Bauschwindel zum großen Teil, ja zum überwiegenden Teil, auf dem Gebiete der Neubauten abspielt. Wenn es uns gelingt, auf diesem Gebiete den Schwindel einigermaßen abzuschneiden, so wird es später unschwer möglich sein, die Bestimmungen auch für Umbauten geltend zu machen. Ich glaube, wir versuchen es erst einmal mit den Neubauten. Es ist überhaupt nicht eine prinzipielle Frage, sondern nur eine Frage der momentanen Taktik für alle die, die auf dem Standpunkte stehen, daß etwas geschehen muß. Und das, m. H., glaube ich unbedingt. Ich habe auch jetzt wieder den Eindruck gewonnen, daß eine sehr große Anzahl der Herren, die sich eingehend mit diesen Dingen beschäftigt haben, und die sich Mühe gegeben haben, in die Entwürfe einzudringen (eine Mühe, die vielleicht einen Tag beansprucht, und so viel kann man verlangen), zum großen Teile der prinzipiellen Regelung zustimmen. Ich habe mich sehr gefreut, daß auch Herr Justizrath Harnier und ebenso Herr Kollege Oertmann uns das Zugeständniß gemacht haben, daß sie mit dem Entwurfe B auch gehen werden; und darum möchte ich Sie bitten: nehmen Sie den Entwurf an und sehen Sie über die Kleinigkeiten hinweg. Es handelt sich hauptsächlich um die Frage: wollen wir auch die Nachmänner schützen, damit keine Strohmänner eingeschoben werden? Und wenn wir sagen: im Wesentlichen bildet der Entwurf eine Grundlage, dann sagen wir noch nicht, daß er genau so Gesetz werden soll, wie er vorgeschlagen ist. Ich glaube, wir können als Prinzip den vollen Schutz zunächst befürworten, das Uebrige können wir einer weiteren Behandlung in den Ministerien und auch in den Parlamenten überlassen. Es ist vom höchsten, nicht nur praktisch=wirthschaftlichen, sondern meiner Ansicht nach vom höchsten ethischen Werthe, wenn in dieser Frage vom Juristentag ein Protest gegen das Prinzip des absoluten laisser faire ausgeht. Denn unsere ganze Gesetzgebung hat sich seit dem Ausgange der 70er Jahre von diesem Prinzip abgewendet, und wenn wir für einen ausreichenden Bauhandwerkerschutz eintreten, thun wir etwas, was unserer gesammten Entwickelung entspricht; und darum bitte ich Sie von dem Standpunkt aus, daß wir in gewisser Beziehung die Tradition des deutschen Juristenstandes verkörpern, Stellung zu dem Entwurfe zu nehmen. Das Weitere können wir der Zukunft überlassen. (Bravo!)

Berichterstatter Dr. **Solmssen** (Berlin): Ich bin ebenfalls der Ansicht, daß die Frage, ob eine Schutzgesetzgebung nothwendig sei, heute nicht mehr zur Diskussion steht. Es wird jeder von Ihnen Gründe dafür und dagegen anführen können; es wird jedem vorgekommen sein, daß ein Praktiker ihm gesagt hat: machen Sie kein Gesetz; während ein anderer verlangte, daß das Gesetz endlich zu stande komme. Auch nach Distrikten geordnet, würde man wohl in jedem einzelnen Bezirke des deutschen Vaterlandes diese beiden verschiedenen Ansichten vertreten finden können.

Ich will nur noch einmal auf das zurückkommen, was Herr Prof. Heymann in seinem Korreferate bezüglich der Schätzung des Baustellenwerths ausgeführt hat. Er sagte, die Abschätzung habe gar keine Schwierigkeiten, denn genau so wie sich die Kurse von Industriewerthen oder Getreide feststellen ließen, könne man auch die Kurse von Grundstücken notiren. Das sind doch aber zwei ganz verschiedene Dinge. Die Kurse von Effekten ergeben sich aus abgeschlossenen Käufen und werden notirt für fungible Werthe. Die Schätzung des Baustellenwerths müßte hingegen jedesmal für einen neuen individuellen Fall geschehen und könnte nicht auf einem über ein kongruentes Objekt geschlossenen Kaufvertrage fußen. Hier handelt es sich darum, daß eine Behörde ganz einseitig eingreifen und dekretiren soll: Dein Grundstück ist so und so viel werth. Ich bitte Sie dringend, zu erwägen, ob man einen so schweren Eingriff in das Privateigenthum zugeben darf. Mit dieser Mahnung will ich mich bescheiden.

Vorsitzender: Es liegen hiernach folgende Anträge vor; zunächst der Antrag Heymann, der lautet:

„Der Deutsche Juristentag befürwortet von den beiden amtlich veröffentlichten Entwürfen den Entwurf B als geeignetere Grundlage für gesetzgeberische Maßregeln."

Als Zusätze dazu stellen sich nun heraus — mit dem „geeignetere" sind sie jedenfalls vereinbar —: Zunächst der Antrag des ersten Herrn Referenten Dr. Solmssen, wonach der Juristentag den Wunsch aussprechen soll, daß die Abschätzung in die Zwangsvollstreckung verlegt wird, indem die Festsetzung des Baustellenwerthes erst im Zwangsversteigerungsverfahren stattfindet. Ferner der Antrag Hilse, der dahin geht: „Dem § 22 ist hinzuzufügen: es dürfen die aus den Feuerkassen zu zahlenden Entschädigungen zu keinem anderen Behufe als zur Wiederherstellung der abgebrannten Baulichkeiten verwendet werden und darf deshalb darauf nur derjenige Arrest suchen, welcher zu diesem Zwecke Materialien geliefert oder Arbeitslohn oder solche Geldvorschüsse zu fordern hatte, welche wirklich zum Bau verwendet worden sind."

Endlich der Antrag Mattes: „der Deutsche Juristentag wolle beschließen, daß auch die Umbauten in das Gesetz einzubeziehen sind."

Dagegen stehen im vollen Gegensatz zu dem Antrage Heymann die beiden Anträge Scherer und Boyens. Ich verlese noch einmal den Antrag Scherer:

„Keiner der beiden Entwürfe verdient Billigung, sondern die actio culpae ist einzuführen, falls sich ergiebt, daß sich diese Klage im rheinischen Rechtsgebiet in der Zeit von 1804—1900 als segensreich erwiesen hat. Außerdem gehört der durch den Bau erzielte Mehrwerth den Baugläubigern."

Ob über den Segen der actio culpae Recherchen vom Juristentag angestellt werden sollen, ist im Antrage nicht gesagt. Sodann den Antrag Boyens, der jetzt abgekürzt folgendermaßen lautet:

„Es empfiehlt sich unter Ablehnung der beiden Entwürfe zum Schutze der Baugläubiger bei Bestehen des Bauvermerks nur die Eintragung von Baugelderhypotheken zuzulassen, ein unmittelbares, ausschließliches und im Verhältniß zur thatsächlichen Bauleistung gleichmäßig zu bemessendes Recht der Baugläubiger an den Baugeldern anzuerkennen, die Auszahlung derselben an Treuhänder zu gestatten und diese zur Vertheilung an die Baugläubiger zu verpflichten."

Es wird beschlossen, zunächst über den Antrag Scherer, dann über den Antrag Boyens, schließlich über den Antrag Heymann abzustimmen.

Der Antrag Scherer wird gegen die Stimme des Antragstellers, der Antrag Boyens gegen eine Minderheit abgelehnt; der Antrag Heymann wird mit großer Mehrheit angenommen.

Es folgt die Abstimmung über die Zusatzanträge Solmssen, Hilse und Mattes.

Diese Anträge werden abgelehnt.

Hierauf wird beschlossen, die Angelegenheit nur zur Berichterstattung an das Plenum zu bringen. Als Berichterstatter für das Plenum wird Prof. Dr. Heymann bestimmt.

Hierauf wird die Wahl der Vertrauensmänner vorgenommen. Es werden gewählt die Herren: Senatspräsident Dr. v. Stoesser (Karlsruhe), Geh. Justizrath Prof. Dr. Brunner (Berlin), Geh. Justizrath Prof. Dr. Enneccerus (Marburg), Geh. Justizrath Prof. Dr. Gierke (Berlin), Oberlandesgerichtspräsident Hamm (Köln), Prof. Dr. Hanausek (Graz), Geh. Justizrath Prof. Dr. Kahl (Berlin), Ladgerichtspräsident Dorner (Karlsruhe), Prof. Dr. Seckel (Berlin), Kammergerichtsrath Dr. Keyssner (Berlin).

Hierauf wurde um 3 Uhr 50 Min. die Sitzung geschlossen.

Zweite Sitzung der ersten und zweiten Abtheilung
am Donnerstag, 11. September 1902.

(Beginn: Vormittags 9 Uhr.)

Vorsitzender, Geh. Justizrath Prof. Dr. **Gierke** (Berlin): Ich eröffne die Sitzung.

Ich bemerke zunächst, m. H., zu unserer gestrigen Verhandlung, daß mir im Augenblicke nächträglich die Schriftstücke zugestellt sind, die zu der Eingabe des Vereins der deutschen Hausbesitzer gehören. Der Verein hatte also je ein Exemplar beigelegt; es war aber gestern der Abtheilung nicht mitgetheilt worden. Ich glaube, wir können nun nichts weiter damit machen, als sie vorläufig dem Herrn Referenten, wenn er sie etwa zum Berichte im Plenum noch benutzen will, mitzutheilen und demnächst zu den Akten zu nehmen.

Das erste Thema, in dessen Besprechung wir nun eintreten, ist die Frage nach den Zwischenprüfungen. Ich ertheile dem ersten Herrn Referenten das Wort.

Berichterstatter, Geh. Justizrath Prof. Dr. **Enneccerus** (Marburg): Meine hochgeehrten Herren! Mit der Frage, deren Referat mir und Herrn Landgerichtspräsidenten Dorner übertragen worden ist, hat sich der Juristentag bereits zweimal beschäftigt. Im Jahre 1878 hat er sich in seiner ersten Abtheilung für die Zweckmäßigkeit der Zwischenprüfungen ausgesprochen, ein Beschluß, der dem Plenum nur zur Kenntnißnahme mitgetheilt wurde. Im Jahre 1900 in Bamberg dagegen hat er, und zwar nicht nur in der Abtheilungsberathung, sondern im Plenum, schwere Bedenken gegen die Einführung von Zwischenprüfungen geäußert, jedoch die Frage als noch nicht spruchreif an den jetzigen Juristentag verwiesen und nur das scharf betont, daß, wenn überhaupt an Zwischenprüfungen gedacht werden könnte, ihre Resultate jedenfalls für ganz Deutschland anerkannt werden müßten.

Der hieraus unschwer erkennbare Umschwung der Ansichten tritt noch deutlicher hervor, wenn man auch die zahlreichen mündlichen und schriftlichen Aeußerungen von Theoretikern und Praktikern vergleicht, die sich in den letzten Jahren und namentlich bei den genannten Verhandlungen über unsere Frage haben vernehmen lassen. Von Jahr zu Jahr kann man sagen, hat sich die Zahl der Anhänger der Zwischenprüfungen vermindert und die Zahl der Gegner vermehrt, und nicht wenige, zu denen z. B. auch ich selbst gehöre, sind aus Vertheidigern der Zwischenprüfungen zu energischen Gegnern geworden.

Es ist das gewiß zum Theil eine Folge der Klärung der Ansichten, zum Theil aber, ja vielleicht zum wesentlicheren Theile, hat es in seit dem Jahre 1871 eingetretenen Veränderungen seinen Grund, zunächst in der Veränderung der Aufgaben, die dem Rechtsstudium durch die Schöpfung des Bürgerlichen Gesetzbuchs gestellt sind, sodann in der tiefgreifenden Veränderung, die das Rechtsstudium selbst durch die Ausbildung der mannigfachen Uebungen auf allen deutschen Universitäten erfahren hat, endlich auch in der sehr bedauerlichen Ausbreitung des Einpaukereiwesens, dem durch die Zwischenprüfungen ein weiterer Vorschub geleistet werden würde.

Auch die beiden dem Juristentage erstatteten Gutachten, von denen das eine sich gegen, das andere für die Zwischenprüfungen erklärt, bestätigen dieses Stimmungsbild. Das sehr eingehende, vortreffliche Gutachten des Herrn Prof. Rosin aus Freiburg verwirft sie aus mannigfachen prinzipiellen und praktischen Gründen auf das Allerentschiedenste. Herr Prof. Hiller in Prag dagegen stützt zwar seine Vertheidigung der Zwischenprüfung auch auf derartige Gründe, er hofft aber auf einen Sieg seiner Ansicht doch wesentlich nur deshalb, weil er meint, daß auch die zahlreichen Gegner in der Zwischenprüfung gegenüber dem im vorigen Jahre von der Preußischen Regierung geplanten Zwischenzeugniß das kleinere Uebel erblicken würden.

Ich stimme nun Herrn Prof. Hiller gewiß darin bei, daß dieses Zwischenzeugniß in hohem Maße unzweckmäßig ist und sehr unerfreuliche Wirkungen haben würde; aber ich kann die Bedeutung dieses Punktes als Argument für die Anerkennung der Zwischenprüfung durch den Juristentag in keiner Weise anerkennen. (Zustimmung.)

M. H., bei parlamentarischen Abstimmungen kann es für eine Partei, die allein keine Mehrheit besitzt, unter Umständen nothwendig sein, ein kleineres Uebel hinzunehmen, weil man nur dadurch ein noch größeres vermeiden kann.

Die Beschlüsse des Juristentages aber greifen nicht unmittelbar in den Rechtszustand ein, und nichts hindert uns daher, unsere Meinung voll zum Ausdruck zu bringen und Zwischenprüfung und Zwischenzeugniß, ganz unbekümmert, welches etwa das größere Uebel von beiden sei, schlechthin zu verwerfen. Zudem aber ist eine Nothwendigkeit, zwischen den beiden Uebeln zu wählen, auch gar nicht vorhanden. Soviel mir bekannt ist, wird in den maßgebenden Kreisen die Einführung einer Zwischenprüfung in keiner Weise geplant, die Motive des preußischen Gesetzentwurfs vom 21. Januar 1902 erklären sich mit Entschiedenheit dagegen und werden in dieser Richtung durch die Einführungsrede des Herrn Justizministers im Plenum des Abgeordnetenhauses auf das Erfreulichste ergänzt. Das Zwischenzeugniß aber war, wie bekannt, allerdings geplant. Nach den von mir eingezogenen Informationen aber habe ich genügenden Grund anzunehmen, daß diese Forderung jetzt nicht mehr aufrecht erhalten werden wird.

(Bravo!)

Auch der Aengstliche kann also frei urtheilen. Diese Freiheit kann und muß aber unseren Berathungen noch nach einer anderen Seite zu gute kommen. Wenn es sich darum handelt, eine ernstlich drohende Maßregel abzuwenden, dann mag es ja verzeihlich sein, einseitig nur ihre Schattenseiten hervorzuheben und die vielleicht lobenswerthen Zwecke, die sie verfolgt, zu verkleinern oder abzuschwächen. Hier dagegen, wo wir gar nicht zu fürchten brauchen, die Zwischenprüfung wirklich heraufzubeschwören, können wir ohne jede Besorgniß anerkennen, daß die mit ihr verfolgten Zwecke an sich gute sind, freilich durch sie nur in sehr unvollkommener, ja fehlerhafter Weise erreicht werden können, dagegen durch andere Maßnahmen vollständiger und besser zu verwirklichen sind. Ja erst dadurch, meine ich, daß wir diese anderen Maßnahmen klarstellen, werden unsere Berathungen, wie die praktischen Verhältnisse jetzt einmal liegen, wirklich fruchtbar, und deshalb haben mein Herr Mitreferent und ich Ihnen gemeinsam die These vorzuschlagen, die, wie ich annehme, in den Händen der sämmtlichen Herren Mitglieder der Versammlung sich befindet. Die These lautet:

> Zur Förderung der Ausbildung der Juristen bedarf es der Festsetzung einer Studienzeit von mindestens sieben Semestern, ferner der Pflege der Uebungen und einer strengen ersten Prüfung. Zwischenprüfungen sind weder erforderlich noch zweckmäßig. Es ist dringend zu wünschen, daß hinsichtlich ihrer ein einseitiges Vorgehen einzelner Bundesstaaten vermieden werde.

Eine unzweifelhafte, von allen Anhängern der Zwischenprüfungen hervorgehobene und kaum von einem Gegner bekämpfte Wirkung der

Zwischenprüfung ist es, daß sie die Studirenden zwingt, früher mit wirklicher Arbeit zu beginnen, als es sonst vielleicht der Fall sein würde. Es ist auch anzuerkennen, daß dieser Punkt nicht lediglich für die wissenschaftlich ganz uninteressirten und ganz unfleißigen Studirenden in Betracht kommt, sondern auch für das Gros der Durchschnittsstudenten immerhin noch eine, wenn auch geringere, Bedeutung hat.

Aber, meine Herren, es kommt doch nicht bloß darauf an, daß der Student arbeitet, sondern mehr noch auf die Art und Richtung der Arbeit. Die Zwischenprüfung wird nun allgemein oder doch fast allgemein gedacht als eine mündliche Prüfung. Ist eine solche schon nach 3 oder 4 Semestern abzulegen, so wird der Student fast mit Nothwendigkeit dazu geführt oder vielmehr verführt, alle Kraft an die Erlangung erlernter Kenntnisse zu setzen. Die Gedächtnißarbeit drängt dann die Verstandesarbeit zurück; das liebevolle Eingehen auf schwierige Fragen verschwindet; nicht das Interesse für die Sache, sondern die Brauchbarkeit für das Examen wird der bestimmende Gesichtspunkt bei jeder Arbeit. Damit aber geht der wahre Werth des Studiums verloren. Die wissenschaftliche Begründung, die tiefere Erkenntniß des Zusammenhanges des gesammten Rechtsstoffs wird als für das Examen nicht verwerthbar vernachlässigt; der Zusammenhang des Rechts mit den Hilfswissenschaften, insbesondere der Philosophie, der Geschichte und der Wirthschaftslehre wird vergessen; und überall handelt es sich nur um die Aneignung der Resultate fremden Denkens, nicht mehr um selbständiges Erkennen und Nachprüfen. Denn für das mündliche Examen macht es — wenigstens scheinbar — keinen allzu großen Unterschied, ob man selbst auf Grund der Quellen studirt, oder sich nur nach einer möglichst kurzen und leicht verständlichen Darstellung fertige Resultate angeeignet hat.

Damit aber geht ein zweiter Punkt Hand in Hand. Wer nur erlernte Kenntnisse sammeln will, für den sind die Vorlesungen viel zu mühsam; denn der erste Zweck der Vorlesungen ist, wie schon Savigny und nach ihm, ja schon vor ihm, viele betont haben, denken zu lehren. Indem der Zuhörer dem Vortrage des Lehrers folgt, indem er seine Beweisgründe mit durchdenkt, indem er seine Beispiele nachprüft, wird er zur selbstständigen Auffassung des Stoffes angeleitet. Wer aber nur Kenntnisse sammeln will, kann es bequemer haben. Er geht zum Repetitor, der ihm mit Hülfe eines möglichst kurzen Excerptes durch wiederholtes Abfragen die nöthigste Dressur für das mündliche Examen zu Theil werden läßt. Leider steht nun in fast allen Orten, an denen die erste juristische Prüfung abgelegt wird, das Einpauken in üppiger Blüthe. Durch die Schöpfung einer mündlichen Zwischenprüfung würde, das ist nicht nur meine, sondern ich möchte fast sagen, die allgemeine Ansicht, die Einpaukerei schon in die ersten Semester hineingetragen werden.

(Sehr richtig!)

Wenn es also auch richtig bleibt, daß durch die Zwischenprüfung Mancher zu früherem Arbeiten veranlaßt würde, so würde auf der anderen Seite als Durchschnittsniveau das Studium der jungen Juristen erheblich herabgesetzt, und dieser Nachtheil überwiegt bei weitem den durch die Zwischenprüfung zu erwartenden Vortheil.

Zudem, meine ich, giebt es denn doch noch andere Mittel, um den Fleiß der Studierenden, zumal auch in den ersten Semestern, zu heben. In erster Linie sind die jetzt auf allen Universitäten gepflegten Uebungen der verschiedensten Art ein vorzügliches Mittel, den Fleiß der Studirenden anzuspornen, und was noch werthvoller ist, ihr Interesse am Rechtsstudium zu erhöhen. Wenn die Vorlesung den Studirenden zum Mitdenken zwingt, so soll die Uebung ihn in das selbstständige Denken einführen. Wenn er in der Vorlesung die Wirkungen der Rechtsregeln und Begriffe an von dem Lehrer gebildeten Beispielen verfolgt, so soll er in der Uebung umgekehrt die für einen gegebenen Rechtsfall entscheidenden Begriffe und Rechtsregeln selbst finden und anwenden. So stehen Uebungen und Vorlesungen in lebendiger Wechselwirkung, und der Zweck des Studiums kann nicht durch eine allein, sondern nur durch beide zusammen voll erreicht werden.

Allein es könnte Jemand einwerfen — und das ist in der That auch geschehen — die Uebungen seien doch erst für die letzten Semester passend, wo der Stoff der betreffenden Lehren vollständig übersehen werde. Das ist für gewisse Uebungen allerdings zweifellos zutreffend. Schwierige Rechtsfälle, die in verschiedene Rechtsgebiete oder auch nur in verschiedene Theile desselben Rechtsgebietes eingreifen, wird man nicht eher behandeln können, als bis die fraglichen Lehren in ihrer Vollständigkeit übersehen werden. Daneben aber giebt es noch eine andere, eben für die ersten Semester bestimmte Art der Uebungen, Uebungen, die durch kleinere und leichtere Rechtsfälle, welche großentheils mündlich, zum Theil aber auch schriftlich behandnlt werden, ferner durch Einführungen in die Exegese und bisweilen auch durch theoretische Behandlung einer einzelnen Frage die Vorlesung gleichsam begleiten und vervollständigen. Ich habe solche Anfängerübungen seit einer langen Reihe von Jahren für das römische Recht und seit 1898 auch für das bürgerliche Recht gehalten. Das Gleiche ist auf vielen, vielleicht den meisten Universitäten der Fall. Ich halte mit sehr vielen Rechtslehrern diese Anfängerübungen für mindestens ebenso wichtig, ja für die Mehrzahl der Studirenden sogar für noch wichtiger als die Uebungen der späteren Semester.

Von fast allen Rechtslehrern, welche sich zu der Frage des Zwischenexamens geäußert haben, wird denn auch hervorgehoben, daß sich der Fleiß der Studirenden in den letzten Jahren ganz erheblich gehoben hat, so daß sie in dieser Beziehung hinter keiner anderen Fakultät zurückstehen. Zum Theil liegt der Grund dafür allerdings wohl in der Neuschöpfung des vaterländischen Rechtes, dem sich das Interesse ganz besonders der Jugend natürlich in erhöhtem Maße zuwendet. Zu einem guten Theile aber ist es unzweifelhaft auch der mannigfaltigen Art der Uebungen zu danken, die, seitdem das B.G.B. auf deutschen Universitäten gelehrt wird, in sehr vermehrter und vielgestaltiger Weise auf fast allen Universitäten gepflegt werden.

Sodann rechne ich zu den Mitteln, den Fleiß und die richtige Arbeitsweise der Studirenden zu heben, eine Verschärfung des Examens, und zwar nach der Seite des Verständnisses, nicht bloß der Kenntnisse. Ich will auf diesen vielbesprochenen Punkt nur nach einer einzigen Richtung mit wenigen Worten eingehen. Einige wenige kurze Klausurarbeiten über leichtere praktische Fälle, bei denen der Kandidat, soviel er will, an Gesetzbüchern, Lehrbüchern, Heften, Kommentaren u. s. w. in die Klausur mitnehmen und dort benutzen kann, würden — davon bin ich überzeugt — die Studirenden noch weit mehr, als das bisher geschieht, zwingen, von Anfang an dem tieferen praktischen Verständniß des Rechtes ihre Aufmerksamkeit zuzuwenden. Klausurarbeiten dagegen zur Ermittelung des Kenntnißbestandes allein scheinen mir wenig ersprießlich.

Jede Erschwerung der ersten Staatsprüfung hat allerdings die Verlängerung des Rechtsstudiums zur ganz nothwendigen Voraussetzung. M. H., die normale Studienzeit muß denn doch so bemessen sein, daß man sich darin eine tüchtige Uebersicht der in der Prüfung geforderten Fächer auf wissenschaftlicher Grundlage verschaffen kann. Dazu reichten in meiner Jugend die drei Studienjahre nothdürftig aus. Damals konnte ein begabter Student, der die drei Studienjahre gut benutzt hatte, mit dem Vertrauen der Prüfung entgegengehen, daß er auf zu stellende Fragen nach allen Richtungen im Wesentlichen gut gewappnet sei. Jetzt aber, seitdem das gesammte bürgerliche Gesetzbuch mit seinen Nebengesetzen hinzugekommen ist und der Stoff des römischen und deutschen Privatrechts doch nur wenig gemindert ist, nachdem ferner eine ganze Anzahl von Rechtszweigen — denken Sie nur an Verwaltungsrecht, Zwangsvollstreckung, Arbeiterversicherung, Genossenschafts- und Gesellschaftsrecht — in ganz anderer Weise als früher ausgebildet ist, reichen die drei Jahre zu einem gründlichen Studium absolut nicht mehr aus. Die Kürze der Studienzeit zwingt den Studenten geradezu, wenn nicht in allen, so doch in vielen Fächern, zur Oberflächlichkeit, dem Tode wahrer Wissenschaft, und sie vertreibt, was ebenso schlimm ist, den Studirenden der Rechte zu seinem eigenen Schaden und zum schließlichen schweren Schaden der Rechtswissenschaft und des Staates aus fast allen Hörsälen, in denen etwas anderes als das tägliche Brot seiner Spezialwissenschaft gelehrt wird. (Sehr wahr!)

M. H., mir ist mehrfach, und zwar in einer solchen Weise, daß ich es nicht leicht nehmen kann, die Befürchtung entgegengetragen, daß die wenig günstige Aufnahme, die die Studienreformpläne der Preußischen Regierung im Abgeordnetenhause gefunden haben, dazu führen könne, daß auch der Gesetzesvorschlag über die Verlängerung des Studiums auf sieben Semester nicht wiederholt werde. Deshalb, m. H., ist es von ganz besonderer Bedeutung, wenn der Juristentag unserem Vorschlage gemäß sich nicht auf die Ablehnung der Zwischenprüfungen beschränkt, sondern, entsprechend seinem vor zwei Jahren gefaßten Beschlusse, wiederholt auf diesen ersten und dringendsten Punkt der gesammten Reform hinweist. (Bravo!) Die in solchen Fragen leitenden Personen der Preußischen Regierung haben die Verlängerung der Studienzeit auf sieben Semester unumwunden als nothwendig anerkannt. Dann ist es auch ihre Pflicht, den Antrag zu wiederholen, (Bravo!) da er nicht wegen seines Inhalts, sondern wegen ganz anderer, mit ihm nur verbundener Reformpläne im Abgeordnetenhause nicht erledigt, nicht zu Ende geführt werden konnte.

Ein besonderer Empfehlungsgrund für die Zwischenprüfung wird von deren Anhängern ferner daraus entnommen, daß sie das erste Examen entlaste. Aber, m. H., eine solche Entlastung tritt nur ein, wenn die Gegenstände des Zwischenexamens in der Hauptprüfung nicht oder nur beiläufig wieder berührt werden; dann aber wird ein erheblicher Theil der Studirenden nach abgelegter Zwischenprüfung die absolvirten Lehren sehr zu seinem Schaden vernachlässigen. M. H., der volle Werth, insbesondere des römischen und gemeinen Rechtes, kann dem Studirenden in Zukunft kaum anders als im Zusammenhange mit einem eingehenden Studium des bürgerlichen Rechtes aufgehen. Es wäre also geradezu grundverkehrt, den Studirenden durch die Ordnung der Prüfungen zur Vernachlässigung dieser Rechtsdisziplinen zu verleiten. Werden aber die Gegenstände der Zwischenprüfung im Hauptexamen wiederholt, dann handelt es sich — und das werden auch alle Anhänger der Zwischenprüfung zugeben — nicht mehr um eine Entlastung, sondern um eine erhebliche Mehrbelastung.

Noch weniger zutreffend ist endlich die bisweilen aufgestellte Behauptung, daß Zwischenexamen wirke der nervösen und hastigen Arbeit des Studirenden entgegen, indem es ihm Selbstvertrauen gebe und seine Zuversicht stärke, auch das Hauptexamen in der gehörigen Weise bestehen zu können. Ja, meine Herren, ich meine denn doch, daß in der Mehrzahl der Fälle die Dosis von Zuversicht und Vertrauen, die dem Studirenden durch die Ablegung des Zwischenexamens gewährt wird, durch die Unruhe und überhastete Arbeit, die ihm vorangeht, viel zu theuer erkauft ist. Zweimal prüfen, damit man bei der zweiten Prüfung ruhiger sei, d. h. denn doch den Teufel durch Beelzebub austreiben. (Sehr richtig!) Die gepriesenen Vortheile der Zwischenprüfung verwandeln sich also bei genauer Betrachtung in ebensoviele Nachtheile oder sind wenigstens mit überwiegenden Nachtheilen verbunden. Außerdem aber bringt nun das Zwischenexamen noch besondere Schäden mit sich, die schon für sich allein genügen würden, es abzulehnen. Es beschränkt, wie vielfach ausgeführt ist, zunächst die Freiheit, die dem Studirenden in der Anordnung seiner Studien gelassen werden muß, in unzulässigem Maße. Man kann ja die Auswahl der Zwischenprüfungsgegenstände nicht dem Studirenden selber überlassen, da sonst zu befürchten wäre, daß vielfach nicht sachliche Rücksichten, sondern die wirkliche oder vermeintliche größere Leichtigkeit der Prüfung den Ausschlag gebe. Wenn aber (wie überall, wo Zwischenprüfungen stattfinden) die Fächer ein für allemal festgesetzt sind, so ist fast jede Selbstbestimmung des Studirenden in der Anordnung seiner Studien ausgeschlossen. Ich bin nun allerdings der Meinung, daß für die große Mehrzahl der Fälle ein ziemlich bestimmter Studiengang sich empfiehlt, und ein solcher wird auch durch die Studienpläne, die fast jede Fakultät aufgestellt hat, in mehr oder weniger bestimmter Form empfohlen. Aber, meine Herren, dem Zwange kann ich darum noch keineswegs das Wort reden. Es wird stets Fälle geben, in denen der Studirende von der vorgeschlagenen Ordnung bewußt und mit Recht abweicht, etwa, weil ihm gewisse Fächer ein besonders erhöhtes Interesse erwecken, oder weil er bezüglich ihrer zu Hause eine werthvolle Anleitung findet. Ja, und wenn auch die eigene Selbstbestimmung im einzelnen Falle einmal zu einer objektiv nicht zu billigenden Anordnung der Studien führen sollte, so wird das doch meist durch das um so größere Streben, den selbstgewählten Plan durch eigene Kraft durchzusetzen, mehr als ausgeglichen. So habe ich z. B. in meinem ersten Studiensemester aus besonderen Gründen und nach reiflicher Ueberlegung neben der römischen Rechtsgeschichte sofort Pandekten gehört und gearbeitet. Ich habe mir dadurch allerdings größere Schwierigkeiten bereitet, aber ich habe diese Abweichung von der allerdings gewiß richtigen Norm niemals zu bereuen gehabt. Es ist also, meine ich, nicht, wie die Gegner behaupten, ein Vortheil, daß die Zwischenprüfung zur Einhaltung eines angemessenen Studienplanes zwingt — der empfohlene Studienplan wird ohnehin in der ungeheueren Mehrzahl der Fälle nicht selten sogar allzu wörtlich eingehalten — sondern es ist umgekehrt ein Nachtheil, daß sie berechtigte Abweichungen thatsächlich ausschließt.

Ein weiteres wichtiges Bedenken, die Beschränkung der Freizügigkeit durch das Zwischenexamen, ist so häufig und so gründlich besprochen worden, daß ich mich bezüglich seiner sehr kurz fassen kann. Der naturgemäße Wunsch jedes Studirenden ist, von seinen Lehrern auch geprüft zu werden. Nach der Einführung der Zwischenprüfung wird nun der Wunsch hinzutreten, an dem für das Hauptexamen in Aussicht genommenen Orte oder der zugehörigen Universität, also meist in der Heimathsprovinz, auch die Zwischenprüfung zu absolviren. Denn es ist ein sehr natürlicher und auch vielleicht bisweilen nicht ganz unzutreffender Glaube, daß die Examinatoren das bei ihnen abgelegte Zwischenexamen ganz unwillkürlich höher werthen werden als ein an einer anderen Universität abgelegtes. So wird der Student durch ein Interesse, das er in den meisten Fällen wohl noch zu überschätzen geneigt sein wird, für den bei weitem größten Theil der Studienzeit an ein und dieselbe Universität gebannt. Er verliert oft genug die Möglichkeit, einen besonders wirksamen oder anregenden Lehrer zu hören. Er kann seine Studienzeit nicht mehr genügend dazu benutzen, durch einen längeren Aufenthalt in anderen Gegenden seines Vaterlandes Land und Leute kennen zu lernen, und sein Verständniß für Kunst und Natur zu bereichern. Ich rede ja nun gewiß nicht jener unruhigen Vergnügungssucht das Wort, die in jedem Semester eine neue Universität mit neuen Genüssen und Zerstreuungen sucht; aber die Freiheit, das Beste, was es für wissenschaftliche und allgemein menschliche Bildung giebt, da zu suchen, wo man es glaubt, finden zu können, die muß ungeschmälert bleiben. (Bravo!)

Wir dürfen im Deutschen Reiche, das denn doch geistig immer mehr zusammenwachsen muß, wahrhaftig nicht Schranken für die Freizügigkeit gerade unserer studirenden Jugend errichten.

Zuletzt, nicht zu mindest, ist die bisher wenig beachtete Schädigung hervorzuheben, die das Studium des Bürgerlichen Rechtes durch die Einführung der Zwischenprüfung erleiden müßte. Meine Herren! In

Zwischenexamen neben dem römischen und deutschen Privatrecht auch das ganze Bürgerliche Recht zu fordern, wäre geradezu unmöglich. Dann würde die Zwischenprüfung zur Hauptprüfung und könnte nicht nach dem 3. oder 4. Semester stattfinden. Sich bezüglich des Bürgerlichen Rechtes nur auf Grundzüge und Uebersichten zu beschränken, geht meines Erachtens erst recht nicht an; man würde dadurch zu ungründlichem Studium verleiten. Man müßte also, wie auch fast allgemein angenommen wird, die Zwischenprüfung auf römisches und deutsches Privatrecht nebst Rechtsgeschichte und vielleicht daneben Nationalökonomie beschränken. Dadurch aber, meine Herren, würde jedes eingehendere Studium des Bürgerlichen Rechtes für die ungeheuere Mehrzahl der Studirenden auf spätere Semester verschoben, die doch so viele andere Aufgaben zu bewältigen haben. Das Recht des Bürgerlichen Gesetzbuchs verlöre also seine Stellung als Haupt- und Mittelpunkt des Universitätsstudiums.

Ueber die Erfahrungen, die man mit der Zwischenprüfung in Oesterreich und in Bayern gemacht hat, muß ich mich kurz fassen, da ich hier nicht aus eigener Kenntnis referiren kann. In Oesterreich ist im Jahre 1855 eine rechts-historische Prüfung eingeführt und 1893 in einigen Punkten verändert; sie umfaßt römisches Recht, deutsche Rechtsgeschichte, deutsches Privatrecht, österreichisches Recht und Rechtsgeschichte, sowie Kirchenrecht und ist mit der Vorschrift von Zwangskollegien verbunden, die in bestimmter Reihenfolge gehört werden müssen. Sie beschränkt die Freizügigkeit so sehr, daß nur sehr wenige Oesterreicher außerhalb studiren. So zählte z. B. im letzten Semester die Berliner Universität unter 2300 juristischen Studenten nur 8 Oesterreicher, und von den anderen Universitäten will ich lieber ganz schweigen.

In Bayern wurde eine Zwischenprüfung über römische und deutsche Rechtsgeschichte, System des römischen Rechts und Grundzüge des deutschen Privatrechtes im Jahre 1899 eingeführt. Auch sie scheint auf den Besuch außerbayerischer Universitäten ungünstig einzuwirken, wie denn auch in Berlin eine irgend in Betracht kommende Anzahl bayerischer Studirender nicht zu finden ist. Sie betrug letztes Semester 83, d. h. nur 3,5 pCt. In Leipzig weist das Verzeichniß 10 bayerische Juristen nach gegenüber 210 Preußen. In Bonn studiren 2, auf den meisten anderen Universitäten einer oder auch gar keiner. Ueber die Ergebnisse der bayerischen Zwischenprüfung äußerte sich Herr Prof. Hellwig auf dem vorigen Juristentage in sehr ungünstiger Weise, nämlich dahin, daß selbst diejenigen Kandidaten, die vor anderthalb Jahren ein glänzendes Zwischenexamen gemacht haben, in der Hauptprüfung die einfachsten Begriffe des römischen Rechts nicht mehr beherrschten. Allerdings ist Herr Prof. Hellwig Gegner des Zwischenexamens, aber auch Herr Professor Kipp, früher in Erlangen, jetzt in Berlin, macht in dem 6. Bande der Juristenzeitung kaum andere Angaben. Er sagt — und ich möchte das wörtlich verlesen, weil es sich hier um einen Anhänger, wenn auch nicht unbedingten Anhänger der Zwischenprüfungen handelt — er sagt:

„Es ist durch die Erfahrung schon jetzt bewiesen, daß die in der Zwischenprüfung gezeigten Kenntnisse eine sehr geringe Haltbarkeit besitzen. Kandidaten, welche die Zwischenprüfung absolvirt haben, verlieren jedes Interesse an dem römischen und dem geschichtlichen deutschen Rechte, weil sie wissen, daß in der Hauptprüfung nicht darauf zurückgegriffen werden darf. Folge davon ist, daß die Studirenden in den letzten Semestern, mögen sie die Zwischenprüfung noch so gut bestanden haben, an einer manchmal verblüffenden Unwissenheit über die einfachsten Dinge des römischen Rechtes leiden."

Wenn selbst ein Anhänger der Zwischenprüfung solche Resultate zugiebt und nur erwähnt, daß, wenn auch die Kenntnisse verloren gegangen seien, doch die Methode des römischen Rechtes in die späteren Semester hinübergerettet werden könne, dann kann man die mit der Zwischenprüfung gemachten Erfahrungen ganz gewiß nicht zur Empfehlung des Zwischenexamens verwerthen, sondern man kann nur wünschen, daß auch das Königreich Bayern den damit gemachten Versuch wieder aufgebe, und zwar um so mehr, als manche Schäden der Zwischenprüfung sich offenbar um so mehr verschärfen, je kleiner das Gebiet ist, für welches das Institut der Zwischenprüfung gilt.

Meine Herren! Die rechtliche Zulässigkeit der Einführung der Zwischenprüfungen durch die Gesetzgebung der Einzelstaaten kann ich nicht in Abrede stellen, so lange es sich um eine Maßregel handelt, die sich als eine interne Studieneinrichtung, nicht als eine Voraussetzung der Erlangung des Richteramtes charakterisirt. Doch glaube ich auf diesen Punkt um so weniger näher eingehen zu sollen, als er von meinem Herrn Mitreferenten noch näher berührt werden wird.

Ich glaube also, m. H., Ihre Zeit nicht länger in Anspruch nehmen zu dürfen. Ich schließe mit der Bitte: Sie wollen die von den beiden Referenten aufgestellten Thesen möglichst einmüthig annehmen und damit jedem Experimentiren auf diesem recht bedenklichen Gebiete von vornherein einen möglichst wirksamen Riegel vorschieben.

(Bravo und Händeklatschen.)

Mitberichterstatter Landgerichtspräsident Dr. **Dorner** (Karlsruhe): Meine hochgeehrten Herren! Nach den so eingehenden und lichtvollen Darlegungen, die wir soeben aus dem Munde des Herrn Berichterstatters gehört haben, darf ich, wie mir scheint, als Mitberichterstatter mich wesentlich kürzer fassen.

Aus den Thesen, die Ihnen vorliegen, haben Sie schon ersehen, daß ich meinerseits im Wesentlichen auf dem gleichen Boden stehe wie der Herr Berichterstatter. Ich vermag der Erwartung, die der eine Herr Gutachter, Prof. Hiller, dahin ausgedrückt hat, daß wenigstens eines der heutigen Referate die Zwischenprüfung befürworten werde, also meinestheils nicht zu entsprechen.

Seit ich, veranlaßt durch meine Mitwirkung an den juristischen Prüfungen in Baden, den Fragen des juristischen Bildungs- und Prüfungswesens mein Interesse zugewendet habe — und es ist das schon über 20 Jahre her —, hat sich auch die Ueberzeugung in mir gebildet und befestigt, daß Zwischenprüfungen in jeder Form, mögen sie für das ganze Reich oder mögen sie bloß für einen einzelnen Bundesstaat eingeführt werden, mögen sie die geprüften Theile des Rechtes endgültig oder vorläufig erledigen, so daß dieselben in der Endprüfung noch einmal geprüft werden, daß Zwischenprüfungen in jeder Form, sage ich, ein Uebel, nicht aber ein nothwendiges, sondern ein durchaus entbehrliches Uebel sind. Durch die geschichtliche Entwickelung des Rechtsstudiums der letzten Jahrzehnte, wie sie von dem Herrn Berichterstatter so eingehend dargelegt worden ist, hat sich diese Ueberzeugung nur gefestigt.

An die Einführung einer Zwischenprüfung von Reichs wegen denkt heute wohl Niemand. Es fragt sich also nur, ob sie landesrechtlich eingeführt werden soll, und da kann in erster Reihe der Zweifel erhoben werden, ob denn das Landesrecht nicht überhaupt gehindert und zwar reichsgesetzlich gehindert ist, eine solche Zwischenprüfung bei sich einzuführen. Der Zweifel ergiebt sich aus der Vorschrift des Gerichtsverfassungsgesetzes, die dahin geht, daß die Fähigkeit zum Richteramt erlangt wird durch die Ablegung zweier Prüfungen, zweier, nicht dreier Prüfungen. Man kann also wohl sagen: das Landesrecht geht über diese reichsgesetzliche Vorschrift hinaus, wenn es eine erste Prüfung voranstellt, so daß die bisher erste die zweite wird. In diesem Sinne haben sich denn auch auf dem vorigen Juristentage in Bamberg sowohl das schriftliche Gutachten des Herrn Geheimrathes Dr. Wach, als auch die mündlichen Ausführungen des Berichterstatters, des Herrn Geheimrathes Dr. Kahl, bewegt. In den beiden dieses Mal erstatteten Gutachten ist die gegentheilige Auffassung, wie auch heute von dem Herrn Berichterstatter ausgedrückt worden. Von Herrn Geheimrath Rosin wird dabei im Anschluß an das, was derselbe schon in Bamberg vorgetragen hat, insbesondere Bezug genommen auf die Entstehungsgeschichte des § 2 des Gerichtsverfassungsgesetzes, der ja der betreffenden Reichstagskommission seine Entstehung verdankt, die diesen Paragraphen eingeschoben hat. Es ergiebt sich aus den Ausführungen der Mitglieder jener Reichstagskommission in der That, daß sie zumeist der Zwischenprüfung, auch Zwischenexamen und einmal Mittelexamen genannt, grundsätzlich zugeneigt waren, daß sie aber reichsgesetzlich die Frage nicht erledigen wollten, weil sie glaubten, sie werde besser in Verbindung mit der dem Landesrechte vorbehaltenen Verlängerung des dreijährigen Studiums gelöst, daß man also in der That den Landesregierungen hierin freien Raum lassen wollte. M. H.! Ich bin ungeachtet dieser Ausführungen der Auffassung, daß die Frage damit noch nicht endgültig erledigt ist. Ich glaube, es lassen sich doch Gründe anführen, die dafür sprechen, daß, mag man auch für die Gesetzesauslegung den Materialien große Bedeutung beimessen, aus jenen Ausführungen nicht so viel gefolgert werden kann, daß auch eine solche Zwischenprüfung reichsgesetzlich zugelassen ist, die sich nicht als bloß interne Studieneinrichtung darstellt, sondern die, wie das bei den bestehenden Zwischenprüfungen ja der Fall ist, die geprüften Theile der Rechtswissenschaft endgültig erledigt, dergestalt, daß sie in der späteren Prüfung nicht wiederkehren. Eine solche Prüfung, die diese Theile der Rechtswissenschaft erledigt, die das Universitätsstudium hinsichtlich derselben zum Abschluß bringt, die ist, wie mir scheint, auch im Sinne jener Ausführungen innerhalb der Reichstagskommission nicht eine Zwischenprüfung, nicht ein Tentamen, sie ist eine Hauptprüfung, und es wird in der That hier eine weitere Prüfung eingeführt, die über die reichsgesetzliche Schranke hinausgeht. Ich glaube, mich auf diesen Ausdruck meiner in diesem Punkt abweichenden Anschauung beschränken zu dürfen. Die Frage steht ja heute eigentlich nicht zur Diskussion insofern, als hier nicht über die Gesetzmäßigkeit, sondern lediglich über die Zweckmäßigkeit der Zwischenprüfung zu sprechen ist. Was die Zweckmäßigkeit der Zwischenprüfungen anlangt, so kann ich nur vollinhaltlich das bestätigen, was der Herr Berichterstatter uns heute vorgetragen hat. Ich würde nur minder gut das wiederholen können, was schon gesagt worden ist. Gestatten Sie mir also nur wenige ergänzende Worte.

Man hat den Hauptgrund für den Vorschlag einer Zwischenprüfung schon in den 70er Jahren auf dem 14. Juristentage darin gefunden, daß man sagte, es sei namentlich im Anschluß an eine Verlängerung des akademischen Studiums schlechthin geboten, die Studirenden von vornherein zu zwingen, daß sie etwas thun, einen anderen Weg dazu gäbe es nicht, als eben die Zwischenprüfung. Das war der Standpunkt insbesondere auch des Präsidenten Kühne, der auf dem 14. Juristentage jene Anschauung vertrat, obwohl er in erster Reihe bemerkt, er sei an sich kein Freund der chinesischen Methode vieler Prüfungen, und er sei auch überzeugt, daß die Wissenschaftlichkeit des Studiums durch eine solche Zwischenprüfung geschädigt wird. M. H.! Wenn diese Anschauung damals zum Ausdrucke kam und vielfach für die Befürwortung der Zwischenprüfung bestimmend war, so ist dieselbe doch heute Angesichts der Ereignisse der Zwischenzeit nicht mehr in gleicher Weise zutreffend. Auch das ist aber vom Herrn Berichterstatter heute schon vollständig ausgeführt worden. Ich möchte nur die eine Ursache für die Aenderung der Verhältnisse seit 1878 noch erwähnen, die allerdings auch schon angedeutet ist, die Thatsache nämlich, daß die Vorträge an den Hochschulen heute nicht mehr wie in den 70er Jahren in der Hauptsache das gemeine Recht, dessen praktische Bedeutung eine so minimale gewesen ist, betreffen. Damals war es erklärlich, wenn auch keineswegs berechtigt, wenn in weiten Kreisen der Praxis sich die Anschauung dahin gebildet hatte, daß die akademischen Studien für die Praxis doch eigentlich nur von geringem Werthe seien. Es waren das die Zeiten, in denen ein hervorragender Praktiker die von Herrn Geh. Rath Wach in dem Gutachten von 1900 bezeugte Aeußerung gethan hat: mir sind die Referendare am liebsten, die auf der Universität nichts gelernt haben. M. H.! Es ist ja kein Zweifel darüber, diese Zeiten sind allenthalben vorüber. Die akademischen Vorträge betreffen heute das Recht, das in der Praxis gilt. Der Studierende, der hinaustritt, ist unmittelbar berufen, als Richter, als Staatsanwalt, als Rechtsanwalt oder Notar das anzuwenden, was er auf der Universität gelernt hat. Der Werth einer guten akademischen Bildung wird heute von Niemand verkannt werden, und das Interesse der Studierenden selbst an dem Gegenstand ihrer Studien ist ganz sicherlich durch diese Wendung der Dinge auf das Günstigste beeinflußt worden. Darauf aber, auch auf die Fortschritte des akademischen Unterrichts, über die wir heute so Interessantes gehört haben, ist es wohl zurückzuführen, daß, wie in der Begründung des preußischen Gesetzentwurfes von diesem Jahre ausgeführt ist und wie auch die Zeugnisse aus Hochschulkreisen allseitig bestätigen, der Fleiß der Studierenden in erfreulicher Zunahme begriffen ist. Damit, m. H., mit dieser Aenderung ist eben die Bedürfnißfrage für diese Zwischenprüfung wesentlich schon eine andere geworden. Ich glaube, man wird, ehe man daran geht, die Zahl der Prüfungen zu vermehren, und ehe man damit in einer Zeit, die ohnedies so vielfach an Nervosität krankt, noch weitere Gründe für diese Uebel hinzufügt, indem man schon in die ersten Studiensemester Gedanken an das Examen hineinträgt, ich glaube, man wird vor allen Dingen sich vergegenwärtigen müssen, ob es nicht doch entgegen jener Meinung des Herrn Präsidenten Kühne andere Wege giebt, die, wenn auch nicht alle in gleicher Weise, geeignet sind, auf die juristische Ausbildung fördernd einzuwirken. Es giebt solche andere Wege, das ist heute eingehend dargelegt worden, und für meinen Theil glaube ich, liegt das Schwergewicht in dieser Richtung darin, daß den Abschluß der Universitätsstudien eine ernste erste Prüfung bildet, eine Prüfung, die darüber Zeugniß ablegt, ob der Studierende seine Zeit fleißig benutzt hat. Werden die Anforderungen in dieser Prüfung in der Weise gestellt, daß nur der sie bestehen kann, der in der That die vorgeschriebene Zeit von 6 oder 7 Semestern — ich glaube auch, daß eine Verlängerung auf 7 Semester, wie wir sie in Baden schon lange haben, in der That den Erfordernissen der Zeit entspricht —, fleißig studiert hat, dann wird eben Niemand die Prüfung bestehen, der nicht die Zeit so ausgenützt hat, und daraus ergiebt sich die Rückwirkung von selbst auch auf den Fleiß der Studierenden.

Was die Gestaltung dieser Staatsprüfung betrifft, so haben die Thesen, die Ihnen vorliegen, sich jeder näheren Andeutung über das Einzelne enthalten. Das ist geflissentlich geschehen. Es hat ja wohl der 14. Juristentag darin eingehendere Vorschläge schon gemacht; aber es kann schwerlich im Verlauf einer solchen Erörterung wie heute über die Einzelheiten zu einer Einigung gelangt werden. Das sind Dinge, die, wenn das Prinzip aufgestellt ist, im Wege der Erörterung unter den Regierungen, vielleicht zweckmäßigerer Weise unter Beizug von Lehrern der Hochschulen, sich erledigen werden. Ich glaube meinestheils, daß — und das ist nur unmaßgeblich geäußert — eine ernste erste Prüfung, übereinstimmend mit den Anschauungen des Herrn Berichterstatters, nicht bloß eine mündliche sein darf, daß sie auch eine schriftliche sein muß, und eine schriftliche in dem Sinne, daß nicht eine sogenannte wissenschaftliche Arbeit gefordert wird, sondern daß es gilt, in schriftlichen Klausurarbeiten das Maß der erlangten Kenntnisse nachzuweisen. Man kann verschiedener Meinung sein, was Gegenstand und Zweck dieser Klausurarbeiten sein soll, ob sie insbesondere nur praktische Fälle behandeln sollen. Das halte ich für sehr zweckmäßig, aber ich glaube, auch das Andere ist nicht zu verwerfen, daß durch theoretische Fragen auch das Maß der theoretischen Kenntnisse in gewissem Umfange geprüft wird. Es ist das eine Einrichtung, wie sie in Baden besteht, und sie hat einen doppelten Vortheil, einmal den, daß die schriftlichen Fragen, was man denn doch im Interesse der allseitigen Ausbildung fordern muß, alle Gebiete der Rechtswissenschaft, nicht bloß die Hauptwissenschaften, sondern auch die Nebenfächer berühren — man kann ja nicht über so viele praktische Fälle Fragen stellen –, und sodann den anderen Vortheil, daß eben leicht solche Kandidaten, die in der mündlichen Prüfung durch die natürliche Befangenheit, die sich in diesen Momenten einstellt, etwas gehindert sind, in der schriftlichen Prüfung Gelegenheit haben, das Maß ihrer Kenntnisse in besserer Weise nachzuweisen. Das sind Erfahrungen, die dafür sprechen, daß auch diese Art der schriftlichen Prüfung, wie mir scheint, gute Gründe für sich hat.

Was die erhofften Vortheile der Zwischenprüfung und die Nachtheile, die sie mit sich bringt, betrifft, so kann ich Neues auf diesem Gebiete nicht hinzufügen. Ich glaube, wenn es möglich ist, durch angemessene Gestaltung des akademischen Studiums, durch die entsprechende Bestimmung der Studienzeit, durch die Pflege der Uebungen und durch eine entsprechende erste Prüfung den Bedürfnissen der Gegenwart zu entsprechen, dann sollte man davon absehen, eine Zwischenprüfung einzuführen, die jedenfalls eine Reihe großer Schäden mit sich führt. Nicht zum Mindesten rechne ich dahin auch den Umstand, daß die Wissenschaftlichkeit des Studiums nothwendig dadurch geschädigt wird. Es ist das von dem Herrn Berichterstatter schon in so eingehender Weise und so überzeugend dargelegt worden, daß ich mich dem lediglich anschließen kann. Ich glaube, es ist aber doch von Werth, daß auch aus den Kreisen der Praktiker heraus der Anschauung Ausdruck verliehen, daß bestätigt wird, daß es uns bei dem akademischen Studium nicht sowohl darauf bloß ankommt, eine Summe positiven Wissens sich zu verschaffen, sondern daß die Aufgabe der Universitäten eigentlich eben dahin geht, den jungen Studierenden auf dem Wege der Freiheit zur Selbständigkeit zu erziehen. Auf diesem Boden haben die Universitäten in allen Wissenschaften Großes geleistet, auf diesem Boden hat auch die Rechtswissenschaft Großes geleistet; sie ist der Aufgabe gerecht geworden, die Praktiker heranzubilden, in einer Zeit, die ihnen so wichtige Aufgaben gestellt hat, in einer Zeit, da die Gesetze von 1879 und jetzt wieder die Gesetze von 1900 an sie herantreten und von ihr bewältigt werden mußten. Da kommt es darauf an, selbständig wissenschaftlich arbeiten zu können, und das ist das Ziel, das die Hochschule hat, und alle Einrichtungen, die mittelbar oder unmittelbar die Wirkung haben können, daß diese Aufgabe der Universitäten beeinträchtigt wird, die sind schon aus diesem Grunde meines Erachtens verwerflich. (Bravo!)

Was noch den besonderen Nachtheil betrifft, daß die akademische Freizügigkeit durch eine Zwischenprüfung geschädigt wird, so glaube ich, das ist ein Umstand, der sehr schwer wiegt und der auch dagegen spricht, daß einseitig seitens einzelner Bundesstaaten in diesem Punkte vorgegangen wird. Wenn die Einrichtung allseitig geplant würde und wenn man vereinbaren würde: die Zwischenprüfungen, die an dem einen Orte abgelegt sind, gelten auch für den anderen Ort, so würde ja dieses Bedenken wegfallen. Nun, daran ist vorerst nicht zu denken. Sobald aber einzelne Bundesstaaten nur die Zwischenprüfung einführen, ist der Wegfall der Freizügigkeit sofort gegeben. Man hat ja auf dem vorigen Juristentag in einem der Beschlüsse zum Ausdrucke gebracht, falls ein Bundesstaat doch die Zwischenprüfung einführen sollte, sei es unerläßlich, dafür Sorge zu tragen, daß diese Prüfungen gegenseitig anerkannt werden. Aber, m. H., dieser Vorschlag kann doch nur dann zum Ziele führen, wenn es sich um zwei Bundesstaaten handelt, deren jeder diese Zwischenprüfung hat; er ist aber dann nicht von Bedeutung, wenn ein einzelner Bundesstaat die Prüfung bei sich hat und seine Studierenden eine andere Hochschule in einem Bundesstaate besuchen, der eben keine Zwischenprüfung hat. Er wird sie nicht bloß einführen um der Hörer aus dem anderen Bundesstaate willen, und der Schaden für die Freizügigkeit ist also von selbst gegeben. Sie werden die fremde Universität nicht mehr besuchen, und, m. H., es ist das ein Schaden für die nationalen, für die allgemeinen Interessen, den man, glaube ich, nicht hoch genug anschlagen kann. Ich glaube, man kann auch hier, wie auf anderem Gebiete, von einer Verlustliste des Reiches sprechen, in deren Konto diese Einrichtungen zu stellen sind, die dahin führen, daß der einzelne Bundesstaat Schranken errichtet, die seinen Studierenden, der studierenden Jugend, es erschweren oder unmöglich machen, auch auswärts ihre Studien zu pflegen. Wie sich die Mitglieder der deutschen Juristentage aus Nord und Süd, aus Ost und West hier zusammenfinden, um sich gegenseitig kennen und verstehen zu lernen, so ist es auch schon in der Zeit der Studien von großem Werthe, daß die Jugend nicht bloß in den engeren Schranken ihres Heimathlandes, sondern da, wo sie für ihre Studien das Beste erwartet, unbehindert demselben nachgehen kann.

Ich glaube, m. H., ich kann damit schließen. Ich bitte Sie auch meinerseits, unseren Thesen zuzustimmen.

(Bravo! und Händeklatschen).

Vorsitzender: Es liegt also, m. H., der Ihnen bekannte Antrag der HH. Referenten, Geheimrath Enneccerus und Präsident Dorner, vor.

Dazu ist eingegangen ein Gegenantrag des Herrn Rechtsanwaltes Dr. Scherer:

> Zwischenprüfungen sind zur Zeit nicht räthlich, wohl aber sind sie mit Einführung einer allgemeinen deutschen Prüfungsordnung für Juristen ersten und zweiten Examens eine Nothwendigkeit.

Ferner ist eingegangen ein Zusatzantrag zu dem Antrage der Referenten von Herrn Professor v. Hippel in Göttingen: nach Satz 1 des Antrages der Referenten einzufügen: „Eine einheitliche Reglementirung der Uebungen, sowie die Unterscheidung obligatorischer und nicht-obligatorischer Uebungen ist zu vermeiden; die einheitliche reichsgesetzliche Gestaltung der ersten Prüfung ist anzustreben."

Zunächst hat sich nun auf 5 Minuten Herr Rechtsanwalt Scherer zu seinem Antrage zum Worte gemeldet.

Rechtsanwalt beim Reichsgericht Dr. **Scherer** (Leipzig): M. H., auf dem Bamberger Juristentage war gegen das Zwischenexamen hauptsächlich das Moment der Freizügigkeit ins Gefecht geführt worden. Auch heute noch bin ich der Ansicht, daß die Freizügigkeit das ausschlaggebende Moment ist. Der deutschnationale Gesichtspunkt muß festgehalten werden; die Nation muß, wie Herr Geh. Justizrath Enneccerus ganz mit Recht ausgeführt hat, zusammenwachsen, und der Juristenstand muß zusammenwachsen. Ich halte es nicht für zweckmäßig, daß der Jurist, auch derjenige, der das Staatsexamen gemacht hat, gewissermaßen am Wechsel der Farbe der Chausseepfähle Halt machen muß. Mein Antrag geht dahin: einheitliches Examen für ganz Deutschland, und zwar sowohl erstes wie zweites Examen. Wenn wir ein einheitliches Examen bekommen und ein einheitliches zweites Examen, dann ist nicht bloß die Freizügigkeit für die Studenten gegeben, sondern die Freizügigkeit ist auch gegeben oder wenigstens möglich gemacht für diejenigen, die das Staatsexamen gemacht haben. Wenn dieser Antrag, den ich gestellt habe, durchgeht, dann wird auch erst recht die Freizügigkeit der Studenten möglich gemacht; denn dann können sie das erste Examen machen, wo sie wollen, und das zweite, wo sie wollen, ganz ähnlich wie bei den Medizinern; bei den Medizinern herrscht die größte Freizügigkeit. Dann wird auch das Reich diesen Punkt nicht auf die Verlustliste zu schreiben haben, wie es einer der Herren Vorredner genannt hat. Um diesen Gesichtspunkt zu betonen, hatte ich mir nur das Wort erbeten, und ich will damit schließen; die Vortheile, wenn ein einheitliches erstes und zweites Examen für ganz Deutschland eingeführt wird, sind so außerordentlich groß, daß die Gefahren mit in Kauf genommen werden können. Es wird sich fragen, wie die Einheitlichkeit anzubahnen wäre; ich meine durch Verhandlungen von Bundesstaat zu Bundesstaat, wie auch das Handelsgesetzbuch eingeführt wurde.

Es wiederholt sich heute dieselbe Sache, wie bei der Frage, ob ein einheitliches Gesetzbuch eingeführt werden soll. Ich erinnere an Thibaut und Savigny. Damals hat selbstredend Savigny gesiegt, ähnlich wird es auch mit der einheitlichen Prüfung gehen, darauf mache ich mich gefaßt; allein die Zeit wird kommen, wo wir ebenso, wie wir trotz Savigny ein einheitliches Gesetzbuch erreicht haben, eine einheitliche Prüfung haben und der Jurist nicht mehr an der Farbe seiner Grenzpfähle Halt machen muß. Ob Zwischenexamen oder nicht, ist eine ganz nebensächliche Frage; bei den Medizinern hat es sich bewährt. Dagegen bin ich gegen jede Verlängerung des juristischen Studiums. Auf die Länge des Studiums kommt es nicht an; die Chinesen haben die längste Studienzeit und die schärfsten Examen. Ein Jurist, welcher mit 20 Jahren auf die Universität kommt und militärdiensttauglich ist, kommt heute schon mit seinem Staatsexamen an des 30. Lebensjahr heran; er hat also fast sein halbes Leben auf der Schulbank gesessen. Als Ziel ist anzustreben: Wer mit 20 Jahren auf die Universität kommt, muß einschließlich der Einjährigen Militärdienstzeit mit Ende 26 an das Staatsexamen heran sein, wie es in Hessen der Fall war. Um besonders Beanlagte herauszusuchen, mag man, ähnlich wie bei dem Militär, ein freiwilliges Examen einführen, welches sich auf die Kenntniß des römischen Rechts, eines modernen ausländischen Privatrechts und Civilprozesses, einer modernen fremden Sprache in Wort und Schrift, Naturrecht und Nationalökonomie erstreckt.

Prof. Dr. **Oertmann** (Erlangen): Hochverehrte Anwesende! Ich stimme so vollständig mit den Ausführungen der beiden Herren Referenten im großen Ganzen wie im Einzelnen überein, daß ich nicht das Wort erbeten haben würde, wenn ich nicht gewissermaßen als ein Vertreter Bayerns mich hierzu besonders befugt erachtet haben würde. Denn Bayern ist derjenige Staat, auf den vorhin schon exemplifizirt wurde, der die Zwischenprüfung seit einer Anzahl von Jahren eingeführt hat, und ich glaube, nach den Erfahrungen, die ich innerhalb dreier Semester in Erlangen gemacht habe, um so mehr ein Urtheil über den Werth der Zwischenprüfungen mir erlauben zu dürfen, als ich vorher in Berlin thätig war und aus eigener Erfahrung die Verhältnisse vergleichen kann. Und da muß ich sagen, daß meine Erfahrungen denen meiner Freunde und Kollegen Hellwig und Kipp durchaus entsprechen, und zwar gehen sie dahin, daß die Zwischenprüfungen mit der denkbar größten Entschiedenheit verworfen werden müssen. Obgleich ich konstatiren darf, daß der Fleiß der Erlanger Studenten in den späteren Semestern in keiner Weise dem ihrer preußischen Kommilitonen nachsteht, und daß die Ergebnisse in den Uebungen, die in Erlangen im siebenten und achten Semester als Vorbereitung zu dem Examen gehalten werden, ganz vortreffliche sind, so kann ich nicht finden, ohne den Erlanger Studirenden zu nahe treten zu wollen, daß gerade innerhalb der ersten Semester irgendwie ein größerer Fleiß vorhanden wäre. Ich Gegentheil darf ich feststellen, daß ich gerade in den ersten Semestern in Bezug auf die romanistischen Vorlesungen in Berlin absolut, aber auch relativ, eine weit größere Antheilnahme der Studirenden gefunden habe, so daß sicher die Erfahrung dafür spricht, daß der Fleiß, wenigstens an den großen Universitäten, sich gehoben hat. Und das Gesagte hat ja auch seine guten Gründe. Es hängt vielleicht überhaupt mit den kleineren Universitäten zusammen, mit den Couleurverhältnissen usw. Ich bin kein Gegner des Couleurwesens, ich halte es für eine wichtige und nützliche Seite des studentischen Lebens, aber daß es im Allgemeinen auf den Kollegienbesuch in den ersten Semestern nicht besonders günstig einwirkt, glaube ich doch wohl aussprechen zu dürfen. Das müssen wir also schon von vornherein berücksichtigen. Aber, m. H., auch deshalb konnte die Zwischenprüfung nicht einen nennenswerthen Einfluß auf den Fleiß der bayerischen Studenten ausüben, weil sie nothgedrungen eine außerordentlich leichte sein muß, und überall, wo sie eingeführt wird, eine leichte werden wird. Erstens sind wir gar nicht in der Lage, ein wirklich eingehendes Studium des römischen Rechtes zu verlangen, und wir können die Grundzüge des römischen und des deutschen Rechtes auch nur in einer, ich möchte sagen, äußerlich mechanischen Weise abfragen und prüfen. Denn selbst wenn unsere Studenten bereits in den ersten Semestern fleißig sind, so ist das, was ihnen dann noch fehlt, das Verständniß für die inneren Zusammenhänge. Wie Herr Geh. Justizrath Enneccerus schon überzeugend ausgeführt hat, wächst gerade auch durch das Studium des bürgerlichen Rechtes das Verständniß für die Tragweite des römischen. Wenn wir nun Zwischenprüfungen veranstalten, bevor die Studenten das bürgerliche Recht gehört haben, so ist es unmöglich, daß sich bei ihnen das innere Verständniß schon in der Weise vollzogen hat, um eine wirklich ernste Prüfung mit Aussicht auf Erfolg bestehen zu können, und darum fürchte ich, wird immer die Zwischenprüfung ein mehr oder minder mechanisches Abfragen von gewissen groben Zügen des römischen und deutschen Rechts bedeuten und meines Erachtens nicht die mindeste Gewähr dafür geben, daß energisch gearbeitet worden und ein intimes Verständniß gewonnen worden ist. Aber auf der anderen Seite, wenn so die Anforderungen an das römische und deutsche Recht nur gering sind, so bin ich im Uebrigen der Ueberzeugung, daß für den Rest der Studienzeit die Beschäftigung der Studirenden gerade mit diesen wichtigen Disziplinen außerordentlich leidet. Auch ich muß mich vollinhaltlich dem anschließen, was die Herren Kollegen Hellwig und Kipp theils mündlich, theils schriftlich ausgeführt haben, daß die Kenntnisse der Studirenden im Hauptexamen bezüglich der im Zwischenexamen schon gewürdigten Materien außerordentlich mangelhaft, wenn nicht schlimmer, genannt werden müssen. Wenn ich einmal versuchte, von den Herren, die das Zwischenexamen gemacht hatten, noch einmal eine Pandektenstelle übersetzen zu lassen, so habe ich die denkbar übelsten Erfahrungen gemacht, und ein zuhörender Kollege sagte mir, das hätte er längst als aussichtslos aufgegeben, von einem Studenten, der das Zwischenexamen gemacht hätte, nachher noch eine Pandektenstelle übersetzt zu bekommen. (Hört, Hört.) Ich bin lebhaft an Schillers Wort erinnert worden: „Begehre nimmer und nimmer zu schauen, was sie gnädig bedecken mit Nacht und Grauen", (Heiterkeit) und unterließ es fernerhin, bei diesen Examinanden nach solchen Kenntnissen zu fragen. Also auf der einen Seite ist das Examen so mild, daß es sich auf der Oberfläche bewegt, und auf der anderen Seite ist es mit dem Nachtheil verbunden, daß die Beschäftigung mit deutschem und römischem Recht verkümmert wird, so daß die Kenntnisse in diesen Materien statt gefördert, geradezu herabgedrückt werden, gerade durch das Zwischenexamen, welches doch dafür bestimmt ist, im Interesse einer energischen Beschäftigung damit zu dienen. Aber selbst wenn wir uns nicht auf diesen Standpunkt stellen sollten, selbst wenn wir annähmen, es werde in gewisser Hinsicht ein höherer Fleiß der Studirenden erzielt, müßte doch die Frage aufgeworfen werden, ob nicht der Vortheil zu theuer erkauft wäre durch andere Nachtheile, die das Zwischenexamen herbeiführt. Es ist schon geredet worden von der Beschränkung der Freizügigkeit, und obwohl ich innerhalb Bayerns von einer solchen Beschränkung nicht viel gemerkt habe, gebe ich doch zu, daß die Freizügigkeit außerhalb Bayerns durch das Zwischenexamen ernstlich benachtheiligt werden muß. Aber gerade wenn die Freizügigkeit innerhalb Bayerns durch das Zwischenexamen nicht benachtheiligt ist, wenn sogar nachgewiesen ist, daß eine große Anzahl Studenten das Zwischenexamen da machen, wo sie nicht studirt haben, fällt wieder der erhöhte Impuls weg, fleißiger zu sein. Wir haben sonst an unseren kleineren Universitäten die Kontrolmöglichkeit; wir wissen, weß Geistes Kind die Leute sind, ob sie fleißig gewesen sind oder nicht, und gerade die Unfleißigen suchen sich der Kontrole zu entziehen, indem sie nicht bei uns, sondern an anderen Universitäten das Zwischenexamen machen, so daß gerade wegen dieser vorhandenen Freizügigkeit ein Grund, der für die Einführung der Zwischenprüfung in die Wagschale gefallen wäre, nicht eingetreten ist.

Ich meine aber, m. H., der wichtigste Gesichtspunkt, den die Herren Referenten so trefflich in den Vordergrund geschoben haben, ist der, wir sollen möglichst wenig Examina haben, auf das äußerste Minimum des Nothwendigen unsere Prüfungen mit allen ihren Schattenseiten herabschrauben, nicht unnütz da, wo sich die Gründe für oder gegen bestenfalls die Wage halten, noch ein neues Examen einführen. Es wird andernfalls vielleicht dazu kommen, daß die Dressur zunimmt, aber das letzte, höchste Ziel der deutschen Universitäten ist, daß wir nicht die positiven Kenntnisse vermehren wollen, sondern die Studirenden erziehen zu ganzen Männern der vollen sittlichen Freiheit. Daß dies Ziel durch die Zwischenprüfung gefördert werden kann, m. H., das erlaube ich mir zu bezweifeln, und schon dieser letzte Grund sollte uns äußerst bedenklich machen, nicht die Zahl der Examina noch zu vermehren, gerade im Interesse der geistigen und sittlichen Freiheit der deutschen studirenden Jugend.

(Bravo und Händeklatschen.)

Vorsitzender: Es ist jetzt noch ein neuer Antrag eingegangen von Herrn Prof. Dr. Grueber in München:

> Maßnahmen behufs Sicherung rechtzeitiger und sachgemäßer Aneignung der grundlegenden Disziplinen des akademischen Unterrichts (Einführung in die Rechtswissenschaft, römisches und deutsches Recht) sind in hohem Maße wünschenswerth und unter Wahrung der akademischen Freizügigkeit durch Vereinbarung der deutschen Regierungen zu verwirklichen.

Prof. **von Blume** (Königsberg i. Pr.): M. H., auch ich kann mich nur von ganzem Herzen mit den Ausführungen der beiden Herren Referenten einverstanden erklären, und es scheint mir, als ob der überwiegende Theil der Versammlung heute zu demselben Resultat bereits gekommen ist.

Ich möchte nur den ersten Theil der Bemerkungen des Hrn. Geheimraths Enneccerus noch etwas stärker unterstreichen. Die beiden Fragen, die heute aufgeworfen worden sind, sind: Ist die Einführung einer Zwischenprüfung nothwendig? und dann zweitens: Ist sie zweckmäßig? Kommt man zu dem Resultat, die erste Frage zu verneinen, so tritt die zweite Frage ohne Weiteres in den Hintergrund, und eben deswegen möchte ich die erste Frage noch mit ein paar kurzen Worten beleuchten.

Es ist heute — und ich habe mich auch darüber von Herzen gefreut — das Wort eines angesehenen Praktikers, daß derjenige Referendar der beste sei, der keine Vorlesung gehört habe, von einem angesehenen Praktiker zurückgewiesen worden als durchaus veraltet, und ich hoffe, daß diese Zurückweisung Nachhall finden wird.

M. H., es ist im Laufe dieses Jahres in der Presse und auch in einem hohen Hause von den verschiedensten Seiten eine Ansicht geäußert worden, die mit der jenes ersten Praktikers eine ziemliche Uebereinstimmung hat, die Ansicht nämlich, daß eigentlich auch noch heute das Rechtsstudium auf der Universität eine ziemlich überflüssige Sache sei, und zwar einfach deswegen, weil der Student eben die Vorlesungen nicht höre, sondern nachher zum Einpauker gehe und dort völlig genügend die Kenntnisse vermittelt bekomme, die er brauche. Dem gegenüber muß doch auf das Energischste betont werden, m. H., — und ich bin ihrer Aller Uebereinstimmung sicher — daß der Professor, der seit 25 Jahren sein Pandektenkolleg herunterliest, und zwar vor leeren Bänken, völlig zur Legende geworden ist und daß der Student, der das Examen macht, ohne je in irgend einer Vorlesung gewesen zu sein, fast ebenso zur Legende geworden ist. Wenn man das anerkennt, so wird die Frage der Stellungnahme zu den Zwischenprüfungen von vornherein eine andere.

Dann, m. H., ist gesagt worden — und ich möchte das nur unterstreichen — wir haben heute völlig ausreichende Mittel, um die Studirenden zum Studium anzuhalten; sie brauchen nur richtig angewandt zu werden. Das erste sind die Uebungen, das zweite die Verschärfung der zweiten Prüfung.

Was insbesondere die Uebungen betrifft, so ist, glaube ich, doch in weiten Kreisen noch nicht genügend bekannt, mit welcher Energie gerade die Uebungen in den ersten Semestern betrieben werden, um die Studirenden von vornherein heranzubringen an das Studium und ihnen die Freude am Rechtsstudium zu vermitteln. Nun, m. H., ich glaube, jeder, der einmal solche Uebungen gehalten hat, wird die Erfahrung gemacht haben, daß heute ganz anders wie früher der Student von dem ersten Tage ab mit Interesse dem Unterricht folgt. Ich bedauere nur auf das Lebhafteste, daß ich seiner Zeit diese Anfängerübungen nicht genossen habe, sondern erst, als ich zu J h e r i n g kam, einsah, was das Recht ist. Heute ist es anders, und wenn diese Uebungen allgemein durchgeführt werden, so ist es, glaube ich, keine Frage, daß wir die

Zwischenprüfung zur Erzielung eines fleißigen Studiums nicht brauchen. Und wenn dann die erste Prüfung verschärft wird, m. H., — ich meine, nicht nur in der Hinsicht, daß etwas schärfer examinirt wird, sondern auch in der Hinsicht, daß schärfer beurtheilt wird als heute — wenn man sich klar macht und ganz energisch darauf dringt, daß jeder, der ungeeignet ist zum Studium der Rechtswissenschaft, ausgeschieden wird, ausgeschieden werden muß im Referendarexamen, wenn man nicht in falscher Milde noch jemand, wenn er zum zweiten Male ins Examen steigt, durchläßt, weil es eventuell noch gehen könnte und er in der Praxis sich das Nöthige, was er sich bisher nicht angeeignet hat, aneignen würde, wenn man also das thäte, m. H., dann, glaube ich, wird irgend ein weiteres Mittel, um den Fleiß der Studirenden zu heben, nicht nöthig sein. Faule, m. H., hat es immer gegeben und wird es immer geben; gegen die ist kein Kraut gewachsen. Aber daß solche, denen es an nichts fehlt, die mit gutem Fleiße in die Sache eintreten, nicht abgeschreckt werden, das, glaube ich, dürfen wir heute mit gutem Gewissen sagen, und auf diesem Wege wird fortzufahren sein. Für die Zwischenprüfungen gilt also das Wort, das schon citirt ist: Examina sind eine chinesische Einrichtung, ein nothwendiges Uebel, das nur, wenn es absolut nothwendig ist, angewandt werden darf. (Bravo und Händeklatschen.)

Professor **v. Hippel** (Göttingen): M. H.! Es ist seitens der Herren Referenten der Ihnen vorliegende Antrag gestellt worden, der in seinem Satze 1 sagt:

> „Zur Förderung der Ausbildung der Juristen bedarf es der Festsetzung einer Studienzeit von mindestens 7 Semestern, ferner der Pflege der Uebungen und einer strengen ersten Prüfung",

und dann angiebt:

> „Zwischenprüfungen sind weder erforderlich, noch zweckmäßig".

Es haben also die Herren Referenten sich nicht damit begnügt, die Zwischenprüfung als solche abzulehnen, sondern sie haben andererseits gesagt, was sie für das positiv Erforderliche halten: die sieben Semester, die Pflege der Uebungen, die Strenge der ersten Prüfung. Ich stehe durchaus auf demselben Boden, und wenn ich mir erlaubt habe, einen Zusatzantrag zu stellen zu diesem Satze 1, so hat das nur den Zweck, diesen Satz „Pflege der Uebungen und strenge erste Prüfung" etwas schärfer zu unterstreichen.

Ich möchte mit dem Zusatzantrage markirt haben zunächst, in welcher Richtung sich eine „Pflege der Uebungen" zu bewegen hat. Dazu hat mich veranlaßt der Entwicklungsgang, den wir ja bekanntlich in

Preußen durchgemacht haben. Früher waren die Uebungen sämmtlich frei und gleichwerthig. Sie wurden den Studenten zum Besuche empfohlen. Da kam bei Einführung des Bürgerlichen Gesetzbuches die Umgestaltung des Rechtsunterrichtes, die sich damals naturgemäß zunächst auf die privatrechtlichen Verhältnisse erstreckte. Sie brachte die obligatorischen Uebungen privatrechtlicher Natur; die übrigen Uebungen waren nicht obligatorisch. Damit ist zum ersten Male ein Bruch geschaffen worden innerhalb der Uebungen, der früher nicht bestanden hat und der sachlichen Begründung entbehrt. Es giebt zahlreiche andere Uebungen, ich erinnere nur an handelsrechtliche oder strafrechtliche Uebungen und an andere Uebungen im öffentlichen Recht, die nunmehr im Gegensatze zu jenen nicht obligatorisch geworden sind. Diesen Gegensatz halte ich für unrichtig und das wollte ich hervorgehoben haben.

Der zweite Punkt „Pflege der Uebungen" soll im Prinzip heißen: nicht Pflege durch weitere Reglementirung, indem den Lehrern und Studenten möglichst bindende Vorschriften gegeben werden, sondern Pflege, indem man die Sache den Leuten empfiehlt und nun die Uebungen sich vielgestaltig entwickeln läßt. Dabei ist sehr diskutirbar, ob etwa zu sagen wäre: eine gewisse Anzahl von Uebungen sollt ihr hören, aber sucht sie euch aus. Die einzelnen Fächer würden dann durch ihr eigenes Schwergewicht wirken, es würde der eine sich mehr hierfür, der andere mehr dafür interessiren. Eine bindende Reglementirung der Uebungen aber, wie sie uns vor Kurzem in Preußen drohte, ist entschieden zu verwerfen.

Ferner: Zu den Worten „eine strenge erste Prüfung" habe ich mir erlaubt, den Antrag zu stellen: die einheitliche reichsrechtliche Gestaltung dieser Prüfung ist anzustreben. Ich weiß nun sehr wohl, daß einer solchen einheitlichen reichsrechtlichen Gestaltung große Schwierigkeiten praktischer Natur entgegenstehen. Trotzdem bin ich überzeugt, daß diese Einheitlichkeit zu erstreben ist, und ich halte es nicht für gleichgültig, wenn der Juristentag das ausspricht, auch auf die Gefahr hin, daß es lange dauert, bis die Hindernisse überwunden werden. Um eine Analogie aus meinem Fachgebiete heranzuziehen, will ich an den Strafvollzug erinnern. Wir kämpfen seit 1870 um die Einheit desselben und werden sie erreichen, auch wenn Jahrzehnte darüber vergehen müßten und noch weitere Zeit darüber vergehen wird. Die Regelung der ersten juristischen Prüfung den einzelnen Staaten zu überlassen und reichsrechtlich nur zu sagen: bestimmte Fächer sollen geprüft werden, mit der Gestaltung der Prüfung im übrigen aber soll jeder einzelne Bundesstaat es machen, wie er es für richtig hält, — dabei kommen nicht nur formelle Unterschiede heraus, sondern ganz gewaltige sachliche Unterschiede. Ich greife das

Beispiel heraus, das mir besonders nahe liegt, da ich in Preußen thätig bin und in der Prüfungsgruppe Nr. 3 prüfe. Die preußische Prüfungsgruppe Nr. 3 umfaßt das gesammte öffentliche Recht, während die Gruppen 1 und 2 das Privatrecht umfassen. Für diese Prüfungsgruppe 3 steht an Prüfungszeit — es kann natürlich etwas schwanken — in den einzelnen Kommissionen vielleicht ein und eine halbe Stunde Zeit zur Verfügung, mehr wohl schwerlich. Wenn ich dabei sieben Fächer rechne, nämlich Strafrecht, zwei Prozesse, Staatsrecht, Völkerrecht, Kirchenrecht und die Grundlagen der Nationalökonomie, dann bedeutet das bei $1^1/_2$ Stunden eine Prüfungszeit von knapp 13 Minuten pro Fach oder $3^1/_4$ Minuten pro Kandidaten im einzelnen Fache. Eine Prüfungszeit von $3^1/_4$ Minuten aber ist einfach ein Unding. Der Erfolg dieser Einrichtung ist deshalb naturgemäß der, daß in Gruppe 3 nicht alle einzelnen Fächer geprüft werden können, sondern thatsächlich jedesmal nur eine Auswahl dieser Fächer geprüft wird. Wenn nun in einem anderen Staate die erste Prüfung anders organisirt ist, so bedeutet das zugleich voraussichtlich eine völlig andere Stellung des öffentlichen Rechtes in der betreffenden Prüfung. Und wenn andererseits der Entwurf, den wir in Preußen bekommen sollten, statt „Staatswissenschaften" sagte „Nationalökonomie", so wäre dadurch absolut nichts Sachliches geändert worden, weil die Ueberlastung der Prüfungsgruppe 3 dieselbe geblieben wäre. Ich erwähne das als ein mir nahe liegendes drastisches Beispiel, um zu illustriren, daß es außerordentlich wesentlich ist, nicht nur zu sagen: die und die Fächer sollen geprüft werden, sondern auch die Art der Prüfung zu bestimmen, und daß es einen fundamentalen sachlichen Unterschied macht, wenn der eine Staat die Art der Prüfung so, und der andere Staat so gestaltet. Ich will also mit meinem Antrage etwas mehr unterstreichen, was es heißt: „Pflege der Uebungen", und will betonen, daß im übrigen das Ziel, das uns vorschweben muß, auch wenn es erst allmählich und mühsam erreicht werden kann, die einheitliche Gestaltung der ersten juristischen Prüfung für ganz Deutschland sein muß.

(Bravo!)

Geh. Justizrath Prof. D. Dr. **Kahl** (Berlin): M. H.! Wenn ich, nur auf Minuten, mir das Wort erbitte, so geschieht es, weil ich Gewicht darauf lege, daß die anwesenden Universitätslehrer ihre Meinung in der Sache nicht bloß durch ihre Abstimmung, sondern auch in Worten zum Ausdruck bringen und ein Zeugniß ablegen. Persönlich darf ich vielleicht als Referent über die juristische Studienfrage auf der Tagung in Bamberg mich in Kürze äußern.

Der Herr Gutachter, Kollege Rosin, hat mir, ebenso wie die beiden Herren Referenten der heutigen Versammlung, fast in jedem Worte aus der Seele gesprochen. Ganz besonders begrüße ich, daß die vorgelegte These sich nicht beschränkt hat auf die Erledigung der Frage der Zwischenprüfung, sondern daß sie vor allem an die Spitze stellt und dringlich wiederholt die Forderung, von welcher wir deutschen Lehrer des Rechts nicht mehr abgehen dürfen, die Forderung: zur Vollkommenheit des Studiums und der Ausbildung unserer Juristen ist ein siebentes Semester unbedingt nothwendig. (Bravo!)

Das zweite, was ebenso entschieden zu meiner großen Freude in diesen Thesen hervortritt, ist, daß, ohne es weiter in viele Gründe einzuwickeln, bestimmt erklärt wird: eine Zwischenprüfung ist weder erforderlich noch zweckmäßig. Am schlimmsten ist m. E. die Zwischenprüfung in Bayern gestaltet. Die bayerische Zwischenprüfung ist in Wirklichkeit eine endgültige Prüfung deshalb, weil diejenigen Gegenstände, welche in ihr absolvirt werden, in der Referendarprüfung nicht mehr wiederkehren. Nun wäre ja freilich nicht bloß diese Form einer Zwischenprüfung möglich. Aber auch, wenn sie so eingerichtet ist, daß die in ihr geprüften Gegenstände später noch einmal vorgenommen werden, bleiben die vielen Einwände, welche von den Herren Kollegen Rosin, Enneccerus und Dorner aus Karlsruhe so treffend hervorgehoben worden sind, bestehen. Unter diesen Einwänden ist und bleibt mir einer der allerschwersten immer der, daß die für jedes wahrhaft wissenschaftliche Studium tödtliche Einpaukerei nothwendigerweise noch gesteigert wird. Die Einpaukerei wird dann eben nicht bloß auf die Zeit vor dem Hauptexamen verlegt, sondern schon auf die Zeit vor dem Zwischenexamen erstreckt. Daß ich mich gegen „geldgierige Einpauker" bereits in Bamberg mit der größten Entschiedenheit ausgesprochen habe, hat mir den schweren Zorn der „Vossischen Zeitung" eingetragen. (Heiterkeit.) Ich bewerbe mich nicht um die Liebe der Tante Voß (Heiterkeit), aber ich muß allerdings wenigstens um Gerechtigkeit und Wahrheit bitten, nämlich darum, daß man beachte, wie ich schon damals zwei Arten von Einpaukern genau unterschieden habe. Das thue ich auch heute. Wir verwerfen das Repetitorenwesen nicht grundsätzlich und nicht dann, wenn es dazu dienen soll, gegen das Ende der Studienzeit den Examenkandidaten noch einmal zu vergewissern über die Gesammtheit seiner Kenntnisse, darüber, ob er sich die Fähigkeit erworben habe, das, was er weiß, klar und deutlich auszudrücken und ihn auf Lücken seines Wissens hinzuweisen. Kurz: Repetitorien zur ergänzenden Abschließung des juristischen Studiums sind auch nach unserer Meinung empfehlenswerth. Ihr Gebrauch setzt eine wohl angewendete Studienzeit voraus. Wenn wir uns gegen die Einpaukerei wenden, so hat das einen ganz anderen Sinn. Dann wollen wir nicht das berechtigte Repetitorenwesen irgendwie bekämpfen, sondern vielmehr dasjenige Repetitorenunwesen, welches auf möglichst kurzem, billigem, manchmal freilich sehr theuerem Wege ein oberflächliches Maß von Examenskenntnissen eintrichtern will. Wir wollen jene Einpaukerei bekämpfen, welche dem akademischen Geiste zuwider ist, weil sie das fleißige Universitätsstudium ersetzen und die Studenten dazu erziehen will, ihr Lernen auf dasjenige Nothdürftige zu beschränken, was etwa im Examen am besten zu versilbern ist. Die Bemerkungen, die ich hierüber mache, sind über den Kreis der hier Versammelten hinaus an Tante Voß und ihr verwandte Freunde und Freundinnen zur Aufklärung gerichtet. (Heiterkeit.) Zur Aufklärung dahin, daß wir pflichtgemäß auch künftig nicht aufhören dürfen, gegen diese letztere verwerfliche Art von Einpaukerei zu kämpfen, und daß die Besorgniß ihrer weiteren Zunahme eben einer der Hauptgründe ist, aus denen wir uns gegen die Vermehrung der Examina, speziell der Zwischenprüfungen immer werden wenden müssen.

Wie ich gegen jede Zwischenprüfung bin, so bin ich auch — und ich habe mich gefreut, daß der Herr Ref. dies berührt hat — gegen Zwischenzeugnisse. Ich halte, wie in Bamberg schon begründet, nichts derart für nöthig, sondern glaube, daß mit einem ernsten ersten Examen das Wesentliche gemacht ist. Das Uebrige muß man vertrauensvoll uns und der akademischen Freiheit überlassen. Gewiß kann man sich die Frage als akademischer Lehrer wohl überlegen, ob es nicht geschehen könne, eine gewisse, im Geiste akademischer Freiheit gehaltene Führung der jungen Studenten auf der Universität vorzusehen. Wir bemühen uns schon jetzt, durch Rathschläge die jungen Studenten zu einem möglichst zweckmäßigen Studium anzuhalten. Aber alles, was irgendwie einen Schulzwang bedeutet, können wir nicht vertreten. Denn die Männer für Volk und Staat, welche wir brauchen, können nur in der Luft der Freiheit zu erziehen sein. Ihnen, meine hochverehrten Herren Kollegen aus der akademischen Welt, möchte ich aber Eines noch besonders sagen: Wir Universitätslehrer müssen die Gelegenheit benutzen, an die eigene Brust zu schlagen und zu fragen, ob nicht auch in unseren eigenen Kreisen ein Theil der Schuld davon gelegen sei, daß immer wieder behauptet werden kann, es seien besondere Kontrolmaßregeln über uns und unsere Studenten nothwendig. Haben alle akademischen Lehrer selbst immer ihre volle Pflicht und Schuldigkeit gethan? Sind manche nicht etwa zu mild gewesen in der Beurtheilung von Uebungsarbeiten und anderem mehr?

Kurz, liegt nichts Unlauteres innerhalb des akademischen Betriebes selbst vor? Werden wir ausnahmslos auf der vollen Höhe unserer Pflichtübung stehen, dann dürfen wir auch von den Regierungen erwarten, daß sie uns Vertrauen schenken, daß sie nicht reglementirend in Gebiete eingreifen, auf welchen wir bei aller Bescheidenheit ein beachtenswerthes Maß von Erfahrung in Anspruch nehmen dürfen. (Zustimmung.)

Was die Anträge des Herrn Prof. von Hippel betrifft, so möchte ich dringend davor warnen, ihren Inhalt in den Kreis der Beschlußfassung der Abtheilung hereinzuziehen. Nicht deshalb, weil ich prinzipiell dagegen wäre, sondern weil sie die Hauptpunkte, welche die vortreffliche Resolution zusammenfaßt, belastet mit, ich will nicht sagen nebensächlichen Dingen, aber mit solchen, worüber man sehr verschiedener Meinung sein kann. Wir werden auf Gebiete geführt, die uns trennen, während wir in der Resolution dasjenige zum Ausdruck bringen wollen, was uns eint. Sollten wir in die Details der Anträge des Herrn Prof. von Hippel eintreten, so würden Sie bald sehen, welch' außerordentlich große Differenzen hinsichtlich der Gestaltung der Uebungen bestehen. Lassen wir also das bei Seite! Bleiben wir hier bei dem, was uns eint: 7 Semester, ernste Gestaltung des ersten Examens! Ich möchte bitten, einmüthig die vortrefflich gefaßte Resolution der Herren Referenten anzunehmen. (Bravo! und Händeklatschen.)

Prof. Dr. **Grueber** (München): M. H., ich bin tief bewegt von dem, was soeben Herr Geheimrath Prof. Dr. Kahl gesagt hat; es ist mir aus der tiefsten Seele gesprochen. Ich bemerke weiter, daß ich mit der These, die mir vorgelegt worden ist, in ihrem ersten Satze, soweit sie nämlich die Ausdehnung der Studienzeit auf 7 Semester (Garantien ernster Ausnutzung vorausgesetzt), soweit sie die Pflege der Uebungen und soweit sie eine ernste und strenge Prüfung verlangt, durchaus einverstanden bin.

Dagegen möchte ich, obgleich ich das Gefühl habe, wider den Strom zu schwimmen, doch etwas hier zur Geltung bringen zu Gunsten nicht der Zwischenprüfung in dieser oder jener Form, wohl aber des Gedankens der Zwischenprüfung, und der Gedanke der Zwischenprüfung, so, wie wir sie in Bayern haben, das ist der, daß die Grundlagen, die Elemente, die propädeutischen Fächer Gegenstand besonderer, frühzeitiger Feststellung, dieser sogenannten Zwischenprüfung sind. M. H., wir haben unter den, genau gesagt, 12 akademischen juristischen Disziplinen 3 Disziplinen, die ganz bestimmter Natur sind: das ist erstens die Einführung in die Rechtswissenschaft, welche die allgemeinen, allen Disziplinen gemeinsamen, keiner besonders eigenthümlichen Grundbegriffe aufstellt, zu gleicher Zeit die Gliederung des ganzen Rechtsgebietes darbietet, und damit zweckentsprechend eine Anleitung zum Studium verbindet, somit einführt in das, was wir zu nennen pflegen Encyklopädie und Methodologie der Rechtswissenschaft. Wir haben aber dann zweitens das römische Recht, und zwar neben der römischen Rechtsgeschichte, als Ueberblick über den Werdeprozeß des römischen Rechts, das römische Privatrecht in systematischer Durchführung, die alten Institutionen, aber doch sachgemäß mit Berücksichtigung der Weiterentwickelung im bisherigen gemeinen Rechte und in den Hauptpunkten auch im B.G.B., und wir haben endlich drittens das deutsche Recht, d. h., neben der deutschen Rechtsgeschichte die Grundzüge des deutschen Privatrechtes, welches uns mit den Grundgedanken, den leitenden Ideen des deutschen Rechtes und deren Gestaltung in den einzelnen deutschen Territorien, sowie schließlich im B.G.B. vertraut machen. Wenn wir nun das berücksichtigen, so müssen wir sagen: die genannten drei Disziplinen sind gegenüber allen anderen Disziplinen propädeutisch, sie sind für jede dieser anderen neun Disziplinen, (bürgerliches Recht, Handels- und Wechselrecht, Civilprozeß, Konkursrecht, Strafrecht, Strafprozeß, Staatsrecht, Völkerrecht, Kirchenrecht) einfach grundlegend.

Ist es nun nicht zweckmäßig, ist es nicht geboten — das möchte ich fragen — diese grundlegenden und doch nicht unmittelbar praktischen, wenn auch unser ganzes Recht durchdringenden Materien zum Gegenstande irgendwelcher Feststellung zu machen?

Ich habe daher in meinem Antrage gesagt: nicht „Zwischenprüfungen" — die möchte ich vermieden wissen wegen Gefährdung der akademischen Freizügigkeit — aber „Maßnahmen", die geeignet sind, den Studenten zu bestimmen, auf diese Grundlagen von Anfang an das ihnen gebührende Gewicht zu legen; das scheint mir geboten zu sein, und das ist der eigentliche Zweck der bayerischen Prüfungsordnung, der jedenfalls in irgend einer Form in befriedigender Weise verwirklicht werden kann und verwirklicht werden muß, wenn das, was (m. E. völlig zutreffend) als Grundlage unseres ganzen Rechtsstudiums bezeichnet wird, diese Bedeutung in der That haben und behalten soll. Nun sind eine Reihe von Einwendungen von dem von uns hochverehrten zweiten Vorsitzenden und ersten Referenten gemacht worden, aber mir scheint, daß diese Einwendungen, abgesehen von den nur gegen die Form der Zwischenprüfungen sprechenden Beschränkungen der Freizügigkeit, sämmtlich dadurch beseitigt werden, daß das bürgerliche Recht im dogmatischen Zusammenhange mit der ganzen Rechtsentwickelung behandelt wird, also unser deutsches bürgerliches Gesetzbuch in lebendigem Zusammenhang mit seinen römisch- und seinen deutschrechtlichen Grundlagen gelehrt und selbstverständlich in diesem Zusammenhange auch geprüft wird. Wenn man sich zudem die m. E. gebotene Feststellung etwa durch eine Prüfung des einzelnen Dozenten am Schlusse seiner Vorlesung — über Einführung in die Rechtswissenschaft, über römisches, über deutsches Recht — sowie durch Zeugnisse über die von ihm gehaltenen Uebungen im römischen und deutschen Recht verwirklicht denkt, so wäre jede denkbare Gefährdung akademischer Freizügigkeit vermieden und doch wäre Fürsorge getroffen für rechtzeitige Aneignung der Grundlagen unseres Rechtsstudiums sowohl des deutschen bürgerlichen Rechts wie der öffentlich-rechtlichen Disziplinen. Denn auch für diese bilden die genannten Vorlesungen, vor allem eine richtige und gute Vorlesung über Einführung in die Rechtswissenschaft, eine unentbehrliche Voraussetzung.

Soviel, meine Herren, in aller Kürze zur Begründung meines Antrags; soviel namentlich, um die Idee, die noch heute hier nicht eigentlich vertreten worden ist, nämlich die Idee der Berechtigung des Zwischenexamens mit Beschränkung auf das Propädeutische gegenüber den wirklich praktischen Disziplinen des bürgerlichen Rechtes, des Prozeßrechtes, des Strafrechtes, des Staatsrechtes, des Völker- und des Kirchenrechtes zu rechtfertigen. Damit schließe ich diese Bemerkungen und kann mich selbstverständlich nur auf das nachdrücklichste und allerwärmste dem anschließen, was die Rechtslehrer, die heute hier gesprochen haben, über akademische Freiheit und namentlich auch über Freizügigkeit zwischen den deutschen Universitäten gesprochen haben.

Geh. Hofrath Professor Dr. **Degenkolb** (Leipzig): M. H.! Ich möchte mich zunächst einmal dem Wunsche des Herrn Kollegen Kahl anschließen, daß wir nicht Dinge hereinziehen, die nicht unmittelbar das Thema unserer heutigen Besprechung betreffen. Wir haben nach der Tagesordnung über die Zwischenprüfungen zu reden und müssen es möglichst vermeiden, anderes hereinzuziehen. Die Herren Referenten haben etwas über die unmittelbaren Grenzen hinausgegriffen, aber in einer Weise, die die Sache nicht gefährdet, weil sie nicht auf Details eingegangen sind. Ich schließe mich ferner dem Wunsche des Herrn Kollegen Kahl an, daß wir nicht auf die Vorschläge des Herrn Kollegen von Hippel eingehen. Noch viel weniger sollten wir es auf die des Herrn Kollegen Grueber. Was die Anträge des Herrn Kollegen von Hippel betrifft, so würde ich meinerseits ihm beitreten können: die Trennung der obligatorischen und nichtobligatorischen Uebungen ist ein wesentliches Uebel; aber wie können wir in diese Frage überhaupt eintreten, da sofort die Gefahr entsteht, unsere Diskussion ins Bodenlose zu führen? Was die Anträge und den Gedanken des Herrn Kollegen Grueber betrifft, so hat er uns ja versichert, daß er die Freizügigkeit und die akademische Freiheit sehr hochachtet; ich muß aber sagen: wie die Durchführung der Freiheit sich mit der Polizeiaufsicht vertragen soll, die über die Ergebnisse der einzelnen Vorlesungen von Seiten der einzelnen Dozenten erfolgen soll, wie man das etwas von Zwang nicht Erfülltes nennen kann, das weiß ich nicht. Wir wollen nicht auf den Zwang kommen, da er nicht nöthig ist, und ich kann vor allen Dingen nur wünschen, daß der ganze, ich möchte sagen konventionelle Jammer über den angeblichen schlimmen Zustand unserer Studien doch endlich einmal verstummen möchte. (Bravo!) Woher kommen eigentlich eine solche Masse mißgünstiger Stimmen aus den Reihen der Regierung heraus, und ihre Vorschläge auf der Grundlage von angeblichem Unfleiß der Studirenden, während doch die akademischen Lehrer, die mit den Studirenden beständig zu thun haben, einmüthig versichern, daß sie mit ihren Studenten zufrieden sind? Wir müssen es doch wissen: und dasselbe Zeugniß, das andere akademische Lehrer ihren Studirenden geben, kann ich für unsere Leipziger juristischen Hörer durchaus wiederholen. Ich gehe noch etwas weiter. Neuerdings — so sagt man — sei es mit dem Fleiße der Studirenden unter dem Einfluß neuer Regulative besser geworden. Man liebt es, diese Besserung als einen Umschwung zu bezeichnen. Es ist ja richtig, es ist zweifellos, und zwar unter dem Einfluß der Uebungen, noch besser geworden als es war, aber ich möchte fragen: wie war es nun eigentlich vor diesem angeblichen Umschwunge? Ist es gar so schlimm gewesen? Ist da nichts geleistet worden? Wenn das der Fall wäre, möchte ich fragen: was ist aus uns selber geworden, die wir keine Zwischenprüfungen durchgemacht haben? Wir brauchen in keiner Weise die Bescheidenheit zu verletzen, wenn wir sagen: die deutschen Juristen sind früher schon ohne Zwischenprüfungen tüchtige Leute gewesen und haben ihre Aufgaben lösen können; und bedenken Sie, welche Fülle schwierigster Aufgaben an unsere Juristen herangetreten sind, gerade an die, die ohne Zwischenprüfungen herangewachsen sind! Man hat ihnen eine ungeheuere Masse neuer Gesetze zur Anwendung gegeben; es sind Aufgaben von einer Schwierigkeit an uns herangetreten, wie sie früher in Jahrhunderten nicht an den deutschen Juristenstand herangetreten sind; die deutschen Juristen mußten sich in eine ganz neue materielle, prozeßrechtliche, staats- und verwaltungsrechtliche Gesetzgebung in ganz kurzer Zeit hineinarbeiten. Nun, haben sie denn versagt? Im Gegentheil, ich glaube, wenn wir die Erfahrungen, wie unsere Zeit sie uns zeigt, wirklich gerecht beurtheilen, so müssen wir sagen: über alles Erwarten ist die Sache gelungen, und unsere Praktiker haben gezeigt, daß sie auch ohne Zwischenprüfungen durchaus auf der Höhe der Zeit und ihrer Aufgabe stehen. (Bravo!)

Prof. Dr. **von Hippel** (Göttingen): M. H., ich wollte nur bemerken, daß von mehreren Seiten hier bereits und außerdem auch von dem Herrn Referenten mir persönlich ausgesprochen worden ist, daß mein Antrag, obwohl die Herren inhaltlich zu einem sehr erheblichen Theile damit übereinstimmen, die heutige Debatte zu schwer belasten und daher für die Abstimmung Schwierigkeiten bereiten möchte. Angesichts dieser Sachlage scheint es mir richtiger, wenn ich den Antrag zurückziehe. (Bravo!) Denn wenn ich denke, daß ich ihn aufrecht erhielte und er in der Minderheit bleiben würde, ein Antrag, in welchem gesagt wird, daß die Reglementirung der Uebungen unerwünscht sei, so kann das, wo möglich gar — im Gegensatz zu der wirklichen Stimmung — als Votum des Juristentages aufgefaßt werden, daß er eine Reglementirung für nothwendig halte. Das möchte ich vermieden haben, und ich möchte die Debatte vereinfachen, indem ich den Antrag zurückziehe, während ich sachlich selbstverständlich den Standpunkt durchaus weiter vertrete. (Bravo!)

Prof. Dr. **Kleinfeller** (Kiel): M. H., ich muß zu meinem Bedauern gestehen, daß ich mich in früherer Zeit als Privatdozent in München bei den Vorberathungen über die Einführung einer Zwischenprüfung für Bayern zu Gunsten der Zwischenprüfung ausgesprochen habe. Um so mehr habe ich heute Veranlassung, meinen jetzt veränderten Standpunkt zum Ausdruck zu bringen.

M. H., Prüfungen sollen den Zweck haben, eine Ausscheidung der Berechtigten und der Nichtberechtigten, der Tauglichen und der Nichttauglichen herbeizuführen, keinen anderen Zweck. Es ist allerdings richtig: thatsächlich hat die Prüfung, hat jede Prüfungsordnung den Erfolg, daß sie dem Studium die Richtung giebt und daß sie auch auf die Intensität des Studiums einen Einfluß ausübt. Aber daraus folgt keineswegs, daß man eine derartige Aufgabe zum Ziele, zum Zwecke der Prüfung machen müßte. Man darf auch nicht sagen: wir müssen die Menschen nehmen, wie sie sind; die Studenten richten sich nun einmal nach der Prüfungsordnung, nach den vorhandenen Prüfungen, folglich müssen wir durch die Prüfung auf ihren Fleiß einwirken und, wenn die eine Prüfung nicht genügt, noch eine zweite einschalten. Das wäre durchaus verkehrt. Ich will auch die Menschen betrachten, wie sie sind, insbesondere die Studirenden. M. H., dabei muß ich leider eine Thatsache konstatiren, die auf den ersten Blick vielleicht starkes Mißfallen erregen wird: mir ist während meiner beinahe neunjährigen Thätigkeit in Preußen die Thatsache aufgefallen, daß eine große Anzahl von Studirenden in dem Reifezeugniß durchweg für alle Fächer nur die dritte Note aufweist. Wenn man nun nach den Gründen des angeblichen Unfleißes fragt, so könnte man leicht sagen, die Leute sind schon auf dem Gymnasium unfleißig gewesen, folglich sind sie es wieder auf der Universität, folglich müssen wir mit irgendwelchen Mitteln darauf drängen, daß sie fleißiger werden. Das wäre durchaus verkehrt. Vor allem dürfen wir keinem, der ein solches Zeugniß hat, den Vorwurf machen oder sagen: „Von Dir ist nicht zu erwarten, daß Du auf der Universität zu besseren Leistungen gelangen wirst"; im Gegentheil, es ist von vornherein anzunehmen, daß jeder unter den veränderten Verhältnissen der akademischen Freiheit, der vollständig veränderten Luft, bei freier Wahl seiner Studien auf der Universität einen Anlauf nimmt, einen Aufschwung nimmt und zu guten Leistungen vordringt, zu guten Erwartungen berechtigt. Ich verwahre mich also ausdrücklich dagegen, als ob ich gegen irgend jemand, der nur dritte Noten im Zeugniß hat, einen Vorwurf erheben wollte und ihm die Befähigung für das Studium überhaupt oder für das juristische Studium absprechen wollte. Das liegt mir ganz fern. Aber das möchte ich betonen: wenn bei einem Theile der Studirenden das Gymnasialsystem mit seiner Beaufsichtigung, mit seinem Drucke, mit der Aussicht auf fortwährende Kontrole keinen besseren Erfolg erzielt hat, als daß so viele nur dritte Noten aufweisen, dann darf man sich ganz gewiß nicht von der Fortsetzung dieses Systems auf der Universität irgendwelchen Erfolg versprechen, dann darf man mit Sicherheit darauf rechnen, daß jede Maßregel indirekten Zwanges, sei es Zwischenprüfung, Zwischenzeugniß oder eine andere Maßregel, nur den nämlichen Erfolg wie auf dem Gymnasium haben wird, die Lust zum Studium herabdrücken wird und die Leistungen gleichfalls herabdrücken wird. Man wird nur Mittelmäßigkeit erzielen; der Staat hat aber gar kein Interesse daran, eine möglichst große Zahl von Juristen heranzubilden, die nur Mittelmäßiges leisten, sondern er hat das entgegengesetzte Interesse, und diesem Interesse dient die Freiheit. Es ist schon vorhin darauf hingewiesen worden, daß der Staat nur in Freiheit erzogene Beamte brauchen kann. Der Beamte kann auch nicht jeden Tag kontrolirt werden, und die etwaige Kontrole, die in der Aufsicht besteht, kann auch nicht jeden Augenblick zur Stelle sein, um gute Leistungen des Beamten zu sichern, sondern der Staat muß sich darauf verlassen können, daß der Beamte aus anerzogenem Pflichtgefühle das thut, was er soll, und die deutsche Rechtsgeschichte beweist, daß sich die Beamten dieser Pflicht bewußt sind, daß sie zur Freiheit in der Freiheit erzogen sind. Deshalb wollen wir die Freiheit festhalten und uns gegen jede Maßregel verwahren, die diese Freiheit beschränkt.

(Kammergerichtsrath Dr. Keyßner stellt den Antrag auf Schluß der Debatte. Nach einer Geschäftsordnungsdebatte, in welcher der Präsident und Prof. Dr. Pappenheim sprechen, wird auf Vorschlag aus der Mitte der Versammlung der Schluß der Rednerliste ausgesprochen. Prof. Dr. Heymann (Königsberg i. Pr.) verzichtet auf das Wort.)

Geh. Hofrat Prof. Dr. **Rosin** (Freiburg i. B.): M. H.! Ich habe ein so ausführliches, vielleicht zu ausführliches Gutachten Ihnen erstattet, daß ich es mir selbst nicht verzeihen könnte, wenn ich jetzt noch Ihre Zeit lange in Anspruch nehmen würde. Ich beschränke mich deshalb auf eine kurze Bemerkung. Ich habe mich für verpflichtet gehalten, in einem Nachtrag zu meinem Gutachten auch auf die inzwischen brennend gewordene Frage der Zwischenzeugnisse einzugehen und habe mit dem Antrage geschlossen: der Juristentag wolle auch die Zwischenzeugnisse als unzweckmäßig verwerfen. Die Herren Referenten haben dies zwar in ihren Antrag selbst nicht aufgenommen, und ich beabsichtige durchaus nicht, Ihnen vorzuschlagen, in dieser Richtung eine Aenderung in der vortrefflichen Resolution eintreten zu lassen, die sie Ihnen unterbreitet haben. Ich möchte nur zur Erläuterung bemerken, daß die außerordentlich lichtvollen Erörterungen der beiden Herren Referenten festgestellt haben, daß selbstverständlich die Nichtaufnahme einer Ablehnung der Zwischenzeugnisse in die vorgeschlagene Resolution nicht deshalb erfolgt ist, weil man dieselben für zweckmäßig oder zweckmäßiger als Zwischenprüfungen erachtete (Heiterkeit), sondern weil man glaubte, daß die Frage der Zwischenzeugnisse mit der Ablehnung des preußischen Gesetzentwurfes definitiv erledigt ist. Und dann, wie mir scheint, auch noch aus einem anderen Grunde, und damit komme ich zu der Rede des Herrn Kollegen Grueber. Ich bin der Ueberzeugung, daß, nach welchen Maßnahmen zwecks einer Zwischenkontrole man auch suchen mag, mag man sie Maßnahmen, Feststellungen oder sonstwie nennen, das wirksame Prinzip in ihnen allen auf das Zwischenexamen und die Zwischenprüfung hinauslaufen wird. Auch die preußische Regierung hat sich mit dem Zwischenzeugniß in der unentrinnbaren Alternative befunden: wenn die Sache ernst genommen wird, ist sie ein Zwischenexamen, sonst eine zwecklose Belästigung. Wie beim Wein und Bier der Alkohol und wie beim Tabak das Nikotin das wirksame Prinzip ist, so bei allen diesen Maßnahmen das Zwischenexamen. (Heiterkeit.) Ich weiß nicht, ob es Herrn Grueber gelingen wird, „Maßnahmen" und „Feststellungen" zu einer Zwischenkontrole ohne das wirksame Prinzip des Zwischenexamens herzustellen. Wenn es gelingt, so danke ich dafür ebenso, wie ich für alkoholfreien Wein und nikotinfreie Cigarren danke. Und deshalb muß man sich darüber klar werden: Wenn man Maßnahmen empfiehlt zur Kontrole dafür, daß der Student in den ersten Semestern die propädeutischen Dinge studirt hat, so kommt das auf ein Zwischenexamen hinaus oder es ist werthlos. Darum bitte ich Sie, den Antrag der Herren Referenten anzunehmen, sich aber bei der Abstimmung zu vergegenwärtigen, was der erste Herr Referent selbst am Schlusse gesagt hat: wir wollen damit gegen alle Art Zwischenkontrolen protestiren und wollen zu Regierung und Volksvertretung sagen: Wenn Ihr uns die sieben Semester gebt, so könnt Ihr sie im vollen Vertrauen geben, daß bei einer wirksamen Einrichtung des ersten Examens sie für die Studirenden nicht nutzlos sein werden.

Professor Dr. **Lehmann** (Rostock): (Namentlich im Anfange schwer verständlich.) Herr Kollege Kahl sagte, daß es dankenswerth wäre, wenn die Vertreter der verschiedenen Universitäten, insbesondere aus verschiedenen Bundesstaaten, ein kurzes Wort sagten. Aus diesem Grunde möchte ich mir ein paar Bemerkungen gestatten als Vertreter einer kleinen Universität, die einem Bundesstaat angehört, der hervorragende Juristen hervorgebracht hat. Wir haben alle diejenigen Dinge, die hier erstrebt werden sollen, bereits erlangt. Unsere Juristen studiren im Allgemeinen nicht unter 8 Semestern, viele 9 Semester; 6 Semester sind eine ganz seltene Ausnahme. Wir haben ferner ein schweres Examen, in dem ein einzelner 4 Stunden geprüft wird, und wir haben endlich einen guten Juristenstand auch unter den Studenten. Wir können mit dem Material zufrieden sein. Wir haben deswegen Gelegenheit zu beobachten: wie ist es jetzt geworden? Wir müssen sagen: der Fleiß und das Interesse hat nicht nachgelassen, aber es hat sich ein gewisser Umschwung vollzogen, es ist die ganze Bildung eine mehr oberflächliche und banausische geworden. Wir können das nicht leugnen, obwohl wir bei uns ein obligatorisches Pandektenkolleg haben, wie es in wenigen deutschen Bundesstaaten existirt. Es ist in unseren Prüfungen unangenehm aufgefallen, daß die Studirenden die Pandektenstellen nicht mehr so geläufig lesen können. Zwei Seelen wohnen jetzt in einer Brust: Auf der einen Seite macht so vieles Neue seine Ansprüche geltend, und auf der anderen Seite sollen die alten Dinge nicht ganz aufgegeben werden. Der Student wird, da er sein Studium meist als Brodstudium betreibt, naturgemäß auf die praktische Seite das Hauptgewicht legen. Wir beobachten das alle Tage, die Allermeisten auch die Tüchtigsten machen es so. Aus diesem dumpfen Gefühl heraus sind die Bestrebungen nach einer Zwischenprüfung m. E. entstanden. Ich selbst bin hierher gekommen, um zu beobachten und zu hören. Bei der geringen Zahl von Studenten, die wir haben, durfte ich mir kein Urtheil anmaßen. Was ich heute gehört habe, davon interessirt mich am meisten der Umstand, daß der Vertreter für Bayern sich dagegen ausgesprochen hat.

Aber die Krankheit bleibt nach wie vor. Es ist gesagt worden: wir müssen ein strenges Referendarexamen haben. Ich möchte hinzufügen: es muß meiner Auffassung nach in höherem Grade auf die historische und theoretische Seite Gewicht gelegt werden, als es bis heute geschieht. Wird das geschehen, dann können wir um das Zwischenexamen herumkommen. Es wäre vielleicht angebracht, noch in den Beschluß einzuschalten: ein strenges Examen, das die theoretische und die praktische Richtung gleichmäßig berücksichtigt. Ich will nicht einen Antrag darauf stellen; ich habe gesehen, daß große Bedenken gegen das Zwischenexamen bestehen, aber wie das Uebel, das ich beobachtet habe, beseitigt werden soll, darüber bin ich nicht belehrt worden. Der Student steht im Allgemeinen auf dem Standpunkte: die Hauptsache bleibt doch das bürgerliche Gesetzbuch, und wird sich darnach richten. Wenn man ihn dazu drängt, er solle auch der Theorie mehr gerecht werden, so ist es vielleicht möglich, daß wir mehr erreichen als durch ein Zwischenexamen.

Prof. Dr. **Sokolowski** (Moskau): Ich bitte die hochverehrten Anwesenden um Entschuldigung, daß ich als Ausländer in einer durchaus internen Angelegenheit das Wort ergreife. Indessen komme ich nicht mit Vorschlägen, sondern mit einer bescheidenen Bitte. Die Wucht und Autorität der Lehranstalten deutscher Zunge ist eine so hervorragende, daß wir, was hier in Deutschland geleistet wird, vielfach in ganz Europa als maßgebend betrachten. Ich mache darauf aufmerksam, daß in Zeiten innerer Verwicklungen auf den russischen Hochschulen wir unsere Blicke oftmals den vollkommeneren Zuständen in den deutschen Lehranstalten zuwandten. In vielem sind wir noch weit von Ihnen entfernt. Zwischen uns liegt das, was Deutschland groß gemacht hat, was in den Zeiten der Erniedrigung stets den Glauben an deutsche Größe wach gehalten hat: der intensive Einfluß des deutschen Hauses und namentlich der deutschen Schule. Diese wichtigen Faktoren haben auch heute verschiedene Redner mittelbar hervorgehoben, indem sie die Reife und Arbeitslust der deutschen Studenten würdigten. Der wohlthätige vorbereitende Einfluß des Hauses und der Schule ist bei uns ein nur geringer, so daß wir auf der Universität vieles nachzuholen haben, was früher versäumt wurde.

Wenn ich nun auch Ihnen in der Verwerfung der Zwischenprüfungen für deutsche Universitätsverhältnisse vollkomme beistimme, so können wir diese drückende, ich möchte sagen barbarische, Maßregel doch schwer entwehren. M. H., dasjenige, was hier auf dem Deutschen Juristentage von Praktikern und Theoretikern eifrig erwogen und mit guten Gründen beschlossen worden ist, wird weithin vernommen, und vielfach von Freunden und Gegnern ausgebeutet werden, und darum richte ich an Sie das Gesuch, die energische Ablehnung der Zwischenprüfung zu begründen unter Hinweis auf die Reife und gute Vorbildung der deutschen Studenten. Thatsächlich hat dieses Motiv durch alle Reden hindurchgeklungen und ich kann es gewissermaßen als Leitmotiv der heutigen Debatte bezeichnen.

Um uns vor schädlicher Nachahmung zu sichern, ist es von großer Wichtigkeit, daß wir Ihren Beschluß auf die besonderen Verhältnisse Deutschlands zurückführen können. Diese Begründung wird Sie nicht schädigen, für uns ist sie von zweifellosem Nutzen. Lassen Sie den Satz: „quod tibi non nocet, et mihi prodest, ad id potes compelli" im Sinne eines moralischen Druckes auf sich wirken.

(Bravo und Händeklatschen.)

Prof. Dr. **Hiller** (Graz): M. H., fürchten Sie nicht, daß ich etwa noch in letzter Stunde versuchen werde, irgend eine Lanze für die Zwischenprüfung zu brechen! Das wäre verlorene Liebesmüh', die Diskussion war ohnedieß schon lange genug, und noch andere wichtige Fragen harren Ihrer.

Die Schlacht für die Zwischenprüfung war verloren, ehe sie begonnen hatte; sie wäre schon in Bamberg verloren gewesen, wenn es nicht durch meinen Antrag, der damals freundliche Zustimmung fand, gelungen wäre, die Diskussion auf heute zu verschieben.

Ein Hauptgrund, aus dem ich noch am Schlusse um's Wort gebeten habe, war der, daß ich meine lieben Kollegen aus Oesterreich ersuchen wollte, bei der Abstimmung über diese Frage sich der Stimme zu enthalten. Ich halte es, wie es naheliegend ist, für nicht ganz taktvoll, noch für opportun, wenn wir, die wir die Institution seit beinahe 50 Jahren kennen, schätzen, hochhalten, hier dafür stimmen oder versuchen wollten, irgend wie Ihre, sicher vorauszusehende lebhafte Einstimmigkeit dadurch ein bißchen, wie wir in Oesterreich sagen, zu verschandeln. (Heiterkeit.)

M. H., das hätte gar keinen Zweck und überdieß hätte vielleicht die Zahl unserer Stimmen einen etwas homöopathischen Beigeschmack. Deshalb bitte ich meine verehrten anwesenden Kollegen aus Oesterreich, sich bei der Abstimmung einfach der Stimme zu enthalten.

Ich muß noch etwas fragen. Herr Kollege Oertmann rechnet Herrn Kollegen Kipp zu den Gegnern der bayerischen Zwischenprüfung.

M. H., mir ist nur bekannt sein Aufsatz in der „Deutschen Juristenzeitung" vom März 1901, und ich weiß nicht — bin ich vielleicht vollkommen konfus geworden? — aber darin ist doch keine Gegnerschaft von Herrn Kollegen Kipp zum Ausdruck gekommen? Oder hat Herr Kollege Kipp später etwas veröffentlicht, was mir unbekannt ist? Vielleicht werde ich mich dann noch mit Herrn Kollegen Oertmann darüber verständigen. Aber ich glaube, daß Alle, die jene Aeußerung des Herrn Kipp kennen, ihn doch zu den Gegnern der Zwischenprüfung entschieden nicht rechnen können.

Nun, m. H., glaube ich, daß meine Stellung eine so gesicherte ist, nach den eingehenden Ausführungen meines Gutachtens, um jetzt die Herren bitten zu können, mir zu gestatten, daß ich diesen Rückzug — (Rückzug ist es eigentlich nicht, sondern Todtschlag, der an den Freunden der Zwischenprüfung leichten Herzens verübt wird) — (Heiterkeit) antrete, indem ich meinen Standpunkt noch einmal kurz betone. Ich habe durchaus nicht für die Zwischenprüfung selbst in Bamberg kämpfen wollen, sondern, da die ganze Sache dunkel und unklar war, da viele Kollegen noch nicht über die Zwischenprüfung und alle ihre Details informirt erschienen, war es nothwendig, daß wir aus Oesterreich sagten, wie die Einrichtung bei uns war und ist, und wie wir davon denken. Dann kam mir die ehrenvolle Aufforderung zu, ein Gutachten zu schreiben. Die Herren, die die Güte und Selbstlosigkeit gehabt haben, sich mit seiner Lektüre zu beschäftigen, werden wissen, was ich gesagt habe. Ich kann nichts Neues hinzufügen. M. H.! — Verzeihen Sie, daß ich aber doch das Eine sage —: ich kann nicht finden, daß meine Bemerkungen und Argumente, mit denen ich für die Zwischenprüfung eingetreten bin, durch die Gegengründe heute und durch die sehr verdienstvollen Referate absolut widerlegt seien und zurückgedrängt würden. Aber die Sache ist fertig, m. H., Sie wollen die Zwischenprüfung nicht, Sie verabscheuen, Sie verwerfen Sie! Der Umschwung zu ihrem Nachtheil ist längst vollzogen, während die Stimmung für die Zwischenprüfung bis in die 80er Jahre vorherrschend war, wie Herr Kollege Rosin sehr ausführlich und gründlich und ich etwas kürzer, aber, so weit es sich um diese Frage handelt, so eingehend, wie ich nur konnte, dargelegt und dabei nachgewiesen habe, daß der Standpunkt gegenüber den Zwischenprüfungen damals ein anderer war.

Etwas gefreut hat's mich aber, daß ich doch auch heute nicht rarus nans in gurgite vasto blieb! (Heiterkeit.) Es hat sich Herr Kollege Grueber dafür ausgesprochen, und wenn ich mich nicht getäuscht habe, kann ich auch Herrn Kollegen Lehmann nicht ganz zu den Feinden und

Gegnern der Zwischenprüfung rechnen auf Grund dessen, was er von dem propädeutischen Werthe derselben, und was er über das Pandektenstudium gesagt hat, wenn ich auch nicht behaupten will, er sei so für die Zwischenprüfung eingetreten, wie ich es durch mein Gutachten gethan habe.

Aber Eines muß ich noch zum Schlusse, nämlich meinen Dank aussprechen an die Herren Kollegen Enneccerus, Kahl und die anderen Gegner, namentlich an die Herren Degenkolb und Rosin, für ihre Stellungnahme gegen die Zwischenzeugnisse und Zwangsübungen. Denn das war unbedingt nothwendig, und ich freue mich, daß sich alle Herren in so energischer Weise hierüber ausgesprochen haben. Es wäre nicht übel, wenn die Abtheilung des Juristentages in irgend einer Form, die sie für gut findet, aussprechen möchte, daß sie das Zwischenzeugniß ablehnt. Aber ich werde mich hüten, darauf einen Antrag zu stellen, denn mein einziger und einmaliger Durchfall genügt mir vollständig.

(Heiterkeit.)

Nun, m. H., zuletzt nur noch die Mittheilung, daß ich das dreißigjährige Jubiläum meiner Zugehörigkeit zum Juristentage mit dieser Niederlage begehe. Das Eine hat sie für sich, daß sie nicht überraschend kam, während man doch sonst gewöhnlich einem sogenannten Jubilar mit einer Ueberraschung kommt. (Heiterkeit.) Also überrascht bin ich nicht, aber Sie können versichert sein, daß ich mich deshalb weder gekränkt noch verletzt fühle, sondern daß es mir immer eine recht heitere Erinnerung sein wird, am Schlusse der dreißig Jahre meiner Mitgliedschaft beim Deutschen Juristentage so gesiegt zu haben wie heute!

(Große Heiterkeit, lebhaftes Bravo und Händeklatschen.)

Prof. Dr. **Oertmann** (Erlangen): (Zu einer persönlichen Bemerkung.) Ich habe nicht gesagt, daß Herr Professor Kipp Gegner der Zwischenprüfung ist, ich habe nur auf die Bedenken und Erfahrungen aufmerksam gemacht, die er in seinem Aufsatze niedergelegt hat. Er hat allerdings konstatirt, daß die Ergebnisse außerordentlich gering wären, und darum glaubte ich ihn insoweit als Eideshelfer gegen die Zwischenprüfungen verwerthen zu dürfen.

Landger.-Präsident Dr. **Dorner** (Karlsruhe): Meine Herren! Nach dem Verlaufe der heutigen Debatte glaube ich nur weniges noch sagen zu sollen. Ich hole, dem Wunsche des Herrn Geheimrats Rosin entsprechend, die Erklärung nach, daß eine ausdrückliche Erwähnung der Zwischenzeugnisse von meiner Seite nur deshalb unterblieben ist, weil ich in diesem Punkte, wie in so vielen anderen, mich lediglich anschließen konnte und wollte dem, was der erste Berichterstatter schon vorgetragen hatte. Ich bin durchaus der Meinung, daß das Zwischenzeugniß der gleichen Beurtheilung unterliegt wie die Zwischenprüfungen, und dasselbe gilt auch von jeder anderen Art der Feststellung oder von Maßnahmen zur Kontrole der Ergebnisse der Studien, wie sie in dem Antrage Grueber des Näheren bezeichnet sind. Es ergiebt sich daraus von selbst, daß ich auch diesen Anträgen gegenüber eine ablehnende Stellung einnehme. Ich habe den Eindruck, daß das, was zur Begründung dieser Anträge vorgetragen ist, schon im Voraus seine Widerlegung gefunden hatte, sowohl durch die Ausführungen des ersten Herrn Berichterstatters wie durch die des Herrn Prof. Oertmann. Im Uebrigen bleibt, soviel ich sehe, nur noch der Antrag Scherer, und dem gegenüber glaube ich, gilt dasselbe, was gegenüber dem zurückgezogenen Antrage des Herrn Prof. von Hippel schon geltend gemacht ist, daß man damit die heutige Verhandlung mit einem weiteren Gegenstande belasten würde, der ihr fremd ist und der auch zweckmäßiger Weise ihr fremd bleiben muß. Es kann das um so mehr geschehen, als die Frage, ob und inwieweit ein einheitlicher Studiengang und eine einheitliche Ordnung der Prüfungen sich empfiehlt, Gegenstand der Berathungen und der Beschlüsse des vorigen Juristentages gewesen ist, und es ist dort unter I, 1 der Beschlüsse ausdrücklich das gesagt, daß eine einheitliche Ordnung geboten sei hinsichtlich des Maßes der Anforderungen an das juristische Studium. Damit ist, glaube ich, in der Hauptsache das getroffen, was dieser Antrag erreichen will, allerdings insofern nicht, als man den Weg zur Erreichung der Einheitlichkeit damals dahin bezeichnet hat, daß es sich zunächst zweckmäßiger Weise nicht um eine reichsgesetzliche Regelung, sondern um eine Verständigung unter den deutschen Bundesregierungen handeln sollte. Ich glaube, dieser Weg ist auch heute noch der richtige, und es sollte deshalb bei den Wünschen des vorigen Juristentages bleiben. Er ist heute noch der richtige, weil man bei einer einheitlichen reichsrechtlichen Ordnung des Prüfungswesens nicht gut daran thut, sofort den Weg der Reichsgesetzgebung zu betreten. Es handelt sich dabei um Maßnahmen tiefeingreifender Natur, über deren Bewährung nur die Erfahrung sprechen kann und die an der Hand der Erfahrung einer Aenderung unterliegen können und sollen, die sie leichter finden werden, wenn man nicht sofort alles gesetzlich festgelegt hat. Ich schließe damit meine Ausführungen.

(Bravo!)

Geh. Justizrath Prof. Dr. **Enneccerus** (Marburg): Meine Herren! Was den Antrag des Herrn Dr. Scherer betrifft, der Zwischenprüfungen wenigstens nach einer Vereinheitlichung des gesammten Examenrechtes für zulässig erklärt, so möchte ich glauben, daß fast sämmtliche Gründe, welche die Redner — nicht bloß die Referenten, sondern überhaupt die Redner — entwickelt haben gegen die Zwischenprüfungen, auch dann bestehen bleiben würden; nur ein Grund, die bei Einführung der Zwischenprüfung eintretende Beschränkung der Freizügigkeit würde zwar nicht aufgehoben, aber abgeschwächt. Das im Einzelnen zu entwickeln, wird mir aber wohl erlassen werden. Herrn Prof. von Hippel bin ich aufrichtig dankbar, daß er unser Votum nicht bloß geklärt, sondern in seiner Kraft dadurch gestärkt hat, daß er Fragen, die in der That unausgetragen sind und die durch einen Antrag von so allgemeiner Fassung auch gar nicht festgestellt werden könnten, durch die Zurückziehung seines Antrages ausgeschieden hat. Was die Ausführungen des Herrn Kollegen Grueber betrifft, so stimme ich, und ich glaube wohl wir alle, in dem Punkte zu, daß wir die Bedeutung der Grundbegriffe des römischen und deutschen Privatrechtes auch fürder im Unterricht voll aufrecht erhalten wollen. Wir meinen nun aber, daß diese Grundbegriffe in der Encyklopädie dem Studirenden nicht voll überliefert werden und werden können; wir meinen, daß das römische Recht nicht bloß in den propädeutischen Vorlesungen traktirt werden soll, sondern daß es zu seiner ganzen Bedeutung, zu seiner Durchleuchtung des bürgerlichen Gesetzbuches nur im Zusammenhange mit der Behandlung des bürgerlichen Gesetzbuches selber gebracht werden kann. Wenn das aber wahr ist, dann müssen wir eine propädeutische Vorprüfung verwerfen, weil sie die Meinung der Studirenden von dem, was eigentlich das römische Recht bedeutet und werth ist, nur beirren würde. Dann müssen wir sie ferner verwerfen, weil wir sonst den von allen Rednern dargelegten Schaden herbeiführen würden, daß das römische Recht nach der Zwischenprüfung mehr oder weniger in die Ecke geworfen wird. Und was ich eben vom römischen Recht sagte, das gilt mit etwas veränderter Fassung auch vom älteren deutschen Recht. Deshalb glaube ich: so sehr wir der Gesammtrichtung des Herrn Kollegen Grueber zustimmen, können wir uns doch nicht bewogen fühlen, in der Mitte der Studienzeit, sei es eine Prüfung, sei es irgend welche andere Maßregel zu empfehlen. Aber das ist ja in den Anträgen der Referenten, die, wie es scheint, auf ziemlich allgemeine Annahme zu rechnen haben, ausdrücklich gesagt, daß alle die genannten Fächer durch Verschärfung der Prüfung, durch die Pflege der Uebungen, durch die Verlängerung der Studienzeit gefördert und gekräftigt werden sollen.

Was die Worte des Herrn Kollegen Rosin betrifft, so will ich ihm gern bestätigen, daß, soviel ich gehört habe, nicht von einer einzigen Seite das Zwischenzeugniß gelobt oder auch nur für erträglicher wie die Zwischenprüfungen erklärt worden ist; ja schon ich als Referent, und ebenso andere nach mir, haben sich entschieden gegen das Zwischenzeugniß erklärt, was ich auch dem Herrn Kollegen Hiller gegenüber schon durch einen Zwischenruf hervorhob.

Wenn Herr Kollege Lehmann endlich wünscht, daß der Inhalt der Prüfung für das erste Staatsexamen etwas genauer dahin angegeben werde, daß auf die historischen Fächer besonderer Werth gelegt werden sollte, so sind, meine Herren, derartige Bestimmungen in den preußischen Verordnungen über das Examen bereits enthalten. Es liegt also an der Praxis, nicht an der Theorie des Examens, wenn hier oder da, was übrigens gar nicht überall der Fall ist, auf die Rechtsgeschichte zu wenig Werth gelegt werden sollte. Ich meine nun: wenn aus einem besonderen Grunde in Details einer direkt nicht auf der Tagesordnung stehenden Frage eingegangen werden sollte, dann müßte man erst genauer nachprüfen, ob wirklich der thatsächliche Zustand die Hervorhebung dieses Punktes rechtfertigt, und deshalb würde ich doch wünschen — ich glaube Herr Kollege Lehmann hat keinen Antrag gestellt — daß wir uns heute nicht mit der Frage beschäftigen. Im Uebrigen ist das, was er gesagt hat, wohl der ziemlich allgemeinen Zustimmung in diesem Kreise gewiß. Ich freue mich, m. H., daß, wie es scheint, eine sehr überwiegende Majorität gegen die Zwischenprüfung und für die anderen Ihnen vorgeschlagenen Maßnahmen sich erklären wird. Ich freue mich dessen, weil ein mit 1 oder 2 Stimmen Majorität gefaßter Beschluß naturgemäß wenig Bedeutung haben würde, sondern nur die Wucht der großen Mehrheit es ist, welche diesen Beschlüssen ihre ganze Bedeutung giebt, natürlich neben der Diskussion und den in ihr entwickelten Gründen.

(Bravo! und Händeklatschen.)

Vorsitzender: In Bezug auf die Vorschläge des Herrn Sokolowski ist kein Antrag gestellt. Dann, m. H., schreiten wir zur Abstimmung.

In der Abstimmung wird der Antrag Scherer einstimmig abgelehnt. Dazu bemerkt der Präsident:

Auch nicht die eine Stimme, die sonst für Anträge des Herrn Dr. Scherer vorhanden zu sein pflegt. (Heiterkeit.)

Hierauf wird der Antrag Grueber zurückgezogen. Kammergerichtsrath Dr. Keyßner beantragt getrennte Abstimmung über den Antrag der beiden Referenten hinsichtlich der 7 Semester und wird darin von dem Geh. Justizrath Prof. Dr Enneccerus unterstützt. Der erste Theil des Antrages wird mit sehr überwiegender Mehrheit angenommen, der Schluß des Antrages von „ferner“ bis „werde“ gegen 6 Stimmen. Der

Vorschlag des Präsidenten, dem Plenum diesen Beschluß nur zur Kenntnißnahme zu überweisen und den Referenten, Geh. Justizrath Prof. Dr. Enneccerus, auch zum Referenten für das Plenum zu bestimmen, wird hierauf einstimmig angenommen. Darauf werden die weiteren geschäftlichen Dispositionen für die Nachmittagssitzung mitgetheilt.

Vorsitzender: Ich wollte nur hier noch mittheilen, daß die Photographische Gesellschaft gebeten hat, die Abtheilung, soweit sie an der Frage des Rechtes am eigenen Bilde betheiligt ist, photographiren zu dürfen. (Heiterkeit.) Ich habe mich nicht für berechtigt gehalten, als Vorsitzender die Erlaubniß zu geben, weil ich nicht beurtheilen konnte, ob das nicht nachher gegen unsere Beschlüsse verstoßen würde. (Heiterkeit.) Denn hier entsteht die schwierige Frage, ob das etwa als die Photographirung einer juristischen Person aufzufassen ist und ob da etwa der Vorsitzende oder die Majorität über das Bildniß der einzelnen Mitglieder zu entscheiden hat. (Heiterkeit.) Ich möchte aber, wenn kein Widerspruch erfolgt, annehmen, daß eben Niemand gegen das Erscheinen eines Photographen, falls wir überhaupt noch zur Erledigung dieser Angelegenheit kommen, etwas einzuwenden hat.

(Hierauf wird die Sitzung um 12 Uhr bis 3/4 1 Uhr vertagt.)

Fortsetzung der zweiten Sitzung der ersten und zweiten Abtheilung

Nachmittags 3/4 1 Uhr.

Vorsitzender Geh. Justizrath Prof. Dr. **Gierke** (Berlin): Ich eröffne die Sitzung wieder. Wir treten ein in die Berathung der Frage wegen der Ausdehnung der Haftpflicht auf Kraftwagen. Ich ertheile dem ersten Herrn Referenten das Wort.

Berichterstatter Regierungsrath Dr. **Eger** (Berlin): Mein Antrag geht dahin: 1. Ausdehnung der Eisenbahnhaftpflicht auf die Betriebsunternehmer von Kraftfahrzeugen nach Maßgabe der §§ 1, 3—10 des Reichshaftpflichtgesetzes vom 7. Juni 1871 und des § 25 des preußischen Eisenbahngesetzes vom 3. November 1838, und 2. Einführung von Zwangsgenossenschaften der Kraftfahrzeug-Unternehmer behufs Tragung der Schadenersatz-Leistungen nach Maßgabe der Unfallversicherungsgesetze.

Ueber die Frage der Ausdehnung der Haftpflicht auf Kraftfahrzeuge liegt ein umfassendes und gut begründetes Gutachten des als tüchtiger

Kenner der Straßenbahnkunde und des Straßenbahnrechtes hochangesehenen Prof. Dr. Hilse vor, dem ich in wesentlichen Punkten beitrete. Auch von anderer hervorragender Seite, insbesondere von Herrn Prof. Dr. Meili in Zürich, sind über diese Frage inzwischen Veröffentlichungen erfolgt, welche in der Hauptsache die Hilse'sche Auffassung unterstützen.

I.

An den Eingang meines Referats darf ich wohl als allgemein anerkannt den auch von Hilse und Meili ihren Erörterungen zu Grunde gelegten Satz stellen, daß in den Automobilen oder Kraftfahrzeugen ein neues Transportmittel von großer und bleibender Bedeutung für den öffentlichen Verkehr, aber auch von eigenartiger und außergewöhnlicher Gefährlichkeit entstanden ist.

Die große und bleibende Bedeutung der Kraftfahrzeuge für den öffentlichen Verkehr gründet sich im Vergleiche mit durch thierische Kraft bewegten gewöhnlichen Fahrzeugen auf die bei weitem erheblichere Geschwindigkeit, Triebkraft und Tragfähigkeit in Verbindung mit verhältnißmäßig geringeren Kosten der Unterhaltung und des Betriebes, — im Vergleiche mit Eisenbahnen, Klein- und Straßenbahnen auf die größere Handlichkeit, Beweglichkeit und Verwendbarkeit, namentlich im Kleinbetriebe, welche insbesondere auf der Unabhängigkeit von Schienensträngen, der dadurch ermöglichten Benutzung aller Fahrstraßen und -Wege, sowie den erheblich geringeren Kosten der Herstellung, des Betriebes und der Unterhaltung beruht. Aus diesen Gründen sind die Kraftfahrzeuge als Transportmittel nicht nur zum Sport und zur Bequemlichkeit, sondern auch zum privaten gewerblichen Verkehr und zum Dienste öffentlicher Verwaltungen, — z. B. der Militär-, Post-, Kommunalverwaltung — vielfach im Gebrauch und ihr Betrieb ist in rasch steigender Entwicklung begriffen, welche über ihre bleibende und hervorragende Verwendung im öffentlichen Verkehre keinen Zweifel läßt und ihnen eine große Zukunft sichert.

Die eigenartige und außergewöhnliche Gefährlichkeit der Kraftfahrzeuge besteht im Vergleiche mit durch thierische Kraft bewegten gewöhnlichen Fahrzeugen in der bei weitem größeren Betriebskraft, Schnelligkeit und Schwere, welche Unfälle durch Zusammenstöße und Ueberfahren häufiger, umfassender und intensiver machen — im Vergleiche mit Eisenbahnen, Klein- und Straßenbahnen in der Unabhängigkeit vom Schienenstrange, welche eine Beschränkung des Laufes auf bestimmte Straßentheile oder gesonderte Bahnkörper ausschließt, und in der in der Regel mangelhaften oder fehlenden Qualifikation der Führer. Hierzu tritt noch die Möglichkeit einer weit größeren Fahrgeschwindigkeit, nicht nur im Vergleich mit gewöhnlichem Fuhrwerk, sondern auch mit Bahnen, welche an vorgeschriebene, durch Betriebsordnungen, Fahrpläne und Strafbestimmungen genau geregelte Fahrzeiten gebunden sind, ferner die Leichtigkeit des Inbrandgerathens der zur Krafterzeugung im Fahrzeuge befindlichen Stoffe durch Explosion und bei Zusammenstößen.

II.

Kann hiernach sowohl die bleibende Bedeutung der Kraftfahrzeuge für den öffentlichen Verkehr, wie auch ihre eigenartige und besondere Gefährlichkeit für denselben als feststehend angenommen werden, so ergiebt sich nothwendig die Frage, ob zum Schutze der Allgemeinheit die Haftpflicht nach dem vorhandenen Rechtszustande genügt oder eine Ausdehnung der Haftpflicht durch besondere gesetzliche Maßnahmen geboten ist?

Bei der Entscheidung dieser Frage, meine Herren, darf, wie vorausgeschickt werden muß, die rein handelspolitische Erwägung, daß durch eine Verschärfung der Haftpflicht für Kraftfahrzeuge die Entwicklung derselben gehemmt und ein neuer, wichtiger Zweig der heimischen Industrie geschädigt werden könne, irgend ein Einfluß nicht eingeräumt werden. Denn erstens ist eine derartige Störung nicht zu befürchten, weil nach zuverlässigen, sachverständigen Berechnungen die Vortheile bei der Verwendung und die Ersparnisse bei der Herstellung, dem Betriebe und der Unterhaltung der Kraftfahrzeuge im Vergleiche mit gewöhnlichem Fuhrwerk und mit Bahnen so überwiegen, daß die Kosten einer gesteigerten Haftpflicht dem gegenüber nicht in's Gewicht fallen, und überdies durch die Einführung von Zwangsgenossenschaften — nach Art der Unfallberufsgenossenschaften — auch wesentlich erleichtert werden können, und zweitens würde, selbst wenn dies nicht der Fall wäre, der dem Rechte und der Billigkeit entsprechende Grundsatz durchgreifen müssen, daß ein Industriezweig überhaupt Existenzberechtigung nicht besitzt, der nicht in der Lage ist, die Schäden, welche der Betrieb seiner Erzeugnisse der Allgemeinheit zufügt, zu tragen bezw. zu ersetzen.

Sieht man hiernach von handelspolitischen Erwägungen dieser Art ab, so kann mit Rücksicht auf die umfassende und sich immer mehr steigernde Verwendung des neuen Transportmittels und dessen eigenartige und außergewöhnliche Gefährlichkeit im öffentlichen Verkehre kein Zweifel darüber bestehen, daß der vorhandene Rechtszustand nicht genügt, sondern schleunige Schutzmaßnahmen im Wege der Gesetzgebung durch eine Steigerung der Haftpflicht dringend erforderlich sind.

Bisher hat man sich in Deutschland wie auch in den anderen europischen Staaten mit der Einführung besonderer polizeilicher Vorschriften zum Schutze der Allgemeinheit begnügt und ist zu weitergehenden gesetzlichen Maßnahmen nicht geschritten. Der Grund für diese Einschränkung liegt zum Theil in der Neuheit der Materie, der gegenüber noch eine abwartende Stellung eingenommen wird, zum Theil darin, daß das bestehende Recht in mehreren Staaten, z. B. in Frankreich und in der Schweiz einen einigermaßen ausreichenden Schutz in formellprozessualischer, wie in materiellrechtlicher Hinsicht bietet. Daß in erster Reihe zu polizeilichen Schutzmaßnahmen gegriffen wurde, ergab sich aus der Aufgabe der Polizei, prinzipaliter für die Sicherheit des öffentlichen Verkehrs zu sorgen. Die besonderen polizeilichen Verordnungen, welche in Deutschland auf Grund des § 37 der Gewerbeordnung — neben den allgemeinen, den Straßenverkehr regelnden Vorschriften der Ortspolizeibehörden — erlassen wurden, haben sich aber, von mannigfachen Verschiedenheiten im einzelnen abgesehen, im Wesentlichen lediglich auf Bestimmungen beschränkt über die betriebssichere Beschaffenheit und Ausrüstung der Kraftfahrzeuge, ferner Anbringung sichtbarer Erkennungsmerkmale an den Fahrzeugen, ortspolizeiliche Bescheinigungen der bestimmungsmäßigen Beschaffenheit der Fahrzeuge, Pflichten des Eigenthümers, insbesondere zur Bestellung geeigneter und zuverlässiger Führer bezw. den Befähigungsnachweis derselben, Obliegenheiten der Führer vornehmlich in Betreff der Prüfung der Betriebssicherheit vor Antritt der Fahrt, Beschränkung auf bestimmte Straßen, Einhaltung einer vorgeschriebenen Fahrgeschwindigkeit, Beobachtung der gebotenen Signale, ständige Beaufsichtigung des Fahrzeugs, Polizeistrafen für Uebertretung aller dieser Vorschriften.

Mit Rücksicht aber einerseits auf die enorme Gefährlichkeit der Kraftfahrzeuge, sowie anderseits auf den Umstand, daß sie nach ihrer bisherigen rapiden Entwicklung unverkennbar berufen sind, ein allgemeines, auch dem internationalen Verkehre dienendes Transportmittel zu werden, ist die allgemeine Einführung ganz gleichartiger und thunlichst detaillirter Polizeivorschriften mit strengen Strafandrohungen in erster Reihe dringend erforderlich. Die bisher nur vereinzelt erlassenen Vorschriften genügen nicht und bedürfen vornehmlich in folgenden Beziehungen der Ergänzung bezw. Abänderung:

1. Die Vorschrift der Einhaltung bestimmter Fahrgeschwindigkeiten genügt nicht, weil die polizeilichen Aufsichtsorgane im Hinblick auf die

außerordentliche Schnelligkeit und Betriebskraft der Kraftfahrzeuge nicht im Stande sind, das Maß der einzuhaltenden Geschwindigkeit genau festzustellen und Ueberschreitungen zu erweisen. Es ist daher geboten, daß die Bauart und die Konstruktion des Motors der Kraftfahrzeuge von vornherein die Ueberschreitung der vorgeschriebenen Geschwindigkeitsgrenze absolut ausschließt. Dies ist durch behördliche Abnahme und Prüfung aller im öffentlichen Verkehre verwendeten Kraftfahrzeuge festzustellen. Es ist mir, m. H., von Technikern wiederholt mitgetheilt worden, daß es an sich keine Unmöglichkeit ist, Motoren derart einzurichten, daß von vornherein eine größere Geschwindigkeit nicht stattfinden kann. Damit würden sich alle polizeilichen Vorschriften über die Fahrgeschwindigkeit erübrigen, die gegenwärtig nothwendig sind, um die Geschwindigkeit zu kontroliren. Die Polizeiverordnung von Berlin schreibt z. B. vor, daß der Motor nicht schneller als ein schnell trabendes Pferd gehen soll, in verkehrsreichen Straßen nur wie ein langsam trabendes Pferd. Derartige Bestimmungen stehen nur auf dem Papiere, denn die Polizeiorgane sind nicht in der Lage, neben ihren sonstigen Obliegenheiten diese Geschwindigkeitsgrenzen festzustellen. Dagegen würde eine große Gefahr beseitigt, wenn die Motoren so gebaut werden, daß eine größere Fahrgeschwindigkeit überhaupt nicht möglich ist.

2. Der Befähigungsnachweis zur Führung von Kraftfahrzeugen darf nicht vereinzelt, sondern muß allgemein unter bestimmten Erfordernissen an das Alter, die technische Ausbildung und Qualifikation der Führer vorgeschrieben und durch behördliche Prüfung und Bescheinigung erbracht werden.

3. Es sind ferner allgemeine grundlegende Normen für die Bauart und Ausrüstung, die Betriebssicherheit und die Beschaffenheit vorzuschreiben und die Prüfung und Bescheinigung nach allgemein gültigen Grundsätzen zu regeln.

4. Es sind nicht nur, wie bisher, präventive Sicherheitsvorschriften für die Unternehmer, sondern auch zugleich koerzitive Bestimmungen zum Schutze des Publikums nach Art der bezüglichen Normen der Eisenbahnbetriebsordnungen erforderlich, insbesondere Strafandrohungen für das unbefugte Betreten, Ingangsetzen und Beschädigen der Kraftfahrzeuge durch Dritte, Nachahmung von Signalen und Merkmalen, überhaupt Vornahme aller den Automobilenbetrieb störenden Handlungen.

5. Endlich ist mit Rücksicht auf die sich immermehr steigernde Verwendung der Kraftfahrzeuge im internationalen Verkehre die Regelung der empfohlenen Maßnahmen durch internationale Vereinbarungen anzustreben.

Wie weit sich aber auch, m. H., die polizeilichen Maßnahmen erstrecken mögen und wie zweckmäßig und eingreifend sie gestaltet werden, so können sie doch mit Rücksicht auf die außerordentliche und steigende Verbreitung und Gefährlichkeit der Kraftfahrzeuge, sowie den großen Umfang der erfahrungsmäßig zu gewärtigenden Körper- und Sachschäden für sich allein zum Schutze gegen die drohende allgemeine Gefahr und zum Ausgleiche der zu befürchtenden Nachteile nicht ausreichen.

Polizeiliche Maßnahmen und Vorschriften können stets nur präventiv oder koerzitiv wirken, sie vermögen jedoch der Natur der Sache nach nicht, dem Beschädigten zum Ersatze seines Schadens zu verhelfen. Dazu genügen aber in Fällen der vorliegenden Art auch die allgemeinen Normen des bestehenden bürgerlichen Rechts über die Verpflichtung zum Schadenersatz aus unerlaubten Handlungen nicht. Denn das B.G.B. verlangt, wie auch das Rechtsgutachten von Herrn Professor Hilse ganz richtig ausführt, grundsätzlich und als Regel zur Begründung derartiger Schadenersatzforderungen, daß ein Verschulden des Geschäftsherrn oder der von ihm bestellten Person nachgewiesen wird. Sowohl § 823 des B.G.B., Haftung für eigene unerlaubte Handlungen, wie § 831, Haftung des Geschäftsherrn für unerlaubte Handlungen der von ihm zu einer Verrichtung bestellten Personen, gehen von dem Verschuldungsprinzip aus, d. h. erfordern den Nachweis, daß der Schaden durch eine vorsätzliche oder fahrlässige widerrechtliche Handlung oder durch den Verstoß gegen ein den Schutz eines Anderen bezweckendes Gesetz herbeigeführt worden ist. Die Haftpflicht des Geschäftsherrn für seine Beauftragten ist noch dadurch erleichtert, daß er sich durch den Nachweis mangelnder culpa in eligendo vel inspiciendo exkulpiren kann.

Nnr in wenigen Ausnahmefällen weicht das B.G.B. von dem Verschuldungsprinzip ab und gewährt den Schadenersatzanspruch aus dem Veranlassungs- oder Gefährdungsprinzip, nämlich in den gewissermaßen eine gesetzliche Garantiepflicht aufstellenden §§ 833 und 834 (Haftung des Thierhalters für Beschädigung durch Thiere), § 835 (Haftung des Jagdberechtigten für Wildschäden) und §§ 836 bis 838 (Haftung für den Einsturz eines Gebäudes).

Nun ist es zwar, m. H., im Allgemeinen bei schadenbringenden Ereignissen des gewöhnlichen Verkehrslebens nicht mit übergroßen Schwierigkeiten verknüpft, die beiden Voraussetzungen der Haftung, die den Schaden verursachende Handlung und das Verschulden des Handelnden, also causa und culpa, festzustellen und zu erweisen. Anders aber stellt sich diese Frage, wenn schädigende Ereignisse in Betracht kommen, bei welchen durch eine Reihe besonderer Momente die Feststellung und der Nachweis dieser Voraussetzungen außergewöhnlich schwierig oder in der Regel unmöglich wird. Alsdann erscheint es mit den Grundsätzen der Billigkeit und des Rechtes nicht vereinbar, den Anspruch des Beschädigten von Nachweisen abhängig zu machen, die er nicht zu erbringen vermag, mit anderen Worten sein Schadenersatzrecht zu einem illusorischen zu machen. Häufen sich erfahrungsgemäß solche Schadensfälle an Zahl und Umfang, wie bei einer Reihe besonders gefährlicher Unternehmungen und Betriebe, so ist es Sache der Gesetzgebung, durch Spezialgesetze einzugreifen und dem Beschädigten, abweichend von den allgemeinen Normen, zu seinem Rechte zu verhelfen und die Erlangung des Schadenersatzes zu erleichtern. Von diesen Erwägungen aus ist z. B. in Preußen durch § 25 des Eisenbahngesetzes vom 3. November 1838 die Haftpflicht der Eisenbahnunternehmer für Körper- und Sachschäden bei der Beförderung auf Eisenbahnen und im Reiche durch das Haftpflichtgesetz vom 7. Juni 1871 die Haftpflicht der Unternehmer von Eisenbahnen, Bergwerken und Fabriken für Körperschäden beim Betriebe geschaffen worden.

Was nun die Schäden durch Kraftfahrzeuge anlangt, so ist es erfahrungsgemäß in den seltensten Fällen möglich, mit Rücksicht auf die Plötzlichkeit und den schnellen Verlauf der Unfälle, die große Fahrgeschwindigkeit, die daraus folgende leichte Möglichkeit des Entkommens den Thatbestand, insbesondere die Person des Schuldigen, das Verschulden, namentlich den etwaigen Verstoß gegen polizeiliche Verordnungen, sowie die Eigenschaft des Schuldigen als Eigentümer, Unternehmer oder Beauftragter festzustellen. Auch die polizeilichen Bestimmungen, welche leicht sichtbare Erkennungsmerkmale vorschreiben, reichen — insbesondere bei Staub, Nebel, Schneegestöber, absichtlicher Anbringung falscher Merkmale u. s. w. — nicht aus, um eine genaue Feststellung zu bewirken. Weder die causa noch die culpa lassen sich in den bei weitem meisten Fällen erweisen, und was nützt dem Beschädigten das Prinzip der freien Beweiswürdigung, wenn er nicht im Stande ist, diese notwendigen Bestandtheile des Thatbestandes genügend darzulegen?

Es ergiebt sich daraus die Nothwendigkeit, im Wege der Gesetzgebung im Hinblick auf die außerordentliche Gefährlichkeit des Automobilenbetriebes und den Umfang der aus denselben erwachsenen Schaden materiell-rechtlich die Haftpflicht der Unternehmer zu erhöhen und die Ersatzleistungen zu fixiren, sowie prozessualisch die Beweislast dem Geschädigten thunlichst zu erleichtern.

Auf civil-rechtlichem Gebiete zeigen sich hier drei Wege, nämlich

1. Gleichstellung der Haftpflicht des Unternehmers von Kraftfahrzeugen mit der Haftpflicht des Thierhalters (§ 833 B.G.B.), oder 2. mit der Haftpflicht des Bergwerks-, Steinbruchs- und Fabrikunternehmers (§ 2 des Haftpflichtgesetzes vom 7. Juni 1871), oder 3. mit der Haftpflicht des Eisenbahnunternehmers (§ 1, Haftpflichtgesetz vom 7. Juni 1871).

1. Die Gleichstellung mit der Haftpflicht des Thierhalters ist nicht zu empfehlen. Denn für die Haftpflichtbestimmung des § 833 des Bürgerlichen Gesetzbuches war lediglich die Eigenartigkeit des Wesens der Thiere als selbständiger, eigenwilliger Individuen, der durch diese herbeigeführten Schäden, sowie ihres Verhältnisses zum Thierhalter maßgebend. Das fehlerloseste, bestgehütete Thier kann Schäden herbeiführen, während Schäden aus dem Betriebe von Kraftfahrzeugen in der Regel entweder auf der Mangelhaftigkeit des Fahrzeuges oder des Führers beruhen. Eine innere Verwandtschaft mit der mechanischen Natur und dem Betriebe der Kraftfahrzeuge besteht in keiner Weise. Die Aehnlichkeiten haben rein äußerlichen Charakter. Es würde daher in hohem Grade bedenklich sein und zu einem ungesunden Zustande führen, die exceptionelle Haftpflicht für Thiere auf ihrem Wesen und ihrer Natur nach vollständig fremde Objekte zu übertragen.

2. Ebenso wenig empfiehlt sich aber die Gleichstellung mit der Haftpflicht der Bergwerks-, Steinbruchs- und Fabrikunternehmer. Diese haften nach § 2 des Haftpflichtgesetzes vom 7. Juni 1871 für Körperschäden, welche durch Verschulden eines Bevollmächtigten oder eines Repräsentanten oder einer zur Leitung oder Beaufsichtigung des Betriebes oder der Arbeiter angenommenen Person in Ausführung der Dienstverrichtungen herbeigeführt worden sind. Zur Begründung des Haftpflichtanspruches muß also der Geschädigte nicht nur die Thatsache der Beschädigung darthun, sondern auch den lästigen, überaus schwierigen und in den meisten Fällen nicht zu erbringenden Nachweis des Verschuldens eines solchen Angestellten an der Beschädigung in Ausführung seiner Dienstverrichtungen führen. Nur insofern tritt im Vergleich mit den allgemeinen Normen des § 831 des B.G.B. eine Erleichterung für den Beschädigten ein, als das Verschulden des Angestellten dem Betriebsunternehmer auch dann zugerechnet wird, wenn es nicht in eigenen Handlungen, sondern in Handlungen seiner in § 2 des Haftpflichtgesetzes bezeichneten Vertreter liegt, gleichviel ob ihm eine culpa in ihrer Auswahl oder Beaufsichtigung zur Last fällt, indem rechtlich der Unternehmer und diese Vertreter gewissermaßen ein Ganzes repräsentiren. Indeß diese Erleichterung ist mit Rücksicht auf die Größe der Gefahr

und des Schadens nicht erheblich genug, um die Rechtslage des Beschädigten wesentlich zu verbessern. Und es ist bekannt, daß bereits bei der Berathung des Haftpflichtgesetzes wie auch späterhin bis in die Gegenwart hinein diese Regelung der Haftpflicht der Bergwerks- und Fabrikunternehmer — im Vergleiche mit der strengeren Haftpflicht der Eisenbahnunternehmer — als in hohem Grade unbillig und ungenügend zum Gegenstande der heftigsten Angriffe mit vollem Rechte gemacht worden ist und wohl am meisten dazu beigetragen hat, zur Unfallversicherungsgesetzgebung überzugehen. Erachtete man überhaupt für eine Reihe besonders gefährlicher Unternehmungen eine ausnahmsweise Haftpflicht für geboten, so lag kein ausreichender Grund vor, je nach dem kaum unterscheidbaren Grade der Gefahr der einzelnen Betriebe einen Unterschied in Betreff des Grades der Haftpflicht zu machen und einen Theil der Beschädigten erheblich besser zu stellen als den anderen.

3. Aus diesen Gründen erscheint der Vorschlag des Hilse'schen Gutachtens, der Gleichstellung der Haftpflicht für Kraftfahrzeuge mit derjenigen des Eisenbahnunternehmers als der allein richtige und angemessene. Wenn auch nicht verkannt werden darf, daß nicht unerhebliche Unterschiede im Wesen und im Betriebe der Eisenbahnen und Kraftfahrzeuge bestehen, insbesondere insofern, als die Eisenbahnen eine Reihe von Vorrechten und ein faktisches Betriebsmonopol auf eigener Fahrstraße besitzen, welche den Kraftfahrzeugen fehlen, — daß die einen dem Schienenzwange unterliegen, die anderen nicht, so werden doch diese Unterschiede bei weitem überwogen durch die Gleichartigkeit der Betriebsmittel, der Betriebskraft und der Betriebsart. Die besonderen Vorrechte, welche die Eisenbahnen genießen, werden wieder ausgeglichen durch entsprechende besondere Leistungen, zu welchen sie dem Staate und dem Publikum gegenüber verpflichtet sind. Diese Vorrechte und Gegenleistungen liegen auf einem anderen Gebiete und können keinen Anlaß bieten, eine strengere Haftpflicht der Eisenbahnen im Vergleiche mit den Kraftfahrzeugen zu rechtfertigen. Hier ist vielmehr allein die Höhe der Betriebsgefahr und des zu gewärtigenden Schadens entscheidend.

Die Betriebsgefahr und der daraus drohende Schaden ist aber mit Rücksicht auf die Aehnlichkeit der Betriebsmittel, Betriebsart und Betriebskraft nicht nur von gleicher Größe, sondern erweist sich nach den bisherigen Erfahrungen und der fast übereinstimmenden Auffassung der Sachverständigen gerade wegen der Unabhängigkeit vom Schienenzwange und der anderen bereits hervorgehobenen Momente noch wesentlich höher als beim Eisenbahnbetriebe. Das alles ist in dem Hilse'schen

Gutachten drastisch geschildert. Daher ist die Ausdehnung der Eisenbahnhaftpflicht auf die Kraftfahrzeuge geboten, und zwar nicht allein für Körperschäden gemäß §§ 1 und 3 des Haftpflichtgesetzes vom 7. Juni 1871, sondern auch in Anbetracht der großen Gefährlichkeit für Sachschäden nach Analogie des § 25 des preußischen Eisenbahngesetzes vom 3. November 1838. Die sattsam bekannten Gründe, welche seiner Zeit zur Einführung einer besonders strengen Haftpflicht der Eisenbahnen führten, nämlich „die außergewöhnliche Schnelligkeit der Bewegung, die ungewöhnliche Schwere und Zerstörungskraft der Wagen und Maschinen, die erhöhte Schwierigkeit des Ausweichens, der enorme Umfang der Verletzungen und Schäden, die große Schwierigkeit der Feststellung des Thatbestandes — der causa und culpa — sowie des Beweises" sprechen in ganz gleicher Weise auch für die Unterstellung der Kraftfahrzeuge unter die Eisenbahnhaftpflicht.

Die unter dem bestehenden Rechte wenig und ungenügend geschützte Lage der durch den Kraftfahrzeugbetrieb körperlich und sächlich Beschädigten kann in prozessualer und materiell-rechtlicher Hinsicht nur auf diesem Wege eine angemessene und der Sachlage entsprechende Verbesserung erfahren. Wie die Eisenbahnunternehmer würden alsdann auch die Unternehmer von Kraftfahrzeugen für jeden bei dem Betriebe vorgefallenen Körperschaden unbedingt und ohne Nachweis eines eigenen Verschuldens oder eines Verschuldens ihrer Leute zu haften haben. Zur Substantiirung der Schadenersatzforderung würde der Nachweis der nackten Thatsache der Verletzung bezw. Schädigung beim Betriebe seitens des Geschädigten genügen und demgegenüber der Unternehmer von dieser Haftpflicht sich lediglich im Wege der Einrede durch den Nachweis befreien können, daß der Unfall durch höhere Gewalt oder eigenes Verschulden des Verletzten verursacht worden ist. Ebenso würde der Umfang der Schadenersatzleistungen dem der beim Eisenbahnbetriebe Verletzten gleichstehen und sich noch günstiger und der Billigkeit entsprechender gestalten, wenn zugleich die Ausdehnung auf Sachschäden gemäß § 25 des preußischen Eisenbahngesetzes vom 3. Nov. 1838 adoptirt wird.

Es läßt sich, meine Herren, gegen diesen Vorschlag der Ausdehnung der Eisenbahnhaftpflicht auf Kraftfahrzeuge nicht einwenden, daß darin etwa ein Bruch mit der prinzipiellen Regelung der Schadenersatzpflicht durch das B.G.B. liegt, weil bereits durch Art. 42 des Einführungsgesetzes zum B.G.B. die besondere Haftpflicht der Eisenbahnunternehmer aufrecht erhalten worden ist und es sich also nur um die weitere Ausdehnung dieser Haftpflicht auf einen gleich gefährlichen Betrieb von analoger Natur handelt. Die Schwierigkeit ferner der Frage nach dem Haftpflichtschuldner wird überwunden, wenn man, wie bei dem Eisenbahnbetriebe, den Betriebsunternehmer, d. h. nach der herrschenden Theorie und Praxis demjenigen, welchem ökonomisch der Vortheil des Betriebes zu Gute kommt, gesetzlich als den Haftpflichtigen hinstellt. Der Vorschlag im Hilse'schen Gutachten, den Eigenthümer haftpflichtig zu machen, steht mit dem Prinzipe des Haftpflichtgesetzes nicht im Einklang, würde den Grundsätzen der Billigkeit nicht entsprechen und hat auch bezüglich des Thierhalters keine Anerkennung gefunden.

Ebensowenig vermag die Begriffsbestimmung der Kraftfahrzeuge Schwierigkeiten zu bieten. Dieselbe kann, wie es vordem bei den Begriffen „Eisenbahn", „Bergwerk" und „Fabrik" bei Erlaß des Haftpflichtgesetzes geschehen, der Deutung der Gerichte, der Wissenschaft und Rechtsprechung ruhig überlassen werden.

Auch eine Erweiterung der Haftpflichtgefahr im Hinblick darauf, daß die größere Sicherheit, Schadenersatz zu erlangen, sorgloser und vertrauensseliger gegenüber der Gefahr machen werde, ist erfahrungsgemäß ebensowenig zu befürchten wie beim Eisenbahnbetriebe. Wohl aber darf infolge der Verschärfung der Haftpflicht eine Steigerung des Gefühls der Verantwortlichkeit der Automobilen-Unternehmer erwartet werden.

Den Bedenken endlich gegen die Leistungsfähigkeit einzelner Unternehmer kann durch Einführung von Zwangsgenossenschaften, nach Art der Unfallversicherung zweckmäßig vorgebeugt werden. Die Haftung der Kraftfahrzeuge aus diesem Grunde etwa nur auf Großbetriebe zu beschränken, würde nicht nur eine Unbilligkeit involviren, sondern auch die ganze Maßregel mit Rücksicht auf den großen Prozentsatz kleiner Unternehmer illusorisch machen. Es darf mit Recht darauf hingewiesen werden, daß auch die Eisenbahnhaftpflicht ausnahmslos große wie kleine Unternehmungen trifft, und ebenso die Haftpflicht der Bergwerks-, Steinbruchs- und Fabrikunternehmer sich ohne Unterschied des Umfangs auf alle Betriebe erstreckt. Auch ist zu erwägen, daß, soweit es sich um Automobilunfälle der Arbeiter in gewerblichen, Bau-, land- und forstwirthschaftlichen Betrieben handelt, die Entschädigung prinzipaliter nach den Unfallversicherungsgesetzen eintritt, mithin ein nicht unwesentlicher Theil der Schadenersatzforderungen auf diesem Wege eine Erledigung findet.

Hiernach wird, und zwar im wesentlichen übereinstimmend mit den in der Litteratur herrschenden, auch von hervorragenden Praktikern vertretenen und in den Berathungen der bisher mit der vorliegenden Frage befaßten Körperschaften und Vereine zum Ausdruck gekommenen Anschauungen und endlich mit dem Gutachten des Herrn Prof. Dr. Hilse, in civilrechtlicher Richtung die Annahme der folgenden, bereits vorgetragenen Vorschläge empfohlen:

1. Ausdehnung der Eisenbahnhaftpflicht auf die Betriebsunternehmer von Kraftfahrzeugen nach Maßgabe der §§ 1, 3—10 des Reichshaftpflichtgesetzes vom 7. Juni 1871 und des § 25 des preußischen Eisenbahngesetzes vom 3. November 1838,
2. Einführung von Zwangsgenossenschaften der Kraftfahrzeug-Unternehmer behufs Tragung von Schadenersatzleistungen nach Maßgabe der Unfallversicherungsgesetze.

M. H.! Ich möchte an den Schluß noch die Bemerkung stellen, daß folgerichtig, wenn man die civilrechtliche Haftpflicht der Eisenbahn-Unternehmer und Kraftfahrzeug-Unternehmer gleichstellt, man sie auch in Bezug auf die strafrechtliche Verantwortlichkeit gleichstellen müßte, zumal für den Erlaß strafgesetzlicher Bestimmungen über Eisenbahntransportgefährdung gerade der öffentliche Verkehr der mit elementarer Kraft getriebenen Fahrzeuge maßgebend gewesen ist. Es würde also meines Erachtens konsequent sein, wenn man die civilrechtliche Haftpflicht beschließt, auch die strafrechtliche Haftpflicht zu beschließen, nämlich die Anwendung der §§ 315 und 316 des Strafgesetzbuchs, die von der vorsätzlichen und fahrlässigen Eisenbahntransportgefährdung handeln, und des § 319, der von der Unfähigkeitserklärung der wegen Transportgefährdung bestraften Angestellten zum Eisenbahndienst handelt. Ich bemerke, daß dies nicht allein gegen die Unternehmer gerichtet wäre, sondern auch zum Schutze derselben dienen würde. Indessen möchte ich, zumal ich das Thema so gedeutet habe, daß es sich nur um die Ausdehnung der civilrechtlichen Haftpflicht handelt, diese Frage nur streifen und mir daher in strafrechtlicher Beziehung einen besonderen Antrag nicht erlauben. Ich glaube auch, daß, wenn zunächst civilrechtlich vorgegangen wird und sich die Erhöhung der civilrechtlichen Haftpflicht nicht als ausreichend erweisen sollte, man dann immer noch, zumal die Revision des Strafgesetzbuches noch in gewisser Ferne steht, dazu schreiten könnte, auch die strafrechtliche Verantwortlichkeit auf die Kraftfahrzeuge zu übertragen.

(Bravo und Händeklatschen.)

Mitberichterstatter Rechtsanwalt Dr. **Possen** (Köln): M. H., ich möchte zunächst zu meinem gestern zur Vertheilung gelangten Antrage Abs. 2 die Aenderung hinzufügen, daß auch nach meiner Ansicht zwecks Leistung von Schadenersatz auf der Basis des heute geltenden Rechtes der Einführung einer Zwangsgenossenschaft im Sinne des Pappenheim-schen Antrags „prinzipiell“ keine Bedenken entgegenstehen, weil ich mich auf die Einzelheiten des Vorschlags nicht näher einzulassen gedenke.

Meine hochgeehrten Herren! Wenn ich als homo novus und im Gegensatze zu den Gutachten des Herrn Regierungsrathes Dr. Eger und des Herrn Professors Dr. Hilse hier an dieser Stelle vor Ihnen eine Lanze für das Automobil einlege, für seine Freiheit von besonderen gesetzlichen Beschränkungen, so bin ich mir sehr wohl bewußt, daß das ein sehr kühnes Unterfangen ist. Wenn ich es trotzdem thue, wenn ich trotzdem die entgegengesetzte Auffassung vertrete, daß der bestehende Zustand, wie er heute ist, allen Anforderungen genügt, so geschieht dies, weil ich der ehrlichen Ueberzeugung bin, daß in Bezug auf den Automobilismus der bestehende Rechtszustand allen billigen Anforderungen entspricht, und weil ich glaube, daß es meine Pflicht ist, diesen Standpunkt vor Ihnen als den wenigstens indirekt zur Gesetzgebung mitberufenen Faktoren zu vertreten, um nach Möglichkeit Sie von der Berechtigung dieses Standpunktes zu überzeugen.

Ich will vorausschicken, daß auch ich überzeugt bin, daß eine scharfe Haftung der Automobile am Platze ist, wenn Sie berücksichtigen, daß das Automobil nicht allein nach vorwärts und rückwärts, sondern auch nach rechts und links beweglich ist, in einer Art, wie die Eisenbahn es nicht ist; dem steht freilich entgegen, daß das Automobil nicht durchbrennen kann wie ein Pferd, sowie daß es schneller anzuhalten ist, als die Eisenbahn. Aber ich will dahingestellt sein lassen, ob es thatsächlich als eine Art gefährliches Werkzeug anzusehen ist, oder nicht. Ich stelle mich a priori auf den Standpunkt, daß dem Automobil gegenüber eine scharfe Haftpflicht vielleicht am Platze ist, füge aber hinzu — und das ist die pièce de résistance — daß diese Haftung bereits heute besteht oder existent gemacht werden kann, ohne daß es zu diesem Zwecke erforderlich oder wünschenswerth ist, die Maschine der Gesetzgebung in Thätigkeit zu setzen.

Um dieses näher auszuführen, m. H., ist es nöthig, auf den allgemeinen Schadenersatzanspruch des B.G.B. § 823 einzugehen. Abs. 1 bestimmt, daß schadenersatzpflichtig ist, wer auch nur fahrlässig das Leben oder den Körper oder die Gesundheit eines anderen widerrechtlich verletzt. Fahrlässig handelt aber Jeder, der die im Verkehr erforderliche Sorgfalt außer Acht läßt. Es ergiebt sich hieraus, daß schadenersatzpflichtig ist jeder Automobilfahrer, der unter Außerachtlassung der im Verkehr erforderlichen Sorgfalt den Körper eines anderen gefährdet. Nun wird man dem entgegenhalten, das umfasse aber nicht die Haftung für Sachschäden, und ferner den Umstand hervorheben, daß die Fahrlässiigkeit bewiesen werden muß. Darauf erwidere ich, daß nach meiner Ansicht beides keine ausschlaggebenden Argumente sind, und daß namentlich die Sachenhaftung im Absatz 2 schon umfaßt ist. Der Absatz 2 lautet dahin, daß denjenigen die Verpflichtung zum Ersatz des daraus entstehenden Schadens trifft, welcher fahrlässiig gegen ein den Schutz eines Anderen bezweckendes Gesetz verstößt. Nun führe ich aus: Polizeiverordnungen sind „Gesetze" im Sinne des § 823 Absatz 2 des Bürgerlichen Gesetzbuchs. Es ist diese Ansicht zwar in der Theorie bisher ziemlich bestritten worden, es scheint aber, daß die Ansicht doch im Allgemeinen zum Durchbruche gelangt ist, und als herrschende Ansicht bald nicht mehr bestritten sein wird, daß Polizeiverordnungen unter § 823, 2 fallen, und daß insbesondere § 823, 2 auch die Straßenpolizei-Verordnungen zum Schutze der Allgemeinheit umfaßt. Kuhlenbeck drückt das in seinem Kommentar sogar dahin aus, daß im § 823, 2 ausschließlich diejenigen polizeilichen Vorschriften umfaßt werden, durch welche nicht neue Rechtsgüter geschaffen, sondern lediglich diejenigen, durch welche die vorhandenen Rechtsgüter mit verstärkten Schutze umkleidet werden. Er beschränkt also geradezu den Paragraphen auf Polizeiverordnungen von der hier in Frage stehenden Art. Ich habe diesen meinen Standpunkt in der heutigen Festnummer der Juristenzeitung Seite 40 noch näher vertreten und brauche darum hier wohl nicht weiter darauf einzugehen. Ich glaube, daß bald die herrschende Meinung dahin gehen wird, daß § 823, 2 gerade die Polizeiverordnungen der hier fraglichen Art umfaßt.

Zweitens wird mir entgegengehalten: die Straßenpolizeiverordnungen können keinen so weit gehenden Inhalt haben, daß durch ihre Verletzung für Andere ein Schaden entsteht. Dem ist nicht so, namentlich nicht für uns hier in Preußen. Auf Grund des Polizeiverordnungsgesetzes von 1850 und des Allgemeinen Landrechtes hat die Polizei in Preußen eine weitgehende Verfügungsgewalt über den öffentlichen Verkehr. Die Polizei ist die Herrin der öffentlichen Straßen, und daß sie sich nicht gescheut hat, von den hierauf bezüglichen Rechten Gebrauch zu machen, das beweisen gerade die neuen Automobilverordnungen.

Es wird mir vergönnt sein, noch auf einzelne Titel der Automobilverordnung beispielsweise für die Rheinlande näher einzugehen; Herr Regierungsrath Dr. Eger hat diese Verordnungen auch berührt, ohne sie indessen ganz erschöpfend zu würdigen. Der erste Titel hat die Ueberschrift: „Anderweite Polizeiverordnungen". Hier werden die Verordnungen über den sonstigen Fuhrwerksverkehr auf den Automobilverkehr sinngemäß für anwendbar erklärt, so daß die sämmtlichen für den Fuhrwerksverkehr auf dem Straßendamm erlassenen sonstigen Verordnungen ihrer ganzen Wirkung nach auf die Kraftfahrzeuge ausgedehnt werden. Der zweite Titel heißt: „Beschaffenheit und Ausrüstung der Kraftfahrzeuge". Hier ist Gelegenheit, polizeiliche Bestimmungen des Inhaltes einzufügen, daß Automobile nicht schneller sollen fahren dürfen, als 12 km per Stunde, z. B. auch vermöge der technischen Konstruktion, so daß auch das durch Polizeiverordnung gemacht werden könnte. Dritter Abschnitt: „Polizeiliche Kontrolvorschriften". Hier werden Erkennungsnummern gefordert, welche die Feststellung des Schädigenden sofort möglich machen sollen. Titel 4 heißt: „Pflichten der Eigenthümer". Hier werden besondere polizeiliche Verantwortlichkeiten konstruirt derart, daß kein jugendlicher Fahrer fahren darf, daß die Ausrüstung in Ordnung sein muß und das Automobil allen Anforderungen entsprechen muß, die als wünschenswerth erachtet werden, an dasselbe zu stellen. In Titel 5 heißt es dann: „Eigenschaften und Obliegenheiten des Führers". Hier wird sogar das Bestehen einer Fahrprüfung gefordert! Es darf also Niemand die Führung eines Kraftfahrzeuges bekommen, bei dem nicht eine gewisse Garantie gegeben ist, daß er wenigstens zuverlässig ist.

Ich komme zu dem Hauptpunkte, das ist der: Sie werden mir sagen: nach dem heutigen Rechtszustande ist entschieden erforderlich, daß dem nachlässigen Automobilfahrer die Fahrlässigkeit nachgewiesen wird, und der Nachweis ist meist schwer zu erbringen. Ich glaube, das ist auch nicht so schlimm, wie es sich anhört. Der deutsche Richter hat, wie der französische, die freie Beweiswürdigung. Es ist in seine Hand gelegt, worin er die Fahrlässigkeit findet, und es steht nichts im Wege, daß er die Fahrlässigkeit schon in der nackten Thatsache der Verletzung einer Polizeiverordnung an sich findet. Wenn ich also davon ausgehe: in die Polizeiverordnung kann hineingeschrieben werden, was der Polizei gut scheint, und wenn ich dazu komme, daß die Fahrlässigkeit in der Uebertretng einer derartigen Bestimmung gefunden werden kann, so wüßte ich wirklich nicht, wodurch eigentlich der Nachweis einer besonderen Fahrlässigkeit Schwierigkeiten machen sollte.

Ich muß noch mit einigen Worten auf die französische Praxis eingehen. Es besteht ein großes Werk: „Législation et jurisprudence du Cyclisme et de l'Automobilisme" von Rixens und Lafont, Paris 1902, und aus demselben ergiebt sich, daß die französische Rechtssprechung, die auf derselben Grundlage basirt wie die deutsche, mit dem bisherigen Zustande und den Ergebnissen der jetzigen gesetzlichen Regelung vollständig zufrieden und ausgekommen ist, daß nie ein französischer Richter an die

Frage herangetreten ist: ich komme damit nicht aus. Der französische Richter findet das Verschulden, wie es in einer Entscheidung des Tribunal de la Seine heißt: „indépendamment de tout fait particulier de maladresse, d'imprudence, d'inattention et de négligence“, sobald ein Reglement übertreten ist. Das Verschulden besteht eben entweder in irgend einem speziellen Verschulden, oder aber allgemein, in der Nichtbeachtung einer Polizeiverordnung. Meine Herren! Das deutsche Recht hat dieselben Prinzipien, es fordert gerade so gut den Nachweis einer „faute“ wie das französische, aber nach französischem Rechte kann diese „faute“ schon in dem bloßen Zuwiderhandeln gegen eine Polizeivorschrift bestehen. Eine faute ist freilich begrifflich nur denkbar im Außerachtlassen der erforderlichen Sorgfalt. Aber wenn der Fahrer zu schnell fährt und er überfährt jemanden und dieser bricht ein Bein, so sagt man einfach: er ist zu schnell gefahren, das ist sein Verschulden, er darf ja nicht so schnell fahren! Der ursächliche Zusammenhang ist damit auch gegeben. Also die Schadenersatzpflicht ergiebt sich aus der Zuwiderhandlung gegen § 823, 2 des Bürgerlichen Gesetzbuchs, so weit das deutsche Recht in Betracht kommt. Im Kommentar von Kuhlenbeck heißt es sehr richtig: „Fahrlässigkeit braucht nur in Bezug auf dasjenige, was der Schadensstifter gegen Gebot oder Verbot gethan oder unterlassen hat, vorzuliegen. Der Absatz 2 des § 823 würde hiernach in gewisser Beziehung I 6 §§ 25, 26 des preußischen Landrechtes entsprechen, wonach „wer in Ausübung einer unerlaubten Handlung sich befunden hat, die Vermuthung wider sich hat, daß ein bei solcher Gelegenheit entstandener Schaden durch seine Schuld sei verursacht worden, insbesondere der, welcher ein auf Schadensverhütung abzielendes Polizeigesetz vernachlässigt, für allen Schaden, welcher durch die Beobachtung dieses Gesetzes hätte vermieden werden können, ebenso haftet, als wenn derselbe aus seiner Handlung unmittelbar entstanden wäre“.

Ich möchte jetzt, wo es sich um das Prinzip handelt, keine weiteren Ausführungen machen. Ich glaube doch jedenfalls einige Anhaltspunkte dafür an die Hand gegeben zu haben, daß Straßenpolizeiverordnungen gerade in Bezug auf den Automobilverkehr im weitesten Umfange gesetzgeberisch zulässig sind, daß sie auch die zum Schadenersatz verpflichtenden Gesetze im Sinne des § 823,2 darstellen, daß endlich das vom Gesetze zur Begründung der Schadenhaftpflicht geforderte Verschulden schon in der Uebertretung einer Polizeiverordnung an sich gefunden werden kann, daß endlich der analoge Rechtszustand in Frankreich zu keinen Unzuträglichkeiten Anlaß giebt. Wenn wir, das in Bezug auf den Automobilverkehr am wenigsten fortgeschrittene Land, das erste Land sein würden, das mit einer schärferen Haftung den Versuch machen würde, so möchte dies vielleicht nach jeder Richtung hin vom Uebel sein. Wenn man die Pflichten der Eisenbahnen auf das Automobil übertragen will, so muß man ihm konsequenter Weise auch die Rechte der Eisenbahnen zubilligen, das wäre nicht mehr als billig; — beispielsweise müßte man auch das Automobil gegen Gefährdung des Automobiltransportes durch das Strafgesetzbuch schützen. Aber ich meine, es fühlt jeder: das ist etwas ganz Anderes, es giebt keinen Automobilbetrieb, kaum einen Automobiltransport. Ein „Betrieb" ist begrifflich auf einer ganz anderen Basis aufgebaut, als es beim Automobil, das im wesentlichen nicht dem Massen-, sondern lediglich dem Einzelverkehr dient und immer dienen wird, gedeckt werden kann.

Der Eisenbahnbetrieb kann derartige Lasten tragen. Aber da es keinen Automobilbetrieb giebt, keinen Automobiltransport, so kann auf das harmlosere Fahrzeug, „harmlos" wenigstens, wenn die polizeilichen Bestimmungen ordnungsgemäß gehalten werden, doch nicht die schwere Haftung einer öffentlichen Verkehrsanstalt, die mit allen möglichen Privilegien ausgerüstet ist, nicht auf die Schulter des Automobilverkehrs geladen werden, welcher doch dem Einzelverkehre dient und auch immer nur dem Einzelverkehre dienen wird. Man muß es dabei lassen, wie es heute ist, und kann nicht die ganz heterogene Haftung, wie sie für die Verkehrsanstalten heute existirt, ihm aufbürden. Ich will nicht auf Weiteres eingehen, ob nicht die Einführung einer Haftung analog der Haftung für Thiere logischer sein würde aus inneren Gründen, wenn man einmal eine strengere Haftung einführen will. Ich hatte das noch näher ausgeführt z. B. in der heutigen Nummer der Zeitschrift: „Das Recht", S. 424. Aber ich glaube, das wird vorläufig nicht in Frage kommen, da ich auf dem Standpunkte stehe, daß das Bestehende allen Anforderungen entspricht.

Nun werden Sie mir, m. H., einwerfen: „Aber die Rennfahrten! Es ist fürchterlich, was passirt ist!" Es ist richtig, die letzte Fernfahrt von Paris nach Wien: da sind sehr viele Unfälle passirt. Ich habe hier die Nachricht aus der „Kölnischen Zeitung"; da steht Folgendes über die Fahrgeschwindigkeit:

> „Sein gefährlichster Mitbewerber, Fournier, erlitt bei Chaumont eine Verzögerung durch Platzen des Luftreifens. Der Wagen 22 rannte schon bei Ozoir so gegen einen Baum, daß die Weiterfahrt aufgegeben werden mußte. Die Wagen 16 und 4 stürzten in den Chausseegraben. Der Führer des Wagens 12 durchfuhr Troyes mit

verbundenem Kopfe. Ein Automobil wurde gegen einen Baum geschleudert, der Maschinist blieb todt, der Fahrer wurde verletzt. Ein Automobil wurde umgeworfen und zertrümmert";

und so geht dieses Telegramm weiter. Aber, m. H., ich bitte Sie, daraus keine Schlüsse zu ziehen, daß das Automobil besonders gefährlich wäre (große Heiterkeit!) für den Straßenverkehr, denn hier handelt es sich um eine Rennfahrt. Diese unglückseligen Rennfahrten sind der Ausgangspunkt der Gegenbewegung gegen das Automobil gewesen. Es ist aber festzustellen, daß schon nach den heute geltenden Punkten der Polizeiverordnung besondere Genehmigung für diese Rennfahrten erforderlich ist, welche ja entweder nicht ertheilt zu werden braucht, oder auch etwa unter besonderen Garantien ertheilt werden kann. Man braucht nur zu sagen: „Ihr bekommt die Genehmigung, aber Ihr müßt Euch vorher schriftlich solidarisch verpflichtet erklären, für jeden Schaden aufzukommen; Ihr müßt, sowie ein Schaden passirt, bezahlen, und zwar, in diesem Falle, ohne den besonderen Nachweis der Fahrlässigkeit, eben weil es eine Rennfahrt ist." Damit ist dann die ganze Gefahr aus dem Wege geräumt.

Ich glaube, m. H., Ihnen gezeigt zu haben, daß für den allgemeinen Straßenverkehr keine neuen Gesetze nothwendig sind, weil die polizeilichen Gesetze vollkommen genügen. Ich könnte Ihnen sogar einen Artikel aus der „Frankfurter Zeitung" vorlesen, in dem steht, daß man Polizeiverordnungen schon zu stark gegen Automobile angewendet hat. Der Artikel ist von nichtautomobilistischer Seite geschrieben. Der heutige Rechtszustand genügt nach meiner Ansicht allen billigen Anforderungen. Lassen Sie dem Automobil das bischen goldene Freiheit, das es heute noch unter dem Bestehen der Polizeiverordnungen hat! Es wird sich nicht als undankbar erweisen, sondern das Seinige zum Fortschritte der Menschheit beitragen, ohne ihr zu schaden!

(Lebhafter Beifall und Händeklatschen.)

Vorsitzender: Antrag Dr. Vossen, der jetzt lautet: Antrag Vossen mit Einfügung von „prinzipiell" vor „keine Bedenken entgegen". Der Antrag nimmt Bezug auf den gestern schon vertheilten Antrag des Herrn Prof. Dr. Pappenheim, der die Bildung von Zwangsgenossenschaften direkt empfohlen haben will. Außerdem ist ein Antrag des Herrn Prof. Dr. Hilse eingegangen zu Nr. 2, der Ergänzungen zu dem Antrage des Herru Prof. Dr. Pappenheim bringt: Zu Nr. 2 ist Zeile 2 hinter „Schäden" hinzuzufügen: „nicht bloß ihrer Mitglieder, sondern fremdländischer Kraftfahrzeug-Besitzer". Weiter wird beantragt, statt „Zufall" zu setzen: „höhere Gewalt".

(Kammergerichtsrath Dr. Keyßner (Berlin) wünscht die Beschränkung der Redezeit auf 10 Minuten. Geh. Justizrath Prof. Dr. Enneccerus widerspricht.)

Vielleicht trägt es zur Erleichterung der Geschäftsordnung bei, wenn ich in Bezug auf das nächste Thema, das Recht am eigenen Bilde, etwas hinzufüge. Es ist allerdings, wenn diese Frage hier noch ausgiebig erörtert werden soll, sehr unwahrscheinlich, daß wir, wenn nicht die Herren auf den Theaterbesuch verzichten, unsere Aufgabe erledigen können. Nun bietet sich aber die Aussicht dar, daß diese Frage morgen im Plenum zur Erörterung kommt. Wir können das nicht beschließen, aber dem Herrn Präsidenten Brunner und dem Plenum anheimgeben. Es ist sehr zweifelhaft, ob aus einer der anderen Abtheilungen irgend eine Frage an das Plenum zur Berathung verwiesen wird; möglich ist es nur bezüglich der Kartelle.

Jedenfalls also besteht sehr große Aussicht darauf, daß im Plenum Zeit bleibt, noch eine Frage zu erörtern. In diesem Falle aber würde die Frage des Rechtes am eigenen Bilde sich hierzu ausgezeichnet eignen. Wenn wir das aber in Aussicht nehmen, sind wir vorläufig wohl nicht genöthigt, irgend eine direkte Beschränkung der Redefreiheit eintreten zu lassen, wenn wir den Rednern auch Kürze als die größte Tugend des Redners an's Herz legen. Haben Sie einen Antrag gestellt?

Geh. Justiz- und Kammerger.-Rath Dr. **Hugo Keyßner** (Berlin): Nein! Ich habe nur die Bitte ausgesprochen, daß man sich möglichst kurz fassen möge.

Prof. Dr. **Pappenheim** (Kiel): Meine Herren! Die erste Frage, die heute hier zu beantworten sein wird, ist die, ob ein gesetzliches Eingreifen unter den obwaltenden Verhältnissen mit Bezug auf die behandelte Materie nothwendig ist oder nicht. Ich habe zu dieser Frage durch den Ihnen unterbreiteten Antrag schon Stellung genommen und zwar im Sinne des Gutachtens, mit welchem ja der Herr Referent in allen wesentlichen Punkten durchaus übereinstimmt, und somit gegen den Antrag des Herrn Korreferenten. Ich würde mich allerdings auch mit der Anwendung des geltenden Rechtes auf die Automobile begnügen können, wenn die Verwirklichung dieses Rechtes irgendwie gewährleistet wäre. Es scheint mir, daß ein innerer Grund nicht besteht, materiell-rechtlich für Schäden durch Kraftfahrzeuge eine strengere Haftung einzuführen, als sich aus unseren allgemeinen civilrechtlichen Vorschriften ergiebt. Jedenfalls dulden auch — darin stimme ich mit dem Herrn Referenten und Gutachter überein — die Grundsätze über Thierhaftung nicht Anwendung auf die Kraftfahrzeuge. Die Haftung für Thierschäden ist in unserem Rechte ein Ueberrest von der im alten deutschen Recht ein allgemeines Prinzip darstellenden Haftung des Eigenthümers für die schädigende Sache. Dieses allgemeine Prinzip ist unserem Rechte fremd geworden. Seine Beibehaltung mit Beschränkung auf den Fall der Thierhaftung gründet sich auf die besonderen Umstände, die das Thier von leblosen Dingen unterscheiden. Zu seiner Anwendung auf Kraftfahrzeuge liegt daher kein Grund vor. Aber auch die Statuirung einer strengeren Haftung für die durch Kraftfahrzeuge, als etwa für die durch Explosion einer Dynamitfabrik, durch Maschinen und dergleichen verursachten Schäden, ist bisher nicht gerechtfertigt worden. Alles, was geltend gemacht worden ist, bezieht sich nur auf die Frage des Beweises. Sie muß von der des materiellen Rechts auch hier getrennt gehalten werden. Die Verwirklichung dieses Rechtes ist erschwert. Wären wir sicher, daß in jedem Falle einer von dem Führer des Automobils verschuldeten Schädigung der Geschädigte den Ersatz erlangen könnte, der ihm zukommt, so könnten wir uns in der Hauptsache dabei beruhigen. Aber eben diese Sicherheit fehlt und zwar in doppelter Beziehung.

Zunächst mit Bezug auf die Frage des Schuldbeweises. Insoweit Polizeiverordnungen vorhanden wären, würde der Nachweis ihrer fahrlässigen Uebertretung nicht immer leicht geführt werden können. Ich stimme darin mit dem Herrn Korreferenten überein, daß auch der deutsche Richter im Verstoße gegen ein Polizeigesetz prima facie ein fahrlässiges Handeln erblicken darf. Auf einem Gebiete, daß überhaupt bei näherer Betrachtung eine erstaunliche Aehnlichkeit mit dem der Schadenszufügung durch Automobile aufweist, befolgen auch die deutschen Richter seit langer Zeit diese Auffassung, nämlich auf dem Gebiete der Schiffskollision. Es ist gar nichts Anderes, wenn der große Dampfer auf der See bei Nacht über ein Fischerfahrzeug hinwegsegelt, wie, wenn das Automobil einen Spaziergänger überfährt. In dem Falle des Zusammenstoßes zwischen einem Automobil und einem Schienenfahrzeuge kann man sogar die Analogie der Besonderheit erblicken, die bei einer Kollision von Dampfschiff und Segelschiff auf See vorliegt. Das Dampfschiff vermag, wie das Automobil, mit Hülfe eigener Kraft sich frei zu bewegen, das Segelschiff ist vermöge seiner Abhängigkeit vom Winde gleich der Eisenbahn an einen bestimmten Weg gebunden. Wenn wir nun fragen, wie sich die Haftung für Schiffskollisionen gestaltet hat, so steht zwar der Rheder gesetzlich nicht nur für einen Schaden ein, den er selbst verschuldet hat, er haftet auch für das Verschulden der Schiffsbesatzung, aber demzufolge doch nur, wenn der Zusammenstoß eben durch das Verschulden einer

Person der Besatzung herbeigeführt ist. Hier haben nun auch die deutschen Gerichte in konstanter Praxis den Grundsatz befolgt, daß jede Abweichung von den Vorschriften des internationalen Seestraßenrechtes prima facie als ein Verschulden darstellend zu betrachten und dem abgewichenen Schiffe der Beweis der Schuldlosigkeit aufzuerlegen sei. Das würde auch in Bezug auf die Polizeiverordnungen über Automobile nicht das geringste Bedenken haben, wie das bei den französischen Gerichten bereits geschieht. Aber die praktische Schwierigkeit, die hier oft ganz ebenso groß sein wird, wie beim Schiffszusammenstoß, ist, zunächst eben nachzuweisen, daß überhaupt eine Abweichung von den polizeilichen Vorschriften stattgefunden hat, um daran die Vermuthung des Verschuldens sich knüpfen zu lassen.

Der zweite Punkt, mit Bezug auf den die Verwirklichung des Rechtes auf Ersatz wegen Schadenszufügung durch Kraftfahrzeuge vollkommen unsicher gestellt ist, ist auch im Gutachten und im Referate heute berührt worden, aber längst nicht in der Art, wie er es verdiente. Es handelt sich um die Frage nach der Person des Schuldigen. Man kann die weitestgehende Haftpflicht — etwa gar im Sinne des Gutachtens — statuiren, aber wenn der Geschädigte nicht weiß, wer es ist, an den er sich zu halten hat, so kann es nichts verschlagen, ob der Unbekannte nun für culpa haftet oder nach den Grundsätzen des Haftpflichtgesetzes. Das ist ein Hauptpunkt. Man muß bedenken: die Schwierigkeit, den Schädiger zu ermitteln, ist um so größer, als, wie schon hervorgehoben worden ist, die Möglichkeit, zu entfliehen, für ihn so groß ist, und die Versuchung zur Flucht wiederum ist naturgemäß um so größer, je strenger die Haftung ist. Das alles ist bei der Schiffskollision genau so. Man weiß ja, wie die großen Schiffe es zuweilen machen; sie fahren in den belebtesten Meeresstraßen bei unsichtigem Wetter möglichst schnell, weil mit der größeren Schnelligkeit auch die Wahrscheinlichkeit für sie wächst, im Falle eines Zusammenstoßes selbst den geringeren Schaden zu erleiden und unentdeckt zu entkommen. Dasselbe ist bei den Automobilen der Fall. Und hierin liegt ein fundamentaler Unterschied von den Eisenbahnen. Wer der Schuldner ist, dem der durch die Eisenbahn Geschädigte gegenübersteht, ist naturgemäß niemals fraglich. Beim Automobil aber ist es für den Geschädigten oft schwer, und kann es sehr leicht durch besondere Umstände ihm noch weiter erschwert werden, die Persönlichkeit des unbekannten und entflohenen Schädigers festzustellen. Bei dem Unfall braucht überdies Niemand zugegen gewesen zu sein, während der etwa Angefahrene selbst getödtet oder bewußtlos geworden ist und nichts mehr wahrgenommen hat oder doch des Geschehenen sich nicht zu erinnern vermag. Aber auch die Anwesenheit von Zeugen gewährleistet nicht die Unterstützung durch ihre Aussage; im Gutachten ist dargelegt, wie immer wieder die öffentlichen Aufforderungen an Zeugen, sich zu melden, in den Zeitungen erscheinen und erfolglos bleiben. Alles dieses führt schließlich auf einen Punkt hinaus, nämlich daß, wie die Nürnberger keinen hängten, sie hätten ihn denn zuvor gehabt, jeder Ersatzanspruch absolut werthlos ist, wenn man nicht Garantien dafür schafft, daß der Ersatzberechtigte einen greifbaren Schuldner sich gegenüber hat. Diese Erwägungen sind es gewesen, die mich in der Hauptsache zu meinem Antrage bestimmt haben. M. E. ist eine Regelung nothwendig, welche zweierlei leistet, welche es zwar für den Schuldigen im Wesentlichen bei dem geltenden allgemeinen Rechte beläßt, aber dem Beschädigten an Stelle des Schuldigen einen Schuldner schafft, an den er sich halten kann, und welche ihm diesem vom Rechte geschaffenen Schuldner gegenüber die Beweisschwierigkeiten erspart, die ihm die Realisirung seines Rechtes unmöglich machen. So ergab sich mir die Regelung, die ich mir erlaubt habe, Ihnen in dem in Ihren Händen befindlichen Antrage zu unterbreiten.

Ich will zu seiner Erläuterung nur einige wenige Bemerkungen hinzufügen.

Unter Ziffer 1 des Antrages ist von dem Falle nicht gesprochen, daß als Eigenthümer des Fahrzeuges der Automobilhändler in Betracht kommt. Die Berücksichtigung dieses besonderen Falles, wie auch die weiteren Unterscheidungen im Rahmen der Ziffer 1 nach der Art der Fahrzeuge u. s. w. müssen der gesetzlichen Regelung vorbehalten bleiben.

Für die Zwangsgenossenschaft würde es selbstredend bei Bemessung der Beiträge einer statistischen Grundlage bedürfen. Sie konnte nach dem in dem Gutachten und in sonstigen verfügbaren Materialien Mitgetheilten nicht gegeben werden. Ich glaube aber nicht, daß irgendwelche Schwierigkeiten aus der Nothwendigkeit einer Bestimmung der Beiträge erwachsen könnten. Diese würden einfach in der Weise erhoben werden können, daß bei Lösung der Legitimationskarten u. s. w. ein bestimmter Betrag für die Zwangsgenossenschaft mit berechnet würde.

Auch insoweit, als der Herr Referent für Zwangsgenossenschaften ist, die nach dem Vorbilde der Unfallversicherung gestaltet werden sollen, möchte ich bemerken, daß ich eine staatliche Garantie für die Solvenz dieser Zwangsgenossenschaften hier für unnöthig halten würde. Ihre Schaffung würde eine Sicherung der Geschädigten bedeuten, hinsichtlich deren sie einen Anspruch auf staatliche Garantie meines Erachtens nicht besitzen würden.

Zu Nr. 2, und zwar zu dem 3. Satze, ist zu bemerken, daß durch ihn die folgenden Fälle gleich mitgetroffen werden sollen: Einmal der Fall der Schädigung durch führerlose Kraftfahrzeuge. Vorhin ist von dem Herrn Korreferenten gesagt worden, das Automobil könne nicht durchgehen. Im Gutachten ist aber gerade ein Fall mitgetheilt, wo ein Automobil durchgegangen ist und Schaden angerichtet hat. Für diesen Fall möchte ich auch die Haftung der Zwangsgenossenschaft haben. Sodann braucht der Führer des Automobils nicht Mitglied der Genossenschaft zu sein. Damit sind die Fälle gedeckt, daß das Automobil von einem Ausländer, einem Entleiher, einem Diebe, oder daß es zwar vom Eigenthümer geführt wird, dieser aber aus irgend einem Grunde der Genossenschaft nicht angehört.

Zu dem Zusatzantrage des Herrn Prof. Dr. Hilse bemerke ich, daß ich die Haftung der Genossenschaft auch für fremdländische Kraftfahrzeugbesitzer für selbstverständlich halte. Sie ergiebt sich aus dem Satze:

„Zur Begründung des Ersatzanspruchs genügt der Nachweis der Verursachung und der Höhe des entstandenen Schadens",

an den sich der andere anschließt, daß der Führer nicht Mitglied der Zwangsgenossenschaft zu sein braucht. Sofern es sich um Leute handelt, die auf eigenem Automobil fahren, kommt hinsichtlich der Regreßpflicht noch die Bestimmung am Schlusse der Ziffer 3 in Betracht.

Die Frage der Verursachung anlangend, bezüglich deren eine besondere Interpellation stattgefunden hat, habe ich bloß sagen wollen, es sei nachzuweisen, daß Schaden entstanden ist, daß er durch das Automobil verursacht, und wie hoch er ist; das soll genügen.

Zu dem Satze:

„Der Ersatzanspruch ist ausgeschlossen, wenn der Schaden durch Zufall oder durch ein von dem Beschädigten zu vertretendes Verschulden herbeigeführt worden ist"

wird von manchen Herren gewünscht, daß für „Zufall" „höhere Gewalt" eingesetzt werde, die Zwangsgenossenschaft also einstehen für den Zufall solle, so weit er nicht höhere Gewalt ist. Nun muß ich allerdings einwenden, daß ich gegen die Verwendung des Begriffs „höhere Gewalt" überhaupt eine Abneigung habe, weil bei seiner Unbestimmtheit der Interpretation gar zu viel Raum gelassen wird. In der Sache aber will ich gegen die Erweiterung der Genossenschaftshaftung auf den Zufall keinen Widerspruch erheben. Sie scheint mir nicht nothwendig, aber auch nicht prinzipiell bedenklich zu sein.

Mit der weiteren Formulirung: „durch ein von dem Beschädigten zu vertretendes Verschulden"! sollen gleichzeitig auch die Fälle getroffen sein, wo jemand ein fremdes Versehen z. B. das eines Angestellten zu vertreten hat.

Wenn ein Verschulden der bezeichneten Art bei der Entstehung des Schadens nur mitgewirkt hat, soll die Vorschrift des § 254 B.G.B. entsprechende Anwendung finden. Schlechthin kann diese Vorschrift auf unseren Fall nicht angewendet werden, weil ja von einem konkurrirenden Verschulden der Genossenschaft nicht die Rede sein und auf dasjenige des Schädigers selbst nicht zurückgegriffen werden kann.

Zu Ziffer 3 ist nur zu bemerken, daß die Fassung:

„Personen, welche keinen Wohnsitz innerhalb des Deutschen Reiches haben"

gewählt ist, um einerseits auch Reichsangehörige, so weit sie im Auslande wohnen, einzubegreifen, anderseits Ausländer, die ihren Wohnsitz im Inlande haben, auszuschließen, da sie mit in die Zwangsgenossenschaft hinein sollen.

Wie schließlich noch hervorgehoben sein mag, ist im Anfange der Ziffer 3 die Voraussetzung enthalten, daß die Ansprüche, welche gegen den Schuldigen nach den allgemeinen Regeln bestehen, unberührt bleiben; erst durch die Ersatzleistung tritt die Zwangsgenossenschaft in diese Ansprüche ein, ähnlich, wie dies auf dem Gebiete der Versicherung durch die Auszahlung der Versicherungssumme seitens des Versicherers geschieht.

Nicht für erforderlich halte ich die am Schlusse des Gutachtens vorgeschlagene Bestimmung über die Betheiligung mehrerer Fahrzeuge. Die Frage läßt sich nach den allgemeinen Regeln beantworten. Im Gutachten ist das Verhältniß der mehreren Schuldigen zu einander von ihrem Verhältniß Dritten gegenüber nicht unterschieden. Dem Passagier aber, der durch das Verschulden beider Kutscher geschädigt wird, muß gegen beide ein Ersatzanspruch zustehen; es darf hier nicht weiter untersucht werden, wie sich das Verschulden vertheilt. Daß es im Verhältniß der beiden Fahrzeuge zu einander keinen Unterschied macht, ob das eine von ihnen an Schienen gebunden ist, versteht sich auch ohne besondere Hervorhebung. Der Richter wird das bei Beurtheilung der Schuldfrage mit zu berücksichtigen haben. Auch bei der Schiffskollision trifft unser Recht keine Bestimmung, etwa zu Ungunsten von Dampfern gegenüber Segelschiffen, während die Praxis für den Regelfall natürlich an den Dampfer strengere Anforderungen stellt, als an das mehr an einen bestimmten Weg gebundene Segelschiff.

Prof. Dr. **Hilse** (Berlin): Da ich bereits dem ersten Juristentage im Jahre 1860 beigewohnt habe, in den abgelaufenen 42 Jahren ununterbrochen Mitglied geblieben war und als Mitglied der Juristischen Gesellschaft sogar schon an dem Beschlusse über den von Holtzendorff=schen Antrag mitgewirkt hatte, den Deutschen Juristentag zu berufen, glaubte ich, den diesmaligen Verhandlungen um so weniger fern bleiben zu dürfen, als das Ergebniß meiner statistischen Beobachtungen der Unfallsgefahr beim Automobilbetriebe zur Aufklärung verwerthet werden könne. Hierin habe ich mich nicht geirrt. Ich werde mich jedoch außerordentlich kurz fassen, um die Verhandlungen nicht übermäßig aufzuhalten. Ich muß jedoch der Auffassung des zweiten Herrn Berichterstatters entgegentreten, daß jeder Automobilunfall auf eine Verschuldung zurückzuführen sei. 22 pCt. oder mehr als $^1/_5$ aller Automobilunfälle sind unter Umständen eingetreten, welche die Merkmale einer obgewalteten Verschuldung vermissen lassen. Aus der großen Anzahl von Fällen, die ich zusammengetragen habe, hebe ich folgende hervor: Die Pneumatik eines Rades platzte während der äußerst schnellen Fahrt. Das Fahrzeug gerieth deshalb in's Schwanken, verlor schließlich das Gleichgewicht und stürzte um, wobei die 3 Insassen herausflogen. Zwei fanden den Tod, der Dritte erlitt Verstümmelungen, wodurch er dauernd erwerbsunfähig geworden ist. Hier wirkte keine Verschuldung, sondern war für den Unfall ausschließlich die Eigenthümlichkeit des gebrauchten Fahrzeugs maßgebend. In einem zweiten Falle trug der Lenker keine Handschuhe. Er wurde von einer Wespe auf die Hand gestochen. Unwillkürlich zuckte er, wodurch die Lenkkurbel auf einen Augenblick losgelassen wurde. Diese kurze Spanne Zeit genügte, um das Fahrzeug eine andere Richtung nehmen zu lassen, wodurch es zwei auf der Straße gehende Kinder umriß, deren eines dauernd verstümmelt, deren zweites mit vorübergehender Wirkung verletzt worden ist. Würde der Lenker Handschuhe getragen haben, so war der Wespenstich ausgeschlossen. Daß er Handschuhe wegließ, kann jedoch nicht zur Verschuldung angerechnet werden, weil man erfahrungsgemäß mit bloßer Hand sicherer fühlt und zugreift, was bei dem Lenken besonders werthvoll sein kann, weshalb der Nichtgebrauch von Handschuhen unter den gebotenen Umständen eine sachgemäße Maßregel gewesen sein wird. In einem dritten Falle bemerkte der Lenker eines Automobils seine Frau und sein Kind am Fenster, blickte zu ihnen herauf und drehte hierbei die Lenkkurbel nach einer anderen Richtung; das Fahrzeug rannte an einen Straßenbahnzug auf. Durch die Gewalt des Anpralls wurde der Automobilfahrer getödtet, während sein Begleiter mit Verletzungen davon kam. Vor wenig Tagen hatte eine Auto=

mobildroschke ihre Gäste abgesetzt. In dem Augenblicke als die Thür zugeschlagen wurde, gerieth das Füllmaterial in Brand; es gab eine Explosion; der Droschkenführer und zwei auf dem Bürgersteige sich bewegende Personen wurden verletzt. Aus diesen Fällen, deren Zahl ich unschwer außerordentlich vervielfältigen konnte, ist zu erkennen, daß ganz zweifellos das Automobil als solches gefährlich ist und nicht erst durch das Dazutreten irgend einer menschlichen Fahrlässigkeit und menschlichen Unvorsichtigkeit gefährlich wird. Die Fälle werden, sobald der Automobilverkehr zunimmt, sich gleichfalls unverhältnißmäßig vervielfältigen, weil mit der steigenden Anzahl der Kraftfahrzeuge das angebliche Sicherheitsgefühl ihrer Lenker wächst und damit die Unvorsichtigkeit naturgemäß überhandnimmt, wie man das beim Straßenbahn- und Eisenbahnverkehr schon lange beobachten konnte. Wenn diesen Fällen gegenüber behauptet wird, daß das geltende Recht vollständig genüge, daß in jedem Falle sich eine Unvorsichtigkeit oder Fahrlässigkeit zeigen würde, daß B.G.B. § 825 eine ausreichende Handhabe biete, so glaube ich das für irrthümlich erklären zu müssen.

Nun gebe ich dem Herrn Berichterstatter Vossen sehr gern zu, daß heute der Automobilverkehr vielleicht noch nicht so dringend die Einführung neuer Formen erfordert, weil das Automobil in den Dienst des gewerblichen Lebens noch nicht eingedrungen ist, wenigstens nicht in dem Umfange, wie die Fabrikanten von Automobilen es erwarteten. Dies hindert jedoch nicht den Erlaß von Vorbeugungsmaßregeln. Das Preußische Eisenbahngesetz vom 3. November 1838 wurde gleichfalls schon zu einer Zeit erlassen, als man im Ganzen nur 158 Kilometer Eisenbahnen hatte, in richtiger Voraussicht des Umstandes, daß diesen wenigen Kilometern bald dasjenige ausgebreitete Bahnnetz folgen würde, das wir gegenwärtig haben. In Berlin giebt es im geschäftlichen Verkehr annähernd 700 Automobile, allerdings die größere Mehrzahl als Fahrräder, die geringere als Kraftfahrzeuge; dagegen ist jetzt schon eine größere Anzahl Geschäfte vorhanden, die alle ihre Waaren durch Kraftfahrzeuge befördern lassen. Brauereien bedienen sich mit Vorliebe der Kraftfahrzeuge, weil sie schneller und billiger davon kommen. Es läßt sich nicht bestreiten, und ich habe mir das bereits im Gutachten auszuführen erlaubt, daß das Automobil ein wesentlicher Faktor unter den Beförderungsmitteln der nächsten Zukunft sein wird und daß ein stetes Zunehmen des Automobilverkehrs festzustellen sein wird. Nicht gegen diejenigen Personen ist der Antrag gerichtet, welche aus Sportsucht sich dieser Kraftfahrzeuge bedienen; denn die sind selbst so geldkräftig, daß sie ihre Verbindlichkeiten freiwillig erfüllen, sondern es handelt sich um die große Anzahl der kleinen gewerblichen Unternehmer, welche sich der Automobile bedienen und zu deren Beförderung Laufburschen oder Hausknechte verwendet werden und welche durch derart ungeschulte Personen im öffentlichen Straßenverkehr andere in Gefahr bringen, beschädigt und an der Gesundheit verletzt zu werden. Diese ohne eigene Schuld verletzten Personen bedürfen eines Schutzes, nicht nur gegen die Fahrlässigkeit der Fahrer, sondern auch gegen diejenigen Zufälligkeiten, welche die Eigenthümlichkeit des neuen Beförderungsmittels mit sich bringen. Nun begegnet man in der heutigen Gesetzgebung dem Bestreben, dem wirthschaftlich Schwachen gegenüber dem wirthschaftlich Starken den Vorzug zu geben und ihn zu schützen. Sie wird von dem Grundsatze beherrscht, daß derjenige für die nachtheiligen Wirkungen seiner Handlungen haften muß, der ein gefährliches Unternehmen in Betrieb setzt. Warum soll der Automobilbesitzer weniger scharf herangezogen werden, wenn jemand durch sein Unternehmen verletzt wird, als die heut haftpflichtigen Betriebsunternehmer? Wenn nun heute vielleicht noch 2 Jahre bis zum Erlasse des Gesetzes gewartet werden kann, so bin ich anderseits fest überzeugt, daß nicht weniger als 2 Jahre vergehen werden, ehe der Gesetzgeber das Gesetzgebungswerk geschaffen haben wird. Jedenfalls wird es in kurzer Zeit dringend nothwendig werden, eine gesetzliche Verbindlichkeit der Eigenthümer von Automobilen für Gefahren aus der Eigenthümlichkeit des Fahrzeugs zu begründen, ihnen also eine verstärkte Haftpflicht aufzuerlegen, weil eben eine große Anzahl Fälle sonst nicht getroffen würde.

Dazu kommt weiter noch, daß man Fürsorge treffen muß, daß die Geschädigten auch wirklich zu ihrem Gelde kommen. Wenn wirthschaftlich Leistungsunfähige ein Automobil in Betrieb setzen, so nützt die Haftpflicht dem Geschädigten nicht. Es muß darauf Bedacht genommen werden, an Stelle des wirthschaftlich zahlungsunfähigen Unternehmers einen zahlungskräftigen Schuldner zu setzen, und dafür bietet ein gewisses Vorbild das Vorgehen der Reichsregierung mit der Gründung der Berufsgenossenschaften. Insoweit möchte ich jedoch die Anträge des Herrn Prof. Dr. Pappenheim kaum für durchführbar halten, daß derjenige ausländische Betriebsunternehmer, der nach Preußen hereinkommt, gehalten sein soll, eine Sicherheit zu bestellen. Eine Sicherheit ist vielleicht zu erreichen für Sportunternehmen, wozu besondere Erlaubniß eingeholt werden müßte, nicht aber wenn jemand aus einem Nachbarorte nach einem anderen fahren will, zwischen welchen sich zufällig die Landesgrenze befindet. Neue Schlagbäume zu schaffen, um das Beitreiben der Sicherheitsleistung herbeizuführen, halte ich den heutigen Zeitverhältnissen nicht für entsprechend.

Ich glaube im Uebrigen mich auf meine ausführlichen Ausführungen in dem Gutachten beziehen zu dürfen. Den Ausführungen des ersten Herrn Berichterstatters stimme ich voll und ganz bei. Ich habe auch prinzipiell keine Bedenken gegen die Anträge des Herrn Prof. Dr. Pappenheim, wenn das Wort „Zufall" ersetzt wird durch „höhere Gewalt" oder „unabwendbarer Zufall" und wenn darauf Bedacht genommen wird, daß die Genossenschaft zunächst auch für die Nachtheile einzutreten hat, welche durch fremdländische Fahrer herbeigeführt werden.

(Bravo!)

Vorsitzender: Herr Prof. Dr. Pappenheim hat in seinem Antrage die Worte „durch Zufall" ersetzt durch die Worte „durch höhere Gewalt". Damit ist dieser Theil des Antrages des Herrn Prof. Dr. Hilse erledigt.

Rechtsanwalt Dr. **Alfred Korn** (Berlin): M. H., ich bin für jede gesetzgeberische Reform, die die Haftung der Automobileigenthümer gegenüber dem bisherigen Rechtszustande verstärkt. Prinzipiell stehe ich aber auf dem Standpunkte, daß das Automobil innerhalb der öffentlichen Straßen der geschlossenen Ortschaften überhaupt nichts zu suchen hat, und daß ein Gesetz, welches das Befahren derartiger öffentlicher Straßen innerhalb der Ortschaften direkt bei Strafe verbieten würde, durchaus das Richtige treffen würde. Ich meine, daß sich ein solches Gesetz nicht nur auf eine Statistik der Unfälle zu stützen brauchte, sondern namentlich auch auf andere Unannehmlichkeiten, die durch den Verkehr der Automobile entstehen, insbesondere durch das außerordentlich nervenerschütternde Geräusch, welches durch die Automobile verursacht wird, das stärker ist als das gewöhnlicher Fahrzeuge, und durch die Belästigung der Geruchsnerven, welche durch den infernalischen Benzin- und Petroleumgeruch verursacht wird. Gegen äußere Gefahr kann man sich schützen, indem man Straßen aufsucht, die Eisenbahngeleise nicht haben; dagegen kann man sich nicht schützen, auch wenn man noch so sehr ruheliebend ist, gegen das Geräusch und den Geruch dieser Kraftfahrzeuge.

Da ich es aber nicht für wahrscheinlich halte, daß ein solches Gesetz in Deutschland bald zu erwarten ist, so bin ich jedenfalls dafür, daß die Haftung der Automobilisten für Unfälle, die sie durch zu rasches Fahren verursachen, eine möglichst weitgehende ist, daß sie so geordnet wird, wie es eben den Eisenbahnen auferlegt ist, und daß sie für jeden Unfall, es sei denn, daß der Unfall verursacht ist durch höhere Gewalt oder eigenes Verschulden des Verunglückten, haften.

Den Weg, den Herr Prof. Dr. Pappenheim hier vorschlägt, eine

Zwangsgenossenschaft der Automobileigenthümer oder -unternehmer zu bilden, diesen Weg halte ich für wenig praktikabel. Bei jeder anderen Zwangsgenossenschaft besteht eine gewisse feste Grundlage insofern, als die einzelnen Personen, die zu einer Genossenschaft zusammengefaßt werden, Unternehmer bestimmter Gewerbe sind, die nicht so leicht wechseln. Hier handelt es sich um zwei ganz verschiedene Gruppen, einmal um die Gruppe der Gewerbsmäßigen und zum anderen um die Gruppe der Liebhaber, die zum Zwecke des Sports oder zu einem Vergnügen, das ich nicht begreife (Heiterkeit), sich vereinigen. Diese beiden Gruppen zu einer Zwangsgenossenschaft zu vereinigen, das halte ich nicht für geeignet, um so mehr, als der Besitz eines Automobils immer wechselt und nicht festzustellen ist, wer gehört zu der Zwangsgenossenschaft und wer nicht. Ich glaube nicht, daß die Reichsregierung je den Weg beschreiten wird, den Herr Prof. Dr. Pappenheim vorschlägt, und eine Zwangsgenossenschaft bilden würde. Ich glaube auch, daß, wenn eine solche Zwangsgenossenschaft bestände, die Gefahr, welche verhütet werden soll, in erster Linie die Gefahr des Unfalles, kaum wesentlich abgeschwächt werden würde. Denn wenn jeder Automobilbesitzer weiß, daß er nicht zu bezahlen hat, sondern die Zwangsgenossenschaft zu bezahlen hat, dann wird für ihn ein Motiv wenigstens wegfallen, welches ihn schon in seinem eigenen Interesse, im Interesse seiner Kasse zwingt, Unfälle zu vermeiden, die durch Unvorsichtigkeit entstehen könnten. Er wird sich nicht zu der Vorsicht entschließen, wie wenn er selbst haftete.

Endlich möchte ich darauf hinweisen, daß es dem Automobilbesitzer auch ohne Zwangsgenossenschaft freisteht, sich gegen Regreß zu versichern. Wie ist es bei den Hausbesitzern, die auch haften müssen für Dinge, welche sie nicht verschuldet haben? Da ist die Regreßversicherung durchaus üblich und so ausgebildet und so sicher, daß man sie als ein zweckmäßiges Mittel, um Schäden zu vermeiden, den Haftpflichtigen durchaus empfehlen kann.

Zum Schlusse möchte ich noch auf einen Punkt hinweisen, der bisher noch nicht erwähnt worden ist, der mir aber wichtig genug erscheint, um erwähnt zu werden. Wenn erwirkt werden kann, daß die Haftpflicht der Automobilunternehmer oder Automobileigenthümer nicht nur betrifft den Schaden, der durch Tötung oder Körperverletzung verursacht wird, sondern auch den Sachschaden, dann würde damit die Rechtsstellung der Automobilbesitzer schlechter sein als die Rechtsstellung einer großen Klasse von Eisenbahnen, nämlich der Kleinbahnen und namentlich der elektrischen Bahnen. Die elektrischen Straßenbahnen in Preußen haften nicht für Sachschaden, es sei denn, daß ihnen ein besonderes Verschulden, eine culpa in eligendo etc., nachgewiesen würde. In den meisten Fällen ist das ausgeschlossen, weil es nicht möglich ist, nachzuweisen, daß ein Verschulden des Leiters oder des Angestellten der Eisenbahn vorliegt. Also die Straßenbahnen, die für den öffentlichen Verkehr wichtiger sind als die Automobile und viel mehr Schaden anrichten, viel häufiger Schaden verursachen als die Automobile, haften nach preußischem Rechte für Sachschaden nicht. Das B.G.B. hat es der Landesgesetzgebung überlassen, eine Haftung für Sachschaden bei den Eisenbahnen einzuführen. Von dieser Erlaubniß haben gewisse Staaten Gebrauch gemacht, namentlich Bayern, Hessen und einige andere Staaten; wir Preußen sind stehen geblieben bei der früheren Gesetzgebung, wonach zwar die Vollbahnen wie früher unbeschränkt haften, mit Ausnahme eigenen Verschuldens des Verunglückten oder höherer Gewalt, aber für Sachschaden eine besondere Regelung nicht getroffen ist. Wenn nun die Automobilisten schlechthin haften sollen ohne eigenes Verschulden, so würde das ein Fortschritt sein, der gleichzeitig gemacht werden müßte meines Erachtens auch bei den Straßenbahnen und bei den Kleinbahnen. Denn es besteht kein Grund, den einen schlechter zu stellen als den anderen; was dem einen recht ist, ist dem anderen billig. Die Grundsätze sind dieselben, die Gefahren sind dieselben, es besteht alle Ursache, beide Kategorien gleich zu stellen. Deshalb würde ich empfehlen — und es würde das vielleicht als Unterantrag zu berücksichtigen sein — daß ausgesprochen wird, daß, wenn eine neue Haftung eingeführt wird für die Automobilisten, dies auch geschehen soll mit entsprechender Verstärkung der Haftung der Kleinbahnen und Straßenbahnen. (Bravo! und Händeklatschen.)

Prof. Dr. **Oertmann** (Erlangen): Nach den überzeugenden Ausführungen des Herrn Prof. Dr. Hilse glaube ich auf das Wort verzichten zu können und bitte auch meinerseits, den Antrag des Herrn Prof. Dr. Pappenheim in der jetzt vorliegenden Form mit möglichst großer Mehrheit anzunehmen.

Ich wollte nur eine kurze Bemerkung gegen Herrn Rechtsanwalt Dr. Korn machen. Erstens scheint er übersehen zu haben, daß Herr Prof. Dr. Pappenheim den Regreß der Unfallgenossenschaft gegenüber dem Beschädiger vorgesehen hat, so daß ein zu verhütender großer Schaden auch bei Annahme des Pappenheim'schen Antrags in der von Herrn Rechtsanwalt Dr. Korn befürchteten Richtung nicht eintreten wird. Es wird keineswegs im Endergebniß die persönliche Haftung des Thäters selbst beseitigt. Dann, glaube ich, was die Haftung der Straßenbahnen angeht, so sollen wir doch an dieser Stelle, wenn auch eine gewisse Analogie dafür spräche, nicht zwei immerhin heterogene Materien mit einander verquicken. Das würde die Aussichten für ein gesetzgeberisches Vorgehen nur abschwächen können. Ich gebe außerdem zu erwägen, daß auch für die Straßenbahnen § 831 des Bürgerlichen Gesetzbuches in Betracht kommt, so daß es schließlich bei ihrer Haftung für Sachschäden in den allermeisten Fällen bleibt.

Geh. Justizrath Prof. Dr. **Enneccerus** (Marburg): M. H.! Der Herr Korreferent hat uns überzeugend ausgeführt, daß bei schuldhafter Uebertretung von Polizeiverordnungen ohnehin nach § 823, 2 Haftung eintritt, und auch überzeugend ausgeführt, daß, wenn eine solche Polizeiverordnung übertreten ist, der Verschuldungsbeweis meist ziemlich leicht zu führen sein wird. Aber, m. H., was der Herr Korreferent nicht nachgewiesen hat, das ist die Hauptsache, nämlich daß der Nachweis, daß die Polizeiverordnung übertreten wurde, in den meisten Fällen eben nicht zu liefern ist. Wie wollen Sie nachweisen, daß der Führer des Automobiles an der Ecke nicht so langsam gefahren ist, wie dort gefahren werden soll, daß er ferner die Verlangsamung der Fahrt nicht eingehalten hat, welche etwa des Nachts vorgeschrieben ist, oder daß er die gewöhnliche normale Geschwindigkeit überschritten hat? Und der Vorschlag der Korreferenten, daß Automobile, die über eine sehr mäßige Geschwindigkeit von 10 oder 12 km hinaus fahren können, überhaupt verboten werden sollten, geht gewiß viel zu weit.

Was nun den Antrag des Herrn Referenten und den Antrag des Herrn Prof. Pappenheim betrifft, lege ich keinen sehr großen Werth darauf, ob der eine oder andere angenommen wird, nachdem von Herrn Prof. Pappenheim die fundamentale Veränderung vorgenommen worden ist, die von Herrn Prof. Hilse gefordert und begründet worden ist, das Wort „Zufall“ durch „höhere Gewalt“ zu ersetzen. Zweifellos unterscheiden sich auch nach dieser Veränderung die beiden Anträge in nicht unwesentlichen Beziehungen. Aber ich kann auch — und so wird es vielen von uns ergehen — dem einen wie dem anderen nur im Grundprinzip beistimmen. Wir können uns nicht festlegen auf die einzelnen Bestimmungen, wir können nach einer dafür gar nicht ausreichenden Diskussion nicht entscheiden, ob das Unfallversicherungsgesetz als Norm anzusehen, ob Zwangsvereinigungen zu bilden sind u. s. w. Die Einzelheiten dafür müssen eventl. später behandelt werden und den gesetzgebenden Faktoren und der Litteratur vorbehalten bleiben. Nur dem Hauptpunkte — und der ist in beiden Anträgen derselbe — können wir und müssen wir meines Erachtens beistimmen. Ich gebe auch Herrn Dr. Korn zu, daß es fraglich ist, ob gerade Zwangsgenossenschaften der richtige Weg sind. Der Zweck läßt sich vielleicht auch auf dem Wege der Versicherung erreichen, aber nur im Wege der Zwangsversicherung; denn wenn man die Versicherung bloß anheimgeben wollte, wie Herr Dr. Korn sagte, kommt man nicht zum Ziele, weil der Einzelne die Versicherung häufig unterlassen wird und bei seiner Insolvenz der Geschädigte den Verlust trägt. Eine Zwangsversicherung scheint mir auch ausführbar zu sein, indem die Erlaubniß, ein Automobil zu haben oder zu führen, nur demjenigen ertheilt wird, der nachweist, daß er bei einer leistungsfähigen Gesellschaft die Zwangsversicherung zu Gunsten derjenigen, die er schädigen könnte, eingegangen ist. Auch fürchte ich keineswegs, daß durch diese Zwangsversicherung die Sorgfalt der Automobilführer vermindert werden könnte. Es läßt sich ja gesetzlich bestimmen, daß die Haftung für den Fall einer erwiesenen Fahrlässigkeit gleichwohl bleibt, daß der Schuldige der Versicherungsanstalt gegenüber haftbar bleibt. Vielleicht ist der letztere Weg sogar der beste. Ich stimme daher dem einen oder dem anderen Antrage zu mit dem Vorbehalte, daß nur das allgemeine Prinzip gebilligt wird, ohne sich auf die Einzelheiten zu binden.

(Lebhafter Beifall.)

Geh. Rath Prof. Dr. **v. Bar** (Göttingen): M. H.! Erlauben Sie mir nur ein paar Worte. Ich werde mich möglichst der Schnelligkeit befleißigen, um die Herren nicht zu lange aufzuhalten. Ich bin durchaus im Einverständnisse mit dem, was Herr Kollege Enneccerus ausgeführt hat. Ich wollte nur ausdrücklich bemerken, daß ich nicht wünsche, daß unsere deutsche Praxis auf den Weg gedrängt würde, die Verletzung einer jeden beliebigen Polizeivorschrift ohne Weiteres als Fahrlässigkeit auszulegen demjenigen, der die Polizeivorschrift übertreten hat, und in keiner Weise möchte ich, daß der Juristentag dieses Prinzip sanktionirte, weil wir damit indirekt der Polizeigesetzgebung die Befugniß geben, in das Civilrecht einzugreifen. Ich halte es aus diesem Grunde umsomehr für nöthig, daß der Juristentag hier das Prinzip einer strengeren Haftung ausspricht, bin aber auch der Meinung, daß wir uns über die Art noch nicht genau aussprechen können. Was die Haftung selbst betrifft, bin ich im Prinzip mit den Ausführungen des Herrn Prof. Pappenheim einverstanden. Was dagegen die Zwangsgenossenschaften betrifft, so glaube ich, daß dieser Punkt in der That noch nicht genügend erwogen ist, um ein definitives Votum des Juristentages darüber herbeizuführen. Ich will nur auf eins hinweisen: bei den üblichen Zwangsgenossenschaften handelt es sich doch um Vorrichtungen, Maschinen u. s. w., die im Ganzen auf dieselbe Weise in Bewegung gesetzt werden, aber bei dem Automobil handelt es sich um ein Werkzeug, welches in der Hand verschiedener Personen äußerst verschiedene Gefahren entwickeln kann. Sie können nicht leicht eine stehende Dampfmaschine so überheizen, daß sie plötzlich gefährlich wird, aber bei einem Automobil ist es eine Kleinigkeit, es in eine Bewegung zu versetzen, die gefährlich ist. Daraus folgt, daß Zwangsgenossenschaften wohl kaum auf einer genügenden Grundlage gebildet werden können. Ich glaube, daß der Weg besser ist, die Automobilfahrer zu veranlassen, sich bei privaten, ausreichend und genügend fundirten Versicherungsgesellschaften zu versichern. Wenn sie das nicht thun, würden sie selbst im weiteren Umfange für den Schaden haften. Ich bin also der Meinung, daß die persönliche Haftung des Automobilfahrers in keiner Weise beschränkt werden dürfte durch die Zwangsgenossenschaft. Wenn man das thun würde, würde man indirekt Leben und Gesundheit des Publikums gefährden; allerdings das Eigenthum würde man besser schützen; aber was nützt es oft der geschädigten Person, wenn sie 10 000 Mk. ausgezahlt bekommt, ihre Gesundheit aber zeitlebens verliert? Ich würde also gegen Zwangsgenossenschaften mich vorläufig erklären müssen.

Was den Punkt betrifft, der im ersten Referate berührt worden ist, daß die Automobile so hergestellt werden könnten, daß eine gewisse Fahrgeschwindigkeit nicht zu überschreiten wäre, so glaube ich, daß dies nicht möglich ist; das würde einfach heißen, die Automobile unbrauchbar zu machen, denn die meisten, die mit dem Automobil fahren, wollen doch, wenn sie außerhalb der Ortschaften sind, eine größere Geschwindigkeit erlangen. Um kurz abzuschließen: ich bin für eine weitergehende Haftung. Man würde die Sache auch dahin regeln können, daß der Automobilfahrer, oder wie man das ausdrücken will, derjenige, der sich des Automobils bedient, für etwaige Schäden jedenfalls persönlich haftet. Gegen die Zwangsgenossenschaft muß ich mich vorläufig aussprechen. Ich könnte nur dem zustimmen, daß dieses dem weiteren Studium überlassen und für einen der nächsten Juristentage auf die Tagesordnung gesetzt würde.

Privatdozent Dr. **Burchard** (Berlin): Meine verehrten Herren! Vorhin ist das Wort gefallen von einer sozialen Fürsorge. Dieses Wort erinnert an die große soziale Gesetzgebung, welche die Schwachen zu schützen bezweckt. Mir ist der von Herrn Prof. Dr. Pappenheim ausgeführte Gedanke außerordentlich sympathisch. Wenn ich die Unfallversicherungs-Gesetzgebung zum Vergleiche heranziehen darf, so möchte ich einander gegenüberstellen auf der einen Seite die durch die Gesetze zu Berufsgenossenschaften vereinigten Unternehmer der verschiedenen Unternehmen und die in ihnen beschäftigten Arbeiter, auf der andern Seite die Besitzer von Automobilen und das auf der Straße verkehrende, ihren Angriffen preisgegebene Publikum. Da könnte man nach meiner Meinung zweckmäßig dazu kommen, eine entsprechende Verantwortlichkeit, wie sie durch die Unfallversicherungsgesetze den Berufsgenossenschaften auferlegt wird, den in Vorschlag gebrachten Automobilzwangsgenossenschaften aufzuerlegen und gleiche Ergebnisse herbeizuführen, wie die aus den Unfallversicherungsgesetzen sich ergebenden. Diese Gesetze weisen den geschädigten Arbeiter nicht an den Unternehmer, in dessen Betriebe die Schädigung erfolgt ist, sondern geben ihm einen Anspruch gegen die Gesammtheit der zu einer Berufsgenossenschaft zusammengefaßten Unternehmer. Die Berufsgenossenschaft aber hat alsdann einen Erstattungsanspruch gegen den Unternehmer, in dessen Betrieb der Unfall sich ereignet hat, wenn zuvor durch strafgerichtliches Urtheil festgestellt ist, daß der Unternehmer den Unfall vorsätzlich oder durch Fahrlässigkeit mit Außerachtlassung der besonderen Amts-, Berufs- oder Gewerbepflicht herbeigeführt hat. Nur in dem Falle, daß durch strafgerichtliches Urtheil gegen den Unternehmer festgestellt ist, daß er den Unfall vorsätzlich herbeigeführt hat, haftet er dem zur Entschädigung Berechtigten auf den Betrag, um welchen die dem Berechtigten nach anderen gesetzlichen Vorschriften gebührende Entschädigung diejenige übersteigt, auf welche er nach den Unfallversicherungsgesetzen Anspruch hat.*)

Ich sollte meinen, daß der in diesen gesetzlichen Bestimmungen enthaltene Gedanke der Anwendung fähig wäre auch auf Zwangsgenossenschaften, die aus den Besitzern von Automobilen zu bilden wären. Wenn Sie, meine Herren, denken einerseits an Automobil-Zweiräder, die jetzt zu Fahrten benutzt werden, und an die kleinen Automobil-Dreiräder und anderseits an die schweren, dem Sport und dem Geschäftsverkehr dienenden Kraftwagen, so macht sich allerdings eine große Verschiedenheit geltend. Indeß würde da durch Bestimmung einer verschiedenen Beitragspflicht der Ausgleich zu finden sein. Beruht doch auch die Berufsgenossenschaft auf einer Zwangsversicherung, in der verschiedene Gefahrenklassen eine angemessene Berücksichtigung finden.

Der einzelne, einer Haftpflicht unterliegende Unternehmer kann zwar seinerseits gegen die ihn treffenden Folgen der Haftpflicht Versicherung nehmen. Ich würde es aber für verkehrt halten, wenn man den Geschädigten auf die Haftpflicht-Versicherungssumme verweisen wollte, die der haftpflichtige Automobilbesitzer etwa erhalten kann. Es müßte denn, ähnlich wie im Gesetze betreffend die privaten Versicherungsunternehmen

*) Gewerbe-Unfallversicherungs-Gesetz §§ 135 und 136. Unfallversicherungs-Gesetz für Land- und Forstwirthschaft §§ 146 und 147. Bau-Unfallversicherungs-Gesetz § 46. See-Unfallversicherungs-Gesetz §§ 133 und 134. Gesetz betr. die Unfallfürsorge für Gefangene vom 30. Januar 1900 §§ 23 und 24.

vom 12. Mai 1901, eine Bestimmung getroffen werden, daß die Versicherungsgelder als ein besonderes, nur der geschädigten Person haftendes Objekt gelten. Denn andernfalls zieht sie der Schadenstifter ein, der sich gegen die Folgen seiner Haftpflicht versichert hat; sie werden ein Bestandtheil seines Vermögens, und der Geschädigte hat möglicherweise das Nachsehen.

Weiter würde es sich fragen: Kann man nicht die Ansprüche, welche an eine derartige Automobil-Zwangsgenossenschaft zu stellen sind, ganz ähnlich gestalten, wie die aus den Unfallversicherungsgesetzen sich ergebenden Ansprüche? Das würde allerdings in einem gewissen Gegensatz stehen zu der Regelung des Haftpflichtgesetzes vom 7. Juni 1871; denn dieses Gesetz schließt, soweit es um Tödtungen oder Verletzungen bei dem Betriebe einer Eisenbahn sich handelt, die Haftung aus, wenn nachweislich der Unfall durch höhere Gewalt oder durch eigenes Verschulden des Getödteten oder Verletzten verursacht ist; im Uebrigen gewährt es einen Anspruch aus Tödtung oder Verletzung nur, wenn eine der den Unternehmer haftbar machenden Personen (Bevollmächtigter, Repräsentant, Betriebsleiter oder -Aufseher) den Tod oder die Körperverletzung durch ein Verschulden herbeigeführt hat.

Unsere Unfallversicherungsgesetzgebung steht auf einem, dem Schwachen viel günstigeren Standpunkt. „Dem Verletzten und seinen Hinterbliebenen steht ein Anspruch nicht zu, wenn er den Unfall vorsätzlich herbeigeführt hat. Der Anspruch kann ganz oder theilweise abgelehnt werden, wenn der Verletzte den Unfall bei Begehung eines durch strafgerichtliches Urtheil festgestellten Verbrechens oder vorsätzlichen Vergehens sich zugezogen hat.“

So weit es sich um die Haftung für Automobil-Unfälle handelt, sollte nach meiner Meinung der Schadensersatzanspruch nur dann ausgeschlossen sein, wenn der Geschädigte den Unfall vorsätzlich oder durch grobe Fahrlässigkeit herbeigeführt hat. Wenn Herr Prof. Dr. Pappenheim seinen mir sehr sympatischen Antrag stellt, wird er durch ein kleines Amendement etwas abgeändert werden dürfen. Ich bitte in Nr. 2 den Satz, welcher anfängt:

„Der Ersatzanspruch ist ausgeschlossen“

weiter zu lesen:

„wenn der Unfall von dem Geschädigten vorsätzlich oder durch grobe Fahrlässigkeit herbeigeführt ist.“

Darin liegt ein Doppeltes: Einmal möchte ich auch die Haftung für Zufälle auf die Zwangsgenossenschaften abwälzen. Denn der Zufall würde nicht eingetreten sein, wenn nicht der Betrieb der Automobile gerade in dieser gefährlichen Weise existirte. Wir würden so in diesem

Punkte zu ganz gleichem Ergebniß gelangen, wie bei der Unfallversicherung. Sodann bin ich der Ansicht, daß nicht schon jede noch so leichte Fahrlässigkeit des Geschädigten den Anspruch ausschließen sollte. Die Worte des Antrages des Herrn Prof. Dr. Pappenheim: „ein von dem Beschädigten zu vertretendes Verschulden" würde jeden Grad der Fahrlässigkeit in sich schließen. Wenn Sie, m. H., sehen, wie auf der Straße schon durch einen harmlosen Radfahrer Menschen in Angst versetzt werden, so daß sie nicht wissen, wohin sie sollen, und nun den Weg von links nach rechts und von rechts nach links kreuzen, um schließlich unmittelbar vor das Rad zu laufen, Menschen, die erst durch ihre Aengstlichkeit in Gefahr gerathen, wenn nicht der Radfahrer schließlich abspringt, so werden Sie zugeben müssen, daß die Automobile mit noch weit größerer Gefahr verbunden sind. Sie sausen durch die Straßen daher, geben insbesondere beim Einbiegen aus anderen Straßen nicht frühzeitig Signale, so daß man auf sie aufmerksam werden könnte; die Gefährdung ist vielfach so arg, daß der Gefährdete überhaupt nicht aus dem Wege gehen kann. Es ist daher vielfach nicht möglich, im Augenblick der Gefahr einen klaren Entschluß zu fassen. Ich möchte hier auf das hinweisen, was Herr Prof. Dr. Pappenheim vorhin gesagt hat: Im Seeverkehr, wenn es sich um die Frage des Verschuldens bei Schiffszusammenstößen handelt, wird ein objektiv unrichtiges Manöver doch gelegentlich nicht als Verschulden angesehen, weil im Augenblick einer durch eine plötzliche Gefahr bedingten Entscheidung die Verhältnisse so liegen, daß auch ein verkehrtes Manöver entschuldigt werden muß.

Ich meine also, m. H., wenn wir einen entsprechenden Schutz thatsächlich haben wollen, muß die Haftung für den Zufall ebenfalls von der zu errichtenden Zwangsgenossenschaft getragen und darf die Haftung nur dann ausgeschlossen werden, wenn Vorsätzlichkeit oder grobe Fahrlässigkeit vorliegt. Die Zeitung brachte vor einigen Tagen eine Mittheilung: Ein Automobil kommt heran, ein Arbeiter legt sich absichtlich auf die Straße, um zu sehen, was der Automobilfahrer machen wird, ob das Automobil über ihn hinwegfahren wird oder nicht. Ob der Mann ganz nüchtern gewesen ist, weiß ich nicht, aber ein derartiger Unfug ist öfter vorgekommen. In solchem Falle liegt eine vorsätzliche Herbeiführung des Unfalls vor. Dann, wenn jemand, obwohl er wahrnimmt, daß ein Automobil kommt, im letzten Augenblick über die Straße läuft, würde er sich in einer von ihm selbst grob fahrlässig herbeigeführten Gefahr befinden; denn sobald der Automobilverkehr auf der Straße erlaubt ist, muß sich das Publikum auch danach einrichten und das gewöhnliche Maß von Sorgfalt anwenden.

Wenn ich zum Schluß meinen Antrag nochmals formuliren soll, so würde ich dies in der Form eines Amendements zu dem Antrage des Herrn Prof. Dr. Pappenheim thun:

„Der Ersatzanspruch ist ausgeschlossen, wenn der Unfall von dem Geschädigten vorsätzlich oder durch grobe Fahrlässigkeit herbeigeführt worden ist."

Prof. Dr. **Pappenheim** (Kiel): M. H.: Ich möchte nur ein Wort sagen über den Gedanken des Herrn Geh. Rath Enneccerus betreffs der Zwangsversicherung. Ich würde mich mit diesem Gedanken sehr wohl befreunden können. An der genossenschaftlichen Gestaltung als solcher liegt mir gar nicht so viel. Ich bin zu ihr nur durch den Wunsch geführt worden, einen jeder Zeit greifbaren Schuldner für den Geschädigten zu schaffen, aber eben dieser Wunsch kann durch die Versicherung im Sinne des Herrn Geh. Rath Enneccerus nicht befriedigt werden. Wenn der Beschädigte nicht weiß, von wem er überfahren worden ist, was nutzt ihm dann das Bewußtsein, daß in Folge der Bedingung für die Konzessionsertheilung der Schädiger gegen die Haftpflicht versichert ist? Ich kann mich also hierdurch nicht für befriedigt erklären.

Was dann die Bemerkungen des Herrn Rechtsanwalt Dr. Korn anbelangt, so habe ich mit Bezug auf den von ihm vergessenen Regreß mich nur dem anzuschließen, was Herr Prof. Oertmann ausgeführt hat. Die Vereinigung der gewerbtreibenden und der nichtgewerbetreibenden Besitzer würde keine Schwierigkeit machen. Es könnten bei der jährlichen Lösung der Karten je nach der Art des Automobils verschiedene Gebühren erhoben werden.

Schließlich möchte ich noch hervorheben daß, ich keineswegs an allen Einzelheiten meines innerhalb dieser letzten zwei Tage entworfenen Antrags unbedingt festhalten zu müssen glaube. Ich werde gern in weitere Erörterungen über ihre Zweckmäßigkeit eintreten. Was mir wesentlich ist, das ist: einen Schuldner zu schaffen, an den sich der Geschädigte halten kann; alles Andere gebe ich event. preis. Ich würde auch gar nichts einzuwenden haben, wenn etwa die Abtheilung beschließen wollte, die Sache zur weiteren Verhandlung auf dem nächsten Juristentag zu vertagen.

Geh. Justizrath Prof. Dr. **Enneccerus** (Marburg): Ich möchte vorschlagen, m. H., daß wir den Antrag in folgender Form annehmen: die Abtheilung tritt dem Vorschlage des Herrn Prof. Pappenheim im Prinzip bei, ohne über die einzelnen Maßregeln ein definitives Urtheil zu fällen. Wir können nicht über alle Einzelheiten entscheiden. Gutachten liegen über diese Einzelheiten nicht vor, die Anträge sind zu spät gestellt, alles was wir thun können, ist eine prinzipielle Zustimmung.

Vorsitzender: Wir werden uns darüber schlüssig zu machen haben, welches Prinzip wir zu Grunde legen wollen: ob das Prinzip der verschärften Einzelhaftung, welches der erste Referent vorschlägt, oder ob das Prinzip der Einführung einer strengen genossenschaftlichen Haftung unter Beibehaltung der beschränkten bisherigen Haftung der Einzelnen. Das ist ein großer Gegensatz. Für den Fall, daß die Versammlung sich gegen die Verschärfung der Haftung des Einzelnen ausspricht, würde im Sinne des Herrn Kollegen Enneccerus die Frage vorzulegen sein, ob man im Prinzip dem Vorschlage des Herrn Prof. Pappenheim zustimmt. Andererseits wird, wenn das Prinzip der verschärften Haftung des Einzelnen angenommen wird, die Möglichkeit in Betracht kommen, durch Zwangsversicherungen u. s. w. die Haftung des Einzelnen zu erleichtern.

Geh. Justizrath Dr. **Keyssner**: Das Wort „Grundsatz" würde ich vorziehen; mit „Prinzip" ist gar nichts gewonnen.

Rechtsanwalt Dr. **Linckelmann** (Hannover): Ich wollte auch ausführen: es solle bei diesem Antrage nur der Grundsatz ausgesprochen werden, daß eine strengere Haftung für dringend wünschenswerth erklärt werde.

Vorsitzender (verliest den Antrag): „Der Juristentag erachtet eine über die allgemeinen Grundsätze hinausgehende strengere Haftung für Schädigungen durch Kraftfahrzeuge für dringend wünschenswerth."

Prof. Dr. **Pappenheim** (Kiel): Ich möchte mir doch an den letzten Herrn Antragsteller eine Frage darüber gestatten, wie sein Antrag gemeint ist. Ich sehe nicht, wie er sich zu den anderen Anträgen verhält. Will er eine Haftung der Eigenthümer oder derjenigen, die das Fahrzeug, sei es befugt oder unbefugt, führen? Wie soll es z. B. sein, wenn Jemand mit einem gestohlenen Automobil Schaden anrichtet; wer soll dann dafür haften? Ich kann das aus der Fassung des Antrages nicht ersehen.

Vorsitzender: Ich verstehe den Antrag so, daß er alles vereinigen will und alles erledigen.

Geh. Justizrath Dr. **Keyssner** (Berlin): Auf die einzelnen Fälle kann ja gar nicht eingegangen werden. Wenn wir allgemein diesen Grundsatz aussprechen, so ist das das Alleräußerste, was wir thun können, denn die Art der Haftung, ob Versicherung oder Genossenschaften, ist noch eine unerledigte Frage. Dies ist ein Beschluß, der einen **Kern** hat und einen Inhalt, und damit können wir zufrieden sein.

Rechtsanwalt Dr. **Alfred Korn** (Berlin): Die Haftung soll ausgesprochen werden nach Analogie der Eisenbahnen.

Vorsitzender: Das wäre wesentlich der Antrag Eger. Dann würde ich vorschlagen, den Antrag als Amendement zum Antrage Eger zu stellen.

Rechtsanwalt Dr. **Vossen** (Köln): M. H.! Um keine Verwirrung herbeizuführen, will ich gleich den zweiten Absatz meines Antrages streichen, damit getrennt über die Einführung des Haftungsprinzips und die Einführung einer Zwangsgenossenschaft abgestimmt werden kann. Mein Antrag lautet also nur noch: „Betreffs des Haftungsprinzips besteht kein Bedürfniß nach Einführung der Haftung nach eisenbahnrechtlichem Vorbilde."

Gestatten Sie mir, daß ich den Antrag noch einmal kurz begründe und noch einmal zu Gunsten des Automobils eine Lanze einlege. Es ist eben hauptsächlich eingewendet worden, der Schadenstifter könne nicht nachgewiesen und ermittelt werden. Das gebe ich zu, aber ich bestreite, daß das bei allen anderen Arten von Schädigungen nicht auch der Fall ist. Das ist einfach eine Konsequenz der menschlichen Unvollkommenheit, daß es gerade so wenig möglich ist, wenn einer vom Automobil überfahren wird, daß immer der Schädiger gefunden wird, wie unter Umständen bei jedem anderen Schaden. Man sagt dann weiter, ein Verschulden könne, selbst wenn man den Schadenstifter gefunden hat, dennoch nicht immer erwiesen werden, und dafür ist das Exempel der Schnelligkeit angeführt worden, daß einer schnell fährt und bekümmert sich nicht um die Vorschriften, und nachher kann nicht nachgewiesen werden, daß der Fahrer zu schnell gefahren ist. Das ist ein Ausnahmefall. Es giebt aber doch auch eine Menge Indizien, woraus sich die Fahrlässigkeit ohne Weiteres ergeben kann. Die Bremse ist z. B. nicht in Ordnung gewesen. Wenn die Bremse nicht funktionirt hat, dann kann man nach meiner Auffassung einfach sagen: Es liegt ein Verstoß gegen die Polizeiverordnung vor; denn die Bremse war nicht in Ordnung, sie *mußte* aber in Ordnung sein, also nach § 823, 2 hat der Betreffende Schadenersatz zu leisten. Ebenso wenn er die Fahrprüfung nicht bestanden hat; dann heißt es: er *mußte* sie nach den Vorschriften bestehen, hat sie aber nicht bestanden, dadurch ist der Unglücksfall herbeigeführt worden, also ist er zu Schadenersatz verpflichtet. Ich meine, derartige Indizien ergeben sich von selbst, und es ist sicherlich nicht immer nöthig, daß man einen besonderen Nachweis, daß man menschliche Zeugen haben muß. Das ist ein Ausnahmefall, wenn die Schnelligkeit nicht nachgewiesen werden kann, wenn ich auch zugebe, daß die Möglichkeit vorhanden ist. Im Uebrigen freue ich mich, daß Herr Prof. Dr. Pappenheim im Eingange seines Vortrages mir zugegeben hat, daß gar kein innerer Grund existirt, die Haftung der Automobilisten zu verschärfen nach eisenbahnrechtlichem oder nach irgend einem anderen Vorbilde. Das ist ein ausschlaggebender und zwingender Punkt: es besteht kein innerer Grund, die Haftung der Automobilisten zu verschärfen! Ich glaube, daß der französische Grundsatz hier maßgebend sein kann. Die Franzosen verfertigen viel mehr Automobile als wir, und die Franzosen haben gute Erfahrungen mit der bei ihnen bestehenden Haftung gemacht. Wenn wir Deutschen nun plötzlich anfangen, zuerst schärfere Bestimmungen einzuführen, so ist das m. E. ein sehr gewagtes Experiment. Ich bemerke nur, daß schon eine culpa levissima nach bestehendem Rechtszustand ebenso, wie für Frankreich, so auch für Deutschland, zur Begründung der Haftung genügt. Ich könnte Ihnen eine Menge Artikel, auch aus dem „Berliner Tageblatt" von gestern, vorlesen, die gegen eine schärfere Haftung der Automobile sprechen. Aber der Kampf gegen Ihre Mehrheit scheint mir doch fast aussichtslos zu sein.

Berichterstatter Regierungsrath Dr. **Eger** (Berlin): M. H., die Stimmung, so viel ich bisher beobachten kann, ist so einheitlich dafür, daß eine Verschärfung der Haftpflicht nothwendig ist, daß ich glaube, auf die letzten Ausführungen des Herrn Korreferenten nicht weiter eingehen zu müssen.

Mit Herrn Prof. Dr. Pappenheim stimme ich darin überein, daß der Kernpunkt der ganzen Frage der Haftpflicht in der Beweiserleichterung liegt. Das ist auch bei der Eisenbahnhaftpflicht der Fall, und es ist in den Motiven des Haftpflichtgesetzes ausdrücklich ausgeführt, daß ein Nothstand bezüglich der Beweislast vorlag und daß das Haftpflichtgesetz, bezw. der damalige Entwurf desselben den Zweck hat, diese Beweislast zu Gunsten des Geschädigten zu ändern, materiell und prozessualisch. Wenn Herr Prof. Dr. Pappenheim meint, daß die Erleichterung der Beweislast deswegen bei den Kraftfahrzeugen dem Beschädigten nichts nutze, weil eben der Unternehmer wegen der Geschwindigkeit nicht zu fassen sei, so habe ich bereits in meinem Referat ausgeführt, daß die Polizeiverordnungen in erster Linie Hand in Hand gehen müssen mit den haftpflichtgesetzlichen Bestimmungen. Die Geschwindigkeit, die jetzt üblich ist und die Feststellung des Thatbestandes unmöglich macht, muß unter allen Umständen durch polizeiliche Maßnahmen gemäßigt werden. Wenn ferner Herr Geheimrath von Bar dagegen geltend macht, daß alsdann das Automobil unbrauchbar und werthlos werden würde, so muß darauf hingewiesen werden, daß auch Eisenbahnen und sonstige Fahrzeuge nicht mit beliebiger Schnelligkeit fahren dürfen, sondern an ganz bestimmte Geschwindigkeitsgrenzen gebunden sind, ohne dadurch unbrauchbar oder werthlos zu sein. Der Lokomotivführer, der die vorgeschriebene Fahrgeschwindigkeit überschreitet, wird ebenso bestraft wie der, der nicht rechtzeitig ankommt.

Was nun den Antrag des Herrn Prof. Dr. Pappenheim im Ganzen betrifft, so meine ich, daß der Juristentag den Zweck verfolgt, das praktisch Erreichbare zu erstreben, und der Pappenheim'sche Antrag steht und fällt mit der Frage, ob sich in absehbarer Zeit die Bildung von Zwangsgenossenschaften als prinzipale Uebernehmer der Haftpflicht in der vorgeschlagenen detaillirten Weise verwirklichen wird. Das ist aber in hohem Grade unwahrscheinlich. Ich habe zwar selbst in zweiter Reihe einen Antrag auf Bildung von Zwangsgenossenschaften gestellt, in erster Linie aber auf Uebertragung der Eisenbahnhaftung auf die Automobile. Den Antrag auf Bildung von Genossenschaften habe ich nur schweren Herzens gestellt, weil ich mir sagte, daß dies sehr schwer durchführbar sein wird, aus den schon von den Herren Vorrednern angeführten Gründen. Und wie sich die Versicherung gestalten wird, ob im Wege der Zwangsversicherung oder der Zwangsgenossenschaft, das könnte wirklich eine cura posterior sein. Die Hauptfrage bleibt doch für uns, ob eine Verschärfung der Haftpflicht eintreten muß, und sodann, ob wir der Staatsregierung oder den gesetzgebenden Faktoren eine entsprechende Direktive geben wollen und in welcher Weise. In diesem Sinne ist von dem Gutachter Herrn Prof. Dr. Hilse wie auch von mir der vorliegende Antrag gestellt worden. Der Antrag soll, wie der Herr Geheimrath Dr. Enneccerus ausgesprochen hat, rein das Prinzip zur Geltung bringen und sagen: wir müssen eine strengere Haftung für Kraftfahrzeuge haben, und zwar wegen der Aehnlichkeit der Betriebsgefahr, der Betriebsart und Betriebskraft nach Maßgabe der Eisenbahnhaftpflicht. Ob man nun sagt, nach Art der Haftpflicht der Eisenbahn oder, wie Herr Rechtsanwalt Dr. Korn will, nach Analogie dieser Haftpflicht, das bleibt sich im Wesentlicheu wohl gleich. Da die Eisenbahnhaftpflicht diejenige ist, die am nächsten liegt, so glaube ich, daß wir gut thun werden, den Antrag, den ich gestellt habe, anzunehmen.

Ich möchte hier noch zum Schlusse bemerken, daß Herr Professor Meili, der als Theoretiker und Praktiker auf dem Gebiete des Verkehrsrechtes gleich anerkannt ist, in einer kürzlich erschienenen Schrift „Die rechtliche Stellung der Automobile" sich dafür ausspricht, daß unbedingt spezielle und möglichst eingehende Polizeibestimmungen gegen die Automobile erlassen werden müssen wegen der gefährlichen Geschwindigkeit, mit der sie fahren. Die weiteren Ausführungen Meili's gipfeln in folgenden Sätzen: Bezüglich der privatrechtlichen Verantwortlichkeit der Automobile sei die Frage, ob dieselben nicht ganz allgemein einer strengen Rezeptionshaftpflicht im Sinne der Eisenbahngesetzgebung unterstellt werden sollen, mit Entschiedenheit zu bejahen. Die Gesetzgebung habe unzweifelhaft die Pflicht, hier einzugreifen. Denn die Automobile rufen eine neue ernste Gefährdung des Verkehrs hervor und ständen den verschiedenen Formen der Eisenbahnen am nächsten. Es könne von einem Beweisnothstande gesprochen werden. Und dazu komme ein juristisch-nationalökonomischer Gesichtspunkt, wonach derjenige den Schaden zu übernehmen habe, der den Vortheil des Betriebs genieße. Die erhöhte Haftpflicht werde bei den Automobilisten das Gefühl der Verantwortlichkeit steigern. Die Härten der Rezeptionshaftpflicht könnten durch Versicherung ausgeglichen werden.

Aus diesen Gründen, die ganz den meinigen entsprechen, möchte ich Sie bitten, das Prinzip der Eisenbahnhaftpflicht in dieser Weise anzuerkennen. Ob Sie außerdem noch den zweiten Antrag annehmen wollen, gleichzeitig der Staatsregierung und den gesetzgebenden Faktoren eine Direktive zu geben, daß zur thunlichsten Entlastung der Unternehmer sich Zwangsgenossenschaft oder Zwangsversicherung empfehle, darf ich ganz Ihrem Ermessen überlassen. Ich muß gestehen, daß ich darauf geringeren Werth lege, als darauf, daß grundsätzlich eine strengere Haftung nach Art der Eisenbahnhaftung als nothwendig anerkannt und eingeführt wird.

Vorsitzender: M. H., für die Abstimmung liegt die Sache so, daß zunächst der prinzipale Antrag des Herrn Regierungsrathes Dr. Eger vorliegt, welcher lautet:

> „Der Juristentag empfiehlt die Ausdehnung der Eisenbahnhaftspflicht auf die Betriebsunternehmer von Kraftfahrzeugen nach Maßgabe der §§ 1, 3—10 des Reichshaftpflichtgesetzes vom 7. Juni 1871 und des § 25 des Preußischen Eisenbahngesetzes vom 3. November 1838.

In direktem Gegensatze zu diesem Antrage steht dann der Antrag des Herrn Korreferenten in seinem allein noch bestehenden ersten Theil, der nicht nur diesen Antrag verwirft, sondern das direkte Gegentheil ausgesprochen haben will. Den zweiten Antrag des Herrn Regirungsrathes Dr. Eger fasse ich ich nunmehr als Eventualantrag auf, wenn der erste abgelehnt werden sollte. Dann deckt er sich aber im Wesentlichen mit dem Antrage des Herrn Prof. Dr. Pappenheim, der ja von dem Gesichtspunkte ausgeht, daß es für den Betriebsunternehmer bei der bisherigen Haftung bleiben soll, daß dagegen eine stärkere Haftung auferlegt werden soll einer zu bildenden Zwangsgenossenschaft. Diese stärkere Haftung soll sich allerdings mit der Haftung nach dem Eisenbahngesetze decken. Dazu ist ein Amendement gestellt von Herrn Privatdozenten Dr. Burchard (Berlin), wonach diese Haftung für die Genossenschaft noch stärker sein wüde, indem einmal der Entlastungsbeweis „durch höhere Gewalt" wegfallen und sodann die Haftung nicht durch jedes eigene Verschulden, sondern nur durch Vorsatz oder grobe Fahrlässigkeit des Geschädigten ausgeschlossen werden soll. Außerdem liegt schließlich ein Antrag vor, der wohl nur in Betracht kommen würde, wenn keiner der anderen Anträge die Majorität finden sollte, der Antrag Linckelmann:

> „Der Juristentag erachtet eine über die allgemeinen Grundsätze hinausgehende strengere Haftung für Schädigungen durch Kraftfahrzeuge für dringend wünschenswerth."

Rechtsanwalt Dr. **Alfred Korn** (Berlin): Ich ziehe mein Amendement zu dem Antrage Eger zurück.

Vorsitzender: Dann schlage ich vor, daß wir zunächst über den Antrag des Herrn Regierungsraths Eger abstimmen.

Wird dieser Antrag angenommen, so sind die anderen wohl erledigt.

Geh. Justizrath Dr. **Keyssner** (Berlin): Der weitestgehende ist der von Dr. Linckelmann.

Vorsitzender: Wenn der angenommen würde, so müßte über die anderen alle noch abgestimmt werden.

Geh. Justizrath Prof. Dr. **Enneccerus** (Marburg) [zur Geschäftsordnung]: Ich glaube, daß wir den spezieller ausführenden Antrag Pappenheim in Bezug auf die Zwangsgenossenschaften oder auch den ähnliche Zwecke verfolgenden 2. Antrag des Referenten, der nur eine Ergänzung seines 1. Antrags bildet, sehr wohl neben dem ersten Antrage des Referenten annehmen können. (Vorsitzender: Nein!) Beide Anträge harmoniren doch sehr wohl miteinander: „Die Haftung findet statt auf Grund derselben Prinzipien, die für die Eisenbahnhaftung gelten", sagt Absatz 1, und Abs. 2 fügt (entsprechend dem Antrage Pappenheim) hinzu: Diese Haftung soll aber abgewälzt werden auf Berufsgenossenschaften oder Zwangsgenossenschaften, und nur insofern es sich um Verschuldung handelt, wieder Regreß gegen den eigentlichen Thäter gegeben sein. Die beiden Anträge stehen also keineswegs in Widerspruch mit einander, und man kann sie beide annehmen, oder sich auf den ersten beschränken und den zweiten vertagen.

Vorsitzender: Ich kann mir denken, daß, wenn man für den ersten Antrag gestimmt hat, man eine Zwangsgenossenschaft noch will, nur würde diese Zwangsgenossenschaft nicht mehr zum Antrage des Herrn Prof. Pappenheim stimmen, weil der eben voraussetzt, daß die gemeinrechtliche Haftung der Einzelnen einzutreten habe. Wir müssen also jedenfalls, wenn der Antrag des Herrn Regierungsraths Eger angenommen wird, und wir außerdem den Antrag Pappenheim annehmen wollen, den letzteren modifiziren und sagen: „der Juristentag empfiehlt außerdem die Erleichterung der Haftung nach genossenschaftlichem Prinzip u. s. w.,

(Sehr richtig!)

nach Aehnlichkeit der Berufsgenossenschaften.“ Das ließe dann die einzelnen Fragen offen. Wird dagegen der Antrag des Herrn Reg.-Raths Eger abgelehnt, so würde ja für den Antrag Pappenheim z. B. auch der Herr Korreferent stimmen. Dann würde sich eben die Sache verschieben, und es könnten dann dafür auch diejenigen stimmen, die eine Ausdehnung der Haftung des Einzelnen nicht wollen. Als letztes Refugium bliebe dann noch der Antrag Linckelmann.

Rechtsanwalt Dr. **Linckelmann** (Hannover) [zur Geschäftsordnung]: Ich glaube, daß mein Antrag von dem Herrn Vorsitzenden eben mißverstanden worden ist. Ich halte meinen Antrag für den allgemeinsten und möchte ihn zuerst erledigt sehen, weil darin offen gelassen ist, in welcher Richtung eine strengere Haftung eintreten soll, und ich wünsche, daß der Juristentag diese Frage offen läßt, daß er erklärt, wir halten die schärfere Haftung für wünschenswerth, aber wir wollen uns heute nach einer bestimmten Richtung nicht binden.

Vorsitzender: Darf ich bemerken, daß ich den Antrag genau so aufgefaßt habe. Wenn sich für keinen dieser anderen Anträge eine Mehrheit findet, so ist jedenfalls Ihr Antrag der allgemeinen Zustimmung sicher; aber wenn wir diesen Antrag annehmen, so würde immer noch die Frage entstehen: sollen wir nicht einen Zusatz machen im Sinne des einen oder anderen Antrags. Ich möchte also dabei bleiben, zunächst über den Antrag Eger abstimmen zu lassen.

Regierungsrath Dr. Eger (Berlin) [zur Geschäftsordnung]: Ich wollte nur das bestätigen, was der Herr Präsident eben ausführte. Mein Antrag steht in diametralem Gegensatz zu dem Antrage Pappenheim. Während ich in erster Linie, und ebenso der Gutachter Herr Prof.

Hilfe, die Direktive ertheilen und den Grundsatz aussprechen wollen, daß prinzipaliter der Automobilunternehmer haftpflichtig sein soll, und zwar nach Analogie der Eisenbahnhaftpflicht, und daß nur eventualiter zu seiner Erleichterung die weitere Direktive gegeben wird, daß er im Wege der Zwangsgenossenschaft gegen die Haftpflichtlast einen Schutz erhält, beabsichtigt der Antrag des Herrn Prof. Pappenheim gerade umgekehrt in erster Linie und prinzipaliter die Haftpflicht auf die Genossenschaft zu übertragen und sodann bloß in zweiter Reihe der Genossenschaft gewissermaßen einen Regreß zulassen gegen den Unternehmer nach allgemeinem bürgerlichen Rechte. Ich habe das in meinem Schlußwort ausdrücklich hervorgehoben, und der Herr Präsident hat das auch ganz zutreffend so aufgefaßt.

(Abstimmung.)

Der Antrag Eger wird mit 31 gegen 19 Stimmen angenommen.

Vorsitzender: Nun würde also der Antrag des Herrn Prof. Pappenheim nur zur Abstimmung kommen in der Form des 2. Antrags des Herrn Referenten:

„Einführung von Zwangsgenossenschaften der Kraftfahrzeug-Unternehmer behufs Tragung der Schadenersatz-Leistungen nach Maßgabe der Unfallversicherungs-Gesetze."

(Abstimmung.)

Der Antrag wird mit 29 gegen 12 Stimmen angenommen.

Vorsitzender: Die beiden Anträge des Herrn Referenten sind damit angenommen.

Die Versammlung beschließt auf den Vorschlag des Präsidenten, den Beschluß der Abtheilung dem Plenum nur zur Kenntnißnahme mitzutheilen und zum Berichterstatter Herrn Regierungsrath Dr. Eger zu bestimmen. Darauf beschließt die Versammlung weiter auf Vorschlag des Referenten über die Frage des Rechtes am eigenen Bilde, Dr. Wildhagen, in eine Erörterung dieser Frage nicht mehr einzutreten, aber dem Präsidium des Juristentages die Frage zur Erörterung im Plenum vorzuschlagen.

(Mit Dankesworten an die Versammlung schließt der Vorsitzende um 4 Uhr die Sitzung.)

Erste Sitzung der dritten Abtheilung
am Mittwoch, 10. September 1902.

(Beginn: Mittags 12 Uhr.)

Geheimer Justizrath Prof. DDr. **Kahl** (Berlin): Meine Herren! Ich gestatte mir die Anregung zu geben, daß sich die Abtheilung nunmehr konstituirt, und möchte den Vorschlag machen, daß den wir Herrn Ober-Reichsanwalt Dr. Olshausen zum Vorsitzenden dieser dritten Abtheilung wählen. Sind die Herren damit einverstanden? (Beifall.) Ich konstatire, daß die Abtheilung damit einverstanden ist und darf wohl den Herrn Ober-Reichsanwalt Dr. Olshausen bitten, den Vorsitz in dieser Abtheilung freundlichst zu übernehmen.

Ober-Reichsanwalt Dr. **Olshausen** (Leipzig): Meine Herren! Ich danke für die Ehre, die Sie mir erwiesen haben, und spreche nur mein Bedauern aus, daß nicht derjenige, der Jahre lang dieser Abtheilung vorgesessen hat, es auch jetzt thun kann, ich meine den Herrn Reichsgerichtsrath Stenglein, der zu seinem und zu unserem lebhaften Bedauern verhindert ist, an diesem Juristentage theilzunehmen. — Ich darf auch um Unterstützung bitten und möchte vorschlagen, daß Herr Landgerichtspräsident Thomsen die Freundlichkeit hätte, seine Bereitwilligkeit zu erklären, als Vicepräsident dieser Abtheilung zu fungiren.

(Landgerichtspräsident Thomsen erklärt sich zur Annahme bereit.)

Alsdann möchte ich vorschlagen, daß wir als Schriftführer Herrn Kammergerichtsrath Havenstein, der in liebenswürdigster Weise seine Bereitwilligkeit bereits erklärt hat, Herrn Rechtsanwalt Koch und Herrn Gerichts-Assessor Deutsch wählen, und ich würde bitten, daß einer der Herren rechts, der andere links von mir Platz nimmt; ich bitte den Herrn rechts, die Rednerliste zu führen, den Herrn links, die Anträge entgegenzunehmen, denn ich setze voraus, daß die Abtheilung einverstanden ist, daß die Anträge, die zur Diskussion kommen, schriftlich vorliegen müssen.

Was unsere Aufgabe ist, ist vorhin mitgetheilt worden; es handelt sich um die drei der Abtheilung überwiesenen Fragen; wir marschiren dabei im Ganzen mit gebundener Marschroute. Die Herren haben ja gehört, daß dieser Saal uns nur heute zur Verfügung steht, daß wir ihn für morgen an die 4. Abtheilung abtreten müssen. Außerdem kommt hinzu, daß der eine der beiden Herrn Berichterstatter zu dem Punkte 5, die Revision des Deutschen Strafgesetzbuches betreffend, heute hier anwesend ist, dagegen morgen dienstlich behindert sein würde. Ich glaube deshalb, Ihnen vorschlagen zu sollen, daß wir als ersten Gegenstand der Berathung in dieser Abtheilung die Frage 5 vornehmen:

„Ist eine Revision des Deutschen Strafgesetzbuches in Aussicht zu nehmen?"

Ich schlage weiter vor, daß wir die übrigen beiden Punkte, die der Abtheilung zugewiesen sind, in derselben Reihenfolge, wie das Programm es angiebt, morgen verhandeln und daß wir morgen im Sitzungssaale, Zimmer Nr. 12, um 9 Uhr beginnen mit der Verhandlung der Frage Nr. 6:

„Welche Maßregeln empfehlen sich für die rechtliche Behandlung der Ringe oder Kartelle?"

und daß wir eventuell daran anschließen die Verhandlung der 7. Frage:

„Soll die Strafbarkeit der fahrlässigen falschen eidlichen Aussage vor Gericht im Deutschen Reiche beibehalten, im österreichischen Rechte eingeführt werden?"

Ich darf wohl annehmen, daß die Abtheilung mit diesem Vorschlage einverstanden ist. (Einstimmig.)

Meine Herren! Ehe wir in die Berathung der jetzt vorzunehmenden Frage eintreten, möchte ich darauf hinweisen, daß wir uns hiermit in ein Gebiet von großer Tragweite und Bedeutung begeben. Nachdem andere Vereinigungen, insbesondere die Internationale Kriminalistische Vereinigung, schon ganz bedeutende Vorarbeiten geliefert haben, ist es zum ersten Male, daß der Deutsche Juristentag in die Frage der Reform der Strafgesetzgebung eintritt. Ich sage ausdrücklich der Strafgesetzgebung, denn ich hoffe, daß die Reform eine vollständige und umfassende sein wird, und zwar derartig, daß das materielle Recht und das formelle Recht Hand in Hand gehen werden, und daß, wenn wir schließlich unsere Berathung zu Ende geführt haben und das faktische Resultat gezogen wird, dann sowohl das Strafgesetzbuch, wie die Strafprozeßordnung, beide als neue Gesetzbücher werden ins Leben treten können.

Nun hat der Deutsche Juristentag zunächst die Frage der Aenderung der materiellen Strafgesetzgebung auf das Programm gesetzt, und das war logisch, glaube ich, auch das Richtige. Das muß vorangehen. Aber sehr wünschenswerth ist es, wenn bei der Berathung der einzelnen Fragen, wie sie später auf das Programm gesetzt werden, immer der Gesichtspunkt einer sich daran anschließenden Reform der Strafprozeßgesetzgebung gegenwärtig gehalten wird.

Ich ertheile nunmehr zunächst, indem ich bemerke, daß Gutachten der Herren Prof. Dr. v. Liszt und Dr. van Calker (Straßburg) vorliegen, dem ersten Berichterstatter, Herrn Geheimen Justizrath Professor Dr. Kahl, das Wort. Der zweite Herr Berichterstatter ist in den schriftlich vorliegenden Mittheilungen noch nicht genannt; es hat sich der Herr Kammergerichtsrath Dr. Kronecker in dankenswerther Weise bereit erklärt, das zweite Referat zu übernehmen. Ich ersuche also zunächst Herrn Geh. Rath Prof. Dr. Kahl, das Wort zu ergreifen.

Berichterstatter Geheimer Justizrat Professor DDr. **Kahl** (Berlin): Meine Herren! Für 15 unter den bisher 25 Tagungen des Deutschen Juristentages waren auch strafrechtliche Themata vorbereitet. Zur 9. von 1869 wurden Gutachten abgegeben über den Gesammtentwurf eines Strafgesetzbuches für den Norddeutschen Bund. Es sind darin überaus freundliche und günstige Urtheile über unser gegenwärtiges Strafgesetzbuch im Ganzen ausgesprochen. Zu einer mündlichen Verhandlung kam es nicht, weil bis zur Versammlung im August 1871 das Strafgesetzbuch im größten Theile des Reichsgebietes bereits zur Einführung gelangt war.

In allen anderen Fällen haben dem Juristentage nur einzelne strafrechtliche Fragen vorgelegen. Ich werde anregen, daß der nächsten Versammlung eine übersichtliche Zusammenstellung dieser Beschlüsse mitgetheilt werde. Auch für diese Tagung hätte so verfahren werden können, daß im Hinblick auf eine künftige Revision nur ausgewählte bestimmte Reformfragen zur sofortigen Beschlußfassung vorgelegt wurden. Ihre Deputation hat sich aber nach eingehenden Erwägungen dahin schlüssig gemacht, daß unter den gegebenen Zeitverhältnissen dies nicht der richtige Weg sein dürfte. Vielmehr müsse zunächst einmal das Problem der Revision als solches zur Generaldiskussion gestellt werden. Gelinge es, hierin ein einmüthiges Zeugniß des Deutschen Juristentages zu erwirken, so werde nicht nur die Thatsache einer Revision selbst stärker verbürgt, sondern es werde auch eine um so mehr planmäßige Betheiligung des Juristentages an dem Revisionswerke ermöglicht, und es würden endlich durch eine freie Aussprache auch manche

Hindernisse und Mißverständnisse aus dem Wege zu räumen sein, welche bisher einem gedeihlichen Zusammenwirken im Wege standen.

Das Bedenkliche einer derartigen Generaldiskussion mit ihrer Gefahr, sich in's Weite und Gegensätzliche zu verlieren, hat man sich keinen Augenblick verhehlt. Aber man war einig in dem Vertrauen, daß der Deutsche Juristentag, welcher seit seinem Bestande an jedem größeren Gesetzgebungswerke mitgearbeitet hat, auch dieser, bisher vielleicht schwierigsten Aufgabe gewachsen sein werde.

In diesem Sinne wurden im Jahre 1901 zwei Gutachten erbeten zu der Frage: „Nach welchen Grundsätzen ist die Revision des Strafgesetzbuches in Aussicht zu nehmen?“ In der bestimmten Absicht, eine von verschiedenen wissenschaftlichen Grundanschauungen ausgehende Beurtheilung zu gewinnen, wurden die Professoren von Liszt und van Calker darum angegangen. Beide Herren hatten die Güte, dem Ersuchen in den vorliegenden Gutachten zu entsprechen. Die Thesen beider Gutachter habe ich zur Erläuterung und zum Vergleiche auf der Rückseite der in Ihren Händen befindlichen Drucksache in Erinnerung zu bringen mir erlaubt.

In ihrer diesjährigen Pfingstsitzung hatte nun die Deputation die Aufgabe, dem Thema diejenige Formulirung zu geben, in welcher es heute zur mündlichen Verhandlung vorzulegen war. Sie hat für diesen Zweck noch eine Erweiterung und eine Beschränkung eintreten lassen. Eine Erweiterung. Die Gutachtensfrage hatte das Revisionsbedürfniß des Strafgesetzbuches stillschweigend bereits als bejaht vorausgesetzt. Es sind aber die Meinungen darüber, ob unsere Zeit den Beruf zu dieser Gesetzgebung habe, getheilt. Die Diskussion hierin war also freizulassen. Eine Einschränkung. Die Gutachtensfrage erforderte bereits eine bestimmte grundsätzliche Stellungnahme zu den materiellen Problemen der Revision. Die Deputation war aber der Ansicht, daß dem Juristentage selbst aus der Fülle der Revisionsfragen die Auswahl derjenigen vorzubehalten sei, welche er als grundlegend erachte und daher zum Gegenstand weiterer Verhandlungen zu machen wünsche. Deshalb wurde das Thema meines heutigen mündlichen Referats, wie bekannt, dahin formulirt:

„Ist eine Revision des Deutschen Strafgesetzbuches in Aussicht zu nehmen? — Welche Grundfragen für eine solche sind dem Deutschen Juristentage in seinen folgenden Tagungen zur Berathung vorzulegen?“

Es besteht somit eine kleine Inkongruenz zwischen den Aufgaben der beiden Gutachter und derjenigen des Referenten. Es kann aber daraus kein Schaden erwachsen. Soweit beide Gutachten bereits eine materielle Stellungnahme zu den einzelnen Fragen bekunden, behalten sie ihren Werth und wird in allen späteren Verhandlungen darauf zurückzugreifen sein.

Indem ich zur Sache selbst übergehe, möchte ich noch in zweifacher Richtung mir eine Ermächtigung erwirken. Die Fülle des Stoffes nöthigt mich zu der größten Selbstbeschränkung. Ich kann daher mit vereinzelten Ausnahmen hier nicht mit litterarischem Apparat arbeiten. Die Litteratur ist allseitig und gewissenhaft zu Rathe gezogen worden, aber ich muß die Schriftsteller um die Selbstverleugnung bitten, bei dieser Generalrevue den Namen hinter die Sache zurücktreten lassen zu dürfen. Zugleich bedauere ich, daß die neueste Schrift von Hermann Seuffert „Ein neues Strafgesetzbuch für Deutschland" so unmittelbar vor der heutigen Sitzung mir zugekommen ist, daß ich sie für mein Referat nicht mehr habe verwenden können.

Sodann möchte ich mir die Freiheit vorbehalten wissen, ohne mißverstanden zu werden, eine gewisse Ungleichmäßigkeit in der Behandlung der einzelnen Fragen walten zu lassen, hier ausführlicher, dort zurückhaltender, wie es eben nach der Notorietät des Gegenstandes und dem Hauptzwecke der heutigen Verhandlung es sich empfehlen möchte. Von diesem Vorbehalt mache ich sogleich Gebrauch hinsichtlich der These I.

Mit einem allgemeinen Prolog über die Nothwendigkeit der Revision möchte ich Sie nicht aufhalten. Die Nothwendigkeit der Revision ist das in These I vorweggenommene Resultat der Einzelausführung. Ich komme daher nur in einem kurzen Schlußwort auf die These I zurück. Im Uebrigen bin ich in den Thesen II und III von der Unterscheidung der äußeren Gestaltung der Revision und der inneren Richtung dieser Revision ausgegangen. Die erstere umfaßt die Fragen nach der stofflichen Begrenzung eines künftigen Strafgesetzbuches und nach dem Verhältnisse von Strafrechts- und Strafprozeßreform. Ich erachte, daß über diese wichtige Seite des Problems der Juristentag schon heute sich schlüssig machen könne und solle. Indem ich dies empfehle, bleibe ich durchaus im Rahmen meiner gestellten Aufgabe, denn es handelt sich hier um Vorfragen, von deren Entscheidung die Revision des Inhaltes des Strafgesetzbuches in wesentlichen Punkten beeinflußt ist.

Ich wende mich also zunächst der II. These, der Frage der äußeren Gestaltung der Revision, zu. Hier wäre zu fordern:

1. Die Ausscheidung des Polizeistrafrechts. Gutachten 1 hat dies in seiner ersten These ausdrücklich gefordert, Gutachten 2 hat im Texte sich zu der gleichen Forderung bekannt. Ist es wirklich un-

vermeidlich, das hundertmal verhandelte Problem, das schon Köstlin als ein „die Juristen in Verzweiflung setzendes“ bezeichnete, von Neuem aufzurollen? Es ist nöthig, nicht um es hier zu lösen, sondern um durch seine Ausschaltung die Strafrechtsreform in absehbarer Zeit überhaupt erst zu ermöglichen.

So wie er dasteht, könnte der 29. Abschnitt ohnehin nicht bleiben; wird aber zu reformiren unternommen, dann ist reiner Tisch zu machen durch eine prinzipielle Entscheidung. Nicht darüber, worin das unterscheidende Wesen des Polizeideliktes bestehe? Ob es, wie das Verbrechen, Rechtsgüterverletzung oder bloße Rechtsgütergefährdung, ob es eine abstrekte oder konkrete Gefährdung ist? Ob, unabhängig von Verletzung oder Gefährdung, sein Wesen und damit der Grund seiner Strafbarkeit lediglich in dem formellen Ungehorsam gegen eine Rechtsnorm bestehe? Das sind die wissenschaftlichen Verzweiflungsfragen. Aber ihre noch so werthvollen Ergebnisse liefern kein Kodifikationsprinzip pro lege ferenda. Die prinzipielle Entscheidung, die wir vom Revisionsgesetzgeber fordern, ist nur die, daß ein rechtlich beachtsamer Unterschied von Polizei- und Kriminalunrecht besteht, und daß der Gesetzgeber daraus die Folgerung der Selbstbeschränkung ziehe. Auch der Gesetzgeber von 1870 hat eine prinzipielle Entscheidung getroffen, nur eben im entgegengesetzten Sinne. In den Motiven hat er einen „gegnerischen Unterschied“ zwischen Polizei- und Kriminalstrafrecht ausdrücklich abgelehnt und dies dann auch äußerlich dadurch scharf markirt, daß er die Uebertretung nicht, wie im Vorbilde des Preußischen Strafgesetzbuches, einem besonderen dritten Theile überwiesen, sondern als letzten Abschnitt des zweiten Theiles den Verbrechen und Vergehen koordinirt angegliedert hat. Freilich nicht unwidersprochen. Selbst der Laie hat, vielleicht ohne es begründen zu können, eine Empfindung dafür, daß Hochverrat, Mord, Nothzucht, Raub, Brandstiftung u. s. w. nach ihrer moralischen Qualität nicht in einen Strafkodex gehören mit Uebertretung der Polizeistunde in einem Vergnügungslokale, mit Zuwiderhandlung der Schließung der Weinberge oder mit Unterlassung des polizeilich angeordneten Raupens. Ich nenne das Letztere mit, weil ich nebst meinem Kollegen Wach dieserhalb persönlich vorbestraft bin. Finden sich überhaupt unter Ihnen solche, welche nicht wegen Polizeiübertretung vorbestraft sind? (Heiterkeit.) Und das Strafgesetzbuch selbst hat ein falsches Prinzip fortwährend dadurch korrigiren müssen, daß es im Einzelnen Ausnahmen von der Anwendung des allgemeinen Theiles auf die Uebertretungen statuirte. Denke man an Strafmittelsystem, an Kumulation bei Realkonkurrenz, an Straflosigkeit von Versuch, Beihülfe, Begünstigung, an die Blankettstrafgesetze u. s. w.

Darin liegt das stillschweigende Anerkenntnis: es ist ein Unterschied zwischen dem Kriminalstrafrecht und dem Polizeiunrecht. Und was wäre nun zu thun?

Vorläufig nichts Anderes, als eine Auswahl in der Richtung zu treffen, welche Thatbestände des 29. Abschnitts als Kriminalunrecht im Strafgesetzbuche verbleiben sollen. Nach welchem Maßstabe? Ohne alle Aengstlichkeit und Prinzipienreiterei, nach den realen Thatsachen des Lebens, der natürlichen Auffassung der Dinge, nach dem volksthümlichen gesunden Instinkt für die Strafwürdigkeit einer Handlung, für den Werth der Rechtsgüter und des hiernach abschätzbaren Bedürfnisses des Strafrechtsschutzes. Der Staat will mittelst Strafandrohung zwei ihrem Werthe und Wesen nach ganz verschiedene Gattungen von strafbaren Handlungen erreichen. Solche, welche nach der Gesammthöhenlage der Kultur an sich eine Verletzung der Rechtsidee darstellen, und solche, welche, an sich betrachtet, zwar rechtsindifferent sind, wie die zuvorgenannten, oder wie schnelles Fahren und Reiten, wie das Zubereiten explodirender Stoffe, welche aber unter den bestimmten Verhältnissen der gesellschaftlichen Umgebung, in welcher sie auftreten, um der allgemeinen Ordnung, Wohlfahrt und Sicherheit willen eine Beschränkung erfordern. Gewiß sind in beiden Gruppen Handlungen, welche an der Grenze stehen. Aber für die überwiegende Mehrzahl aller menschlichen Handlungen ist der Unterschied ohne Weiteres klar. Für den Rest trifft der gesetzgeberische Takt die positive Entscheidung. Es ist kein Unglück, wenn eine einzelne Handlung irrthümlich in diese oder jene Gruppe geräth. Aber es ist ein Verhängniß, wenn die beiden Gruppen im Ganzen in eine Verbindung gebracht sind, welche ihrem Wesen widerstrebt.

Eine Ausscheidung in diesem Sinne kann der Revisionsgesetzgeber, kann er heute vornehmen. Der Uebertretungstheil enthält ganz zweifellose kriminelle Delikte: Thierquälerei, Grundstücksverringerung, unberechtigtes Fischen oder Krebsen, Mundraub und Anderes. Zweifelhaft könnten sein Bettel und Landstreicherei. Ich würde sie ohne Besinnen zum Kriminalunrecht zählen, weil sie ein Nährboden des gewerbsmäßigen Verbrecherthums sind und nur im Zusammenhange mit diesem wirksam bekämpft werden mögen.

Mit solcher Ausscheidung hätte der Revisionsgesetzgeber für das Strafrecht den ihm zufallenden Theil der Aufgabe gelöst. Der Torso des 29. Abschnittes kann einstweilen als selbständiges Gesetz in Geltung bleiben. Aber nur für eine Zwischenzeit. Der Torso soll nicht absterben, sondern neues Leben soll aus den Ruinen blühen. Eine neue Gesetzgebung, eine neue Wissenschaft. Denn das Polizeistrafrecht ist nur ein

Theil des Verwaltungsstrafrechts. Dieses hat sein Anwendungsgebiet auch außerhalb der Sicherheitspolizei in anderen Zweigen der inneren Verwaltung, der Wohlfahrts- und Wirthschaftspflege und im Finanz-, im Zoll- und Steuerstrafrecht. Es eröffnet sich hiermit eine neue Aufgabe, welche eine Reihe selbständiger Probleme in sich schließt. Wird es nicht angängig und richtig sein, einen Theil von Thatbeständen des 29. Abschnitts, für welche ein Bedürfniß reichsrechtlicher Regelung kaum nachweisbar ist, an das Landespolizeistrafrecht abzugeben? Muß es sich ferner nicht empfehlen, das Reichspolizeistrafrecht in Verbindung mit den übrigen Theilen des Reichsverwaltungs-Strafrechts in eine einheitliche Kodifikation zu stellen, in eine Reichspolizeiordnung ehrwürdigen Angedenkens oder wie man diese Quelle nennen will? Würde es nicht dann erst möglich, aber auch unvermeidlich sein, die spezifische Anwendbarkeit der allgemeinen strafrechtlichen Grundsätze auf das Verwaltungsstrafrecht richtig und gleichmäßig auszumessen? Das Erforderniß von Vorsatz und Fahrlässigkeit, die Frage des Bewußtseins der Rechtswidrigkeit und namentlich des Einflusses des Rechtsirrthums, die sonstige Berücksichtigung von Schuld- und Strafausschließungsgründen, die Behandlung der Theilnahme, namentlich die Art der Strafmittel nach den Bedürfnissen der Eigenart des Verwaltungsstrafrechts zu bestimmen? Frank beispielsweise fordert dafür grundsätzlichen Ausschluß der Freiheitsstrafe. Und endlich wird gerade im unmittelbaren Zusammenhange mit der Erwägung des Strafmittelsystems die weitere Frage nach dem Verhältnisse von Verwaltungsstrafe und Verwaltungszwang entstehen; d. h. praktisch ausgedrückt: muß und kann nicht zur Reaktion gegen Verwaltungsunrecht der Apparat des Verwaltungszwanges, als Ersatz oder zur Ergänzung in alten oder in neuen Formen in viel weiterem Umfange zur Anwendung kommen, als es gegenwärtig der Fall ist? Alles dies sind curiae posteriores.

Es ist mir nicht zweifelhaft, daß durch Beschränkung auf das Kriminalunrecht einerseits das Strafgesetzbuch selbst an geschlossenem Ernst, an sittlichem Gewicht und Nachdruck gewinnen wird, und daß anderseits erst durch die Ausscheidung des Polizeiunrechts diesem in Zusammenhang mit dem Ganzen des Verwaltungsstrafrechts diejenige Prägung gegeben werden kann, welche seinem eigenartigen Wesen und dem staatlichen Bedürfniß entspricht. Zugleich ist erwiesen, daß in Folge eben dieses Zusammenhanges die Strafrechtsreform mit dem künftigen Schicksale des Polizeistrafrechts nicht verquickt werden kann, ohne jene Reform in nachtheiligster Weise zu belasten und zeitlich ungemessen hinauszuschieben. Daher ist die Forderung unter Ziffer 1 der II. These wohl begründet.

Ebenso unter Ziffer 2 die Einarbeitung der strafrechtlichen Ergänzungsgesetze in den Text des künftigen Strafgesetzbuches. Uebereinstimmend Gutachten 1 in der ersten These.

Neben dem Reichsstrafgesetzbuch bestehen, von zerstreuten Bestimmungen in völkerrechtlichen Verträgen abgesehen, in annähernd richtiger Zählung heute etwa 130 Ergänzungsstrafgesetze. Daß das an sich eine architektonische Unschönheit im Aufbau unserer Strafgesetzgebung und einen Uebelstand darstelle, leuchtet ohne weiteres ein. Schon deshalb, weil der Bestand dieser zerstreuten Strafgesetze vielleicht den nächsten Interessenkreisen, aber nicht der Masse des Volkes bekannt ist; weil damit ferner eine Decentralisation der Quellen des Strafrechts gegeben ist, welche selbst dem Sachverständigen die Uebersicht und volle Beherrschung nahezu unmöglich macht, jedenfalls dem Richter die Rechtsanwendung erschwert. Auch pro domo daran zu erinnern, wie die Einheit des strafrechtlichen Unterrichts außerordentlich darunter zu leiden, hat und es dem Lehrer, der mit so viel Beiwerk von Quellenstatistik zu arbeiten hat, nur schwer gelingen kann, den häufig wichtigeren Stoff der Ergänzungsgesetze so zu berücksichtigen, wie es im Interesse der juristischen Ausbildung nothwendig ist.

Aber der Uebelstand greift tiefer, auf die Sache selbst. Die sprungweise Strafrechtsschöpfung hat nicht selten den Zusammenhang außer Acht gelassen, in welchem das einzelne Gesetz mit dem Ganzen des Gesetzgebungszweiges steht, dessen Theil es bildet. Dadurch sind Mißstände in zweifacher Hinsicht erwachsen. Einmal eine ungleichartige Entwickelung des Rechtsgüterschutzes. Ein und dasselbe Rechtsgut ist nach der einen Seite, man möchte sagen, übermäßig geschützt, während es nach anderer gleichwerthiger Richtung der strafrechtlichen Deckung entbehrt. Dadurch sind die strafrechtlichen Sonderbarkeiten entstanden, von denen Gutachten 1, Wachs Vortrag „Ueber die Zukunft des Strafrechts", Binding in § 6 seines Lehrbuches, Band I 2. Auflage, lehrreiche Fälle anführen.

Außer dieser Inkongruenz hat die Gelegenheitsgesetzgebung ferner eine Ueberfülle von strafrechtlichen Thatbeständen produzirt, deren Zurückführung auf den einheitlichen Nenner äußerst werthvolle Vereinfachungen herbeiführen müßte. Beispiele in Gutachten 1, Seite 274.

Nun wird kein Einsichtiger verkennen dürfen, daß diese Uebelstände nicht etwa bloß a conto des Gesetzgebers zu stellen, sondern ebenso sehr aus dem allgemeinen Gange unserer deutschen Rechtsentwickelung zu erklären sind. Im Zusammenhange mit den mächtig in den Vordergrund gerückten sozialen und wirthschaftlichen Fragen war unser junges Reich im knappen Rahmen von drei Jahrzehnten vor eine Riesenaufgabe im Gebiete der Gesetzgebung gestellt. Eine Folgeerscheinung war auch die strafrechtliche Ueberproduktion. Sicher wäre dabei manche Inkorrektheit vermieden worden, wenn jeweilig der innere Thatbestandszusammenhang mit dem Strafgesetzbuche sorgfältiger berücksichtigt worden wäre. Anderseits bin ich befriedigt, daß diese Strafrechtsvermehrung sich nicht überall in der Form von Novellen zum Strafgesetzbuche nach dem Muster der Gewerbeordnung mit ihrem Katalog von Zahlen- und Buchstabenparagraphen vollzogen hat. Wir haben an § 49a und seinen Brüdern im besonderen Theile gerade schon genug. Ich vermeine daher auch gar nicht, die Forderung der textlichen Einarbeitung des Stoffes der strafrechtlichen Ergänzungsgesetze in das Strafgesetzbuch als ein Prinzip, als eine für alle Fälle der Zukunft maßgebende Norm hinstellen zu wollen. Nur das ist zu fordern, daß bei Gelegenheit der Revision einmal, um mich eines beliebten Lokalausdruckes zu bedienen, ein großes Reinemachen vorgenommen werde. Daß es möglich ist, wird ein ernsthafter Versuch überall zeigen. Daß das Strafgesetzbuch selbst nicht überfüllt werden wird, wird sich dadurch herausstellen, daß ein großer Theil dieser strafrechtlichen Ergänzungsgesetze dem Gebiete des Verwaltungsstrafrechts, in specie dem Polizeistrafrechte angehört. Den lasse man einstweilen ruhig stehen. Auch, wo es sich um Kriminalstrafrecht handelt, betrachte man die Einarbeitung als Maßfrage. Man sehe davon ab, wo höhere kriminalpolitische Rücksichten wünschenswerth machen, die scharf ausgeprägte Individualität eines Strafthatbestandes in einem Spezialgesetze bestehen zu lassen. Man denke etwa an das Preßstrafrecht, an versicherungs-strafrechtliche Bestimmungen und dergleichen. Aber man beschränke nicht von vornherein das Revisionswerk auf den Stoff des Strafgesetzbuches. Das ist der Sinn der Forderung.

Ich muß schließlich darauf hinweisen, daß ihre Erfüllung noch nach doppelter Richtung großen Gewinn abwerfen möchte. Einmal würde sie den unmittelbaren Anstoß bieten zu einer gründlichen Revision der Systematik des besonderen Theiles des Strafgesetzbuches. Welche Anforderungen daran zu stellen sein würden, führe ich hier nicht aus. Sodann aber würde die Einarbeitung der Ergänzungsgesetze den Anstoß geben, einmal eingehendere Erwägungen über die Gelegenheitsgesetzgebung auf strafrechtlichem Gebiete überhaupt anzustellen und daraus die praktischen Folgerungen für die Zukunft zu ziehen. Ich deute nur an, nach welcher Richtung meine Gedanken gehen. Sie gehen von zwei Beobachtungsthatsachen aus. Daß einerseits, so oft die rastlos fortschreitende Verbrechertechnik und -Phantasie neue Kniffe ersonnen hat, alsbald eine nervöse Angst um die Schädigung von Sonderinteressen Platz greift und der dringliche Ruf nach einem neuen Strafgesetze sich erhebt; dem klugen und erfahrenen Verbrecher müßte es eigentlich eine Art Genugthuung bereiten, zu beobachten, wie er die Macht in der Hand hat und das Rad der Gesetzgebung in Schwung zu setzen vermag. Daß anderseits, so oft ohne Spezialgesetz ein Strafrichter es unternimmt, im Wege vernünftiger Analogie dasjenige Recht anzuwenden, quod naturalis ratio inter omnes homines constituit, weithin das öffentliche Rechtsbewußtsein sich stellt und gegen die Grenzverwirrung von gesetzgebender und richterlicher Gewalt Einspruch erhebt; daß aber vollends, wenn die Verwaltung mit ihrer Polizeiverordnungsgewalt oder Exekutive ergänzend eintritt, alsbald die Sorge um die bürgerliche Freiheit zur Klageerhebung bei den Verwaltungsgerichten aller Instanzen treibt und die thunlichste Restriktion der administrativen Vollmachten fordert. Wir sind so tief rechtlich und anständig, daß wir geneigt sind, die persönliche Freiheit eines offenbaren Spitzbuben höher zu stellen, als das Rechtsbedürfniß der Gesammtheit. Ich will das nicht tadeln. Aber die Resultante beider Beobachtungsreihen ist das Gelegenheitsgesetz.

Da erhebt sich denn doch die Frage: Ist auf anderem Wege nicht zu helfen? Mir erscheint immerhin die Frage neuer Erwägung werth, ob denn in der That der Ausschluß der Analogie vom Strafrecht als ein absolutes Axiom aufrecht erhalten werden müsse oder könne. Daß ich damit nicht in naturrechtliche Irrwege zurückleiten möchte, versichere ich ausdrücklich. Ebenso will ich nicht unter Beseitigung von § 2 des Strafgesetzbuches dem Gewohnheitsrecht ein der Unschuld schädliches Einfallsthor geöffnet haben. Der Grundsatz, eine Handlung kann nur dann mit Strafe belegt werden, wenn diese Strafe gesetzlich bestimmt war, bevor die Handlung begangen wurde, bleibe bestehen. Aber das eben wird zu fragen sein, ob nicht das Absehen darauf zu richten wäre, dem *gesetzlichen Handelsbegriffe selbst*, mindestens bei den volksthümlichen Verbrechen, eine weitere Fassung zu geben. Eine Fassung, einerseits bestimmt genug, um Willkür auszuschließen, also jedenfalls bestimmter wie „Grober Unfug". Eine Fassung, anderseits weit genug, um dem Richter die Anwendung des Strafgesetzes auf den genusgleichen Fall und damit die Anwendung der Vernunft zu ermöglichen, um ihm, wenn ich die Worte wiederholen darf, welche unser Herr Präsident *Brunner* uns vorhin aus der schönen Tafelinschrift mitgetheilt hat, zu ermöglichen, „jus ad justitiam revocare". Prototype sind vor allem die Vermögensdelikte. Ich frage: war, derart innerlich betrachtet, das Strafgesetz über die Entziehung elektrischer Arbeit wirklich unbedingte Notwendigkeit?

Nach der positiven Rechtslage gewiß, aber ebenso gewiß nicht nach der Vernunft der Sache. Die Engländer waren praktischer. Würden nicht eine Reihe von speziellen Bestimmungen über Untreue bei entsprechender Generalisirung des Handlungsbegriffes entbehrlich werden? Könnte es nicht in gewissem Maße erreichbar sein, daß künftige Verwaltungsgesetze ohne Atomisirung des Thatbestandes einfach auf den generellen Handlungsbegriff des Paragraphen So und So des Strafgesetzbuches zu verweisen hätten? Würde nicht dadurch der so wünschenswerthe Erfolg einer Verringerung unserer Strafgesetze erzielt und dessen ungeachtet der allgemeine Strafschutz erhöht?

Ich stelle fest, daß der Versuch einer Einarbeitung der strafrechtlichen Ergänzungsgesetze möglich und nach den verschiedensten Richtungen hin auch fruchtbar sein würde. Ich kann daher lediglich empfehlen, daß der Juristentag sich dafür aussprechen möge.

Es besteht noch eine dritte Vorfrage von unmittelbar präjudizieller Bedeutung: Das Verhältniß von Strafrechts- und Strafprozeßreform. Beide Gutachten berühren sie nicht. Es ist aber unerläßlich, schon jetzt dazu Stellung zu nehmen. Denn daß beide Reformen nicht in großem Stile und gleichzeitig neben einander in die Wege geleitet werden können, ohne jene zu verwirren oder zu verzögern, liegt auf der Hand. Welche soll vorgehen? Ich spreche meine Meinung in (These II Ziff. 3) dahin aus, daß die Strafprozeßreform im Ganzen bis nach geschehener Revision des Strafgesetzbuches zurückgestellt werde.

Reformen der Strafprozeßordnung werden seit 8 Jahren betrieben. 1894/95 war die Anregung durch Vorlagen der Reichsregierung gegeben. Sie blieben unerledigt. Hauptdifferenzpunkte die Berufungsfrage, die Besetzung der Strafkammern, die Verlesung der Zeugenaussagen in der Berufungsinstanz. In den folgenden Sessionen kam die Anregung aus der Mitte des Reichstages durch die Anträge Rintelen nnd Lenzmann. Zuletzt in der Session 1901/02. In der Sitzung vom 19. April d. J. begab sich aber der Reichstag bis auf Weiteres der eigenen Initiative. Er erklärte nach dem Vorschlage seiner Kommission die Anträge durch Beschluß für erledigt und forderte die Reichsregierung auf, wieder eine nnue Vorlage über die Reform des Strafprozesses auszuarbeiten und vorzulegen. In dieser Hinsicht wurde vom Staatssekretär des Reichsjustizamtes eine allgemeine Zusage ertheilt. Trotz der Mißerfolge im ganzen wurde an zwei einzelnen Punkten ein positives Ergebniß erzielt. Einmal im Gesetze der im Wiederaufnahmeverfahren freigesprochenen Personen vom 20. Mai 1898. Sodann im Gesetze betreffend die Abänderung des § 7 der Strafprozeßordnung, Gerichtsstand der Presse vom 19. Juni 1902.

Das Bedürfniß der Reform im allgemeinen besteht daneben fort. Es wird, von den schon genannten Differenzpunkten abgesehen, vor allem geltend gemacht hinsichtlich der Gestaltung der gerichtlichen Voruntersuchung. Von weiteren Reformpunkten, welche die öffentliche Diskussion bisher schon hereingezogen hat, nenne ich insbesondere die Forderung von Schöffengerichten mittlerer und oberer Ordnung, die Ausdehnung der Entschädigung auf unschuldig erlittene Untersuchungshaft und die Stellung des Richters zum Sachverständigenbeweis im Falle der Feststellung der Zurechnungsfähigkeit. Die letztere Frage trifft unmittelbar in das Herz unseres Strafprozesses hinein, in den Grund der freien Beweiswürdigung.

Trotzdem hiernach die Reform des Strafprozesses gewissermaßen schon gesetzlich eingeleitet ist, kann ich nur dringend empfehlen, sie vorläufig im Ganzen zurückzustellen. Der Grund dafür liegt in keiner Weise in einer Unterschätzung der Bedeutung oder der Nothwendigkeit dieser Reform. Im Gegentheil im Dienste der Gesammtheit stelle ich eine gute Strafprozeßordnung womöglich noch höher. Ich bin innerlichst überzeugt, daß die eigentlich abschreckende, oder, wenn man will, generalprävenierende Wirkung in der Technik des Strafverfahrens gelegen ist. So fein auch die alte psycholische Abschreckungs- und die mit ihr verwandte Warnungstheorie angelegt waren, sie versagen doch an der grundfalschen Voraussetzung, als ob in jedem Falle der Begehung eines Verbrechens eine innerliche Abwägung zwischen der Lust an der That auf der einen und der Höhe der Strafandrohung auf der anderen Seite stattfinde. Das ist nach der Erfahrung durchaus nicht der Fall. Soweit überhaupt eine reflektirende Abwägung stattfindet, liegt sie viel mehr nach anderer Seite: ob nämlich überhaupt eine Entdeckung und Strafverfolgung eintreten werde? Die Furcht vor Entdeckung, nicht das Strafmaß spielt in der Welt der Abwägung des Verbrechers in der Regel die Hauptrolle. In der Gewißheit der rasch und unfehlbar eintretenden Verfolgung liegt, wenigstens vor erstmaliger Bestrafung, eine stark prävenierende Kraft. Daher ist das größte Gewicht zu legen auf die, wenn ich so sagen darf, Verfeinerung der Methoden des Strafprozesses.

Ich bin also weit entfernt, die Reform der Strafprozeßordnung irgendwie geringer einzuschätzen. Der Vorschlag vorläufiger Zurückstellung gründet sich wesentlich auf Erwägungen des innerlichen Verhältnisses beider Gesetze. Die Verständigung über das Strafrecht ist an entscheidenden Punkten präjudiziell für den Strafprozeß und die damit unmittelbar verbundene Gerichtsverfassung. Vor Juristen brauche ich das nicht näher auszuführen. Man denke an die sachliche Zuständigkeit, an den Zusammenhang, an den Gerichtsstand der begangenen That, Antragsrecht, Privatklage, Trennung von Schuld- und Straffrage in der Urtheilsfindung, an das ganze Gebiet des Strafvollzuges. Beide Rechtssysteme sind hier überall in der Art aneinander gebunden, daß die Ordnung des Strafprozeßverhältnisses diejenige des Strafrechtsverhältnisses zur Voraussetzung hat. Die Strafrechtsreform muß also vorangehen.

Dazu kommt ein politisches Moment, welches nicht unterschätzt werden darf. Durch das jahrelange erfolglose Hin- und Herschieben von Entwürfen zwischen Reichsregierung und Reichstag ist die Strafprozeßreform gegenwärtig gewissermaßen an einem todten Punkte angelangt. Noch stehen beide Theile zu sehr unter dem Einfluß der bisher vertretenen Standpunkte. Eine rasche Verständigung scheint trotz der Erklärung des Staatssekretärs des Reichsjustizamtes vom 19. April d. Js. zur Zeit wenig aussichtsvoll. Diese Aussicht kann sich nur wieder verstärken, wenn die Reform vertagt wird. Daß es sich dabei nicht um eine Vertagung ad calendas Graecas handeln kann und soll, muß nicht erst besonders versichert werden. Die Reform des Strafrechts muß diejenige des Strafprozesses notwendig und unmittelbar nach sich ziehen. Auch ist, so weit ein dringendes Bedürfniß hervorträte, für die Zwischenzeit eine Reform im einzelnen so wenig ausgeschlossen, wie hinsichtlich des fliegenden Gerichtsstandes der Presse. Als Ziel mag ja immerhin festgehalten werden, daß dereinst beide reformirten Gesetze gleichzeitig ins Leben treten. Aber es handelt sich bei der Forderung der Priorität der Strafrechtsreform um unendlich viel mehr als um eine praktische Frage. Es handelt sich um eine innerlich begründete Nothwendigkeit, deren Beachtung der Revision des Strafgesetzbuches ebenso gut als der des Strafprozesses zu gute kommen wird. Auf diesen Erwägungen beruht meine These II, 3.

Alles bisher Erörterte betrifft Vorfragen, deren sachliche Diskussion und beschlußmäßige Erledigung in gegenwärtiger Tagung ich hiermit beantrage.

Ich wende mich nun zum Inhalte der Revision These III.

„Welche Grundfragen sind dem Deutschen Juristentage in seinen folgenden Tagungen zur Berathung vorzulegen?

In dieser Hinsicht liegt freilich die Sache des Strafgesetzbuches so, daß man ebensogut fragen könnte, was ist nicht zu revidiren, als was ist zu revidieren?

Allgemeiner Theil. Da steht sogleich in den einleitenden Bestimmungen das Internationale Strafrecht mit manchen Lücken. Der 1. Abschnitt enthält das reformbedürftige Strafmittelsystem. Im 2., im Abschnitt vom Versuch kann der Gesetzgeber seine frühere Enthaltsamkeit zu Gunsten der Wissenschaft nicht aufrecht erhalten; er muß über die Strafbarkeit des untauglichen Versuches eine positive rechtliche Entscheidung treffen, wenn es auch schade ist, daß dann manche schöne Doktordissertation ungeschrieben bleibt. (Heiterkeit.) In der Lehre von der Theilnahme des 3. Abschnittes werden, abgesehen von noch viel tiefer liegenden Reformfragen, die Ungereimtheiten des § 49a zu beseitigen sein. Der Abschnitt 4 über „die Gründe, welche die Strafe ausschließen oder mildern", bedarf der Revision nach den verschiedensten Richtungen. Hier liegt recht eigentlich die sedes materiae. Vor allem ist zu fordern eine scharfe Unterscheidung der Schuld- und Strafausschließungsgründe. Innerhalb der Schuldausschließungsgründe ergeben sich zunächst die vielen Fragezeichen zur Zurechnungsfähigkeit nach § 51. Auch der Nothstandsbegriff des § 54 ist vollkommen zu ändern; es ist nicht gerechtfertigt, daß derjenige, welcher im Nothstand nur ein fremdes Sachenrecht verletzt hat, auch strafrechtlich nach den weitherzigen Bestimmungen des Bürgerlichen Gesetzbuches behandelt wird, während derjenige, welcher im Nothstande ein fremdes Persönlichkeitsrecht verletzen mußte, den engherzigen Bestimmungen des Strafgesetzbuches unterliegt. Im Rahmen dieses Abschnittes wird ferner das große Problem über die strafrechtliche Behandlung jugendlicher Personen sich aufrollen. Ob innerhalb der Strafausschließungsgründe das Antragsrecht zu reformieren sei, lasse ich dahingestellt. Zweifellos aber wird die Verjährung der Strafverfolgung hinsichtlich der allgemeinen Bedingungen, wie hinsichtlich des Zeitpunktes des Beginnes der Verjährung mit Rücksicht auf wichtige Streitfragen der Praxis zu revidiren sein. Auf ganz neuer Grundlage endlich wird in diesem Gedankenkreise zu ordnen sein das System der Strafzumessung und der Strafschärfung.

Der besondere Theil. Daß ich ihn hier ganz durchwandere, befürchten Sie nicht. Aber ein paar Gruppen oder Thatbestände darf ich herausgreifen.

Gleich im zweiten Abschnitte die Majestätsbeleidigung. Das öffentliche Rechtsbewußtsein fordert eine Revision. Wahrlich nicht im Sinne einer Schwächung des Monarchismus. Vielmehr mit der Tendenz seines Schutzes und seiner Stärkung, ausgehend von der innerlichsten Ueberzeugung, daß kaum etwas das monarchische Bewußtsein sowie die objektive Würde der Krone und des Trägers und der Souveränetät mehr gefährden könne, als gehäufte und erfolglos durchgeführte Majestätsbeleidigungsprozesse. (Zustimmung.)

Vor allem also Beschränkung des Thatbestandes auf Fälle, welche mindestens insoweit der Oeffentlichkeit angehören, daß in Wahrheit ein staatliches Interesse nachweisbar und der Beweis gesichert ist, und Ermächtigung für die Strafverfolgung seitens einer Centralbehörde. Nach meiner Ueberzeugung bedarf ferner das ganze Kapitel der Eidesdelikte im 9. Abschnitte einer grundsätzlichen Umgestaltung. Der Strafgesetzgeber wird dabei unmöglich die Prüfung der Frage umgehen können, ob nicht der Eid als Mittel der staatlich geforderten Wahrheitsgewähr im Rechtsleben erheblich zu beschränken sei. Dann kommen im 11. Abschnitte die Religionsvergehen. § 166 will Unmögliches leisten. Der Grundmangel ist der, daß an sich schlechthin ungleiche Größen, wie es die einzelnen Religionsgesellschaften sind, hier unter einen abstrakt gleichen Rechtsschutz gestellt werden und eben dadurch in Konkreto einen ungleichen Rechtsschutz genießen. Es wird nicht zu vermeiden sein, dem gegenwärtigen Gesammtverhältnisse von Staat und Kirche eine mehr grundsätzlich vertiefte Einwirkung auf die Gestaltung der Religionsvergehen zu geben, als dies in der gegenwärtigen Kodifikation geschehen ist, deren Vorbild in der kirchenpolitisch unklarsten Zeit des XIX. Jahrhunderts gelegen war. Die Verbrechen und Vergehen des 13. Abschnittes wider die Sittlichkeit werden einer Revision bedürfen nicht trotz, sondern wegen der Novelle vom 25. Juni 1900. Die einander unmittelbar folgenden Abschnitte 14 und 15 über Beleidigung und Zweikampf stehen für die Revisionsaufgabe insofern auch in innerlichem Zusammenhang, als die Bestrebungen auf Einschränkung des Zweikampfes solange sicherlich ohne Erfolg bleiben werden, als im Strafgesetzbuch die Ehre so ziemlich als das geringst bewerthete Rechtsgut eines Deutschen behandelt wird. Die Bestimmungen über den Zweikampf speziell bedürfen der Durcharbeitung insbesondere in der Richtung, daß die Grenzgebiete zwischen Verletzung im Zweikampf und gemeiner Tödtung oder Körperverletzung auch mit Rücksicht auf Veranlassung und Grund einer Forderung näher festgestellt werden. Innerhalb der Verbrechen wider das Leben im 16. Abschnitt kann jedenfalls die Unterscheidung zwischen Mord und Todtschlag in der bisherigen Weise nicht beizubehalten sein. Die Gruppe der Vermögensdelikte vom 19. Abschnitt an kann man nicht einmal anrühren, ohne in reformbedürftige Details zu gerathen. Wenn ich ja nur an den vulgären Scherz erinnere, daß, wer aus der Ecke eines Wartesaals ein werthvolles ganzes Stock- und Schirmpacket diebisch wegnimmt, ein einfacher Dieb ist; wer aber rücksichtsvoll den Riemen löst und sich mit der Wegnahme eines einzelnen schäbigen Parapluies begnügt, einen schweren Diebstahl begangen hat. Die schönste Illustration zu dem Satze: Ignorantia juris nocet. (Heiterkeit.)

Auf das große Ganze angesehen, bestehen hier zwei Hauptschäden. Einmal ist durchgehends der formalen Seite der Vermögensrechtsverhältnisse im Verhältniß zum materiellen Werthe des durch eine strafbare Handlung verletzten Vermögensobjektes ein zu einseitiges Gewicht beigelegt. Sodann aber und hauptsächlich ist die Ordnung der Vermögensdelikte auf eine soziale und wirthschaftliche Gesammtanlage berechnet und abgestellt, deren enger Rahmen längst von der internationalen Hochstaplerwelt gesprengt ist, so daß in Wahrheit für viele Fälle zutrifft, die kleinen Diebe muß man hängen, die großen laufen lassen. Auch des kümmerlich bestraften furtum usus sei im Vorbeigehen noch gedacht. Und bei alledem habe ich die Frage neuer Strafbestände etwa der strafrechtlichen Bekämpfung des Anarchismus und verwandter Probleme, überhaupt noch nicht berührt.

Summa summarum ein Riesenfeld der Arbeit! Wie kann sich der Juristentag nutzbringend an der Bewältigung dieser Aufgabe betheiligen? — Einen Entwurf aufzustellen, ist seine Sache nicht. Hat einmal die Reichsregierung einen solchen Entwurf vorgelegt, dann wird er sich der Pflicht und dem Rechte der Kritik nicht entziehen. Das wird dann der leichtere Theil der Aufgabe werden, da Kritisiren immer leichter ist, als Selbstmachen. Vorläufig handelt es sich um die schwierige Aufgabe, zur künftigen Aufstellung eines Entwurfes Rathilfe zu leisten. Gelingt sie einigermaßen, so hat man auch der späteren Kritik einen festeren Boden der Berechtigung geschaffen. Denn man trägt dann selbst einen Theil der Verantwortlichkeit.

Demnach ist die gegenwärtige Aufgabe so zu fassen, daß sich der Deutsche Juristentag am *Inhalte* der Revision in der Weise betheilige,

> „*daß er Leitsätze zunächst über diejenigen Fragen zu gewinnen sucht, welche nach ihrer neutralen Stellung oder prinzipiellen Bedeutung im wissenschaftlichen und volksthümlichen Sinne die wesentlichen Probleme der Strafrechtsreform darstellen.*“

Ich lege Gewicht darauf, in diesem ersten Satze der These III *programmatisch* auszusprechen, in welcher Weise der Juristentag sich zu betheiligen habe. Es sollen damit Geist und Schranke unserer Mitarbeit gekennzeichnet sein. Ich will mit diesem Satze zur Zeit ausschließen die technisch-juristische Einzelarbeit an bestimmten Paragraphen des allgemeinen oder an den Thatbeständen des besonderen Theiles. Ueber ihre Nothwendigkeit und Wichtigkeit, noch mehr über ihre Schwierigkeit ist man in unseren Kreisen völlig einig. Aber sie gehört in ein späteres Stadium und in der Hauptsache vor die Gesetzgebungskommission. Gegenwärtig handelt es sich um die Problemstellung in denjenigen Fragen, welche, wenn ich so sagen darf, die Nervencentren des Strafrechts bilden, indem sie auf alle Seiten des strafrechtlichen Systems ihre Wirkungen und Folgerungen übertragen,

Besondere Betonung lege ich darauf, daß es diejenigen Fragen seien, welche auch im volksthümlichen Sinne die wesentlichen Probleme der Strafrechtsreform darstellen. Denn in einem guten Strafgesetz erkennt das Volk nicht bloß eine Garantie seiner äußeren Rechtssicherheit erfüllt. Es sieht darin den Niederschlag und Werthmesser seiner rechtlich sittlichen Gesammtanschauung. In dieser Beziehung die engste Fühlung mit dem Volksbewußtsein zu halten, würde ich für eine der vornehmsten und fruchtbarsten Aufgaben der künftigen Verhandlungen des Juristentages erachten und ich wünsche in diesem Sinne seinen Beschlüssen in der edelsten Bedeutung des Wortes die Popularität.

Welche Probleme ich nun hierunter verstehe, habe ich unter These III 1—6 angeführt. Fragen des besonderen Theils sind nicht dabei. Gutachten 2 hat aus sehr beachtenswerthen Gründen empfohlen, daß der Juristentag als eine vollkommen unpolitische Versammlung auch solche Deliktsthatbestände, bei denen politische Momente in Betracht kommen, wie Majestätsbeleidigung, Religions- und Sittlichkeitsdelikte, in sein Arbeitsprogramm aufnehmen. Ich möchte dem in keiner Weise widersprechen. Meine Vorschläge sind eben nur elektiv aus der Fülle des Ganzen. Ich habe dies durch die Selbstbeschränkung „mindestens und nothwendig" zum Ausdruck gebracht. Aber meine Vorschläge betreffen diejenigen Vorfragen, von denen ich erachte, daß sie unaufschieblich sind, von denen man, wie ich meine, im wissenschaftlichen und volksthümlichen Sinne sagen kann und muß: sie sind **die** Strafrechtsreform.

Unter den hier genannten 6 Punkten scheide ich von der näheren Besprechung von vornherein Ziffer 5 und 6 aus, denn Bedeutung der Sache, Nothwendigkeit der Reform und Problemstellung sind für beide notorisch.

Ueber das **Strafmittelsystem** handeln beide Gutachten ausführlich. Die Ergebnisse sind bei Gutachten 1 in These III, bei Gutachten 2 in These I enthalten. Die Haft wollen beide ausgestoßen wissen. Soweit das bestehende Straffystem in Betracht kommt, wird man sich hauptsächlich streiten um Festungshaft und Verweis. Grundsätzlich einig wird man sein in der Nothwendigkeit der Reform der Geldstrafe und der schärferen Differenzirung von Zuchthaus und Gefängnis. Es wird sich weiter fragen um das Bedürfniß neuer Strafmittel. In Verbindung damit werden diejenigen Formen der Freiheitsentziehung zu würdigen sein, welche etwa neben der Strafe als Besserungs- und Sicherheitsmaßregeln nothwendig sind. Ganz besonderer Beachtung empfehle ich die

Nebenstrafen. Die Stellung unter Polizeiaufsicht, wie sie gegenwärtig besteht, ist nicht nur nicht ein Nutzen, sondern ein direktes Uebel. Sie drückt ein Brandmal auf, welches den Betroffenen in der Mehrzahl der Fälle von der Wiedererlangung ehrlicher Arbeit abschneidet und ihn damit in's Verbrechen zurückstößt. Auch Gutachten 2 weist Seite 255 darauf hin.

Die Einheit des Strafmittelsystems ist aber Fiktion, so lange die Einheit des Strafvollzuges fehlt. Bei Programmpunkt 6 handelt es sich also vor allem um die alte Forderung der reichsrechtlichen Regelung. Und zwar einer normativen, einer solchen, welche dem Landesrecht einige Bewegungsfreiheit läßt. Die „Grundsätze der Bundesregierungen" vom Jahre 1897 werden hier eine nützliche Unterlage sein. Auskömmlich werden vor allem für die Fragen der Einzelhaft, der Beschäftigung, des progressiven Strafvollzugs unsere hochverdienten Strafanstaltsdirektoren mit Gutachten und Referaten zu Rathe zu ziehen sein. In diesem Zusammenhange des Strafvollzugs möchte ich denn auch empfehlen — ich habe es in Klammern angegeben — noch einmal im Gegensatze zu der Forderung von Gutachten 1 These VII der Frage der bedingten Verurtheilung das Wort zu verstatten. Sie kann durch die Beschlüsse des XXI. Juristentags von 1891 nicht endgültig erledigt sein, nachdem inzwischen die bedingte Begnadigung eingeführt ist, und mit Rücksicht auf die bei ihr gemachten Erfahrungen die Frage auch heute noch nicht als spruchreif betrachtet werden kann.

Einige nähere Ausführungen gestatten Sie nun, so weit es sich um die Begründung der Problemstellung handelt, zu den vier ersten Punkten der These III.

1. Zur strafrechtlichen Behandlung der jugendlichen Personen. Vielmals mündlich und schriftlich erörtert, muß sie dennoch der Juristentag auf sein Programm setzen. Man vergleiche Gutachten 1, These IV, Gutachten 2 im Text S. 255 ff. Die Frage der jugendlichen Verbrecher ist neben der Rückfallsfrage die Kardinalfrage der Revision. Wir stehen vor der Thatsache, daß die Kriminalität der Jugend verhältnißmäßig größer ist, als diejenige der Erwachsenen; daß ihr verbrecherisches Handeln über Rohheitsdelikte, Diebstahl, gewisse gemeingefährliche Delikte, weit hineingegriffen hat in das engere Gebiet der Sittlichkeitsverbrechen; daß nach Zählkarten der Rückfälligen etwa die Hälfte ihre erste Strafthat im jugendlichen Alter begangen hat; daß das schwerste Verbrecherthum, die Zuchthauswelt, sich fast zu einem Drittel aus jugendlichen Verbrechern rekrutirt: 1900 war der Zugang an Zuchthäuslern in Preußen 5503, darunter waren 1495 vor dem 18. Lebens-

jahre bestraft. Auch hier gilt der Satz: Wem die Jugend, Dem die Zukunft. Gelänge es, an dieser Stelle wirksame Gegenkräfte einzusetzen, so wäre der Zukunft ein unermeßlicher Dienst erwiesen.

Freilich mehr als irgendwo gilt es hier, die Schranke der Leistungsfähigkeit gerade des strafrechtlichen Apparates sich von vornherein klar zu machen. Nichts ist verfehlter, als im Kampfe gegen das jugendliche Verbrecherthum in erster Linie nach dem Strafrechte zu rufen. In ihm liegen nicht die Mittel, die Quellen der jugendlichen Kriminalität abzugraben. Und darauf kommt es doch vor allem an. In traurigen Verhältnissen des Familienlebens und damit zusammenhängend der Wohnungen, in den Arbeitsverhältnissen: einerseits schon frühzeitig begründeter Erwerbsmöglichkeit, anderseits gelockerter Autoritätsbeziehungen — lange nicht mehr die Hälfte aller Lehrlinge steht heutzutage in der Hauszucht der Lehrherren — dann in den durch die gesellschaftlichen Verhältnisse erweiterten Anreizungen und Gelegenheiten zum Verbrechen, endlich in übel angewandter Sonntagsruhe und der ansteckenden Publizistik des Verbrecherthums, — da vor allem entstehen und treiben die Keime der jugendlichen Kriminalität. Sie sind vom Strafrecht unerreichbar. Ebenso scheidet von seiner Verantwortlichkeit aus die nicht geringe Zahl der erblich belasteten jugendlichen Verbrecher. Immerhin haben auch auf seinem eigensten Felde die gesammelten Erfahrungen reichen Stoff für eine verheißungsvolle Reform geliefert. Die Revision wird vor allem drei Punkte berücksichtigen müssen: Lebensalter, Kriterium der Strafbarkeit und Strafanwendung.

Die Frage des Lebensalters. Daß vor dem Alter der vollen Strafmündigkeit von heute achtzehn Jahren zwei Vorstufen gemacht sind, eine der vermutheten Zurechnungsunfähigkeit, und eine der zweifelhaften Zurechnungsfähigkeit, wird an sich allgemein als natürlich und berechtigt anerkannt. Die Meinungsverschiedenheiten beziehen sich zunächst auf die zeitliche Abgrenzung beider Vorstufen. Einerseits der Altersgrenze der Strafmündigkeit: Gutachten 1 fordert, daß sie vom 18. auf das 21. Lebensjahr erweitert werde. Gutachten 2 hält das nicht für richtig, weil gerade die Altersstufe zwischen dem 18. und 20. Jahre regelmäßig die höchste Kriminalitätsziffer aufweise und somit das Hinaufrücken der Strafmündigkeit eine Schwächung des Strafschutzes bedeute. Ich stimme dem unbedingt bei. Mir will überhaupt aus allgemeinen Gründen gerechtfertigt erscheinen, daß der Termin der strafrechtlichen Mündigkeit ein früherer sei, als derjenige der civilrechtlichen. Anderseits die Altersgrenze der Strafbarkeit innerhalb der Strafmündigkeit. Weit verbreitet wird an Stelle des 12. das 14. Lebensjahr gefordert. Sehr bestimmt von Liszt und vielen Anderen. Das schulpflichtige Kind gehöre nicht vor den Strafrichter und in das Gefängniß. Dies ist nur zu billigen. van Calker empfiehlt dagegen sorgsame Erwägung auch der Bedenken gegen die Heraufsetzung der unteren Altersgrenze. Er will die Entscheidung von der Feststellung abhängig gemacht sehen, ob die normale Reife unter den gegenwärtigen Verhältnissen regelmäßig erst nach dem 12. Lebensjahre eintrete. Meinerseits möchte ich noch zur Erwägung der Sachverständigen gestellt wissen, ob es physiologisch und psychologisch gerechtfertigt erscheine, hierin beide Geschlechter gleichzustellen.

Eine andere Meinungsverschiedenheit nächst der Altersgrenze betrifft das Kriterium der Strafbarkeit jugendlicher Uebelthäter. Das geltende Recht erfordert die „zur Erkenntniß der Strafbarkeit erforderliche Einsicht". Hierin wird eine einseitige Betonung des intellektuellen Moments auf Kosten der gesammten sittlichen Ausreifung gefunden. Es wird eine Reform nach doppelter Richtung gefordert. Daß einmal an Stelle eines gesetzlichen Kriteriums über das Unterscheidungsvermögen die volle Freiheit des richterlichen Ermessens trete. Sodann, daß dem Richter anheimgegeben werde, unbeschränkt an Stelle oder nach der Strafe die Fürsorgeerziehung eintreten zu lassen. Nach der Strafe — darüber wird man sich leicht einigen auf dem Boden des bestehenden Rechts. An Stelle der Strafe — da wird man auf den lebhaftesten Widerspruch vom Standpunkte des Vergeltungsstrafrechts stoßen. Jedenfalls wird anzustreben sein, daß bei dieser Gelegenheit das Verhältniß von Strafe und Erziehung aus einem Gusse reichsgesetzlich geregelt werde.

In dritter Linie Strafmittel und Strafvollzug für jugendliche Personen. Eine Fülle von Fragen. Zunächst wäre der Verweis, falls er beibehalten werden soll, was Gutachten I ablehnt, überhaupt erst einmal reichsrechtlich und dann wirksam zu normiren. Ob neue Strafmittel? Jedenfalls nicht die Prügelstrafe, die überall nur als anstaltliche Disziplinarstrafe vorbehalten bleiben kann. Dagegen erscheint mir der staatlich kontrolirte Hausarrest, dessen beide Gutachten nicht erwähnen, für Jugendliche überaus erwägenswerth. Ob aber, wie Gutachten I verlangt, zum Zwecke der Besserung das System der Einsperrung von Jugendlichen auf unbestimmte Zeit mit einer gesetzlichen Minimal- und Maximalgrenze gewagt werden dürfe, wird doch noch gründlichster Ueberlegung bedürfen. Gewiß hat der Grundgedanke der kanonischen poena medicinalis gerade bei Jugendlichen viel Ansprechendes, aber auch tausend Bedenken. Ich würde mich unbedingt gegen den Grundsatz unbestimmter Verurtheilung erklären müssen. Soviel aber ist gewiß, was an Einschränkung der kurzzeitigen Freiheitsstrafen für Jugendliche irgend erreichbar ist, muß geschehen. Und unter allen Umständen muß jede Freiheitsstrafe, ob kurz oder lang, schlechthin methodisch auf Erziehung eingerichtet werden. Denn Straf- und Erziehungszwecke schließen einander bei richtiger Anwendung nicht aus, sondern ein. Individualisirter Regelung bedarf ferner für Jugendliche die Frage der Aussetzung des Strafvollzuges, wobei die Frage, ob auf Grund bedingter Begnadigung oder Verurtheilung, vorerst noch keine grundsätzliche Rolle spielt. Vielmehr sind, worauf v. Liszt schon früher hingewiesen hat, die Erwägungen zunächst und vor allem nach der Richtung zu lenken, ob und wie es zu organisiren sei, daß jeder einzelne Jugendliche während der Zeit des ausgesetzten Strafvollzuges einem einzelnen Pfleger überwiesen werde. Wie also lassen sich die staatlichen Strafzwecke und die freie Erziehungsthätigkeit systematisch mit einander verbinden? An das Herz unserer Jugendlichen müssen wir nicht bloß mit dem Ernst, sondern gleichzeitig mit der Liebe zu gelangen versuchen. Daher wird das Strafrecht nach dieser Seite wesentlich durch freie Vereinsthätigkeit zu ergänzen sein.

Allen diesen in der Litteratur schon eingehend verhandelten Fragen möchte ich noch eine neue hinzufügen. Sie liegt auf strafprozessualem Gebiete. Ich möchte meine Meinung darüber vorläufig nur in die kurze Formel kleiden: das Strafverfahren gegen Jugendliche gehört meines Erachtens seiner innersten Natur nach zu den sog. besonderen Arten des Verfahrens. D. h. es müssen diejenigen Abweichungen vom regelmäßigen Verfahren eintreten, welche sinn- und zweckgemäß ein Strafverfahren gegen jugendliche Personen erfordert. Meine beiden Grundforderungen wären: Beschleunigung des Vorverfahrens und beschränkte Oeffentlichkeit der Hauptverhandlung, beschränkt auf Angehörige, Erzieher, Lehrherren und gesetzliche Vertreter. Inwieweit bei einem Zusammenhange in Folge Theilnahme oder sonst Ausnahmen zu machen wären, läßt sich gesetzlich unschwer regeln. Daß aber hier durch eine schnelle, eigenartige, von allem Schablonenhaften freie Strafjustiz unermeßlich viel Nützliches zu wirken, und noch viel mehr Schädliches zu verhindern wäre, steht mir unerschütterlich fest, und ist für mich ein Grund mehr, zu empfehlen, daß die Strafprozeßreform im Ganzen hinter die des Strafgesetzbuchs zurückgestellt werde.

2. Die strafrechtliche Behandlung der geistig Minderwerthen. Nach § 51 ist „eine strafbare Handlung nicht vorhanden, wenn der Thäter zur Zeit der Begehung der Handlung sich in einem Zustande von Bewußtlosigkeit oder krankhafter Störung der Geistesthätigkeit befand, durch welche seine freie Willensbestimmung ausgeschlossen war. Eine strafbare Handlung ist also vorhanden, wenn durch

Bewußtseins- oder Geistesstörung die freie Willensbestimmung nur beeinträchtigt, beschränkt, herabgesetzt, vermindert war. Bestraft muß werden. Aber wie? Und was hat etwa außer der Strafe zu geschehen? Hier liegen die Lücken der Gesetzgebung.

Gemeinhin wird hier von „verminderter" oder „geminderter" Zurechnungsfähigkeit gesprochen. Ich würde den Ausdruck gern vermieden sehen. Denn die Zurechnungsfähigkeit als Rechtsbegriff ist reiner Formbegriff. Sie ist derjenige Zustand körperlicher und geistiger Gesammtverfassung eines Menschen, welcher ihn vor dem Strafgesetze verantwortlich macht. Das Wort drückt aber nichts aus über diesen Zustand geistiger Gesammtverfassung selbst. Jene Verantwortlichkeit kann nur entweder vorhanden oder nicht vorhanden sein. Jemand ist verantwortlich oder nicht verantwortlich. Keiner halbverantwortlich. Wohl aber kann der Zustand geistiger Gesammtverfassung, welcher die Verantwortlichkeit und damit die Zurechnungsfähigkeit begründet, seinerseits ein abgestufter sein. Innerhalb der Zurechnungsfähigen also besteht die Unterscheidung der geistig Vollwerthigen und der geistig Minderwerthigen. Die sogenannt vermindert oder gemindert Zurechnungsfähigen sind Zurechnungsfähige mit geistiger Minderwerthigkeit. Ueber die Terminologie bedarf es im Uebrigen keines Streites. In der Sache selbst sind alle einig. Nämlich darin, daß die strafrechtliche Beachtung dieser Personenklasse zur Zeit eine völlig ungenügende ist. Es gehören dahin neben allgemein Schwachsinnigen vor allem Hysterische, Neurastheniker, nicht geisteskranke Epileptiker, Alkoholiker, moralisch Irre, Morphinisten und Andere. Nach jüngsten Erfahrungen möchte ich als neue Erscheinungsform hinzufügen die „Anachronisten" oder „Pücklerianer"; solche, welche mit beharrlichem Starrsinn die Ideen einer überwundenen Geschichts- und Kulturperiode zu verwirklichen suchen, so daß man sie, sollen sie anders vor dem Strafgesetz gerecht beurtheilt werden, ebenfalls als geistig Minderwerthige behandeln muß. (Heiterkeit.) Wobei ich Monomanieen zu nennen absichtlich unterlassen habe, insofern sie als Theilerscheinungen einer allgemein geistigen Erkrankung, als wahre Geisteskrankheiten, also als volle Schuldausschließungsgründe zu betrachten sein können.

Nach dem Vorbilde süddeutscher Strafgesetzbücher wollte nun allerdings der erste Entwurf des Norddeutschen Strafgesetzbuches die Minderwerthigkeit als allgemeinen Strafmilderungsgrund aufnehmen. Aber er wählte den denkbar äußerlichsten Maßstab, nämlich Milderung nach dem Strafrahmen des Versuchs. Hier fehlte jeder innere Vergleichspunkt. Und selbst diese Berücksichtigung kam schließlich nicht in das Gesetz. Man begnügte sich nach dem Muster des preußischen Strafgesetzbuches mit dem

Systeme der mildernden Umstände bei einzelnen strafbaren Handlungen und hielt dadurch auch die Berücksichtigung der geistigen Minderwerthigkeit für ausreichend gedeckt. Die gegenwärtige Lage ist also die: geistig Minderwerthe können geringer bestraft werden, soferne sie ein Delikt begangen haben, bei welchem mildernde Umstände zugelassen sind. Im Uebrigen ist eine Berücksichtigung der geistigen Minderwerthigkeit nur möglich durch Strafzumessung innerhalb des gesetzlichen Strafrahmens. Folglich keinerlei Berücksichtigung möglich bei all' den schweren Verbrechen, bei welchen, wie bei Hochverrath in schwerster Form, Meineid. Nothzucht mit verursachtem Tode, Mord und Todtschlag, schwerer Abtreibung, Aussetzung, Körperverletzung, Vergiftung, Menschenraub, Brandstiftung uud anderen gemeingefährlichen Verbrechen, mildernde Umstände überhaupt nicht zugelassen und die Strafminima ohnehin sehr hoch gegriffen sind. Und doch sind ausgesucht unter diesen Verbrechen solche, zu welchen gerade die geistige Minderwerthigkeit eine Prädisposition oder Inklination abgiebt. Hier muß dann volle Bestrafung eintreten, und da namentlich Geschworene sich nicht leicht dazu entschließen, wird in solchen Fällen leicht ganz freigesprochen.

Das kann so nicht weiter gehen. Was ist zu thun? Weniger wie nichts wäre geschehen, wenn man heute nur nachholen wollte, die geistige Minderwerthigkeit als allgemeinen Strafmilderungsgrund einzuführen. Daß auch das geschehen müsse, ist selbstverständlich. Aber die Zeit hat dieses Mittelchen längst überholt. Denn das Hervortreten des verbrecherischen Thuns dieser Personen bildet, wie auch Gutachten I mit Recht betont, heute einen breiten und charakteristischen Grundzug der Kriminalität überhaupt. Den Gründen dieser Erscheinung habe ich hier nicht nachzugehen. Die Thatsache selbst steht fest. Worauf also werden sich die Erwägungen der Revision richten müssen? Jedenfalls auf ein Dreifaches.

Im Ausgangspunkte wird unter allen Juristen Einigkeit bestehen. Der zurechnungsfähige, geistig minderwerthe Verbrecher ist zu bestrafen, nur eben milder. Nun erhebt sich als erste Frage: nach welchem Maßstabe? Dieser Maßstab muß erst noch gesucht und gefunden werden. Mit aller Bestimmtheit möchte ich die beliebte Analogie der Strafmilderung der jugendlichen Verbrecher abgewiesen haben. Manche Vergleichspunkte mögen immerhin bestehen. Namentlich darin, daß auch hier dem Gebrauche der sittlichen Willenskraft Hemmungen entgegenstehen und daß durch Erziehung einiges erreicht werden kann. Aber im Uebrigen ist ein Riesenunterschied zwischen dem geistig noch nicht Vollwerthigen und dem geistig Minderwerthigen. Für den letzteren bedarf es eines besonderen Maßstabes der Strafmilderung.

Aber man geräth sofort in eine widerspruchsvolle Schwierigkeit. Das führt auf den zweiten Revisionspunkt. Mildere Bestrafung einerseits, — und doch ist andererseits gewiß, daß jede kurzzeitige Freiheitsstrafe an geistig Minderwerthigen nahezu etwas Sinnloses ist. Ist überhaupt etwas zu erreichen in Gewöhnung, Abschreckung, Besserung, so kann das nur durch methodische Behandlung geschehen. Jede methodische Behandlung aber erfordert vor allen Dingen Zeit. Das drängt die Erwägungen nothwendig nach der Richtnng, ob nicht die Strafmilderung für geistig Minderwerthe nicht sowohl in der Herabsetzung der Strafdauer, als vielmehr in der Eigenart des Strafvollzuges zu suchen sei. In einem Mittelding zwischen Straf- und Pflegeanstalt mit streng pädagogischem Charakter. Daran darf man keinen Anstoß nehmen. Diese Armen sind selbst Verbrecher und Heilbedürftige zugleich. Es ist unmöglich, diese Doppelnatur außer Acht zu lassen.

Aber noch in einer dritten Richtung werden Erwägungen nicht zu umgehen sein. Die strafrechtliche Behandlung der geistig Minderwerthen kann sich noch dadurch kompliziren, daß diese durch die stetige Neigung des Rückfalls als unverbesserlich und „gemeingefährlich" erscheinen. Würde freilich sich herausstellen, daß dies nur Evolution und Abschluß der vorhandenen pathologischen Anlage wäre, so würde der geistig Minderwerthe als irrer Verbrecher zuletzt aus der Strafrechtspflege überhaupt auszuscheiden haben. Ist aber der Minderwerthigkeit ungeachtet die Zurechnungsfähigkeit als vorhanden anzunehmen, so ist zu überlegen, ob und in wie weit nach der Strafe Internirung — und hier sicher auf unbestimmte Zeit — in besonderen Sicherungsanstalten rathsam, ausführbar und unter welche Zuständigkeiten und Kontrolen diese Maßregel zu stellen sei. Man vergleiche zu meinen Ausführungen Gutachten I, These 6, Gutachten II, These 4a.

3. Die strafrechtliche Behandlung von Rückfall und gewerbsmäßigem Verbrecherthum.

Man muß mit der Statistik, zumal im Gebiete des Strafrechts, vorsichtig umgehen. Aber in manchen Fällen hat sie eine unerbittliche, fast möchte ich sagen brutale Beweiskraft. So hier. Die Reichskriminalstatistik und diejenige der preußischen Strafanstalten stimmen in den relativen Ergebnissen überall zusammen. Nach der preußischen pro 1900/01 betrug die Gesammtzahl der internirten Zuchthausgefangenen im Berechnungsjahre 22 577 gegen 31 616 im Jahre 1882. Diesem erfreulichen und mit Rücksicht auf die Bevölkerungsvermehrung doppelt beachtsamen absoluten Rückgange gegenüber steht aber die Thatsache der stetigen Progression der als rückfällig Eingelieferten. Von den 1900 auf

1901 eingelieferten männlichen Gefangenen waren fast $^9/_{10}$ überhaupt schon vorbestraft, beinahe $^3/_4$ schon viermal oder darüber, fast $^3/_5$ mit Freiheitsstrafen von mehr als einem Jahre. Werden diejenigen Zuchthäusler als einheitliche Gruppe zusammengefaßt, die bereits mehr als drei Freiheitsstrafen verbüßt haben, so ergiebt die seit 1894 auf Krohnes verdienstliche Anregung eingeführte Spezialstatistik folgendes: von 1894 bis Ende 1900 sind 31 057 solcher drei- und mehrfach vorbestraften Zuchthäusler gezählt. Darunter hatten 6 bis 10 Freiheitsvorstrafen 12 629, 11 bis 30: 9 173, mehr als 30: 737. Nach dem Gutachten der Beamtenkonferenz dieser Strafanstalten war von jenen 31 057 drei- und mehrmals Vorbestraften der Rückfall wahrscheinlich bei 29 373, zweifelhaft bei 963 und unwahrscheinlich nur bei 706!

Hier darf man nicht nur, hier muß man sagen: die Mittel des bestehenden Rechts haben versagt. Indem dieses nur den gleichartigen Rückfall bei den räuberischen Verbrechen, bei Diebstahl, Hehlerei und Betrug als speziellen Strafschärfungsgrund wirken läßt, steht es sozusagen längst nicht mehr auf der Höhe des Verbrecherthums und hinter anderen Gesetzgebungen weit zurück.

Die Wege der Zukunft sind gewiesen. Der Rückfall gehört aus dem besonderen in den allgemeinen Theil. Und wie der gleichartige, muß auch der ungleichartige Rückfall zu bedenken sein. Aber das ist nicht Alles.

Für das Ganze verhängnißvoller noch, als der Rückfall in dieses Verbrechen, ist der Rückfall in das Verbrechen. Der letztere ist die Signatur des eigentlichen gewohnheitsmäßigen Verbrechers. Wohl sind es zusammenhängende, aber doch wiederum verschiedene Typen. Jeder Gewohnheitsverbrecher ist Rückfälliger, aber nicht jeder Rückfällige ist nothwendiger Weise Gewohnheitsverbrecher. Dort bedroht uns nur die tief eingewurzelte Neigung zu einer bestimmten Verbrechensgattung. Hier ist der noch schlimmere Feind: der absolute Indifferentismus, wenn nicht Haß, gegen die Rechtsordnung überhaupt. Liszt nennt das „antisoziale Gesinnung". Ich möchte lieber auf gut deutsch sagen „rechtsverächtliche Gesinnung". Alles wird niedergerissen, was der Befriedigung des verbrecherischen Verlangens entgegensteht. Die schwersten Verbrechen werden sozusagen incidenter begangen, wenn mittels ihrer auch nur ein kleiner Vermögensvortheil erlangt werden kann. Daher ist das gewohnheitsmäßige zugleich das typisch-gemeingefährliche Verbrecherthum. Aus Rückfälligen und Gewohnheitsmäßigen rekrutirt sich endlich als letzte Spezialität das gewerbsmäßige Verbrecherthum, dasjenige, welches den Lebenserwerb durch strafbare Handlung als die normale, jedenfalls als die gleichberechtigte und, mit dem Nützlichen das Angenehme verbindend, als die bequemere Form des Arbeitsverdienstes betrachtet. Die Aufgabe ist, diese Typen künftig in der strafrechtlichen Behandlung zu differenziren. Denn daß ihnen gegenüber die heutigen Rückfallsbestimmungen, wie vom Standpunkte der Gerechtigkeit, so vom Standpunkte der Sicherheit nicht ausreichen, ist zweifellos. Energische Remedur wird von allen Seiten gefordert, auch von beiden Gutachtern. Gutachten I, These 5 verlangt gegen gewerbsmäßige Verbrecher als Sicherungsstrafe Zuchthaus nicht unter 5 Jahren im ersten, nicht unter 10 Jahren im späteren Rückfall. Gutachten II, These 4b begnügt sich zwar für die Regelfälle mit geringerer Rückfallsstrafe, verlangt aber als ergänzende Schutzmaßregel Unterbringung in ein Arbeitshaus. Ich stelle gegenüber einem sonst beachtenswerthen Artikel in der jüngsten Nummer der „D. J. Z." vom 15. August fest, daß für die praktische Gesetzgebungspolitik zwischen den Gutachtern eine prinzipielle Differenz heute nicht mehr besteht, nachdem in Gutachten I auf Einsperrung der sogenannten Unverbesserlichen für Lebenszeit nicht weiter bestanden wird, ein Gedanke, der auch von Wach (Zuk. d. Strf. Rs. S. 9) abgelehnt wird und vom Standpunkte des Vergeltungsstrafrechts wie aus hundert Zweckmäßigkeitsgründen unbedingt abgelehnt werden muß. So ist zu hoffen, daß, wenn auch im Einzelnen viel zu erwägen und zu streiten bleibt, doch der künftige Referent für diese Frage im Ganzen auf eine einmüthige Stimmung treffen werde.

4. Die richterliche Strafzumessung.

Bei diesem Programmpunkte habe ich zunächst auf den Zusammenhang hinzuweisen, in welchem hier die Forderung einer Revision auftritt. Denn die richterliche Strafzumessung ist nur der kleine Ausschnitt eines weiten und schwierigen Reformgebietes.

Das allgemein wissenschaftliche Problem, dessen Theil sie bildet, ist kein geringeres, als die Verhältnißbestimmung von Verbrechen und Strafe überhaupt. Das konkrete legislative Problem aber löst sich in zwei selbstständige Unterfragen auf. Wie ist 1. schon bei der gesetzlichen Strafandrohung das Verhältniß von objektiver Schwere der That und von subjektiver Verschuldung des Thäters auszugleichen? und wie ist 2. bei der richterlichen Strafzumessung dem Erfolge der That und der Gesinnung des Thäters in Art und Maß der Strafe Rechnung zu tragen?

Wer nun aufmerksam die Gutachten gelesen hat und die sonstige Fachlitteratur einigermaßen kennt, hat eine Vorstellung von der ungeheuren Spannweite der hier verborgenen Gegensätze und Streitfragen.

So ähnlich von Liszt's These 2 und van Calker's Thesen 2 und 3 klingen, so wenig vollkommen entsprechen sie einander in Inhalt und Folgerungen. Ich muß darauf hinweisen, weil es meine Pflicht ist, die Schwierigkeiten klarzulegen, nicht, zu verhüllen.

Im Prinzip nämlich herrscht zwar heutzutage Einverständniß darüber, daß der Revisionsgesetzgeber für Strafandrohung und Strafurtheil mehr, als nach geltendem Recht, auf die Gesinnung als solche Bedacht zu nehmen habe. Nicht nur aber ist das Maß dieses Mehr vielfältig und der Begriff der Gesinnung selbst vieldeutig, sondern es wirkt vor allem dieses Prinzip wie ein Centralnerv auf alle Haupttheile bis zur äußersten Peripherie des strafrechtlichen Systems. Die Forderung prinzipaler oder auch nur stärkerer Berücksichtigung der verbrecherischen Gesinnung ist grundsätzlich maßgebend für die Aufnahme oder Ausstoßung gewisser Strafarten, für die Begrenzung der Strafminima und -maxima, für die Aufstellung gesetzlicher Strafzumessungsgründe, für die Behandlung von Rückfall und Gewohnheits- bezw. gewerbsmäßigem Verbrechen, für die Frage der gleichen oder nichtgleichen Bestrafung von Vollendung und Versuch von Thäter und Gehülfe, für die Begrenzung der fahrlässig strafbaren Delikte, für das Bewußtsein der Rechtswidrigkeit als Voraussetzung der Strafbarkeit, für die Formulirung aller einzelnen Verbrechensthatbestände, vor allem für die Aufstellung sogenannter Erfolgs- und Formaldelikte, endlich für den Strafvollzug in den verschiedensten Richtungen. Ich werde noch manches übersehen haben. Aber das Gesagte genügt.

Ich hätte ja nun die These auch so fassen können: Verhältniß von Erfolg und Gesinnung im künftigen Strafgesetzbuch bei Strafandrohung und Zumessung. Aber ich halte für ausgeschlossen, daß der Juristentag in irgend einer Tagung das Gesammtproblem in dieser Ausdehnung behandle. Ich empfehle vielmehr, die erste legislative Unterfrage, das Verhältniß beiden bei der gesetzlichen Strafandrohung, mit einer Ausnahme auszuschalten und sich auf die zweite, ihr Verhältniß bei der richterlichen Strafzumessung, zu beschränken. Das kann umso leichter geschehen, als Rückfall, Strafmittelsystem und Strafvollzug ohnehin selbstständig zur Sprache kommen müssen, und als die Frage der richterlichen Strafzumessung ihrerseits hinreichende Gelegenheit giebt, das wichtige Prinzip der intensiven Berücksichtigung der verbrecherischen Gesinnung selbst mit allem Nachdruck zu vertreten.

Zur Orientirung über diese unter die Revisionspunkte aufgenommene engere Frage nur einige kurze Bemerkungen. Sie ließe sich auch so fassen: Sollen allgemeine gesetzliche Strafzumessungsgründe eingeführt werden, deren Berücksichtigung im Einzelfalle nicht ein

Belieben sondern eine Pflicht des Strafrichters ist? Zwar fehlt es nicht ganz an gesetzlichen Strafzumessungsgründen auch im geltenden Recht. Ausdrücklich allerdings nur in der kümmerlichen Anweisung des § 20, daß bei Wahl zwischen Zuchthaus und Festungshaft auf ersteres nur zu erkennen sei, wenn die strafbare Handlung aus ehrloser Gesinnung entsprungen war. Ich habe freilich, auch in Uebereinstimmung mit Birkmeyer, Vortrag S. 97, die Sache immer so aufgefaßt, daß alle gesetzlichen Strafschärfungs- und Milderungsgründe analog beim Strafausmaß innerhalb des gesetzlichen Rahmens als Mehrungs- und Minderungs-, also als richterliche Strafzumessungsgründe anzuwenden seien, wie Rückfall, Jugend, mildernde Umstände. Indessen bleibt es ein verhängnißvoller Mangel, daß das Gesetz in der Strafzumessung den Richter rein sich selbst überläßt. Die bloße Weite der gesetzlichen Strafrahmen thut's nicht. Ganz im Gegentheil. Sie führt zur Ungleichheit und damit zur Ungerechtigkeit, wenn nicht die Freiheit im Gebrauch der Strafmaße einigermaßen regulirt wird. Wenn es namentlich dahin kommt, daß die Strafminima und die ihnen nahestehenden Skalen gewissermaßen als die Normalstrafsätze erscheinen, dann bleibt überhaupt kein Raum mehr für eigentliche Strafzumessung. Daher besteht heute überraschende Einmütigkeit in dem Verlangen der Einschränkung des richterlichen Ermessens durch gesetzliche Strafzumessungsgründe. Man kann nicht einwenden, das sei ein verlassener Standpunkt der deutschen Strafgesetzbücher in der ersten Hälfte des vorigen Jahrhunderts. Rückkehr zum Alten ist nicht nothwendig Rückschritt. Auch neueste ausländische Gesetze und Entwürfe regeln die Strafzumessung. Ueberdies denke ich natürlich nicht an eine Kopie der älteren Vorschriften. Die Strafzumessung ist im Geiste der neuen Zeit, der fortgeschrittenen Erfahrung, der Bedürfnisse einer lebendigen Gegenwart zu regeln. Und hier tritt nun eben, alles überragend, die Forderung einer weitergehenden Berücksichtigung der verbrecherischen Gesinnung in den Mittelpunkt. Es wird nicht ganz leicht sein, hierfür eine gesetzgeberische Formel zu finden. Es wird die Aufgabe sein, die verbrecherische Gesinnung einerseits, als Einheitsbegriff als die Gesammtstimmung einer Person gegenüber der Rechts- und Gesellschaftsordnung, abzugrenzen, andererseits von den einzelnen Momenten des Motivs, Zweckes, der Ehrenhaftigkeit, der Unehrenhaftigkeit, der Gefährlichkeit und anderer persönlicher Eigenschaft oder Verhältnisse, welche ebenfalls für die Strafzumessung in Betracht kommen. Indessen darf man die Schwierigkeit auch nicht überschätzen. Es handelt sich dabei wesentlich nur um eine Anweisung für den Strafrichter, nicht um erschöpfende Legaldefinitionen; überwunden werden muß die Schwierigkeit unter allen Umständen.

Einen Punkt allerdings wünschte ich noch in diesen Zusammenhang gerückt, wiewohl er streng genommen der hier ausgeschiedenen ersten legislativen Unterfrage zugehört: die Bestrafung des Versuchs. Der Versuch ist bisher nach § 44 allgemeiner Strafmilderungsgrund. Von meinem Standpunkt bestände nicht das geringste Bedürfniß, davon abzugehen. Denn ich vertrete unbedingt die Ansicht des Gesetzes: der Versuch ist milder zu bestrafen, als die Vollendung. Wie ich denn überhaupt bei dieser Gelegenheit dringend davor warnen möchte, bei aller Berücksichtigung der Gesinnung doch ja nicht den anderen Werthmesser der Strafe, den objektiven Erfolg, zu unterschätzen und zu sehr zurückzudrängen. Immerhin wäre eine Auseinandersetzung, nachdem einmal die Forderung grundsätzlich gleicher Bestrafung von Versuch und Vollendung bestimmt erhoben ist, nicht abzuweisen. Denn, würde man sich ihr anschließen, so würde der Versuch zum bloß mindernden Strafminderungsgrund. Die Gefährlichkeit der Gesinnung würde im Einzelfalle das Strafmaß innerhalb der Grenzen der Vollendungsstrafe wesentlich mitbestimmen müssen. Hier liegt der für meinen Vorschlag maßgebende Zusammenhang.

Soviel zu den sechs Punkten der These III.

Stimmt nun der Juristentag meinen Vorschlägen über die Auswahl der Berathungsgegenstände zu, so würde noch deren Reihenfolge abzustimmen sein. Meine persönliche Meinung habe ich in der Ziffernfolge bereits zum Ausdrucke gebracht. Je zwei dieser 6 Programmpunkte stehen innerlich in besonderem Zusammenhange. Ziffer 1 und 2 durch den konkurrirend psychologischen Inhalt der Aufgabe und die dadurch bedingte Zuziehung medizinischer Sachverständiger. Ziffer 3 und 4 durch die in beiden Problemen in den Vordergrund tretende nähere Berücksichtigung der Gesinnung im Gesetz oder im Richterspruch. Ziffer 5 und 6 durch die selbstverständliche Beziehung, wonach Strafvollzug nichts Anderes ist, als zweckmäßige Anwendung der Strafmittel. Mit dem Strafmittelsystem im Allgemeinen zu beginnen, wie unter allerdings veränderter Fragestellung Gutachten I S. 272 empfohlen hat, kann ich nur widerrathen. Denn hier liegen nicht die eigentlich brennenden Streitfragen großen Stils. Das Problem der Todesstrafe wird Niemand mehr aufrollen wollen. Der Bestand der Freiheitsstrafe als solcher wird nicht anzugreifen sein. Mit Reform der Geldstrafen hat sich der Juristentag selbst schon in mehreren Tagungen beschäftigt. Auf die Deportation wird dermalen keiner mehr zurückkommen. Von allen akuten Fragen, welche Strafmittel oder Strafvollzug betreffen, sind andererseits diejenigen die wichtigsten, welche Jugendliche und geistig Minderwerthe betreffen: die Fragen besonderer Anstalten, des individualisirten bezw. progressiven Strafvollzuges u. s. w. Erst also, wenn über die besonderen Probleme der Jugendlichen und geistig Minderwerthen der Juristentag zu einer Verständigung gelangt ist, wird er gehörig vorbereitet sein, einen aus einheitlichem Geiste geschöpften Gesammtvorschlag über Strafmittel und Strafvollzug im Allgemeinen zu formuliren. Mein Antrag markirt keinen Gegensatz zu Gutachten I und II, weil diese beiden Gutachten, wie Sie sich erinnern werden, die strafrechtliche Behandlung der Jugendlichen und ihrer „vermindert Zurechnungsfähigen" eben als Unterfragen in Verbindung mit dem Strafmittelsystem besprechen. Ich möchte sie hier nur sebstständig zur Geltung bringen und schon deshalb voranstellen, weil uns heute die Sorge um die Zukunft unserer Jugend vor Allem auf der Seele brennen muß. Im Uebrigen beschließt der nächste Juristentag. Es können ja inzwischen auch neue Fragen aufgetaucht sein, die man einschieben will. Auf diesen Erwägungen beruht die Fassung meiner letzten These IV:

> „Als Verhandlungsgegenstände werden unter Zuziehung medizinischer Sachverständiger auf die Tagesordnung des 27. Deutschen Juristentages die beiden Fragen der strafrechtlichen Behandlung der jugendlichen Personen und der geistig Minderwerthen gesetzt. Die Berathungsfolge der anderen Reformfragen bleibt, wie die Hinzufügung neuer, der späteren Beschlußfassung vorbehalten."

Ein kurzes Schlußwort noch in Anknüpfung und Rückkehr zu These I:

„Die Revision des Deutschen Strafgesetzbuches ist eine dringende, aber nicht drängende Aufgabe der Reichsgesetzgebung.

Eine dringende, d. h. eine aus äußeren und inneren Gründen unvermeidlich gewordene. Das bedarf nun keiner Rechtfertigung mehr. Eine dringende, nicht aber eine drängende. Ich lege auf diesen Vorbehalt das größte Gewicht. Er schränkt nicht die Wichtigkeit und Unaufschieblichkeit der Sache ein, sondern weist nur jedes der Größe der Aufgabe schädliche Drängen nach Vorlage von Entwürfen und nach dem Abschlusse der Reform zurück. Wer drängen will, hat zunächst keine Vorstellung von der Schwierigkeit und dem Umfange der Aufgabe. Sehr erhebliche statistische und rechtsvergleichende Vorarbeiten müssen abgeschlossen, ein ungeheueres Thatsachen- und Erfahrungsmaterial muß gesichtet und verarbeitet, große innere Gegensätze müssen ehrlich durchgestritten und mindestens bis zu einer mittleren Linie des praktisch

Erreichbaren ausgeglichen sein, ehe an die Aufstellung eines aussichtsvollen Entwurfes herangetreten werden kann. Wir sind nicht mehr in der Lage, wie der Gesetzgeber von 1868, nur ein Bedürfniß formaler Rechtseinheit rasch befriedigen zu müssen. Wir sind vor die höhere Pflicht gestellt, im gesicherten Besitze der Rechtseinheit das unter den gegebenen Zeitverhältnissen höchst Erreichbare für das deutsche Volk zu leisten. Wer auf Kosten dieses Ideals drängen wollte, würde weiterhin einen ganz unberechtigten Pessimismus predigen. So mangelhaft ist unser Strafgesetzbuch trotz alledem nicht, daß man nicht noch ein Jahrzehnt und darüber mit ihm auskommen könnte. Manch Einer stellt sich die Sache nachgerade so vor, als ob die Mängel des Strafgesetzbuches recht eigentlich die Ursache der Verbrechen seien. So liegts doch aber nicht. Wenn auch das Strafgesetzbuch manches oder vieles darin verschuldet, daß es mit rückständigen Bestimmungen im Kampfe gegen das Verbrechen nicht mehr genügt, so ist es doch wahrlich nicht die einzig verantwortliche Kraft in diesem Kampfe und nicht die Wurzel des Uebels.

Man fahre also inzwischen immerhin wacker fort, die komplementären Kräfte im Kampfe gegen das Verbrecherthum zu lösen; die Verbesserung der wirthschaftlichen Lage, die Pflege der Sittlichkeit, die Hebung des religiösen Sinnes, die Zucht in Haus, in Werkstatt und Schule, die Barmherzigkeit und einiges Vertrauen gegenüber dem vorbestraften Verbrecher, um ihn vor Rückfall zu schützen. Man mühe sich weiter unverdrossen ab, die Quellen vieler Verbrechen abzugraben: das soziale Elend, die Wohnungsnoth, die Gier nach Geld, die Unlust an ernster Arbeit und Anderes mehr. Unter dem Schutze dieser Thätigkeit lasse man aber die stille schwere Arbeit der Revisionsgesetzgebung ruhig wachsen und ausreifen. Und man vergesse endlich nicht, was unser Strafgesetzbuch immerhin leisten kann, wenn es nur mit vollem Ernst angewendet wird, und auch nicht, was es positiv geleistet hat. Die Vergleichung ergiebt, daß seine generell prävenirende Kraft durchaus nicht versagte. Die Progession des Verbrecherthums — zwar traurig genug, aber doch wieder tröstlich — bedeutet nicht eine allgemeine Steigerung der Verbrecherzahl, sondern vielmehr der jugendlichen und der rückfälligen Verbrecher. Das ist die Frucht und Erfahrung des 30jährigen Bestandes unseres Gesetzbuchs. Sie nütze man aus, an das Historische pietätvoll anknüpfend, wo es im sittlichen Volksbewußtsein wurzelt und sich bewährt hat, neuen oder alten Gedanken Raum gebend, wo die Schäden der Zeit es erfordern. Aber man erwarte nicht von einer Revision des Strafgesetzbuches allein das Heil der Zukunft. Jede Zeit bedarf ihres eigenen Rechts. Am Ende des 20. Jahrhunderts wird von

Neuem die Frage der Revision des Strafgesetzbuches auf der Tagesordnung stehen.

Dringend, aber nicht drängend, d. h. also: die Revision des Strafgesetzbuches kann nicht mehr von der Tagesordnung verschwinden, bis sie durchgesetzt ist; die Aufgabe ist so wichtig, daß sie unverzüglich in Angriff zu nehmen ist; wir erwarten aber von der Reichsregierung einen nach allen Seiten gründlich vorbereiteten und auf der Höhe stehenden Entwurf; daher störe man nicht den stetigen Prozeß des Wachsthums durch das vorzeitige Verlangen nach einer unreifen Frucht.

Ich hoffe, daß damit auch die Bedenken Derer schweigen, welche, wie mein verehrter Freund Hermann Seuffert, den Zeitpunkt der Revision noch nicht für gekommen erachten. Es handelt sich heute um Vorbereitung, nicht um Gesetzgebung. Jener Einwand ist wohl vor jeder größeren Kodifikation erhoben worden. Sicher niemals weniger begründet als in diesem Falle. Die Bedingungen erfolgverheißender Einleitung einer Revision des Strafgesetzbuches sind so günstig gelagert, als nur möglich: das vom allgemeinen Volksbewußtsein getragene Anerkenntniß des äußeren und inneren Bedürfnisses der Revision, eine diesem Bedürfnisse verständnißvoll gegenüber stehende Reichsregierung, eine zur opferwilligen Mitarbeit hilfsbereite und befähigte Praxis und Wissenschaft. Verstärken Sie, meine Herren, diese günstigen Bedingungen durch ein einmüthiges Zeugniß des Deutschen Juristentages!

(Lebhafter anhaltender Beifall).

Vorsitzender: Der reiche Beifall, der dem ersten Herrn Berichterstatter soeben gespendet ist, beweist und giebt mir die Gewähr, daß ich mich eins fühle mit der Abtheilung, wenn ich dem Herrn Berichterstatter unsern wärmsten Dank ausspreche. Wir haben einen Vortrag gehört, voll der tieferwogensten Gedanken und, ich darf namentlich hervorheben, von einer sachlichen Behandlung, die ich geradezu als Muster hinzustellen mir erlaube. Wenn wir in dem Sinne fortfahren, hoffe ich, daß unsere Arbeiten hier zu einem gedeihlichen Abschlusse gelangen werden. Ich glaube, dem werden auch diejenigen zustimmen, die nicht in allen Punkten, in denen der Herr Vortragende seine Meinung bereits kund gegeben hat, mit ihm übereinstimmen; trotzdem ist das Charakteristische des Vortrages die volle Sachlichkeit, mit der der Herr Berichterstatter gesprochen hat. Noch einmal den wärmsten Dank.

Ich fordere nunmehr den zweiten Berichterstatter Herrn Kammergerichtsrath Dr. Kronecker auf, den Vortrag zu halten.

Mitberichterstatter Kammergerichtsrath Dr. **Kronecker** (Berlin): Ich muß mit einer Captatio benevolentiae bezüglich des Inhalts meines

Vortrages beginnen. Ich bin erst so zu sagen in letzter Stunde, nachdem eine Reihe von Würdigeren aufgefordert war und abgesagt hatte, um dieses Korreferat ersucht worden und habe im Interesse der Sache nicht ablehnen zu können geglaubt.

Nun zur Sache. Ich kann mich nach dem so überaus eingehenden und gründlichen Vortrage des Herrn Referenten um so kürzer fassen, als ich in fast allen Forderungen, wenn auch nicht durchweg in der Begründung, mit ihm übereinstimme. Wie schon der Herr Referent hervorgehoben hat, ist die Aufgabe, die hier den Berichterstattern gestellt ist, eine etwas andere, als die von den Gutachtern gelöste. Die Gutachter hatten sich darüber zu äußern, nach welchen Grundsätzen die Revision des Strafgesetzbuchs zu gestalten ist. Es war also damals diese uns hier gestellte Frage bereits bejaht. Trotzdem sind auch die Gutachter und besonders Herr von Liszt, auf die Frage, ob überhaupt eine Revision stattfinden soll, näher eingegangen. Er hat dieselbe in Uebereinstimmung mit Hern van Calker und mit dem Herrn Referenten bejaht. Ich trete diesen Herren bei.

Die nationalpolitischen Gründe, die in dem Gutachten des Herrn v. Liszt aufgeführt sind, stelle ich erst in zweite Reihe. Die heutige Generation, Juristen wie Nichtjuristen, steht dem Umstande, daß unser Reichsstrafrecht mittelbar aus dem Code pénal hervorgegangen ist, kühl gegenüber. Weit höher stehen für mich die sachlichen Gründe, wie sie von allen drei Herren bereits eingehend erörtert worden sind.

Der Umschwung in unseren sozialen Anschauungen, die Umbildung der ganzen sozialen Verhältnisse, die ungeheuere Weiterentwicklung des Verbrecherthums, das völlige Versagen des Reichsstrafgesetzbuches gegenüber großen Verbrechergruppen, den Jugendlichen, den Rückfälligen, den Gewerbs- und Gewohnheitsverbrechern, den Bettlern und Vagabunden ist bereits verschiedentlich, am eindringlichsten von Herrn Geheimrath Krohne in einer Frühjahrssitzung der Internationalen Gesellschaft für vergleichende Rechtswissenschaft und Volkswirthschaftslehre, dargelegt worden. Ich möchte diesen Gruppen im Anschluß an van Calker und dem Herrn Referenten noch die geistig Minderwerthigen hinzufügen. Dazu kommen die überaus großen und zahlreichen sachlichen und technischen Lücken des Gesetzes, die theilweise jene Unzulänglichkeit mitverschuldet haben. Es soll hier nur erinnert werden an die zahllosen Lücken des besonderen Theiles, die, wie v. Liszt mit Recht sagt und auch der Herr Referent hervorgehoben hat, zu einer unübersehbaren Spezialgesetzgebung geführt haben, an die Systemlosigkeit bei Festsetzung der Strafmaße bei Zubilligung der mildernden Umstände, bei Aufstellung des

Antragserfordernisses, an die ganz unzulängliche Behandlung namentlich des subjektiven Schuldmoments, welche in dem ausgezeichneten Aufsatze des Herrn Senatspräsidenten von Bülow in der Festnummer der Deutschen Juristenzeitung eingehend dargelegt ist, — an die ganz unzulängliche Behandlung der meisten Schuldausschließungsgründe, insbesondere des Mangels der Rechtswidrigkeit und des Nothstandes.

Gegen eine Revision wird vor allem zweierlei in's Feld geführt. Zunächst, was auch der Herr Referent schon erwähnte, daß wohl der Deutsche Reichstag in seiner jetzigen Zusammensetzung nicht geeignet sein dürfte, über ein derartiges Gesetz unbefangen zu beschließen. Es wird dies wohl einer der Hauptgründe der früheren Gegnerschaft Seuffert's gegen die Revision gewesen sein, einer Gegnerschaft, die er in seiner letzten Schrift „Ein neues Strafgesetzbuch für Deutschland" anscheinend aufgegeben hat. Gegen diesen Einwand hat v. Liszt mit Recht hervorgehoben, daß es sich jetzt ja nur um Vorarbeiten oder, wie der Vertreter des Reichsjustizamtes bei der Bremer Landesversammlung der Internationalen Kriminalistischen Vereinigung sich treffend ausdrückte, um Vorarbeiten zu den Vorarbeiten handele. Wir können diese Arbeiten ruhig leisten und abwarten, wie sich bis zu deren Fertigstellung die politischen Verhältnisse im Deutschen Reiche gestalten werden.

Schwerer wiegt der zweite, vorzugsweise von Birkmeyer erhobene und noch vor Kurzem in der Deutschen Juristenzeitung vertretene Einwand, ein Gesetzbuch müsse aus einer einheitlichen Grundanschauung über Grund und Zweck der Strafe hervorgehen; das Gesetzbuch könne nur entweder nach den Grundsätzen der klassischen oder nach denen der modernen Schule gearbeitet werden, ein Kompromiß sei hier unmöglich. Wenn der Gesetzgeber, meint Birkmeyer, die Männer der Wissenschaft auffordere, ihre Hilfe in Gestalt von Gutachten oder Kritik zu leihen, so sollen sie natürlich ihre Mitwirkung nicht verweigern, aber sie sollen hierbei ausschließlich ihre eigene wissenschaftliche Anschauung zu Grunde legen.

Ich vermag diese Auffassung nicht zu theilen. Wohl keines der bisherigen Gesetzbücher ist aus einem Gusse in dieser Weise hervorgegangen, auch das deutsche Reichs-Strafgesetzbuch nicht. Man kann nicht unbedingt sagen, daß dieses Gesetz von den Anschauungen des Indeterminismus, von denen der klassischen Schule, beherrscht wäre; daß es nicht ausschließlich den Vergeltungsgedanken Rechnung trägt, beweisen viele Bestimmungen, unter Anderen §§ 23 bis 26 über die vorläufige Entlassung. Ohne Kompromisse zwischen den verschiedenen Schulen geht es im praktischen Leben und in der Gesetzgebung selten ab. Ich glaube mit den beiden Herren Gutachtern und mit dem Herrn Referenten, daß ein einheitliches Reichs-Strafgesetzbuch auf Grund einer Verständigung der beiden Schulen wohl zu Stande kommen kann. Auf beiden Seiten ist der redliche Wille für eine solche Verständigung bethätigt worden. Zunächst von Seiten der klassischen Schule; sie hat sich den Forderungen der Internationalen Kriminalistischen Vereinigung z. B. betreffs der Jugendlichen und Rückfälligen, dann aber bezüglich der Umgestaltung der Geldstrafe, der bedingten Verurtheilung, der Verschärfung der kurzzeitigen Freiheitsstrafen, bis zu einem gewissen Grade angeschlossen, und auch die moderne Schule hat einige ihrer Forderungen, insbesondere die unbestimmten Einsperrungen der Unverbesserlichen einstweilen zurückgestellt. Trotzdem und das kann man nicht verkennen, sind auf beiden Seiten erst einige Pfeiler der Verständigungsbrücke errichtet, bis beide Theile zusammenkommen, ist noch ein weiter Weg und ein hartes Stück Arbeit. Die klassische Schule zunächst wird ihren Vergeltungsgedanken sehr zurückdrängen müssen, sie wird hier nichts weiter fordern können, als daß die übrigen Strafzwecke nicht in einer dem Gerechtigkeitsgefühle des Volkes widersprechenden Weise verwirklicht werden. Mit dem Vergeltungsgedanken hängt auch wohl das Festhalten an der unteren Strafmündigkeitsgrenze von 12 Jahren zusammen; ohne eine Erhöhung auf 14 Jahre wird es schwerlich zu einer Verständigung kommen. Ich hoffe, gestützt auf die Ausführungen des Herrn Referenten, daß hier nicht alle Anhänger der klassischen Schule dem Gutachten des Herrn van Calker folgen werden.

Andererseits wird auch die moderne Schule selbst von den zuletzt erhobenen Forderungen noch Manches zurückstellen müssen. Ich rechne dahin namentlich die auch von dem Herrn Referenten meiner Meinung nach mit Recht bemängelte Einsperrung der Jugendlichen auf unbestimmte Zeit. Hier sträubt sich nicht nur das Gerechtigkeitsgefühl, sondern auch das staatsrechtliche Empfinden weiter Kreise dagegen, eine wichtige richterliche Thätigkeit der Verwaltungsbehörde zu überlassen. Man wird sich bescheiden müssen, in derartigen Fällen den Besserungszweck, soweit dies durch die richterlich bestimmte Freiheitsstrafe nicht erreicht werden kann, in anderer Weise, etwa durch Fürsorgeerziehung zu verwirklichen, ebenso wie dies, entsprechend dem Gutachten des Herrn van Calker, betreffs der Erwachsenen durch korrektionelle Nachhaft in weiterem Umfange als bisher wird geschehen müssen. Auch hier hoffe ich sehr auf Verständigung. Die Anhänger der modernen Schule, namentlich Liszt, haben wiederholt erklärt, daß es ihnen auf den Namen des Mittels, durch welches Strafzwecke verwirklicht werden, nicht ankomme. Es wird ihnen daher auch gleich sein, wenn die Besserung durch Einsperrung in eine andere Anstalt und nicht durch Strafe erzielt wird.

Ich komme daher zu dem gleichen Ergebnisse, wie der Herr Berichterstatter, ohne auf den von ihm gemachten Unterschied zwischen dringenden und drängenden Aufgaben einen entscheidenden Werth zu legen und formulire These 1 dahin:

„Eine Revision des Deutschen Strafgesetzbuches ist in Aussicht zu nehmen".

Auch in Bezug auf die weitere geschäftliche Behandlung schließe ich mich dem Herrn Referenten an und formulire Satz 2 dahin:

„Hierbei ist das Polizeistrafrecht auszuscheiden, dagegen der das kriminelle Unrecht behandelnde Inhalt der übrigen Reichsgesetze einzuarbeiten".

Das Polizeiunrecht ist namentlich wegen des Hereinspielens des Staats- und Verwaltungsrechts sowie mit Rücksicht auf seinen allgemeinen Theil eine so außerordentlich schwierige Materie, daß ich nicht zu viel zu sagen glaube, wenn ich behaupte, daß seine Revision noch größere Schwierigkeiten bereiten wird wie die des kriminellen Strafrechts. Diese Revision muß also einer besonderen späteren Regelung vorbehalten werden.

Die Beantwortung der Frage, ob die Strafprozeßreform zurückzustellen ist, möchte ich am liebsten der Reichs-Justizverwaltung überlassen, und ich werde daher für meine Person gegen II 3 stimmen. Es läßt sich ja nicht verkennen, daß daß Strafgesetz ein prius ist gegenüber dem Strafprozeß, aber andererseits muß doch auch behauptet werden, daß die Strafprozeßreform — und darin trete ich den Ausführungen des Herrn von Bülow in dem erwähnten Aufsatze bei — an sich mit Rücksicht auf die Mängel unserer Strafprozeßordnung viel dringlicher ist als die des Strafgesetzbuches. Andererseits muß zugegeben werden, daß hier die Meinungen noch weiter auseinandergehen als bei dem materiellen Strafrecht.

Ich komme zum zweiten Punkt: „Welche Grundfragen für eine Revision des Strafgesetzbuches sind dem Deutschen Juristentage in seinen folgenden Tagungen zur Berathung vorzulegen? Ich schließe mich auch hier im Wesentlichen dem Herrn Referenten an, weiche aber doch bezüglich der Reihenfolge der Fragestellung erheblich ab.

Man wird die strafrechtliche Behandlung der Jugendlichen und geistig Minderwerthigen nicht erörtern können, ohne zuvor über Strafmittelsystem, richterliche Strafzumessung und Strafvollzug einig geworden zu sein. Wir können nicht feststellen, ob gegen Jugendliche die Prügelstrafe oder die verschärfte Freiheitsstrafe verhängt werden soll, ehe wir uns über die Anwendbarkeit dieser Strafarten überhaupt schlüssig gemacht haben. Wir können nicht die unbestimmte Verurtheilung Jugendlicher besprechen, ohne uns zuvor klar gemacht zu haben, ob eine derartige Maßregel überhaupt zulässig ist.

Ferner möchte ich die Aufzählung unter Nr. III der Kahl'schen Thesen in einigen Punkten ergänzen. Neben den gewerbsmäßigen Verbrechern werden auch die gewohnheitsmäßigen einer gesonderten Behandlung bedürfen, wenn auch zugegeben werden muß, daß beide Gruppen unter einander und mit den Rückfälligen theilweise zusammenfallen. — Außer den Strafmitteln werden die Besserungs- und polizeilichen Sicherheitsmaßregeln, die Fürsorgeerziehung Jugendlicher, die korrektionelle Nachhaft, die Unterbringung der geistig Minderwerthen in besonderen Anstalten eines näheren Eingehens bedürfen. Bei der richterlichen Strafzumessung wird auch auf die Frage der mildernden Umstände eingegangen werden müssen.

Ferner halte ich eine Besprechung der Schuldausschließungsgründe für erforderlich, deren Behandlung im Strafgesetzbuche besonders viel zu wünschen übrig läßt. Besonders gehört hierher der objektive und subjektive Mangel der Rechtswidrigkeit. Bei vielen Strafthaten stellt unser Gesetz das Erforderniß der Rechtswidrigkeit oder Widerrechtlichkeit ausdrücklich auf. Schon hier geräth die Rechtsprechung in die größten Schwierigkeiten, besonders wenn man mit dem Reichsgericht Alles als widerrechtlich bezeichnet, worauf der Thäter oder Destinatär kein Recht hat. Ich erinnere an die vielen zweifelhaften Grenzfälle der Erpressung; eine solche ist z. B. in der Praxis angenommen worden in einem Falle, wo Jemand einem Anderen mit einer Anzeige einer wirklich begangenen Strafthat droht, wenn dieser nicht eine bestimmte Summe an die Armenkasse zahlt, denn die Armenkasse hatte kein Recht auf diesen Vermögensvortheil. Aehnliche Fälle, in denen dieser Rechtswidrigkeitsbegriff zu unhaltbaren Konsequenzen führt, finden sich vielfach in den Entscheidungen des Reichsgerichts abgedruckt. Man denke weiter an die Sachbeschädigung. Wer bei einem Brande eine fremde Wand einschlägt, um ein nicht zu seinen Angehörigen zählendes Kind zu retten, ist, wenn der Strafantrag gestellt wird, rettungslos § 303 des Strafgesetzbuches verfallen, ohne daß ihm § 228 des Bürgerlichen Gesetzbuches, der nur von der von einer Sache drohenden Gefahr spricht, helfen könnte. — Noch schlimmer steht es in denjenigen Fällen, bei denen im Gesetze das Begriffsmerkmal der Widerrechtlichkeit fehlt, wie bei der Tötung und Körperverletzung. Bekannt ist ein altes Schulbeispiel: der Scharfrichter, der hinrichtet, müßte nach dem Wortlaute des Gesetzes, weil er vorsätzlich und mit Ueberlegung einen Menschen getötet hat, zum Tode verurtheilt werden.

Derartige Fälle bereiten natürlich in der Praxis keine Schwierigkeit; anders liegt es z. B. bei der Verletzung des Einwilligenden; die Begrenzung des Züchtigungsrechts, die überaus schwierige Frage der Verantwortlichkeit des Arztes für seine Berufshandlungen, besonders bei operativen Eingriffen, eine Frage, die auch bei den Verbrechen gegen das Leben auftritt, gehören ebenfalls hierher. In das Bereich dieses Schuldausschließungsgrundes fällt auch auch der für die Rechtsprechung höchst fatale § 193 des Strafgesetzbuches. Ich möchte weiter an § 331 erinnern: Geschenkannahme seitens der Beamten für an sich nicht pflichtwidrige, in ihr Amt einschlagende Handlungen; jedes Trinkgeld an den Packetbriefträger, an den Polizeibeamten, der den Paß bringt, an den Schlafwagenschaffner für Handreichungen würde bei wörtlicher Auslegung unter diese Strafvorschrift fallen. Nur einen Fall der mangelnden Rechtswidrigkeit bildet endlich der im Gesetze höchst mangelhaft behandelte Nothstand.

Ich gelange also zu folgenden weiteren Sätzen:

3. Dem Deutschen Juristentage sind in den nächsten Tagungen folgende Gegenstände zur Berathung zu unterbreiten:

1. Das Strafmittelsystem, einschließlich der durch den Strafrichter festzusetzenden Sicherungs- und Besserungsmaßregeln, der Strafzumessung und der mildernden Umstände;
2. der Strafvollzug;
3. die strafrechtliche Behandlung a) der Jugendlichen, b) der geistig Minderwerthen, c) der Rückfälligen, d) der gewerbsmäßigen und e) der gewohnheitsmäßigen Verbrecher;
4. die Schuldausschließungsgründe, insbesondere der Mangel der Rechtswidrigkeit und der Nothstand.

Die Sätze sind etwas knapper gefaßt, als die des Herrn Referenten, weil ich in früheren Tagungen des Juristentages und der Internationalen Kriminalistischen Vereinigung die Erfahrung gemacht habe, daß sich darüber leichter abstimmen läßt. Sollte die jetzige Abtheilung es für wünschenswerther halten, über die ausführlicher gefaßten Thesen des Herrn Referenten abzustimmen, so habe ich sachlich nicht das geringste Bedenken dagegen und würde dann meine Sonderwünsche als Abänderungsanträge formuliren.

Betreffs der geschäftlichen Behandlung fürchte ich, daß die beim Juristentage übliche Vorbereitung durch Gutachten und Referat hier nicht genügen wird. Ich möchte deshalb zur Erwägung stellen, ob es sich nicht empfehlen dürfte, für einzelne besonders schwierige oder wichtige Fragen besondere Kommissionen einzusetzen. Ich verkenne nicht die großen äußeren Schwierigkeiten, welche einem solchen Vorgehen namentlich mit Rücksicht auf die großen Entfernungen zwischen den Wohnorten der einzelnen Mitarbeiter entgegenstehen; aber ich möchte meinen, daß es vielleicht manchen der Herren, die geeignet sind, möglich sein wird, zu gewissen Zeiten im Jahre an einem in der Mitte gelegenen Orte, vielleicht in Eisenach, zusammen zu kommen und zu berathen. Das ist ein Vorschlag, den ich nur zur Erwägung stellen möchte; eine besondere These formulire ich nach dieser Richtung nicht.

Dieser kleine anspruchslose Bericht war fertig gestellt, als mir die Festgabe zum Deutschen Juristentage von Guttentag in die Hände fiel mit dem inhaltreichen und werthvollen Aufsatze von Liszt „Zur Vorbereitung des Deutschen Strafgesetzbuches". Hier wird gefordert, daß vor der weiteren Vorbereitung die Grundzüge einer wissenschaftlichen Aetiologie, also einer Lehre von den Ursachen der Kriminalität auf Grund einheitlicher Heranziehung der Statistik einerseits, monographischer Behandlung einer Reihe von kleineren Bezirken andererseits aufgestellt werde und daß ferner eine eingehende rechtsvergleichende Grundlage durch vergleichende Betrachtung der Rechte sämmtlicher civilisirten Nationen in Bezug auf alle einzelnen Vergehen geschaffen werde.

Daß wir ohne eine Statistik und rechtsvergleichende Grundlage eine Revision nicht ausführen können, hat Ihnen auch der Herr Referent bereits in beredter Weise dargelegt; aber wenn man so weit gehen wollte, wie Liszt es thut, so fürchte ich, daß nicht Jahre, sondern viele Jahrzehnte hingehen werden, ehe wir mit der anderweiten Vorbereitung für die Vorbereitung des neuen Entwurfes überhaupt anfangen können, und bis dahin dürfte wohl das Interesse für eine Revision vollständig erlahmt sein. Man verweise in dieser Beziehung nicht auf das Bürgerliche Gesetzbuch, denn da lag die Sache ganz anders. Es handelte sich um die Neuschaffung eines einheitlichen bürgerlichen Rechts, für die viel mehr Stimmung vorhanden war; für eine Revision ist das nicht in dem Maße der Fall. Ich möchte deshalb befürworten, daß wir mit den Vorarbeiten, wie Herr Prof. Dr. Kahl vorschlägt, einstweilen anfangen, aber allerdings bei jedem Schritt und bei jeder Tagung dasjenige, was inzwischen von der freien Kommission, von den Herren, die Herr v. Liszt für seine ausgezeichneten und verdienstlichen Arbeiten heranziehen will und von den statistischen Aemtern geleistet wird, berücksichtigen und verwerten. In diesem Sinne möchte ich die Vorarbeiten für ein einheitliches neues Strafgesetzbuch ausgeführt haben. (Lebhafter Beifall).

Vorsitzender: Auch dem zweiten Herrn Referenten schuldet die Abtheilung ihren lebhaften Dank, denn Herr Kammergerichtsrath Kronecker ist mit der bei ihm bekannten Bereitwilligkeit eingesprungen in die Lücke, und als Lücke würden Sie es sicher empfunden haben, wenn bei einer so wichtigen Frage, wie wir sie heute hier behandeln, nicht ein zweiter Referent aufgetreten wäre.

Es liegen nun zur Zeit vor zwei gedruckte Anträge seitens der beiden Herren Berichterstatter, außerdem ein Unterantrag, wenn ich es richtig auffasse, seitens des Herrn Justizrath Beckh in Nürnberg zu den Thesen des Herrn Geh. Rath Kahl. Ehe ich den Antrag mittheile, möchte ich etwas vorausschicken. Zur Vereinfachung der Debatte und demnächst der Abstimmung würde es sehr beitragen, wenn wir eine Grundlage hätten. Sieht man die Thesen an, wie sie von den Herren Berichterstattern aufgestellt sind, so wird man finden, daß zunächst wesentlich nur Verschiedenheiten in der Fassung vorliegen. Die Thesen des Herrn Geh. Rath Kahl sind eingehender, etwas wortreicher, die des Herrn Kollegen Kronecker recht knapp. So viel ich aber weiß, legt Herr Prof. Kahl in der That Gewicht auf seine eingehendere Fassung, und Herr Kronecker hat schon seine Bereitwilligkeit, ihm entgegenzukommen, zum Ausdrucke gebracht. Die sachlichen Verschiedenheiten sind nur gering. Die beiden römischen Ziffern I drücken sachlich wohl im Ganzen dasselbe aus; der These II des Herrn Kronecker entspricht II, 1 und 2 der Thesen des Herrn Prof. Kahl. II, 3 ist ein Satz des Herrn Kahl, den Herr Kronecker nicht aufgenommen hat. Im Uebrigen aber handelt es sich darum, daß bei Herrn Kahl in dessen These III, 3 der gewohnheitsmäßigen Verbrecher nicht gedacht ist; und dann giebt Herr Kronecker unter 5 noch einen neuen Punkt, die Schuldausschließungsgründe. Ich würde meinen, daß Herr Kronecker, ohne sich irgend etwas zu vergeben, seine Anträge wohl als Zusätze zu den Thesen des Herrn Kahl in der angedeuteten Weise behandeln könnte; dann ließe sich darüber besser abstimmen, und es würde eine große Vereinfachung herbeigeführt werden. Vielleicht kommt auch Herr Prof. Kahl dem zweiten Herrn Referenten so weit entgegen, daß er bereit ist, seine Thesen in dem oder anderen Punkte zu ergänzen.

Berichterstatter Geheimer Justizrath Professor Dr. **Kahl** (Berlin): Herr Kronecker hat sich bereits damit einverstanden erklärt, seine Anträge eventuell als Amendements zu stellen. Nicht wahr?

Berichterstatter Kammergerichtsrath Dr. **Kronecker:** Ja!

Vorsitzender: Dann würden die also zurückgezogen, und es bleibt Herrn Kronecker überlassen, die erforderlichen Amendements zu stellen.

Von Herrn Justizrath Beckh wird beantragt:

Nach Ziffer 3 der Anträge des Referenten zu III einzustellen als 4, vorläufig 3a: „Die strafrechtliche Behandlung falscher Aussagen vor den Gerichten und Behörden."

Das wäre allerdings ein Punkt, der wesentlich in den speziellen Theil des Strafgesetzbuches fiele, aber der Antrag liegt hier vor.

Ich weiß nicht, ob sich schon ein Redner gemeldet hat. Ich glaube aber, es wird allseitiger Wunsch sein, daß wir heute das Thema zum Abschluß bringen, und ich möchte daher vorschlagen, die Sprechzeit der einzelnen Redner vorläufig auf 10 Minuten festzusetzen. Indem ich Ihr Einverständniß dazu voraussetze, ertheile ich zunächst Herrn Justizrath Beckh das Wort.

Justizrath und Rechtsanwalt **Beckh** (Nürnberg): Meine Herren! Aus dem Vortrage des ersten Herrn Berichterstatters besonders ist Ihnen entgegengetreten eine solche Fülle von Anschauungen, eine solche Fülle von Darlegungen, welche das ganze Gebiet unseres Strafgesetzbuches umfassen, daß es meines Erachtens gar nicht möglich ist, eine erschöpfende Debatte über alle diese Gegenstände, welche uns heute zur Berathung gestellt sind, herbeizuführen. Ich bin der Ansicht, daß es eigentlich das Richtigste wäre, wenn der Juristentag den Punkt I des Antrages des Herrn Referenten Prof. Dr. Kahl zum Beschluß erheben würde und die sämmtlichen weiteren Punkte als erwägenswerthe Momente für die Neugestaltung bei der Revision des Strafrechtes erklärte. Wir würden, wenn wir in die Einzelheiten nach Anlaß der Herren Gutachter und der Herren Referenten eingingen, meines Erachtens eine solche Debatte eröffnen, daß wir Tage lang über die Gegenstände berathen und sitzen müßten, daß wir gewissermaßen eine neue Zolltarifdebatte auf unserem Juristentage stattfinden lassen müßten, und darum wäre es meines Erachtens wünschenswerth, wenn wir in dieser Weise unsere Aufgabe beschränkten und unsere Beschlüsse darauf zurückführten, den ersten Satz der Anträge des Herrn Referenten Kahl anzunehmen und das Uebrige zur Erwägung entweder der Reichsregierung hinüberzugeben oder auszusprechen als Beschluß des Juristentages, daß dasselbe einer Erwägung bei der Revision in erster Linie zu unterstellen sei.

Wenn aber in die Debatte über die einzelnen Punkte eingetreten wird, dann möchte ich mir erlauben, gegenüber dem Herrn Referenten, und zwar, wie ich glaube, theilweise im Anschlusse an den Herrn Korreferenten, zu empfehlen, unter II, 3 der Anträge des Herrn Prof. Kahl den Satz, „daß die Strafprozeßreform im Ganzen bis nach geschehener Revision des Strafgesetzbuches zurückgestellt werde“ nicht anzunehmen.

(Bravo!)

Meine Herren! Der Herr Referent hat selbst darauf hingewiesen, daß die Frage der Neugestaltung des Strafrechtes vielleicht noch ein Jahrzehnt und länger dauern würde, bis sie zu einer Erledigung käme. Er hat unter Ziffer IV selbst als Verhandlungsgegenstände ein paar Fragen, welche zu der Revision des Strafrechts gehören, auf die Tagesordnung des nächsten Juristentages zu setzen beantragt. Es geht daraus hervor, daß wir von Juristentag zu Juristentag vielleicht einige neue Fragen zu verhandeln hätten, und wie weit wir da kommen würden, können Sie sich selbst denken; ich wenigstens denke mir meinen Theil.

Nun hat der Referent Herr Prof. Kahl diese seine Anschauung dadurch begründet, daß er sagte, die vorläufige Zurückstellung sei geboten aus innerlichen Gründen, was wir Juristen ja wohl begreifen würden und die Herren Rechtslehrer an erster Stelle natürlich, gewissermaßen also aus theoretischen Gründen, weil ja die Ordnung der Strafprozeßverhältnisse doch mehr oder minder abhängig ist von der Ordnung der Strafrechtsverhältnisse. Zugegeben, daß das mehr oder minder der Fall ist; aber, meine Herren, wir müssen doch nicht bloß diese rein juristischen Anschauungen hier vertreten, insbesondere die Anschauungen der Herren Rechtslehrer, sondern wir müssen hier ein Volksrecht schaffen, und nun, meine Herren, was den Strafprozeß anlangt, so ist es seit Jahren, man kann sagen, seit einem Jahrzehnt der Fall, daß man im ganzen deutschen Volke die Wiedereinführung der Berufung verlangt. Meine Herren, der Juristentag, der Anwaltstag und der Reichstag in seiner großen Mehrheit haben sich für die Wiedereinführung der Berufung ausgesprochen, es ist das also in der That ein sehr dringendes Moment, und wenn wir das hinter das Strafrecht zurückstellen, wann kommen wir dann zur Wiedereinführung der Berufung?

Der Herr Referent hat gesagt, wir seien dabei an einem todten Punkte angelangt in der Kommission des Reichstages. Das ist aber nur in einem beschränkten Maße richtig. Ich habe die Ehre, seit 8 Jahren dieser Kommission anzugehören; wir haben freilich bisher so ziemlich pour le roi de Prusse gearbeitet, wir haben aber doch auch recht viel festgestellt, was meines Erachtens sehr gut verwerthbar ist für eine neue Vorlage des Strafprozesses. Der wunde Punkt ist gerade die Berufung, d. h. das Verfahren in Berufungssachen; daran ist bisher die ganze Reform des Strafprozesses gescheitert, und ich glaube, daß, wenn eine neue

Vorlage Seitens der Reichsregierung an den Reichstag kommt, wir über diesen Punkt nicht als einen todten, sondern als einen lebendigen mit der Zeit doch einig werden. Es ist also eine Gefahr, daß der Strafprozeß keine Erledigung finden könnte vor Erledigung der Strafrechtsrevision, in der That nicht vorhanden, und umgekehrt ist es sehr geboten, daß wir endlich einmal den Strafprozeß in entsprechender Weise revidiren, denn, meine Herren, der Herr Referent Prof. Kahl hat ja selbst gesagt, daß eine gute Strafprozeßordnung eigentlich höher stehe als ein gutes Strafrecht. Den Satz, meine Herren, will ich festgenagelt haben. Der Herr Professor hat vollkommen Recht. Aber wenn das der Fall ist, so müssen wir auch darnach streben, vor allen Dingen ein besseres Strafverfahren zu bekommen, noch eher als ein neues Strafrecht. Das Strafverfahren ist nach der Anschauung des deutschen Volkes ein nicht genügendes und nicht entsprechendes, und darum muß eine Aenderung erfolgen.

Ich bitte Sie also sehr, wenn Sie in die Details eingehen, daß Sie den Satz II, 3 streichen und nicht Seitens des Juristentages zur Annahme bringen.

Ich habe, meine Herren, dann noch einen speziellen Antrag gestellt zu III, 3, hinter 3 einzufügen: „Die strafrechtliche Behandlung falscher Aussagen vor den Gerichten und Behörden." Selbstverständlich ist das nur eventuell geschehen für den Fall, daß wir in die Einzelheiten eintreten sollten. In dieser Beziehung muß ich jedoch bemerken: das ist eine Frage von hoher prinzipieller Bedeutung, und der Herr Referent hat doch zu III, 3 gesagt, daß man Leitsätze über diese Frage zu gewinnen suche, welche nach ihrer centralen Stellung und prinzipiellen Bedeutung das wesentliche Problem der Strafrechtsreform darstellen. Diese Frage ist also für mich von höchst prinzipieller Bedeutung, meine Herren. Die Verquickung des staatlichen und des religiösen Elements, welche bei der Eidesleistung in's Leben getreten ist seit jeher und bis in die jüngste Zeit fort, hat so viele schlimme Folgen schon herbeigeführt, wir haben immer damit zu kämpfen gehabt, und die Jurisprudenz hat sich schon so viel damit beschäftigt, daß es in der That geboten erscheint, endlich auch hier eine Neuregelung eintreten zu lassen.

Meine Herren! Es richtet sich das nach zwei Seiten, nach der einen Seite hat der Strafrichter damit zu thun und nach der anderen Seite der Richter im Civilprozeß, sowohl also der Civil- als der Strafprozeß. Das Strafrecht hat damit zu thun insofern, als es die Strafen ausspricht für die falschen eidlichen Aussagen vor Gericht, und ich will eben nicht bloß die eidlichen Aussagen vor Gericht hier in Bezug nehmen, sondern auch die Aussagen, die ohne Eid vor Gericht gemacht werden, durch die dann eben der größte Theil der eidlichen Aussagen in Wegfall gebracht werden kann; und auf der anderen Seite ist es ja beim Straf- und Civilprozeß geboten, nicht dieses Unmaß von Eidesleistungen in Prozessen stattfinden zu lassen.

Meine Herren! Wer in der Praxis steht und mit ansehen muß, wie namentlich bei den Amtsgerichten auch bei civilprozessualen Sachen ein Eid nach dem anderen heruntergeschworen wird, der muß sich doch sagen, es empört sich das religiöse Gefühl dagegen. In unseren zehn Geboten steht: Du sollst den Namen deines Gottes nicht mißbrauchen. Meine Herren! Ich muß sagen, ich finde einen Mißbrauch des Namens Gottes darin, wenn man diese Eidesleistungen so herunterschnurren läßt, wie man es häufig mit anhören muß.

Aus diesem Grunde empfiehlt sich meines Erachtens schon aus prinzipiellen Gründen, daß man Seitens des Juristentages, wenn man auf die Einzelheiten eingeht, sich auch nach dieser Richtung äußert. Ich empfehle Ihnen also aus vollem Herzen diesen Antrag, falls Sie, wie gesagt, in die Einzelheiten eingehen wollen.

Vorsitzender: Es ist noch ein Antrag eingegangen von Herrn Landgerichtsdirektor Winkler (Hagen in Westfalen).

(Der Vorsitzende verliest den Antrag, der im Laufe der Debatte wieder zurückgezogen wird.)

Das Wort hat nun Herr Prof. Kleinfeller.

Prof. Dr. **Kleinfeller** (Kiel): Meine hochverehrten Herren! Nur zwei Punkte möchte ich ausführen. Der erste Punkt ist der der Reihenfolge, in welcher die Reform in Angriff genommen werden soll. Ich stimme mit beiden Herren Referenten vollständig darin überein, daß die Reform des Strafgesetzbuches unabweislich ist, sie ist ein Bedürfniß im Volke, und sie ist auch genügend vorbereitet, d. h. der Boden ist dazu vorbereitet. Allerdings kann man sagen, die allerwichtigsten Fragen sind noch gar nicht geklärt. Aber die Hauptsache ist nicht die, ob jetzt in diesem Momente schon die wichtigsten Fragen geklärt sind, sondern die Hauptsache ist, ob jetzt schon der Boden für eine Klärung vorbereitet ist, und wir sehen, daß in allen maßgebenden Kreisen Stimmung für die Prüfung der modernen Reformfragen vorhanden ist. Diese Stimmung wird dem Reformwerke nützen, wenn diese Stimmung verfliegen sollte, dann wäre das Reformwerk gefährdet, und das ist, meine Herren, schon ein wichtiger Grund dafür, die Reform des Strafgesetzbuches jetzt allein in Angriff zu nehmen und die Strafprozeßordnung zurückzustellen.

Wenn wir jetzt umgekehrt verfahren wollten und zuerst an eine Reform der Strafprozeßordnung herantreten würden, die ja auch reformbedürftig ist, das soll nicht geleugnet werden, dann würde man vor die Nothwendigkeit gestellt, jetzt die Strafprozeßordnung zu reformiren, dann käme das Strafgesetzbuch dran, und dann müßte noch einmal die Strafprozeßordnung umgeändert werden mit Rücksicht auf die verschiedenen Punkte, welche der erste Herr Referent berührt hat. Eine derartige Aussicht ist aber nicht ermuthigend für die Reform eines Gesetzes, und der Erfolg würde wahrscheinlich der sein, daß man nach mehrfachen Bemühungen doch wieder die Frage der Reform der Strafprozeßordnung würde unter den Tisch fallen sehen, und vielleicht ist dann der günstige Zeitpunkt für die Reform des Strafgesetzbuches verpaßt. Wenn wir dagegen den Weg, den der erste Herr Referent vorgeschlagen hat, verfolgen und nur das Strafgesetzbuch in Angriff nehmen, dann würde das Gelingen des Strafgesetzbuches und dieses Reformwerkes ein Sporn sein, nun auch die Reform des Strafprozesses durchzuführen; dann würde gerade durch das Vorwegnehmen des Strafgesetzbuches, welches ja eine logische Forderung ist, auch das Reformwerk der Strafprozeßordnung gefördert werden.

Der zweite Punkt ist vielleicht ein mehr theoretischer. Der erste Herr Referent hat gelegentlich berührt, daß das Gesetz über die Entziehung elektrischer Kraft nicht gerade nothwendig gewesen wäre, daß man sich vielleicht auch mit der Rechtsprechung, mit einer etwas weiteren Auslegung des Diebstahlsparagraphen oder vielmehr anderer Paragraphen des Strafgesetzbuches hätte helfen können. Meine Herren! Ich möchte das nicht unterschreiben, ohne daß ich jedoch den Herren Praktikern ein Mißtrauensvotum geben will. Es ist ein anerkannter Satz, daß die Strafgesetze einer strengen Auslegung bedürfen, und man findet heute allgemein die Ueberzeugung, daß der Grundsatz: Keine Strafe ohne Gesetz! gleichzeitig diesen Interpretationsgrundsatz in sich schließt. Es ist sehr wohl möglich, daß unsere Praxis auch mit einer gewissen Souveränität fertig werden würde, ohne daß sie dadurch die öffentlichen Interessen wesentlich schädigen würde. Aber eine ganz andere Frage ist die, ob die öffentliche Meinung durchweg der Praxis dieses Vertrauen schenkt; ich fürchte nein! Ich glaube, es ist im Interesse der richterlichen Organe, wenn sie sich streng an den Satz halten: Leges poenales sunt strictissimae interpretationis. Es ist eine Frage für den Gesetzgeber, ob er nicht neben den bereits erwähnten Grundsatz des § 2 des Strafgesetzbuches ausdrücklich auch diesen Grundsatz aufstellen will, um damit dem Richter einen Schutz zu geben, um das Vertrauen zu ihm herzustellen, nicht aber um ihm ein Mißtrauen zu bezeugen. Ob der praktische Erfolg einer solchen ausdrücklichen Gesetzesbestimmung ein hervorragender wäre, das läßt sich ja im Vornherein nicht sagen, weil man ja verschiedener Meinung darüber sein kann, ob etwas strenge Auslegung ist oder nicht. Der Richter kann sagen, ich habe das Gesetz streng ausgelegt, ich habe es nicht ausdehnen wollen, während andere der Meinung sind, daß das Gesetz doch ausgedehnt wurde. Man würde dadurch keineswegs über alle Schwierigkeiten hinwegkommen, aber der Gewinn würde erreicht werden, daß das Vertrauen zur Rechtspflege gefördert wird, und diesen Gewinn halte ich auch nicht für unerheblich.

Vorsitzender: Herr Kammergerichtsrath Dr. Kronecker hat jetzt folgende Abänderungsanträge eingebracht zu III der Kahl'schen Thesen:

„Bei Nr. 3 hinter „Rückfall" hinzuzufügen: „gewohnheitsmäßigem."

Bei Nr. 5 hinzuzufügen: „einschließlich der vom Strafrichter festzusetzenden Sicherungs- und Besserungsmaßregeln."

Als Nr. 7 hinzuzufügen: die Schuldausschließungsgründe, insbesondere der Mangel der Rechtswidrigkeit und der Nothstand."

Dann zu IV anstatt der Worte „die beiden" bis zu „Minderwerthen" zu setzen „die Fragen . . ." nach der noch festzustellenden Numerirung.

Landgerichtsrath Dr. **Aschrott** (Berlin): Meine sehr geehrten Herren! Der erste Herr Referent hat uns die Reformbedürftigkeit unserer Strafjustiz in so umfassender Weise klar gelegt, daß es nicht möglich ist, im Rahmen der Debatte auf die einzelnen Punkte, die der Herr Referent hervorgehoben hat, des Näheren einzugehen. Im Großen und Ganzen stimme ich auch dem Herrn Referenten vollkommen zu; es sind zumeist nur kleinere Verschiedenheiten zwischen uns vorhanden.

Aber, eines verstehe ich nicht, nämlich wie der Herr Referent, wenn er unsere Strafjustiz in der Weise für reformbedürftig erachtet, wie er es gethan hat, glaubt, daß es richtig sei, nur mit der Reform des Strafgesetzbuches vorzugehen, und die Strafprozeßordnung, über deren Reformbedürftigkeit unter Sachverständigen kaum ein Zweifel bestehen kann, vorläufig beiseite zu lassen.

Bereits der erste Herr Redner in der Debatte hat dem gegenüber gewünscht, zunächst die Reform der Strafprozeßordnung in Angriff zu nehmen. Ich glaube, auch dies würde nicht zum richtigen Ziele führen. Das materielle Strafrecht und der Strafprozeß gehören zu einer guten Strafjustiz so zusammen, daß man die beiden nicht von einander trennen kann, wenn man wirkliche Reformarbeit im großen Stile vornehmen will. Daß die Reform natürlicher Weise mehr Zeit in Anspruch nimmt, wenn das materielle Strafrecht und die Strafprozeßordnung neu geregelt werden, als wenn bloß eins von beiden geregelt wird, ist durchaus richtig. Aber der Herr Referent hat ganz zutreffend hervorgehoben: wenn auch die Revision des Strafgesetzbuches eine dringende Aufgabe ist, drängend ist sie nicht; und schnell wird die Sache auch nicht gehen, wenn man bloß das Strafgesetzbuch revidirt. Wenn wir also einmal an eine Revision, die viele Jahre in Anspruch nehmen muß, herantreten, so wollen wir auch ganze Arbeit machen; dann wollen wir das Strafgesetzbuch und die Strafprozeßordnung einheitlich unter großen Gesichtspunkten reformiren.

Lassen Sie mich ein paar Punkte hervorheben, die deutlich erkennen lassen, wie Strafrecht und Strafprozeß in einander greifen.

Der Herr Referent hat mir vollkommen aus der Seele gesprochen, als er hervorhob, daß unser heutiges Verfahren: die unbedingte Oeffentlichkeit, die langsame Art des Verfahrens, wie sie gegen Erwachsene vielleicht richtig oder unvermeidlich ist, für Jugendliche nicht paßt. Wir wollen, darüber sind wir Alle einig, wenn ein Jugendlicher ein Delikt begangen hat, ihn vor allen Dingen bessern, wir wollen erzieherisch auf ihn einwirken; wir thun aber bei unserem heutigen prozessualen Verfahren gegen Jugendliche das Gegentheil. Wenn ein Jugendlicher auf der Anklagebank sitzt und von dem vorsitzenden Richter wie ein Erwachsener behandelt wird und nicht wie ein Jugendlicher, wenn er gefragt wird: Wollen Sie die Güte haben, auf die Anklage etwas zu erwidern! wenn man einem Jugendlichen, der kaum fähig ist, irgend eine ernstere Auseinandersetzung zu verstehen — er ist vielleicht eben erst 12 Jahre — klar machen soll, die That, die ihm zur Last gelegt wird, könnte möglicher Weise nicht unter dem Paragraph so und so viel aufgefaßt werden, wie die Anklage hervorhebt, sondern unter dem Paragraph so und so — ja, meine Herren, dann ist das eine Schauspielerei und keine ernste Art der Behandlung. Und was ist die Folge davon, wenn wir den Jugendlichen freisprechen und ihn der Familie überweisen? Er kommt in die Schule zurück — ich setze voraus, daß, wie es nach unserem heutigen Rechte der Fall ist, ein Jugendlicher bereits mit dem 12. Lebensjahre zur strafrechtlichen Verantwortung gezogen werden kann — er kommt in die Schule zurück und erzählt nun wie ein Held, was ihm im Gerichtssaale passirt ist. Ist das eine erzieherische Art und Weise, vorzugehen? Nein! Ich glaube, da muß zunächst eingesetzt werden; was helfen uns alle Mittel der Behandlung, die wir nach der Verurtheilung gegen Jugendliche anwenden, wenn wir nicht schon von vornherein in der gerichtlichen Verhandlung gegen sie von erzieherischen Gesichtspunkten ausgehen?

Wie das zu machen ist, das gehört nicht hierher, das würde heute zu weit führen. Ich will nur erwähnen, daß uns da ein Vorbild amerikanische Einrichtungen sein können, die von dem Herrn Referenten auch erwähnt worden sind: die Verhandlungen gegen jugendliche Delinquenten werden nicht vor dem Strafrichter, sondern vor dem Vormundschaftsrichter, der dabei meistentheils zwei Laien neben sich hat, also von einer Art Schöffengericht, aber einem Schöffengericht, dessen Vorsitzender nicht der Strafrichter, sondern der Vormundschaftsrichter ist, geführt.

Ein anderer Punkt, den auch der Herr Referent erwähnt hat, betrifft die richterliche Strafzumessung. Der Herr Referent hat gewünscht, daß eine Einschränkung des richterlichen Ermessens bei der Strafzumessung stattfinde. Ich stehe auf einem durchaus anderen Standpunkt, ich halte es für sehr wünschenswerth, daß der Richter die volle Freiheit hat, die Strafe innerhalb eines angemessenen Rahmens frei zu bemessen, und ich glaube, daß unser heutiges Strafgesetzbuch gerade in dieser Beziehung vielfach nicht weit genug geht. Wir haben eine ganze Anzahl Paragraphen im Strafgesetzbuche, bei denen mildernde Umstände nicht zugelassen sind und wo der Richter sehr häufig einen schweren Kampf mit sich kämpfen muß, ob er dem Angeklagten wegen einer That, die unter den konkreten Umständen nicht allzu schwer zu nehmen ist, die schwere Strafe des Zuchthauses aufbürden soll. Jeder Strafrichter hat diesen Kampf schon mit sich kämpfen müssen. Daher wünsche ich, dem Richter einen möglichst weiten Spielraum bei der Strafzumessung zu geben. Dabei ist es aber von ganz außerordentlicher Bedeutung, ob wir in der Strafprozeßordnung eine Berufung kennen oder nicht. Ich weiß sehr wohl, daß Einwendungen gegen einen weiten Raum der Strafzumessung erhoben werden, diese Einwendungen schwächen sich aber erheblich ab, wenn die Möglichkeit einer Ueberprüfung der Strafzumessung in der Berufungsinstanz gegeben ist. Wie man sich zu der Frage der Berufung stellen soll, kann ich heute dahingestellt sein lassen, daß es aber auch für das materielle Strafrecht von der allergrößten Bedeutung ist, ob es eine Berufung giebt oder nicht, von allergrößter Bedeutung insbesondere für die Frage des Spielraumes bei der richterlichen Strafzumessung, das liegt wohl auf der Hand.

Der Herr Referent hat weiter mit Recht den Wunsch ausgesprochen, daß die Thatbestände im Strafgesetzbuch eine weitere Fassung erhalten, wie wir sie heute haben, um insbesondere die jetzt in den Nebengesetzen untergebrachten Strafbestimmungen hier einreihen zu können. Ich bin vollkommen damit einverstanden. Aber, meine Herren, wenn wir uns überlegen, welche Fassung wir einem Thatbestande geben wollen, so müssen wir zunächst doch wissen: Wer hat denn diese Thatbestände festzustellen? Soll ein Richterkollegium darüber urtheilen? Soll ein Richter mit Schöffen darüber urtheilen oder ein Schwurgericht? Je nachdem diese Frage der Zusammensetzung des Gerichts in der Prozeßordnung resp. im Gerichtsverfassungsgesetze gelöst ist, je nachdem werden wir uns für eine weitere oder engere Fassung des Thatbestandes entschließen können.

Endlich noch einen Punkt. Der Herr Vortragende hat von dem Strafmittelsystem gesprochen. Ich bin dabei nicht ganz seiner Ansicht, daß es bezüglich der Strafmittel im Wesentlichen, abgesehen von der Beseitigung von Haft und Festungshaft, beim Alten bleiben kann; ich bin vielmehr der Ansicht, daß hier außerordentlich viel zu ändern ist. Ich halte unser heutiges Strafmittelsystem für völlig unzulänglich; wir müssen, um der Individualität des Einzelfalles gerecht zu werden, viel mehr Strafmittel zur Verfügung haben, als sie uns unser heutiges Strafgesetzbuch giebt. Welche Strafmittel ich dabei im Auge habe, kann ich nur andeuten. Ich meine in erster Linie die bedingte Verurtheilung, für gewisse Fälle in beschränktem Umfange die Friedensbürgschaft, vor allen Dingen aber eine viel größere Verschiedenheit in den Freiheitsstrafen. Wir haben heute drei Freiheitsstrafen: Zuchthaus, Gefängniß und Haft. Die Haft soll nach den Vorschlägen des Herrn Referenten in vollkommener Uebereinstimmung mit beiden Gutachtern entfallen. Dann bliebe noch Zuchthaus und Gefängniß. Ja, meine Herren, ist das wirklich dem Geist unserer Zeit entsprechend, die Zahl der Strafmittel herabzusetzen?

(Zuruf vom Vorsitzenden).

Ich bin sofort fertig. In England hat man bisher vier Freiheitsstrafen gehabt und hat jetzt eine fünfte geschaffen, um der Individualität des einzelnen Falles gerecht zu werden. Will man das Ziel der Individualisirung erreichen, so muß man zunächst eine Strafe haben, welche die entehrende Art und Weise der begangenen strafbaren Handlung zum Ausdrucke bringt: das ist die Zuchthausstrafe. Neben die Zuchthausstrafe gehört eine Strafe, die den Betreffenden mit harter Arbeit belegt, ihn durch harte Arbeit zu einem arbeitswilligeren Menschen zu erziehen sucht, das ist das Gefängniß, in England „Gefängniß mit harter Arbeit“ genannt. Neben diese beiden Strafarten gehören nun Strafen für diejenigen Fälle, wo es sich nicht darum handelt, eine irgendwie verbrecherische Gesinnung zu bekämpfen, sondern wo ein Delikt begangen ist, wie es auch dem anständigsten Menschen einmal vorkommen kann, das ist die einfache Gefängnißstrafe. Zwischen dieser und dem Gefängnisse mit harter Arbeit muß es dann Unterarten geben, um einigermaßen der Individualität des Falles gerecht zu werden. Wir müssen bei den Freiheitsstrafen die Wahl haben zwischen Gefängnißstrafen mit Arbeit und ohne Arbeit, mit einer gewissen Begünstigung in der Beköstigung, in der Bekleidung u. s. w. und ohne eine solche Begünstigung.

Ich meine also, daß gerade auf dem Gebiete des Strafmittelsystems sehr viel bei einer Reform zu thun ist. Bevor wir aber das Strafmittelsystem festsetzen, ist die erste Frage: Soll in der Strafprozeßordnung das Legalitätsprinzip in dem Umfange, wie es heute besteht, aufrecht erhalten bleiben? Sollen wir jede Lumperei vor den Strafrichter bringen? Oder ist es an der Zeit, dem alten römischen Grundsatze: „Minima non curat praetor“ auch bei uns Eingang zu verschaffen?

Ich habe diese Punkte hier nur herausgegriffen, um darzulegen, in welcher Weise Strafrecht und Strafprozeß zusammen gehören und also auch zusammen reformirt werden müssen, wenn die Strafjustiz in zweckentsprechender Weise reformirt werden soll. Ich möchte den Vorschlag machen — ich will ihn gleich schriftlich niederlegen:

„In Nr. I der Thesen des Herrn Geh. Rath Kahl die Worte hinzuzufügen:

und sollte nur gleichzeitig mit der Revision der deutschen Strafprozeßordnung in Angriff genommen werden.“

Die These I würde dann lauten:

„Die Revision des deutschen Strafgesetzbuches vom 15. Mai 1871 ist eine dringende, aber nicht drängende Aufgabe der Reichsgesetzgebung und sollte nur gleichzeitig mit der Revision der deutschen Strafprozeßordnung in Angriff genommen werden.“

Selbstverständlich würde bei Annahme dieser These I die These II, 3 des Referenten in Wegfall kommen.

Was die These III und IV des Referenten anbetrifft, so möchte ich nicht auf die einzelnen Punkte, die hier aufgeführt sind, eingehen. Nur eins möchte ich zur Erwägung noch anheimgeben. Wenn wir den Arbeitsplan aufstellen, wie wir diejenigen Fragen, die uns als der näheren Behandlung werth erscheinen, hinter einander vornehmen wollen, so sollten wir doch auch berücksichtigen, daß noch andere Vereine und Gesellschaften existiren, die sich ebenfalls mit diesen Fragen beschäftigen. Wir sollten in irgend einer Form statt eines Nebeneinanderarbeitens ein Zusammenarbeiten der verschiedenen Vereine empfehlen. Ich will zum Beispiel hervorheben, daß die Frage der strafrechtlichen Behandlung Jugendlicher von der Internationalen Kriminalistischen Vereinigung bereits so ausführlich behandelt worden ist, daß ich kaum glaube, daß eine Verhandlung vor dem Forum des Juristentages allzuviel Neues herbeiführen wird. Warum sollen wir diese früheren Behandlungen ignoriren? Die Frage der strafrechtlichen Behandlung der geistig Minderwerthen ferner ist nach einem in diesen Tagen gefaßten Beschlusse der Holtzendorff-Stiftung als nächste Preisfrage der Holtzendorff-Stiftung aufgestellt worden; sie wird also eine Reihe wissenschaftlicher, hoffentlich recht wissenschaftlicher Arbeiten hervorbringen. Warum soll diese Frage dann möglicher Weise gleichzeitig vom Deutschen Juristentage behandelt werden?

Ich möchte empfehlen, über die Art und Weise der Behandlung der einzelnen Fragen den Ausschuß, die ständige Deputation des Deutschen Juristentages entscheiden zu lassen, sie ist die geeignete Stelle, sich mit den anderen Vereinen in Beziehung zu setzen und dafür zu sorgen, daß keine überflüssige Arbeit gemacht wird. Wir wollen ganze Arbeit machen! Nur ganze Arbeit, keine Flickarbeit kann eine Reform der deutschen Strafjustiz an Haupt und Gliedern, wie sie nothwendig ist, herbeiführen.

(Lebhafter Beifall).

Vorsitzender: Ich möchte mittheilen, daß seitens des Herrn Oberstaatsanwalts Wachler die Anträge gestellt sind:

„zu I der Thesen des Herrn Geh. Rath Kahl die Worte wegzulassen „aber nicht drängende““;

ferner statt III einfach zu sagen:

„Die Betheiligung des Deutschen Juristentages am Inhalte dieser Revision noch vorzubereiten, wird der ständigen Deputation des Juristentages überlassen.“

Die Bezeichnung der einzelnen Punkte soll also wegfallen.

Ich bitte nunmehr Herrn Landgerichts-Rath Bozi, das Wort zu ergreifen.

Landgerichtsrath **Bozi** (Bielefeld): Es ist bereits vom Herrn Professor Kahl hervorgehoben, daß das den Referenten gestellte Thema ein weiteres ist als dasjenige, welches den Gutachten zu Grunde lag. Es hängen außerdem die einzelnen Fragen, die hier berührt sind, so eng mit einander zusammen und das Gebiet ist andererseits so weit, daß man meines Erachtens dem Antrag Kahl bedingungslos zustimmen könnte, weil man die Gewißheit hat, daß sämmtliche einschlägige Fragen auch dann berührt werden, wenn nur die speziell aufgeworfenen Fragen in den Beschluß Aufnahme finden.

Es läge also für mich keine Veranlassung vor, die zugebilligten zehn Minuten auszunutzen, wenn es mir nicht darauf ankäme, einer

Gruppe von Wissenschaften Gehör zu verschaffen, die bei den Juristen bisher wenig bekannt ist.

Sie wissen, daß über die Abgeschlossenheit der Rechtswissenschaft gegenüber den exakten Wissenschaften viel gesprochen und geschrieben ist. Noch neuerdings hat einer der hervorragendsten exakten Forscher, der Professor Ostwald in Leipzig, in den von ihm herausgegebenen Annalen der Naturwissenschaft es als eine auffällige Thatsache bezeichnet, daß die Juristen sich den Errungenschaften der exakten Wissenschaften gegenüber so ablehnend verhalten, die Juristen allein unter allen Wissenschaften.

Es kommt mir nun darauf an, zu zeigen, wie es möglich ist, exakte Methoden für die Rechtswissenschaft unmittelbar zu verwerthen und zwar auch für das praktische Strafrecht. Die induktive Methode der Naturwissenschaften beruht bekanntlich darauf, daß das Prinzip, auf dem aufgebaut wird, zunächst von der Wissenschaft selbst aus den Erscheinungen ermittelt wird. Für die Jurisprudenz würde das heißen: Es fragt sich zunächst, in welchen Fällen sich Unzuträglichkeiten in der Praxis gezeigt haben. Dabei dürfte man aber nicht stehen bleiben, sondern es wären die einzelnen Fälle auf ihr Prinzip zurückzuführen und an diesem Prinzip selbst wären dann die Korrekturen vorzunehmen. Das wäre, kurz gesagt, die Uebertragung des induktiven Prinzips auf die Rechtswissenschaft.

Ich will mich aber nicht bei der abstrakten Darlegung der Methode aufhalten, sondern gleich praktische Beispiele herausgreifen.

Ich beginne mit der bereits an anderer Stelle hervorgehobenen Freisprechung wegen Meinungsverschiedenheit über die Qualifikation der That.

Es ist Anklage wegen Unterschlagung erhoben. In der Hauptverhandlung entstehen Zweifel hinsichtlich der Gewahrsam des Angeklagten. Von den fünf Richtern der Strafkammer nehmen drei an, daß der Angeklagte nicht Inhaber der Sache gewesen ist. Da die anderen Richter sich dem aber nicht anschließen, so wird die Hülfsfrage nach Diebstahl verneint. Die ersten drei Richter, welche in einem Falle die Gewahrsam verneinten, können sie aber auch im anderen nicht annehmen. Deshalb wird auch die Unterschlagungsfrage verneint. Die Folge ist die Freisprechung des Angeklagten. Sie werden zugestehen, daß dieses heute unvermeidliche Ergebniß dem gesunden Rechtsgefühl ins Gesicht schlägt. Dieses Ergebniß führt nun die induktive Methode auf seine prinzipielle Ursache zurück. Wie kann das geschehen?

Das Strafrecht besteht aus einer Summe einzelner Sätze, und umgekehrt bilden diese einzelnen Sätze dasjenige, was wir als Gesammtheit

Strafrecht nennen. Logisch ausgedrückt bildet das Strafrecht somit eine „Mannigfaltigkeit“. Nun unterscheidet man zwei Arten von Mannigfaltigkeiten, die unstetige und die stetige. Bei der ersteren stehen die darunter begriffenen Einheiten derart koordinirt neben einander, daß sie sich ausschließen. Der mathematische Ausdruck für diese Gruppirung der Einheiten ist die Kardinalzahl und diese Versammlung selbst bietet ein Beispiel einer solchen Mannigfaltigkeit. Der unstetigen Mannigfaltigkeit gegenüber steht die stetige. Die unter diese fallenden Einheiten schließen sich nicht aus. Sie stehen im Verhältniß des Stärkeren zum Schwächeren, welches durch die Ordnungszahl ausgedrückt und an den Kraft- und Wärmeeinheiten verständlich wird.

Unter welche von beiden Mannigfaltigkeiten fällt nun das Strafrecht? Zweifellos unter die unstetige. Denn wir haben gesehen, daß eine Bestimmung, bei welcher die Richter sich nicht auf eine bestimmte Qualifikation einigen konnten, zum Freispruch führte. Die That fiel deshalb nicht unter die Mannigfaltigkeit Strafrecht, weil sie sich nicht mit einer bestimmten ihr zugehörigen Einheit, mit einer bestimmten Strafbestimmung deckte. Da nun die Unhaltbarkeit der Konsequenz die Unhaltbarkeit des prinzipiellen Standpunktes ergiebt, so muß das Strafrecht aus einer unstetigen Mannigfaltigkeit in eine stetige verwandelt, d. h. die einzelnen Strafbestimmungen müssen zu einander in das Verhältniß der Grade einer Thermometerskala gebracht werden, derart, daß wie bei den Kraft- und Wärmeeinheiten das schwere Delikt das leichtere umfaßt. Nach dem Vorbild des für die Strafzumessung bereits bestehenden Grundsatzes würde in das Gesetz eine Bestimmung aufzunehmen sein, wonach bei Meinungsverschiedenheiten über die Qualifikation der That die dem Beschuldigten nachtheiligsten Stimmen den zunächst mindernachtheiligen so lange hinzuzurechnen seien, bis sich eine Mehrheit ergiebt. Damit würden die unvernünftigen Freisprechungen lediglich aus dem Grunde, weil einzelne Richter den Angeklagten in noch höherem Maße für strafbar halten wie die anderen, vermieden werden.

(Wiederholte Zurufe; Unruhe.)

Es kommt aber nur auf die Methode an, und deshalb will ich ein zweites Beispiel anführen. (Große Unruhe.)

Vorsitzender: Die Ausführungen sind ja zweifellos sehr interessant; aber sollten sie wirklich zur Sache gehören?

Landgerichtsrath **Bozi:** Ich habe darauf hingewiesen, daß der Zusammenhang meiner Ausführungen mit dem Diskussionsthema ein loser ist; ich kann aber nicht zugeben, daß diese Ausführungen nicht zur Sache gehören. Denn das bisherige Ergebniß ist der unmittelbar gesetzgeberisch zu verwerthende Satz, daß bei Meinungsverschiedenheiten über die Qualifikation der That die dem Angeklagten nachtheiligsten Stimmen den nächst minder nachtheiligen so lange hinzuzurechnen sind, bis sich eine Mehrheit ergiebt.

Unser heutiges Strafgesetzbuch vertritt den Standpunkt, daß jede einzelne Strafthat möglichst scharf zu definiren sei, und in diesen Definitionen findet man ein Korrektiv gegen willkürliche Auslegung des Gesetzes. Eine induktive Wissenschaft würde anders verfahren. Das ausgebildete Definitionensystem hat eine fortschreitende Anpassung der Rechtsprechung an die sozialen Bedürfnisse nicht hindern können. Der Schwurgerichtsvorsitzende verweist die Geschworenen auf den „bekannten“ Versuchsbegriff, um ihnen die Frage nach der Bethätigung des Entschlusses durch Handlungen, welche einen Anfang der Ausführung enthalten u. s. w., verständlich zu machen. Mit anderen Worten die Definitionen gewähren nicht nur keine Sicherheit gegen willkürliche Gesetzesauslegung, sondern, statt die Begriffe verständlich zu machen, müssen die Begriffe zu ihrer Erklärung herangezogen werden. Dieses offenbare Fiasko des Definitionensystems beruht wieder auf der Thatsache, daß der ihm zu Grunde liegende Satz, wonach das Ganze gleich der Summe seiner Theile ist, in dieser Ausdehnung nicht mehr haltbar ist. Unser Wasser besteht bekanntermaßen aus zwei Theilen Wasserstoff und einem Theil Sauerstoff. Man kann das Wasser in diese seine Bestandtheile zerlegen, aber wenn man die so gewonnenen Bestandtheile zusammenthut, so erhält man keineswegs Wasser, sondern ein Gemenge von Gasen, das Ihnen unter dem Namen Knallgas bekannt ist. Das Ganze ist also nicht, wovon die Definition ausgeht, identisch mit der Summe seiner Theile, sondern es ist eine Verbindung aus diesen Theilen und deshalb kann das Ganze nicht durch die Summe seiner Theile ersetzt werden.

Ich wollte Ihnen nur die mögliche Verwerthung der exakten Wissenschaften für die Strafrechtswissenschaft darlegen. Ich danke Ihnen, daß Sie mich soweit angehört haben.

Landgerichtsdirektor **Winkler** (Hagen): Meine Herren! Ich wollte mich bloß dagegen wenden, daß einzelne Fragen schon jetzt mit großer Schärfe hervorgehoben werden, obwohl über die einzelnen Fragen noch die größten Zweifel bestehen und noch andere nicht minder wichtige Fragen in Betracht kommen. Auch die Reihenfolge der Fragen könnte meines Erachtens nur festgestellt werden, wenn die gesammte Bearbeitung stattfand. Das war der Gedanke bei dem Antrage, den ich gestellt habe. Ich wollte dahin wirken, daß die Arbeit nach einem umfassenden

Arbeitsplane energisch und nicht nur stückweise in Angriff genommen wird, da jedoch der Antrag Wachler sich in derselben Richtung bewegt und ich an der Einsetzung einer besonderen Kommission kein Interesse habe, ziehe ich meinen Antrag zu Gunsten des Wachler'schen Antrages hiermit zurück.

Vorsitzender: Weitere Redner hatten sich nicht gemeldet; ich frage den ersten Herrn Berichterstatter, ob er das Wort begehrt.

Erster Berichterstatter Geh. Justizrath Prof. D. Dr. **Kahl** (Berlin): Meine Herren! Mit so großem Interesse ich auch die Ausführungen des Herrn Landgerichtsraths Bozi entgegengenommen habe, über dessen Artikel in der Zeitschrift „Das Recht" ich mich seiner Zeit außerordentlich gefreut und den ich auch heute stillschweigend citirt habe, so werden Sie doch wohl nicht erwarten, daß ich auf das Thema von Wasser- und Sauerstoff und damit verwandte Gebiete meinerseits eingehe. Ich möchte mich im wesentlichen auf das beschränken, was gegen die von mir aufgestellten Thesen von einzelnen verehrten Herren hier vorgetragen worden ist.

Zunächst würde ich nicht glauben, daß der Juristentag seiner Aufgabe entsprechen würde, wenn er der Intention des Herrn Abgeordneten Beckh Folge leistete und sich etwa darauf beschränken würde, auszusprechen, daß die Revision des deutschen Strafgesetzbuches eine dringende Aufgabe sei, und das Uebrige der Reichsregierung zu überlassen. Dieser verehrte Herr Redner befindet sich in einem Irrthume, wenn er geglaubt hat, daß es die Aufgabe der heutigen Tagung sein sollte, die ungeheure Fülle von Fragen, welche diese Thesen umschließen, hier sachlich zu entscheiden. Die Intention der ständigen Deputation dabei war eine andere. Die ständige Deputation hat es lediglich für ihre Pflicht gehalten, dem Juristentag als solchem einmal das Problem der Revision des Strafgesetzbuches als solches und im Ganzen vorzulegen und in einer planmäßigen Ausarbeitung die einzelnen Punkte hervorzuheber, welche in den folgenden Tagungen näher bearbeitet werden sollen. Also war meine Aufgabe heute nur die, insoweit in das einzelne Detail dieser speziellen Fragen einzugehen, als es erforderlich war, um nachzuweisen, daß hier thatsächlich reformbedürftige Fragen vorliegen, und die Richtung anzudeuten, in welcher die Reformarbeit sich vollziehen müsse. Wenn der Juristentag sich darauf beschränken wollte, auszusprechen, daß überhaupt eine Revision des Strafgesetzbuches nothwendig wäre, so würde das in keiner Weise der Aufgabe entsprechen, welche der Deutsche Juristentag an der Entwicklung des deutschen Rechtes zu lösen hat. Er hat vielmehr die Probleme selbst motivirt zu stellen, welche als reformbedürftig bezeichnet werden müssen.

Demnächst wende ich mich mit einem Worte an den verehrten Herrn Korreferenten, welcher in der Einleitung seines Korreferats auch ausgegangen ist von dem Dualismus der Schulen. Zweifellos ist ihm der Eindruck nicht entgangen, daß ich absichtlich meinerseits vermieden habe, den Ausgangspunkt in dieser ganzen Frage von dem Dualismus der sog. Strafrechtsschulen zu nehmen. Warum ich das nicht thue und nicht für richtig halte, habe ich vor einiger Zeit in einem Artikel der Juristenzeitung schon näher begründet. Ich bin der Ueberzeugung, daß wir alle, die hier für die praktische Gesetzgebungsarbeit zusammentreten, nicht fragen müssen: Woher und aus welcher Schule kommt ein bestimmter Satz, eine bestimmte Lehre, sondern, daß wir uns nur zu fragen haben. Was für die Reform des Strafrechts das Notwendige ist, ganz ohne Rücksicht auf das Ursprungszeugniß und ohne Rücksicht auf die Schulen. Wollten die Schulen hier erst Abrechnung mit einander pflegen über das, was etwa von der einen als gut und brauchbar stammt und was von der anderen, dann würden wir die Reform im Ganzen gewiß nicht fördern. Auch würde sich dann herausstellen, daß Manches, was die moderne Schule für sich in Anspruch nehmen möchte, oft ausgesprochene Gedanken der klassischen Schule sind. Aus diesen Gründen habe ich ohne alle Rücksicht auf die Schulen lediglich die sachlichen Fragen als solche gestellt. Ich bin aber mit dem Herrn Korreferenten durchaus der hoffnungsvollen Ueberzeugung, daß es gelingen werde, die vorhandenen Differenzen insoweit zu begleichen, als es für ein gedeihliches Gesetzgebungswerk nothwendig ist.

Nach diesen allgemeinen Bemerkungen darf ich nun mit ein paar Worten zu den einzelnen Ziffern meiner Thesen übergehen.

In These I ist bemängelt insbesondere der Zusatz „aber nicht drängende Aufgabe". Bemängelt von dem Herrn Korreferenten nur insoweit, als er kein besonderes Gewicht darauf legte, aber auch, wenn ich richtig verstanden habe, keinen ausdrücklichen Gegenantrag stellte. Wohl aber muß ich es als einen ausdrücklichen Gegenantrag auffassen, wenn Herr Oberstaatsanwalt Wachler beantragte, daß die Worte wegfallen, aber an deren Stelle eingefügt wird „und sollte nur gleichzeitig mit der Revision der deutschen Strafprozeßordnung in Angriff genommen werden."

Oberstaatsanwalt **Wachler** (Berlin): Das habe ich nicht.

Vorsitzender: Herr Oberstaatsanwalt Wachler beantragt nur Streichung der Worte „aber nicht drängende"; dagegen beantragt Herr Landgerichtsrath Aschrott den Zusatz „und sollte nur gleichzeitig mit der Revision der deutschen Strafprozeßordnung in Angriff genommen werden“.

Berichterstatter Herr Geh. Justizrath Prof. D. Dr. **Kahl** (Berlin): Derselbe Antrag ist also nur von einem anderen Herrn gestellt.

Ich würde an sich kein entscheidendes Gewicht darauf legen, daß die Worte „aber nicht drängende“ stehen bleiben. Aber doch habe ich sie mit sehr bestimmter Intention aufgenommen. Wie leicht wird bei derartigen großartigen Problemen, welche die Volksseele derartig bewegen, wie die Reform unseres Strafrechts, in der Oeffentlichkeit, in den Parlamenten, von Seiten der Presse oder der Wissenschaft, auch in der besten Absicht, die Regierung nach Vorlage von Entwürfen gedrängt. Das wäre verhängnißvoll. Daher würde ich es für werthvoll gehalten haben, wenn eine so bedeutungsvolle Stelle wie der Deutsche Juristentag ausgesprochen haben würde, daß, so sehr sachlich dringend auch die Reform ist, es doch nicht erwünscht sei, wenn ein übereiltes Drängen stattfindet. In der That muß noch eine ungeheuere Zahl von Vorarbeiten vorgenommen werden. Wobei ich sogar mit dem Herrn Korreferenten davon ausgehe, daß diese Vorarbeiten nicht ganz und gar in dem Umfange, wie es v. Liszt in der Festschrift ausführt, vorgenommen werden müssen. Sonst könnte es in der That dahin kommen, daß wir über Vorarbeiten zu Vorarbeiten für das Strafgesetzbuch nicht hinauskommen. Aber um so weniger habe ich hiernach Grund, hier die beantragte Beschränkung zurückzunehmen. Ich muß bei der Fassung meiner These gegenüber dem Antrage des Herrn Oberstaatsanwalts Wachler aus allen, in meinem Referat näher dargelegten, wie ich glaube, guten Gründen verbleiben.

Was meine These II betrifft, so haben Ziffer 1 über die Ausscheidung des Polizeistrafrechts und Ziffer 2 über die Einarbeitung der strafrechtlichen Ergänzungsgesetze irgend welche Beanstandung nicht erfahren. Um so mehr die dritte Forderung, daß „die Strafprozeßreform im Ganzen bis nach geschehener Revision des Strafgesetzbuches zurückgestellt“ werde. Dagegen hat sich der Herr Korreferent ausgesprochen, dagegen auch der Herr Kollege Beckh und Herr Landgerichtsrath Aschrott — und, wenn ich richtig verstanden habe, dafür ausdrücklich nur mein hochverehrter Herr Kollege Kleinfeller aus Kiel. Nun ich meinestheils halte es für Pflicht, den Herren der Abtheilung noch einmal dringend an's Herz zu legen, den Beschluß zu fassen, daß die Strafprozeßreform im Ganzen bis nach geschehener Revision des Strafgesetzbuches zurückgestellt werde. Mir scheint, daß die Herren Gegner die Worte übersehen haben „im Ganzen". Die These sagt, daß nur die Strafprozeßreform im Ganzen zurückgestellt werde. Natürlich habe ich nichts einzuwenden, vielmehr ausdrücklich offen gehalten und dem in keiner Weise präjudiziren wollen, daß einzelne Punkte früher reformirt werden, wie das bisher schon bezüglich der Entschädigungspflicht der im Wiederaufnahmeverfahren Freigesprochenen und bezüglich des fliegenden Gerichtsstandes der Presse geschehen ist. Sobald ein dringendes Rechtsbedürfniß nachgewiesen ist, würde ich auch absolut nichts einzuwenden haben, wenn als einzelner Punkt etwa die Frage der Wiedereinführung der Berufung gesetzgeberisch in Angriff genommen und zum Austrag gebracht würde. Was ich zurückhalten will, ist die Strafprozeßreform im Ganzen, Es ist doch zweifellos, daß zwei so große Gesetzeskodifikationen, wie die Strafrechtsreform und die Strafprozeßreform ganz unmöglich neben einander, einheitlich und ohne daß die eine die andere drückt, zum Abschluß gebracht oder auch nur in Angriff genommen werden können. Ich glaube, daß namentlich jeder Praktiker, der einmal mit der Ausarbeitung von Gesetzentwürfen zu thun gehabt hat, davon mit mir durchdrungen sein muß, wie es ganz unmöglich ist, derartige umfassende Kodifikationen gleichzeitig neben einander durchzuführen.

Dazu kommt für mich noch ein weiteres politisches Moment außer demjenigen, welches ich im Referat bereits hervorgehoben habe. Wenn nämlich schon das Strafrecht eine außerordentliche Fülle von Gegensätzen in sich schließt, so enthält noch vielmehr Gegensätzliches von politischer Färbung die Strafprozeßordnung. Die Reform der Strafprozeßordnung hat an manchen Punkten eine viel tiefer greifende politische Bedeutung, als diejenige des Strafrechts. Es kommt darum, wie ich glaube, dem Strafprozeß nur zu gute, wenn seine Reform im Ganzen zurückgehalten wird. Ich würde ja gerne den Herren, auf deren Urtheil ich das allergrößte Gewicht lege, entgegenkommen. Aber es ist mir als Referenten geradezu eine Pflicht, darauf zu bestehen, daß hierüber eine Entscheidung der Abtheilung erfolge. Ich bin also zu meinem Bedauern nicht in der Lage, in diesem Punkte entgegenzukommen. Ich bitte vielmehr, daß die Abtheilung selbst ihre Entscheidung darüber treffe, ob sie meiner Anschauung entsprechend die Strafprozeßreform im Ganzen zurückgestellt wissen will, oder dem weiteren Antrage entsprechend, eine gleichzeitige Inangriffnahme der beiden Reformen für zulässig und möglich hält. Ich muß es unbedingt verneinen.

Ich komme zu These III. Hier ist zunächst zu 1 und 2, bei übrigens sachlicher Uebereinstimmung, von einem der Herren Redner hervorgehoben worden, daß diese beiden Fragen bereits von anderen, mit der Reform des Strafrechts sich beschäftigenden Organisationen so eingehend behandelt seien, daß ein Bedürfniß selbständiger Behandlung durch den Juristentag nicht mehr bestehe. Alles in Ehren und in höchster Achtung, was andere Kommissionen, sei es die Holtzendorffstiftung, sei es die Internationale Kriminalistische Vereinigung, oder andere, hier geleistet haben. Aber das ist doch wohl gänzlich ausgeschlossen, daß der Deutsche Juristentag sich in Abhängigkeit stelle oder irgendwie in Verbindung trete mit einer dieser Organisationen. Der Juristentag hat meines Erachtens für sich allein und als solcher eine selbständige Aufgabe zu lösen hinsichtlich der Gesetzgebung unseres Strafrechts. Daher können wir, wenn auch die Frage zehn- und mehrmal in anderen Kommissionen behandelt worden ist, nicht für den Juristentag, als eine selbständige Repräsentation des deutschen Juristenstandes, darauf verzichten, die Frage hier zu erörtern.

Nun ist weiter von dem Herrn Korreferenten der Antrag gestellt, in Ziffer 3 den Worten „von Rückfall“ noch „von gewohnheitsmäßigem Verbrechen“ hinzuzufügen. Damit bin ich natürlich einverstanden. Ich würde es nur für überflüssig halten, weil ich die gewohnheitsmäßigen Verbrecher als eine Spezialität der rückfälligen klassifizire. Aber ich habe einen Widerspruch nicht zu erheben. Ich nehme an, daß der künftige Referent zu Ziffer 3 ohnehin die rückfälligen, die gewohnheitsmäßigen und die gewerbsmäßigen Verbrecher zusammenfassen wird. Ich bin also mit dem Zusatz einverstanden und bitte den Herrn Präsidenten, das Amendement in meinen Antrag aufnehmen zu wollen.

Zu Ziffer 5 beantragt der Herr Korreferent den Zusatz „einschließlich der Besserungs- und Schutzmaßregeln“. Ich bin auch hier vollkommen einverstanden. Umsomehr, als damit die Differenzirung einerseits von Strafmittelsystem und andererseits von Schutz- und Sicherungsmaßregeln stärker als in meiner Fassung hervortritt, eine Unterscheidung, die nach meiner grundsätzlichen Stellung zum Strafrecht und vom Standpunkte der klassischen Schule von durchgreifender Bedeutung ist. Ich kann also den Zusatz sogar als eine Verbesserung meines Vorschlages dankbar anerkennen.

Dann sollen als Ziffer 7 in These III noch die „Schuldausschließungsgründe“ hinzugefügt werden. Auch diesen Antrag kann ich mir aneignen. Denn ich habe schon erklärt, daß ich die Auswahl der 6 Punkte nur als das Mindeste und Nothwendigste des Reformbedürftigen betrachte. Weitere Anträge sind mir nicht erinnerlich.

Vorsitzender: Es ist noch ein Zusatzantrag Beckh, als Ziffer 3a einzufügen: „Die strafrechtliche Behandlung falscher Aussagen vor Gerichten und Behörden“.

Berichterstatter Geh. Justizrath Prof. DDr. **Kahl** (Berlin): Richtig. Diesen Zusatzantrag möchte ich zwar nicht im Prinzip bekämpfen, wohl aber habe ich deshalb Bedenken, weil er aus dem Rahmen des Ganzen herausfällt. Ich sagte vorhin schon in meinen Ausführungen, daß ich nichts dagegen habe, wenn auch Fragen des besonderen Theiles des Strafgesetzbuchs hier erörtert werden. Ich setze sogar voraus, daß, wenn wir nach 3 oder 4 Tagungen mit diesem Pensum zu Ende sind, dann der besondere Theil des Strafgesetzbuches verhandelt werde. Aber dieser eine Antrag fällt aus der jetzigen Aufgabe heraus. Er betrifft eine außerordentlich spezielle Frage. Jedenfalls ist nicht ein besonderes Bedürfniß vorhanden, diese Einzelfrage, deren Wichtigkeit ich im Uebrigen voll anerkenne, herauszugreifen. Ich will sie einer späteren Verhandlung unbedenklich vorbehalten wissen.

Weitere abweichende Anträge sind wohl nicht gestellt worden, und ich wäre damit — — —

Vorsitzender: Von dem Herrn Korreferenten Kronecker ist beantragt worden, vorwegzunehmen die Punkte 5 und 6 und dann 1 und 2.

Berichterstatter Geh. Justizrath Prof. Dr. **Kahl** (Berlin): Dieser Antrag betrifft nur die Reihenfolge der künftigen Verhandlungen. Hier muß ich aber auf meinen Vorschlag unbedingt bestehen bleiben. Ich wiederhole, daß ich es nicht für möglich halte, fruchtbar über das Strafmittelsystem im Allgemeinen zu verhandeln, wenn nicht zuvor die präjudiziellen Fragen, welche die Anwendung der Strafmittel auf jugendliche Personen und geistig Minderwerthe betreffen, erörtert sind. Sind diese Fragen vorausbehandelt, ist festgestellt, welche besonderen Arten von Strafen und welcher Strafvollzug bei Jugendlichen, welche bei geistig Minderwerthen anzuwenden sind, dann ist es am Schlusse möglich, ein in einem großen einheitlichen Geiste ausgebautes System der Strafmittel überhaupt zu entwerfen. Allerdings streiten wir hier nicht um eine Prinzipien-, sondern um eine reine Zweckmäßigkeitsfrage. Prinzipielle Bedenken habe ich nicht. Ich würde nur glauben, daß der Juristentag seine künftige Arbeit an diesen 7 Programmpunkten erleichtert, wenn er in der von mir vorgeschlagenen Weise verfährt.

Endlich habe ich mich, wenn ich nun nichts mehr von Anträgen übersehen habe — — —

Vorsitzender: Von Herrn Aschrott ist Streichung der These IV beantragt.

Berichterstatter Geh. Justizrath Prof. DDr. **Kahl** (Berlin): Die Streichung der These IV würde selbstverständlich den Intentionen der ständigen Deputation nicht entsprechen, welche beabsichtigt hat, diese einzelnen Hauptfragen zur Verhandlung vor den Juristentag zu bringen.

Landgerichtsrath **Aschrott:** Nur die Reihenfolge soll die ständige Deputation bestimmen.

Berichterstatter Geh. Justizrath Prof. DDr. **Kahl** (Berlin): Sie wünschen also lediglich, daß die Abtheilung hier verzichtet auf ihre Bestimmung der Reihenfolge zu Gunsten der ständigen Deputation. Ja, meine Herren, das ist wohl eine Konzession, welche die Abtheilung der ständigen Deputation machen soll. Aber gerade als bisheriges Mitglied der ständigen Deputation würde ich es doch für sehr erwünscht erachten — es war dies einer der Zwecke der Verweisung der Sache an die Abtheilung — wenn diese selbst die Bestimmung der Reihenfolge in die Hand genommen hätte. Würde im Uebrigen die Abtheilung nach dem Antrage Aschrott beschließen, so würde vermuthlich die ständige Deputation doch die Reihenfolge nach meinem Vorschlage belassen.

So viel den Antrag auf Einsetzung einer besonderen Kommission betrifft — — —

Vorsitzender: Der Antrag ist fallen gelassen.

Berichterstatter Geh. Justizrath Prof. DDr. **Kahl:** Dann bin ich nur dankbar, weil ich glaube, daß der Juristentag die Kräfte und Organisationen vollständig in sich selbst trägt, welche geeignet und nothwendig sind, die wissenschaftlichen Gutachten für die Abtheilung und das Plenum vorzubereiten.

Damit wäre ich mit einen Gegenbemerkungen zu Ende und kann lediglich schließen mit Dank für die freundlichen Bemerkungen der Herren, welche in die Debatte eingegriffen und damit die Sache gefördert haben.

(Beifall.)

Vorsitzender: Ich möchte noch eine geschäftsordnungsmäßige Frage vorausschicken, ehe ich dem Herrn Korreferenten das Wort ertheile, ob nämlich Herr Justizrath Beckh nach den Erklärungen des ersten Herrn Referenten geneigt ist, seinen Antrag zurückzuziehen. Ich stelle zur Erwägung, daß wir morgen noch die Frage der Strafbarkeit des Falscheides behandeln. Vielleicht ließe sich da dem Gedanken in Form einer Resolution Ausdruck geben.

Justizrath **Beckh** (Nürnberg): Ich bin damit einverstanden nach den Ausführungen des Herrn Referenten, daß mein Antrag als zurückgezogen gilt, denn dasjenige, was ich damit bezwecken wollte, ist ja geschehen. Darf ich zu einer persönlichen Bemerkung noch das Wort ergreifen? — Der Herr Referent ist von der Meinung ausgegangen, die nicht ganz richtig ist, daß ich den Antrag gestellt hätte, daß man These I annehmen, das Uebrige aber beseitigen sollte. Ich habe keinen Antrag gestellt, sondern ich habe nur meine Meinung dahin ausgesprochen, daß wir eigentlich unsere Aufgabe am ersten und raschesten erfüllen würden, wenn wir Satz I annehmen würden und dazu die Aeußerungen des Herrn Referenten, wie sie im Uebrigen niedergelegt sind, als erwägungswerthe bezeichneten, welche bei der Revision des Strafgesetzbuches zu Grunde gelegt werden sollen, mit Ausnahme natürlich des einen Punktes, in welchem ich nicht einverstanden bin, nämlich der Priorität des Strafgesetzbuches vor der Strafprozeßordnung.

Zweiter Berichterstatter Kammergerichtsrath Dr. **Kronecker** (Berlin): Meine Herren! Der Herr Referent hat einige von den wenigen Abänderungen die ich vorgeschlagen habe, acceptirt. In der Frage der Priorität, auf die ich kein wesentliches Gewicht lege, möchte ich zunächst an meinem Vorschlag festhalten: daß zuerst die Fragen über Strafmittel und Strafvollzug und dann erst die Frage der Jugendlichen zur Berathung gestellt werde. Ich würde allenfalls einverstanden sein, die Entscheidung der ständigen Deputation zu überlassen. Nur bezüglich der Frage der Priorität der Strafgesetzbuchreform vor der des Strafprozesses, möchte ich bei der Wahl zwischen den Anträgen des Herrn Referenten und des Herrn Aschrott für den Antrag Aschrott stimmen; der von Herrn Geh. Rath Kahl eventuell empfohlenen Einzelrevision der Strafprozeßordnung kann ich nicht zustimmen. Mit der Einzelrevision haben wir, abgesehen von ganz wenigen minder wesentlichen Punkten, wie der Entschädigung der in Wiederaufnahmeverfahren Freigesprochenen, sehr üble Erfahrungen gemacht; besonders aber möchte ich einer Einfügung der Berufung in die jetzige Strafprozeßordnung auf das allerentschiedenste widersprechen. Eine etwaige Revision der Strafprozeßordnung muß von vorn, mit dem Vorverfahren, nicht von hinten, mit der Berufung beginnen. Diese Fragen lassen sich einzeln und herausgegriffen nicht erörtern. Also ich bitte die Abtheilung, für den Antrag des Herrn Landgerichtsrath Aschrott zu stimmen.

Vorsitzender: Damit schließe ich, meine Herren, die Debatte, und es würde zur Abstimmung zu schreiten sein. Ich werde die einzelnen Nummern der Kahl'schen Thesen zur Abstimmung zu bringen haben. Zu I sind zwei Anträge gestellt worden, einer Seitens des Herrn Oberstaatsanwalts Wachler auf Streichung der Worte „aber nicht drängende" und ein Antrag Aschrott auf den Zusatz „und sollte nur gleichzeitig mit der Reform der deutschen Strafprozeßordnung in Angriff genommen werden". Ich glaube, daß wir am richtigsten verfahren, wenn ich zunächst zur Abstimmung bringe die Worte: „Die Revision des Deutschen Strafgesetzbuches vom 15. Mai 1871 ist eine dringende Aufgabe der Reichsgesetzgebung.“

Wird dieser Satz angenommen, so wird zu folgen haben die Abstimmung über die ursprüngliche Fassung Kahl, also mit den Worten „aber nicht drängende“, und mag die Abstimmung ausfallen, wie sie will, so würde dann über den Zusatzantrag Aschrott abzustimmen sein. Es scheint Einverständniß darüber zu herrschen. Dann bringe ich die Anträge in dieser Weise zur Abstimmung.

Der erste Satz wird einstimmig angenommen.

Die Worte „aber nicht drängende“ werden abgelehnt.

Der Zusatzantrag Aschrott wird abgelehnt.

II, 1 und II, 2 der Thesen des Herrn Referenten Kahl werden fast einstimmig angenommen.

II, 3 der Thesen wird abgelehnt.

Bei der Abstimmung über III wird zunächst der Antrag Wachler: „Die Betheiligung des Deutschen Juristentages am Inhalte dieser Revision noch vorzubereiten, bleibt der ständigen Depution überlassen“ mit großer Mehrheit abgelehnt.

III der Thesen Kahl mit den Nummern 1—6 sowie dem Zusatze zu 3 „gewohnheitsmäßigem“ und der Nr. 7 „Die Schuldausschließungsgründe, insbesondere der Mangel der Rechtswidrigkeit und der Nothstand“ wird in einer Abstimmung mit ganz überwiegender Mehrheit angenommen.

Bei der Abstimmung über IV der Thesen wird der Antrag Aschrott — IV zu streichen und der ständigen Deputation die Beschlußfassung über die Reihenfolge zu überlassen — abgelehnt.

Der Abänderungsantrag Kronecker, — statt der zwei Fragen vier auszuwerfen, in der Ordnung, daß zunächst die Fragen 5 und 6 und dann 1 und 2 behandelt werden, wird hinter den Antrag Kahl zurückgestellt.

Der Antrag Kahl wird angenommen, und damit erledigt sich der Abänderungsantrag Kronecker.

Bei der Gesammtabstimmung erfolgt fast einstimmige Annahme der in den Einzelabstimmungen angenommenen Thesen.

Vorsitzender: Meine Herren! Es bleibt noch eine Frage zu erörtern, ob wir nach Maßgabe des § 6 Abs. 2 unserer Statuten über diese Frage in der zweiten Plenarsitzung nur referiren, oder ob wir sie zur Erörterung stellen wollen. Ich weiß nicht, ob sich nach dem Ergebniß dies letztere empfiehlt.

Geh. Oberjustizrath, vortragender Rath im Justizministerium Professor Dr. **Vierhaus** (Berlin): Meine Herren! Ich möchte glauben, daß nach dem Verlaufe, den unsere Berathung genommen hat, sich dieser Gegenstand nicht zur Erörterung im Plenum eignet. Der Werth der heutigen Berathung — darüber werden wir ja wohl alle einig sein — liegt, ohne irgend einem der anderen Herren Redner zu nahe treten zu wollen, in den materiellen Ausführungen des Herrn Referenten, und diese sind nicht Gegenstand der Beschlußfassung geworden. Die Beschlußfassung hatte den Charakter einer Beschlußfassung über die weitere geschäftliche Behandlung der Angelegenheit. Ich glaube, ein solcher Gegenstand ist zur Erörterung im Plenum wenig geeignet; und da die Frage des Parteibetriebes im Civilprozeß und die Frage der Kartelle morgen in den Abtheilungen voraussichtlich eine Menge von Erörterungen aufrollen werden, möchte ich es für zweckmäßiger halten, wenn wir uns bescheiden und diesen anderen Fragen für die materielle Erörterung im Plenum den Vorzug lassen. (Sehr richtig!)

Senats-Präsident Dr. **v. Stoesser** (Karlsruhe): Ich hatte mir erlaubt, Ihnen, meine verehrten Herren, den Vorschlag zu machen, daß diese Frage im Plenum nicht nur angezeigt wird, sondern auch zur Verhandlung kommt. Mein Hauptgrund liegt darin, daß es sich empfiehlt, die Verhandlungen im Plenum nicht nur zur einfachen Berichterstattung über die in den Abtheilungen beschlossenen Erklärungen zu verwenden, sondern auch besonders wichtige Fragen zur sachlichen Erörterung zu bringen. Wir haben auf dem diesjährigen Juristentage hauptsächlich zwei hervorragende Fragen, die eine aus dem Prozeß-, welche der Herr Vorredner erwähnt hat, und eine aus dem Strafrechte, nämlich die Frage, die uns heute bisher beschäftigt hat. Diese scheint mir von so großer Wichtigkeit, daß es meines Erachtens wünschenswerth nicht nur für uns, sondern auch für die Kreise außerhalb des Deutschen Juristentages ist, daß der volle Rath des Deutschen Juristentages sich über diese Fragen in der einen oder anderen Richtung aussprechen sollte.

Geh. Justizrath Dr. **Wilke** (Berlin): Ich möchte dem letzten Antrag auch beitreten und namentlich als Grund noch geltend machen, daß bis zur Berathung im Plenum wahrscheinlich Herr v. Liszt zugegen sein wird und es wünschenswerth ist, daß er über diese Frage auch zum Worte kommt.

Rechtsanwalt und Notar **Burgheim** (Minden): Meine Herren! Wir haben alle Aussicht, noch zwei andere Fragen im Plenum zu berathen, zunächst die Frage der Zwischenprüfungen, die vor zwei Jahren in Bamberg vor das Plenum gebracht wurde und daher wenigstens den Vorzug der Priorität hat, und ferner die Frage der Abgrenzung der richterlichen Thätigkeit. Für unsere äußerst wichtige Frage wird es dann an Zeit fehlen. Die Strafprozeßreform, mit der die Strafrechtsreform verbunden werden soll, wird doch nicht von der Tagesordnung verschwinden. Wenn wir die Reform des Strafrechts jetzt nicht im Plenum berathen, können sie in einem weiteren Stadium der Berathung immer noch vor das Plenum eines späteren Juristentages gebracht werden. Wir verlieren Nichts, wenn wir sie dieses Mal nur zur Kenntnißnahme überweisen.

Geh. Justizrath Prof. D. Dr. **Kahl** (Berlin): Es ist mir kaum zweifelhaft, daß die Frage der Zwischenprüfung, als ein kleiner Ausschnitt aus dem großen Gebiete der juristischen Ausbildung nicht wiederholt vor das Plenum verwiesen werden wird. Umgekehrt habe ich aber heute schon die Ueberzeugung, daß die Frage über den Parteibetrieb im Civilprozeß als eine außergewöhnlich wichtige das Plenum noch einmal beschäftigen muß. Wenn ich nun auch meinerseits den Wunsch hätte, wiewohl nicht das Verlangen, daß die Strafrechtsfrage vor dem Plenum verhandelt würde, so wäre es einzig etwa aus dem Gesichtspunkte, den der verehrte Freund Wilke hervorgehoben hat. Mein Kollege v. Liszt soll zufällig verhindert worden sein, der heutigen Verhandlung beizuwohnen. Ich würde es als eine gewisse Rücksicht betrachtet haben, ihm in dieser Frage, in welcher er als Gutachter beigezogen war, hier ein Wort zu ermöglichen, um so mehr, als auch er mit Zurückstellung der Strafprozeßordnung, wie ich weiß, ganz einverstanden ist. Außer dieser Erwägung habe ich einen Grund für die Verweisung in das Plenum nicht. Die eigentlich sachlichen Diskussionen beginnen ja erst das nächste Mal.

Rechtsanwalt **Jacusiel** (Berlin): Meine Herren! Ich möchte Sie bitten, die heute behandelte Frage dem Plenum nur als Referat mitzutheilen und nicht noch einmal eine Verhandlung im Plenum herbeizuführen. Mein Grund ist, daß Alles, was heute positiv beschlossen ist, theils mit Einstimmigkeit, theils fast mit Einstimmigkeit beschlossen worden ist; also hinter diesen Beschlüssen steht die weitaus große Mehrheit der III. Abtheilung, die hier versammelt ist, und es ist nicht anzunehmen, daß das Plenum sich mit dieser Entscheidung in Widerspruch setzen wird, besonders, da die Verhandlungen im Plenum kaum eine solche Zeit in Anspruch nehmen können, kaum so gründlich sein können, wie die jetzige hier gewesen ist. Ich meine also, daß man diese Frage, hinter der das

Gewicht des Juristentages im vollsten Maße steht, da eine so große Majorität dafür gewesen ist, nicht noch einmal verhandeln lassen sollte. Mit geringerer Majorität ist höchstens ein Satz abgelehnt worden, der Satz, der davon handelte, ob man die Strafprozeßordnung vorher oder nachher ändern soll; hier sind beide Anträge abgelehnt worden, in dieser Frage ist also eine Entscheidung überhaupt nicht gefallen, und wir haben der Reichsregierung resp. dem Reichstag in keiner Weise nach irgend einer Seite gerathen, wie er jetzt vorgehen, ob er die Strafprozeßordnung vorher oder nachher nehmen soll. In keiner Weise verstößt er gegen das Votum des Juristentages. Ich meine also, die Abtheilung hat damit zum Ausdrucke gebracht, die Reihenfolge der beiden Kodifikationen ist hier nicht etwas so Ausschlaggebendes, daß sie ihr Votum für das Eine oder für das Andere einsetzen will. Ich glaube, daß, falls das Plenum hierin eine andere Entscheidung treffen sollte, diese Entscheidung nur mit so geringer Majorität anders ausfallen könnte, daß sie keine genügende moralische Achtung nach außen hin beanspruchen könnte. Aus allen diesen Gesichtspunkten würde ich bitten, die Verhandlung nicht noch einmal zu wiederholen, sondern heute zu beschließen, sie dem Plenum nur zur Kenntnißnahme mitzutheilen.

Wirkl. Admiralitätsrath Dr. **Felisch** (Berlin): Meine Herren! Ich möchte auch bitten, die Sache dem Plenum nur im Wege des Referats mitzutheilen. Wir sind heute so außerordentlich zahlreich in diesem Saale anwesend — die III. Abtheilung hat sich sonst durchaus nicht immer eines großen Besuches zu erfreuen gehabt —, daß ich meine, das Plenum wird nicht so zusammengesetzt sein, daß mit der Möglichkeit einer von der unsrigen abweichenden Stimmenmehrheit zu rechnen wäre. Es ist auffällig, daß die erste Hauptfrage, die uns unterbreitet worden ist, ob nämlich eine Revision des Strafgesetzbuches überhaupt nothwendig sei — und das ist die wesentliche Frage —, hier einen Widerspruch in unserer Versammlung nicht gefunden hat. Man muß annehmen, daß alle am Deutschen Juristentage theilnehmenden Interessenten für diese Frage heute hier gewesen sind, und da Niemand von der Gegenseite sich gemeldet hat, so können wir nicht erwarten, daß im Plenum prinzipielle Einreden werden erhoben werden. Es scheint in der That die Ueberzeugung der deutschen Juristen zu sein, daß wir eine Revision nothwendig haben, und daß die beiden Schulen gemeinsam an's Werk gehen können.

Nun ist gesagt worden, wir seien es Herrn v. Liszt gewissermaßen schuldig, daß er zum Worte käme. Er ist ja zum Worte gekommen durch sein Gutachten. Was heute beschlossen worden ist, steht nicht im

Widerspruche zu diesem Gutachten. Der Hauptgrundsatz ist zur Annahme gelangt, und die übrigen Fragen sind späteren Juristentagen vorbehalten worden. Wir haben also eine ritterliche Verbeugung gegen Herrn v. Liszt in keiner Weise nothwendig.

Deshalb möchte ich dringend bitten, die Frage, die uns hier beschäftigt hat, trotz ihrer großen Bedeutung nicht noch einmal im Plenum zur Verhandlung zu bringen, sondern hierfür andere Fragen zu lassen, die sicherlich großen Streit unter den Juristen hervorrufen werden. Wir sind ja erfreulicher Weise einiger gewesen, als zu erwarten war.

Vorsitzender: Dann darf ich wohl die Debatte hierüber als geschlossen erachten. Ich ersuche diejenigen Herren, welche dafür sind, daß die Sache im Plenum zur Erörterung gebracht wird, aufzustehen. — Das ist die verschwindende Minderheit. Die große Mehrheit ist also dafür, daß über die Frage im Plenum lediglich referirt wird, und ich darf wohl Herrn Geh. Rath Kahl ersuchen, das Referat zu übernehmen.

Damit schließe ich die heutige Sitzung und bitte die Herren, morgen früh um 9 Uhr im Zimmer 12 zu erscheinen.

(Schluß der Sitzung Nachm. 4 Uhr).

Zweite Sitzung der dritten Abtheilung
am Donnerstag, 11. September.

(Beginn: Vormittags 9 Uhr.)

Vorsitzender Ober-Reichsanwalt Dr. **Olshausen** (Leipzig): Ich eröffne die Sitzung. Die Abtheilung hat zunächst vorzunehmen die Wahl der Vertrauensmänner, die eine halbe Stunde vor Beginn der Plenarsitzung morgen zusammen zu treten haben, und zwar um $9^1/_2$ Uhr im Zimmer Nr. 14 im Osten. Ich darf folgende 10 Herren vorschlagen:

Herr Ober-Staatsanwalt Wachler, Professor Dr. van Calker, Kammergerichtsrath Dr. Kronecker, Kammergerichtsrath Havenstein, Landgerichtsrath Dr. Aschrott, und dann die bisherigen Mitglieder der ständigen Deputation:

Rechtsanwalt Dr. Neumann, Direktor der bayerischen Handelsbank Freiherr von Pechmann, Hofrath Dr. Pfaff, Staatsrath, Oberlandesgerichts-Präsident von Schmidlin.

Darf ich annehmen, daß die Herren mit dieser Auswahl einverstanden sind? Da kein Widerspruch erfolgt, nehme ich das an. Nun bin ich aber noch durch die Vertheilung, die vom Herrn Schriftführer vorgenommen worden ist, gezwungen, eine Persönlichkeit vorzuschlagen, die mir eigentlich die Bescheidenheit vorzuschlagen verbietet; ich muß mich selbst vorschlagen. Ich weiß nicht, ob Sie damit einverstanden sind? Damit wäre das erledigt.

Wir haben nun nach dem gestern mitgetheilten Plane zu behandeln die Frage Nr. 6:

> Welche Maßregeln empfehlen sich für die rechtliche Behandlung der Ringe oder Kartelle?

Es liegen die beiden gedruckten Gutachten vor von Herrn Professor Dr. Wäntig und Herrn Advokat Dr. Landesberger. Die beiden Herren Referenten sind anwesend. Ich ertheile zunächst dem Herrn Professor Dr. Menzel aus Wien das Wort.

Berichterstatter Professor Dr. **Menzel** (Wien): Geehrte Herren! Erwarten Sie von mir keine gesprochene Abhandlung über Kartelle, auch nur nach ihrer rechtlichen Seite. Ich betrachte es lediglich als meine Aufgabe, den Boden für eine fruchtbare Diskussion zu ebnen. Gestatten Sie mir daher, daß ich zunächst gewisse Vorfragen zu erledigen versuche. Wenn uns das Thema gestellt ist: Welche Maßregeln empfehlen sich für die rechtliche Behandlung der Industriekartelle, so ergiebt sich vor Allem die Frage: Besteht überhaupt ein Bedürfniß nach einer gesetzlichen Regelung der Kartelle, oder empfiehlt sich nicht vielmehr ein passives Verhalten der Staatsgewalt? Eine solche Zurückhaltung gegenüber dieser wichtigen volkswirthschaftlichen Erscheinung wird auf verschiedene Weise begründet. Einige meinen, die Kartelle bringen überhaupt keine Uebelstände mit sich; nicht einmal Gefahren für die Zukunft werden von Manchen zugestanden. Andere leugnen zwar diese Uebelstände und Schattenseiten nicht, meinen aber, es handele sich um Kinderkrankheiten, die im Laufe der Zeit verschwinden werden. Andere sagen, es ist ein Naturprozeß, in den man nicht eingreifen darf. Andere besonders pessimistisch angelegte Naturen geben zwar zu, daß Uebelstände vorhanden sind, daß sie auch nicht von selbst verschwinden, aber sie meinen, der Staat besitze nicht die politische Macht, um wirksame Maßregeln gegen die Kartelle in Anwendung zu bringen. Ich möchte diesen verschiedenen Gesichtspunkten ein paar Worte widmen, in der Hoffnung, damit den Rahmen für die folgende Diskussion abzugrenzen.

Die Ansicht, daß bei den Kartellen alles in bester Ordnung ist, daß sie keinerlei Uebelstände erzeugen, wird gegenwärtig nur noch äußerst selten vertreten, vielmehr geht die communis opinio der national-ökonomischen Wissenschaft dahin, daß die Kartelle zwar einen bedeutenden Fortschritt in der Organisation der Volkswirthschaft bedeuten, daß sie mancherlei Vortheile mit sich bringen, aber auch große Gefahren in sich bergen. Diesen Standpunkt nehmen auch die beiden uns vorliegenden Gutachten zweier angesehener Nationalökonomen ein. Es heißt in dem ersten Gutachten:

> „Die Kartelle sind eine schneidige Waffe im Wettkampfe der Völker, ein friedliches Mittel, die Produktivität der menschlichen Arbeit zu steigern; sie können aber ebenso gut zu Werkzeugen brutaler Willkür, schamloser Gewinnsucht und gehässiger Ausbeutung entarten.“

In dem zweiten Gutachten, daß eine sehr eingehende ökonomische Kritik der Kartelle bietet, gelangt der Verfasser dazu, sich dem Urtheil anzuschließen, das Jenks über die amerikanischen Trusts gefällt hat, nämlich: Es ist wahrscheinlich, daß wenige Trusts vollkommen von Uebel sind, aber ebenso, daß gar keine Trusts ausschließlich günstig wirken. Diese Auffassung der beiden Herren, welche gewissermaßen die nationalökonomische Wissenschaft hier vertreten, können wir mit Beruhigung unserer rechtspolitischen Diskussion zu Grunde legen. Es wären in der That die Bestrebungen auf dem Gebiete des Kartellwesens in den letzten Jahren geradezu unverständlich, wenn keinerlei Anlaß zu Klagen vorhanden wäre; die amerikanische Antitrust-Gesetzgebung, die Versuche der österreichischen Regierung zu einer gesetzlichen Regelung der Kartelle, zahlreiche Initiativanträge in den verschiedenen Parlamenten, im deutschen Reichstage, insbesondere Antrag des Freiherrn von Heyl, das Rundschreiben des russischen Finanzministers Witte, die letzten Aeußerungen des Präsidenten der amerikanischen Union, Roosevelt, sprechen eine zu beredte Sprache, als daß man im Ernst ein Bedürfniß nach einer gesetzlichen Regelung leugnen oder die betreffenden Wünsche nur auf eine mangelhafte Information zurückführen könnte.

Was nun das Bedenken betrifft, daß wir es mit einem Naturprozeß zu thun haben, so glaube ich, müssen wir gegen die Naturgesetze in der Volkswirthschaft einigermaßen mißtrauisch werden. Ich erinnere an das selige Bevölkerungsgesetz von Malthus, an das nicht minder vom Thron gestürzte eherne Lohngesetz, und Sie können daraus entnehmen, daß auch mit dem Worte naturgesetzliche Erscheinung noch nicht viel bewiesen ist. Gewiß sind die Kartelle natürliche Vorgänge; was überhaupt in der Welt ist nicht natürlich? Allein das hindert nicht, daß wir auch versuchen können, gegenüber gewaltigen Naturerscheinungen präventiv und regulativ vorzugehen; Beweis dessen die ganze menschliche Naturgeschichte. Warum sollen wir gerade vor dieser Naturerscheinung der Kartelle Halt machen? Nun sagen allerdings einige: Das ist nicht nothwendig; die Uebelstände und ungesunden Erscheinungen verschwinden von selbst; ein Kartell, das eine ungesunde Preispolitik treibt — so äußerte sich kürzlich Herr Generaldirektor Bitta in der Deutschen Juristenzeitung — trägt den Keim des Untergangs in sich, es kann auf die Dauer nicht bestehen. Es wird also für die Krankheitserscheinungen auf dem Gebiete des Kartellwesens gewissermaßen das Naturheilverfahren empfohlen; fehlt nur noch das Gesundbeten. Meine Herren, ich glaube nicht an diesen natürlichen Gesundungsprozeß. Wenn man die Erfahrungen, namentlich die wir in Oesterreich gemacht haben, im Auge behalten, so zeigt sich, daß eine scharfe monopolistische Politik der Kartelle nicht den geringsten Grund für einen Zusammenbruch bildet. Diese mächtigen Kartelle gehen nicht wegen Ueberfüllung des Magens gleichsam an einer inneren Verdauensstörung zu Grunde, sondern eine Störung kommt eventuell von außen, wie dies die Geschichte des österreichischen Zuckerkartells zeigt. Und selbst wenn es richtig wäre, daß ein solcher Gesundungsprozeß von Zeit zu Zeit eintritt, so werden doch inzwischen die öffentlichen Interessen schwer geschädigt. Sollen wir deshalb gegen Ueberschwemmungen keinen Damm bauen, weil die Wässer sich vielleicht doch einmal wieder verlaufen werden?

Aber auch die dilatorische Einwendung, daß noch nicht die Zeit gekommen sei, um die Kartelle gesetzlich zu regeln, daß wir noch zu wenig von dieser Erscheinung wissen, kann ich nicht gelten lassen. Es ist bereits viel geschehen für die Erforschung dieser wichtigen volkswirthschaftlichen Erscheinung. Wir besitzen zahlreiche Schilderungen zum Theil offizieller Natur (wie in Nordamerika) über den Zusammenhang der Kartelle und Trusts mit der ganzen Volkswirthschaft. Und selbst wenn das Gebiet noch theilweise dunkel ist, dann müssen wir erst recht den Gesetzgebungsapparat in Thätigkeit setzen, auch wenn er sich zunächst darauf beschränken sollte, die Publizität zwangsweise herbeizuführen.

Was das Bedenken betrifft, daß der Staat einen Schlag ins Wasser führen wird, daß er nicht die Macht hat, den Kartellen ernstlich an den Leib zu gehen, so ist das eine Bemerkung, die mir schon vor acht Jahren von sozialdemokratischer Seite entgegen gehalten wurde, als ich im Verein für Sozialpolitik für eine gesetzliche Regelung der Kartelle eingetreten bin. Seither ist diese Skepsis mit Rücksicht auf die Verhältnisse in Nordamerika wiederholt zum Ausdruck gekommen, Darauf kann ich nur erwidern, meine Herren, lassen wir es auf die Probe ankommen. Die Chancen der Realisirbarkeit sind in Deutschland und Oesterreich, in Staaten mit einem kräftigen Königthum, mit einem von wirthschaftlichen Interessen nicht infiltrirten Beamtenthum nicht so ungünstig wie in einer plutokratischen Republik. Aber selbst dort ist die Macht der öffentlichen Meinung so bedeutend, daß man nicht von vornherein den Eingriffen des Staates jeden praktischen Werth absprechen kann.

Ich glaube also gezeigt zu haben, daß ein Bedürfniß nach einer gesetzlichen Regelung der Kartelle nicht mit Grund geleugnet werden kann, und daß auch ein solcher Versuch nicht von vornherein aussichtslos erscheint. Ich habe nur noch ein Bedenken in Erwägung zu ziehen, nämlich: Besitzt gerade eine Versammlung von Juristen die erforderliche Eignung für eine fruchtbare Diskussion? Wird man doch das Bedenken geltend machen, daß es sich hier um eine Frage der Wirthschaftspolitik und nicht um eine Rechtsfrage handelt. (Sehr richtig!) Darauf möchte ich Folgendes erwidern: Zunächst steht der moderne Jurist dem Wirthschaftsleben durchaus nicht fremd gegenüber. Aber abgesehen davon bestimmt die Wirthschaftspolitik zwar das Ziel einer gesetzlichen Maßregel, Sache des Juristen dagegen ist es, die richtigen Mittel zur Erreichung dieses Zieles zu wählen auf Grund seiner umfassenden Kenntniß des ganzen Rechtssystems, des Zusammenhangs der verschiedenen Rechtsnormen und Institute, und deshalb wird der Jurist auch mit großem Nutzen bei der Kartellfrage gehört werden. Denken Sie z. B. an eine praktisch brauchbare Definition der Kartelle; die kann wohl nur ein Jurist formuliren; denken Sie an die Durchführung des Prinzips der Publizität durch bestimmte Einrichtungen, namentlich durch Einführung eines Kartellregisters; auf diesem Gebiete besitzt der Jurist ausreichende Erfahrung, um sich hierüber in einer Weise zu äußern, welche für die Gesetzgebung maßgebend ist; denken Sie an die verschiedenen repressiven und regulativen Maßregeln der Staatsaufsicht, die man vielleicht in Aussicht nimmt, auch hier hat der Jurist vom Standpunkt des Verwaltungsrechts ausreichende Kenntniß und Erfahrung. Aber meine Herren, noch aus einem höheren Gesichtspunkt ist der Jurist berufen, an der Lösung des Kartellproblems mit Erfolg mitzuarbeiten. Hängt doch dieses Problem mit einigen Grundfragen von Recht und Staat zusammen, was bisher freilich kaum beachtet wurde; es sind besonders zwei Grundideen, auf welche wir bei tieferem Eindringen in das Kartellproblem stoßen, nämlich die Idee der persönlichen Freiheit und die Idee des Gemeinwohls. Daß ich mit diesen Bemerkungen nicht das Blaue vom Himmel holen will, sondern mich vom Boden der Wirklichkeit nicht allzuweit entferne, mögen Sie aus Folgendem entnehmen. In den wenigen Entscheidungen des deutschen Reichsgerichts, die bisher die Kartelle und ihre Wirksamkeit zum Gegenstand hatten, spielt die Argumentation mit diesen beiden Begriffen eine sehr wichtige Rolle. Es wird untersucht, ob ein Kartellvertrag mit der persönlichen Freiheit, insbesondere mit der Gewerbefreiheit in Widerspruch stehe; es wird ferner untersucht, wann man sagen kann, daß durch ein Kartell das Gemeinwohl bedroht sei, das möchte ich zur Beruhigung der mehr praktisch veranlagten Gemüther in der geehrten Versammlung hinzufügen. Wenn es an speziellen Normen fehlt, kann nämlich auch der nüchternste Jurist, um mich des Ausdrucks des Oesterreichischen Bürgerlichen Gesetzbuches zu bedienen, nicht umhin, auf die natürlichen Rechtsgrundsätze zurückzugreifen. Und da kommen dem historisch gebildeten Juristen manche Streitfragen des alten Naturrechts in Erinnerung, wenn er diese Entscheidungen des Reichsgerichts liest. Hat man die Freiheit, unfrei zu sein, wie Grotius behauptet hat? Darf ein Kartell soweit gehen, daß es ein förmliches Imperium aufrichtet gegen seine Mitglieder, mit ein=

schneidenden Kontrollmaßregeln und einer förmlichen Strafgewalt? Darf man sich der Ansicht von Rousseau anschließen, der gesagt hat, man müsse den einzelnen zwingen frei zu sein? So begründet er nämlich die Herrschaft der Volksversammlung, die Majoritätsherrschaft in seinem demokratischen Staat. Das ist ein Zwang, den man im Interesse des Einzelnen ausübt; sollte man das auch auf die Kartelle anwenden? Und erst der Begriff des öffentlichen Wohls! Ist gerade durch die Interessen der Konsumenten das Gemeinwohl repräsentirt? Soll hier unbedingt die Zahl maßgebend sein, soll man hier der Idee von Bentham folgen, daß es Aufgabe des Staates ist, das größtmögliche Wohl für möglichst viele Menschen zu verschaffen? Oder ist nicht die Zahl maßgebend, sondern das Gewicht der Interessen, und wo finden wir einen Maßstab, um das Gewicht der Interessen kennen zu lernen? Auf alle diese Fragen wird der rechtsphilosophisch gebildete Jurist der sich mit dem Kartellprobleme beschäftigt, gleichsam von einer höheren Warte aus Antwort zu geben versuchen. Damit glaube ich die prozeßhindernden Einreden für unsere heutige Verhandlung, insbesondere die Einrede der Inkompetenz entkräftet zu haben. (Heiterkeit.)

Manchen Herren wird vielleicht diese Erörterung etwas umständlich oder überflüssig erscheinen: ich glaube doch, daß sie zur Vereinfachung der Hauptfrage beigetragen hat und vielleicht ist schon manches Streiflicht auf diese Frage selbst gefallen.

Wenn ich mich dem Gegenstande selbst zuwende, so bin ich genöthigt, mir die größte Beschränkung aufzuerlegen. Es lag für mich die Versuchung besonders nahe, nachdem ich schon einmal in der Frage Stellung genommen habe vor acht Jahren, alle die verschiedenen offiziellen und privaten Vorschläge zur gesetzlichen Regelung der Kartelle hier vorzuführen und einer Kritik zu unterziehen. Ich muß dieser Versuchung widerstehen. Ich kann Ihnen, meine Herren, nicht einmal über den Inhalt der beiden Gutachten, von denen das zweite zu einer ausführlichen und sehr werthvollen Abhandlung über unser Problem ausgewachsen ist, eingehend berichten. Ich glaube meiner Aufgabe als Referent in der Weise am ehesten gerecht zu werden, wenn ich Ihnen eine formulirte Resolution vorlege, welche ich mir auch schon erlaubt habe dem Herrn Vorsitzenden zu überreichen. Ich bin darauf gefaßt, daß diese Resolution dem Einen zu zaghaft, dem Anderen schon bedenklich erscheinen wird; das ist oft Sache des Temperaments, es giebt konservative Naturen, denen jeder Schritt ins Ungewisse höchst bedenklich erscheint, und andererseits wieder radikale, denen ein solcher Schritt nicht weit genug vorkommt; von einer anderen Seite wird man mir zurufen:

nascitur ridiculus mus! Nun meine Herren, gar so verächtlich ist das Mäuschen nicht, es wird schon beißen und kratzen können! Mein Antrag lautet:

I. Der Deutsche Juristentag spricht seine Ueberzeugung dahin aus, daß für eine gesetzliche Regelung der Industriekartelle vorerst empfohlen wird die Einführung öffentlicher Kartellregister und die Statuirung einer Auskunftspflicht gegenüber der Staatsverwaltung von Seiten der kartellirten Unternehmer, ihrer Organe und Kommissionäre.

II. Der Juristentag erklärt eine Reform der Gesetzgebung über die wirthschaftlichen Korporationen, insbesondere die Aktiengesellschaften in der Richtung für wünschenswerth, daß der Staatsverwaltung diesen Körperschaften gegenüber die Wahrung öffentlicher Interessen ermöglicht wird.

Eine generelle Begründung des ersten Theiles dieser Resolution kann ich mir wohl ersparen. Der Gedanke der Publizität für die Kartelle ist gegenwärtig geradezu communis opinio; er wird nicht einmal mehr von kartellfreundlicher Seite bestritten. Es ist charakteristisch, daß sich der österreichische Industrierath, eine Körperschaft, in welcher die wichtigsten Kartelle Oesterreichs vertreten sind, in seinem Kartellkomitee einstimmig für das Prinzip der obligatorischen Publizität ausgesprochen hat. Es kann sich also nur darum handeln, dieses Prinzip näher zu formuliren, und da schlage ich zwei Wege vor, das Register und die Auskunftspflicht. Ueber die Einführung eines Kartellregisters sind beide Gutachten einig, und auch seither haben sich zwei Herren für die Einführung der Register erklärt, nämlich Dr. Grunzel in seinem Buche über die Kartelle, das sehr kartellfreundlich gehalten ist, und Dr. Glücksmann in einem Aufsatz in der Zeitschrift „Oberschlesien". Wegen der Einzelheiten muß ich Sie auf die scharfsinnigen Vorschläge des zweiten Herrn Gutachters verweisen. Es wird jedoch zu erwägen sein, ob dem Register nicht vielleicht etwas zu viel zugemuthet wird, wenn der zweite Gutachter vorschlägt, daß nicht bloß die Kartellstatuten, sondern auch die Kartellbeschlüsse, die eine Festsetzung der Preise, der Produktionsmenge, der Einkaufs- und Absatzverhältnisse zum Gegenstande haben, in das Register eingetragen werden müssen. Ich habe das Gefühl, daß ein Register immer nur die anatomische Struktur der Gesellschaft darstellen aber nicht ein physiologisches Lebensbild gewähren kann. Ich hoffe übrigens, daß die Diskussion gerade über diesen Punkt Aufklärung bringen wird; sitzen doch in unserer Mitte Männer, welche in der Registerführung Erfahrung besitzen und uns sagen können, ob jener Vorschlag technisch möglich ist.

Aber selbst wenn es möglich wäre, wird doch das Register für sich allein kein volles Bild der Geschäftsthätigkeit der Kartelle bieten können. Will der Staat einen vollen Einblick in die Preispolitik eines Kartelles gewinnen, will er die Rückwirkung derselben auf die nationale Wirthschaft kennen lernen, so soll dies möglich sein im Wege einer Spezialenquête. Ich schlage deshalb die Auskunftspflicht vor; es sind die kartellirten Unternehmer, ihre Organe und Kommissionäre verpflichtet, die erforderlichen Auskünfte zu gewähren, insbesondere auch die Büchereinsicht. Wann eine solche Enquête anzuordnen ist, braucht gesetzlich nicht bestimmt zu werden; ich bin namentlich nicht dafür, daß hier eine actio popularis eingeführt wird, wie dies von mancher Seite vorgeschlagen worden ist. Ich erwähne unter den Personen, welche Auskunft geben sollen, ausdrücklich neben den Unternehmern selbst ihre Organe und Kommissionäre. Dabei denke ich an die Verkaufsbureaux, jene Institute, insbesondere Banken, welche für die Rechnung von Kartellen Geschäfte besorgen. Auch sie sollen verpflichtet sein, über diese Geschäftsthätigkeit Auskunft zu geben. Wie dieses Material, welches die Regierung durch Enquête erhält, verwerthet wird, muß ihr überlassen bleiben. Ich bin hier nicht für eine obligatorische Publizität und trage auf diese Weise dem Bedenken Rechnung, das von Seiten der Industriellen laut wurde, daß Geschäfts- und Betriebsgeheimnisse durch eine solche eingehende Erforschung in die Oeffentlichkeit gelangen.

Ich hatte ursprünglich die Absicht, noch ein drittes Mittel einer Kontrole über die Kartelle in die Resolution aufzunehmen, nämlich es soll allen organisirten Kartellen die Pflicht zur öffentlichen Rechnungslegung auferlegt werden, die Pflicht zur Vorlage von Bilanzen, mögen sie welche Gesellschaftsform immer angenommen haben. Ich dachte dabei namentlich an die in Deutschland für diesen Zweck häufig verwendete Gesellschaftsform der Gesellschaft mit beschränkter Haftung. Hier besteht, soviel ich weiß, eine Pflicht zur Vorlage der Bilanzen nur in dem Falle, wenn die Gesellschaft Bankgeschäfte betreibt. Es stünde nichts im Wege, diese Pflicht auszudehnen auf die Fälle, wo es sich um die Vereinigung von Industrieunternehmungen handelt. Der Gedanke ist aber so neu und hängt so innig zusammen mit der Reform der Gesetzgebung über die wirthschaftlichen Korporationen, daß ich ihn gegenwärtig nicht zum Gegenstande der Diskussion machen möchte.

Die *civilrechtliche* Seite der Kartelle ist in meiner Resolution absichtlich mit Stillschweigen übergangen. Ich habe schon vor Jahren erklärt, daß auf dem Boden des Civilrechts eine Lösung des Kartellproblems nicht möglich ist. Das Civilrecht vermag seiner Natur nach nur Beziehungen von einzelnen Personen zu erfassen, nicht wie es hier der Fall ist, Beziehungen von Einzelnen zur Gesammtheit oder von sozialen Gruppen unter einander. Doch ist es natürlich nicht bedeutungslos, wie der Staat sich zu dieser Frage der civilrechtlichen Thätigkeit stellt. Allein in Deutschland besteht gegenwärtig kein Bedürfniß, hier reformatorisch einzugreifen, da das neue Bürgerliche Gesetzbuch in den Paragraphen 138 und 826 zur Noth eine gewisse Handhabe gewährt, um in besonders krassen Fällen einen Kartellvertrag für ungültig zu erklären oder dritten Personen einen Schadenersatzanspruch einzuräumen, die durch eine dolose Thätigkeit Seitens eines Kartells geschädigt worden sind. In Oesterreich besteht allerdings ein Bedürfniß nach einer gesetzlichen Regelung, ich möchte aber an dieser Stelle mich darüber nicht weiter auslassen. Ja ich glaube, daß sogar gelegentlich der Einführung der Kartellregister an das Civilrecht nicht gerührt werden sollte. Hier ist das zweite Gutachten anderer Ansicht. Herr Dr. Landesberger schlägt nämlich vor, daß die Kartellstatuten und Kartellbeschlüsse ungültig sind, wenn sie nicht in das Register eingetragen und publizirt worden sind. Er vertritt also das Publizitätsprinzip ich möchte sagen im Sinne des Grundbuchrechts; was nicht im Register steht, gilt nicht. Er findet darin eine wichtige Garantie für die Vollständigkeit und Wahrheit des Kartellregisters. Das ist gewiß richtig; aber es ist die Frage, ob wir damit nicht in ein Wespennest der schwierigsten Rechtsfragen stoßen, da es sich hier doch häufig um die Verhältnisse dritter Personen handelt. Soll künftig Jeder, der mit einem Syndikat oder nur einem Mitglied desselben ein Geschäft schließt, sich erst überzeugen, ob denn der beabsichtigte Kauf mit dem Kartellstatut oder mit dem vor einer Woche publizirten Kartellbeschluß übereinstimmt? Läuft er nicht Gefahr, daß er ein ungültiges Geschäft schließt, wenn dasselbe nicht im Einklang mit dem Kartellregister steht? Solche Komplikationen lassen es als geboten erscheinen, sich mit den Ordnungsstrafen als den Garantien des richtigen Registers zu begnügen. Ich kann mich ebensowenig der Ansicht des Herrn Dr. Glücksmann anschließen, welcher auch eine civilrechtliche Wirkung an die Eintragung des Registers knüpft, nämlich die Verleihung juristischer Persönlichkeit an alle Kartelle. Meine Herren, das ist deshalb nicht möglich, weil es auch nichtorganisirte Kartelle giebt, und eine juristische Person ohne Organ kann ich mir überhaupt nicht denken. Daher kann durch Eintragung in das Register einem Kartell, das nur aus einem Vertrage zwischen drei, vier Personen besteht, die juristische Persönlichkeit nicht verliehen werden.

Soviel zur Begründung des ersten Theils der Resolution. Die Publizität der Kartelle, die Gewährung eines Einblicks in die ganze Gebahrung ist gewiß sehr wichtig und werthvoll, aber sie wird nicht ausreichen, um die Mißstände, namentlich die monopolistischen Bestrebungen einzelner Kartelle für die Zukunft zu beseitigen. Deshalb erlaube ich mir als zweite gesetzliche Maßregel in Vorschlag zu bringen eine Reform des Korporationsrechts in der Richtung, daß dem Staate eine Einflußnahme ermöglicht wird auch auf die wirthschaftlichen Korporationen zur Wahrung öffentlicher Interessen. Es schien mir passend, nur das Prinzip zum Ausdruck zu bringen; vielleicht hat ein späterer Juristentag Anlaß, sich mit konkreten Vorschlägen zu beschäftigen, und das wäre dann ein ähnlicher Weg, wie er bei der Reform des Strafrechts eingeschlagen worden ist. Wie hängt nun dieser Antrag mit unserer Frage der Regelung der Kartelle zusammen? Wenn sich die Publizität nicht als ausreichend erweisen sollte, um die Uebelstände der Kartelle zu beseitigen, dann wäre es am naheliegendsten, an eine Repression der Kartelle, mindestens von Fall zu Fall zu denken. Es wird der Staatsverwaltung das Recht eingeräumt, von Fall zu Fall ein gemeinschädliches Kartell zur Auflösung zu bringen. Das ist der Standpunkt des Referentenentwurfs eines österreichischen Kartellgesetzes. Der Handelsminister hat das Recht, im einzelnen Fall durch Herabsetzung der Zölle oder durch direkte Unterstützung von Konkurrenzunternehmungen ein gemeinschädliches Kartell zu sprengen. Es wurde schon von anderer Seite hervorgehoben, daß die Maßregeln, die dem Minister zur Verfügung gestellt werden, theils undurchführbar sind, theils weit über das gesteckte Ziel hinausgehen. Das gilt insbesondere von zollpolitischen Maßregeln. Ueberhaupt scheint man mir die Bedeutung des Schutzzollsystems für die Kartelle zu überschätzen. Ich habe jüngst in dem Sozialpolitischen Centralblatte gelesen, daß in England, in dem klassischen Lande des Freihandels, im Jahre 1901 nicht weniger als 870 Unternehmerkoalitionen gezählt worden sind. Will man schon repressiv gegen die Kartelle vorgehen, so wüßte ich eine andere Maßregel, die nur die Kartelle trifft und dem Staat nichts kostet, nämlich die Verhängung einer Spezialsteuer über die Kartelle, ähnlich wie sie für die Großmagazine zum Schutze des Kleinhandels in einzelnen Staaten durchgeführt worden ist. Aber ich bin ein prinzipieller Gegner dieses Weges, ich erkläre, daß ich nicht für Repression der Kartelle bin, weil ich sie für einen Fortschritt in der Organisation der Volkswirthschaft halte. Die Kartelle sollen daher auch nicht im einzelnen Falle unterdrückt, sondern regulirt werden. Mit anderen Worten: Der richtige Weg ist die Stellung unter Staatsaufsicht.

Soll das Wort Staatsaufsicht kein leeres Wort bleiben, dann müssen zunächst zwei Vorbedingungen erfüllt werden, einmal die Heranbildung sachkundiger Staatsorgane und die von mir in der Resolution beantragte Reform der Gesetzgebung über die wirthschaftlichen Korporationen, welche eine solche Staatsaufsicht rechtlich möglich macht.

Als Organ der Staatsaufsicht kann ich mir einen Kartellrath, wie dies öfters vorgeschlagen wurde, nicht gut denken, nämlich eine Korporation bestehend aus den Vertretern der verschiedenen Interessengruppen. Denn eine solche bunt zusammengesetzte Körperschaft besitzt nicht einmal die sachliche Eignung, über ein bestimmtes Kartell eine richtige Meinung abzugeben; sind doch in einer solchen Kommission immer nur wenige Personen, vielleicht nur ein einziges Mitglied vorhanden, das die Verhältnisse auf einem bestimmten Gebiete der Industrie ganz genau kennt. Dessen Votum wäre maßgebend, und die ganze Kommission hätte dann nur dekorativen Zweck. Es kommt noch etwas Anderes hinzu. Bei einem solchen Kartellrath würde sich sehr bald ein stilles Einverständniß unter den Theilnehmern herausbilden, wodurch eine solche Körperschaft jeder anderen Aufgabe mehr gewachsen wäre, als der einer wirksamen Aufsicht über die Kartelle.

Ich kann mich aber auch nicht für ein einheitliches staatliches Kartellamt erwärmen. Ein solches Amt ist nicht in der Lage, Hunderte von Kartellen zu beaufsichtigen, und ist es ein viel zu schwerfälliger Apparat, um die Staatsaufsicht durchzuführen. Ich bin vielmehr für eine weitgehende Spezialisirung und Dezentralisirung. Die bisherige Entwicklung zeigt uns schon den Weg. Haben wir nicht Versicherungsämter zur Beaufsichtigung von privaten Versicherungsanstalten? Haben wir nicht Eisenbahnämter in den Ländern, die noch nicht zum Staatsbahnbetrieb übergegangen sind, zur Beaufsichtigung der Eisenbahnen auch vom volkswirthschaftlichen, nicht bloß technisch-polizeilichen Standpunkt namentlich zur Durchführung der Tarifhoheit? Haben wir nicht die Bergämter, welche vollkommen geeignet sind, den Bergbau auch vom volkswirthschaftlichen Standpunkt zu beurtheilen. Nun werden Sie sagen, man kann nicht für jeden Industriezweig ein besonderes Amt creiren. Soll es künftig einen Papierindustrierath oder eine Textilindustrie-Behörde geben? So ist die Sache nicht gemeint. Es genügt, wenn einzelne Staatsorgane für diesen Zweck herangebildet werden; sie sollen die Eignung besitzen, in einem bestimmten Industriezweige Fachmänner zu sein. Dafür bietet sich ein doppelter Weg. Man kann entweder Männer der Praxis, Direktoren und Leiter von Industrieunternehmungen für den Staatsdienst gewinnen. Billig werden diese Herren nicht zu haben sein, und eine gewisse Vorsicht wird mit Rücksicht auf persönliche Garantien geboten sein. Oder man kann auch Verwaltungsbeamte für diesen Zweck heranbilden,

d. h. dafür sorgen, daß sie sich eine Fachbildung aneignen, die über das Maß der allgemeinen volkswirthschaftlichen Kenntnisse hinausgeht. Ein Jurist kann ja bekanntlich Alles. Warum sollte dieser Weg nicht auch möglich sein?

So viel über die Organe der Staatsaufsicht. Welche Mittel soll nun der Staat anwenden, und wie soll der ganze Apparat funktioniren?

Meine Herren! Wer in das moderne Verwaltungsrecht etwas tiefer eingedrungen ist, wer namentlich ein klares Bild besitzt von dem Verhältnisse des Staates zu den Selbstverwaltungskörpern, Vereinen und Gemeinden, der kommt nicht leicht in Verlegenheit, wenn es sich darum handelt, mit welchen Mitteln bestimmte öffentliche Interessen maßvoll, aber mit Festigkeit gewahrt werden. Ich habe vor Jahren versucht, in einem Buche über Arbeiterversicherungen eine Uebersicht zu geben über die verschiedenen Mittel, welche dem modernen Staat zur Verfügung stehen in der Beaufsichtigung von Korporationen und über die Wirkung dieser einzelnen Mittel. Das Bild ist bunt genug ausgefallen, aber lange nicht erschöpfend. Lassen Sie mich einen Punkt herausgreifen. Eine der mildesten Kontrolmaßregeln gegenüber den Körperschaften ist das Recht der Staatsverwaltung, zu Sitzungen der Verbandsorgane einen Vertreter zu entsenden, der bloß eine berathende Stimme hat, der nicht das Recht hat, einen Beschluß zu sistiren oder gar einen positiven Willensakt der Korporation herbeizuführen. Die Erfahrung hat gezeigt, daß diese Maßregel für sich allein ausreicht, um Mißbräuche zu verhüten, kraft der moralischen Pression, welche die Anwesenheit eines Staatsorganes mit sich bringt. Die Nutzanwendung auf die Kartelle liegt nahe. Damit aber, meine Herren, solche Mittel zur Anwendung gebracht werden können, bedarf es einer Aenderung der Gesetzgebung über die wirthschaftlichen Korporationen, und damit, glaube ich, wird man das Kartellproblem überhaupt gründlich lösen können, während alle bisherigen Versuche sich doch nur auf unsere Kartelle im europäischen Sinne beziehen, nicht auf die großen Riesenunternehmungen, auf die einheitlichen Korporationen, die aus der Fusionirung der Industrie hervorgegangen sind, und gerade das sind ja die gefährlicheren Formen. Denn das Korporationsrecht erfaßt natürlich nicht bloß die Syndikate, sondern in allererster Linie die großen Aktiengesellschaften. Bei der Gelegenheit gestatten Sie mir eine Bemerkung über die amerikanischen Trusts. Man sagt gewöhnlich, wir Europäer sind doch bessere Menschen, wir haben die harmlosen Kartelle, in Amerika haben sie die bösen Trusts, diese Riesenunternehmungen, welche ganze Industrie- und Verkehrszweige beherrschen. Das ist nicht ganz richtig. Wenn man eine Staatsaufsicht einführen will, sind mir die Trusts lieber wie die Kartelle. Solche Korporationen kann man — ich meine juristisch-technisch — viel leichter erfassen als die lose organisirten Kartelle in ihren zahllosen Formen. Eine andere Frage ist natürlich, ob der Wille und die Macht vorhanden ist, diesen Riesenunternehmungen wirklich an den Leib zu gehen. Ich habe meine Meinung nur ausgesprochen vom Standpunkte der juristischen Technik, und da ziehe ich die amerikanischen Trusts entschieden unseren Kartellen vor. Diese Auffassung hat auch ihre Bestätigung gefunden in einem Gespräch, das ich vor einigen Wochen mit einem Amerikaner hatte. Er sagte mir in der bekannten selbstbewußten Art der Amerikaner: ihr werdet in Europa einen langwierigen Guerillakrieg führen müssen mit den Kartellen, während bei uns eine große Schlacht geschlagen wird. Er fügte hinzu die Bemerkung, daß ihm ein großer Tyrann lieber ist, dem kann man eher den Kopf abschlagen als hundert kleinen Zwingherren. (Heiterkeit).

Einige Aeußerungen des Präsidenten Roosevelt in letzter Zeit lassen vielleicht den Schluß zu, daß ein solcher ernster Kampf gewollt ist. Dann wird aber auch der einzige Weg sein die Reformirung der Korporationsgesetzgebung, insbesondere der Aktiengesellschaften. Wie ich mir diese Reform denke, kann ich hier nicht im Einzelnen durchführen; Sie werden übrigens aus dem, was ich gesagt habe, schon einige Schlüsse ziehen können. Ich möchte nur den Grundgedanken dahin bezeichnen, daß künftig die Privatkorporationen sich den öffentlichen Korporationen in gewissen Punkten annähern müssen, daß der Staat nicht bloß Kautelen verlangt für die Interessen der an der Gesellschaft betheiligten Personen und für die Interessen der Gläubiger der Gesellschaft, sondern auch zur Wahrung öffentlicher Interessen. Ich glaube, wir erzielen damit einen Uebergang in eine höhere Organisationsform unserer Volkswirthschaft auf schmerzlose Weise. Dabei handelt es sich durchaus nicht um sozialistische Ideen, denn im Gegentheil das Privateigenthum bleibt vollkommen aufrecht, die Initiative und die Energie des Einzelunternehmers sollen nicht im Geringsten darunter leiden. Allein es wird eben den Privatkorporationen eine Schranke gesetzt, die sie nicht überschreiten können. Wer diesem Gedanken Sympathie abgewinnt, wird nicht leicht eintreten für das, was der erste Herr Gutachter am Schlusse seines Gutachtens als ultima ratio empfiehlt, nämlich die Verstaatlichung einzelner Industriezweige, bei welchen die öffentlichen Interessen besonders maßgebend sind. Gedacht ist dabei wohl an die Bergwerksindustrie. Dieser Ruf nach Verstaatlichung war auch bei uns in Oesterreich vor einigen Jahren ziemlich laut vernehmlich, als durch die Kohlentheuerung und den Kohlenstreik die Oeffentlichkeit erregt wurde. Ich habe mich damals schon entschieden gegen die Lösung des Problems durch die Verstaatlichung ausgesprochen und dabei auf ein geschichtliches Beispiel hingewiesen, das hier auf preußischem Boden zu erwähnen vielleicht nicht unpassend sein wird. Zur Zeit der Herrschaft des sogenannten Direktionsprinzips im Bergbau hat die Staatsgewalt es als ihre Aufgabe betrachtet, den Bergbau nicht bloß vom polizeilichen, sondern auch volkswirthschaftlichen Standpunkte zu beaufsichtigen. Ihren Höhepunkt erreichte die Tendenz dieser Gesetzgebung in Preußen. Hier wurde unter Anderen bestimmt: Die Schichtmeister schließen im Namen der Gewerke unter Aufsicht der Berggeschworenen die Kontrakte mit den Arbeitern und verkaufen die Produkte der Grube für die vom Bergamte festgesetzten Preise. Durch spätere preußische Verordnungen, insbesondere durch die Deklaration vom 18. Mai 1786 wurde als Aufgabe der Bergbehörden erklärt, Ueberproduktionen im Bergbau zu verhüten und die Preise der Produkte so zu reguliren, daß die bestehenden Werke neben einander existiren können.

Die Verstaatlichung einzelner Industriezweige ist scheinbar eine glatte einfache Lösung eines wirthschaftspolitischen Problems. Aber, meine Herren, auf sozialem Gebiet ist nicht immer die Einfachheit der Prüfstein der Wahrheit. Auch unsere politischen Verhältnisse sind immer komplizirter geworden; an Stelle der einfachen Konzentration der Staatsgewalt und der Volksversammlung des klassischen Alterthums, in der absoluten der Monarchie der Neuzeit ist jetzt getreten eine Verbindung von Parlament und Krone, von Staat und Selbstverwaltung. Das dürfte ein Fingerzeig dafür sein, daß auch auf dem Gebiete der Volkswirthschaft ich möchte sagen eine Theilung der Souveränität, das Wort natürlich nicht im juristischen Sinne, sondern populär genommen, Platz greifen muß, nämlich eine Theilung der Macht über die wirthschaftliche Produktion zwischen den einzelnen Besitzern, insbesondere den Korporationen und der öffentlichen Verwaltung. Wenn wir einen solchen Gesichtspunkt ins Auge fassen, dann, glaube ich, werden wir dem Postulat eines großen Mannes gerecht, dessen in unserer Versammlung und gerade in diesen Räumen zu gedenken mir passend erscheint, ich meine Rudolf von Gneist, der nicht müde wurde, zu erklären — und mit seinen Worten lassen Sie mich schließen — daß die egoistischen Interessen der Gesellschaft ihre Schranke finden müssen an der ewigen Idee des Staates. (Lebhafter Beifall.)

Vorsitzender: Die Abtheilung hat dem Herrn Berichterstatter schon eben ihren lebhaften Dank für den überaus belehrenden Vortrag ausgesprochen. Ich darf, ehe ich dem zweiten Herrn Berichterstatter das

Wort ertheile, nochmals die von Herrn Prof. Dr. Menzel vorgeschlagene Resolution zur Verlesung bringen, und zwar thue ich das deshalb, weil sie leider nicht gedruckt vorliegt.

(Folgt die Verlesung, Text s. oben).

Es sind weiter Anträge gestellt von Herrn Landgerichtsrath Kulemann (Braunschweig). Diese liegen gedruckt vor. Es ist ferner ein Antrag gestellt von Herrn Justizrath Boyens, Rechtsanwalt beim Reichsgericht in Leipzig, der dahin geht:

„Es empfiehlt sich, überhaupt oder mit Beschränkung gegenüber solchen Unternehmungen, welche thatsächlich monopolistischer Natur sind, den Kontrahirungszwang einzuführen."

Ich ertheile nunmehr das Wort dem zweiten Berichterstatter, Herrn Landgerichts-Präsident Nentwig.

Mitberichterstatter Landgerichtspräsident **Nentwig** (Gleiwitz): Meine Herren! Von einem ergrauten alten Praktiker, der ein Referat über die vorliegenden Gutachten übernimmt, werden Sie nichts weiter erwarten können als eine rein rechtliche Untersuchung der vorliegenden Frage an der Hand dieser Gutachten. Sie haben aus den interessanten Ausführungen des Herrn Referenten entnommen, daß beide Herren Gutachter wie er selbst in der Vorfrage: ut aliquid fiat einig sind. Wie weit die Wege der einzelnen Herren in der Frage, was geschehen soll, auseinander gehen, haben Sie ja selbst auch schon gehört. Prof. Wäntig will die Selbsthilfe der interessirten Kreise durch die Staatsregierung gestützt sehen; Dr. Landesberger wünscht ein Eingreifen der Gesetzgebung nach der Richtung, daß die Kartelle, ihre Gestaltung und Gebahrung unter Staatsaufsicht gestellt und zu diesem Zwecke eine Kartellbehörde errichtet werde, bei welcher ein öffentliches Kartellregister geführt und eine wünschenswerthe Publizität herbeigeführt werden soll. Der Herr Referent hat bereits neuere Schriftsteller erwähnt, die sich auch für das Kartellregister ausgesprochen haben, und ich möchte, um nicht noch einmal darauf zurückzukommen, gleich hervorheben, daß beide, sowohl Grunzel wie Glücksmann, zum Theil im Interesse der Kartelle selbst dieses Postulat erheben, um ihnen staatliche Anerkennung, Rechtsfähigkeit und Klagerecht zu verschaffen. In dieser Beziehung möchte ich bemerken, daß sich die Forderung dieser Herren durch die einfache Betrachtung erledigt, daß aus den Interessentenkreisen heraus eine solche Hilfe gar nicht beansprucht wird — beneficia non obtruduntur — und daß sie zur Erreichung des Zwecks auch nicht nöthig ist, weil alle höher organisirten Kartelle sich in die Form von Handelsgesellschaften kleiden und schon dadurch die verlangte

Rechtsbeständigkeit und staatliche Anerkennung erlangen. Trotz aller Ausführungen, trotz des eingehenden Gutachtens des Herrn Dr. Landesberger, stehe ich noch immer auf dem Steinmann-Bucher'schen Standpunkte, daß die Nothwendigkeit oder auch nur Zweckmäßigkeit eines gesetzgeberischen Eingriffs überzeugend noch nicht dargethan ist. Meine Herren! Schon früher ist von dieser Stelle aus wiederholt betont worden, daß es nicht Aufgabe des Juristen ist, Gesetze zu machen, sondern das Gesetz zu finden, welches das Volksbewußtsein verlangt. Ein dahingehender Volkswille muß mit zwingender Nothwendigkeit uns bewiesen werden, und dies insbesondere dann, wenn es sich um Ausnahmegesetze handelt. Jedes die Kartellbewegung treffende Gesetz wird ein Ausnahmegesetz sein, und mit Ausnahmegesetzen haben wir schon häufig genug recht trübe Erfahrungen gemacht. Wer ein solches Gesetz vorschlägt und anregt, der muß uns diese Nothwendigkeit für Volks- und Staatswohl nachweisen. Ich will nun untersuchen, wie die Herren Gutachter und der Herr Referent dieser Aufgabe gerecht geworden sind. Es ist bekannt, daß der ungünstige Einfluß, den die Kartellirung nach drei Richtungen haben soll, herangezogen wird, einmal der Einfluß auf die Preisfestsetzung, sodann der Einfluß auf die Arbeiterverhältnisse und endlich auch die Produktionstechnik. In ersterer Beziehung setzt Wäntig eine Definition an die Spitze seiner Abhandlung, die doch wohl ein wenig tendenziös klingt. Er sagt, die Industriekartelle sind vertragsmäßige Vereinigungen selbständiger Unternehmer zur Erzielung höchst möglichen Kapitalprofits durch monopolistische Beherrschung des Marktes. Schon dieser Satz muß die größten Bedenken erregen. Diese Definition ist weder erschöpfend, weil sie bei weitem nicht alle Arten der Kartelle umfaßt; sie ist auch nicht immer zutreffend, und zwar trifft sie weder in der Zweckbestimmung noch in der Umgrenzung der Mittel zu. Ich will nicht so weit gehen, wie der schon genannte Gruntzel, der betont, daß es heute keinem volkswirthschaftlich gebildeten Menschen einfallen könne, die Kartelle als Verabredungen behufs Preiserhöhung zu definiren. Thatsächlich kann aber auch eine derartige Zweckbestimmung kein charakteristisches Moment in der Begriffsbestimmung sein; denn ohne jede Aussicht auf einen Erfolg, sei es einen moralischen, sei es einen materiellen, unternimmt kein Mensch etwas. Der Zweck alles menschlichen Handelns, also auch derer, die sich in Kartellen vereinen, ist schließlich der größtmöglichste Profit. Aber auch die monopolistische Beherrschung des Marktes kann nicht das ausschließliche Mittel sein, durch welches der so vielfach verschieden gestaltete Kartellzweck erreicht wird. Denn die Erreichung einer auf Vertrag beruhenden Monopolstellung mag wohl vielen Kartellen als Ideal vorschweben, sie wird aber immer auch nur Ideal bleiben, weil sie unerreichbar ist. Denn wenn es selbst einem Kartell gelänge, fast alle Unternehmungen gleicher Art zu vereinigen, so wird auf die Dauer kein Monopol geschaffen, weil ja eine derartige Vereinigung immerhin der Gefahr neuer Konkurrenzunternehmungen ausgesetzt sein würde. Es ist in dieser Beziehung treffend von Gruntzel bemerkt worden, daß auch Jenks, der heute schon genannte größte Kenner amerikanischer Verhältnisse, ausdrücklich sagt: Selbst den großen amerikanischen Fusionen ist eine Monopolstellung zu erreichen unmöglich. Uebrigens würde auch gegen derartige Kartelle, wie sie Herrn Prof. Wäntig sowohl bei seiner Definition wie bei seiner ganzen Abhandlung angenscheinlich vorgeschwebt haben, unsere Gesetzgebung ausreichen! Es sind das offenbar Kartelle, die schon bei ihrer Entstehung oder später durch ihr Geschäftsverhalten auf offensichtlich wucherische Ausbeutung ihrer Abnehmer durch Herbeiführung von Monopolen gerichtet sind. Gegen diese Kartelle genügen aber bei uns in Deutschland unsere Gesetze. Der Entstehungsakt würde schon nach § 138 des Bürgerlichen Gesetzbuchs nichtig sein, ihr späteres Geschäftsverhalten mindestens unter den § 826 fallen. Herr Prof. Menzel hat früher ausgeführt, daß diese Bestimmungen nicht mehr zutreffend sein könnten, nachdem im ersten Entwurfe die Worte „oder wider die öffentliche Meinung" in dem § 138 ausgeschaltet worden sind. Nach seinem heutigen Referate scheint er die Ansicht nicht mehr aufrecht zu halten, und sie ist auch nach der höchst bedeutsamen Entscheidung des Reichsgerichts vom 4. Februar 1897, betr. die Kartelle der Sächsischen Holzstofffabrikanten, in der That unhaltbar.

Es wird, meine Herren, hier vielfach ausgeführt, daß diese Bestimmung in praxi keine Wirkung haben könnte, weil sich die Kartellanten gegen ihre Anwendung durch die Aufnahme der Schiedsgerichtsklausel schützen und dadurch die Anrufung der ordentlichen Gerichte unmöglich machen könnten. Das ist aber nicht richtig. Denn — ebenso wie nach der österreichischen Civilprozeßordnung — ist auch nach unserer Civilprozeßordnung die Wirksamkeit dieser Klausel von der Rechtsbeständigkeit des Hauptvertrages selbst abhängig. Ich kann freilich an dieser Stelle nicht untersuchen, welche von den unendlich vielen Definitionen der Kartelle die richtige ist — ich glaube aber, wir können uns in der Hauptsache ruhig an die von dem zweiten Gutachter aufgestellte halten: Vertragsmäßige Vereinigungen mehrerer selbstständiger Unternehmer gleicher oder verwandter Branchen, um gemeinschaftlich aber ohne Preisgebung der formalen rechtlichen Selbstständigkeit, durch Beschränkung oder Beseitigung des unter ihnen bestehenden freien Wettbewerbs die Marktverhältnisse zu ihrem Vortheil, womöglich zur Erzielung einer faktischen

Monopolstellung zu beeinflussen. Setzen wir statt des angegebenen Zwecks „zum Zwecke gemeinsamer Regelung der Produktion und des Absatzes“, so werden wir eine alle Kartelle umfassende, ihre Ziele, sowie die Wege zu ihrer Erreichung richtig bezeichnende Begriffsbestimmung gefunden, gleichzeitig aber auch nach der Judikatur des Reichsgerichts keinen Zweifel an der Rechtsbeständigkeit aller so umschriebenen Kartelle haben können. Im Anschluß an seine Begriffsbestimmung bemerkt Wäntig, daß, wenn auch bezüglich der spezifischen Wirkung der Industrieverbände und deren praktischer Bedeutung für das nationale Wirthschaftsleben ein abschließendes Urtheil zur Zeit sich noch nicht fällen lasse, doch Folgendes als vorläufig feststehend betrachtet werden könne: Erstens, daß der Zweck der Kartellirung Erhaltung und womöglich Erhöhung des Kapitalprofits vielfach — ja vielleicht in einem immer mehr und mehr wachsendem Maße — erreicht wird, und daß, soweit dies thatsächlich der Fall ist, die Gefahr besteht, daß die Kartellirung eine sozialpolitisch unerfreuliche Einkommensvertheilung begründet, da sie zu einer Petrifizirung des Unternehmereinkommens führt, indem sie die industriellen Unternehmungen in eine Art Renteninstitut umwandelt. Hierzu steht schon im sichtlichen Widerspruche die sich alsbald anschließende Behauptung, daß die durch die Kartelle herbeigeführte Stabilisirung der Preise überhaupt in dem Umfange nicht eingetreten oder namentlich in Zeiten sinkender Konjunktur von fragwürdigem Werthe ist. Diesen Sätzen möchte ich folgende gegenüberstellen. Der Zweck der Kartelle ist nach meiner Auffassung darin zu suchen, durch eine angemessene Anpassung der Erzeugnißhöhe zu dem jeweiligen Verbrauche unter gleichzeitigem Studium der Aufnahmefähigkeit des Marktes, welcher sich lediglich bei der Kartellirung großer Industriezweige in möglichst vollkommenem Maße übersehen läßt, einen angemessenen Preis zu erzielen, und zwar stellen die Kartelle sich zur Aufgabe, die Preise der Weltlage entsprechend zu normiren und Preisschwankungen — sowohl nach oben wie nach unten — möglichst zu vermeiden. Die Annahme Wäntigs, daß je die Möglichkeit eintreten könnte, eine industrielle Unternehmung in eine Art von Renteninstitut zu verwandeln, scheitert daran, daß jede Preisgestaltung vom Weltmarkt abhängig ist, und wenn es den Verbänden auch gelungen ist, die bei freier Konkurrenz sehr bedeutsamen Schwankungen nach oben und nach unten in gewissem Umfang einzuschränken, so kann von einer Stabilisirung der Preise angesichts der naturgemäßen Konjunkturschwankungen doch nicht die Rede sein. Wie ich erwähnte, ist der Vorwurf, daß die Kartelle berufen seien, allzu hohe Unternehmergewinne zu nehmen und durch ungebührliche Preissteigerung die durch das Kartell zum Verkauf gelangten Erzeugnisse für den Abnehmer zur Weiterverarbeitung sowohl als für den Konsumenten in unsachgemäßer Weise zu vertheuern, allgemein ausgesprochen. Dem gegenüber möchte ich darauf hinweisen, daß für den Maximalpreis der zum Verkauf zu stellenden Waaren eine Grenze gegeben ist durch den Weltmarktpreis, welchem gegenüber für den Absatz nach Deutschland lediglich die Fracht, für den Bezug von außerdeutschen konkurrirenden Staaten zuzüglich des staatlicherseits normirten Schutzzolles in Zuschlag kommt. Hier komme ich auf ein sehr wesentliches Moment. Wenn der deutsche Staat in Rücksicht auf die Erhaltung einer lebensfähigen Industrie und unter gleichzeitiger Rücksichtnahme auf die Bedürfnisse der konsumirenden Bevölkerung für die einzeln in Deutschland hergestellten Fabrikate Schutzzölle eingeführt hat, so ist doch deren Höhe in der Absicht normirt, daß die deutsche Industrie gegenüber den Preisstellungen der unter anderen Verhältnissen produzirenden ausländischen Industrie auch in den Genuß dieser Schutzzölle treten soll. Wenn nun die Kartelle sich vor die Aufgabe stellen, durch Vermeidung gegenseitiger ruinöser Unterbietungen in den Genuß der ihnen staatlicherseits zugedachten Schutzzölle zu treten, so liegt für den Staat keine Veranlassung vor, gegen ein derartiges Bestreben Schritte zu unternehmen. Er hat nach meiner Auffassung vielmehr alle Veranlassung, solche Bestrebungen zu unterstützen, welche dazu dienen, denjenigen Schutz, welcher durch Normirung von Zöllen auf dem Wege der Gesetzgebung der deutschen Industrie zugedacht war, auch zur thatsächlichen Durchführung zu bringen. Es ist von dem Herrn Referenten bereits hervorgehoben worden, und dies wird auch von keiner Seite geleugnet, daß bei den Kartellen mannigfache wirthschaftliche Uebelstände sich ergeben haben, aus denen mit Recht bedeutsame Angriffe gegen das Kartellwesen überhaupt hergeleitet werden. Es ist richtig, große Kartelle, namentlich solche, welche sich auf Rohstoffe und Halbfabrikate erstrecken, haben den Fehler begangen, in Zeiten günstiger Konjunktur ihre Abnehmer zu Abschlüssen, die lange befristet waren, zu drängen, und später, als eine namhafte Abschwächung der Konjunktur eintrat, auf Erfüllung der Abschlüsse zu bestehen, wodurch die auf den Bezug der Roh- und Halbfabrikate angewiesenen Weiterverarbeitungsindustrieen in eine ungünstige und schwierige Lage gebracht wurden. Es haben diese Verbände, wie auch nirgends geleugnet wird, ferner vom Zeitpunkt des Niedergangs der Hochkonjunktur den weiteren Fehler begangen, angesichts der nachlassenden Aufnahmefähigkeit des inländischen Marktes behufs Sicherung einer halbwegs regelmäßigen Beschäftigung die von ihnen erzeugten Waaren zu exorbitant billigen Preisen nach dem Auslande zu verkaufen, wonach die Weiterverarbeitungsindustrieen im

Auslande, auf billiger Grundlage produzirend, in der Lage waren, der deutschen Weiterverarbeitungsindustrie in überaus wirkungsvoller Weise Konkurrenz zu machen. Diese nicht wegzuleugnenden Uebelstände, welche in einer das deutsche Gewerbe schwer schädigenden Weise zu Tage getreten sind, sind nicht, wie Herr Professor Wäntig in einer für die Kartellleitung wenig schmeichelhaften Weise meint, darauf zurückzuführen, daß eine unberechenbare Gewalt vorläufig ohne jede öffentliche Kontrolle in die Hände von Männern geglitten sei, die ihrer Aufgabe wohl geschäftlich, aber nicht sittlich gewachsen seien. Sie sind vielmehr viel einfacher damit zu erklären, daß die Leiter der Kartelle, durch die Erfahrung noch nicht genügend geschult, vorerst Dispositionsfehler begangen haben, welche bei einer reicheren und länger andauernden Erfahrung im Kartellwesen um so sicherer sich nicht wiederholen werden, als diese Fehler die Interessen der eigentlichen Werke unbeabsichtigter Weise überaus schädigen. Denn einem Rohstoff oder Halbzeug herstellenden Kartelle muß naturgemäß Alles daran gelegen sein, sich den weiter verarbeitenden Abnehmer in Deutschland möglichst lebensfähig zu erhalten, das Kartell würde sich ja sonst selbst den Ast absägen, auf dem es sitzt. Bei der Jugendlichkeit dieser ganzen Bewegung kann man wohl, wie heute treffend der Herr Referent bereits gethan hat, diese Uebelstände als Kinderkrankheiten bezeichnen. Sie sind es aber, die die Anti-Kartellbewegung so recht ins Leben gerufen und den Ruf nach Staatsaufsicht gezeitigt haben. Sie haben die Aufmerksamkeit der Herren Sozialpolitiker in hohem Maße auf sich gelenkt, sie haben der Tagespresse je nach der politischen Richtung willkommenen Anlaß gegeben, sich der geschädigten Interessengruppen anzunehmen. Bei ruhiger Betrachtung der durch die Kartellbewegung geschaffenen wirthschaftlichen Zustände und ihrer Ursachen wird man sich indessen sagen müssen, daß die Zeit zu einem gesetzgeberischen Einschreiten noch nicht gekommen, die Sachlage hierfür noch nicht genügend geklärt ist. Denn, meine Herren, Kartelle sind keine willkürlichen, sondern nothwendige Entwickelungs- und Uebergangsformen im gewerblichen Organisationsprozeß, die nichts weniger als vollkommen in sich abgeschlossene Gebilde darstellen, sondern etwas unfertiges im Flusse befindliches, auf vollkommene Entwickelungsformen hinweisendes. Ob ihnen gegenüber der Staat dauernd auf eine gesetzliche Regelung, auf eine Verwaltungskontrole über die Geschäftsführung wird verzichten können, kann füglich dahingestellt bleiben. Aus der Erklärung des Herrn Staatssekretärs des Innern im Reichstag bei der Besprechung der Kohlennoth geht zur Genüge hervor, daß die Staatsregierung die ganze Bewegung mit dem der Wichtigkeit der Sache entsprechenden Interesse verfolgt. Im höchsten Maße würde es aber nach meiner Ansicht zu bedauern sein, wenn die Gesetzgebung vorzeitig eingreifen würde, da mit Sicherheit vorausgesehen werden kann, daß bei einer die ruhige Entwickelung des Kartellwesens störenden Gesetzgebung sich die Ausgestaltung der bestehenden Kartelle zu weitergehenden Organisationen in Analogie der amerikanischen Trusts in beschleunigtem Tempo vollziehen würde. Herr Dr. Landesberger ist in dieser Beziehung mit mir nicht einverstanden. Er meint, daß wir Trustbildung überhaupt nie zu befürchten haben, weil mit den Trustbildungen Börsenmachinationen verbunden seien, die bei unserer Gesetzgebung schlechthin unausführbar wären. Ich bin der Meinung, bei den inneren großen Vortheilen, welche in der Trustbildung auf der Fabrikationsseite zu suchen sind, würde auch ohne die von den amerikanischen Trusts durchgeführten Börsenschiebungen eine Trustbildung innerhalb Deutschlands sehr wohl möglich sein.

Es ist noch auf zwei Gebieten die Nothwendigkeit einer Staatsaufsicht betont worden; der Herr Referent ist auf beide nicht zurückgekommen. Die Herren Gutachter sind namentlich in der Frage nach der Wirkung auf die Produktion der Meinung, daß gerade hier die Kartelle eine verhältnißmäßig günstige Wirkung gehabt haben. Und was den letzten Punkt anlangt, den Einfluß auf die Arbeiterverhältnisse, so ist die organisirte Arbeiterschaft von den günstigen Folgen von Kartellvereinigungen selbst mehr eingenommen als die Vertreter der Theorie, welcher bezeichnende Umstand mich einer näheren Ausführung auf diesem Gebiete überhebt.

Ich möchte zum Schlusse noch einen kurzen kritischen Blick auf die verschiedenen Vorschläge werfen hinsichtlich der Wege, welche der Gesetzgeber zur befriedigenden Lösung der Kartellfrage einzuschlagen hat. Der Herr Referent hat betont, daß das Wäntig'sche Gutachten in den Gedanken einer Verstaatlichung der großen Betriebe ausklingt. Nun, meine Herren, wenn der Jurist auch bei Gesetzgebungen gehört werden muß, inwieweit die Vorschläge sich in den Rahmen der übrigen Rechtsordnung halten, so ist doch hierbei hervorzuheben, daß ein derartiger Vorschlag rein wirthschaftspolitischen Inhalts ist, der mit der juristischen Technik überhaupt nichts zu thun hat, und der viel zu weit abliegt von den Zielen des Juristentags, um ihn überhaupt weiter zu diskutiren. Aehnlich verhält es sich mit der gleichfalls angeregten Begünstigung der in Mitleidenschaft gezogenen Kreise, als da sind Arbeiterschutzvereine, Konsumvereine, Maßnahmen, die eben in den Rahmen der Verwaltung und nicht in den der Rechtssetzung fallen. Uebrigens das, was Herr Professor Wäntig wünscht, geschieht ja theilweise schon; ich erinnere daran, daß in Magdeburg sich eine gegen das Zuckerkartell gerichtete Genossenschaft von Kolonialwaarenhändlern gebildet hat, um Zuckerfabriken und Raffinerien auf eigene Rechnung zu betreiben und sich unabhängig von den Zuckerkartellen zu stellen. Die Vorschläge des österreichischen Gesetzentwurfs, die ursprünglich aus rein finanzpolitischen Erwägungen hervorgegangen sind, finden Sie in ihrem Inhalt vollständig wiedergegeben in dem Landesberger'schen Gutachten; auch der Herr Referent hat sie erwähnt. Hier stehe ich nun auf dem Wäntig'schen Standpunkte, der sie einer jener Attrapen nennt, an denen das österreichische Gewerberecht so reich ist, unfähig, irgendwie einschneidende Aenderungen hervorzubringen und wohl auch nicht dazu bestimmt. In der That ist undenkbar, wie der Staat ein Einspruchsrecht gegen die Ausführung als unwirthschaftlich erachteter Kartellbeschlüsse ausüben soll. Eine Einflußnahme auf diese wirthschaftlich so schwerwiegenden Fragen durch staatlich beauftragte Beamte oder Behörden ist schon deshalb überaus bedenklich, weil die Beurtheilung der Tragweite der eigentlichen wirthschaftlichen Maßnahmen innerhalb der Kartelle eine außerordentlich intrikate ist, und der Staat, wollte er den österreichischen Vorschlägen entsprechend sich wirklich ein solches Interventionsrecht vindiziren, sich eine nicht erträgliche Verantwortung aufbürden würde. Wenn allenthalben ein staatliches Aufsichtsrecht, wie auch heute namentlich betont worden ist, gefordert wird, so ist an sich dagegen nichts zu erinnern; ich weiß nur nicht, ob die dadurch herbeigeführte Belästigung mit dem davon erhofften Nutzen im Verhältnisse steht. Ich habe schon erwähnt, daß wir mit Sonderregistern schlechte Erfahrungen gemacht haben. Ich erinnere nur an das Börsenregister, welches zum großen Theile ganz unbenutzt geblieben ist.

(Sehr richtig!)

Läßt sich die Anlegung von Kartellregistern an sich ja nicht beanstanden, so ist dagegen die von Herrn Dr. Landesberger weiter aufgestellte Forderung, daß ebenso, wie die Kartellstatuten, ihre Abänderung und die Auflösung des Kartells — und solche Eintragungen in die bestehenden Handelsregister finden ja jetzt schon statt — auch die Kartellbeschlüsse, die eine Festsetzung der Preise, der Produktionsmengen, der Einkaufs- oder Absatzverhältnisse zum Gegenstande haben, der Kartellbehörde anzuzeigen und eine Ausfertigung derselben beim Kartellregister zur öffentlichen Kenntnißnahme zu hinterlegen sei. Es ist das — ich bitte hier Herrn Dr. Landesberger um Entschuldigung — nach meiner Auffassung so recht eine Forderung vom grünen Tische, die, sollte sie erfüllt werden, vollständig geeignet ist, der ganzen Kartellbewegung den Todesstoß zu versetzen. Denn schon innerhalb Deutschlands bestehen ja

Kartelle auf einigen Gebieten, beschränkt auf einzelne Landestheile, wie beispielsweise der Oberschlesische Walzwerkverband, welche bei der Durchführung der geforderten Publizität alle ihre geschäftlichen Maßnahmen den konkurrirenden anderen Produktionsgebieten bis in das Detail hinein würden bekannt geben müssen, und es leuchtet ein, daß dann eine praktische verständige Geschäftshandbung ausgeschlossen wäre. Noch wichtiger aber ist der Umstand, daß die Kartelle sich nicht nur mit dem Absatz in Deutschland beschäftigen, sondern daß ihre Beschlüsse sich auch auf die Handhabung des Exportgeschäfts nach dem Ausland beziehen. Es würde alsbald auch die gesammte außerdeutsche Konkurrenz über sämmtliche geschäftliche Maßnahmen der deutschen Produzenten bis ins kleinste Detail informirt werden, und eine sachgemäße Handhabung des Exportgeschäfts wäre zum Schaden der deutschen Industrie dadurch unmöglich gemacht.

(Zustimmung).

Meine Herren! Es ist heute vorgeschlagen worden, der Staatsregierung zu unterbreiten, einmal Register und Publizität — darüber habe ich mich ausgelassen — zweitens eine Reform der Aktiengesetzgebung und des Korporationswesens, damit die Staatsregierung in die Lage komme, für das allgemeine Wohl — wenn mein Gedächtniß mich nicht täuscht — zu wirken. Dieser Vorschlag ist so allgemein gehalten und so wenig positiven Inhalts, daß man ihm ebenso gut zustimmen kann, als es vielleicht praktisch ist, zu sagen: er ist heute überhaupt noch nicht für die Diskussion reif.

Meine Herren! Ich resümire dahin: ich halte zur Zeit einen genügenden Anlaß, Maßnahmen für die rechtliche Behandlung der Kartelle zu ergreifen, nicht für gegeben. Sollte ich mich aber, meine Herren, in einem thatsächlichen Irrthum befinden, sollten jene ohne Weiteres zugegebenen Uebelstände der Kartellbildung auf dem Gebiete der Preisfestsetzung nicht nur vorübergehende, sondern sich aus dem Wesen der Kartelle ergebende, dauernde sein, so wird dann freilich der Gesetzgeber nicht länger zaudern dürfen. Er wird aber nicht mit halben Maßnahmen operiren, sondern er wird eingreifen müssen aus dem Prnzipe heraus, auf dem unsere ganze Wuchergesetzgebung beruht, dem Schutze des wirthschaftlich Schwächeren gegen die Ausbeutung durch den wirthschaftlich Stärkeren. Hoffen wir, daß es weiser Selbstbeschränkung der großen industriellen Kartellleitungen gelingen werde, den deutschen Gesetzgeber in solche Lage nie zu bringen. (Lebhafter Beifall).

Vorsitzender: Auch dem Herrn Referenten, den wir soeben vernommen haben, darf ich namens der Abtheilung für seine außerordentlich interessanten Ausführungen den wärmsten Dank ausdrücken. Ich bringe zunächst zur Verlesung einen Antrag Thumin (Wien), der lautet:

> Die Giltigkeit von Kartellverträgen wird anerkannt, wenn dieselben ihrem vollen Inhalt nach in das Kartellregister eingetragen werden. Die Mitglieder eines Kartells, dessen Organe und Kommissionäre sind den staatlichen Aufsichtsorganen zur Auskunftsertheilung verpflichtet. Die Auskunft des Gesetzes bezüglich wirthschaftlicher Korporationen ist wünschenswerth.

Ich eröffne nun die Debatte und ertheile das Wort Seiner Excellenz Herrn Dr. Klein, Sektionschef im österreichischen Justizministerium.

Dr. **Klein**, Sektionschef im österreichischen Justizministerium: Geehrte Herren! Mit dem Referenten, Prof. Dr. Menzel, bin ich darin ganz einverstanden, daß wir uns in eine Auseinandersetzung über Natur und Struktur der Kartelle nicht mehr einzulassen haben. Die letzten 8 Jahre seit der Tagung des sozialpolitischen Kongresses, der das Kartellproblem damals als erster in Verhandlung nahm, haben, unterstützt durch eine reiche ausländische und deutsche Literatur, wohl hingereicht, um annähernd eine communis opinio über Begriff, Funktion, schädliche und wohlthätige Wirkungen des Kartells zu begründen. In dieser Richtung ist in der That die Diskussion heutigen Tags ziemlich vereinfacht. Anderseits danke ich Herrn Prof. Dr. Menzel auch dafür, daß er, wie er sehr treffend bemerkte, die „prozeßhindernden Einreden", die der Erörterung des Kartellproblems am Juristentage entgegen gehalten werden könnten und vom Herrn Korreferenten thatsächlich zum Theil entgegen gehalten wurden, bereits widerlegt hat. Ich schließe mich ihm auch darin vollständig an.

Was er ferner über die Gründe gesagt hat, warum eigentlich der Staat mit einer Kartellgesetzgebung so zaudert, scheint mir ebenfalls richtig zu sein; nur glaube ich, den eigentlichen letzten Grund dürfte er uns verschwiegen haben. Auf seine Frage, ob der Staat auch die politische Macht habe, das Kartellproblem zu behandeln, möchte ich antworten: die politische Macht vielleicht; aber was auf allen Vorschlägen lähmend liegt, was ein resolutes Zugreifen in der Kartellfrage hindert, ist, daß der Staat den Willen zum Leben hat und deshalb schwer sich entschließt, an einen Hauptfaktor seines Aufblühens und seiner Kraft selbst Hand anzulegen. Mit amerikanischer Drastik, aber erquickender Rüksichtslosigkeit hat Präsident Roosevelt in einer seiner vielen Trustreden letzthin das hervorgehoben. Der Staat ist heute vom Standpunkte der Einnahmen, der Handelsbilanz, der Ausbreitung seiner wirthschaftlichen Machtsphäre, seiner internationalen Geltung zu lebhaft daran interessirt, daß die Industrie prosperirt, und die Erkenntniß, daß hinter den oft weniger gefallsamen Einzelheiten der Kartellthätigkeit eine der unentbehrlichsten Kraftquellen für die Volks- und Staatswirthschaft und für die internationale Politik sprudelt und deshalb Zurückhaltung nöthig ist, diese Erkenntniß macht ängstlich. Jeder Staat braucht seine Industrie. Das Deutsche Reich für seine großzügige, wirthschaftliche Außenpolitik, wir in Oesterreich für Arbeiter und Budget, für Staatswirthschaft und Staatsfinanzen. Die Industrie ist zudem heute nirgends — Amerika inbegriffen — kräftig genug, um schärfere vivisektorische Experimente zu vertragen, und sie ist überhaupt viel schwerer groß gezogen als gestört und zerstört. (Sehr richtig!) Das alles mahnt zur Vorsicht. Je merkantilistischer die allgemeinen Züge unserer Zeit sind, je mehr heute von Export und Exportindustrialismus erhofft wird, desto mehr zögert man mit entschiedenen Schritten gegen das Kartellwesen, die auch die in den Kartellen organisirten großen nationalen Industrieen und Produktionszweige treffen würden. Kein Staatsmann und keine Gesetzgebung wird leicht den Muth haben, den großen transatlantischen Trusts mit ihrer sehr deutlich nach Europa schielenden expansiven Geschäftspolitik eine zersplitterte, unorganisirte Industrie gegenüber zu stellen, die sich gegenseitig auf's Messer bekämpft und aufzehrt. (Sehr richtig!) Nehmen Sie dazu den für unsere Periode charakteristischen Zug nach Vereinigung, Zusammenfassung der Kräfte, die Erkenntniß vom Nutzen großer einheitlicher Wirthschaftsgebiete; nehmen Sie dazu, wie in der Eisenbahnorganisation, in den Heereseinrichtungen, in der sozialen Versicherung u. s. w. überall der einheitliche Aufbau fortschreitet, so kann man von der Gesetzgebung schwer eine Zerstörung der in der Industrie vorhandenen Ansätze zur Regelung der gemeinsamen Arbeit erwarten. Das Zögern von Regierung und Gesetzgebung in der Kartellfrage begreift sich also. Der Staat denkt zuerst an sich, sein Leben, seine Entwickelung: das erheischt in manchen anderen Beziehungen vielleicht noch viel schwerere Opfer, als sie durch die Thätigkeit der Kartelle auferlegt werden.

Das Kartellproblem ist sonach abhängig von den großen allgemeinen Problemen der Weltpolitik, des bewaffneten Friedens, der wachsenden Kultur- und Wohlfahrtsaufgaben des Staates und dem darin begründeten Bedürfnisse des Staates nach sicheren, ständigen, steigenden Einnahmen. Hier sind die letzten Ursachen der Hemmung zu suchen, wäre auch das Geschäftlich-Technische des Kartells leichter juristisch zu meistern, als es in der That der Fall ist.

Aus diesen Gründen bin ich mit den beiden Herren Gutachtern —

und die beiden Herren Referenten sind wohl auch derselben Ansicht — vollständig darin einig, daß an ein Verbot der Kartelle oder gar an eine Bestrafung der Kartellirung nicht zu denken ist. Auch aus dem weiteren Grunde nicht, den Herr Dr. Landesberger in seinem ausgezeichneten Gutachten hervorhebt und trefflich ausführt, daß die bewegende Kraft der Kartellentwickelung eine natürliche Tendenz unserer heutigen Produktionsordnung ist und es ebenso unvernünftig als eitel wäre, gerade diese einzelne Erscheinung der allgemeinen kommerziellen und industriellen Konzentration unterdrücken zu wollen, während die Ursachen und zahlreiche, vielleicht noch bedenklichere Einzelergebnisse dieses großen tiefgreifenden Prozesses unangetastet fortbestehen. Man könnte mit demselben Rechte die immer häufigere Ueberführung geschäftlicher Unternehmungen auf die Basis reiner Kapitalassoziationen oder noch mehr die Fortschritte des Genossenschaftswesens in der Sphäre der Produktion und des Absatzes landwirthschaftlicher Artikel verbieten oder unterdrücken. Denn auch dabei wird die Solidarität an Stelle des wirthschaftlichen Wettbewerbes gesetzt.

Gegen ein Verbot des Kartells wird man sich auch deshalb aussprechen müssen, weil es praktisch wirkungslos wäre. Es schafft kein Angebot der nothwendigen Artikel, keinen günstigeren Preis, nicht einmal die Wahrscheinlichkeit dafür. Die Unternehmer können ihre Waare nichtsdestoweniger zurückhalten und zu gleichem Preise ausbieten wie vor dem Kartellverbote; wir wissen, wie leicht sich zwischen den wenigen führenden großen Unternehmungen über wichtige Fragen ihres Betriebes auch ohne förmliches Kartell ein Einverständniß etablirt. Ist aber keine Konkurrenz da, so ist diese Art Repression für das Verkehrsleben ein Schlag ins Wasser.

Ich habe das erwähnt, weil es uns eine der größten inneren Schwierigkeiten einer Kartellgesetzgebung enthüllt, eine Schwierigkeit, die aus dem Kerne des Problems selbst folgt und bei allen Vorschlägen und Plänen Selbstbeschränkung auferlegt. Wenn es bloß gilt, Rechtswidrigkeiten zu verhüten oder zu beseitigen, so kann das Gesetz verbieten, annulliren, strafen und erreicht damit den beabsichtigten Erfolg. Für den wirthschaftlichen Zweck einer Kartellgesetzgebung genügt das jedoch nicht. Hier zeigt sich eine Schranke der Macht des Gesetzes, das bei der gegenwärtigen verkehrswirthschaftlichen Organisation der Produktion nur abwehren, Normen für unser Thun und Lassen geben, den Produzenten schützen kann; aber das Gesetz kann leider niemals Produzenten schaffen oder Privatpersonen Produktion und Verkehr anbefehlen, es kann mit anderen Worten — und damit wende ich mich zugleich gegen den Antrag, der zuletzt verlesen wurde — für Privatpersonen keinen Zwang zum Kontrahiren begründen. Infolgedessen wird das Gesetz heute das Kartell nie in seinen nächsten schädlichen Wirkungen bekämpfen können, weil es niemals das geben kann, was auszuschließen Zweck der Kartellvereinbarung ist: die Konkurrenz, einen besseren, gerechteren, einsichtigeren Gegenkontrahenten, der zu rechter Zeit und zu billigeren Preisen liefert, was wir gerade brauchen. Dem Kartelle gegenüber hängt aber aller Erfolg nur und ausschließlich vom Auftreten anderer Produzenten mit günstigeren Angeboten ab.

Manche Vorschläge zur Regelung der Kartellfrage berücksichtigen diesen Gedanken und wollen indirekt helfen, indem sie durch gewisse Einrichtungen die Konkurrenz anfachen, dadurch die monopolistische Stellung des Kartells zu brechen suchen. Ob das nicht zu optimistisch gedacht ist? Nach allen Erfahrungen zu urtheilen, müssen mindestens 70 bis 80 pCt. der fraglichen Branche einig sein, damit die Kartellvereinigung auf dem Markt wirksam ist. Was außerhalb des Kartells bleibt, kann eine große Unternehmung sein, meist sind es weniger starke Firmen, um die man sich nicht kümmert, die man bei Seite liegen läßt. Woher soll nun die Konkurrenz kommen? Eine Konkurrenz, die hier besonders riskant ist, weil sie sich gewissermaßen angesichts der feindlichen Schlachtreihen entfalten soll und weil durch einen geschickten taktischen Zug des Kartells der Konkurrent bei seinem ersten Auftreten so unterboten werden kann, daß er damit sofort alle Kundschaft verliert, soweit überhaupt von Konkurrenz die Rede sein kann und sie nicht durch die alleinige oder überwiegende Disposition über die vorhandenen Rohstoffe oder Halbfabrikate ausgeschlossen ist. Die einzige Konkurrenz, die wirklich ernstlich in Frage käme und dem Verbande gefährlich zu werden vermöchte, könnte nur aus dem Kreise der kartellirten Unternehmungen selber kommen. Aber gerade sie wird durch die Anerkennung der Rechtsgültigkeit des Kartells, die ein Ausspringen einzelner Unternehmer zum Zwecke der Aufnahme des Wettbewerbs verhindert, äußerst erschwert. (Sehr richtig!) Ich spreche natürlich stets von der inländischen Konkurrenz. Was die des Auslandes anlangt, so hat schon Herr Professor Menzel übereinstimmend mit dem Gutachten des Herrn Dr. Landesberger die Schwierigkeiten erwähnt, die eine Suspendirung der Zölle zum Zwecke des Hervorrufens konkurrirender ausländischer Angebote gegen sich hat. Sie sind in den verschiedenen Staaten nicht ganz gleich, bei uns z. B. erleiden sie durch die speziellen staatsrechtlichen Verhältnisse Verschärfung, aber als bloß temporäre Maßregel ist vorübergehende Aufhebung oder Herabsetzung der Einfuhrzölle wohl überall unausführbar; im System des autonomen wie in dem des Vertragstarifes. Außerdem wäre doch wieder dieses Mittel durch internationale Kartellirungen verhältnißmäßig leicht zu umgehen, so daß es kaum allzu oft angewendet werden wird.

Fast ebenso einig als in der Ablehnung einer völligen, grundsätzlichen Unterdrückung der Kartelle ist man — wenigstens in Oesterreich — in der Forderung einer Publizität der Kartelle, die der Eine so, der Andere anders versteht und begrenzt. Die Forderung der Publizität der Kartelle, ihrer Statuten und ihrer wichtigsten Beschlüsse, das Kartellregister, das ist — meine Herren Landsleute mögen mir das verzeihen, ich will damit gewiß nicht boshaft sein — bei uns zu einer Art Zwangsvorstellung geworden, einer fixen Idee, die sich fraglos einstellt, sobald von Kartellgesetzgebung die Rede ist. Um so nothwendiger sich die Sache genauer zu besehen, zumal die Vorschläge eines unserer Herren Gutachter sich sogar in diesen Institutionen erschöpfen, Herr Dr. Landesberger gerade darin den nächsten und einzigen Zweck der Kartellgesetzgebung überhaupt sieht.

Alle auf Kartelle bezüglichen Daten sammeln, die inneren Verhältnisse des Kartells, seinen Organismus, seine Thätigkeit der Oeffentlichkeit zugänglich machen, ist ausgezeichnet! Es fragt sich nur, was darauf bauen? Eine ständige Ueberwachung, Aufsicht, Kontrole der Staatsverwaltung? zielbewußte Verwaltungspolitik zum Schutze der Volks- und Privatwirthschaft gegen die Kartelle? Soll es ein Mittel sein zur geschäftlichen Bekämpfung der Kartellthätigkeit durch die Konkurrenz, also dem Zwecke dienen, die Konkurrenz anzuspornen? Oder Veröffentlichung bloß zu Studienzwecken, für Vorschläge de lege ferenda? Darüber muß man sich klar sein, darüber aber scheinen die Ansichten, selbst soweit sie klare sind, sehr getheilt.

Ohne viel Umschweife — ich fürchte ohnehin, die Aufmerksamkeit der Herren zu lange in Anspruch zu nehmen. Entschuldigen Sie es damit, wenn ich nicht das Detail der Begründung gebe, sondern bloß in großen Strichen male; vielleicht giebt sich Gelegenheit, dies anderswo zu ergänzen — also ohne viel Umschweife, ich möchte das ganz offen hier sagen: eine wirksame regelmäßige materielle staatliche Ueberwachung des Kartells, ein präventives Eingreifen irgend welcher Behörde in die Geschäftsführung des Kartells und der kartellirten Unternehmungen, dergleichen scheint mir dermalen rundweg ausgeschlossen.

(Lebhafte Zustimmung.)

Damit mag man in Wahlreden Stimmung machen, aber wir wollen auf die Erfüllung warten. Wenn nicht ein großer politischer Umschwung eintritt, wird es mit einer ernsten den Trustmachthabern unbequemen staatlichen Oberaufsicht über die amerikanischen Trusts wohl seine Wege haben. Eine amerikanische Zeitung hat ausgerechnet, daß bloß die gesetzgeberische Vorbereitung zur nothwendigen Aenderung der Unionsgesetzgebung nicht vor 1907 vollendet sein könnte. Das ist ein in den Wahlreden auf sehr lange Sicht ausgestellter Wechsel; wir wollen abwarten, ob und wie er eingelöst wird. Denn ganz ohne Grund zieht sich der Staat gewiß nicht lautlos von der Beaufsichtigung der Aktiengesellschaften zurück, obwohl die Beaufsichtigung der Aktiengesellschaften im Vergleiche zur Ueberwachung der Kartelle ein Kinderspiel ist, da bei Aktiengesellschaften nur die formelle Richtigkeit der Geschäftsführung zu kontroliren war. Jene andere Kontrolirung wäre vielleicht denkbar, wenn es ein entscheidendes staatliches Central-Produktions- und Vertheilungsamt gäbe, das organisch das gesammte Wirthschaftsleben lenkt. (Heiterkeit.) Solange nicht eine fundamentale Aenderung der Wirthschaftsverfassung stattgefunden hat, geht das nicht. Und dann gestatten Sie, mit derselben Aufrichtigkeit zu sagen: wir wollen auch keine staatlich konzessionirten Kartelle, und so hoch ich die Vervollkommnungsfähigkeit des menschlichen Geistes anschlage, ein Amt welcher Zusammensetzung immer kann ich mir nicht vorstellen, dem wir es mit Beruhigung anheim geben können, auf das Risiko Anderer in das Getriebe des Marktes, in die Bedingungen von Produktion und Absatz, in die Geschäfts- und Preispolitik der Industrie ausschlaggebend, mit einer für den einzelnen Produzenten bindenden Autorität einzugreifen. (Zustimmung.)

Nach glücklich beseitigter Präventivzensur der Presse wollen wir keine Präventivzensur der Industrie entstehen lassen. Das kann der Zweck der Publizität und Registrirung nicht sein. Im privat-, verkehrswirthschaftlichen Wirthschaftssysteme würde auch die Staatsgewalt kaum immer vorweg beurtheilen können, ob und wo die freie Konkurrenz im Interesse der Erhaltung der vorhandenen wirthschaftlichen Unternehmungen eine Einschränkung fordert oder erlaubt, und ob die geplante Einschränkung größere Opfer der Allgemeinheit zumuthet, als die Zerstörung oder Schwächung bestehender Industrien. Darüber sind oft sogar post festum die Meinungen getheilt. Daher wäre der Verwaltung oft mehr als sie bei bestem Willen und mit den erlesensten Kräften leisten könnte, zugemuthet, wenn man verlangen wollte, daß sie stets im Voraus zu entscheiden hätte, ob ein geplantes Kartell oder ein einzelner Kartellbeschluß über Preise, Kontingentirung u. s. w. volkswirthschaftlich schädlich sei. Bei solchem präventiven Eingreifen — und das mag Herr Professor Menzel gemeint haben, als er von der politischen Kraft sprach — würde die Staatsverwaltung auch kaum immer die volle Freiheit und Unabhängigkeit besitzen. (Sehr richtig!)

Obwohl z. B. in Oesterreich schon seit Jahren erkannt wurde, wie sehr unter dem Regime der Ausfuhrsprämien und des Zollschutzes die Zuckerproduktion über das Maß des Inlandsbedarfes und der dauernd sicheren Exportgelegenheit hinauswachse, und es an Anregungen, dieses Mißverhältnis abzuschwächen, nicht fehlte, konnte man sich — aus wahrscheinlich triftigen Gründen — zu einem Eingreifen nicht entschließen. Noch weniger wird man sich dazu bereit finden, wenn die Verhältnisse weniger plan liegen oder man besorgen müßte, durch ein Verbot oder ähnliches über einen Produktionszweig eine Krise oder eine Katastrophe heraufzubeschwören. Der Staat kann schließlich sogar ein Interesse haben, eine bestimmte Industrie selbst mit Hülfe von Protektionen und Kartellen zu erhalten.

Zu den hiernach meines Erachtens nicht ausführbaren Dingen gehört die Censur einzelner Kartellbeschlüsse, wie die Untersagung des Kartells oder der Ausführung von Kartellbeschlüssen wegen daraus zu besorgender künftiger Nachtheile. Wie diese Vorschläge im Einzelnen formulirt sind, ist gleichgültig; immer, glaube ich, werden ihnen zum Mindesten alle die Einwendungen entgegenstehen, welche die Beaufsichtigung der Aktiengesellschaften durch den Staat zu einer auf den Aussterbeetat gesetzten Einrichtung gemacht haben.

Nun die Frage: Ist jene Publizität für die Kartellpolitik der Staatsverwaltung ein Bedürfniß? Als Grundlage für diese Kartellpolitik, glaube ich, brauchen wir die Publizität als eine organische, die gesammte Kartellgebahrung umfassende Einrichtung auch kaum. Die Kartelle treffen ihre Bestimmungen über Preise, Produktionsmengen, Absatzgebiete u. s. w. entweder schon heute in voller Oeffentlichkeit, oder diese Beschlüsse sind doch binnen Kurzem für alle Betheiligten in ihren Effekten greifbar, fühlbar. Ich möchte sogar sagen, Kartelle, die sich in der Oeffentlichkeit, im geschäftlichen Leben nicht unangenehm bemerkbar machen, sind überhaupt nicht gefährlich, nicht schädlich. Sie gleichen darin den Frauen, von denen bekanntlich auch diejenigen die besten sein sollen, von denen man am wenigsten spricht. Außerdem ist übrigens das Maß des privatkapitalistischen Nutzens der Kartellabmachungen nicht genau und nothwendig der Maßstab für die volkswirthschaftliche Nützlichkeit oder Schädlichkeit des Kartells. Maßregeln gegen einzelne Kartelle oder einzelne Aktionen von Kartellen in's Werk zu setzen, das wäre die Staatsverwaltung des öfteren auch bisher schon in der Lage gewesen. An der Unkenntniß dessen, ob und wodurch die Kartelle den Konsum oder die abnehmenden Industrien bedrücken, ist dieses Eingreifen, wo es unterblieben ist, gewiß nicht gescheitert. Es ist etwas Wahres an der Behauptung des französischen Schriftstellers Rousiers, daß überall dort, wo Kartelle oder ähnliche Unternehmervereinigungen kräftiger gedeihen, dies fast immer zum größten Theil der wohlwollenden Haltung und einem dem Kartell günstigen Einflusse der öffentlichen Gewalt zuzuschreiben ist, darunter alles begriffen vom Zollschutz bis zur Berücksichtigung bei staatlichen Aufträgen. Wenn ich also eine generelle Publizität nach dieser Richtung nicht nothwendig finde, stimme ich dagegen aus vollem Herzen dem Vorschlage des Herrn Professor Menzel zu, eine spezielle Auskunftspflicht einzuführen. Auch nach meiner Meinung wird die Gesetzgebung der Staatsverwaltung das Recht ertheilen müssen, von den Kartellen und den im Kartelle vereinigten Unternehmungen die für die Zwecke der Staatsverwaltung jeweils erforderlichen besonderen Auskünfte zu verlangen und zu dem Zwecke auch die Bücher und Bilanzen einzusehen. So hat die österreichische Regierung bei Erörterung der Schritte, die gelegentlich der Aufhebung der Exportprämien in Folge der Brüsseler Zuckerkonvention zum Schutze der Landwirthschaft und der Zuckerindustrie nothwendig werden dürften, den Wunsch ausgesprochen, während der Uebergangszeit über die Geschäftsgebahrung des Zuckerkartells informirt zu sein. Das war ein unverbindlicher Wunsch, hier ist der Verwaltung ein Recht einzuräumen.

Betreffs gewisser für die Handelspolitik wichtiger fortlaufender Daten und Verhältnisse wird sich diese Auskunftspflicht sogar in eine auf diesen Theil der Geschäftsführung beschränkte dauernde informative Kontrole verwandeln können, z. B. um zu überwachen, ob nach Abschaffung der Ausfuhrprämien nicht etwa an deren Stelle von dem Kartell eine den Export in ähnlicher Weise begünstigende Vergütung oder Entschädigung gewährt wird.

Diese Auskunftspflicht wird, wie Herr Prof. Menzel schon bemerkt hat, als volle Rechtspflicht im Sinne ähnlicher bereits anerkannter Erklärungs- und Vorweisungspflichten mit den entsprechenden Sanktionen auszustatten sein, und ich stimme Herrn Prof. Menzel bei, daß die Staatsverwaltung in der Verwerthung der auf diese Art erlangten Daten im staatlichen und öffentlichen Interesse freie Hand haben muß. Die Organe, die zur Einholung der Auskünfte u. s. w. verwendet werden, sind selbstverständlich zur Geheimhaltung verpflichtet.

Für den Werth der Publizität ist auch noch Folgendes von Belang. Sie wird uns, das darf bei der Registerfrage nicht übersehen werden, im besten Falle die Kenntniß einzelner Bedingungen einer äußerst komplizirten Wirthschaftserscheinung sichern. Wie diese Umstände wirken, die übrigen mitwirkenden Ursachen, den Kausalzusammenhang der Vorgänge am Markte, den man als Folge des Kartellmißbrauches bekämpfen will, das alles würde trotz jener Publizität unsicher bleiben, das läßt sich aus dem Register nicht konstatiren. Darum wird auch dieser Art von Publizität besonderer Einfluß auf die Entfachung der Konkurrenz nicht zukommen. Die Registrirung wird meistens den Thatsachen nachhinken. Den Vorsprung der feinen Witterung für die Konjunktur, dem der geschäftliche Unternehmungsgeist seine reichsten Früchte verdankt, wird das Kartellregister nie wettmachen. Ich glaube nicht, daß viele Kenner des Geschäftslebens der aktenmäßigen Oeffentlichkeit des Registers für die Aenderung der Marktverhältnisse große Bedeutung beimessen werden.

Bleibt noch als Letztes die bloß gesetzgeberisch-vorbereitende Funktion, die — wie bereits erwähnt — Herr Dr. Landesberger jener Publizität zutheilt. Ich kann mich leider ihm darin nicht anschließen, ohne daß dies meine Bewunderung für das wirklich vortreffliche Gutachten im geringsten mindert, das Jedermann mit dem größten Interesse lesen wird. Das Resultat seiner Vorschläge, wenn sie insgesammt verwirklicht werden, wäre eine Sammlung für die Oeffentlichkeit mehr oder weniger hergerichteter Daten, um die sich wahrscheinlich außer dem Theoretiker Niemand kümmern würde. Denn die übrige betheiligte Welt wird — wie heute — schon aus den Zeitungen, aus dem Geschäftsleben, den Preisbewegungen und der Gestaltung der Marktverhältnisse alles das über das entscheidende Gebahren der Kartelle erfahren, was sie berührt und belastet. Für diese trockene Sammlung aber erhalten die Kartelle schlechthin die Anerkennung ihrer Rechtsgültigkeit, ohne daß gegen einen der Mißstände und Nachtheile, über die man klagt und die auch Herr Dr. Landesberger ohne Rückhalt tadelt, der Finger gerührt worden wäre. Wenn mit allen Reaktionsmitteln gegen die Kartelle so vorsichtig gewartet wird, bis die Anmeldepflicht eine Uebersicht u. s. w. verschafft hat, warum nicht auch mit dem Wichtigsten, was der Staat in dieser Hinsicht zu vergeben hat: der Verleihung der Sicherheit des Rechtsbestandes? Das ist doch das Fundamentalste und damit soll ohne jede Statistik sogleich vorgegangen werden? Es wäre doch ganz ungerechtfertigt, wenn der Staat von Allem, was sonst möglich und denkbar ist, unbedingt absehen und gleich beim „ersten Schritte zur staatlichen Regelung des Kartellwesens" eben das Werthvollste preisgeben würde. Es geht nicht an, zu sagen: wie die Kartelle wirken, ob ihnen freie Bewegung zu lassen sein wird, weiß ich nicht, das muß ich erst ermitteln; aber jedenfalls anerkenne ich sie im voraus! Wie denn, wenn diese Ermittlung zu ungünstigem Resultate führt, will man die Anerkennung zurücknehmen? Doch sehen wir davon ab, nehmen wir bloß die Publizitätspflicht an und für sich, so scheint mir das System Landesberger's, nämlich die Publizität als bloß einleitendes Informationsmittel, als Enquêteapparat kaum annehmbar. Es holt zu weit aus. Man wird nicht von der Industrie verlangen können, nur um Waffen gegen sich selbst zu schmieden, ihre internsten Verhältnisse bloß zu legen. Für jede derartige Offenlegungspflicht müssen stärkere, zwingendere Motive da sein, als die vage Hoffnung, auf diesem Wege vielleicht einmal zu weiteren gesetzgeberischen Vorschlägen zu gelangen. Was die Gesetzgebung zu thun hat, das muß ihr, wie sonst das Leben, nicht das Register lehren. Uebrigens macht es mir den Eindruck — es mag das vielleicht eine subjektiv fasche Auffassung sein — als ob in jenen Vorschlägen die natürliche Reihenfolge nicht eingehalten würde. Meines Erachtens muß man zuvor — wenigstens in groben Umrissen — wissen, was zu erreichen ist, ehe man an's Werk geht, nicht einen großen komplizirten Apparat einführen, ehe man überhaupt weiß, wohin die Reise geht. Wenigstens in thesi, in allgemeiner Perspektive muß man sich annähernd klar sein, ob und wie gegen die Kartelle geholfen werden kann, darnach ist die Vorbereitung einzurichten. Dann wird sie auch nichts Ueberflüssiges auferlegen und von Jedermann begriffen und ertragen werden. Wenn man nicht von vornherein überzeugt ist, in die innere Organisation und in das Gebahren der Kartelle reglementirend eingreifen zu können, um dadurch den Nachtheilen ihrer Wirksamkeit zu begegnen, wozu dann die Anzeigepflicht und das Ausbreiten so vieler das Kartell betreffender Details? Je skeptischer in dieser Hinsicht Herr Dr. Landesberger ist, je schärfer er eine erfolgreiche civilrechtliche Repression verneint, je weniger er selbst von den Einwirkungen der Handelspolitik erwartet, desto weniger scheinen daher seine Vorschläge selbst von seinem Standpunkt aus gerechtfertigt. Endlich müßte noch der eine Vorbehalt gemacht werden: Die Einrichtungen, die Herr Dr. Landesberger empfiehlt, wären mir unter allen Umständen zu großartig, zu luxuriös, zu weitfaltig. Ein Meldeamt unter gerichtlichem Schutze dürfte wohl zu viel sein. Mehr oder weniger genaue Analogie mit dem Handelsregister und seinem Recht sollte doch genügen. Mit einem Worte: Publizität der Kartelle, staatliche Kontrole ihrer Errichtung und ihrer Statuten bloß vom Gesichtspunkte der Gesetzmäßigkeit, das kann ich mir zur Noth noch denken. Jedoch nur als Theil eines systematischen staatlichen Kartellrechtes, nicht aber als Vorstadium und Vorstudium. In dieser Richtung scheinen mir die beiden bisherigen legislativen österreichischen Vorarbeiten vor den Anträgen unseres Herrn Gutachters den Vorzug zu verdienen.

Ich komme auf Grund dieser Untersuchung zu dem negativen Ergebnisse, daß die Einführung der Publizität kaum viel bessern würde. Sind wir damit am Ende unseres Könnens? Die Kartelle haben doch, das geben ihre wärmsten Vertheidiger zu und auch der Herr Korreferent, zu berechtigten Klagen Grund gegeben. Die Allgemeinheit, das öffentliche Bedürfniß verlangen Hilfe gegen die „Ausschreitungen" und gegen die Bedrohungen des Konsums und der Produktionsfähigkeit. Der Herr Korreferent sagte, wo nicht die Volksstimme eine Gesetzgebung verlange, solle nichts geschehen. Meine Herren! Ich weiß nicht, wo wir die Volksstimme suchen sollen, das ist eine etwas diffuse Sache. (Heiterkeit).

Vom juristischen, vom staatsrechtlichen wie vom politischen Standpunkt ist der legitime Ausdruck der Volksstimme das Parlament. Da erinnere ich nun den Herrn Präsidenten an die vielen Anträge und Anfragen in den parlamentarischen Körpern des Deutschen Reichs, der Einzelstaaten und Oesterreichs, und ich erinnere ihn an die höchst interessanten Verhandlungen der Zolltarifkommission des deutschen Reichstags. Da ist, wie mir scheint, die Volksstimme mit ziemlicher Deutlichkeit zum Ausdrucke gekommen. Ich gebe zu, wie er behauptet, daß die Kartelle eine wirthschafts-geschichtlich nothwendige Entwickelungserscheinung sind, muß, darf die Gesetzgebung deswegen die Hände in den Schooß legen? Das Nothwendige in solche Bahnen zu leiten, daß es seinen Lauf nehmen kann, ohne die soziale Ordnung und das Gefüge der Wirthschaft zu zerstören und ohne die Interessen der Gesammtheit und der Einzelnen mehr als nothwendig zu berühren, das ist doch Aufgabe der Gesetzgebung. Die Nachtheile der Kartelle kennen wir nun schon, zum Mindesten reicht das, was wir davon kennen, aus, um eine Reaktion dagegen sehr zeitgemäß erscheinen zu lassen. Oder will man uns in Aussicht stellen, daß noch weitere, viel ärgere Nachtheile entstehen werden und wir deshalb warten mögen, bis die ganze Fluth von Unglück hereingebrochen ist? Anerkannte Uebelstände fortwuchern zu lassen, wäre unverantwortlich, namentlich in einer Zeit, wo die Gesetzgebung gerade für Aufgaben dieser Art eine so außerordentlich feine Empfänglichkeit überall zeigt. Von diesem Gesichtspunkt aus möchte ich nun — hauptsächlich auch, um gewisse im Voraus erhobene Einwendungen des Herrn Korreferenten zu entkräften — auf Folgendes hinweisen.

Gesetze gegen die Ausschreitungen der Kartelle — bleiben wir bei diesem oft gebrauchten Worte — würden dann allerdings das Stigma von Ausnahmegesetzen tragen, wenn sie den Kartellen verbieten würden, was Einzelunternehmern oder anderen Associationen erlaubt ist. Soweit jedoch die Gesetzgebung den Kartellen gegenüber nur diejenigen Rechtsprinzipien zur Geltung bringt, die im allgemeinen Civilrechte verwirklicht sind, sie nur den besonderen Verhältnissen anpaßt, wird man die ethische, politische und soziale Berechtigung einer solchen Gesetzgebung kaum bestreiten können. Keine Ausnahmegesetze gegen Kartelle, aber auch keine Ausnahmen vom Gesetze zu Gunsten der Kartelle. Und wenn sich zeigt, daß in der Thätigkeit, im Gebahren der Kartelle die allgemeinen Thatbestände gewisser Rechtsgebote und Rechtsverbote solche Veränderungen erfahren, daß diese Normen nicht in voller Tragweite hier ihre Wirksamkeit entfalten können, so muß eben durch besondere Normen dies ermöglicht werden. Also Spezialgesetze, soweit nothwendig, aber keine Ausnahmegesetze!

Ueberblickt man nun die empfindlichsten Ausschreitungen der Kartelle, ihre am schärfsten verurtheilten Mißstände, so finden wir bald, daß das Rechtswidrige daran — ich spreche zu Juristen, Sie werden mir diesen allgemeinen Ausdruck gestatten; Sie fühlen, was ich meine — durchaus nichts Originelles ist, sondern fast durchwegs in eine der bekannten großen Unrechtskategorien fällt, gegen welche die Gesetzgebung seit jeher rüstet und Mittel schafft. Wir finden die Symptome und Spuren des Zwanges, der Schädigung der wirthschaftlich Schwächeren durch die Fiktion der Vertragsfreiheit, die Symptome des Wuchers, der laesio enormis, des unlauteren Wettbewerbs u. s. w., vielfach verfeinert, aber doch von ganz unzweifelhafter Familienähnlichkeit. Da scheint es denn, daß nicht bloß der Versuch, diese Unrechtsformen wie sonst, nur angepaßt den Eigenthümlichkeiten des Kartells, zu bekämpfen, doch nicht ganz aussichtslos sein kann, sondern daß sich sogar die Gesetzgebung, wo sie solche Analogien findet, dieses Versuches nicht entschlagen darf. Die Rechtsgrundsätze und Rechtsanschauungen, auf die wir den ganzen Verkehr und das gesammte soziale Leben aufbauen, müssen auch in diesem Sonderbezirk richtig und realisirbar sein. Das Gegentheil wäre unmöglich.

Daraus empfängt der Jurist die Anregung — und das ist ein weiteres Argument für die heute bezweifelte Legitimation des Juristen, in der Kartellfrage mitzusprechen — zu einer genaueren Prüfung der Kartellthätigkeit und ihrer Elemente, um zu erforschen, ob hier das allgemeine Civilrecht Ergänzungen bedürfe, damit Jedermann dem Kartelle gegenüber denselben Schutz seiner rechtlich anerkannten Interessen genieße wie sonst. Also nur keine ungünstigere Stellung desjenigen, der mit dem Kartelle zu thun hat, nicht Zurückdrängen des Kartells in eine rechtlich ungünstigere Position. Nicht Verletzung der Rechtsgleichheit zum Nachtheile der Kartelle, nicht Repression der Kartelle, nur Unterstellung unter das gemeine Recht, das wegen minder wesentlicher Thatbestandsverschiedenheiten bis nun hier keine oder keine sichere Anwendung gefunden hat. Deshalb auch nicht einmal Spezialgesetze, soweit schon mittels des geltenden allgemeinen Rechtes jene Ziele zu erreichen sind.

In dieser Hinsicht möchte ich nun auf Folgendes aufmerksam machen, wobei ich wiederhole, daß alles nur skizzenhaft gezeichnet ist und auf Vollständigkeit keinen Anspruch macht.

1. Daß die Kartelle die zur Beherrschung, Kontrole des Marktes in ihrem Produktionszweige erforderliche Menge von Theilnehmern, wenn sie nicht freiwillig kommen, bisweilen auch durch Druck, durch ein unsanftes Entweder=oder zusammenzubringen suchen, das wird von allen Seiten bestätigt. Hier scheint manches vorgekommen zu sein, was nicht in Ordnung war. Geht man auch darin nicht so weit, wie es die amerikanischen Trusts gethan haben sollen, die sich dadurch in der Literatur den Beinamen coupeurs de routes erworben haben, auch in Europa wurden die wirthschaftlichen Machtmittel oft genug gegen widerstrebende Konkurrenten und unbequeme Mitbewerber ausgenützt. Und wenn selbst der Zwang zum Eintritt in's Kartall nur durch das underselling, durch auf den Markt Schleudern der Waare zu herabgesetzten Preisen, durch das Gewähren von Geschäftskonditionen geschieht, bei denen kein Produzent auf die Dauer bestehen kann, mit einem Worte durch Niederkonkurrenziren oder durch Ankauf der Mehrheit der Aktien einer landwirthschaftlichen Zuckerfabrik, um durch Majorisirung der Minderheit oder durch Wahl eines gefügigen Verwaltungsrathes die Fabrik unter das Kartell oder zum Kartell zu zwingen, oder durch Angriffe auf die soziale Berufsstellung eines Unternehmers oder deren Erschwerung u. ä., so ist der Beitritt kein freiwilliger. Wenn die Rechtsordnung das Kartell als rechtsgültig anerkennen soll, muß sie — wie bei allen Verträgen und Rechtsgeschäften — als erste und wesentlichste Bedingung dafür das korrekte Zustandekommen des Kartells setzen, um so mehr als schon das allgemeine Civilrecht die meisten dieser Nöthigungen mißbilligt. Hier kann Raum und Bedürfniß nach einer Spezialgesetzgebung sein, deren volkswirthschaftliche Rechtfertigung darin liegt, daß es dem Kartell unmöglich gemacht oder erschwert werden soll, neu entstehende, mitkonkurrirende Industrien in ihrer Entfaltung zu hemmen. Will man diesen Gedanken acceptiren, so wäre das Kartell — ohne Rücksicht auf seine konkrete Form — durch Richterspruch als aufgelöst zu erklären auf Klage jedes Theilnehmers, der durch Mittel wie die beispielsweise angeführten zum Beitritt genöthigt wurde. Für das Detail würde zum Theile der Gesichtspunkt des Zwanges, zum Theile der des unlauteren Wettbewerbs bestimmend sein. Wo die

Gesetzgebung über den unlauteren Wettbewerb — wie bei uns in Oesterreich — noch in Fluß ist, kann dies zu einer werthvollen Ausgestaltung dieser Rechtsmaterie führen. Mehr, geehrte Herren, als den Einzelnen, der gegen seinen wahren Willen und daher wahrscheinlich auch gegen sein wahres Interesse aus dem Wettbewerb verdrängt wurde, von dem Zwange frei machen, kann die Ungültigerklärung des Kartells allerdings nicht. Aber die Wiederherstellung des Zustandes der prinzipiellen Konkurrenzmöglichkeit ist eben die einzig mögliche volkswirthschaftliche Wirkung gesetzlicher Bekämpfung des Kartells. Sollte von diesem Mittel kein oder wenig Gebrauch gemacht werden, so wird man das als einen Beweis nehmen können, daß auch alle anderen Maßregeln zwecklos gewesen wären, weil die natürlichen geschäftlichen oder finanziellen Vorbedingungen eines privatwirthschaftlich ersprießlichen freien Wettbewerbes fehlen, letzterer nolens volens für den Einzelnen eingeschränkt oder ganz ausgeschlossen ist. Wenn jedes nicht ganz legitim zu Stande gekommene Kartell seine gerichtliche Auflösung zu gewärtigen hätte, so würde das vielleicht die Begründung mancher Kartelle erschweren, aber doch zugleich ein wirksames Mittel sein „gegen die diktatorische Vergewaltigung des Wettbewerbes durch Einzelne oder mächtige Interessengruppen". War es den übrigen Kartelltheilnehmern so wichtig, die Terrorisirten herbeizuziehen, so kann und wird ihnen auch deren Abfall nicht gleichgültig sein. Mit der sorglosen Gleichgültigkeit gegen Gesetz und Recht wäre es jedenfalls zu Ende.

Zu erwägen wäre ferner, ob alle Konkurrenzbeschränkungen, die in einen Kartellvertrag aufgenommen werden, schlechthin und im vollen Umfange verbindlich sein sollen. Man denke an die Konkurrenzverbots-Klausel im Verhältnisse zwischen Prinzipal und Handlungsgehülfen. Analog dem wird man sich fragen müssen, ob nicht für den Kartellvertrag entweder ein gewisser unüberschreitbarer Maximalumfang der Konkurrenzbeschränkungen von der Gesetzgebung aufzustellen oder die Umstände zu bestimmen wären, die eine solche Vereinbarung wegen übermäßiger Bindung der Verkehrsfreiheit ungültig machen oder doch eine Einengung der übernommenen Pflichten begehren lassen.

2. Der Zwang zum Beitritte findet manchmal seine Fortsetzung bei der Führung der Kartellgeschäfte. Die als Konkurrenten lästigen schwächeren Theilnehmer, die deshalb in's Kartell aufgenommen wurden, werden dann in wichtigen Fragen der Kartellpolitik, namentlich dort, wo die Interessen der großen und der kleineren Unternehmer mit einander nicht harmoniren, überstimmt. Nachdem sie einmal im Kartelle sind, wird ihnen gerade so wie der Kundschaft ziemlich rücksichtslos die Schnur enger gezogen. Vor allem bei Festsetzung von Prämien, Vergütungen

für den Export unter gleichzeitiger Vertheuerung der inländischen Lieferungen u. ä. prallen die Gegensätze oft scharf auf einander. Manchmal kommt es zu einer Meuterei im Kartell; in der Regel aber entlädt sich der ganze durch die Majorisirungen aufgestapelte Groll bei den Verhandlungen über die Erneuerung des Kartells. Eine äußerst interessante Episode in der Geschichte des österreichischen Eisenkartells hängt damit zusammen. Das französische Comptoir de Longwy der metallurgischen Unternehmungen hauptsächlich Lothringens fordert in der That — diesen Mißstand würdigend — für gewisse Beschlußfassungen des Kartells Einstimmigkeit. Dies legt die Frage nahe, ob nicht objektiv und allgemein — ähnlich wie es das Handelsgesetz für gewisse Entscheidungen in Gesellschaftsangelegenheiten fordert, und aus zum Theile ähnlichen Gesichtspunkten — für einschneidende Beschlüsse des Kartells und namentlich für diejenigen Beschlüsse, die in der Regel nach den bisherigen Vorschlägen zum Kartellregister angemeldet werden sollen, gesetzlich Einstimmigkeit oder qualifizirte Majorität vorgeschrieben werden sollte. Auch dies würde die Möglichkeit näher rücken, daß im Kartelle gebundene Unternehmer, sobald das Kartell für sie zur drückenden Fessel wird und die Kartellpolitik einen ihren Interessen abträglichen Kurs einschlägt, auf dem Markte wieder als Wettbewerber auftreten können und damit ein Gegengewicht gegen das Kartell schaffen. Unter allen Umständen würde es dem Bestand und der Ausbreitung einseitigen Ueberwiegens einer Gruppe im Kartell entgegenwirken und so zu einer maßhaltenden Kartellpolitik im Sinne des juste milieu beitragen.

3. Nun, meine Herren, komme ich zu einem Punkte, den ich nur mit Zagen, nur mit allen möglichen Reserven vorbringe; aber ich halte mich doch für verpflichtet, ihn ganz kurz zur Sprache zu bringen. Am meisten Erregung hat selbstverständlich, wie auch der verehrte Herr Korreferent zugiebt, die Preispolitik der Kartelle verursacht. Ich kann da kurz sein, da Herr Dr. Landesberger gerade diesen Punkt in seinem Gutachten ausgezeichnet dargelegt hat, und es übrigens auch von kartellfreundlicher Seite, sogar von einer Autorität in Kartellsachen und einem so warmen Fürsprecher der Kartelle, wie es der vom Herrn Korreferenten zitirte Herr Steinmann-Bucher ist, zugegeben wird, daß sich bei einigen größeren Kartellen in der Hinsicht Mißstände gezeigt haben und gelegentlich die starke Stellung eines Syndikats zu wirthschaftlich gefährlichen Kraftproben verleitet hat. Im Interesse der Kartelle selbst wird hier die Gesetzgebung thätig werden müssen. Es wäre wohl nicht möglich, eine Institution als rechtsgültig anzuerkennen, die auf Lebenshaltung und Erwerb der großen Massen einen so unbeschränkt ungünstigen Einfluß aus-

üben könnte. Gewiß wird im Schoße des Kartells nicht selten Klugheit und Gemeinsinn gegen Uebertreibungen der Monopolstellung ankämpfen, aber diese Bestrebungen sollen in gesetzlichen Schranken einen festen Rückhalt gewinnen. Dann wird auch die Empfehlung „weiser Mäßigung", die wir jüngst in der Zolltarifkommission des Deutschen Reichstags gehört haben, auf fruchtbaren Boden fallen. So lange die im Kartell unzweifelhaft gegebenen Profittendenzen sich ungehemmt ausleben können, ist ein solche Mahnung, gerichtet nicht an Philosophen, sondern an Männer des Erwerbens, des Wagens und Verdienens, ziemlich aussichtslos!

Alles was gegen eine behördliche Judikatur in Preisfragen eingewendet werden kann, zugegeben, und um weder die Grundlagen der gegenwärtigen Wirthschaftsverfassung zu verlassen, noch der freien Entwicklung des Wirthschaftslebens zu nahe zu treten, würde sich vielleicht Folgendes vorschlagen lassen. Wo eine abnorme Preisgestaltung als Rückwirkung der Preispolitik des Kartells sich so allgemein fühlbar macht, daß sich größere Kreise von Konsumenten oder Produzenten dagegen aufzulehnen bemüßigt sehen, findet auf Antrag einer Gemeindevertretung, der Repräsentanz einer Produzentengruppe, mit einem Worte jedenfalls nur auf Antrag einer körperschaftlichen Interessenvertretung höherer Ordnung eine Untersuchung der Preisfrage durch eine nicht zu große gemischte staatliche Kommission statt. Die Staatsverwaltung hätte dieser Kommission nicht bloß ihre eigenen Informationen, sondern auch ihr früher erwähntes Auskunftsrecht zur Verfügung zu stellen. Die Zusammensetzung der Kommission muß dem Kartell und dessen Mitgliedern Sicherheit dafür bieten, daß nicht etwa der erlangte Einblick in die Geschäftsverhältnisse des Kartells zum Schaden der Kartellirten, zu Konkurrenzzwecken ausgenützt werde. Dem Kartelle müßte auf jede Weise Gelegenheit gegeben werden, seine Preispolitik zu rechtfertigen und zu vertheidigen. Daraufhin hätte die Kommission über die Berechtigung der Kartellpreise zu entscheiden, und zwar nicht nach juristischen oder wirthschaftstheoretischen Kriterien, sondern vom geschäftlichen Standpunkt und vom Standpunkte der öffentlichen Gemeininteressen, von denen natürlich die Interessen des kartellirten Produktionszweiges selbst ein Stück sind. Die Preissätze wären nur dann als nicht gerechtfertigt zu erklären, wenn sie durch die Wirthschaftslage, die Produktions- und Marktverhältnisse bei der üblichen geschäftlichen Kalkulation nicht motivirt sind und sich nur durch den thatsächlich vom Kartell ausgeübten monopolisirenden Einfluß auf den Markt halten lassen. Dadurch würden die Bewegungen des Marktes zwischen dem Kartell und den übrigen Preisbedingungen gerecht aufgetheilt. Ich glaube, ein solches Urtheil abzugeben, müßte möglich sein. Wenn alle betheiligten Geschäftsgruppen einen Preis verläßlich als zu hoch bezeichnen, muß diese Erkenntniß wohl auch einem Kollegium von Fachmännern zugänglich sein, dem die Regierung nicht bloß die Kalkulationsgrundlagen des Kartells und seiner Mitglieder, sondern auch alle anderen zum Vergleich erforderlichen in- und ausländischen Preisnachrichten verschaffen kann. Es mag beruhigen, daß auch im Referentenentwurfe des österreichischen Industrieraths eine solche nur in der Form verschiedene, im Grundgedanken gleiche Einrichtung vorgeschlagen wird. Sie wird demnach von Industriellen selbst für durchführbar gehalten.

Nun ergiebt sich die Frage: Was mit einer solchen Entscheidung machen? Vielleicht werden Sie sagen, es sei noch leichter, einen derartigen Ausspruch zu erlangen, als ihn zweckmäßig verwerthen. Wieder alles so nüchtern als möglich betrachtet, käme ich zu folgender Antwort: Der Ausspruch der Kommission soll kein Exekutionstitel sein. Er läßt die auf Grund des mißbilligten Preises erfolgten Geschäftsabschlüsse unberührt, hindert prinzipiell nicht auf derselben Basis weitere Geschäfte zu kontrahiren, er soll auch dem Bestande des Kartells ungefährlich sein — damit wird wohl den meisten Bedenken gegen diese Neuerung vorgebeugt. Der Ausspruch soll nur eine von erfahrenen, unbefangenen Kennern des Wirthschaftslebens ausgesprochene Direktive für die Leitung des Kartells und für dessen Mitglieder sein. Diese wissen nun, daß ihre Preispolitik nicht bloß von der ungenau unterrichteten, leicht erregbaren öffentlichen Meinung, sondern von objektiven gut unterrichteten Beurtheilern nicht gebilligt, als egoistisch, als volkswirthschaftsfeindlich betrachtet wird. Diese Entscheidung wäre zu veröffentlichen. Wird das Kartell dadurch zur Einkehr bewogen, so ändert es autonom seine früheren Beschlüsse. Beharrt es auf der mißbilligten Bahn, so ist ein Doppeltes denkbar: Bestrafung oder bloß eine soziale Reaktion ohne Bestrafung. Ich möchte das letztere vorziehen. Das öffentliche Urtheil — und die meisten gesellschaftlichen Kreise schließen sich ihm darin an — weist regelmäßig demjenigen einen eigenen Platz in der sozialen Schätzung seines Persönlichkeitswerthes an, der seinen Vortheil einseitig, ohne die berücksichtigenswürdigen Interessen der Anderen zu schonen, durchsetzt, dessen Erwerbssinn seinen ethischen und seinen Bürgersinn übersteigt, der den größtmöglichen Gewinn herauspreßt, mögen daran auch so viele andere zu Grunde gehen oder empfindlich leiden. Das ist noch lange nicht die Forderung einer altruistischen Gesinnung, man meidet nur die maßlose, sozial schädliche Selbstsucht. Dieser Gedankengang würde dazu führen, daß die Mitglieder oder verantwortlichen Leiter eines Kartells, die trotz der Mißbilligung ihrer Preispolitik am früheren Kartellpreise festhalten, die Fähigkeit einbüßen, künftig Gemeininteressen zu vertreten, also die Fähigkeit zur Mitgliedschaft in der Gemeindevertretung, in Handels- und Gewerbekammern, Börsenkammer, Landwirthschafts- und Industrierath u. s. w. Dem liegt kein unbefugter Zwang zu Grunde. Wem sein Privatvortheil lieber ist als die Werthschätzung seiner Mitbürger, der ist daran nicht behindert, soll aber auch die Folgen davon tragen. Wer in einer so wichtigen Beziehung seinen Privatvortheil zu höchst stellt, von dem kann nicht erwartet werden, daß er in anderen öffentlichen Angelegenheiten objektiver, uneigennütziger, selbstloser sein werde. Er hat dadurch das Vertrauen verwirkt. Ich muß besorgen, daß auch das Vielen zu weit gehen wird, aber das schiene mir durchführbar. Beschwerde und Entscheidung würde mehr warnend, moralisch hemmend wirken, abhalten, den Bogen zu straff zu spannen; die Entscheidung kann auch hier nicht bessere Angebote Dritter schaffen. Auch würde dieses Verfahren begreiflich nur die krasseren Ausbeutungen treffen. Aber wie allgemein das Gefühl, daß in dieser Richtung etwas Noth thut, beweist am besten, daß — wie vor kurzem zu lesen war — auch der Präsident der Vereinigten Staaten eine Regulirung der Trusts planen soll, die ihnen künstliche Preiserhöhungen unmöglich machen soll. Das Prinzip ist also ein von vielen Seiten anerkanntes, über die Mittel wird sich noch reden lassen. Auch in der Literatur wurde bereits öfter Aehnliches vorgeschlagen. Die Untersuchung der Kommission würde sofort einzustellen sein, wenn das Kartell den Beschwerden in genügend scheinender Weise gerecht zu werden sich bereit erklärt und verpflichtet. Auch dieses Ergebniß wäre zu veröffentlichen.

4. Eine andere, von den Kartellen gelegentlich dem Verkehre zugefügte Schädigung, die der Herr Korreferent Ihnen klar geschildert hat, sind die langfristigen Lieferungsverträge. Abgenöthigt zur Zeit guter Konjunktur verpflichten sie den Abnehmer, auch bei schlechtem Geschäftsgange. bei unvorhergesehenen Absatzstockungen u. s. w. den Artikel, trotzdem der Preis seines eigenen Produktes sinkt, zu den Preisen der Hochkonjunktur fortzubeziehen. Im Verkehr zwischen Syndikaten wird es seltener eintreten oder bei geänderter Marktlage eher ein modus vivendi gefunden werden, um die Last abzuschwächen oder ganz zu beseitigen. Die einzelne Unternehmung hingegen ist dem Kartell auf Grund eines solchen Vertrages von Rechts wegen ausgeliefert: das bürgerliche Recht wird ihr selten Mittel geben, um sich dieser Risikoüberwälzung nachträglich zu entziehen. Der Herr Korreferent hat mit Recht hervorgehoben, daß ein solches Vorgehen eine ungesunde Politik sei. Es bringt dem Kartelle vielleicht für's erste einen Vortheil, aber es widerspricht ohne

Zweifel dem eigenen höher aufgefaßten Interesse des Kartells, das sich damit seine Kundschaft schwächt und zerstört. Das früher erwähnte Comptoir de Longwy verfolgte da andere Grundsätze, indem es bei solchen Verhältnissen, in Zeiten gesunkener Fabrikatenpreise und schlechteren Absatzes seinen Kunden für die Dauer der Krisis marchés intercalaires mit Preis- und Mengennachlässen zugestand. Andere Kartelle gingen aber rücksichtsloser vor und zwangen zur Abnahme des vollen Quantums, trotz Krise und trotz verweigerter Annahme.

Auch hier würde die Gesetzgebung einzugreifen in der Lage sein, um bei derlei bedeutenden, ungünstigen Veränderungen am Markte dem Abnehmer die Mittel zu geben, sich vom Vertrage frei zu machen oder ihn auf das richtige Maß einzuschränken. Wandel- und Minderungsklage können hier ungefähre Vorbilder sein. Daß zugleich des Grundsatzes der Vertragstreue willen gegen frivolen Mißbrauch dieses Rechtsmittels zu sorgen wäre, versteht sich von selbst. Jedenfalls verdient das Problem, wie solche Kollektivverträge, bei denen der Einzelne nicht mehr wahrhaft freier Kontrahent ist, zu behandeln sind, um nicht in Mittel formell unantastbaren und rechtlich geheiligten Zwanges auszuarten, ebenso eine eindringende Untersuchung, wie die Frage, ob der Begriff der Drohung, wie ihn die meisten Gesetzbücher aufstellen, für alle die Zwangslagen genügt, in die der Abnehmer eines Kartellartikels durch die Geschäftspolitik des Kartells gerathen kann.

5. Ein Kartell, das sich zwischen Industrie und Landwirthschaft bewegt, aber dennoch ganz zu den industriellen Kartellen gezählt werden muß, und — wenigstens in Oesterreich — zu den lebhaftesten Beschwerden Anlaß gegeben hat, ist das Rübenankaufskartell, die sogenannte Zwangs-Rayonirung, das Rayonirungskartell der Rohzuckerfabriken. Es ist Kartell, insofern es den Vortheil seiner Mitglieder durch Solidarität, durch Ausschluß der Konkurrenz erstrebt, sonst aber in Wahrheit nur die einheitliche Festsetzung eines Vertragsformulars, nämlich der wesentlichsten Stipulationen für die mit den rübenbauenden Landwirthen abzuschließenden Rübenankaufs-, Rübenlieferungs-Verträge. Alle Mitglieder des Kartells erklären dieses Vertragsformular für sich bindend, verpflichten sich, den Landwirthen keine anderen Konditionen und insbesondere keine höheren als die vom Kartell jährlich festgesetzten Preise zü gewähren. Wenn man dem glauben darf, was von den Vertretern der landwirthschaftlich thätigen Bevölkerung in Form von Interpellationen und Vorstellungen an die Regierung vorgebracht wird, scheinen in diese Vertragsstipulationen Bestimmungen Eingang gefunden zu haben, die wenigstens für's erste den Eindruck einer halbwegs gleichen Recht- und Machtvertheilung nicht

machen. Abgesehen davon, daß die Landwirthe über den zu niedrigen Einheitspreis klagen, beschweren sie sich darüber, daß der einzelne Landwirth, ohne gefragt zu werden, einer bestimmten Zuckerfabrik mit seiner ganzen Rübenernte zugewiesen wird, ohne Rücksicht und ohne daß das Kartell dafür haften würde, wenn infolge Zahlungsunfähigkeit des ihm von Kartellwegen bestimmten Abnehmers der Landwirth Schaden leidet. Er muß die Ablieferung unbeschädigter Rübe versprechen, wodurch eine Vertheuerung der Regiespesen eintritt. Dann treffen ihn Strafen, wenn das im Schlußbriefe festgesetzte Rübenquantum auch ohne sein Verschulden nicht erreicht oder der vertragsmäßige Zuckergehalt der Rübe nicht erzielt wird, obwohl der Landwirth in letzterer Beziehung dort ohne Einfluß ist, wo — wie nach den bei uns herrschenden Usancen — der Rübsamen von den Rohzuckerfabriken dem Landwirth geliefert wird.

In Wahrheit, dem Wesen nach handelt es sich hier nicht um eine Seite des Kartellproblems, sondern um eine bessere Abgrenzung zwischen dispositivem und zwingendem Vertragsrecht, um den in so vielen Verkehrsbeziehungen wahrnehmbaren Versuche, durch eine einheitliche Organisirung der einen Vertragsseite den dispositiven Vertragsinhalt möglichst zu Gunsten dieses Theils zu gestalten. Daher würde, wenn nicht etwa durch die Brüsseler Konvention diese Verhältnisse sich von selbst ändern, vielleicht durch ein Spezialgesetz geholfen werden können, das jenes Rechtsverhältniß unter Verstärkung der Elemente zwingenden Rechts mittels Normativbestimmungen (z. B. betreffs Haftung für Quantität und Qualität, Folgen der Zahlungsunfähigkeit, Abzüge und Strafen u. s. w.) regelt und die thunlichste Gleichstellung der beiden Vertragsparteien durch Ausschluß aller einseitig zu Lasten der Landwirthe wirkenden Abmachungen sichert.

6. Endlich wird — ohne dieses würde die Gesetzgebung an ihren Schöpfungen wenig Freude erleben — die Judikatur in allen Streitigkeiten aus Kartellvereinbarungen und insbesondere auch die Judikatur über die nach dem Gesagten neu einzuführenden Anfechtungsrechte mit allem Nachdrucke den staatlichen Gerichten zu wahren sein. Es muß unbedingt verhütet werden, diese Streitigkeiten unmittelbar oder mittelbar vor ein Schiedsgericht zu bringen.

Zu diesen Akten der Gesetzgebung hätte ergänzend ein Verhalten der Staatsverwaltung zu treten, das die Interessen des allgemeinen Verkehrs und der auf Kartellartikel angewiesenen Industrien schützt. Keine Unterstützung der Geschäftspolitik der Kartelle durch die Behörden, nicht ausschließliche oder vorzugsweise Begünstigung der Kartelle bei Vergebung öffentlicher Lieferungen, bei öffentlichen Submissionen u. dgl., mit einem

Worte keine staatliche Förderung der Kartelle zum Nachtheile der übrigen Konkurrenten! Dann Unterstützung der Selbsthilfebestrebungen im Sinne des Gutachtens Professor Wäntig's, und schließlich könnten allerdings die durch Kartelle bedrückten Bevölkerungs- und Produktionsgruppen auch in der Handelspolitik und einer angemessenen Zollgesetzgebung Schutz finden. Nur wurde schon früher erwähnt, daß von einer bloß zeitweiligen Suspendirung oder Herabsetzung der Zölle nicht viel zu erwarten ist.

Ich übergehe, trotzdem es mir Bedürfniß wäre, darüber zu sprechen, den Herren Vorrednern folgend die Rückwirkung des Kartellproblems auf den Arbeiterschutz und möchte zum Schlusse meine Ausführungen folgendermaßen resumiren.

In allen Vorschlägen tritt — wie ich im Voraus sagte — kein einziger neuer Rechtsgedanke auf, nichts was eine Rechtsminderung zum Nachtheile der Kartelle enthielte. Deren Vitalität, ihre geschäftliche Energie bleibe ungebrochen. Sie sollen auch künftig so frei im Rechts- und Wirthschaftsleben sich bewegen wie alle anderen Rechtssubjekte, wie alle anderen Associationen. Keine polizeiliche Ueberwachung wie bei Individuen von höchster Gemeingefährlichkeit, keine besondere Liste, keine präventive Censur. Die Form, die sich die Industrie geschaffen hat, um sich vor den Nachtheilen schrankenlos freier Konkurrenz und „anarchischer Produktion“ zu sichern, soll der Industrie unverkürzt erhalten bleiben. Nur soll sie in ihrer Verwendung dem gemeinen Rechte, d. h. den im gemeinen Rechte wirkenden Rechtsprinzipien unterworfen sein oder, wo das bis jetzt noch nicht der Fall ist, durch entsprechende Spezialgesetzgebung unterworfen werden. Das ist auch die Auffassung des heutigen englischen Rechtes. Dieses erlaubt Vereinigungen von Geschäftsleuten in Sachen des gewerblichen Verkehrs, nur darf die Vereinbarung zu nichts verpflichten, was von einer einzelnen Person in ihrem eigenen Interesse gethan, unerlaubt wäre. Fast alle „Ausschreitungen“, deren man im Deutschen Reiche und in Oesterreich bisnun die Kartelle beschuldigte, liegen in dieser Richtung: möglich daher, daß sie vermieden oder doch eingedämmt werden, wenn man ihre Bekämpfung auf Grund jener Rechtsprinzipien erleichtert. Bei der Ausführung dieses Planes müßte noch an eines gedacht werden. Die Gegenwart, unser Geschmack mag Komplizirtes, Verschnörkeltes, Verwirrtes nicht leiden. Die Gesetzgebung muß sich das Stilprinzip der modernen mechanischen Konstruktionen zum Muster nehmen, deren gefällige glatte Linien, das Zusammendrängen aller Kräfte in einigen Hauptpunkten. Wie immer man die Civilrechtsnormen für das Kartell ausbauen will, die Erfahrung zeigt uns und es will beachtet sein: eine gewisse elegantia juris ist heute ein wesentliches Erforderniß auch der praktischen Wirksamkeit der Rechtsinstitutionen. Prozeduren z. B., wie sie der Referentenentwurf des österreichischen Industrieraths gegen die ausbeuterische Preispolitik der Kartelle vorschlägt, würden wahrscheinlich — gegen ihre Absicht — den gesunden Grundgedanken lahmlegen, dem sie dienen sollten.

Wie immer Sie, geehrte Herren, über meine Vorschläge und Anregungen denken, jedenfalls muß allmählich der Kreis von Möglichkeiten, der für die rechtliche Behandlung der Kartelle in Betracht kommt, ausgeschritten werden, bevor man zu einem Entschlusse kommt. Nur als einen Beitrag dazu bitte ich meine sehr flüchtigen Bemerkungen zu betrachten. (Lebhafter, anhaltender Beifall).

Vorsitzender: Gedenkt der Herr Redner, seinen vorgetragenen Gedanken durch Stellung eines Antrags Ausdruck zu geben? (Nein.) Es ist ein Antrag eingegangen von Herrn Justizrath Dr. Veit Simon folgenden Inhalts:

> Der Juristentag erachtet eine gesetzliche Regelung des Kartellwesens zur Zeit als nicht angezeigt.

Ich ertheile nunmehr das Wort dem Herrn Landgerichtsrath Kulemann (Braunschweig).

Landgerichtsrath **Kulemann** (Braunschweig): Meine Herren! Als ich die Ihnen vorliegenden Leitsätze entwarf, hatte ich ein erhebliches Bedenken, ob ich damit nicht ein Gebiet beträte, das für die Verhandlungen des Juristentages als grundsätzlich ausgeschlossen anzusehen wäre, nämlich das der Volkswirthschaft. Aber die bisher gehörten Ausführungen haben doch einen Theil dieses Bedenkens bereits zerstreut, denn ich meine, sie haben bewiesen, daß wir ohne Stellungnahme zu der volkswirthschaftlichen Seite des Problems auch in unserer Eigenschaft als Juristen nicht wohl ein abschließendes Urtheil gewinnen können. Es ist von dem ersten Herrn Referenten vollständig zutreffend das Verhältniß zwischen Volkswirthschaft und Jurisprudenz dahin bezeichnet, daß die Volkswirthschaft das Ziel aufzustellen und der Jurist die Mittel zu finden hat, die dieses Ziel zu erreichen gestatten. Gewiß, aber ich glaube nicht, daß er etwa daraus die Folgerung herleiten würde, daß nun die ersteren Fragen, die volkswirthschaftlichen, von einem besonderen volkswirthschaftlichen Organ wie etwa dem Vereine für Sozialpolitik, zu lösen wären, und daß der Deutsche Juristentag lediglich die Entscheidung, die etwa das volkswirthschaftliche Organ getroffen, seinerseits sich zu eigen zu machen hätte. Ich glaube nicht, daß diese Auffassung berechtigt sein würde; ich bin der Meinung, daß der Juristentag auch seinerseits durchaus selbstständig die volkswirthschaftlichen Fragen prüfen muß, und ich habe dafür zwei Gesichtspunkte. Zunächst hat die volkswirthschaftliche Seite der Sache noch gar nicht diejenige Erledigung gefunden, die wir fordern müßten, um rein juristisch Stellung zu nehmen. Ich glaube es ist vollständig der Ausdruck einer hier vorhandenen überwiegenden Stimmung, wenn der soeben verlesene Antrag sagt, daß die Kartellfrage noch nicht zur Erledigung reif wäre, und zwar deshalb, weil die volkswirthschaftliche Seite noch nicht in ausreichendem Umfange geklärt ist. Das beweist auch die Mittheilung des Herrn Referenten, die vollständig zutreffend ist, daß die Stellung, die bis jetzt Seitens der volkswirthschaftlichen Vertretung dazu eingenommen ist, im Wesentlichen darauf hinausläuft: erstens die Kartelle sind nicht bedingungslos zu verwerfen, zweitens sie haben entschieden große Schattenseiten, gegen die man ankämpfen muß. Meine Herren, wenn wir gebunden wären, auf ein solches Votum juristische Folgerungen aufzubauen, so würde ich sagen, dieses Votum ist nicht genügend substanziirt, es bezeichnet nicht die Mängel im Einzelnen.

Ich bin aber auch zweitens der Ansicht, daß wir uns der selbstständigen Prüfung der volkswirthschaftlichen Seite nicht entschlagen können; der Jurist soll durchaus volkswirthschaftliche Bildung haben, wir können also nicht etwa die volkswirthschaftlichen Organe in dem Sinne als berufen zur Vorentscheidung auffassen, daß uns die eigene Entscheidung genommen wäre, sondern allerhöchstens als Sachverständige; und wie der Richter zu den Ergebnissen des Sachverständigenbeweises selbstständig Stellung zu nehmen hat, so müssen wir das auch.

Soviel, um den etwas fremdartigen Eindruck zu verwischen, den meine Leitsätze hervorgerufen haben, als ob ich sie vor einem volkswirthschaftlichen Forum hätte geltend machen müssen.

Ich will nun gleich an der Stelle einsetzen, an der ich eine abweichende Haltung einnehme. Die bisher gemachten Vorschläge sind von der Anschauung ausgegangen: das Kartellwesen ist freilich nicht grundsätzlich zu verwerfen, aber wir sind trotzdem zu einem staatlichen Eingriffe verpflichtet. Die Wege, die man in Vorschlag gebracht hat, sind im Wesentlichen als dreifach zu bezeichnen. Der erste ist der der civilrechtlichen Ungültigkeitserklärung. Wir haben aber gehört, daß dieser nicht ausgereicht hat, um das Kartellwesen in richtige Bahnen zu lenken. Der zweite Weg wäre der der strafrechtlichen Repression. Es ist vollständig zutreffend dagegen geltend gemacht, daß wir gar nicht die Fähigkeit haben, den juristischen Thatbestand für eine strafrechtliche Bestimmung zu schaffen. Und drittens der Weg der verwaltungsrechtlichen Behandlung. Unter diesen Weg rechne ich besonders die mehrfach gehörten Vorschläge, durch zollpolitische Maßregeln, durch künstliche Herbeiführung einer Konkurrenz ein Gegengewicht zu schaffen. Ich gehe auf diesen Weg nicht ein, denn die Debatte hat bereits ausreichend erwiesen, daß auch er nicht zum Ziele führt. Dann bliebe nur noch der Vorschlag der Publizität. Aber es ist bereits von meinem Herrn Vorredner darauf hingewiesen, daß doch eine Art der Publizität ganz gewiß nicht angängig ist, nämlich diejenige, die unsere deutsche Industrie in einem Maße an das Ausland ausliefern würde, das wir vom national-wirthschaftlichen Standpunkte nicht verantworten können. Also diese Art Publizität ist unmöglich; ich kann deshalb von den Vorschlägen, die nach dieser Richtung gemacht worden sind, nur denjenigen als berechtigt anerkennen, der für die Gesetzgebung gewissermaßen das Material schaffen will, das uns heute noch fehlt. Insoweit unterstütze ich den Vorschlag durchaus, aber ich glaube, wir dürfen uns nicht täuschen, daß wir damit herzlich wenig beschlossen haben. Wir thun dasselbe, was das Parlament thut, wenn eine Frage nicht ausreichend geklärt ist, nämlich, daß es eine Enquete fordert. In diesem Sinne habe ich gegen den Vorschlag der Publizität nichts einzuwenden. In Einzelheiten gehe ich nicht ein, aber ich glaube nicht, daß wir damit wesentlich gefördert werden.

Nun meine ich aber, allen den Mitteln, die bisher genannt sind, ist gemeinsam der Vorwurf zu machen, daß sie einen gewissen mechanischen Charakter tragen. Sie sollen in das volkswirthschaftliche Leben eingreifen durch unmittelbare Verwendung der Staatsgewalt und ihrer Mittel. Das ist ein prinzipiell bedenklicher Standpunkt, der außerdem praktisch unausführbar ist. Ich stelle dem gegenüber einen anderen, den ich als den organischen bezeichne, und der sich weiter auch dadurch von dem ersten unterscheidet, daß er nicht sowohl die Staatsgewalt unmittelbar zum Eingreifen bringen will, als vielmehr diejenigen Gruppen des wirthschaftlichen Lebens, die durch die Kartelle beeinträchtigt und gefährdet werden. Also wenn Sie es so nennen wollen, will ich der Staatshilfe die Selbsthilfe gegenüberstellen, und es würde dann die Frage aufzuwerfen sein, ob diese Selbsthilfe für sich allein ausreicht oder noch weiterer Stärkung bedarf. Sollte die Selbsthilfe für sich allein ausreichen, so kämen wir zu dem Ergebnisse, daß wir gar nichts zu thun brauchen. Diese Ansicht theile ich nicht. Ich bin der Meinung, daß wir allerdings einen gewissen Eingriff nöthig haben, aber daß er sich darauf zu beschränken hat, das gestörte wirthschaftliche Gleichgewicht wieder herzustellen, indem wir diejenigen Faktoren des Wirthschaftslebens, zu deren Ungunsten dieses Gleichgewicht gestört ist, durch staatliche Maßregeln unterstützen und stärken, sodaß das Gleichgewicht wieder hergestellt sein wird.

So viel über die prinzipielle Stellung, die ich zu dem ganzen Problem einnehme. Ich will jetzt versuchen, den Grundgedanken, von dem ich ausgehe, etwas zu erläutern. Ich kann dabei allerdings nicht vermeiden, daß ich mich überwiegend auf volkswirthschaftlichem Gebiete bewege. Meine Herren! Wir müssen davon ausgehen, daß ein Appell an die humane, an die altruistische Gesinnung der einzelnen Staatsbürger außerhalb der Aufgabe fällt, die wir uns zu stellen haben. Ich glaube auch, er würde thatsächlich nicht den Erfolg haben, daß man großen wirthschaftlichen Fragen dadurch näher käme. Wir haben uns auf den nüchternen Standpunkt zu stellen, daß im wirthschaftlichen Leben die Interessen in Gegensatz kommen und Jeder das Recht hat, sein Interesse unabhängig von dem Anderer zur Geltung zu bringen. Also wir haben zu ermitteln, welche Interessen kommen auf unserem Gebiet in Betracht, und wie ist die Machtvertheilung derartiger Interessen, wird der Gleichgewichtszustand dabei gewahrt? Um diese Frage zu beantworten, thun wir gut, für das wirthschaftliche Leben und die in ihm sich bekämpfenden Interessen ein übersichtliches Schema aufzustellen. Wir theilen bekanntlich unseren ganzen Wirthschaftsbetrieb in die beiden großen Hauptgruppen der Produktion und der Komsumtion. Die Produktion hat mit zwei Faktoren zu thun, erstens mit dem Kapital, zweitens mit der Arbeit. Die Arbeit ihrerseits scheint mir, und das ist ein Punkt, den ich glaube besonders betonen zu müssen, zerfällt in die Unternehmerarbeit und die Arbeit der arbeitenden Klassen. Meine Herren! Dieser Satz ist leider weit davon entfernt, allgemein anerkannt zu sein, und zwar wird er von zwei verschiedenen Seiten bekämpft. Die Sozialdemokratie vertritt den Standpunkt, daß die Thätigkeit des Unternehmers gar nicht als Arbeit anzuerkennen sei, sie kennt nur einen ungerechten Unternehmergewinn und will die Thätigkeit des Unternehmens ganz ausscheiden. Ich brauche in Ihrem Kreise diese Auffassung nicht zu bekämpfen, ich meine, es versteht sich von selbst, daß auch der Unternehmer wirthschaftliche Arbeit leistet. Gewiß kommt bei dem Unternehmereinkommen außer der Arbeit noch eine Reihe von anderen Punkten in Betracht, die ich hier nicht ausführen kann; ich darf aber von dem Satze ausgehen, daß der Unternehmer durchaus volkswirthschaftliche Arbeit leistet und insofern als Faktor der Arbeit in Betracht kommt. Die letztere zerfällt eben in zwei Unterabtheilungen: die Unternehmerarbeit und die Arbeiterarbeit.

Aber auch auf der entgegengesetzten Seite, bei den Unternehmern, wird mein Satz nicht anerkannt, vielmehr findet man auch in den Kreisen der gebildeten Unternehmer ein außerordentlich schwerwiegendes Mißverständniß. Man betrachtet nämlich den Kapitalisten und den Unternehmer als mehr oder weniger identisch, und das ist ein verhängnißvoller Fehler. Ich habe neuerdings Gelegenheit gehabt, mit dem Präsidenten einer Handelskammer darüber zu sprechen; er gab mir sowohl die Richtigkeit meines Standpunktes zu, als auch, daß im wirthschaftlichen Leben vorwiegend dieses Mißverständniß bestände. Meine Herren! Der Fehler tritt am deutlichsten hervor, wenn ich die Frage aufwerfe, ob ein Unternehmer thätig sein kann, ohne eigenes Kapital zu besitzen. Offenbar kann er das, ja heute geschieht es leider in nicht wünschenswerthem Umfange. Daraus ergiebt sich, daß der Unternehmer als solcher kein Interesse daran hat, daß das Kapital gestärkt wird; er hat vielmehr das Interesse daran, daß die Arbeit im Gegensatze zum Kapital gestärkt wird. Die Form, wie das Kapital seinen Antheil an den Produktionsgewinn erhält, ist bekanntlich der Kapitalzins, und Sie wissen, daß schon das kanonische Recht ihn grundsätzlich verworfen hat. Ich bin der Meinung, daß in der That der Kapitalzins vom ethischen Standpunkte keine Berechtigung hätte. Wir sind lediglich deshalb gezwungen, ihn anzuerkennen, weil wir die Grundlage unserer heutigen privatwirthschaftlichen Produktion, also den Kapitalismus im technischen Sinne, nicht entbehren können, und wir die Besitzer von Produktionsmitteln nicht in anderer Weise anhalten können, ihr Kapital in den Dienst der Gesammtheit zu stellen, als daß sie eine Vergütung, eine Kapitalmiethe erhalten.

So viel zu dem von mir aufgestellten Schema. Ich will jetzt sofort daraus die praktischen Konsequenzen ziehen. Ich stelle den Grundsatz auf, daß berechtigt vom ethischen Gesichtspunkt aus nur der Arbeitsgewinn, die Arbeitsvergütung ist, daß wir den Kapitalgewinn in Kauf nehmen müssen aus dem eben bezeichneten Gesichtspunkte, daß wir aber keine Veranlassung haben, ihn zu unterstützen, daß im Gegentheil das wünschenswerthe Ziel darin besteht, den Kapitalantheil an dem Produktionsgewinne möglichst herabzusetzen, um den Antheil der Arbeit möglichst zu erhöhen.

Wie stellen sich nun die Kartelle zu dem wirthschaftlichen Prozesse, den ich eben skizzirt habe? Die Kartelle wollen, darüber ist man in allen Kreisen einig, eine Preissteigerung herbeiführen, und sie wollen das thun durch das Mittel des Ausschlusses der Konkurrenz. Die Frage ist also von uns nicht zu umgehen: ist dieses Bestreben der Kartelle grundsätzlich zu billigen oder zu mißbilligen. Ich bin der Ansicht, daß dieses

Bestreben grundsätzlich zu billigen ist. Ich halte es für ein bedauerliches Mißverständniß, wenn heute in weiten Kreisen das Ziel unserer volkswirthschaftlichen Entwickelung in möglichst niedrigen Preisen gesehen wird. Ich bin umgekehrt der Meinung, daß hohe Preise Aufgabe unserer Volkswirthschaft sind, sofern wir nur eins thun werden, was ich gleich in den Mittelpunkt der Erörterungen rücken will. Meine Herren! Nur dadurch, daß hohe Preise gezahlt werden für die Erzeugnisse der Produktion, ist die Möglichkeit geschaffen, ist der Fonds hergestellt, aus dem die beiden betheiligten Faktoren der Arbeit, Unternehmer und Arbeiter, bezahlt werden können. Nur dadurch, daß hohe Preise gezahlt werden, ist es möglich, den Produzenten — im weiteren Sinne — eine angemessene Vergütung zukommen zu lassen. Es ist nun die Frage, ist der dadurch erzielte volkswirthschaftliche Vortheil ausreichend, um die Kartelle als eine günstige volkswirthschaftliche Erscheinung anzusehen, der man staatlicherseits keine Schwierigkeiten zu machen hätte? Und da komme ich auf den Punkt, den ich als den springenden bezeichnete. Das würde nämlich dann der Fall sein, wenn Unternehmer und Arbeiter im gleichen Maß an dem Produktionsgewinne betheiligt wären. Das ist aber leider nicht der Fall. Ich gehe nicht auf die Frage ein, ob schon heute der Arbeitslohn im unangemessenen Verhältnisse zum Unternehmergewinne steht. Jedenfalls wird Keiner die Behauptung hier aufstellen, daß heute der Arbeitslohn relativ zu hoch wäre. Ich kann also einfach davon ausgehen: das Verhältniß der Betheiligung von Unternehmer und Arbeiter am Gewinne, wie es heute ist, setze ich als normal, dann besteht die Thätigkeit der Kartelle darin, diesen Produktionsgewinn freilich zu erhöhen, aber ihn einseitig zu erhöhen zu Gunsten des Unternehmers. Das kann der Unternehmer aus dem Grunde, weil nach der ganzen Konstruktion unseres Wirthschaftslebens er allein derjenige ist, der die Preise zu bestimmen hat. Daraus folgt, (Rufe: Schluß!) Ob ich schließen soll, haben nicht die Herren, die mir „Schluß" zurufen, zu entscheiden, sondern höchstens der Herr Präsident, wenn er meint, daß meine Ausführungen nicht zur Sache gehören.

Die Gefahr ist also die, daß durch die einseitige Stärkung des Unternehmers das wirthschaftliche Gleichgewichtsverhältniß, von dem ich annehme, daß es augenblicklich besteht, beeinträchtigt wird, daß mit anderen Worten die Arbeiterklasse nicht den Antheil an dem gesteigerten Gewinn erhält, den sie erhalten muß, wenn nicht das wirthschaftliche Gleichgewicht gestört werden soll. Meine Herren! Das greift aber tiefer. Für unser ganzes wirthschaftliches Leben kommt nämlich außer den Unternehmern und den Arbeitern noch in Betracht die große Gruppe des

Mittelstandes, sie aber ist im Wesentlichen angewiesen auf die Kaufkraft des Arbeiterstandes. Wir müssen also suchen, eine möglichst weitgehende Betheiligung der breiten Volksmasse, in erster Linie der Arbeiterklasse, an dem durch hohe Preise erzielten Gewinne herbeizuführen, weil dadurch allein auch die übrigen Volksklassen, die von der Kaufkraft der Arbeiterklasse abhängig sind, im Stande sind, ihren Antheil an den technischen Fortschritten der Produktion zu erhalten.

Meine Herren! Es ist mir gelegentlich literarisch der Einwand gemacht, daß mein Vorschlag insofern ohne praktischen Werth sei, als ja der Arbeiter von dem höheren Lohne bei gesteigerten Preisen keinen Vortheil habe, er müsse als Konsument wieder bezahlen, was er als Produzent an höherem Lohne gewänne. Aber das würde nur dann zutreffen, wenn jeder Konsument gleichzeitig und in gleichem Maße auch Produzent wäre. Das ist er aber nicht, sondern der Konsument ist nur dann zugleich Produzent, wenn er Arbeiter oder Unternehmer ist, und ebensowenig sind zwei Menschen, von denen der eine 1000, der andere 10 000 Mark verdient, in gleichem Maße Konsumenten. Dagegen die Kaufkraft des Kapitals ist wesentlich abhängig von den Preisen. Sind die Preise niedrig, so ist die Kaufkraft desselben Kapitals wesentlich größer, als bei hohen Preisen. Darum würde die Verschiebung, die durch gesteigerte Preise herbeigeführt wird, zur Folge haben, daß die Kaufkraft des Kapitals sich vermindert, daß dagegen die beiden Vertreter der Arbeit, Unternehmer und Arbeiter, den Vortheil haben in einer besseren Arbeitsvergütung.

Meine Herren! Soweit habe ich diese Ausführungen für nöthig gehalten, um das organische Mittel zu bezeichnen, welches Sie anwenden müssen, um die Schädigungen, die unserem wirthschaftlichen Leben aus dem Uebermaße der Kartellirung drohen, zu beseitigen. Dasselbe besteht im Wesentlichen darin, daß wir die wirthschaftliche Kraft der Arbeiterklasse stärken, damit sie im Stand ist, bei der Verschiebung, die in Folge der Kartellbildung durch die gesteigerte Macht der Unternehmer einseitig zu deren Gunsten herbeigeführt werden würde, ihre eigene Position zu behaupten und das Interesse der Arbeiterklasse zu wahren. Ich habe weiter versucht, nachzuweisen, daß die Erhaltung des wirthschaftlichen Gleichgewichtes nicht lediglich vom Standpunkte des Arbeiterinteresses seine Berechtigung hat, sondern der gesammten Wirthschaftspolitik zu gute kommt, weil alle Staatsbürger hieran betheiligt sind.

Die wirthschaftliche Organisation der Arbeiter sind bekanntlich die Gewerkschaften, und ich habe es umsomehr für meine Aufgabe gehalten, diesen Punkt hier zu betonen, als Gegenstand meines Spezialstudiums gerade die Thätigkeit der Gewerkschaften ist. Die Gewerkschaften werden ja vielfach mit mißgünstigen Augen aus dem Grund angesehen, weil die Personen, die die Gewerkschaften vertreten, gleichzeitig Führer einer politischen Bewegung sind, und weil man glaubt, durch die Stärkung der gewerkschaftlichen Organisationen eine Stärkung der Sozialdemokratie herbeizuführen. Ich bin durchaus entgegengesetzter Ansicht, aber es fällt mir nicht ein, auf diesen Punkt hier einzugehen; ich bin der Meinung, da würden wir das Gebiet verlassen, auf dem der Juristentag sich zu bewegen hat. Ich meine aber, daß derjenige, der diese Behauptung aufstellen wollte, im äußersten Falle zu der Konsequenz gedrängt würde, anzuerkennen, daß rein wirthschaftlich betrachtet die Stärkung der wirthschaftlichen Arbeiterorganisationen berechtigt ist, und daß er höchstens aus dem anderen uns heute fernliegenden politischen Gesichtspunkt ein Bedenken dagegen entnehmen könnte.

Ich habe das Ergebniß dieser Ausführungen in meinen Leitsätzen niedergelegt. Die geschäftliche Behandlung stelle ich zunächst dem Herrn Vorsitzenden anheim. Ich werde vielleicht meinerseits Vorschläge dazu machen, doch will ich zunächst abwarten, ob meine grundsätzliche Anschauung Anerkennung findet oder nicht.

(Die Verhandlung wird 12¼ Uhr abgebrochen und auf 1 Uhr vertagt).

Fortsetzung der zweiten Sitzung der dritten Abtheilung

Nachmittags 1 Uhr.

Vorsitzender Oberreichsanwalt Dr. **Olshausen** (Leipzig): Meine Herren! Ich eröffne die Sitzung wieder und ertheile zunächst den Herren Antragstellern das Wort. Ich glaube, es wird richtig sein, daß wir die Begründung der Anträge hören und schlage der Abtheilung vor, daß sie die Dauer der Reden jetzt auf etwa zehn Minuten beschränkt. Ich ersuche jetzt Herrn Justizrath Boyens das Wort zu ergreifen.

Justizrath Rechtsanwalt **Boyens** (Leipzig): Meine Herren! Ich stehe in Betreff der Frage, ob Repressivmaßregeln öffentlichen Rechts oder Präventivmaßregeln öffentlichen Rechts gegen die Kartelle einzuführen sind, auf dem Standpunkt Seiner Excellenz des Herrn Sektionschefs Klein. Ich verneine also diese Frage. Ich beziehe mich der Kürze wegen im Wesentlichen auf die Begründung, die Herr Klein in dieser Beziehung gegeben hat. Auch ich bin der Meinung, daß nutzlose

Scherereien, die den Kartellen gemacht werden, nur unserer Industrie schaden können. Insofern gehe ich konform mit dem Herrn Klein. Wenn der Herr Sektionschef außerdem noch daran festhält, daß eine Verpflichtung zur Auskunft den Kartellen gegenüber der Staatsbehörde auferlegt werden solle, um die Staatsbehörde zu unterrichten und sie zu gewissen wirthschaftspotitischen Maßregeln auf Grund der ertheilten Auskunft in den Stand zu setzen, so mögen die Gründe eines so hervorragenden in der Regierung eines großen Staates stehenden Mannes von Gewicht sein. Indessen möchte ich für meine Person, unser deutsches Reich betreffend, doch annehmen, daß der Standpunkt, den der zweite Herr Referent eingenommen hat, daß nämlich die Kartelle auf Auffordern der Staatsbehörden es nicht unterlassen werden, Fragen zu beantworten, die ihnen vorgelegt werden, richtig ist. Jedenfalls ist bisher ihm von reichsdeutscher Seite — und wir haben hier Zustände im Deutschen Reich zu beurtheilen, und unsere Beschlüsse darnach einzurichten — kein Widerspruch entgegengetreten von solchen Personen, die darüber orientirt sein könnten. Ich möchte also annehmen, daß wenigstens für unser Deutsches Reich die Frage, ob wir eine positive Auskunftspflicht den Kartellen auferlegen sollen, noch nicht spruchreif ist, und deshalb möchte ich es für bedenklich halten, daß diese Frage bejaht würde. Soviel in Betreff des öffentlichen Rechts. Nun ist der Herr Sektionschef Klein in dem positiven Theile seines Vortrags übergegangen auf das Civilrecht. Er hat mit Recht gesagt, daß eine so gewaltige wirthschaftliche Erscheinung wie die der Kartelle civilrechtlich niemals ignorirt werden kann, daß das Civilrecht in seinen Grundsätzen und Rechtsvorschriften die Pflicht habe, sich mit diesen Kartellen zu beschäftigen und seine Rechtsnormen dieser neuen Erscheinung anzupassen. Er ist aber nicht dabei stehen geblieben. Wenn er auch sagt, daß er nur vom Standpunkte des gemeinen Rechts aus die Kartelle behandeln will, so ist er doch zu Vorschlägen übergegangen, die darüber hinaus gehen. Er will gegen die Kartelle gewisse realcivilrechtliche Rechtssätze, für die er allerdings eine Analogie auf anderen Gebieten findet, einführen. Er will den Vertrag der Kartelle nicht lediglich dem dispositiven, sondern zum Theil dem zwingenden Recht unterordnen. Er unterläßt es allerdings, bestimmte Vorschläge zu machen; er deutet aber an, daß nach manchen Richtungen hin in dieser Beziehung die Möglichkeit eines Einschreitens der Gesetzgebung vorhanden wäre, z. B. in Betreff der Kündbarkeit der Verträge. Verträge auf lange Frist sollen bei veränderten Konjunkturen doch für kündbar erachtet werden. Er geht schließlich dazu über, wenn auch nur mit leiser Hand, an der Preisbildung zu rütteln. Während er auf der einen Seite sagt, die Kartelle, diese mächtigen wirthschaftlichen Erscheinungen, werden idealen Gesichtspunkten wenig zugänglich sein, geht er doch auf der anderen Seite wieder davon ab, indem er vorschlägt, daß unter Umständen autoritative Aussprüche über die Preisbildung herbeigeführt werden sollen, und spricht die Hoffnung aus, daß, wenn diese wesentlich gegen die Kartelle ausfallen, die öffentliche Meinung einen Druck auf die Preispolitik der Kartelle ausüben werde. In dieser Beziehung kann ich ihm nicht folgen. Ich meine, daß das, was er zuerst ausführte, richtig war: die Kartelle muß man sich vorstellen als harte Köpfe, die mit dem deutschen Idealismus wenig zu schaffen haben, ich glaube, man muß die Sache sehr realistisch ansehen. Also will man die Preispolitik der Kartelle irgendwie beeinflussen, so muß man direkt Preistaxen aufstellen. In der That bin ich aber der Meinung, daß dafür die nöthige Unterlage noch nicht vorhanden ist, daß allerdings die Kartelle zu neu sind, um schon jetzt in dieser Beziehung Vorschläge zu machen. Aber der Grundgedanke, den Herr Klein entwickelt, daß das Civilrecht an diesen Neuerscheinungen nicht einfach vorübergehen könne, ist zweifellos richtig, und es fragt sich, ob die Situation schon jetzt soweit geklärt ist, daß der Juristentag bereits in der Lage wäre, irgendwelche positive Vorschläge einer Aenderung des Civilrechts im Hinblick auf die Kartelle zu machen. Von diesem Gesichtspunkt aus habe ich die Sache geprüft und habe geglaubt, wenn auch nicht in den von Herrn Klein angeregten Punkten, so doch in einem anderen Punkt in der That zu einer Spruchreife gelangen zu können.

Ehe ich jedoch zu diesem Punkt übergehe, möchte ich kurz skizziren, wie unser bisheriges Civilrecht und die reichsdeutsche Rechtsprechung sich zu den Fragen der Kartelle gestellt hat, und wie sie sich stellen kann. In dieser Beziehung ist zu unterscheiden, erstens das Verhältniß gegenüber den eigenen Theilnehmern, also der Kartellanten untereinander, und zweitens das Verhältniß der Letzteren zu Nichtkartellanten. Die Kartellverträge können durch Zwang, Drohung zu Stande gekommen sein und es kann auf diese Weise ein Grund zur Anfechtung gegeben sein. Es können die Bestimmungen der Kartellverträge auch, namentlich bei Prävalenz großer Theilnehmer gegenüber kleineren so zweckwidrig und dadurch die guten Sitten verletzend sein, daß es möglich wäre, den § 138 des Bürgerlichen Gesetzbuchs dagegen anzuwenden. Außerdem käme in Betracht, daß in jedem Kartellvertrage Vertragsstrafen eine große Rolle spielen. Nach unserem Reichsrecht kommt § 343 des Bürgerlichen Gesetzbuchs zur Anwendung, wonach diese Strafen nach richterlichem Ermessen herabgesetzt werden können. Endlich ist es möglich, unter Umständen auch § 826 des Bürgerlichen Gesetzbuchs, der einen Schadenersatzanspruch aus Handlungen, die wider die guten Sitten streiten, gewährt, unter Kartellanten anzuwenden. Dieser Paragraph kommt aber wesentlich zur Anwendung gegenüber Nichtkartellanten. In dieser Beziehung interessirt die Praxis, mit der die Herren des Großkapitals dem kleinen Kapitale gegenübertreten, theils um es zu bewegen, einem Kartell beizutreten, theils noch mehr, um es einfach zu vernichten, wir kommen hier also auf das Gebiet des unlauteren Wettbewerbs. Wir haben bekanntlich in Deutschland ein eigenes Gesetz über den unlauteren Wettbewerb, das Gesetz spricht aber von diesen Fällen nicht. Daneben haben wir aber den § 826 Bürgerlichen Gesetzbuchs. Nun kann ich aus der Praxis des Reichsgerichts mittheilen, daß die entschiedene Tendenz bei dem Reichsgerichte besteht, diesen § 826 als ein subsidiäres Recht auf Fälle des unlauteren Wettbewerbs anzuwenden, so daß unter Umständen ein unlauterer Wettbewerb, der sich nicht unter die Paragraphen des Spezialgesetzes bringen läßt, auf Grund des § 826 bekämpft werden kann. Ich möchte auf einen Fall hinweisen, der in dem 48. Bande der Entscheidungen Seite 115 ff. abgedruckt ist, der bisher von keinem der Herren Gutachter und Referenten beachtet ist. Dieser Fall liegt mir deshalb besonders in den Gliedern, weil ich ihn persönlich durchgemacht habe, da ich die Revision vertrat. Es handelte sich um ein Schifffahrtskartell. Dieses Schifffahrtskartell beherrschte die ganze Schifffahrt zwischen Deutschland und England auf der einen Seite und Australien auf der anderen Seite, und nur ein kleiner Unternehmer stand ihm noch im Wege, nämlich innerhalb der australischen Gewässer eine Segelschifffahrtslinie. . . .

Vorsitzender: Verzeihen Sie, da Sie gerade nach Australien gehn, das könnte ein bischen weit führen, die 10 Minuten sind auch schon . .

Justizrath Boyens (fortfahrend): In diesem Falle versuchte nun die große Dampferlinie in der Weise auf das kleine Segelunternehmen einzuwirken, daß es einem Spediteur, der zu der Seglerlinie in gewisser Beziehung stand, Ausnahmetarife auflegte und sagte, wir wollen zu unseren Tarifen nicht mehr die von dir spedirten Waaren befördern, wenn die Seglerlinie nicht ihre Fahrten einstellt. Das hatte den bestimmten Zweck, das Segelunternehmen todt zu machen. Da hat das Reichsgericht im Gegensatze zur Vorinstanz erkannt, dieses Vorgehen falle unter § 826, denn wenn auch bei uns der Kontrahirungszwang im Allgemeinen nicht bestehe, so wäre doch aus dem § 826 abzuleiten, daß es gegen die guten Sitten verstoße, einen Ausnahmetarif zum Zwecke der Unterdrückung eines anderen Unternehmens einzuführen. Das wird auch in seiner Konsequenz dahin auszudehnen sein, daß das Unterbieten eines Konkurrenzunternehmens ebenfalls unter § 826 B.G.B. fällt, wenn es so geschieht, daß man versucht, einen an Kapital schwächeren Konkurrenzunternehmer dadurch todt zu machen, daß man sich erbietet, zu Preisen zu liefern, die unter den Produktionskosten stehen.

Das hauptsächlichste soziale Interesse zeigt sich aber im Verhältnisse der Kartelle gegenüber den Abnehmern, und zwar einmal gegenüber dem direkten Konsumenten, dann auch, wenn es sich um Rohstoffkartelle handelt, gegenüber den Fabrikanten, die die Rohstoffe zu bearbeiten haben. Nun ist in der Diskussion bereits erwähnt worden, daß häufig Abschlüsse auf mehrere Jahre von den Kartellen gemacht werden; die Konjunktur ist im Laufe der Jahre rückgängig geworden, die Kartelle haben die Verträge aber nicht gelöst, halten vielmehr ihren Mitkontrahenten an den hohen Preisen für die ganze Dauer der Vertragszeit fest. Das ist ein Fall, der Herrn Klein Veranlassung gegeben hat, seinerseits eine Aenderung des Civilrechts in Aussicht zu stellen, durch welche die vorzeitige Lösung solcher langfristigen Verträge ermöglicht würde. Ich bin der Meinung allerdings nicht, daß man die Verträge antasten dürfe, weil die Verhältnisse anders geworden sind. Ich möchte aber meinerseits mittheilen, daß beim Reichsgericht Fälle vorgekommen sind, wo Verträge abgeschlossen waren auf mehrere Jahre und nun die Konjunktur nicht wie in den Fällen, von denen bisher die Rede war, zurückging, sondern umgekehrt höher stieg, also die Kartelle Schaden leiden mußten durch das Aushalten der mehrjährigen Verträge. Was thaten sie? Im Frühjahre des Jahres, wo die Konjunktur in die Höhe gegangen war, richteten sie einfach ein Cirkular an ihre Abnehmer des Inhalts: daß es ihnen nicht möglich sei, für den alten Preis zu liefern, der Preis sei für das laufende Jahr vielmehr um so viel höher. Sie verlangten sofortige Unterschrift einer Erklärung, worin die Abnehmer auf die Erfüllung der alten Verträge pro futuro verzichten unter der Androhung, entweder einer ausdrücklichen oder zwischen den Zeilen zu lesenden Androhung, daß, wenn diesem Verlangen nicht entsprochen würde, die Genannten in Zukunft von ihnen keine weitere Waaren erhalten würden, man also eine weitere Verbindung mit ihnen ablehnen würde. Was bedeutet das aber bei solchen Unternehmungen, die in der That ein faktisches Monopol haben? Denken Sie an die großen Roheisensyndikate und die Kohlensyndikate . . .

Vorsitzender: Ich muß den Herrn Redner unterbrechen, die Zeit ist lange abgelaufen, ich müßte sonst die Abtheilung fragen, ob sie noch länger . . .

Justizrath **Boyens** (fortfahrend): Ich bin gleich zu Ende, ichglaube mich auch kurz gefaßt zu haben, nun komme ich auf das was ich will.

Die Ankündigung „ihr bekommt keine Waaren mehr von uns, wenn ihr uns nicht den Willen thut“ oder auch nur die Befürchtung der Abnehmer, daß man die Fortsetzung der Verbindung mit ihnen ablehnen werde, wird als Druckmittel gebraucht, um die Zerreißung unliebsamer Verträge zu erreichen. Also was ist die Folge dieser Machtfülle? Das Zerreißen der Verträge, die Unkraft der Verträge. Dem möchte ich entgegentreten durch den Antrag, daß, wenn in der That ein Unternehmen eine thatsächliche monopolistische Stellung eingenommen hat, sei es ein Kartell oder ein einzelner Unternehmer, es sich empfiehlt, diesem Unternehmen dadurch civilrechtlich entgegenzutreten, daß ihm der Zwang auferlegt wird, zu seinen Tarifen zu kontrahiren. Ich erwähne, daß im französischen und englichen Recht in der That sich dieser Grundsatz des Kontrahirungszwanges für verschiedene Branchen, namentlich für Schifffahrtsunternehmungen bereits herausgebildet hat. Es ist meiner Meinung nach nur eine Frage der Zeit, daß dieser Kontrahirungszwang, der den monopolistischen Unternehmungen eine ihrer wesentlichsten Waffen entzieht, auch bei uns eingeführt wird. Es ist nicht, wie Herr **Klein** vorhin meinte, mein Antrag eine Repressivmaßregel, sondern es bewegt sich mein Antrag ganz auf derselben Linie wie sein Gedanke auch. Mein Antrag lautet: „Es empfiehlt sich überhaupt oder mit Beschränkung — ich will nämlich einer Untersuchung darüber, ob etwa dieser Grundsatz auf bestimmte Kartelle, z. B. Kohlen, Roheisenkartelle u. s. w. zu beschränken sei, nicht vorgreifen — gegenüber solchen Unternehnungen, welche thatsächlich monopolistischer Natur sind, den Kontrahirungszwang einzuführen.“ Unsere Rechtsprechung erklärt bisher nur: zu dem Zwecke unlauteren Wettbewerbs darf ein Ausnahmetarif nicht geduldet werden. Hierüber hinaus ist also ein gesetzgeberischer Schritt nöthig, der durch die Verhältnisse, durch das Volksbewußtsein gefordert wird, und deshalb bitte ich, daß der Juristentag sich dafür aussprechen möge. (Beifall.)

Vorsitzender: Dann ertheile ich das Wort dem Herrn Dr. **Thumim** aus Wien.

Dr. **Thumim** (Wien): Meine Herren! Durch die verschiedenen Redner ist bereits festgestellt worden, daß wir uns hier mit der volkswirthschaftlichen Seite der Kartelle insofern nicht zu beschäftigen haben, als dieselbe klar gelegt ist. Ich stehe ganz auf dem Standpunkte Seiner Excellenz des Herrn Dr. **Klein**; man soll gar keine Maßregeln gegen die Kartelle als solche ergreifen, sondern nur zusehen, daß sie ganz so behandelt werden, wie alle anderen Gebilde des Civilrechtes. Ich ziehe aber auch daraus die Konsequenz, die zum Theil Seine Excellenz nicht gezogen hat, vielleicht nicht ziehen wollte; erstens sind alle Kartellverträge als solche gültig, insoweit sie nicht Bestimmungen des Bürgerlichen Rechts widersprechen, insoweit nicht ein Vertrag, wenn er nicht ein Kartellvertrag wäre, auch sonst angefochten oder annullirt werden könnte. Was das Publizitätsprinzip betrifft, so muß ich gestehen, daß Seine Excellenz hier etwas zu weit gegangen ist. Abgesehen davon, daß alle österreichischen Regierungsentwürfe das Publizitätsprinzip aufgenommen haben, ist das Publizitätsprinzip in verschiedenen anderen Gesetzen enthalten. Wir haben ein Handelsregister, ein Register für registrirte Hilfskassen. Es wird Eines bei dem Publizitätsprinzip übersehen. Das Publizitätsprinzip stellt nach außen fest, daß ein Vertrag bestimmten Inhalts existire, daß dieses Gebilde des Civilrechtes in's Leben getreten ist. Das Publizitätsprinzip hat aber auch einen zweiten Vortheil, der hier gar nicht erörtert wurde. Es führt eine Gleichmäßigkeit in den Verträgen ein. Durch die Kenntnißnahme der Verträge, durch die Art der gleichmäßigen Behandlung tritt mit der Zeit eine gewisse Norm ein, so daß sich mit der Zeit praktische Normativbestimmungen bilden können und gewöhnlich bilden. Es ist also gar kein vernünftiger Grund, gegen das Publizitätsprinzip aufzutreten, ich sehe auch in dem Publizitätsprinzipe keine Belästigung der Kartelle, abgesehen davon, daß sämmtliche industrielle Unternehmungen für ein solches waren. Um aber festzustellen, daß ein Kartellvertrag existire, habe ich den Antrag gestellt: „Der Kartellvertrag ist gültig, wenn er in das Kartellregister eingetragen ist.“ Es ist dieses sehr leicht durchführbar, und ich bin anderer Ansicht — ich muß mich sehr kurz fassen — als Herr Dr. Landesberger, nämlich in dem Sinne, daß man dazu keinen weiteren Apparat, keine besondere Verwaltungsbehörde, keinen besonderen Gerichtshof braucht. Man kann entweder der politischen Landesbehörde das Kartellregister übergeben oder dem Handelsregister, welches auch das Kartellregister führen kann. In jeder anderen Richtung wäre bloß auf das Civilrecht zu verweisen. Ob ab und zu einzelne Bestimmungen desselben oder des Handelsrechts einer Ergänzung, Herausmeißelung bedürfen, ist eine Frage für sich, auf die wir deshalb hier nicht eingehen können, weil sie zu weit in das Detail führen würde.

Eine Anregung hat Seine Excellenz geboten, über die ich einige Worte verlieren möchte. Er hat nach Analogie der Mißbilligungsausschüsse in den Parlamenten einen Mißbilligungsausschuß für Kartelle eingeführt wissen wollen. Ich kann mich hier nicht mit der Frage beschäftigen, wie weit ein solcher Mißbilligungsausschuß gerechtfertigt und wie weit er praktisch wäre, irgend eine Wirkung hätte. Aber ich möchte nur Eines sagen. Wir stehen immer auf dem Standpunkte, den Seine Excellenz selbst vertreten hat: was dem einzelnen Mann, der irgend etwas thut, nicht angethan werden kann, soll ihm auch nicht angethan werden, wenn er Mitglied eines Kartells ist, abgesehen davon, daß sich die komplizirtesten Fälle ergeben würden. — Es könnte sich ereignen, daß ein Kartellbeschluß mit Majorität über einen bestimmten Preis gefaßt würde, der Mißbilligungsausschuß bestimmte, der Preis sei zu hoch, ohne daß das Kartell davon abgehe, so daß diejenigen Mitglieder, welche bei der Abstimmung unterlegen sind, welche also gegen den festgesetzten Preis waren, auch der Ehrlosigkeit verfielen. Um solche Konsequenzen zu vermeiden, würde ein weitläufiger Beweis erbracht werden müssen und würden dadurch die Abstimmungen über Kartellbeschlüsse an die Oeffentlichkeit gezogen, was nicht beabsichtigt wird. Ich muß mich daher gegen die von Seiner Excellenz Herrn Dr. Klein angeregte Institution wenden. Ganz anders liegt die Sache, wenn gefragt wird, ob überhaupt die Gesetzgebung nichts veranlassen solle. Um die Kartelle als solche zu charakterisiren, um die civilrechtlichen Bestimmungen für Kartelle überhaupt einführen zu können, bedarf es einer Bestimmung über den Inhalt und eventuell über die Form eines Kartellvertrages. Ich schließe mich daher dem Herrn Referenten an, welcher meinte, es sei wünschenswerth, daß die Gesetzgebung über die Korporationen, über die wirthschaftlichen Vereinigungen einer Verbesserung zugeführt werde. Ich glaube, indem ich alles zusammenfasse, daß die Herren sich auf meine Resolution vereinigen können. Die Auskunftsertheilung an die Behörden führe ich deshalb auf, weil es bei solchen öffentlichen Korporationen sehr wünschenswerth ist, wenn die Behörden selbstverständlich unter der Zusicherung der Geheimhaltung, solche Auskünfte erhalten. Meine Resolution geht dahin: Alle Kartellverträge sind gültig, wenn sie in das Register eingetragen sind; eine Auskunftsertheilung an die staatlichen Aufsichtsorgane ist geboten, und zwar bezieht sich diese selbstverständlich auf die Kartellmitglieder selbst, auf deren Organe, und ich gehe so weit, sie selbst durch Kommissionäre zuzusichern. Ich schließe mich auch darin dem Herrn Referenten an, daß ich eine Verbesserung der Gesetzgebung, normative Bestimmungen insbesondere für wirthschaftliche Vereinigungen für nothwendig erachte.

Vorsitzender: Es ist ein neuer Antrag eingegangen von Herrn Rechtsanwalt Dr. Scherer:

> Die Möglichkeit eines Konkurses eines Kartells ist in Prüfung zu ziehen. Diese Möglichkeit läßt die Staatsaufsicht auch im Interesse der Mitglieder des Kartells liegen. Begründung: der Konkurs des Treberkonzerns in Kassel.

Ich ertheile Herrn Rechtsanwalt Scherer das Wort.

Rechtsanwalt Dr. **Scherer** (Leipzig): Bis jetzt sind nur die Vortheile des Kartells in Betracht gezogen worden, die es seinen Mitgliedern bringt. Es ist nicht die Möglichkeit in Betracht gezogen worden, daß auch ein Kartell in die Brüche geht und in Konkurs geräth. Der Kasseler Treberkoncern ist nichts weiter als eine Art Kartell nach der amerikanischen Einrichtung. Wenn ein solches Unternehmen in Konkurs geräth, dann ist es nicht wie bei einem kleinen Privatunternehmen, sondern dann gehen gleich Hunderte von Millionen und Existenzen in die Brüche. Man wird sagen, es treten Bestrafungen ein. Sie sind auch in Leipzig eingetreten und zwar ganz große. Aber die Hunderte von Millionen, die verloren worden sind, werden natürlich nicht ersetzt; damals als der Konkurs in Frage kam, haben die Aufsichtsräthe gerufen nach einer Staatsaktion, der Staat soll eingreifen und soll bezahlen, um das nationale Unglück von Sachsen abzuwenden. Ich glaube, dieser Punkt giebt zu schwerwiegender Prüfung deshalb Veranlassung, weil der Konkurs eines Kartells oder Ringes eine Tragweite hat, wie man sie in Konkursen bisher nicht gesehen hat, weil er nicht nur Hunderte, sondern Tausende von Existenzen auf's Spiel setzt. Im Uebrigen hat das Reichsgericht sich mit den Ringen so oft beschäftigt, es ist aus der Zeit vor 1900 eine ganze Reihe von Entscheidungen da, und im Allgemeinen sind diese Entscheidungen zu Gunsten der wirthschaftlich Schwachen ausgefallen. Eine Zusammenstellung ist hier nicht nothwendig, das ist bereits in anderen Werken geschehen; vgl. Scherer, Kommentar z. B.G.B. Buch I, S. 276 II und erstes Jahr des B.G.B. S. 69 Nr. 192.

Justizrath Dr. **Veit Simon** (Berlin): Meine Herren, es ist wiederholt hier die Frage angeregt worden, ob die Juristen kompetent seien, über die Frage zu urtheilen, die uns gegenwärtig beschäftigt. Nun bin ich zwar der Meinung, daß wir durchaus nicht schlechthin auf die Erörterung volkswirthschaftlicher Fragen verzichten sollen. Aber auf der anderen Seite sollten wir uns in erster Reihe noch mit solchen Dingen befassen, die uns in unserem Berufe als Juristen öfter näher treten, und über die wir uns in gewissem Umfange ein eigenes Urtheil aus unserer richterlichen oder anwaltlichen Praxis herauszubilden in der Lage sind. Das ist bei den Kartellen nicht der Fall. Ich bin überzeugt, die meisten Juristen kommen in ihrem Leben nicht dazu, praktisch die Frage der Kartelle irgendwie zur Anwendung zu bringen oder zu prüfen. (Oho!) Meine Herren! Wenn ich grundsätzlich dagegen bin, daß wir eine gesetzliche Regelung empfehlen, so geschieht dies aus folgendem Grunde. Um uns in der Sache einigermaßen ein Urtheil zu bilden, müssen wir uns nach denjenigen Staaten umsehen, in denen bereits eine Kartellgesetzgebung existirt. Es ist bekannt, daß das in Amerika in umfangreichstem Maße der Fall ist. Von den, ich glaube, 51 Staaten der Vereinigten Staaten von Amerika sind in 27 Staaten besondere Kartellgesetze, und von diesen 27 Staaten hat etwa die Hälfte sogar ihre Verfassung ändern müssen, um solche Kartellgesetze zu ermöglichen. Und was ist der Erfolg gewesen? Nirgends ist der Zusammenschluß zu Kartellen, Ringen u. dgl. häufiger, nirgends sind die Wirkungen des Kartellwesens heftiger als gerade in Amerika. Als man in Amerika mit den Kartellen selbst infolge der Gesetzgebung nicht mehr weiter kam, da vereinigte man die Betriebe vollständig zu selbständigen juristischen Personen, da gründete man die Trusts, da gründete man Aktiengesellschaften, welche die einzelnen Betriebe ganz in sich aufnahmen und aufsaugten. Auf diese Weise wurden juristisch die Bestimmungen der Kartellgesetze umgangen, volkswirthschaftlich werden durch die Trusts dieselben oder noch schlimmere Nachtheile hervorgerufen, als sie die Kartelle für die Allgemeinheit zur Folge haben. Trotzdem wird niemand den Zusammenschluß sämmtlicher Fabriken einer Branche zu einer einzigen juristischen Person in seiner Rechtsgültigkeit de lege lata oder de lege ferenda in Zweifel ziehen wollen. Und doch soll durch die Trustbildung nur in noch wirksamerer Weise erreicht werden, was das Kartell erreichen will, nämlich in erster Reihe die Einheitlichkeit der Preisbildung. Wenn wir sehen, welche Erfolge gerade unter der Herrschaft der Kartellgesetze in Amerika mit den Trusts erzielt worden sind, welche Macht und Ausdehnung die Trusts gewonnen haben, dann werden wir uns davor hüten müssen, meine ich, das nachzumachen.

Gerade diese Kartellgesetzgebung hat die Riesentrusts gezüchtet. Ich erinnere nur daran, daß die United States Steel Corporation heute ein Kapital von $5^1/_2$ Milliarden Mark repräsentirt. In einer solchen Kapitalsmacht wird man eine Gefahr für das Gemeinwesen zu erblicken haben. Wir müssen dabei aber auch beachten, welche schweren wirthschaftlichen Folgen ein derartiger Zusammenschluß hat. In einer amerikanischen Zusammenstellung ist klar gelegt worden, daß dasjenige, was durch den Zusammenschluß allein in Amerika an Gehältern der Handlungsreisenden erspart wird, jährlich 240 Millionen Mark ausmacht. Das heißt: es wird für einen wesentlichen Theil derjenigen Personen, die bis dahin in einzelnen Fabriken angestellt waren, die Brotlosigkeit proklamirt. Wenn ich dies bedenke, so meine ich, daß wir uns vor einer Gesetzgebung hüten müssen, die geeignet ist, die großen Kapitalien immer mehr zusammenzudrängen und Riesenunternehmungen zu schaffen, die viel größere Macht haben als heute die Kartelle. Die Kartelle beschränken und dadurch Trusts züchten, hieße, den Teufel mit Beelzebub austreiben. Man glaube nur nicht, daß man den Kartellen damit zu Leibe gehen dürfe, daß man diese oder jene öffentlichrechtliche oder privatrechtliche Bestimmung trifft, welche die Fortführung der Kartelle in der bisherigen Weise unmöglich macht. Vielmehr würde der einfache Erfolg einer solchen Kartellgesetzgebung sein, daß sich große Gesellschäften, an die man nicht so leicht herankäme, wie heute an die Kartelle, bilden und eine Macht im Staate werden, gegen welche die heutigen Kartelle gar nicht in Betracht kommen. Jede Beschränkung der Koalition hat die Unifikation zur Folge.

Daher meine Herren, soll nach meinem Vorschlag, der Juristentag seine Auffassung dahin zusammenfassen, daß sich zur Zeit eine gesetzgeberische Maßregel gegen die Kartelle nicht empfiehlt. Wenn ich sage „zur Zeit", so geschieht das in dem vollen Bewußtsein, daß ja die Kartelle wie alles Menschliche neben den guten Seiten auch ihre Mängel haben. Ich verschließe mich keineswegs der Thatsache, daß auch das Kartellwesen seine Nachtheile zur Folge hat. Aber, meine Herren, wenn wir die einzige praktische Erfahrung, die wir in größerem Umfange haben, nämlich die Zustände in Amerika, in Betracht ziehen, so müssen wir zu dem Resultate kommen, daß wir nicht etwa heute eine Kartellgesetzgebung dieses oder jenes Inhalts versuchen, deren Folgen wir gar nicht übersehen können. Wir müssen vielmehr erst einmal abwarten, ob es sich nicht in der That, wie einer der Herren Vorredner gesagt hat, hier um Kinderkrankheiten handelt, und ob es nicht richtiger ist, zu sehen, ob das wirthschaftliche Leben, der Zusammenschluß der Konsumenten in ähnlicher Weise wie auf anderen Gebieten des wirthschaftlichen Lebens hier Remedur schafft.

Gestatten Sie mir kurz, auf einzelne der heutigen Vorschläge einzugehen. Zunächst die Anträge, wonach die Verhältnisse der Kartelle in breitester Weise der Oeffentlichkeit übergeben werden sollen. Sämmtliche Beschlüsse, die in den Kartellen gefaßt werden, die Bilanzen und Abrechnung, sollen der Oeffentlichkeit preisgegeben werden, indem man sie in das Register eintragen läßt. Ja, meine Herren: Was hier veröffentlicht werden soll, sind die intimsten Geschäftsgeheimnisse; das sind dieselben Dinge, gegen deren Preisgabe unser Gewerbe geschützt wurde, im Gesetze über den unlauteren Wettbewerb, sowie in den gesetzlichen Bestimmungen, nach denen das Zeugniß verweigert werden kann über gewisse Geschäftsgeheimnisse, deren Preisgabe schädlich sein könnte. Und da sollen in dem Falle, wenn nicht einer ein Geschäftsgeheimniß hat, sondern wenn zwei, drei oder mehrere sich zu einer geschäftlichen Transaktion vereinigen, diese mehreren Geschäftsleute nicht nur nicht in ihrem Geheimniß geschützt werden dürfen, sondern es soll, umgekehrt, eine öffentlich rechtliche Pflicht existiren, dieses Geschäftsgeheimniß der Oeffentlichkeit zu verlautbaren. Meine Herren, warum sind das Geschäftsgeheimnisse, warum werden diese gerade in jüngster Zeit durch die Gesetzgebung geschützt? Weil der Verkäufer den größten Nachtheil hat, wenn es an die Oeffentlichkeit kommt. Und darum werden die Kartelle nach meiner Auffassung in ihrem Wesen unterbunden, wenn man von ihnen verlangt, daß diejenigen Abmachungen, welche die Voraussetzung ihres Erfolges sind, der Oeffentlichkeit überliefert werden.

Es ist weiter verlangt worden, daß die Kartelle einer ständigen Aufsicht seitens der Regierung unterstellt werden. Ja, hat die ständige Aufsicht der Regierung auf anderen Gebieten etwas so Besonderes geleistet? Es sind in dieser Richtung bereits erwähnt worden die Verhältnisse bei den Aktiengesellschaften. Wir haben ja einzelne Kategorien von Aktiengesellschaften, bei denen Staatsaufsicht existirt, wie bei den Hypothekenbanken. Die Erfahrung hat gezeigt, daß bei der Krisis der letzten Jahre nirgends die Verluste annähernd so stark gewesen sind, wie bei den Hypothekenbanken, die unter der Staatsaufsicht waren, wo allein bei drei Berliner Hypothekenbanken 160 Millionen Mark Verluste eingetreten sind. Ich glaube nicht, daß die Staatsaufsicht auf diesem Gebiet irgend welchen Erfolg haben wird. Alsdann sind von Herrn Klein eine Reihe von Vorschlägen gemacht worden, nach denen auf Grundlage unseres gemeinen bürgerlichen Rechts den Kartellen zu Leibe gegangen werden soll. Diese Vorschläge sind theils nicht nöthig, theils stehen sie mit unserem gemeinen Rechte und der ganzen Tendenz der Entwickelung unseres gemeinen Rechts in Widerspruch. Zunächst ist der Vorschlag gemacht worden, daß Zwang zum Beitritt event. Klage zur Auflösung geben soll. Meine Herren! Nach meiner Auffassung ist das nach unserem geltenden bürgerlichen Gesetzbuche bereits der Fall. Wenn z. B., der Fall ist vorgekommen, Jemand fortdauernd geflissentlich unterboten wird, so daß er nicht mehr in der Lage ist, ohne Verlust zu arbeiten, und wenn er dadurch gezwungen werden soll und gezwungen wird, dem Kartelle beizutreten, so liegt hier zunächst eine Handlung vor, die zweifellos unter § 826 des Bürgerlichen Gesetzbuchs fällt, denn es soll durch eine gegen die guten Sitten verstoßende Handlung der Versuch gemacht werden, einen Anderen zu schädigen. Denn der Schaden des Anderen ist in solchem Falle die Absicht des Kartells. Wenn das aber der Fall ist, so ist die Handlung an sich eine unerlaubte, und das Reichsgericht hat bereits in diesem Jahre entschieden, daß in derartigen Fällen nicht nur repressiv geklagt werden kann, sondern es kann auch präventiv geklagt werden darauf, daß dem Andern verboten wird, derartige Handlungen vorzunehmen. Eine solche Klage würde auch gegen ein derartig vorgehendes Kartell zulässig sein. Ist aber der betreffende Gewerbetreibende zum Beitritte durch derartige widerrechtliche Handlung gezwungen worden, so ergiebt sich von selbst, daß event. dieser Vertrag angefochten werden kann.

Zweitens ist gesagt worden, daß von langen Lieferungsverträgen, welche während Bestehens des Kartells abgeschlossen sind, ein Rücktrittsrecht gewährt werden müßte. Ein solches Rücktrittsrecht steht im geraden Gegensatze zu der Tendenz der Gesetzgebung. Wir haben früher die clausula rebus sic stantibus im genannten Recht; im Landrecht ist sie auf ein kleines Maß zurückgegangen, im Bürgerlichen Gesetzbuch ist sie fallen gelassen, weil sie unbillig war. Und was gegenüber allen anderen Personen unbillig ist, ist auch gegenüber den Kartellen unbillig. Es würde sich da also um eine Ausnahmevorschrift gegen die Kartelle handeln.

Der dritte Vorschlag geht dahin, daß nur eine qualifizirte Mehrheit über die Verlängerung der Kartelle entscheiden soll. Das ist ein Punkt, über den zu reden ist. Aber es ist etwas, was sich in allen mir bekannten Kartellverträgen findet, daß nur mit $^5/_6$, $^7/_8$ oder derartiger Majorität die Verlängerung vorgenommen werden kann. Eine solche Bestimmung ist selbstverständlich. Niemand wird so thöricht sein, sich der einfachen Mehrheit in solchen Fällen zu unterwerfen. Dazu braucht man aber auf die Klinke der Gesetzgebung nicht zu drücken.

Endlich ist vorgeschlagen, daß die Preise bestimmt werden sollen zwar nicht mit civilrechtlicher Wirkung, aber doch derartig, daß derjenige, der sich nicht unterwirft, sich einer levis notae macula unterzieht. Wenn das nicht ein Zurückgehen auf untergegangene Rechtsansichten, auf das kanonistische Prinzip des pretium justum et bonum ist, dann giebt es keine rückläufige Bewegung. Im Gegensatze dazu steht ja unser modernes Recht, welches die freie Preisbestimmung gewährleistet und nur bei gewissen Ausnahmefällen, bei wucherischer Ausbeutung eingreift. Es liegt kein Grund vor, die Kartelle gesetzlich mit dem Verdachte des Wuchers zu belegen.

Es kommt nach meiner Auffassung auf alle solche Einzelheiten nicht an. Das Wesentlichste ist, daß jede Kartellgesetzgebung dazu führt, gerade dem mittleren Betriebe die Existenz zu erschweren und die Bildung der großen Trusts herbeizuführen. Dies wäre ein nationales Unglück aus zwei Gründen. Erstlich schädigt man den Mittelstand gerade in einer Zeit, wo man bei allen Parteien Mittelstandspolitik treiben will. Außerdem schafft man gewaltsam Riesengesellschaften, welche nicht nur wirthschaftlich, sondern auch politisch gefährlich werden können. Freilich: einer der Herren Vorredner erwähnte: man habe dann nur einen Tyrannen und es sei einfacher, einem Tyrannen den Kopf abzuschlagen als vielen. Er meinte damit wohl, daß der betreffende Trust leichter verstaatlicht werden könnte. Das ist wahrlich nicht das Ziel, das angestrebt werden sollte; aber der endliche Erfolg einer Gesetzgebung gegen die Kartelle würde voraussichtlich eine Verstaatlichung der Industrie sein.

(Beifall).

Vorsitzender: Ich bringe zur Kenntniß der Abtheilung, daß sich noch gemeldet haben außer den beiden Herren Gutachtern, von denen ich annehme, daß sie am Schlusse der Diskussion das Wort werden haben wollen, selbstverständlich vorbehaltlich des Rechts der Berichterstatter, folgende Herren: Dr. Liefmann, Dr. Scharlach, Generaldirektor Bitta, Dr. Grätz, Rechtsanwalt Flatau, Dr. Edwin Katz. Ich ertheile das Wort in dieser Reihenfolge zunächst Herrn Dr. Liefmann.

Privatdozent Dr. **Robert Liefmann** (Gießen): Vielleicht gestatten Sie auch einem Nationalökonomen ein paar Bemerkungen zu dem Gegenstand. Im Allgemeinen kann ich den ausgezeichneten Ausführungen des Herrn Sektionschefs Klein beistimmen, wenn ich auch in mancher Hinsicht mich mehr den Anschauungen des Herrn Dr. Landesberger nähere. In betreff eines Punktes aber bin ich abweichender Meinung von sämmtlichen Referenten, nämlich bezüglich der Möglichkeit zollpolitischer Maßregeln. Nicht als ob ich mir für die Beseitigung der Mißbräuche im Kartellwesen viel davon verspräche, wenn in das Tarifgesetz eine Bestimmung aufgenommen würde, daß der Bundesrath mit Zustimmung des Reichstags die Zollsätze ermäßigen kann, wenn durch monopolistische Vereinigungen der Produzenten die Verbraucher offensichtlich geschädigt werden. Immerhin hätte der Staat mit der Einführung einer derartigen Bestimmung ein gewisses Machtmittel den Kartellen gegenüber in der Hand, und ich glaube, schon der bloße Umstand, daß bei den Regierungen oder im Reichstage die Möglichkeit einer Herabsetzung erwogen würde, würde günstig wirken, würde die Kartelle vorsichtiger in der Preisgestaltung machen und würde den Zweck, den Herr Sektionschef Klein mit dem Warnungsausschusse, den er vorgeschlagen hat, erreichen wollte, in einfachster Weise erfüllen. Denn wie er selbst sagte, ist die Volksvertretung das natürliche Organ, eine solche Warnung aufzustellen. Daher glaube ich, würde sich die Aufnahme eine derartigen Bestimmung in das Zolltarifgesetz empfehlen, abgesehen davon, daß es die einfachste

Maßregel ist, die ergriffen werden kann, um den Kartellen entgegenzutreten. Jedenfalls würde mit der Aufnahme einer derartigen Bestimmung die Regierung den guten Willen zeigen, Mißbräuchen der Kartelle entgegenzutreten, und sie würde damit eine gewisse Beruhigung in weite Kreise tragen, die heute durch die wachsende Macht der Kartelle erschreckt werden.

Eine derartige Maßregel wird auch von vielen Handelskammern gefordert. Der Haupteinwand dagegen, daß gerade die Abnehmer, die vor der Zollherabsetzung gekauft haben, dann geschädigt werden, wird dadurch hinfällig, daß, wenn diese Maßregel, wie vorgeschlagen, von Bundesrath und Reichstag beschlossen wird, immer genügend Zeit bis zur Durchführung verstreichen wird. Besonders ist auch entgegenzuhalten, daß im konkreten Falle die Anregung dazu von den Abnehmern, z. B. den Händlern oder Weiterverarbeitern, die ja selbst alle in Fachvereinen organisirt sind, ausgehen wird, die Vorschläge machen können, an welchem Zeitpunkte die Herabsetzung zweckmäßig sein wird.

Ich möchte Ihre Aufmerksamkeit noch auf eine Thatsache lenken, die vorhin von Excellenz Klein und speziell von Herrn Justizrath Boyens gestreift, aber noch nicht näher erörtert worden ist, eine Erscheinung, welche meines Erachtens eine rein juristische Regelung eher ermöglicht, als das bei den eigentlichen Kartellen der Fall ist. Es handelt sich um Vereinbarungen, die man als Verpflichtungen zu ausschließlichem Verkehre bezeichnen kann. Gewerbetreibende z. B. verpflichten die Produzenten der von ihnen benöthigten Rohstoffe, solche nur an Mitglieder des Kartells zu verkaufen, oder verpflichten die Abnehmer ihrer Produkte, diese nur von Mitgliedern des Kartells zu kaufen. Die Kartelle benützen derartige Verpflichtungen namentlich seitens Weiterverarbeiter und Händler zur Sicherung ihres Monopols.

Diese Verpflichtungen haben heute eine außerordentlich große Bedeutung. Aus der großen Zahl der Beispiele, die mir bekannt geworden sind, möchte ich nur eines erwähnen, welches als Typus gelten kann, und auch deswegen interessant ist, weil es eine richterliche Entscheidung herbeigeführt hat. Im Auftrage des Kartells der Munitionsfabriken drohte der Schriftführer desselben einem Händler mit der Sperrung weiterer Lieferungen durch das Kartell, wenn dieser Händler noch weiter von einer außenstehenden Munitionsfabrik Waaren kaufe. Der Schriftführer wurde wegen Erpressung angeklagt und vom Landgericht Nürnberg zu einem Jahre Gefängniß verurtheilt, aber bald vom Prinzregenten begnadigt. Die Wirkungen derartiger Verpflichtungen, die heute außerordentlich häufig sind, richten sich nach zwei Seiten. Für die Verpflichteten bedeutet sie eine große Beschränkung ihrer ökonomischen Bewegungsfreiheit, eine absolute Gebundenheit an das Kartell. Viel weitgehender sind natürlich die Wirkungen auf die dritten, die außerhalb des Kartells Stehenden, gegen welche sich diese Maßregel richtet. Für sie bedeutet dieselbe eine außerordentliche Erschwerung ihrer ganzen Wirtschaftsthätigkeit, eine tiefgreifende Schädigung und kann eventuell zum Ruin führen. Daher ist auch die Erregung gegen derartige Maßregeln in weiten Kreisen eine große.

Es erhebt nun sich die Frage, was hier geschehen kann. Manche meinen, das Einfachste wäre, derartige Vereinbarungen als gegen die guten Sitten verstoßend für nichtig zu erklären. Das scheint mir aber viel zu weit zu gehen, denn ganz zu entbehren sind solche Vereinbarungen zweifellos nicht. Ich kann hier die nähere Begründung nicht liefern, ich kann nur anführen, daß solche Vereinbarungen heute alltäglich vorkommen. Wenn z. B. ein Fabrikant von Textilwaaren einen Händler verpflichtet, nur Waaren von ihm zu verkaufen, so geschieht das, weil der betreffende Fabrikant nicht will, daß der Händler auch Muster von seinem Konkurrenten verkauft, und Thatbestände, die dem eben erwähnten ganz gleich sind, kommen heute unendlich oft vor. Es leuchtet überhaupt ein, daß die Kartelle einen formalen Vertrag, wenn derselbe für nichtig erklärt wird, einfach umgehen können, indem sie in Form einer bloßen Drohung mit Einstellung des Bezugs oder der Lieferungen ihren Zweck erreichen können. Dann bleibt nur das strafrechtliche Vorgehen wegen Erpressung übrig, und auch die Form einer Drohung würde sich leicht beseitigen lassen. Wenn auch formal juristisch vielleicht eine Erpressung konstruirt werden kann, indem man annimmt, daß die Drohung erfolgt sei, um sich oder einem Dritten einen rechtswidrigen Vermögensvortheil zu verschaffen, so kann doch nicht zweifelhaft sein, daß eine Bestrafung aus diesem Grunde dem allgemeinen Rechtsbewußtsein nicht entspricht. Ich will nur erwähnen, daß die Herbeiführung eines Vermögensvortheils als Zweck der ganzen Maßregel wohl konstruirt werden kann, wenn der Gegenkontrahent verpflichtet werden soll, nur von Mitgliedern des Kartells zu kaufen, nicht aber, wenn ein *Rohstofflieferant* in dieser Weise verpflichtet werden soll, und das Kartell droht, ihm nichts mehr *abzukaufen*. Dann kann von Erzielung eines Vermögensvortheils nicht die Rede sein, und es zeigt sich, daß als Zweck der Verpflichtung überhaupt nicht die Erzielung eines Vermögensvortheils, sondern die Herbeiführung des Ausschlusses Außenstehender an das Kartell anzusehen ist.

Die gesetzliche Regelung dieser Verhältnisse kann meines Erachtens nicht in der Weise vorgenommen werden, daß man alle diese Vereinbarungen einfach für nichtig erklärt, sondern nur so, daß man einen Mißbrauch derartiger Vereinbarungen zu beseitigen sucht. Und ein solcher wird darin zu suchen sein, wenn ein Kartell, welches vielleicht eben erst gegründet ist, seine Abnehmer ohne jede weitere Beschränkung zu dem ausschließlichen Verkehre verpflichtet. Es wird sich deshalb empfehlen, solche Vereinbarungen nur für gültig zu erklären in Verbindung mit und für die Dauer von bestimmten Preisvereinbarungen, d. h. für die Dauer einer Verpflichtung der Gegenpartei, keine Preiserhöhung vorzunehmen. Dadurch und durch eine solche Verpflichtung der Gegenpartei wird die Gefahr, die in der einseitigen Verpflichtung liegt, gemindert, und es wird eine Gegenleistung vorgeschrieben, der sich die übermächtigen Monopolisten sonst leicht entziehen können, indem sie die Gegenkontrahenten zu einer einseitigen Verpflichtung zwingen. Es hat aber nur Sinn, eine solche weitgehende Verpflichtung einzugehen, wenn man eine gewisse Gegenleistung empfängt, und in Amerika macht sich das in großem Umfange so, daß solche Verpflichtungen übernommen werden unter Verpflichtung der Gegenleistung besonderer Preisvortheile. Auch vom allgemein volkswirthschaftlichen Standpunkte würde die Bestimmung günstig wirken, denn sie wird feste dauernde Beziehungen zwischen Produzenten und Abnehmern herbeiführen und damit den Hauptzweck der Kartelle, die Herbeiführung einer größeren Stetigkeit der wirthschaftlichen Beziehungen, fördern.

Am meisten könnten außerdem Koalitionen der Verpflichteten selbst thun, um der Macht der Monopolisten entgegenzutreten. Wenn z. B. die Händler in einem kartellirten Produkte selbst organisirt sind, so können sie sehr wohl die Verpflichtung zu ausschließlichem Verkehre mit dem Kartell auf sich nehmen, natürlich nur auf die Dauer ihrer Preisvereinbarungen mit den Produzenten. Sie könnten sich von diesen auch die Beschäftigung ausschließlich ihrer Verbandsmitglieder versprechen lassen, und man käme auf diese Weise zu dem gegenseitigen ausschließlichen Verkehre, wie er z. B. der englischen Alliance zu Grunde liegt. — Ich möchte mich auf diese kurzen Bemerkungen beschränken. Sie hatten nur den Zweck, eine Besprechung dieser gerade der juristischen Regelung am ersten zugänglichen Erscheinungen anzuregen.

Rechtsanwalt Dr. **Scharlach** (Hamburg): Meine Herren, ich stehe vollständig auf dem Standpunkt des zweiten Herrn Referenten, des Herrn Präsidenten Nentwig und des Herrn Justizrath Simon. Seit länger als 22 Jahren stehe ich, darf ich sagen, inmitten der Entwickelung des deutschen Kartellwesens. Bereits Ende der 70er und Anfang der 80er Jahre bin ich als Konsulent und Syndikus, als Mitglied von Aufsichtsräthen thätig dabei gewesen, Vereinigungen von verschiedenster Art zu bilden, von losen Preisvereinigungen an, über Gewinnvertheilungsanträgen über bestimmte Zeit hinweg zu Syndikaten, zu Trustgesellschaften und wiederum zu Verbindungen dieser Trustgesellschaften durch Kartellirungen unter sich. Meine ganze Erfahrung hat dabei gezeigt, daß es ein Irrthum ist anzunehmen, daß die ungemessene Gewinnsucht, auri sacra fames, die Triebfeder zu diesen Vereinigungen sei. Sondern sie sind namentlich anfänglich immer nur zu Stande gekommen, wenn die harte Nothwendigkeit die Industriellen dazu getrieben hat. (Sehr richtig!) Es waren durchweg im hohen Grade gefährdete oder wirthschaftlich bereits ruinirte Existenzen, die sich gezwungen die Hände gegeben haben, um ihre Wirthschaft wieder aufzurichten. Es liegt ja auf der Hand, meine Herren, daß kein Mensch so leicht freiwillig sein individuelles Recht und dessen Bethätigung aus der Hand giebt. Nicht nur der einzelne, wenn es eine Privatfirma war, die sich hinzufand zu derartigen Vereinigungen, sondern namentlich die Direktoren von Aktiengesellschaften und nicht minder die Aufsichtsräthe, haben das begreifliche Streben, immer und immer das Recht und die Macht, welche sie in ihrer Hand gehabt haben, zu halten und nicht einem Gemeinschaftswillen zu opfern. Daher ist es auch gekommen, und wenn nicht die Zeit zu kurz wäre, könnte ich Ihnen unzählige Beispiele aus meiner Praxis mittheilen, daß derartige Vereinigungen, sobald die Leute wieder zur Ruhe, zu Geld, zu Verdienst gekommen waren, durch die widerstrebenden Interessen, namentlich aber den Drang nach Freiheit, gesprengt wurden, und immer wieder haben sie sich dann erst zusammengefunden, wenn sie einsahen, daß sie, sei es bei der freien Konkurrenz im Vaterlande selbst, oder gegenüber der drängenden Konkurrenz vom Auslande, gezwungen waren, um ihre Existenz im Lande oder in der Weltkonkurrenz aufrecht zu halten, sich zusammenzuschließen. Meine geehrten Herren, ich habe derartige Vereinigungen mit abgeschlossen, selbstthätig und als Konsulent, die sich erstreckt haben und erstrecken nicht nur über Deutschland, sondern über Frankreich, Italien, England und andere überseeische Länder. Halten Sie es wohl für möglich, daß die einander so wirthschaftlich widerstrebenden Interessen eines gewissen Produktionszweiges in verschiedenen Ländern hätten vereinigt werden können, wenn es sich nur darum gehandelt hätte, daß einer gern mehr, der andere gern noch mehr verdient hätte? Gewiß nicht! Diese Vereinigungen konnten nur zu Stande kommen, weil ein Zustand internationaler Konkurrenz in diesen Produktionszweigen sich entwickelt hatte, welcher absolut die Existenzfähigkeit der sämmtlichen Fabriken ausschloß. Erst nachdem sämmtliche Fabriken, wie in England und anderen europäischen Ländern, so in Amerika zu den schwersten Verlustpreisen Jahre lang verkauft hatten, war die Möglichkeit für verständige Leute gegeben, sie auf die Einigung zu bringen, die ihnen das wirthschaftliche Leben ermöglichte. Und weiter, meine Herren, nicht minder, wie in Produzentengenossenschaften, bin ich thätig gewesen zur Vereinigung in den eben berührten Händlergenossenschaften, und habe gesehen, daß da, wo der Konsument, der Händler von den Fabrikanten zu sehr bedrückt wurde, es mit äußerster Raschheit vor sich ging, daß die sich bildende Vereinigung der Händler geradezu maßgebend für die Fabrikanten wurde, weil der Fabrikant nur sehr viel kürzere Zeit warten kann, bis er seine Produktion los werden muß, als der Händler, bis er seine vermittelnde Thätigkeit mit dem letzten Käufer, dem Konsumenten einstellt. Meine Herren, die Selbsthilfe des Gedrückten ist derartig wirksam, daß ich mich darauf beschränken kann, ein einziges Beispiel aus den allerletzten Monaten anzuführen, um Ihnen zu zeigen, wie sich die Wirthschaft selbst hilft. Ein stärkeres Syndikat, als das sogenannte Kalisyndikat, welchem der Fiskus angehört, giebt es kaum. Es hat neben allen anderen ja den Vortheil des Monopols, weil nirgends in der Welt bisher aufgeschlossene Kalilager existiren, als in Deutschland. Was ist die Folge einer nach meiner Ueberzeugung — obgleich ich selbst bei der Bildung des neuen Syndikats thätig gewesen bin, und obgleich ich selbst dem Vorstande von Kaligesellschaften angehöre — was ist der Fehler dieses Syndikats gewesen? Daß es die Bedürfnisse der großen maßgebenden Konsumenten nicht genügend berücksichtigt hat. Und was war die Folge? Das einige Konsumenten die Wege gefunden haben, dem Syndikat zu sagen: entweder du läßt von dieser Politik ab und giebst uns nach, oder wir sind in der Lage dich zu sprengen. Natürlich, meine Herren, zu jedem Kampfe, so auch zum wirthschaftlichen, gehören Muth und Intelligenz; Muth und Intelligenz sind die Faktoren, welche die Leute haben, welche die Syndikate bilden, und Muth und Intelligenz sind die Faktoren, welche die Leute benutzen müssen, die glauben, sich von ihnen geschädigt zu sehen. Gesetze bedarf das Wirthschaftsleben in dieser Beziehung meiner festen Ueberzeugung nach nicht. (Zustimmung.) Ich stehe, wie gesagt, vollständig auf dem Standpunkte, meine Herren, daß, ganz abgesehen von allem anderen, wir nicht reif sind für diese Gesetzgebung. Sehr viele, meine geehrten Herren, werden wahrscheinlich den Band aus den Veröffentlichungen des Vereins für Sozialpolitik gelesen haben, in welchem die verschiedenen Verträge, Geschäftsordnungen der großen Kartelle und Syndikate von Deutschland veröffentlicht sind. Ja meine Herren, die großen Kartelle, gerade die maßgebenden Kartelle haben sich ja nie geweigert, ihre Verträge klar zu legen; was sie nicht mitgetheilt haben, ist wie vorher von Herrn Justizrath Simon hervorgehoben worden ist, die Art und Weise, wie sie ihre Geschäfte machen, die formelle Gestaltung liegt jedem klar. Ich bin bereit, Ihnen soviel Verträge des Kohlensyndikats, des Cokessyndikats zu verschaffen, wie Sie wollen; keinem, der tiefer in diese Sachen hineingeht, sind das Geheimnisse. Aber zu verlangen, daß irgend eine geschäftliche Gruppe, seien es Produzenten, seien es Konsumenten oder Zwischenhändler, die Intimitäten ihres Verkehrs in irgend einer Weise klar lägen, das bedeutet, meine Herren, den vollkommenen Ruin des betreffenden Produktionszweiges. Da mögen Sie Kautelen vorsehen wollen, welche immer: derjenige, der seine Geschäftsgeheimnisse preisgeben muß, ist, sei er Kaufmann oder Fabrikant, selbst preisgegeben.

Und nun, meine Herren, vergessen Sie eins nicht, worauf ich Sie aufmerksam machen will. Sie dürfen nicht vergessen, daß die ganze Diskussion, die sich heute und überall, wo diese Fragen angerührt worden sind, entwickelt hat, fast immer sich beschäftigt mit den wenigen Ausnahmen, welche Auswüchse des Kartellwesens bilden, die ermöglicht sind in zweierlei Weise. Einmal durch eine vielleicht zeitweilig nöthige Staatsunterstützung, wie z. B. bei den Zuckerfabriken, und die nie hätten existiren können, wenn sie nicht geradezu staatlich gestützt worden wären. Damit will ich mich nicht dahin aussprechen, ob ich nicht selbst vielleicht als Staatsmann in gewissen Grenzen ebenso gehandelt und jene für das allgemeine Wirthschaftsleben hochbedeutende Erwerbszweige ähnlich unterstützt hätte; andererseits diejenigen Kartelle, die innerhalb des Bereichs unserer eigenen Wirthschaft, der deutschen, durch die Art ihrer Produkte, also die Kohlenkartelle, die Eisenkartelle, namentlich also die mit den Produkten der Erde arbeiten, und dadurch es in der Hand haben, die große Menge der Fabriken und der Rhedereien zu hohen Preisen zu zwingen und gewissermaßen in ihrer freien Entwicklung zu knebeln. Ja, meine Herren, ich bin der Meinung, daß — und gerade Preußen hat es gezeigt und ist auf dem weiteren Wege dazu — daß es da Verwaltungsmaßregeln giebt, die außerordentlich viel kräftiger wirken, derartige Ueberschreitungen zu erledigen und zurückzuweisen, als es irgend welche Gesetze können. Aber, meine Herren, die andere Form, die der Industrie, diejenigen Industrien, die in der Weltwirthschaft mitspielen sollen, die die Konkurrenz über die fünf Erdtheile aufrecht erhalten sollen, meine Herren, wenn Sie denen irgendwelche Beschränkungen auferlegen in Deutschland, bevor sie in England, Amerika, auferlegt worden sind, so heißt das, unsere nationale Industrie preisgeben. Wir sind nicht die stärksten; Amerika sicher und England in einzelnen Punkten auch, ist stärker, und es wäre höchst verkehrt, wenn der schwächere anfinge, diejenigen Organe, welche seine Industrie heraufgearbeitet und stark gemacht haben, unterbinden zu wollen zum Nutzen nicht des eigenen Landes, sondern ausschließlich des konkurrirenden Auslandes. Denn darüber können Sie sicher sein, jede, auch die kleinste Möglichkeit, das ist einmal kaufmännische Art, den Gegner auszuforschen, hinter seine Besonderheit zu kommen, die wird benutzt, und es giebt keine Vorschriften der Verschwiegenheit, die genügen könnten, wenn Sie derartige Kartellregister oder sonstige Eintragungen einführen wollten, sofern dieselben überhaupt irgendwelchen materiellen Werth haben sollten, deren Inhalt den Konkurrenten in der ganzen Welt vorzuenthalten.

Und nun, meine Herren, möchte ich mit Folgendem schließen, weil, wie ich glaube, nichts besser meine Meinung in der Frage kennzeichnet, die hier von Ihnen erörtert worden ist. Wenn Sie ein derartiges Institut einrichteten, wie diese Sittlichkeits- und Moralrichterei darüber, ob die Leiter von Kartellen noch im Allgemeinwohl handelten oder nicht, und wenn Sie damit verknüpften eine Gesetzgebung, die beschlösse, daß solche Leute, die sich gegen die Ansicht eines derartigen Moralforums vergingen, von Ehrenämtern, namentlich von der Mitgliedschaft in der Handelskammer oder Gewerbekammer und ähnlichem ausgeschlossen werden sollen, so würde die Folge die sein, daß schon vorher kein maßgebender Mann mehr in solche Kammern hineinginge. Denn diejenigen Leute, die für unsere Industrie und für die Entwicklung unserer Volkswirthschaft maßgebend sind, die würden sich bedanken, von einem derartigen Forum sich sagen zu lassen, ob sie richtig oder unrichtig handeln, die würden lieber von Anfang an verzichten, für das Gemeinwohl mitzuwirken, als durch derartige Reprimanden sich später hinauswerfen zu lassen. Der Kernpunkt der Frage liegt hier wie überall etwas weiter zurück. Sie können über Dinge, welche in den einzelnen Menschen die Entscheidungen darüber legen sollen, ob er zu unrecht und unmoralisch seinen Vortheil dem Vortheil der Gemeinschaft voransetzt, niemals durch Gesetze etwas erreichen. Das ist eine Frage der Erziehung des Volkes zum Gemeinsinn; von Anfang an muß in die Männer hineingelegt werden das Bewußtsein, daß sie nicht den persönlichen Vortheil dem allgemeinen voransetzen sollen, und wenn dieser Sinn, wie er Gott sei Dank bei uns mehr und mehr wächst, in Alle durch die Erziehung hineingelegt werden wird, dann haben Sie künftig wohl immer noch nöthig, Verbrechen gegenüber Gesetze zu machen, aber nicht nöthig, Gesetze zu machen, durch die verhindert werden soll, daß in unzulässiger Weise der Individualismus vorangestellt wird dem Bestreben für das Gemeinwohl, und in diesem Sinne glaube ich, meine geehrten Herren, daß allerdings der Juristentag nicht berufen ist, zur Zeit sicher nicht berufen ist, gesetzgeberisch in dieser Frage einzugreifen. (Beifall.)

Vorsitzender: Ich glaube, daß ich im Sinne der Abtheilung gehandelt habe, wenn ich den Herrn Redner nicht so bestimmt an die zehn Minuten gebunden habe. Ich ertheile nun das Wort Herrn Generaldirektor Bitta.

Generaldirektor Rechtsanwalt **Bitta** (Neudeck, Ober-Schl.): Meine hochgeehrten Herren! Ich will nur mit einigen kurzen Sätzen auf einzelne Ausführungen der Herren Vorredner, sowie auf das ausführliche Gutachten des Herrn Dr. Landesberger zurückkommen; ich beziehe mich im Uebrigen auf den kleinen Aufsatz, welchen ich über die Kartelle in der Deutschen Juristenzeitung vom 1. Juni d. J. veröffentlicht habe.

Dreierlei möchte ich vorausschicken. Ich glaube zunächst, daß der Deutsche Juristentag die Frage des materiellen Einschreitens der Gesetzgebung gegen die Kartelle verneinen muß, wenn nicht innere Rechtsgründe dieses Einschreiten gebieten. Daß das nicht der Fall ist, werde ich Ihnen nachher an der Hand des Gutachtens des Herrn Dr. Landesberger kurz nachweisen. Die Frage, ob die sozialpolitische Gesetzgebung oder die Staatshoheit in irgend einer Weise präparatorisch einzugreifen habe, gehört wohl nicht zu den Aufgaben des Deutschen Juristentages. Der zweite Punkt, den ich vorausschicken möchte, ist der, daß die Stellung in Oesterreich wesentlich verschieden ist von der Stellung, die das Deutsche Reich den Kartellen gegenüber einnimmt, und zwar aus dem einfachen Grunde, weil in Oesterreich ein Verbot der Kartelle besteht, was wir in Deutschland nicht haben. Daraus erklärt sich, daß die Kartellbewegung, welche in Oesterreich seit Jahren bereits besteht, nicht dahin geht, die Kartelle zu verbieten oder zu beschränken, sondern im Gegentheil dahin, das bestehende Verbot der Kartelle zu beseitigen, und da ist man zu Konzessionen geneigt. Man will mit gewissen Konzessionen z. B., daß derartige Kartellverträge in ein Register eingetragen werden, die Gültigkeit derselben erkaufen. Der dritte Punkt, den ich vorausschicken möchte, ist der der Volksstimmung. Es ist gefragt worden, woraus man die Volksstimmung erkenne, und da wurde von Herrn Sektionschef Klein entgegnet, daß die Volksstimmung sich im Deutschen Reichstage beziehungsweise in der Zolltarifkommission geäußert habe. Das ist mir auch recht bedenklich und zum Theil unzutreffend. Bekanntlich ist ja eine feindliche Stimmung gegen die Kartelle im Volke vorhanden, weil man von der Auffassung ausgeht, daß die Kartelle einzelne Konsumartikel vertheuern; daraus erklärt sich auch, daß es ein beliebtes Agitationsmittel ist, gegen die Kartelle aufzutreten, besonders mit Rücksicht auf die nächsten Wahlen, und daß von gewissen Seiten ein Einschreiten gegen die Kartelle im Reichstag und in den Kommissionen befürwortet wird, um im Volk, im Wählerpublikum Stimmung für sich und seine Partei zu machen. Also darauf ist auch nicht gar zuviel zu geben. Ich meine, gerade diejenigen Körperschaften, welche der Industrie und dem Handel am nächsten stehen, nämlich die deutschen Handelskammern, sind in erster Reihe berufen, die maßgebende Volksstimmung wiederzugeben, und dieselben haben auf eine Anfrage des Deutschen Handelstages sich zum größten Theil bereits zur Kartellfrage geäußert. Die Gutachten sind alle in der amtlichen Zeitschrift für Handel und Gewerbe abgedruckt, es hat aber nicht eine einzige Handelskammer die Sache für so dringlich erachtet, daß sie ein gesetzgeberisches Einschreiten befürwortet und einen gangbaren Weg für ein solches gesetzgeberisches Einschreiten angegeben hätte. Daß in der That innere Rechtsgründe zu einem gesetzgeberischen Einschreiten nicht vorliegen, ergiebt die logische Schlußfolgerung aus dem Gutachten des Herrn Dr. Landesberger. Er stellt Seite 322 den Begriff der Kartelle dahin auf, daß wesentlich als Merkmal des Kartellbegriffs das Streben nach einer monopolistischen Machtstellung sei, und folgert daraus Seite 364 mit Recht, daß wie dies auch Wittelshöfer verlangte, streng genommen nicht ein Gesetz gegen Kartelle, sondern gegen Monopole zu erlassen sei. Nun sagt aber Herr Dr. Landesberger wörtlich, Seite 362:

Ein Zeitalter, in dem ein Einzel-Unternehmer von der ökonomischen Macht eines Krupp oder eine Industrie-Gesellschaft von der Größe beispielsweise der Allgemeinen Elektrizitäts-Gesellschaft als der Höhepunkt und das Ergebniß einer normalen, weder gegen die herrschenden Anschauungen von Sittlichkeit, noch gegen das allgemeine, im Privatrechte sich verkörpernde Interesse, verstoßenden Entwicklung erscheint: das kann auch in der Vereinigung mehrerer Unternehmer, die zusammen jene Macht besitzen, um sich einer solchen Einzelmacht gegenüber vielleicht eben nur behaupten zu können, und die gemeinsam natürlich dieselbe Wirthschaftspolitik verfolgen, wie der Riesenunternehmer allein, prinzipiell weder etwas Unsittliches, noch gegen das allgemeine Interesse Verstoßendes erblicken. Er hält also die Kartelle an sich als weder gegen die Sittlichkeit noch gegen das öffentliche Interesse verstoßende Unternehmen. Wenn er trotzdem ein Einschreiten nur gegen Kartelle und nicht auch gegen monopolistische Einzelunternehmungen fordert, ersteren also eine Ausnahmestellung zuweist, so sind die hierfür auf Seite 365 und 366 angeführten

Gründe nicht zutreffend. Er sagt nämlich Seite 365: Allerdings wird man die Frage aufwerfen müssen, warum gerade die Unternehmerverbände, wenn nicht auch die Einzelunternehmungen, einer verwaltungsrechtlichen Regelung zu unterwerfen seien. Die Schlußfolgerungen, zu denen ich in meiner ökonomischen Kritik gelangt bin, geben auf diese Frage eine formale und eine materielle Antwort.

Diese Schlußfolgerungen, welche Seite 346 des Gutachtens abgedruckt sind, sprechen aber eher gegen als für eine abweichende Behandlung der Kartelle. Es ist weiter Seite 366 für letztere als Grund angegeben: das Einzelunternehmen müsse organisch wachsen, der Kartellverband sei eine Thatsache, die über Nacht geschaffen werden könne. Meine Herren, auch dieser Grund ist nicht durchschlagend. Der Kartellverband kann allerdings in einer Nacht geschaffen werden, das ist richtig, aber ebensogut kann ein Zusammenschluß mehrerer Unternehmer in eine Aktiengesellschaft, eine Fusion mehrerer Aktiengesellschaften über Nacht geschaffen werden. Ich kann gerade den Herren aus Oesterreich ein eklatantes Beispiel dafür anführen, nämlich die österreichisch-ungarischen Zinkwalzwerke. Die Zinkwalzwerke haben ursprünglich ein Kartell gebildet; mit Rücksicht auf die Schwierigkeit der österreichischen Gesetzgebung haben sie sich jedoch entschlossen, sich in Form einer Aktiengesellschaft zu vereinigen. Das ist mit Leichtigkeit auch gewißermaßen über Nacht geschehen, und die Aktiengesellschaft besteht bereits seit dem 1. Januar 1899. Sie sehen, wenn irgend eine Gesetzgebung gegen die Kartelle bei uns erfolgen sollte, so würde ohne Weiteres ein derartiges Verfahren auch hier Platz greifen. Nun möchte ich noch auf einen Punkt des Landesberger'schen Gutachtens hinweisen, der gleichfalls mehr für als gegen meine Auffassung spricht. Er sagt nämlich Seite 348 Folgendes:

„Es ist in der Logik der Thatsachen begründet, daß ein Einzelunternehmen, welches ein faktisches Monopol erlangt hat, um so viel schwerer und langsamer überwunden, ein Kartell dagegen um so viel leichter und rascher gesprengt werden kann, als eben das Eine und das Andere gewachsen, bezw. entstanden ist. Sollte ein differenzirendes Moment in der Thatsache mehrerer gleichberechtigter Unternehmerwillen im Kartell gegeben sein, welche sich nur in einer beschränkten Sphäre ihres Selbstbestimmungsrechtes entäußert hätten? Levy v. Halle in seiner Schilderung der nordamerikanischen Unternehmerverbände berichtet, daß einer der mächtigsten dieser Verbände durch die Anti-Trustgesetzgebung genöthigt worden war, sich in eine Korporation umzuwandeln, dieser formal so wichtige Schritt den Betheiligten kaum zu Bewußtsein gekommen sei."

Also: es würde ein Vorgehen gegen die Kartelle jedenfalls nichts nützen. Daß sich irgend ein gesetzgeberisches Einschreiten gegen die Kartelle nicht empfiehlt, wird auch schon bewiesen durch die Thatsache, daß alle bisherigen Versuche, in gesetzgeberischer Weise gegen die Kartelle vorzugehen, in England, in Amerika und in Oesterreich ohne Erfolg gewesen sind. Daß eine civilrechtliche Repression nicht gerechtfertigt sei, wird ja auch von den Herren Gutachtern und Referenten selbst anerkannt. Das vorgeschlagene sozialpolitische Vorgehen ist aber meines Erachtens nicht Sache des Deutschen Juristentages. Es ist auch festgestellt worden von dem Herrn Referenten Landesberger Seite 345, daß bisher wenigstens die Kartelle einen ungünstigen Einfluß auf die Arbeiterverhältnisse nicht ausgeübt haben. Was im Uebrigen die Vorschläge anlangt, welche bezüglich der sozialen Gesetzgebung von Landesberger Seite 349 gemacht worden sind, so kann ich nur feststellen, — ich kenne die Verhältnisse in Oesterreich nicht — daß bisher unsere deutsche Gesetzgebung jedenfalls, wie auch die Verhandlungen über das Bürgerliche Gesetzbuch und die hier speziell in Betracht kommenden §§ 138 und 826 ergeben, stets den Grundsatz befolgt hat der Wahrung der Billigkeit und des Schutzes des Schwächeren, ich glaube, daß nach dieser Richtung hin auch weiter bei uns fortgefahren werden wird.

Ich möchte schließlich bei der knapp bemessenen Redezeit nur noch wenige Einzelheiten hervorheben. Es ist bezüglich der gegen die Kartelle empfohlenen Selbsthilfe Bezug genommen worden auf die Zuckerkartelle. Eine Selbsthilfe, von der Vieles zu erwarten ist, hat auch stattgefunden bezüglich der Papierkartelle, indem, wie bekannt, die Zeitungen, welche durch die Papierkartelle übertheuert worden sind, eine eigene Papierfabrik zur Herstellung von Zeitungspapier gegründet haben. Für die Wichtigkeit der Selbsthilfe ist weiter ein neuestes Beispiel aus der Gegenwart das Vorgehen gegen das Kartell der Feuerversicherungs-Gesellschaften. Bekanntlich hat dieses Kartell gewisse Industrieen, besonders Textil- und Papierindustrieen erheblich in den Prämien hinaufgesetzt. Da hat sich nicht nur der Feuerversicherungs-Schutzverband gebildet, sondern die benachtheiligten Industrieen haben sich auch in dem Centralverband deutscher Industrieller zusammengethan und haben durch eine Aussprache mit der Kartellleitung erzielt, daß eine Einigung in der letzten Zeit erreicht worden ist.

Was die Oeffentlichkeit anlangt, so meine ich, daß eine Veröffentlichung der Kartellverträge und Kartellbeschlüsse und insbesondere die Schaffung eines Kartellregisters nicht nöthig ist. Wenn irgend welche Mißstände entstehen oder vorhanden sind, so genügt die Presse vollständig, um das zur Kenntniß aller betheiligten Kreise zu bringen, und was besonders die gewünschte Enquête anlangt, so ist der Staat vollständig in der Lage, alles nöthige Material sich auch ohne ein besonderes Gesetz zu beschaffen. Es ist nicht nöthig, ein neues Gesetz in dieser Beziehung zu erlassen, die Kartelle haben sich auch bis jetzt nie geweigert, die erforderliche Auskunft zu ertheilen. Ich stehe also durchaus auf dem Standpunkt, daß zur Zeit jedenfalls irgend welches gesetzgeberische Einschreiten gegen die Kartelle weder geboten ist noch sich empfiehlt.

Vorsitzender: Ich theile zunächst mit, daß auf Grund der Ausführungen des Herrn Dr. Scharlach auf das Wort verzichtet hat Herr Dr. Katz. Ich ertheile nunmehr das Wort Herrn Dr. Grätz (Wien).

Dr. **Graetz** (Wien): Meine Herren! Sie haben gehört, daß ich aus Wien bin, und vermuthen wahrscheinlich, daß ich in Folge dessen als Anhänger einer Kartellgesetzgebung auftrete. Die Herren aus Deutschland haben das offenbar immer so aufgefaßt, als wenn die Oesterreicher Anhänger einer Gesetzgebung gegen die Kartelle wären, wo sie doch nur Anhänger einer Gesetzgebung betreffend die Kartelle sind. Das Kartellschäden bestehen, haben die Herren aus Deutschland Alle zugegeben. Sie haben aber geglaubt, diese Kartellschäden seien nur Kinderkrankheiten, und da sei ein Einschreiten gegen diese Schäden nicht nothwendig. Ja, giebt es denn nicht auch Aerzte gegen Kinderkrankheiten? Soll man sich die Kinderkrankheiten gefallen lassen? Die können ja ebensolchen Schaden machen!

Dann haben die Herren eine Kartellgesetzgebung mit dem Argument abzuthun versucht, daß die amerikanische Anti-Trustgesetzgebung erfolglos war. Sie ist erfolglos; ich selbst war einige Monate in Amerika, um mir die Erfolglosigkeit gründlich anzusehen. Aber die Gründe dafür sind in Amerika zu suchen. (Sehr richtig!)

Wenn die Amerikaner schlechte Gesetze machen, brauchen wir ihnen nicht zu folgen. In Amerika ist vor allen Dingen die Verfassung ein Hinderniß, daß die Gesetze erfolgreich sind. Die Einzelstaaten sind allein Herren ihrer Gesetzgebung, und es müßte eine Aenderung der Bundesverfassung eintreten. Dann ist in Amerika die Verfassung derart, daß man sie ganz gut als aufgeklärte Plutokratie bezeichnen könnte; von Demokratie ist wenig zu spüren, der ganze Richterstand ist anders, die Verwaltung anders als bei uns. Mit diesen Faktoren muß man rechnen. Daß eine Kartellgesetzgebung bei uns oder in Deutschland manche Folgen haben könnte, die jetzt nicht vorauszusehen sind, das glaube ich auch.

Ich bin endlich Anhänger der Meinung, daß eine Kartellgesetzgebung allein nicht genügt, es muß wirklich eine Monopolgesetzgebung kommen,

(Sehr richtig!) und zwar bin ich aus zwei Gründen dafür. Wenn ich die Ausführungen der heutigen Vertreter einer Anti-Kartellgesetzgebung zusammenfasse, so kann ich sagen, es stehen auf der einen Seite Anhänger der Registerpflicht und Publizität, auf der anderen Seite des Mißbilligungsausschusses und des Preisgerichts oder der civilrechtlichen Behandlung der Kartelle. Die Folge der Registerpflicht und der Publizität wäre die, daß die Kartelle sofort andere Formen finden würden, in denen sie dieselben wirthschaftlichen Wirkungen erzielen würden, ohne dieselbe juristische Organisation zu haben. Man könnte sagen, daß dann wohl ein Register bestehen würde, aber keine Kartelle: zum Teufel sind die Kartelle, das Register ist geblieben. (Bravo!)

Auch Herr Dr. Landesberger hat in seinem Gutachten ausgeführt, daß rein faktische Verhältnisse ebenso wirken können wie Kartelle. Er hat den Namen Concern dafür gewählt und das definirt als ein auf dauernden thatsächlichen Verhältnissen begründetes thatsächliches Herrschafts- oder Gemeinschaftsverhältniß. Bei dem ersten Vorschlage, bei der Registerpflicht und bei der Publizität, habe ich vermißt, daß auch die Monopole einbezogen werden. Ich glaube aber auf der anderen Seite, wenn man die Monopole einbezieht, so ist eine Durchführung der Registerpflicht schwer möglich. Auf beiden Standpunkten habe ich den Fehler bemerkt, daß nicht gesagt ist, was ein Kartell ist, daß also bei der Durchführung der Vorschläge sofort die Gefahr besteht, daß sich alle Kartelle umwandeln. Meiner Meinung nach hat also eine, wenn ich sagen darf, Kartellgesetzgebung oder Monopolgesetzgebung, die Aufgabe, die Veränderungen, welche in Folge der Kartellgesetzgebung eintreten, schon zu eskomptiren, um die eventuellen weiteren Schäden zu beseitigen. Und zwar muß man jetzt einen Begriff finden, der diesen neuen Verhältnissen halbwegs entspricht. Es ist meist der Begriff thatsächliches Monopol vorgeschlagen worden, ein Begriff, der auch in der amerikanischen Gesetzgebung und Rechtsprechung eine sehr große Rolle spielt, aber ganz unverwendbar ist, denn immer, wenn man zu einer Entscheidung kommt, findet der betreffende Rechtsanwalt, es ist in einem anderen Theile der amerikanischen Staaten ein Unternehmen ähnlicher Art vorhanden, das dasselbe produzirt, und dadurch ist ein Monopol nicht gegeben.

Ich möchte im Anschluß an ein Buch von Schaeffle, das vor längerer Zeit erschienen ist, einen Begriff aufstellen, den man wohl verwenden kann, den Begriff des ausschließenden Bezugs- und Absatzverhältnisses, und ich möchte ganz roh sagen: ein ausschließendes Bezugs- oder Absatzverhältniß ist vorhanden, wenn im einzelnen Falle für den Bezug oder die Lieferung von Waaren oder Leistungen ein anderer Unternehmer als der, der im konkreten Fall in Geschäftsverbindung getreten ist, ökonomisch nicht in Betracht kommt. Das „ökonomisch" hebe ich deshalb hervor, damit man nicht sagen kann, daß man sich Konkurrenten hält, die nur scheinbar konkurriren, thatsächlich aber nicht; das kommt oft vor. Dann will ich auch damit entkräften, daß im einzelnen Falle möglicher Weise eine Waare in einem bestimmten Staat, in dem das Gesetz gilt, noch zu haben ist, aber in ökonomisch nicht ausreichender Menge. Wenn in Wien ein Ziegelkartell besteht, so kann ich ruhig Ziegel aus Amerika kommen lassen, aber ökonomisch ist mir das einerlei. Und weiter. Je nach der Wucht der Nachfrage, die der Einzelne ausübt! Wenn ein Einzelunternehmen oder ein Kartell von Unternehmungen einen großen Prozentsatz der gesammten Produktion in sich vereinigt, und wenn auch ein Outsider besteht, dieser Outsider aber möglicher Weise nicht im Stande ist, meine Nachfrage zu befriedigen! Diese beiden Gesichtspunkte will ich zur Erläuterung geben, warum ich sage: ökonomisch nicht in Betracht kommt. Ich glaube, das ist Zukunftsjurisprudenz im schärfsten Verstande des Wortes, aber deshalb sind wir Juristen, daß wir in der Gegenwart die Zukunft vorbereiten. (Beifall).

Rechtsanwalt Dr. **Flatau** (Berlin): Meine Herren! Ich möchte Sie kurz bitten, den rein negativen Antrag des Herrn Justizrath Dr. Simon abzulehnen. Ich habe mich nicht davon überzeugen können, daß dieser rein negative Standpunkt, den im Ganzen drei der Herren Vorredner eingenommen haben, durch zutreffende Gründe gestützt wird. Insbesondere scheint mir das Argument nicht zuzutreffen, daß es noch an der nöthigen Klärung fehle. Ich meine, der Gesetzgeber besitzt zur Zeit diejenige Einsicht in das Wesen der Ringe und Kartelle, die er zu einem Einschreiten unbedingt nöthig hat, die aber auch ein Eingreifen der Gesetzgebung vollauf rechtfertigen wird. Der Gesetzgeber sieht, — wie Jeder von uns, der sehen will, — ganz genau, welches die Wirkungen sind, die die Ringe und Kartelle haben können, und er sieht auch, welche Wirkungen diese Ringe und Kartelle haben wollen. Es scheint mir nicht absolut nothwendig und eine bedingungslose Voraussetzung für jede gesetzgeberische Aktion auf diesem Gebiete zu sein, daß etwa der Gesellschaftskörper Deutschlands oder Oesterreichs erst einmal die allerletzten Konsequenzen einer Thätigkeit der Ringe und Kartelle am eigenen Leibe durchgemacht habe. Es scheint mir nicht nothwendig, daß wir Alle selbst erst einmal durcherlebt haben, was auf anderem Staatsboden in dieser Beziehung erlebt worden ist. Ich meine, wenn die Ringe so harmlos wären, wie sie beispielsweise von dem Vorredner, Herrn Dr.

Scharlach, geschildert sind, dann ständen wir doch geradezu vor einem der größten psychologischen Räthsel, die es überhaupt im Staats- und Gesellschaftsleben gäbe: woher käme dann, wenn es sich wirklich nur um vorübergehende Vereinigungen halb ruinirter Existenzen handelte, die, — kaum daß sie aus der größten Noth des Lebens wieder heraus sind, — sich freiwillig auflösen, lediglich aus idealen Motiven, um ja nicht etwa ihre werthen Mitbürger weiter zu schädigen; — ich frage, woher käme dann die bei allen höher entwickelten Nationen, in jedem Winkel der civilisirten Erde, wenn man die Literatur vergleicht, übereinstimmende Meinung, die überall, mit Ausnahme des engsten Kreises der Interessenten, einen energischen Schutz fordert, — die aller Orten die Gesetzgebung um Sicherung gegen diese neuen wirthschaftlichen Bildungen, gegen ihre Macht und ihre Wirkungen anfleht und anruft: ob mit Erfolg, ob ohne Erfolg, das hängt freilich von den Verhältnissen ab. Meine Herren! Die amerikanische Gesetzgebung möchte ich gerade nicht als Beispiel dafür anziehen, daß es überhaupt unmöglich sei, in dieser Hinsicht der großen Masse der Bevölkerung den nothwendigen Schutz zu gewähren. Umgekehrt scheint mir die Sache gerade so zu liegen, wie bereits von einem der Vorredner angedeutet wurde. Wenn die amerikanischen Gesetze so merkwürdig wirkungslos sind, wenn sie die angestrebten Ziele so merkwürdig verfehlen, — sollte das vielleicht nicht daran liegen, daß die Juristen zunächst die Ringe und Kartelle in ihrer Wirksamkeit so lange ungestört heranwachsen ließen, bis sie eine solche Macht geworden sind und solchen Einfluß erworben haben, daß jetzt die Gesetzgebung diesen Faktoren gegenüber sich thatsächlich als machtlos erweist, daß insbesondere die Juristen als solche mit ihrer Technik gar nicht mehr im Stande sind, diesen neuen und gewaltigen Machtfaktoren, diesen ganz neuen volkswirthschaftlichen Bildungen gegenüber durchzugreifen und ihnen beizukommen? Eine passive Haltung der Juristen diesen neuen Machtfaktoren gegenüber würde eine verhängnißvolle Aehnlichkeit haben mit der vom Urtheil der Weltgeschichte abfällig genug charakterisirten Haltung des deutschen Juristenstandes am Ausgange des Mittelalters: jener Juristen, die den neuen, die Existenz des freien Bauernstandes vernichtenden sozialen Faktoren gegenüber, weit entfernt, repressiv einzugreifen, sich entweder offen in den Dienst der neuen Gewalten stellten, oder mit verschränkten Armen zugesehen haben, wie die Dinge sich zum schweren Schaden für das Gemeinwohl entwickelten. Es sind auch jetzt neue volkswirthschaftliche Bildungen, die auf dem Felde erschienen sind: aber ich glaube gegenüber Herrn Generaldirektor Bitta behaupten zu dürfen: das ist keine Mache, geschweige denn eine vorübergehende künstliche Mache in einem bestimmten Staate, die der Abneigung und Furcht vor diesen Neubildungen zu Grunde liegt. Woher sollte sich sonst erklären, daß wir ziemlich in allen Ländern und in verschiedenen Erdtheilen, wo immer wir eine ausgebildete, moderne Volkswirthschaft und mit dieser die Ringe und Kartelle haben, genau dieselben Aeußerungen hören, wie bei uns? Und ist diese communis opinio ungerechtfertigt? Ich kann das nicht finden. Wenn man die mächtigen Faktoren in's Auge faßt, die eine solche Ringbildung in sich aufgesammelt hat, dann möchte ich wiederholen, was von einem — ich glaube — englischen Schriftsteller ohne eigentliche Uebertreibung gesagt worden ist: man kann diese Machtfaktoren billiger Weise nur vergleichen mit der Gewalt, die der Staat selber in sich vereinigt! Beispielsweise darin, daß, wenn man von den äußeren Formen absieht, diese Ringe unter Umständen ein wahres Besteuerungsrecht gegenüber den Konsumenten ausüben können, sogar in Bezug auf unentbehrliche Lebensmittel: daß sie unter Umständen die Expropriation eines ganzen Gewerbestandes ausführen und sich damit Handlungen anmaßen, die der Staatsgewalt vorbehalten bleiben müssen, während hier lediglich im Interesse bestimmter Kreise und einzelner Interessenten operirt wird. Es ist nur natürlich, daß in Folge dessen die große Menge überall das Eingreifen der Staatsgewalt zur Sicherung gegen derartige Befürchtungen angerufen hat. Ich möchte aber bemerken, daß der Herr Kollege Scharlach in dieser Beziehung den Standpunkt ein wenig verschoben hat. Es ist, glaube ich, von keinem Redner betont worden, daß man grundsätzlich gegen jedes Kartell einschreiten müsse und überhaupt gegen jede Thätigkeit der Kartelle. Es ist lediglich angeregt worden, gegen gewisse Ausschreitungen Schutz zu schaffen. Die Publizität scheint mir hierbei nicht das Gewicht zu haben, das ihr von vielen Seiten beigelegt worden ist. Herr Dr. Landesberger hat schon erwähnt, daß in neuester Zeit in Deutschland sich eine Form der Ringe ausgebildet hat, die in voller Oeffentlichkeit arbeitet unter Mißbrauch der reichsrechtlichen Form der Genossenschaft mit beschränkter Haftpflicht. Sie können bei solchen Ringen die Statuten jederzeit einsehen, auch alle Beschlüsse kennen lernen, da die Generalversammlungen sich beinahe in voller Oeffentlichkeit abspielen. Das hindert nicht, daß die Zwecke des Kartells, der Ringbildung trotzdem erfüllt werden können. Darin freilich stimme ich dem letzten Herrn Redner durchaus bei, daß es unter allen Umständen nicht genügen würde, eine bloße Spezialgesetzgebung gegen Ringe und Kartelle unter Freilassung der Trusts anzuregen, sondern daß die gesetzgeberische Aktion in der That einen antimonopolistischen Charakter haben müßte. Ich will Herrn Dr. Simon gegenüber noch eines betonen.

Wir haben vielleicht schon einen Ausgangspunkt für derartige Akte der Gesetzgebung, — einen, ich möchte sagen, skizzenhaft hingeworfenen, aber vorbildlichen, gesetzgeberischen Gedanken im Rahmen der preußischen Gesetzgebung. Er ist konservirt worden in Art. 4 des preußischen Ausführungsgesetzes zum neuen Handelsgesetzbuch. Es bestand die bezügliche Bestimmung schon vorher in Preußen im Art. 12 § 5 des Einführungsgesetzes und sie ist bei Gelegenheit der letzten großen Reichsgesetzgebung konservirt worden. Dieser Artikel bestimmt, daß unter Umständen eine Aktiengesellschaft aufgelöst werden kann, wenn sie durch rechtswidrige Handlungen oder Unterlassungen das Gemeinwohl gefährdet. Wenn wir dem Worte „rechtswidrig" diejenige Bedeutung beilegen, die ihm Herr Sektionschef Klein verschiedentlich in seinem heutigen Vortrage geben wollte und die in der That für den Juristen wohl verständlich ist, — wobei eine ergänzende Spezialisirung der Thatbestände selbstredend erforderlich ist, — wenn man das Wort „rechtswidrig" in dieser Bedeutung nimmt, so haben wir in diesem Art. 4 einen gesetzgeberischen Gedanken formulirt, der nicht von der Hand zu weisen ist.

Es ist nur gerecht, daß, wie eine jede Aktiengesellschaft, so auch ein Trust, ein Ring oder ein Kartell der Zerstörung durch die Staatsgewalt verfällt, sobald seine Handlungen oder Unterlassungen das Gemeinwohl gefährden. (Beifall).

Prof. Dr. **Wäntig** (Greifswald): Meine Herren, als mir der ehrenvolle Auftrag zu Theil wurde, für Sie ein Gutachten auszuarbeiten, befand ich mich in einer etwas unangenehmen Lage. Ich war im Begriff, eben eine Studienreise nach den Vereinigten Staaten anzutreten, und war anderseits, damit der Aufsatz rechtzeitig in Druck kommen könnte, nicht in der Lage, die Erfahrungen, die ich zu machen hoffte, zu verwerthen. So ist denn das Gutachten, ich muß das ganz offen zugeben, nicht so ausgefallen, wie ich es Ihnen hätte liefern wollen, und ich empfinde in mir sehr stark das Bedürfniß, mit ganz wenigen Worten das da Niedergelegte zu ergänzen. Natürlich handelt es sich bei diesen ergänzenden Worten um eine kurze Zusammenfassung meiner amerikanischen Erfahrungen. Diese Erfahrungen zeigen einmal — und das möchte ich als Nationalökonom mit besonderer Energie betonen — daß wir in den Kartellen und ihren Weiterbildungen, den Trusts, oder den noch höheren Organisationen, den Fusionen, naturnothwendige und unaufhaltsame Erscheinungen unserer modernen ökonomischen Entwicklung vor uns zu sehen haben, und daß es keinen Sinn und Verstand hat, sich gegen das Unvermeidliche in irgend welcher Weise zu stemmen. Worum es sich handelt, ist nur, diese neuen Erscheinungen unserer Volkswirthschaft einzuverleiben, uns ihnen und sie unsern Bedürfnissen anzupassen. Was diese Anpassungsthätigkeit anlangt, so sind die Erfahrungen, die ich in Amerika machte, sämmtlich derart, daß sie zunächst ein starkes Abflauen meiner Begeisterung für Staatsintervention mit sich brachten. Das hat aber, wie ich später gesehen habe, seinen besonderen Grund, seinen Grund vor allem darin, daß vielfach die Vertreter der Staatsgewalt, die sogenannten „Politiker", in den Vereinigten Staaten doch wesentlich andere Personen sind, als diejenigen Leute, die wir als Organe der öffentlichen Gewalt betrachten. Wenn zwei dasselbe thun, ist es nicht immer dasselbe, und daß es wirklich nicht dasselbe ist, das sieht man eben besonders drüben. Daher, meine Herren, kommt man zu der Erkenntniß, daß zwei verschiedene Staatswesen mit Naturnothwendigkeit, ihrer immanenten Eigenart zufolge, dieselbe Frage verschieden beantworten müssen. Was in Amerika die öffentliche Gewalt nicht thut, kann, ja muß sie unter Umständen in Deutschland thun. Daß sie es in Amerika nicht thut, hat abgesehen von der Natur der Politiker noch den anderen Grund, daß die Privatinitiative ganz andere Dinge leistet, als in unseren alten Ländern. Das sieht man besonders auf einem Gebiete, das hier fern liegt und deshalb gerade sehr instruktiv ist, im Unterrichtswesen. Wir halten es für ganz selbstverständlich, daß der Staat den Unterricht organisirt, besonders den Universitätsunterricht; drüben sind die ersten Universitäten Privatinstitute, sie werden nicht nur von Privatmitteln gespeist, sie werden von Privatpersonen verwaltet, und so sehen Sie durch das ganze Land, das uns so wenig zeigt von dem, was wir als Deutsche verlangen, Staatsgefühl, Staatsinitiative, Beamtenthätigkeit, beamtenmäßiges Pflichtgefühl, hindurchgehen ein um so stärkeres Privatpflichtgefühl, eine um so stärkere Neigung der Privatpersonen, das öffentliche Interesse stets vor Augen zu haben und wahrzunehmen. Wenden wir nun diese Erfahrung an auf die Frage: wie soll sich bei uns in Deutschland speziell der Staat gegenüber den Kartellen verhalten? so ist doch über Folgendes kein Zweifel: Die Trusts, die Kartelle bei uns — und wir müssen erwarten, daß je nach der Energie unserer Wirthschaftsleiter sich die Kartelle nach derselben Richtung wie in Amerika entwickeln werden — sind Organisationen, die weit hinausragen über die private Sphäre. Sie haben thatsächlich einen halb öffentlichen Charakter und eine Organisation, wie die Standard Oil Company oder die United States Steel Corporation, um Organisationen zu citiren, an denen wir nicht unmittelbar betheiligt sind mit unseren Gefühlen, vereinigt eine derartige Macht in ihren Händen, daß die öffentliche Gewalt an und für sich nicht ohne weiteres an ihnen vorüberschreiten kann. Wie vollzieht sich nun die Reaktion der öffentlichen Meinung in Amerika gegenüber diesen Organisationen? Die öffentliche Meinung reagirt sehr stark, sie hat — und mehr und mehr kommt diese Anschauung auch praktisch zur Geltung — den Satz aufgestellt, daß die Leiter dieser großen Unternehmungen sich zu betrachten hätten als Treuhänder. Diese Auffassung ist nicht nur von „Philosophen" vertreten worden, um einen anderen Herrn zu citiren, sondern von Mr. Carnegie. Carnegie hat in seinem Buche „das Evangelium des Reichthums" diese Anschauung ausdrücklich niedergelegt, und ein Fachgenosse von mir, der jetzige Präsident der Yale Universität hat sie in einem sehr interessanten Aufsatz über die Trusts als die spezifisch amerikanische hingestellt. Die öffentliche Meinung müsse so stark auf den Leiter großer Unternehmungen wirken, daß er gedrängt werde, das öffentliche Interesse an die Spitze zu stellen. Thatsächlich ist die öffentliche Meinung in Amerika auch sehr stark, viel stärker jedenfalls als bei uns. Sie beschäftigt sich nicht nur ausnahmsweise mit den Dingen, sondern ununterbrochen. Und die Thatsache, daß ein abfälliges Urtheil über Handlungen wirthschaftlichen Charakters sich sofort umsetzen kann in ein politisches Mißtrauensvotum, bewirkt, daß bei der Häufigkeit der Wahlen jeder, der an der Spitze steht, fortgesetzt erwarten muß, irgend welche Handlungen seinerseits möchten sich für seine Partei nachtheilig erweisen. Ist unser politisches System derartig eingerichtet? Können wir uns darauf verlassen, daß die Leiter dieser Riesenunternehmungen — zum Theil haben wir ja schon heute solche — stets das öffentliche Interesse dem privaten Interesse voranstellen werden? Schwerlich; vielmehr glaube ich, es ist eine Zwangsvorstellung für uns Deutschen, daß der Staat als der geborene Vertreter aller bedeutsamen Interessen bei jeder wichtigen Angelegenheit seine Hand im Spiele haben müsse. Und es handelt sich bei der Frage, ob ein gesetzgeberischer Eingriff nicht gegen die Kartelle, sondern mit Rücksicht auf die Kartelle empfehlenswerth ist, nicht darum, ob wir persönlich wünschen, daß etwas in dieser Richtung geschehe, sondern einfach darum, daß unser politisches System zu verlangen scheint, es müsse in irgend einer Weise durch langsame Anpassung auch der rechtlichen Formen der Thatsache Rechnung getragen werden, daß die großen wirthschaftlichen Unternehmungen nicht mehr rein private, sondern halböffentliche Unternehmungen geworden sind. Von diesem Standpunkt aus, muß ich gestehen, bekenne ich mich nach wie vor zu der Ansicht, daß sowohl die Vorschläge, die Herr Dr. Landesberger dem Juristentage vorgelegt hat, wie auch der weitere Vorschlag des Herrn Prof. Menzel, eine leise Fühlungnahme der öffentlichen Gewalt zu den wirthschaftlichen Korporationen im Allgemeinen herzustellen, beherzigenswerth ist. Wäre diese Ansicht nicht von Herrn Prof. Menzel in seinem zweiten Antrag eingehend begründet worden, so würde ich mir die Ehre geben, einiges weitere dazu zu sagen. Es ist das jetzt nicht nothwendig. Ich halte den zweiten Antrag des Herrn Prof. Menzel für besonders wichtig; ich halte es in der That einfach für eine Frage der Zeit, daß die öffentliche Gewalt sich einen mäßigen Einfluß auf eine mäßige Fühlung mit den großen Korporationen im Allgemeinen sichert. Sollte, meine Herren, das öffentliche Bewußtsein, sollte die öffentliche Meinung, was ich persönlich übrigens wünsche, sich in derselben Weise entwickeln wie in den Vereinigten Staaten, sollte bei uns die Privatinitiative aller Bürger in der öffentlichen Meinung so stark werden, daß der Druck derselben auf die Leiter großer Unternehmungen energisch genug ist, um die Wahrnehmung des öffentlichen Interesses bei Ihnen zu erzwingen, so werden wir die Initiative staatlicher Organe nicht mehr brauchen. So lange wir aber in Deutschland noch das Gefühl haben, daß der Staat der nothwendige Träger für gewisse Funktionen ist, so lange seine Rolle von Privatpersonen nicht thatsächlich übernommen wird, so lange glaube ich, werden wir auch in unserer Gesetzgebung auf diesen Umstand Rücksicht nehmen müssen. (Bravo!)

Dr. **Landesberger** (Wien): Meine hochgeehrten Herren! Meine beiden Vorredner haben mich zum Theile der Aufgabe überhoben, gegen den Antrag des Herrn Rechtsanwalt Dr. Simon zu sprechen. Es ist gar kein Zweifel, daß, wenn wir nicht eine Versammlung von Juristen wären, sondern eine Versammlung von Volkswirthen oder von Wirthschaftspolitikern, welcher Richtung immer, ein Antrag, wie dieser, welcher die gesetzgeberische Behandlung der Kartelle überhaupt aus dem Gesichtsfelde der Thätigkeit weist, nicht angenommen werden würde. Ich glaube daher — und ich bin Jurist und Nationalökonom zugleich — sagen zu dürfen, da uns Juristen bei solchen Problemen ja vorwiegend bloß die Aufgabe zufällt, uns in formaler Hinsicht zu bethätigen, die uns vertrauten Regeln der gesetzgeberischen Technik anzuwenden auf Ziele, welche die Volkswirthschaftspolitik uns stellt — daß wir gar nicht in der beantragten Weise über ein Problem von solcher volkswirthschaftlichen Tragweite hinausgehen können, ohne daß unsere Abstimmung sofort ein Dementi Seitens der Nationalökonomen erfährt. Hat doch auch mein unmittelbarer Vorredner, der eben als Nationalökonom mein engerer Kollege ist, dieser Ansicht unter Berufung auf Amerika Ausdruck gegeben. Was ist denn eigentlich heute die Stellung und die Bedeutung der Kartelle? Ich bezweifle nicht, was Ihnen Herr Dr. Scharlach aus seiner großen Erfahrung mitgetheilt hat, ja ich habe dies selbst hervorgehoben, daß die

Kartelle ursprünglich hervorgegangen sind aus der Noth. Sie sind gewiß zunächst ein Produkt der Noth; die ersten Kartelle, die ganz im Verborgenen geblüht haben, waren wirklich Kartelle nothleidender Industrien, die durch die Uebertreibung des damals für allein selig machend geltenden Prinzips der Konkurrenz sich gegenseitig derartig geschädigt hatten, daß sie zu der Ueberzeugung kamen, sie müßten auf irgend eine Weise die Konkurrenz ausschließen, um ihre Existenz aufrecht zu halten. Allein aus diesen Anfängen heraus haben sich, wie dies bei einer ganzen Reihe von Erscheinungen beobachtet werden kann, die ihre Tendenz verändern, nachdem sie ihre volle Lebenskraft entwickelt haben, die modernen Kartelle gebildet, welche in zwei Richtungen ganz weit dasjenige hinter sich lassen, was den Urhebern der ersten Kartelle als Ziel vorgeschwebt haben mag. Es haben sich die Kartelle zu ungeheueren Organisationen entwickelt, Organisationen, die eine Macht ausüben, der, abgesehen von der staatlichen Macht, keine andere Macht gleichkommt; und andererseits sind es Organisationen, welche ihre Macht nicht immer bloß zu dem Zwecke ausüben, um ihre Existenz zu erhalten, sondern auch zu dem Zwecke, um in bestimmten Augenblicken durch die Beherrschung des Marktes einen sehr erheblich übernormalen Gewinn zu erzielen, eine sehr erhebliche Besteuerung der Bevölkerung zu bewirken. Ich weise nur darauf hin, daß, als der geehrte Herr Dr. Scharlach für seine Nothkartelle auf praktische Beispiele reflektiren wollte, er die wichtigsten Kartelle, so diejenigen Kartelle, welche eigentlich für das heutige Kartellwesen und seine wirthschaftliche Bedeutung das wesentliche Exempel darstellen, wie z. B. das Zuckerkartell, Kohlenkartell, Eisenkartell ausgeschlossen hat. (Sehr richtig!) Ja, wenn Sie diese Kartelle ausschließen, die, wie z. B. das Kohlen- und Eisenkartell, die Grundlage bilden für das wirthschaftliche Gedeihen aller anderen Industrien in Deutschland, und dann auf die praktische Wirkung der Kartelle zu sprechen kommen wollen, werden Sie nothwendigerweise einen falschen Schluß ziehen. Das ist denn doch heute, glaube ich, eine Gemeinansicht geworden, daß derartige Organisationen, wie sie uns in den Kartellen gegenübertreten, eine Reaktion hervorrufen müssen, nicht etwa gerade eine Reaktion gegen sie, wohl aber eine Reaktion der wirthschaftspolitischen, gesetzgeberischen, der juristischen Kreise auf dieses Phänomen, um zu untersuchen, welche Stellung muß der Staat zu demselben einnehmen? Das ist eine Sache, die, glaube ich, überhaupt nicht mehr der Erledigung bedarf; und wenn hier und heute durch eine Abstimmung die Erledigung im entgegengesetzten Sinne versucht werden sollte, so glaube ich, daß diese Frage gleichwohl von der öffentlichen Meinung in jenem Sinne beantwortet werden würde, wie sie oben beantwortet wurde.

Nun meine Herren, welches ist aber der Standpunkt, der in concreto zu dem Problem einzunehmen ist? Sie sahen, meine Herren, wir Oesterreicher sind unter einander gar nicht einig; wir sind nur in einer Beziehung einig gewesen, in der Bewunderung der Größe und Bedeutung der deutschen Industrie. Wenn wir den Ursachen dieser großartigen Entwicklung nachgehen, so liegen dieselben keineswegs in besonders günstigen natürlichen Faktoren Deutschlands, liegen nicht so sehr in den politischen Verhältnissen Deutschlands, die vielleicht auf die Größe der Industrie nicht so günstig wirken, wie z. B. in England; sie liegen m. E. in der ungeheueren organisatorischen Begabung, welche dem deutschen Volke eigen ist. So wie die Organisation des preußischen Beamtenthums diesen großen Staat geschaffen hat, so hat die Organisation der deutschen Industrie in Bezug auf den Handel, in Bezug auf den Export die organisatorische Befähigung, wie sie sich z. B. in der chemischen Industrie so glänzend bethätigt, als Vereinigung von wissenschaftlichem, technischem und kommerziellem Können, Deutschlands Industrie in überraschend kurzer Zeit auf diese Höhe gehoben. Als ein Ergebniß dieser Befähigung ist es auch anzusehen, daß jene Organisationen, welche wir in Europa als Kartelle bezeichnen — ich spreche also hier nicht von den amerikanischen Trustgründungen und Fusionen, die ja theilweise das Produkt einer verfehlten Gesetzgebung sind — nirgends stärker ausgebildet sind als in Deutschland, daß nirgends die Organisation der Kartelle feiner, großartiger entwickelt, mannigfacher ist als in Deutschland. Daher fällt es uns gar nicht ein und darf uns nicht einfallen, diese organisatorische Triebkraft durch einen übereilten Akt der Gesetzgebung in irgend einer Weise zu schädigen oder gar zu zerstören; allein wenn wir auch vielmehr daran festhalten, daß diese Organisationen ein werthvolles Gut der deutschen Volkswirthschaft sind, ein werthvoller Faktor, um ihre Macht zur Geltung zu bringen, so müssen wir doch auf der anderen Seite sagen, daß, sobald diese Organisationen so große Machtfaktoren geworden sind, sobald von ihrer Thätigkeit, ihren Beschlüssen, ja von ihrer Existenz die Lebenshaltung weiter Schichten des Volkes beeinflußt wird: dann ist die Thätigkeit und Gestaltung dieser Organisationen, dann ist ihr Wirken nicht mehr eine Privatangelegenheit der wenigen Männer, die an ihrer Spitze stehen, sondern sie sind der Oeffentlichkeit hierüber Rechenschaft schuldig in einem gewissen Maße, welches man ja freilich weiter oder enger abgrenzen kann. Eine Gesellschaft oder Vereinigung, die 40 pCt. der ganzen deutschen Kohlenproduktion beherrscht und damit für die Entwicklung der deutschen Industrie geradezu bestimmend geworden ist, kann nicht Anspruch darauf erheben, im Stillen zu wirken, da wir doch heute das Prinzip der Oeffentlichkeit anwenden auf jede Thätigkeit eines organisirten Verbandes, die für die öffentlichen Interessen in Betracht kommt. Und das ist die Rechtfertigung dieses vielfach mißverstandenen und angefochtenen Prinzips der Publizität — ich bin ja da auch leider mit einem meiner verehrtesten engeren Landsleute, Seiner Excellenz Herrn Sektionschef Klein, nicht ganz im Einklange. Seine Excellenz hat das Prinzip der Publizität als eine Zwangsvorstellung der österreichischen Juristen bezeichnet. Ich darf wohl hervorheben: wenn das Merkmal der Zwangsvorstellung die Hartnäckigkeit ist, mit der man an einer Vorstellung festhält, so hat schon einer meiner Vorredner darauf hingewiesen, daß diese Hartnäckigkeit zum Ausdruck kommt in fünf österreichischen Gesetzentwürfen, die alle das Prinzip der Publizität an die Spitze stellen. Aber ich gehe weiter, und möchte darauf Nachdruck legen: die Idee der Publizität ist eine Zwangsvorstellung der gesammten modernen Jurisprudenz. Die ganze moderne Jurisprudenz sieht, soweit es sich um das Genossenschaftswesen, das Korporationswesen handelt, in immer stärkerem Maße das Heil gegen die möglichen Ausschreitungen des Sonderinteresses in der Verwirklichung des Publizitätsprinzips. Ich möchte, meine Herren, doch hinweisen auf die Entwicklung des Aktienrechts in Deutschland, in England u. s. f., wo das Publizitätsprinzip immermehr in den Vordergrund geschoben worden ist zu dem Zwecke, um ohne direktes Eingreifen der Staatsgewalt, ohne Bevormundung der Interessenten, gewisse Garantien dafür zu schaffen, daß die Verwirklichung der Privatinteressen nicht in einen Konflikt mit allgemeinen Interessen geräth. Wenn Sie nun heute, meine Herren, als deutsche Juristen, wohl alle überzeugt sind davon, daß man heute auf einem deutschen Juristentage nicht dafür plaidiren könnte, den Gründungsvorgang einer Aktiengesellschaft wieder zu einem geheimen zu gestalten, wenn Sie alle mit diesem Resultate der bisherigen Gesetzgebung einverstanden sind — und ich kenne wohl keine Stimme in Deutschland, welche in Bezug auf Korporationen, insbesondere Aktiengesellschaften, das Publizitätsprinzip bei der Gründung, bei der Rechnungslegung ausgeschlossen haben wollte — dann müssen Sie dahin kommen, mit mir zu erkennen, daß es nur eine logische Anwendung dieses Prinzips ist, wenn wir es auch ausdehnen auf jene ungeheuer größeren Vereinigungen, welche die Syndikate und Kartelle darstellen, sowie daß die Gefahren, welche mit diesem Publizitätsprinzip angeblich verbunden sein sollen, daß insbesondere die Gefahren, welche den Kartellen angeblich drohen, wenn sie in einem gewissen Maße der Publizitätspflicht unterworfen wären, hier — verzeihen Sie — außerordentlich übertrieben geschildert wurden. Es ist ja bereits von anderer Seite gesagt worden, daß die großen Kartelle ihre Verträge nicht geheim halten, daß sie dieselben mitunter auch Privatpersonen zur Verfügung stellen. Auch ich bin im glücklichen Besitze solcher Verträge, auch ich habe sie durch Liebenswürdigkeit erlangt. Allein kann das wohl ein Zustand sein, der mit höchsten wirthschaftlichen Interessen im Einklange steht, wenn bei derartig wichtigen Fragen die Wissenschaft, die öffentliche Meinung, die öffentliche Gewalt auf die private Liebenswürdigkeit der Interessenten angewiesen sein sollen? Ist es nicht um so mehr nöthig, durch ein Rechtsinstitut dafür Vorsorge zu treffen, daß jene wichtigen Thatsachen der Gründung und Organisation der Kartelle der Oeffentlichkeit nicht nur dann bekannt werden, wenn es die Interessenten in einem gegebenen Zeitpunkte für angemessen erachten, sie der Oeffentlichkeit bekannt zu geben? Aber auch auf eine andere Gefahr ist hingewiesen worden; darauf, daß wenn man die Kartellbeschlüsse publiziren würde, dann die intimsten Geschäftsgeheimnisse der Kartelle — ich glaube das war der Ausdruck, den die Herren Dr. Simon und Dr. Scharlach angewendet haben — preisgegeben werden würden, und daß die Existenz der Verbände unter solchen Umständen nicht möglich wäre. Meine Herren, auch ich verfüge in meinem Heimathlande über eine gewisse praktische Kenntniß der Kartelle. In den Kartellbeschlüssen, auf welche in meinen Vorschlägen hingewiesen wird, die sich also auf die Festsetzung der Preise u. s. w. beziehen, kommen Geschäftsgeheimnisse überhaupt nicht zum Ausdrucke; es handelt sich gar nicht um Geschäftsgeheimnisse, und zwar aus einem sehr guten Grunde nicht. Denn die kartellirten Industriellen hören ja nicht auf, Konkurrenten in potentia zu sein; heute sind sie kartellirt, aber morgen sind sie Konkurrenten; ihre Geschäftsgeheimnisse tragen sie nicht in die Kartellsitzungen und lassen sie nicht in den Kartellbeschlüssen verkörpern. Wenn aber darauf hingewiesen wird, daß man damit den Export unterbände, daß man das Ausland in die Kenntniß wichtiger Thatsachen setzen würde, so muß ich wohl sagen, nach meiner praktischen Erfahrung hat das Ausland regelmäßig sehr genaue Kenntniß von der Kartellpolitik und den Kartellbeschlüssen. Es handelt sich auch in der Regel nicht darum, sie dem Auslande zu verheimlichen; denn in der Regel ist die Politik der Kartelle für das Ausland eine viel günstigere als für das Inland; die Kritik des Auslandes haben die Kartelle in viel geringerer Weise zu besorgen als jene des Inlandes, da einer der meist beklagten Uebelstände der Kartellpolitik eben der ist, daß sie, welche die inländische Konsumtion in außerordentlich strenger Weise behandeln, im Exporte eine äußerst koulante und loyale Politik treiben. Allein ich möchte auf eine interessante Thatsache hinweisen, gleichfalls aus meiner praktischen Erfahrung. Wissen Sie, meine

Herren, wo ich den Kartellvertrag des österreichischen Zuckerkartells gefunden habe? Ich habe ihn in Paris bei dem Konkurrenten des Zuckerkartells gefunden, bei einem der mächtigsten französischen Zuckerfabrikanten. Das Ausland war über die Kartellpolitik, über die angeblichen Geheimnisse bedeutend besser unterrichtet, als es die öffentliche Meinung in Oesterreich während des Bestandes des Zuckerkartells war. Das, meine Herren, ist gegenüber den Angriffen, die auf das Publizitätsprinzip gerichtet worden sind, die kurze Antwort, die ich im Rahmen dieser Debatte geben konnte.

Ich möchte noch Folgendes bemerken. Ich bin in meinem Gutachten und insbesondere in den praktischen Vorschlägen von dem Gedanken ausgegangen, die organische Triebkraft, die Politik der Kartelle in keiner Weise zu behindern und zu bevormunden, da ich die deutsche und auch die österreichische Industrie vielmehr in den Stand gesetzt sehen will, diese große, zweifellos für die Volkswirthschaft sehr bedeutsame organisatorische Entwickelungsfähigkeit frei zu entfalten. Deshalb habe ich den Grundsatz aufgestellt, daß die Kartelle vollkommen frei vorgehen können, daß sie ihre Organisationen nicht nach einem bestimmten Schema wählen müssen, daß ihre Kartellpolitik frei ist, daß sie aber hingegen der Oeffentlichkeit die Möglichkeit der Kontrole gewähren sollen. Es soll in ihrem Willen liegen, zu beschließen was sie für zweckmäßig halten, allein sie sollen sich damit unter die Kontrole der Oeffentlichkeit begeben; denn nur dasjenige, was sie publiziren, soll gültig, soll vollkommen gegen jede Anfechtung gefeit sein. Dieser Gedanke ist unter Anderem von Seiner Excellenz nicht ganz gebilligt worden; er hat sich eher dem Gedanken zugeneigt, daß eine private Auskunftspflicht dem Staate gegenüber, beziehungsweise das Recht der Büchereinsicht eine zweckmäßigere Art der Kontrole wäre, als die von mir vorgeschlagene. Ich bedauere, mit dieser Ansicht nicht übereinstimmen zu können. Meine Herren, ich habe schon früher auf das Aktienrecht hingewiesen. Unser und Ihr Aktienrecht unterscheiden sich im Wesentlichen dadurch von einander, daß Ihre Gesellschaften der unmittelbaren Aufsicht der Verwaltungsbehörden nicht unterstehen, daß Sie keinen Regierungsvertreter kennen, daß die Garantieen und Kautelen, die für die Gründung und Leitung der Aktiengesellschaft vorgesehen sind, abgesehen von der Haftpflicht der Organe, im Wesentlichen in der Oeffentlichkeit der betreffenden Vorgänge gelegen sind. Bei uns ist der Gründungsvorgang, bei uns sind wichtige Thatsachen des Lebens der Aktiengesellschaft nicht in jenem Maße der Publizitätspflicht unterstellt, wie bei Ihnen, oder auch gar nicht. Bei uns hat aber die Regierung einen unmittelbaren Einblick in das Gebahren der Aktiengesellschaften durch das Institut des Regierungskommissars. Meine Herren, ich glaube, wenn Sie heute irgend einen österreichischen Juristen, ich glaube sagen zu dürfen Seine Excellenz mit inbegriffen, fragen würden, ob sie dieses österreichische System des unmittelbaren Aufsichtsrechts durch einen Funktionär dem deutschen System, wie es durch das deutsche Aktienrecht repräsentirt wird, nämlich der öffentlichen Kontrole auf Grund der Publizitätspflicht, vorziehen: daß jeder österreichische Jurist die Reform unseres Rechtszustandes, die Anpassung desselben an den deutschen als ein zu erstrebendes Ziel bezeichnen wird. Ich glaube, Sie würden für das Institut des Regierungsvertreters unter den österreichischen Juristen wahrscheinlich nicht eine einzige Stimme finden. Ich meine daher, daß wir dasjenige, was sich bei der Aktiengesellschaft als unhaltbar erwiesen hat, nicht auf die Kartellgesetzgebung übertragen sollten.

Noch einige Worte in Bezug auf die civilrechtliche Regelung der Kartelle. Unsere Stellung zur Kartellfrage im Verhältnisse zu jener der deutschen Juristen ist naturgemäß, das hat ein Vorredner bereits hervorgehoben, vollständig verschieden. Bei uns sind die Kartelle civilrechtlich sehr ungünstig gestellt. Es ist ein zwingender Rechtssatz des österreichischen Rechts, und er wird von österreichischen Gerichten, wie ich in meinem Gutachten ausgeführt habe, in der extensivsten Weise interpretirt, daß jede Vereinbarung, welche sich als Kartellvereinigung, als eine Vereinigung zum Zwecke der Beeinflussung der Preise u. s. w. qualifiziren läßt, sowie daß alle auf eine solche Vereinigung gegründeten Ansprüche nichtig sind, und die österreichische Judikatur geht in dieser Richtung außerordentlich weit.

Sie, meine Herren, haben heute bis auf jene Fälle, in welchen die §§ 826 und 138 des Bürgerlichen Gesetzbuches Anwendung finden könnten — und ich muß sagen, daß ich aus den Gründen, die ich in meinem Gutachten angeführt habe, die Anwendbarkeit dieser beiden Paragraphen in ausgedehntem Maße bezweifeln muß, vielleicht wird mich die Praxis eines Gegentheils belehren — Sie haben in Deutschland den Grundsatz der prinzipiellen Rechtsverbindlichkeit der Kartellverträge; naturgemäß stehen Sie zu dieser Frage anders als wir. Allein ich möchte eben auf unseren Rechtszustand hinweisen, um auszuführen, daß überhaupt civilrechtliche Maßnahmen, die eine Einschränkung der Kartellpolitik, z. B. im Falle der Drohung die Unterstellung des Gründungsvorgangs des Kartells unter noch so strenge Sanktionen aussprechen — daß diese civilrechtlichen Maßregeln kaum eine Wirksamkeit entfalten dürften. Denn eine stärkere civilrechtliche Waffe gegen Kartelle als Oesterreich im Koalitionsgesetze vom Jahre 1870 besitzt, dessen heutige Auslegung die

Kartelle überhaupt nichtig erklärt, eine stärkere Waffe giebt es nicht, und dessenungeachtet bestehen in Oesterreich, dem Verhältnisse der österreichischen Industrie zur deutschen entsprechend, mindestens eben soviele Kartelle wie in Deutschland; sie blühen, sie verfolgen ihre Politik, sie wissen wohl, daß, wenn irgend jemand austreten will, er aus dem Kartelle austreten kann, aber sie wissen auch sehr wohl, daß sich am nächsten Tage das Kartell wieder zusammenschließt wie die Meeresflut. — Der österreichische Rechtszustand, wie er heute besteht, ist wohl ein drastischer Beweis für die vollständige Unanwendbarkeit civilrechtlicher Maßnahmen gegen die Kartelle. Seine Excellenz hat hervorgehoben, wenn man überhaupt dem Kartellproblem näher kommen wolle, so müsse man die Konkurrenz lebendig machen; ich möchte sagen, die Reversseite davon sei, man müsse die Kartellgemeinschaft in bestimmten Momenten auflösen können; aber die Auflösung dieser Gemeinschaften gelingt eben nicht auf civilrechtlichem Wege.

Gestatten Sie, meine Herren, daß ich mich eines Vergleiches bediene. Meine Herren, es ist gewiß, daß kein Theil unseres bürgerlichen Rechtes eine derartige Fülle zwingender Rechtssätze enthält und von solcher Bedeutung wie das Eherecht. In Bezug auf die Gültigkeit der Ehe herrschen ja im Wesentlichen Rechtssätze, die sich als jus cogens charakterisiren. Bei einem Verstoßen gegen dieselben wird wohl in allen Fällen die Ehe, soweit sie ein Rechtsverhältniß ist, aufgelöst. Es hat sich aber die Nichtigerklärung einer Ehe nicht in allen Fällen dahin bewährt, daß auch das thatsächliche Verhältniß gelöst wurde, es kann unter Umständen eben nur aus einer gültigen eine sogenannte wilde Ehe werden. So können Sie auch das legale Band, welches zwischen den Kartellanten besteht, durch Mittel des Civilrechts lösen, sie können aber damit niemals die wilde Kartell-Ehe, wenn ich mich so ausdrücken darf, beseitigen, wie sie heute in Oesterreich in außerordentlich vielen Industriezweigen besteht und blüht und das ist für mich ein ausschlaggebender Grund, weshalb ich es vermeide, Mittel des Civilrechts zur Anwendung zu bringen.

Ich komme damit zum Schlusse, meine Herren; die Vorschläge, die ich mir erlaubt habe, Ihnen zu unterbreiten, sind meines Erachtens — ich will hier auf die Details nicht eingehen — insofern von Bedeutung, als, wie ich meine, den Kartellen heute eine solche Bedeutung im wirthschaftlichen Leben des deutschen und des österreichischen Volkes zukommt, daß der Gesetzgebung die Aufgabe zufällt, eine Versöhnung der privaten Kartellpolitik mit den öffentlichen Interessen herbeizuführen. Wenn man hierbei nicht vom Prinzip der Bevormundung seitens des Staates, des direkten staatlichen Eingreifens ausgehen will, so ist dieses Ziel nur dadurch zu erreichen, daß man der Oeffentlichkeit und dem Volke selbst die Kontrole über die Kartelle ermöglicht, nicht eingeschränkt auf die Fälle, in denen die Kartelle selbst vielleicht aus Liebenswürdigkeit, vielleicht aus Geschäftspolitik oder zu höheren politischen Zwecken sich das eine oder das andere Mal herbeilassen, sich der Kontrole zu unterziehen, man muß die letztere vielmehr in ein festes System bringen. Sie werden dadurch auch erzielen, daß die unbegründeten Angriffe, die ja heute vielfach erhoben werden, aufhören. Sie werden in der Oeffentlichkeit das Vertrauen in eine gesunde Kartellpolitik wiederherstellen, denn nichts ist schlimmer, als wenn große gesellschaftliche Gebilde, wenn einflußreiche Korporationen im Staat ein Geheimniß umgiebt, da es ja auch der Uebelwollende so auslegen kann, wie er will.

(Lebhafter Beifall).

Erster Berichterstatter Professor Dr. **Menzel** (Wien): Meine sehr geehrten Herren! Ich werde mich außerordentlich kurz fassen. Ich habe nur zwei Einwendungen, die gemacht worden sind, zu berühren. Es wurde mir entgegengehalten, daß ein gesetzgeberischer Versuch aussichtslos sei mit Rücksicht auf die Erfahrungen in Amerika, und zweitens die Einwendung, die insbesondere von Herrn Dr. Scharlach erhoben worden ist, daß es sich hier um Geschäftsgeheimnisse handelte, welche event. die nationale Industriepolitik berühren und das Deutsche Reich gegenüber dem Auslande schädigen.

Die erste Einwendung ist insofern gegenstandslos, als die Zustände in Amerika ganz andere sind, als bei uns, und daher nichts beweisen. Außerdem, meine Herren, warum sollen wir nicht auch einmal hier etwas Neues beginnen? Ist Deutschland nicht vorangegangen in der socialpolitischen Gesetzgebung? Müssen wir abwarten, wie einer der Herren Vorredner gesagt hat, bis andere Staaten den Versuch mit Erfolg durchsetzen, die Kartellfrage zu reguliren? Von Repression von meinem Standpunkt aus ist nicht die Rede. Warum sollen wir nicht den Muth haben, auch einmal in der Richtung voranzuschreiten? Und das, was ich beantragt habe, ist so bescheiden, zum Theil nur eine Vorarbeit für eine künftige Gesetzgebung, namentlich der zweite Theil der Resolution, der vielleicht einen künftigen Juristentag näher beschäftigen wird, daß Sie wohl von einer einfachen Vertagung der Sache Abstand nehmen können.

Was das von Herrn Dr. Scharlach Vorgebrachte betrifft, so möchte ich ihn auf einen Passus im Statute des deutschen Kali-Kartells aufmerksam machen, der etwas gegen seinen Standpunkt spricht; ob dieses

Statut noch besteht, weiß ich nicht; eingesehen habe ich es, als ich 1894 das Gutachten für den Verein für Sozialpolitik verfaßt habe. Ich habe damals hingewiesen auf diesen Passus als auf einen Fingerzeig für eine kumftige Gesetzgebung. Ich diesem Verbande — dem Kalisyndikat — ist dem Vertreter des preußischen Staatsfiskus das Recht eingeräumt, im Interesse der Konsumenten eine Erhöhung der Produktion verlangen zu dürfen, in so weit dies von dem Kgl. preußischen Minister für Handel und Gewerbe nach Anhörung des Werkausschusses für erforderlich erkannt wird. Da haben Sie, was ich in meiner Resolution zum Ausdrucke bringen will, die Möglichkeit der Einwirkung vom Standpunkte des öffentlichen Interesses, die einem staatlichen Organe gegeben sein muß. Deshalb glaube ich, liegt gerade in dem citirten Kartell ein Beweis dafur, daß es sich hier nicht um utopische Dinge handele, sondern daß dies praktisch möglich ist.

(Zuruf: Der Staatsfiskus ist der größte Kontrahent!)

Bitte sehr! Meine Herren! Es handelt sich hier um die Interessen des Publikums, der Konsumenten, und insofern spricht das durchaus nicht gegen meine Behauptung.

Herr Professor Waentig war schon so gütig, auf die große Bedeutung des moralischen Elements hinzuweisen, auf die Bedeutung der Verantwortung, welche die Leiter des Kartells übernehmen. Er hat darauf hingewiesen, daß in Amerika durch den Druck der öffentlichen Meinung dieser Erfolg erzielt ist, bei uns aber nur durch das Eingreifen des Staates dieser Effekt herbeigefuhrt werden kann.

Auch ich bin für ein leises, langsames Vorwärtsschreiten, ich bin auch nicht dafür, daß von diesen Aufsichtsmitteln auch thatsächlich sofort Gebrauch gemacht wird. Ich will nur, daß die rechtliche Möglichkeit besteht, in solchen besonders krassen Fällen einzuschreiten, und zwar habe ich ausdrücklich gesagt, es soll der Vertreter des Staates zunächst ein konsultatives Votum haben.

In dieser bescheidenen Ausdehnung hat die Staatsaufsicht nach meiner Ansicht durchaus nichts Bedenkliches, und ich erlaube mir daher, meinen Antrag noch einmal vorzulesen mit der Bitte, die ich an den Herrn Präsidenten richte, auch den ersten Punkt mit Rücksicht auf die verschiedenen Meinungen, welche aufgetaucht sind, nur in Absätzen zur Abstimmung zu bringen.

Der erste Punkt lautet:

„Der Deutsche Juristentag spricht seine Ueberzeugung dahin aus, daß fur eine gesetzliche Regelung der Industriekartelle vorerst empfohlen wird a) die Einführung öffentlicher Kartellregister, b) die Statuirung einer Auskunftspflicht gegenüber der Staatsverwaltung von Seiten der kartellirten Unternehmer, ihrer Organe und Kommissionäre."

Absatz II:

„Der Juristentag erklärt eine Reform der Gesetzgebung über die wirthschaftlichen Korporationen, insbesondere der Aktiengesellschaften in der Richtung für wünschenswerth, daß der Staatsverwaltung gegenüber diesen Körperschaften die Wahrung öffentlicher Interessen ermöglicht werde."

(Beifall).

Zweiter Berichterstatter Landgerichtspräsident **Nentwig** (Gleiwitz): Meine Herren! Wenn ich zum Schlusse noch einmal das Wort ergreife, so werden Sie schon aus der Thatsache, daß ich dies vom Platz aus thue, schließen können, daß ich, da wir seit 9 Uhr über die Kartellfrage sprechen, Sie auch nicht länger aufhalten und nur wenige Worte als Resumé geben will. Ich habe betont, daß man kein Gesetz machen soll, dessen Nothwendigkeit nicht klar bewiesen ist; das Volksbewußtsein muß das Gesetz verlangen, und der erste Redner, der Herr Sektionschef Dr. Klein aus Wien, hat gemeint, daß wir das Volksbewußtsein aus den Parlamenten und aus der Presse richtig erkennen können. Die Beispiele, die er angeführt hat, nützen uns sehr wenig. Wenn eine wirthschaftliche Erscheinung beobachtet wird, so bemächtigt sich ihrer die Presse selbstverständlich je nach ihrer Parteistellung, und so lange der Kampf hüben und drüben tobt, kann man natürlich von einer Klärung der Volksstimmung nicht sprechen. Unsere Parlamente haben sich mit dieser Frage so gut wie gar nicht befaßt. Die Interpellation, die hervorgegangen ist aus der zeitweisen Kohlennoth, hat sich wesentlich mit dem Gebahren der rheinisch-westphälischen Aktiengesellschaften beschäftigt und ist im Sande verlaufen. Ebenso wenig sind die Verhandlungen in der Tarifkommission beweiskräftig. Wenn auch hierbei das Kartellgebahren gestreift worden ist, so dreht sich doch im Wesentlichen der Streit innerhalb der Kommission nicht darum, ob Kartelle gut sind oder nicht; der Streit ist entfacht: Hie Freihandel, hie Schutzzoll! und je nach der Stellung der Parteien wird dieser Kampf geführt werden. Also eine wirkliche Thätigkeit der Parlamente nach der Richtung des Kartellproblems ist noch nicht zu konstatiren.

Es ist seitens eines Herrn Redners — ich bitte um Entschuldigung, wenn die Namen nicht stimmen sollten — ich glaube von Herrn Dr. Thumim gesagt worden, die Kartelle müßten unter das gemeine Recht gestellt werden. Niemand hat bis jetzt eine Ausnahmestellung für sie in Anspruch genommen. Der Satz: alle Kartelle sind gültig, soweit sie nicht gegen bestimmte Rechtsnormen verstoßen, versteht sich bei unserer Gesetzgebung ganz von selbst, und wenn es weiter heißt: „ein Kartell ist nur gültig, wenn es in das Register eingetragen ist“, so komme ich damit auf den Werth der Register im Allgemeinen zurück und möchte nur Herrn Flatau gegenüber Folgendes bemerken: Es ist uns vorgeworfen worden, daß wir unsere Ansicht, daß zur Zeit ein Eingreifen der Gesetzgebung noch nicht opportum sei, nicht ausreichend begründet hätten. Richtig! Unser Standpunkt gegenüber dieser Forderung ist aber auch ein sehr viel schwierigerer als der unserer Gegner. Ich meine, logischer Weise muß der beweisen, der etwas Positives verlangt, nicht aber der, der auf dem Standpunkte der Negation steht, der glaubt, das Verlangen nicht nöthig zu haben.

Meine Herren! Wir konnten hier nicht alles das, was zu Gunsten der Ablehnung aller hier gestellter Anträge spricht, vorbringen. Ich habe in meiner Mappe noch sehr viel Material gehabt; ich war aber naturgemäß in meiner Zeit beschränkt, und wenn weiterhin von demselben Herrn ausgeführt wurde, daß die Regierung ja längst das nothwendige Material in der Hand habe, so möchte ich auch das im Hinblick auf die Thatsache bezweifeln, daß die Regierung jetzt, wie Allen genügend bekannt ist, eine große Enquete über die Kartelle anstellt. Der Staatssekretär des Innern hat einen großen Fragebogen ausarbeiten lassen, der überall hingeschickt worden ist. Die Regierung sammelt also sichtlich noch Material, um endgültig Stellung zu dieser Frage zu nehmen.

Was endlich die vom ersten Herrn Referenten gestellten drei Anträge anlangt, so habe ich vorhin schon ausgeführt, daß die Anlegung eines Registers, eines Kartellregisters bei Behörden oder beim Handelsregister an sich in keiner Weise zu beanstanden ist. Ich habe schon hervorgehoben, man soll nur ein Register einführen; ich fürchte nur, daß die Belästigung mit dem Nutzen nicht im Einklange steht.

Eine Publizität kann nur bezüglich der Statuten erreicht werden, denn alles das, was Herr Dr. Landesberger hier vorgetragen hat, mag von seinem Standpunkte ja ganz richtig sein; er hat die betrübende Thatsache uns vorgeführt, daß, jedenfalls doch nur durch die Indiskretion eines Bediensteten, ein Kartellstatut im Auslande schneller bekannt geworden ist als im Inlande. Er sagte, nach seiner Erfahrung werde eine derartige Veröffentlichung aller Beschlüsse bezüglich der Preisfestsetzung der deutschen Industrie nicht schaden. Ich, der ich seit 13 Jahren mitten im industriellen Leben stehe, kann dem entgegenhalten, daß unsere bedeutsamsten Großindustriellen von einer so weitgehenden Publizität in der heimischen Industrie sich ernstlich bedroht fühlen würden.

Was den letzten Antrag anlangt, der verlangt, es solle eine Reform der Gesetzgebung angestrebt werden in Bezug auf die wirthschaftlichen Korporationen in der Richtung, daß der Staatsverwaltung diesen Körperschaften gegenüber die Wahrung öffentlicher Interessen ermöglicht wird, — so nehme ich an, daß bezüglich dieses Punktes Herr Sektionschef Dr. Klein nicht Recht hat, wenn er sagt, die dagegen vorgebrachte prozeßhindernde Einrede der Unzuständigkeit des Juristentages sei durch die gehörten Ausführungen beseitigt.

Meine Herren! Dieser Antrag, gegen den sich von keiner Seite etwas sagen läßt und namentlich nach der höchst interessanten Begründung, die er noch in letzter Stunde durch Herrn Prof. Waentig erfahren hat, — dieser Antrag bleibt doch rein volkswirthschaftlichen Inhalts, wir können an ihn nicht das scharfe juristische Messer anlegen, wir können nicht prüfen, in wie weit er mit der übrigen gesammten Rechtsordnung in Einklang zu setzen ist. Ich meine, diesem Antrag können wir ruhig zustimmen; wir können auch ebenso gut den anderen Antrag annehmen, die Zeit zu einem Einschreiten ist noch nicht gekommen. In beiden Fällen wird vorläufig unserer wirthschaftlichen Fortentwicklung der Kartelle ein Schaden nicht bereitet werden. (Beifall.)

Vorsitzender: Damit schließe ich die Verhandlungen.

Meine Herren! Wir kommen nun zur Abstimmung. Es ist noch ein Antrag eingegangen von Herrn Sektionsrath Dr. Karl Schreiber aus Wien. Der Antrag lautet:

> Für den Fall der Ablehnung des ersten Punktes der Resolution des Referenten Prof. Dr. Menzel wolle die Abtheilung beschließen:
>
> „Der Juristentag erachtet das Eingreifen der Gesetzgebung wider ausbeuterisches Vorgehen der Ringe und Kartelle für nothwendig."

Meine Herren! Die Anträge, die vorliegen, mit dem Unterantrag 6 Anträge, sind verschiedener Natur. Wir haben mehrere Anträge, die sofort positive Maßregeln vorschlagen, dahin gehört meines Erachtens der Antrag Boyens und auch der Antrag Scherer; hier liegt wenigstens im zweiten Satze ausgesprochen, daß Staatsaufsicht wünschenswerth sei. Dann kommt der Antrag Thumim vollständig positiven Inhalts und weiter die Resolution des Herrn Referenten Prof. Dr. Menzel, die zum Theil positiv ist, im übrigen unter I zum Ausdruck bringt, daß präparatorische Maßregeln in Aussicht zu nehmen seien. Bezüglich des Antrages Menzel würde eine Theilung der Abstimmung schon von vornherein bezüglich der Theile I und II nothwendig sein, auch auf Wunsch eine weitere Theilabstimmung über die Punkte a und b von I. Dazu liegt ein Amendement vor. Dann haben wir die Leitsätze des Herrn Kulemann; diese betrachte ich als Einheit. Und endlich haben wir den Antrag Simon, der ausspricht, daß zur Zeit nichts vorzunehmen sei.

Zunächst ertheile ich zur Geschäftsordnung Herrn Kulemann das Wort.

Landgerichtsrath **Kulemann** (Braunschweig): Meine Herren! Meine Leitsätze verfolgten den Zweck, für meine mündlichen Ausführungen eine schriftliche Unterlage zu bieten. Sie sind nicht so abgefaßt, daß sie sich zur Abstimmung eignen, und zumal die Ansicht überwiegend zu sein scheint, daß wir das volkswirthschaftliche Gebiet nicht betreten sollen, so verzichte ich meinerseits auf eine Abstimmung.

Vorsitzender: Meine Herren! Man kann zweifelhaft sein, wie die Abstimmung vorzunehmen ist. Ich glaube aber, die Abstimmung wird interessanter und giebt einen besseren Einblick in das, was wir wollen, wenn wir vorgehen mit der Abstimmung über diese positiven Anträge. Gelangt einer dieser zur Annahme, dann hat sich der Antrag Simon ohne weiteres erledigt. Ich würde also zunächst über den Antrag Boyens, dann Scherer, dann Thumim und dann über die Resolution des Herrn Prof. Menzel abstimmen lassen, event. mit dem Amendement und an letzter Stelle endlich event. über den Antrag Simon.

Nach längerer Geschäftsordnungsdebatte, ob über den Antrag Simon resp. über die Resolution Menzel zunächst abzustimmen sei, wird beschlossen, in der vom Präsidenten vorgeschlagenen Reihenfolge abzustimmen. Danach wird der Antrag Boyens mit großer Majorität abgelehnt, desgleichen der Antrag Scherer und und der Antrag Thumim. Da bei der Abstimmung über die Resolution des Berichterstatters Prof. Dr. Menzel durch einfaches Handhochheben das Resultat nicht zweifellos festgestellt werden kann, erfolgt Abstimmung durch Auseinandertreten nach rechts und links. Das Ergebniß der Abstimmung ist danach folgendes: Mit ganz geringer Majorität wird

Ia abgelehnt (37 Stimmen dafür, 39 Stimmen dagegen),
Ib angenommen (40 Stimmen dafür, 36 Stimmen dagegen),
II abgelehnt (35 Stimmen dafür, 37 Stimmen dagegen).

Das Amendement Schreiber wird abgelehnt. Die Abstimmung über den Antrag Simon ergiebt Stimmengleichheit (36 : 36 Stimmen). Mit Rücksicht auf dies immerhin unklare Ergebniß wird aus der Mitte der Versammlung der Antrag gestellt, diesen Gegenstand im Plenum zur Erörterung zu bringen.

Vorsitzender: Meine Herren! Wir haben angenommen folgenden Antrag:

„Der Juristentag spricht seine Ueberzeugung dahin aus, daß für eine gesetzliche Regelung der Industriekartelle vorerst empfohlen wird: die Statuirung einer Auskunftspflicht gegenüber der Staatsverwaltung von Seiten der kartellirten Unternehmer, ihrer Organe und Kommissionäre."

Ich habe nun statutengemäß die Frage zur Erörterung zu stellen, ob die Ergebnisse unserer heutigen Verhandlungen im Plenum zur Erörterung zu stellen sind oder nur zur Kenntnißnahme. Von einer Seite ist bereits der Antrag gestellt, die Sache im Plenum zur Erörterung zu stellen.

Landgerichtspräsident **Neutwig** (Gleiwitz): Im Plenum werden nur ganz wichtige Sachen verhandelt.

(Zuruf: Die Sache ist doch wichtig genug! Große Unruhe.)

Vorsitzender: Meine Herren! Ich glaube, es ist recht erwünscht, wenn wir es thun. Sie sind wohl damit einverstanden? Meine Herren! Wir sind einig! Ich schlage als Referenten unseren ersten Herrn Berichterstatter vor.

Ich würde nun die Leitung der Verhandlungen sofort in die Hände von Herrn Thomsen legen, wenn ich glaubte, daß wir jetzt um 1/4 5 Uhr noch zu etwas kämen. Ich bin der erste Referent für den folgenden Gegenstand, aber, meine Herren, ich habe meinerseits gar keinen Wunsch, auf mich brauchen Sie keine Rücksicht zu nehmen; ich lege weiter kein Gewicht auf die Verhandlung. Das Thema ist meines Erachtens nach den Beschlüssen, die wir gestern gefaßt haben, nicht mehr recht opportun. Ich habe den zweiten Referenten gefragt, ob er großes Gewicht darauf legt. Herr Prof. Lenz hat dies aber auch verneint. Ich bitte also, zu beschließen, daß wir dieses Thema nicht ohne weiteres auf die Tagesordnung des nächsten Juristentages setzen, sondern daß wir es der Deputation überlassen, darüber zu bestimmen. Wird das Wort gewünscht? — Das ist nicht der Fall. Dann darf ich annehmen, daß wir das Thema absetzen, und ich darf als Beschluß unserer Abtheilung kurz mittheilen, daß wir es der ständigen Deputation überlassen, wann sie den Punkt wieder auf die Tagesordnung setzen will.

Dann schließe ich hiermit unsere Verhandlungen und danke Ihnen, meine Herren, daß Sie so lange ausgehalten haben.

Justizrath Dr. **Riesser** (Berlin): Meine Herren! Ich glaube, daß wir unserem Vorsitzenden für seine ausgezeichnete und unparteiische Leitung den wärmsten Dank schuldig sind, den ich hiermit ausspreche.

(Lebhafter Beifall.)

(Schluß der Sitzung 4¼ Uhr.)

Erste Sitzung der vierten Abtheilung
am Mittwoch, 10. September 1902.

(Beginn: Mittags 12 Uhr.)

Oberlandesgerichts-Präsident **Hamm** Köln: Namens der Ständigen Deputation erlaube ich mir als Vorsitzenden für die IV. Abtheilung den Herrn Justizrath Dr. Krause, Vizepräsidenten des Abgeordnetenhauses, vorzuschlagen. Sind die Herren damit einverstanden? (Ja!) Bitte, Herr Justizrath, wollen Sie den Vorsitz übernehmen, das Bureau konstituiren und zunächst die Beschlußfassung über die Reihenfolge der Berathungsgegenstände veranlassen.

Justizrath Dr. **Krause**: Ich übernehme mit Dank für die Wahl den Vorsitz, und wir beginnen unsere Arbeiten damit, daß wir das Bureau bilden. Ich möchte Ihnen vorschlagen, daß zu meinem Vertreter Herr Amtsgerichtsrath Jastrow gewählt wird, und damit ist die Versammlung, wenn kein Widerspruch erfolgt, einverstanden. Dann würden zwei Schriftführer zu wählen sein. Vielleicht sind die Herren so freundlich, zwei Herren zu nennen, die das Amt übernehmen wollen.

(Zurufe.)

Herr Justizrath Goldmann und Herr Amtsgerichtsrath Semler sind vorgeschlagen. Darf ich die beiden Herren bitten, als Schriftführer zu fungiren, und zunächst einen der beiden Herren, hier Platz zu nehmen, und sich vielleicht im Laufe der Verhandlungen abzuwechseln.

Wir haben dann zu berathen, in welcher Reihenfolge wir über die der Abtheilung überwiesenen Fragen verhandeln wollen. Da empfiehlt es sich aus den von dem Herrn Präsidenten des Juristentags angeführten Gründen, daß wir die Frage 9 heute zurückstellen, die Frage des Prozeßbetriebes, und sie morgen mit frischer Kraft im Hauptsaale des Abgeordnetenhauses behandeln. Im Uebrigen möchte ich vorschlagen, daß wir zunächst die Frage 8 „Ueber die Rechtskraft der Entscheidungen der Verwaltungsbehörden" in Angriff nehmen, auch mit Rücksicht darauf, daß nach vorhergegangenen Besprechungen der Herren untereinander eine Reihe von Herren noch nicht anwesend sind, weil der Gegenstand Nr. 10 über die Vorschrift des § 313 des Bürgerlichen Gesetzbuches an zweiter Stelle behandelt werden sollte. — Auch hiermit ist, wie ich annehme, die Versammlung einverstanden.

Wir treten hiermit in Punkt 8 ein: **Ueber die Rechtskraft der Entscheidungen der Verwaltungsbehörden.** Berichterstatter sind die Herren Professor Dr. Gustav Seidler (Wien) und Geh. Justizrath Professor Dr. Zorn (Bonn).

(Zuruf: Ist Herr Professor Zorn anwesend?)

Ich nehme nach privaten Nachrichten an, daß er erscheinen wird; aber ich glaube, wir können uns durch seine Abwesenheit nicht von der Verhandlung abhalten lassen. Ich ersuche zunächst Herrn Professor Dr. Seidler, die Berichterstattung zu übernehmen.

Berichterstatter, Professor Dr. **Seidler** (Wien): Geehrte Herren! Der Polizeistaat der ersten Hälfte des 19. Jahrhunderts hat in Preußen und in Oesterreich in merkwürdiger Uebereinstimmung die Einrichtungen der Verwaltungsrechtspflege, welche er aus der Zeit des aufgeklärten Absolutismus vorfand, aus Gründen inneren Widerstrebens beseitigt. Es ist in der That ein schroffer Gegensatz, der die beiden aufeinanderfolgenden Perioden trennt, ein Gegensatz, der nur verständlich wird, wenn man erwägt, daß zwischen beiden Perioden die französische Revolution gelegen ist. An die Stelle des Prinzips, daß Staat und Regierung um des Volkes willen da sind, welches jene Epoche beseelte, war das Prinzip der Bevormundung und der Wahrung der staatlichen Autorität getreten. Jede Initiative und selbständige Bethätigung der Einzelnen gegenüber der Staatsgewalt sollte schon im Keime unterdrückt werden. Das Ideal des Polizeistaates wäre es gewesen, den Staat als eine Maschine zu konstruiren, deren mechanische Verrichtungen, gleich dem Gange eines Uhrwerks, das Staatsleben ausmachen sollten. Eine solche Periode ist der Thätigkeit der Gerichte überhaupt nicht hold. Für Worte, wie sie Friedrich der Große in seinem Testamente niedergelegt hat: „In den Gerichtshöfen müssen die Gesetze sprechen und der Souverain schweigen", hat eine derartige Periode kein Verständniß. Nichts aber ist ihr unerträglicher als der Gedanke, die Verwaltung, den Träger und Inbegriff der Staatsautorität, der Kontrole der Gerichte unterworfen zu sehen.

So darf es uns denn, m. H., nicht Wunder nehmen, daß der Polizeiabsolutismus gerade das **Institut** der Verwaltungsgerichtsbarkeit gänzlich vernichtete. Der Staat wurde dadurch der Kontinuität der Entwicklung auf einem überaus wichtigen Gebiete beraubt und die spätere

Generation, welche sich die Verwirklichung des Rechtsstaats auch hier zur Aufgabe machte, war in die Lage versetzt, den Neubau der Verwaltungsgerichtsbarkeit ganz ohne Anhalt an überkommene Tradiationen nach fremder Schablone, eventuell nach rationalistischen Theorien und Erwägungen vornehmen zu müssen. Und wenn wir heute, obwohl mehrere Dezennien praktischer Verwaltungsgerichtsbarkeit hinter uns liegen, noch immer nach Klarheit über das Wesen und die Bedeutung der Verwaltungsrechtsprechung ringen, so mögen Sie daraus ersehen, auf wie lange Zeit hinaus die Nachwirkung gewaltsamer Eingriffe in das öffentliche Rechtsleben sich fühlbar macht.

Bülow hat an einer Stelle seiner Studien über civilprozessuale Diktionen und Wahrheiten die materielle Rechtskraft als jenes zentrale Rechtsinstitut bezeichnet, dem für die Rechtsordnung eine ähnliche Bedeutung zukommt, wie der absoluten Verbindlichkeit der Gesetze.

Wie weit entfernt wir noch im Gebiete der Verwaltungsgerichtsbarkeit heute sind, eine communis opinio über dieses Rechtsinstitut zu haben, wie sehr der Rechtsboden schwankt, in dessen Mittelpunkte hier dieser Begriff zu stehen kommt, das können Sie am besten daraus ermessen, daß wir Lehrmeinungen begegnen, die einander so extrem entgegengesetzt sind, daß die eine die Rechtskraft auch auf diesem Gebiete der Rechtsprechung als Anwendung des Gesetzes der Kausalität schlechthin betrachtet, während nach der anderen materielle Rechtskraft auf diesem Gebiete der Rechtsprechung undenkbar ist —, der in der Mitte gelegenen Meinungen gar nicht zu gedenken. Ich glaube, meine Herren, daß die Anbahnung einer communis opinio hier ein dringendes Bedürfniß ist und daß wir daher der Leitung des deutschen Juristentages dankbar zu sein haben, daß sie diesen Gegenstand auf die Tagesordnung der Verhandlungen gestellt hat.

Damit, meine Herren, trete ich in medias res und erinnere zunächst an die Begriffe der formellen und der materiellen Rechtskraft, wie wir sie im Prozeßrechte kennen gelernt haben. Bekanntlich versteht man unter der formellen Rechtskraft die Endgültigkeit des Urteils, sei es, daß das Urteil von Hause aus unanfechtbar war oder daß es nachträglich unanfechtbar geworden ist; die materielle Rechtskraft, welche die formelle zur Voraussetzung hat, ist dann die über den endgültig erledigten Prozeß hinausreichende Wirkung, daß das Rechtsverhältniß fortab so zu gelten hat, wie es vom Richter festgestellt worden ist. Die Wirkung der materiellen Rechtskraft ist nicht nur, wie die älteren Lehrer annehmen, eine exceptivische, indem jeder Erneuerung des Prozesses die exceptio rei judicatae entgegengesetzt werden kann, sie ist auch, wie Bülow nachgewiesen hat, eine rechtserweisende, indem auf Grund der res judicata Klageansprüche geltend gemacht werden können. So, um ein Beispiel Bülows zu gebrauchen: wenn der siegreiche Kläger im Eigentumsprozeß auf Grund der res judicata gegen seinen Gegner eine Servitutsklage erhebt.

In seinem Gutachten hat Herr Oberverwaltungsgerichtsrath Dr. Schultzenstein gemeint, wir sollten unsere Verhandlungen einschränken auf die materielle Rechtskraft der Entscheidungen der Verwaltungsgerichte. Herr Professor Bernatzik hat in seinem später erschienenen Gutachten gegen diese Einschränkung Einwendungen erhoben und die Nothwendigkeit erwiesen, daß wir auch die materielle Rechtskraft der Entscheidungen von Verwaltungsbehörden in unsere Diskussion mit einbeziehen. Ich glaube, mit Recht. Es giebt im deutschen Reich Staaten, die eine Verwaltungsgerichtsbarkeit überhaupt nicht besitzen und in denen von den Administrativbehörden Recht gesprochen wird. Dasselbe gilt von Oesterreich, dessen Verwaltungsgerichtsbarkeit so eingerichtet ist, daß neben der unveränderten Organisation der Administrativbehörden ein zentraler Verwaltungsgerichtshof besteht, der erst nach Erschöpfung des administrativen Instanzenzuges anzurufen ist, wenn jemand in einem subjektiven Recht verletzt zu sein behauptet. Also auch in Oesterreich haben Administrativbehörden in ihrer durch die Verwaltungsgerichtsbarkeit unveränderten Organisation Entscheidungen in Verwaltungssachen zu treffen. Ich kann Sie aber, meine sehr geehrten Herren, in dieser Beziehung auch beruhigen, daß unsere Diskussion durch diese Miteinbeziehung nicht etwa komplizirt oder wesentlich erweitert werde.

Wenn auch richterliche Behörden entschieden eine höhere Eignung zum Rechtsprechen besitzen, weil sie eine größere Garantie einer unbefangenen und unabhängigen Urtheilsfindung gewähren, so bleibt in jenen deutschen Staaten, welche Verwaltungsgerichte nicht besitzen, beziehungsweise in Oesterreich, ein anderer Ausweg nicht übrig. Möchte also auch für Preußen, für Baden, für Württemberg, für Sachsen in letzter Zeit, kurz für alle deutschen Staaten, welche instanzenmäßig gegliederte Verwaltungsgerichte besitzen, die Einschränkung, die Schultzenstein in Vorschlag bringt, entsprechend und thunlich sein; für die deutschen Staaten ohne Verwaltungsgerichte und für Oesterreich wäre eine solche Einschränkung unthunlich.

Es kommt demgemäß für unsere Frage alles auf den Begriff der Rechtsprechung selbst an. Hinsichtlich desselben besteht insofern Uebereinstimmung, als allgemein angenommen wird, Rechtsprechung sei die bewußte, autoritative Feststellung eines konkreten Rechtsverhältnisses. Meinungsverschiedenheiten bestehen nur insofern, als von einigen angenommen wird, es müsse ein bestrittenes Rechtsverhältniß sein, welches festzustellen sei; von Anderen, es müsse eine Rechtsverletzung vorliegen; von Dritten, es müssen in dem Rechtsverhältnisse Parteien einander gegenüberstehen.

Es leuchtet ein, daß alle diese Meinungen eine Verschiedenheit des Umfangs der Rechtsprechung bedeuten und daß man je nach dem Standpunkt einen weiteren oder engeren Umfang der Rechtsprechung annimmt, der Rechtsprechung im Allgemeinen und demgemäß auch der Verwaltungsrechtsprechung. Ich meine, meine Herren, die Oekonomie der Zeit gebietet es uns, diese Frage, welche in einem unmittelbaren Zusammenhange mit diesem Gegenstande nicht steht, als außerhalb des Rahmens unserer Diskussion liegend betrachten zu sollen. Für die Frage, ob die Akte der Rechtsprechung der Rechtskraft theilhaftig sind, kommt es nämlich nicht darauf an, welchen Umfang die Rechtsprechung selbst besitzt.

Ebenso glaube ich, meine Herren, daß wir eine zweite Frage als außerhalb unseres Rahmens fallend, betrachten sollen, die Frage nämlich, ob es subjektive öffentliche Rechte giebt und ob demnach eine Verwaltungsgerichtsbarkeit begrifflich und prinzipiell überhaupt möglich ist. Es ist Ihnen ja bekannt, daß von hervorragenden Theoretikern die Möglichkeit subjektiver öffentlicher Rechte geleugnet wird; sie erblicken darin nur Reflexwirkungen des objektiven Rechts. Wenn wir, die wir der Ansicht sind, es gäbe subjektive öffentliche Rechte, meinen, wir haben einen Rechtsanspruch, nicht höher besteuert zu werden, als es das Gesetz vorschreibt, so ist es die Meinung jener, es sei nur eine Aeußerung des objektiven Rechts, daß die Einzelnen nicht höher besteuert werden. Wenn subjektives öffentliches Recht begrifflich nicht möglich ist, so kann es naturgemäß auch Verwaltungsgerichtsbarkeit nicht geben. Dann ist diese nur ein besonders geordnetes Verwaltungsverfahren mit der Bestimmung, durch dasselbe ein gleiches Maß der Handhabung der Gesetze zu erreichen.

Ich meine, daß wir diese Frage hier nicht zu diskutiren brauchen. Für uns muß es auf Grund des positiven Rechts feststehender Ausgangspunkt unserer Erörterungen sein, daß es allerdings öffentliche subjektive Rechte giebt. Werfen wir auch nur einen Blick auf die Gesetze, welche Verwaltungsgerichtsbarkeit in Preußen, Baden, Württemberg, Bayern, zuletzt in Sachsen eingeführt haben, so finden wir, daß mit klaren Worten überall die Gerichtsbarkeit zu dem Zwecke errichtet wurde, um über öffentlich-rechtliche Ansprüche zu entscheiden. Nach meiner besten Ueberzeugung besteht also die Streitfrage, ob es subjektive öffentliche Rechte giebt, nicht. Dasselbe gilt von Oesterreich. Freilich muß ich bezüglich der österreichischen Verwaltungsgesetzgebung hier eine kurze Bemerkung vorausschicken. Während in den deutschen Gesetzgebungen für die Verwaltungsgerichtsbarkeit allenthalben das sogenannte Enumerationsprinzip eingeführt wurde, das Prinzip, nach welchem taxativ die Verwaltungsmaterien aufgezählt sind, welche Gegenstand der Verwaltungsrechtsprechung sein sollen, haben wir in Oesterreich das Prinzip der generellen Bestimmung der Verwaltungsgerichtsbarkeit in allen jenen Fällen, in welchen Jemand in einem subjektiven öffentlichen Rechte verletzt zu sein behauptet.

Nun hat die ältere Verwaltungsgesetzgebung naturgemäß auch nicht im Entferntesten an die Möglichkeit der Verwaltungsgerichtsbarkeit gedacht; Sie können daher ermessen, daß es in einzelnen Fällen überaus schwierig ist, zu entscheiden, ob es sich im Gesetze bloß um ein individuelles Interesse oder um ein formell anerkanntes subjektives Recht handelt. In dieser Beziehung sind daher die Staaten mit Umgrenzung der Verwaltungsgerichtsbarkeit nach dem Enumerationsprinzip thatsächlich in bedeutendem Vortheil.

Eine weitere Schwierigkeit, welche in den deutschen Staaten mit instanzenmäßig gegliederten Verwaltungsgerichten nicht besteht, ergiebt sich aus der Rechtsprechung der Verwaltungsbehörden insofern, als es sich um die Unterscheidung der Rechtsprechungsakte von den Verwaltungsakten, der Entscheidungen von den Verfügungen handelt. Das hängt damit zusammen, daß unsere Praxis mangels einer entsprechenden Regelung des Verwaltungsverfahrens einen prinzipiellen Unterschied zwischen Rechtsprechungsakten und Verwaltungsverfügungen der Behörden nicht kennt. Ich glaube, daß die Idee, die Professor Bernatzik in seinem Gutachten vorgebracht hat, die Entscheidungen irgendwie prinzipiell von den anderen Verwaltungsakten herauszuheben, zu charakterisiren, zu begrüßen ist. Es würde dadurch auch die erwähnte Schwierigkeit, eine richtige Abgrenzung der subjektiven Rechte von den Interessen in den älteren Verwaltungsgesetzen zu finden, wenigstens gemildert, die Behörden würden dadurch gezwungen, Farbe zu bekennen, und schon durch die Form des Aktes ersichtlich zu machen, ob sie eine Entscheidung oder eine Verfügung treffen. Das wäre der Vortheil einer solchen Gesetzgebung.

Ich habe durch die Eliminirung der beiden Vorfragen des Umfanges der Rechtsprechung und ob es subjektive öffentliche Rechte giebt, mir den Weg frei gemacht, unmittelbar unserer Frage an den Leib rücken zu können, der Frage nach der materiellen Rechtskraft der Entscheidungen der Verwaltungsgerichte und Verwaltungsbehörden. Ich glaube nicht fehl zu gehen, wenn ich sage, daß ein unbefangener Jurist über die

Fragestellung selbst etwas befremdet sein dürfte. Wir sind es so gewöhnt, den Begriff der materiellen Rechtskraft mit der Rechtsprechung zu verbinden, daß wir nach irgend einem Erklärungsgrund suchen, wieso denn überhaupt eine solche Fragestellung berechtigt sein soll. Lemayer, der als Praktiker und Theoretiker gleich ausgezeichnete zweite Präsident des österreichischen Verwaltungsgerichtshofes, einer der Hauptverfechter der Idee, daß die materielle Rechtskraft unter gewissen Umständen, die wir später kennen lernen werden, eine Beschränkung erfahren müsse, giebt uns diesen Erklärungsgrund ungefähr in den folgenden Ausführungen. In der Verwaltungsgerichtsbarkeit, sagt er, ist die Rechtsprechung nur ein sekundäres Moment, in der Verwaltungsgerichtsbarkeit will man vor Allem die Aufgabe der Verwaltung erfüllen. Tezner, der sich mit Lemayer in diesem Gedanken begegnet, bringt denselben in der Form zum Ausdruck, daß er sagt: dadurch, daß ein Verwaltungsakt in indicium gebracht wird, hört er nicht auf, Verwaltungsakt zu sein. Wenn z. B. verwaltungsgerichtlich über die Beitragslast einer Partei zu einem öffentlichen Wege entschieden werden soll, so ist nach der Ansicht dieser Herren dem Verwaltungsgerichte das Primäre, den öffentlichen Weg zu sichern, diese Verwaltungsaufgabe zu erfüllen. Erfüllt wird diese Aufgabe in der Weise der Rechtsprechung, indem über die Beitragslast der betreffenden betheiligten Personen gerichtlich entschieden wird. Aus dieser Darstellung ersehen Sie den gewiß sehr gewichtigen Gegensatz zwischen der Verwaltungsrechtsprechung und der Rechtsprechung der ordentlichen Gerichte in der Civil- und Strafrechtspflege, bei welcher die Rechtsprechung sich selbst Zweck ist, bei welcher die Rechtsprechung nur den Rechtsschutz bewirken will. In dieser Formulirung haben wir den Erklärungsgrund für die Stellung unseres Problems zu finden. Der Gegenstand, über den wir hier schlüssig zu werden haben, erschöpft sich nach dem Gesagten in der Frage: soll deshalb, weil in der Verwaltungsgerichtsbarkeit die Rechtssprechung nur ein sekundäres Moment gegenüber der Erfüllung der Verwaltungsaufgabe ist, die materielle Rechtskraft beschränkt oder, wie gar von einer Seite verlangt wird, die materielle Rechtskraft der Entscheidungen vernichtet werden?

Ich glaube, wir haben keinen anderen Weg, zu einer Antwort über diese Frage zu gelangen, als indem wir uns Rechenschaft geben über die Beziehungen zwischen Rechtskraft und Rechtsprechung, indem wir ein objektives Urtheil zu gewinnen suchen, welche Umstände es in der Entwicklung der Rechtsbildung und der Rechtsbestimmung bewirkt haben, daß wir die Rechtskraft als eine nothwendige Begleiterscheinung der Rechtsprechung zu betrachten gewohnt sind. Ich glaube, daß, wenn wir uns über diese Fragen Rechenschaft gegeben haben werden, wir dann in der Lage sein werden, zu dem ursprünglichen Thema zurückzukehren, inwiefern die Eigenthümlichkeit der Verwaltungsrechtsprechung, ihre spezifische Natur, die ich mir erlaubt habe auseinanderzusetzen, irgend eine Beschränkung der Rechtskraft zu bewirken im Stande sein soll.

Soweit ich sehe, meine Herren, sind es vornehmlich drei Rechtsgedanken, welche zur Rechtskraft als einer unabweislichen Forderung der Rechtsprechung geführt haben. Der erste dieser Gedanken ist das Verhältniß zwischen Gesetz und Urtheil. Wenn in den Gesetzen die Normen abstrakt niedergelegt sind, so sind die Urtheile bestimmt, die Normen konkret zu verwirklichen. Dieses Verhältniß findet seinen prägnanten Ausdruck in dem Worte Degenkolbs: der Urtheilsimperativ ist der Imperativ des Gesetzes. Freilich, wenn man die Auffassung Bülows von dem Verhältnisse zwischen Gericht und Gesetz hat, kann man mit diesem Resultate nicht einverstanden sein. Bekanntlich meint Bülow, daß unsere Gesetzgebung nicht im Stande ist, eine vollständige Normsetzung zu bieten, und daß der Richter nicht nur berufen, sondern verpflichtet sei, über die Gesetzgebung hinaus die Rechtsnormen zu finden, die Rechtsnormen zu wählen, die er will, und nicht die, wie Bülow ausdrücklich sagt, die der Gesetzgeber will.

Ich meine, meine Herren, daß wir im Namen unserer Verfassungen gegen diese Auffassung des Verhältnisses zwischen Recht und Richteramt Protest einlegen müssen. Nach unseren Verfassungen ist der Richter nicht der Schöpfer, sondern der Interpret des Rechts — allerdings nicht nur Wortinterpret sondern der Erschließer der im tiefsten Innern des Rechtssystems enthaltenen, nur auf Grund wissenschaftlicher Erkenntniß zu erschließenden Rechtsideen, und ich glaube nicht, daß der Vorwurf gerechtfertigt ist, den Bülow erhebt, daß die Gegner seiner Anschauung der Bedeutung des Richteramtes nicht gerecht werden. Wenn aber das Urtheil bestimmt ist, das Gesetz in concreto lebendig werden zu lassen, dann muß das Urtheil auch in dem Sinne ein unbedingtes sein, daß es endlich einmal ein unabänderliches wird. Die Gesetze wollen unbedingte Geltung, die Gesetze können sich nicht damit zufrieden geben, daß der Richter um eine geistvolle Wendung Bernatziks zu gebrauchen, erklärt: ich kann auch anders: denn das wäre schließlich das Fazit, wenn rechtskräftige Entscheidungen geändert werden könnten.

Selbstverständlich hat diese Idee, welche zur Rechtskraft der Urtheile führt, dort ihre Grenze, wo die Bestimmtheit des Gesetzes aufhört; wo das Gesetz selbst an das arbiträre Ermessen des Richters appellirt, wie es vielfach geschieht. Da vermag uns diese Idee die Rechtskraft nicht zu erklären.

Damit komme ich zu dem zweiten Momente, welches zur Rechtskraft geführt hat. Es ist dies die Rechtssicherheit. Ich glaube, meine Herren, daß wir nur einen Augenblick uns in unserer Phantasie einen Rechts- und Gesellschaftszustand ohne materielle Rechtskraft vorzustellen haben, um denselben sofort als unmöglich abzulehnen. Wer heute als Sieger eines Erbgutes in einem Prozesse sich für einen reichen Mann hält, kann morgen durch einen neuangestrengten Prozeß in seinem Besitz erschüttert und übermorgen seines Besitzes für verlustig erklärt werden. Bernatzik geht in seiner vortrefflichen Monographie „über Rechtsprechung und Rechtskraft auf dem Gebiete des öffentlichen Rechts“ soweit, daß er die Rechtssicherheit geradezu für den Zweck der ganzen Rechtsprechung erklärt. Er ist der Autor des Eingangs zitirten Satzes, daß die Rechtskraft Anwendung des Gesetzes der Kausalität auf dem Gebiete der Rechtsprechung ist, Ich glaube allerdings, daß wir soweit nicht gehen können, ich glaube, daß das im ersten Punkte auseinandergesetzte Verhältniß zwischen Gesetz und Urtheil für die Rechtsprechung ebenso schwer in die Waagschale fällt. Denn erwägen Sie, daß die Uebereinstimmung zwischen Gesetz und Urtheil es ist, welche uns eine gerechte, eine beständige Rechtsprechung sichert. Ich meine daher, daß die beiden Momente, Uebereinstimmung zwischen Gesetz und Urtheil einerseits, Rechtssicherheit andererseits, den Zweck, die Bestimmung der Rechtsprechung ausmachen.

Es hat Tezner, der sich in dieser Materie mit außerordentlichem Eifer bethätigt hat, gegen das Moment der Rechtssicherheit als Grund der Rechtskraft folgende Einwendung erhoben. Er meint: das Bedürfniß nach Stabilität der staatlichen Akte sei ein allgemeines und sei nicht begrenzt auf Akte der Rechtsprechung, es bestehe hinsichtlich der Gesetzgebungs- und Verwaltungsakte in nicht minderem Maße. Es sei daher kein Grund zu finden, eine spezifische Bindung des Staates gegenüber den Akten der Rechtsprechung anzunehmen. Nun müssen wir ohne Weiteres zugeben, daß die Stabilität der Gesetzgebung höchst erwünscht ist, daß ebenso die Stabilität der Verwaltungsakte von nicht zu unterstützender Bedeutung ist. Ich glaube aber, daß man deshalb doch die Stabilität dieser Staatsakte auf eine Linie mit der Stabilität der Rechtsprechung nicht stellen darf. Die Gesetzgebung ist ein freier, ungebundener, schöpferischer Akt des Staates, die Verwaltungsverfügung ist innerhalb der Grenzen der Gesetze gleichfalls ein freier, ungebundener Akt des Staates; das Wesen der Rechtsprechung ist es dagegen, ein gebundener Akt zu sein, der in seiner Hauptsache eine Schlußfolgerung, eine Subsumption des besonderen Falles unter die allgemeine Norm enthält. Deshalb halte ich den Einwand Tezners nicht für berechtigt.

Endlich ist es ein dritter Rechtsgedanke, welcher zur Rechtskraft führt, den man vielleicht einen idealen Gedanken nennen kann, den Gedanken der Autorität der staatlichen Gerichtsbarkeit. Und da betone ich wieder: nicht staatliche Autorität im allgemeinen Sinne, sondern speziell richterliche Autorität. Ich betone dies aus dem Grunde, den ich eben gegen Tezner auseinander gesetzt habe: Weil der Richter, indem er Recht zu sprechen hat, eine gebundene Thätigkeit vorzunehmen hat, deshalb wird seine Autorität weit mehr erschüttert, als die der anderen staatlichen Funktionäre, wenn seine Entscheidung nicht Entscheidung bleiben soll. Vielleicht wird die Bedeutung dieses Punktes etwas klarer, wenn ich einen Hinweis gebrauche auf das physikalische Gesetz der Undurchdringlichkeit der Körper im Raume. Wo ein Haus gebaut ist, kann man kein zweites hinbauen, es sei denn, daß man das erste niederreißt. Wenn eine Rechtssache entschieden ist, so kann sie nicht zum zweiten Male entschieden werden, es sei denn, daß man die erste Entscheidung niederreißt und beseitigt, und ein solches Niederreißen, eine solche Beseitigung einer Entscheidung ist eine Untergrabung der richterlichen Autorität.

Es wurde dann noch von verschiedenen Seiten, insbesondere von Bernatzik das Moment der Rechtsökonomie geltend gemacht; es sei ein Moment der Wirthschaftlichkeit in diesem Sinne, daß Akte nicht wiederholt werden. Ich gestehe nun, daß ich diesem Moment keine Bedeutung zuerkenne, da die Oekonomie niemals ein leitendes Prinzip sein darf. Ich meine vielmehr, daß, wenn ein Akt schlecht ist und eine Reparatur desselben nothwendig ist, sei es in der Gesetzgebung, sei es in der Verwaltung, eine Wiederholung stattfinden muß. Daß sich dies bei der Rechtsprechung als einer gebundenen Thätigkeit anders verhält, hat sich aus dem vorhergehenden ergeben.

Die Gründe, welche ich für die Rechtskraft der Entscheidungen vorgebracht habe, scheinen mir auch zugleich Gründe dafür zu sein, daß wir die Rechtskraft niemals der Disposition der Parteien überlassen dürfen, sondern als eine absolute, als eine Einrichtung des jus cogens betrachten müssen.

Es war ein großes Verdienst Bülows, daß er gegenüber der Absich des ersten Entwurfes Ihres Bürgerlichen Gesetzbuches — wenn ich nicht irre, war es § 191 —, die Rechtskraft zu einer dispositiven Norm zu machen, entschieden Stellung genommen hat, und wir dürfen es begrüßen, daß auch der neue österreichische Civilprozeß in § 411 normirt, daß die Rechtskraft von Amts wegen wahrzunehmen sei.

Als einen Beweis für den absoluten Charakter der Rechtskraft darf ich es wohl ansehen, wenn die Gesetzgebung in verschiedenen Epochen die Verächter der materiellen Rechtskraft, welche in entschiedenen und abgethanen Sachen Eingaben an die Staatsoberhäupter richteten, zur Strafe gezogen hat. Eine Bestrafung zeigt immer am besten, welch' absoluten Charakter die betreffenden Normen haben. Es gab solche Strafnormen in der Geschichte des römischen Rechts zur Zeit Konstantins — wir brauchen das Nähere nicht heranzuziehen — und es gab eine solche Norm unter Friedrich Wilhelm I. Das Edikt dieses Königs aus dem Jahre 1739 ist so interessant, daß ich Ihnen dasselbe nicht vorenthalten möchte. Es verfügt, daß alle Advokaten, Prokuratoren und dergleichen Menschen, die in abgethanen und abgedroschenen Rechtssachen immediate Memoralien an den König zu richten wagten, ohne alle Gnade und Pardon aufgehängt werden und neben ihnen ein Hund.

Um so mehr muß es nun Wunder nehmen, daß Otto Mayer, der bekanntlich eine führende Rolle in der Litteratur des Verwaltungsrechts hat, einen Gedanken Bülows, der der dispositiv-rechtlichen Natur der Rechtskraft angehört und den Bülow selbst später fallen ließ, sich zu eigen gemacht hat, daß die Parteien im Prozeß dieselbe mit herausarbeiten. Stillschweigend oder handelnd, sagt Otto Mayer, bedingen die Parteien rechtlich das Urtheil und deshalb gehört es ihnen. Man braucht wohl gegen diese Konstruktion, die nichts ist als eine Begriffsspielerei, keine weitere Polemik zu führen, und muß nur staunen, daß ihr Autor, wie wir sehen werden, ernste Konsequenzen an dieselbe knüpfen zu können geglaubt hat. Wie immer die Mitwirkung der Parteien am Prozeß beschaffen sein mag, das Urtheil selbst ist ein Staatsakt, an dem die Parteien keine Mitwirkung haben, und ihr Rechtsverhältniß zum Urtheil kann demnach kein anderes sein, als daß die Parteien dem Urtheil unterworfen sind.

Wenn ich das Resumee meiner Ausführungen über die Rechtsgedanken, die zur Rechtskraft geführt haben, ziehe, glaube ich, folgendes sagen zu dürfen. Die angeführten Gründe: erstens, daß die Urtheile die konkrete Verwirklichung der abstrakten Normen des Gesetzes enthalten; zweitens, daß die Rechtssicherheit ein unerläßliches Postulat der Rechtssprechung ist; drittens, daß die richterliche Autorität es verlangt, daß die endgültige Entscheidung Entscheidung bleibe, sind so zwingend, daß sie so zur Genüge erklären, daß wir in der geschichtlichen Entwicklung der Rechtsverwirklichung dazu gekommen sind, die Rechtskraft als ein Naturale jeder Rechtssprechung zu betrachten.

Habe ich bis jetzt ausschließlich die Civilgerichtsbarkeit im Auge gehabt, so erübrigt nunmehr, die geschichtliche Entwickelung der Rechtskraft im Strafprozeß, wenn auch nur ganz kurz, zu skizziren. Hier hat vorerst der Satz, daß Niemand zum zweiten Male peinlich solle angeklagt werden, allgemeine Anerkennung gefunden. Nur die Periode des gemeinen deutschen Inquisitionsprozesses hat dieses Prinzip nicht anerkannt und dasselbe theilweise ganz geleugnet, theilweise durch die Einführung des Freispruches ab instantia die Erneuerung des Prozesses erleichtert bezw. derselben thatsächlich gar keine Schwierigkeiten in den Weg gestellt. Glaser macht in seinem Aufsatz über materielle Rechtskraft die sehr treffende Bemerkung, man ersehe aus diesem Verhalten des Inquisitionsprozesses, daß selbst die klarste und einleuchtendste Sache nicht sicher darauf rechnen könne, allgemein anerkannt zu werden. Mit der Rückkehr zum accusatorischen Verfahren oder allgemeiner gesagt, mit der Verwirklichung des Rechtsstaates auch auf dem Gebiet der Strafrechtspflege und mit der Einschränkung der Wiederaufnahme auf ganz bestimmte Fälle, zu denen nicht gehört der bloße Irrthum und nicht die bloße Verletzung des Gesetzes, war das Prinzip der Rechtskraft auch im Strafprozeßrecht anerkannt. Freilich hat der österreichische Strafprozeß eine Bestimmung aufgenommen, welche mir für das ganze Institut der Rechtskraft von großer Bedeutung zu sein scheint, und welche die Frage einer Beschränkung derselben auch prinzipiell zu beleuchten geeignet ist. Es ist dies das Institut der Nichtigkeitsbeschwerde zur Wahrung des Gesetzes, welches wir im österreichischen Strafprozesse haben und welches dem französischen Strafprozesse nachgebildet ist. In der Regel hat eine, auf Grund einer solchen Beschwerde die Nichtigkeit eines Urtheils aussprechende Sentenz des obersten Gerichtshofes keine Einwirkung auf die materielle Rechtskraft. Es steht aber dem obersten Gerichtshofe frei, eine Verurtheilung, die durch das nichtig erklärte Urtheil erfolgte, entweder aufzuheben oder zu mildern. Sie sehen also, daß der österreichische Strafprozeß prinzipiell eine, wenn auch scharf begrenzte Möglichkeit der Beschränkung der Rechtskraft aus dem Grunde des höheren Interesses der Wahrung des Gesetzes zuläßt. Der deutsche Strafprozeß kennt, wie ich in diesem Kreise nicht besonders zu betonen brauche, das ganze Rechtsinstitut nicht. Hier gelangen wir demnach für den Strafprozeß zu dem gleichen Ergebnisse, wie für den Civilprozeß, daß die Rechtskraft als unabweisbare Forderung der Rechtsprechung erscheint.

Nun komme ich zu der ursprünglichen Frage, von der ich in meinen Erörterungen ausgegangen bin, zurück. Ist die vorhin des Näheren dargelegte Eigenthümlichkeit der Verwaltungsrechtsprechung darnach angethan, eine Beschränkung der Rechtskraft zu bewirken? Lemayer hat aus der

Rangstellung der beiden Elemente in der Verwaltungsrechtsprechung, welche wie Sie sich erinnern, dahin geht, daß die Erfüllung der staatlichen Aufgabe in der Verwaltung das primäre, die Rechtsprechung das sekundäre sei, die Folgerung gezogen, daß eventuell die öffentlichen Interessen eine Beschränkung der Rechtskraft zu bewirken im Stande sein müßten. **Lemayer** bringt das Beispiel: Wenn eine Entscheidung über die Zulassung eines Wasserwerkes rechtskräftig geworden ist, sich nachträglich aber herausstellt, daß das Wasserwerk eine Gefahr der Ueberschwemmung herbeizuführen geeignet ist, dann kann die Rechtskraft der Wahrung des öffentlichen Interesses nicht entgegenstehen. Mit aller Schärfe hat insbesondere auch **Tezner** diesen Standpunkt vertreten, und Professor **Zorn**, der heute das zweite Referat über diese Frage hier zu führen hat, ist so weit gegangen, hauptsächlich aus diesem Grunde die materielle Rechtskraft in der Verwaltungsrechtspflege gänzlich auszuschließen. Zunächst, meine Herren, möchte ich meine eigene Ansicht dahin kennzeichnen, daß wir die Frage **de lege lata** und de lege ferenda strengstens auseinanderhalten müssen.

Aus den früher auseinandergesetzten Gründen meine ich, daß der Gesetzgeber überall, wo er Rechtsprechung eingeführt hat, ohne einen beschränkenden Zusatz hinsichtlich der materiellen Rechtskraft zu machen, die Rechtskraft ohne Beschränkung gewollt hat. Ich berufe mich auch darauf, daß in der österreichischen und preußischen Steuergesetzgebung, welche die Rechtskraft nicht unbeschränkt gegen den Fiskus gelten lassen wollte, **ausdrücklich** die der Rechtskraft entgegenstehende Befugniß der Steuerbehörden, innerhalb einer Präclusivfrist eine Richtigstellung zu Gunsten des Staates vorzunehmen, im Gesetze normirt ist.

Gegenüber dem angeführten Beispiele **Lemayers** und gegenüber ähnlichen Beispielen **Tezners**, die sämmtlich eine Kollision der Rechtskraft mit der gesetzlichen Pflicht des Staates, Gefahren zu beseitigen, zum Inhalte haben, halte auch ich dafür, daß schon de lege lata die letztgenannte Pflicht als eine **absolute** gelten muß, obgleich ich offen bekenne, daß es mir erwünschbar erschiene, wenn der Gesetzgeber ausdrücklich erklärt hätte, daß er im Gegensatze zu der Gebundenheit der Parteien den Staat von der Gebundenheit an die Rechtskraft im Interesse der Beseitigung von öffentlichen Gefahren dispensire. Abgesehen von diesen Fällen kann de lege lata eine Beschränkung der materiellen Rechtskraft zu Gunsten öffentlicher Interessen nicht angenommen werden. Aber auch de lege ferenda müßte die denkbar größte Vorsicht in Anwendung kommen. Ich glaube, daß man die Fälle öffentlicher Interessen, die eine Beschränkung der Rechtskraft zu bewirken im Stande sein sollten, im Gesetze taxativ aufzählen müßte und eher etwas zu wenig als zu viel bieten sollte, und ich meine auch, daß nicht etwa jeder Behörde, sondern nur der höchsten Verwaltungsinstanz die Entscheidung darüber zustehen dürfte, ob dringliche öffentliche Interessen vorliegen, die eine Beschränkung der Rechtskraft in concreto gerechtfertigt erscheinen lassen, analog wie es bei der Nichtigkeitsbeschwerde zur Wahrung des Gesetzes der oberste Gerichtshof ist, der über die Zulässigkeit der Beschränkung der Rechtskraft die Entscheidung zu treffen hat.

Der die Rechtskraft gänzlich negirende Standpunkt Zorns läßt sich auch de lege ferenda nicht halten. Es liegt in demselben eine ebenso große Ueberschätzung des staatlichen Interesses an der Verwaltung, wie eine Unterschätzung des Interesses an der Rechtsprechung, zu der die Rechtskraft gehört. Zorn hat abgesehen von dem öffentlichen Interesse noch andere Gründe für seine Meinung angeführt. Im Civilprozesse habe die Rechtskraft einen Werth für die Parteien, weil es sich darum handle, früher strittige Sachen außer Zweifel zu stellen. In der Verwaltungsgerichtsbarkeit gebe es das nicht. Welches Interesse sollten die Parteien an der rechtskräftigen Feststellung der Oeffentlichkeit eines Weges, der Nothwendigkeit eines Schulbaues und dergleichen mehr haben? Ich glaube, daß es sich hier einfach um eine andere Formulirung handelt, um die aufgeworfene Frage beantworten zu können. Ich sehe in der That nicht ein, warum das Interesse einer Partei, nicht mehr an Beiträgen zu einem öffentlichen Schulbau oder zu einem öffentlichen Wege zu leisten, eines geringeren Schutzes bedürftig sein sollte, als das Interesse, eine privatrechtliche Obligation nur bis zu einer bestimmten Summe zu erfüllen. (Sehr richtig!) Ich muß in der That sagen, daß mir hierfür das Verständniß fehlt.

Prof. Zorn hat ferner gemeint, es sei in der Regel das Vorhandensein der eadem res nicht leicht für das öffentliche Recht nachzuweisen. Das mag in vielen Fällen zuzugeben sein. Bernatzik hat hierfür in seinem Gutachten ein treffendes Beispiel gebracht. Wenn entschieden ist, daß die „Weber" aufgeführt werden dürfen, und wenn in derselben Stadt später ein Aufruhr herrscht, so werden wir die Entscheidung mangels eadem res nicht für rechtskräftig halten können. Allein das kann naturgemäß nicht hindern, daß überall dort, wo bei Prüfung des Falles eadem res vorliegt, die Rechtskraft zu gelten habe. Zorn hat sich weiter auf die Analogie mit dem Urtheil auf Annullatio matrimonii, nach katholischem Kirchenrecht berufen. Wie ein solches Urtheil niemals der Rechtskraft theilhaftig werden könne, aus ebendenselben Gründen könne auch ein Urtheil in Sachen der Verwaltungsgerichtsbarkeit nicht rechtskräftig werden. Es ist schon von anderen Seiten wiederholt darauf hingewiesen worden, daß hier eine Verkennung der Gründe vorliegt, aus welchen die Rechtskraft eines solchen Urtheils nicht möglich ist. Bekanntlich ist nach katholischem Kirchenrecht die Ehe ein Sakrament juris divini, und es ist nur folgerichtig, daß ein Urtheil menschlicher Richter über den Bestand einer Einrichtung juris divini nicht rechtskräftig gefällt werden kann.

Nun komme ich in aller Kürze noch auf die Beschränkung der Rechtskraft, welche Otto Mayer auf Grund seiner früher mitgetheilten Konstruktion gefolgert hat. Er meint, weil das Urtheil von den Parteien miterarbeitet ist und den Parteien gehört, deshalb kann die Rechtskraft nicht zum Nachtheile der Parteien geändert werden, wohl aber zu ihrem Vortheil. Wie wenig zwingend diese Schlußfolgerung ist, mögen Sie daraus entnehmen, daß man dieselbe ohne weiteres in ihr Gegentheil umkehren kann. Ich glaube, daß man mit demselben Rechte und derselben Logik sagen könnte: weil die Partei an dem Zustandekommen des Urtheils mitgewirkt hat, deshalb kann sie keinen Anspruch darauf haben, daß das Urtheil zu ihrem Vortheile geändert werde. Im übrigen berufe ich mich auf Löning, der diese Theorie Mayers gründlich widerlegt und dieselbe als willkürlich, ohne jeden Boden im positiven Rechte bezeichnet hat.

Ich kann meine Meinung nicht besser resümiren, als indem ich Ihnen die Resolution, die ich Sie anzunehmen bitte, vorlege. Dieselbe lautet:

> Die Verwaltungsrechtsprechung kann der materiellen Rechtskraft so wenig entrathen wie die Rechtsprechung der ordentlichen Gerichte. Beschränkungen zu Gunsten taxativ aufzuzählender dringlicher öffentlicher Interessen soll der Gesetzgeber nur so weit, als es unerläßlich ist, vornehmen.

Damit schließe ich!

(Lebhafter Beifall.)

Vorsitzender: Sie haben durch Ihren Beifall bereits den Dank der Versammlung ausgedrückt für die reiche Belehrung, die wir den Ausführungen des Herrn Vortragenden entnommen haben.

Ich höre, daß der Herr Korreferent Geheimrath Prof. Dr. Zorn verhindert ist, hier zu erscheinen, und seinen Bericht zu erstatten. Wir sind also gezwungen, uns ohne diesen Bericht zu behelfen, und wir treten nunmehr in die Berathung über das Gehörte und den dazu gestellten Antrag ein.

Herr Oberverwaltungsgerichtsrath Dr. Schultzenstein hat das Wort.

Oberverwaltungsgerichtsrath Dr. **Schultzenstein** (Berlin): Unter den Verwaltungsbehörden nehmen wegen ihrer Zahl und Bedeutung die Verwaltungsgerichte eine hervorragende Stellung ein. Wenn die Frage aufgeworfen wird, ob die Entscheidungen der Verwaltungsbehörden der Rechtskraft fähig sein sollen, so ist daher in erster Linie zu untersuchen, wie es sich in dieser Beziehung mit den Entscheidungen der Verwaltungsgerichte verhält. In Frage kann dabei natürlich nur die materielle Rechtskraft kommen. Daß die Entscheidungen der Verwaltungsgerichte der formalen Rechtskraft fähig sind, ist selbstverständlich und noch niemals zweifelhaft gewesen.

In dem Gutachten, welches in Ihren Händen ist, habe ich auseinandergesetzt, daß und weshalb ich es für nothwendig erachte, daß die Entscheidungen der Verwaltungsgerichte der materiellen Rechtskraft fähig sind. Ich glaube auf diese Ausführungen um so mehr lediglich verweisen zu können, als der zweite Gutachter, Herr Prof. Bernatzik, sich in ganz gleichem Sinne ausgesprochen hat, und als in dem eingehenden Vortrage, den wir soeben aus dem Munde des Herrn Referenten zu hören das Vergnügen hatten, die gleiche Ansicht vertreten worden ist.

Was dagegen die Rechtskraft der Entscheidungen der Verwaltungsbehörden außer den Verwaltungsgerichten anbetrifft — ich werde der Kürze halber immer unter den Verwaltungsbehörden bloß diejenigen Verwaltungsbehörden verstehen, welche nicht Verwaltungsgerichte sind — was also, wie man es auch ausdrücken kann, die Rechtskraft in der Verwaltung anlangt, so bestand bei uns in Deutschland bisher hierbei im Großen und Ganzen keine Meinungsverschiedenheit. Es herrschte, man kann wohl sagen, fast Einstimmigkeit darüber, daß die Entscheidungen der Verwaltungsbehörden materielle Rechtskraft nicht erlangen können. Außerhalb Deutschlands ist diese Frage weit mehr erörtert und in Zweifel gezogen worden, namentlich in Oesterreich. In Deutschland hat man sich aber mit diesen Ausführungen immer ziemlich kurz, ja, man darf zugeben, zu kurz dahin abgefunden, daß man sie bei Seite schob mit der Begründung, es handele sich dort, wo diese Ausführungen gemacht worden sind, um wesentlich andere Verhältnisse, die bei uns in Deutschland nichts Entsprechendes hätten.

Mit Rücksicht auf diese Sachlage bin ich dazu gekommen, in meinem Gutachten mich mit der Rechtskraft der Verwaltungsbehörden nur wenig zu beschäftigen. Ich habe bloß die Verschiedenheiten zwischen ihren Entscheidungen und denen der Verwaltungsgerichte auseinandergesetzt und kurz dargelegt, daß das, was für die Rechtskraft der Entscheidungen der Verwaltungsgerichte zu gelten hätte, nicht in gleicher Weise gelten könnte für die Entscheidungen der Verwaltungsbehörden. In dieser Beziehung hat sich nun nach meinem Gutachten die Sache wesentlich geändert. Der zweite Gutachter, Herr Professor Bernatzik, hat sich mit Entschiedenheit auch für die Rechtskraft der Entscheidungen der Verwaltungsbehörden ausgesprochen, und der Herr Referent hat es vorhin in gleicher Weise gethan. Es sei mir deshalb gestattet, nach dieser Richtung hin die Ausführungen meines Gutachtens noch zu ergänzen.

Ich verkenne nicht, daß dasjenige, was Herr Professor Bernatzik ausgeführt hat, und nicht minder dasjenige, was der Herr Referent uns vorhin vorgetragen hat, außerordentlich viel Anregendes und Belehrendes enthält. Aber es sei mir in aller Bescheidenheit gestattet, doch gleich von vornherein auszusprechen, daß diese Ausführungen meine Ueberzeugung nicht erschüttert haben, sondern ich nach wie vor noch der Ansicht bin: es ist nicht möglich, daß die Entscheidungen der Verwaltungsbehörden der materiellen Rechtskraft für fähig erklärt werden. Meine Herren, für mich giebt es eine Rechtskraft nur, wo eine Entscheidung stattfindet zwischen streitenden Theilen in einem festgeordneten Verfahren. Wo es an der einen oder der anderen dieser Voraussetzungen fehlt, kann man nicht zu dem Begriffe der Rechtskraft gelangen. Ich will die Entscheidung zwischen streitenden Theilen in einem festgeordneten Verfahren als Rechtsprechung bezeichnen und bin also der Ansicht, daß da, wo es in dieser Weise eine Rechtsprechung giebt, es auch eine Rechtskraft geben muß, umgekehrt aber auch, daß da, wo keine Rechtsprechung in dieser Weise vorhanden ist, auch keine Rechtskraft vorhanden sein kann. Die Verwaltungsgerichte sprechen Recht, darum müssen ihre Entscheidungen der Rechtskraft fähig sein. Die Verwaltungsbehörden sprechen nicht Recht, wenigstens sprechen sie für gewöhnlich nicht Recht. Es giebt Fälle, wo sie es thun. Ich will ein paar Beispiele anführen. Wenn die Aufsichtsbehörde einer Krankenkasse über den Unterstützungsanspruch entscheidet, den das Kassenmitglied an die Krankenkasse erhebt, so ist das ein Akt der Rechtsprechung. Wenn bei uns in Preußen ein Amtsvorsteher über den Wildschadensersatzanspruch entscheidet, den der Beschädigte gegen den Ersatzpflichtigen erhebt, so ist das ein Akt der Rechtsprechung. Wo in einer solchen Weise die Verwaltungsbehörden Recht sprechen, da haben selbstverständlich ihre Entscheidungen auch volle materielle Rechtskraft. Wo sie das aber nicht thun, da wohnt ihren Entscheidungen keine Rechtskraft bei. Gewiß haben auch diese Entscheidungen wenigstens unter Umständen eine über den einzelnen Fall hinausgehende Wirkung. Es giebt Fälle, wo durch die Entscheidung der Verwaltungsbehörde die dabei Betheiligten gebunden werden, wo Rechte für sie fest begründet oder festgestellt werden, wo unter Umständen sogar über den Kreis der zunächst Betheiligten hinaus die Entscheidung nach außen hin für und gegen Dritte wirkt, ganz so, wie die Rechtskraft bei den Entscheidungen der Gerichte wirkt, wenn sie eine Rechtskraft inter omnes ist. Es giebt also solche Fälle. Indessen das ist keine Rechtskraft in wirklichem Sinne. Es ist auch nicht einmal etwas Aehnliches. Es ist theils mehr, theils weniger, aber es ist niemals eine Rechtskraft. Die so überaus interessanten und belehrenden Ausführungen des Herrn Professors Bernatzik liefern gerade für diesen meinen Satz selbst zwei werthvolle Belege. Er sagt in seinem Gutachten, daß das, was er Rechtskraft der Entscheidungen der Verwaltungsbehörden nennt, nur eintrete, wenn die Behörde zuständig gewesen sei. Gemeint ist dabei die sächliche Zuständigkeit. Ja, meine Herren, die Rechtskraft ist aber doch etwas, was auch den Mangel der Zuständigkeit zu überwinden im Stande ist, was namentlich auch eintritt, wenn das entscheidende Gericht sachlich nicht zuständig war. Wenn ein Amtsgericht entschieden hat bei einem Gegenstande über 300 Mark, wo das Landgericht hätte entscheiden müssen, so wird die Entscheidung des Amtgerichts trotzdem rechtskräftig, und wenn das Schöffengericht eine Entscheidung fällt, zu der an sich nur eine Strafkammer berufen war, so wird das schöffengerichtliche Urtheil rechtskräftig. Gewiß giebt es in dieser Hinsicht gewisse Grenzen, aber grundsätzlich verhält es sich so, daß auch die Entscheidung einer sachlich unzuständigen Behörde in Rechtskraft erwachsen kann. Nach den Ausführungen des Herrn Professors Bernatzik würde das nicht der Fall sein. Ich meine, wo für eine Entscheidung niemals Rechtskraft eintreten kann, weil die entscheidende Behörde unzuständig war, hat man es nicht mehr mit dem Begriff der Rechtskraft zu thun.

Den zweiten Beleg aus den Ausführungen des Herrn Professors Bernatzik entnehme ich dem Gesetzesvorschlage, den er in höchst dankenswerther Weise seinem Gutachten beigefügt hat, dankenswerth, weil man gerade an der Hand dieses Gesetzvorschlags am leichtesten und sichersten zu prüfen in der Lage ist, wohin denn eigentlich seine Ausführungen zielen und was nach seinem Gutachten künftig positives Recht sein würde.

In dem § 1 des Gesetzesvorschlags spricht er nun von der Rechtskraft der Verwaltungsgerichte und begrenzt sie dahin, daß durch die von ihnen getroffenen rechtskräftig gewordenen Entscheidungen gebunden würden die am Verfahren betheiligt gewesenen Behörden und die ihnen vorgesetzten Behörden sowie die am Verfahren betheiligt gewesenen Parteien und deren Rechtsnachfolger. Allein, meine Herren, die Wirkung der Rechtskraft besteht nach deren Wesen nicht nur gegenüber der am Verfahren betheiligt gewesenen Behörde und den ihr vorgesetzten Behörden, und nicht nur die an der Entscheidung betheiligt gewesenen Parteien und ihre Rechtsnachfolger werden von der Rechtskraft betroffen; wir haben vielmehr als etwas Wesentliches und als etwas, was der Rechtskraft begrifflich gar nicht fehlen kann, noch die Wirkung inter omnes. Diese Wirkung würde, wenn der Gesetzesvorschlag Gesetz würde, bei den Urtheilen der Verwaltungsgerichte in Zukunft wegfallen, und doch können wir bei den verwaltungsgerichtlichen Urtheilen auch diese allgemeine Wirksamkeit durchaus nicht entbehren. Es giebt nicht übermäßig viel, aber doch immerhin eine ganze Anzahl von Urtheilen der Verwaltungsgerichte, die inter omnes wirken müssen, die in gleicher Weise, wie sie die Parteien, die unmittelbar am Prozeß betheiligt waren, binden, auch alle diejenigen, die künftig noch mit demselben Rechtsverhältniß zu thun haben, also auch einen anderen Verwaltungsrichter, die Verwaltungsbehörden, unter Umständen selbst den Strafrichter und den Civilrichter, in gleicher Weise binden müssen, weil eben das, was das Verwaltungsgericht entschieden hat, und wenn für Alle mit gleichmäßig bindender Kraft zu entscheiden war und entschieden worden ist. Das soll nach dem Gesetzesvorschlage des Herrn Professors Bernatzik kunftig nicht mehr möglich sein. Wo das aber begrifflich nicht möglich ist, da, meine ich, fehlt es an dem, was man als Rechtskraft bezeichnen und darunter verstehen kann, und handelt es sich nicht etwa bloß um Verschiedenheit der Ausdrucksweise.

Indeß, meine Herren, ich gebe selbstverständlich zu, daß man über das, was ich mir bisher auszuführen oder richtiger nur anzudeuten erlaubt habe, sehr wohl eine verschiedene Ansicht haben kann, daß man namentlich über die Bedeutung und den Begriff der Rechtskraft und ebenso über die Bedeutung und den Begriff der Rechtsprechung anderer Meinung sein kann, als ich mir gestattet habe eben aufzustellen. Dahingegen möchte ich als zweifellos bezeichnen, daß der Gesetzesvorschlag, den Herr Professor Bernatzik gemacht hat, für uns in Deutschland unannehmbar ist, weder wie er jetzt gestaltet ist, noch selbst, wenn mehr oder weniger erhebliche Aenderungen an ihm vorgenommen würden.

Ein Gesetz kann vorschreiben, daß gewisse Entscheidungen, die von einer gewissen Verwaltungsbehörde in einem gewissen Verfahren für gewisse Angelegenheiten ergehen, nach allen Richtungen hin wirksam sind und allgemein binden. Das ist in vielen Gesetzen geschehen, geschieht zweckmäßig oft und ist gar nicht zu entbehren.

Ich möchte ganz kurz zwei Beispiele, die mir gerade einfallen, anführen. In unserem Strombauverwaltungsgesetze vom Jahre 1883, das die Rechte des Staates gegenüber den Uferbesitzern hinsichtlich der Strombauverwaltung feststellt, ist bestimmt, daß die Frage, ob ein Wasserlauf ein Strom, d. h. schiffbar, ist und in welchem örtlichen Umfange er es ist, im Zweifelsfalle von dem Oberpräsidenten entschieden wird. Diese Entscheidung ist, wenn sie nicht oder ohne Erfolg mit der Beschwerde an den zuständigen Minister angefochten worden, nach allen Richtungen hin bindend; haben sie bei der Anwendung des Gesetzes zu beobachten jede Verwaltungsbehörde und jeder Verwaltungsrichter, ferner jeder Strafrichter, wenn er in die Lage dazu kommen sollte; auch jeder Civilrichter hat die Entscheidung als für sich bindend zu befolgen. Ein anderer Fall ist enthalten in dem vor nicht langer Zeit, im Jahre 1900, erlassenen Gesetz über die Hochwasserflüsse in der Provinz Schlesien. Innerhalb dieses Gesetzes bestimmt der Oberpräsident der Provinz Schlesien mit bindender Kraft inter omnes, wie weit das Hochwasserabflußgebiet der betreffenden Wasserläufe sich erstreckt. Es giebt also solche Fälle, die entweder im Gesetz ausdrücklich ausgesprochen sind, oder die man doch als dem klaren und deutlich erkennbaren Willen des Gesetzes entsprechend anzunehmen hat.

Um derartige Fälle handelt es sich nun aber hier nicht. Herr Professor Bernatzik will etwas ganz Anderes, er will den Eintritt dessen, was er Rechtskraft in der Verwaltung, Rechtkraft der Entscheidungen der Verwaltungsbehörden nennt, abhängig machen von gewissen allgemeinen Voraussetzungen derart, daß, wenn diese Voraussetzungen vorhanden sind, die Rechtskraft unbedingt eintritt; daß sie dagegen niemals eintritt, wenn die Voraussetzungen nicht erfüllt sind. Er sagt im § 2 seines Gesetzvorschlags: „Von der Wirksamkeit diesen Gesetzes an haben andere Beschlüsse der zuständigen Verwaltungsbehörden — sofern nicht gesetzlich etwas Gegentheiliges bestimmt ist — diese Wirkung dann — das heißt immer dann — und nur dann, wenn" u. s. w. Es werden also ganz allgemeine Voraussetzungen für das Vorhandensein der Rechtskraft aufgestellt. Diese Voraussetzungen bewirken, wenn sie vorhanden sind, die Rechtskraft, gleichviel welche Verwaltungsbehörde entschieden hat, gleichviel, ob in einem ganz formlosen oder in einem streng formell geordneten Verfahren entschieden worden ist, und gleichviel um welche Angelegenheit es sich handelte. Meine Herren, wenn man in dieser Weise für etwas so Wichtiges, wie die Rechtskraftwirkung es ist, allgemeine Voraussetzungen aufstellt, dann muß man dafür allgemeine Unterlagen haben, die, wenn auch nicht vollständig gleich, doch mindestens zu einem großen Theile gleichartig, mindestens ähnlich sind. Daran fehlt es aber bei uns in Deutschland. Wir haben ein preußisches Verwaltungsrecht, ein bayerisches, ein württembergisches u. s. w., aber wir haben ja kein deutsches Verwaltungsrecht. Was wir als deutsches Verwaltungsrecht zu bezeichnen pflegen, ist im allgemeinen nur etwas, was in den Lehrbüchern steht, etwas rein Theoretisches, womit man in der Praxis nichts anzufangen vermag, dessen Grundsätze man namentlich auch nicht zur Unterlage für einen positiven, auf ganz Deutschland berechneten Gesetzesvorschlag machen kann. Was sonst noch an deutschem Verwaltungsrechte vorhanden ist, das sind leider vorläufig und, wie die Verhältnisse einmal liegen, auch in absehbarer Zeit nur einzelne Bruchstücke, kein Ganzes, auch nicht einmal zusammenhängende Theile eines Ganzen. Was in dem einen deutschen Bundesstaate ein lediglich durch das Vertrauen seiner Mitbürger in seine Stelle berufenes Organ der Selbstverwaltung ohne fachmännische Bildung, mitunter selbst — ich erinnere an die Gemeindevorsteher, die wenigstens theilweise nur mangelhaft lesen und schreiben können, — ein Organ mit recht geringer allgemeiner Bildung, zu erledigen hat und erledigt, das liegt in einem anderen Bundesstaate einem fachmännisch vorgebildeten und geschulten Beamten ob, der möglicherweise gar nicht einmal in der Beamtenhierarchie an unterster Stelle steht, sondern an zweiter Stelle, unter Umständen sogar an höchster Stelle. Man denke hierbei nur an die großen Unterschiede, die in dieser Beziehung zwischen Preußen und einer Reihe kleiner Bundesstaaten bestehen. Was ferner in dem einen Bundesstaat in einem fest geregelten und geordneten Verfahren, etwa in dem sogenannten Beschlußverfahren bei uns in Preußen, entschieden wird, das wird in dem andern Bundesstaat ganz formlos oder fast ohne jegliche Form behandelt. Und wie verschieden ist endlich das zur Anwendung zu bringende materielle Recht! Also überall Verschiedenheiten und nur selten einmal eine Uebereinstimmung, die oft noch mehr die Natur der Zufälligkeit als der Absichtlichkeit hat.

M. H., wo es in solcher Weise an einer Gemeinschaftlichkeit — von Einheit ist ja gar nicht die Rede — oder Gleichheit der Verhältnisse fehlt, da kann man nicht für die Rechtskraft ganz allgemeine und überall in gleicher Weise wirkende Voraussetzungen aufstellen. Der Erfolg dieser Voraussetzungen würde in dem einen Bundesstaat ein ganz anderer sein als in dem anderen Bundesstaate. Es mag möglich sein, daß dasjenige, was von Herrn Professor Bernatzik befürwortet worden ist, in dem einen oder in dem anderen deutschen Bundesstaate ausführbar ist; ich vermag das nicht zu übersehen, weil ich deren Verwaltungsrechte und Verwaltungseinrichtungen nicht in der hierzu erforderlichen Genauigkeit kenne. Für Preußen glaube ich mir ein Urteil zutrauen zu dürfen, und für Preußen möchte ich sagen, daß der Gesetzesvorschlag nicht annehmbar ist. Aber wie dem auch sein mag — der Gesetzesvorschlag soll ja für Deutschland sein und Sie, m. H., als Mitglieder des Deutschen Juristentags sollen sich doch nur mit etwas beschäftigen, was für Deutschland in Betracht kommen kann, nicht bloß für einen einzelnen Bundesstaat und dessen partikulare Verhältnisse; für Deutschland halte ich das, was von dem zweiten Herrn Gutachter vertreten worden ist, die Aufstellung ganz allgemeiner Vorbedingungen für die Rechtskraft, für vorläufig nicht durchführbar.

Das ist für mich bereits ein großes Bedenken. Dazu kommt aber noch ein zweites Bedenken.

Was entscheidet darüber, ob Rechtskraft eintritt oder nicht? Welches sind die allgemeinen Voraussetzungen? Diese allgemeinen Voraussetzungen sind nun gleichfalls in dem bereits angezogenen § 2 des Gesetzesvorschlags enthalten und bestehen in Folgendem: „wenn der Beschluß schriftlich ausgefertigt ist, die Aufschrift ‚Entscheidung‘ trägt und äußerlich von dieser getrennt, ‚Entscheidungsgründe‘ enthält. Ja, m. H., das sind alles Aeußerlichkeiten, und nichts Anderes als Aeußerlichkeiten. Und wann haben diese Aeußerlichkeiten einzutreten? Nach dem § 3 des Vorschlags, wenn die betreffende Verwaltungsbehörde, und zwar soll dies „jede Verwaltungsbehörde“ sein, „von Amtswegen zur Fällung einer solchen Entscheidung schreitet“, d. h. also selbst es für angemessen erachtet, die Aeußerlichkeiten eintreten zu lassen; außerdem „hat aber auch noch Jedermann, der in der Sache als Partei aufzutreten berechtigt ist“, d. h. wohl der bei dem Verfahren beteiligt ist, „das Recht, eine solche Entscheidung zu begehren“, d. h. ein Einzelner ist befugt, den Antrag zu stellen, daß die Entscheidung mit den Aeußerlichkeiten versehen werde, und, da seinem Verlangen stattgegeben werden muß, hiermit das Recht, ihr die große Bedeutung einer rechtskräftig wirkenden Entscheidung zu verschaffen.

Sind denn aber, m. H., die sämmtlichen Verwaltungsbehörden wirklich geeignet dazu, in allen bei ihnen anhängigen Sachen ermessen und darüber befinden zu können, ob die Entscheidung nicht bloß den ihnen vorliegenden Fall erledigen, sondern hinsichtlich desselben auch für alle Zukunft sowohl die entscheidende Behörde als auch ihre vorgesetzten Behörden binden soll oder nicht? Ich glaube, ein nicht geringer Theil unserer Verwaltungsbehörden ist es nicht.

Ich will bloß wieder daran erinnern, daß wir als Verwaltungsbehörden auch Gemeindevorsteher mit außerordentlich geringer Fachbildung und allgemeiner Bildung haben. Auch möchte ich mir die Bemerkung erlauben, daß selbst unsere Amtsvorsteher vielfach nicht im Stande sein werden, richtig ermessen zu können, ob denn das geschehen darf, was hier geschehen soll, d. h. daß sie nicht bloß sich selbst, sondern auch ihre vorgesetzten Behörden für alle Zukunft binden. Es sind ja meist bloß die unteren Verwaltungsbehörden, die so zu entscheiden haben; eine höhere Verwaltungsbehörde wird selten in die Lage dazu kommen. Wenn der Amtsvorsteher die Entscheidung gemäß § 3 des Gesetzesvorschlags trifft, so werden in der Regel die Betheiligten hiermit zufrieden sein, und sie haben gar keinen Anlaß, sich beschwerdeführend an die höheren Instanzen zu wenden. Es haben also immer, aber doch mindestens häufig, ausschließlich die unteren Verwaltungsbehörden mit der Frage zu thun, und die sind gewiß oft nicht im Stande, richtig zu ermessen, ob das öffentliche Interesse, das Gemeinwohl, es gestattet, daß über die Angelegenheit in einer bindenden, sie ein für alle Mal erledigenden Weise entschieden wird. Noch weniger vermag das Jeder, der an dem Verfahren beteiligt ist, zu beurteilen. Dieser hat ganz andere Zwecke zu verfolgen; er wird nicht deshalb seinen Antrag stellen, weil er sich sagt, der Antrag liege im allgemeinen Interesse und das allgemeine Interesse gestatte, daß die Rechtskraftwirkung eintrete, sondern er stellt den Antrag oder unterläßt ihn zu stellen lediglich nur seines besonderen Vortheils wegen ohne Rücksicht auf das, was das allgemeine Interesse erheischt.

Also, meine Herren, dafür, ob die große Wirkung der Rechtskraft, die Bindung der entscheidenden Behörde selbst und der ihr vorgesetzten Behörden für alle Zukunft eintritt, dafür sind Aeußerlichkeiten und nichts weiter als Aeußerlichkeiten bestimmend, und über das Eintreten oder Nichteintreten dieser Aeußerlichkeiten entscheidet das durch nichts gebundene Ermessen jeder Verwaltungsbehörde selbst oder der Wille — ich möchte fast sagen — die Willkür eines an dem Verfahren zufällig Betheiligten! Das geht meines Erachtens durchaus nicht. Ueber die Frage, ob ohne Gefährdung des Gemeinwohls eine Entscheidung so wirksam werden dürfe, daß damit die Angelegenheit ein für alle Male und für alle Fälle, die sonst noch vorkommen können, erledigt werde, darüber können nur sachliche Dinge entscheidend sein, darüber kann also in erster Linie nur entscheidend sein das, um was es sich dabei sachlich handelt, der Gegenstand, der zur Entscheidung steht. Es kann darüber weiter nur entschieden werden mit Rücksicht auf das stattfindende Verfahren, d. h. danach, ob dieses Verfahren ein derart geregeltes und geordnetes, daß man erwarten kann, es werden alle von der Rechtskraft betroffenen Interessen und Rechte in dem Verfahren auch gehörig wahrgenommen und zur Geltung gekommen sein. Soweit das Verfahren eine solche Gewähr nicht bietet, ist das, was nach dem Bernatzik'schen Gutachten eintreten soll, nicht möglich. Daß aber das Verfahren vor den Verwaltungsbehörden vielfach diese Gewähr nicht bietet wegen seiner Formlosigkeit, ich glaube, darüber wird kaum ein Zweifel sein. Das dritte Sachliche, was allein entscheidend sein darf, ist die Behörde, die die Entscheidung trifft, nämlich ihre Organisation und Zusammensetzung, die Vorbildung ihrer Mitglieder, ob es sich um einen Einzelbeamten oder um ein Kollegium handelt u. dergl., und inwieweit in allen diesen Beziehungen die Behörde selbst ausreichende Gewähr dafür bietet und sich von ihr erwarten läßt, daß sie alle diejenigen Interessen, die von der Rechtskraft berührt werden, auch gehörig berücksichtigen wird, und inwieweit man infolge dieser Sicherheit einer gehörigen Berücksichtigung der getroffenen Entscheidung allgemeine Wirkung über den einzelnen Fall hinaus beilegen kann.

M. H., das sind sonach zwei große Bedenken, die ich gegen den Gesetzesvorschlag habe. Sie sind hergenommen einmal daraus, daß allgemeine Voraussetzungen aufgestellt werden, ohne daß in Bezug auf die Verwaltungsbehörden, das Verfahren vor ihnen und das von ihnen anzuwendende Recht die genügenden gemeinschaftlichen Unterlagen vorhanden sind; sie bestehen ferner darin, daß der Eintritt der Rechtskraft von Aeußerlichkeiten abhängig gemacht ist, während meines Dafürhaltens dafür nur sachliche Gründe Bedeutung haben können.

Aber auch im Einzelnen habe ich gegen den Gesetzesvorschlag in verschiedenen Beziehungen Bedenken. Ich will nach dieser Richtung hin, um nicht zu ausführlich zu werden, nicht die sämmtlichen Bestimmungen des Gesetzesvorschlags einzeln durchgehen, sondern mich der Kürze halber auf zwei beschränken, die mir besonders bedenklich zu sein scheinen. Der § 6 bestimmt: „Erschlichene Entscheidungen, dann solche, welche unter Außerachtlassung wesentlicher Formen des Verfahrens zu Stande kommen, sind nichtig". Was sind denn erschlichene Entscheidungen? Das ist ein recht allgemeiner und weiter Begriff, mit dem sich bei gutem Willen außerordentlich viel machen läßt. Der Begriff „erschlichene Entscheidung" ist namentlich in einem Verfahren etwas eigenartig, das, wie das Verfahren vor den Verwaltungsbehörden, von der Offizialmaxime beherrscht ist, also in einem Verfahren, in dem die entscheidende Behörde nicht an die Erklärungen der einzelnen Betheiligten gebunden ist, sondern die Pflicht hat, selbst alles zu untersuchen, und nur, wenn sie auf Grund dieser amtlichen Untersuchungen zu einer sicheren Ueberzeugung gekommen ist, ihre Entscheidung treffen darf. Dies ist jedoch mehr nebensächlich. Wenn man aber zwei Paragraphen weiter liest, dann wird die Sache mit der

Nichtigkeit etwas anders. In dem § 8 heißt es: „Parteien, welche" — ich lasse das nicht auf den § 6 Bezügliche fort — „die Nichtigkeit des Verfahrens geltend machen wollen, müssen binnen einer Frist von 30 Tagen, nachdem ihnen die bezüglichen Umstände bekannt geworden sind, darum einschreiten", mit anderen Worten, sie müssen binnen einer Frist von 30 Tagen die sogenannte Nichtigkeit anfechten, sonst ist sie ihnen gegenüber nicht vorhanden. Es handelt sich also nicht um eine Nichtigkeit, sondern um eine bloße Anfechtbarkeit, und zwar gilt diese Anfechtbarkeit wieder bloß den Parteien gegenüber. Von den Behörden ist in § 8 nicht die Rede, kann auch nicht die Rede sein. Den Behörden, der entscheidenden Behörde und den ihr vorgesetzten Behörden gegenüber, bleibt es bei der Nichtigkeit, die im § 6 vorgeschrieben ist. Wir haben also Entscheidungen, die den Behörden gegenüber nichtig, dagegen den Parteien gegenüber, wenn diese die Frist zur Anfechtung nicht gewahrt haben, voll wirksam sind. Das vermag ich nicht zu verstehen. Eine Entscheidung kann nicht gleichzeitig nichtig und wirksam sein.

Indessen, meine Herren, auch das wäre vielleicht möglich. Was mir aber beim § 6 das meiste Bedenken erregt, ist noch etwas Anderes. Es soll eine Entscheidung, die erschlichen ist, oder bei der wesentliche Formen des Verfahrens außer Acht gelassen worden sind, keinen rechtlichen Bestand haben. Das giebt doch der Verwaltungsbehörde die Handhabe, jede Entscheidung, die sie früher erlassen und mit jenen Aeußerlichkeiten versehen hat, einfach bei Seite zu schieben und von Neuem zu entscheiden. Sie erklärt eben, die frühere Entscheidung war erschlichen oder es haben dabei wesentliche Formen des Verfahrens nicht Beachtung gefunden. Was heißt „wesentliche Formen des Verfahrens", namentlich bei einem Verfahren, das vielleicht gar keine Formen oder nur wenig Formen hat? Also mit Hülfe des § 6 glaube ich, kann es in außerordentlich vielen Fällen ermöglicht werden, daß die Behörde, die die rechtskraftfähige Entscheidung erlassen und mit allen den Aeußerlichkeiten, die dafür nothwendig sind, versehen hat, doch von dieser früheren Entscheidung wieder abkommt, weil sie sich nachher selbst überzeugt hat, daß die Bindung, die sie damit ausgesprochen hatte, nicht erträglich ist, vielleicht auch, weil die vorgesetzte Behörde sie darauf aufmerksam gemacht hat, welches Versehen, welche Verletzung des öffentlichen Interesses sie begangen habe. Damit ist also in allen diesen Fällen des § 6 der Behörde die Möglichkeit gegeben, die Rechtskraftwirkung einer Entscheidung zu beseitigen.

Nun könnte man sagen: es besteht noch das Recht, beschwerdeführend die höheren Behörden anzurufen. Aber das ist doch immer eine sehr geringe Aushülfe, und sie versagt vollständig, wenn die vorgesetzte Behörde mit der erlassenen Entscheidung nicht einverstanden gewesen ist, sie vielleicht geradezu gemißbilligt, oder gar die Behörde, die früher entschieden hatte, angewiesen hat, von Neuem zu entscheiden, weil dasjenige, was sie mit Rechtswirksamkeit entschieden habe, durchaus nicht mit dem Gemeinwohle vereinbar sei. In solchen Fällen hilft die Anrufung der Aufsichts- oder Beschwerdeinstanz gar nichts.

Der § 6 giebt also schon ein sehr leichtes Mittel, die ganze Rechtskraftwirkung zu beseitigen. Das thut in gleicher Weise auch noch der folgende § 7: „Die Rechtswirkungen einer Entscheidung endigen durch Erlassung einer neuen Entscheidung. Eine solche ist zu fällen, wenn von Amtswegen oder von Parteien erhebliche neue Umstände geltend gemacht werden, welche in dem früheren Verfahren nicht vorgekommen sind". Da haben wir wieder dieselbe Möglichkeit wie im § 6, dieses Mal mit Hülfe der Angabe, daß seit der früheren Entscheidung erheblich neue Umstände eingetreten seien, oder daß sie damals nicht geltend gemacht worden, aber schon vorhanden gewesen seien. Mit diesem Mittel kann man wiederum alle Rechtskraftfolgen von Entscheidungen aus der Welt schaffen, und das muß sogar von Amtswegen geschehen, und es kann stets geschehen, so bald die entscheidende Behörde sich davon überzeugt, daß dasjenige, was sie früher entschieden hatte, dem öffentlichen Interesse nicht entspricht, sie vielleicht hierüber von ihrer vorgesetzten Behörde belehrt worden ist.

Meine Herren, ich denke, diese allgemeinen und diese besonderen Bedenken werden genügen, um von dem Gesetzesvorschlag abzusehen. Thun Sie das, was ich befürwortet habe, d. h. sprechen Sie sich dafür aus, daß die Entscheidungen der Verwaltungsgerichte der Rechtskraft fähig sind, so werden Sie damit der Theorie und Praxis einen großen Dienst erweisen, weil diese Frage bisher in Theorie und Praxis und in der Gesetzgebung verschieden beantwortet worden ist. Aber gehen Sie nicht noch einen Schritt weiter, werfen Sie nicht durch ihre Zustimmung zu dem Bernatzik'schen Gesetzesvorschlage für diesen ein wesentliches Gewicht in die Wagschale! Dieser Gesetzesvorschlag ist zum Mindesten vorläufig in Deutschland unmöglich, jedenfalls würde nach meinem unmaßgeblichen Dafürhalten Ihre Zustimmung zu dem Vorschlage vorläufig nur ein Schlag ins Wasser bleiben, weil die Gesetzgebung in Deutschland Ihnen gar nicht folgen könnte.

Ich verkenne aber in keiner Weise, daß dem Vorschlage manche, vielleicht sogar viele gute und künftig beachtenswerthe Gedanken zu Grunde liegen. Allein diese Gedanken sind ganz neu, sie sind zum ersten Male in dem Bernatzik'schen Gutachten und dem damit verbundenen

Gesetzesvorschlage hervorgetreten. Das Gutachten ist erst seit ganz kurzer Zeit bekannt, es hat sich mit ihm und dem Vorschlage bisher noch niemand näher beschäftigen können. Ein neuer Gedanke von so großer Tragweite bedarf aber erst noch der eingehenden Prüfung nach allen Richtungen hin. Eine solche Prüfung ist bisher nicht möglich gewesen. Meine Herren, greifen Sie dieser Prüfung nicht durch eine bereits jetzt ausgesprochene Zustimmung zu dem Vorschlage vor. (Lebhaftes Bravo!)

Hof- und Gerichtsadvokat Dr. **Brunstein** (Wien): Verehrte Herren! Gestatten Sie, daß ich zunächst dem Referenten Herrn Professor Dr. Seidler Dank dafür ausspreche, daß er die Gründe des abwesenden Korreferenten Herrn Professor Zorn gegen die Rechtskraft administrativer Entscheidungen Ihnen nicht vorenthalten hat, weil wir dadurch nicht Gefahr laufen, ihn in contumaciam zu verurtheilen. Herr Professor Zorn ist ja Derjenige, welcher subjektive öffentliche Rechte überhaupt nicht anerkennt, und deshalb kann uns sein Urtheil nicht Wunder nehmen. Wer subjektive öffentliche Rechte nicht anerkennt, kann auch nicht von der Voraussetzung ausgehen, daß es eine Verletzung solcher subjektiver Rechte gebe; wo es keine Verletzung subjektiver Rechte giebt, da ist auch keine Rechtspflege nothwendig, und wo es keine Rechtspflege giebt, kann die Frage nach der Rechtskraft in der Rechtspflege entstandener Verwaltungsakte überhaupt nicht aufkommen.

Aber so, meine verehrten Herren, liegt eben die Frage nicht. Herr Professor Seidler hat bereits dem abwesenden Korreferenten vorgehalten, daß gerade diejenigen Gesetzgebungen, welche die Verwaltungsgerichtsbarkeit eingeführt haben, auf der Anerkennung öffentlicher subjektiver Rechte beruhen und deshalb brauchen wir uns mit Herrn Professor Zorn nicht weiter zu befassen, zumal seine sonstigen Bedenken von anderer Seite widerlegt wurden.

Allein, meine sehr verehrten Herren, so sehr ich unserem geehrten Herrn Referenten Dr. Seidler dankbar bin, so scheint er mir doch in der Sache nicht weit genug zu gehen. Ich bekenne ganz aufrichtig, daß ich ganz und voll, natürlich mit einer gewissen Einschränkung, auf die ich noch zu sprechen kommen werde, auf dem Boden des vortrefflichen Schultzenstein'schen Gutachtens stehe, welches den Popanz der gefährdeten öffentlichen Interessen wie eine Seifenblase hinwegbläst, und zwar mit Recht. Es hat ja eine Zeit gegeben, wo man auch im Gebiete der Urheberrechte und namentlich bei der Frage der Kodifizirung eines Patentrechts in Deutschland der Meinung war, daß es gar nicht möglich sein werde, hier ein verläßliches judicium finium regundorum zu finden, daß es nicht möglich sein werde, hier Gemeingut von privatem Gut sicher und verläßlich abzugrenzen, und doch, meine sehr verehrten Herren, wird es heute Niemandem einfallen, sich mit der Rechtskraft eines in einem Patentnichtigkeitsprozesse erlangten Erkenntnisses nicht zufrieden stellen zu wollen, ausgenommen natürlich die unterlegene Partei, welche, wie auch der Herr Gutachter Dr. Schultzenstein sehr richtig ausgeführt hat, stets mit dem Urtheil unzufrieden sein wird. Ueberall im öffentlichen Recht handelt es sich ja nur um eine derartige Abgrenzung dessen, was der Gesammtheit angehört und dem einzelnen Individuum. Nun muß man aber selbstverständlich bei der Anerkennung des Prinzips der Rechtskraft immer von dem Gedanken ausgehen, einmal, daß man ausschließlich nur auf jenen festbegrenzten Thatbestand nicht zurückgreifen darf, welcher die Grundlage des durch das Erkenntniß festgestellten Rechtsverhältnisses bildet, und zum zweiten, wie auch der Herr Gutachter heute sehr richtig ausgeführt hat, daß die Wirkung nur gemeint ist gegen diejenigen, welche sich am Verfahren betheiligt haben, oder — wie oft bei der Ediktalcitation — bei sonstiger Kontumazirung zu betheiligen verpflichtet waren. Sonstige Fälle der Wirkung gegen Dritte können unerörtert bleiben. Nun, meine sehr geehrten Herren, giebt es allerdings Fälle in Staaten, in welchen die Verwaltungsgerichtsbarkeit nicht auf jener Grundlage eingeführt worden ist, wie hier in Preußen, wo zwar von einer Anhörung der betheiligten Partei die Rede sein kann, aber doch nicht in Wirklichkeit materiell von einer „Betheiligung". Es giebt Staaten, in welchen es an einem geregelten Verfahren fehlt, so daß die Partei, ungeachtet ihr gestattet wurde, zu sprechen oder zu schreiben, weil ja Beides ein Menschenrecht ist, doch im Unklaren bleibt über die causa procedendi und über den jeweiligen status controversiae. Sie weiß oft überhaupt nicht, wohin das ganze Administrativverfahren zielt, und da ist es doch sonnenklar, daß von einer Wirkung eines Erkenntnisses nur gegen denjenigen die Rede sein kann, der an dem Verfahren vollständig theilgenommen hat, der sich alles dasjenige angeeignet hat, was der Behörde bekannt ist, dem die Behelfe der Behörde so bekannt sind, wie ihr selbst. Trefflich hat dies auch der verehrte Herr Gutachter Schultzenstein heute ausgeführt: „ohne geregeltes Verfahren keine Rechtskraft". Ich möchte sagen: „ohne geregeltes Verfahren keine Rechtspflege und ohne Rechtspflege keine Rechtskraft." Oder sagen wir auch: „ohne Rechtskraft keine Rechtspflege", weil die letztere ohne die erstere: ohne die Rechtskraftsfähigkeit wirklicher administrativer oder richterlicher Judikate fast gar keinen Sinn hat.

So sehr ich nun auf dem Boden des Schultzenstein'schen Gutachtens stehe, so möchte ich doch den Wunsch aussprechen, daß der Herr

Gutachter die Güte habe, seiner Resolution eine Formulirung zu geben, welche nicht bloß auf die preußischen, sondern auch auf die Verhältnisse der anderen Bundesstaaten und — gestatten Sie mir die Bitte — auch auf die Verhältnisse Oesterreichs paßt. Die Voraussetzung des geehrten Herrn Gutachters, daß dies unmöglich sei, scheint mir, zum wenigsten so weit dies Oesterreich betrifft, nicht richtig zu sein. Wir müssen den Standpunkt des verehrten Herrn Gutachters, daß es in Oesterreich überhaupt keine Rechtspflege gäbe, in dieser Richtung korrigiren. Es ist richtig, meine sehr geehrten Herren, wir haben in Oesterreich, abgesehen von dem Reichsgerichte, welches in einigen hier nicht näher zu erörternden Fällen in der Sache selbst eine Entscheidung trifft, einzig und allein eine Kassationsinstanz, den kaiserlich königlichen Verwaltungsgerichtshof, welcher, wenn die Partei behauptet, durch eine gesetzwidrige Entscheidung in ihren Rechten verletzt worden zu sein, zwar zu einer Entscheidung, aber nicht zu einer Entscheidung in der Sache selbst berufen ist. Der Verwaltungsgerichtshof kann nichts thun, als die Entscheidung aufheben, entweder wegen materieller Rechtsverletzung oder wegen eines Fehlers in dem Verfahren, weil sich entweder Lücken in dem Thatbestand, auf welchen es ankommt, ergeben haben, oder eine Aktwidrigkeit vorliegt, oder endlich, weil wesentliche Formen des Verfahrens verletzt wurden. In diesen Fällen ist dann im weiteren die Verwaltungsbehörde bei der Korrigirung der Sache an die Rechtsansicht des Verwaltungsgerichts gebunden.

Aber daraus, meine sehr geehrten Herren, ersehen Sie ja, daß wir in Oesterreich doch eine Rechtspflege haben, nämlich eine Rechtspflege innerhalb der Verwaltung; denn der Verwaltungsgerichtshof ist es, welcher eben die Behörde zwingt, Rechtspflege zu üben, sich an die Gesetze und an Verfahrensvorschriften, so weit wir solche besitzen, zu halten. Darum wäre mir vor allem andern daran gelegen, daß in der Resolution des geschätzten Gutachters, wo gesagt wird: „die Rechtskraft der verwaltungs*gerichtlichen* Urtheile ist grundsätzlich anzuerkennen", ein anderer Ausdruck gebraucht werde, und daß auch alles dasjenige hineinkommt, worauf es ankommt, daß etwa gesagt werde: „Die Rechtskraft von *Verwaltungsakten* ist grundsätzlich anzuerkennen, vorausgesetzt, daß die ergehenden Entscheidungen nach einem vorausgegangenen geregelten Verfahren, an welchem die sämmtlichen Betheiligten partizipirt haben, erlassen werden."

Darauf, daß diese Grundsätze in einer Resolution auch vorkommen, müßte nach meinem Erachten die geschätzte Versammlung großen Werth legen; allein nichts desto weniger muß ich zugeben, daß es doch noch einige Fragen giebt, welche vorher zu lösen wären, ehe man eine solche Resolution formulirt. Erinnern Sie sich im Besonderen der Gebundenheit der Partei und denken Sie nur an den folgenden Fall. Ich sprach vorhin vom Patentrecht. Ich glaube, daß eine auf Löschung des Patents lautende Entscheidung des Patentamts in einem Patentnichtigkeitsprozesse gegen alle wirkt, daß eine die Klage abweisende Entscheidung die Behörde bindet und daß sie die streitenden Parteien bindet; das ist ja, wenn der Thatbestand sich nicht ändert, keine Frage. Allein denken Sie an einen anderen Fall, es soll ein Patent überhaupt erst erworben werden und das Patent wird versagt. Da kann man nicht von einer Rechtskraft der Entscheidung sprechen, weil die letztere ja noch in allen Fällen es offen läßt, daß der Patentwerber aufs neue das Patentamt anruft, so oft er will, selbst auf Grund des nämlichen Thatbestandes. Hier hat man es also mit einem ganz eigenthümlichen Falle zu thun.

Sie werden vielleicht sagen, die Rechtskraft der administrativen Entscheidungen bezieht sich nur auf die Entscheidungen, in welchen verletzbare Rechte, nicht bloße Interessen in Frage stehen. Allein das ist vor allem andern schon eine Streitfrage, und auch darüber ist man nicht einig, wo man von „Rechten" im Ganzen und Großen sprechen kann. Ich erinnere nur daran, daß Sie beispielsweise, meine sehr geehrten Herren, soviel mir bekannt ist, in den deutschen Ländern auf dem Standpunkte stehen, daß es ein Recht zum Bauen giebt, ein Recht, eine Betriebsanlage zu errichten, mit einem Worte, daß es derartige Rechte giebt, bloß beschränkt durch öffentliche Interessen, welche jeweilig abzuwägen sind. Unser österreichischer Verwaltungsgerichtshof hat diese Frage auch in anderem Sinne beantwortet, und doch, meine verehrten Herren, muß man hier, wo es sich um Erwerbung eines Rechtes handelt, oder um unvollkommene Rechte, oder um rechtsvollendende Thatsachen, welche hier die Behörde setzt, indem sie eine Genehmigung ertheilt oder ein Recht in ein Register einträgt, zugeben, daß hier in Betreff der Rechtskraftfähigkeit ein Punkt ist, welcher erst noch geklärt werden müßte, vielleicht auch durch die gütige Mitwirkung des Herrn Gutachters Oberverwaltungsgerichtsraths Dr. Schultzenstein. Eine obgleich wohl motivirte ein Patent oder eine Konzession oder dergleichen versagende Entscheidung — oder nennen Sie sie „Beschluß", aber sie ist kein Beschluß, wenn Sie ihr auch den Namen „Beschluß" geben — diese Entscheidung, welche gewissermaßen den Abschluß einer Unterhandlung der Behörde mit der Partei darstellt, die hier einen Rechtserwerb anstrebt, kann nicht in Rechtskraft erwachsen. Es giebt hier also verschiedene in die Resolution noch gehörende und erst zu kläreude Punkte, welche anknüpfend an Beispiele vom Herrn Referenten aufgeworfen wurden. Herr Professor Seidler hat des Beispiels des Wasserwerkes Erwähnung gethan, welches sich plötzlich als überschöpft herausstellt. Da haben wir es ja überhaupt nicht mit „eadem res"zu thun, da haben wir es überhaupt mit einem neuen Thatbestand zu thun, welcher die Rechtskraft an sich nicht im Geringsten tangiren kann. Ueberhaupt scheint mir, daß die ganzen Ausführungen und praktischen Beispiele Lemayers, auf welche sich der Herr Referent berufen hat, ein wenig jener Präzision entbehren, welche uns berechtigen würde, zu sagen, daß thatsächlich Lemayer an eine Beschränkung der Rechtskraft durch öffentliche Interessen wirklich gedacht hat. Es will mir vielmehr scheinen, daß auch er die Sache nicht anders aufgefaßt hat, als daß man sagen muß, entweder: es liegt nicht eadem res vor, oder daß man sagen muß: bereits bestehende Erwerbs- oder Eigenthumsverhältnisse, die durch einen Verwaltungsakt geschaffen wurden, müssen geschützt bleiben, und es kann den öffentlichen Interessen in diesem Falle nicht anders als durch eine Expropriation gedient werden. Ich werde mich nicht irren, wenn ich sage, daß Lemayer in diesem Fall auch auf das Expropriationsgesetz hingewiesen hat. Sein Buch haben wir leider nicht zur Hand.

Das wollte ich zur Beseitigung jedes Mißverständnisses einschalten, aber für alle Fälle, meine verehrten Herren, liegt der Fall so, daß die vom Herrn Oberverwaltungsgerichtsrath Dr. Schultzenstein vorgeschlagene Resolution nicht auf alle Verhältnisse Deutschlands und auch nicht auf alle Verhältnisse Oesterreichs paßt, und doch wäre der Rechtswissenschaft und der Entwicklung der Gesetzgebung ein großer Dienst erwiesen, wenn der Deutsche Juristentag eine Resolution fassen wollte, welche sich den allseitigen Verhältnissen möglichst anpaßt.

Daß ich das Gutachten Bernatzik's, so dankbar ich für alles dasjenige bin, was Bernatzik, man kann sagen, im Gegensatze zu diesem Gutachten bisher geschaffen hat, verwerfe, brauche ich kaum noch hinzuzufügen. Man kann nicht ein Gutachten billigen, welches an einer der bedenklichsten Stellen sagt, es komme gar nicht auf ein vorausgegangenes Verfahren an, und man kann nicht ein Gutachten acceptiren, das einen Gesetzesvorschlag uns unterbreitet, welcher — der Herr Gutachter hat es bereits nachgewiesen — absolut unhaltbar ist. Wir österreichischen Advokaten haben noch seit den achtziger Jahren unserer Regierung Vorschläge unterbreitet, es möge darauf gesehen werden, daß sich Entscheidungen von anderen Emanationen der Verwaltung möglichst schon durch die äußere Form unterscheiden. Wir haben verschiedene Vorschläge gemacht, so daß die Entscheidungstendenz von den Entscheidungsgründen getrennt werde. Wir haben eingehende detaillirie Vorschläge, deren Erörterung hier zu weit führen würde, über Form und Inhalt der Entscheidung gemacht. Allein von der äußeren Form es abhängig zu machen, ob ein Ausspruch einer Behörde der Rechtskraft fähig ist, das ist, glaube ich, ein reines Ding der Unmöglichkeit. Abgesehen von allem, was der geehrte Herr Oberverwaltungsgerichtsrath Dr. Schultzenstein heute vorgebracht hat und was nicht bloß auf Deutschland, sondern auch auf Oesterreich paßt, will ich nur hinzufügen, daß durch den Gesetzentwurf der Verwaltungsbehörde die Möglichkeit gegeben würde, nur durch den Namen, den sie dem Enuntiate giebt, sich selbst der bindendenden Kraft zu entziehen, wo es gerade ihre Interessen fordern, oder umgekehrt dadurch, daß das Ding eine Entscheidung genannt und in die Form einer Entscheidung gebracht wird, sich zu sichern, daß das Enuntiat bindend gegen die Parteien gehe. Das ist etwas ganz Unmögliches.

Verehrte Herren, ich habe vielleicht zu lange Ihre Güte in Anspruch genommen; aber ich spreche nochmals den Wunsch aus, daß wir zu einer Resolution gelangen, die auf alle Verhältnisse paßt. Wie das zu erreichen ist, das wäre in erster Linie wohl dem Urtheil des Herrn Referenten Dr. Seidler zu überlassen. Wenn ich einen Vorschlag zu machen hätte, so wäre es der, daß man vielleicht ein Komitee einsetze, welches eine entsprechende Formulirung findet, daß man die Sitzung unterbricht und dann den Antrag des Komitees der geschätzten Versammlung zur Abstimmung unterbreitet. Ich überlasse dies, ohne einen Antrag zu stellen, Ihnen und auch der Anschauung des verehrten Herrn Vorsitzenden. Aber im Großen und Ganzen dürfen wir uns mit den Ausführungen des Gutachtens Schultzenstein mit der Einfügung, daß die Rechtskraft der Entscheidungen nicht nur der Gerichte, sondern auch der Administrativbehörden anzuerkennen sei, einverstanden erklären und dem Herrn Gutachter für seine vorzügliche Leistung unseren aufrichtigsten Dank aussprechen. (Lebhafter Beifall.)

Vorsitzender: Bevor ich das Wort weiter ertheile, möchte ich darauf hinweisen, daß bis jetzt folgende Anträge vorliegen. Der Herr Berichterstatter hat beantragt:

> Die Verwaltungsrechtsprechung kann der materiellen Rechtskraft so wenig entrathen wie die Rechtsprechung der ordentlichen Gerichte. Beschränkungen zu ganz dringlichen taxativ aufzuzählenden öffentlichen Interessen sollen vom Gesetzgeber nur so weit als unerläßlich vorgenommen werden.

Dann hat Herr Oberverwaltungsgerichtsrath Dr. Schultzenstein den Antrag in seinem Gutachten wiederholt, eine Resolution dahin zu fassen:

Die Rechtskraft der verwaltungsgerichtlichen Urtheile ist grundsätzlich anzuerkennen und zwar auch in der Weise, daß die Urtheile den Staat binden.

Dann ist mir eben ein Antrag überreicht worden von seiten des Herrn Rechtsanwalts Lövinsohn — Berlin:

Resolution: Es ist nothwendig, den Entscheidungen der Verwaltungsbehörden mit Einschluß der Verwaltungsgerichte Rechtskraft beizumessen, soweit ein Verwaltungsgerichtsverfahren eingeführt ist; es ist schädlich, anderen Entscheidungen der Verwaltungsorgane Rechtskraft beizumessen. Es ist auch schädlich, von der Rechtskraft der Entscheidungen Ausnahmen zu Gunsten vermeintlicher höherer Interessen festzusetzen.

Vielleicht wäre es möglich, eine Vereinbatung über die Fassung des Beschlusses zu erzielen. Es sind ja allerdings wichtige Unterschiede noch vorhanden; ich möchte aber anheimstellen, die Verhandlung nicht zu unterbrechen, sondern möchte die Herren, welche ein Interesse an der Formulirung haben, bitten, sich im Laufe der Verhandlung zu besprechen und wenn es möglich zu einer gemeinsamen Resolution zu gelangen.

Ich ertheile nunmehr das Wort Herrn Dr. Thumim-Wien.

Hof- und Gerichtsadvokat Dr. **Thumim** (Wien): Meine Herren, nachdem soviel über die Frage gesprochen worden ist, bin ich natürlich nicht in der Lage, noch einmal auf die Sache zurückzukommen, sondern will vornehmlich als Praktiker darauf hinweisen, daß jede Rechtsbasis schwankt und die großen Prinzipien unserer Verfassung werthlos würden, wenn es nicht feststünde, daß die Verwaltung des Staates nach Gesetzen geführt wird, und daß die Entscheidungen, welche auf Grund der Gesetze erfolgen, auch einer bestimmten Sicherheit nicht entrathen dürfen. Schon dieser gewöhnliche praktische Gesichtspunkt der Rechtssicherheit, der zur Opferfreudigkeit des Publikums und zum Patriotismus der Staatsbürger gewiß beitragen muß, führt, ganz abgesehen von allen theoretischen Auseinandersetzungen, die bisher von so ausgezeichneter Seite vorgetragen worden sind, für eine Rechtskraft der verwaltungsrechtlichen Entscheidungen im Prinzipe einzutreten. Ich kann mich aber der Erkenntniß nicht verschließen, daß es nicht möglich ist, jeder Entscheidung einer Verwaltungsbehörde, in welcher Form und für welche Angelegenheit immer sie erlassen sein möge, eine Rechtskraft in dem Sinne zuzuweisen, daß diese

Entscheidung ein für alle Mal feststünde und ohne Wiederaufnahmegründe nicht abgeändert werden könnte.

Die hier gegen das Gutachten des Herrn Professors Bernatzik gemachten Einwendungen beruhen insoweit auf Mißverständnissen, als er davon ausging, daß man auf Grund der österreichischen Verhältnisse zu einer Unterscheidung zwischen Verwaltungsrechtsprechung und Verwaltungsverfügungen kommen könne. Wer die österreichischen Verhältnisse nicht kennt, wird sehr leicht dazu gelangen, die Sache mißzuverstehen, wie es hier thatsächlich geschehen ist.

Ich kann mich der Ansicht des Herrn Gutachters nicht anschließen, daß es nicht möglich sei, daß wir hier eine allgemeine Resolution fassen. Es ist richtig, nicht bloß Deutschland und Oesterreich, sondern auch die verschiedenen deutschen Bundesstaaten haben verschiedene Gesetzgebungen, verschiedene Behördenkörper und verschiedene Arten der Behandlung der Angelegenheiten. Trotzdem bin ich der Ansicht, daß hier eine allgemeine Resolution möglich ist. Es handelt sich hier nicht darum, zu einem in einem bestimmten Bundesstaate bestehenden Gesetze Stellung zu nehmen, sondern darum, die allgemeine Frage zu entscheiden, ob verwaltungsrechtliche Entscheidungen der Rechtskraft nicht entrathen sollen, und diese Frage ist zu bejahen. Ich bin daher der Ansicht, daß eine Resolution, um vollständig zu sein, dahin gefaßt werde — ich glaube, daß sich damit auch die anderen Herren, die andere Resolutionen vorgeschlagen haben, einverstanden erklären können —: „Verwaltungsrechtliche Entscheidungen in einem ordnungsmäßigen Verfahren mit Zuziehung der Parteien sind der Rechtskraft fähig und können einer solchen in keiner Weise entrathen; diejenigen Verwaltungsverfügungen, die nicht verwaltungsrechtliche Entscheidungen sind, sind der Rechtskraft nicht fähig". Was in einem einzelnen konkreten Falle verwaltungsrechtliche Entscheidung ist, das hier zu entscheiden, ist freilich nicht möglich; in dieser Beziehung schließe ich mich dem Geäußerten an. Was eine verwaltungsrechtliche Entscheidung ist, darüber wird in dem konkreten Falle nicht schwer zu entscheiden sein, und darum möchte ich die Herren bitten, um nicht zu einer Zersplitterung zu kommen, dieser meiner Resolution zuzustimmen!

Vorsitzender: Ich bitte, den Antrag schriftlich einzureichen.

Herr Justitiar Friedrichs hat das Wort.

Justitiar Dr. **Friedrichs** (Dortmund): Meine verehrten Herren! Ich würde mir nicht erlauben, Ihre Geduld jetzt noch in Anspruch zu nehmen, wenn ich nicht glaubte, doch noch etwas Neues sagen zu können, was in den bisherigen Verhandlungen nicht zu Tage getreten ist. Die beiden

Gutachter, Herr Oberverwaltungsgerichtsrath Dr. Schultzenstein und Herr Professor Dr. Bernatzik, betrachten, wenn ich sie richtig verstehe, die Rechtskraft als eine Funktion der Form des Verfahrens. Ich glaube, damit kommen wir nicht zum letzten Ziele unserer Bestrebungen. Wir müssen außer der Form des Verfahrens, und ich glaube sagen zu dürfen, in erster Linie auch den Inhalt der Entscheidungen betrachten. Die Rechtskraft kann nicht unabhängig von dem Inhalte betrachtet werden. Die behördlichen Entscheidungen sind bald Befehle, bald eine Erlaubniß gegenüber dem Staate, bald eine Erlaubniß gegenüber Privatpersonen, bald ein Verbot, bald eine Versagung, bald eine Feststellung, bald eine Rechtsänderung. Jede dieser Arten der Entscheidungen hat nothwendiger Weise eine andere Wirkung der Rechtskraft zur Folge. Die Rechtskraft einer Rechtsänderung ist mit Nothwendigkeit eine andere als die Wirkung eines staatlichen Befehls. Wenn wir dieses berücksichtigen, wenn wir mehr auf den Inhalt der Entscheidungen eingehen, dann werden eine Menge Zweifelsfragen wegfallen. Es haben die civilrechtlichen Urtheile meistens den Inhalt: Feststellung von Rechtsverhältnissen. Es kommen auch sämmtliche anderen Formen vor, aber diese werden hauptsächlich ins Auge gefaßt. Die Entscheidung der Verwaltungsgerichte, vor Allem aber die der Verwaltungsbehörden haben in den allerseltensten Fällen die Feststellung von Privatrechten zum Gegenstande. Nun sieht man: es ist ein Unterschied zwischen dem Einen und dem Anderen. Man denkt, der Unterschied liegt in der Art der Behörde; der Unterschied liegt aber thatsächlich in dem Inhalt und in dem Gegenstande der Entscheidung.

Wenn man dieses berücksichtigt, dann wird man sich leichter über eine Resolution einigen können. Es hängt auch von dem Inhalte der Entscheidung ab, ob das Zeitmoment in Betracht kommt oder nicht. Die Frage, ob N. N. dem A. A. tausend Dukaten schuldig ist, ist von dem Zeitinteresse völlig unabhängig. Die Frage aber, ob an diesem oder jenem Tage ein Arrestgrund vorliegt, ja die Frage, ob der Bürger wegen eingetretenen Thauwetters zum Schneeschaufeln verpflichtet ist, das ist ganz von dem Zeitmomente abhängig. Heute kann meinetwegen die Verfügung des Polizeibeamten: „Du sollst Schnee schaufeln“ zurückgenommen werden, das Thauwetter ist noch nicht eingetreten; in zwei Stunden ist aber Thauwetter eingetreten. Sie verzeihen mir die Erwähnung dieser Kleinigkeiten, es liegt aber juristisch genau dasselbe zu Grunde, wie bei den größeren Dingen, die ich erwähnt habe, der Wirthschaftskonzession und dem Arrestgrunde.

Die Frage, gegen wen eigentlich die Rechtskraft sich richtet, wo eadem persona vorliegt, ist ja allerdings nicht vom Verfahren zu trennen.

Die Rechtskraft gilt nur gegen Diejenigen, welche bei dem Verfahren hinzugezogen sind, gegen welche die formelle Rechtskraft eingetreten ist.

Ich halte eine Entscheidung, die über private Rechte ergeht, für rechtskräftig in dem Sinne, wie wir es von den Urtheilen der Civilgerichte verstehen, einerlei von welcher Behörde sie ausgehen. Die Entscheidung des preußischen Amtsvorstehers über die Verpflichtung zur Entschädigung von Wildschaden, welche nach Ablauf von vierzehn Tagen rechtskräftig ist, hat genau dieselbe Rechtskraftwirkung, wie ein Urtheil des Reichsgerichts, obwohl das eine Urtheil von einem Gerichte ausgeht, das andere von einer „gewöhnlichen und fachlich nicht gebildeten" Verwaltungsbehörde. Dagegen ist die Bestimmung einer vorzüglich organisirten Ober-Ersatzkommission: „Der X. muß Soldat werden" rechtskräftig, weil sie eine formelle Rechtskraft hat; sie giebt aber dem Staate nur eine Befugniß, von welcher er Gebrauch machen kann, auf deren Gebrauchmachung aber auch jeden Augenblick verzichtet werden kann.

Es ist vorhin erwähnt worden das Nichtigkeitsurteil in einer Patentsache. Man wird gerade hieran auch erkennen können, wie sehr die Bedeutung der Rechtskraft von dem Inhalt abhängig ist. Wird durch das Urteil ein Patent vernichtet, so wirkt es vor allen Dingen gegen den Verklagten, den bisherigen Patentinhaber, und es schafft für die übrigen Konkurrenten wieder eine allgemeine Freiheit. Die Abweisung einer Nichtigkeitsklage wirkt aber doch nur gegen den Kläger und läßt jedem Anderen, sofern bei ihm die Voraussetzungen vorhanden sind, die Möglichkeit offen, eine neue Nichtigkeitsklage zu erheben.

Mit dieser Erwägung, glaube ich, können wir dahin kommen, dem ersten Satz des Referats des Prof. Dr. Seidler allgemein zuzustimmen. Den zweiten Satze möchte ich aber wenigstens in suspenso lassen, wenn nicht ablehnen. Die „Beschränkung der Rechtskraft" ist nach meiner Meinung in den meisten Fällen etwas anderes, es ist eine Expropriation der erteilten Erlaubniß. Das trifft nur die Anwendung des allgemeinen Rechts. Es wird durch die Erlaubniß zu irgend einem Unternehmen nicht ein besonderes Recht gegenüber dem Staate geschaffen, sondern nur die allgemeine Freiheit hergestellt, die sonst auch auf diesem Gebiete genommen war. Wenn ich ein bloßes Schutzdach bauen will, bedarf ich keiner Erlaubniß; will ich ein vollständiges Haus bauen, so bedarf ich einer polizeilichen Erlaubniß, und wenn es sich um eine Fabrik handelt, so kommen noch eine Reihe von Instanzen hinzu, die auch ihre Erlaubniß geben müssen. Durch diese Erlaubniß bekomme ich aber nicht ein besonderes Recht, sondern es wird nur ein gesetzliches Hinderniß für den Erbauer beseitigt. Habe ich aber diese Erlaubniß, so muß ich mich nach den allgemeinen Gesetzen richten in derselben Weise, als wenn ich etwas thue, wozu ich einer besonderen Erlaubniß nicht bedarf. Also der Inhalt dieser Erlaubniß ist derartig, daß man von einer Beschränkung der Rechtskraft nicht sprechen kann, wenn die Erlaubniß wegen überwiegender Gefahr für die öffentliche Ordnung beseitigt wird.

Ich bitte Sie deswegen, den ersten Satz der Resolution des Herrn Professors Seidler mit Hinzufügung nicht nur der Verwaltungsgerichte, sondern auch der Verwaltungsbehörden anzunehmen, den zweiten Satz aber nicht. —

Privatdozent Dr. **Preuß** (Berlin): M. H., ich weiß nicht, ob die Ausführungen des Herrn Vorredners, wie es im ersten Augenblick schien, dahin zu verstehen sind, daß die Frage der Rechtskraft davon abhängig sein soll, ob es sich in dem betreffenden Falle um Privatrecht handelt; denn es klang so durch, wenn er auch nicht den Ausdruck gebrauchte. In diesem Falle würde die Auffassung des Herrn Vorredners, zu ihren letzten Konsequenzen geführt, ungefähr auf das Prinzip hinauslaufen, das im Uebrigen heute in dieser Verhandlung nicht vertreten ist, deshalb nicht vertreten worden ist, weil der Korreferent, Herr Geheimrath Zorn, der dieses Prinzip ja in seiner Reinheit litterarisch verficht, leider gefehlt hat.

Habe ich aber den Herrn Vorredner hierin mißverstanden und wollte er diesen prinzipiellen Standpunkt nicht hervorkehren, — ja, m. H., dann würde er, wie es sich auch aus manchen der von ihm angeführten Beispiele entnehmen läßt, darauf hinauskommen, daß in den Fragen des öffentlichen Rechts und der Verwaltung sehr oft die thatsächlichen Voraussetzungen einer größeren Versabilität unterliegen; daß es deshalb eventuell schwer sein kann — worauf in der Debatte schon verschiedentlich hingewiesen ist — festzustellen, ob eadem res vorliegt oder nicht. Aber, m. H, daß von dem Zeitablauf an sich oder von der Veränderung der Verhältnisse im Zeitablauf auch civilrechtlich festgestellte Rechtsverhältnisse tangirt werden, das ist bekannt. Ich brauche nur auf das Beispiel, das in diesem Zusammenhange Otto Mayer anführt, auf den Alimentationsanspruch hinzuweisen, der sich auch durch eine Veränderung in den Lebensverhältnissen des Verpflichteten verändern kann — trotz der res judicata.

Ich meine, prinzipiell wird diese Frage immer so zu fassen sein, wie sie im Verlaufe der bisherigen Verhandlungen auch gefaßt worden ist. Und da muß ich denn einem der Herren Vorredner widersprechen, der sich darüber freute, daß unser Verfahren in dieser Hinsicht heute kein Kontumazialverfahren sei trotz der Abwesenheit des Herrn Korreferenten.

Allerdings, der Referent Herr Professor Seidler hat einige der Argumente des Herrn Geheimrath Zorn vorgeführt und widerlegt. Aber ich meine, man wird im allgemeinen, wenn etwa im Prozeß die Gegenpartei in Abwesenheit der andern Partei selbst deren Argumente vorbringt und widerlegt, das nicht als eine genügende Beteiligung der andern Partei an dem Verfahren ansehen. Sonst, m. H., sind die beiden Herrn Gutachter und, mit dem eben erörterten Vorbehalt betreffs des unmittelbaren Herrn Vorredners, alle übrigen Redner der Debatte prinzipiell einig in der Frage der Rechtskraft in Sachen des öffentlichen Rechts, so daß der von Herrn Geheimrath Zorn eingenommene Standpunkt hier gar keine Vertretung gefunden hat. Wenn Otto Mayer recht hätte, daß die Rechtskraft auf die Beteiligung der Parteien am Verfahren zu stellen sei, daß ihnen deshalb das Urtheil gehöre, so würden wir uns nicht vermessen können, durch den Beschluß, der heute hier gefaßt wird, der Zorn'schen Meinung gegenüber Rechtskraft zu schaffen. Aber es ist doch von Bedeutung, hier zu konstatiren, daß, vorbehaltlich der einen Einschränkung, die ich zu Anfang machte, im Uebrigen von keiner Seite des Juristentags der von Zorn vertretene Standpunkt gebilligt worden ist, daß das öffentliche Recht der Rechtskraft nicht fähig sei. Vielmehr hat sich als communis opinio herausgestellt, daß die Rechtskraft auch in Sachen des öffentlichen Rechts ein unzertrennliches Attribut des Rechtsstaats ist, daß von einer wahren Rechtsprechung auch im Verwaltungsrecht ohne dieses Attribut in keiner Weise die Rede sein kann. Ich glaube, diese prinzipielle Einigung ist schon etwas wert. Leider haben wir sie ohne Kampf erreicht. Sie wäre vielleicht fest fundirt, wenn sie im Kampfe mit dem Vertreter der gegnerischen Richtung hätte erzielt werden können.

Wenn sich im Uebrigen die Meinungsverschiedenheiten, unbeschadet dieser gemeinsamen prinzipiellen Grundlage, darum gedreht haben, ob die Rechtskraft nur verwaltungsgerichtlichen Entscheidungen oder auch Entscheidungen der Verwaltungsbehörden zuzuerkennen sei, so glaube ich, diese Streitfrage, auf ihren Kern zurückgeführt, dürfte sich dahin formuliren lassen: Die Rechtskraft ist ein nothwendiges Attribut der Rechtsprechung, gleichviel ob diese Rechtsprechung durch Behörden dieser oder jener Art ausgeübt wird. Darüber wären wir Alle sehr schnell einig. Nun kommt aber der Haken. Man muß sagen, daß die innere Natur der Rechtsprechung mit zwingender Nothwendigkeit, mit der Kraft der immanenten Logik dahin drängte, in einem bestimmt geordneten Verfahren, sagen wir gerade in einer prozessualen Form, zur Geltung zu kommen. Sie hat diese Vollendung nicht überall erreicht, sie ist auf dem Entwickelungswege dahin vielfach noch stehen geblieben. Aber die uns entgegentretende Schwierigkeit, zu sagen, in wie weit nun auch Entscheidungen der Verwaltungsbehörden Rechtskraft genießen können und müssen, ist ja nur ein Symptom der tiefer liegenden Schwierigkeit, daß hier das Wesen der Rechtsprechung in der Organisation des Weges der Rechtsprechung noch nicht die seiner immanenten Natur entsprechende Form gefunden hat. Und ich glaube daher, es wird überaus schwer, wenn nicht unmöglich sein, auf den hier von mancher Seite in Aussicht genommenen Wegen eine Aushilfe zu finden. Gewiß liegt die Notwendigkeit der Rechtskraft im Wesen der Rechtsprechung; aber es liegt nicht minder im Wesen der Rechtsprechung, zur Geltung zu kommen in einem prozessual geordneten Verfahren; die formlose Rechtsprechung durch Verwaltungsbehörden widerspricht dem inneren Wesen der Rechtsprechung, und gerade darin liegt die Schwierigkeit, damit eine Rechtskraft zu verknüpfen.

Was gegenüber dem Bernatzik'schen Entwurf in dieser Beziehung von Herrn Dr. Schultzenstein ausgeführt worden ist, kann ich auch zum größten Theil unterschreiben; wenn ich auch bedauere, daß er vorwiegend auf Selstverwaltungsorgane exemplifizirt hat; denn es kann dasselbe auch bei staatlichen Organen zutreffen; doch das nur in Parenthese. Ich meine, die Nothwendigkeit, rechtskraftfähige Entscheidung in weiterem Umfange auf dem Gebiete des öffentlichen Rechts herbeizuführen, muß sich umsetzen in das Bestreben, eine verwaltungsgerichtliche Rechtsprechung, wo sie noch nicht oder in verkümmerter Form nur besteht, durchzusetzen in diesem weiteren Umfang. Und deshalb scheint es mir, daß von den verschiedenen vorgeschlagenen Resolutionen die Schultzenstein'sche das Richtige trifft, schon weil sie gegenüber den ihr sonst nahe stehenden, den formellen Vorzug der Kürze hat, und es bei einer solchen Resolution ja vor allen Dingen darauf ankommt, das tragende Prinzip möglichst präzise und scharf hervorzuheben.

Bezüglich der von dem Herrn Referenten Prof. Dr. Seidler vorgeschlagenen Resolution möchte ich aber, falls die Versammlung dieser näher treten sollte, zwei Punkte noch in aller Kürze beanstanden. Das ist einmal ein rein formeller Punkt, die Bezeichnung des Gegensatzes von Verwaltungsgerichten und ordentlichen Gerichten. Meine Herren, es scheint das ein bloßer Streit um Worte. Ich möchte aber, daß bei einem Ausspruche des Deutschen Juristentages die Verwaltungsgerichte nicht als Gegensatz, als quasi unordentliche Gerichte den ordentlichen Gerichten gegenübergestellt werden; das ist vielleicht doch von weiter gehender Bedeutung, als es im ersten Augenblicke scheint. Die Verwaltungsgerichte sind genau so ordentliche Gerichte, wie die Civil- und Strafgerichte es sind. Man soll sie also nicht als außerordentliche Gerichte im Gegensatze zu den ordentlichen, sondern als Verwaltungs- neben den Civil- und Strafgerichten bezeichnen. Mag das etwas mehr Aeußerliches sein; aber gerade bei einer Resolution des Juristentags kann man auch nach der formalen Seite nicht zu sorgfältig sein.

Das Zweite, was ich an der Seidler'schen Resolution geändert wünschte — und das hat einer der Herren Vorredner aus Wien schon berührt — das ist die Streichung des Vorbehalts für etwaige Beschränkungen der Rechtskraft. M. H., ich glaube wirklich, wir haben es nicht nöthig, in dieser Beziehung allzu ängstlich vorzubauen; abgestrichen wird schon genug nach dieser Richtung hin werden, ohne daß wir darauf intensiv hinweisen. Aber auch prinzipiell halte ich das durchaus nicht für richtig. Die ganze Anschauung, die solche Vorbehalte für nothwendig erachtet, geht immer davon aus, daß das verwaltungsgerichtliche oder verwaltungsrechtliche Erkenntniß, wie Sie es nennen wollen, die Sache und den öffentlichen Nutzen oder Schaden falsch beurtheilt, und die Polizeibehörde — da es sich hier ja hauptsächlich um Polizeisachen handeln wird — richtig. M. H., es ist gewiß keine praesumtio juris, daß dieser Sachverhalt so sein muß; es kann auch umgekehrt sein. So weit etwa — darauf weist das Beispiel hin, das der Herr Referent anführt — thatsächliche Voraussetzungen zu der Zeit, als das Urtheil erging, nicht bekannt waren; nun, m. H., der Fall ist ja so vielfach in den bisherigen Debatten erörtert worden; liegt ein novum vor, so kann eben eine Wiederaufnahme des Verfahrens stattfinden; oder die Rechtskraft wird ausgeschlossen in Folge eines veränderten Thatbestandes u. s. w. Aber ein solcher Vorbehalt von vornherein, der die Rechtskraft prinzipiell unter dem Gesichtspunkt öffentlicher Gefahren ausschließt, m. H., ich glaube, das wäre eine Beschränkung, eine Ausnahme, die, praktisch aufgefaßt, die Regel aufheben würde! Denn die Möglichkeit ist damit gegeben, unter dieser Firma die ganze Rechtskraft bei Seite zu schieben, da jedes vom Gesichtspunkte der Verwaltung oder, wie der Herr Referent sagte, der obersten Verwaltungsinstanz aus, falsche Urtheil in diesem Falle direkt oder indirekt eine Gefahr begründen könnte! Wir hätten im ersten Satz die Rechtskraft ausgesprochen und sie dann durch die Möglichkeit der Ausnahme im zweiten Satz wieder aufgehoben. Wie gesagt, die Berücksichtigung des veränderten Thatbestandes, wodurch das Prinzip der Rechtskraft keineswegs aufgehoben wird, genügt auch für das öffentliche Recht, um jede Gefahr nach dieser Richtung hin zu beseitigen. Ich glaube also, man kann diesen Vorbehalt streichen. Freilich würde, wenn dieser Vorbehalt gestrichen und der Gegensatz zu den ordentlichen Gerichten beseitigt ist, das Schultzenstein'sche Gutachten sich ziemlich mit dem des Herrn Referenten decken, und deshalb hatte ich von vornherein erklärt, daß ich mich auf den Boden des Schultzenstein'schen Gutachtens stelle.

Vorsitzender: Das Wort zur Geschäftsordnung hat Herr Oberlandesgerichts-Präsident Hamm.

Oberlandesgerichts-Präsident **Hamm** (Köln): Es sind mehrere Herren hier, die an dieser Verhandlung nicht theilnehmen, und sie sind sehr gespannt, ob der Gegenstand bezüglich des § 313 heute noch an die Reihe kommen wird. Wenn nicht, dann würde es ihnen angenehm sein, sich entfernen zu können. Dann wäre die Sache auf morgen zu verschieben. Wir hätten in diesem Fall zwei Fragen für morgen und wir müßten bestimmen, welches morgen der erste und welches der zweite Gegenstand sein soll. Heute allerdings, glaube ich, würde das Interesse für einen weiteren Gegenstand sehr matt sein, da die Zeit zu weit vorgerückt ist.

Justizrath Dr. **Stranz** (Berlin): Zur Geschäftsordnung! Bei der Frage bezüglich des § 313 des Bürgerlichen Gesetzbuches bin ich als Gutachter, Herr Baron von Pechmann als Referent betheiligt. Wir sind freilich auch wie der Herr Präsident Hamm der Ansicht, daß es wohl kaum angängig sein wird, den nach unserer Auffassung sehr wichtigen § 313 heute noch zu verhandeln, und erlauben uns im Interesse der Wichtigkeit des Gegenstandes den Vorschlag, daß morgen die Abtheilung, da um 10 Uhr die Verhandlung über das Prozeßrecht anfangen soll, schon um 9 Uhr zusammentritt, um die Frage des § 313 zu behandeln. Ich glaube, bis gegen 11 Uhr wird diese Sache erledigt sein. Wird die Frage: „Prozeßrecht und Parteibetrieb" morgen zuerst auf die Tagesordnung gesetzt, so wird sie den ganzen Tag in Anspruch nehmen, jedenfalls aber wird nach ihrer Behandlung das Interesse für § 313 vollständig geschwunden sein. Fangen wir aber schon um 9 Uhr an, so gewinnen wir eine Stunde, und wenn die Herren Referenten und die anderen Redner sich der wünschenswerthen Kürze befleißigen, kann die gesammte Tagesordnung der Abtheilung immerhin ihre Erledigung in sachgemäßer Weise finden.

Amtsgerichtsrath **Jastrow** (Berlin): Ich muß mir erlauben, dem letzten Vorschlag zu widersprechen. Für die große Frage der Prozeßverschleppung müssen wir eine frische Abtheilung haben, und wenn wir den § 313 noch erledigen wollen, so bleibt nichts weiter übrig, als ihn morgen an zweite Stelle zu setzen, was freilich wohl auch gleichbedeutend mit der Absetzung des Gegenstandes sein würde.

Vorsitzender: Nach den zuletzt gehörten Erklärungen möchte ich es nicht für wünschenswerth halten, daß wir jetzt die Debatte schließen. Das ist aber eine Frage, die sofort zur Entscheidung kommen wird, falls der Antrag Jastrow aufrecht erhalten wird; denn nach den Statuten müssen wir über den Antrag sofort abstimmen. Die zweite Frage ist die, ob wir die Angelegenheit bezüglich § 313 heute vornehmen oder auf morgen vertagen wollen. Wenn Sie sich entschließen sollten, sie auf morgen zu vertagen, dann ist es meines Erachtens vollständig ausgeschlossen, daß wir morgen mit § 313 beginnen, denn der Herr Präsident des Juristentages hat darauf aufmerksam gemacht, daß die Frage des Prozeßbetriebes morgen im Saale verhandelt werden wird. Er hat auch weiter die Stunde der Eröffnung auf 10 Uhr angesetzt; es sind infolgedessen sehr viele Herren, die an den anderen Verhandlungen kein Interesse haben, weggegangen, um morgen um 10 Uhr mit der wichtigen Frage zu beginnen, und es würde heißen, den bereits angekündigten Maßnahmen vorzugreifen oder sie annulliren und damit Verwirrung zu stiften, wenn wir von diesem Arrangement abgehen.

Ein Mitglied: Ich möchte doch bitten, den § 313 heute von der Tagesordnung abzusetzen, mit Rücksicht auf die vorgeschrittene Zeit und mit Rücksicht darauf, daß der § 313 dann auch noch eine größere Diskussion hervorrufen wird. Wenn wir diese Sache nicht morgen Nachmittag verhandeln können, dann ist mir noch immer lieber, die ganze Frage wird überhaupt von der Tagesordnung abgesetzt, den so dringlich ist sie ja nicht; man kann noch ruhig die Erfahrungen abwarten, und ich würde gar kein Unglück darin sehen, wenn wir diesmal nicht zur Verhandlung über diese Frage kämen.

Justizrath Dr. **Stranz** (Berlin): Beschließt die Versammlung den § 313 morgen an zweiter Stelle zu verhandeln, so ist es gleichbedeutend damit, ihn von der Tagesordnung abzusetzen.

Vorsitzender: Meine Herren, wir wollen die Zeit nicht weiter mit der Geschäftsordnungsdebatte verschwenden. Ich möchte die Versammlung zunächst fragen, ob sie die Verhandlungen über den Gegenstand, der uns beschäftigt hat, fortführen will, und dann Beschluß darüber fassen lassen, ob und wann § 313 an die Reihe kommen soll, oder ob bereits jetzt ein Beschluß hierüber gefaßt werden soll. (Widerspruch.)

Ich bitte diejenigen, die zunächst die Berathung fortführen und dann weiter in geschäftsordnungsmäßige Verhandlung treten wollen, die Hand zu erheben. (Geschieht.) Ich möchte um die Gegenprobe bitten. (Geschieht.) Nach meiner Meinung ist das erstere die Mehrheit. Also die Herren sind der Ansicht, daß wir jetzt noch fortfahren und uns erst dann schlüssig machen, was wir mit dem auf § 313 bezüglichen Punkt beginnen wollen.

Ein Antrag auf Schluß der Debatte ist zurückgezogen. Das Wort hat Herr Privatdozent Gerichtsassessor Dr. Fleischmann (Halle).

Privatdozent Gerichtsassessor Dr. **Fleischmann** (Halle a. S.): Meine Herren, ich will Sie nur ein paar Minuten in Anspruch nehmen und Ihre Aufmerksamkeit auf eine Frage lenken, die heute noch nicht berührt worden ist. Insofern finde ich mich einigermaßen in Uebereinstimmung mit dem, was Herr Geheimrath Arndt soeben angekündigt hat. Meine Worte betreffen jedoch nicht ein Materielles sondern ein rein Formelles. Ich glaube, materiell wird nach dem, was wir bisher gehört haben, bei der Abstimmung kaum eine andere Entscheidung zu erwarten sein als im Sinne des Schultzenstein'schen Gutachtens. Weitere Ausführungen nach dieser Richtung scheinen deshalb nicht von nöthen, zumal man geneigt sein könnte, nach dem Grundsatze „qui tacet, consentire videtur" selbst den heut nicht erschienenen Herrn Korrefereuten nicht mehr zu den Widersprechenden zu zählen. Die Frage lautet kaum noch, ob für die Verwaltung eine Rechtskraft anzuerkennen, sondern wie die eadem res abzugrenzen sind, inwieweit eine Abweichung von der eadem res in scharfer Rücksicht auf die Sachlage gerade in dem Zeitpunkte der Entscheidung anzuerkennen sei — ein Standpunkt, den vor allem Löning vertritt.

Ein anderer Punkt in den Ausführungen des Herrn Oberverwaltungsgerichtsraths Schultzenstein macht mich stutzig und führt auf das Moment, daß ich hier unterbreiten möchte. Herr Oberverwaltungsgerichtsrath Dr. Schultzenstein hat auf die Verschiedenheit des Verwaltungsrechtes in den einzelnen deutschen Bundesstaaten bei seiner mit Recht ablehnenden Besprechung des Gesetzentwurfes des Herrn Professor Bernatzick hingewiesen. Diese Abweichung hat auch wohl dahin geführt, daß die Frage nach dem öffentlichen Recht im engeren Sinne gar nicht in das Statut des Juristentages hineingekommen ist; wenigsteus habe ich es in dem Statute nicht bemerkt. Der § 1 spricht zwar von dem „Prozesse". Ich glaube aber, es hat bei Abfassung des Statuts bei dem Wort „Prozeß" kein Mensch an den Verwaltungsprozeß gedacht. Es ergiebt sich das aus § 6, wo die 4. Abtheilung für „Gerichtsverfassung und Civilprozeß" eingerichtet wird. Die Gutachten haben sich über diese Frage hinweggesetzt. Ich möchte jedoch meinen, daß die ständige Deputation selbst Bedenken gehabt hat; denn als ich vor einigen Monaten die Vorankündigung der Berathungsgegenstände in der „Juristenzeitung" las, da fehlte, wenn ich nicht irre, gerade der

Punkt mit der Rechtskraft der Verwaltungsurtheile. Man ist geneigt, zur Rechtfertigung anf Präzedenzfälle zurückzugehen. Ich habe das Register oder wenigstens das uns von dem Verlage überreichte Inhaltsverzeichniß über die dem Juristentage erstatteten Gutachten durchblättert und finde nur herzlich wenig von dem, was überhaupt als Präzedenzfall gedeutet werden könnte. Am ehesten ist es noch jener (aus dem Inhaltsverzeichnisie nicht ersichtliche) Bericht von Professor v. Gneist auf dem 12. Juristentage — man beachte: es ist nicht ein Gutachten, sondern nur ein Bericht — über Verwaltungsrechtspflege. Professor v. Gneist hat damals auch den Zweifel angeregt: gehört denn das vor den Juristentag? Die Frage hat er aber nicht beantwortet. Und damals hatte vielleicht die Frage noch einen gewissen (negativen) Zusammenhang mit dem, was statutenmäßig zu erörtern dem Juristentage oblag: inwieweit nämlich überhaupt nämlich überhanpt Verwaltungsangelegenheiten vor die ordentlichen Gerichte kommen sollen. Heute aber habe ich vergeblich einen Gesichtspunkt gesucht, der die Hereinbeziehung der Rechtskraft der Verwaltungsurtheile in die „vierte Abtheilung, Zivilprozeß", rechtfertigen könnte. Ich bin weit entfernt davon, einen Vorwurf gegen die ständige Deputation daran zu knüpfen oder gar für die Absetzung des Gegenstandes von der Tagesordnung einzutreten. Im Gegentheil, nichts ist charakteristischer für die Bedeutung des Verwaltungsrechts, als daß es sich so stillschweigend, so selbstverständlich einen Platz auf dem Juristentage erworben hat. Jetzt kann es sich, meine Herren, nur darum handeln, wie es diesen Platz gesichert behält, die Frage ist daum erwägenswerth, ob nicht der Juristentag, da das Verwaltungsrecht nicht weicht, selber nachgiebt und nach dieser Richtung seine Statuten ergänzt. Ich will jetzt keinen Antrag stellen, da die Zeit nach § 11 des Statuts nicht gewahrt ist, sondern nur eine Anregung dahin geben, das Statut des Juristentages zu vervollständigen, damit wir hier nicht extra legem — um das Statut einmal so zu bezeichnen — handeln. Ich meine, wir dürfen als Juristen nicht ohne weiteres die Form bei Seite lassen, sondern müssen im Auge behalten, daß der Juristentag auch nach dieser Richtung hin seine Zuständigkeit offiziell erweitert. Jetzt braucht man ja nicht mehr Gefahr zu laufen, sobald man sich über öffentliches Recht ausläßt, mit einem verwechselt zu werden, der bloß Politik in das Recht hineintragen will. Wie der Herr Präsident bei Eröffnung des Juristentages heute erwähnte, liegen die Ausgangspunkte für den Juristentag und für die politischen Einheitsbestrebungen zeitlich zusammen; im Gegenstande gehen sie aber, soweit als öffentliches Recht in Frage steht — vielleicht eben deshalb — vorsichtig grundsätzlich auseinander. Heute bedarf es dieser Vorsicht nicht mehr. Heute weiß man die Politik sehr wohl auszuscheiden aus der Lehre des öffentlichen Rechts. Heute ist das öffentliche Recht eben auch eine Materie des Rechts und nicht eine Materie der Zweckmäßigkeit, der Politik. Weite Gebiete des öffentlichen Rechts bedürfen der einheitlichen Gestaltung. Und deshalb gehören diese Gebiete nur dem deutschen Juristentag.

Geheimer und Oberbergrath Professor Dr. **Arndt** (Königsberg): Meine verehrten Herren: Zunächst danke ich Ihnen, daß Sie so spät Jemandem noch das Wort gestattet haben, der etwas Wasser in den Wein zu gießen versuchen wird. Ich möchte zunächst bemerken, daß, wenn Herr Geheimrath Zorn weggeblieben ist, zweifellos wohl nicht die Schlußfolgerung zu ziehen ist, die mein Herr Vorredner gezogen hat: wer wegbleibt, scheint zuzugeben, daß er Unrecht hat. (Heiterkeit.) Der Grund, weshalb er weggeblieben ist, ist wohl der, daß er schwer leidend ist. Ich möchte aber noch einer anderen Sache widersprechen, die vorgebracht wurde und die dahin geht, daß Verwaltungsbehörden an sich nicht geeignet seien, Rechtsprechung auszuüben. Ich meine, so allgemeine Sätze sind bedenklich. Was die Sorgfalt anlangt, so lassen sich Fälle denken, daß Verwaltungsbehörden objektiv zweifellos das Richtige nicht minder treffen als ein immerhin nicht fachmännisch zusammengesetztes Gericht von Berufsrichtern. Ich stehe in der Sache nicht auf dem Boden von Zorn, daß ich die Rechtskraft überhaupt bestreite. Es giebt Fälle der formalen und materiellen Rechtskraft für die Entscheidungen der Verwaltungsbehörden wie für die Entscheidungen der Verwaltungsgerichte. Wenn z. B. im Enteignungsverfahren entschieden wird, ein gewisses Recht habe Jemand, so ist zuzugeben, daß es ihm nicht hinterher mit Bezug auf öffentliches Recht weggenommen werden kann; es geht auf Grund des Enteignungs-Beschlusses Eigenthum über. Ebenso habe ich gar kein Bedenken, anzunehmen, daß eine verwaltungsgerichtliche Entscheidung darüber, wer die Schullast, wer die Wegelast, wer die Polizeilast hat, formell und materiell der Rechtskraft fähig ist. Wie aber einer solchen Entscheidung zu genügen ist, ob und welche Maßnahmen zu treffen sind, um die allgemeinen Interessen dabei zu schützen, ob darüber stets formelle und materielle Rechtskraft geschaffen werden kann, darüber sind mir Zweifel entstanden, und Sie selbst werden wohl kaum zu dem Schlusse kommen, daß man von einer formellen und materiellen Rechtskraft in dem Sinne, wie man sie in Civilrecht und Strafrecht hat, wird in allen Fällen reden können.

Der erste Herr Referent hat in seinem Antrag Einschränkungen gemacht. Ich möchte vorweg bemerken, daß wir zahllose Fälle haben, wo wir Entscheidungen von Verwaltungsbehörden und Verwaltungsgerichten mit formaler und materieller Rechtskraft haben, die nicht anfechtbar sind. Die Frage wird sich hauptsächlich um die Sicherheitspolizei drehen. Nun ist besprochen worden, ob es subjektive öffentliche Rechte giebt, und der Herr Hof- und Gerichts-Advokat Dr. Brunstein aus Wien hat bemerkt, daß Zorn sie nicht anerkennen will. Ich erkenne solche an. Aber in dem verwaltungsgerichtlichen Streitverfahren ist oft nur Einer da, der sein Interesse vertritt. Die tausend Anderen aber, um deren Eigenthum und Gesundheit es sich handelt, sind im rechtlichen Sinne als Parteien nicht beteiligt. Sie können zwar an Behörden Anträge stellen, aber sie sind meist nicht zugezogen zum Prozeß-Verfahren; sie können als Partei ihr Recht nicht geltend machen und für diese Anderen möchte ich hier sprechen.

Herr Schultzenstein hat gesagt, unter verwaltungsgerichtlicher Entscheidung verstehe er nicht nur die der eigentlichen Verwaltungsgerichte, sondern auch die der Verwaltungsbehörden, welche nach kontradiktatorisch geordnetem Verfahren entscheiden. Dazu würden hierher also auch gehören Gewerbekonzessionen, wo ein solches Verfahren nach § 16 der Gewerbeordnung vorgesehen ist, und andere. Hier nimmt Herr Oberverwaltungsgerichtsrath Schultzenstein an, daß eine formale und materielle Rechtskraft vorhanden sei — freilich ich glaube, ohne damit allgemeine Anerkennung zu finden. Er nimmt an, wenn eine Fabrik konzessionirt wird, so seien ihre Rechte und Pflichten begrenzt und es gebe nur noch ein Mittel, da man expropriiren könne. Nun kommt man damit nicht im Leben aus, wenn Hunderte von einzelnen Leuten sich beklagen, die Fabrik wirke schädlich, es sei z. B. wegen Funkenfliegens schon ein kleiner Brand entstanden, es könne einmal das ganze Dorf abbrennen, dann darf man den Leuten nicht sagen, die Fabrik ist konzessionirt, wir können nicht helfen. Oder die Abwässer einer konzessionirten Anlage verunreinigen meilenweit die Wasserläufe, oder die Brunnenwasser werden dadurch verdorben, man läuft Gefahr, Epidemien zu erleiden; wenn man dann kömmt und sagt: „ja, was wollen Sie denn, durch die Konzession ist wie durch eine rechtskräftige Entscheidung der Umfang der Rechte und Pflichten begrenzt." Man soll, meine ich, den Leuten nicht mit der Rechtskraft kommen, die sagen: wir verlangen Gerechtigkeit für uns, nicht für den Großfabrikanten. Nun sagt man, der Staat möge dem Fabrikanten Schadenersatz leisten, damit er den Betrieb einstellt. Damit würde der Fabrikant schon einverstanden sein, dann kriegt er sein Geld und kann von den Renten leben. Was wird aber aus den Tausenden von

Arbeitern und der Stadt, die davon lebt? Dann sagt die Gemeinde: nein, das wollen wir erst recht nicht; erstens haben wir unseren Absatz an die Fabrikarbeiter, zweitens sind unsere Mieths- und Grundstückspreise durch die Fabrik gestiegen. Dann muß die Polizei andere Mittel und Wege schaffen.

Nehmen Sie an, es ist Einem aufgegeben, sein Dynamit so oder so zu verwahren, die oder die Einrichtung zu treffen, gegen die Choleragefahr die und die Maßnahmen zu treffen. Nun stellt sich heraus, daß das ganz verkehrt war, die Wissenschaft und Technik schreiten eben vorwärts. Soll nun jemand sagen können: „meine Sache ist rechtskräftig entschieden? Mein Betrieb ist derselbe geblieben, eadem res, eaedem personae, ich lasse mir nichts gefallen?" Nein, das öffentliche Interesse verlangt, daß hiergegen eingeschritten wird. Man hat einmal einer Fabrik aufgegeben, bei dem Bezirksausschuß nach rechskräftigem kontradiktorischem Verfahren nach Anhören der Beteiligten: Du sollst Deine Ab- und Endwässer vergraben. Das ist geschehen; nach einem Jahre aber sind die Wässer wieder durchgedrungen und haben meilenweit die Flußläufe verdorben. Soll nun diese Fabrik, eine reiche Gewerkschaft, sagen können: wir haben gethan, was uns aufgegeben ist, weitere Verpflichtungen erkennen wir nicht an? Nach meinen reichen Erfahrungen haben sich die größeren und anständigen Industriellen noch niemals auf diesen Boden gestellt, daß sie sagten: „es liegt formelle Rechtskraft vor, es ist so entschieden", sondern wenn es möglich ist mit verhältnißmäßigen finanziellen Opfern, dann thun sie es, auch schon um Schadenersatzansprüche zu vermeiden; denn das Bürgerliche Gesetzbuch und die Gewerbeordnung befreien sie doch nicht von dem Schadenersatzanspruch, wenn sie auch sagen können, polizeilich sei es gestattet und es liege eine rechtskräftige Entscheidung vor. Es kommt auch vor, daß die Polizei heute gebietet, was sie gestern hat verbieten müssen. Die Verhältnisse ändern sich, es kann trotzdem eadem res sein und der Betrieb derselbe bleiben. Aus diesem Grunde, glaube ich, haben wir eine ganze Reihe von Fällen, wo man im Interesse der großen Gesammtheit eine derartige Rechtskraft für noch gegen den Staat oder das Individuum nicht wird anerkennen können.

Weiter, wenn man so viel von der Rechtssicherheit des Fabrikanten oder desjenigen spricht, der die schädigenden Ursachen veranlaßt, so sind dem gegenüber auch zu beachten die Interessen derer, deren Leben und Gesundheit durch solche Anlagen getroffen werden kann. Das französische Recht — und das ist doch das Recht eines freien Volkes — steht auf dem Boden, daß die Polizei niemals durch eine Rechtskraft gehindert werden kann. Es giebt Fälle, wo auch nach dieser Richtung hin eine Begrenzung stattfindet, aber der Satz, der hier vorgeschlagen ist, geht zu weit. Das führt mich zum Schlusse zu einer allgemeinen Bemerkung.

Unser öffentliches Recht, unsere Verwaltungsrechtsprechung ist nicht nach einheitlichen Grundsätzen aufgebaut, sondern unter Berücksichtigung der konkreten Verhältnisse. Es gilt immer das Enumerationsprinzip. Nach diesem haben wir zahllose Fälle, wo verwaltungsbehördliche und verwaltungsgerichtliche Entscheidungen formal und materiell rechtskräftig sind. Es giebt aber auch Fälle, wo man das nicht annehmen kann. Ich bin der Meinung, ohne Ihnen zu nahe zu treten, es ist sehr schwer, bei dieser Fülle tausendgestaltiger Verhältnisse allgemeine Sätze aufzustellen. Es würde meines Erachtens möglich sein zu sagen: verwaltungsgerichtliche Entscheidungen **können** der materiellen und formalen Rechtskraft fähig sein. Aber weiter zu gehen und prinzipiell und ausnahmslos die Rechtskraft auszusprechen, würde ich ebenso wenig empfehlen, wie die Rechtskraft prinzipiell und ausnahmslos auszuschließen. Wenn ich mir erlauben würde, einen Vorschlag zu machen, so kann es nur der sein: nehmen Sie heute nichts an!

Rechtsanwalt **Löwinson** (Berlin): M. H., ich glaube, wenn ich in diesem Stadium der Verhandlungen noch das Wort nehme, mich sehr kurz fassen zu können. Ich brauche nämlich lediglich das zu sagen, was ich zur Begründung meines Antrags anzuführen habe. Es richtet sich der Antrag gegen die beiden Herren Hauptredner des heutigen Tages, gegen unsern verehrten Herrn Referenten, der seinem Vorschlage hinzugefügt hat, es wäre zu wünschen, daß bei der Gesetzgebung von dem Enumerationsprinzip Gebrauch gemacht würde, soweit es sich um die Rechte gerade der verwaltungsbehördlichen Entscheidung handelt. Ich möchte Sie dringend bitten, das abzulehnen und gleichzeitig meinen Antrag anzunehmen, der dahin geht, eine solche Ausnahme von der Rechtskraft wäre schädlich. Ich bin der Meinung, daß eine große Anzahl von Ihnen, m. H., ebenso überrascht gewesen sind, als zum Schluß seiner Ausführungen der Herr Referent mit dem Vorschlage kam, diese Ausnahme zu statuiren. Er ging mit Recht in seinen Ausführungen, meine ich, davon aus, daß die Rechtskraft der Entscheidung unzertrennlich ist von dem ganzen Begriffe der Rechtspflege auf dem Verwaltungsgebiet und daß man dieses ganze Verfahren doch zu dem Zwecke eingeführt hat, um den Interessenten eine Rechtssicherheit zu geben. Was sind aber die Kautelen wert, die man mit Mühe geschaffen hat, wenn schließlich die Behörde, die mit einer Privatperson in Streit gerathen ist und ihr im

Prozesse als Partei gegenüberstand, einseitig sagen kann: höhere Interessen sind inzwischen eingetreten und ich hebe die rechtskräftige Entscheidung durch meine eigene Erklärung auf.

Ich meine, solche Ausnahmen sind prinzipiell und nicht aus Zweckmäßigkeitsgründen, sondern vielmehr mit derselben Folgerichtigkeit, die in den Worten des Herrn Referenten entwickelt ist, auszuschließen. Es ist unzulässig, wenn man aus gewissen Zweckmäßigkeitsgründen später eine rechtskräftige Entscheidung, sei es einer Verwaltungsbehörde oder eines Verwaltungsgerichts aufheben kann. Es ist der Ausgangspunkt unserer ganzen deutschen Rechtspflege gewesen, den Begriff solcher Zweckmäßigkeitsgründe, die manchmal gar nicht einmal Zweckmäßigkeitsgründe sind, sondern als solche nur vorgeschützt werden, so weit die Nachprüfung des Richters reicht, aus dem öffentlichen Rechte zu eliminiren. Ich bin also der Meinung, daß der Juristentag gar keine Veranlassung hat, derartige Wünsche auch nur zu äußern, und ich gebe anheim, ob der Herr Referent es nicht für zweckmäßig hält, diesen zweiten Theil seines Antrags zurückzuziehen. Damit würde sich der entsprechende Theil meines Antrags, der ausdrücklich diese Ausnahmen für schädlich erachtet, erledigen.

Ein zweiter Antrag, der etwas abweicht von den Vorschlägen des Herrn Oberverwaltungsgerichtsraths Dr. Schultzenstein, richtet sich nach den Wünschen der Herren aus Oesterreich. Der Herr Oberverwaltungsgerichtsrath war der Meinung, es ließe sich eine Formulirung nicht finden, die gleichzeitig die deutschen resp. die preußischen und die reichsländischen resp. österreichischen Wünsche befriedige. Ja, eine solche Formulirung ist schließlich zu finden. Wir sehen heute, daß, wo überhaupt von einer Verwaltungsrechtspflege die Rede ist, sich die Fragen aufwerfen, die auf dem Juristentag de lege ferenda zu lösen sind. Wir interpretiren nicht das vorhandene preußische oder österreichische Recht, sondern wir wünschen, daß in dieser Beziehung die Gesetzgebung sich einigt. Wir machen Vorschläge und wir wünschen, die communis opinio der hier versammelten Juristen zum Ausdruck zu bringen, die dahin geht, Verwaltungsentscheidungen, wenn sie in geordneten Verfahren herbeigeführt sind, Rechtskraft zu geben. Daran ist nach dem Gange der heutigen Verhandlungen wohl nicht der geringste Zweifel. Das ist der Sinn meiner kurzen Anträge, die ich lediglich interpretiren wollte.

Oberverwaltungsgerichtsrath Dr. **Schultzenstein** (Berlin): Meine Herren! Daß der Deutsche Juristentag zuständig war, die Frage, die uns beschäftigt, zur Entscheidung zu stellen, ist mir zweifellos. Wir hätten sonst hier stundenlang contra legem debattirt und würden contra legem beschließen. Es wäre ja auch außerordentlich bedauerlich und unzweckmäßig, wenn die Fragen des Verwaltungsrechts und des öffentlichen Rechts außer dem Prozeß und Strafrecht nicht in den Kreis der Zuständigkeit des Deutschen Juristentages fallen sollten.

Ich möchte noch mit ein paar Worten ganz kurz auf das erwidern, was Herr Geheimrath Arndt ausgesprochen hat. Er hat als Bedenken gegen meinen Vorschlag hauptsächlich zweierlei geltend gemacht. Einmal, daß die Rechtskraft nicht wohl möglich sei, weil dadurch, insbesondere bei polizeilichen Angelegenheiten, außerordentlich viele, mitunter Tausende getroffen würden, die am Verfahren gar nicht betheiligt gewesen seien. In meinem Gutachten habe ich aber das gerade ganz besonders erörtert. Ich habe darauf hingewiesen, daß die Rechtskraft für verwaltungsgerichtliche Entscheidungen keine andere Bedeutung habe und kein anderer Begriff sei, wie bei den Entscheidungen im Civilprozeß und Strafprozeß. Wie es civilgerichtliche Urtheile giebt, die inter omnes und nicht bloß gegenüber denjenigen wirken, die beim Verfahren als Parteien betheiligt waren, so giebt es daher auch bei den verwaltungsgerichtlichen Entscheidungen solche, die inter omnes wirken. Ist z. B. festgestellt worden, daß A. das Kind des B. sei, dann ist A. für Alle das Kind des B., auch für C. und für D. mögen C. und D. auch nicht zum Verfahren hinzugezogen gewesen sein. So ist es auch bei den verwaltungsgerichtlichen Urtheilen möglich. Wenn ein verwaltungsgerichtliches Urtheil ausspricht, daß ein Grundstück zu dem Gemeindebezirk A. gehört und nicht zum Gemeindebezirk B., so gilt das inter omnes. Wenn ein verwaltungsgerichtliches Urtheil ausspricht, daß ein Grundstück den Theil eines Eigenjagdbezirks und nicht den eines gemeinschaftlichen Jagdbezirks bildet, so ist das Grundstück für alle Welt ein Theil eines Eigenjagdbezirkes, und der Eigenthümer, der darauf die Jagd ausübt, darf vom Strafrichter nicht wegen unbefugter Ausübung der Jagd bestraft werden. Aber es sind Ausnahmen, wenn verwaltungsgerichtliche Entscheidungen inter omnes wirken. Für gewöhnlich treffen hier, wie ich in meinem Gutachten hervorgehoben habe — und ich halte hieran fest — nur diejenigen, die am Verfahren betheiligt gewesen sind, die in die Lage gekommen sind, im Verfahren ihre Rechte und ihre Interessen geltend machen zu können. Ich glaube, damit dürfte sich das eine Bedenken des Herrn Geheimraths Arndt erledigen, daß mit der Entscheidung Tausende getroffen werden, die nicht in der Lage waren, am Verfahren theilzunehmen.

Der zweite Einwand ist hergenommen aus den Verhältnissen, bei den gewerblichen Konzessionen. Damit kommen wir aber auf ein ganz anderes Gebiet, als das der Rechtskraft der Entscheidungen ist. Ob eine gewerbliche Konzession demjenigen, der konzessionirt worden ist, unter keiner Bedingung entzogen werden kann, hängt von einer anderen Frage ab, als von der der Rechtskraft der Entscheidungen. Das hat zu thun mit dem Wesen der gewerblichen Konzession. Man kann wohl aus diesem Wesen folgern, daß die Konzession nicht unter allen Umständen ein unentziehbares Recht giebt, sondern aus Gründen des Gemeinwohls auch nachher noch abändernde Bedingungen gestellt werden dürfen. Das halte ich für eine offene Frage. Ich meine aber, mit der Frage der Rechtskraft hat diese Frage unbedingt nichts zu thun.

Zum Schluß will ich noch auf die Bedenken kommen, die gegen die Formulirung meines Antrags erhoben worden sind. Ich glaube, diese Bedenken beruhen, wenigstens zum Theil, auf einem Mißverständnisse desjenigen, was ich selbst gewollt und vorgeschlagen habe. Wenn ich in meinem Gutachten und dessen Antrage davon gesprochen habe, es solle die Beschlußfassung dahin ergehen, daß verwaltungsgerichtliche Urtheile grundsätzlich der Rechtskraft fähig seien, so habe ich damit nicht sagen wollen, daß nun gleichzeitig auch darüber Beschluß gefaßt werden solle, was ein verwaltungsgerichtliches Urtheil sei. Ich weiß mich hierauf nicht genau zu besinnen, weil ich in der letzten Zeit mein Gutachten nicht wieder gelesen habe, ich denke aber, an einer Stelle ausdrücklich davon gesprochen zu haben, daß die Rechtskraft auch nicht zweifelhaft sein könne bei Entscheidungen, die nicht als Urtheile bezeichnet, aber den verwaltungsgerichtlichen Urtheilen gleichzustellen sind. Der Name, mit dem die Entscheidung bezeichnet wird, thut es ja nicht, und daß die Behörde den Namen „Verwaltungsgericht" führt, thut es auch nicht. Worauf es vielmehr ankommt, ist das, ob die entscheidende Behörde bei ihrer Entscheidung die Stellung eines Verwaltungsgerichts oder einer Verwaltungsbehörde und ob die Entscheidung deshalb die Eigenschaft eines verwaltungsgerichtlichen Urtheils oder die Entscheidung einer Verwaltungsbehörde hat. Was von dem der Fall ist, das richtet sich nach der Verfassung des betreffenden Staates und ist verschieden zu beurtheilen. Darüber eine Beschlußfassung vorzunehmen, sind wir jetzt gar nicht in der Lage. Der Juristentag soll ja auch bloß Grundsätze aussprechen, nicht einzelne Zweifels- oder Streitfragen beantworten. In ähnlicher Weise, wie hiernach verfahren werden soll, ist auch anderweit bereits verfahren worden. Wenn z. B. von der Rechtskraft der Strafurtheile gesprochen wird, so denkt man doch nicht daran, daß nur dasjenige. was ausdrücklich als Urtheil bezeichnet ist, rechtskräftig wird, sondern es ist meines Wissens nicht bloß überwiegende, sondern ganz allgemein geltende Ansicht, daß ein Beschluß, durch welchen ein Strafverfahren eingestellt wird, ebenfalls und in ganz gleicher Weise der Rechtskraft fähig ist wie ein Urtheil.

Also der Name thut nichts. Ob man aber aus sachlichen Gründen und wann man annehmen kann, daß man es dem Wesen nach mit einem verwaltungsgerichtlichen Urtheil zu thun hat, das ist nicht leicht zu sagen, und kann von uns gegenwärtig im einzelnen nicht festgestellt werden, braucht auch nicht festgestellt zu werden.

Hat man aber Bedenken gegenüber dem, wie ich meinen Antrag formulirt habe, so stelle ich anheim, durch eine kleine Einschaltung in meinen Antrag jeden Zweifel abzuschneiden. Man würde darin, ohne daß hiermit sich sachlich etwas ändert, hinter den Worten „der verwaltungsgerichtlichen Urtheile" noch einschalten können: „und der ihnen gleichstehenden Entscheidungen" und hinter den Worten „die Urtheile": „(Entscheidungen)". Damit ist, um nicht mehr mißzuverstehen, der Klarheit nach der bezeichneten Richtung hin vollständig freie Bahn gelassen. Dann paßt das, was vorzuschlagen ich mir erlaubt habe, nicht nur für Preußen, sondern auch für andere Staaten; ich bin überzeugt, es paßt insbesondere auch für Oesterreich. Also ich stelle anheim — ich glaube freilich, daß es auch schon vorher durch die Art der Begründung meines Gutachtens zum Ausdruck gebracht war — einzufügen: „und der ihnen gleichstehenden Entscheidungen" und „(Entscheidungen)".

Vorsitzender: Das Wort ist nicht weiter verlangt, die Besprechung geschlossen. Das Schlußwort hat der Herr Berichterstatter.

Berichterstatter Professor Dr. **Gustav Seidler** (Wien): Meine Herren, Ich werde bei der vorgerückten Stunde sehr kurz sein. Ich möchte mir an den Herrn Oberverwaltungsgerichtsrath die Frage erlauben, ob in dem Zusatz: „und andere Entscheidungen" auch die Entscheidungen der Verwaltungsbehörden mit inbegriffen sind. (Zuruf: „sie können darunter sein!") Ich danke vielmals.

Nun, meine Herren, ich muß vor Allem meiner Freude Ausdruck geben, daß unsere Verhandlung so einmüthig dem Gedanken Ausdruck gegeben hat, daß die Rechtskraft auch für die Verwaltungsrechtsprechung eine unabweisbare Nothwendigkeit sei. Was den zweiten Satz meiner Resolution anbelangt, so wurde mir zum Vorwurf gemacht, als sei derselbe keine logische Folge aus meinen Ausführungen. Nun bitte ich aber zu bedenken, daß wir in der absoluten Pflicht der Behörden zur Beseitigung von Gefahren und in der Steuergesetzgebung thatsächlich die Beschränkungen der Rechtskraft haben. Keine verwaltungsgerichtliche Entscheidung in Steuersachen kann für die Behörden rechtskräftig werden, da diese innerhalb der gesetzlichen Präklusivfrist Richtigstellungen vornehmen können; (Zurufe), es giebt also jedenfalls Fälle, wo kraft des Gesetzes Rechtskraft für den Staat nicht eintreten kann. Und wie in diesen, ist es auch in anderen Fällen möglich, daß der Gesetzgeber zu Gunsten öffentlicher Interessen derartige Beschränkungen mache. Wenn Sie diese Thatsachen als gegeben annehmen und den Inhalt meines Zusatzes prüfen, so werden Sie sehen, daß sein Tenor eigentlich nur dahin gerichtet ist, diese Möglichkeit, so weit sie besteht, aufs Allernothwendigste zu beschränken. Ich verlange deshalb taxativ aufgezählte, dringliche Fälle, bei denen die Beschränkung wirklich unerläßlich erscheint. Man kann doch allgemein nicht negiren, daß es Fälle geben kann, in denen der Gesetzgeber mit Recht sich sagen muß, daß die Verletzung dringender öffentlicher Interessen auch auf Kosten der Rechtskraft vermieden werden soll, und bei denen diese Prävalenz der öffentlichen Interessen gegenüber der Rechtskraft berechtigt ist.

Ich habe mein Referat von Hause aus darauf angelegt, nur Prinzipienfragen zu beleuchten, und muß sagen, die Verhandlung hat mich nur darin bestärkt. In Details einzugehen, z. B. über die Einzelheiten des Gesetzentwurfs zu beschließen, den Bernatzik vorgeschlagen hat, dazu sind wir hier nicht berufen.

Der ganze Werth unserer Entschließung geht aber verloren, wenn wir dieselbe nicht so formuliren, daß sie auch bezüglich der deutschen Staaten ohne Verwaltungsgerichte und bezüglich Oesterreichs paßt. Wie bei Ihnen durch die Verwaltungsgerichte, wird bei uns in Oesterreich durch die Verwaltungsbehörden entschieden. Nehmen Sie an, es handle sich z. B. darum, ob die Gemeinde A. oder B. eine Armenlast zu tragen hat. Bei uns in Oesterreich haben wir nicht instanzenmäßig gegliederte Verwaltungsgerichte, es entscheiden daher zunächst die Verwaltungsbehörden und erst nach Erschöpfung des administrativen Instanzenzuges der Verwaltungsgerichtshof. Wir können und dürfen also eine Fassung nicht wählen, wo wir Oesterreich exkludiren. Nun hat Herr Dr. Schultzenstein jetzt eine Formulirung vorgeschlagen, die auch die Rechtsprechung der Verwaltungsbehörden in sich schließt. Ich möchte mir daher erlauben, Sie zu bitten, dieser Formulirung zuzustimmen. Ob ein Akt der Verwaltungsrechtsprechung vorliegt, oder nicht, muß nach den konkreten Gesetzen der einzelnen Staaten beurtheilt werden, und es ist, wie ich schon mehrfach betont habe, nicht fraglich, daß in Oesterreich die Verwaltungsbehörden thatsächlich Verwaltungsrechtsprechung ausüben.

Trotz des vorgebrachten Wunsches, meinen zweiten Absatz fallen zu lassen, um ein einmüthiges Resultat der Abstimmung zu erreichen, muß ich dabei bleiben, weil ich glaube, es kann Fälle des öffentlichen Interesses geben, denen sich a priori nicht die Berechtigung des Prävaleur gegenüber der Rechtskraft absprechen läßt. Ich verweise nochmals auf die Nichtigkeitsbeschwerde zur Wahrung des Gesetzes im österreichischen Strafprozeß, die die Möglichkeit vorsieht, die Rechtskraft zu beschränken. Eine derartige Möglichkeit kann um so eher in Verwaltungssachen eintreten.

Ich will Sie, wie gesagt, nicht lange aufhalten und bitte Sie um Annahme meines Antrages.

Vorsitzender: Wir kommen zur Abstimmung. Meine Herren, die Abstimmung bietet gewisse Schwierigkeiten. Jeder der vier Anträge, über die wir abzustimmen haben, hat seine selbstständige Bedeutung. Keiner kann als Amendement zum anderen angesehen werden. Auch die Frage, ob das Gebiet des einen Antrages ein engeres oder weiteres ist, ist jetzt durch den Zusatz, den Herr Oberverwaltungsgerichtsrath Dr. Schultzenstein aufgenommen hat, nicht mehr so zu beantworten, daß man mit Sicherheit sagen kann, der eine Antrag habe ein weiteres Gebiet, der andere ein beschränkteres. Ich nehme an, daß der Antrag Schultzenstein mit dem Zusatz besteht. (Zustimmung.) Das ist der Fall. Da diese Anträge selbstständige Bedeutung haben und sich auch in ihrer Tragweite nicht erkenntlich unterscheiden, kann ich Ihnen keinen anderen Vorschlag machen, als über die Anträge in der Reihenfolge abzustimmen, in der sie eingebracht sind: also zuerst über den Antrag des Herrn Referenten, dann über den Antrag Schultzenstein, dann über den Antrag Dr. Thumim und endlich den des Herrn Rechtsanwalt Lövinson.

Dagegen, ehe wir dazu übergehen, haben wir eventuell Abstimmungen vorzunehmen mit Rücksicht darauf, daß der Antrag des Herrn Berichterstatters Dr. Seidler und der des Herrn Lövinson einen besonderen Punkt enthalten, über den die Meinungen auseinandergehen. Ich möchte meinen, daß es richtig wäre, in einer Eventualabstimmung darüber entscheiden zu lassen, ob, wenn ein Antrag des Herrn Berichterstatters Dr. Seidler mit diesem oder jenem Inhalt angenommen wird, auch der zweite Satz desselben aufgenommen werden soll. Dasselbe würde gelten von dem letzten Absatz des Herrn Rechtsanwalt Lövinson: „Es ist schädlich, von der Rechtskraft u. s. w. Ausnahmen zu machen".

Der Absatz 2 des Antrages des Herrn Berichterstatters lautet:

> Beschränkungen zu Gunsten dringlicher taxativ aufzuzählender öffentlichen Interessen sollen vom Gesetzgeber nur so weit als unerläßlich vorgenommen werden.

In der Abstimmung wird der ergänzte Antrag Schultzenstein unter Ablehnung aller anderen Anträge mit großer Mehrheit angenommen. Derselbe lautet:

> Die Rechtskraft der verwaltungsgerichtlichen Urtheile und der ihnen gleichstehenden Entscheidungen ist grundsätzlich anzuerkennen

und zwar auch in der Weise, daß die Urtheile (Entscheidungen) den Staat binden.

Vorsitzender: Es erübrigt nun, darüber zu entscheiden, ob wir diesen Beschluß dem Plenum nur zur Kenntnißnahme oder aber zur Berathung und Entscheidung vorschlagen.

Ich glaube, es entspricht wohl den Gewohnheiten des Juristentages, den Besuß lediglich zur Kenntnißnahme zu überweisen. — Damit ist die Versammlung einverstanden. Ich glaube wohl auch weiter Ihr Einverständniß damit zu haben, daß als Berichterstatter für das Plenum auch unser Herr Berichterstatter Professor Dr. Seidler bestellt wird.

Wir kämen jetzt zum zweiten Punkt unserer Tagesordnung und wir würden uns schlüssig zu machen haben, ob wir in die Verhandlung des § 313 eintreten wollen. Es wird mir eben ein Antrag überreicht folgenden Inhalts:

> Da der Notartag seinen Vorstand beauftragt hat, bei der ständigen Deputation des deutschen Juristentages zu beantragen, die Frage der notariellen Auflassung auf die Tagesordnung des nächsten deutschen Juristentages zu setzen, da aber ferner die Frage der notariellen Auflassung in engster Verbindung mit § 313 steht, so beantragen wir, den Verhandlungsgegenstand ad 10 von der Tagesordnung abzusetzen, damit er zusammen mit der Frage der notariellen Auflassung auf die Tagesordnung des nächsten Juristentages gesetzt werden kann.

Meine Herren, wir müssen uns zunächst darüber schlüssig werden, ob wir heute die Sache absetzen wollen. Dieser Antrag wird wohl nur mit der Sache selbst zur Entscheidung kommen können. Heute handelt es sich darum, ob wir zu § 313 übergehen wollen oder nicht. Ich möchte bitten, daß diejenigen die Hand erheben, welche heute in die Verhandlung des Punktes 10 nicht mehr eintreten wollen. (Geschieht.) Das ist die große Mehrheit. Der Gegenstand ist abgesetzt und wird auf die morgige Tagesordnung kommen.

Meine Herren, ich habe nur noch mitzutheilen, was Ihnen schon bekannt ist, daß morgen um 10 Uhr und zwar im großen Plenarsaale des Abgeordnetenhauses diese unsere Abtheilung tagen wird, und zwar wird die Verhandlung, falls nicht etwa morgen die Abtheilung anders beschließen sollte, mit der Berathung über Punkt 9 der Tagesordnung beginnen.

Zur Geschäftsordnung hat das Wort Herr Amtsgerichtsrath Jastrow.

Amtsgerichtsrath **Jastrow** (Berlin): Meine Herren, wenn es nicht schon als Beschluß der Versammlung anzusehen ist, daß morgen an erster Stelle über den Prozeß und an zweiter Stelle über den § 313 verhandelt wird, so möchte ich das jetzt beantragen.

Vorsitzender: Meine Herren, wir können heute nicht darüber beschließen, in welcher Reihenfolge morgen vorgegangen werden soll. (Widerspruch.) Ich möchte davon abraten, jetzt etwas zu beschließen, weil wir nicht einmal ganz vollzählig mehr sind. Ich glaube, es wird morgen nach dem Antrag des Herrn Jastrow entschieden werden müssen, schon mit Rücksicht auf den Umstand, daß der Herr Präsident des Juristentages bereits angekündigt hat, daß morgen die Frage Nr. 9 zur Verhandlung kommt. Wünscht aber Herr Amtsgerichtsrath Jastrow jetzt eine Entscheidung über seinen Antrag, so lasse ich darüber abstimmen. — Herr Amtsgerichtsrath Jastrow hat das Wort.

Amtsgerichtsrath **Jastrow** (Berlin): Ich möchte folgendes zur Erwägung geben. Wir wollen morgen frisch in die Debatte eintreten. Weshalb wollen wir dann mit einer Geschäftsordnungsdebatte beginnen? (Sehr richtig!) Deshalb geht mein Antrag dahin, es soll bereits heute beschlossen werden, daß morgen an erster Stelle die Prozeßfrage und dann § 313 an die Reihe kommt.

Ich habe noch eine andere Bitte. Der Berichterstatter für den Gegenstand Nr. 10, betreffend den § 313, Herr Freiherr von Pechmann hat mich gebeten, folgenden Punkt zur Sprache zu bringen. Er hat erklärt, daß er heute die ganze Verhandlung daraufhin habe abwarten müssen, ob sein Referat herankommen würde. Das ist nicht geschehen. Er möchte gern dessen überhoben sein, daß er morgen in derselben Lage ist, und hat den Wunsch ausgesprochen, für den zweiten Punkt der Tagesordnung eine bestimmte Stunde festzustellen. Deshalb wollte ich beantragen, daß morgen 10 Uhr die Prozeßfrage in Angriff genommen wird und daß die zweite Frage nicht vor 2 Uhr darankommt. So entspricht es den Wünschen des Herrn Freiherrn von Pechmann.

Freiherr **von Pechmann** (München), Direktor der bayerischen Handelsbank: Entweder treten wir heute noch in die Berathung über den vorliegenden Antrag ein, durch den ich vorhin überrascht worden bin und der von einem Mitgliede der Deputation ausgeht, auf dessen Veranlassung die Abänderung des § 313 überhaupt auf die Tagesordnung des diesjährigen Juristentages gesetzt worden ist; oder wir verschieben die Berathung auf morgen Nachmittag. Wir dürfen sie aber nicht auf eine Morgenstunde verschieben, die nicht ganz zur Verfügung steht, und dürfen uns nicht der Gefahr aussetzen, daß wir etwa mitten in der

Berathung über diesen Antrag um 10 Uhr das Feld räumen müssen, ohne zu wissen, wann wir endlich dazu kommen, auch nur das Referat anzuhören. Ich bitte, es dabei bewenden zu lassen, daß wir, wenn es nicht beliebt wird, heute über diesen Antrag zu verhandeln, die ganze Verhandlung auf morgen Nachmittag und zwar mit der Maßgabe vertagen, daß nicht vor 2 Uhr die Frage des § 313 zur Sprache kommt.

Ein Mitglied: Ich meine es liegt doch gar kein Gruud vor, über diesen Antrag Hamm und Genossen heute schon abzustimmen. Wir sind alle überzeugt, daß die Verhandlung über den Prozeß einen vollen Tag in Anspruch nimmt. Wir wissen also im Voraus, daß die Sache fällt, und da können wir doch heute schon diesen Antrag erledigen, der weiter nichts besagt, als ihn auf die Tagesordnung des nächsten deutschen Juristentages zu setzen. Die Frage des § 313 hat heute schon auf der Tagesordnung gestanden, also kann die heutige Versammlung beschließen, wir wollen den § 313, der uns als unglückselig bezeichnet worden ist, jetzt überhaupt nicht, sonderu erst in 2 Jahren berathen.

Vorsitzender: Ein Hinderniß, darüber zu sprechen, besteht ja nicht, aber es wäre doch möglich, daß diejenigen Herren, die sich darüber äußern wollen, auf die Materie selbst eingehen.

Freiher **von Pechmann** (München); Ich nehme an, es ist jetzt beschlossen, daß über den Antrag Hamm und Genossen, den Gegenstand 9 von der Tagesordnung abzusetzen, weiter gesprochen werden kann.

Vorsitzender: Ich bitte, daß diejenigen Herren die Hand erheben, welche in die Berathung über diesen Vertagungsantrag jetzt eintreten wollen. (Geschieht.) Das ist die Mehrheit. Zu dem Antrag selbst hat das Wort Herr Freiherr von Pechmann.

Freiherr **von Pechmann** (München): Ich möchte mich zu diesem Antrag mit großer Reserve äußern. Ich habe nicht die Absicht, dem Antrage entgegenzutreten, um so weniger, als er, wie ich schon einmal betonte, gerade von dem Herrn ausgeht, auf dessen Initiative es zurückzuführen ist, das sich der diesmalige Juristentag mit dem § 313 überhaupt beschäftigen sollte. Aber so ganz einfach, wie der verehrte Herr Antragsteller die Sache anzusehen scheint, liegt sie, wenn ich mich nicht irre, doch nicht, und ich muß nur einen Augenblick die Hauptgesichtspunkte darlegen, die mich in meinem Referate geleitet haben würden, wenn ich es heute hätte vortragen können.

Für mich hat es sich in erster Linie darum gehandelt: sollen wir auf die Frage einer Abänderung des Bürgerlichen Gesetzbuches irgend welcher Art überhaupt uns jetzt schon einlassen, und ich war sehr geneigt, diese Frage von vornherein aus prinzipiellen Gründen zu verneinen und zu beantragen: der Juristentag weist alle Abänderungsanträge zum Bürgerlichen Gesetzbuch als verfrüht zurück. Ich habe mich aber nicht entschließen können, diesen rein negativen Standpunkt in seiner Konsequenz durchzuführen — je länger, je weniger; denn ich habe mich davon überzeugen müssen, daß die Bewegungen gegen den § 313, die ich im Anfange aus naheliegenden Gründen vollkommen unterschätzt hatte, doch sehr große Beachtung verdienen, und daß der Juristentag gut daran thun werde, die Bewegung nicht mit prinzipiellen Einwendungen abzuweisen, sondern ihr Gehör zu schenken und durch den Mund des Berichterstatters die Meinung der nicht unwichtigen Interessen-Gruppen aussprechen zu lassen, die nun schon seit Monaten darauf warten, was der Juristentag mit dem § 313 anfangen will, den ich vorhin, nota bene, nicht materiell, seinem Inhalt nach, sondern in Folge des Schicksals, das ihm heute zu Theil geworden ist, als „unglücklich" bezeichnet habe. Also ist es mir darum zu thun gewesen, die Bewegung gegen den § 313 trotz meinem ablehnenden Standpunkt möglichst ruhig, möglichst erschöpfend zur Sprache zu bringen und eine gewisse Beruhigung darüber zu schaffen.

Dann aber habe ich mit gütiger Unterstützung einer Reihe von Praktikern aus den verschiedensten Berufskreisen, nicht nur aus den Kreisen der Notare, eine private Umfrage, ähnlich wie Herr Justizrath Stranz, auch meinerseits veranstaltet, unabhängig von ihm, und ich habe 35 Antworten aus den verschiedenen Rechtsgebieten des Deutschen Reichs bekommen, die ein, wenn mich nicht alles täuscht, ebenso wertvolles wie interessantes Material darstellen. Das hätte ich vorzutragen gehabt, und ich glaube, ich hätte mir durch den Vortrag der sehr beachtenswerten Stimmen aus allen möglichen Theilen Deutschlands ein gewisses Verdienst erwerben können.

Wenn nun die Sache abgesetzt werden muß, weil der Juristentag aus geschäftsordnungsmäßigen Gründen nicht mehr dazukommt, sie in voller Ausdehnung, mit voller Ruhe, mit dem wünschenswerten Interesse zu behandeln, so kann ich das nur sehr beklagen. Doch kann man vielleicht dadurch etwas abhelfen, daß das Referat ähnlich wie das Referat über die beiden Berichtsjahre, gedruckt den Verhandlungen einverleibt wird*). Aber die Interessenten sollten nicht darüber klagen können, daß die Frage, die sie sehr beschäftigt hat, die Frage, welche auch die Grund- und Hausbesitzervereine, die im August hier versammelt waren, besprochen

*) Geschieht Seite 438 ff.

haben, vom Juristentag abgesetzt sei, weil, wie Sie gehört haben, die Notare dies empfohlen hätten. Ich habe die Empfindung, daß es nicht ganz glücklich wäre, gerade unter Hinweis auf einen Beschluß des Notartages die Frage des § 313 von der Tagesordnung des Juristentages abzusetzen. Ich selbst bin so weit als nur möglich davon entfernt, anzunehmen, daß die hochverehrten Herren Notare aus persönlicher Rücksicht, befangen durch Standesinteressen, die wichtige Frage der § 313 nicht besprochen wissen wollen. Das fällt mir gar nicht ein. Aber die Herren wissen, es ist wenigstens der Schein verbreitet, es wird auch davon gesprochen, daß da ein großer Unterschied sei zwischen den Interessen der Notare und den Interessen der Bevölkerung, und insofern habe ich, wie gesagt, ein gewisses Bedenken, ob es ganz angebracht ist, die Frage des § 313 gerade mit dieser Motivirung, wie hier beantragt ist, von der Tagesordnung des Juristentages abzusetzen.

Das sind die Gesichtspunkte, die ich jetzt in vorgerückter Zeit der Situation gegenüber zum Ausdruck bringen wollte. Nach wie vor aber halte ich es für zweckmäßiger, wenn die ganze Frage morgen noch einmal in Ruhe behandelt wird, sei es auch mit dem Ergebniß, daß wir schließlich doch die Absetzung dieser nicht unmittelbar dringlichen Frage beschließen.

Oberlandesgerichtspräsident **Hamm**, Wirklicher Geheimer Oberjustizrath (Köln): Wir wollen die Frage absetzen, weil die Notare bereits eine bestimmte Stellung dazu genommen und die Frage mit einer anderen in den Gutachten noch nicht bearbeiteten Frage verknüpft haben, nämlich der, ob sich nicht eine allgemeine Einführung der rheinpreußischen Auflassung vor Notar empfiehlt. Unser Juristentag fällt jetzt immer mit den Versammlungstagen der deutschen Notare zusammen; diese haben sich ja zu einem Vereine zusammengeschlossen für ganz Deutschland, während sie früher bloß lokale Vereinigungen hatten. Jetzt haben nun die Notare vor uns schon darüber beraten und sind zu einem Resultate gekommen. Es ist deshalb wünschenswerth, daß wir erst darüber berathen, wenn wir das Resultat der Verhandlungen der Notarienversammlung kennen. Es ist auch noch zu wenig Material da. Herr von Pechmann hat ja eine Enquête veranstaltet, andere haben auch Enquêten veranstaltet, aber alle in kleinem Maßstabe. Jedenfalls haben wir, wenn wir jetzt die Frage absetzen, das nächste Mal viel mehr Material. Vor allem aber habe ich durch eine Besprechung mit den Notaren mich überzeugt, daß eine ersprießlichere Beratung zu erzielen ist, wenn wir erst in der Lage sind, von den Beschlüssen der Notarienversammlung Kenntniß und zu denselben Stellung zu nehmen.

Hof- und Gerichts-Advokat Dr. **Ofner** (Wien): Wenn wir beschlossen haben, heute nicht auf die Frage einzugehen, so war der Grund darin gelegen, daß wir den Herrn Referenten schonen wollten; wir wollen ihn, der vielleicht kein Interesse an der prozessualen Frage hat, nicht binden, morgen der ganzen Sitzung beizuwohnen, bis dieser Gegenstand an die Reihe kommt. Da aber der Herr Referent erklärt hat, er ziehe es vor, daß der Gegenstand auch nach 2 Uhr in Verhandlung genommen werde, so sind wir es ihm, wie ich glaube, schuldig, die Verhandlung morgen aufzunehmen, während wir sie heute, wo nur noch sehr wenige hier sind, abbrechen müssen.

Justizrath Dr. **Strantz** (Berlin): Meine Herren! Als einer der Gutachter in dieser Frage trete ich den Ausführungen bei, die der Herr Referent Freiherr von Pechmann gemacht hat. Sie dürfen nicht vergessen, daß diese Frage nicht so unwichtig ist für die Bevölkerung draußen, wie sie es für die in diesem Saal versammelten Juristen zu sein scheint. Die Juristen freilich interessirt die juristisch-technische Frage der Abgrenzung von Richterrecht und Parteibetrieb, begreiflicher Weise mehr. Aber mit Recht ist schon hervorgehoben worden, daß in weiten Kreisen draußen ein großes und tiefgehendes Interesse daran vorhanden ist, von dem Juristentage zu hören, wie er zur Aufrechterhaltung bezw. Beseitigung des § 313 steht. Bei der großen Bedeutung des § 313 giebt es, glaube nur einen Grund, diesen Punkt von der Tagesordnung abzusetzen: die Unmöglichkeit, über diesen Paragraphen zu berathen.

Es ist kein Zufall, daß gerade § 313 der erste Gegenstand ist, anläßlich dessen man ein Rütteln an den Vorschriften des Bürgerlichen Gesetzbuches in Betracht zieht. Die Frage ist sozial-politisch und volkswirthschaftlich von hohem Interesse für weite Kreise. Daher ist es nach meinem Erachten nicht gut möglich, so zu verfahren, daß wir ohne eine dringende Veranlassung, d. h. ohne absoluten Zeitmangel, über diese Frage zur Tagesordnung übergehen, die manchem Juristen weniger wichtig erscheint, für das Volk aber wichtig ist. Die Bevölkerung will die Stimmung kennen lernen, mit der der Juristentag sich der Frage gegenüberstellt. Ich bitte Sie daher, entgegen dem Vertagungsantrage, der hier gestellt ist, und nach dem Antrage Pechmann morgen diese Frage noch einmal zur Berathung zu stellen.

Ich weise darauf hin, daß, selbst wenn die Debatte über den anderen Gegenstand sich morgen so lange hinzieht, daß absolut keine Zeit für unsere Frage bleibt, die Sache doch nicht für diese Tagung verloren zu sein braucht, da immerhin noch die Möglichkeit gegeben ist, am dritten Tage (Widerspruch), wie das auch schon an früheren Juristentagen geschehen ist, über diese Frage zu berathen, indem man übermorgen sehr früh an diese Frage herangeht.

Justizrath **Geißler** (Freiberg i. Sa.): Meine Herren, ich glaube, die Voraussetzung, die der Herr Vorredner gestellt hat, nämlich die vollständige Unmöglichkeit der materiellen Erledigung dieser Frage, liegt in der That vor. Ich für meinen Theil — und ich glaube, ich habe dieselbe Anschauung wie mindestens ein großer Theil der anwesenden Herren — habe für den Eintritt in die Debatte über diesen Gegenstand nur in der Meinung gestimmt, daß das mit ein paar Worten abgethan ist, und daß der Gegenstand alsdann von der Bildfläche vollständig verschwindet. Ich gebe nur Rechenschaft von den Gründen meiner eigenen Abstimmung. Ich habe dafür gestimmt, eben nur aus Rücksicht für den Herrn Referenten, damit er weiß, woran er ist. Dagegen, wenn die Sache so aufgefaßt wird, daß der Eintritt in die Debatte über diese Geschäftsordnungsfrage die Wirkung hat, daß nun die materielle Frage hier hereingetragen und ausführlich erörtert wird, dann ist allerdings die Intention wenigstens der Abstimmung eines, wie ich glaube, großen Theiles der Anwesenden vereitelt. Ueber die Wichtigkeit der Prozeßfrage im Verhältniß zu der hier in Rede stehenden Frage, glaube ich, kann doch wohl kaum ein Zweifel sein. Die Prozeßordnungsfrage hat die Bedeutung, daß von den beabsichtigten Neuerungen, wenn sie eingeführt werden sollten, eine vollständig neue Aera datiren würde, wogegen es sich hier um eine Frage handelt, die nach meinem Dafürhalten in zwei Jahren gerade so gut entschieden wird wie jetzt.

Vorsitzender: Das Wort zu dieser Frage ist nicht weiter verlangt, die Besprechung ist geschlossen. Wir kommen zur Abstimmung. Der Antrag, der gestellt ist von den Herren Hamm und Genossen lautet:

> Den Verhandlungsgegenstand Nr. 10 von der Tagesordnung abzusetzen, damit er zusammen mit der Frage der notariellen Auflassung auf die Tagesordnung des nächsten Deutschen Juristentages gesetzt werden kann.

Ich bitte diejenigen Herren, welche den Antrag annehmen wollen, die Hand zu erheben. — Das ist die Mehrheit; der Antrag ist angenommen und die Frage vom diesjährigen Juristentag abgesetzt.

Nunmehr steht fest, daß wir morgen Vormittag 10 Uhr wieder zusammenkommen, um den allein noch auf der Tagesordnung stehenden Gegenstand: Punkt 9 Prozeßbetrieb zu verhandeln.

Das Wort wird sonst nicht weiter verlangt.

Ich schließe die Sitzung.

(Schluß der Sitzung 4 Uhr.)

Bericht
erstattet von dem Direktor der Bayerischen Handelsbank
Wilhelm Freiherrn von Pechmann in München
über die Frage 10:

Empfiehlt sich die Aenderung der Vorschrift des § 313 des Bürgerlichen Gesetzbuchs, wonach die obligatorische Verpflichtung zur Uebertragung eines Grundstückseigentums an gerichtliche oder notarielle Beurkundung des Vertrags geknüpft ist?

Meine Herren!

Das Bürgerliche Gesetzbuch ist weniger glücklich, als es seinerzeit das Preußische Allg. Landrecht war, von dem im Jahre 1842 v. Savigny[1]) schreiben konnte:

„Nachdem vor etwa fünfzig Jahren unsere neue allgemeine Gesetzgebung eingeführt war, erhielt sich geraume Zeit hindurch die Meinung, daß der durch sie begründete Rechtszustand nichts zu wünschen übrig lasse. Allmählich aber machten sich große Mängel fühlbar, und deren stets wachsende Anerkennung führte vor mehr als 20 Jahren" — etwa 30 Jahre nach der Einführung des Gesetzes — „zur Anordnung einer Gesetzesrevision, für welche bis jetzt ein großes Material zusammengebracht worden ist."

Eine Schonzeit, in welcher sich die Meinung erhielte, daß der Rechtszustand, den es begründet hat, nichts zu wünschen übrig lasse, ist unserem Bürgerlichen Gesetzbuche nicht beschieden.

Schon im ersten Jahre seiner Geltung ist das Verlangen nach Aenderungen auf der Tagesordnung der öffentlichen Meinung erschienen, und heute, noch ehe es drei Jahre in Kraft steht, finden Sie die Frage

---

[1]) A. Stölzel, Brandenburg, Preußens Rechtsverwaltung und Rechtsverfassung. Bd. II, S. 733. (Berlin 1888, V. v. Franz Vahlen.)

der Abänderung oder Aufhebung einer seiner wichtigsten Bestimmungen auf der Tagesordnung des Juristentags.

Diese Frage wurde in Ihrer ständigen Deputation von dem Präsidenten des Oberlandesgerichts Köln, dem Wirkl. Geh. Ober-Justizrath Herrn Hamm, angeregt, zum ersten Male an Pfingsten 1901. Sie wurde damals so formulirt:

„Ist eine Aenderung des § 313 B.G.B. geboten, wonach ein Vertrag, durch den sich der eine Theil verpflichtet, das Eigenthum an einem Grundstücke zu übertragen, der gerichtlichen oder notariellen Beurkundung bedarf? Soll statt dessen Schriftlichkeit oder selbst mündliche Vereinbarung genügen?"

In dieser Fassung liegt sie dem Gutachten des Herrn Notars Justizrath Dorst, im I. Bande unserer Verhandlungen S. 18—26, zu Grunde.

In der diesjährigen Pfingstsitzung wurde die Anregung wiederholt und wurde dem entsprechend beschlossen, die Frage auf die Tagesordnung des 26. Juristentags zu setzen. Zugleich wurde der Frage die nunmehr vorliegende Fassung gegeben:

„Empfiehlt sich die Aenderung der Vorschrift des § 313 des B.G.B., wonach die obligatorische Verpflichtung zur Uebertragung eines Grundstückseigenthums an gerichtliche oder notarielle Beurkundung des Vertrags geknüpft ist?"

Damit wurde indessen, wie Sie sehen, nur die Form der Fragestellung geändert; der Inhalt der Frage ist im wesentlichen derselbe geblieben.

Sie wird von Herrn Justizrath Dorst bejaht. Er bekämpft die Vorschrift als verfehlt, legt unter Hervorhebung einzelner Fälle, in welchen Schädigungen eingetreten seien, die Nachtheile dar, welche sie zur Folge habe, und erklärt es für nothwendig,

„für den Bindungsvertrag die mündliche Verabredung genügen zu lassen".

M. a. W., es soll für die obligatorische Verpflichtung zur Uebertragung eines Grundstückseigenthums bei dem Grundsatze der Formfreiheit bewenden, der in E. I § 91, II § 104 ausdrücklich ausgesprochen war, und der den Bestimmungen des Gesetzbuchs als eine sich von selbst verstehende Regel unausgesprochen zu Grunde liegt.

Hiernach wäre § 313 nicht abzuändern, sondern zu streichen.

Als Ersatz wird vom Herrn Gutachter, in Anlehnung an § 98 der G.B.O. und an die landesrechtlichen Bestimmungen einiger Ausführungsgesetze[2]), eine reichsgesetzliche Bestimmung in Vorschlag gebracht, durch welche die Grundbuchämter verpflichtet werden sollen, die Erklärung der Auflassung nur entgegenzunehmen, wenn ein gerichtlicher oder notarieller Verpflichtungsvertrag vorgelegt werde.

Anders der zweite Gutachter, Herr Justizrath Dr. Stranz in Berlin, Verhandlungen Bd. II S. 105—147, sowie der Verfasser der „Kurzen Bemerkungen", a. a. O. S. 389—392, der Rechtsanwalt beim Kammergerichte und Notar Herr Karl Haenschke.

Herr Dr. Stranz untersucht auf Grund von rechtsgeschichtlichen und exegetischen Erörterungen[3]) und auf Grund der bisherigen praktischen Erfahrungen, insbesondere der Ergebnisse einer Umfrage bei preußischen Gerichten und Notaren, ob die Vorschrift des § 313 „richtiges Recht" sei, und gelangt, indem er diese Frage bejaht, zu dem Schlusse, daß sich eine Aenderung der Vorschrift nicht empfehle.

Keinesfalls sei schon jetzt an ihr zu rütteln, und wenn einmal eine Aenderung erfolgen sollte, dann sei die öffentliche Form durch die privatschriftliche zu ersetzen, nicht aber Formfreiheit einzuführen.

Herr Haenschke prüft die Übelstände, die aus der Vorschrift resultieren, und die Vorteile, welche sie mit sich bringt; die letzteren seien größer, und deshalb empfehle sich die Beibehaltung.

Daneben aber werden von Herrn Haenschke in kurzen Schlußbemerkungen Bedenken grundsätzlicher Art zur Sprache gebracht, die im zweiten Gutachten nur gestreift, im ersten völlig übergangen sind.

Es werde kein Gesetzbuch geben, das in allen seinen Bestimmungen jedem recht sei. Die Möglichkeit eines einheitlichen Rechtes für das Deutsche Reich sei nur dann vorhanden gewesen, wenn zwischen den größtenteils einander direkt entgegengesetzten Anforderungen an die Gestaltung desselben ein Kompromiß geschlossen wurde. Dies sei bei grundlegenden Fragen, z. B. im Eheschließungs-, Ehescheidungsrechte, im ehelichen Güterrechte, im Vereinsrechte, beim Dienstvertrag u. s. w., wo religiöse, politische und soziale Meinungsverschiedenheiten vorlagen, gelungen.

---

[2]) Bayer. A.G. z. G.B.O. u. s. w. v. 9. Juni 1899, Art. 12; Bad. A.G. z. G.B.O. v. 19. Juni 1899 § 23, und Württemb. A.G. z. G.BB.. u. s. w. v. 28. Juli 1899, Art. 22.

[3]) Zu der auf S. 107 Nr. 6, angef. Literatur darf ich die eingehenden dogmengeschichtlichen Untersuchungen von L. Seuffert „Zur Geschichte der obligatorischen Verträge", Nördlingen 1881, zu Ziff. V des Gutachtens den im letzten Heft der Zeitschrift des Deutschen Notarvereins im Jahrg. II S. 317 ff. erschienenen Aufsatz von Thiele über das Anwendungsgebiet des § 313 Abs. 1 G.B.B. ergänzend nachtragen.

Auch bei der Einzelbestimmung des § 313 B.G.B. seien die Gründe, die jetzt für und gegen dieselbe geltend gemacht werden, bereits bei den Vorarbeiten und Beratungen erörtert. Jetzt, nachdem das Gesetzbuch kurze Zeit in Kraft sei, einzelne Bestimmungen wieder zu beseitigen, sei unerwünscht. Nur wenn sich aus einer Bestimmung unvorgesehene, allgemein als solche anerkannte Unzuträglichkeit ergäben, würde einer alsbaldigen Beseitigung und Abänderung nicht zu widersprechen sein. Diese Voraussetzungen liegen aber seines Erachtens bei § 313 B.G.B. nicht vor.

Mir scheinen diese Bemerkungen den Kern der Frage zu treffen und den Standpunkt, den der Juristentag einzunehmen haben wird, richtig und genau zu bezeichnen.

Der Deutsche Juristentag kann es nicht schwer genug nehmen, seine Autorität für eine Aenderung des B.G.B. schon jetzt einzusetzen.

Man kann fragen, und ich habe mich ernstlich gefragt, ob er es nicht ohne weiteres ablehnen solle, sich auf Verhandlungen über eine solche Aenderung zur Zeit überhaupt einzulassen.

Ideale und praktische Gründe scheinen die Ablehnung nahe genug zu legen.

Es widerstrebt der Achtung vor dem Rechte, irgend ein Gesetz, geschweige das Bürgerliche Gesetzbuch, das lange ersehnte Werk einer unendlich mühsamen, vielfach entsagungsvollen Arbeit von mehr als zwanzig Jahren, wie eine jederzeit widerrufliche Maßregel zu behandeln und über die Abänderung wohlerwogener Vorschriften zu berathen, ehe sie nur annähernd Zeit gehabt haben, auch in Gebieten, für welche sie neu waren, zum Theil befremdend sein mußten, tiefere Wurzeln zu fassen und in Bewußtsein und Gewöhnung der Bevölkerung allgemach überzugehen.

Es ist aber auch mehr als unwahrscheinlich, es ist ausgeschlossen, daß sich die Reichsgesetzgebung bestimmen lassen könnte, eine Revision des Gesetzbuchs in Angriff zu nehmen oder gar einzelne Vorschriften herauszugreifen und durch Sondergesetze abzuändern, so lange nicht seit dem Inkrafttreten des Gesetzbuchs eine längere Reihe von Jahren verstrichen ist. Mindestens müßte doch das Gesetzbuch seinem vollen Inhalte nach, auch in den von der Anlegung des Grundbuchs abhängigen sachenrechtlichen Bestimmungen, im ganzen Reiche in Kraft getreten und einige Zeit in Kraft gestanden sein, was heute noch keineswegs der Fall ist.

Es ist insbesondere ausgeschlossen, daß für eine Abänderung des § 313 die Zustimmung des Bundesrathes in absehbarer Zeit zu erlangen wäre. Gerade dieser Paragraph beruht auf einem der zahlreichen Kompromisse, ohne welche, wie Herr **Haenschke** mit Recht betont, ein

B.G.B. für das Deutsche Reich nimmermehr hätte zu Stande gebracht, und die nun unmöglich schon nach wenigen Jahren wieder in Frage gestellt werden können.

Ein Beschluß des Juristentags auf Empfehlung der Abänderung würde also zunächst ohne praktischen Erfolg bleiben und höchstens als Material für eine später einmalvorzunehmende Revision zu den Akten gelegt werden. Er würde aber die Autorität des Gesetzbuchs schädigen, seine Einbürgerung erschweren und, wie ich fürchte, dem Ansehen des Juristentags selbst und dem Gewichte seiner Beschlüsse nicht förderlich sein.

Auf Grund solcher Erwägungen war ich geneigt, zu beantragen:

> Der Juristentag lehnt es als verfrüht ab, über Abänderungsvorschläge zum B.G.B. schon jetzt zu verhandeln.

Allein ich mußte mir doch sagen, daß man in den Kreisen der Rheinischen Juristen, von welchen die Frage angeregt, vor allem, daß das hochverehrte Mitglied der Deputation, von welchem die Anregung vertreten wird, diese wohl überlegt und auch die zu Tage liegenden Bedenken gegen allzu frühe Abänderungsanträge weder übersehen noch unterschätzt haben werde, und daß, wenn mit dem Verlangen der Abänderung trotzdem nicht zurückgehalten wurde, eine ungemein lebhafte Empfindung schwer zu ertragender Uebelstände, eine ernste und ernst zu nehmende Unzufriedenheit zu Grunde liegen müsse.

Wie weit ist diese Unzufriedenheit verbreitet? Was ist von ihrer Tiefe und Stärke zu halten? Aus welchen Ursachen ist sie zu erklären? Aus dauernden oder aus vorübergehenden? Ist sie nur als eine der begreiflichen und unvermeidlichen, wenn auch eine der bedauerlichen Erscheinungen anzusehen, welche den Uebergang in neue Rechtszustände regelmäßig zu begleiten pflegen, aber mit der Eingewöhnung in diese nach und nach von selbst verschwinden? Oder ist zu befürchten, daß das Uebel tiefer sitze, und ist, soweit dies der Fall sein sollte, nur von einer Aenderung des Gesetzes, nicht etwa wegen bedenklichen Mitteln die Heilung zu erwarten? Ist des weiteren nicht anzunehmen, daß, wenn man durch Gesetzesänderung heilen wollte, an anderer Stelle neue, vielleicht schlimmere Uebel hervortreten würden?

Je mehr sich mir bei näherer Betrachtung meiner Aufgabe alle diese Fragen aufdrängten, desto nützlicher schien es mir zu sein wenn sie vom Juristentage geprüft und erörtert würden, desto untunlicher, jedes Eingehen auf die Sache selbst von vornherein abzulehnen. Ich glaubte, fürchten zu müssen, daß eine lediglich ablehnende Haltung, so berechtigt sie auch wäre, die zweifellos vorhandene Unzufriedenheit nur steigern würde, während man andrerseits hoffen dürfe, durch unbefangene Besprechung der entstandenen Schwierigkeiten unter allen Umständen eine gewisse Klärung und Beruhigung herbeizuführen, günstigen Falles wohl auch das Vertrauen zu dem B.G.B. zu befestigen und seine Autorität in den Augen der öffentlichen Meinung zu stärken und zu heben.

Nur daran war, wie ich meinte, und wie ich auch heute mit aller Schärfe betonen möchte, festzuhalten:

Wenn der Juristentag auf die angeregte Frage eingeht, so kann und darf er nicht ein Urteil darüber abgeben, ob § 313 Satz 1, um mit dem zweiten Herrn Gutachter und mit Stammler zu sprechen, richtiges Recht sei.

Er kann und darf sich nicht für berufen halten, die Verhandlungen wieder aufzunehmen, aus welchen die Vorschrift hervorgegangen ist, und die unendlich oft erörterten Gründe für und wider die Formfreiheit, für und wider einen mehr oder minder strengen Formzwang wieder einmal gegen einander abzuwägen.

Er darf keinen Augenblick vergessen, daß er nicht einem zu begutachtenden Entwurfe, sondern einem abgeschlossenen und eben erst ins Leben getretenen Gesetzbuche gegenüber steht.

Wenn der Juristentag auf die Frage eingeht, so kann es sich für ihn nur darum handeln, zu prüfen und ein Urtheil darüber abzugeben, ob ein Nothstand anzuerkennen sei, welcher aller Bedenken ungeachtet die alsbaldige oder doch baldmöglichste Abhilfe durch Gesetzesänderung als unabweisliches Bedürfniß erscheinen lasse.

Demgemäß hatte ich den Schwerpunkt meiner Aufgabe als Berichterstatter, nächst der Feststellung des Gesichtspunktes, unter welchem die Frage aufzufassen sei, in der Beschaffung von möglichst reichhaltigem Material zu suchen, das für die Verhandlung des Juristentages eine brauchbare Unterlage bieten könne.

Zu diesem Zwecke habe ich, unabhängig von Herrn J. R. Dr. Stranz, dessen Gutachten mir leider erst im vorigen Monate zugegangen ist, unterm 7. Juni d. Js. auch meinerseits eine private Umfrage veranstaltet. Ich habe mich theils direkt, theils durch Vermittlung von Freunden, an eine größere Anzahl von erfahrenen Juristen aus möglichst vielen Rechtsgebieten, nicht nur an Notare, sondern auch Rechtsanwälte, an Richter, in einzelnen Fällen auch an geeignete Verwaltungsbeamte, gewandt und habe sie unter Hinweis auf den Beschluß der ständigen Deputation um kurze Aeußerung darüber, was sie von der Sache halten, — nicht um die Beantwortung bestimmter Fragen — gebeten.

Nun kamen zwar, wie es ja zu geschehen pflegt und in der Natur der Sache liegt, nicht gerade alle die ausgeflogenen Brieftauben zurück. Waren es doch durchwegs vielbeschäftigte, großentheils überlastete Praktiker, denen ich im Interesse der Sache und des Juristentages hatte zur Last fallen müssen, und auch die Zeit, nicht lange vor den Gerichtsferien, war alles eher wie günstig.

Aber im Großen und Ganzen war der Erfolg überraschend. Nicht weniger als 35 längere und kürzere gutachtliche Aeußeruugen — darunter die „kurzen Bemerkungen" des Herrn Haenschke — haben sich nach und nach in meiner Mappe gesammelt, und ich kann mir nicht versagen, den aufrichtigen und herzlichen Dank, den ich allen Betheiligten einzeln ausgesprochen habe, an dieser Stelle noch einmal, und ich hoffe sagen zu dürfen, auch in Ihrem Namen, mit Wärme zum Ausdruck zn bringen.

Weiteres Material verdanke ich sodann zwei Interessenten-Gruppen, dem Hauptverbande der öffentlich angestellten Auktionatoren für das Deutsche Reich und dem Centralverbande der städtischen Haus- und Grundbesitzer-Vereine Deutschlands. Die freundlichen Mittheilungen, die mir aus diesen Kreisen zugingen, waren mir um so werthvoller, als sie mich über die Auffassung und Stimmung der nicht juristischen Gegner des § 313 genauer unterrichteten und dadurch die Ergebnisse meiner auf Juristen beschränkten Umfrage in erwünschter Weise ergänzten, Auch bin ich durch diese Mittheilungen auf eine Reihe von Verhandlungen im preußischen Hause der Abgeordneten aufmerksam geworden, die mir sonst wohl entgangen wären.

Ich habe nun die Aufgabe, Ihnen das von mir gesammelte Material in Verbindung mit demjenigen vorzulegen, welches wir Herrn J.-R. Dr. Stranz verdanken, und da ich es für wichtig halte, daß Sie möglichst unmittelbare Eindrücke gewinnen, so werde ich dabei Ihre freundliche Nachsicht und Geduld wohl oder übel etwas mehr als mir lieb ist in Anspruch nehmen müssen.

Die Bewegung gegen den § 313 hat ihren Ursprung und, wenn ich recht sehe, auch heute noch einen Hauptsitz im Rheinland.

Wie ich einem noch öfter zu erwähnenden Vortrag entnehme [4]), hat der Zentral-Vorstand des landwirthschaftlichen Vereins für Rhein-

[4]) „Grundstücks-Verkäufe unter der Herrschaft der §§ 313 und 873 B.G.B.", Vortrag v. L. Oldendorff in Dorum, gehalten am 12. August 1901 zu Bremervörde in der Generalversammlung des Verbands beeidigter Auktionatoren für den Regierungsbezirk Stade.

preußen schon am 15. September 1900, in einer Vierteljahressitzung, auf Antrag der Lokal-Abtheilung Düsseldorf, einstimmig beschlossen:

„Dem Reichskanzler und dem Königlichen Staatsministerium die ernsten Bedenken darzulegen, welche sich für unser Wirthschaftsleben, aber auch für Treu und Glauben daraus ergeben, daß das B.G.B. für Verträge über Immobilien und Immobiliarrechte schlechtweg gerichtliche oder notarielle Form vorschreibt, des weiteren darum zu bitten, eine Rückkehr zu dem preußisch-rechtlichen Standpunkte in Erwägung zu ziehen, wonach solche Verträge, wenn durch Privaturkunde verbrieft, zwar nicht Dritten gegenüber, doch zwischen den Vertragsschließenden rechtsverbindlich wären."

An der Verhandlung hatten sich der Landgerichts-Direktor Dr. Schmitz-Düsseldorf, der Notar Justizrath Nels-Neuerburg und der Landrath Reumond-Erkelenz betheiligt, alle drei im Sinne des Antrags, indem sie ausführten, die beiden §§ 313 und 873 B.G.B. seien nach den gemachten Erfahrungen als „geradezu unhaltbar" zu bezeichnen, „volkswirthschaftlich verhängnisvoll und geeignet, einer förmlichen Unehrenhaftigkeit im Verkehrsleben Vorschub zu leisten."

Einige Monate später, am 31. Januar 1901, wurden die nämlichen Beschwerden von dem Landgerichtsdirektor Dr. Schmitz-Düsseldorf im Preußischen Hause der Abgeordneten zur Sprache gebracht. Er gedachte der Errungenschaften eines einheitlichen deutschen Privatrechts," wodurch das Jahr 1900 im deutschen und auch im preußischen Rechtsleben „ein bedutsamer Markstein geworden sei,

„hochbedeutsam . . . . . vom nationalen Standpunkt aus insofern, als ein neues Band zur Einigung die deutschen Volksstämme umschlingt, und vom volkswirthschaftlichen Standpunkt aus, weil die große Verschiedenheit und Buntscheckigkeit des Rechtes der einzelnen Bundesstaaten doch der Hauptsache nach Gottlob endlich ausgeräumt ist."

Der Abgeordnete erkannte an, daß sich der Uebergang aus der alten Rechtsordnung in die neue mit Ruhe und Sicherheit vollzogen habe, und fuhr dann fort:

„Ich manchen Theilen des neuen Rechtes hat sich für unser Volk eine Besserung ergeben. Kein Theil unseres deutschen Vaterlandes dürfte davon ausgenommen sein. Einzelnen Staaten oder Landestheilen ist allerdings ein Opfer zugemuthet worden. Ich glaube, im Interesse der Sache haben sie es bereitwillig gethan

Es hat an Klagen in Einzelfällen nicht gefehlt; sie werden sich mindern mit der allmählichen Einbürgerung des neuen Rechts. So weit ich es überschaue, wird man sich jedoch nicht versöhnen mit dem Aufgeben eines bewährten preußischen Rechtssatzes. Ich denke an die Bestimmungen des Bürgerlichen Gesetzbuchs über den Immobiliarverkehr und den Erwerb von Rechten an Immobilien. Entgegen dem bisher geltenden preußischen Rechte verlangt das B.G.B. hierfür gerichtliche oder notarielle Verbriefung. Daß ein bloß schriftlicher Vertrag kein dingliches Recht schafft, ist gewiß berechtigt. Diese Wirkung kann natürlich nur geknüpft sein an die gerichtliche bezw. notarielle Auflassung. Dagegen widerstreitet es sowohl dem Rechtsempfinden des Volkes wie den Bedürfnissen des Verkehrslebens, daß dem handschriftlichen Privatvertrage jede rechtliche Bedeutung, insbesondere im Falle des Vertragsbruchs auch jeder Ersatzanspruch abgesprochen wird."

Um „die Bedeutung und die Tragweite dieses Abweichens von einem bewährten preußischen Satze aus den vielen Fällen zu beleuchten", die ihm „in der Praxis schon vorgekommen seien, ging Herr Landgerichtsdirektor Schmitz auf wenige dieser Fälle näher ein und schloß dann mit den Worten:

„Das ist ein unerträglicher Zustand, mit unserem Verkehrsleben nicht vereinbarlich und auf die Dauer nicht aufrechtzuhalten. In meiner Heimathsprovinz haben wir die betrübendsten Erfahrungen gemacht, und ich möchte glauben, daß, sowie diese Rechtsmaterie allseitig bekannt wird, dieselben Erfahrungen, wenn sie nicht schon gemacht sind, auch in anderen Landestheilen gemacht werden. Es ist unverständlich, daß man abgesehen von Immobiliarrechten den Abschluß von Verträgen über Millionenwerthe sogar durch Zeugen erweisen kann, daß aber ein schriftlicher Vertrag über eine Eifelliegenschaft von 30 oder 50 ha keine rechtliche Bedeutung haben soll, wenn sie nicht gerichtlich oder notariell verbrieft ist".

Diese Beschwerden haben damals im Hause der Abgeordneten auf keiner Seite ein Echo geweckt. Aus keinem der anderen Landestheile sind ähnliche Klagen laut geworden, und in der Sitzung vom 8. Februar 1901 trat der Abgeordnete Kirsch, Amtsgerichtsrath in Düsseldorf, ein Fraktionsgenosse des Abgeordneten Schmitz, diesem entgegen, indem er sich dahin aussprach, daß die Zeit seit dem Inkrafttreten des Bürgerlichen Gesetzbuches doch noch zu kurz sei, um schon an Aenderungen heranzutreten:

„Es giebt ja auch eine ganze Menge anderer Fragen, die bereits in der Presse zu großen Erörterungen über die Abänderung des Bürgerlichen Gesetzbuches geführt haben, so vor allem die Aufhebung des Differenzeinwandes. Es würde aber eine gewisse Rechtsunsicherheit hervorgerufen werden, wenn wir jetzt nun bei einzelnen Bestimmungen des Bürgerlichen Gesetzbuches, die sich angeblich nicht bewährt haben sollen, die bessernde und abändernde Hand anlegen wollten. Ich meine, man muß eine gewisse Zeit von Jahren verfließen lassen, ehe man so weit Erfahrungen gesammelt hat, daß man sagen kann: dasjenige, was das Bürgerliche Gesetzbuch in dieser Beziehung ausführt, ist nicht das Richtige, wir wollen es abändern, und das auf unseren besseren Erfahrungen Beruhende an dessen Stelle setzen".

Aber die Bewegung gegen den § 313 ist nicht zum Stillstand gekommen; sie hat wenigstens in einzelnen Bevölkerungsgruppen, die Grenzen des Rheinlands sehr bald überschritten und ist neuerdings auch im Preußischen Hause der Abgeordneten wieder hervorgetreten, wo sie in der Kommission für das Justizwesen auf keiner Seite mehr Widerspruch gefunden zu haben scheint.

Der kgl. preuß. Justizminister Herr Dr. Schönstedt hat sich in der Sitzung vom 31. Januar ausgesprochen, wie folgt:

„. . . Ich glaube nicht, daß die Schwierigkeiten" (des Uebergangs) „vollständig überwunden sind. Wenn bisher die Sache ganz glatt gegangen ist, so ist das vielleicht zum Theil auf den Umstand zurückzuführen, daß manche von den Schwierigkeiten, die unzweifelhaft in der neuen Gesetzgebung liegen, noch nicht überall zu voller Erkenntniß gelangt sind, und es werden vielleicht — wir müssen mit dieser Möglichkeit rechnen — sich noch andere Schwierigkeiten ergeben. — Ich habe Veranlassung genommen, Anordnung dahin zu treffen, daß im Justizministerium eine Sammlung aller derjenigen Beschwerden angelegt wird, die bei der Anwendung der neuen Gesetze hervortreten. Es soll das gewissermaßen eine Materialiensammlung sein für eine künftige Revision des Gesetzbuchs.

Dahin gehört auch der Punkt, den der Abg. Schmitz an erster Stelle vorgebracht hat, die Erschwerung des Immobiliarverkehrs. Aber, m. H., diese Bestimmung ist von den maßgebenden Faktoren der Reichsgesetzgebung mit vollem Bewußtsein in das B.G.B. hineingebracht.

Ich glaube mich mit Bestimmtheit zu erinnern, daß über diese Bestimmung auch die Vertreter der Landwirthschaft — Landwirthschaftskammern bestanden ja damals noch nicht, aber das Landesökonomie-Kollegium jedenfalls — gehört worden sind, und daß auch diese Herren ebenso wie die in die Kommission berufenen Vertreter der Landwirthschaft ...... sich schließlich für diese Bestimmung entschieden haben, und zwar deshalb, um den Immobiliarverkehr auf eine sichere Basis zu stellen, gerade mit Rücksicht auf die Gefahr, die erfahrungsmäßig recht häufig hervorgetreten sein soll, daß geschäftsunkundige, mehr oder weniger leichtfertige Leute im Immobiliarverkehr sich haben zu Dispositionen verleiten lassen, die sie nachher bereut haben, von denen sie aber nicht mehr zurücktreten konnten. Daß in Einzelfällen sich aus den neuen Vorschriften ein empfindlicher Konflikt zwischen Sitte und Gesetz ergeben kann, ist gar nicht zu verkennen. Aber, m. H., derselbe Gegensatz und Widerspruch besteht ja und hat auch schon früher bestanden bezüglich aller derjenigen Verträge, die nicht auf dem Gebiete des Immobiliarverkehrs lagen, wenn für deren Gültigkeit und Verbindlichkeit die schriftliche Form erfordert wurde. Auch da, m. H., könnten wir ja ausgehen von dem Grundsatz: ein Wort, ein Mann. Das hinderte aber nicht, daß der, der in mündlicher Weise Verpflichtungen übernommen hatte, zu deren Rechtsverbindlichkeit die schriftliche Form erforderlich war, sich nachher zurückziehen und sagen konnte: ich bin nicht gebunden, ich habe es nicht schriftlich gemacht. So ähnlich liegt es auch hier auf dem Gebiete des Immobiliarverkehrs. Ob in absehbarer Zeit hier eine Aenderung zu erwarten ist, wird abhängen von den Erfahrungen, die gemacht werden. Ich möchte aber jedem, der ein Grundstück kauft oder verkauft, den dringenden Rath geben, sich auf mündliche und privatschriftliche Versprechungen nur dann zu verlassen, wenn der betreffende Kontrahent absolut sicher ist. Vorsicht ist heutzutage in allen Dingen geboten; ohne sie geht es nicht."

So weit der preußische Justizminister.

Am 12. August 1901 wurde von dem Vorsitzenden des „Hauptverbands der öffentlich angestellten Auktionatoren für das Deutsche Reich", Herrn L. Oldendorff in Dorum, in der Generalversammlung des „Verbands beeidigter Auktionatoren für den Regierungsbezirk Stade" zu Bremervörde ein Vortrag gehalten, in welchem er den Verband, aber auch das ganze Volk aufrief, sich zu rühren, und die Aenderung der §§ 313 und 873 herbeizuführen.

Auf die Frage:

„Welche Mängel hat denn nun der § 313 B.G.B. und welchen Schaden erleidet durch ihn das Publikum?"

antwortete Herr Oldendorff:

„1. er erschwert grundlos bis zur Unerträglichkeit den Grundstücksverkehr, und besonders für den Kleingrundbesitz,

2. er bringt eine große Unsicherheit der gedachten Geschäfte,

3. leidet durch ihn Treue und Glauben ganz außerordentlich,

4. er bedeutet eine lästige Erhöhung der jetzt schon durch den Immobiliarstempel entstehenden, viel zu hohen Kosten beim Wechsel von Grundeigenthum."

Der Vortrag ist auf Beschluß der Versammlung gedruckt und später auch dem Preuß. Hause der Abgeordneten als Material vorgelegt worden. Im gleichen Sinne ist die von Herrn Wilhelm Bornefeld in Barmen geleitete Deutsche Rechts-Zeitung, die des Innungsverbands der „Besorger fremder Rechtsangelegenheiten" für das Deutsche Reich, unermüdlich thätig.

Für die preußischen Auktionatoren hängt der Kampf gegen die §§ 313 und 873 eng zusammen mit einer anderen Standesangelegenheit.

Nach Art. 125 des Preuß. Gesetzes über die freiwillige Gerichtsbarkeit können in Ostfriesland und Harlingerland, sowie im Regierungsbezirk Osnabrück zur Vornahme und Beurkundung freiwilliger öffentlicher Versteigerungen besondere Beamte (beeidigte Auktionatoren) angestellt werden.

Diese Vorschrift ist bestimmt, der geschichtlich begründeten Eigenart[5]) des Instituts der ostfriesischen und osnabrückischen Auktionatoren gerecht zu werden.

---

[5]) Das Institut der Auktionatoren existirte mindestens schon im 16. Jahrhundert; wenigstens meldet eine noch vorhandene, im Jahre 1595 von dem Grafen Edzard II. besiegelte Urkunde die Anstellung eines Auktionators oder, wie es damals hieß, Ausminers in Leer. Schon früh muß es Versteigerungsordnungen gegeben haben; denn schon am 15. November 1630 ist durch den Grafen Ulrich von Ostfriesland eine „erneuerte" Ausminerordnung erlassen. Wie sehr schon damals das Institut das wirthschaftliche Leben beherrschte, beweist nicht allein ein kaiserliches Konklusum aus dem Jahre 1691, sondern auch die Thatsache, daß in dem sogenannten Auricher Vergleich vom 18. Februar 1699 neben den Justizbehörden die Ausminer auf das Ausführlichste behandelt werden:

„Nachdem Ostfriesland zum ersten Male mit der Krone Preußen verbunden war, erließ König Friedrich II. am 24. Januar 1752 eine „Kgl. Preuß. erneuerte Ausminereiordnung für das Fürstenthum Ostfriesland und Harlinger Land". Jetzt ist für unser Auktionswesen maßgebend die Versteigerungsordnung von 1834 mit ihren Novellen von 1840, 41 und 42 und mit dem neuen Gesetze vom 24. März 1897. Nach dieser Versteigerungsordnung, deren bewährte Vorschriften jedenfalls der zu erlassenden Dienstanweisung zu Grunde gelegt werden, sollen die Auktionatoren unter anderem als rechtliche Männer bekannt sein; sie sollen unter der Beschränkung der Zahl auf das Bedürfniß angestellt werden; sie sollen die erforder-

Es hatte sich schon zur Zeit der Vorbereitung des Gesetzes, sobald im Lande bekannt geworden war, daß den Auktionatoren in Ostfriesland gewisse Vorrechte verbleiben sollten, ein Sturm von Petitionen aus einer Reihe von Provinzen erhoben, worin deren Auktionatoren verlangten, den Ostfriesischen gleichgestellt zu werden, und im Abgeordnetenhause waren entsprechende Anträge gestellt worden. Doch blieb die Ausnahmebestimmung auf die genannten Bezirke beschränkt.

Allein die Betheiligten beruhigten sich nicht.

Es kamen neue Petitionen, nunmehr auf Abänderung des Art. 125 dahin, daß nicht allein in Ostfriesland und Harlingerland, sowie im Regierungsbezirk Osnabrück, sondern auch in allen anderen Bezirken zur Vornahme und Beurkundung öffentlicher Versteigerungen besondere Beamte (beeidigte Auktionatoren) sollten angestellt werden können.

Solche Petitonen gingen aus von dem Verbande der vereinigten Auktionatoren der Provinz Westfalen, von dem Verbande beeidigter Auktionatoren für den Regierungsbezirk Stade, vom Hauptverbande der öffentlich angestellten Auktionatoren für das Deutsche Reich und von der Handelskammer für die Kreise Arnsberg, Brilon und Meschede.

Dem Preuß. Hause der Abgeordneten wurde hierüber von der Kommission für das Justizwesen unter dem 5. Mai l. Js. schriftlich berichtet.[6])

---

liche Rechtskenntniß besitzen und diese durch eine Prüfung nachweisen; sie sollen in dem ihnen angewiesenen Amtsbezirk keinen Auftrag ablehnen dürfen; sie sollen auf die gesetzliche Ausübung ihres Amtes eidlich verpflichtet werden; sie sollen eine Dienstkaution bestellen ...... und sie sollen einer ständigen Dienstaufsicht unterliegen. Die von ihnen aufgenommenen Versteigerungsprotokolle haben öffentlichen Glauben, und nach den Gesetzen von 1840, 41 und 42 konnte sogar auf Grund dieser Protokolle die Besitztitelberichtigung im Grundbuch erfolgen."

Amtsgerichtsrath Menge zu Berum bei Hage (Ostfriesland) im Preuß. Haus der Abgeordneten am 1. Juli 1899. Stenogr. Ber. Bd. IV S. 2694

[6]) Die Mitglieder der Kommission waren: Der Amtsgerichtsrath Krause in Waldenburg (Schlesien), als Vorsitzender; der Amtsgerichtsrath Menge zu Berum bei Hagen (Ostfriesland), als Berichterstatter; der Amtsgerichtsrath Bachmann in Hadersleben (Schleswig), der Amtsrichter Dr. Becker in Henef (Sieg), der Genossenschaftsanwalt Dr. Crüger (Bromberg) in Charlottenburg, der Rechtsanwalt und Notar Dietrich in Prenzlau und auf Metzelthin bei Templin, der Rechtsanwalt und Notar Faltin in Groß-Strelitz, der Landgerichtsrath von Hagen in Hannover, der Amtsgerichtsrath Holtschke in Soldin, der Landrichter Marx in Elberfeld, der Amtsrichter Meyer in Diepholz, der Landgerichtsrath Peltasohn in Bromberg und der Amtsgerichtsrath Dr. Weihe (Herford) in Bünde (Westfalen).

Ich entnehme diesem sehr beachtenswerthen Berichte das Folgende:

Zur Begründung der Petition aus Westfalen war darauf hingewiesen, daß vor dem Inkrafttreten des B.G.B. beim Wechsel von Grundeigenthum im Gebiete des Allgemeinen Landrechts ein privatschriftlicher Vertrag genügte, und dann weiter ausgeführt:

Eine bei der Bevölkerung besonders beliebte Art des Eigenthumswechsels sei die der öffentlichen Versteigerung. Diese würde fast durchwegs durch beeidigte Auktionatoren ausgeführt, die den Vorschriften der Gewerbeordnung entsprechend angestellt würden.

Diese Auktionatoren genössen das Vertrauen des Publikums, seien mit Land und Leuten auf das engste verbunden und kannten vermöge langjährigen Geschäftsverkehrs die Preise und die Kreditverhältnisse. Sie unterlägen vor ihrer Anstellung einer eingehenden Prüfung bezüglich der Vorbildung, des Leumunds und der unbedingten Zuverlässigkeit.

Das hierdurch begründete Vertrauen der Behörden hätten sie auch nicht getäuscht, und es hätte daher auch keine Veranlassung vorgelegen zu einer so einschneidenden Gesetzes-Aenderung, wie sie der § 313 B.G.B. enthalte.

Diese Vorschrift habe große Unzufriedenheit hervorgerufen.

Jetzt müsse stets ein Richter oder Notar zugezogen werden, womit große Kosten verbunden seien.

Da meistens 2 oder 3 Versteigerungstermine abgehalten werden müßten, so ließe sich mit Sicherheit gar nicht vorausbestimmen, in welchem Termine der Zuschlag ertheilt und damit die Anwesenheit einer Urkundsperson nöthig werden würde. Mehrere Termine unter Zuziehung eines Richters oder Notars könnte man sich aber wegen der hohen Kosten nicht leisten.

Zwinge man demnach die Leute, mit Rücksicht auf die Kosten nur einen Versteigerungstermin abzuhalten, so fehle ihnen die erforderliche Zeit zur Ueberlegung.

Bei dem von einem Richter oder einem Notar abgehaltenen Termine entbehrten die Interessenten auch des augenscheinlichen Vorzugs, den die Auktionatoren vor den Richtern und Notaren sowohl durch ihre genauere Kenntniß der Oertlichkeit, der Werthsverhältnisse und Kreditverhältnisse, als auch dadurch hätten, daß Richter und Notare in erster Linie nur beurkunden, die Auktionatoren dagegen die gesammten Interessen bei An- und Verkäufen wahren sollten.

Der § 313 B.G.B. bringe eine große Rechtsunsicherheit mit sich und schädige Treu und Glauben, da leicht ein Vertragsschließender zurückträte, bevor man nach mündlichem oder privatschriftlichem Abschluß zur gerichtlichen oder notariellen Beurkundung gelangen könnte. Auch die Gefahr der Güterschlächterei, die bisher in Westfalen nicht habe emporkommen können, werde vergrößert. Denn, wenn das Publikum bei den amtlichen Auktionatoren nicht mehr bündige Grundstücksverkäufe abschließen könne, werde es sich von den Auktionatoren abwenden, und dann leichter gewissenlosen Güterschlächtern, die nunmehr ebensoviele Befugnisse wie die Auktionatoren hätten, in die Hände fallen.

Die Unzweckmäßigkeit des § 313 B.G.B. sei ja auch schon von der preuß. Gesetzgebung anerkannt; einmal durch Art. 12 § 2 des Ausführungs-Gesetzes zum B.G.B., sodann aber durch den Art. 125 des preuß. Gesetzes über die freiwillige Gerichtsbarkeit.

Die Petenten haben sodann noch eine Rundfrage bei den westfälischen Auktionatoren über ihre Erfahrungen mit § 313 B.G.B. gehalten und die darauf eingegangenen Berichte von 38 Auktionatoren zusammengestellt.

Diese Zusammenstellung ergiebt, daß die meisten dieser Auktionatoren schon in ihrer eigenen Praxis die Erfahrung haben machen müssen, daß nach Abschluß der Versteigerungen die Vertragsschließenden die Zeit bis zur gerichtlichen oder notariellen Beurkundung benützt haben, um vom Vertrage zurückzutreten.

Die Handelskammer für Arnsberg, Brilon und Meschede hatte sich den in der Petition der westfälischen Auktionatoren angeführten Gründen ausdrücklich angeschlossen.

Der Berichterstatter, Amtsgerichtsrat Menge, führte aus:

„Soweit die Petenten auf die Unzuträglichkeiten hinwiesen, welche aus der Vorschrift des § 313 Satz 1 B.G.B. erwachsen, müsse ihnen durchaus Recht gegeben werden.

Eine größere Inkonsequenz lasse sich gar nicht denken, als wenn auf der einen Seite das wichtigste Rechtsgeschäft des ganzen Lebens, die Verfügung von Todeswegen, in einfacher Schriftform vorgenommen und dadurch auch über Grundstücke von höchstem Werthe verfügt werden, auf der anderen Seite nicht das kleinste Grundstück anders als in der Form gerichtlicher oder notarieller Beurkundung veräußert werden könne.

Allein alle diese Erwägungen könnten doch eigentlich nur den dringenden Wunsch begründen, den § 313 B.G.B. möglichst bald abgeändert zu sehen, würden aber zur Zeit doch wohl kaum dazu führen können, dem Antrage der Petenten zu entsprechen."

Zum Schlusse erklärte der Berichterstatter;

Wenn man demnach bei allem Wohlwollen gegenüber den Petenten, insbesondere den Auktionatoren der Provinz Westfalen und Hannover, nicht dazu gelangen könne, die Petitionen der Kgl. Staatsregierung zur Erwägung zu überweisen, so enthalten sie doch schätzenswerthes Material für die auf die Dauer gar nicht von der Hand zu weisende Frage einer Aenderung des § 313 B.G.B., und in diesem Sinne beantragte der Berichterstatter:

„Sämmtliche Petitionen der Kgl. Staatsregierung als Material zu überweisen.“

Der Kommissar des Justizministers, Geheimer Oberjustizrath Dr Stöckel, sprach sich gegen die Berücksichtigung der Petitionen aus, hatte jedoch gegen die beantrgte Ueberweisung des Materials nichts einzuwenden.

Aus seinen Ausführungen hebe ich hervor:

„. . . . die Hinweise auf die Zunahme der nachweislichen Rücktritte von dem vollzogenen Versteigerungsgeschäfte allein dürfte ebenfalls nicht geeignet erscheinen, die Ausdehnung des Art. 125 zu rechtfertigen. Denn diese seien auch in den entsprechenden Fällen des lediglich freihändigen Verkaufes möglich und kämen gleichfalls vor. Die Bedenken richteten sich daher nicht sowohl gegen die derzeitige Beschränkung des dem Art. 125 gegebenen Anwendungsgebiets, als gegen die Zweckdienlichkeit des § 313 B.G.B. Abgesehen davon, daß auch gegen eine Aenderung dieser Vorschrift die Eingangs hervorgehobenen grundsätzlichen Bedenken geltend gemacht werden könnten . . . .“

[Der Kommissar hatte betont, es müsse aus grundsätzlichen Erwägungen für höchst bedenklich erachtet werden, nach Verlauf von wenig mehr als zwei Jahren an eine Aenderung des Gesetzes heranzutreten, das im Verein mit den übrigen zur Ausführung des B.G.B. erlassenen Gesetzes das große Kodifikationswerk unseres bürgerlichen Rechts zum Abschlusse gebracht habe . . . .]

„. . . . und eine Aenderung so kurze Zeit nach dem Inkrafttreten des B.G.B. erwünscht wäre, erscheine es nicht unzweifelhaft, ob die kurze Zeit ihrer Wirksamkeit bereits ein nach allen Seiten hin völlig abschließendes Urtheil über ihren Werth oder Unwerth gestatte. Ein umfassenderes Material zur Beurtheilung als die aus den Petitionen und den zur ihrer Ergänzung überreichten Schriftstücken und Drucksachen[7]) ersichtlichen Mittheilungen liege dem Justizministerium zur Zeit nicht vor.

Den Ausführungen des Berichterstatters traten verschiedene Mitglieder bei und es wurde besonders darauf hingewiesen,

---

[7]) Unter den letzteren befand sich der obengenannte Vortrag des Herrn Oldendorff, Dorum.

daß die anerkannten Unzuträglichkeiten des § 313 Satz 1 B.G.B. nur die Beseitigung dieser Vorschrift, nicht aber die Anträge der Petenten zu begründen vermöchten.

Von anderer Seite wurde beantragt:

„Die Petitionen der Kgl. Staatsregierung zur Erwägung zu überweisen"

und dazu Folgendes ausgeführt:

Ein Recht der Petenten auf Zuständigkeit zur Beurkundung von Grundstücksverkäufen könnte allerdings nicht anerkannt werden; man müsse aber die Frage beurtheilen nicht sowohl vom Interesse der Auktionatoren aus, sondern vielmehr von demjenigen des Publikums, insbesondere der Grundbesitzer, und im Interesse dieser sei der zeitige Rechtszustand auf die Dauer unhaltbar. Es sei erforderlich, den § 313 B G.B. zu Falle zu bringen oder wenigstens möglichst unschädlich zu machen. Letzteres geschähe für den Bereich der öffentlichen Versteigerungen durch die beantragte Maßregel.

„Es komme jetzt schon häufig vor, daß die Kontrahenten bei öffentlichen Versteigerungen, die durch die Auktionatoren vorgenommen worden, später von den abgeschlossenen Verträgen zurückträten.

Hierdurch würden aber Treu und Glauben im Verkehr geschädigt und untergraben.

Wenn auch erst vor drei Jahren über Petitionen gleichen Inhalts entschieden sei, so könne dies eine nochmalige Prüfung der Frage nicht hindern. Denn es komme doch häufig vor, daß man bei Abfassung eines Gesetzes seine praktischen Folgen nicht genau übersehen könnte. Die Sache sei jetzt dringlich, und man könne mit einer Abhilfe nicht auf eine Abänderung des § 313 B.G.B. warten, die noch lange nicht in Aussicht stände."

Von anderer Seite wurde diesen Ausführungen beigetreten und betont, daß die Fälle, in denen mündliche Verträge über den Grundbesitz nicht gehalten würden, sich mehrten und noch immer häufiger werden würden, wenn die Kenntniß des § 313 B.G.B. sich auf dem Lande weiter verbreite. Wenn der Oberpräsident der Provinz Hannover derartige Fälle noch nicht erfahren habe, so würde er ja überhaupt nicht leicht zu deren Kenntniß kommen, da die Verwaltungsbehörden mit dem Grundstücksverkehr wenig zu thun hätten. . . . .

Die Beschlüsse des Jahres 1899 ständen nicht entgegen, da Schäden, die sich geltend machten, möglichst bald beseitigt werden müßten, und eine

Abänderung des § 313 B.G.B., deren Nothwendigkeit man immer mehr einzusehen scheine, und mit der sich auch der nächste Juristentag beschäftigen wolle, sich noch lange hinziehen könnte.

Von einem Mitgliede der Kommission wurde endlich noch angeführt, daß auch von Auktionatoren aus seinem im Westen des Herzogthums Schleswig gelegenen Wahlkreis Wünsche geäußert seien, die auf Abänderung des § 313 B.G.B oder Ausdehnung des Art. 125 des preußischen Gesetzes über die freiwillige Gerichtsbarkeit gingen, und die von ihm befürwortet würden.

Bei der Abstimmung wurde der Antrag auf Ueberweisung zur Erwägung abgelehnt und der Antrag des Berichterstatters angenommen.

Im Plenum des Abgeordnetenhauses wurde über die Petitionen am 6. Juni laufenden Jahres verhandelt und wurde entgegen dem Kommissionsantrage beschlossen, die Petitionen zur Erwägung zu überweisen.

In der Verhandlung wurde von Herrn Amtsrichter Meyer in Diepholz bemerkt:

„Man hat den Vorwurf erhoben, daß diese Frage schon jetzt nach wenigen Jahren, wieder von neuem angeschnitten sei; aber wenn sich ein Schaden herausgestellt hat, noch dazu ein bedauerlicher und tief eingreifender Schaden, so ist es meines Erachtens nie zu früh, wenn man an die Heilung des Uebels geht oder solche wenigstens versucht. Und daß ein Schaden sich herausgestellt hat, darüber wird man in ländlichen Kreisen immer mehr einig. Die Vorschrift des § 313 B.G.B., daß es zur Giltigkeit der Veräußerungsverträge über Grundbesitz der gerichtlichen oder notariellen Beurkundung bedarf, hat eben zu argen Mißständen geführt.

Der vorliegende schriftliche Bericht enthält ja ein reiches Material über die Sache, so daß ich auf Einzelheiten nicht einzugehen brauche. Ich möchte aber hervorheben, daß jene Gesetzesvorschrift doch geeignet ist, Treue und Glauben zu untergraben und dem alten guten Spruche „ein Mann, ein Wort" den Boden zu entziehen. Früher genügte zum Verkaufe von Grundstücken mündlicher Vertrag; ein vorsichtiger Mann konnte sich mit schriftlichem Vertrag begnügen. Wer sich jetzt darauf verläßt, und das sind nicht die schlechtesten, wird es oft erleben, daß die Gegenseite einfach ihr Wort nicht hält und daß er selbst zu großem Schaden dadurch kommt. Die Fälle mehren sich in der Praxis immer mehr, daß aus irgend einem nichtigen Grunde oder überhaupt aus gar keinem Grunde der eine Kontrahent zurücktritt; er braucht ja überhaupt gar keinen Grund anzugeben. Es kann jetzt bei einem Grundstücksverkaufe, bei einer

Versteigerung, jeder frivol bieten, so hoch er will; sein Wort braucht er ja nicht zu halten, zu Schadensersatz ist er nicht verpflichtet. Und wenn, wie in vielen Gegenden, namentlich der Provinz, die Grundstücksverkäufe auf weite Zeit hinaus, auf Monate, Quartalswechsel, Halbjahreswechsel hinaus geschlossen werden, so erleidet der Verkäufer oder auch der Käufer auf solche Weise den allergrößten Schaden. Der Verkäufer richtet sich z. B. mittlerweile auf die veränderten Verhältnisse ein, kauft sich einen anderen Besitz, pachtet sich ein anderes Grundstück. Auf einmal sagt dann die Gegenseite: ich will nicht mehr, und er selbst kommt so in die ärgste Klemme. Diese Mißstände werden sich immer mehr zeigen, je mehr eben die Kenntniß jener Gesetzesvorschrift in das Publikum hineinkommt. Es drängt zu einer Aenderung des § 313 B.G.B. Der nächste Juristentag in diesem Herbste wird sich mit dieser Frage beschäftigen, und die Gerichtsbehörden haben in ihren Geschäftsberichten in diesem letzten Jahre dazu auch Stellung nehmen müssen. Aber die Sache wird noch gute Weile haben. Meine Herren, da erscheint es nun für einen großen Theil des Grundstücksverkehrs als eine Abhilfe, wenn dieser Petition Rechnung getragen wird ...."

Der Regierungskommissar Geheimer Oberjustizrath Dr. Stöckel äußerte sich im nämlichen Sinne wie in der Kommission und bemerkte weiter, an eine Aenderung des § 313 werde jedenfalls erst dann herangetreten werden können, wenn die Entwicklung der Verhältnisse sich besser als bisher übersehen lasse. „Nach den der Justizverwaltung erstatteten Generalberichten der Oberlandesgerichtspräsidenten ist das Urtheil über den Werth oder Unwerth der Bestimmung des B.G.B. noch vollständig getheilt. . . ."

Es wäre von nicht geringem Interesse, wenn uns über den Inhalt dieser Generalberichte Näheres mitgetheilt würde.

Mit den Auktionatoren gehen neuerdings die Grund- und Hausbesitzer-Vereine Hand in Hand.

Die Bürgerzeitung für Rheinland und Westfalen, das Organ des Verbandes rheinisch-westfälischer Haus- und Grundbesitzer-Vereine, ist unterm 12. April laufenden Jahres für die Milderung der Formvorschriften des § 313 in einem längeren Artikel eingetreten, dessen Inhalt sich mit den Ausführungen des Oldendorff'schen Vortrags deckt.

Am 29. und 30. Mai dieses Jahres wurde vom Barmer Haus- und Grundbesitzer-Vereine beschlossen beim Verbandstag der städtischen Haus- und Grundbesitzer-Vereine Deutschlands zu beantragen, es sei

„beim Bundesrath und dem Reichstag eine Abänderung der §§ 313 und 873 B.G.B. dahin zu beantragen, daß außer der gerichtlichen oder notariellen Beurkundung eines Immobiliarverkaufs ein privatschriftlicher Vertrag für die Vertragsschließenden bindend sei. Dem § 313 könnte ein entsprechender Zusatz beigefügt werden und Abs, 2 des § 873 könnte ganz wegfallen.“

In den Motiven wurde gesagt, der jetzige Zustand verstoße gegen Treu und Glauben und werde allgemein verurteilt, wie aus zahlreichen Fällen hervorgehe. Auch für den nächsten Juristentag sei dieser Gegenstand auf die Tagesordnung gesetzt worden.

Von der Redaktion der in Dresden erscheinenden Deutschen Hausbesitzer-Zeitung wurde dem Abdruck des Antrags mit Motiven in der Nummer 13 vom 7. Juli dieses Jahres die Bemerkung beigefügt, die anf dem privatschriftlichen Vertrag beruhenden Einrichtungen des Sächsischen Bürgerlichen Gesetzbuchs vom 2. Januar 1863 hätten sich in dem industriell hoch entwickelten Sachsen und bei einer 37jährigen Dauer vortrefflich bewährt und niemals das Verlangen einer Aenderung aufkommen lassen.

Der Antrag gelangte am 8. August dieses Jahres auf dem Central-Verbandstag in Berlin zur Verhandlung. Der Verbandstag war, wie mir Herr Verbandsdirektor Hartwig schreibt, von 270 Delegirten und Gästen aus der Mitte der Hausbesitzer-Vereine, darunter 13 Juristen, besucht. Berichterstatter war Herr Wilhelm Bornefeld aus Barmen, der nach dem kurzen Bericht der deutschen Rechts-Zeitung auf die Unhaltbarkeit der jetzigen Zustände und auf die Nothschreie hinwies, die in ganz Deutschland ertönten, auf die vielen unlauteren Vorkommnisse, welche undeutsch seien und — ich citire wörtlich — mit Treue und Glauben ein geradezu frevelhaftes Spiel trieben, endlich darauf, daß auf dem diesjährigen Juristentage derselbe Antrag zur Verhandlnng stehe. Zur Herbeiführung eines befriedigenden Beschlusses sei es angezeigt, dem Juristentage Hand- und Spanndienste zu leisten.

Nach dem Berichte der deutschen Rechts-Zeitung wurde der Antrag, der, wie ich von dem 2. Vorsitzenden des Münchener Grund- und Hausbesitzer-Vereins höre, nicht ganz ohne Widerspruch blieb, einstimmig angenommen.

Schon früher, unterm 7. August laufenden Jahres hatte mir Herr Oldendorff geschrieben:

„Der Dank der ganzen Bevölkerung, wenigstens der norddeutschen, ist Ihnen gewiß, wenn Sie zu dieser Gesetzesänderung tüchtig helfen.“

Nun, meine Herren, wäre ich sehr glücklich, wenn ich mir, um mit Herrn Hartwig zu sprechen, um die ganze Nation ein hohes Verdienst erwerben könnte. Doch werde ich mich auch in bescheidener Weise doch nur dann verdient machen können, wenn ich mich bemühe, den Gegenstand möglichst vielseitig zu beleuchten, und nach den Ergebnissen der beiden Umfragen erscheint er doch in einem wesentlich anderen Lichte, als in der — ich kann beim besten Willen nicht anders sagen — etwas einseitigen Darstellung, die ich in den Briefen der Herren Hartwig und Oldendorff finde.

Von den 23 preußischen Notaren aus den Provinzen Brandenburg, Pommern, Posen, West- und Ostpreußen, Schlesien und Sachsen, welche sich Herrn Justizrath Dr. Stranz gegenüber geäußert haben, sind für die sofortige Aufhebung der Formvorschrift des § 313 B.G.B. und den Ersatz durch die einfache Schriftform nur zwei Notare eingetreten; zwei andere haben den Paragraphen für eine überflüssige Bevormundung der Parteien erklärt, zugleich aber gegen eine Aenderung nach so kurzer Zeit sich ausgesprochen. Alle übrigen sind für die Beibehaltung des Paragraphen eingetreten. Von den 35 Herren, welche auf meine Umfrage geantwortet haben, sind nur drei für eine Aenderung. Zwei oder drei andere stehen dem § 313 mehr oder minder skeptisch gegenüber, halten aber eine Aenderung nach so kurzer Zeit nicht für angezeigt, und alle übrigen sprechen sich mit Entschiedenheit für die Beibehaltung der Vorschrift aus.

Ich halte es für unerläßlich, die mir zugegangenen Antworten ihrem wesentlichen Inhalte nach hier wiederzugeben, und zwar jede als ein Ganzes, ohne sie nach Stichworten auseinanderzureißen. Mindestens glaube ich dafür sorgen zu müssen, daß sie in solcher Weise in unseren Verhandlungen zum Abdruck gelangen, da sie ein ungemein interessantes Material von dauerndem Werthe enthalten. Im mündlichen Vortrage werde ich je nach dem Ermessen des Herrn Vorsitzenden mehr oder minder ausführliche Auszüge geben, doch auch hierbei jeden der antwortenden Herren im Zusammenhange seiner Auffassung nicht bruchstückweise zu Worte kommen lassen.

Ich beginne mit den Herren, welche die sofortige Abänderung des § 313 befürworten.

Es sind dies die Herren Rechtsanwälte und Notare Dr. J. Stachow und Dr. Eberhard Noltenius in Bremen, sowie ein rheinischer Notar, Herr Justizrath Schäfer I in Köln.

Herr Dr. Stachow ist der Ansicht, daß man an der Schriftlichkeit des Vertrages festhalten, die öffentliche Beurkundung aber beseitigen sollte.

Für die weitaus größte Zahl von Fällen sei die letztere eine ganz unnütze Erschwerung des Verkehrs, die dem Publikum ohne Grund viel Umstände und Kosten mache. Von einem Einflusse des Notars auf die Fassung sei nur in den seltensten Fällen die Rede. Die Hauptsache sei aber, daß die Vorschrift die Handhabe biete zu schnöder Verletzung von Treu und Glauben. Die Fälle seien gar nicht selten, wo der eine oder der andere Kontrahent ohne stichhaltigen und ehrbaren Grund, auch wenn schon ein tadelloser Schlußzettel unterschrieben sei, sich zurückziehe. Die Vorschrift sei eine ungerechtfertigte und wenig wirksame Bevormundung. Beachtenswerther Weise setzt er aber hinzu:

„Uns Notaren kann allerdings der Fortbestand der Vorschrift nur sehr erwünscht sein, weil dadurch die Sachen von vornherein sicher in unsere Hände kommen. Wird sie beseitigt, so wird der ganze Grundstückverkehr, auch die Auflassung, mehr und mehr in die Hände der Unterhändler übergehen, und die gerichtliche Auflassung wird die Regel bilden. Speziell in Bremen ist die Sache auch so geordnet, daß durch die notarielle Beurkundung des Vertrages den Parteien keine besonderen Kosten erwachsen. Für das Gericht ist der in Bremen bestehende Zustand weit vorzuziehen. Es bekommt die Sache bei der Auflassung bezw. bei Einreichung der Auflassung völlig fertig vorgelegt; die wesentliche Arbeit liegt in den Händen der Notare."

Herr Dr. Eberhard Noltenius macht zunächst auf zwei besondere Erscheinungen aufmerksam, welche für das bremische Staatsgebiet in Frage kommen, indem einmal das bremische Ausführungsgesetz auf Grund des Art. 141 des Einführungsgesetzes ausschließlich die Notare für zuständig erklärt habe, und indem ferner die Wohlthat des § 313 Satz 2 B.G.B. in Bremen nur sehr allmählich, d. h. nur in dem langsamen Maße wirksam werde, in welchem für Bremen das Grundbuch als angelegt anzusehen sein werde.

In dem kleinen Rechtsgebiete würden infolgedessen die Härten und Nachtheile des § 313 wohl noch mehr als anderwärts empfunden, zumal man hier früher an den gemeinrechtlichen Grundsatz vollständiger Formfreiheit gewöhnt gewesen sei und die ganz überwiegend städtische Bevölkerung für eine so wesentlich verschiedene Behandlung der obligatorischen Verträge, je nachdem sie sich auf Grundstücke oder auf bewegliche Gegenstände von oft viel höherem Werthe beziehen, wenig oder gar kein Verständniß habe.

Gegen die Vorschrift des § 313 spreche auch die Erfahrung, daß sie nicht selten der Untreue und Verschlagenheit als Waffe diene gegen

Redlichkeit und Vertragstreue, und daß auch diese Erweiterung und Verschärfung des dem gemeinen Manne unverständlichen streng formalen Gesetzesrechts den Sinn für Treu und Glauben im Volke nicht befestige und vertiefe, sondern eher abschwäche und lockere.

Dabei giebt Herr Dr. Noltenius zu, daß der Formzwang des § 313 B.G.B. auch in Bremen hin und wieder nützlich gewirkt und namentlich Bauern oder auch unerfahrene Arbeiter vor den Schlingen überlegener Spekulanten vereinzelt bewahrt, auch zu einer sorgfältigen und richtigeren Feststellung des Inhalts der Kaufverträge manchmal Gelegenheit geboten habe.

Allein diese Vortheile einzelner treten für ihn, aufs Ganze gesehen, erheblich zurück hinter dem schweren Nachtheil einer gleichmäßigen Belastung des gesammten Grundstückverkehrs mit den Kosten, Nachtheilen und Weiterungen notarieller oder gerichtlicher Beurkundungen.

Unter den älteren Rechtsanwälten und Notaren Bremens bestehe kaum eine Meinungsverschiedenheit darüber, daß sich die Aufhebung des in § 313 B.G.B. ausgesprochenen Beurkundungszwanges empfehle.

Herr Justizrath Schäfer I in Köln schreibt:

„Die . . . Frage über den Wert und die Wirksamkeit der in § 313 B.G.B. enthaltenen Bestimmung kann ich nur dahin beantworten, daß dieselbe hier am Rheine und namentlich in Köln sofort bei ihrem Bekanntwerden das höchste Erstaunen erregt hat, sowie, als Treu und Glauben gefährdend, allgemein als unmoralisch bekämpft und verworfen worden ist.

Wir Notare als mit der Praxis am meisten befaßte Beamte konnten bei unseren Besprechungen im Vorstande des Rheinischen Notariats-Vereins bald das Aufsprießen der seltsamsten Giftblüthen feststellen. Auch nicht juristisch vorgebildete, einfache Leute haben mir oft ihr Erstaunen darüber ausgesprochen, daß eine solche Bestimmung, die den allgemein anerkannten und hochgehaltenen Grundsatz: „Ein Mann, ein Wort“ auf den Kopf stelle, sogar in unserem Deutschen Gesetzbuche Aufnahme gefunden habe. Es widerspreche dies dem allgemeinen Rechtsgefühl.“

In der Verurtheilung des § 313 B.G.B. schließt sich diesen drei Herren an der Amtsgerichtsrath a. D. Herr Landschütz in Gotha, Direktor der Deutschen Grundkreditbank: Er hält es für durchaus unzutreffend, mit der Unwissenheit, Unerfahrenheit und dem Leichtsinn Einzelner so zu rechnen, daß dadurch die Mehrzahl schwer geschädigt werde . . . .

Auch die fortschreitende Mobilisirung des Grund und Bodens, begründet in der Entwicklung unserer sozialen Verhältnisse, könne und dürfe nicht durch Sperrmaßregeln aufgehalten werden. Wer dem Zuge dieser Entwicklung nicht gewachsen sei, werde demselben über kurz oder lang trotz aller gesetzlichen Vorsichtsmaßregeln doch zum Opfer fallen, und es sei richtiger, diese Opfer zu bringen und dadurch eine im allgemeinen wirksame Stärkung gegen immermehr vorhandene Gefahren im Rechtsverkehre zu schaffen. Die Vorschrift sei als unzeitgemäß und deshalb zweckwidrig anzusehen. Allein sie jetzt schon abzuändern, wäre verfrüht.

Diese vier Stimmen sind nun aber die einzigen, welche sich über den Formzwang des § 313 durchaus absprechend äußern.

In den 31 übrigen Antworten tritt ganz überwiegend eine günstige Beurtheilung, vielfach warme Anerkennung der Vorschrift und ihrer bisherigen Wirkungen zu Tage.

Diese Antworten vertheilen sich auf die verschiedenen Rechtsgebiete wie folgt:

Drei kommen aus dem Gebiete des Rheinischen Rechts, je zehn aus dem des Gemeinen und des Preußischen Landrechts, zu welch' letzteren außerdem die eines Rechtsanwalt beim Reichsgericht zu rechnen ist, endlich sechs aus partikularrechtlichen Gebieten.

Es ist ja auch in diesen Antworten von Unzuträglichkeiten die Rede, welche sich namentlich im Anfange ergeben haben, und die mit der Vorschrift verbundenen Nachtheile werden nicht verkannt. Trotzdem wird das Bedürfniß, ja die Zulässigkeit der angeregten Abänderung einhellig verneint.

Ein Rechtsanwalt in Koblenz sagt:

„Im linksrheinischen Rechtsgebiete, einem Gebiet unbedingter Vertragsfreiheit, hat die Vorschrift des § 313 in Verbindung mit § 344 B.G.B. zunächst eine gewisse Rechtsunsicherheit geschaffen und manchen Rechtsunkundigen in seinem Vertrauen auf die Vertragstreue schwer geschädigt.

Auf der anderen Seite haben sich die Gerichte in früherer Zeit mit recht gewagten Willensauslegungen behelfen müssen, um voreilig abgeschlossenen unsinnigen Verträgen die Rechtswirksamkeit abzusprechen.

Ich glaube, daß der Zustand der Rechtsunsicherheit schon heute sich gebessert hat, da die Vorschrift des § 313 rasch allgemein bekannt worden ist und die Parteien ihre Dispositionen nicht wie früher schon vor dem Gange zum Notar, sondern erst nachher treffen."

Er ist der Auffassung, daß sich der Verkehr mit dem § 313 zusehends abfinde, und meint, daß man mit Abänderungsvorschlägen zum B.G.B., solange nicht ein sichtbarer Mißstand vorliege, nicht vorsichtig genug sein könne.

Herr Justizrath Wingen in Remscheid fürchtet, daß das Laienpublikum sich schwerlich jemals mit der Bestimmung des § 313 befreunden werde, hält es aber doch für zweckmäßig, dieselbe als das kleinere Uebel beizubehalten, namentlich zur Zeit von einer Aenderung abzusehen, da sich ihre Wirkung noch keineswegs übersehen lasse. Gerade bei Grundstücksveräußerungsverträgen müsse mit Rücksicht auf ihre hohe soziale Bedeutung jede Unsicherheit, soweit möglich, ausgeschlossen sein. Darum sei der im Rheinlande herrschend gewesene Grundsatz der absoluten Formlosigkeit des obligatorischen Vertrages entschieden zu verwerfen. Die Streitigkeiten, die durch gegenseitiges Mißverstehen hervorgerufen worden seien, hätten die Gerichte zum Uebermaße beschäftigt. Auch das vom allgemeinen Landrecht aufgenommene Erforderniß der Schriftlichkeit des Grundstücksveräußerungsvertrags dürfte nicht genügen, um jene Unsicherheit auszuschließen. Zu leicht trage hier der in der Handhabung der Feder gewandtere Theil den Sieg über das materielle Recht davon. Daher sei der Ausweg, daß die Aufnahme des Vertrags durch den praktisch erfahrenen unabhängigen Richter oder Notar zur Bedingung der Gültigkeit gemacht werde, zur Zeit der beste, und es käme höchstens in Frage, ob man aus Gründen praktischer Zweckmäßigkeit sich bei Verträgen über geringere Objekte, vielleicht bis zu 500 Mark, nicht mit der bloßen Schriftlichkeit begnügen solle.

Herr Notar Altenberg in Barmen unterscheidet

1. die Gesetzgebung bis 1. Oktober 1879. Mißtrauen des Gesetzgebers gegen den Zeugenbeweis bei Objekten über 150 Francs; daher Beschränkung der Beweismittel auf Urkunden und Eidesdelation.

   Gleich mit dem 1. Oktober 1879 — Zulässigkeit des Zeugenbeweises in Allem. Folgen: a) Vermehrung der Anklagen wegen Meineids und fahrlässigen Falscheids. b) für die Rechtsanwälte — erfreuliche, kostspielige Prozesse auf Anerkennung von Grundstückskäufen, häufig bei Weigerung wegen nur geringer Differenzen.
2. Das Gesetz vom 20. Mai 1885.
3. Das Bürgerliche Gesetzbuch.

Die Form des notariellen oder gerichtlichen Aktes gewährt

a) wegen des beurkundenden Beamten
   Schutz gegen Uebereilung,

Schutz gegen Uebervortheilung,

Schutz gegen Unkenntniß, namentlich bei komplizirten Grundbuchverhältnissen.

b) Sicherheit gegen die Gefahren des Zeugenbeweises.

Herr Notar Altenberg hält die vorgeschriebene Form für eine Errungenschaft.

Sehr entschieden wird die nämliche Auffassung für Hannover vertreten, und zwar ebensowohl von Herrn Landgerichtsrath Feddersen in Göttingen, wie von dem Rechtsanwalt und Notar Herrn Dr. jur. Karl Linckelmann in Hannover.

In dem gemeinrechtlichen Gebiete der Provinz Hannover hat bis zur Einführung des Grundbuchs das Gesetz vom 16. Dezember 1843 gegolten, nach welchem die obligatorische Bindung bei Veräußerung von Immobilien gleichfalls an die Errichtung einer öffentlichen Urkunde geknüpft war, nur mit der Maßgabe, daß aus einer vollzogenen und datirten Privaturkunde innerhalb 6 Monaten vom Datum der Urkunde an auf Anerkennung derselben geklagt werden konnte. Mit der Einführung des Grundbuchs trat dieses Gesetz außer Kraft und statt dessen galt die gemeinrechtliche Regel der Formfreiheit der Verträge, ein Rechtszustand, der nach den Erfahrungen des Rechtsanwalts Dr. Linckelmann

„in vielen Fällen eine Quelle chikanöser Prozesse geworden ist, wenn nicht schon die Drohung mit einem Prozesse die übervortheilte Partei zum Nachgeben veranlaßt hat.“

Diese Wirkung der Beseitigung des Gesetzes vom 16. Dezember 1843 wird von Herrn Landgerichtsrath Feddersen bestätigt. Er hat seiner Zeit in sehr zahlreichen Fällen von Richtern und Anwälten bedauern hören, daß der frühere Rechtszustand abgeändert sei, und bezeugt, daß im gemeinrechtlichen Bezirke von Hannover Richter und Notare den § 313 geradezu als eine Befreiung von einem unhaltbaren Rechtszustande begrüßt haben.

„Das Grundeigenthum“, schreibt er, „bildet zu sehr die starken Wurzeln der Macht ganzer Familien, namentlich in bäuerlichen Kreisen, daß alle Kautelen gesetzlich geschaffen werden müßten, um eine leichtsinnige oder eine auch nur ohne gründliche Ueberlegung erfolgende Uebertragung zu hindern. Gegen diesen Anspruch an die Gesetzgebung ist es meines Erachtens kein zutreffender Einwand, daß anderweitige Vermögensobjekte mobilisirt sind, obwohl sie vielleicht von viel größerer Tragweite sind. Denn die wirthschaftlichen Existenzen, welche sich auf Grundeigenthum stützen, sind schwerfällig und für den flotten Spekulationsverkehr ungeeignet. Sie haben auch dafür kein Bedürfniß. So lehrt denn die Erfahrung, daß trotz der Hebung der Volksbildung der Bauer sich noch heutigen Tages in erstaunlicher Weise . . . . übers Ohr hauen läßt. Es ist nützlich und wünschenswerth, daß ein verständiger Amtsrichter oder ein erfahrener Notar stets Gelegenheit findet, vor der Veräußerung von Grundbesitz noch einmal die Ueberlegung anzuregen.

Dagegen scheint mir ernstlich in Erwägung gezogen werden zu können, ob nicht § 313 Satz 2 B.G.B. zu beseitigen sei. Nach meinem Dafürhalten ist aber auch dies zu verneinen. Wenn § 313 Satz 1 nur ruhig in Geltung bleibt, so dürfte sich sehr bald die feste Praxis herausbilden, Verträge über Eigenthumsübergang von Grundstücken stets in gerichtlicher oder notarieller Form zu errichten. Binnen Kurzem dürfte die Anwendung des Satzes 2 sich thatsächlich auf ganz bedeutungslose Grundstücksübertragungen oder jedenfalls auf ganz einfache beschränken. In solchen Fällen aber von der Form abzusehen, erscheint unbedenklich und sogar erwünscht.

Hiernach hoffe ich, daß der Juristentag an § 313 nicht rüttelt, oder doch erfolglos."

Herr Dr. Linckelmann verkennt nicht, daß die öffentliche Form in einzelnen Distrikten, namentlich manchmal auf dem Lande, wenn weder Gericht noch Notar zur Stelle seien, eine lästige und kostspielige Erschwerung des Verkehrs sein möge; diese Erscheinung müsse aber im Interesse der Rechtseinheit gegenüber der sonstigen Zweckmäßigkeit der Formvorschrift ertragen werden. Man könnte eher daran denken, durch Anwendung anderer Mittel, z. B. Errichtung von Dorfgerichten (Artikel 142 Einführungs-Gesetz zum Bürgerlichen Gesetzbuch, siehe auch Art. 12 des Preußischen Ausführungs-Gesetzes zum Bürgerlichen Gesetzbuch) Abhilfe zu schaffen, als durch eine Aenderung des § 313 selbst.

Von Schaumburg-Lippe wird von dem Staatsminister Freiherrn von Feilitzsch nach Rücksprache mit den dortigen Richtern mitgetheilt, die letzteren hätten gemeinsam den Hauptwunsch: „nur am B.G.B. in nächster Zeit nichts ändern." Der Zustand, sich in neue, vielleicht schlechtere Rechtsinstitute einzuleben, sei immer noch besser, als die immerwährende Aenderung.

Herr Dr Rendtorff, Rechtsanwalt und Notar in Kiel, kann aus seiner vielfältigen Erfahrung in Stadt und Land für die Verhältnisse in

Kiel und Umgebung und, wie er glaubt, für die ganze Provinz bestätigen, daß die Formvorschrift des § 313 als eine durchaus segensreiche sich bewährt und kein Bedürfniß nach ihrer Abänderung sich gezeigt hat. Früher seien sehr häufig übereilte Kaufsgeschäfte abgeschlossen worden. Theils durch die Unfähigkeit der Betheiligten, theils durch die Leichtfertigkeit gewissenloser Unterhändler seien hierbei große Nachtheile eingetreten, welche häufig zum Ruin der Kontrahenten geführt und langwierige Prozesse verursacht haben.

Die Verzögerung, welche aus der Nothwendigkeit, einen rechtsförmlichen Vertrag gemäß § 313 B.G.B. zu errichten, eintrete, sei eine so geringe — bei der Entwicklung der Verkehrswege sei das nächste Gericht oder der nächste Notar jederzeit ohne Schwierigkeit auch für Landbewohner zu erreichen — und der Kostenaufwand sei im Verhältnisse zum Gegenstand ein so unerheblicher, daß man von keinerlei Nachtheilen, welche an den § 313 B.G.B. sich knüpfen, zu berichten wüßte.

Auch die vier Mecklenburgischen Stimmen sprechen sich mit Nachdruck gegen eine Aenderung aus.

Herr Oberlandesgerichtspräsident Martini in Rostock meint, daß es ein ganz nutzloses Bemühen sei, die Aenderung des § 313 zu beantragen, da die Zeit viel zu kurz sei, hält aber auch den Beurkundungszwang an sich für gerechtfertigt; das Fehlen eines solchen habe doch früher manche Prozesse herbeigeführt und manche Nachtheile hervorgerufen.

Herr Landgerichtsrath Marsmann in Schwerin würde die Aenderung mindestens als eine höchst bedauerliche Uebereilung betrachten:

„die Achtung vor dem bestehenden Rechte sollte doch Abänderungsvorschlägen entgegenstehen, bevor eine längere Erfahrung die Nachtheile des geltenden Gesetzes offenbart hat. Die gegenwärtige Anregung zu der Aenderung des § 313 kann nur veranlaßt sein durch eine Voreingenommenheit rheinischer Juristen gegen eine ihrem früheren Rechte fremde Formfessel, die im Westen als lästig empfunden werden mag, da dort die wirthschaftliche und gesellschaftliche Bedeutung des Grundeigenthums geringer ist, als im Osten. In Mecklenburg ist diese Bedeutung jedenfalls derartig, daß hier das Bedürfniß nach einer Form . . . besteht. Das ergiebt sich meines Erachtens mit Sicherheit daraus, daß trotz der bis zum 1. Januar 1900 hier . . . . gesetzlich geltenden Vertragsfreiheit des Gem. Rechtes doch thatsächlich die schriftliche Form . . . außerhalb der Städte sich ganz allgemein eingebürgert hatte und auch in den Städten vorherrschte. In Verbindung mit einer dem

§ 125 Satz 2 B.G.B. ähnlichen Vorschrift (Verordnung vom 1. Juni 1847) ergab sich daraus thatsächlich in beschränktem Umfange die Nichtklagbarkeit derartiger formloser Verträge. . . . . . Zweifelhafter mag die Beantwortung der weiteren Frage sein, ob als Form nicht die bloße Schriftlichkeit genügt hätte und die Nothwendigkeit der gerichtlichen oder notariellen Beurkundung eine zu schwere Fessel für den Verkehr enthält. Ich möchte aber die von den Motiven gegen die bloße Schriftlichkeit angegebenen Gründe für durchschlagend erachten.

Auf alle Fälle aber sollte man erwarten, daß vor dem Betreiben einer Aenderung die Wirkungen des Gesetzes einige Jahre hindurch auch in denjenigen Theilen des Reiches abgewartet werden, in welchen ein Bedürfniß nach einer Form für derartige Verträge nicht empfunden ist. An Neuerungen, die anfangs als lästig empfunden werden, gewöhnt man sich allmählich so sehr, daß sie bald garnicht mehr bemerkt werden."

Der Rechtsanwalt und Notar Herr Dr. Robert Hinrichsen in Güstrow betont, das Gesetz sei noch zu neu und die einschlägigen Erfahrungen noch zu wenig zahlreich und durch die Unzuträglichkeiten des Ueberganges zu den Neuerungen des Gesetzbuches noch zu sehr beeinflußt, als daß man schon an Abänderungen denken könnte.

Das Mecklenburger Publikum habe sich aus mehrfachen Gründen an die Bestimmungen des B.G.B. über den Grundstücksverkehr sehr schnell gewöhnt. Bei Verkäufen städtischer Grundstücke gehen in einfachen Fällen die Vertragsparteien sofort auf das Grundbuchamt und machen die mündliche Vertragsabrede durch alsbaldige Auflassung rechtsverbindlich. Beim Verkaufe ländlicher Grundstücke sei, wie auch er bestätigt, wegen des in den weitaus meisten Fällen bestehenden grundherrlichen oder lehnsherrlichen Zustimmungsrechtes schon vor Geltung des B.G.B. die Schriftform geboten und bis zum Abschlusse des schriftlichen Vertrages die ganze Verhandlung rechtlich bedeutungslos gewesen, soferne nicht ausdrücklich das Gegentheil verabredet worden sei, was nur in ganz seltenen Ausnahmefällen geschehen sei. Hier sei also den angeblichen Nachtheilen des neuen Rechts schon ein Feld gegeben gewesen, ohne daß solche Mißstände hervorgetreten seien.

Herr Dr. Hinrichsen theilt sodann noch einige Fälle mit, die als Material in Betracht kommen können:

„1. Ein stark verschuldeter Rittergutsbesitzer verkaufte sein Gut für einen verhältnißmäßig hohen Preis an einen solventen Käufer und schob, weil ein ihm befreundeter Notar erkrankt war, die Beurkundung . . . hinaus. Inzwischen wurde der Käufer von Freunden darauf aufmerksam gemacht, daß er zu theuer kaufen wolle, und trat zurück. Das Gut kam in Zwangsversteigerung und der letzte Hypothekengläubiger hatte den Schaden, der sonst den Käufer getroffen hätte.

2. Ein kleiner Grundbesitzer im Domanium — Büdner — verkaufte seine Büdnerei unter falschen Angaben über die Größenverhältnisse. Die notarielle Beurkundung erfolgte, war aber wegen Verletzung wesentlicher Formschriften nichtig, und die Kaufgeldklage wurde deshalb, ohne daß es eines Eingehens auf die Betrugseinrede bedurfte, abgewiesen.

3. Ein Gutswirthschafter ließ sich im Wirthshause in Gesellschaft von Winkelagenten zum Ankaufe eines unrentablen städtischen Grundstücks bereden. Am nächsten Tage erkannte er, daß er schwer düpirt sei, und verweigerte den Abschluß des notariellen Vertrags.

4. Ein kleiner ländlicher Besitzer — Büdner — verkaufte durch privatschriftlichen Vertrag seine Büdnerei und pachtete sofort eine ländliche Gastwirthschaft; auf die Pachtung zahlte er die ihm von seinem Käufer gegebene baare Anzahlung als Pachtkaution an. Demnächst entstanden Streitigkeiten zwischen ihm und dem Käufer, die aber gütlich beigelegt wurden, so daß die Beurkundung noch erfolgen konnte und die Verlegenheiten vermieden wurden, welche ihm andernfalls durch die Pflicht zur Rückgabe der Anzahlung erwachsen konnten.

5. Endlich verkaufte eine Brauerei ein ihr gehöriges städtisches Grundstück rein mündlich an einen insolventen Käufer und übergab dasselbe, ohne daß die Anzahlung geleistet war, welche der Käufer versprochen hatte. Als auf Mahnung die Anzahlung nicht erfolgte, erhob die Brauerei Klage auf Räumung und drang wegen Fehlens des beurkundeten Vertrages in erster Instanz glatt durch. Der Rechtsstreit schwebt noch vor dem Großherzoglichen Oberlandesgerichte zu Rostock in zweiter Instanz."

„Dieses Material", damit schließt die Antwort, „giebt mir keinen Anlaß, die Bestimmungen des neuen Rechts zu bekämpfen, deren große Vorzüge meines Erachtens unverkennbar sind."

Es war mir besonders daran gelegen, über die Auffassung in Mecklenburg mich zu vergewissern, weil sich die Mecklenburgischen Regierungen seinerseits gegen den § 313 erklärt und dabei insbesondere den Ausführungen Laband's im Archiv für die civilistische Praxis zugestimmt hatten.

Nun erfahre ich durch den Oberkirchenrathspräsidenten Giese in Schwerin, daß man an maßgebender Stelle den § 313 zwar für eine unnöthige Erschwerung des Geschäftsverkehrs halte, aber nicht schon jetzt aufgehoben wissen wolle. Die Zeit, seit welcher das Gesetzbuch in Kraft sei, sei zu kurz, um schon jetzt eine Revision eintreten zu lassen, und jedenfalls bedürften dann eine Reihe anderer Bestimmungen noch eher der Abänderung, als der § 313. Sollte die Sache im Bundesrathe zur Sprache kommen, so sei zu erwarten, daß der Mecklenburgische Vertreter gegen eine Revision stimmen werde.

Herr Oberlandesgerichtsrath Dr. Bewer in Greifswald, nun in Köln, spricht sich über die Erfahrungen aus, welche in gemeinrechtlichem Gebiete von Neu-Vor-Pommern und Rügen unter der Herrschaft der Formlosigkeit der Verträge gemacht worden seien: Ein Bedürfniß nach der Einführung der Formvorschriften sei nicht hervorgetreten. Immerhin habe er in der Praxis den allgemeinen Eindruck gewonnen, daß formlose obligatorische Verpflichtungen im Beweispunkt Schwierigkeiten gemacht haben, und daß derartige unter laienhaften Parteien formlos eingegangene Verpflichtungen auch hinsichtlich ihres Inhalts zu Zweifeln Anlaß gegeben haben, was eigentlich juristisch stipulirt sein sollte.

Herr Dr. Scharff, Rechtsanwalt und Notar in Greifswald hält die Formvorschrift des § 313 für nützlich. Er hat in seiner allerdings nicht sehr langjährigen Notariatspraxis beobachtet, daß in vielen Fällen die Parteien, die mit einander über den zu beurkundenden Grundstückskauf einig zu sein glaubten, in Wirklichkeit sich über wesentliche Dinge gar nicht klar waren, so daß der beurkundete Vertrag inhaltlich abwich von dem, was sonst als Vertragsinhalt, dem eigentlichen unerklärt gebliebenen Willen nicht entsprechend, gegolten hätte. Seiner Erfahrung nach erkennen auch die Parteien die Form des § 313 als zweckdienlich an; sie stoßen sich lediglich am Kostenpunkt; am Notar solle gespart werden, was an Stempel (1 pCt. für den Staat, $^1/_2$ pCt. vielfach für die Stadt) und Gerichtskosten nicht zu ersparen sei. Die Kostenhöhe sei aber kein Grund gegen die Zweckmäßigkeit der Formvorschrift, sondern höchstens ein Grund zur Herabminderung der Kosten, namentlich des Stempels.

Soweit diejenigen gemeinrechtlichen Stimmen, welche sich im Gegensatz zu denen aus Bremen gegen die Aenderung aussprechen.

Unter den Juristen des preußischen Landrechts, welche mir geantwortet haben, besteht keine Meinungsverschiedenheit darüber, daß die Vorschrift beizubehalten sei.

Der Rechtsanwalt und Notar Herr Dr. Eichhoff in Duisburg hält es für zweifellos, daß die Vorschrift den Umsatz von Grundstücken in gewissem Sinne erschwere, hat aber bislang keinerlei erhebliche Fälle konstatiren können, in denen sie schädlich gewirkt habe, während umgekehrt die Erfahrung vorliege, daß in der Zeit vor Geltung dieser Bestimmung eine große Zahl von Streitigkeiten und Verwickelungen dadurch hervorgerufen worden sei, daß im Gebiete des preußischen Allgemeinen Landrechts Verträge über Grundstücksveräußerungen lediglich der Schriftform bedurften.

Herr Justizrath Kramberg, Rechtsanwalt und Notar in Dortmund, hält die Bestimmung des § 313 B.G.B. für durchaus angebracht; denn, wie er sich aus der Zeit vor 1900 erinnere, seien die Fälle, wo ohne Ueberlegung leichtfertig privatschriftliche Kaufverträge unterzeichnet worden seien, keine Seltenheit gewesen. Das nämliche werde ihm von einzelnen Kollegen bestätigt. Als bestimmte einzelne Fälle wurden ihm mitgetheilt:

1. Ein Arzt in den östlichen Provinzen, der in Grundstücken spekulirte, behandelte einen Patienten, von dem er ein Grundstück erwerben wollte. Er benutzte seine ärztlichen Besuche dazu, ihn zur Unterzeichnung eines Kaufvertrages zu veranlassen, durch den der Patient dieses Grundstück an ihn, den Arzt, verkaufte. Der Patient erklärte, nachdem er geheilt war, daß er bei klarer Ueberlegung niemals den Vertrag abgeschlossen hätte.
2. Ein Rechtsanwalt saß eines Abends in fröhlichem Kreise. Es wurde viel von einem Villengrundstück geredet und in animirter Stimmung unterzeichnete er den Kaufvertrag darüber, den er bei ruhiger Ueberlegung nicht abgeschlossen haben würde. Diese Erkenntniß kam ihm gleich den anderen Morgen.

Herr Justizrath Weyland, Rechtsanwalt und Notar in Bochum, theilt mit, daß an seinem Wohnsitz, soviel ihm bekannt, der Wunsch auf Aenderung des § 313 B.G.B. aus Zweckmäßigkeitsgründen nicht laut geworden sei.

Herr Paul Wehrmann, Rechtsanwalt und Notar in Stettin, ist abgesehen von dem allgemeinen Grundsatz, daß wohl eine Aenderung einzelner Bestimmungen des Bürgerlichen Gesetzbuches sich noch nicht empfehle, im Uebrigen der Ansicht, daß der § 313 eine durchaus nützliche und angemessene Vorschrift enthalte, und zwar insbesondere aus dem Grunde, weil die Parteien vor dem übereilten Abschlusse von Grundstückskäufen oder Verkäufen zurückgehalten werden.

Er habe mit verschiedenen Grundstücksmaklern darüber gesprochen. Diese seien mit der Vorschrift unzufrieden und äußerten sich dahin, daß sie früher die Parteien bei den Verhandlungen gleich durch ihre Unterschrift festgenagelt hätten. Jetzt seien die Leute vorsichtiger und schlössen in der Uebereilung nicht Verträge ab. Mein Gewährsmann meint mit Recht, gerade dies empfehle die Bestimmung. Es komme natürlich hinzu, daß der Notar beide Theile auf die Tragweite der einzelnen Vertragsbestimmungen aufmerksam mache. Streitigkeiten werden dadurch vermieden. Die Prozesse auf Minderung oder Wandelung haben nach seinen Erfahrungen abgenommen. Der solide Grundstückshandel werde seines Erachtens nicht erschwert. Die Kosten spielen in Preußen neben dem Stempel und der Umsatzsteuer, die meist je 1 pCt. des Kaufpreises betrage, keine Rolle. Dieselben betragen bei Objekten unter 100 000 Mk. beinahe 1 pro Mille, bei höheren Objekten weniger.

Die Ausführungen des Rechtsanwalts beim Königlichen Kammergericht und Notar Herrn Hänschke in Berlin liegen Ihnen, wie erwähnt, im Drucke vor.

Aus Magdeburg schreibt mir der Vorsitzende der Anwaltskammer, Geheimer Justizrath Steinbach, der mir räth, mich mit Entschiedenheit gegen eine Aufhebung der §§ 313 und 873 B.G.B. auszusprechen, dagegen für deren Beibehaltung einzutreten.

Die Zeit sei noch viel zu kurz, um schon jetzt an dem großen nationalen Werk, dessen wir uns alle erfreuen, zu rütteln und Aenderungen einzelner Paragraphen vorzunehmen.

Dies gelte insbesondere von den Vorschriften über die Form der Verträge.

Der § 313 könne nicht so einfach aufgehoben werden, vielmehr müßte eine neue Berathung und Beschlußfassung über das ganze Vertragssystem erfolgen. Die Aufhebung oder Aenderung dieses Paragraphen müßte sich auch auf die §§ 873 bis 877 erstrecken und würde somit einen tiefen Eingriff in das ganze Bürgerliche Gesetzbuch bedeuten.

Es liege auch sachlich kein Grund zur Aenderung vor. Der § 313 ebenso wie der § 873 seien eine sehr heilsame Vorschrift, deren Beibehaltung er für nothwendig erachte.

Die dort vorgeschriebene Beurkundung gewährleiste die Ernstlichkeit des Kontraktwillens, indem sie die Kontrahenten zur besonnenen Ueberlegung veranlasse. Es sei ferner dadurch die Vollständigkeit des Vertrages in Betreff aller bei dem Vertragsabschlusse in Betracht kommenden Punkte garantirt und dem Einwande mündlicher Nebenabreden vorgebeugt. Es werde der Beweis gesichert und zahlreichen Prozessen, welche sich bei formlosen Verträgen hinterher einzustellen pflegen, von vornherein vorgebeugt.

Denke man sich die Vorschriften der §§ 313 und 873 hinweg, und würde danach auch auf dem Gebiete des Immobiliar-Sachen-Rechts Formfreiheit gelten, so würde damit zahlreichen Einwendungen, welche bei mündlichen Verträgen hinterher erhoben werden, wie insbesondere, daß der Vertrag nicht ernstlich gemeint, daß dieser oder jener Punkt anders besprochen und verabredet sei, Thür und Thor geöffnet sein.

Im Gegensatze zum Handelsverkehr sei im Gebiete des Immobiliar-Sachen-Rechts eine Erschwerung der Vertragsformen durchaus zweckmäßig.

Wenn dagegen als Hauptgrund geltend gemacht werde, auch im Immobiliar-Verkehr müßte der deutschrechtliche Grundsatz von Treu und Glauben gelten, welcher die Gültigkeit auch nur mündlich geschlossener Verträge bedinge, durch die Vorschriften der §§ 313 und 873 würden aber die Kontrahenten zum Vertragsbruch angereizt und verleitet, einen, wenn auch mit ernstem Willen, aber nur mündlich abgeschlossenen Vertrag hinterher, weil er ihm leid geworden sei, zu widerrufen, so sei dies Argument den oben angeführten Gründen gegenüber nicht stichhaltig, sondern sei durch § 313 Satz 2 und § 873 Absatz 2 die Spitze abgebrochen, wonach auch ein nur mündlich abgeschlossener Vertrag durch Auflassung und Eintragung in das Grundbuch Gültigkeit erlange. Seien die Kontrahenten über den abzuschließenden Vertrag wirklich mit ernstem Willen einig geworden, so werden sie ihn auch bis zur Auflassung, welche ja sofort nachfolgen könne, halten.

Andernfalls sei es immer besser, wenn sie vor der Auflassung zurücktreten, als wenn sie hinterher in Prozeß gerathen.

Nach seiner Erfahrung habe sich auch nach Einführung des Gesetzbuchs keinerlei Bedürfniß für deren Abänderung oder Aufhebung herausgestellt, und er würde es entschieden als eine Verschlechterung betrachten, wenn die gedachten Paragraphen aufgehoben und der Grundsatz der Formfreiheit der Verträge auch auf das Immobiliar-Sachen-Recht ausgedehnt würde.

Herr Rechtsanwalt und Notar Panse in Erfurt ist ganz entschieden gegen eine Aenderung des § 313 B.G.B., der nach den von ihm vor und nach Einführung des Bürgerlichen Gesetzbuches gemachten Erfahrungen für die Betheiligten außerordentlich heilsam sei.

Herr Justizrath Dr. Kaehne, Rechtsanwalt und Notar in Halle a. S., verweist darauf, daß es sich fast immer um Objekte handle, welche für die Vertragschließenden von größter Erheblichkeit seien, so daß eine sorgsame Fassung der Verträge durchaus geboten erscheine. Es sei ihm in seiner Praxis wiederholt vorgekommen, daß vertragslustige Komparenten den Abschluß der bereits mündlich vollständig vereinbarten Verträge aufgegeben haben, nachdem er sie im Einzelnen über die Tragweite ihrer Pflichten belehrt hatte.

Soweit er in seiner Eigenschaft als Rechtsanwalt die Sachlage überschauen könne, seien auch die Prozesse über Wandlung des Vertrages oder über Minderung des Kaufpreises seit 1900 seltener geworden; namentlich sei das bei den Kaufverträgen über Gasthofgrundstücke der Fall, bei denen früher fast regelmäßig eine Wandlungs- oder Minderungsklage angestrengt wurde, da überall ein zu hoher Bierumsatz angegeben war.

Da die Auflassung in Preußen bei dem Amtsgerichte erfolgen müsse, so habe dies scheinbar eine Belästigung des Publikums insofern zur Folge, als die Vertragsschließenden häufig zweimal nach der Stadt müssen. Er habe, ebenso wie andere Kollegen in letzter Zeit diese Unbequemlichkeit durch beseitigt, daß er sowohl von dem Verkäufer, als auch von dem Käufer eine Vollmacht zur Auflassung auf seinen Bureauvorsteher in den Kaufvertrag aufnahm. Die Auflassungsvollmacht ist kosten- und stempelfrei. Der Bureauvorsteher gehe dann auf das Amtsgericht und besorge die Auflassung allein für beide Parteien.

Herr Justizrath Tollkiomitt in Naumburg hat als Rechtsanwalt beim dortigen Oberlandesgericht Gelegenheit gehabt, in den verschiedenen, zu dessen Bezirk gehörigen Rechtsgebieten die Wirkungen der Formfreiheit, der privatschriftlichen Form und der nunmehr durch § 313 vorgeschriebenen gerichtlichen oder notariellen Form neben einander in der Praxis zu beobachten.

Die Vorschrift des § 313 sei an sich nicht nothwendig gewesen. Das gemeine Recht sei, so weit er es beobachtet habe, mit der Formfreiheit ganz gut ausgekommen. Anderseits seien aber die durch den § 313 herbeigeführten Uebelstände (Weitläufigkeit und größere Kosten) nicht ausreichend, um den Versuch einer Abänderung des B.G.B. zu rechtfertigen, und in der Rückkehr zu dem privatschriftlichen Vertrag als nothwendige, aber genügende Form wäre, wie er mir gegenüber auch mündlich betont hat, eine Verschlechterung zu erblicken.

Neben Irrthümern in den Eigenthums- und Belastungsverhältnissen entstehen die meisten Streitigkeiten aus der Frage, ob der vorliegende schriftliche Vertrag alles enthalte, was vereinbart sei und ob alles vereinbart, beziehentlich so vereinbart sei, wie es in dem schriftlichen Vertrage stehe. Die letztere Frage dürfte noch häufiger der Entscheidung bedürfen, als die erstere. Der schriftliche Vertrag sei durchaus keine Gewähr dagegen. Im Gegentheil spiele das Formular, daß dem Winkelkonsulenten zur Verfügung stehe, nach dieser Richtung eine geradezu unheilvolle Rolle. In etwas werde unbedingt bei gewissenhafter Behandlung von seiten der Urkundsperson dieser schlimmste Uebelstand durch den § 313 beseitigt, während nach seinem Dafürhalten die nothwendige Freiheit und Schnelligkeit des Verkehrs in Grundstücken nicht wesentlich beeinträchtigt werde. Die Erschwerung werde nicht unerheblich gemildert, wo von der Befugniß Gebrauch gemacht sei, anderen Behörden neben Gerichten und Notaren die Zuständigkeit für die Aufnahme von Grundstücks- und Kaufverträgen (und die Entgegennahme von Auflassungserklärungen) zu ertheilen. Dabei wäre es allerdings nothwendig, daß solche Behörden, wenn sie nicht zugleich das Grundbuch führen, über die Eigenthums- und Verschuldungsverhältnisse im Bezirke genau unterrichtet seien, und deshalb für eine schnelle und sichere Verbindung mit den Grundbuchämtern gesorgt sei. In diesem Falle würde er z. B. die Gemeindebehörden für geeignetere und zuverlässigere Urkundspersonen erachten, wie die Notare. Ob solche Institution allgemein oder nur für Nothfälle einzuführen wäre, das dürfte von den wirthschaftlichen und Verkehrsverhältnissen, sowie von dem Material abhängen, welches man in den Gemeindebehörden zur Verfügung habe. Nach allem möchte er deshalb die Frage der Abänderung ohne Einschränkung verneinen. Man habe nach seiner Meinung nur die Wahl zwischen voller Formfreiheit und der Mitwirkung einer amtlichen Urkundsperson beim Vertragsschluß. Der vom B.G.B. allgemein eingeführte Zwang im letzten Sinne, welcher ja für einen großen Theil von Deutschland keine Erschwerniß bedeutete, dürfte um so weniger empfindlich sein, weil sowohl der obligatorische, als der dingliche Vertrag Stellvertretung zulasse und die persönliche Theilnahme der Betheiligten nicht verlange.

Herr Rechtsanwalt und Notar **Möhlis** in Breslau hatte sich mit einer Anzahl erfahrener Breslauer Notare und **Rechtsanwälte**, darunter dem Syndikus des Breslauer Haus- und Grundbesitzer-Vereins, in Verbindung gesetzt, und schreibt:

> Wir sind alle ausnahmslos der Ansicht, daß die Gründe, welche zur Annahme des § 313 B.G.B. führten, thatsächlich vorhanden waren und noch vorhanden sind, und daß, wenn die Bewegung zur Beseitigung desselben wegen der damit verbundenen Gebühren

Erfolg haben sollte, damit eine schwere Schädigung und Gefährdung des Publikums vorgenommen würde. Der Paragraph ist erforderlich 1. im Interesse der Erforschung und richtigen Formulirung des Willens der Vertragskontrahenten, 2. zur Vermeidung von Uebereilung und Ueberrumpelung, 3. zur Vermeidung direkter Uebervortheilung.

Ziehen die Vertragskontrahenten eine geschäftserfahrene Person bei den Verhandlungen überhaupt nicht zu, so ergiebt sich die Gefährdung des Geschäfts von selbst; ebenso wenn nur einer der Kontrahenten geschäftserfahren ist. Meist aber — und zwar in Stadt und Land — werden dritte Personen als Berather hinzugezogen; gleichviel ob dieselben von derlei Dingen wirklich etwas verstehen oder nicht. In beiden Fällen werden sie für den Geschäftsabschluß gefährlich, da erfahrungsmäßig „meist pflichtmäßig" dieselben die einseitigen Interessen eines der Kontrahenten wahrnehmen. Wir ältere Notare wissen, wie Vermittler sich oft nicht entblödeten, sogar im Bureau des Notars durch Unterdrückung oder Entstellung von Thatsachen oder durch den Versuch, in den Vertrag gewisse Formeln oder zweideutige Bemerkungen hineinzubringen und den anderen Theil zu übervortheilen suchen, so daß es des energischen Eingreifens und deutlicher Belehrung bedarf, um die Verhältnisse klar zu stellen. Es liegt auf der Hand und brauche ich wohl nicht erst darauf hinzuweisen, wie die Verhandlungen sich abspielen, wenn Leute gefährlicher Art in Restaurationslokalen oder anderen Orten unter Benützung geistiger Getränke die Bearbeitung der Kontrahenten und der Vertragsbedingungen vornehmen. Regelmäßig werden zu den Verhandlungen ja öffentliche Lokale, nicht die Wohnungen der Kontrahenten benutzt. Wir alle wissen aus der Prozeßpraxis, wie schwer, ja umöglich es ist, den Wortlaut mündlicher Abreden festzustellen, ja wie zweifelhaft es oft ist, ob überhaupt feste, bindende Abmachungen getroffen oder nur Vorverhandlungen gepflogen worden sind. Zieht man nun gar noch in Betracht, daß beim Wegfall des § 313 B.G.B. in den dann zahlreicher werdenden Prozessen noch mehr wie jetzt solche im einseitigen Interesse arbeitende Personen als alleinige Zeugen — vor dem Urkundsbeamten empfinden dieselben doch noch eine gewisse Scheu und üben auch als Zeugen Zurückhaltung — fungiren würden, so ist klar, daß in diesem Falle die Rechtssicherheit geradezu beseitigt werden würde. Ich wiederhole, daß wir Praktiker — und zwar nicht bloß die Notare — meines Wissens hierin völlig einer Meinung sind.

Herr Justizrath Herr in Leipzig, Rechtsanwalt beim Reichsgericht, hat bis zum März 1889 21 Jahre als Notar im Osten Preußens fungirt und seither die Entwicklung der Formvorschriften in der Rechtsprechung des Reichsgerichts und der Oberlandesgerichte verfolgt. Dabei sei allerdings die Strömung zu beobachten gewesen, möglichst von den Formvorschriften abzusehen, das Anwendungsgebiet derselben einzuschränken und habe hierfür die jetzt in das Reichsrecht als zweiter Satz des § 313 B.G.B. übergegangene Vorschrift des § 10 Absatz 2 des Preuß. Gesetzes vom 5. Mai 1872 eine geeignete Handhabe geboten.

Mit dieser Einschränkung halte er den § 313 B.G.B. nicht für verkehrsschädlich und seine Aufhebung nicht für geboten.

Allerdings habe der 5. Civilsenat des Reichsgerichts in dem auch in den Entscheidungen Band 50 S. 163 veröffentlichten Urtheile vom 5. Februar d. J. die Formvorschrift auch auf Verträge angewendet, welche die Eigenthumsübertragung nur mittelbar herbeiführen, wie Parzellirungsvollmachten mit Konventionalstrafe, und der 3. Civilsenat des Reichsgerichts erachte in dem Urtheile vom 21. März 1902 die Provision des Maklers erst dann für verdient, wenn der Kaufvertrag notariell oder gerichtlich abgeschlossen sei.

Diese Anwendung des Gesetzes sei an sich sinngemäß und er habe selbst kürzlich darauf hingewiesen, daß auch auf anderem Gebiete sorgfältig auf die entsprechende Vorschrift des § 873 Abs. 2 B.G.B. zu achten sei.

Dadurch entstehen nicht unerhebliche Erschwerungen des Rechtsverkehrs, welche namentlich in denjenigen Gebieten, welche von Alters her an Formfreiheit gewöhnt waren, als lästig empfunden werden.

Indessen treffen dieselben neben dem gesunden Verkehr in erster Reihe Theile desselben, welche man mit Recht als krank bezeichnen könne, wie die Ausbeutung der Landleute durch Parzellanten und den sehr üblen Berliner Grundstückshandel mit Schluß-Scheinen und Anstellungen.

Er nehme daher an, daß Vortheile und Nachtheile sich bei Eingewöhnung in das geltende Recht mindestens ausgleichen werden, und halte jedenfalls den Versuch, bereits nach zwei Jahren die Klinke der Gesetzgebung in Bewegung zu setzen, um so mehr für verfrüht, als der Versuch nicht bei der Aenderung der angezogenen §§ 313, 873 B.G.B. stehen bleiben könne, sondern weiter in das System des Immobiliarrechts eingreifen müsse.

Schließlich noch die partikularrechtlichen Stimmen.

Herr Justizrath Böhmig, Rechtsanwalt und kgl. sächsischer Notar in Dresden, geht von dem § 822 des Sächs. B.G.B. früherer Uebung aus, wonach sich das Publikum vorzugsweise der ihm nachgelassenen einfachen Schriftlichkeit bedient habe. Dies habe sich als durchaus unzureichend erwiesen. Entweder, wenn schon in der Minderheit der Fälle, sei der Vertrag von den Betheiligten selbst fixirt worden; waren beide unerfahren, so seien gerade nur die Hauptpunkte erwähnt worden, und dies oft noch unklar genug und über Nebenpunkte habe sich Streit erhoben; war aber der eine erfahren, so der Spekulant u. dgl, so habe er seine Position oft auf Kosten der des Andern günstig zu gestalten gewußt; oder aber die Betheiligten hätten sich an Agenten und Winkelschriftsteller, auf dem Dorfe an den Ortsrichter gewandt. Gewiß hätten sich von diesen einige mit der Zeit ein gewisses Geschick erworben. Im Großen und Ganzen hätten sie die Verträge ohne genügendes Verständniß entworfen, seien auch nicht selten unter dem Einflusse der einen Partei gestanden. Ein Hauptübel habe darin bestanden, daß jeder dieser Agenten, ganz besonders die Ortsrichter, sich sehr bald ein Schema angewöhnt haben, in das nun, man könnte sagen, schonungslos, jeder Kauf gezwängt worden sei. Von Individualisirung sei nichts zu merken gewesen.

Die Folgen dieses Zustandes seien vielfache, recht oft schwerwiegende Rechtsstreite.

Die Frage, ob einfache Schriftlichkeit des Kaufvertrages genüge, beantwortet daher auch dieser Gewährsmann durchaus mit Nein. Auch er ist der Ansicht, daß nur zu wählen sei, zwischen vollkommener Formlosigkeit und der im § 313 vorgesehenen Form.

Nach seinen Erfahrungen habe sich aber die Förmlichkeit als nützlicher erwiesen und sei der Formlosigkeit vorzuziehen.

Nur in seltenen Fällen beschränken sich die Kaufverträge auf Vereinbarungen über den Gegenstand und über die Höhe des Kaufpreises. Meist trete noch eine Anzahl anderer Bestimmungen hinzu. Insbesondere sei dann, wenn, wie in der Umgebung großer Städte, die Grundstücksspekulation Fuß gefaßt habe und solchenfalls Dismembration, Uebernahme von Theilhypotheken, Anliegerbeiträge für Straßen- und Schleusenbau oder nachbarrechtliche Verhälttnisse in Frage kommen, die Mitwirkung des Gerichts oder Notars wünschenswerth. Thätig werden letztere ja unbedingt jetzt bei einem Kaufabschlusse, nämlich bei der Auflassung. Aber diese sei doch ein rein formaler Akt lediglich der Eigenthumsübertragung, bei dem von dem zu Grunde liegenden Vertrage nicht die Rede sei und auch nicht sein solle. Einen Schutz stelle er daher in keiner Weise dar. Ein solcher sei aber nöthig, nicht etwa nur gegen Uebervortheilung, sondern vor allem auch gegen Unwissenheit, Unvollständigkeit, Undeutlichkeit, und dieser werde nur dadurch geboten, daß der Rechtskundige den Vertrag entweder überhaupt selbst fertige oder zum Zwecke des Protokollirens mit den Betheiligten durchgehe.

Klagen wegen der Umständlichkeit und Kostspieligkeit dieses Verfahrens seien ihm bisher nicht bekannt geworden. Die Kosten seien meist nicht sehr erheblich.

Herr Justizrath Dr. Kielmeyer in Stuttgart theilt die Anschauung, daß es jetzt noch zu früh sei, eine Revision des B.G.B. oder einzelner Bestimmungen desselben anzustreben.

Nach den in Württemberg geltenden Anschauungen würde es für sehr bedenklich erachtet werden, eine Aenderung in dem Sinne vorzunehmen, daß jeder formlose Vertrag genüge, um die Verpflichtung zur Eigenthumsübertragung an einem Grundstück zu begründen.

Das Württembg. A.G. hat schon die Bestimmung des § 313 Abs. 2 vom rechtspolizeilichen Standpunkt aus für bedenklich erachtet und deshalb dem Grundbuchbeamten zur Pflicht gemacht, auf die Vorlage einer dem § 313 entsprechenden Vertragsurkunde zu dringen.

Bis zur Einführung des B.G.B. habe in Württemberg das Gesetz über die Veräußerung von Liegenschaften vom 23. Juni 1853 gegolten, wonach Kauf- und Tauschverträge über Grundstücke nur schriftlich abgeschlossen werden konnten, und zu den wesentlichen Erfordernissen der Vertragsurkunde habe die genaue Bezeichnung der Kontrahenten, der Kaufsobjekte, des Orts und des Datums, sowie die Angabe des Kaufschillings u. s. w. gehört.

Eine notarielle Beurkundung sei nicht vorgeschrieben gewesen. Die Parteien haben ihren Privatvertrag dem Kaufrathsschreiber (nunmehrigen Grundbuchbeamten) überbracht, welcher verpflichtet war, sie auf etwaige Mängel des Vertrags aufmerksam zu machen und zur Ergänzung oder zur Verbesserung zu veranlassen.

Die Parteien haben aber auch ihre mündliche Vereinbarung dem Rathsschreiber zu Protokoll geben und im Kaufbuch unterzeichnen können, in welchem Fall der Inhalt des letzteren als Vertragsurkunde behandelt und von den Parteien unterzeichnet wurde. Diese ganze Einrichtung sei rechtspolizeilicher Natur gewesen und habe bezweckt, die Parteien vor Uebereilung zu schützen. Bei Grundstücken von mehr als 10 Morgen Meßgehalt sei den Parteien überdies noch ein 3tägiges Reurecht zugestanden, auf welches nicht habe verzichtet werden können.

Der 1. Satz des § 313 könne als ein Ersatz für die früheren Formvorschriften gelten und eine einfache Aufhebung desselben würde wohl in Württemberg von rechtspolizeilichem Interesse allgemein bedauert werden; eine andere Frage sei, ob nicht im Interesse des Kostenpunktes statt der gerichtlichen oder notariellen Beurkundung ein schriftlicher Privatvertrag im Sinne der früheren württembergischen Vorschriften genügen könnte; den Parteien würden hierdurch die zweimaligen Kosten einer notariellen Beurkundung und Auflassung erspart.

Wenn aber überhaupt eine Aenderung des § 313 ins Auge gefaßt werde, so sollte diese sich nicht auf den 1. Satz beschränken, sondern auf den 2. Satz erstrecken, der alsdann wohl am besten gestrichen würde.

Herr Justizrath Dr. Kielmeyer verweist außerdem auf die Erläuterungen, mit welchen das Württembergische Ausführungsgesetz zum B.G.B. und dessen Nebengesetzen von Landgerichtsdirektor Nieder herausgegeben worden ist.

Dort wird zu Art. 22, wonach das Grundbuchamt die Erklärung der Auflassung nur dann entgegennehmen lassen soll, wenn die nach § 313 des B.G.B. erforderliche Urkunde vorgelegt wird, u. a. ausgeführt:

Diese, den bayer. und bad. Ausführungsvorschriften entsprechende Anordnung entspreche den bisherigen Rechtsgewohnheiten, sie sei geeignet, die Rechtssicherheit zu fördern und die Gefahren des rein abstrakten dinglichen Vertrags namentlich für die ländliche Bevölkerung zu mildern. Der obligatorische Vertrag werde, wenn dies auch nach § 313 nicht erforderlich sei, auch künftig in der Regel den materiellen Grund der Eigenthumsänderung, die Ursache derselben enthalten, und es werde so der Grundbuchbeamte, wenn er auch amtlich nur zu prüfen habe, ob der Veräußerungsvertrag den Formvorschriften des B.G.B. entspreche, doch in der Lage sein, die Willensabsicht der Vertragschließenden klar und korrekt zu fixiren und zugleich auf einen sachgemäßen Abschluß des Veräußerungsvertrags hinzuwirken, wie dies seither bei dem Erfordernisse der Schriftlichkeit für alle Kauf- und Tauschverträge, welche Gebäude oder Grundstücke zum Gegenstande hatten, möglich gewesen sei. Der Grundbuchbeamte werde auf diese Weise weiter zumeist in den Stand gesetzt sein, die Kontrahenten vor Uebereilungen und Uebervortheilungen zu bewahren und Prozessen und Streitigkeiten vorzubeugen, indem er Anlaß nehme, den Inhalt des Vertrags mit ihnen zu besprechen und sie auf etwaige Mängel und Bedenklichkeiten seines Inhalts aufmerksam zu machen.

Eine besondere Belästigung des Publikums werde durch die Befolgung der Vorschrift des Art. 22 nicht herbeigeführt werden, insoferne für die Beurkundung des obligatorischen Vertrags, wie oben bemerkt, außer dem Notar auch die sonstigen Grundbuchbeamten und die Rathsschreiber der betr. Gemeinden zuständig seien und vor diesen nach Art. 34 d. A.G. auch die Auflassungserklärung erfolgen könne, so daß sich wohl künftig im Liegenschaftsverkehr die regelmäßige Uebung bilden werde, daß der obligatorische Vertrag mit dem dinglichen Vertrag in einer und derselben Urkunde vom Grundbuchbeamten oder vom Rathsschreiber aufgenommen und beurkundet werde, an den Veräußerungsvertrag sich dann sofort die Entgegennahme der Auflassung anreihe, und falls diese vor dem zuständigen Grundbuchbeamten geschehe, auch die Eintragung selbst sofort nachfolgen könne. Auf solche Weise werde das Verfahren sehr vereinfacht werden.

In der Kommission der Kammer der Abgeordneten sowohl als im Plenum der letzteren sei die Frage zur Sprache gekommen, ob nicht im Interesse der Kostenersparniß und eines erleichterten Liegenschaftsverkehrs für geringwerthigere Objekte eine Ausnahme von der Vorschrift des Art. 22 gemacht und damit eine Werthgrenze als Voraussetzung der Anwendung dieser Vorschrift festgesetzt werden sollte. Die Frage sei jedoch verneint worden, indem eben davon ausgegangen sei, daß gerade die Besitzer solcher geringwerthiger Objekte, die sogenannten kleinen Leute, häufig nicht in der Lage sein werden, für ihre Interessen gehörig zu sorgen, so daß bei ihnen ein Schutz gegen Uebervortheilungen, namentlich durch unlautere Güterhändler, ganz besonders angezeigt sei. In Betreff des Kostenpunktes habe Herr Justizminister die Zusicherung gegeben, daß in der Gebührenordnung Vorkehr in der Richtung getroffen werde, daß die Zusammenfassung des obligatorischen und des dinglichen Vertrags in einem Akt nur eine einzige Gebühr und nicht eine doppelte begründe, und daß weiter dafür werde Sorge getragen werde, daß auch für die keinsten Objekte nur eine Gebühr zu entrichten sei, welche im Verhältnisse zu dem Werth dieser Objekte stehe[8]).

Zu Art. 33 wird u. a. bemerkt:

Der Zweck der Ermächtigungen, welche in Art. 142 u. 143 des E.G. z. B.G.B. der Landesgesetzgebung ertheilt sei, gehe dahin, die Vornahme dieser Rechtsgeschäfte, namentlich für diejenigen Theile des Reiches, in welchen die Zerstückelung des Grundbesitzes sehr vorgeschritten ist und wo es sich daher häufig um Parzellen von sehr geringem Werth

---

[8]) Zu Art. 33 des A.G.:

Für die Beurkung des in § 313 d. B.G.B. bezeichneten Vertrags sind auch die in Art. 3 Abs. 3 bezeichneten Grundbuchbeamten, sowie die Rathsschreiber der Gemeinden zuständig, soweit es sich um Grundstücke handelt, welche in dem betr. Grundbuchamtsbezirk oder Gemeindebezirk gelegen sind.

In demselben Umfang sind die Rathsschreiber der Gemeinden auch für die nach § 873 Abs. 2 B.G.B. zur Bindung der Betheiligten erforderliche Beurkundung der Erklärungen zuständig.

handelt, möglichst zu erleichtern. Das Bedürfniß für eine solche Erleichterung bestehe bei dem vielfach zersplitterten Grundbesitz auch in Württemberg und es habe daher die Gesetzgebung dieses Landes in den Art. 33 u. 34 von den obigen Vorbehalten Gebrauch gemacht und für die Beurkundung der mehrbezeichneten Rechtsgeschäfte auch die Rathsschreiber der Gemeinden für zuständig erklärt.

Diese Einrichtung entspreche dem seither in Württemberg bestehenden Zustand und trage den berechtigten Wünschen und einer alten Gepflogenheit der Bevölkenung Rechnung, welche von jeher gewohnt sei, ihre liegenschaftlichen Rechtsgeschäfte an Ort und Stelle abzuschließen. Bei der Einrichtung werde zugleich die Unbequemlichkeit wesentlich erleichtert, welche darin liege, daß das Grundbuchamt zwar seinen Sitz in der Gemeinde habe, der Grundbuchbeamte aber nicht jederzeit zur Stelle sei, und es werde den Betheiligten in vielen Fällen ein erheblicher Aufwand an Zeit und Kosten erspart. Fernerhin habe diese Einrichtung den Vorzug, daß den Ortsvorstehern der kleinen und mittleren Gemeinden, welche mit wenigen Ausnahmen als Rathsschreiber fungiren, auf solche Weise Gelegenheit gegeben sei, den betheiligten Gemeindeangehörigen mit Rath und That an die Hand zu gehen, sie von übereilten Verträgen abzuhalten und auf sachgemäße Vereinbarungen hinzuwirken, wobei übrigens der Gemeindebeamte selbst wieder einer Art Kontrole Seitens des Grundbuchbeamten dadurch unterstellt werde, daß nach Art. 22 der obligatorische Vertrag dem Grundbuchamte vorzulegen sei.

In Bayern sind die Streitfragen, welche uns heute beschäftigen, schon vor mehr als 50 Jahren in beiden Kammern des Landtages eingehend erörtert worden, als der Entwurf eines Notariatsgesetzes im Jahre 1851 zum ersten Male vorgelegt wurde. Art. 13 dieses Entwurfes, der spätere Art. 14 des Notariatsgesetzes lautet:

„Ueber alle Verträge, welche die Besitzveränderung oder das Eigenthum unbeweglicher Sachen oder diesen gleichgeachteter Rechte, sowie über alle Verträge, welche dingliche Rechte an unbeweglichen Sachen betreffen, sind bei Strafe der Nichtigkeit öffentliche Urkunden zu errichten“.

Diese Bestimmung gehörte zu denjenigen, über welche in beiden Kammern des Landtages dreimal verhandelt wurde, weil eine Einigung der Kammer über den Gesetzentwurf damals nicht zu erzielen war, und im Laufe dieser Verhandlungen sind gegen jenen Art. 13 alle die Bedenken geltend gemacht worden, welche jetzt dem Art. 313 des Bürgerlichen Gesetzbuches entgegengehalten werden.

Der Entwurf ist aber 10 Jahre später Gesetz geworden, sein Art. 13 ist als Art. 14 in Kraft getreten und beherrscht seit mehr als 40 Jahren den Immobiliarverkehr in Stadt und Land. Obwohl er oder vielmehr weil er durch eine konstante Rechtsprechung stets in strengstem Sinne ausgelegt wurde, hat er sich nach der übereinstimmenden Auffassung der Juristen und der Nichtjuristen in Bayern durchaus bewährt, und hierüber sprechen sich die Herren Notare Justizrath Schmidbauer in München und Justizrath Hoehl in Nürnberg übereinstimmend aus, indem sie auf Grund dieser Erfahrung einer Aenderung des § 313 mit allem Nachdrucke widersprechen.

Doch ich muß zu Ende eilen und will auf die Ausführungen der beiden Herren Notare nicht weiter eingehen. Dagegen gebe ich wörtlich wieder, was Rechtsanwalt Herr Justizrath Medicus in Würzburg schreibt:

„Nach meinen Erfahrungen in der anwaltschaftlichen Praxis steht § 313 B.G.B. im Einklang mit dem geschichtlich erwachsenen Rechtsbewußtsein des Volkes und auch mit dem Wesen des Immobiliarbesitzes.

Die Beseitigung des § 313 würde jenes Rechtsbewußtsein verletzen und dem Grundstücksverkehr nachtheilig werden.

Die große und gesunde Masse der Bevölkerung betrachtet das Grundstück nicht als Waare, welche beliebig erworben und veräußert wird. Es ist vielmehr eine gewisse Eigenartigkeit des einzelnen Grundstücks, welche von dem einzelnen Individuum zu einer dauernden Zweckbestimmung gesucht und erworben wird. Eine gewisse Hemmung und Regelung des Grundstücksverkehrs und eine gewisse Beeinflussung durch rechtliche Autorität ist deshalb durchweg als Wohlthat, nicht als Schaden bisher empfunden worden. Die Beseitigung des § 313 würde lediglich als eine Begünstigung jenes Güterhandels erscheinen, welcher in dem Grundstück nur noch eine „Waare“ findet, welcher aber auch von dem Rechtsbewußtsein der besseren Bevölkerung durch die Bezeichnung „Grundstücksspekulantenthum“ und Güterhandel“ mit einer ziemlich intensiven Macula belegt wird.

Die Eigenartigkeit der Grundstücksverhältnisse bedingt eine wesentliche Verschiedenheit der Rechtsverhältnisse je nach den einzelnen Landesgebieten, so daß eine gewisse Mitwirkung der rechtlichen Autorität zu einem ordnungsmäßigen Grundstückskauf ohnehin niemals ganz entbehrt werden kann. Eine völlige Gleichgestaltung des Grundstücksverkehrs mit dem Waarenverkehre wird deshalb ohnehin niemals zu erreichen sein“.

Mit den bayerischen Erfahrungen stimmen die Braunschweigischen übereln, über welche mir Herr Rechtsanwalt und Notar Nessig schreibt:

„Der Inhalt des § 313 hat für das Herzogthum Braunschweig neues Recht nicht geschaffen, da bereits der § 1 des Gesetzes vom 19. März 1850 Nr. 22 die Erwerbung dinglicher Rechte an Grundstücken u. s. w. betreffend und später der § 74 des Gesetzes vom 8. März 1878 Nr. 10 den Eigenthumserwerb und die dingliche Belastung der Grundstücke vorschrieb, daß Verträge in Beziehung auf Eigenthum oder dingliche Rechte an Grundstücken der gerichtlichen oder notariellen Verlautbarung bedurften, um einen rechtsgültigen persönlichen Anspruch zu erzeugen.

Diese Bestimmung hat sich im Herzogthum durchaus bewährt und es ist ihr nach meiner Ansicht wesentlich mit zu verdanken, daß das gewissenlose Treiben der Agenten und der Grundstücksausschlachter im Herzogthum keinen Boden habe gewinnen können".

Herr Nessig ist seit 1880 Anwalt und seit 1887 Notar und wüßte nicht einen Fall, wo die Bestimmung schädlich gewirkt hätte, aber sehr viele, wo sie den Ruin der Familien verhindert hat.

Besondere Beachtung dürften schließlich die Erfahrungen verdienen, welche in der bayerischen Rheinpfalz gemacht worden sind und über die sich einer der erfahrensten Rechtsanwälte Herr Justizrath Scholler in Landau ausspricht, wie folgt:

„Zufolge Art. 1583 code civil war der Verkauf, zufolge Art. 1703 der Tausch von Grundstücken, abgesehen von Schenkungen unter Lebenden durch bloßen Konsens der Parteien perfekt; — vergleiche auch Art. 711 code civil. Es bedurfte nur gegenüber Dritten einer Urkunde, öffentlichen oder Privaturkunde, Art. 1582 code civil, welche letztere vor dem 1. Oktober 1879 durch Einregistrirung nach Art. 1328 code civil sicheres Datum erlangt haben mußte. Vorverträge im Sinne des § 313, welche erst die Verpflichtung zur Uebertragung von Grundstücken enthielten, unterlagen eo ipso denselben Bestimmungen. Durch Art. 219 des bayerischen Ausführungs-Gesetzes zur Ausführung der Reichs-Civilprozeßordnung und Konkursordnung vom 23. Februar 1879 erfolgte für die Pfalz die Abänderung, daß über alle Verträge, welche das Eigenthum unbeweglicher Sachen oder dingliche Rechte an unbeweglichen Sachen betreffen, bei Strafe der Nichtigkeit Notariatsurkunden zu errichten waren, also auch über Vorverträge im Sinne des § 313. Hiergegen fand eine lebhafte Opposition pfälzischer Kreise in der Abgeordneten-Kammer und im Reichsrathe statt, in letzterem hauptsächlich durch Reichsrath von Böcking, bis 1869 in Landau Advokat-Anwalt, jedoch vergeblich. Sie scheiterte an dem Bestreben der Gegner, eine größere Gleichförmigkeit in der Gesetzgebung mit dem rechtsrheinischen Bayern herbeizuführen. Man war in der Pfalz mit dem älteren Systeme zufrieden. Weniger federgewandte Leute bedienten bei der Abfassung der früheren Privaturkunden sich der Hilfe von Geschäftsleuten, die häufig frühere, erfahrene Notariatsschreiber und, was besonders ins Gewicht fiel, weit weniger kostspielig als Notare waren. Die betreffenden Verträge hatten meist ein individuelles Gepräge; unter der neuen Vorschrift wurden sie schablonenhafter und theurer. Anstände entstanden früher wenig; die Gerichte entschieden sie aus der Absicht der Parteien heraus, die bei dem individuelleren Gepräge der Verträge leichter zu erkennen war. Da unsere Notare übrigens Vertrauen genossen und die Pfalz wohlhabend ist, so gewöhnte man sich indessen unschwer an die durchgreifende Neuerung. Die Fassung des § 313 kommt, indem sie im Falle des Satzes 2 die absolute Nichtigkeit nach Art. 219 des bayerischen Gesetzes von 1879 beseitigt der französischen Rechtsauffassung wieder etwas näher. Doch beschäftigt sich die für den Juristentag formulirte Frage mit Satz 1 des § 313, nicht mit Satz 2. Die Leute nun, welche Vorverträge im Sinne des § 313 schließen, gehören ganz überwiegend nicht den einfachen Kreisen an, welche regelmäßig vorziehen, die in Vorverträgen sonst in Aussicht genommenen weiteren Verträge lieber sofort unmittelbar abzuschließen. Dieselben sind gewöhnlich zur Abfassung auch komplizirter Vorverträge wohl befähigt. Ihrer Befähigung eröffnet aber Satz 2 des § 313 auch ein Feld und man sollte mit Abänderungen gewiß so lange warten, bis die Erfahrung die Wirkung des § 313 positiv geklärt hat. Ist der Prozentsatz der Fälle unerheblich, in welchen private Vorverträge durch nachträgliche illoyale Haltung einer Partei nicht nach Satz 2 § 313 zum Vollzuge gelangen, so hat sich die in den Grenzen des Satzes 2 § 313 gestattete Zulassung privater Vorverträge bewährt und man könnte Satz 1 streichen. Ist der Prozentsatz der Fälle dagegen erheblich, in welchen private Vorverträge durch nachträgliche illoyale Haltung einer Partei nicht nach § 313 zum Vollzuge gelangen, so hat sich Satz 1 bewährt und man kann Satz 2 zum Nutzen unentwegter loyaler Kontrahenten fortbestehen lassen.

Meine Herren, ich bin mit meiner Stoffsammlung zu Ende, und sehr bald werde ich es auch mit meinem Vortrage sein.

Denn es bedarf nicht sehr vieler Worte, um die Schlüsse zu ziehen, welche sich aus dem vorgelegten Material für unsere Frage ergeben.

Diese Frage geht, ich wiederhole dies, nicht dahin, wie nach Ansicht der Versammlung die Materie am besten geregelt würde, wenn das B.G.B. heute noch einmal zu machen wäre.

Mit einer so müssigen Frage können wir uns hier nicht beschäftigen.

Für uns handelt es sich vielmehr darum, und nur darum, ob die laut gewordene Unzufriedenheit so verbreitet und ob sie als so berechtigt anzuerkennen sei, daß der Juristentag Grund habe, alle Bedenken zurücktreten zu lassen, der Bewegung sich anzuschließen und für die Abänderung oder Aufhebung des § 313 auch sein Votum in die Wagschale zu legen.

Diese Frage glaube ich auf Grund des vorgelegten Materials mit Bestimmtheit verneinen zu müssen.

Eine ausgesprochene Unzufriedenheit ist allerdings, im Norden wenigstens, vor allem im Nordwesten, ziemlich weit verbreitet, jedenfalls weiter, als ich es bis in die letzten Wochen und Tage hinein für möglich gehalten hätte.

Ich war überrascht, das lebhafte Interesse kennen zu lernen, das die Auktionatoren an der Sache nehmen. Denn es war mir bis vor kurzem unbekannt, daß freiwillige Versteigerungen von Liegenschaften, die bei uns nur in seltenen Ausnahmsfällen vorkommen, anderwärts, und zwar in ausgedehnten Bezirken des Nordwestens, eine häufige und beliebte Veräußerungsform seien, und daß man sich dabei vordem, nicht nur in Ostfriesland, wo ja höchst eigenartige Verhältnisse von altersher überliefert sind, sondern auch in anderen Gebieten ausschließlich der beeidigten Auktionatoren bedient habe.

Ich war noch mehr überrascht durch die Stellungnahme der städtischen Grund- und Hausbesitzervereine, für die mir, so lange die Verhandlungen des Central-Verbands vom 8. August d. J. nicht vorliegen, eine ausreichende Erklärung fehlt. Denn in den Darlegungen des oben wiedergegebenen Briefes des Verbandsdirektors Hartwig vermag ich eine solche ausreichende Erklärung wirklich nicht zu finden.

Am meisten aber war ich überrascht durch die Haltung, welche die Justiz-Kommission des Preußischen Hauses der Abgeordneten im Mai l. J. aus Anlaß der Petitionen der Auktionatoren, dem § 313 gegenüber einstimmig, wie es scheint, eingenommen hat.

In Verbindung mit der recht reservirten Art, in welcher sich in der Sitzung des Preußischen Abgeordnetenhauses vom 31. Januar 1901 der Herr Justizminister Dr. Schönstedt über unseren Paragraphen ausgesprochen hat — vergl. oben S. 447 f. — könnte man fast den Eindruck gewinnen, als wäre die Unzufriedenheit mit dem, was der Abgeordnete Schmitz-Düsseldorf wiederholt, auch schon vor dem 1. Januar 1900, als das Aufgeben eines bewährten Grundsatzes des alten preußischen Rechts mißbilligt hat, im Königreich Preußen wenigstens, ganz allgemein.

Aber die Umfragen ergeben, daß dies doch keineswegs der Fall ist, und die meinige außerdem, daß es durchaus nicht etwa nur Notare sind, welche sich zufrieden äußern — ganz abgesehen davon, daß niemand, der die Ehre hat, die von mir genannten Herren Notare zu kennen, ihnen eine den Werth ihres Urtheils mindernde Befangenheit durch Sonderinteressen zutrauen wird, und daß, wenn man von solchen Interessen reden wollte, diejenigen des Notars durch die entgegengesetzten des Rechtsanwalts mindestens ausgeglichen würden.

Außerhalb Preußens scheint sich die Unzufriedenheit überhaupt nur vereinzelt bemerklich zu machen, und im Ganzen und Großen wird man nicht zugeben können, daß sie auch nur annähernd so verbreitet sei, wie die Führer der Bewegung, selbstverständlich optima fide, es darstellen.

Noch weniger ist anzuerkennen, daß sie in vollem Maße berechtigt sei.

Begreiflich ist sie ja ohne Zweifel.

Jede Aenderung des geltenden, vollends des von Altersher überlieferten Rechts ist als solche ein Uebel und wird zunächst als Uebel empfunden. Dies gilt regelmäßig selbst dann, wenn die Aenderung mehr oder minder allgemein als Besserung anerkannt wird. Mit der Einführung des B.G.B. waren aber nicht nur ungewöhnlich umfassende und eingreifende, sondern unvermeidlicher Weise auch solche Aenderungen verbunden, welche keineswegs überall als Besserungen anerkannt, sondern besten Falles als überflüssig, vielfach auch, und zum Theil nicht ohne Grund, als Aenderungen in peius betrachtet und empfunden wurden. Nichts könnte also natürlicher, nichts begreiflicher sein, als daß da und dort Unzufriedenheit hervortritt, insbesondere in Kreisen, deren Interessen gelitten haben, wie es bei den Auktionatoren offenbar der Fall gewesen ist. Man wird es aufrichtig beklagen, wenn ein so ehrenwerther und nützlicher Stand, wie er nach den Verhandlungen im Preußischen Abgeordnetenhause hier in Frage steht, durch die Folgen der Kodifikation beeinträchtigt werden mußte, und man wird dringend wünschen, daß es auf irgend einem Wege gelingen möge, ihm wirksam zu Hilfe zu kommen. Ob das auf dem Wege möglich ist, den die zur Erwägung überwiesenen Petitionen bezeichnen, entzieht sich unserer Besprechung. —

Aber so begreiflich die Unzufriedenheit sein mag, nicht nur in Kreisen, die thatsächlich geschädigt sind, sondern allenthalben, wo die Neuerung unliebsam empfunden wird: insofern sie sich zu dem Verlangen, dem ungestümen Verlangen nach Abänderung steigert, wäre sie doch nur dann berechtigt, wenn wir uns davon überzeugen müßten, daß mit der Vorschrift, die geändert werden soll, wirklich nicht zurechtzukommen, daß durch sie ein Nothstand geschaffen sei, dem um jeden Preis abgeholfen werden müsse und nur durch Gesetzesänderung abgeholfen werden könne.

Davon kann nun aber nach den vorliegenden Zeugnissen aus den verschiedensten Theilen des Reichs, auch nach den Erfahrungen, die wir mit unserem Bayerischen Notaritätsgesetz seit mehr als 40 Jahren gemacht haben, wirklich nicht die Rede sei.

Die so oft und so laut erhobene Klage, daß durch die Vorschrift des 313 Satz 1 der alte Grundsatz „ein Mann, ein Wort" verletzt und Treu und Glauben im Volke erschüttert würde, ist ja geeignet, tiefen Eindruck zu machen, erweist sich aber bei genauerer Prüfung als völlig unbegründet. Ich muß mir leider versagen, jenen vielberufenen Grundsatz an der Hand der oben angeführten Untersuchungen von Lothar Seuffert rechtsgeschichtlich näher zu beleuchten. Dagegen möchte ich fragen, ob denn diejenigen, welche ihn als Hauptsturmbock gegen den § 313 ins Feld führen, gar nicht daran denken, wie traurig das Zeugniß ist, das sie der Zuverlässigkeit unseres Volkes ausstellen. Außerdem lehren doch die Erfahrungen vieler Jahrhunderte, insbesondere auch die langjährigen Erfahrungen in den Rechtsgebieten, in denen ein mehr oder minder strenger Formzwang schon bisher gegolten hat, daß sich ein solcher Formzwang im rechtsgeschäftlichen Verkehr und treues Halten des gegebenen Wortes recht wohl mit einander vertragen. Bis zu einem gewissen Grade verständlich ist der Vorwurf, wenn er in den — verhältnißmäßig wenigen Gebieten erhoben wird, in welchen bisher volle Formfreiheit gegolten hat und gebräuchlich war, und in welchen man die Rückkehr zu ihr empfiehlt. Fast ganz unverständlich ist er aber im Munde derjenigen, welche in einem Atem den Zwang der öffentlichen Beurkundung verdammen und den Zwang der Privatschriftform verlangen. Gerade hier ist unverkennbar, daß nur Uebergangserscheinungen vorliegen. An die eine Form war man gewöhnt, an die andere ist man's nicht und will man sich nicht gewöhnen, und so täuscht man sich darüber, daß mit dem Grundsatz „ein Mann, ein Wort" entweder jeder Formzwang oder gar keiner vereinbar ist, und daß man im letzteren Falle sämmtliche Formvorschriften des B.G.B. aufheben müßte.

Damit erledigen sich auch die einzelnen Fälle, die angeführt werden, soweit sie dazu dienen sollen, die Gefahren des § 313 für die deutsche Treue zu beweisen. Ich glaube nicht, daß diese Fälle, die zumeist ganz den Charakter der Uebergangszeit tragen, zunehmen, sondern daß sie in dem Maße abnehmen werden, in welchem sich das neue Recht einbürgert.

Wenn der Abgeordnete Schmitz von einem Falle erzählt, in welchem eine wortbrüchige Partei dem Vorhalte des Richters gegenüber erklärt habe:

„ja, mein Gott, was das Gesetz gut heißt, kann doch unmöglich Unrecht sein",

und wenn er meint, dem Richter sei damit jede Erwiderung abgeschnitten gewesen, er habe nur feststellen können, daß hier unsere Rechtssätze mit dem Rechtsempfinden der Bevölkerung in einem schroffen Gegensatze stehen (Sitzung vom 31. Januar 1901, Stenographischer Bericht, Bd. I S. 923), so hat er Recht und Moral verwechselt und dabei eine Deutung der Formvorschriften des Gesetzes, als ob sie den Wortbruch gutheißen wollten, als unwidersprechlich acceptirt, die jener Richter unschwer als frivol hätte zurückweisen können.

Ständen Treu und Glauben bei uns wirklich auf so schwachen Füßen, wie die Gegner des § 313 fürchten, so wäre es schlimm um unser Volk bestellt. Dann wäre aber auch von der Rückkehr zur Formfreiheit oder gar zur Privatschriftform keine Heilung, sondern eine Reihe anderer Uebel zu erwarten.

Was dem § 313 sonst zum Vorwurf gemacht wird — Erschwerung des Verkehrs, Rechtsunsicherheit, Umständlichkeit, Kosten — läßt sich in aller Kürze auf sein richtiges Maß zurückführen. Es sind unvermeidliche, aber keineswegs unerträgliche Uebelstände, und sie werden zum großen Theil durch die Gewöhnung von selbst gemildert werden — dies gilt namentlich, wie Dr. v. Davidsohn gewiß zutreffend schon jetzt beobachtet, von der Rechtsunsicherheit; zum Theil werden sie auch durch zweckmäßige landesrechtliche Einrichtungen, wie sie die Herren Dr. Linckelmann und Justizrath Tollkiomitt anregen und wie sie z. B. in Württemberg mustergültig getroffen worden sind, je nach Bedürfniß noch weiter gemildert werden können. Eine gewisse Erschwerung des Immobiliarverkehrs wird ja immer bleiben. Eine solche ist aber aus wohlerwogenen Gründen gewollt, und nichts spricht dafür, daß in dieser Erschwerung ein unerträglicher Nothstand liege, der die Aenderung des Gesetzes als dringendes, ja schreiendes Bedürfniß erscheinen lasse. Wohl aber ist anderseits völlig zweifellos, daß die Aenderung in den Gebieten, in welchen bisher Notariatszwang geherrscht hat, Unzuträglichkeiten anderer und zwar weit schwerwiegenderer Art zur Folge haben und mehr als Unzufriedenheit erregen müßte.

Daß ein ausgedehnter und reger Immobiliarverkehr in Stadt und Land bestehen und daß sich auch eine lebhafte Terrainspekulation entwickeln kann, wo, ungemildert durch eine Bestimmung, wie sie § 313 Satz 2 enthält, der strengste Notariatszwang herrscht, kann ich auf Grund langjähriger und unmittelbarer Beobachtung der Verhältnisse in Bayern, insbesondere in München, als eine unwidersprechliche Erfahrung mit allem Nachdruck bezeugen. Die Befürchtung, daß sich der wesentlich, vielleicht zu sehr abgeschwächte Beurkundungszwang des B.G.B. in irgend einem Theile des Reichs für den Immobiliarverkehr auf die Dauer als unerträglich oder auch nur als überwiegend nachtheilig erweisen werde, halte ich für unbegründet, mindestens für sehr verfrüht. Keinesfalls wird sie durch die Erfahrungen der bisherigen Uebergangszeit schon ausreichend gerechtfertigt.

Das Bürgerliche Gesetzbuch, m. H., ich komme zum Schlusse nochmals darauf zurück, ist die Frucht einer mehr als zwanzigjährigen gesetzgeberischen Arbeit. Niemand wird es für vollkommen erklären. Es ist unvollkommenes, vielleicht recht unvollkommenes Menschenwerk. Aber es ist das Beste, was unter den gegebenen Verhältnissen von den vorhandenen Kräften geschaffen werden konnte, um die gestellte Aufgabe zu lösen.

Welche Aufgabe!

Vergegenwärtigen wir uns einmal so lebendig als möglich, was dazu gehört und wie selten es doch eigentlich gelingt, für ein eng begrenztes und, was wichtiger ist, für ein in jeder Hinsicht oder doch im Großen und Ganzen einheitliches Gebiet das „richtige Recht" zu finden, und zum guten, dauernd brauchbaren Gesetz zu gestalten.

Versuchen wir dann, uns das weite Deutsche Reich und die im wahren Sinne des Wortes unübersehbare, unerschöpfliche Fülle der geschichtlichen, geographischen, politischen, gesellschaftlichen, wirthschaftlichen und wie vieler anderen Bedingungen, unter welchen die fünfzig und mehr Millionen dieses Reiches leben, nicht zu vergegenwärtigen, das ist unmöglich, sondern nur in entfernter Annäherung zu veranschaulichen.

Und bedenken wir nun, was es heißen wollte, aus einer nicht minder unübersehbaren, nicht minder unerschöpflichen Fülle von divergirender Beurtheilung des Ueberlieferten und des Seinsollenden heraus mit den Mitteln einer vielgespaltenen Wissenschaft, einer noch viel mehr zerklüfteten, von Interessen- und Partei-Gegensätzen zerrissenen öffentlichen Meinung und eines äußerst komplizirten politischen Mechanismus ein, die weiten Grenzen des bürgerlichen Rechts umspannendes, einheitliches Recht, ein B.G.B. für das Deutsche Reich zu schaffen.

Eine ungeheure, eine wahrhaft unerhörte Aufgabe, und eine Aufgabe, die verständiger Weise überhaupt nicht unternommen werden konnte, wenn man nicht entschlossen war, auf das unerreichbare Ideal eines für alle in allem befriedigenden Gesetzbuchs von vornherein zu verzichten und nur daran alle Kräfte zu setzen, im Wege eines besonnenen Ausgleichs zwischen den widerstreitenden Anschauungen und Bedürfnissen diejenige Lösung zu suchen, von welcher man hoffen könne, daß sie sich auf absehbare Zeit für die Gesammtheit als die verhältnißmäßig beste erweisen werde.

Ein Ausgleich ohne Opfer ist nicht möglich, und ebenso wenig ist es möglich, einen vielumfassenden Ausgleich, wie er hier getroffen werden mußte, in einem einzelnen Punkte in Frage zu stellen, ohne ihn als Ganzes zu gefährden.

Das Opfer, das einem Theile der Reichs- und Rechtsgenossen, schwerlich dem überwiegenden, durch § 313 Satz 1 zugemuthet wird, ist nicht größer, als so manches Opfer, das andere Bestimmungen und ganze Institute des B.G.B. für andere Theile mit sich bringen, und ich übertreibe nicht, wenn ich sage, daß zunächst auf dem Gebiete des § 313 in weiterer Folge, aber auch auf anderen wichtigen Gebieten die kaum errungene Rechtseinheit ernstlich in Frage gestellt würde, wenn die jetzt gegen § 313 gerichtete Bewegung Erfolg hätte.

Der Juristentag kann daher dieser Bewegung den erbetenen Beistand nicht leisten, ohne sich mit sich selbst, mit allen seinen Ueberlieferungen und mit Ziel und Zweck seines Daseins in verhängnißvollen Widerspruch zu setzen.

Nach alledem stelle ich den Antrag, der Juristentag wolle beschließen:

1. Abänderungsvorschläge zum B.G.B. seien vorerst als verfrüht abzulehnen;
2. insbesondere sei auch keine ausreichende Veranlassung anzuerkennen, zu der Frage einer Abänderung des § 313 Satz 1 B.G.B. jetzt schon Stellung zu nehmen.

Berlin, 10. September 1902.

Zweite Sitzung der vierten Abtheilung
am Donnerstag, 11. September.

(Beginn: Vormittags 10 Uhr.)

Vorsitzender Justizrath Dr. **Krause** (Berlin): Ich eröffne die heutige Sitzung der IV. Abtheilung. Auf der Tagesordnung steht allein der **Gegenstand Nr. 9** des Berathungsprogramms:

> Bedarf die Civilprozeßordnung einer Aenderung in der Richtung, daß dem Richter eine größere Mitwirkung bei dem Prozeßbetrieb gewährt wird?

Die Gutachten liegen den Herren Mitgliedern des Juristentags gedruckt vor. Die Herren Berichterstatter sind zur Stelle.

Bevor wir in die Verhandlung eintreten, möchte ich mit Rücksicht auf eine Anregung, die hierher gekommen ist, nur hervorheben: das Eintragen in die Abtheilungsliste, um ein Stimmrecht hier zu erlangen, ist nicht erforderlich. Diese Bestimmung der Satzungen ist schon seit langer Zeit als obsolet betrachtet worden. Es wird angenommen, jedes Mitglied des Juristentages ist in der Abtheilung, in der er sich gerade befindet, zu stimmen berechtigt.

Wir treten nunmehr in den Gegenstand der Tagesordnung ein und ich ertheile das Wort dem ersten Berichterstatter Herr Oberlandesgerichtspräsident Hamm (Köln). — — Zur Geschäftsordnung hat vorher Herr Rechtsanwalt Dr. Eisermann das Wort.

Rechtsanwalt Dr. **Eisermann** (Berlin): M. H., wir haben gestern in einer Abtheilnng den Fall erlebt, daß ein Redner ja sehr interessant, aber doch zu lange — etwa über zwei Stunden — redete. Die Folge davon war, daß, ehe die Debatte begann, sich die meisten entfernten und daß eine Anregung, die sonst wohl erfolgt wäre, nicht erfolgt ist. Es wäre gewiß sehr gern mancher von denen, die sich entfernt haben, noch zum Wort gekommen. Ich möchte deshalb den Antrag stellen, daß den

Berichterstattern und den Rednern heute eine bestimmte Redefrist gesetzt wird, vielleicht für den Berichterstatter höchstens eine Stunde und für jeden Redner eine Viertelstunde. Dann würden sich verschiedene Meinungen äußern können. (Sehr richtig!)

Auf Zwischenruf des Berichterstatters, Oberlandesgerichts-Präsidenten Hamm:

Oder eine halbe Stunde für den Berichterstatter! (Heiterkeit.)

Vorsitzender: Ich möchte doch anheimstellen, eine Beschlußfassung über diesen Antrag augenblicklich noch nicht vorzunehmen (sehr richtig!) und zunächst die ersten Redner ohne Zeitbeschränkung zu hören, aber sich dann schlüssig zu machen, ob für die künftige Debatte eine Redezeit angesetzt werden soll. Falls Herr Rechtsanwalt Eisermann nicht darauf besteht, daß ich jetzt seinen Antrag zum Beschluß stelle, würde ich mir erlauben, ihn zu bitten, daß er diesen Zeitpunkt später wählt — er ist damit einverstanden. Wir treten in die Tagesordnnung ein.

Berichterstatter Oberlandesgerichtspräsieent **Hamm** (Köln), Wirklicher Geheimer Oberjustizrath:

Meine Herren: Der Verhandlungsgegenstand, den wir heute behandeln wollen, hat darin etwas Aehnlichkeit mit demjenigen, welcher gestern in diesem Saale verhandelt worden ist, daß er, wie dieser, eine ganze Menge von Einzelfragen umfaßt. Es besteht aber der Unterschied, daß wir gestern bei der Berathung der Reform des Strafgesetzbuches nicht in eine materielle Erörterung einzelner Fragen eingetreten sind, sondern eigentlich nur dem Speisezettel aufgestellt haben über die Reihenfolge, in welcher wir künftig die einzelnen Fragen behandeln wollen. Heute ist der Speisezettel fast ebenso groß; aber heute sollen wir in die materielle Verhandlung eintreten, die Speisen uns auftragen lassen. Da besteht die Gefahr, daß die Verhandlungen ins Uferlose gehen, wenn wir uns nicht einschränken. Ich möchte darum bitten, daß sich die Debatte in einem engeren Geleise hält, als ihr durch die allgemeine Fassung der Frage freigelassen ist.

Die erste Fassung, welche die Deputation bei Einholung der Gutachten zu Grunde gelegt hat, lautete ganz allgemein: „Abgrenzung von Richterrecht und Parteibetrieb im Civilprozeß“. Als dann das Programm für den Juristentag aufgestellt wurde, wurde das Thema schon etwas eingeschränkt und lautete nun:

> „Bedarf der Civilprozeß einer Abänderung in der Richtung, daß dem Richter eine größere Mitwirkung beim Prozeßbetrieb gewährt wird?

Hier war mit dem Worte „bedarf“ angedeutet, daß die Frage aus praktischen Gesichtspunkten gestellt war und weniger aus theoretischen als aus Zweckmäßigkeitsgründen beantwortet werden sollte. Dann hat die Erörtenung der Frage in der Presse und der juristischen Litteratur eine ganz besondere Richtung genommen. Es wurde die Frage, ob der Prozeßbetrieb mehr in die Hand des Richters zu legen sei, in Zusammenhang gebracht mit der Verschleppung der Civilprozesse in Deutschland, und es wurden dann schließlich die Gründe dieser Verschleppung und die Mittel zu deren Verhütung ganz allgemein erörtert. Wenn dies unser Thema wäre, dann hätten wir wochenlang darüber zu sprechen.

Selbst die beiden Gutachter haben noch so vieles hineingebracht, daß auch das nicht Alles erörtert werden kann. Herr Geheimrath Wach hat u. A. auch das Zustellungswesen durch die Parteien und die Frage besprochen, ob das nachträgliche Vorbringen der Parteien eingeschränkt werden sollte. Herr Oberlandesgerichtsrath Neukamp will den Lauf der Rechtsmittelschrift von der Verkündigung des Urtheils an beginnen lassen, fordert eine Mitwirkung des Richters beim Widerruf eines Vergleichs und Anderes mehr. Andere kommen mit der Erörterung, daß zu wenig Richter angestellt seien, namentlich in Preußen; wieder andere empfehlen eine höhere Zuständigkeit des Amtsgerichts. Diese verschiedenen Gesichtspunkte können wir heute unmöglich alle erörtern. Ich meine, wir sollten bei dem bleiben, was ursprünglich der Ausgangspunkt bei Aufstellung des Themas gewesen ist, und wir sollten uns demgemäß beschränken auf die einzige Frage: „Soll dem Richter im Civilprozeß eine größere Mitwirkung gegeben werden bei der Vertagung und Verlegung von Verhandlungsterminen und beim Sistiren und Ruhenlassen des Verfahrens?“ Davon ist die ursprüngliche Frage ausgegangen, daran hat die Deputation gedacht, und damit bekommen wir ein beschränktes Thema, von dem sich vielleicht noch hoffen läßt, daß es heute gründlich erörtert und ausgetragen werden kann.

Natürlich wird aber diese Frage dann im Zusammenhange mit der Prozeßverschleppung zu behandeln sein. Es wird sich nicht umgehen lassen, daß hier auch erörtert wird, ob überhaupt eine Prozeßverschleppung vorliegt, in welchem Umfang und für welche Bezirke. Es wird sich nicht vermeiden lassen, daß der eine oder andere auch von anderen Mitteln gegen Prozeßverschleppungen spricht. Aber unser eigentliches Thema sollte die Vertagung und Verlegung von Terminen und das Sistiren und Ruhenlassen des Verfahrens sein. Wir mögen erörtern, ob und in wie weit eine Verschleppung der Civilprozesse vorliegt: Aber schließlich wollen wir dann nur die Frage zur Entscheidung bringen, ob zur Verhütung derartiger Verschleppungen eine Mitwirkung des Richters bei Vertagung und Verlegung der Verhandlungstermine und bei dem Sistiren und Ruhenlassen des Verfahrens geboten ist.

Das wäre es, worauf wir unser Thema beschränken sollten. Jedenfalls schlagen wir Referenten gemeinsam diese Beschränkung des Themas vor. Da muß ich nun zunächst in Erinnerung bringen und kurz angeben, was jetzt Rechtens ist rücksichtlich der Frage, ob Termine vertagt werden können, und rücksichtlich der Frage des Ruhenlassens von Prozessen. Die entscheidende Bestimmung in der Civil-Prozeßordnung. Das ist der Absatz 1 des § 227: „Die Parteien können die Aufhebung eines Termines vereinbaren" — darunter ist auch verstanden der Verhandlungstermin. Unsere jetzige Civil-Prozeßordnung gestattet also den Parteien, eine Vertagung des Verhandlungstermins zu vereinbaren, ohne daß dem Gerichte dabei irgend eine Mitwirkung zusteht oder eine Prüfung der Gründe gestattet ist. Ebenso können nach § 251 die Parteien vereinbaren, daß das Verfahren ganz ruhen soll, und sie brauchen sogar garnichts zu thun, sie brauchen bloß in dem Termin auszubleiben, den das Gericht angesetzt hat, und dann ruht das Verfahren. § 335 behandelt den Antrag auf Erlaß eines Versäumnißurtheils und es heißt dort: wieder „unbeschadet des Rechts der erschienenen Partei, die Vertagung zu beantragen". Die erschienene Partei ist, was ja auch selbstredend ist, nicht gezwungen, gegen die ausgebliebene ein Versäumnißurtheil zu beantragen. Aber sie ist auch, wenn sie kein Versäumnißurtheil beantragen will, nicht gezwungen, die Sache ruhen zu lassen, sie kann einfach Vertagung verlangen.

Als ein einziges Mittel, um diese Herrschaft der Parteien über die Vertagung der Verhandlung etwas zu mildern, haben wir den § 48 des Gerichtskostengesetzes, wonach für den Fall, daß durch Verschulden einer Partei oder eines Vertreters derselben die Anberaumung eines anderen Termins nothwendig wird, das Gericht dem schuldigen Theile die Zahlung einer besonderen Gebühr auferlegen kann. Dann haben wir noch § 94 G.K.G., wonach, wenn der Prozeß ein Jahr lang ruht, von den Parteien die Prozeßgebühren erhoben werden; dagegen tritt durch das Ruhelassen, wenn innerhalb eines Jahres der Prozeß weitergeht, ein Fälligwerden der Gebühren oder eine Verpflichtung zu einer besonderen Gebühr nicht ein. So ist die Sachlage.

Nun möchte ich mit der Frage beginnen, ob im Gebiet der deutschen Civilprozeßordnung eine Prozeßverschleppung vorliegt. Zur Erörterung dieser Frage bin ich deshalb besonders berufen und habe mich auch gerade deshalb zum Berichterstatter bestellen lassen, weil mein Bezirk, der Bezirk des Oberlandesgerichts Köln, gleichsam der Hauptangeklagte in der Sache ist. Denn so viel ist sicher, daß die Prozeßschleppungen in Preußen am größten sind innerhalb des Oberlandesgerichtsbezirks Köln und daß die Kalamität namentlich am Oberlandesgericht und an mehreren größeren Landgerichten des Bezirks eine wirklich das Publikum zu Klagen berechtigende ist. Das Gleiche finden wir aber, wie Neukamp nachweist, bei allen denjenigen deutschen Gerichten, in deren Bezirk das französische Verfahren gegolten hat, und ebenso auch in den außerdeutschen Bezirken, wo jetzt noch der französische Prozeß gilt, vor allem in Belgien und Frankreich, und so ist es unverkennbar, daß — ich darf mich der Feststellung nicht entziehen, gerade zur Entschuldigung der rheinischen Gerichte und zur Darlegung der Gründe für die Verschleppungen — daß in den Bezirken, wo früher französischer Prozeß gegolten hat und wo er noch gilt, die Prozeßverschleppung eine ganz außerordentliche ist.

Das hängt ganz unzweifelhaft mit der volleren Durchführung der Mündlichkeit zusammen.

Sie wissen Alle, daß, was die mündliche Verhandlung des Civilprozesses betrifft, wir zwar eine gemeinsame Prozeßordnung für das ganze Deutsche Reich haben, das Verfahren aber in der That in den einzelnen deutschen Ländern und Landestheilen ein ganz verschiedenes ist. Wer, um von Preußen zu sprechen, aus den alten Provinzen als Richter in den Oberlandesgerichtsbezirk Köln versetzt wird, ist sehr verwundert über die Art und Weise, wie wir verhandeln; er gewöhnt sich aber in der Regel rasch daran, und ich habe sehr häufig die Erfahrung gemacht, daß er unser Verfahren nachher lieb gewinnt. Es ist eben beim Prozeß nicht damit gemacht, daß man bestimmte Paragraphen hinschreibt, sondern die Menschen machen den Prozeß. (Sehr richtig!) Das Temperament der Menschen ist anders, ist lebhafter am Rhein. Der Unterschied ist aber auch in anderen Verhältnissen, vor allem des Anwaltstandes, begründet. In den anderen Provinzen wirft sich jetzt auch schon der neue Nachwuchs von jungen Advokaten, die nicht zugleich Notare sind, jung und frisch in den Redekampf hinein und hat weit mehr Freude an dem mündlichen Verhandeln, als die alten aus Richtern hervorgegangenen Anwälte. Was unser früheres rheinisches Verfahren anbelangt, so kann ich nur sagen, daß ich, ein geborener Rheinländer, die Begeisterung für die volle Mündlichkeit der Verhandlung, die ich schon als junger Referendar oder Auskultator empfand, mir bis ins Alter treu erhalten habe. Wir Rheinländer haben alle die Anschauung, daß man, als die Civilprozeßordnung gemacht wurde, von der darin grundsätzlich eingeführten Mündlichkeit des Verfahrens etwas ganz anderes erwartet hat, als was in den alten Provinzen daraus geworden ist. Die Civilprozeßordnung ist entschieden, was die Mündlichkeit betrifft, in dem Geiste gemacht, der bei uns am Rhein herrschte und noch jetzt herrscht.

Gestatten Sie mir nun, unser Verfahren kurz zu skizziren! Ich werde dabei die Schattenseiten erst verbergen, die das mündliche Verfahren gewiß auch hat, die aber nach meiner Ansicht von den Sonnenseiten weit überstrahlt werden. Bei unserem Verfahren hat sich die Praxis eingebürgert — wir wollen einmal vom Oberlandesgerichte sprechen — daß in der Berufsschrift, in der Rechtsmittelschrift durchaus keine Gründe stehen und daß auch späterhin häufig gar keine oder nur sehr kurze Schriftsätze gewechselt werden. So ist ein Informiren des Gerichts über das, was in zweiter Instanz vorgebracht werden soll, im Voraus meist gar nicht möglich, sondern das Wesentliche dieser Information kann erst durch die mündliche Verhandlung vor dem Oberlandesgerichte genommen werden. Dadurch wird — und das ist ein Segen dieses Verfahrens — das Interesse des Kollegiums an der mündlichen Verhandlung ungemein geweckt. Der Präsident hat die Akten vielleicht gelesen, und ist dadurch wenigstens über das, was in der ersten Instanz vorgebracht worden ist, informirt. Keiner der beisitzenden Richter weiß, wem demnächst die Abfassung des Urtheils übertragen werden wird. Selbstredend ist auch niemals schon vor der Verhandlung das Urtheil abgefaßt; auch wird kein Referat vorher angefertigt. In Folge dessen muß jeder Beisitzer gespannt Acht geben, denn der Vorsitzende wird vielleicht ihm nachher die Abfassung des Urtheils übertragen. So folgt jedes Mitglied des Kollegiums mit Ohr und Feder genau dem, was von den Anwälten mündlich vorgetragen wird, denn jeder weiß, daß, wenn er nachher die Akten bekommt und nichts notirt hat, er in den Schriftsätzen meist nichts vorfindet. Der Anwalt plädirt infolgedessen ganz anders, er weiß, daß die Richter noch völlig unbefangen sind. Ich kann nur sagen, es ist fast immer eine Freude, zuzuhören, wie die tüchtigen Anwälte am Oberlandesgericht in Köln plädiren. Wie ich es als junger Referendar empfunden habe, so ist es jetzt für mich als alten Mann stets eine wahre Erholung, wenn ich diese geistvollen und packenden Plaidoyers höre. Da wird die Rechtsfrage erschöpfend behandelt, da wird vor allem aber auch das Faktum bis in die feinsten Nüancen dargestellt, nicht von einem Referenten; der neutral ist, sondern von zwei Referenten, die beide Partei sind, und so nähert sich das Verfahren dem Ideale, dem Verfahren vor dem Einzelrichter, vor dem die Parteien selbst stehen und ihre Sache vortragen. Nur daß die Sache in schöner künstlerischer Weise vorgetragen wird, daß der Thatbestand mit allen seinen Nüancen, mit allem Kolorit herauskommt. Das Gericht wird für den Moment mit fortgerissen von dem, was der eine Anwalt redet. Und was dann der eine in die Richter hineinredet, muß der andere wieder hinausreden. (Lebhafte Heiterkeit.) So kommt es zu einer lebendigen Erfassung des Thatbestandes, nicht bloß bei dem Referenten und dem Präsidenten, sondern auch bei allen Beisitzern. Der Thatbestand steht vor ihnen, als wenn sie das mit erlebt hätten. Durch die lichtvolle Darstellung des Sachverhalts von zwei verschiedenen Standpunkten wird das Bild in der Zusammenfassung für den Richter zu einem stereoskopischen voll körperlichen Lebens.

Etwas derartiges habe ich noch nie in den Gerichssälen der alten Provinzen gefunden, weder an den Landgerichten noch an den Oberlandesgerichten. Es wird da wesentlich nach den Schriftsätzen gearbeitet; es kommt ein Richterkollegium in die Sitzung, von dem der Vorsitzende und der Referent schon den ganzen Thatbestand studirt, alle Schriftsätze gelesen haben, und regelmäßig alles kennen, was in der Verhandlung vorkommt, ja häufig ungehalten sind, wenn etwas Neues vorgebracht wird. (Wiederholter lebhafter Beifall.) Denn dafür stehe ich ein: es giebt fast kein Landgericht und kein Oberlandesgericht in den alten Provinzen, wo der Referent nicht schon sein Urtheil in der Tasche hat (Sehr richtig!) oder doch sein Referat; seine Meinung hat er sicher. (Widerspruch.) Wir aber wollen erst hören, wie die Sache liegt. (Bravo!) In ein Verfahren, das mündlich ist, gehören Richter, die das Faktum erst in der Verhandlung kennen lernen und sich nicht vorher hingesetzt und sich in die Sache einstudirt haben.

Wo die Mündlichkeit in dem vollen Maße, wie bei uns, gilt, ist der Einfluß des Anwalts ein außerordentlich viel größerer. Von Schriftsätzen ist oft gesagt worden: das Papier kann nicht erröthen. Ich kann auf dem Papier viel leichter unwahre Behauptungen aufstellen, als vor dem Gericht und dem Gegner ins Gesicht. (Sehr richtig!) Ebenso auch Sophistereien und gekünstelte Spitzfindigkeiten. Wenn solche in der mündlichen Verhandlung vorgebracht werden, sagt der Vorsitzende einfach: Lieber Anwalt, das habe ich nicht verstanden, können Sie uns diese Feinheiten nicht noch einmal entwickeln? (Heiterkeit.) Der Anwalt ist dann meist so verständig und antwortet lächelnd: Herr Präsident, solche Ausführungen kann man nicht zweimal machen! (Große Heiterkeit.) Sie sehen daraus, wie das mündliche Verfahren ein ganz anderes dramatisches Leben mit sich bringt, und ich möchte jeden, der es noch nicht gesehen hat, bitten, zu uns zu kommen. Gewiß würde er sagen: Da werden aber arg viel Worte gemacht. Aber er würde auch seine Freude daran haben, mit welcher Verve und mit welchem Geschick jeder Anwalt das Faktum darzustellen und den Richter für seine Anschauung zu kaptiviren versteht. Sie werden dann selbst merken, wie durch dies lebhafte Hin und Her der Verhandlung Ihre Phantasie angeregt, in Ihnen ein lebhaftes Bild der Sachlage hervorgebracht wird. Ein tüchtiger Richter muß eben nach dem zutreffenden Worte Dernburgs nicht bloß mit dem Verstande, sondern auch mit der Phantasie arbeiten und die Phantasie wird ganz anders angeregt, wenn es zum mündlichen Verfahren kommt, als durch das Papier. (Sehr richtig!) Das mündliche Verfahren hat natürlich, wie ich schon bemerkt, auch seine Schattenseiten wie jede Einrichtung. Die erste Schattenseite ist die, daß der Richter meist nicht sofort sein Urtheil sprechen kann. Eine sofortige Verkündung des Urtheils kommt leider, das muß ich zugeben, fast nie vor; wir sind wohl nach der Verhandlung alle über die Sachlage unterrichtet und es hat sich auch meist jeder bereits seine Meinung gebildet —; aber es wird regelmäßig erst noch ein Referent ernannt, der die Akten durchliest, und dann kommt es zu einer besonderen berathenden Sitzung, die beinahe ebenso lange dauert wie die Verhandlung vorher. Die berathende Sitzung hat indeß vor dem schriftlichen Verfahren etwas voraus: es sind alle Richter durch die mündliche Verhandlung informirt, alle haben aus derselben ihre Meinung gewonnen, und wenn der Referent jetzt etwas anderes will, so hat er zunächst die vier anderen Richter gegen sich. So entsteht eine angeregte Debatte, und ich muß sagen, es geht bei uns in der Rathskammer sehr heftig her, oft noch viel heftiger als vorher in der Verhandlung zwischen den beiden Anwälten. (Heiterkeit.) Wenn also auch die durchgeführte Mündlichkeit den Nachtheil hat, daß das Urtheil meist ausgesetzt wird, so ist doch durch dieselbe ein lebhaftes Interesse sämmtlicher Mitglieder des Kollegiums an der Sache, die Kenntniß jedes Richters und nicht bloß des Referenten von der Sachlage gewährleistet.

Zugleich ist aber mit der Mündlichkeit noch der zweite Nachtheil verbunden, daß die Verhandlungen viel länger dauern. Am Kölner Oberlandesgerichte verhandeln wir an drei Tagen der Woche jeden Tag von 9 bis $1^1/_2$ Uhr. In dieser Zeit — ich theile das nur mit, um zu zeigen, wie viel Zeit wir zur Verhandlung brauchen — werden, auch wenn die Sitzungen voll ausgefüllt sind, nie mehr Sachen kontradiktorisch verhandelt als drei bis höchstens vier; wir brauchen also für jede Sache eine Stunde oder noch etwas mehr zur Verhandlung. Am Landgericht werden natürlich mehr Sachen verhandelt, aber auch da geht es lange nicht so rasch, wie hier in den alten Provinzen. Es ist also selbstredend, daß wir zu unseren Sitzungen viel mehr Zeit brauchen. Zu diesen drei

Tagen kommt in jeder Woche eine berathende Sitzung, die mindestens eben so lange dauert, meistens aber länger, einen ganzen Tag, da, wie gesagt, sämmtliche Sachen zum Spruch ausgesetzt werden. In dieser trägt der Referent, der inzwischen die Akten gelesen hat, meist die Sache nochmals kurz vor und es wird nun debattirt. Es bringt also die Mündlichkeit für Richter, wie Anwälte eine erhebliche Mehrbelastung, und es erklärt sich hierdurch, daß bei uns in der gleichen Zeit viel weniger Sachen abgefertigt werden, als in den anderen Provinzen.

Es kommt noch ein anderer Uebelstand hinzu. Bei uns legt die Partei großen Werth darauf, einen Anwalt zu bekommen, der einen bedeutenden Ruf als Plädeur hat, und sie verlangt, daß dieser ihre Sache selbst vorträgt. In Folge dessen konzentrirt sich die Praxis in Civilsachen in sehr wenigen Händen. Jeder will den bekannten berühmten Anwalt haben, den er sprechen gehört hat. Aehnlich wie sich bei Ihnen namentlich in den großen Städten die Kriminalpraxis auf einige wenige Anwälte konzentrirt, ist es bei uns in Civil- und Kriminalsachen. Ich könnte Ihnen nachweisen, daß ein Viertel, vielleicht ein Drittel der Prozesse am Oberlandesgericht in den Händen von vier Anwälten ist; die meisten anderen haben nur wenige Sachen. Nun hat das Publikum aber auch, wie bereits erwähnt, großes Interesse daran, daß der von ihr ausgewählte Anwalt persönlich die Sache vorträgt, daß er sich nicht beim Vortrage durch einen Substituten vertreten läßt. Der Anwalt, der die Sache seiner Partei durch einen Kollegen vortragen läßt, hat zu gewärtigen, daß ihm seine Partei das Mandat kündigt. Das hat zur Folge, daß jetzt beim Oberlandesgerichte, wo wir sehr angestrengt arbeiten müssen, um aus den Resten herauszukommen, die tüchtigsten und gesuchtesten Anwälte arg überlastet sind. Ein hiesiger Anwalt kann in solche Termine unvorbereitet gehen mit seinen Aktenstücken unter dem Arm, da er in diesen was er vorbringen will, schwarz auf weiß bereit hat. Unsere rheinischen Anwälte gehen nicht Morgens in die Sitzung, ohne Abends vorher sich die Sache genau überlegt und ihren Vortrag sorgfältig disponirt zu haben, und wenn das ein Anwalt jeden Tag für eine ganze Reihe größerer Sachen thun und dann jedesmal mindestens drei bis vier ausführlich plaidiren muß, so ist er oft bis an die Grenze des Möglichen angestrengt.

Daher ist mit dem mündlichen Verfahren in jeder Weise eine Verlangsamung, eine Verschleppung des Prozeßbetriebes verbunden. Wir wollen aber am Rhein diesen Schaden ertragen, wenn wir uns dafür erhalten die volle Mündlichkeit, weil wir diese für ein so werthvolles Gut halten, daß wir dafür lieber etwas auf die Fixigkeit verzichten. (Lebhafter Beifall.)

Es ist mit der Mündlichkeit noch ein Ferneres verbunden, was die Prozesse bei uns verschleppt. Das ist die Kollision. Wir haben bei dem großen Oberlandesgericht natürlich stets mehrere Senate, welche zugleich tagen. An den meisten Tagen sind drei Civilsenate zur selben Stunde beschäftigt. Wenn nun auch die Sachen unter die Senate nach Landgerichtsbezirken vertheilt sind, so bekommt doch der vielbeschäftigte Anwalt meist seine Mandate aus der ganzen Provinz, nicht bloß aus der Gegend, woher er stammt, und nun kommen die Kollisionen. Wenn er in dem Senat I eine Sache um 9 Uhr vorzutragen hat und im Senat II eine um 10 oder 11 Uhr, dann muß häufig der Senat II warten, weil der Senat I bis dahin nicht fertig ist, und so fällt leicht eine Stunde aus. Auf diese Weise bringt das mündliche Verfahren, bei dem sich der Rechtsanwalt in der mündlichen Verhandlung nicht vertreten läßt und nicht vertreten lassen kann, wiederum eine Verschleppung und so ist es klar, daß am Rheine, wo die volle Mündlichkeit durchgeführt wird, die Prozesse langsamer voran gehen. Die Zeit, welche die Verhandlung in Anspruch nimmt, welche die Anwälte plaidiren, ist viel größer und deshalb kann weniger abgemacht werden.

Der augenblickliche Zustand am Oberlandesgericht Köln ist nun allerdings im höchsten Grade bedenklich. Das Oberlandesgericht macht seit Jahren nicht so viel Sachen ab, als neu eingehen, und Neukamp hat ganz recht, wenn er in seinem Gutachten sagt, das ist eigentlich ein Bankerott. Ein Geschäftsbetrieb, bei dem nicht so viel Sachen im Jahre abgemacht werden, als neu eingehen, muß mit mathematischer Gewißheit in immer größere Reste kommen. Wenn ein Gericht beim Beginn keine Reste hatte und nun jedes Jahr 300 Sachen liegen läßt, so muß es in zehn Jahren 3000 Reste haben. Wir haben über 3000 Reste und machten bisher nicht mehr als 2000 im Jahre ab. (Bewegung.) Ich hoffe in diesem Jahre bei ganz außerordentlicher Anstrengung der Richter und Anwälte auf 2500 Sachen zu kommen. Wir haben dann aber, da in diesem Jahre mindestens ebensoviele Sachen neu eingehn, am Schlusse des Jahres noch immer 3000 Reste, was soviel heißt, daß unsere Prozesse durchschnittlich über ein bis zu $1^1/_2$ Jahr dauern; und daß das nicht so bleiben kann, liegt auf der Hand.

Es giebt ja verschiedene Mittel, dem abzuhelfen, vor allem Theilung der großen Oberlandesgerichte. Ich glaube allerdings, daß da, wo die Mündlichkeit des Verfahrens voll durchgeführt wird, wegen der Kollision und wegen der Ueberlastung der besonders gesuchten Anwälte, schließlich nichts übrig bleibt, als kleinere Oberlandesgerichte zu errichten. Aber das ist eine Frage, die wir heute nicht erörtern können und damit wäre uns jedenfalls auch fürs Erste nicht geholfen. Wir bitten, helfen Sie uns jetzt wenigstens dadurch, daß Sie den Einfluß des Gerichts auf die Vertagung der Termine im Interesse der Richter und der Anwälte verstärken, damit es uns möglich wird, die Sitzungen voll auszufüllen. Die Nichtausfüllung der Sitzungen, das ist der Uebelstand, gegen den wir vom Juristentag Hülfe zu bekommen wünschen. Wir bedürfen eines Mittels, das den Gerichten, Landgericht wie Oberlandesgericht, ermöglicht, die Sitzungen, die vom Gericht bestimmt sind, voll auszunutzen und das verhindert, daß die Verhandlungstermine immer wieder frustirt werden und das Gericht stundenlang müßig sitzt.

Auf diesen Punkt möchte ich unsere eigentliche Debatte beschränken, wie ich eingangs schon ausgeführt habe. Vorher muß ich aber noch in der Feststellung darüber fortfahren, ob und inwieweit wir in Deutschland, vor allem in Preußen, unter einer Verschleppung datierter Prozesse leiden. Es ist bei uns an den Landgerichten nicht überall so schlimm, wie am Oberlandesgericht. Aber bei manchen der rheinischen Landgerichte sieht es doch ganz traurig aus. Im Landgericht Köln kann man jeden Tag in Sitzungen kommen, die um 9 Uhr angesetzt sind und wo es nun bis ½10 oder 10 Uhr dauert, ehe die Sitzung begann, weil die betreffenden Anwälte oder einer derselben zugleich eine Sache am Amtsgerichte versehen hat, oder weil die Anwälte aus einem Saal des Landgerichts in den anderen laufen müssen. Jeden Augenblick hat das Gericht Pause und schließlich wird vertagt und es kommt höchstens ein Drittel von den Sachen heran, die verhandelt werden sollten. Das hängt zugleich mit noch etwas anderem zusammen, mit dem bisherigen sogenannten Rollensystem. Wir sind daran, dieses endgültig abzuschaffen und jeden Tag nur so viel Sachen anzusetzen, als abgemacht werden können; denn das hat auch geschadet, daß bisher mit Rücksicht auf die vielen Vertagungen ins Blaue hinein Termine angesetzt wurden. In den anderen Provinzen ist es nicht so schlimm, wie bei uns, aber wie Herr Neukamp Ihnen nachgewiesen hat, wird auch in den alten Provinzen das Anwachsen der Reste immer schlimmer. Wir haben auch in den alten Provinzen Bezirke, wo die Prozesse am Landgerichte weit über drei Monate dauern, wo der Durchschnitt sechs Monate ist und beim Oberlandesgerichte neun Monate, und sie müssen alle zugeben, daß das zu lang ist. Wir müssen dahin kommen, daß ein Prozeß beim Landgericht in drei Monaten durchschnittlich erledigt ist, große Sachen dauern dann natürlich länger, einfache kürzer. Und wir müssen dazu kommen, daß beim Oberlandesgericht ein Prozeß durchschnittlich in sechs Monaten erledigt ist. (Widerspruch.)

Wenn Sie eine längere Zeit haben wollen, etwa acht oder neun

Monate, gut, aber wir haben auch das selbst in den alten Provinzen noch nicht erreicht; ich möchte z. B. des Oberlandesgerichtsbezirks Hamm gedenken — nomen et omen — (Heiterkeit), das auch bedeutend viele Reste hat. Der Bezirk Hamm ist vielleicht schon von uns als seinem Nachbar angesteckt, mag auch, da Hamm an der Lippe liegt, gleichfalls unter der ausgedehnten Mündlichkeit leiden (Heiterkeit). Es ist aber im Hammer Bezirk, wie bei uns, ein großes industriereiches Leben und die Verhältnisse sind ähnliche. Die bemittelten Parteien mögen dort auch verlangen, daß die von ihnen ausgewählten Anwälte zu Worte kommen und daß es in den großen wichtigen Sachen beim Gericht zu einer eingehenden, den Sachverhalt klarlegenden mündlichen Verhandlung kommt. Ich glaube, daß es nach und nach auch in den Großstädten der übrigen Provinzen zu einer völligeren Durchführung der Mündlichkeit kommen wird. Das Publikum wird eine wirkliche mündliche Verhandlung verlangen, und Richter und Anwälte werden mitthun müssen. Ich habe in einem für den Juristentag geschriebenen Festartikel gelesen, daß wir Richter haben müßten, die zuhören könnten. Nun unsere rheinischen Richter hören zu, hören gern und mit Freude zu und haben dabei nicht gleich den Gedanken: möchte der Mensch doch endlich aufhören!

(Heiterkeit.)

Wenn ein Redner in lebhafter Weise zu lange spricht, so mag dies auch den rheinischen Richtern schließlich lästig werden; aber wir haben doch zugleich Freude an dem lebhaften Interesse, das der Anwalt für seine Sache beweist, und auf Grund dessen er sich mit seiner Partei völlig identifizirt.

Was die Prozeßverschleppungen in den anderen Provinzen betrifft, so halte ich die Zahlen von Neukamp und die Folgen, die er daraus zieht, für richtig, muß aber zur Vermeidung von Wiederholungen den Vortrag des Details ihm überlassen. Ich möchte nur noch ein Material vorbringen, was er noch nicht benutzen konnte, die Geschäftsübersicht der preußischen Justizbehörden für 1901, wie sie in Nr. 30 des laufenden Ministerialblattes veröffentlicht ist. Danach sind an den Landgerichten nicht ganz 13 000 Prozesse in weniger als 3 Monaten erledigt worden, in 3 bis 6 Monaten annähernd ebenso viele, in 6 Monaten bis zu 1 Jahr wieder beinahe 13 000, und dann kommen noch mehr als 6000 Prozesse, die über 1 Jahr bis zu 2 Jahren und 1834 Prozesse, die über 2 Jahre gedauert haben. Es ist also, wenn 3 Monate das Normale sind, in Preußen nur etwas mehr als ein Viertel der Civilprozesse in dieser Normalzeit erledigt, und wenn 6 Monate für normal gelten, etwas über die Hälfte, und sollten Sie 1 Jahr für normal ansehen, dann haben wir immer noch 9000 Prozesse, die über 1 Jahr, und beinahe 2000, die über 2 Jahre gedauert haben. Wenn wir nichts weiter hätten, als diese Zusammenstellung, dann ist schon damit nachgewiesen, daß für Preußen die Prozesse durchweg zu lange dauern. Wie viel wirthschaftliches Elend kann dadurch hervorgerufen sein, daß die siegende Partei so lange warten mußte, bis ihr eine Geldforderung zugesprochen wurde, worauf sie ein Recht hatte? Wenn die Partei, ohne dieses Geld ihr Geschäft nicht weiter zu führen vermag, kann lediglich durch die lange Dauer des Prozesses ihre ganze Existenz ruinirt sein. Abgesehen hiervon leidet die Frische des Prozesses unter der langen Dauer, vor allem die Sicherheit der thatsächlichen Feststellung; die Zeugen werden oft nach so langer Zeit nicht mehr wissen, was in den Verhandlungen zwischen den Parteien, worüber sie bekunden sollen, ausgemacht worden ist. Dem gegenüber dürfen wir Juristen uns nicht damit trösten, daß wir sagen: es ist nicht so schlimm, daß ein Prozeß lange dauert, wenn nur schließlich richtig entschieden wird. Dabei fällt das Odium so langer Prozeßverschleppungen stets auf die Richter. Es geht stets, wie mit dem armen Bäuerchen, das sich bei mir beschwerte, weil sein Prozeß schon 3 Jahre beim Oberlandesgericht schwebte, und er sagte: es ist ja eine schwierige Sache, aber, daß die Herren zur Entscheidung der Sache 3 Jahre lang nachdenken müssen, das kann ich doch nicht glauben. (Heiterkeit.) Ich erwiderte dem Bauer: Lieber Freund, ich und die anderen Richter haben von Ihrer Sache noch gar nichts gehört, wir wissen nur, wie in erster Instanz entschieden ist; wird die Sache von uns verhandelt, dann dauert die Verhandlung nur eine oder zwei Stunden und dann haben Sie in 8 Tagen Ihr Urtheil. So hatte sich der Bauer das nicht gedacht.

Die Entscheidung braucht ja nicht so viel Zeit und die Verhandlung auch nicht; es handelt sich bloß darum, daß sie zur Verhandlung gelangt, und daß das so lange dauert, liegt in der Konstruktion des Verfahrens, vor allem in der Kombination der Arbeit der Gerichte und Anwälte. Darüber wollen wir uns nicht streiten, wer an der Verschleppung meist schuld ist, der Richter oder der Anwalt. Der eine Richter mag fleißiger sein, als der andere, einer ist von rascherer Auffassung als der andere; aber die deutschen Richter thun durchweg — darauf können wir stolz sein — ihre Pflicht, und die Anwälte — darauf können wir ebenso stolz sein — thun auch ihre Pflicht. (Bravo!) Es hat keinen Zweck, daß der eine Stand zum andern sagt, du bist schuld. Uebrigens kann der Richter nur in geringem Maße verschleppen, höchstens können, wenn er nachlässig oder schwerfällig ist, die Urtheile zu spät nach der Verhandlung fertig gestellt werden. Aber dabei kann es sich doch nur um 1 oder

2 Wochen handeln. Und was die Vertagungen seitens der Anwälte betrifft, so können die Anwälte dabei unter Umständen völlig ohne Schuld sein. Es ist naiv, wenn wir Richter uns auf den Standpunkt stellen, wir könnten beurtheilen, warum ein Anwalt eine Sache vertagt. Die Gründe der Vertagung kennen wir in vielen Fällen gar nicht. (Sehr richtig!) Ein Anwalt kann guten Grund haben, warum er den Prozeß ruhen läßt; das braucht nicht immer Konnivenz gegenüber dem Gegenanwalt zu sein, das kann einen guten sachlichen Grund haben. (Sehr richtig!) Und wenn der Gegenanwalt ihm im letzten Augenblick etwas vorgebracht hat, worüber er erst seine Partei befragen muß, so handelt ein Anwalt gewissenlos, der trotzdem sich vom Gericht bestimmen läßt, die Sache zu plaidiren. (Bravo!) Das hätte vielleicht zur Folge, daß seine Partei den Prozeß zu Unrecht verliert.

Also nicht darum handelt es sich, wer schuld an den Verschleppungen ist, sondern darum: welche Maßregel können wir bezüglich der Vertagung der Verhandlungstermine treffen, um einen Druck darauf auszuüben, daß der eine Anwalt nicht dem andern gegenüber zu konnivent ist, daß beide die Sache frühzeitig instruiren, und nicht mit der Bearbeitung bis unmittelbar vor dem Verhandlungstermin warten? Wie können wir dem Gericht eine Einwirkung darauf geben, daß thunlichst der vom Gericht angesetzte Verhandlungstermin eingehalten wird?

Es ist thatsächliche Uebung seit der Prozeßnovelle von 1898 — und hier komme ich zu den Anträgen, die ich gestellt habe — daß der erste Termin zu einem Vortermin oder, wie wir es nennen, Sammeltermin wird. Unzweifelhaft war es ein Fehler der Civilprozeßordnung, daß hiernach der erste Termin so weit hinausgesetzt wurde, wie es für den Fall, daß sich ein Anwalt für die Gegenseite bestellte, zur Instruktion des Prozesses zwischen den Anwälten nöthig erschien. Zunächst war doch abzuwarten, ob sich auf die Klage oder in 2. Instanz auf die Berufung ein Anwalt bestellte. War dies nicht der Fall, so mußte doch die Möglichkeit gegeben sein, sofort ein Versäumnißurtheil zu nehmen. Das Gleiche galt für den Fall, daß die Gegenseite den Klageanspruch sofort anerkennt. Auch da muß Kläger das Anerkennungsurteil sofort erhalten können. Dafür war schon im französischen Prozeß gesorgt, indem Kläger ein Versäumnißurtheil 8 Tage nach der Vorladung von der Generalrolle nehmen konnte, und wir haben durch die Novelle von 1898 jetzt etwas Aehnliches gemacht. Gemäß dem jetzigen Satz 2 § 261 soll der erste Termin nicht weiter hinausgeschoben werden, als es zur Wahrung der Einlassungsfrist geboten erscheint. Damit ist der erste Termin zu einem Sammeltermin gemacht. Bei uns hat am Oberlandesgericht, jeder Senat einen bestimmten Tag im Monat oder alle 14 Tage, auf welchen die neuen Sachen gesetzt werden, so kurz wie möglich. Es ist nicht möglich, daß alle die Sachen an dem Tage vorkommen können; sie werden aufgerufen und wo sich kein Anwalt bestellt hat für den Appellaten, wird sofort Versäumnißurtheil, wo der Betreffende anerkennt, ein Anerkennungsurtheil gegeben. Von den übrigen neuen Seiten kommt nur selten eine ganz besonders dringende in dem ersten Termin zur Verhandlung. Alle anderen Sachen werden vertagt. Bei dieser Vertagung im ersten Termine werden keine Vertagungsgründe angegeben; denn das Gericht weiß, und die Anwälte wissen auch, in der jetzigen kurzen Frist bis zum ersten Termin kann die Sache nicht zur Verhandlung bereit gestellt werden. Dies Verfahren muß m. E. beibehalten werden, und so heißt es Nr. 1 meines Antrages: „Wird in dem Verhandlungstermin, der in der Ladung bestimmt ist, nicht verhandelt, so ist die Verhandlung zu vertagen."

Dabei ist es aber zweckmäßig, daß in diesem sogenannten Sammeltermin beide Anwälte zur Stelle sind und erklären, welche Sache dringlich ist, welche nicht. Ebenso ist es wünschenswerth, daß die Anwälte angeben, ob eine Sache besonders groß ist, oder eine besonders umfangreiche Instruktion verlangt und demgemäß weiter hinaus zu setzen ist. Zu dem Ende ist es nöthig, daß sich die Anwälte, wenn irgend möglich, im Voraus so weit über jede ihrer neuen Sache informiren, um ein Urtheil darüber zu haben und abgeben zu können, bis wann sie zur Verhandlung reif sein kann. Ist aber dann vom Gericht demgemäß der zweite Termin bestimmt, so müssen die Anwälte nun auch auf jede Weise dafür bemüht sein, daß sie an dem Tage wirklich zur Verhandlung kommt, Die uns nun beschäftigende Frage, ob hierbei dem Gericht eine Einwirkung gewährt werden soll, hat, um das vorab zu bemerken, mit dem dominium litis nicht das Mindeste zu thun, und Herr Neukamp ist nur deswegen zu einer Erörterung über das dominium litis gekommen, weil er das Verfahren noch in anderen allerdings mit dem dominium litis zusammenhängenden Fragen ändern wollte. Mit dem dominium litis der Parteien hat es zu thun, ob die Partei ohne Mitwirkung des Richters eine Klage zurücknehmen kann, ob sich die Parteien ohne Zuthun des Gerichtes vergleichen können. Aber die Frage, ob die Parteien oder ihre Anwälte die Verlegung der Versammlung durchsetzen können durch Vereinbarung unter sich, ohne daß das Gericht dabei mitwirkt, insbesondere ohne daß es die Vertagungsgründe prüft, hat mit dem dominium litis der Parteien nichts zu thun. Bei dieser Frage müssen wir davon ausgehen, daß der Staat zur Entscheidung der Privatstreitigkeiten die Gerichte mit einer solchen Besetzung errichtet, wie sie nach der

Zahl der Prozesse erforderlich erscheint, um die Prozesse verhandeln und entscheiden zu können. Ebenso muß das Gericht selbstredend seine Sitzungen nach der Zahl der anhängigen Sachen festsetzen und auf jede Sitzung soviel Sachen ansetzen, als einerseits in einer Sitzung erledigt werden können, andererseits aber auch die Sitzung ausfüllen. Diese Verhältnisse werden durch die vielen Vertagungen der Verhandlungstermine auf das Empfindlichste gestört. Es wird die Arbeitskraft der Richter garnicht ausgenutzt, wenn sie in Folge der Vertagungen stundenlang müßig sitzen müssen, wenn an einem Morgen, an welchem vier bis fünf Sachen angesetzt waren, die Hälfte der Sachen vertagt wird und die halbe Zeit nichts geschehen kann. Auf diese Weise läßt sich ja die erforderliche Richterzahl wie die erforderliche Zahl der Sitzungen gar nicht mehr im Voraus bemessen. Es ist aber auch ganz unnatürlich, daß ein Termin ohne Zustimmung und ohne jede Mitwirkung desjenigen, der den Termin bestimmt hat, abgesetzt und vertagt wird. Es muß dem Gerichte, das den Verhandlungstermin bestimmt hat, doch wenigstens eine Prüfung darüber zustehen, ob die Vertagung nothwendig ist.

Man hat in dieser Richtung oft von der rheinischen Rolle gesprochen und gemeint, in dem französischen Prozesse hätten nach dem Rollensysteme gleichfalls die Anwälte frei bestimmt, ob sie einen Prozeß vortragen wollten oder nicht. So lag die Sache durchaus nicht. Thatsächlich mag es sich bei einigen Gerichten am Rhein so entwickelt haben, aber gesetzlich war es nicht so. Wenn die Sache von der Rolle aufgerufen wurde und ein Anwalt nicht plädiren wollte, so hatte er die Gründe für die Vertagung anzugeben, und wenn kein gesetzlicher Vertagungsgrund vorlag, so wurde die Sache gemäß Art. 29 des Dekrets vom 30. März 1868 von der Rolle gestrichen, was zur Folge hatte, daß der Anwalt von neuem in die Sitzung laden und die Sache auf Grund einer Ausfertigung des Streichungsurtheils von neuem auf die Rolle bringen, auch persönlich die allerdings geringen Kosten tragen mußte. Aber das Prinzip der französischen Civil-Prozeßordnung, die am weitesten in dieser Richtuug ging, war doch auch das: das Gericht als die Stelle, welche den Termin bestimmt, muß auch gefragt werden, wenn er verlegt werden soll, und soll nicht, wenn die Parteien wegbleiben oder vertagen wollen, ohne weiteres genöthigt sein, sich das gefallen zu lassen und unverrichteter Weise nach Hause zu gehen. Derartiges hat vor der Deutschen Civil-Prozeßordnung noch kein anderes Prozeßgesetz versucht, die Aufstellung des Rechts der Parteien, selbstständig die vom Gericht bestimmten Termine zu vertagen, ist eine ganz unglückliche Bestimmung, die, man weiß nicht wie, in die Deutsche Civilprozeßordnung gekommen ist; sie ist ein organisatorischer Fehler, den man wieder gut machen muß. Daß damit die Prozeßverschleppung völlig aus dem Wege geräumt wird, glaube ich nicht, aber es wird doch darauf von Einfluß sein, und es ist auch auf jeden Fall die Wiederherstellung des natürlichen Verhältnisses, wenn der Richter wieder die Gründe für die Vertagung und das Ruhenlassen zu prüfen berechtigt ist. Diejenigen Anwälte, die das Interesse und den Wunsch haben, die Sache, wenn irgend möglich, in dem angesetzten Termine zur Verhandlung zu bringen, werden durch eine solche Bestimmung in ihrem berechtigten Bestreben gestärkt. Der Gegenanwalt wird gezwungen, seine Gründe für die Vertagung, soweit angängig, anzugeben und es können diese dann beiderseitig erörtert werden. Dementsprechend ist die Nr. 2 meines Antrages gefaßt. Ich habe absichtlich in Nr. 2 neben der Vertagung auch die Verlegung aufgenommen, weil es für das Gericht viel angenehmer ist, wenn vor dem Termine die Verlegung derselben beantragt wird und das Gericht dann in der Lage ist, andere Sachen dafür einzuschieben. Ich bin aber auch der Meinung, daß, wenn den Gerichten nach meinem Vorschlage wieder eine Prüfung der Vertagungsgründe gewährt wird, die Anwälte ein Interesse daran haben werden, die Vertagungen schon vor dem Termine zu beantragen und sich auf diese Weise vorher darüber zu vergewissern, ob die Vertagung eintritt. Der Versuch, gegenwärtig, wo das Gericht kein Recht zur Prüfung der Vertagungsgründe hat, die Anwälte dazu zu veranlassen, daß sie schon vor dem Termine dem Gerichte mittheilen, ob eine Sache vorkommt oder nicht, ist bei den meisten rheinischen Gerichten, insbesondere auch bei dem Oberlandesgericht, ohne Erfolg geblieben. Anfangs haben sich die Anwälte daranf eingelassen: Es wurde dem Gericht mitgetheilt, welche Sachen vorkommen würden, wenn der Termin aber kam, hieß es sehr häufig im Termine, es ist etwas dazwischen gekommen, die Sache kann doch dann nicht vorkommen. Da die Vorsitzenden dann ärgerlich werden, erklären die Anwälte schließlich, daß sie überhaupt keine Mittheilung mehr darüber, ob eine Sache vorkomme, machen würden. Kommt eine Sache in dem für sie angesetzten Termine nicht zur Verhandlung, ohne daß sie vom Gericht vertagt worden wäre, so soll sie nach meinem Vorschlage für ruhend erklärt werden, und da wir damit zwar keine Prozeßstrafe, aber Prozeßnachtheile verbinden wollen, so müssen wir gegen das in Ruhe Erklären eine Beschwerde zulassen nach Nr. 4 meines Antrags, wie es auch Neukamp wollte.

Daß die vorgeschlagene Regelung des Vertagungswesens die materiell richtige ist, wird, glaube ich, wohl jeder zugeben müssen. Die Schwierigkeit liegt nur darin, welches Präjudiz sollen wir stellen, wenn der Vertagungsantrag gestellt und abgelehnt wird und nun die Sache zum Ruhen kommt, weil die eine Partei nicht verhandelt und die andere Versäumnißurtheil nicht nehmen will, vielleicht auch nicht nehmen darf. Was soll das für eine Folge haben? Für eine Strafe, die ja nur bei Verschulden ausgesprochen werden könnte, insbesondere für eine Strafe des Anwalts kann ich mich nicht erklären. Wir am Rheine machen von den Strafbestimmungen in § 25 Civil-Prozeßordnung und § 28 Gerichtskostengesetz nur sehr selten Gebrauch. Das geht nicht gut, das Verhältniß zwischen Richter und Anwalt wird dadurch leicht gestört, und wir haben keine Möglichkeit, zu prüfen, ob Verschulden vorliegt. (Sehr richtig!) Ein Verschulden des Anwalts wegen nachträglicher Vorbringung von Thatsachen ist bei uns wohl noch nie angenommen worden. Es heißt ja auch in dem § 48 nur: das Gericht „kann". Einer etwaigen Aenderung, daß wir in dem § 48 statt „kann" sagen „hat", vermag ich nicht zuzustimmen. Ich fürchte, wir störten damit das zu erstrebende gute Verhältniß zwischen Richter und Anwalt. Dagegen wird m. E. aus dem für Ruhend-Erklären die Folge gezogen werden müssen, daß die betreffende Partei für den Schaden haftet, der dadurch entstanden ist. Die Sache, welche für ruhend erklärt wird und nicht vorkommt, hatte einer anderen Sache den Platz weggenommen; die andere Sache hatte zurückstehen müssen, weil jene anstand. Und da werden wir doch sagen müssen, wenn die Parteien auch Herren ihres Prozesses sind, so sind sie doch nicht Herren der andern Prozesse. (Sehr richtig!) Wenn ein junger Anwalt — die jungen wenig beschäftigten Anwälte, die nur alle 4 Wochen eine Sache anstehen haben, sind meist die unpünktlichsten — in einem Verhandlungstermine nicht erscheint und andere starkbeschäftigte Anwälte darunter leiden müssen, so können letztere allerdings dafür von dem jungen Kollegen nicht wohl eine Schadloshaltung verlangen. Aber die Konsequenz muß dann doch gezogen werden: der Schaden, der durch die Nichtausnutzung der richterlichen Thätigkeit den anderen Prozessen und den anderen Parteien entsteht, muß ausgeglichen werden, und das geschieht m. E. am besten dadurch, daß das Gericht von den Parteien Gebühr für das Ruhenlassen des Prozesses einzieht. Jetzt zieht gemäß § 24 des Gerichtskostengesetzes das Gericht, wenn der Prozeß ein Jahr lang geruht hat, die volle Gebühr ein. Dies wünsche ich dahin geändert zu sehen, daß die volle Gebühr nicht erst nach einem Jahre eingezogen wird, sondern sofort nach Rechtskraft des Beschlusses, der die Sache für ruhend erklärt. Nehmen die Parteien die Sache wieder auf, so bleibt die volle Gebühr verfallen und wird nicht auf die weiteren Gebühren angerechnet. Sie ist eine Entschädigung dafür, daß in dem Termine, den das Gericht angesetzt hat, nicht verhandelt worden ist, ohne daß eine Vertagung seitens des Gerichts vorliegt. Mag nun eine Partei oder ein Anwalt Schuld sein oder nicht, die Parteien haben den Schaden zu tragen und zwar jede zur Hälfte. Man kann entgegnen, daß, wenn die eine Partei schuld ist, wenn sie zum Beispiel ihren Anwalt zu spät informirt hat, so ist es nicht richtig, die Gebühr beiden Parteien je zur Hälfte aufzuerlegen. M. E. mögen dann die Parteien im Wege einer Ersatzklage unter sich darüber streiten. Dem Gerichte gegenüber, welches die Sache für ruhend erklärt, muß es zur Vermeidung einer Untersuchung, wer die Schuld daran trägt, so gehalten werden, wie es in Nr. 5 steht:

> „Wird ein Verfahren für ruhend erklärt, so ist sofort nach Rechtskraft des Beschlusses von jeder Partei die Hälfte der vollen Gebühr ohne Anrechnung eines von ihr geleisteten oder ihr obliegenden Vorschusses zu erheben,"

wie gesagt, nicht als Strafe, sondern als Ausgleichung für den Schaden, der dadurch dem Gericht oder vielmehr dem Staat entsteht, und auch für den Schaden, welcher anderen Parteien, deren Sachen an späteren Terminen angesetzt worden sind, durch das Vorsetzen dieser Sache entstanden ist.

Dann wünsche ich endlich als letztes, auch nicht als Strafe, sondern als von selbst gegebene Folge, daß die für ruhend erklärte Sache nun hinter anderen anstehenden Sachen kommt, was bei dem Kölner Oberlandesgericht nach der augenblicklichen Geschäftslage die Zurücksetzung auf 9 Monate bis zu 1 Jahre bedeutet. Es ist ein schwerer Nachtheil, aber keine Strafe, sondern eine nothwendige Folge davon, daß die Sache in dem für sie bestimmten Termine nicht verhandelt worden ist. Wenn diese Sache einen festen Termin hatte und in diesem nicht verhandelt worden ist, so hat sie naturgemäß nunmehr kein Vorrecht vor den anderen anstehenden Sachen, und kann nicht beanspruchen, diesen vorgesetzt zu werden. Der hieraus folgende Nachtheil kann allerdings ein sehr erheblicher sein, wenn das Gericht viele Rückstände hat; aber es wird in keiner Weise als eine Strafe angesehen werden können.

Nicht angängig ist meines Erachtens der Vorschlag von Neukamp, man solle in solchen Fällen, wo die Vertagung nicht berechtigt ist, die Klage als zurückgenommen betrachten. Neukamp wollte sogar so weit gehen, auch das Rechtsmittel als zurückgenommen zu betrachten, wenn nicht verhandelt wird. Das halte ich für ganz unmöglich, in der Berufungsinstanz den Appellanten des Rechtsmittels verlustig zu erklären. Da müssen wir doch immer wieder bedenken, daß der Richter in manchen Fällen nicht wissen kann, ob nicht doch die Partei durch triftige Gründe genöthigt ist, nicht zu verhandeln, Gründe, welche die Partei vielleicht nicht vorbringen kann. Deshalb können wir soweit nicht gehen; wir müssen der Partei die Geltendmachung ihres Rechts offen halten. Andererseits müssen diejenigen, welchen auch selbst die von mir vorgeschlagenen Bestimmungen noch zu hart erscheinen, bedenken, daß solche voraussichtlich nur selten zur Anwendung kommen werden und daß ihr Hauptwerth eben darin besteht, durch ihre Androhung ungerechtfertigte Vertagungsgesuche zu erfinden.

Ich möchte wünschen, daß Sie in der Richtung meines Antrags oder in einer ähnlichen Richtung dem Gerichte wenigstens das Eine gewähren, daß es durch seine Mitwirkung bei der Vertagung einen Druck auf die Anwälte und Parteien dahin ausüben kann, „daß die Sache, nachdem der Verhandlungstermin von dem Gerichte so, wie die Anwälte es wollen, unter Belassung der von ihnen gewünschten Bearbeitungsfrist bestimmt worden ist, nunmehr in dem Termin auch, wenn irgend thunlich, zur Verhandlung kommt, damit auf diese Weise den Gerichten, namentlich denjenigen, die in Rückständen sind, die Möglichkeit geschafft wird, einen geordneten Geschäftsbetrieb aufrecht zu erhalten. Wir am Rhein erachten eine derartige Bestimmung als ein absolutes Bedürfniß, um aus den Resten herauszukommen. Wir Richter wollen unsere ganze Kraft für die Aufarbeitung der Reste einsetzen, und von unseren Anwälten am Oberlandesgericht sind in dem letzten Jahre schon manche an der Grenze dessen angelangt, was man ihnen zumuthen kann. Aber ein Erfolg wird uns unmöglich sein, wenn nicht den ewigen Vertagungen ein Ende gemacht, wenn nicht dem Gerichte zum Vortheil des vielbeschäftigten angestrengt arbeitenden Anwalts ein Mittel in die Hand gegeben wird, um dem bequemeren Gegenanwalt zur rechtzeitigen Fertigstellung der Sache und zur Innehaltung der angesetzten Verhandlungstermine zu nöthigen. Als ein solches Mittel erachte ich das von mir vorgeschlagene. Insbesondere wird auch, wenn erst die für ruhend erklärte Sache hinter alle anstehenden Sachen gesetzt wird und das Ruhen die vorgeschlagene Gebührenbelastung nach sich zieht, der die Sache betreibende und mit ihrer Bearbeitung fertige Anwalt sich rascher veranlaßt finden, gegen den säumigen Gegenanwalt ein Versäumnißurtheil zu nehmen.

Und nun möchte ich die Herren Rechtsanwälte zum Schluß bitten, stellen Sie sich nicht auf den Standpunkt, daß es für Sie kränkend sei, wenn das Gericht die Gründe prüfen soll, welche eine Vertagung erheischen. Es soll auch das Gericht, wenn es die Gründe nicht für ausreichend erachtet, keine Strafe gegen die Anwälte oder die Parteien aussprechen, sondern nur den Grundsatz durchführen, daß die Sache nicht auf Kosten der anderen vertagt werden kann. Aus diesem Grundsatze folgt, daß die anderen Sachen vorkommen müssen und daß Ersatz für die Nachtheile zu leisten ist, welche für Andere aus der Vertagung entstehen.

Es handelt sich nicht darum, daß die Parteien und ihre Anwälte das dominium litis aufgeben sollen. Im Gegentheil, wenn die volle Mündlichkeit überall durchgeführt wird, was nur bei Bestimmungen, wie die von uns vorgeschlagenen, möglich ist, so erwerben Sie damit eine viel stärkere Herrschaft über den Rechtsstreit, weil einen viel größeren Einfluß auf die richterliche Entscheidung, als er Ihnen nach dem schriftlichen Verfahren zusteht. Und darin finde ich noch aus einem besonderen Grunde einen großen Segen für die Rechtsprechung. Die öffentliche Meinung klagt jetzt vielfach, daß unsere deutsche Rechtsprechung an Doktrinarismus leide und die Entscheidung weniger auf die Lage des einzelnen Falles, als auf Indicien und künstliche Rechtskonstruktionen gründe. Diesen Klagen gegenüber muß unser Streben darauf gerichtet sein, daß unsere Rechtsprechung mehr Fühlung mit dem praktischen Leben, mehr Verständniß für die Rechtsbedürfnisse des Verkehrs gewinnt, und das erreichen wir am besten, wenn wir durch Einführung einer vollständigen mündlichen Verhandlung einestheils den Einfluß des mitten im Verkehrsleben stehenden Anwalts auf die Entscheidung verstärken und anderntheils eine lebendige Erfassung des Thatbestandes Seitens des Gerichts unterstellen. Wird erst überall in den deutschen Gerichtssälen das Thatsächliche jedes Rechtsstreits in erschöpfender Debatte der Anwälte lebendig vor das Auge des Richters gestellt, dann wird der Richter viel mehr geneigt und bemüht sein, der thatsächlichen Lage des einzelnen Falles gerecht zu werden. Dann sind Sie, meine Herren Rechtsanwälte, in weit höherem Maße, als bisher, Herren des Rechtsstreites und haben das wichtigste, das s a c h l i c h e dominium litis. Dafür können Sie auf das kleine formelle Recht selbstständiger Vertagung verzichten und fernerhin, indem Sie die Termine einhalten, es den Gerichten ermöglichen, die Prozesse schneller zu erledigen. (Lebhafter, anhaltender Beifall.)

Vorsitzender: Die Versammlung hat bereits durch den großen allseitigen Beifall dem Herrn Vortragenden den Dank ausgesprochen für seine belehrenden, interessanten und von köstlichem Humor gewürzten Ausführungen. Ich stelle die Einmüthigkeit der Versammlung in ihrem Danke hiermit fest.

Bevor ich das Wort dem zweiten Herrn Berichterstatter ertheile, wird es für die Versammlung von Interesse sein, zu erfahren, welche Wortmeldung vorliegt. (Es werden die Namen von 20 Herren verlesen, die sich zum Wort gemeldet haben)

Die Reihenfolge, in der ich die Namen verlesen habe, braucht nicht die Reihenfolge zu sein, in der die Redner zum Wort kommen. Es muß vorbehalten bleiben, sie nach dem Grundsatze abzuändern, daß nicht die Redner, die derselben Ansicht sind, hintereinander folgen, sondern daß Abwechselung stattfindet. Für die ersten fünf oder sechs Redner wird wohl die angegebene Reihenfolge beibehalten werden.

Das Wort hat der zweite Berichterstatter Herr Justizrath Heinitz-Berlin.

Mitberichterstatter Justizrath **Heinitz** (Berlin): Meine Herren! Je weniger ich weiß, ob mein Votum Ihre Zustimmung finden wird, um so mehr hoffe ich, auf Ihren Beifall rechnen zu dürfen, wenn ich — mit gütiger Erlaubniß des ersten Herrn Berichterstatters — Sie bitte, dessen einleitende Worte auch als Einleitung zu meinem Berichte gelten zu lassen, und mich für meine Person sofort medias in res begebe.

Ich fasse das Thema in derselben Begrenzung auf, wie es der erste Herr Berichterstatter gethan hat, allerdings mit zwei Abweichungen. Ebenso wie Herr Oberlandesgerichts-Präsident Hamm, gehe ich davon aus, daß es sich im Wesentlichen oder ausschließlich um die Frage handelt: soll der Parteibetrieb der deutschen Civil-Prozeßordnung durch den Offizialbetrieb in der Weise ausgeschaltet oder beschränkt werden, daß den Parteien die Befugniß entzogen wird, über die Verlängerung von Fristen, die Aufhebung und Verlegung von Terminen sowie über das Ruhen des Verfahrens durch Vereinbarung zu befinden? Im Uebrigen fasse ich das Thema insofern etwas enger auf, als ich es nicht zu einem Eingehen auf das Wesen und die Bedeutung der Mündlichkeit ausgestaltet wissen möchte; denn damit würden wir ein Gebiet berühren, das wir heute unmöglich erschöpfend erörtern können. Dagegen ist nach einer anderen Richtung hin meine Auffassung eine weitergehende als die des ersten Herrn Berichterstatters; denn ich werde Sie bitten müssen, Ihre Blicke nicht ausschließlich oder auch nur überwiegend auf die rheinischen Verhältnisse, sondern auf ganz Deutschland zu richten.

Herr Oberlandesgerichtsrath Dr. Neukamp hat in seinem Gutachten an der Hand der Justizstatistik den Nachweis zu führen versucht, daß der nach seiner Meinung durch den Parteibetrieb verursachten Prozeßverschleppung im Rahmen der bestehenden Gesetzgebung nicht abzuhelfen sei, vielmehr umgekehrt mit Naturnothwendigkeit eine immer weitere Verschlimmerung eintreten müsse. Von dem Grundsatze ausgehend, daß Zahlen beweisen, hat er eine umfassende Statistik der französischen, belgischen, deutschen und österreichischen Civilprozeßpflege geliefert, die nicht weniger als 66 Druckseiten umfaßt. Die Schlußfolgerungen aus dieser umfassenden Statistik beschränken sich freilich auf den verhältnißmäßig engen Raum von sechs Druckseiten und an die Spitze dieser Ausführungen ist ein Satz gestellt, der in seiner Kraftfülle jeden Widerspruch im Keime zu ersticken scheint, nämlich der Satz:

„Die mitgetheilten Daten bringen den induktiven und durch keine Dialektik zu beseitigenden, unumstößlichen Beweis dafür, daß der Prozeßbetrieb durch die Parteien bei einem auf dem Grundsatze der Mündlichkeit aufgebauten Verfahren die bedenklichsten Prozeßverschleppungen zur Folge hat".

Ich halte diese Schlußfolgerung gerade auf Grund der Ergebnisse der Statistik für durchaus unzutreffend. Das Verfahren, welches Neukamp einschlägt, ist ein sehr einfaches; er sucht nachzuweisen, daß in denjenigen Ländern, in welchen der Parteibetrieb am reinsten und vollkommensten entwickelt ist, die Erledigung der Prozesse durchschnittlich einen erheblich längeren Zeitraum erfordert als in Deutschland und vermöge der alljährlich wachsenden Rückstände ein Justizbankerott eingetreten ist, daß aber auch in Deutschland die durchschnittliche Dauer der Prozesse nicht unerheblich länger ist als in Oesterreich. Einer Untersuchung der Frage, welche sonstigen Verschiedenheiten das französische und das belgische Verfahren, der deutsche und der österreichische Civilprozeß aufweisen und inwieweit diese Verschiedenheiten oder wirthschaftliche Momente, organisatorische Unterschiede und dergleichen auf die schnellere oder langsamere Erledigung der Prozesse von Einfluß sind, geht Neukamp schlechthin aus dem Wege, und darin, meine Herren, liegt nach meiner Ueberzeugung gerade der springende Punkt.

Unter diesen Umständen halte ich es nicht für ersprießlich, auf die französische und belgische Statistik näher einzugehen; wir müßten dann auch eingehend untersuchen, auf welche sonstigen Ursachen die lange Dauer der Prozesse in Frankreich und Belgien zurückzuführen ist, und ob hierbei der Parteibetrieb überhaupt von wesentlichem Einflusse ist, oder nicht vielmehr die dort in ganz anderer Weise als bei uns ausgebildete Mündlichkeit, von der der erste Herr Berichterstatter ein so lebensvolles Bild entwickelt hat. Alles das würde sich nur durch eine eingehende Untersuchung feststellen lassen, die nach Zeit und Inhalt über die Grenze hinausginge.

Dagegen muß ich bei der österreichischen Justizstatistik verweilen, um den Nachweis zu versuchen, daß ihre in der That glänzenden, beinahe verblüffenden Ergebnisse keineswegs ausschließlich auf den Offizialbetrieb zurückzuführen sind. Zu dem Ergebnisse, das der erste Herr Berichterstatter als das Ideal ansieht, nämlich, daß ein Prozeß durchschnittlich in drei

Monaten in erster Instanz erledigt wird, ist man allerdings selbst in Oesterreich noch nicht gelangt.

Die von Neukamp mitgetheilten Zahlen erfahren eine werthvolle Ergänzung in einem Vortrage, welchen der Schöpfer der österreichischen Civilprozeßordnung, Herr Sektionschef Dr. Klein, vor einiger Zeit gehalten hat, und gegenüber einer neuerdings von Herrn Geheimrath Vierhaus ausgesprochenen abweichenden Ansicht, wie auch gegenüber der von Herrn Geheimrath Wach aufgeworfenen Zweifelsfrage, ob die von Klein mitgetheilten Zahlen sich — ebenso wie die entsprechenden Zahlen der deutschen Statistik — ausschließlich auf die durch kontradiktorisches Urtheil erledigten Sachen beziehen, möchte ich nicht unterlassen, festzustellen, daß nach der mir von Herrn Dr. Klein gewordenen Auskunft diese Frage allerdings zu bejahen ist. Das Ergebniß der österreichischen Statistik für das Jahr 1900 im Verhältniß zu der deutschen Statistik, die nur bis zum Jahre 1899 vollendet vorliegt, wird von Klein dahin zusammengefaßt, daß im Verfahren vor den Gerichtshöfen erster Instanz, also vor den Landgerichten im Sinne der deutschen Gerichtsverfassung, in Oesterreich 54,11 pCt., in Deutschland nur 25,9 pCt. aller durch kontradiktorisches Urtheil erledigten Prozesse in weniger als drei Monaten erledigt worden sind. Also auch in Oesterreich wird immerhin nur die reichliche Hälfte aller Prozesse in erster Instanz innerhalb dreier Monate erledigt. Dagegen waren in Oesterreich 11,04 pCt., in Deutschland 44,4 pCt. aller durch kontradiktorisches Endurtheil erledigten Prozesse länger als sechs Monate anhängig. Von diesen letzteren 44,4 pCt. sind beinahe zwei Drittel vor Ablauf eines Jahres erledigt worden, über ein Jahr sind in Deutschland 16,7 pCt. aller Prozesse anhängig gewesen, eine Zahl, die den Prozentsatz der in Oesterreich über sechs Monate anhängigen Sachen etwa um die Hälfte übersteigt.

Neukamp begnügt sich nicht mit diesen Zahlen, sondern giebt in seinem Gutachten auch eine Uebersicht über die Thätigkeit der österreichischen Landes- und Oberlandesgerichte in ihrer Eigenschaft als Civilberufungssenate. Ein Blick auf die mitgetheilten Zahlen ergiebt, daß für die Berufuugsinstanz in Oesterreich das von dem ersten Herrn Berichterstatter aufgestellte Ideal bei weitem übertroffen wird. Es werden nämlich weit mehr als die Hälfte aller Berufungen innerhalb Monatsfrist erledigt, und nur in einer ganz verschwindenden Anzahl von Fällen dauert das Verfahren in der Berufungsinstanz länger als sechs Monate.

Gegen jedwede Verwerthung dieser Ergebnisse für die Frage des Parteibetriebs muß indeß mit aller Entschiedenheit und grundsätzlich Verwahrung eingelegt werden, und zwar aus dem sehr einfachen Grunde, weil es im österreichischen Prozesse nur eine Thatsacheninstanz giebt, während in Deutschland die Berufung ein novum indicium im Sinne der romanisch-kanonischen Appellation ist. Die österreichische Berufung beschränkt sich auf eine Ueberprüfung des ersten Urtheils und des vorangegangenen Verfahrens, dergestalt, daß neue Behauptungen nicht vorgebracht, neue Beweise nicht angetreten und nicht erhoben werden dürfen. Diese gänzlich abweichende Gestaltung der Berufung im österreichischen Verfahren hat selbstverständlich mit der Frage des Parteibetriebs nichts zu thun, und da die österreichische Berufung sich unter Ausschließung alles neuen meritorischen Vorbringens auf eine Reproduzirung des in erster Instanz vorgebrachten Verhandlungsstoffs beschränkt, so ist es selbstverständlich verfehlt, aus der Dauer des Berufungsverfahrens in Oesterreich irgend welche Schlüsse für den Erfolg richterlicher Prozeßleitung im Verhältnisse zum Parteibetriebe zu ziehen. (Sehr richtig!)

Von einer vergleichenden Gegenüberstellung in diesem Sinne kann um so weniger die Rede sein, weil in Oesterreich nicht einmal eine mündliche Berufungsverhandlung unbedingt geboten ist. In einigen vom Gesetz besonders hervorgehobenen Fällen kann ohne mündliche Verhandlung durch Beschluß über die Berufung entschieden werden, und außerdem steht es nach § 492 der österreichischen Prozeßordnung den Parteien frei, auf die mündliche Berufungsverhandlung zu verzichten. Ein derartiger Verzicht der Parteien gehört keineswegs zu den Seltenheiten. Nach den mir von Herrn Dr. Klein gütigst zur Verfügung gestellten, im österreichischen Ministerium angefertigten Tabellen sind von den bei den Oberlandesgerichten anhängigen Berufungen im Jahre 1898 : 15,6 pCt., im Jahre 1899 : 12,5 pCt., im Jahre 1901 : 15,4 pCt. in Folge Verzichts der Parteien ohne mündliche Verhandlung erledigt worden.

Etwas geringer sind die entsprechenden Zahlen für die bei den Landesgerichten anhängigen Berufungen gegen bezirksgerichtliche Urtheile; sie beträgt für die genannten Jahre 7,7 pCt., 8,05 pCt. und 7,2 pCt. Daß unter solchen Umständen die Wirkung des Parteibetriebs im deutschen Civilprozeß im Verhältnisse zur richterlichen Prozeßleitung des österreichischen Verfahrens nicht an der Dauer des Berufungsverfahrens gemessen werden kann, darüber glaube ich kein Wort mehr verlieren zu sollen.

Auch eine vergleichende Gegenüberstellung der österrreichischen und der deutschen Justizstatistik mit Bezug auf die Dauer des Verfahrens in erster Instanz halte ich nicht unbedingt, d. h. nicht in dem Sinne für zulässig, daß mit der zu Gunsten des österreichischen Verfahrens sich ergebenden Zeitdifferenz einfach das Konto des Parteibetriebs belastet wird. Vertieft man sich nämlich etwas mehr in die österreichische Prozeßordnung, so erkennt man unschwer eine ganze Reihe von Verschiedenheiten zwischen dem österreichischen und dem deutschen Verfahren, die, ohne daß sie mit der Frage des Parteibetriebs etwas zu thun haben, doch auf das Ergebniß der Statistik von Einfluß sind.

Ich brauche nur darauf hinzuweisen, daß dem österreichischen Prozeßrechte der Einspruch gegen Versäumnißurtheile fremd ist, daß — abgesehen von der praktisch nicht bedeutsamen Nichtigkeits- und Wiederaufnahmee klage — der einzige Rechtsbehelf gegen Versäumnißurtheile die Wiedereinsetzung in den vorigen Stand ist, die nach § 146 der österreichischen Prozeßordnnng voraussetzt, daß die Partei durch ein unvorhergesehenes oder unabwendbares Ereigniß an dem rechtzeitigen Erscheinen bei einer Tagsatzung oder an der rechtzeitigen Vornahme der befristeten Prozeßhandlung verhindert worden ist. Ich darf hervorheben, daß die österreichische Prozeßordnung an die Stelle der Eideszuschiebung, die, wie jedem Praktiker bekannt, sehr häufig zu Vertagungen und somit zur Verzögerung des Verfahrens führt, die Einvernehmung der Parteien gesetzt hat, daß eine mündliche Verhandlung über das Ergebniß der Beweisaufnahme in Oesterreich nicht unbedingt erforderlich ist, vielmehr nach § 193 der Prozeßordnung die Verhandlung vor Aufnahme aller zugelassenen Beweise geschlossen werden kann, wenn nur noch die durch einen ersuchten Richter zu bewirkende Aufnahme einzelner Beweise aussteht, oder beide Parteien auf die Verhandlung über das Ergebniß der Beweisaufnahme verzichten oder endlich das Gericht eine solche Verhandlung für entbehrlich hält. Die Beweisaufnahme soll nach § 276 der österreichischen Prozeßordnung grundsätzlich in der Hauptverhandlung vor dem erkennenden Gerichte stattfinden, eine Vorschrift, die in der Praxis der österreichischen Gerichte streng beobachtet wird, während der gleiche Grundsatz des § 355 der deutschen Prozeßordnung, namentlich bei größeren Gerichten, mehr und mehr eine mythische Bedeutung anzunehmen scheint. Der Konzentration des Prozesses dient schließlich auch die Kostenvorschrift des § 44 der österreichischen Prozeßordnnng, nach welcher auch der obsiegenden Partei der Kostenersatz ganz oder theilweise auferlegt werden kann, wenn sie — um mich kurz auszudrücken — durch ihr Verschulden die Erledigung des Rechtsstreits verzögert hat.

Auf einem anderen Gebiete liegt die Erwägung, daß in Oesterreich die Gerichtsferien 3 Wochen kürzer sind als in Deutschland, und daß der Kreis der Feriensachen nach § 244 der österreichischen Prozeßordnung etwas größer ist als in Deutschland. Da die Statistik die Dauer der

Prozesse nur nach größeren Zeitabschnitten berechnet und bei Berechnung der Zeitdauer die Gerichtsferien nicht in Abzug gebracht werden, so ist der Unterschied in der Dauer der Gerichtsferien und in der Begrenzung der Feriensachen selbstverständlich nicht ohne Einfluß auf das Ergebniß der Statistik.

Inwieweit die einzelnen von mir hervorgehobenen Umstände auf den österreichischen Prozeß im Verhältnisse zum deutschen Verfahren beschleunigend einwirken, läßt sich ziffernmäßig nicht ausdrücken; in ihrer Gesammtheit haben sie zweifellos ein nicht unerhebliches Gewicht, und dieses Gewicht wird durch gerichtsorganisatorische Momente ganz wesentlich verschärft. Zur Würdigung dieser Momente muß ich Sie bitten, mir einen Augenblick auf das Gebiet der Zahlen zu folgen. Oesterreich hat insgesammt 9 Oberlandesgerichte und 74 Landes- oder Kreisgerichte, die den deutschen Landesgerichten entsprechen. Die Zahl der Senate bei den Landes- und Kreisgerichten betrug im Jahre 1899: 170, im Jahre 1900: 169. Im Jahre 1899 sind von den 170 Senaten insgesammt 9190 Streitsachen, im Jahre 1900 dagegen von den 169 Senaten insgesammt 8753 Streitsachen erster Instanz durch kontradiktorisches Urtheil erledigt worden, so daß jeder Senat im Jahre 1899 durchschnittlich 54, im Jahre 1900 durchschnittlich 52 kontradiktorische Urtheile erster Instanz erlassen hat. (Hört, Hört!)

Wenn ich, m. H. zur Vergleichung das Landgericht I in Berlin heranziehe, so ergiebt sich, daß die Zahl der in ganz Oesterreich durch kontradiktorisches Urtheil erledigten Gerichtshofprozesse die Zahl der beim Landgericht I Berlin erledigten Prozesse nur um ein geringes übersteigt (hört, hört!) und nicht unerheblich hinter den entsprechenden Zahlen für den ganzen Kammergerichtsbezirk zurückbleibt! Das Landgericht I Berlin hat im Jahre 1899: 7468, im Jahre 1900: 7656 Sachen erster Instanz durch kontradiktorisches Urtheil erledigt. Beim Landgericht I bestanden in den beiden Jahren 1899 und 1900 einschließlich der Hilfskammern, die ich als besondere Kammern zähle, 26 Civilkammern und 14 Kammern für Handelssachen, sodaß jede Kammer im Jahre 1899 durchschnittlich 187 und im Jahre 1900 durchschnittlich 191 kontraditorische Endurtheile erlassen hat. Die sehr viel geringere Zahl der kollegialgerichtlichen Prozesse in Oesterreich erklärt sich zu einem wesentlichen Theile dadurch, daß die Zuständigkeit der Einzelrichter sich bis zu einem Streitgegenstand von 1000 Kronen erstreckt; zum anderen Theile beruht sie auf wirthschaftlichen Verschiedenheiten.

Verhältnißmäßig größer ist — in Folge der erweiterten Zuständigkeit der Bezirksgerichte — die Zahl der Berufungen, mit denen sich die

Landes- und Kreisgerichte in Oesterreich zu beschäftigen haben; hier darf indeß, was den Umfang der Thätigkeit betrifft, der Unterschied in der Struktur des österreichischen und des deutschen Berufungsverfahrens, von dem ich vorhin gesprochen habe, nicht außer Acht gelassen werden. Aus den mitgetheilten Zahlen ist jedenfalls zu ersehen, daß die Belastung der österreichischen Landes- und Kreisgerichte mit Civilsachen eine sehr viel geringere ist, als diejenige der deutschen Landgerichte, und in Folge dessen sehen die Terminszettel der österreichischen Senate ganz anders aus als die Terminszettel der Civilkammern und der Kammern für Handelssachen in Deutschland, wobei ich keineswegs von den 170 Terminen ausgehen will, über die uns eine in der Festschrift erschienene Abhandlung berichtet. In Oesterreich findet, wenn ich meine auf Wien beschränkten Beobachtungen verallgemeinern darf, in einer Tagessitzung in der Regel eine Streitverhandlung statt (Heiterkeit), zuweilen zwei und nur ausnahmsweise drei Streitverhandlungen; allerdings in der Weise, daß sich an die mündliche Verhandlung sofort die Beweisaufnahme vor dem erkennenden Gericht und, wenn möglich, der Erlaß des Urtheils anschließt.

Selbst wenn man berücksichtigt, daß in Folge der andern Struktur des deutschen Verfahrens jeder Prozeß, in dem eine Beweisaufnahme stattfindet — von ganz besonderen Fällen abgesehen — mindestens zwei Streitverhandlungen erfordert, so ist aus den mitgetheilten Zahlen doch ohne Weiteres ersichtlich, daß ein wesentliches Moment für die schleunigere Erledigung der Prozesse die ganz andere Besetzung der österreichischen Gerichte im Verhältnisse zur Zahl der Prozesse ist.

Ich glaube, damit dargelegt zu haben, daß zu den in der anderen Struktur des österreichischen Verfahrens begründeten, von der Frage des Parteibetriebs unabhängigen Momenten eine Reihe anderer auf dem Gebiete der Gerichtsorganisation liegender Umstände treten, die bei der Beurteilung der statistischen Zahlen nicht außer Acht gelassen werden dürfen. Wenn man überdies die wirthschaftlichen Verschiedenheiten berücksichtigt, so wird man den Schlußfolgerungen, die Neukamp lediglich aus den Zahlen ziehen zu sollen glaubt, schlechterdings nicht beipflichten dürfen. Die ganze Beweisführung Neukamps gründet sich auf die Annahme, daß der Parteibetrieb in seiner Wirkung auf die Dauer der Prozesse sich zum Offizialbetriebe verhält wie die Zeitdauer der Prozesse in Deutschland zur Zeitdauer der Prozesse in Oesterreich, mit andern Worten, daß, wenn im kontradiktorischen landgerichtlichen Verfahren erster Instanz in Deutschland nur 25,9 pCt., in Oesterreich dagegen 54,11 pCt. aller Prozesse in weniger als 3 Monaten abgeurtheilt werden, die Erledigung des Rechtsstreits durch den Parteibetrieb um 54,11 durch 25,9, das ist um mehr als das Doppelte, verzögert wird. Darin aber liegt offenbar ein Fehlschluß. Könnten alle diejenigen Momente, auf welche ich hingewiesen habe, aus dem österreichischen Prozeß ausgeschaltet werden, so würde das Ergebniß der Statistik zweifellos ein wesentlich anderes sein, wenn auch nicht in dem Sinne, daß der Vorsprung, den Oesterreich mit Bezug auf die Schnelligkeit des Verfahrens errungen hat, gänzlich beseitigt wird. Ich gebe ohne weiteres zu und werde hierauf noch näher einzugehen haben, daß die österreichische Statistik, um mit Herrn Dr. Klein zu sprechen, den straffen Zug richterlicher Prozeßleitung erkennen läßt; wie groß aber der Antheil ist, den die richterliche Prozeßleitung an den Ergebnissen der Statistik hat, läßt sich nicht einmal schätzungsweise berechnen.

Nach dem Eindrucke, den ich aus dem Studium der österreichischen Prozeßordnung und aus einem leider nur flüchtigen Einblick in die praktische Gestaltung des österreichischen Verfahrens gewonnen habe, ist es aber nicht die richterliche Prozeßleitung an sich, vielmehr sind es zwei hiermit in Zusammenhang stehende Momente, welche in den Ergebnissen der Statistik vornehmlich zum Ausdrucke gelangen, und zwar die folgenden: 1. In Oesterreich wird, nachdem die Klagebeantwortungsschrift eingereicht ist, der Termin zur Hauptverhandlung mit einer Einlassungsfrist von ungefähr 8 Tagen angeordnet, und für diesen Termin hat der Vorsitzende die Beweismittel herbeizuschaffen. Zu diesem Behufe können nach § 183 der österreichischen Prozeßordnung nicht nur die Parteien zum persönlichen Erscheinen bei der mündlichen Verhandlung aufgefordert, sondern auch Urkunden eingefordert, Sachverständige und Zeugen geladen werden. In der ersten Streitverhandlung wird somit nicht nur der Sachverhalt vollständig erörtert, sondern sofort im Anschluß an die Parteivorträge die Beweisaufnahme angeordnet und zur Ausführung gebracht, sodaß, wenn irgend möglich, in der ersten und einzigen Streitverhandlung das Verfahren bis zum Erlasse des Urtheils durchgeführt wird. Dieses energische Verfahren steht mit dem Grundsatze des Offizialbetriebs selbstverständlich in engstem Zusammenhang. Dagegen war für die abweichende Gestaltung des Verfahrens nach der Deutschen Civilprozeßordnung der Grundsatz des Parteibetriebs nicht maßgebend. Wenn der deutsche Gesetzgeber eine Herbeischaffung der Beweismittel für den ersten Verhandlungstermin nicht angeordnet hat, so hat er eben bei Anwendung der von Suarez aufgestellten Regel: „Suche die Wahrheit auf dem nächsten und sichersten Wege" größeren Nachdruck auf die Sicherheit des Weges gelegt. Die Bedeutsamkeit dieses Unterschieds liegt auf der Hand, eine Würdigung der Frage aber, ob die österreichische Konzentration drs Prozesses auf eine Streitverhandlung, in der gleichzeitig die Beweise erhoben werden, vor dem langsameren, aber nach meiner Auffassung gründlicheren und tiefer eindringenden Verfahren der Deutschen Civilprozeßordnung den Vorzug verdient, liegt außerhalb des Verhandlungsgegenstandes.

2. Von ganz anderer Art ist das zweite Moment, das bei Würdigung der Statistik in Betracht zu ziehen ist. Der Offizialbetrieb oder — wie Klein einmal sagt — die Freigabe der gebundenen Kraft des Richters ist nicht eine Erfindung, mit der die Welt erst im Jahre 1893 durch den Entwurf der österreichischen Civilprozeßordnung überrascht worden ist, und ob die richterliche Prozeßleitung im Gegensatze zu dem individualistischen Gedanken des Parteibetriebs — ich zitire wiederum Herrn Dr. Klein — eine für das Gedeihen des Ganzen nöthige, ordnende und leitende Energie darstellt, das hängt ganz und gar von der Handhabung dieses Prinzips in der Praxis ab. In früheren Zeiten hat die Herrschaft des Richters über den Prozeßstoff und über den Betrieb des Prozesses die auf sie gesetzten Erwartungen nichts weniger als erfüllt. Ich will Sie nicht mit historischen Reminiscenzen aufhalten. Ich darf aber daran erinnern, daß Friedrich der Große schon einige Jahrzehnte nach dem Erlaß des Codicis Friedericiani Marchici in einem bekannten Reskript ausspricht, es komme ihm vor, als ob die Justiz wieder anfange einzuschlafen. Daß auch die Allgemeine Gerichtsordnung für die Preußischen Staaten trotz des Grundsatzes der amtlichen richterlichen Forschung und Prozeßleitung den Prozeßgang in einer die Rechtshülfe geradezu vereitelnden Weise verlangsamte, darüber hat in der ersten Hälfte des vergangenen Jahrhunderts in Preußen ein Zweifel nicht bestanden. Die Ursache für den vollständigen Schiffbruch dieses Systems ist selbstverständlich nicht allein darin zu finden, daß Untersuchungsmaxime und formeller Offizialbetrieb zur Grundlage des Prozesses gemacht wurden; dafür aber läßt sich nach meiner Ueberzeugung ein zureichender Grund nicht entdecken, daß die richterliche Prozeßleitung nur in einem mündlichen Verfahren ihre Kraft voll und ganz entfalten kann und muß, während sie nach allen bisherigen Erfahrungen im schriftlichen Verfahren vollständig versagt hat. Der straffe Zug richterlicher Prozeßleitung zeigt sich gegenwärtig in Oesterreich nur deswegen, weil das Verfahren auch im Uebrigen — nach meiner persönlichen Ansicht unter Hintansetzung anderer Utilitätsrücksichten — auf größtmöglichste Einfachheit und Schnelligkeit zugeschnitten ist, und weil die österreichischen Gerichte unter dem Einflusse der Gesetzgebung, der Justizverwaltung und der dominirenden Persönlichkeit des Mannes, dem Oesterreich nach unsäglichen Schwierigkeiten die endliche Umgestaltung des Civilprozesses verdankt, in ganz hervorragendem Maße von dem Bestreben durchdrungen sind, jeden einzelnen Prozeß ohne

Unterbrechung und mit größter Schnelligkeit zu Ende zu führen. Wenn ich von dem Einflusse der Justizverwaltung gesprochen habe, so möchte ich die Thatsache nicht unerwähnt lassen, daß die Durchführung der Civilprozeßordnung im Sinne der Justizverwaltung durch sogenannte Gerichtsinspektoren überwacht wird, die sogar bei den Berathungen der Gerichte zugegen sein dürfen. (Heiterkeit.) Daß diese Einrichtung, deren Uebertragung auf Deutschland vielleicht nicht allgemeiner Zustimmung begegnen würde (sehr richtig!), nicht wenig dazu beiträgt, anspornend auf die österreichischen Gerichte zu wirken, liegt auf der Hand.

Ob der Gedanke, daß die Wohlfahrtseinrichtung des Prozesses in erster Linie einfach und rasch funktioniren müsse, dauernd mit gleicher Stärke nicht nur hochgehalten, sondern auch in seiner praktischen Durchführung überwacht werden und den österreichischen Gerichten als Leitmotiv dienen wird, können wir selbstverständlich nicht wissen; nach früheren gerichtlichen Erfahrungen möchte ich es zum mindesten bezweifeln. Die österreichischen Gerichte nehmen gegenwärtig den Standpunkt ein, daß sie in dem bestimmten Termin und zur festgesetzten Stunde den Parteien zur Verfügung stehen, und es gehört beinahe zu den Unmöglichkeiten, selbst im Intresse der Parteien eine Erstreckung der Tagsatzung herbeizuführen. Erscheinen die Parteivertreter in der anberaumten Tagsatzung nicht, so ruht nach der österreichischen Civilprozeßordnung das Verfahren mindestens auf die Dauer von drei Monaten, und von der Thatsache des Ausbleibens ihrer Vertreter werden die Parteien unter Hinweis auf die gesetzlichen Folgen benachrichtigt.

Es ist gewiß richtig, daß der Parteiwille, wie Geheimrath Wach einmal — nicht in seinem Gutachten, sondern an anderer Stelle — gesagt hat, nicht immer mit dem Willen der Parteivertreter identisch ist; aber es geht doch auch nicht an, geradezu einen Gegensatz zwischen dem Parteiinteresse und dem Handeln der Parteivertreter zu konstruiren. (Sehr richtig!) Zwingt man die Parteien gegen ihren Willen und gegen ihr Interesse zu verhandeln, so wandelt man sie nach meiner Ueberzeugung aus Subjekten in Objekte des Prozesses um, an deren vile corpus sehr leicht demonstrirt werden kann, mit welcher Schnelligkeit die Wohlfahrtseinrichtung des Prozesses funktionirt. (Lebhafter Beifall.) In einem Anfang 1895 in der Juristischen Gesellschaft in Wien gehaltenen Vortrage hat Wach darauf hingewiesen, daß mit den in § 134 der österreichischen Prozeßordnung zugelassenen Vertagungsgründen schlechterdings nicht auszukommen sei, und hinzugefügt, der Druck der Thatsachen werde sich so mächtig äußern, daß der § 134 bald nur noch auf dem Papiere stehen werde. Diese Prophezeiung ist bisher nicht in Erfüllung gegangen. Wie man den Rechtsbehelf gegen die Versäumnißfolge, die Wiedereinsetzung in den früheren Stand, in Anlehnung an die Justizministerialerläuterungen zu § 146 der österreichischen Civilprozeßordnung in der denkbar strengsten Weise behandelt, sodaß es hierüber bereits bei der Berathung des Justizetats im österreichischen Abgeordnetenhause zu lebhaften Erörterungen gekommen ist, so sind die Gerichte anscheinend auch geneigt, die Gründe, aus denen nach § 134 auf Antrag der Parteien eine Vertagung stattfinden kann, so restriktiv wie möglich auszulegen. Dieses Bestreben zeitigt selbstverständlich günstige Ergebnisse für die Statistik; ob es auch der Verwirklichung des materiellen Rechts und der Förderung der berechtigten Parteiinteressen dient, darüber lassen sich nur Vermutungen aufstellen. (Heiterkeit.)

Ich habe in die Ergebnisse der österreichischen Statistik etwas tiefer eindringen zu müssen geglaubt, als es Neukamp gethan hat, und ich glaube nachgewiesen zu haben, daß das schnellere Tempo des österreichischen Verfahrens das Produkt mannigfacher Gesetzesvorschriften und sonstiger Faktoren ist, daß aber die richterliche Prozeßleitung an diesem Tempo einen erheblichen Antheil nur so lange hat, als kein Wandel in den Anschauungen eintritt, von denen die Organe der Rechtspflege in Oesterreich gegenwärtig erfüllt sind. Dieser Wandel könnte sich leicht vollziehen, wenn einmal die von Wach aufgeworfene, in ihrer Bedeutung doch nicht ganz zu unterschätzende Frage, obwohl ihr Gewicht neuerdings häufig etwas leicht angeschlagen wird, nämlich die Frage, wie es mit dem Verhältnisse der Richtigkeit zur Fixigkeit stehe, ein minus mit Bezug auf die Richtigkeit ergeben sollte, und wenn ich die Struktur des österreichischen Berufungsverfahrens betrachte, so vermag ich in der von Klein betonten Thatsache, daß das Prozentverhältniß der Bestätigungen erstrichterlicher Urtheile sich gegenüber dem früheren schriftlichen Verfahren nicht geändert habe, schlechterdings nicht einen Belag dafür zu finden, daß die Beschleunigung des Prozesses in dem Maße, wie sie in Oesterreich stattgefunden hat, ohne Verschlechterung der Qualität der Rechtsprechung erreicht wird und erreicht werden muß. Einzelne Stimmen aus Oesterreich — zuletzt noch in dem Aufsatze, der in der Festnummer der deutschen Juristenzeitung erschienen ist und den österreichischen Hof- und Gerichtsadvokaten v. Hornbostel zum Verfasser hat — haben sich jedenfalls bereits im entgegengesetzten Sinne vernehmen lassen.

Wenn ich nunmehr die deutsche Justizstatistik für sich allein würdigen darf und von jeder Parallele mit der Statistik anderer Länder absehe, so muß ich auch hier den beiden von Neukamp aufgestellten Sätzen, daß objektiv betrachtet, die Zahlen der deutschen Statistik höchst beklagenswerthe seien und daß die durchschnittliche Dauer der Prozesse in einer höchst bedenklich fortschreitenden Zunahme begriffen sei, entschieden entgegentreten. Das Ergebniß, zu welchem die von Neukamp aufgestellten Tabellen führen, ist vielmehr nach meiner Auffassung ein überwiegend günstiges.

Die Zusammenstellung über die Dauer der durch kontradiktorisches Urtheil erledigten Prozesse, welche die Jahre 1888 bis einschließlich 1899 umfaßt, ergiebt, daß im erstinstanzlichen Verfahren vor den Landgerichten durchschnittlich etwa 56 pCt. aller Prozesse in weniger als 6 Monaten erledigt worden sind, während etwa 16 pCt. aller Prozesse ein Jahr und mehr in Anspruch genommen haben. Da Neukamp alle Sachen, deren Erledigung ein Jahr oder mehr erfordern, als krank bezeichnet, so darf man wohl bei den Sachen, die in weniger als 6 Monaten erledigt werden, von einer besonders guten Gesundheit sprechen. Ist das der Fall und erwägt man ferner, daß bei Ermittelung der Dauer der Prozesse die Gerichtsferien nicht in Abzug gebracht sind, so wird die Klage über die fortwährend zunehmende Verschleppung der Prozesse, sei es in Folge oder ungeachtet des Parteibetriebs, durch die Statistik nicht unterstützt. Auf die Geschwindigkeit des Automobils, von der Geheimrath Wach in seinem Gutachten spricht, ist unsere Prozeßordnung freilich noch nicht zugeschnitten, und da es für die Frage, wie lange ein Rechtsstreit durchschnittlich dauern darf, einen absoluten Maßstab nicht giebt, so wird man den Bestrebungen auf Beschleunigung der Prozesse niemals grundsätzlichen Widerstand leisten dürfen.

Auch die Dauer der Prozesse in der Berufungsinstanz ist keineswegs eine solche, daß sie die Klagen über Prozeßverschleppung als berechtigt erscheinen läßt. Wenn im Berufungsverfahren vor den Landgerichten etwa 70 pCt. aller Sachen in weniger als 6 Monaten durch kontradiktorisches Urtheil erledigt werden und nur etwa 8 pCt. ein Jahr und mehr in Anspruch nehmen, wenn im Berufungsverfahren vor dem Oberlandesgericht, in welchem, zumal bei einem verwickelten Streitstoff, häufig der Schwerpunkt des ganzen Prozesses liegt, beinahe die Hälfte aller Sachen, nämlich etwa 48 pCt., in weniger als 6 Monaten erledigt werden, während etwa 20 pCt. ein Jahr und mehr in Anspruch nehmen, so dürften wir von einem Justizbankerott, wie ihn Neukamp als Folge des Parteibetriebes ausmalt, noch recht weit entfernt sein.

Ich stelle aber auch entschieden in Abrede, daß wir uns dem Justizbankerott allmählich nähern; denn, wie Wach in seinem Gutachten durchaus zutreffend bemerkt hat, die Statistik der letzten Jahre beweist durchaus nicht die von Neukamp behauptete fortwährende Zunahme der überjährigen Sachen, oder, wie ich hinzufügen darf, überhaupt die fortwährende Zunahme der durchschnittlichen Dauer der Prozesse.

Die Zahl der überjährigen Sachen im landgerichtlichen Verfahren erster Instanz ist von 1888 bis 1891 ungefähr die gleiche, 1888: 15,4 pCt., 1892: 15,5 pCt.); dann tritt bis 1895 eine Zunahme bis auf 18,2 pCt. und seitdem wieder ein allmählicher Rückgang (16,7 pCt. im Jahre 1899) ein. Die Zahl der Sachen, die in weniger als sechs Monaten erledigt werden, sinkt von 1888 (57 pCt.) bis zum Jahre 1895 (52,2 pCt.), um alsdann wieder langsam zu steigen (1899: 55,1 pCt.). Aehnliche Ergebnisse zeigen sich für das Berufungsverfahren. Bei den Landgerichten steigen die der überjährigen Berufungssachen vom Jahre 1888 (4,7 pCt.) bis zum Jahre 1894 (8,7 pCt.); seitdem schwankt der Prozentsatz nur unerheblich zwischen 8 pCt. und 8,7 pCt.; er beträgt für das letzte Jahr der Statistik (1899) 8,6 pCt. Dagegen sinkt der Prozentsatz der in weniger als sechs Monaten erledigten Berufungssachen von 1888 (76,7 pCt.) bis 1895 (67,3 pCt.), um alsdann mit unerheblichen Abstufungen allmählich ein wenig zu steigen; für das Jahr 1899 ist der Prozentsatz 68,6 pCt.

Ich könnte diese Zahlen mit leichter Mühe vervollständigen; ich will Sie jedoch nicht ermüden. Die Behauptung Neukamps, daß die durchschnittliche Dauer der Prozesse, ebenso wie die Zahl der kranken, d. h. überjährigen Sachen in einer höchst bedenklichen, fortwährenden Zunahme begriffen sei, erscheint hiernach völlig unzutreffend; sie wird nur dadurch erklärlich, daß Neukamp sie trotz Mittheilung der Statistik für die sämmtlichen 12 Jahre von 1888 bis 1899 sich darauf beschränkt — und das ist offenbar unrichtig —, lediglich die beiden Jahre 1888 und 1899 miteinander zu vergleichen.

Auch die von Neukamp aufgestellten Einzeltabellen, welche die Jahre 1896 bis 1900 umfassen, ergeben, daß während dieses Zeitraums der Prozentsatz der kranken Sachen überwiegend langsam fällt. Bei den 13 preußischen Oberlandesgerichten betrug die Zahl der überjährigen Sachen im Jahre 1896: 26,46 pCt., im Jahre 1900 nur 24,18 pCt. Bei den 15 außerpreußischen Oberlandesgerichten sind die Zahlen erheblich günstiger, im Jahre 1896: 11,8 pCt., im Jahre 1900 11,3 pCt. Greift man aber aus der Zahl der Oberlandesgerichte und der Landgerichte diejenigen heraus, bei denen sich vermöge ihrer Größe, vermöge der Zahl der Anwälte und vermöge der Schwierigkeit der örtlichen Verhältnisse die nach Ansicht des Herrn Neukamp verlangsamende Tendenz des Parteibetriebs naturgemäß am stärksten fühlbar machen müßte, nämlich das Kammergericht und das Landgericht I Berlin, so zeigt sich, daß der Prozentsatz der überjährigen Sachen seit dem Jahre 1896 nicht unerheblich gesunken ist. Beim Kammergericht war der Prozentsatz der Berufungssachen, deren Erledigung mehr als ein Jahr in Anspruch genommen hatte, im Jahre 1896: 27,75 pCt., im Jahre 1900 nur noch 19,7 pCt.; beim Landgericht I Berlin war der Prozentsatz der überjährigen Sachen erster Instanz im Jahre 1896: 10,8 pCt., im Jahre 1900 nur noch 8,8 pCt. Aehnlich ist der Rückgang der überjährigen Berufungssachen beim Landgericht I, von 4,3 pCt. im Jahre 1896 bis auf 2,74 pCt. im Jahre 1900.

Ich könnte diese nach meiner Auffassung durchaus befriedigenden Zahlen, welche die Hypothese der fortschreitenden Verlangsamung der Prozesse in ganz eklatanter Weise widerlegen, noch erweitern; ich glaube indeß, schon jetzt dargethan zu haben, daß von dem induktiven, durch keine Dialektik zu beseitigenden unumstößlichen Beweise für die prozeßverschleppende Tendenz des Parteibetriebs in der That nichts übrig bleibt. (Anhaltendes Beifallklatschen.)

Meine Herren, trotz Ihres Beifalls eine Einschränkung! (Heiterkeit.) Auch ich darf in diesem Zusammenhang an der bereits von dem ersten Herrn Berichterstatter eingehend besprochenen Thatsache nicht vorübergehen, daß im ehemaligen Gebiete des rheinischen Rechtes und in einigen wenigen anderen Bezirken die Ergebnisse der Statistik ein wesentlich anderes Gesicht zeigen, als im gesammten übrigen Deutschland. Unter solchen Umständen ist es erklärlich, daß die von Neukamp verzeichneten Aeußerungen der Presse über Verschleppung der Civilprozesse entweder aus dem Gebiete des rheinisch-französischen Rechtes stammen oder ausschließlich dieses Rechtsgebiet im Auge haben; im Uebrigen ist, wie ich bei dieser Gelegenheit hervorheben möchte, die Presse meines Wissens nicht mit der Beschwerde hervorgetreten, daß eine Prozeßverschleppung um sich greife. Die neuerdings auftauchende Bewegung wegen Beseitigung der Gerichtsferien betrifft nur eine ganz bestimmte Seite der Prozeßverzögerung, die mit unserem Verhandlungsgegenstande nichts zu thun hat.

Was nun die besondere Geschäftslage der rheinischen Gerichte betrifft, so hat ja der erste Herr Berichterstatter sich mit diesen Verhältnissen eingehend beschäftigt; wir haben aus seinem Munde ein lebhaftes Plaidoyer für die spezifisch rheinische Mündlichkeit gehört und somit aus sicherster Quelle erfahren, daß am Rheine keineswegs nur die Anwälte, sondern auch die Gerichte, vor allen Dingen der Chef der Justizverwaltung der Rheinprovinz, begeisterte Anhänger dieser rheinischen Mündlichkeit sind. Eine Erörterung dieser Dinge würde uns aber nach meiner

Ueberzeugung zu weit führen, auch praktisch bedeutungslos sein; denn wie man auch über die rheinische Mündlichkeit denken mag, das Eine erscheint sicher — darin stimme ich Herrn Professor Fischer bei, der dasselbe in der Festnummer der „Deutschen Juristenzeitung" ausgeführt hat — es besteht keine Aussicht, daß die in den Rheinlanden übliche Art der mündlichen Verhandlung auf das übrige Deutschland übertragen werden wird. Wir haben uns in den übrigen Theilen Deutschlands nun einmal daran gewöhnt, die Civilprozeßordnung anders zu handhaben. Welche Auffassung die richtige ist, darüber läßt sich ja streiten. Ich persönlich kann die Meinung nicht unterdrücken, daß ich die rheinische Mündlichkeit für einen gewissen Luxus halte, wie er in die Oekonomie der Civilprozeßordnung und vor allen Dingen auch in die Oekonomie der preußischen Justizverwaltung nicht recht hineinpaßt.

(Lebhafter Beifall und Heiterkeit.)

Meine Herren, ich habe damit zwei Gesichtspunkte angedeutet, die überall betont werden müssen, wo die rheinische Mündlichkeit richtig gewürdigt werden soll. Sie stellt ganz andere Anforderungen an Anwälte und Richter und führt dadurch leicht zu einer Verlangsamung des Prozeßganges, zumal wenn die Richterkräfte nicht auf ein Niveau gehoben werden, das der Zahl der eingehenden Sachen entspricht. Aus dem Munde des ersten Herrn Berichterstatters haben wir von den Resten, die sich im Rheinlande angesammelt haben und mit den jetzigen Richterkräften nicht beseitigt werden können, gehört. Neukamp hat allerdings behauptet, eine Vermehrung der Richterkräfte würde, so lange der Parteibetrieb bestehe, gar keinen Zweck haben, denn es fehle vermöge des Parteibetriebs die Gewähr dafür, daß in den Terminen auch wirklich verhandelt werde. Das heißt mit anderen Worten: jemanden, der in Gefahr ist zu ertrinken, nicht retten wollen, so lange nicht die unbedingte Sicherheit besteht, daß der Rettungsversuch auch von Erfolg gekrönt sein wird! Sollten sich nicht in der freien Advokatur die Kräfte finden, die erforderlich sind, um das größere Material zu bearbeiten? Wenn nicht überall, so zeigt doch die Statistik in der Regel, daß bei den weniger stark belasteten Gerichten die Prozesse erheblich schneller beendigt werden. Das wird auch gerade durch die Statistik für die rheinischen Gerichte bestätigt. In der Rheinprovinz sind Düsseldorf, Köln und Elberfeld diejenigen Landgerichte, die am stärksten belastet sind. Für Köln und Elberfeld zeigt aber die von Neukamp mitgetheilte Statistik ein weit ungünstigeres Bild, als beispielsweise für die mit Civilsachen weit geringer belasteten Landgerichte Trier und Saarbrücken. Und so ist es überall. Als in der bayerischen Pfalz, bei den Landgerichten Frankenthal, Zweibrücken und Kaiserslautern, Anfang 1901 erhebliche Rückstände sich angesammelt hatten und hieraus, wie auch aus anderen Gründen — trotz der Civilprozeßordnung hatte man im Gegensatze zur preußischen Rheinprovinz ein im Wesentlichen schriftliches Verfahren beibehalten — wurden die Richterkräfte etwas vermehrt, und schon nach wenigen Monaten konnte in der bayerischen Abgeordnetenkammer der Regierungskommissar erklären, daß bei dem Amtsgericht Zweibrücken von 500 Rückständen 337 erledigt seien (Heiterkeit) und daß in Frankenthal und Kaiserslautern die Sache ähnlich liege. Wie mir aus der Pfalz, und zwar von einem Richter mitgetheilt worden ist, ist der Erfolg ein andauernder, sodaß voraussichtlich etwa in Jahresfrist die pfälzischen Gerichte von allen Rückständen befreit sein werden.

Ich komme damit zu einem allgemeinen Gesichtspunkte, nämlich zu der in dem Wach'schen Gutachten statistisch nachgewiesenen Thatsache, daß die Vermehrung der Richterkräfte der Zunahme der Bevölkerung und insonderheit der Vermehrung der Prozesse nicht entspricht. (Sehr richtig!) Statt weiterer Ausführungen hierüber kann ich mich darauf beschränken, auf das Wach'sche Gutachten Bezug zu nehmen, das an dieser Stelle in dem Satze gipfelt:

> „Es würde hiernach nicht zu verwundern sein, wenn, ganz abgesehen von allen Mängeln der Civilprozeßordnung im Laufe der Zeit sich die Prozesse ganz erheblich verlangsamt und die Reste vermehrt hätten, ja, wenn hier und da eine Art Hemmung der Justiz eingetreten wäre; denn es ist sonnenklar, daß bei unzureichenden Richterkräften durch Unmöglichkeit, die Eingänge zu bewältigen, allmählich eine Art Juristenbankerott resultiren muß".

In welchem Maße aber gerade in neuester Zeit die bürgerlichen Rechtsstreitigkeiten in erster wie in der Berufungsinstanz zugenommen haben, das ergiebt die von dem ersten Herrn Referenten in anderem Zusammenhang erwähnten, im Preußischen Justizministerialblatt vom 1. August 1902 enthaltene Zusammenstellung der wichtigsten Geschäfte bei den preußischen Amts-, Land- und Oberlandesgerichten für die Jahre 1899 bis 1901. Die Unmöglichkeit, die angewachsenen Rückstände ohne eine ganz erhebliche Vermehrung der Richterkräfte zu beseitigen, wird von Neukamp wie von dem ersten Herrn Berichterstatter, auf Grund der von ihm aufgestellten statistischen Uebersicht für das Oberlandesgericht und das Landgericht Köln zugegeben. Wenn aber Neukamp für das Anwachsen der Rückstände das auf dem bestehenden Rechte beruhende Vertagungsunwesen verantwortlich macht, so genügt zur Widerlegung dieser Behauptung der Hinweis auf die Thatsache, daß nach den anderen von Neukamp aufgestellten Tabellen gerade die rheinischen Gerichte mit Bezug auf ihre Belastung seit Jahren ungefähr an das höchste Maß der zulässigen Belastung gelangt sind. Daß dieser Thatsache gegenüber von einer Prozeßverschleppung Seitens der Parteien nicht die Rede sein kann, haben meine Kollegen Fürst (Heidelberg) in der Juristischen Wochenschrift und Isay (Berlin) in der Deutschen Juristen-Zeitung zutreffend dargelegt.

Damit aber, meine Herren, darf ich die Statistik verlassen. Ich glaube, das von Neukamp mitgetheilte Zahlenmaterial objektiv beleuchtet und nachgewiesen zu haben, daß die von Neukamp gezogenen Schlußfolgerungen zum überwiegenden Theile unzutreffend sind. Ich betone in Uebereinstimmung mit Wach, aber um einige Nuancen stärker, daß unsere deutsche Rechtspflege im Allgemeinen prompt funktionirt und daß, soweit bei einzelnen Gerichten oder in einzelnen Bezirken schreiende Mißstände vorhanden sind, diese nicht auf das Schuldkonto des Parteibetriebs gesetzt werden dürfen. Mit Bezug auf die rheinischen Verhältnisse hat der erste Herr Berichterstatter meines Erachtens durchaus zutreffend dargelegt, daß die tiefere Ursache für die Verlangsamung des Prozeßganges nicht in dem Parteibetrieb als solchem, sondern in der Handhabung des mündlichen Verfahrens zu suchen ist, in den erhöhten Anforderungen welche die rheinische Mündlichkeit sowohl an die Rechtsanwälte wie auch an die Richter stellt. Ich gehe von der grundsätzlichen Auffassung aus, daß das Recht der Parteien und somit auch ihrer Vertreter, in dem angesetzten Termine zu verhandeln oder nach ihrem Ermessen von der Verhandlung Abstand zu nehmen und die Verlegung des Termins herbeizuführen, den vitalsten Interessen der Parteien entspricht und daher auch in unserer Zeit, die alles auf den Utilitätsgedanken stellt, weder unmittelbar noch mittelbar beseitigt oder eingeschränkt werden darf.

Mit dem Parteibetrieb in diesem Sinne ist, wie mit jeglicher Freiheit, die Gefahr des Mißbrauchs verbunden. Wenn es aber in Deutschland Amtsgerichte giebt — Wach nennt als solche Karlsruhe, Colmar, Stuttgart, Cassel, Dresden — bei welchen im Jahre 1899 von allen durch kontradiktorisches Urtheil erledigten Prozessen noch nicht 2 pCt. ein Jahr oder länger anhängig waren, wenn Landgerichte wie Karlsruhe, Stuttgart, Celle, Dresden, Berlin, also Bezirke von ganz verschiedener wirthschaftlicher Entwicklung, noch nicht 10 pCt. erstinstanzlicher Prozesse hatten, deren Erledigung ein Jahr oder länger in Anspruch nahm, wenn das Oberlandesgericht Stuttgart seit dem Jahre 1896 durchschnittlich nur etwa 2 pCt., im Jahre 1899 sogar nur 1,6 pCt., Colmar und Hamburg im Jahre 1899 zwischen 4 und 5 pCt. überjähriger Berufungssachen hatten, so beweist diese Thatsache, daß — ich will, um jede subjektive Färbung zu vermeiden, weder „vermöge“, noch „trotz“ sagen — aber mit dem Parteibetriebe die wünschenswerthe Beschleunigung der Prozesse erreicht werden kann, und daß, wo der Parteibetrieb seine treibende Kraft nicht an den Tag legt, das Gegengewicht in besonderen wirthschaftlichen, örtlichen oder sonstigen Verhältnissen zu suchen ist, die in gleicher Weise auch den Offizialbetrieb beeinflussen können.

Vielfach hat allerdings — und diese Behauptung stütze ich nicht sowohl auf die Ergebnisse der Statistik, als vielmehr auf eigene Beobachtung und Erfahrung in mehr als zwanzigjähriger anwaltlicher Thätigkeit an dem größten deutschen Landgerichte —, gerade weil die Beseitigung aller formalen Schranken der Rechtsverfolgung und der Rechtsvertheidigung einen schnellen Gang des Prozesses herbeizuführen geeignet ist —, eine gewisse Laxheit in der Handhabung des Verfahrens Platz gegriffen. Mit Unrecht aber wird die alleinige oder auch nur die überwiegende Schuld hieran der Anwaltschaft beigemessen. Neukamp will zwar die Frage, ob die auf übereinstimmenden Antrag bewirkten Vertagungen auf ein subjektives Verschulden der einen oder der anderen Partei oder ihrer Anwälte zurückzuführen seien, auf sich beruhen lassen; durch sein Gutachten aber geht unverkennbar die Tendenz, die Gerichte und die Justizverwaltung von jeder Verantwortlichkeit für die nach seiner Meinung vorhandenen Mißstände zu entlasten und somit das Odium der Prozeßverschleppung auf die Anwälte abzuwälzen, für die es, wie es an einer Stelle des Gutachtens heißt, in den meisten Fällen an einem erheblichen pekuniären Interesse fehle, der Vertagung entgegenzutreten, da sie für ihre Gebührenansprüche regelmäßig durch den Vorschuß gedeckt seien. (Heiterkeit.)

Ich darf es mir selbstverständlich versagen, auf dieses Argument näher einzugehen, und glaube auch behaupten zu dürfen, daß die deutsche Anwaltschaft auf die mildernden Umstände, welche ihr für die gegenüber Vertagungsanträgen geübte Konnivenz von Herrn Neukamp bewilligt werden, keinen Anspruch erhebt. (Bravo!) Aber, meine Herren, wie dem auch sein mag, daß die Gerichte und die Justizverwaltungen lediglich in dem Verhalten der Rechtsanwaltschaft oder in der Macht der Verhältnisse, welche die Thätigkeit des Anwalts beeinflussen, das Hinderniß einer schnelleren Rechtsprechung finden zu müssen glauben, ist durchaus nicht befremdlich; denn worauf die vielfachen Vertagungen sich gründen, vermögen die Gerichte nur in den seltensten Fällen zu beurtheilen. Sie kennen nur den in den Schriftsätzen enthaltenen Streitstoff, nicht das sonstige Material an Thatsachen und Erwägungen, durch welche der

Anwalt auch bei gewissenhaftester Handhabung der ihm zustehenden Befugnisse bestimmt wird, Vertagung zu beantragen oder zu bewilligen. Von den Berliner Anwälten ist vor einigen Monaten eine Umfrage über die innerhalb eines gewissen Zeitraums in ihrer Praxis bewirkten Vertagungen oder Terminsvereitelungen und deren Gründe veranstaltet worden; das Material ist zwar nicht von solcher Beschaffenheit, daß es sich statistisch verwerthen ließe, läßt aber erkennen, daß die Ursachen der Vertagungen, entsprechend der Vielgestaltigkeit der Lebens- und Wirthschaftsverhältnisse, von der größten Mannigfaltigkeit sind, und daß überaus zahlreich auch diejenigen Vertagungen sind, welche auf Veranlassung oder Anregung des Gerichts stattfinden. Und ist es denn erstaunlich, daß in einem Verfahren, welches mit der schematischen Ansetzung des Verhandlungstermins auf die Klage oder die Berufung beginnt, ohne den Schriftenwechsel an gesetzliche oder richterliche Fristen mit Präklusionen und Eventualmaxime zu binden, häufig mehrere Termine vergehen, bevor die Sache zur Verhandlung reif ist? Von einer Verschleppung des Prozesses kann in solchen Fällen nur die Rede sein, wenn die Vorbereitung der Sache bis zur mündlichen Verhandlung den nach dem Umfange des Streitstoffs und nach der größeren oder geringeren Schwierigkeit der Informationsbeschaffung angemessenen Zeitraum überschritten hat. Bei Bemessung dieses Zeitraums darf man in unserer vielbeschäftigten Zeit freilich nicht davon ausgehen, daß die Parteien nichts anderes zu thun haben, als die Information für den einen Prozeß zu beschaffen, und daß der Anwalt nur die eine Prozeßsache zu bearbeiten hat. Der Bauer, der den Gerichtspräsidenten fragt, ob denn wirklich die Sache so schwer sei, daß sie drei Jahre in Anspruch nehme, geht natürlich von der Voraussetzung aus, daß das Gericht nur diese eine Sache zu verhandeln habe (Heiterkeit), und da diese Voraussetzung eine irrige ist, so können seine Erwartungen in Bezug auf die Schnelligkeit der Erledigung der Sache selbstverständlich nicht erfüllt werden. Die Gerichte müssen mit der Thatsache rechnen, daß der Industrielle, der Kaufmann, der Landwirth die Erledigung manches anderen Geschäftes für dringender halten, als die Ertheilung der Information an ihren Anwalt. (Sehr richtig!) Sie müssen auch mit der Thatsache rechnen, daß es vielbeschäftigte Anwälte giebt, die sorgfältig über ihre Zeit disponiren müssen. Um in letzterer Beziehung einem naheliegenden Einwande zu begegnen, möchte ich indeß darauf hinweisen, daß nach meiner Beobachtung gerade in den Bureaus der viel beschäftigten Anwälte besonders prompt gearbeitet zu werden pflegt, weil sonst die Bewältigung des Materials nicht möglich sein würde, und daß die Annahme, der beschäftigte Anwalt komme relativ häufiger in die Lage, Vertagung zu beantragen als sein minder beschäftigter Kollege, durchaus unzutreffend ist.

Selbstverständlich steht es den Anwälten am wenigsten an, zu leugnen, daß unter den Ursachen der Vertagungen auch Zeitmangel, Bequemlichkeit und kollegialische Rücksichtnahme einen gewissen Raum in Anspruch nehmen. Wie groß dieser Raum ist, läßt sich freilich nicht nachweisen; daß er nicht allzugroß wird, dafür sorgt der Umstand, daß in der Regel mindestens eine Partei ein Interesse an der Beschleunigung des Prozesses hat, und daß auch der weniger gewissenhafte Anwalt sich nicht gern der Gefahr aussetzt, durch Bequemlichkeit oder Nachlässigkeit das Vertrauen seines Klienten zu verlieren. (Sehr richtig.) Die Vertagungen aus Zeitmangel, Bequemlichkeit und kollegialischer Rücksichtnahme bilden aber — und das wird leider häufig verkannt — nur die Kehrseite der treibenden Kraft, welche der Parteibetrieb vielfach an den Tag legt. Daß bereits in dem ersten auf die Klage oder auf die Berufung angesetzten Termine kontradiktorisch verhandelt wird, gehört — wenigstens in den außerrheinischen Gebieten — keineswegs zu den Seltenheiten, und wenn trotzdem die Zahl der Prozesse, die in einem Zeitraume bis zu drei oder bis zu sechs Monaten erledigt werden, in Deutschland erheblich geringer ist als in Oesterreich, so sind eben die früher von mir erwähnten Momente, vor allem die andere Struktur des Beweisverfahrens, von bestimmendem Einfluß.

Der Wunsch, daß Vertagungen aus den angeführten, der Anwaltschaft zur Last fallenden Gründen auf ein möglichst geringes Maß zurückgeführt oder gänzlich beseitigt werden, ist selbstverständlich berechtigt. Der Erfüllung wird dieser Wunsch um so näher kommen, jemehr sämmtliche Faktoren der Rechtsprechung, nicht nur die Anwälte, sondern auch die Gerichte, von der Ueberzeugung durchdrungen werden, daß zu den Postulaten der Rechtspflege neben einer guten, auf gründlicher und Prüfung des Streitstoffs beruhenden Rechtsprechung auch die Schnelligkeit der Rechtshilfe und somit die schnelle Förderung der Prozesse bis zum Urtheilsspruch gehört. Dieses Imponderabile kann seine treibende Kraft keineswegs nur bei gerichtlichem Offizialbetriebe, sondern auch unter der Herrschaft des Parteibetriebs entfalten. Die Gerichte sind freilich geneigt, eine Prozeßverschleppung nur da zu sehen, wo eine Vertagung auf Verlangen der Parteien eintritt. Der Prozeßgang wird aber in gleicher Weise verzögert, wenn die Vertagung ohne Zuthun der Anwälte erfolgt, beispielsweise weil das Gericht auf die Verhandlung dieser Sache nicht gerechnet hat und deshalb nicht genügend vorbereitet ist; in allen nicht rheinischen Bezirken bereiten sich ja die Richter auf die Vertagung —

ich bitte um Entschuldigung — auf die Verhandlung vor. (Heiterkeit.) In gleicher Weise finden Vertagungen häufig statt, weil irgend ein — vielleicht ein ganz unerheblicher Schriftsatz — überreicht wird, von dessen Inhalt das Gericht vorher keine Kenntniß erlangt hat, weil das Gericht ohne zwingenden Grund einem einseitigen Vertagungsantrage stattgiebt, weil statt des Referenten ein Vertreter einberufen ist oder weil demnächst der Referent aus der Kammer ausscheidet, weil das Gericht wünscht, daß die Anwälte eine vergleichsweise Erledigung der Sache herbeizuführen wünschen. Häufig genug — hierauf hat bereits mein Kollege Jacobsohn (Berlin) an anderer Stelle hingewiesen — wird in solchen Fällen das Protokoll dahin gefaßt, daß die Vertagung auf Antrag der Parteien erfolge, während die Anwälte thatsächlich nur dem Wunsche des Gerichts stattgeben. Aber noch mehr! Sobald einmal verhandelt worden ist, liegt die Förderung des Prozesses nach unserer Prozeßordnung zu einem wesentlichen Theile in den Händen des Gerichts. Wenn alsdann der Erlaß eines Theilurtheils abgelehnt wird, obwohl ein Theil des Anspruchs zur Entscheidung reif ist, wenn in dem anberaumten Publikationstermine statt eines Beweisbeschlusses lediglich der Beschluß verkündet wird, es solle wieder in die Verhandlung eingetreten werden, wenn nach einer namentlich in erster Instanz weit verbreiteten Gepflogenheit bei Erlaß des Beweisbeschlusses nur ein einzelner Streitpunkt herausgegriffen wird, sodaß — auch ohne neue Parteianführungen — nur auf Grund mehrerer, stets durch neue mündliche Verhandlungen getrennter Beweisbeschlüsse das Endurtheil ergehen kann, so muß sich die Wirkung eines derartigen Verfahrens selbstverständlich auch in den Ergebnissen der Statistik zeigen. Ich bin überzeugt, daß jeder Anwalt nach den von mir nur andeutungsweise hervorgehobenen Richtungen mannigfache frappante Beispiele aus seiner Praxis namhaft machen könnte.

Was ich damit beweisen will, ist nur das Eine, daß, wie der Parteibetrieb von den Anwälten, so auch der Offizialbetrieb, soweit er nach der Civilprozeßordnung besteht — und das ist in ziemlich erheblichen Umfange der Fall — häufig in laxer Weise, nicht aber in dem Bestreben einer möglichst schnellen Erledigung des Rechtsstreits gehandhabt wird, wie denn die gleiche Beobachtung auch auf dem Gebiete des Strafprozesses gemacht werden kann, der doch von jedem Parteibetriebe weit entfernt ist.

Der große soziale Zug, der nach dem Zeugniß österreichischer Juristen durch die Civiljustiz geht, beruht eben nicht allein auf Gesetzesparagraphen, sondern überwiegend auf dem Geiste, in dem das Gesetz gehandhabt wird. Die deutschen Gerichte leiden vielfach unter ihrer

Ueberbürdung und lassen sich von einem gewissen Mißmuthe gegenüber den — wie ich ohne Weiteres anerkenne — zuweilen recht unbequemen, ihre Arbeitslast vermehrenden und ihre Dispositionen erschwerenden Terminsvereitelungen beeinflussen. Geliugt es den deutschen Gerichten, sich von dieser etwas einseitigen Anschauung der Dinge zu befreien und im Wettbewerbe mit den Anwälten mit der Gründlichkeit das Streben nach möglichst schneller Erledigung eines jeden Prozesses zu verbinden, so wird diese Handhabung des Offizialbetriebs anregend, fördernd und befruchtend auch auf die Handhabung des Parteibetriebs durch die Anwaltschaft wirken. Zur Herbeiführung eines derartigen Wettbewerbs zwischen den Gerichten und der Anwaltschaft werden aber auch die Justizverwaltungen mitwirken müssen, vor allen Dingen durch Vermehrung der Richterkräfte, die namentlich in Preußen vielfach geboten erscheint. Wenn bei einem preußischen Gerichte — nicht in den Rheinlanden, sondern anderwärts —, bei dem zwei Kammern für Handelssachen bestehen, der Vorsitzende der einen Kammer den erkrankten Vorsitzenden der anderen Kammer während dreier Wochen vertreten muß und während dieses Zeitraumes gerade in den letzten Wochen vor den Gerichtsferien wegen der durch die Vertretung herbeigeführten Ueberbürdung sämmtliche kontradiktorische Sachen von Amtswegen bis nach Beendigung der Gerichtsferien vertagt werden, (hört! hört!) so steht die hierdurch herbeigeführte Prozeßverzögerung selbstverständlich nicht in Zusammenhang mit der Frage des Parteibetriebs Und wie eine Satyre auf unseren Verhandlungsgegenstand klingt es, wenn in der Festnummer des Juristischen Litteraturblatts Landgerichtsrath Viezens erzählt, beim Landgericht I Berlin sei die vielfach zur Beschleunigung der Prozesse dienende Abhaltung von Beweisterminen unmittelbar vor Beginn der Verhandlungstermine untersagt worden, weil es Schwierigkeiten verursachte, Protokollfuhrer zu beschaffen. (Heiterkeit.)

Ich bemuhe mich vergeblich, hierin den großen socialen Zug in der Civiljustiz zu erkennen, der nach der Ansicht des Herrn Neukamp nur durch den Parteibetrieb an seiner vollen Entfaltung gehindert wird. Gerade weil ich die Frage der Aufrechterhaltung des Parteibetriebs in den durch die Zivilprozeßordnung gezogenen Grenzen nicht als eine bloße Frage der Erhaltung des Besitzstandes für die Rechtsanwaltschaft ansehe, würde ich es freudig begrüßen, wenn dadurch, daß das Thema der Einschränknng oder Beseitigung des Parteibetriebs zu Gunsten richterlicher Prozeßleitung zur Erörterung gestellt worden ist, alle Organe der Rechtspflege, einschließlich der Justizverwaltungen, von dem Bestreben erfüllt würden, so viel in ihren Kräften steht, an der Beschleunigung wenn auch nicht an der Ueberstürznng des Prozeßganges mitzuarbeiten.

Jemehr dieses Bestreben die Gerichte und die Rechtsanwaltschaft durchdringt, um so mehr wird sich die Ueberzeugung befestigen, daß die Auffindung des nächsten und sichersten Weges, auf dem nach Suarez im Civilprozesse die Wahrheit gesucht werden soll, durch die Maxime des Offizialbetriebs ebenso wenig wie durch den Grundsatz des Parteibetriebs verbürgt, aber auch durch keine dieser Maximen gehindert wird.

Ich habe Ihre Zeit bereits so lange in Anspruch genommen, m. H., daß ich nur noch mit wenigen Worten zu den einzelnen Vorschlägen der Herren Gutachter und des ersten Herrn Berichterstatters Stellung nehmen will. Im wesentlichen ergiebt sich mein Standpunkt bereits aus dem, was ich auszuführen die Ehre hatte.

Ein Theil der gemachten Vorschläge steht meines Erachtens nur in losem Zusammenhange mit dem Verhandlungsgegenstande. Dahin zähle ich die Einführung des Vor- oder Sammeltermins und die Ausschaltung des Parteibetriebs im Ladungs- und Zustellungswesen. Beide Fragen sind im Wesentlichen, wenn nicht ausschließlich prozeßtechnischer Natur; eine Beschleunigung des Prozeßganges für kontradiktorische Sachen wird weder durch den Vortermin noch durch Offizialladung und Zustellung erreicht werden. Meine persönliche Stellung zu den gemachten Vorschlägen geht dahin, daß ich im Interesse des Geschäftsganges der Gerichte den sogenannten Vortermin, wenn er sachgemäß gestaltet wird, für wünschenwerth halte und der Uebertragung des Ladungs- und Zustellungswesens an die Gerichte keine Thräne nachweinen würde (sehr richtig!) — vorausgesetzt, daß diese Maßregel nicht den Anfang vom Ende des Parteibetriebs überhaupt bedeuten soll. Dagegen würde ich es für verkehrt halten, wenn, entsprechend dem Vorschlage des Herrn Neukamp, der Beginn der Rechtsmittelfrist auf den Zeitpunkt des Urtheils verlegt würde, denn in einer sehr großen Anzahl von Fällen können die Parteien und ihre Vertreter sich erst dann über die Einlegung des Rechtsmittels schlüssig machen, wenn sie das Urtheil und dessen Begründung gewissenhaft geprüft haben.

(Sehr richtig!)

In näheren Zusammenhange mit der Abgrenzung von Richterrecht und Parteibetrieb steht die von Geheimrath Wach angeregte Unterstellung des vorbereitenden Schriftenwechsels unter die richterliche Prozeßleitung. Diese Waffe gegen etwaige Prozeßverschleppung ist stumpf, wenn nicht mit der Regelung des Schriftenwechsels Präklusionsfolge und Eventualmaxime verbunden werden. Ich glaube aber nicht fehlzugehen, wenn ich annehme, daß eine derartige Erweiterung seines Vorschlages in Wach selbst einen entschiedenen Gegner finden würde.

Nicht allzu großes praktisches Gewicht lege ich der Frage bei, ob die Zurückweisung nachträglich vorgebrachter Vertheidigungs- und Beweismittel ohne den Nachweis groben Verschuldens und ohne Parteiantrag statthaft, also lediglich vom Ermessen des Gerichts abhängig sein soll. Ich bin indeß gegen den nach dieser Richtung von Geheimrath Wach gemachten Vorschlag, weil ich die Präklusion nur dann für gerecht halte, wenn Verschleppungsabsicht oder grobes Verschulden vorliegt, und weil es sehr häufig im Interesse der Gegenpartei liegt, die Berücksichtigung der nachträglich vorgebrachten Vertheidigungsmittel und die Erschöpfung der angebotenen Beweismittel in der Instanz nicht durch einen Präklusionsantrag zu hindern.

Der Kernpunkt der Frage, ob die Prozeßordnung einer Aenderung im Sinne der Erweiterung des Richterrechts bedarf — und im Einklange mit dem Herrn Vorredner möchte auch ich dem Wunsche Ausdruck geben, daß die Debatte sich möglichst hierauf beschränke —, ist die Aufrechterhaltung oder Beseitigung des Dispositionsrechts der Parteien über die Aufhebung von Terminen, die Verlängerung von Fristen und die Sistirung des Verfahrens.

Die beiden Herren Gutachter wollen übereinstimmend die Terminsaufhebung — die Fristverlängerung ist bekanntlich nicht von erheblicher praktischer Bedeutung — der richterlichen Kognition unterstellen und nur bei Darlegung wichtiger Gründe zulassen. Während aber Neukamp hieraus die weitere Schlußfolgerung zieht, daß der vom Sistirungsvertrage handelnde § 251 der Civilprozeßordnung aufgehoben werden müsse und daß, wenn im Verhandlungstermine beide Parteien nicht erscheinen oder Antrage nicht stellen, die Klage als zurückgenommen gelten müsse, bezeichnet Wach ein solches Präjudiz als barbarisch und erachtet es nicht für geboten, den Sistirungsvertrag der Parteien zu bekämpfen. Auf einem ähnlichen Standpunkte steht auch der erste Herr Berichterstatter. Zu meinem Bedauern muß ich einräumen, daß die Zurückhaltung, welche Wach und der erste Herr Berichterstatter in ihrem Kampfe gegen den Parteibetrieb sich auferlegen, ihren Vorschlägen die praktische Bedeutung entzieht; denn solange nur die §§ 224 und 227 der Civilprozeßordnung abgeändert werden, § 251 aber bestehen bleibt, würden die Parteien und ihre Vertreter sich nicht der Gefahr einer Ablehnung des Vertagungsantrags aussetzen, sondern vorziehen, im Termine nicht zu erscheinen, sodaß nach § 251 das Verfahren ruht, bis eine neue Ladung zugestellt wird. Ob in solchen Fällen — entsprechend dem Vorschlage des ersten

Herrn Berichterstatters — das Verfahren für ruhend erklärt wird, ist meines Erachtens ohne nennenswerthe Bedeutung; daß aber, wenn eine neue Ladung ergeht, der neue Termin hinter alle bereits anstehenden Termine gesetzt wird, das entspricht ohnehin der schon jetzt herrschenden Praxis. Wer im Parteibetrieb eine Quelle von Prozeßverschleppungen sieht, die nur durch wirksame Eindämmung des Parteibetriebs abgeleitet werden kann, der muß meines Erachtens auch die Konsequenz einer Bekämpfung des Sistirungsvertrags ziehen, sei es durch die von Neukamp vorgeschlagene Peremtion des Prozesses oder der Instanz, sei es nach dem Vorbilde der österreichischen Prozeßordnung durch die Vorschrift, daß die Aufnahme des ruhenden Verfahrens erst nach Ablauf eines gewissen Zeitraums zulässig ist.

Meine Ausführungen dürften ergeben haben, daß ich, nicht um des Dogmas willen, auch nicht im einseitigen Interesse der Rechtsanwaltschaft, sondern vom Standpunkte des Parteiinteresses, also aus Utilitätsgründen, wenn auch nicht aus dem Utilitätsgrunde der Beschleunigung des Prozesses um jeden Preis, vor allen Dingen aber in Ermangelung einer aus der Statistik sich ergebenden verschleppenden Tendenz des Parteibetriebs jede Aufhebung, Beschränkung oder Verkümmerung des Dispositionsrechts der Parteien über Terminsverlegung und Sistirung des Verfahrens bekämpfe. Ich verkenne keineswegs, daß durch Terminsvereitelungen Zeit und Arbeitskraft nicht nur der Richter, sondern auch der Anwälte — der Letzteren vielleicht in noch höherem Grade — zwecklos in Anspruch genommen werden. Zu einer Beschränkung des Parteibetriebs darf dieser Gesichtspunkt nicht führen, solange nicht eine den Parteiinteressen widerstreitende Prozeßverschleppung dargethan ist, und die wiederholte Vertagung ist, was ich auf Grund meiner anwaltlichen Erfahrungen nicht lebhaft genug betonen kann, mit einer Prozeßverschleppung keineswegs identisch.

Es liegt nahe, meine Herren und die Vorschläge des ersten Herrn Berichterstatters laufen in ihrem praktischen Ergebnisse meines Erachtens nur auf diesen einen Punkt hinaus — es liegt nahe, eine Abhülfe gegen Terminvereitelungen durch Aenderung des Gerichtskostengesetzes zu schaffen, und nach dieser Richtung hin sind mannigfache beachtenswerthe Vorschläge gemacht worden, die im Einzelnen sehr von einander abweichen. Die äußerste Grenze stellt auf der einen Seite den Vorschlag des ersten Herrn Berichterstatters dar, der von der Frage des Verschuldens ganz unabhängig in jedem einzelnen Falle, wo nicht verhandelt wird, eine besondere Gebühr, die jeder Partei zur Hälfte zur Last fällt, erheben will; auf der anderen Seite der von Professor Fischer in der Festnummer der Deutschen

Juristenzeitung gemachte Vorschlag, der dahin geht, daß nicht etwa den Parteien, sondern grundsätzlich den Anwälten für jeden vereitelten Termin eine besondere Gebühr auferlegt werden soll. (Heiterkeit.)

Solange aber dies Pauschalsystem des Deutschen Gerichtskostengesetzes aufrecht erhalten wird, hat die Erhebung einer besonderen Gebühr für den vereitelten Termin — selbst in der Weise, wie es von dem ersten Herrn Berichterstatter vorgeschlagen ist — in ihrem Ergebnisse den Charakter einer Strafe, sie wird als solche empfunden werden, selbst wenn der Nachweis eines Verschuldens nicht erfordert wird, und dagegen walten erhebliche Bedenken ob. Die Anwälte werden in der Regel annehmen, daß dem von ihnen geltend gemachten Vertagungsantrag nach Lage der Sache hätte stattgegeben werden sollen, und je energischer die Kostenpression ausgeübt wird, um so mehr würde das Verhältniß zwischen den Gerichten und der Rechtsanwaltschaft beeinträchtigt und verbittert werden. Einen Zustand der Disharmonie zwischen diesen beiden Faktoren der Rechtspflege verträgt aber nach meiner Ueberzeugung unsere Prozeßordnung nicht!

Sodann würde jede Kostenstrafe zu einem Zankapfel zwischen dem Anwalt und seiner Partei werden, und vor allen Dingen würde die Gefahr, durch Terminsvereitelung einen Kostennachtheil zu erleiden, bei den Parteien und ihren Vertretern eine zur Prozeßverschleppung führende Terminsfurcht, eine Furcht vor der Ladung zum Termin erzeugen. So könnte es leicht geschehen, daß gerade durch die Kostenpression die Prozesse nicht beschleunigt, sondern verschleppt werden. (Sehr richtig!) Aus diesen Gründen halte ich eine Kostenpression irgend welcher Art zur Verhütung von Terminsvereitelungen nur im Rahmen einer umfassenden Revision des Gerichtskostengesetzes, nicht durch eine bloße Abänderung des § 48 des Gerichtskostengesetzes für angängig. Wie man aber auch über diese Frage denken mag, meines Erachtens liegt auch sie nicht innerhalb des Rahmens der uns beschäftigenden Frage; denn durch Erhebung einer besonderen Gebühr für jeden vereitelten Termin oder durch eine Aenderung des Pauschalsystems des Gerichtskostengesetzes wird der Parteibetrieb grundsätzlich nicht berührt und deshalb glaube ich, daß wir in unserer Beschlußfassung die Frage, ob und in welcher Weise durch eine Aenderung der Kostengesetzgebung der Prozeßverschleppung oder der Terminsvereitelung entgegengewirkt werden kann, außer Betracht zu lassen haben.

Was endlich, um auch hierüber noch ein Wort zu sagen, die besonderen Verhältnisse im vormaligen Geltungsgebiete des französischen Verfahrens betrifft, so bin ich der Meinung, daß in den Ausführungen des ersten Herrn Referenten ein gewisser Widerspruch unverkennbar ist. Im ersten Theile seines Vortrags hat Herr Oberlandesgerichtspräsident **Hamm** auszuführen gesucht, daß durch die sogenannte rheinische Mündlichkeit, die er auf unser ganzes deutsches Vaterland übertragen zu sehen wünscht, die Erledigung der Prozesse naturgemäß verzögert wird. Wenn ich nun die von dem ersten Herrn Berichterstatter gestellten Anträge prüfe, so ist von praktischer Bedeutung nur der Vorschlag, daß im Falle der Terminsvereitelung ein Kostennachtheil, die Erhebung einer besonderen Gebühr, eintreten soll. Liegt es aber in dem Wesen des mündlichen Verfahrens, wie es am Rheine gehandhabt wird, daß dadurch die Prozesse nicht so schnell zur Verhandlung und Entscheidung gelangen können, wie anderwärts in unserm deutschen Vaterlande, so kann durch Erhebung einer besonderen Gebühr dieses Ergebniß nicht geändert werden. (Sehr richtig!) Es giebt nur zwei Möglichkeiten: entweder die rheinischen Parteien, beziehungsweise die rheinischen Anwälte tragen einmal den Nachtheil dieser besonderen Gebühr und warten demnächst, nachdem die Gebühr einmal erhoben ist, mit der Ladung so lange, bis das Verfahren ausreichend vorbereitet ist, oder aber sie sehen ein, daß bei der gegenwärtig üblichen Handhabung des mündlichen Verfahrens die fortschreitende Verlangsamung der Rechtspflege nicht aufzuhalten und die Belastung der Parteien mit Kostennachtheilen nicht abzuwenden ist. In letzterem Falle würde das Ergebniß vermuthlich darin bestehen, daß gerade vermöge der von dem ersten Herrn Berichterstatter gestellten Anträge, die rheinische Mündlichkeit ihrem Ende zugeführt wird und daß man sich entschließt, im Oberlandesgerichtsbezirk Köln die Civilprozeßordnung so zu handhaben, wie das anderwärts geschieht. Ich für meine Person würde das nicht als ein Unglück betrachten.

M. H., ich bin am Ende. Die Schlußfolgerung aus dem Berichte, den ich zu erstatten die Ehre hatte, ist der Antrag, den ich Ihnen hiermit zur Beschlußfassung unterbreite:

> Eine Aenderung der deutschen Civilprozeßordnung dahin, daß dem Richter eine größere Mitwirkung im Prozeßbetriebe gewährt wird, ist nicht empfehlenswerth.

(Lebhafter andauernder Beifall.)

Vorsitzender: Auch dem zweiten Herrn Berichterstatter ist für seine reichhaltigen und höchst interessanten Ausführungen der einmüthige Dank der Versammlung durch Ihren Beifall ausgesprochen, wie ich hiermit feststelle.

Bevor wir nun in die Besprechung des uns vorliegenden Gegenstandes eintreten, müssen wir dem Wunsche des Herrn Präsidenten des

Juristentages folgend, noch einer Pflicht genügen auf Grund des § 10 unserer Satzungen. Es sind für die Wahl der ständigen Deputationen von jeder Abtheilung 10 Vertrauensmänner zu wählen, die nachher mit den anderen Vertrauensmännern uud dem Präsidium zusammen eine Vorschlagsliste für die ständige Deputation aufstellen. Wir haben also 10 solcher Vertrauensmänner zu wählen. Es ist hier eine Liste aufgestellt worden, die ich Ihnen unterbreiten möchte, um Ihre Beschlußfassung herbeizuführen. Es werden als Vertrauensmänner vorgeschlagen von den bisherigen Mitgliedern der ständigen Deputation die Herren Kammergerichtsrath a. D. Thinius-Berlin, Landgerichtspräsident Thomson-Münster, Geheimer Oberjustizrath Dr. Vierhaus-Berlin, Rechtsanwalt Dr. Wildhagen-Leipzig, Geheimer Justizrath Dr. Richard Wilke-Berlin, und aus der Versammlung sind dann noch folgende 5 Herren vorgeschlagen: Amtsgerichtsrath Jastrow-Berlin, Sektionsrath Dr. Schauer-Wien, Justizrath Heinitz-Berlin, Professor Dr. Schwartz-Halle, Oberlandesgerichtsrath Dr. Neukamp-Köln. Sind die Herren damit einverstanden, daß die Wahl durch Zuruf vorzunehmen ist?

(Allseitige Zustimmung.)

Wählen Sie durch Zuruf die genannten 10 Herren?

(Zustimmung.)

Auch das stelle ich fest. Ich werde dem Herrn Präsidenten des Juristentages sofort die entsprechende Mittheilung machen.

Wir beginnen mit der Besprechung und zwar hat zuerst das Wort Herr Sektionsrath Dr. Schauer-Wien.

Sektionsrath Dr. **Schauer** (Wien): Meine Herren, gestatten Sie mir vorerst einen kleinen Irrthum in den Ausführungen des zweiten Herrn Berichterstatters richtig zu stellen! Er betrifft die Vergleichung der Geschäftslast der österreichischen Civilgerichte mit jener der Gerichte im Deutschen Reich. Der Herr Berichterstatter hat einfach die Zahl der Senate verglichen mit der Zahl der gefällten kontradiktorischen Urtheile. Ich erlaube mir nun, darauf aufmerksam zu machen, daß die Mehrzahl der Gerichtshöfe in Oesterreich in Folge der weitreichenden Zuständigkeit der Bezirksgerichte nur zum geringsten Theil mit Civilprozeßsachen beschäftigt sind, die Mehrzahl der Kreisgerichte insbesondere sind eigentlich nur Strafgerichte, sie haben nur nebenbei noch eine geringe Anzahl von Civilsachen zu besorgen. Infolgedessen sind die betreffenden Senate nicht voll mit Civilsachen beschäftigt, die Richter der Civilsenate haben nämlich neben den Civilsachen noch eine ganze Reihe anderer Sachen zu erledigen und in Civilprozeßsachen erster Instanz wird nicht öfter als einmal in der Woche verhandelt. Es ist daher selbstverständlich nicht beweiskräftig, wenn man herausbringt, daß in Oesterreich ein Senat nur 10 oder 20 kontradiktorische Urtheile im Jahre fällt.

Ich gestatte mir nun, zur Sache selbst überzugehen. Ob im Deutschen Reiche thatsächlich eine Prozeßverschleppung besteht, vermag ich nicht zu beurtheilen; wenn sie aber besteht, so möchte ich schon glauben, daß die Möglichkeit der Parteidisposition über die Fristerstreckungen sehr wesentlichen Antheil daran hätte und daß thatsächlich die Verhinderung der willkürlichen Erstreckung, auf welche die Reform beschränkt werden soll, vieles bessern könnte. Zu einem durchgreifenden Erfolge würden aber meines Erachtens noch die weitergehenden Aenderungen nothwendig sein, die Herr Professor Wach befürwortet und die von dem zweiten Herrn Referenten, insbesondere was Ladung und Zustellung anbelangt, empfohlen worden sind.

Jedenfalls werden auch gegen das Frustriren von Tagsatzungen Schutzvorkehrungen nothwendig sein, aus den Gründen, die der erste Herr Referent darzulegen Gelegenheit hatte. Das Verbot der Disposition der Parteien über die Verhandlung wäre eine stumpfe unwirksame Waffe, wenn nicht an das Frustriren der Verhandlung eine Folge geknüpft würde, die vor Mißbräuchen sichert, sei es Zurücknahme der Klage oder Ruhen des Verfahrens. Das letztere würde besser sein, weil es dem Mißbrauche begegnet und jenen Fällen Rechnung trägt, in denen die Parteien etwa wegen eines Vergleichsversuchs ein berechtigtes Interesse an der Aussetzung des Verfahrens haben. Die Erfahrungen in Oesterreich zeigen, daß die befürworteten Aenderungen die Handhabe zu einer bisher unerhörten Beschleunigung der Prozesse bieten, und das sollte anzustreben sein, wie es mit warmen Worten der erste Herr Referent ausgeführt hat.

Nun wurde die Frage aufgeworfen, ob nicht der rasche Lauf des Prozesses durch eine Verschlechterung der Qualität der Entscheidungen erkauft werden müßte. In Nr. 14 der Deutschen Juristenzeitung von diesem Jahre wurde den Verhandlungen des Juristentags durch den Warnungsruf präludirt, man solle sich hüten, nach österreichischem Muster die Beschleunigung auf Kosten der Güte und Gründlichkeit der Rechtsprechung anzustreben und sich die gottgefällige solide Justiz verderben zu lassen. Zur Begründung wurde auf die vom Advokaten Herrn Dr. Ružička in den Wiener Juristischen Blättern Nr. 23 von 1902 aufgestellte Behauptung hingewiesen:

„Kein Zweifel, daß die Hast die Qualität schädigt. Die wohlthuende Empfindung, daß der Richter auch die Judikatur und die

Literatur studirt hat, habe man nicht zu oft. Da sollte die Rechtsprechung des Deutschen Reichs und die Art der Urtheilsbegründung deutscher Gerichte Nachahmung finden".

Auch auf das Gutachten des Herrn Professor Wach scheinen diese Bemerkungen nicht ganz ohne Einfluß geblieben zu sein, wie auch vom zweiten Herrn Berichterstatter vorgebracht wurde, denn Professor Wach weist die Schlüsse aus den Resultaten fremder Gesetzgebungen mit der Bemerkung zurück, es bleibe noch immer die ernste Frage übrig, wie es mit dem Verhältniß der Fixigkeit und Richtigkeit stehe.

Auf die Ausführungen des Herrn Dr. von Hornbostel in der Deutschen Juristenzeitung, Festnummer, werde ich mir erlauben später zu kommen.

In Oesterreich war es, wie jüngst Herr Oberlandesgerichtsrat Motloch in der Deutschen Juristenzeitung treffend betonte, nicht nothwendig, der Behauptung entgegenzutreten, daß die Schnelligkeit der Rechtsprechung auf Kosten der Güte der Rechtsprechung erzielt worden ist. Dort kennt man die Verhältnisse. Aber damit es nicht zur Legendenbildung führt, ist es nothwendig, hier einige Bemerkungen zu machen.

Maßnahmen, die darauf abzielen, die Verhandlung zu konzentriren und die Unmittelbarkeit zu fördern, können die Ergebnisse eines Verfahrens unmöglich schlechter machen, das an Zeit- und Kräftevergeudung leidet, immer nur ruckweise vorschreitet, ein Zurückgreifen auf scheinbar erledigte Streitpunkte ermöglicht und weder die Richter noch die Parteien mit der Wahrscheinlichkeit rechnen läßt, daß die Verhandlung bei der nächsten Tagsatzung wirklich zum Abschlusse kommt. Thatsächlich sind ungünstige Wirkungen in Oesterreich nicht in Erscheinung getreten. Die österreichische Justizverwaltung besitzt Mittel genug, um sich über die Qualität der Rechtsprechung zu informiren. Sie hat aber keine Wahrnehmungen gemacht, die einen ungünstigen Einfluß des neuen Prozesses auf die Güte der Rechtsprechung erkennen lassen. Ich will aber nicht Namens des Justizministeriums einen Widerspruch entgegensetzen; dazu habe ich weder Ermächtigung noch Auftrag. Da die Aeußerungen, die zunächst den Zweifel über das Verhältniß von Schnelligkeit und Güte veranlaßt haben, in den Juristischen Blättern enthalten waren, so wird es von Interesse sein, wenn man sich auf diese Zeitschrift als Zeugen dafür berufen kann, daß die Reform des Verfahrens in Oesterreich die angestrebten Vortheile thatsächlich gebracht hat. Die Aeußerungen dieses hervorragenden Fachblattes sind in dieser Richtung um so beachtenswerther, als der Advokatenstand in Oesterreich bis in die jüngste Zeit, wie bekannt, gegenüber der Justizverwaltung eine ausgesprochene Oppositionsstellung eingenommen hat; eine Neigung Schlechtes als Gutes auszugeben, somit auf Seiten des Fachblattes, das sich auch die Wahrung advokatischer Standesinteressen zum Ziele setzt, sicherlich nicht anzunehmen ist.

Hören Sie nun, wie die Juristischen Blätter urtheilen! In den „Juristischen Blättern" vom Jahre 1901 Seite 159 konstatirt der Herausgeber:

> „Wir haben heute den besten Civilprozeß auf dem Kontinent und sind auf diesem Gebiete speziell dem Deutschen Reiche sowohl durch das Gesetz als noch mehr durch dessen Ausübung thatsächlich überlegen."

In demselben Jahrgange Seite 195 wird betont, daß die Civilprozeßreform, wie die „Juristischen Blätter" immer rückhaltlos anerkannt hätten, uns ein gutes Verfahren gebracht habe. In No. 16 der „Juristischen Blätter" vom Jahre 1902 wird dem Verfasser des Gesetzes nachgerühmt, daß er die Widerstände überwunden und ein lebendiges Verfahren geschaffen habe:

> In keinem Punkte steht unser Prozeß höher über dem deutschen wie darin, daß mit verschwindenden Ausnahmen das Beweisverfahren sich vor dem versammelten Gericht abspielt, während dies in Berlin und den meisten größeren Städten Deutschlands heute zu den Seltenheiten gehört.

Im gleichen Sinne haben sich die „Juristischen Blätter" zwei Jahre früher geäußert, indem sie in Nr. 40 vom Jahre 1900 schreiben:

> Es gehört erfreulicherweise zu den Ausnahmen, daß eine mittelbare Beweisaufnahme stattfindet.

In Nr. 36 vom Jahre 1900 bespricht Benedikt die Statistik des Jahres 1899 mit den Worten:

> Sicher trägt die relative Seltenheit der Prozesse dazu bei, daß unser Verfahren an Schnelligkeit das deutsche soweit überholt hat; es ermöglicht eben eine weit gründlichere Vorbereitung der Richter und läßt auch jedesmal die genügende Zeit zum Fortverhandeln zur Verfügung.

In Uebereinstimmung damit hat der Herausgeber der „Juristischen Blätter" unlängst in Nr. 16 vom Jahre 1902 erklärt:

> Nicht auf Grund irgend welcher Ziffern, sondern auf Grund der, wenn auch beschränkten Kenntniß unserer Judikatur müssen wir

die Ueberzeugung aussprechen, daß die Entscheidungen besser geworden sind, weil ihnen ein reicheres, lebendiger erfaßtes Thatsachenmaterial zu Grunde liegt und weil die Richter mit der größeren Freiheit auch ein intensiveres Interesse an ihrem Berufe gewonnen haben.

In wiederholten, warm gehaltenen Aeußerungen wird somit in den verschiedenen Jahren der neueren Prozeßpraxis in den Juristischen Blättern der Judikatur das Zeugniß größerer Gründlichkeit ausgestellt. Wenn neuerdings eine gegentheilige Aeußerung gefallen ist, so bezieht sie sich offensichtlich nicht auf die Stoffsammlung und Beweisergebnisse, sondern nur auf die rechtliche Beurtheilung des Falles. Nun liegt auf der Hand, daß bei einer so großen Beschleunigung des Prozesses, wie sie in Oesterreich besteht, es nicht darauf ankommt, ob der Richter das Urtheil unmittelbar nach Schluß der mündlichen Verhandlung, wie es die Regel ist, gefällt und verkündet hat, oder ob er sich die schriftliche Bekanntmachung des Urtheils, die ihm offen gehalten ist, innerhalb einer Frist von 8 Tagen vorbehält. Wenn die Urtheile thatsächlich nicht mit genügender Sorgfalt erwogen, gefällt und begründet wären, so läge der Fehler an den Personen, in deren Hände der Prozeß gelegt ist. Wer nun aber weiß, mit wie viel größerer Sorgfalt heute im Vergleich zu früher die Richter für die Civilprozeßsachen, bei den Gerichtshöfen wenigstens, ausgewählt werden, muß für die Behauptung, daß unter dem Einflusse des neuen Prozesses die Urtheile schlechter geworden wären oder nicht so gut seien, wie sie nach dem vorhandenen Richtermaterial sein könnten, doch einen etwas zwingenderen Beweis fordern, als die vereinzelten Aeußerungen des Anwalts A oder B, dem vielleicht das eine oder andere Urtheil nicht gefallen haben mag.

Nun hat neuestens in der Festausgabe der „Deutschen Juristen-Zeitung" Herr Dr. von Hornbostel ein ziemlich düsteres Bild vom österreichischen Civilprozeßverfahren entworfen. Daß da die Farben etwas stark aufgetragen sind, wird auch den Herren aus dem Deutschen Reiche nicht entgangen sein. Ich muß es mir versagen, im Einzelnen auf die Ausführungen v. Hornbostels einzugehen, möchte aber zur Charakterisirung auf sein Schlußurtheil hinweisen, daß einem Clienten, der in 5 Monaten seinen Prozeß in zwei Instanzen verloren hat, kaum glaubhaft gemacht werden könne, daß das mit rechten Dingen zugegangen sei, daß das Urtheil ordnungsmäßig erwogen sei. Nun, m. H., mit diesem Argumente, wenn es richtig wäre, kann man jede Beschränkung der Civilprozeßordnung begründen. Jemanden, der in drei Instanzen abgewiesen ist, wird man nicht überzeugen können, daß es nicht auch noch, wie die Fliegenden Blätter sagen, außer dem dritten, ein viertes Instanzle geben sollte.

Das Argument, daß die Güte der Rechtsprechung gelitten habe, wird übrigens durch die in der Budgetdebatte des österreichischen Abgeordnetenhauses vorgebrachten allgemein anerkennenden Aeußerungen widerlegt. Es wird aber auch widerlegt durch die Statistik über die Zahl der bestätigten, der abgeänderten und der aufgehobenen Urtheile. Allerdings liefert die Bestätigung des einen Urtheils — das ist sicher — noch keinen Beweis dafür, daß gerade dieses Urtheil sorgfältig erwogen und auch gediegen begründet worden ist. Allein die Durchschnittszahl über die Bestätigungen im Ganzen gestattet doch einen Schluß darauf, wie die Judikatur im Allgemeinen beschaffen ist.

Noch sicherer ist aber der Schluß, daß die Judikatur nicht schlecht geworden ist, wenn ein Vergleich der Bestätigungen von früher und jetzt ergiebt, daß die Bestätigungen nicht abgenommen haben. Dieser Vergleich zwischen den früheren und den gegenwärtigen Verfahren ist aber im Hinblick auf den deutschen Zivilprozeß deswegen lehrreich, weil im alten Verfahren die Gerichte ebenfalls Zeit hatten, die Akten mit Muße zu studiren, sich in der Literatur umzusehen, und weil das Verfahren an übermäßiger Beschleunigung nicht litt. Ich will die Herren nicht mit statistischen Zahlen behelligen, sondern nur konstatiren, daß die Zahl der bestätigten Entscheidungen der Gerichtshöfe erster Instanz in den 4 Jahren der Geltung der neuen Prozeßgesetze nicht abgenommen sondern zugenommen hat, und daß hinsichtlich der bezirksgerichtlichen Entscheidungen das Percent der Bestätigungen konstant geblieben ist.

Nun gestatten Sie mir, m. H., noch als Indiz das Urtheil eines deutschen Rechtsanwalts, das in sehr schlußfähigen concludenten Handlungen zum Ausdruck kommt, Ihnen vorzutragen. Ich entnehme dieses Urtheil dem Briefe eines Advokaten am Sitze einer böhmischen Kreisstadt. Er theilt Folgendes mit. „Bei dem betreffenden Kreisgerichte wurde ein Prozeß verhandelt um eine sehr bedeutende Summe, um 88250 Gulden. Nun erhebt die Konkursmasse des Nachlasses durch den Konkursverwalter Rechtsanwalt X Anspruch auf einen Theilbetrag von 50 000 Mark dieser in erster Instanz mit 24 568 Kronen sammt Zinsen zuerkannten Forderungen. Beide Parteien sind Dresdner. Herr Rechtsanwalt Dr. X schickt seinen Referendar speziell zu mir, um mich zu informiren und mir die Führung des Streites zu übertragen, falls die hiesigen Gerichte zuständig wären. Ich sprach dem Herrn, ob zwar ich die Zuständigkeit des hiesigen Gerichts als unzweifelhaft erklärte, doch meine Verwunderung darüber aus, das ein Dresdner Anwalt gegen Dresdner nicht bei dem

Landgerichte Dresden den Prozeß durchführen wolle, und war nicht wenig überrascht, als Grund für die Einleitung des Prozesses in Oesterreich zu hören, daß die deutschen Anwälte mit Neid über die Grenze sehen, wo schwierige Prozesse in kurzer Zeit abgeführt werden, während in Dresden ein Urtheil vor 6 Monaten nicht zu erwarten sei. (Heiterkeit.) Thatsächlich wurde beim betreffenden Gerichtshofe die Sache anhängig gemacht.

Zusammenfassend glaube ich die Behauptung als unbegründet und unrichtig bezeichnen zu dürfen, daß die Beschleunigung des Verfahrens auf Kosten der Güte der Rechtsprechuug gehen müsse und werde. Mag der Deutsche Juristentag die Frage, in der wir Oesterreicher direkt nicht interessirt sind, entscheiden wir immer, eines glaube ich versichern zu dürfen: bange machen braucht man sich nicht zu lassen vor der Schnelligkeit, die Sache kann jedenfalls nur gewinnen. Die österreichischen Anwälte mögen vielleicht Grund haben, zu klagen über einzelne Entscheidungen im Wiedereinsetzungsverfahren; vielleicht mögen sie ein größeres Entgegenkommen hinsichtlich der Erstreckungsanträge wünschen; das Eine aber halte ich für ziemlich sicher; wenn man den Richtern, Parteien und auch Anwälten die Frage vorlegen würde, ob sie den alten Erstreckungsunfug und die alte Prozeßverschleppung wiederhaben wollten, sie würden entschieden mit Nein antworten. (Lebhafter Beifall.)

Vorsitzender: Es ist von Herrn Rechtsanwalt Heilberg der Antrag des Herrn Rechtsanwalts Dr. Eisermann wieder aufgenommen worden, die Redezeit zu beschränken und zwar meiner Erinnerung nach hat Herr Dr. Eisermann beantragt, die Redezeit auf 15 Minuten zu beschränken; Herr Heilberg hat 10 Minuten beantragt. Ich möchte die Versammlung fragen, ob sie einen Beschluß auf die Beschränkung der Redezeit fassen will. (Zustimmung.) Das scheint die große Mehrheit zu sein. Ich bitte diejenigen Herren, die Hand zu erheben, welche die Redezeit auf 10 Minuten beschränken wollen.

(Geschieht.)

Das ist weitaus die große Mehrheit. Die Redezeit ist also auf 10 Minuten festgesetzt. Ich möchte nur glauben, daß wir wohl eine Ausnahme davon machen können. Durch den zweiten Herrn Berichterstatter ist der eine Gutachter Herr Oberlandesgerichtsrath Dr. Neukamp wiederholt angegriffen worden, und ich glaube, es entspricht der Gerechtigkeit, daß wir diesem Gutachter eine größere Redefreiheit gewähren.

(Beifall.)

Auch damit ist die Versammlung einverstanden.

Geheimer Justizrath Dr. **Richard Wilke** (Berlin): Meine Herren, die Frage, ob wirklich eine große Verzögerung der Prozesse — ich vermeide absichtlich, den Ausdruck „Verschleppung“ — zu beklagen ist, wird zwar von dem zweiten Herrn Berichterstatter geleugnet; aber angesichts der Thatsachen, die der in dieser Beziehung gewiß zuständige erste Herr Berichterstatter aus dem Gebiete des rheinischen Rechts und des Oberlandesgerichtsbezirks Hamm hier vorgeführt hat, kann man sich dem nicht verschließen, daß wirklich eine sehr schlimme Verzögerung der Prozesse vorhanden ist. Diese Thatsache wird auch nicht dadurch widerlegt, daß der zweite Herr Referent aus den statistischen Ergebnissen gefolgert hat, daß durchschnittlich die Verzögerung eine erträgliche ist. Das genügt nicht. Was hilft es dem Einzelnen, dessen Prozeß 10 bis 12 Jahre dauert, wenn ihm gesagt wird: lieber Freund, beruhige Dich, im Durchschnitt ist es nicht so schlimm! (Heiterkeit.) Der Einzelne muß dagegen geschützt werden, daß sein Prozeß nicht bis in's Unendliche verzögert werden kann. Ich glaube in dieser Frage einige praktische Erfahrungen zu haben. Ich bin seit Einführung der Deutschen Civilprozeßordnung bis zu meinem etwa vor zwei Jahren erfolgten Ausscheiden aus der Anwaltschaft Anwalt am Kammergerichte gewesen, also am Berufungsgerichte für Berlin. Ich habe gefunden, daß die Prozesse in dieser Zeit sehr viel mehr verzögert worden sind, als die Sache selbst es erfordert hatte. Ich muß auch sagen, daß ich die Anwälte von der Schuld daran nicht freisprechen kann. Ich habe wohl hin und wieder selber dazu beigetragen (Heiterkeit), ich habe aber auch unter den Vertagungsanträgen meiner Kollegen zu leiden gehabt. Das bekenne ich unumwunden, und jeder der Herren Richter und Anwälte weiß auch, daß das richtig ist, und daß es nicht immer sachliche Gründe gewesen sind, welche die Vertagung herbeiführten, sondern daß es sehr oft die Gründe gewesen sind, welche den Anwälten immer vorgeworfen werden dafür, daß sie an den Verzögerungen der Prozesse Schuld hätten. Aber anderseits, m. H., ist es ungerecht, wenn, wie es geschehen ist, zu meinem Bedauern geschehen ist, die Sache und zwar gerade an Stellen, wo ich es am wenigsten gewünscht hätte zu hören, so dargestellt wird, als wenn die Anwälte die einzige Schuld an der Verschleppung trügen, während sie nur eine Mitschuld haben, über deren Abgrenzung gegenüber den andern Schuldigen man sehr streiten kann. (Sehr gut!)

Meines Erachtens haben die Verhältnisse die Hauptschuld. Die Hauptschuld trägt die gesetzliche Bestimmung, weniger das Prinzip des Parteibetriebes als vielmehr das der mündlichen Verhandlung. Sowie das Prinzip der mündlichen Verhandlung, das ich nicht etwa preisgeben will, Platz greift und nicht angetastet werden kann, sind Vertagungen unvermeidlich. Wie soll es denn bei Gerichten wie dem Kammergerichte, das 13 Civilsenate hat, oder schon bei anderen Oberlandesgerichten, die 5 oder 6 Civilsenate haben, möglich sein, für den Anwalt oder die Partei, immer zur rechten Zeit zum Termine zur Stelle zu sein, da er nicht im entferntesten wissen kann, ob sein Termin zur Terminsstunde daran kommt oder nicht, ob er ihn 6 oder 7 Stunden später oder ob er ihn nicht früher wahrnehmen kann? Das liegt am Gesetze; wir können es nicht ändern. Wir können es auch nicht zur Diskussion stellen, ob wir da eine Aenderung herbeiführen wollen.

Mit einer Aenderung des Parteibetriebes wird aber meiner Ueberzeugung nach in dieser Beziehung nichts erreicht. Wenn das Gericht von Amtswegen die Termine ansetzt und die Parteien sind nicht da, was soll denn dann das Gericht machen? Verhandeln kann das Gericht auch nicht. Man muß sich auf den Standpunkt stellen, daß an dieser Grundlage unserer Gesetzgebung nichts zu ändern ist, und darauf beruht mein erster Antrag, der dahin geht, daß der Vertagung nicht abgeholfen werden kann durch eine Aenderung der Gesetzgebung. In dieser Beziehung stimme ich mit dem zweiten Herrn Referenten ganz überein.

Andererseits aber widersteht es mir selber, das kann ich nicht leugnen: man klagt über den unwürdigen Zustand, daß man die Prozesse nicht zu Ende bringen kann und man will gar keinen Ausweg dafür finden. Der Ausweg liegt in den Händen der Justizverwaltung, er liegt in den Händen der Gerichte und er liegt in den Händen der Anwälte — aber nach Richtungen hin, worauf wir, worauf der Juristentag gar keinen Einfluß hat. Ich sage, er liegt in den Händen der Justizverwaltung: weil auch ich den Hauptgrund darin sehe, daß die Richter zu sehr überlastet sind. (Sehr richtig!) Es ist nicht möglich; wenn am Kammergerichte die Senate zwei Tage in der Woche jedesmal acht bis neun Verhandlungssachen haben, so können sie nicht alles prompt erledigen, und durch eine Vermehrung der Richter würde eine ziemlich wirksame Hilfe geschaffen werden. (Sehr richtig!) Dann könnte auch die Behandlung Seitens der Gerichte eine andere sein. Hervorgehoben ist schon von dem zweiten Herrn Berichterstatter: wenn immer sechs, sieben Beweisbeschlüsse nach sechs, sieben Verhandlungen kommen, so wird die Sache sechs, siebenmal so lang als bei einem Beweisbeschluß. (Sehr richtig!) Und dann die Hinausrückung der Termine, von einem Termine zum andern um sechs Monate, wie es vorgekommen ist.

Ich war erstaunt, heute zu hören, daß ich gar noch zu milde gerechnet habe. Der Herr Oberlandesgerichtspräsident Hamm sagt, bei ihnen dauere eine solche Vertagung neun Monate. Nun denke man sich, daß man, wenn eine Partei sich nicht gleich erklären kann, deshalb neun

Monate warten muß, ehe der Prozeß wieder weitergeht! Dagegen kann bei gutem Willen der Gerichte ganz gut geholfen werden. Warum ist es denn nicht möglich, daß die Gerichte für die vertagten Sachen immer einen Tag frei haben, daß sie beispielsweise in der Woche zwei Termine für die laufenden Sachen haben und einen für die vertagten?

Dann muß ich auch noch dem Reichsgericht einen Vorwurf machen. Wenn dem Reichsgerichte z. B. zehn Revisionsgründe vorliegen, so habe ich es erlebt, daß das Reichsgericht erkennt, der erste Grund ist zutreffend, wir weisen deshalb auf die anderen nicht ein. Darauf geht die Sache zurück, es kommt wieder eine Revision und dann kommt der zweite Grund an die Reihe und so geht es immer weiter. (Heiterkeit.) So habe ich Fälle gehabt — ich kann sie namhaft machen — wo eine Sache sechsmal vom Reichsgerichte zurückkam (Heiterkeit). Warum kann sich das Revisionsgericht denn nicht gleich über alle Revisionsgründe schlüssig machen! Es handelt sich hier oft um Sachen, wo die Gerichtskosten ein ganzes Vermögen ausmachen. Aber da kann der Juristentag nicht sagen, es soll anders gemacht werden; wir können nur sagen, die Verschleppung liegt nicht an den Gesetzen, sondern an der Handhabung der Gesetze, und daran kann geändert werden und wird geändert werden.

Auch die Anwälte haben mit jedem Jahre dazu beigetragen, das zu ändern. So können Verschleppungen vermieden werden, wenn man mit den Kollegen in Verbindung tritt, sich vorher darüber vereinigt, an welchen Tagen verhandelt werden kann und an welchen nicht. Mit gutem Willen ist das alles zu machen, aber den guten Willen haben wir nicht überall. Soll es gar kein Mittel geben, um auch bei bösem Willen Hilfe zu schaffen? Es ist von den beiden Vorrednern ein Mittel angedeutet, das auch abgesehen von der vorliegenden Frage ganz gerechtfertigt ist, nämlich daß, wenn die Gerichte unnütz durch Termine in Anspruch genommen werden und der Termin ausfällt, eine Gerichtsgebühr dafür eintritt. Das ist keine Strafe. Ich wollte vorschlagen:

1. „Der Prozeßverschleppung läßt sich zur Zeit durch Aenderung der Civilprozeßordnung nicht abhelfen.
2. Dagegen empfiehlt sich für das Gerichtskostengesetz ein Zusatz etwa in folgender Fassung: „Für die auf Parteiantrag erfolgende Vertagung eines Termins ist eine besondere Gerichtsgebühr von dem Antragsteller zu erfordern. Ist die Vertagung veranlaßt durch Ausbleiben beider Parteien, so fällt ihnen diese Gebühr zu gleichen Theilen zur Last.

Da wird die Partei sagen, der Antrag ist wunderschön, dann haben wir also nicht bloß unter der bisherigen Verschleppung zu leiden, sondern die Sache kostet uns auch noch mehr. Deswegen ist ein Schlußsatz nothwendig, dahingehend:

„Soweit der Vertagungsantrag durch Verschulden einer Partei veranlaßt wird, ist sie zur Erstattung der Gebühr verpflichtet".

(Zuruf.)

Der zweite Herr Berichterstatter ist der Meinung, das gehöre nicht zum Gegenstand der Tagesordnung, da hat er ja gewissermaßen recht, es hat mit dem Parteibetrieb nichts zu thun, d. h. es hat nicht direkt damit zu thun; aber daß es indirekt zu thun hat, fühlen Sie alle durch. Es soll ein Mittel sein, den frivolen Vertagungen entgegenzutreten, und wenn das Schwergewicht der empfohlenen Vorschrift geleugnet wird, so bin ich anderer Meinung Es giebt nichts, wofür die Parteien empfindlicher sind als für Gerichtskosten. (Sehr richtig!) Sind sie der Meinung, ein Anwalt hat das verschuldet, dann halten sie darauf, daß sich das nicht so oft wiederholt. Es ist das ein etwas kleinlicher Vorschlag, ich verkenne es nicht, aber es ist das Einzige, was bei der Sache überhaupt helfen kann. Gesetzgeberisch kann man anders nicht helfen. Was man sonst vorschlägt, das sind gute Rathschläge, von denen man selber zweifelhaft ist, ob sie Erfolg haben. Das andere aber wäre ein wirksamer Ausweg, der keine Spur von Strafe hat.

Vorsitzender: Ich mache den Herrn Redner darauf aufmerksam, daß auch bei wohlwollendster Auslegung die gestattete Redezeit verstrichen ist. (Heiterkeit.)

Geheimer Justizrath Dr. **Wilke** (Berlin): Dann schließe ich. Ich danke Ihnen, meine Herren, daß Sie mich so lange angehört haben. (Anhaltender Beifall.)

Hof- und Gerichtsadvokat Dr. **Ofner** (Wien): Geehrte Herren! Wir österreichischen Juristen sind dem Herrn Sektionschef Klein aufrichtig dankbar, daß er uns von dem schriftlichen Verfahren befreit und uns ein gutes mündliches Verfahren gegeben hat. Wenn Herr Ministerialrath Schauer den Satz aufgestellt hat, daß kein österreichischer Jurist, wenn er gefragt würde, ob er den jetzigen oder den alten Prozeß wünsche, in Zweifel wäre, so sind wir mit ihm alle darin völlig einverstanden; das versteht sich ganz von selbst. Wir haben nach dem mündlichen Prozeß gelechzt; wir Anwälte waren es, welche von allem Anfang, von dem ersten österreichischen Advokatentag an immer das mündliche Verfahren verlangt haben.

Aber, m. H., das steht doch nicht auf der Tagesordnung. (Sehr richtig!) Ueber den mündlichen und schriftlichen Prozeß wird überhaupt nicht mehr gestritten und der erste Herr Referent hat sich als begeisterter Anhänger und Fürsprecher des mündlichen Prozesses sogar in dem Umfange, in welchem die Mündlichkeit in der Rheinprovinz gehandhabt wird, erwiesen. Aber, m. H., es scheint in der logischen, allzu logischen Natur des Juristen begründet zu sein, daß, wenn uns ein Prinzip in seiner vollen Konsequenz belastet, wir nicht daran denken, eine Konsequenz zu beseitigen oder abzuschwächen, sondern sofort in ein anderes Prinzip hinüberspringen, daß wir zu sehr die Extreme lieben und mit einem Prinzip am allerliebsten dessen äußerste Konsequenzen auch sofort zum Gesetz erheben.

Das, m. H., ist zum Theil in der österreichischen Prozeßordnung geschehen, und wenn sich auch seither Anwälte und Ministerium mehr verständigt haben, weil das letztere eingesehen hat, daß man das Offizialverfahren nicht in der extremen Folgerung durchführen dürfe, mit der man begonnen hatte, so muß ich doch darauf zurückkommen, weil das Gutachten des Herrn Oberlandesgerichtsraths Neukamp dieses ganze extreme Verfahren aufgenommen hat, sogar einen Satz, welchen die österreichischen Anwälte direkt als einen Schimpf betrachten und nicht ruhen werden, bis der Satz aus unserer Prozeßordnung wieder verschwindet. Es ist die Bestimmung, daß, wenn die Anwälte bei der Tagsitzung nicht erscheinen, und das Verfahren deshalb ruht, nicht bloß sie, sondern auch die Parteien persönlich verständigt werden. Also wie Buben, welche die Schule schwänzen, werden die Anwälte dann ihren Parteien angezeigt, denunzirt, man will die Partei von Gerichtswegen aufmerksam machen, wie schlecht sie vertreten sei. Meine Herren, ich glaube, daß die Anwälte des Deutschen Reiches es nie und nimmer dulden werden, daß eine derartige Ungehörigkeit — mir läge das lateinische Wort, welches dem deutschen entspricht näher — in das deutsche Gesetz aufgenommen werde.

(Bravo!)

Man glaubt, daß eine richtige Justizpflege an das Offizialverfahren gebunden sei, und Herr Oberlandesgerichtsrath Neukamp hat fast direkt erklärt: Parteibetrieb — schlechter und verschleppter Betrieb, Offizialbetrieb — kurzer und guter Betrieb. Nun, meine Herren, wir haben ja eine Heimstätte des Offizialbetriebs, das Untersuchungsverfahren im Strafprozeß. Da gilt das Offizialverfahren ganz ausschließlich, da wird der Parteibetrieb gar nicht eingelassen, und ich denke: Theorie und Praxis sind darin einig, daß dieses Verfahren einer gründlichen Reform bedarf (sehr richtig!), daß das Offizium, wenn es allein und unbeschränkt waltet, für Ehre und Freiheit des Individuums zu wenig Rücksicht hat, daß es auch einseitig und dadurch unvollständig ist und daß infolge dieser Einseitigkeit in schwierigen Prozessen oft, wenn die Untersuchung zu Ende und die Verhandlung eingeleitet ist, das Untersuchen wieder von frischem beginnen muß.

Das treibende Prinzip des österreichischen Prozesses ist die Schnelligkeit! Gewiß, meine Herren, neben der Richtigkeit ist die Schnelligkeit das allerwichtigste, es ist ein nothwendiges Prinzip jeder Rechtsprechung. Ich stimme hierin den beredten Worten Klein's in der Gehe-Stiftung völlig bei, und bin nicht einverstanden, wenn der Herr Korreferent erklärt hat, dem Bauer, der sich über die lange Dauer seines Prozesses beschwert, müsse zur Antwort gegeben werden, die Richter und Anwälte hätten noch etwas Anderes zu thun, als sich mit seinem Prozeß zu beschäftigen. Das darf nicht der Ausgangspunkt sein. Allein auch die Schnelligkeit kann übertrieben, auch sie kann derart einseitig verfolgt werden, daß andere Grundsätze, Richtigkeit, Wohlfeilheit, möglichst geringer Zeitverlust der Interessenten darunter leiden. Wir haben in unserem österreichischen Prozeß eine Reihe von Vorschriften, welche ich als direkte Vorzüge dem gegenwärtigen deutschen Prozeß gegenüber betrachte. Als solche betrachte ich den Vortermin, das Auflassen der absoluten Cäsur durch das Beweisurtheil, die Einvernehmung der Partei als Zeugen.

Allein das Berufungsverfahren gehört nicht zu seinen Vorzügen, obwohl es kurz ist, und am allerwenigsten die Vorschriften, welche für das Berufungsverfahren über den Ausschluß von Neuerungen gegeben sind.

Unser Verfahren bewirkt dadurch, daß namentlich der Beklagte in verwickelten Fällen oft aus Mangel an Zeit um die nothwendigen Hilfsmittel und damit um sein Recht kommt. Der klägerische Advokat kann erst ein halbes Jahr lang Alles gründlich mit seiner Partei besprechen, bevor er die Klage überreicht, und diese Zeit, geehrte Herren, müssen Sie in der Statistik über die Dauer der deutschen und der österreichischen Prozesse auch in Rücksicht ziehen. Der deutsche Anwalt kann sofort die Klage überreichen, der österreichische wird es als Anwalt des Klägers nicht thun; er wird sich von seiner Partei erst die volle Information holen, bevor er den Prozeß beginnt. Aber der Anwalt des Beklagten ist sehr oft in einer üblen Situation und geradezu hilflos.

Ich habe selbst einen Fall gehabt, in welchem Urkunden aus Paris aus einer Zeit vor 20, 25 Jahren zu beschaffen waren. Es war ein reines Glück für meine Partei, daß schon ein Vorverfahren nach dem alten Gesetz abgehalten worden war, in welchem ich mich im Laufe von 6 bis 8 Monaten — so lange dauerte es trotz allen Drängens — in umfassender Weise informiren konnte. Dadurch habe ich den Prozeß in allen Instanzen gewonnen, während ich nicht zweifle, daß ich ihn nach dem neuen Verfahren aus Mangel an Urkunden, das heißt, an Zeit zu beschaffen, hätte verlieren müssen. Die Statistik hätte dann allerdings den Beleg erbracht, daß wieder ein Prozeß in sehr kurzer Zeit entschieden war, — aber fragt mich nur nicht wie.

(Sehr richtig! und Heiterkeit.)

Die häufige Bestätigung des Urtheils in der Berufungsinstanz versteht sich bei uns von selbst, denn da man keine Nova bringen darf, so hat man fast nur Rechtsfragen vorzubringen, es sei denn, daß der erste Richter einen Fehler gemacht, oder ein Versehen begangen hat. Allein meine Herren, wir alle wissen, daß der Anwalt durch den Gedankengang des Richters oft überrascht wird. Durch die Präzision, deren er sich befleißigen muß, hat er, wenn er diesen Gedankengang nicht theilt oder voraussieht, alles unterlassen, was ihm diente. Der Richter hat ihn vorher nicht aufmerksam gemacht und erst durch das Urtheil des ersten Richters wird er veranlaßt, auf gewisse Urkunden und andere Beweise nunmehr Rücksicht zu nehmen und sie im Berufungsverfahren vorzubringen. Das wird ihm bei uns nicht gestattet. Die richtige Bedeutung des Berufungsverfahrens besteht aber doch darin: Während im ersten Prozeß alles, durch und unter einander verhandelt wird, haben sich im Berufungsverfahren 3 oder 4 Rechts- und Thatfragen herauskristallisirt, auf welche nunmehr alle Gedankenthätigkeit konzentrirt wird. Das Neuerungsverbot der österreichischen Prozeßordnung hat diese wichtige Induktion zu großem Theil gestört.

Die mir gestattete Zeit ist zu Ende, verehrte Herren! Ich glaube, daß Sie manche Einzelheiten aus dem österreichischen Prozesse annehmen sollten, welche auf Beschleunigung des Verfahrens hinzielen. Es ist sicher, daß auch der Anwaltstand mit helfen soll, um das Verfahren schnell zu machen. Ich halte insbesondere die gegenwärtig bestehende freie Advokatur für das beste Mittel, um auf den Advokatenstand einen Druck auszuüben, sodaß er eine übertriebene Konnivenz mit der Zeit verlieren wird und verlieren muß. Aber, m. H., ich würde nicht wünschen, daß Sie ein Offizialverfahren in jener Schärfe, in welcher es namentlich der erste Herr Gutachter will, annehmen. Sie mögen einzelne Bestimmungen zur Abwehr von Verschleppungen aufnehmen, aber eine Vermehrung des Richterstandes, eine Konzentration der Gerichtsorte und ein einträchtiges Zusammengehen von Richter und Anwalt, das sind nach meiner Ueberzeugung die eigentlichen wirksamen Mittel, um das Verfahren gut und auch schnell zu machen. (Lebhaftes Bravo!)

Vorsitzender: Ich schlage der Versammlung vor, jetzt eine Pause bis 2 Uhr zu machen. (Zustimmung.)

(Unterbrechung der Sitzung von 1 Uhr 20 Minuten bis 2 Uhr.)

Fortsetzung der zweiten Sitzung der vierten Abtheilung

Nachm. 2 Uhr.

Vorsitzender: Justizrath Dr. **Krause** (Berlin): Das Wort hat Herr Oberlandesgerichtsrath Dr. Neukamp (Köln);

Oberlandesgerichtsrath Dr. **Neukamp** (Köln): Meine verehrten Herren! Zunächst danke ich Ihnen, daß Sie mir die Zeit der Rede nicht vorgeschrieben, daß Sie mir ausdrücklich eine unbeschränkte Redefreiheit gewährt haben; ich werde mit diesem Benefizium keinen Mißbrauch treiben. Ich danke Ihnen, indem ich das so auffasse, daß Sie, da ein großer Theil von Ihnen Anwälte sind, wissen, wie einem Verbrecher zu Muthe ist. Ich betrachte mich als einen Verbrecher (Oho!), der die Freiheit der Rechtsanwälte angetastet hat, und Sie sind gerechter Weise der Ansicht, daß der Verbrecher ausgiebig zum Worte kommt.

Zunächst möchte ich vorausschicken, daß ich weder auf das speziell rheinische Verfahren eingehen will, noch auf das österreichische Verfahren; ich habe es hier nur mit dem deutschen Verfahren zu thun. Ich werde auch nicht die Mündlichkeit berühren; denn sie bildet nicht den Gegenstand der Verhandlung. Ich werde mich an das Thema halten, das die ständige Deputation uns gesetzt hat, und ich werde zunächst den Status causae et controversiae mit ein paar Worten darlegen.

Diejenigen meiner Gegner — und ich habe deren eine große Anzahl —, die öffentlich, sei es hier, sei es in den Polemiken, zu Worte gekommen sind, theile ich in zwei Gruppen, nämlich in solche, die jede Aenderung ablehnen, wie Jakobsohn, der Alles gut findet, und Fürst, der die Angelegenheit nicht für spruchreif erachtet, und endlich den zweiten heutigen Herrn Berichterstatter, der nichts geändert haben will, weil er alles im rosigsten Lichte sieht und weil er gefunden hat, daß die Richter an der Prozeßverschleppung Schuld sind. (Widerspruch.) Alle anderen, so z. B. Schmitz, Schöller, Isay, Fischer, Schneider, Simonsohn, Lenzmann und Schröder halten den Beweis für erbracht, daß die Zustände, wie sie jetzt zu Tage treten, unhaltbar sind, mehr oder weniger unhaltbar, und daß eine Aenderung eintreten muß. Sie werden gehört haben, daß unter denen, die ich genannt habe, sich nicht bloß Richter befinden, sondern eben so viele Anwälte.

Dann kommt die dritte Kategorie von Herren, die mir zustimmen, Koll, die Frankfurter und die Kölnische Zeitung, Wach und Schwartz.

Fragen wir nun, wie die Herren, die eine Aenderung der Gesetzgebung für nöthig halten, sich die Sache denken, so ergiebt sich die weitgreifendste Meinungsverschiedenheit. Schneider und Simonsohn wollen ohne jedes gesetzgeberische Eingreifen die vorhandenen Uebelstände beseitigen. Sie glauben dies zu können durch Vereinbarung, sei es ausdrückliche sei es stillschweigende, zwischen dem Gericht und den Anwälten: sie exemplifiziren darauf, daß in einzelnen Oberlandesgerichtsbezirken z. B. in Hamm in der That eine derartige Vereinbarung getroffen ist. Diesen Standpunkt halte ich für total verkehrt und zwar deshalb, weil wir es doch mit der Civilprozeßordnung, mit einer Institution des öffentlichen Rechts zu thun haben. Sind hier Mängel, so darf es nicht der Parteivereinbarung überlassen bleiben, sie zu beseitigen oder nicht. Der Herr Oberlandesgerichtspräsident in Hamm kann eines Tages abgehen, und vielleicht hält es dann sein Nachfolger nicht für nöthig, eine derartige Vereinbarung zu treffen. Außerdem ist eine solche Vereinbarung nicht bindend; jeder Anwalt kann sich darüber hinwegsetzen. Was wollen sodann die Herren mit dieser Vereinbarung? Sie wollen weiter nichts, als das Odium der Prozeßverzögerungen von dem Gericht abwälzen und es ausschließlich den Anwälten zuschieben. Ist damit der Sache gedient? sind wir deshalb hier zusammengekommen, um ein Odium gewissermaßen zu vertheilen und von der einen Schulter auf die andere zu wälzen? Nein, wir wollen der Allgemeinheit, wir wollen dem Volke helfen, wir wollen dafür sorgen, daß nicht nur eine gute, sondern auch eine prompte Justiz geübt wird.

Eine Reihe von anderen Herren sind der Meinung, es solle mit Kostenstrafen vorgegangen werden. Eine dritte Kategorie will Aenderungen der Civilprozeßordnung, und zu denen gehöre auch ich.

Ich habe nun heute einen ganz anderen Antrag gestellt, als Sie wohl alle von mir erwartet haben; ich habe nämlich den Antrag gestellt: „es empfehlen sich Abänderungen der Gesetzgebung in einer Weise, die eine schleunigere Erledigung der Civilprozesse gewährleistet". Ich habe wahrgenommen, als der Antrag vertheilt wurde, daß bei einer Reihe von Leuten ein gewisses Lächeln sich kund gab, als wenn sie sagen wollten: „Aha! Neukamp giebt seinen Standpunkt preis". (Heiterkeit.) Ich denke nicht daran, ich bin schon in der Absicht, diesen Antrag zu stellen, nach Berlin gereist, und habe mir bereits gestern Morgen vorgenommen, ihn zu stellen; der Herr Präsident wird mir bezeugen, daß ich den Antrag bereits vor Beginn der Verhandlung eingereicht habe, also ohne Rücksicht auf die Stimmung hier im Saale. Ich betone ausdrücklich, daß ich bei Allem dem, was ich ausgeführt habe, stehen bleibe, daß auch die heutige Debatte mir keine Veranlassung gegeben hat, nur ein Wort von dem zurückzunehmen, was in meiner Schrift enthalten ist. Ich muß aber den Antrag so allgemein halten, wie ich ihn gefaßt habe, aus zwei Gründen. Einmal ist es nicht die Aufgabe des deutschen Juristentags, der Gesetzgebung bestimmt formulirte Gesetzesanträge zu unterbreiten, sondern wir wollen Prinzipien aufstellen, nach denen die Gesetzgebung weiter gebildet wird.

Nun werden Sie mir entgegenhalten: „Wie kommst du als Gutachter denn dazu, alle möglichen Vorschläge zu machen?“ Ganz einfach, meine Herren, aus dem Grunde, weil ich an einem konkreten Beispiele zeigen wollte, wie ich mir die Verwirklichung dessen denke, was nöthig ist. Ueber Einzelheiten kann man rechten; aber darüber zu rechten, sind wir nicht berufen; wir sind nicht die dafür geeignete Versammlung. Das ist Sache der Vorbereitung zunächst bei den Ministerien, bei dem Reichjustizamt und dann bei den gesetzgebenden Faktoren, beim Reichstag und Bundesrath. Wir können nicht Gesetzesparagraphen formuliren. Ich wollte zeigen, daß der Weg, den ich vorgeschlagen habe, gangbar ist, und exempli causa habe ich die einzelnen Sätze aufgestellt. Dies ist der eine Grund, der mich bestimmt, in einer Versammlung, wie der gegenwärtigen, nicht auf den von mir vorgeschlagenen Einzelheiten zu bestehen; denn gerade bei der Berathung von Einzelheiten macht sich die Wahrheit des Satzes: „So viel Köpfe, so viel Sinne“ am ehesten geltend, während eine Verständigung über allgemeine Prinzipien viel leichter möglich ist.

Das zweite Moment, das mich bei meinem Antrage leitete, ist dasjenige, das der Herr Präsident des Deutschen Juristentages gestern betonte, das Wirklichkeitsmoment. Meine Herren, ich bin mir bewußt, daß die meisten von Ihnen schärfste Gegner meiner Vorschläge sind, und es wäre eine Thorheit, sich der Meinung hinzugeben, sie würden angenommen. (Sehr richtig!)

Hier haben wir aber eine Basis, auf der wir uns verständigen können, und ich glaube, daß sich dafür eine Majorität finden wird unter denjenigen von Ihnen, die in der That anerkennen, daß Mißstände bestehen; und das erkennen nicht bloß Richter an, das erkennen auch Anwälte an. Sie haben es aus dem beredten Munde des verehrten Schriftführers der Ständigen Deputation, des Herrn Geheimrath Wilke, gehört, daß die jetzige Lage der Gesetzgebung zu höchst unliebsamen Prozeßverzögerungen führt.

Wenn wir davon ausgehen, dann, meine Herren, dann fassen wir das gemeinsame Ergebniß unserer Berathung am zweckmäßigsten in dem Satze zusammen, den ich vorschlage:

> Es empfiehlt sich die Abänderung der Gesetzgebung in einer Weise, die eine schleunigere Erledigung der Civilprozesse gewährleistet.

Zunächst lehnen wir damit den Standpunkt der Herren Simonsohn und Schneider ab, die die vorhandenen Mißstände nicht mittels der Gesetzgebung, sondern im Wege der Vereinbarung beseitigen wollen. Ich halte diesen Standpunkt, wie bemerkt, für einen ganz verkehrten und glaube die Mehrheit in dieser Hinsicht für mich zu haben.

Sodann lehnen wir den Standpunkt des Herrn Heinitz ab, der alles schön und gut findet, der von einer schleunigeren Erledigung der Prozesse nichts wissen will (Widerspruch), sie absolut nicht für nöthig hält. Meine Herren! Das ist allerdings der Standpunkt des Herrn Justizrath Heinitz. Denn dieser erklärte, dem Bauern, der sich nach Mittheilung des Herrn Präsidenten Hamm darüber beschwert hat, daß sein Prozeß bereits drei Jahre beim Oberlandesgericht anhängig sei, ohne daß in der Sache etwas geschehen, diesem Bauern hätte Herr Präsident Hamm antworten müssen: „Lieber Mann, die Richter und Anwälte haben noch mehr zu bearbeiten, als nur Ihren Prozeß" — ein Standpunkt und eine Antwort, die sich allerdings durchaus im Rahmen unseres jetzt geltenden Rechts bewegt. Wenn Herr Heinitz, wie bemerkt, den Bauern mit solchen Trosteswortten heimschicken will (Lebhafter Widerspruch!) und wenn er auch solchen Fällen und meiner Statistik gegenüber eine Abänderung des geltenden Rechts nicht für nöthig erachtet, wie sich aus seinem durchaus ablehnenden Standpunkte und seinem rein negativen Antrage ergiebt, — so frage ich demgegenüber: Hat nicht der Bauer ein gutes Recht darauf, daß sein Prozeß nicht drei Jahre dauert, und richtet nicht ein Verfahren sich selbst, das dazu zwingt, dem Bauern die von Herrn Heinitz vorgeschlagene Antwort zu ertheilen? (Widerspruch.) Sind wir nicht der Bauern, des rechtsuchenden Publikums wegen da? Wollen wir französische Zustände haben, wie sie in der „Rothen Robe" geschildert werden, in der einer Bauersfrau, die einen Besitzstörungsprozeß führen will, gesagt wird: „Vor Ablauf von zwei Jahren kannst du keinen Termin bekommen"?! Das sind Zustände, gegen die Herr Heinitz nichts zu erinnern hat. (Wiederholter Widerspruch.)

Meine Herren, ich könnte eigentlich mit meinem Vortrage jetzt schließen, wenn Sie Alle oder wenigstens die Mehrheit von Ihnen darin mit mir übereinstimmen, daß eine schleunigere Erledigung der Prozesse nöthig ist und daß diese nur erreicht werden kann im Wege der Gesetzgebung. Ich halte es aber doch für gut und vielleicht für ersprießlich, einzelne Argumente noch vorzubringen und die gegen mich vorgebrachten Anschuldigungen — oder wie man es sonst nennen will — zu widerlegen. Meine Herren! Man hat als Gründe gegen meinen Vorschlag geltend gemacht, der Sitz des Uebels sei nicht der Parteibetrieb, sondern die unzulängliche Richterzahl. Dem gegenüber komme ich immer wieder darauf zurück, was ich in meiner Schrift ausgeführt habe und was ich hier nochmals wiederhole, weil ich nicht weiß, wie vielen von Ihnen die Schrift bekannt geworden ist. Was nützt alle Vermehrung der Gerichte, wenn keine Garantie besteht, daß die Prozesse auch wirklich verhandelt werden, wenn es vorkommt, daß die Richter nicht bloß stundenlang warten müssen, sondern, wie es beim Oberlandesgericht Cöln nicht bloß einmal, sondern wiederholt vorgekommen ist, daß die Richter zu fünfen zum Gericht kamen, eine halbe Stunde oder eine Stunde warteten und dann wieder weggehen mußten, weil der eine Anwalt, der in sämmtlichen Sachen betheiligt war, nicht erschien. Es ist so dargestellt worden, als ob diese Zustände nur im Rheinlande sich so entwickelt hätten. Das ist aber nicht richtig; ich kann aus der Statistik belegen, daß es anderwärts nicht besser ist, und Sie werden es erleben, wenn Sie mir auch jetzt widersprechen — es wird fast überall genau so kommen, wie in der Rheinprovinz. Im Bezirk Zweibrücken haben im Jahre 1899 60 pCt. aller bei den Landgerichten anhängigen Sachen länger als ein Jahr gedauert; in Westfalen ist es nicht viel besser, als in der Rheinprovinz; dort dauerten im Jahre 1901 von den Prozessen bei den Landgerichten 22,4 pCt. länger als ein Jahr, im Bezirk Cöln für dasselbe Jahr 27,6 pCt.; also der Unterschied ist nicht so groß.

Das System bringt es eben mit sich; ich lehne es vollständig ab, den Anwälten eine Schuld zuzuschieben; ich habe Derartiges mit keinem Worte gesagt. Die Verschleppung der Prozesse liegt im System. Daß das der Fall ist, kann ich mit Zahlen beweisen. Ich will Sie aber damit nicht langweilen und will nur ein paar Zahlen aus meinen Tabellen anführen, aus denen Herr Justizrath Heinitz nur Einzelnes herausgegriffen hat.

Die Zahl der bei den Landgerichten binnen drei Monaten erledigten Prozesse betrug 1888: 41,6 pCt., im Jahre 1899, also nach Ablauf von etwa elf Jahren — man muß da längere Zeiträume nehmen —

nur 35 pCt. Die Zahl der Prozesse, die drei bis sechs Monate dauerten, ist von 35,1 pCt. auf 33,5 pCt. gefallen; während umgekehrt die Prozesse mit langen Zeiträumen sich vermehrt haben. Die Zahl der Prozesse von einer Dauer von sechs Monaten bis zu einem Jahr ist von 18,6 auf 22,8 pCt., die Zahl der Prozesse, die ein bis zwei Jahre dauern, von 4,2 auf 7,2 pCt. gestiegen.

Meine Herren, wir haben doch eine auf eine lange Geltungsdauer berechnete Prozeßordnung; wie soll es nun werden, wenn das immer so weiter geht, da die Nothwendigkeit der fortschreitenden Verlangsamung im System liegt? Die französischen und belgischen Zahlen hat Herr Heinitz gar nicht erwähnt; in Frankreich und Belgien sind die Zustände geradezu trostlos, wie insbesondere auch aus dem Buche von Pacocud: „Les lenteurs et frais de la justice en France" hervorgeht, aus dem unter Anderem erhellt, daß bei dem Landgericht in Paris die Sachen regelmäßig erst nach Ablauf von drei Jahren zur ersten Verhandlung kommen. Ich habe die Statistik des französischen Justizministers für die Jahre 1898 und 1899 inzwischen erhalten. Daraus geht hervor, daß die Kammern für Handelssachen, bei denen sogar ein summarisches Verfahren besteht, auch schon im Bankerottzustande sind und alljährlich nicht so viel Sachen erledigen können, wie neue eingehen*). Bei uns können wir das leider nicht kontroliren, weil uns in dieser Hinsicht das amtliche Material im Stiche läßt.

Die Zahl der Prozesse bei den Landgerichten, welche zwei Jahre und länger dauern, ist von 0,5 auf 1,4 pCt. im Jahre 1899 gestiegen. Sie werden sagen: Das ist ja nur eine Kleinigkeit! Gewiß ist das eine Kleinigkeit. Aber lassen Sie das weitergehen, so wird es immer schlimmer. Ich bin fest überzeugt, daß 1904, wenn der Juristentag wieder zusammenkommt, die Erledigung der Prozesse abermals eine langsamere geworden ist.

Bei den Oberlandesgerichten haben Sie dieselbe Erscheinung: im Jahre 1888 sind es 23,3 pCt., 1899: 20,1 pCt. der Prozesse, die in drei Monaten erledigt worden; in drei bis sechs Monaten 1888: 31,3 pCt., 1899 nur 28,8 pCt.

Nun kommen die längeren Fristen, da ist es gerade umgekehrt. Wenn Sie sagen, das ist ein Zufall, dann bitte ich zu beachten: 1888 waren es 22,9 pCt. und 1899 31,3 pCt., die in sechs Monaten bis zu

*) Im Jahre 1898 betrug die Zahl der neuen Sachen (einschließlich der irrthümlich im Vorjahre gelöschten) 193 205, die der erledigten 192 911, im Jahre 1899 stehen 195 140 neuen nur 193 017 erledigte Sachen gegenüber.

einem Jahre erledigt wurden; in ein bis zwei Jahren 1888: 12,8 pCt. 1899: 14,7 pCt. und in zwei und mehr Jahren 1888: 2,7 pCt., 1899: 5,1 pCt. der Prozesse. Nimmt man mit dem Präsidenten Hamm als normale Dauer der Prozesse einen Zeitraum von vier Monaten an, so haben im Jahre 1899 diese Dauer bei den Landgerichten höchstens 40 bis 50 pCt. aller durch kontradiktorisches Urtheil erledigter Prozesse, bei den Oberlandesgerichten etwa 30 und höchstens 40 pCt. aller Prozesse innegehalten. Lassen wir diese Zustände weiter um sich greifen, so haben wir dieselben Kalamitäten, die in Frankreich existiren und dahin geführt haben, daß ein überwiegender Theil von Sachen durch das sogenannte Référéverfahren erledigt werden muß, d. h. ein Verfahren, das einer einstweiligen Verfügung entspricht, bei dem ein Landgerichtspräsident entscheidet. Dabei beruhigen sich die Parteien und sind zufrieden, weil sie wenigstens eine schnelle Entscheidung erhalten. Das ist aber kein befriedigender Zustand; oder man sollte die Konsequenz ziehen, das Kollegialsystem abschaffen und die einzelrichterliche Entscheidung einführen, wie sie in Frankreich jetzt in vielen Fällen de facto, aber nicht de jure existirt. Darüber giebt die Statistik des französischen Justizministeriums eine ausreichende Auskunft.

Soviel über die Statistik. Ich will nur noch bezüglich der österreichischen Statistik erwähnen, die Herr Heinitz so scharf gegen mich ins Treffen führt: was er da behauptete, ist nicht richtig. (Widerspruch.) Unrichtig ist — und das hat Herr Ministerialrath Schauer schon nachgewiesen — überhaupt die Parallele, die er gezogen hat: es sind so und so viel Richter und sie machen so und so viel Sachen ab, folglich kommen auf jeden Richter nur so und so viel Sachen. Er hat aber übersehen, daß die österreichischen Civilgerichte auch die Strafsachen zu erledigen haben. Bei uns haben wir Civilkammern und Strafkammern, dort sind aber die Civilkammern gleichzeitig Strafkammern. Das ist ein großer Unterschied. Außerdem habe ich mich auf die österreichischen Verhältnisse nicht berufen, um das österreichische Verfahren nach jeder Richtung hin zu rühmen, und das muß doch auch Herr Heinitz zugeben, daß die richterliche Prozeßleitung auf die glänzenden Ergebnisse der österreichischen Statistik nicht ohne Einfluß ist. Er sagte, daß, wenn auch eine Reihe anderer Momente mitsprechen, um die österreichischen Zahlen zu erklären, doch auch die straffe richterliche Prozeßleitung ein zu berücksichtigender Faktor ist. Das ist das Entscheidende: wenn das Verfahren dadurch einfacher wird, so müssen wir dazu übergehen, und daß es in der That dort einfach ist, das glaube ich Ihnen jetzt ohne Weiteres nachweisen zu können.

Gerade beim mündlichen Verfahren ist die Sache doch so, daß nur eine bestimmte Anzahl von Terminen anberaumt werden kann, weil das Plaidoyer einer jeden einzelnen Sache eine gewisse Zeit in Anspruch nimmt. Wird nun eine Sache vertagt, so nimmt sie einer anderen den Platz weg und deshalb ist jede Vertagung vom Uebel. Sie bedingt nicht bloß — das ist die Hauptsache —, daß die eine vertagte Sache, über welche die Parteien verfügen mögen, länger dauert; nein, es dauern auch die anderen Sachen länger, und wenn Sie, meine Herren, das dominium litis der Parteien noch so weit greifen, so werden Sie doch nicht behaupten wollen — ich möchte den Juristen sehen, der das behauptet! —, daß das dominium litis das Recht giebt, den Prozeß des Andern in die Länge zu ziehen. Das aber ist der Fall. Darum sage ich: eine jede Vertagung hat unbedingt eine Verzögerung auch der zunächst nicht vertagten Prozesse zur Folge. Es sind ja nicht eine oder zwei Sachen, um die es sich handelt, sondern bei der großen Zahl der Sachen zieht die eine Vertagung andere nach sich, und ist einmal ein derartiges Vertagungsunwesen eingetreten, dann kommt es auch nicht mehr darauf an, ob die Prozesse ein Jahr oder mehrere Jahre dauern. Ich habe es erlebt, daß ein Interventionsprozeß zehn Jahre gedauert hat. Ich habe Akten gesehen, in denen 42 Vertagungen vorgekommen sind; 20 Vertagungen in einer Sache sind gar nicht selten. Darum kann uns nur ein System nach Art der österreichischen Prozeßordnung helfen, das überflüssige Vertagungen verhindert.

Wenn nun immer wieder darauf hingewiesen wird, die von mir geschilderten Zustände herrschten nur in der Rheinprovinz oder in Zweibrücken, im französischen Verfahren, so habe ich schon vorhin dargelegt, daß das nicht richtig ist. In den Ländern des alten preußischen Verfahrens ist es zwar noch nicht so schlimm, weil dort Richter und Anwälte trotz des Parteibetriebes noch in den Traditionen der guten alten preußischen Prozeßordnung aufgewachsen und gewöhnt sind, ihre Termine inne zu halten. Lassen Sie aber noch zwanzig Jahre ins Land gehen, dann wird es bei Ihnen genau so aussehen, wie bei uns in der Rheinprovinz.

Durch die große Zahl der Vertagungen wird jeder andere, auch der nicht vertagte Prozeß in Mitleidenschaft gezogen, und dadurch kommt es dann, daß die Prozesse jahrelang dauern. Dadurch wird nun nicht etwa eine Verbesserung der Rechtspflege, sondern unbedingt eine Verschlechterung herbeigeführt. Man hat davon gesprochen — und dieses Schlagwort hat der zweite Herr Gutachter aufgegriffen — ja die Richtigkeit ist doch die Hauptsache, auf die Firigkeit kommt es weniger an. Meine Herren, so bestechend dieses Reuter'sche Wort klingt, so falsch ist es im vorliegenden Falle; es thut den Thatsachen geradezu Gewalt an. Ich behaupte umgekehrt: Fixigkeit und Richtigkeit sind hier identisch, das raschere Urtheil ist auch das bessere. (Heiterkeit.) Sie mögen lachen, soviel Sie wollen, die Thatsache können Sie nicht aus der Welt schaffen. Bei dem weit überwiegenden Theil der Prozesse dreht es sich nicht um Rechtsfragen, sondern um Thatfragen. Die Parteien sind darüber uneinig, was zwischen ihnen verhandelt und besprochen ist, und nun werden Sie mir zugeben — und ich kann mich hier auf keinen geringeren als Herrn von Liszt berufen — wie schwach das Gedächtniß der Zeugen und wie unzuverlässig die Zeugenaussagen nach langer Zeit werden. Sie wissen doch als Anwälte, wie wenig auf Zeugen zu geben ist, die erst ein oder zwei Jahre nach dem Vorfall vernommen worden. —

Das Faktum ist nur aufzuklären, wenn dies möglichst rasch geschieht. Dieser Grundsatz findet doch auch Anwendung in dem Strafverfahren. Sind denn die Zeugen im Civilprozeß mit einer anderen Auffassungsgabe, mit einem ganz anderen Verstande begabt, wie im Strafprozeß?

Es wurde nun gegen die „Fixigkeit" angeführt: in Oesterreich begründeten die Richter die Urtheile nicht mehr so gut, weil das Verfahren ein zu schleuniges sei. Ja, meine Herren, wir in der Rheinprovinz, wo die Prozesse am langsamsten erledigt werden, erledigen die Urtheile am raschesten. Wir haben gerade 8 Tage Zeit, um die schwierigsten Sachen zu erledigen. Heute wird verhandelt, und in 8 Tagen das Urtheil verkündet. Wir haben vorher auch nicht die geringste Kenntniß von der Sache. Wenn behauptet wird, die Schleunigkeit des Verfahrens beeinträchtige die Güte der Rechtsprechung, so ist gerade das Umgekehrte der Fall; je rascher der Thatbestand klargestellt wird, desto besser wird das Urtheil, und die Güte des Urtheils wird nicht gefördert, wenn die Erledigung eines Prozesses möglichst lange hinausgeschoben wird. Wir bauen in der That auf Sand, wenn wir über Verhältnisse urtheilen sollen, die jahrelang zurückliegen.

Nun, m. H., möchte ich zum Schluß noch auf einen Punkt kommen, der mir ganz besonders am Herzen liegt. Es ist das der Gesichtspunkt, den ich vorhin schon angedeutet habe, daß es ein großer wirtschaftlicher Schaden ist, wenn die Prozesse so lange dauern. Die Kalamität, die dadurch entsteht, ist meiner Ueberzeugung nach eine ganz erhebliche, und ich habe, gerade seitdem ich meine Schrift verfaßt habe, aus kaufmännischen Kreisen so viel Zustimmung erfahren, daß ich der Ueberzeugung bin, daß das, was ich will, das Richtige ist.

Es herrscht vielfach die Anschauung und sie wird gewissermaßen sanktionirt durch den Grundsatz „fiat justitia, pereat mundus“: die Hauptsache ist, daß ein Urtheil dem Recht entspricht, im Uebrigen mag die Welt zu Grunde gehen, mögen die Parteien verderben und sterben, wenn sie nur ihr Recht bekommen. Von diesem Standpunkt aus ist es ganz gleichgültig, ob z. B. das Urtheil auf Räumung einer Wohnung einige Monate früher oder später gesprochen wird, mögen in Folge dessen auch für den Vermiether oder den neuen Miether die größten wirthschaftlichen Schädigungen entstehen.

Bei dieser Gelegenheit möchte ich noch eines Vorwurfs gedenken, den Herr Geheimrath Wilke erhoben hat, indem er behauptete, die Gerichte erließen zu viele Beweisbeschlüsse und verzögerten dadurch die Erledigung der Prozesse. Daß aber die Gerichte mitunter nicht umhin können, mehrere Beweisbeschlüsse zu einer Sache zu erlassen, möge Ihnen folgender Fall beweisen. Es handelte sich um einen einfachen Streit über den Ersatz von Kosten für eine gemeinschaftliche Mauer. Das Gericht erließ einen Beweisbeschluß und erledigte denselben sofort. Nach anderthalb Jahren wird die Sache von neuem plaidirt und es werden über den Gegenstand des Beweisbeschlusses neue Zeugen benannt. Danach bemerkte der Präsident, die Benennung der Zeugen hätte doch schon längst erfolgen können, um eine weitere Verzögerung des Prozesses zu vermeiden. Darauf der Anwalt: „Das kann doch dem Gericht ganz egal sein, ob der Prozeß rascher oder langsamer erledigt wird.“ Das ist die Auffassung, die neuerdings immer mehr um sich greift (Widerspruch.), sowie sie auch, wie ich zugebe, dem jetzt geltenden Recht völlig entspricht.

Nun sage ich, mit dieser Auffassung, die sich in dem Worte kennzeichnet: „fiat justitia, pereat mundus“, müssen wir ein für alle Mal aufräumen. Wir müssen anerkennen, daß Recht und Gesetz nicht einen Selbstzweck haben, daß sie der allgemeinen Wohlfahrt dienen, daß sie dazu da sind, den Leuten nicht bloß formell, sondern materiell entgegenzukommen, daß, wenn eine Partei tausend Mark einklagt, sie nicht Jahre lang auf eine Entscheidung zu warten hat. Nicht bloß, daß und wie, sondern auch **wann** Recht gesprochen wird, ist von entscheidender Bedeutung. Daß aber in der That in dieser Beziehung das Bedürfniß auf Abänderung der Gesetzgebung besteht, das ist nicht bloß meine Meinung und nicht bloß die Meinung einer großen Zahl von Richtern, die ich darüber gesprochen habe, und, ich glaube, auch einer großen Zahl von Richtern, die hier anwesend sind, sondern auch von Anwälten, und dessen zum Zeugen kann ich Ihnen den Inhalt eines Briefes mittheilen, der aus Anlaß dieses Gutachtens geschrieben ist. Da schreibt mir nicht etwa ein Richter, sondern ein Anwalt:

„Die Anlage folgt anbei mit bestem Dank zurück und ich kann nur sagen, daß ich Ihren Ausführungen in allen Theilen aufrichtig beipflichte.

Ich habe in meiner Praxis das Elend der Prozeßverschleppung zur Genüge kennen gelernt und ich bin immer der Meinung gewesen, daß der Grund nicht in den Personen, sondern im Gesetze liegt. — — — Nachdem ich Ihre Vorschläge kennen gelernt habe, will mir aber scheinen, daß sie sehr geeignet sind, uns das kostbare Gut einer prompten Rechtsprechung zu bringen, und ich sollte meinen, daß wir Anwälte auch gerne dasjenige Opfer an unserer Freiheit (um nicht zu sagen, Willkür) bringen müßten, welches Ihre Vorschläge von uns verlangen. Ich glaube sogar bestimmt, daß, wenn die Sache nach Ihren Vorschlägen geordnet wird, wir Anwälte selbst das, was wir jetzt als ein Opfer zu betrachten geneigt sind, sehr bald als wahre Wohlthat auch für uns erkennen werden."

Meine Herren, ich halte mich um so mehr für verpflichtet, Ihnen den Inhalt dieses Briefes zur Kenntniß zu bringen, als der Herr Justizrath B. Trimborn hier eine Rede hat verbreiten lassen, die den gegentheiligen Standpunkt einnimmt. Sie sollen hören, daß es auch am Rhein Anwälte giebt, die meiner Auffassung beipflichten. Ich bin ermächtigt, den Namen jenes Herrn zu nennen, es ist Herr Justizrath Emil Schniewind, der, wie der Herr Präsident Hamm mir bestätigen wird, zu den angesehensten Anwälten Kölns gehört.

Es ist nicht damit abgethan, daß Sie mich heute hier niederstimmen, sondern, meine Herren — überlegen Sie es sich reiflich — es handelt sich um eine Sache, bei der das Wohl des ganzen Volkes interessirt ist. Wir sollen uns hüten, die Sache als eine Machtfrage zu behandeln und lediglich im vermeintlichen Interesse eines bestimmten Standes Dinge zu verschleiern, die in der Gesetzgebung liegen. Wenn wir jetzt beschließen, es braucht überhaupt nichts zu geschehen, dann verschleiern wir Mißstände, die thatsächlich vorhanden sind. „Die Mißstände sind nur so schlimm in den Ländern des rheinischen Rechts", wird gesagt. Nun gut! haben diese Länder nicht ebenso gut ein Recht auf gute Rechtspflege wie die anderen? Es genügt nicht, daß die Prozeßordnung eine promptere Rechtsprechung ermöglicht; wir müssen eine Prozeßordnung haben, die sie **gewährleistet**, die es ausschließt, daß solche Zustände eintreten können, wie sie in vielen Theilen unseres Vaterlandes schon jetzt und nach meiner Ueberzeugung demnächst überall eintreten werden. Nicht zum Untergange der Welt, nicht zum Unheile der Menschheit soll die Rechtspflege führen, sondern zu ihrem Heile.

Brechen Sie deshalb mit mir mit dem Grundsatze: „fiat justitia, pereat mundus" und führen Sie mit mir den anderen Grundsatz ein: „fiat justitia, vivat mundus!" (Lebhafter Beifall und Zischen.)

Vorsitzender: Ich mache darauf aufmerksam, daß von jetzt ab wieder der Zehnminutenverkehr eintritt. (Heiterkeit.)

Geheimer Oberjustizrath Professor Dr. **Vierhaus** (Berlin): Meine verehrten Herren, der zweite Herr Berichterstatter Herr Justizrath Heinitz hat die Probleme, die bei unserem Verhandlungsgegenstand in Frage kommen, mit einer solchen Vollständigkeit und in einer solch' geschlossenen Kette erörtert, daß eine Widerlegung seiner Ausführungen, mit denen ich zum Theil nicht einverstanden bin, nur möglich wäre durch Eingehen auf seine einzelnen Argumente, also unmöglich innerhalb der Betriebsordnung, die der Herr Präsident soeben wieder verkündet hat. Ich muß mich daher darauf beschränken, einige allgemeinere Gedanken hier als Anregung zu äußern, die, wie mir scheint, in der bisherigen Debatte noch nicht in ihrer vollen Tragweite erörtert worden sind.

Es ist auf die wirthschaftliche Bedeutung des Civilprozesses und namentlich auf die wirthschaftliche Bedeutung der kurzen Dauer der Civilprozesse hingewiesen worden, aber ich glaube, dieses Argument bedarf einer Erweiterung. Der Civilprozeß ist die Form der Rechtsverwirklichung, der Verwirklichung des unbefriedigten und auch der Verwirklichung des bestrittenen Rechts. Der Civilprozeß ist bestimmt, einen Zustand zu ändern, der dem Rechte nicht entspricht — durch das Urtheil und die Zwangsvollstreckung — und der dem Rechte nicht entsprechende Zustand ist mit unserer Staats- und Rechts- und sozialen Ordnung nicht vereinbar. Schon daraus folgt meines Erachtens die Nothwendigkeit, in jeder mit den Zwecken des Civilprozesses vereinbarten Schleunigkeit diesen Ausgleich herbeizuführen.

Nun, m. H., hat diese objektive Seite der Sache auch ihre subjektive Bedeutung. Nur wenn der Bürger im Staate den Garanten der Rechtsordnung erblickt, nur dann ist der Staat wirklich Rechtsstaat; wenn der Bürger weiß, er kann sein Recht verwirklichen, er kann mit möglichster Schnelligkeit dazu gelangen, es durchzusetzen, und dies wird in den weitesten Kreisen empfunden und diese Empfindung vielfach zu dem Urtheile zusammengefaßt, daß der gegenwärtige Civilprozeß diesem Zustande nicht entspräche. Ich glaube, jeder von uns ist berechtigten oder unberechtigten Klagen — das lasse ich vorläufig dahingestellt — darüber begegnet, daß die Erlangung des Rechts so überaus schwierig, so überaus langwierig sei.

Wenn Sie einzelne Erscheinungen der Neuzeit beobachten, so werden

Sie ganz bedenkliche Symptome des Mißtrauens in unserer Rechtspflege in breiten Volkskreisen finden, auch auf dem Gebiete des Civilrechts. Ich erinnere an eines dieser Symptome aus dem Bürgerlichen Gesetzbuche, durch das ein ganzer Kreis von Streitigkeiten, der an sich rein civilprozessualer Art ist, der freiwilligen Gerichtsbarkeit überwiesen ist — sehr zum Segen der Sache, wie ich gern anerkenne, weil dort die Möglichkeit einer schnelleren Entscheidung gegeben ist. Ich verweise in dieser Hinsicht lediglich auf den trefflichen Aufsatz unseres verehrten Herrn Kollegen, des Oberlandesgerichtsraths Schneider, der diesen Civilprozeß im Rahmen der freiwilligen Gerichtsbarkeit des näheren erörtert.

Sodann aber, der Ruf nach Sondergerichten, nach kaufmännischen Sondergerichten — und das ist ein Argument von eminenter Bedeutung — entspringt meiner Ueberzeugung nach, und wenn man die Litteratur liest, wird man es bestätigt finden, nicht allein dem Wunsche, durch Berufsgenossen den Prozeß entscheiden zu lassen, wenigstens kommt das erst in zweiter Reihe, sondern in erster Reihe dem Umstande, daß es eine Anzahl von Streitigkeiten z. B. aus dem Arbeitsvertrage giebt, zu denen unser Civilprozeß in seiner Langwierigkeit nicht geeignet ist. Unsere Diskussion hat sich wesentlich um die Frage gedreht, ob gewissermaßen ein abstrakter Civilprozeß in der Rechtsbildung besser zu gestalten sei. Das ist für mich sekundär, die primäre Frage ist: führt uns der Civilprozeß zu der Verwirklichung der Bedeutung, die er im Staat einzunehmen hat? Jeder Ruf nach Sondergerichten ist eine laute Verneinung dieser Frage.

Es ist viel von der Statistik die Rede gewesen. Ich lege keinen Werth darauf, ob die Dauer der Prozesse steigt oder fällt und wie groß sie ist. Es bleibt immerhin ein erheblicher Theil der Civilprozesse, die sehr lange dauern. Ich nehme auch nicht an, daß man eine gewisse Normaldauer einführen kann. Der Prozeß dauert zu lange für das wirthschaftliche Bedürfniß und das Rechtsbedürfniß des Volkes und daher ist die Frage naheliegend: kann man dies ändern und eventuell wodurch? Es ist auf andere Momente verwiesen worden, beispielsweise auf den Richtermangel. M. H., ich wäre der Letzte, der leugnen wollte, daß bei dem enormen Anwachsen der Geschäfte ein Theil unserer Gerichte nicht mit der Zahl von Richtern zur Zeit besetzt ist, die wünschenswerth wäre im Interesse der Rechtspflege. (Sehr richtig!) Aber es ist nur ein Theil. Ich habe mich in dieser Frage auch in meiner Amtsgeschäftsführung viel beschäftigen müssen. Die Verschleppung findet sich nicht gerade bei den stark belasteten Gerichten — ein rühmliches Zeugniß für deren Pflichttreue! In Berlin z. B. sind die Verhältnisse keineswegs besonders ungünstig. Es findet sich die Verschlepgung vielfach bei kleinen Gerichten in ebenso hohem, wenn nicht höherem Maße.

Es ist viel darüber gestritten worden, ob die Rechtsanwälte, ob die Richter, ob die Justizverwaltung Schuld an der Prozeßverschleppung seien. Ich möchte diese Frage ganz dahin gestellt sein lassen. Keiner kann sich ganz reinwaschen. Ich gebe gern zu, daß auch Uebelstände hinsichtlich der Vertagung von Amtswegen bestehen. Gerecht muß man aber sein, und da kann ich z. B. nach an zuständigster Stelle jetzt eben eingeholter Auskunft versichern, daß die von Herrn Heinitz erwähnte Mittheilung des Landgerichtsraths Viezens bezüglich der Abhaltung von Beweisterminen vor den Verhandlungsterminen beim Landgericht I hier nicht richtig ist, daß im Gegentheil in einem einzelnen Falle der Herr Landgerichtspräsident genau im entgegengesetzten Sinne entschieden hat. Aber ich gebe zu, in einzelnen Fällen kann auch bei den Gerichten noch gebessert werden; doch dies ändert nichts am Wesen der Sache. Wenn die Herren Rechtsanwälte die Vertagungsfreiheit in der Hand haben, dann haben sie, wie ich anerkenne, auch das Recht zu ihrem Gebrauche; ja sie laden unter Umständen ihrer Partei gegenüber eine Verantwortung auf sich, wenn sie nicht von diesem Mittel in geeigneten Fällen auch Gebrauch machen. Ob aber dieses Gebrauchmachen den objektiven Zwecken der Rechtspflege entsprechend ist, ist damit noch nicht gesagt; also ohne daß man den Rechtsanwälten irgend welchen Vorwurf macht, kann doch die Vertagungsfreiheit sachlich zu Uebelständen führen.

Wenn nun die ganze Entwickelung dahin drängt, daß auf die Beschleunigung der Prozesse hingewirkt werden muß, so heißt es meiner Meinung nach dem Gesetze der Freiheit zu viel zutrauen, wenn man erwartet, daß die Gesundung aus sich heraus entstehen soll. 23 Jahre gilt jetzt die Civilprozeßordnung, die Uebelstände aber bestehen fort und werden immer größer; daraus folgt für mich die Nothwendigkeit eines Eingreifens der Gesetzgebung.

Die Nothwendigkeit eines Eingreifens der Gesetzgebung im Sinne einer Verstärkung des Offizialbetriebes nachzuweisen, ist meines Erachtens nicht sehr schwierig, denn derjenige der Faktoren, auf dem der Staat mit seinen Machtmitteln, hier also die Justizverwaltung, einwirken kann, gegen Mißbrauch, gegen Verzögerung, sind die Gerichte, sind nicht die Rechtsanwälte. Jede Stärkung des Einflusses der Gerichte auf den Prozeß bedeutet eine größere Möglichkeit einer staatlichen Einwirkung auf schnellen Gang des Prozesses. Hierfür haben wir ja auch in unserer modernen Gesetzgebung ein schlagendes Beispiel. So viel mir bekannt ist, ist über den Mangel an Schleunigkeit des gewerbegerichtlichen Verfahrens nie Klage erhoben, im Gegentheil, dieser ist bei den Verhandlungen über Sondergerichte stets als mustergültig hingestellt worden für die beschleunigte Erledigung von Streitigkeiten.

Welche Maßnahmen im Einzelnen zu ergreifen sein würden, das ist eine Frage, bezüglich deren ich meinen lebhaften Zweifel hege, ob sie sich zur Verhandlung in dieser Versammlung eignet. Ich halte auch mit Herrn Heinitz die Vertagungsfrage durchaus nicht für die einzige, um aber den Beratungen des Juristentages irgend einen konkreten Inhalt zu geben, will ich mich auch auf den Standpunkt der Gutachten stellen und mich auf diese Frage beschränken. Unter den vertheilten Anträgen möchte ich den Antrag des Herrn Kammergerichtsraths Schmidt-Bardeleben für einen geeigneten Verständigungsversuch halten, der an sich an dem Parteibetriebe nichts ändern will, wohl aber die Gesetzgebung anruft, um eine Beschleunigung der Prozesse herbeizuführen. Ich behalte mir im Uebrigen mein Votum vor, aber aus diesen konkreten Gründen empfehle ich den speziellen Antrag.

Meine Herren, ich bitte Sie dringend, es handelt sich dabei um ein vitales Staatsinteresse, geben Sie den Gerichten und der Rechtspflege das Vertrauen des Volkes wieder, und das können Sie meiner Ueberzeugung nach nur durch Maßnahmen, die auf eine beschleunigtere, konzentrirtere Erledigung der Civilprozesse hinzuwirken geeignet sind.

(Lebhaftes Bravo! und Händeklatschen.)

Justizrath **Emil Koffka** (Berlin): Meine Herren, nicht zum wenigsten die Worte des letzten Herrn Redners, des Herrn Geheimen Oberjustizraths Vierhaus, dürften klargelegt haben, daß die Fragestellung, welche dem Thema gegeben worden ist, eine bei weiten zu enge gewesen ist, daß es sich eigentlich bei der heutigen Debatte garnicht darum handeln sollte, ob der Parteibetrieb zu Gunsten des Offizialbetriebes einzuschränken ist, sondern um die Frage: leiden wir an dem Uebelstände der Prozeßverschleppung? auf welchen Gründen beruht dieser Uebelstand? und wie ist diesem Uebelstande gesetzgeberisch abzuhelfen? So ist aber die Frage von der ständigen Deputation des Deutschen Juristentages nicht gestellt. Sie ist in einer Weise gestellt worden, welche die Anwälte von vornherein zu Angeklagten gemacht hat; denn durch die Fragstellung ist gewissermaßen der Antwort bereits präjudizirt, insoweit als gesagt worden ist, implicite, die Verschleppung der Prozesse kann nur beruhen auf dem Prozeßbetrieb durch die Parteien, und mit welchen gesetzgeberischen Maßregeln ist in Folge dessen der Prozeßbetrieb durch die Parteien einzuschränken zu Gunsten des Offizialbetriebs. Wir sind daher von vornherein bei der Lösung der Aufgabe auf einen ganz beschränkten Standpunkt gekommen: denn wenn wir vielleicht anerkennen können — das soll dahingestellt bleiben —, daß es eine Reihe von Prozeßverschleppungen giebt, welche der gesetzgeberischen Abhilfe bedürfen, so sind wir doch hier darauf beschränkt, die Frage zu prüfen, ob diese Prozeßverschleppung auf dem Parteibetriebe beruht.

Diese Frgge, m. H., ist zu verneinen; sie ist jedenfalls nach keiner Richtung, auch nicht durch das, was von dem Herrn Geheimen Ober-Justizrath Vierhaus gesagt worden ist, begründet. Nach keiner Richtung ist sie begründet worden durch die Gutachten, die sich in dieser Frage geäußert haben, wobei sehr charakteristisch ist, daß sich in dieser Beziehung Herr Dr. Neukamp seine Aufgabe so leicht gemacht hat, daß, wenn man sein Gutachten nachsieht, worauf er seine Behauptungen stützt, er dafür nichts anderes anzuführen gewußt hat als Folgendes. Er sagt, Frankreich, in Belgien, in Deutschland dauern die Prozesse sehr lange, in Oesterreich dauern sie kurze Zeit; alle diese Gebiete von Frankreich, in Belgien, Deutschland, Oesterreich haben mündliches Verfahren, sie unterscheiden sich nur dadurch, daß Oesterreich Offizialbetrieb hat, Deutschland Parteibetrieb, folglich beruht die Verzögerung auf dem Parteibetrieb. So hat er sich die Aufgabe sehr leicht gemacht und es war die Aufgabe des Herrn Referenten Heinitz auch sehr leicht, das zu widerlegen, indem er auf die Verschiedenheit zwischen der österreichischen und der deutschen Gerichtsbarkeit hinwies. Ich brauche das nicht im Einzelnen zu wiederholen und möchte nur hervorheben, worauf Herr Heinitz nicht besonders eingegangen ist, daß die Abschaffung der Eventualmaxime im österreichischen Prozeß nicht in der Weise durchgeführt ist wie bei uns, und daß das auch ein Grund ist, daß in Oesterreich die Prozesse schneller durchgeführt werden als bei uns.

Also ich sage, Herr Dr. Neukamp hat eigentlich in seinem Gutachten einen Grund für den Zusammenhang zwischen Prozeßverschleppung und Parteibetrieb nicht gegeben. Nun war ich sehr neugierig, heute aus seinem Munde persönlich eine Ergänzung dessen zu hören und zu vernehmen, was er etwa nach dieser Richtung hin anzuführen habe. Ja, m. H., so lebhaft Herr Dr. Neukamp auch gesprochen hat, ich habe keinen einzigen neuen Gesichtspunkt gefunden; ich habe nichts gefunden, was zur sachlichen Widerlegung der von Heinitz angeführten Gründe dienen kann. Er hat überhaupt nichts vorgebracht, was man bei aufmerksamer Lektüre seines Gutachtens nicht in diesem Gutachten bereits vorfinden könnte. Ich möchte dabei auf eine Erscheinung hinweisen, die mir wichtig erscheint, und dabei anknüpfen an eines der Worte, welche bei der neulichen Begrüßung in der Börse durch Herrn Geheimen Ober-Justizrath Vierhaus gesprochen sind, Worte, die leider sehr schwer vernehmbar waren, auch für einen Nahestehenden und die mir nur durch Zufall ins Ohr geklungen sind, und welche dahin lauteten: „nur wenn der Richter in dem Rechtsanwalt den gleichberechtigten Mitarbeiter an den hohen Aufgaben der Rechtspflege erkennt, kann ein gesundes Rechtsleben sich entwickeln". Meine Herren, das ist ein beherzigenswerthes Mahnwort an den Richterstand, und Mahnworte pflegen doch nur dann gesprochen zu werden, wenn entweder einem Uebelstände abgeholfen oder einer drohenden Gefahr vorgebeugt werden soll. (Sehr richtig!) Daß hier ein solcher Uebelstand thatsächlich vorliegt, beweist mir das zum Gegenstande der Berathung gemachte Thema. Wenn wir nur so vorurtheilslose Richter hätten, wie den Herrn Präsidenten Hamm, dann würde ein solches Mahnwort nicht nothwendig gewesen sein. (bravo!) Daß aber ein solches Mahnwort nothwendig war, beweist das Gutachten des Herrn Dr. Neukamp, denn es beweist das Mißtrauen des Richters gegen den Anwalt. (Lebhafter Beifall.) Meine Herren, das Gesetz räumt den Parteien nicht allein das dominium litis ein, sondern nur zusammen mit dem Gericht ein condominium litis. Es ist unrichtig, wenn Herr Dr. Neukamp sagt, daß die Parteien für sich in Anspruch nehmen, zu bestimmen, wann eine Sache verhandelt werden soll; die Termine beraumt das Gericht an, und nur wenn das Gericht im Termin da ist, kann verhandelt werden. Das Gericht bestimmt also, wann verhandelt wird, und nicht die Parteien. Aber wie die Anwälte nicht ohne das Gericht verhandeln können, wie der Anwalt auf das Gericht angewiesen ist, so ist ganz selbstverständlich beim mündlichen Verfahren das Gericht auch auf die Anwälte angewiesen, denn ohne die Anwälte kann ja nicht verhandelt werden.

Dann ist vielen Richtern ein Dorn im Auge das, was ich bisher in der schriftlichen Begründung nirgends gefunden habe, was aber jedem, der einigermaßen Fühlung mit Richterkreisen hat, bekannt ist, das Folgende. Es ist bei den Richtern ein berechtigter — will ich zugeben — Unmuth darüber vorhanden, daß sie nach langwieriger Vorbereitung in die Sitzung kommen und daß dort eine Sache, die sie vorbereitet haben, nicht zur Verhandlung kommt, und daß sie unter Umständen eine halbe Stnnde, vielleicht auch eine Stunde auf den Anwalt warten müssen. Das ärgert den Richter, das war früher nicht so und war früher auch nicht nöthig, da wurde auch so entschieden, ohne daß der Anwalt kam. Ja, das liegt eben am Verfahren. Die Anwälte haben doch dieselben Erfahrungen durchzumachen, sie müssen sich auch vorbereiten, und auch eventuell vergebens, sie bekommen einen Termin auf $9\frac{1}{2}$ Uhr und sitzen bis 3 Uhr, bis die Sache aufgerufen wird, und beklagen sich nicht darüber, weil es in der Natur der Sache liegt. Wenn die Gleichberechtigung proklamirt wird zwischen Richtern und Anwälten, warum soll sich dann der Anwalt das ruhig gefallen lassen, ohne daß er sagt: hier muß gesetzgeberisch geändert werden? und warum will sich der Richter das nicht gefallen lassen? Wie gesagt, es ist das bisher in den gedruckten Gutachten nicht zum Ausdruck gekommen, aber daß das ein sehr triftiger Grund ist, der mitspielt bei dem ganzen Aufwerfen der Frage, das hat mir heute der Vortrag des Herrn Dr. Neukamp zu erkennen gegeben, der aus seinem Herzen keine Mördergrube gemacht hat und gesagt hat: Was ist das für ein Zustand, wenn fünf Richter hinkommen und eine Stunde warten müssen, ob der Anwalt auch kommt.

Da sehen Sie, m. H., das ist das, was die Richter veranlaßt hat, dahin zu streben: das muß geändert werden. Und darum, m. H., ist die ganze Frage bisher aus einer einseitigen Brille betrachtet worden. Man hat immer nur gefragt, inwieweit die Prozeßverschleppung mit dem Parteibetrieb zusammenhängt, indem man alle anderen Gründe, die zur Verzögerung geführt haben, einfach bei Seite hat liegen lassen, weil das eben die Richter nicht so interessirt, sondern die Richter interessirt in dieser Beziehung nur der Parteibetrieb, und es ist meines Erachtens kein Zufall, daß nach dieser Richtung die Sache angeschnitten werden soll.

M. H., es ist mir gar keine Frage, daß, wenn über Prozeßverschleppung geklagt wird, sie im wesentlichen nicht auf dem Parteibetrieb beruht, sondern auf anderen Gründen, auf anderen Maximen der Civilprozeßordnung, auf der Mündlichkeit u. s. w. (Glocke des Vorsitzenden.)

Vorsitzender: Es ist schon eine Minute über die festgesetzte Redezeit verflossen.

Justizrath **Koffka** (Berlin): Ja, m. H., es thut mir leid, dann kann ich das nicht weiter ausführen. Ich will also nur sagen, die Prozeßverschleppung beruht auf anderen Gründen, und ich will darauf hinweisen, daß neulich in der Juristischen Wochenschrift sehr richtig von einem Kollegen betont worden ist, die Uebelstände liegen daran, daß wir die Eventualmaxime nicht haben, und solange wir sie nicht wieder einführen, ist das richtig. Ich will deshalb nicht für Wiedereinführung dieser Maxime hier sprechen, aber das sind Gründe für die Verzögerung der Prozesse, und wenn angeführt wird, das Publikum beklagt sich über Prozeßverschleppung, so muß man sich klar sein, daß das Publikum die Gründe dafür nicht zu würdigen weiß und nicht kompetent urtheilen kann. Wir wissen, alle Tage kommen zu uns Leute, die das sagen, wie ist das möglich, das das jetzt noch angeführt wird in einem so späten Stadium des Prozesses! Da muß ich sagen, die Prozeßverschleppung ist durch die Struktur des Verfahrens begründet, aber nicht darin, daß bei einer Zahl von Fällen zu Unrecht vertagt wird. (Lebhafter Beifall. — Glocke des Vorsitzenden.)

Vorsitzender: Ich muß den Herrn Redner unterbrechen und den Wunsch der Versammlung Ausdruck geben, welcher auf schleunigen Offizialbetrieb gerichtet ist. (Große Heiterkeit.)

Das Wort hat Herr Landgerichtsrath Straehler (Berlin).

Landgerichtsrath **Straehler** (Berlin): M. H., ich danke dem Zufall, der es mir vergönnt, gerade nach dem Herrn Justizrath Koffka zu sprechen; denn ich möchte gegenüber seinen Worten eine kleine Lanze für den Richter brechen. Herr Justizrath Koffka ist von unrichtigen Voraussetzungen ausgegangen, wenn er meint, daß Motive, die auf persönlicher Empfindung beruhen, andere also als sachliche Gründe maßgebend gewesen sind für die Prüfung der Frage, was wünschenswerth ist, um die Verzögerung des Prozesses zu verhüten.

Was den Fall anbetrifft, der gegenwärtig zur Erörterung steht, so, meine ich, spitzt sich die Debatte auf zwei Fragen zu, erstens, ob der Parteibetrieb daran Schuld ist, daß der Prozeß verzögert wird. Diese Frage muß beantwortet werden, wenn wir uns darüber schlüssig machen wollen, in welchem Sinne wir zu stimmen haben. Die zweite Frage würde dann sein, ob der mit der Beschränkung des Parteibetriebes verbundene Vortheil im Verhältniß steht zu dem eventuell daraus zu gewärtigenden Nachtheil.

Was die erste Frage anbetrifft, so ist sie identisch damit, ob der Prozeßbetrieb, wie er durch den Anwalt gehandhabt wird, daran Schuld ist, daß die Prozesse verzögert werden. Ich darf gestehen, daß bei meiner richterlichen Thätigkeit auch mir häufig der Gedanke gekommen ist, als ob von Seiten des Anwaltstandes die Prozesse mehr gefördert werden könnten, als es thatsächlich geschieht, und bei diesem ersten Gedanken will ich auch ohne Weiteres zugeben, daß an dieser Auffassung mit Schuld gewesen ist der Mißmuth, der den Richter erfaßt, wenn er, auf 12 Sachen vorbereitet, ohne Kenntniß der Gründe der Vertagung, plötzlich bei 6 bis 12 Sachen einsehen muß, daß die Vorbereitung nutzlos war. Ich habe aber ernsthaft darüber nachgedacht, welche Gründe dafür maßgebend sein könnten, und bin zu der Ueberzeugung gekommen, daß wir Richter leider nicht in der Lage sind, zu beurtheilen, welche Gründe im gegebenen Falle den Anwalt bestimmen, die Vertagung des Prozesses herbeizuführen. Gewiß wird in Berlin häufig aus Gründen vertagt, die nicht im Interesse der vertretenen Partei beruhen. Aber es zwingt hierzu die Macht der Verhältnisse, die stärker ist, als der gute Wille des Anwalts und die Wünsche und Hoffnungen der Partei. Steht z. B. eine große Sache zur Verhandlung, so müssen andere Anwälte, deren Sachen zur gleichen Zeit angesetzt waren, warten. Sie sind vielleicht vorher schon auf einem anderen Gericht thätig gewesen und haben sich unverschuldet verspätet. Zu einer bestimmten Stunde werden sie in ihrem Bureau erwartet. Diese Stunde kommt heran, ehe der Vortrag der anderen Sache beendet ist, dann ist es begreiflich, wenn die Anwälte verschwinden und ihre Sachen in Folge dessen nicht mehr zur Verhandlung kommen. Ich meine, dieser Umstand ist kein Anlaß, irgend wie einem Anwalte daraus einen begründeten Vorwurf zu machen, denn die Verhältnisse sind eben stärker und nicht von dem Wunsch und Belieben des Anwalts abhängig.

Ich sage, wir Richter sind nicht in der Lage, zu ermessen, welche Gründe im gegebenen Falle für den Anwalt trotz Vorbereitungen und trotzdem die Sache anstand, entscheidend waren, die Sache zu vertagen. Deshalb — und das ist die nothwendige Konsequenz — kann ich natürlich auch kein Urtheil darüber fällen, ob die Gründe, die mir unbekannt geblieben sind, den Vorwurf rechtfertigen, daß wider besseres Wissen und wider den besseren Willen eine Verzögerung von Seiten der Anwälte verschuldet wird. Ich meine, diese Frage kann in der That nicht direkt beantwortet werden. Es ist dies insbesondere auch nicht an der Hand eines Zahlenmaterials möglich, da aus der Zahl der Vertagungen kein Rückschluß auf die Gründe gestattet ist. Vielfach sehen beide Parteien selbst ihr Interesse in einer Hinausschiebung und Verzögerung der Entscheidung, sei es, weil sie sich in Vergleichsverhandlungen befinden, oder von der Zukunft gewisse Vortheile mit Bezug auf die Erforschung und Klärung des Sachverhalts erwarten. Es ist nicht immer gesagt, daß die Verzögerung eines Prozesses unbedingt einen wirthschaftlichen Nachtheil haben muß (sehr richtig!), sondern, soweit ich als Richter es ahnen kann, gehört eine große Zahl dieser sogenannten verzögerten oder kranken Prozesse zu solchen, die von den Parteien übereinstimmend absichtlich zur Beförderung ihres Vortheils vertagt sind (sehr richtig!), weil sie dies in ihrem Interesse liegend erachteten. Bei einer großen Zahl der in der Statistik berücksichtigten Prozesse beruhen die Vertagungen auf dem freien Willen und wohlverstandenen Interesse der Parteien, so daß daraus kein Schluß gezogen werden kann, ob es sich in der That hier um kranke Prozesse handelt.

Darüber sind wir Alle einig, daß es in der That wünschenswerth erscheint, in denjenigen Fällen, wo es im Interesse der Parteien liegt, die Prozesse zu beschleunigen. Es fragt sich nun: ist der Parteibetrieb daran Schuld, daß die Beschleunigung nicht möglich ist? Ich kann diese Frage mit Sicherheit weder bejahen noch verneinen.

Allerdings verschaffen mir die Wahrnehmungen, die ich gemacht habe, die Ueberzeugung, daß es in der That nicht der Anwaltstand, resp. die Thätigkeit des Anwalts und der Parteibetrieb ist, welche die Verzögerung verschuldet, obgleich andererseits, wie ich im Anfange meiner Bemerkungen gesagt habe, damit nicht geleugnet werden soll, daß in einzelnen Fällen — und das ist auch von sämmtlichen Herren anerkannt worden — unbegründete Vertagungen mögen herbeigeführt worden sein und auch in Zukunft werden herbeigeführt werden, ohne daß es nothwendig wäre.

Nun, m. H., wenn wir diese Frage auf Grund des vorliegenden Materials jetzt nicht beantworten können, dann wird dies auch in Zukunft nicht möglich sein. Man müßte denn jedem einzelnen Grunde nachforschen, aus dem vertagt wird. Davon unabhängig wird aber die Verzögerung des Prozesses, welche thatsächlich besteht, und die Frage, welche Mittel zu ihrer Verhütung führen können, immer auf der Tagesordnung bleiben. Von kompetenter Seite ist bereits bemerkt worden, worin der Grund der Verschleppungen liegt, und ich kann mich dem nur anschließen. Zum Schluß möchte ich noch eine kurze Bemerkung machen, da die hiesigen Zustände mich auf einen Gedanken gebracht haben, dessen Ausführung möglicherweise den Herren genehm ist und vielleicht auch geeignet sein könnte, den Verschleppungen erfolgreich entgegenzuwirken.

Es ist gesagt worden, an der Verschleppung der Prozesse ist das strikte Mündlichkeitsprinzip schuld. In der That, in Köln, wo das Mündlichkeitsprinzip bis ins äußerste beobachtet wird, ist eine Verzögerung der Prozesse wahrnehmbar, wie sie in keiner anderen Provinz vorliegt. Nun wird nach meinem Dafürhalten Niemand daran denken, das mündliche Verfahren im Prinzip beschneiden zu wollen. Ich selbst freue mich jedesmal, wenn ich durch Ausübung des Richterfragerechts in der Lage bin, auf Gesichtspunkte hinweisen zu können, deren Uebergehung zu einer Verschiebung des Urtheils führen müßte. Dennoch zweifle ich nicht, daß das Mündlichkeitsprinzip in seiner äußersten Durchführung unter Umständen gerade für den Anwaltstand und für die betheiligten Parteien etwas Nachtheiliges haben kann. Denken Sie an die zahllosen Prozesse, die einen mündlichen Vortrag nicht erfordern, und wo es dem Anwalt außerordentlich erwünscht ist, wenn er sich mit den Worten die Sache vom Halse schaffen kann: ich trage alles vor, was in den Schriftsätzen steht, und nichts weiter. Es ist das ein für Berlin so erwünschter Zustand (Heiterkeit), daß wir — das kann ich auf Grund meiner Erfahrungen sagen — ohne diesen Zustand nicht auskommen könnten.

Wenn wir nun eine große Anzahl Prozesse kennen, die nicht mündlich vorgetragen zu werden brauchen, wenn der Richter es nicht nöthig hat, eine Frage zu stellen -- er wird sie immer stellen, wenn er beim Lesen der Akten etwas gefunden hat, worüber er aufgeklärt sein will —, oder wenn die Anwälte meinen, sie haben sich schriftlich so ausgedrückt, daß sie mündlich nichts hinzuzusetzen haben, und es hat die Prozeßleitung nichts zu erinnern, dann, m. H., meine ich, ist es nicht nothwendig, eine Wohlthat Jemandem aufzuzwingen, der von dieser Wohlthat keinen Gebrauch machen will. Es ließe sich daher vielleicht das Gesetz in dem Sinn ändern, daß man etwa sagt, wenn die Parteien nicht erscheinen, und die Anwälte zeigen nicht an, daß das Verfahren ruht, so soll der Richter berechtigt sein, auf Grund der Akten zu erkennen, jedenfalls aber zunächst einen Beweisbeschluß zu fassen. Damit das Mundlichkeitsprinzip — denn ich weiß, daß dieser Vorschlag auf Widerspruch stoßen könnte — gewahrt bleibt, gebe man gegen ein ohne mündliche Verhandlung ergangenes Urtheil ein Rechtsmittel, vielleicht ein Einspruchsrecht, daß der Partei ermöglicht, die Sache nochmals in derselben Instanz mündlich zu verhandeln, aber mit der Beschränkung, daß nur neue Thatsachen vorgebracht werden durfen, die bis zum Erlaß des ersten Urtheils in den Akten nicht geltend gemacht worden sind. Wie ich die Verhältnisse kenne, wird, wenn auch vielleicht heute die Mehrzahl gegen diesen Vorschlag ist, er doch im Laufe der Zeit Anklang finden und in der Praxis würde, davon bin ich uberzeugt, so außerordentlich viel Gebrauch davon gemacht werden, daß eine ganze Anzahl derjenigen Prozesse, gerade solche, die jetzt vertagt werden müssen, weil die Anwälte nicht in der Lage sind, vorzutragen, auf diese Weise erledigt werden können, nicht zum Nachtheil der Partei. (Bravo!)

Mein Vortrag soll nur eine Anregung sein, wie man eventuell auf andere Weise helfen kann. Ich stimme auch dem Vorschlage des Herrn Geheimraths Vierhaus vollständig bei, denn ich bin auch der Ansicht, daß es sich empfiehlt, um Verschleppungen entgegenzutreten, dem Antrage des Herrn Kammergerichtsrath Schmidt=Bardeleben zuzustimmen und es der Verwaltung zu überlassen, die geeigneten Wege zu finden

(Lebhaftes Bravo! und Händeklatschen.)

Privatdozent Dr. **Rintelen** (Prag): Hochgeehrte Herren! Die Debatte und die Abhandlung, welche Herr Dr. v. Hornbostel in einer zum Juristentag erschienenen Festschrift veröffentlicht hat, brachte eine Reihe von Ausführungen, die sich speziell mit der neuen österreichischen Civilprozeßordnung befaßten und die den Eindruck erwecken könnten, daß die

Reform und vor allem die Einführung des Prozeßleitungsrechtes sich bei uns nicht bewährt hätte. Dies veranlaßt mich, auf diese Ausführungen kurz zurückzukommen. Ich werde dabei weniger vom theoretischen Standpunkt aus sprechen, als vielmehr die praktischen Erfahrungen heranziehen, welche mir aus meiner mehrjährigen Gerichts- und Advokaturpraxis zu Gebote stehen.

Die gegen die österreichische Civilprozeßordnung erhobenen Beschwerden befassen sich im wesentlichen mit ihren Bestimmungen über Termine und Fristen. Es wurde auf einzelne Entscheidungen österreichischer Gerichte hingewiesen, welche zu nicht gedeihlichen Resultaten führen sollen. Auch ich halte diese Entscheidungen zum Theile für nicht richtig und unzweckmäßig, allein sie dürfen nicht den Eindruck aufkommen lassen, als ob das Gesetz und seine Prinzipien schlecht sind; diese Entscheidungen entsprechen vielmehr dem Gesetze selbst nicht, dürfen daher nicht als eine Konsequenz seiner Prinzipien aufgefaßt werden.

Es wurde sowohl über die Normen der österreichischen Civilprozeßordnung bezüglich der gesetzlichen, wie bezüglich der richterlichen Fristen Klage geführt; so: es seien die gesetzlichen Fristen viel zu kurz bemessen; die Frist zur ersten Tagsatzung betrage nur 14 Tage, dem Beklagten stehe überhaupt zu seiner Vertheidigung zu wenig Zeit zur Verfügung. Die Frage, ob eine Frist entsprechend geregelt ist, läßt sich nicht erörtern isolirt von der Stellung, welche der befristeten Prozeßhandlung im System des Gesetzes eingeräumt ist. Die erste Tagsatzung hat beispielsweise nur die Aufgabe festzustellen, ob es zu einem Rechtsstreit kommt oder zu einem Vergleich, Anerkenntnißurtheil oder dgl. Um sich hierüber zu entscheiden, muß dem Beklagten doch eine Frist von 14 Tagen genügen, um so mehr als diese Prozeßhandlungen größtentheils auch noch später vorgenommen werden können.

Kommt es aber zu einem Rechtsstreite, so stehen dem Beklagten bedeutend längere Fristen zu Gebote: die Einlassungsfrist zur ersten Tagsatzung, dazu die Klagebeantwortungsfrist, deren Ausdehnung innerhalb gewisser Grenzen der richterlichen Prozeßleitung überlassen ist, was gerade eine weitgehende Rücksichtnahme auf die Verhältnisse des konkreten Einzelfalles zuläßt. Wird noch erwogen, daß von der Einbringung der Klagebeantwortung bis zur Hauptverhandlung mindestens 14 Tage verstreichen, so ergiebt sich daraus, daß die österreichische Prozeßordnung im Gerichtshofverfahren dem Beklagten mindestens eine Frist von 1—2 Monaten zur Vorbereitung gewährt. Auch in der Verhandlung können noch neue Beweise und Vertheidigungsmittel vorgebracht werden. Hier greift wieder das richterliche Prozeßleitungsrecht ein, welches die Voraussetzungen der

Erstreckung beurtheilt und ihre Dauer den Anforderungen des Einzelfalles anpassen soll. Nur schuldhaft Verspätetes und in Verschleppungsabsicht vorgebrachtes Prozeßmaterial bildet keinen Vertagungsgrund.

Dem Richter ist es überhaupt von der Prozeßordnung zur strengsten Pflicht gemacht, bezüglich der richterlichen Fristen den Bedürfnissen des Einzelfalles und seiner erschöpfenden Erörterung Rechnung zu tragen. Thut der Richter dies nicht, so sind die Parteien nicht machtlos, denn sie können dann nach § 496 C.P.O. die Aufhebung des mangelhaften, nicht erschöpfend durchgeführten Verfahrens erwirken und in dem einzuleitenden neuen Verfahren die ungerechtfertigt abgelehnten Beweise oder die infolge der zu kurz bemessenen Fristen versäumten Prozeßhandlungen nachholen.

Gleiches gilt für die Erstreckung von Fristen. Aus wichtigen Gründen kann sie jederzeit verlangt werden. § 134 C.P.O. gestattet die Erstreckung von Tagsatzungen: „wenn ohne die Erstreckung die Partei einen nicht wieder gut zu machenden Schaden erleidet", ferner: „wenn die Verhandlung ohne die Vertagung sonst nicht zum Abschluß gebracht werden könnte". Eine nicht zu enge Auslegung dieser Vertagungsgründe kann den Bedürfnissen der Praxis hinreichend Rechnung tragen.

Ich möchte noch auf eine bereits von Herrn Sektionsrath Dr. Schauer erwähnte Bemerkung aus der Abhandlung des Herrn Dr. von Hornbostel zurückkommen. Der Herr Verfasser meint, es sei für einen Anwalt schwer, einer Partei, die in fünf Monaten einen Prozeß in zwei Instanzen verloren habe, die Ueberzeugung beizubringen, daß der Prozeß ordnungsgemäß durchgeführt würde. Diesem Bedenken kann ich mich nicht anschließen. Nach unserer Praxis bringt der Anwalt seine Partei zu den Verhandlungen mit; gerade dieses Mitbringen und Vorladen der Parteien, welches dem Anwalt eine ständige Informationsquelle zur Seite setzt und viele Vertagungen zu Informationszwecken vermeidet, giebt der Partei die Möglichkeit, sich von der intensiven Betreibung des Prozesses durch den Anwalt zu überzeugen. Jedenfalls ist eine Partei eher darüber zu beruhigen, daß es der intensiven Thätigkeit ihres Anwaltes nicht gelungen ist, die Richter von ihrem Rechte zu überzeugen, als darüber, daß sie nach fünf Monaten hört, daß für sie durch die Vertagungen überhaupt noch kein Urtheil erreicht ist, sie hat dann das Gefühl der Rechtsverweigerung.

Ich glaube daher, daß dem Gesetze selbst und seinen Prinzipien wegen einzelner Fehler der Praxis nicht begründete Vorwürfe gemacht worden sind.

Jedes Gesetz hat gewisse Kinderkrankheiten der Praxis zu überwinden; unsere Civilprozeßordnung selbst hat sich aber gewiß bewährt.

Man braucht da nur einen Vergleich zu ziehen zwischen dieser Sammlung einzelner unzutreffender Entscheidungen und der Wucht jener Anklagen, die früher erhoben wurden wegen der Prozeßverschleppungen, man braucht nur denken an die Vermögen, die wirthschaftlich durch diese Verschleppungen verloren gegangen sind. Diese Klagen sind gänzlich verstummt. Der Zweck der Prozeßreform ist daher durch die vom Gesetz eingeschlagenen Prinzipien voll erreicht. (Bravo!)

Justizrath **Max Jacobsohn** (Berlin): Meine Herren, es ist etwas gewagt, in so später Stunde noch ein paar Worte zu sprechen, und ich würde es auch kaum unternommen haben, wenn nicht die beiden letzten Herren Redner — ich nehme den Oesterreicher aus, weil seine Rede nicht direkt zu unserem Thema war — etwas gesagt hätten, was nicht unwidersprochen bleiben kann.

Herr Geheimrath Vierhaus hat uns zugerufen, wir sollten dem Volke das Vertrauen zum Civilrecht und Gericht wiedergeben. Meine Herren, das können wir nicht, aber vor allen Dingen darf nicht unausgesprochen bleiben, daß das Vertrauen gar nicht erschüttert ist und gar nicht auf die Art und Weise, die unser heutiges Thema behandelt, erschüttert werden kann. Wenn man in den Zeitungen liest, das Volk habe nicht mehr das Vertrauen zu den Richtern, dann bezieht sich das auf gewisse Urtheile, von denen — mit Recht oder Unrecht — das Volk glaubt, daß sie nicht mit dem Volksbewußtsein übereinstimmen. Meistens sind es höchstrichterliche Entscheidungen oder strafgerichtliche Entscheidungen. Aber unsere Frage, ob sich die Richter über die Vertagung ärgern, ob sie sich vorbereitet haben und dann wieder nach Hause gehen müssen, hat mit dem Vertrauen des Volkes zu den Gerichten gar nichts zu thun. (Sehr gut!) Das ist dem Volke sehr gleichgültig, ob ein Richter sich dreimal vorbereitet oder einmal; wenn das Urtheil nachher gut ist, dann freut sich der Mann, der das siegende Urtheil bekommen hat. (Heiterkeit.)

Ich möchte noch etwas anderes Herrn Geheimrath Vierhaus antworten. Mir scheint, das Vertrauen des Volkes zu seinen Anwälten ist im Interesse des öffentlichen Wohls mindestens ebenso wichtig, wie das Vertrauen zu den Gerichten. Wir sind die Berather des Volkes in allen Rechtssachen, die Gerichte aber haben immer nur einen einzelnen Prozeß vor sich. Nun ist nichts geschehen in der ganzen Frage, um das Vertrauen zu heben, wohl aber recht viel zum Gegentheil. (Sehr richtig!) Es macht auf mich ganz den Eindruck, als ob in gewissem Sinne unbewußt die Richter beinahe eifersüchtig sind auf das Vertrauensverhältniß des Publikums zu den Anwälten. Darauf beruht es, daß es beim Kammergericht eine Zeit lang Sitte war, gemäß § 48 des Gerichtskostengesetzes den Parteien mitzutheilen: „Euer Anwalt ist nicht gekommen". Das ist ein Mißtrauen gegen die Anwälte und ein Versuch, einen Riß zwischen Anwalt und Klient zu machen, der nicht im Interesse des öffentlichen Wohls, also nicht im Interesse des Vaterlandes liegt.

Ich möchte weiter sagen, daß es auch ganz verfehlt ist, den einen oder den anderen Antrag anzunehmen. Herr Geheimrath Vierhaus hat den Antrag Schmidt-Bardeleben empfohlen. Es kann aber keiner wissen, was damit gemeint sein soll; von 500 denkt sich Jeder etwas anderes darunter. Es soll alles beim Alten bleiben, der Parteibetrieb soll nicht gestört werden, aber das Gericht soll wirksame Mittel haben, um den Parteibetrieb doch zu stören. — Ich meine, so etwas kann der Juristentag nicht annehmen.

Dann hat Herr Oberlandesgerichtspräsident Hamm gesagt, es sollen Kosten auferlegt werden. So liebenswürdig seine Rede war, so habe ich ihn doch nicht ganz recht verstanden. Er sagte zu Anfang: Wir Rheinländer lieben unser mündliches Verfahren und nehmen lieber einigen Schaden dabei mit in den Kauf, und er schloß damit: trotzdem soll die Gebühr erhoben werden, wenn vertagt wird. Erst wird hier der große Schaden in übertriebener Weise geschildert, und dann sollen nun 20 Mk. Kosten das Heilmittel sein. Es kommt mir vor, als wenn sich der Juristentag nicht ganz seiner würdig zeigte in der Oeffentlichkeit, wenn er zu weiter nichts kommt, als daß er sagt: Die Kosten, die doch gewiß nicht zu gering sind, sollen noch um eine Gebühr erhöht werden. Was soll das heißen? Ist das das Allheilmittel? Herr Dr. Neukamp wirft mir vor, ich hätte ihn zu Unrecht beschuldigt, die Anwälte beleidigt zu haben. Wir lesen auf Seite 251 seines Gutachtens eine Stelle, wo er uns Anwälten eine krasse Gewissenlosigkeit vorwirft unter der Flagge, daß er die Anwälte vertheidigt, er behauptet, der Anwalt vertage in der einen Sache gegen das Interesse seines Mandanten, um in einer anderen wichtigeren Sache Vertagung zu erlangen; gegen diese Vertheidigung haben wir uns mit Recht gewehrt. Erst wenn es in Deutschland Sitte geworden sein wird, daß ein Referent im Berathungszimmer zu dem anderen Richter nicht etwa im Scherz, sondern im Ernste sagen kann: Ich weiß, Sie sind anderer Ansicht, aber treten Sie mir diesmal bei, ich werde dafür, wenn Sie Referent sind, Ihnen beitreten", erst dann darf dergleichen auch von Anwälten behauptet werden. (Bravo!)

Meine Herren, meine Zeit ist um. Ich wollte nur noch sagen, daß wir alle Anträge ablehnen. Damit wird der Deutsche Juristentag am besten seinem Berufe treu bleiben, daß er die Gesetzgebung nämlich nicht auf Irrwege verweist. Die vorliegenden Anträge sind meines Erachtens zu Umwegen führend; sie wollen wegen der Mittel, die nichts nützen können, eine Aenderung herbeiführen. Das ist unmöglich. Wenn hier ein Prinzip aufgestellt wird: statt Parteibetrieb Offizialbetrieb, so wäre das würdig des Juristentages, ein Prinzip vorzuschlagen. Aber zu sagen, wir wollen etwas geändert haben, ohne Mittel anzugeben, damit können wir keinen Hund vom Ofen locken. Das kann der Juristentag nicht annehmen. Ich bitte alle Anträge abzulehnen. (Bravo!)

Vorsitzender: Es ist von mehreren Mitgliedern der Versammlung der Schluß der Verhandlung beantragt. (Bravo!) Nach § 9 des Statuts ist, wenn ein solcher Antrag gestellt wird, sofort darüber abzustimmen. Ich will aber vorher — das scheint mir der Sachlage entsprechend zu sein — nur mittheilen, welche Redner noch zum Wort gemeldet sind, weil das auf die Entschließung der Herren über den Schluß der Debatte bestimmend sein kann. (Es werden die Namen von 21 Herren verlesen, welche sich zum Wort gemeldet haben.)

Wir kommen zur Abstimmung über den Schlußantrag. Ich bitte diejenigen Herren, die Hand zu erheben, welche die Debatte schließen wollen. (Geschieht.) Das ist die große Mehrheit, die Debatte ist geschlossen. Das Schlußwort hat zunächst der erste Herr Berichterstatter.

Oberlandesgerichtspräsident **Hamm** (Köln): Berichterstatter: Ich verzichte als Referent auf jede Aeußerung zu der materiellen Frage, die hier von allen Seiten beleuchtet ist. Ich hoffe blos noch darauf hinwirken zu können, daß wir zu einer Abstimmung kommen, die sich nicht über sechs Anträge zu erstrecken hat, sondern daß die Anträge sich auf zwei entgegenstehende reduziren, über die wir dann abzustimmen hätten. Zu diesem Zweck ziehe ich meinen Antrag zurück zu Gunsten des Antrags des Herrn Schmidt-Bardeleben und ich möchte wünschen, daß die andern Herren, die in gleicher Richtung Anträge gestellt haben, sie auch zu Gunsten dieses Antrags zurückziehen. Ich glaube, die vielen Anträge zeigen, daß es unmöglich sein wird, sich auf eine bestimmte Art, wie der Verzögerung der Verhandlungstermine vorzubeugen sei, zu einigen. Jeder hat ein anderes Mittel; Herr Schöller ist mit seinem Mittel gar nicht zum Wort gekommen. Es zersplittert sich die Abstimmung, wenn jeder ein besonderes Mittel haben will, und dieser Reihe von Detailanträgen dann diejenigen geschlossen gegenüber stehen, welche der Meinung sind, daß diese Mittel sämmtlich den beabsichtigten Zweck nicht erreichen oder unanwendbar sind. Deshalb glaube ich, daß diejenigen, welche Mittel zur Verhütung der Verschleppung von Terminen für nöthig erachten, sich am besten auf den allgemeinen Antrag Schmidt-Bardeleben einigen, und diejenigen, die anderer Meinung sind, welche eine Verschleppung leugnen oder jedenfalls keine Mittel zu dem Vorschlag angewandt wissen wollen, sich auf den Antrag Heinitz einigen; dann hätten wir eine einfache Abstimmung ohne weitere Schwierigkeiten. Ich möchte daher zunächst Herrn Wilke bitten, wie ich meinen Antrag zurückgezogen habe, freundlichst seinen Antrag auch zurückzuziehen.

(Geheimer Justizrath Wilke zieht seinen Antrag zurück.)

Wenn dann Herr Schöller vielleicht so freundlich wäre, auch seinen Antrag zurückzuziehen

(Landgerichtsrath Dr. Schöller zieht seinen Antrag zurück.)

und Herr Dr. Moritz Sternberg (Wien)? (Zuruf: ist nicht da!) Herr Rechtsanwalt Preuß wäre vielleicht auch, da er nicht zum Worte gekommen ist, um seinen Antrag zu begründen, in der Lage, ihn zurückzuziehen.

Rechtsanwalt **Preuß** (Cöpenick): Ich habe geglaubt, daß man als Antragsteller doch wenigstens seinen Antrag begründen darf.

Vorsitzender: Die Versammlung ist in ihren Entschließungen souverän, sie hat Sie nicht mehr hören wollen. (Heiterkeit.) Ich darf aber Herrn Preuß zur Geschäftsordnung um die Erklärung bitten, ob er seinen Antrag aufrecht erhält. (Wird bejaht.)

Oberlandesgerichtspräsident **Hamm** (Köln), Wirklicher Geheimer Oberjustizrath: Ich möchte Sie dann als Referent bitten, von den Anträgen, die jetzt noch vorliegen, lediglich den Antrag Schmidt-Bardeleben anzunehmen. Sodann habe ich aber für den Fall, daß dieser Antrag abgelehnt und der Antrag Heinitz angenommen wird, zu diesem ein Amendement gestellt und möchte mit Rücksicht auf den Eindruck, den es nach außen macht, bitten, daß wir Alle, Anwälte wie Richter, doch den Klagen gegenüber, die an vielen Orten und namentlich in meinem Bezirke zum Ausdruck gekommen sind über zu lange Dauer der Prozesse und zu lange Hinausschiebung der anstehenden Verhandlungstermine, unser Interesse an Hebung dieses Mißstandes durch Annahme meines Amendements beweisen. Dasselbe lautet:

„Dagegen ist in Erwägung zu nehmen, in welcher Weise der Vereitelung der Verhandlungstermine möglichst vorgebeugt werden kann."

Gegenüber dem letzten Redner möchte ich noch bemerken, daß es mit der Abnahme des Vertrauens zu den Gerichten nicht so leicht zu nehmen ist. Herr Rechtsanwalt Jacobsohn hat Unrecht, wenn er sagt: das Vertrauen zu den Gerichten und Anwälten sei nicht erschüttert. Die Sondergerichte, die beantragt werden, werden wesentlich beantragt wegen ihres rascheren Verfahrens und insbesondere auch, um ohne Anwälte zu verhandeln, das muß jeden Juristen, mag er Richter oder Rechtsanwalt sein, sehr unangenehm berühren. Es besteht vielfach bei dem Publikum das Mißtrauen, daß die Prozesse, wenn Juristen, Richter wie Anwälte sie behandeln, zu lange dauern. Unter solchen Umständen hat der Juristentag allen Anlaß, ja die Verpflichtung, sich auf Mittel zu einigen, welche das Vertrauen der Bevölkerung zu Richter und Anwälte aufrecht erhalten. Wir müssen beweisen, daß auch wir ein lebhaftes Interesse daran haben, daß die Prozesse rasch erledigt werden, und die Parteien nicht wirthschaftlich durch zu langes Hinziehen der Prozesse geschädigt werden. Wir haben deshalb alle das dringende Interesse, daß Mittel gefunden werden, um der Vereitlung von Terminen möglichst vorzubeugen. Ich möchte alle, die den Antrag Schmidt-Bardeleben ablehnen und den Antrag Heinitz annehmen, bitten, dann wenigstens mein Amendement zu dem Antrag Heinitz anzunehmen und damit öffentlich auszusprechen, daß wir alle, Anwalt und Richter, das gleiche Interesse an der Beschleunigung der Prozesse haben. (Lebhafter Beifall.)

Vorsitzender: Das Wort hat der zweite Berichterstatter Herr Justizrath Heinitz.

Berichterstatter: Justizrath **Heinitz** (Berlin): M. H., im Hinblick auf die vorgerückte Zeit werde ich manches, was ich auf dem Herzen habe, unterdrücken und mich auf einige wenige Worte beschränken. Ich glaube durch mein Referat dargelegt zu haben, daß ich das Neukamp'sche Gutachten eingehend studirt habe, und hoffe, daß Herr Dr. Neukamp selbst mir dieses Zeugniß nicht versagen wird. Aber wenngleich ich das Gutachten mit großem Interesse gelesen und manche Belehrung und Anregung darin gefunden habe, so mußte ich doch den Schlußfolgerungen Neukamp's überall entgegentreten; ich bin mir bewußt, daß ich das überall in streng sachlicher Weise gethan habe. Persönlich muß ich mich aber gegen diesen Vorwurf verwahren, daß ich aus dem Zahlenmaterial das weggelassen hätte, was mir unbequem sei. Das ist nicht richtig Gerade umgekehrt hat Herr Dr. Neukamp auch heute noch den Fehler gemacht, daß er seine Schlußfolgerungen nicht auf Grund des ganzen von ihm mitgetheilten Materials zieht, daß die Jahre 1888 bis 1899 umfaßt, sondern daß er seine Schlußfolgerungen im Wesentlichen aus einer Gegenüberstellung der beiden Jahre 1888 und 1899 entnimmt, und das halte ich für unzulässig; denn wo Sie einen Blick in die Statistik werfen, überall tritt die Erscheinung entgegen, daß bis in den Anfang oder die Mitte der 90er Jahre der Prozeßgang sehr verlangsamt, während seit dieser Zeit in ganz eklatanter Weise eine Besserung eingetreten ist.

Im Uebrigen ist es durchaus nicht meine Auffassung — und auch aus meinem Berichte kann diese Anschauung nicht entnommen werden —, daß die Zustände, wie sie sich nun einmal herausgestellt haben, als ideal und gar keiner Verbesserung bedürftig zu erachten seien, oder daß unsere Rechtspflege durchweg im rosigsten Lichte erscheine. Ich habe lediglich behauptet und muß daran festhalten, daß das statistische Material zu überwiegend günstigen Schlußfolgerungen führt; ich habe aber zugegeben, daß in der That eine Beschleunigung der Prozesse wünschenswerth ist und erreicht werden kann, wenn sämmtliche Faktoren der Rechtspflege durch die ihnen zu Gebote stehenden Mittel zur Erreichung dieses Zieles beizutragen bestrebt sind.

Ich habe es ferner als einen Uebelstand bezeichnet, daß ebenso wenig im Interesse der Gerichte wie im Interesse der Anwälte unser Prozeßverfahren häufig zur Vereitlung von Terminen führt, und ich habe angedeutet, daß es wünschenswerth sein würde, nach Mitteln zu suchen, durch welche der Vereitlung von Terminen im größeren Umfange, als dies gegenwärtig geschieht, vorgebeugt werden kann, daß ich aber die Vorschläge, welche bis jetzt vorgebracht worden sind, noch nicht für so durchgearbeitet und zweckentsprechend halte, um irgend einen positiven Antrag nach dieser Richtung hin zur Annahme empfehlen zu können. — Das zur Entgegnung auf die Worte des Herrn Dr. Neukamp!

Die Ausführungen des Herrn Geheimrath Vierhaus richteten sich im Wesentlichen dahin, daß als Beweis für die nicht genügende Schnelligkeit unseres Prozeßganges ein gewisses Mißtrauen anzusehen sei, das sich innerhalb weiter Kreise des Volkes der Civiljustiz gegenüber geltend mache. Nach dieser Richtung hat Herr Geheimrath Vierhaus zwei Momente angeführt: einmal die Thatsache, daß durch die Gesetzgebung über die freiwillige Gerichtsbarkeit der streitigen Rechtspflege einige nicht unwesentliche Gebiete entzogen seien. Die Thatsache, meine Herren, ist zweifellos richtig; aber daß dem ein Mißtrauen des Volkes gegen die Rechtspflege auf dem Gebiete des Civilprozesses zu Grunde liege, das kann sicherlich nicht behauptet werden; denn diese Gesetzgebung ist aus dem Schooße der Justizverwaltung hervorgegangen; auf Volksströmungen aus Volkskreisen ist sie sicherlich nicht zurückzuführen. (Sehr richtig.) Das zweite von Herrn Geheimrath Vierhaus angeführte Moment ist das immer weiter um sich greifende Streben nach Sondergerichten. Ja, meine Herren, wo die Sondergerichte einsetzen, da treten sie fast ausschließlich und überall nur mit den Amtsgerichten in Konkurrenz, und beim Amtsgericht gilt zwar auch der Grundsatz des Parteibetriebs; er ist aber in den Wirkungen, die wir hier erörtert haben, ganz wesentlich modifizirt durch die Mitwirkung der Parteien selbst und soweit in unseren Verhandlungen von Mißständen die Rede war, die der Parteibetrieb hervorrufe, so bezog sich alles das fast ausschließlich auf das Verfahren vor den Landgerichten und Oberlandesgerichten, wie denn auch Herr Dr. Neukamp sich in seinem Gutachten auf diese Gerichte beschränkt.

Der erste Herr Berichterstatter hat geltend gemacht, die Tendenz zu Gunsten der Sondergerichte sei verbunden mit dem Streben nach Beseitigung der Rechtsanwälte aus den Sondergerichten. Dieser Bestrebung aber liegt schlechterdings kein Mißtrauen gegen die Anwälte zu Grunde. Der Antrag, im Verfahren vor den Gewerbegerichten die Anwälte nicht zuzulassen, ist von einem Anwalt ausgegangen; der damalige Rechtsanwalt Gustav Kauffmann war es, der im Reichstage den Antrag stellte, weil er, wenn einmal Sondergerichte geschaffen würden, die mit der Rechtsprechung betrauten Organe davor bewahren wollte, daß sie sich durch den Anwalt in ihrem Urtheil allzu sehr beeinflussen ließen; Kauffmann hat also die Nichtzulassung der Rechtsanwälte als eine im Interesse der armen Partei; nämlich des Arbeitnehmers, nothwendige Konsequenz der Schaffung von Sondergerichten für Gewerbestreitigkeiten angesehen. Ein Mißtrauen gegen den Anwaltstand an sich lag dem ganz gewiß nicht zu Grunde! (Beifall.)

Meine Herren, die Debatte würde mir noch zu manchen anderen Bemerkungen Veranlassung geben, ich möchte aber zum Schlusse nur noch meine Stellung zu den einzelnen Anträgen präzisiren. Ich bin gegen den Antrag des Herrn Kammergerichtsraths Schmidt-Bardeleben, weil er ein positives Axiom dahin enthält, daß den Gerichten wirksame Mittel zur Beseitigung der Terminsvereitelungen an die Hand gegeben werden sollen. Ich bin allerdings der Ansicht, daß man nach geeigneten Mitteln suchen muß, um der Vereitelung von Terminen möglichst vorzubeugen. Wie das erreicht werden kann, ist eine andere Frage, und nach dieser Richtung hin muß sich der Juristentag bei dem gegenwärtigen Stande der Frage meines Erachtens eine gewisse Reserve auferlegen. Ein wirksames Mittel würde vielfach darin bestehen, daß der wohl von allen Seiten zugestandene Mangel an Richterkräften von den Justizverwaltungen beseitigt wird. Daneben mögen noch andere Anregungen, die sich auf das Gebiet der Kostengesetzgebung beziehen, in Erwägung gezogen werden, der Antrag Schmidt-Bardeleben geht weiter; er will eine positive Direktive dahin geben, daß den Gerichten wirksame Mittel an die Hand gegeben werden, und darum bin ich entschieden gegen diesen Antrag, der trotz seines Wortlauts schließlich auf eine Beschränkung des Parteibetriebs hinauslaufen würde. Gegen den Eventualantrag, den der erste Herr Berichterstatter zu meinem Antrage gestellt hat, habe ich für meine Person nichts einzuwenden. Ich würde für meine Person auch für diesen Antrag stimmen, weil es mir in der That wünschenswerth erscheint, daß mit allen Kräften darnach gestrebt werde, den Terminsvereitelungen, die für alle Prozeßbetheiligte höchst unerfreulich sind nach Möglichkeit vorzubeugen. Werden Mittel gefunden, die uns diesem Ziele näher führen, den Parteibetrieb aber in keiner Weise beeinträchtigen, so können alle Organe der Rechtspflege und das rechtsuchende Publikum damit einverstanden sein, und deswegen hat nach meiner Ueberzeugung dieser Eventualantrag nach keiner Richtung hin etwas Verfängliches. Ich würde Sie also bitten, meinen Antrag anzunehmen und stelle anheim, den Eventualantrag, der für den Fall der Annahme meines Antrages gestellt ist, ebenfalls zum Beschluß zu erheben. (Lebhafter Beifall.)

Vorsitzender: Wir kommen zur Abstimmung. Bezüglich des zuletzt erwähnten Antrages des Herrn Berichterstatters Präsidenten Hamm möchte ich nur noch anführen, daß dieser Antrag bereits vor Schluß der Debatte vorgelegen hat; denn sonst würde ich es nicht zuläßlich gehalten haben, daß der Herr Berichterstatter am Schluß den Antrag einbringt.

Ich möchte nur noch ergänzend hinzufügen, daß der gedruckt vorliegende Antrag Bunsen auch zurückgezogen ist.

Es liegen folgende Anträge vor: Antrag Neukamp, Antrag Preuß, Antrag Schmidt-Bardeleben Antrag Dr. Sternberg und Antrag Heinitz mit dem Unterantrag Hamm.

Ich glaube die Abstimmung in der Reihe vornehmen zu sollen, wie ich die Anträge eben verlesen habe. Meiner Meinung nach verlangt das weiteste Eingreifen der Gesetzgebung der Antrag Neukamp, sodaß er zuerst zur Abstimmung zu bringen ist. Ein beschränkteres Eingreifen verlangt der Antrag Preuß, der dann zur Abstimmung zu bringen wäre. Ein Eingreifen durch die Gesetzgebung verlangt noch der Antrag Sternberg, aber so, daß der Parteibetrieb nicht angetastet werde, also ein beschränkteres Eingreifen als bei den vorher genannten Anträgen. Der Antrag Schmidt-Bardeleben verlangt überhaupt nicht direkt ein gesetzgeberisches Eingreifen. Der Antrag Hamm ist ein Unterantrag zu dem Antrag Heinitz und würde eine Eventualabstimmung zuerst darüber vorzunehmen sein, ob für den Fall der Annahme eines Antrags Heinitz ein zweiter Punkt hinzugefügt werden soll.

Die Anträge Preuß und Neukamp werden zurückgezogen. — Der Antrag Dr. Sternberg wird abgelehnt. — Der Antrag Schmidt-Bardeleben wird abgelehnt.

Vorsitzender: Ich bitte nun diejenigen Herren die Hand zu erheben, welche für den Fall der Annahme des Antrages Heinitz einen zweiten Absatz Hamm hinzufügen wollen:

> Dagegen ist in Erwägung zu nehmen, in welcher Weise der Vereitlung von Verhandlungsterminen vorgebeugt werden kann.

Ich bitte um die Gegenprobe. (Geschieht.) Ich bitte zunächst noch diejenigen Herren die Hand hochzuhalten, welche den zweiten Absatz ablehnen. (Geschieht.) Das Bureau ist einig, daß die Mehrheit durch diejenigen gebildet wird, welche für den Antrag Hamm gestimmt haben.

Ich bitte nunmehr diejenigen Herren, die Hand zu erheben, welche den Antrag Heinitz mit diesem Zusatz annehmen wollen. (Geschieht.) Das ist die übergroße Mehrheit.

Damit ist der Gegenstand der Tagesordnung, soweit es sich um sachliche Beschlußfassung handelt, erledigt. Es handelt sich nun darum, ob dieser Beschluß dem Plenum zur Kenntnißnahme oder zur nochmaligen Erörterung und Entscheidung überwiesen werde. Ich schlage vor, den Beschluß dem Plenum zur Kenntnißnahme zu überweisen.

Rechtsanwalt **Heilberg** (Breslau): Meine Herren, ich würde bitten, den Antrag dem Plenum nicht bloß zur Kenntnißnahme, sondern zur nochmaligen Erörterung mitzutheilen, lediglich mit Rücksicht darauf, daß über den Zusatz-Antrag Hamm eine Debatte überhaupt nicht stattfinden konnte. Als die Debatte geschlossen wurde, war uns nicht bekannt, daß der Unterantrag Hamm überhaupt gestellt war, wir haben es erst aus den Schlußworten des Herrn Referenten erfahren. Es könnte unter diesen Umständen die Möglichkeit bestehen, daß im Plenum Gründe gegen den Unterantrag Hamm im Laufe der Debatte vorgebracht würden, die eine vollständig veränderte Abstimmung herbeiführen könnten. Aus diesem Grunde bitte ich, den Beschluß, den wir soeben gefaßt haben, dem Plenum zur Erörterung und Entscheidung mitzutheilen. (Beifall.)

Vorsitzender: Meine Herren, der Herr Vorredner hat in dem formellen Punkte recht, daß der Antrag vorher nicht mitgetheilt gewesen ist; materiell hat er nicht recht, denn was in dem Antrage vorgeschlagen ist, ist in der Debatte von fast allen Rednern erwähnt worden, sodaß der sachliche Anhalt des Antrags nichts Ueberraschendes bietet; aber die Versammlung hat darüber zu entscheiden. Ich glaube nur, es würde der Geschäftslage kaum entsprechen, wenn wir dem Plenum den Antrag unterbreiten wollten, nochmals in eine Beschlußfassung einzutreten.

Geheimer Oberjustizrath Professor Dr. **Vierhaus** (Berlin): Meine Herren, ich möchte Sie bitten, dem Vorschlage des verehrten Herrn Prä=

sidenten beizutreten nnd die Sache dem Plenum lediglich im Wege des Berichts zu überweisen, nicht zur nochmaligen Erörterung. Die Ueberweisung zur nochmaligen Erörterung hat nach der alten Praxis des Juristentages die Bedeutung, Sachen, die entweder nur in einer kleineren Abtheilung verhandelt sind, oder Sachen, in denen die Berathung noch nicht erschöpft war, noch einmal zum Gegenstande der Erörterung zu machen. Die Fülle dieses Saales kann morgen kaum viel größer sein, als sie es heute ist. Es kommt ferner hinzu, daß ich glaube, daß selbst die große Zahl der Redner, die durch Schluß der Debatte verhindert waren, das Wort zu ergreifen, wesentlich neue Gesichtspunkte nicht vorbringen könnten, die nicht schon erörtert worden sind. Es handelt sich ja nicht um einen Beschluß der gesetzgebenden Körperschaften, sondern um eine allgemeine Diskussion einer Gesetzgebungsfrage vor einer Fachversammlung; entsprechend der alten Praxis des Juristentages möchte ich daher bitten, daran festzuhalten, und sich hier auf einen Bericht zu beschränken. Es kommt noch hinzu, daß möglicherweise ein Gegenstand heute in einer anderen Abtheilung nicht zur Berathung gelangt, dessen Erörterung im Plenum sehr wünschenswerth wäre, während es zweifellos ist, daß, wenn auch nur die heute gemeldeten Redner morgen reden, die ganze Plenarversammlung durch diese Reden ausgefüllt würde.

(Bravo!)

Ein Mitglied, dessen Name nicht genannt wurde.

Zuruf: Zur Geschäftsordnung! Ich möchte darauf aufmerksam machen, daß, soweit ich das bisherige Verfahren vor dem Juristentag kenne, namentlich bei dem letzten Juristentag in Bamberg die Verhandlungen nicht nur in der Abtheilung, sondern ebenso wie hier gleichsam im Plenum vorher erörtert waren. Auch damals war der ganze Juristentag in einer Abtheilung versammelt. Trotzdem wurde die Frage noch einmal zur Verhandlung gebracht. Ferner möchte ich bemerken, so viel ich weiß, ist bisher in keiner Abtheilung ein sachliches Thema zur Verhandlung für das Plenum gestellt worden. Es kommt weiter in Betracht, daß der Antrag Hamm mit einer ganz geringen Mehrheit angenommen worden ist, daß ferner eine große Menge Redner nicht zum Wort gekommen sind — alles Gründe, die dafür sprechen, die Sache im Plenum nochmals zu verhandeln, und ich stelle deshalb diesen Antrag.

Rechtsanwalt **Jacusiel** (Berlin): Zur Geschäftsordnung! Ich möchte die Herren bitten, das Thema nicht nur ad referendum, sondern zur nochmaligen Verhandlung dem Plenum zu übergeben. Mein Grund dafür ist, daß wir hier zwei entgegengesetzte Ansichten haben, und die Abstimmung hat ein ganz zweifelloses Resultat in den Hauptfragen ergeben. Als aber über das Amendement Hamm, daß wir erst nach dem Schluß der Verhandlungen erfahren haben, abgestimmt wurde, ergab sich, daß hier eine knappe Mehrheit für die Majorität war, wenn es überhaupt eine Mehrheit war; ich nehme aber an, daß es eine solche war.

(Glocke des Vorsitzenden.)

Vorsitzender (unterbrechend): Ich muß entschieden das Bureau dagegen in Schutz nehmen, daß dessen Feststellungen von irgend jemand angezweifelt werden.

Redner: Ich wollte das nicht anzweifeln; es war unklar.

Vorsitzender: Sie haben das allerdings gethan, wenn auch konditional. Das darf von Seiten eines Mitgliedes nicht geschehen.

Redner (fortfahrend): Wenn wir finden, daß eine geringe Majorität für ein so wichtiges Amendement ist, so ist die Erklärung dafür, daß wir uns über die Bedeutung des Amendements nicht klar waren. (Widerspruch.) M. H., ich habe Rufe der Verwunderung gehört, als der Herr Korreferent sich für das Amendement erklärte. Es war eine ganze Anzahl Kollegen da, die da glaubten, daß das Amendement mit dem Antrag Sternberg fast genau übereinstimme, und sie waren der Ansicht, daß man in Gemäßheit der Ansichten, welche der Herr Korreferent entwickelt hatte, dagegen stimmen würde. (Sehr richtig!) Wenn dies überrascht hat, welche Stellung der Herr Korreferent einnahm, der doch deutlich seine Meinung entwickelt hatte, so beweist das, daß nicht die genügende Klarheit geherrscht hat. (Widerspruch.) Wenn der Juristentag ein Gewicht für seine Anträge auch in der Außenwelt beansprucht, so, glaube ich, kann das nur geschehen, wenn er sich mit einer größeren Majorität für den einen oder anderen Standpunkt entscheidet. Eine Zufallsmajorität kann nach außen hin keinerlei Einfluß ausüben und eine Zufallsmajorität ist eine so geringfügige Majorität. Ich meine, wir sind es dem Ansehen des Juristentages schuldig, diese Frage noch einmal vor das Plenum zur Berathung zu bringen.

Vorsitzender: Meine Herren, ich muß einer unrichtigen Feststellung des Herrn Vorredners entgegentreten. Es ist richtig, daß die Majorität für den Antrag Hamm eine zweifelhafte war, insofern wir uns erst lange überlegen mußten, ob die Mehrheit auf der einen oder anderen Seite war. Es ist aber nicht richtig, daß wir dem Plenum einen Beschluß bringen, der mit knapper Majorität gefaßt ist, denn der Antrag

Heinitz mit dem Antrag Hamm ist mit überwältigend großer Majorität angenommen worden. Die Abtheilung würde sich nach meiner Ueberzeugung selbst ein testimonium paupertatis ausstellen, wenn sie nun ihrerseits noch verlangte, daß im Plenum noch einmal über die Angelegenheit gesprochen werde.

Geheimer Justizrath Professor Dr. **Gierke** (Berlin): Ich wollte nur mittheilen, meine Herren, daß die erste Abtheilung soeben beschlossen hat, nicht mehr einzutreten in die Berathung der Frage nach dem Rechte am eigenen Bild, sondern den Vorschlag zu machen, daß das Präsidium des Juristentages diese Frage morgen im Plenum zur Erörterung stellt. Damit würde denn doch wohl ein geeigneterer Gegenstand für die Plenarversammlung gefunden sein, als wenn die heutige Debatte noch einmal wiederholt werden sollte. Nach meiner Erfahrung auf den Juristentagen ist die Ueberweisung zur Erörterung und Entscheidung niemals der Weg gewesen, um eine Art Berufung gegen die Abtheilung einzulegen oder eine Art Nichtigkeitsbeschwerde zu erheben. Es werden ja auch die Stimmenverhältnisse im Referate des Berichterstatters mitgetheilt. Soweit hier nur eine kleine Mehrheit vorhanden war, fehlt dann allerdings dem Beschluß des Juristentages in dieser Hinsicht der Nachdruck. Allein Ihr schließlicher Gesammtbeschluß wird durch seine Einstimmigkeit seine volle Wirksamkeit ausüben. Ich möchte also dringend ersuchen, im Interesse der morgigen Verhandlungen den heutigen Beschluß dem Plenum nur zur Kenntnißnahme zu überweisen.

Vorsitzender: Ich bitte, daß diejenigen Herren die Hand erheben, welche den heute gefaßten Beschluß der Plenarversammlung zur Kenntnißnahme überweisen wollen.

(Geschieht.)

Das ist die große Mehrheit, der Beschluß ist in diesem Sinne gefaßt.

Wir haben nunmehr noch einen Berichterstatter für das Plenum zu bestellen. Die beiden bisherigen Berichterstatter haben sich dahin geeinigt, daß Herr Justizrath Heinitz den Bericht übernimmt. Ist die Versammlung damit einverstanden?

(Zustimmung.)

Auch das ist beschlossen.

Wir sind nunmehr am Ende der Tagesordnung angekommen, da wir alle Gegenstände, die der Abtheilung überwiesen waren, erledigt haben.

Oberlandesgerichtspräsident **Hamm**, Wirklicher Geheimer Oberjustizrath (Köln): Ich bitte die Versammlung, mit mir unserem verehrten Vorsitzenden zu danken für die unparteiische, schöne und klare Art und Weise, wie er den Vorsitz geführt hat. (Lebhafter Beifall.)

Vorsitzender: Ich danke dafür herzlichst auch Namens des Bureaus, der Stellvertreter und der Schriftführer, auf die wie ich annehme, der Dank sich hat mit erstrecken sollen. Ich schließe die Sitzung.

(Schluß der Sitzung 4½ Uhr.)

Zweite Plenarsitzung

des

Sechsundzwanzigsten Deutschen Juristentages

zu Berlin am 12. September 1902

im Preußischen Abgeordnetenhause.

(Beginn: Vormittags 10 Uhr.)

Präsident Geheimer Justizrath Professor Dr. **Brunner** (Berlin): Meine Herren! Ich eröffne die zweite Plenarversammlung des 26. Deutschen Juristentages. Das Protokoll der ersten Plenarversammlung liegt auf Tische des Hauses zur gefl. Einsicht für die Mitglieder des Juristentages aus.

Meine Herren! Auf die Huldigungstelegramme, welche die Plenarversammlung vorgestern abgesandt hat, sind folgende Antworten eingetroffen:

Potsdam, Deutscher Juristentag, Berlin, Abgeordnetenhaus.

Se. Majestät der Kaiser und König haben den treuen Gruß des Deutschen Juristentages gern entgegengenommen und mich zu beauftragen geruht, dem Juristentage allerhöchst Ihren Dank und allerhöchst Ihre besten Wünsche für seine Berathungen und seine Arbeit auszusprechen. (gez.) v. Lucanus.

Wien-Schönbrunn, Präsidium des 26. Deutschen Juristentages, Berlin.

Se. k. k. Apost. Majestät haben die dargebrachte Huldigung mit Dank entgegenzunehmen geruht.

Kabinetskanzlei Seiner k. k. Apost. Majestät.
(gez.) Schießl.

Herr Reichsgerichtsrath a. D. Stenglein aus Leipzig, langjähriges Mitglied der ständigen Deputation, bittet Ihnen mitzutheilen, daß er zu seinem lebhaften Bedauern durch seinen Gesundheitszustand verhindert worden ist, an dem diesjährigen Juristentage theilzunehmen.

Eingelaufen sind, meine Herren, wie das leider schon öfter vorgekommen ist, verschiedene Beschwerden: so eine Beschwerde eines Herrn Heinrich P. . . . in Hamburg und zwar eine Beschwerde über Hamburger und preußische Richter und Anwälte wegen unrichtiger Handhabung der Gesetze. (Heiterkeit.) Weiter eine Beschwerde aus München betr. eine andere Angelegenheit, welche näher auszuführen hier zu umständlich wäre. Ein Schreiben einer Frau Sch. . . . aus Frankfurt betr. eine Entmündigungsangelegenheit; dann ein Schreiben eines Herrn Baumeisters H. . . ., der gleichfalls irgend eine Rechtsangelegenheit dem Juristentage vorlegt. Meine Herren, wir können diese Schreiben nur zu den Akten nehmen in der Erwägung, daß die Absender sich in der Adresse geirrt haben und daß der Deutsche Juristentag nicht das Forum für derartige Beschwerden ist.

Wir gelangen nunmehr zu der Berichterstattung über die Beschlüsse der einzelnen Abtheilungen. Nach § 6 des Statuts werden die sämmtlichen Beschlüsse der Abtheilungen in der Plenarversammlung mitgetheilt; es findet jedoch eine Erörterung im Plenum nur dann statt, wenn dieselbe von betr. Abtheilung vorgeschlagen oder wenn sie wenigstens von 10 Mitgliedern beantragt und von der Plenarversammlung beschlossen wird. Ein Antrag auf Beschlußfassung liegt nur vor von Seiten der III. Abtheilung, betr. die Frage der Kartelle. Es dürfte sich empfehlen, von den Beschlüssen der Abtheilungen zunächst diejenigen zu referiren, die dem Plenum nur zur Kenntnißnahme mitgetheilt werden sollen, also — um sich so auszudrücken — die glatten Referate entgegenzunehmen. Wenn sich in der Versammlung kein Widerspruch erhebt, dann setze ich voraus, daß sie mit dieser Behandlung einverstanden ist. Nun liegt aber noch folgender Beschluß der kombinirten I. und II. Abtheilung vor: „Die Abtheilung beschließt, in die Berathung der Frage nach dem Rechte am eigenen Bilde heute nicht mehr einzutreten, schlägt aber dem Präsidium des Juristentages vor, diese Frage morgen im Plenum zur Erörterung zu stellen.“ Gestatten Sie mir, m. H., daß ich die Entscheidung hierüber vorläufig hinausschiebe. Jedenfalls müssen meines Erachtens zunächst statutengemäß die Berichte über diejenigen Gegenstände erstattet werden, die in den Abtheilungen berathen worden sind, einschließlich der Frage der Kartelle, die uns zur weiteren Erörterung zugewiesen ist. Dann wird sich auch unsere Geschäftslage besser übersehen lassen, und wir werden uns leichter schlüssig machen können, ob wir der gedachten Anregung der kombinirten ersten und zweiten Abtheilung folgen sollen oder nicht.

Wir beginnen also mit den glatten Berichterstattungen. Ich bitte für diesen Theil der Verhandlungen den ersten Mitvorsitzenden Se. Excellenz Herrn Sektionschef Klein das Präsidium zu übernehmen.

Vizepräsident Sektionschef Dr. **Klein**, Excellenz: Den Absichten des Herrn Präsidenten entsprechend werden wir zunächst die Berichterstattung über die einzelnen in den verschiedenen Abtheilungen glatt erledigten Fragen beginnen, und zwar bitte ich hinsichtlich des Berathungsgegenstandes Nr. 1 der ersten und zweiten Abtheilung: „Sind für die Ausbildung der Juristen Zwischenprüfungen zweckmäßig?" den Herrn Berichterstatter Geh. Rath Prof. Dr. Enneccerus, freundlichst uns über die Ergebnisse der Abtheilungsberathungen Bericht zu erstatten.

Berichterstatter Geh. Justizrath Prof. Dr. **Enneccerus** (Marburg): Meine Herren! Die erste Abtheilung hat in Beantwortung der Frage nach der Zweckmäßigkeit der Zwischenprüfungen den folgenden, von beiden Referenten gemeinsam gestellten Antrag mit sehr großer Majorität angenommen:

> „Zur Förderung der Ausbildung der Juristen bedarf es der Festsetzung einer Studienzeit von mindestens sieben Semestern, ferner der Pflege der Uebungen und einer strengen ersten Prüfung. Zwischenprüfungen sind weder erforderlich noch zweckmäßig. Es ist dringend zu wünschen, daß hinsichtlich ihrer ein einseitiges Vorgehen einzelner Bundesstaaten vermieden werde."

Die Abtheilung hat sich also nicht auf ein nur negatives Votum beschränkt, sondern zugleich die Richtung angegeben, nach der sich eine etwaige Reform der Studien und Prüfungen zu bewegen hat. Es wurde allgemein anerkannt, daß erst durch die Ausdehnung auf die positiven Ziele einer solchen Reform die Beschlußfassung einen vollen praktischen Werth erhalte. Die von den Referenten und zahlreichen anderen Rednern entwickelten Gründe für die Verwerfung der Zwischenprüfungen waren im wesentlichen die folgenden:

Wenn auch anzuerkennen ist, daß die Zwischenprüfung unfleißig Studirende zu früherem Beginn wirklicher Arbeit zwingen würde, so verleitet doch auf der anderen Seite ein schon nach drei, höchstens vier Semestern abzulegendes mündliches Examen die Studenten fast mit Nothwendigkeit, die Einprägung eingelernter Kenntnisse zu hoch zu werthen, die Verstandesarbeit über der Gedächtnißarbeit zu vernachlässigen und die tiefere Erkenntnisse des Rechtsstoffes und seines Zusammenhanges insbesondere mit der Philosophie, mit der Geschichte und der Wirthschaftslehre zu vernachlässigen. Ein solches Examen verführt ferner den Studirenden schon in den ersten Semestern sich dem bloßen Einpauken zu unterziehen.

dem Todfeinde aller Wissenschaft. Ferner beschränkt das Zwischenexamen die nothwendige Freiheit in der Anordnung der Studien und ganz besonders die akademische Freizügigkeit. Wir dürfen unserer studirenden Jugend kein Hinderniß in den Weg legen, das Beste, was es nur immer für wissenschaftliche und allgemein menschliche Bildung giebt, da zu suchen, wo es zu finden ist, und wir dürfen im Deutschen Reiche, das doch immer inniger zusammenwachsen muß, nicht Schranken der Freizügigkeit unserer akademischen Jugend errichten.

Von den vorgeschlagenen positiven Maßnahmen wurde die Verlängerung der Studienzeit in gesonderter Abstimmung mit sehr großer Majorität, entsprechend dem Beschlusse des Juristentages in Bamberg, wiederholt für unbedingt erforderlich erklärt. Man erkannte an, daß es selbst einem gut begabten und musterhaft fleißigen Studirenden heut zu Tage nicht möglich ist, die gewaltig angewachsene Masse des im ersten Examen geforderten Rechtsstoffs in drei Jahren wirklich wissenschaftlich zu bewältigen. Da die in solchen Fragen maßgebenden Personen der preußischen Staatsregierung die Nothwendigkeit der Verlängerung der Studienzeit unumwunden anerkannt haben, so gab man sich der zuversichtlichen Erwartung hin, daß der vorjährige, noch nicht erledigte Gesetzesvorschlag wiederholt werden werde.

Die hohe Bedeutung der praktischen Uebungen für die Ausbildung der Studirenden und zwar für die Ausbildung des Könnens, nicht bloß des Wissens, wurde allgemein anerkannt, von mehreren Rednern insbesondere der hohe Werth der für die ersten Semester bestimmten Anfängerübungen betont.

Die Forderung einer ernsten juristischen Prüfung wurde ebenfalls nicht bestritten, übrigens mehrfach hervorgehoben, daß die z. Theil wenig befriedigenden Resultate der ersten Prüfung zu einem guten Theile in der Kürze der Studienzeit ihren Grund haben und daß der Fleiß der juristischen Studenten demjenigen der andern Fakultäten keineswegs nachstehe. Das im vorigen Jahre von der preußischen Regierung geplante Zwischenzeugniß fand keinen Vertheidiger, vielmehr hoben mehrere Redner hervor, daß sie ihm gegenüber sogar die Zwischenprüfung noch als das kleinere Uebel betrachten würden. Der Gesammtantrag der beiden Referenten, den ich zu Anfang mitzutheilen mir gestattete, wurde mit allen gegen 6 Stimmen angenommen. (Beifall.)

Vicepräsident: Nr. 2 der Berathungsgegenstände der Abtheilung I und II betraf die Frage: „Empfiehlt sich und in welchem Umfange die Ausdehnung der Haftpflicht auf Fahrzeuge, die unabhängig von Schienensträngen auf öffentlichen Straßen durch elementare Kraft fortbewegt werden.“

Die Abtheilung I und II hat darüber Beschlüsse gefaßt und gleichzeitig beschlossen, sie dem Plenum zur Kenntniß zu bringen. Ich bitte Herrn Regierungsrath Dr. Eger, uns über die gefaßten Beschlüsse Mittheilung zu machen.

Meine Herren, da Herr Regierungsrath Dr. Eger nicht anwesend ist, könnten wir, wenn es den Herren angenehm ist, Nr. 4 der Berathungsgegenstände einstweilen vorweg nehmen und in einem späteren Zeitpunkte die Erledigung des Punktes 2 einschieben. Ich stelle es zugleich den leitenden Personen der Abtheilung I und II anheim, zu erwägen, wie bei dauernder Abwesenheit des Herrn Regierungsraths Dr. Eger die Beschlüsse über obige Frage dem Plenum zur Kenntniß gebracht werden sollen.

Nr. 4 der Berathungsgegenstände derselben Abtheilung betrifft die Frage:

„Welchem der jetzt amtlich veröffentlichten Entwürfe eines Gesetzes zum Schutze der Bauhandwerker ist der Vorzug zu geben?"

Ich ersuche Herrn Prof. Dr. Heymann, dem Plenum über die gefaßten Beschlüsse zu berichten.

Berichterstatter: Prof. Dr. **Heymann** (Königsberg): Meine hochverehrten Herren! Die Bauhandwerkerfrage hat schon 1898 den Juristentag in Posen beschäftigt. Es handelte sich dabei um das Ziel, die Bauhandwerker im weitesten Sinne dagegen zu schützen, daß sie unter dem Satze superficies solo cedit leiden derart, daß der von ihnen in das Grundstück eingebaute Werth der vor ihnen eingetragenen Hypothekaren zufällt und sie bei der Versteigerung leer ausgehen. Ich brauche das nicht näher darzulegen.

Es hat auf einen Antrag Brunner der Juristentag in Posen bereits beschlossen:

„Es empfiehlt sich, zum Schutze der Baugläubiger in Neubaubezirken die Bauerlaubniß von der Eintragung eines Bauvermerks in das Grundbuch abhängig zu machen, an den die Sicherung der Bauforderungen zu knüpfen ist."

Auf dieser Grundlage, die bereits den früheren Entwürfen des Preußischen Justizministeriums zu Grunde gelegen hat, beruhen nunmehr auch die beiden vom Reichsjustizamte veröffentlichten Entwürfe, die Entwürfe A und B des Bauhandwerkergesetzes, zu welchen von uns nur noch im Wege der Wahl zwischen beiden Stellung zu nehmen war. Es ist dabei im einzelnen die Durchführung bei beiden Entwürfen die, daß dem Bauvermerke vorhergehen dürfen Belastungen nur in Höhe des Baustellenwerthes, daß in übersteigendem Betrage Sicherheit zu leisten ist, oder aber, was natürlich die regelmäßige Folge sein wird, daß die übersteigenden Belastungen ihre Priorität der Bauhypothek einräumen, die ja an Stelle des Bauvermerks rangiren wird.

Es ist nun der Unterschied zwischen den Entwürfen A und B der, daß der Entwurf B, welchen die I. Abtheilung im Besonderen nahezu einstimmig als eine geeignete Grundlage für die gesetzgeberischen Maßnahmen empfohlen hat, in seinem Schutze weitergeht; denn er schützt außer den Bauhandwerkern und Gewerbetreibenden, auch den Lieferanten, d. h. er schützt außer denjenigen Personen, welche lediglich Werkverträge geschlossen haben, auch diejenigen, welche Baumaterial, besonders Steine und Holz liefern. Der Entwurf B geht ferner auch in so fern weiter, als er nicht bloß diejenigen Baugläubiger schützt, welche direkt mit dem Unternehmer abgeschlossen haben, sondern auch ihre Nachmänner, an welche die Bauleistungen weiter vergeben sind.

Die beiden Referenten der Abtheilung, Herr Dr. Solmssen und ich, haben der Abtheilung den Entwurf B als den vorzuziehenderen vorgeschlagen, auch das Gutachten des Herrn Freese hat sich in gleichem Sinne ausgesprochen; das Gutachten des Herrn Justizrath Dr. Harnier stand auf dem Standpunkte, daß der Entwurf A wegen seiner größeren Einfachheit vorzuziehen sei. Indessen hat sich Herr Justizrath Dr. Harnier, nachdem das schwerwiegendste Bedenken, welches er gegen den Entwurf B hatte, nämlich die Frage der Offenlegungspflicht der Verträge, fortgeräumt war, sich dahin erklärt, daß für ihn ebenfalls der Entwurf B annehmbar sei. Die Abtheilung hat dabei beschlossen, daß der Entwurf B der geeignetere sei. Es kommt damit zum Ausdruck, daß die Grundlagen der beiden Entwürfe geeignet sind, gesetzgeberischen Maßregeln zum Ausgangspunkt zu dienen.

Es ist insbesondere das Bedenken des Herrn Berichterstatters Dr. Solmssen von der Abtheilnng nicht getheilt worden, wonach es sich empfiehlt, den Baustellenwerth immer erst in der Subhastation festzustellen und nicht schon vorher bei Eintragung des Bauvermerks. Es ist in der That ja zuzugeben, daß es eine gewisse Schwierigkeit haben wird, von vornherein für jedes Grundstück den Baustellenwerth festzustellen. Indessen ist erwogen worden, daß die Feststellung in der Subhastation vielleicht nach Jahren noch bedeutend schwieriger sein wird; und weiter ist erwogen worden, daß es sich bei dieser Feststellung nicht wirklich um eine endgültige Abschätzung, sondern bloß um die Festsetzung einer Art Beleihungsgrenze handelt, die sehr wohl ohne erheblichen Schaden der Betheiligten vorher festgestellt werden kann.

Im übrigen wurde in der Abtheilung besonders betont, daß es

wünschenswerth ist, wie es beide Entwürfe thun, möglichst die Baugeldgeber zu schonen, und auf alle Weise dahin zu arbeiten, daß, selbst wenn die Bauhandwerker dadurch ein größeres Risiko tragen, die Geldgeber und vor allen Dingen die Hypothekenbanken in der Lage sind, weiterhin in ruhiger Weise Baugelder an erster Stelle darzuleihen.

Was die Besonderheiten des Entwurfes B anlangt, so kommen da eben die beiden Punkte in Frage, die Frage des Schutzes der Lieferanten und der Nachmänner. Der Schutz der Lieferanten muß als wünschenswerth bezeichnet werden. Es entspricht das einestheils der Gerechtigkeit, denn die Lieferanten leiden ebenso wie die Handwerker unter dem Satze „Superficies solo cedit“. Es entspricht aber auch der Zweckmäßigkeit, denn es ist zu befürchten, daß, wenn man die Lieferanten ausschließt, sie sich entweder hinter die Bauhandwerker verkriechen werden oder, daß dann das ganze Baugeschäft in die Hände des Großkapitals getrieben und der entgegengesetzte Erfolg erreicht wird.

Was den Schutz der Nachmänner anlangt, den Kernpunkt in der Differenz der Entwürfe, so ist entscheidend für den Nachmännerschutz die Erwägung gewesen, daß, wenn man die Nachmänner nicht schützt und den Nachmännern ein dingliches Recht an dem Grundstücke gewährt, dann Strohmänner zwischen geschoben werden können. Es ist nöthig, den Gesetzentwurf so zu formuliren, daß alle Möglichkeit des Zwischenschiebens von Strohmännern ausgeschlossen ist. Von den dagegen geltend gemachten Bedenken stand im Vordergrund das, daß die ganze Regelung zu komplizirt wäre. Aber es ist darauf hinzuweisen, daß die Regelung in praxi nicht ganz so komplizirt sein wird, wie es in der Darlegung des Gesetzes erscheint, weil man im Gesetze auf eine unendliche Reihe von Nachmännern Rücksicht nehmen muß, im Leben aber, wenn das Gesetz geschickt gefaßt ist und man allen Eventualitäten vorbeugt, doch nur wenige Nachmänner in Frage kommen werden. Dazu kommt, daß es ja überhaupt kein Argument gegen einen Gesetzentwurf ist, den man an sich für zweckmäßig und brauchbar hält, daß die juristischen Bestimmungen zu komplizirt sind. Es kann am allerwenigsten Aufgabe des Deutschen Juristentages sein zu, erklären, daß die rein technischen Schwierigkeiten der verstandesmäßigen Bewältigung einer Rechtsnorm ein Grund seien, ein sonst zweckmäßiges Gesetz abzulehnen.

Es kommt hinzu, daß ein zweites Bedenken gegen den Nachmännerschutz geltend gemacht worden ist, das sich ebenfalls in den Berathungen der Abtheilung als nicht so schlimm darstellte, wie es von vorn herein erschienen war. Das ist die Frage der Offenlegung der Verträge. Der Entwurf fordert, daß alle Bauverträge offengelegt werden. Man meinte, das wäre in der That eine außerordentlich große Schwierigkeit für die sämmtlichen Betheiligten, gerade der Kredit der Bauhandwerker würde dadurch geschädigt. Es hat sich indeß ergeben, daß mit geringen Modifikationen auf die hier nicht einzugehen ist, eine Aenderung dahin möglich sein wird, daß nicht dieser Bauvertrag eingereicht wird, sondern daß es genügt, wenn ein eingehender Baukostenanschlag eingereicht wird. Von diesem Standpunkt aus hat die erste Abtheilung sich durchaus für den Nachmännerschutz erklärt, hat entgegenstehende Anträge abgelehnt, hat auch den werthvollen, wohldurchdachten Entwurf des Herrn Justizrath Boyens, der aber die bisher nun einmal den Berathungen zu Grunde gelegte Grundanschauung nicht theilte, wesentlich wohl deshalb zurückgewiesen weil wir nur mit dem bisher Erreichten weiter arbeiten wollen, möglichst etwas zu Ende bringen wollen.

Für eine Durchführung des Bauhandwerkerschutzes spricht vor allen Dingen der Umstand, daß sich in Amerika in weitestem Umfange ein Bauhandwerkerschutz als praktisch durchführbar gezeigt hat. Es ist das große Verdienst des Buches des Herrn Mitberichterstatters Dr. Solmssen, der dargethan hat, daß unter viel komplizirteren juristischen Verhältnissen ein solcher Schutz durchführbar ist. Es wird auch in der Schweiz ein solcher Schutz vorbereitet. Es ist daher zu wünschen, daß das Deutsche Reich mit einem derartigen Schutz nicht zurückbleibe. Es handelt sich hier darum, die wirthschaftlich Schwachen vor der Brutalisirung zu bewahren. (Lebhafter Beifall.)

Vicepräsident: Ich danke dem Herrn Berichterstatter.

Ich werde darauf aufmerksam gemacht, daß Herr Professor Dr. Pappenheim so liebenswürdig sein wollte, das Referat über den zweiten Punkt der Berathungsgegenstände der I. und II. Abtheilung zu übernehmen. Ich darf wohl die Zustimmung der Versammlung dazu voraussetzen, daß an Stelle des in der Abtheilung gewählten Berichterstatters Herr Professor Dr. Pappenheim uns über die früher erwähnte Frage hier Bericht erstattet.

Da die Herrrn stillschweigend zustimmen, ersuche ich den Herrn Professor, so gefällig zu sein und uns zu berichten, was die Abtheilung über die Haftung für Automobilunfälle beschlossen hat.

Berichterstatter Professor Dr. **Pappenheim** (Kiel): Meine verehrten Herren, indem ich mich des ehrenvollen Auftrags, der mir eben zu Theil geworden, entledige, muß ich aus zwei Gründen um Ihre freundliche Nachsicht bitten. Einerseits habe ich natürlich nicht voraussehen können, daß ich mit der Berichterstattung betraut werden würde; ich konnte mich also auf sie nicht vorbereiten. Andererseits stehen die von der Abtheilung gefaßten Beschlüsse nicht in Uebereinstimmung, wenigstens nicht vollständig in Uebereinstimmung mit den Vorschlägen, die ich gemacht hatte, und es ist ja im Allgemeinen üblich, daß derjenige das Referat hier erstattet, der im Prinzip seine Ansicht zum Siege geführt hat.

Die Frage, um die es sich bei der Regelung der Haftpflicht für die Automobile handelt, wurde wesentlich in folgender Weise in der Abtheilung erörtert. In erster Linie war streitig, ob es überhaupt am Platze sei, eine besondere gesetzliche Regelung in dieser Beziehung zu treffen, ob nicht die allgemeinen Vorschriften unseres geltenden bürgerlichen Rechts auch für diesen Fall der Schadenszufügung ausreichen. Diese Frage wurde bejaht von Seitens des Herrn Korreferenten, verneint in dem den Verhandlungen zu Grunde gelegten Gutachten des Herrn Professor Dr. Hilse und ebenso im Referat des ersten Herrn Referenten. Auch ich, der ich einen besonderen Antrag gestellt hatte, habe mich in dieser Beziehung auf den letzteren Standpunkt gestellt. Mit weit überwiegender Stimmenmehrheit hat die Abtheilung die Schaffung besonderer gesetzlicher Vorschriften mit Rücksicht auf die besonderen Gefahren, die der Automobilbetrieb mit sich bringt, für nothwendig erachtet. Auseinander gingen nun aber wiederum die Meinungen darüber, in welcher Weise dieser besondere Schutz geschaffen werden müßte. Der Gutachter und der erste Referent stellten sich auf den Standpunkt, daß die Haftung des Unternehmers des Betriebes selbst gesteigert werden müßte und zwar in der Richtung, die nun im ersten Punkte des Abtheilungsbeschlusses zum Ausdruck gelangt ist, in der Richtung, daß die Vorschriften über die Haftpflicht der Eisenbahnen auf die Automobile ausgedehnt würden. In dieser Beziehung wurde von mir die abweichende Ansicht vertreten, daß eine wesentlich verschärfte Haftung der Automobilbesitzer selbst nicht nothwendig sei, daß vielmehr in der Hauptsache und in erster Linie es darauf ankäme, in anderer Hinsicht einer eigenthümlichen Gefahr für den Beschädigten hinsichtlich der Verwirklichung seines Rechts hier entgegenzutreten. Darüber war ja die Abtheilung vollständig einig, daß hier im Falle einer Beschädigung die doppelte Schwierigkeit für den Beschädigten besteht: erstens, den Beweis eines etwaigen Verschuldens des Schädigers zu führen, und zweitens, in vielen Fällen überhaupt von der Persönlichkeit des Schädigers Kenntniß zu erlangen. Es wird also darauf ankommen, in beiden Hinsichten Abhilfe zu schaffen.

Der Punkt 1 der Beschlußfassung will dadurch, daß er die Haftpflicht der Eisenbahnen auf die Automobile ausdehnt, die Schwierigkeiten des Beweises der Schuld abschneiden. Der Besitzer haftet nun, was ja eine sehr weitgehende Belastung bedeutet, für jede Schädigung im Betriebe, sofern er nicht den Beweis der höheren Gewalt oder des eigenen Verschuldens des Verletzten erbringen kann.

Natürlich ist damit aber die zweite Frage noch nicht beantwortet, nämlich, wie es zu halten sei, wenn man nicht weiß, wer der Schädigende gewesen ist. Es ist z. B. auf der Landstraße Jemand von einem Automobil überfahren und getödtet oder verletzt worden, Zeugen sind nicht zugegen gewesen, er selbst ist besinnungslos geworden, Staub und Schnelligkeit haben es, auch wenn er Wahrnehmungen überhaupt machen konnte, verhindert, die etwa nach Maßgabe polizeilicher Verordnung am Automobil angebrachte Zahl zu erkennen. Da ist es für ihn ganz gleichgültig, ob der, der ihn beschädigt hat, nur für das Verschulden haftet, oder ob er in Gemäßheit der Haftpflichtvorschriften auch für Zufall einsteht. Er findet den Schädiger eben nicht, und so entsteht hier die Nothwendigkeit, dafür Sorge zu tragen, daß der Geschädigte unter allen Umständen jemand habe, an den er sich halten kann, mit anderen Worten, daß ihm ein Schuldner gegenübergestellt, daß von der Gesetzgebung ein Schuldner geschaffen werde, an den er sich halten kann, und der dann seinerseits nachher naturgemäß den Regreß nehmen kann an dem eigentlichen Schuldigen, sofern man dessen habhaft zu werden vermag. Das ist der Gedanke, welcher nach der zweiten Ziffer des Abtheilungsbeschlusses durch die Schaffung einer Zwangsgenossenschaft zur Ausführung gebracht werden sollte.

In den wesentlichen Grundgedanken hat sich somit die Abtheilung in der Hauptsache der Uebereinstimmung der Ansichten zu erfreuen gehabt, wenn auch hinsichtlich der Mittel, die zur Durchführung dieser Grundideen angemessen erscheinen, Differenzen vorhanden waren.

(Lebhafter Beifall.)

Vicepräsident: Ich kann mich dem Danke, den die Herren mit ihrem Beifalle schon ausgesprochen haben, nur anschließen. Wir danken alle Herrn Professor Pappenheim für den außerordentlich interessanten Bericht, den er als thatkräftiger Helfer in der Noth erstattet hat. (Bravo.)

Wir kommen zu den Berathungsgegenständen der Abtheilung II, und ich bitte Herrn Geheimrath Professor Kahl über den Berathungsgegenstand Nr. 5: „Ist eine Revision des Deutschen Strafgesetzbuches in Aussicht zu nehmen?“ dem Plenum Mittheilung zu machen.

Geh. Justizrath Professor Dr. **Kahl** (Berlin): M. H.! Den ersten Verhandlungsgegenstand der 3. Atheilung bildete die Strafrechtsreform. Zum Abtheilungsreferenten war der heutige Berichterstatter bestellt. Die ihm vorgelegte Frage lautete:

„Ist eine Revision des Strafgesetzbuches in Aussicht zu nehmen?“ „Welche Grundfragen für eine solche sind dem deutschen Juristentag in seinen folgenden Tagungen vorzulegen?“

In dieser Beschränkung war also ausdrücklich dem Referenten nicht die Aufgabe gestellt, bereits materielle Vorschläge über den Inhalt einer künftigen Revision selbst zu machen, sondern seine Aufgabe war nur: aus der reichen Fülle des Materials diejenigen Probleme zu stellen, für welche die berathende Mitarbeit des Deutschen Juristentages zukünftig in Anspruch zu nehmen sei.

Die hierfür aufgestellten Thesen bezeichneten die Revision des Strafgesetzbuches als eine dringende, mit Rücksicht aber auf die Schwierigkeit und Wichtigkeit der Sache nicht drängende Aufgabe der Reichsgesetzgebung. In Ansehung der äußeren Gestaltung dieser Revision stellten die Thesen des Referenten drei Anforderungen, welche sich bezogen auf die Ausscheidung des Polizeistrafrechtes aus dem Kriminalstrafrecht, auf die Einarbeitung der strafrechtlichen Ergänzungsgesetze und auf die Zurückstellung der Strafprozeßreform im Ganzen bis nach geschehener Revision des Strafgesetzbuches. Hinsichtlich des Inhaltes der künftigen Revision wurden als Arbeitsplan für die folgenden Juristentage 6 unentbehrlich nothwendige Reformpunkte von ihm bezeichnet: die strafrechtliche Behandlung der Jugendlichen, der geistig Minderwerthen, das rückfällige und gewerbsmäßige Verbrecherthum, die richterliche Strafzumessung, das Strafmittelsystem und der Strafvollzug. Für die zunächst folgende Tagung empfahl der Referent die sachliche Berathung der beiden ersten Fragen: der jugendlichen Personen und der geistig Minderwerthigen.

Der Inhalt dieser Thesen wurde eingehend von dem Referenten begründet.

Der Korreferent, Kammergerichtsrath Herr Dr. Kronecker, hatte ebenfalls eine Anzahl Thesen vorgelegt, die sich nicht grundsätzlich von denen des Referenten unterschieden, sondern im wesentlichen nur eine kürzer gefaßte Redaktion darstellten; welche ferner die Frage der Prozeßreform aus dem Gebiete der Beschlußfassung des Juristentages ausgeschieden wünschten und endlich eine etwas veränderte Reihenfolge der Berathungsgegenstände vorsahen. Um aber die Abstimmung zu vereinfachen, zog auf Anregung des Vorsitzenden, Herrn Oberreichsanwalt Dr. Olshausen, der Korreferent diese Thesen zurück und behielt sich vor, seine abweichenden Anträge in der Form von Amendements aufrecht zu erhalten. In der Begründung seiner Thesen wies der Korreferent insbesondere darauf hin, daß bei aller schon heute vorhandenen Annäherung der prinzipiellen

Gegensätze die Vereinigung der in der klassischen und in der modernen Strafrechtschule verborgenen Differenzen der Anschauungen noch schwierige Aufgaben an die künftige Revisionsarbeit stellen würde. Zugleich hielt der Korreferent die Einsetzung einer Kommission für die weitere Vorbereitung der Revisionsfragen für erwägenswerth.

In der eröffneten Diskussion stellte Justizrath Beck=Nürnberg den Antrag, als künftigen Programmpunkt auch noch die strafrechtliche Behandlung falscher Aussagen vor den Gerichten und Behörden aufzunehmen, und erklärte sich im übrigen ebenfalls gegen die einstweilige Zurückstellung der Strafprozeßreform, deren Wiederaufnahme im Reichstag er als Mitglied der Kommission des Reichstages selbst immerhin für aussichtsvoll halten müsse. Landgerichtsdirektor Winkler=Hagen stellte einen eingehend formulirten Antrag auf Einsetzung eines ständigen Ausschusses zur Sammlung und Verarbeitung des gesammten auf die Revision des Strafgesetzbuches bezüglichen Materials und begutachtete, es solle sich der nächste Juristentag überhaupt ausschließlich mit der Reform des Reichsstrafgesetzbuches beschäftigen. Dieser Antrag wurde aber von ihm zu Gunsten eines alsbald zu erwähnenden Antrages Wachler zurückgezogen. Die nunmehr als Amendements eingereichten Anträge des Korreferenten bezogen sich auf 4 Punkte: Neben rückfälligem und gewerbsmäßigem solle auch das gewohnheitsmäßige Verbrecherthum besonders genannt werden. Der Behandlung des Strafmittelsystems ferner seien auch die vom Strafrichter etwa festzusetzenden Schutz= und Besserungsmaßregeln hinzuzufügen. Als neuen Programmpunkt 7 empfehle er anzureihen die Schuldausschließungsgründe, insbesondere den Mangel der Rechtswidrigkeit und den Nothstand, endlich, daß die künftige Problembehandlung mit dem Strafmittelsystem und dem Strafvollzug im allgemeinen begonnen werde.

Der bereits erwähnte Antrag Wachler=Berlin verlangte die Streichung der Worte, daß die Revision des Strafgesetzbuchs eine nicht drängende Aufgabe der Reichsgesetzgebung sei, aus den Thesen des Referenten; ferner die Streichung der von letzterem aufgestellten These über die einstweilige Zurückstellung der Strafprozeßreform; endlich, daß die Feststellung der künftigen Berathungsgegenstände der ständigen Deputation des Juristentages vorbehalten werde.

Zuletzt beantragte Landgerichtsrath Dr. Aschrott=Berlin, der ersten These des Referenten hinzuzufügen, daß die Revision des St.G.B. nur gleichzeitig mit der Revision der deutschen Strafprozeßordnung in Angriff genommen werden solle, dagegen des Referenten abweichende These 3 fallen zu lassen. Auch er trat für eine Kommission ein, welche sich mit anderen gleichartigen Organisationen zur Bearbeitung der Revision des St.G.B. in Verbindung setzen solle, um mehrfache Arbeit über denselben Gegenstand zu vermeiden.

An der Diskussion über diese Anträge betheiligten sich außer den genannten Antragstellern noch Landgerichtsrath Bozi=Bielefeld und Prof. Kleinfeller=Kiel, welch' letzterer insbesondere auch für die einstweilige Zurückstellung der Strafprozeßreform eintrat.

Im übrigen herrschte völlige Einmüthigkeit in dem Anerkenntniß der Notwendigkeit der Reform des Strafgesetzbuchs, zugleich aber auch Anerkennung immerhin der Dienste, welche bisher das bestehende St.G.B. dem Volke und dem Staate haben leisten können.

In seinem Schlußwort erklärte der Referent, daß er seinerseits aus früher in der Oeffentlichkeit entwickelten Gründen die Frage des Schulenstreites absichtlich aus der Diskussion des Juristentages ausgeschieden habe. Im übrigen nehme er von seinem Standpunkt aus dankbar die Anträge des Korreferenten über die Vermehrung der Programmpunkte an. Dagegen wolle er, der Referent, von der von ihm empfohlenen Reihenfolge der künftigen Behandlung der Berathungsgegenstände aus inneren Gründen nicht abgegangen wissen, und ebenso müsse er wiederholt für die einstweilige Zurückstellung der Strafprozeßreform im Ganzen eintreten; für die Einsetzung besonderer Kommissionen oder Ausschüsse erachte er ein Bedürfniß nicht als gegeben, da der Juristentag die Kräfte und Organisationen zur wissenschaftlichen Vorbereitung der Revisionsfrage ausreichend in sich trage.

Nachdem noch der Korreferent seine abweichenden Wünsche über die Berathungsfolge aufrecht erhalten, Herr Justizrath Beckh aber seinen Antrag zurückgezogen hatte, ergab die Abstimmung die Annahme des Antrages Wachler zur ersten These des Referenten und gleichzeitig die Ablehnung des Zusatzantrages von Aschrott, ferner die Ablehnung der These des Referenten über die Zurückstellung der Strafprozeßreform. Bezüglich ihrer ist noch ausdrücklich zu konstatiren, daß damit der Juristentag zwar einer Meinungsäußerung über die Reihenfolge der Revision der beiden großen Gesetze sich seinerseits hat enthalten, keineswegs aber eine der Thesen des Referenten entgegengesetzte positive Ansicht hat beschließen wollen. Die übrigen gestellten Anträge wurden abgelehnt.

Die Beschlüsse, welche hiernach aus den Berathungen der III. Abtheilung hervorgegangen sind, haben folgenden Wortlaut:

I. Die Revision des deutschen Strafgesetzbuchs vom 15. Mai 1871 ist eine dringende Aufgabe der Reichsgesetzgebung.

II. In Ansehung der äußeren Gestaltung dieser Revision ist dem Gesetzgeber zu empfehlen:

1. daß eine Ausscheidung des Polizeistrafrechts vorgenommen werde, wobei vorbehalten bleiben kann, ob und inwieweit dieses der landesrechtlichen Ordnung zu überweisen oder in Verbindung mit anderen Theilen des Verwaltungsstrafrechts in einer besonderen Reichspolizeiordnung zu kodifiziren sei;
2. daß die Gelegenheit wahrgenommen werde, den Stoff der strafrechtlichen Ergänzungsgesetze mindestens insoweit in das Strafgesetzbuch einzuarbeiten, als er zur Vereinfachung der gesetzlichen Thatbestände wünschenswerth und zur Beseitigung der aus der Gelegenheitsgesetzgebung erwachsenen zahlreichen Inkongruenzen nothwendig ist.

III. Am Inhalte der Revision betheiligt sich der Deutsche Juristentag in der Weise, daß er Leitsätze zunächst über diejenigen Fragen zu gewinnen sucht, welche nach ihrer centralen Stellung oder prinzipiellen Bedeutung im wissenschaftlichen und volksthümlichen Sinne die wesentlichen Probleme der Strafrechtsreform darstellen. Dahin gehören mindestens und nothwendig:

1. die strafrechtliche Behandlung der jugendlichen Personen;
2. die strafrechtliche Behandlung der geistig Minderwerthen;
3. die strafrechtliche Behandlung von Rückfall, gewohnheitsmäßigem und gewerbsmäßigem Verbrecherthum;
4. die richterliche Strafzumessung, verbunden mit der strafrechtlichen Behandlung des Versuchs;
5. das Strafmittelsystem, einschließlich der Besserungs- und Schutzmaßregeln;
6. der Strafvollzug, einschließlich wiederholter Prüfung der bedingten Verurtheilung und bedingten Begnadigung;
7. die Schuldausschließungsgründe, insbesondere der Mangel der Rechtswidrigkeit und der Nothstand.

IV. Als Verhandlungsgegenstände werden unter Zuziehung medizinischer Sachverständiger auf die Tagesordnung des 27. Deutschen Juristentags die beiden Fragen der strafrechtlichen Behandlung der jugendlichen Personen und der geistig Minderwerthen gesetzt. Die Berathungsfolge der anderen Reformfragen bleibt, wie die Hinzufügung neuer, der späteren Beschlußfassung vorbehalten.

Die Abtheilung hat sich dahin geeinigt, ihre Beschlüsse dem Plenum ad referendum vorzulegen. Indem mir der ehrenvolle Auftrag wurde, diese Vorlage, wie hiermit geschehen, zu bewirken, darf ich mit dem Ausdrucke der Hoffnung schließen, daß die Beschlüsse Ihrer Abtheilung eine sichere Grundlage darbieten werden für eine auf Jahre berechnete erfolgreiche Mitarbeit des Deutschen Juristentages an der für unser ganzes Volks- und Staatsleben so überaus wichtigen Reform des deutschen Strafrechts. (Lebhafter Beifall.)

Vicepräsident: Die Versammlung ist dem Herrn Berichterstatter zu großem Danke verpflichtet für den klaren Bericht, den er über die Verhandlungen erstattet hat und der auch denjenigen Herren, die durch andere Abtheilungsverhandlungen verhindert waren, bei den Berathungen über die Frage der Strafrechtscodifikation anwesend zu sein, ein übersichtliches Bild über die Vorgänge der Verhandlung gegeben hat. Ich danke dem Herrn Referenten.

Ich weiß nicht, meine verehrten Herren, ob es besonders dringend ist, aber da der 1. Vorsitzende früher eine ähnliche Mittheilung machte, halte ich mich für verpflichtet, der Versammlung nicht vorzuenthalten, daß mir soeben eine an den Vorsitzenden des Deutschen Juristentages addressirte Postkarte zugestellt wurde, in der ein Amtsrichter zu der Frage der Prozeßverschleppung Vorschläge macht und namentlich, wenn es die Versammlung interessirt, von dem Inhalte des Schreibens zu erfahren, meint, daß „allem Uebel ein Ende gesetzt wird, wenn die Bestimmung des Gerichtsverfassungsgesetzes, daß in den Gerichtsferien keine Termine abgehalten werden sollen, lediglich dahin verstanden wird, daß dies nur von Verhandlungsterminen beziehungsweise von Terminen vor dem erkennenden Gerichte zu verstehen ist".

Ich glaube, daß auch dieses Schriftstück dem Archiv des Juristentages einzuverleiben wäre. (Heiterkeit.)

Um den nächsten Bericht ersuche ich Herrn Oberreichsanwalt Dr. Olshausen. Der Bericht betrifft Nr. 7 der Berathungsgegenstände, die Frage des fahrlässigen Falscheides.

Berichterstatter Oberreichsanwalt Dr. **Olshausen** (Leipzig): Meine Herren! Die III. Abtheilung ist gestern auf Antrag des Referenten in die Erörterung der 7. Frage, kurz gesagt, der Frage betreffs der Strafwürdigkeit des fahrlässigen Falscheides, nicht mehr eingetreten. Wesentlich maßgebend war dafür die vorgerückte Zeit, die Ermüdung, die durch die zwar im höchsten Grade anregenden, aber langdauernden Erörterungen eingetreten war.

Es trat noch eine Erwägung hinzu, ob es nämlich opportun sei, nach den Beschlüssen, die bezüglich des eben erörterten 5. Berathungsgegenstandes gefaßt waren, diese Frage überhaupt zur Erörterung bei dem Juristentage zu stellen.

Deshalb wurde ausnahmsweise nicht beschlossen, daß sie auf die Tagesordnung des nächsten Juristentages gesetzt werde, sondern es wurde beschlossen, es der Ständigen Deputation zu überlassen, zu bestimmen, ob überhaupt das Thema wieder auf die Tagesordnung gesetzt werden soll und wann sie den Zeitpunkt dafür geeignet erachtet.

Vicepräsident: Ich danke dem Herrn Berichterstatter.

Die Berathungsgegenstände der III. Abtheilung, soweit sie in dem gegenwärtigen Zusammenhange erörtert werden sollen, sind zu Ende. Wir gehen über zu den Berathungsgegenständen der IV. Abtheilung und zwar zu Nr. 8. Ich ersuche Herrn Professor Dr. Seidler, freundlichst Bericht zu erstatten.

Berichterstatter Professor Dr. **Seidler** (Wien): Meine geehrten Herren! Das Problem, über welches Abtheilung IV in diesem Punkte zu berathen hatte, ist in Kürze das folgende. Die Verwaltungsgerichtsbarkeit unterscheidet sich wesentlich von der Civil- und Strafgerichtsbarkeit dadurch, daß die Rechtsprechung nicht der ausschließliche Zweck ist, sondern, daß die Rechtsprechung sich anschließt an die Erfüllung der staatlichen Verwaltungsaufgabe im Gericht. Vielleicht gestatten Sie ein kurzes Beispiel, um diesen abstrakten Satz klar zu machen. Wenn im Verwaltungsgerichte über die Beitragsleistung einer Partei zu einem öffentlichen Wege entschieden wird, so ist das Primäre die Erfüllung der Verwaltungsaufgabe, die Sicherung des öffentlichen Weges. Es erfolgt aber die Erfüllung der Verwaltungsaufgabe in der Weise der Rechtsprechung.

Es leuchtet ein, daß aus dieser Kombination zweier Elemente, der Rechtsprechung und der Erfüllung einer Verwaltungsaufgabe, sich leicht Kollisionen der Rechtskraft der Entscheidungen mit dem Verwaltungsinteresse des Staates ergeben können. Es braucht der Fall bloß so zu liegen, daß die Entscheidung rechtskräftig geworden ist, nachträglich sich aber herausstellt, daß das Verwaltungsinteresse nicht erfüllt ist. Unser Problem ist dann das folgende: Soll die Rechtskraft der Erfüllung des staatlichen Verwaltungsinteresses weichen, oder soll diese letztere zurücktreten gegenüber der materiellen Rechtskraft der Entscheidung?

Die beiden Gutachten von Herrn Ober-Verwaltungsgerichtsrath Dr. Schultzenstein und Herrn Professor Dr. Bernatzik stimmen darin vollkommen überein, daß, indem die Gesetzgebung eine Sache in judicium gebracht hat, sie damit zu erkennen gäbe, daß die materielle Rechtskraft höher sein sollte, als das Verwaltungsinteresse, daß die Entscheidung eine rechtskräftige sein soll, daß eine Rechtsprechung ohne materielle Rechtskraft überhaupt keine Rechtsprechung sei. Auch Ihr Referent stand im

Prinzip auf demselben Wege. Er glaubte jedoch im Anschluß an das Institut der Nichtigkeitsbeschwerde zur Wahrung des Gesetzes, wie es die französische und österreichische Strafprozeßordnung kennt, einen Zusatzantrag stellen zu sollen, welcher eine Beschränkung der materiellen Rechtskraft zu Gunsten dringlicher, im Gesetze taxativ aufzuzählender öffentlicher Interessen zuläßt. Allein aus der Debatte ergab sich die fast einmüthige Ablehnung eines solchen Gedankens. Freilich muß ich erwähnen, daß der zweite Herr Referent, Professor Zorn, der in der Litteratur, ich möchte sagen, der hauptsächlichste Vertreter des entgegengesetzten Standpunktes ist, des Standpunktes, daß es eine materielle Rechtskraft garnicht geben kann, abwesend war. Gewiß hat seine Abwesenheit dazu beigetragen, daß der Gedanke keinerlei Anklang gefunden hat, selbst nicht in jener Beschränkung, welche Referent ihm geben zu sollen geglaubt hat. Die Formulirung, wie sie Herr Ober-Verwaltungsgerichtsrath Dr. Schultzenstein gegeben hat, wurde mit einer kleinen Modifikation, die ich noch zu erörtern habe, fast einmüthig angenommen. Es hat auch Referent sich dieser Formulirung angeschlossen. Es hat sich nämlich an die Hauptfrage eine zweite Frage geknüpft, ob die Entscheidungen der Verwaltungsbehörden den Entscheidungen der Verwaltungsgerichte gleichstehen sollen, eine Frage, die insbesondere für diejenigen deutschen Staaten, für welche die Verwaltungsrechtsprechung als eigenes Institut noch nicht eingeführt ist, für Oesterreich, dessen Verwaltungsgerichtsbarkeit so organisirt ist, daß die Administrativbehörde in der Vorderinstanz Recht zu sprechen haben, ehe der Verwaltungsgerichtshof überhaupt in die Lage kommt, ein Urtheil abzugeben, von Bedeutung war. Es wurde nun ein Kompromiß geschlossen, indem Herr Schultzenstein den Antrag stellte, es möchte in der Resolution heißen: „die Rechtskraft der verwaltungsgerichtlichen Urtheile und der ihnen gleichstehenden Entscheidungen“. In dieser Formulirung konnte sich auch der Referent dem Votum anschließen, und so kam es nahezu einmüthig zu Stande.

Noch einen Punkt, meine Herren, halte ich mich für verpflichtet hier mitzutheilen. Es kam nämlich im Laufe der Debatte zur Sprache, daß im Statute des Deutschen Juristentages von der Behandlung von Gegenständen des öffentlichen Rechtes überhaupt nicht die Rede sei, daß der Juristentag nach dem Wortlaute seiner Statuten eigentlich eine Kompetenzüberschreitung begangen habe, indem er diese Frage des öffentlichen Rechtes auf die Tagesordnung gesetzt habe, und es wurde dem Wunsche Ausdruck gegeben, es möge bei der Wichtigkeit des öffentlichen Rechtes der Ständigen Deputation nahe gelegt werden, ob sie nicht geneigt sei, einem künftigen Juristentage eine Aenderung des Statuts dahin vorzuschlagen, daß auch Fragen des öffentlichen Rechtes in der Berathung des Juristentages Platz finden.

Damit schließe ich. (Bravo! Händeklatschen.)

Vicepräsident: Indem ich mich dem Danke der Versammlung anschließe, bitte ich zur Fortsetzung unserer Verhandlungen Herrn Justizrath Heinitz, über den 9. Gegenstand uns seinen Bericht erstatten zu wollen.

Berichterstatter Justizrath **Heinitz** (Berlin): M. H.! Die Vermuthung, welche der verehrte Herr Präsident des Juristentages in der ersten Plenarversammlung ausgesprochen hat, daß neben der Verhandlung über die Reform des Strafgesetzbuchs die Verhandlungen über Punkt 9 der Tagesordnung, über die civilprozessualle Reformfrage, besonders lebhafter Antheilnahme begegnen würden, hat sich bewahrheitet. Die Verhandlungen über diesen Punkt 9 sind gestern Vormittag bei besetztem Saale eröffnet und nach 4 Uhr Nachmittags nach lebhafter Debatte bei voll besetztem Saale geschlossen worden.

Die beiden Berichterstatter, Herr Oberlandesgerichtspräsident Hamm und ich, hatten, indem sie die österreichische Konzentrationsmaxime wenigstens nach dieser Richtung hin verwertheten, sich darüber verständigt, die gestellte Frage, in möglichst engem Sinne aufzufassen, nämlich dahin, daß es sich lediglich oder ganz überwiegend um die Erörterung darüber handeln solle, ob das Dispositionsrecht der Parteien über die Sistirung des Verfahrens und die Verlegung von Terminen durch weitere Ausgestaltung des richterlichen Offizialbetriebs beseitigt oder eingeschränkt werden solle. Der erste Herr Referent legte seinem Referat, in welchem er die Frage eines Reformbedürfnisses bejaht, im Wesentlichen die Verhältnisse der rheinischen Gerichte zu Grunde. Er begann mit einem begeisterten Appell für die Ausgestaltung, die das mündliche Verfahren gerade in den Rheinlanden erfahren hat und die er als die konsequente Durchführung der Grundsätze der Civilprozeßordnung ansieht. Er legte aber im weiteren Verlaufe seines Berichtes dar, daß gerade diese Ausgestaltung der Mündlichkeit eine bedenkliche Schattenseite zeige, daß nämlich durch die erheblichen Anforderungen, welche die Mündlichkeit in diesem Sinne an die Gerichte und an die Anwälte stelle, eine beklagenswerthe Verzögerung der Prozesse eintrete. Im Anschluß hieran gab der erste Herr Berichterstatter eine Uebersicht über die Rückstände, die sich im Laufe der Jahre in den Rheinlanden, namentlich in der preußischen Rheinprovinz, angesammelt haben, Rückstände, zu deren Bewältigung die gegenwärtigen Richterkräfte nicht ausreichen. Zur Beseitigung dieser Mißstände hielt Herr Präsident Hamm eine Aenderung der Gesetzgebung für erforderlich, allerdings nicht in dem Sinne der Vorschläge, die in dem Gutachten des Herrn Oberlandesgerichtsraths Dr. Neukamp gemacht sind, sondern wesentlich in dem Sinne, daß er das Vertagungsrecht der Parteien der richterlichen Prüfung unterstellt wissen will, und daß bei Ablehnung der Vertagung, im Falle der Nichtverhandlung nach Ablehnung der Vertagung und ebenso im Falle des Ruhens des Verfahrens auf Grund der Disposition der Parteien eine besondere Gebühr erhoben werden soll, die jede Partei zur Hälfte trifft, ohne daß hierbei irgend ein Verschulden festgestellt werden und ohne daß diese Gebühr den Charakter einer Strafe haben soll. Ich nehme an, daß die Anträge, die Herr Präsident Hamm zu diesem Berathungsgegenstande gestellt hat, sich in Ihren Händen befinden und Ihnen bekannt sind, sodaß ich sie nicht zu verlesen brauche. Das dürfte um so weniger nöthig sein, als, wie Sie sogleich erfahren werden, im weiteren Laufe der Verhandlungen diese Anträge zurückgezogen worden sind.

Ich habe in meinem Referat zunächst an das von Herrn Oberlandesgerichtsrath Dr. Neukamp erstattete Gutachten und vor allen Dingen an die Schlußfolgerungen angeknüpft, die Herr Dr. Neukamp aus dem von ihm mitgetheilten statistischen Material ziehen zu sollen glaubt. Ich bin dabei in eine ziemlich eingehende Würdigung der Resultate eingetreten, die sich für die deutsche Justizstatistik und für die österreichische Justizstatistik mit Rücksicht auf die Zeitdauer der Prozesse bei den einzelnen Gerichten und für die verschiedenen Instanzen ergeben, und ich habe überall den Schlußfolgerungen, die der Herr Gutachter ziehen zu sollen glaubt und die meines Erachtens lediglich auf einer mechanischen Gegenüberstellung der Schlußzahlen beruhen, ohne die sonstigen Unterschiede beider Prozeßordnungen zu würdigen, entgegentreten zu müssen geglaubt. Ich habe mich aber nicht damit begnügt, sondern ich bin weiter in eine Würdigung der deutschen Justizstatistik eingetreten und habe den Nachweis zu führen versucht, daß die von dem Gutachter ausgesprochene Ansicht, die Zahlen der deutschen Statistik seien objektiv betrachtet sehr beklagenswerthe und die Dauer der Prozesse sei, wie sich aus der Statistik ergebe, eine fortwährend zunehmende, unzutreffend ist. Die letztere Annahme insbesondere darum, weil der Herr Gutachter nicht die ganze Kette von Jahren, für welche er die Statistik mittheilt, einer Prüfung unterzogen hat, sondern nur das erste und das letzte Jahr gegenüber stellt, ohne zu berücksichtigen, daß seit Anfang oder Mitte der 90er Jahre eine nicht unbedeutende Besserung eingetreten ist. Mit Bezug auf die Beurtheilung der Mißstände, die sich zweifellos in den Rheinlanden ergeben haben, mußte ich dem ersten Herrn Berichterstatter darin beipflichten, daß eine Abhilfe dringend erforderlich sei. Die Abhilfe glaubte ich aber nicht in den Vorschlägen des ersten Herrn Berichterstatters, sondern lediglich darin finden zu sollen, daß die rheinischen Gerichte und Anwälte die sogenannte rheinische Mündlichkeit aufgeben und sich derjenigen Handhabung des mündlichen Verfahrens und seiner Vorbereitung anschließen, die in den übrigen Theilen Deutschlands üblich ist. Damit allein würde freilich nicht zu helfen sein; vielmehr könnten die Mißstände in der Rheinprovinz, die sich äußerlich im Vorhandensein sehr erheblicher Rückstände dokumentiren, nur durch eine beträchtliche Vermehrung der Richterkräfte in der Rheinprovinz beseitigt werden. Ich knüpfte hieran in Uebereinstimmung mit dem Gutachten des Herrn Geheimrath Wach den Wunsch, daß auch anderwärts für eine nicht unerhebliche Vermehrung der Richterkräfte Sorge getragen werde, um den Beschwerden über Verzögerung der Prozesse abzuhelfen. Im übrigen suchte ich darzulegen, daß die Aufrechterhaltung des Parteibetriebs in dem Umfang, in welchem die Civilprozeßordnung diesen Grundsatz aufstellt, gerade im Interesse der Parteien dringend erforderlich sei, weil den Parteien die Disposition gewahrt werden müsse, ob sie den Prozeß ruhen lassen, ob sie das Verfahren sistiren oder einen Termin aus Gründen, die sie für maßgebend und durchschlagend halten, vertagen oder von einer Vertagung Abstand nehmen wollen. Ich führte aus, daß das sehr frei gestaltete Verfahren der deutschen Civilprozeßordnung einer schleunigen Durchführung der Prozesse keineswegs entgegenstehe, sondern daß die Beschleunigung, soweit sie überhaupt wünschenswerth sei, sich unter voller Aufrechterhaltung des Parteibetriebs erreichen lasse, wenn alle Faktoren der Rechtsprechung an Stelle einer, wie ich zugebe, in den betheiligten Kreisen vielfach herrschenden laxen Praxis sich von der Ueberzeugung durchdringen lassen, die jetzt besonders scharf betont wird, daß zu den Erfordernissen einer guten Rechtspflege nicht allein deren Gründlichkeit, sondern auch deren Schnelligkeit gehört. Ich würdigte die einzelnen Anträge, die zu dem Verhandlungsgegenstande gestellt waren, gab zu, daß die Vereitelung der Verhandlungstermine ein Mißstand sei, an dessen Beseitigung alle Faktoren der Rechtspflege mitarbeiten müßten, gelangte indeß zu dem Ergebnisse, daß in den bisher gemachten Vorschlägen eine durchgreifende Abhilfe nicht zu finden sei. Diese Abhilfe können und müssen nach meiner Ueberzeugung die betheiligten Faktoren nur aus sich selbst heraus schaffen; gelingt das nicht, so ist m. E. eine durchgreifende Revision des Gerichtskostengesetzes der einzige gangbare Weg. Der Antrag, den ich im Anschluß an ein Referat stellte, kommt im ersten Theile des Beschlusses, der gedruckt vor Ihnen liegt, zum Ausdruck; er ging dahin:

„Eine Aenderung der deutschen Civilprozeßordnung dahin, daß dem Richter eine größere Mitwirkung bei dem Prozeßbetriebe gewährt wird, ist nicht empfehlenswerth."

In der ziemlich lebhaften Diskussion, die sich an die Berichte anschloß, hielt Herr Oberlandesgerichtsrath Dr. Neukamp in sehr eingehender Darlegung seine grundsätzliche Auffassung, daß der Parteibetrieb beseitigt oder wesentlich eingeschränkt werden müsse, wenn man zu einer gedeihlichen Erledigung der Prozesse in Deutschland kommen wolle, aufrecht, und suchte die Bedenken und Einwendungen, die sich gegen seine statistischen Schlußfolgerungen gerichtet hatten, zu widerlegen. Im übrigen nahmen an der Debatte drei Herren aus Oesterreich Theil, deren Ausführungen im wesentlichen auf die Frage gerichtet waren, ob und inwieweit die Umgestaltung des österreichischen Civilprozeßverfahrens in der Praxis sich voll und ganz bewährt habe. Die Ausführungen ergaben trotz allseitiger Anerkennung des gewaltigen Fortschritts, den die österreichische Rechtspflege durch die Umgestaltung des Civilprozesses erfahren hat, daß eine vollständige Uebereinstimmung über die Frage, ob die österreichische Prozeßordnung die Rechte der Parteien und der Parteivertreter genügend berücksichtige, nicht erzielt ist. Der Vertreter des Advokatenstandes, der hier gesprochen hat, machte in dieser Beziehung mehrere Bedenken geltend, deren Widerlegung seitens der anderen Herren versucht wurde. Inwieweit ihnen das gelungen ist, darauf konnte in der weiteren Diskussion nicht eingegangen werden, weil sie sich auf die deutsche Civilprozeßordnung und deren Reformbedürftigkeit beschränkte. Es wurde in der Diskussion verschiedentlich zugegeben, daß eine Vereitelung der Verhandlungstermine, wie sie häufig bei uns vorkommt, ein Mißstand sei, der die Richter und die Anwälte gleichmäßig treffe, und daß Maßregeln gegen die Vereitelung der Verhandlungstermine wünschenwerth seien. Nach dieser Richtung wurde eine Reihe von Anträgen gestellt, insbesondere von den Herren Geheimrath Wilke (Berlin) und von Landesgerichtsrath Dr. Schöller (Düsseldorf). Vor der Abstimmung wurden indeß die Anträge zum größten Theile zurückgezogen. Herr Oberlandesgerichtsrath Neukamp hatte nicht etwa diejenigen Anträge, die er in seinem Gutachten als Schlußergebniß aus seinen Ausführungen zieht, gestellt, sondern sich darauf beschränkt, einen Antrag zu formuliren, der das Verlangen ausspricht, daß durch Maßnahmen der Gesetzgebung eine Beschleunigung der Prozesse herbeigeführt werde, und zwar durch Maßnahmen, welche geeignet seien, eine Beschleunigung zu gewährleisten. Auch dieser Antrag wurde vor der Abstimmung zurückgezogen, und daher lagen bei der schließlichen Abstimmung nur einige wenige Anträge vor; zunächst der bereits erwähnte, von mir gestellte Antrag, den ich vorhin verlesen habe, während der erste Herr Berichterstatter seine Anträge zurückgezogen hatte. Im übrigen lag noch vor ein Antrag des Herrn Dr. Sternberg (Wien):

„Der Juristentag wolle beschließen: Es empfiehlt sich eine Abänderung der Gesetzgebung in einer Weise, die eine schleunigere Erledigung der Civilprozesse gewährleistet, ohne daß jedoch dem Richter eine größere Mitwirkung beim Prozeßbetriebe eingeräumt wird."

Ein ähnlicher Antrag war von Herrn Kammergerichtsrath Schmidt-Bardeleben gestellt:

„Unter Aufrechterhaltung des Prozeßbetriebs durch die Parteien sind den Gerichten wirksame Mittel zu gewähren, um einer Vereitelung von Verhandlungsterminen möglichst vorzubeugen."

In seinem Schlußworte zog der erste Herr Berichterstatter seinen Antrag zurück und trat für den allgemeiner gehaltenen Antrag Schmidt-Bardeleben ein, indem er die Hoffnung aussprach, daß auf diesen Antrag sich alle Stimmen vereinigen würden, auch die Stimmen derjenigen, welche den Prozeßbetrieb durch die Parteien voll aufrecht erhalten wissen wollten. Für den Fall der Ablehnung des Antrags Schmidt-Bardeleben stellte der erste Herr Berichterstatter den Antrag, der Ihnen als zweiter Theil des gefaßten Beschlusses gedruckt vorliegt, und ich glaube keine Indiskretion zu begehen, wenn ich Ihnen mittheile, daß dieser Antrag von den beiden Berichterstattern gemeinschaftlich redigirt worden ist. Ich habe mich in meinem Schlußworte gegen den Antrag Schmidt-Bardeleben ausgesprochen, nicht in dem Sinne, als ob ich nicht wünschte, daß die häufigen Vereitelungen von Verhandlungsterminen möglichst vermieden würden, sondern nur weil ich Bedenken hatte gegen die Fassung des Antrags, nämlich gegen die Worte:

„sind den Gerichten wirksame Mittel zu gewähren."

Diese Fassung ließ mir die Möglichkeit offen, daß an Maßregeln gedacht sei, welche wenigstens mittelbar den Prozeßbetrieb durch die Parteien zu beeinträchtigen geeignet sind. Ein derartiges Bedenken fand ich dem Eventualantrage nicht und deshalb trat ich für diesen Eventualantrag als Zusatzantrag zu dem von mir gestellten prinzipalen Antrag ein, weil ich rückhaltlos zugebe, daß die nicht durch sachliche Gründe gerechtfertigte Vereitelung von Verhanglungsterminen soweit dies möglich ist. — und nach meiner Ansicht ist es in gewissem Umfange sehr wohl möglich, ohne den Parteibetrieb zu beeinträchtigen — nach Kräften vermieden und verhindert werden soll. Welche Mittel dazu geeignet seien, hatte ich schon in meinem

Referat und auch in meinem Schlußworte angedeutet; einmal die freie Selbstthätigkeit aller Organe der Rechtspflege, sodann die Vermehrung der Richterkräfte und eventuell die in Aussicht zu nehmende Revision des Gerichtskostengesetzes.

Die Abstimmung erfolgte in der Weise, daß zunächst über den Antrag Schmidt-Bardeleben abgestimmt wurde. Mit überwiegender Mehrheit wurde dieser Antrag abgelehnt, ebenso auch der Antrag, der von Dr. Sternberg (Wien) gestellt worden war. Sodann wurde darüber abgestimmt, ob für den Fall der Annahme meines Antrages diesem der von dem ersten Herrn Berichterstatter beantragte Zusatz hinzugefügt werden sollte. Der Antrag wurde, wie das Bureau einstimmig feststellte, mit einer allerdings nicht erheblichen Mehrheit angenommen. Hiernach wurde über meinen Antrag in Verbindung mit dem Zusatzantrage Hamm abgestimmt, und diese Abstimmung hatte das Ergebniß, daß — ich weiß nicht, ob mit Stimmeneinheit, jedenfalls aber mit einer an Stimmeneinheit grenzenden Mehrheit — mein Antrag mit dem Zusatzantrage Hamm angenommen wurde.

So ist denn durch die Abstimmung der IV. Abtheilung des Juristentages das m. E. höchst erfreuliche Resultat erzielt worden — und gerade diese Voraussicht hat mich wesentlich mit bestimmt, für den Zusatzantrag einzutreten — daß die Frage der Reform der Civilprozeßordnung nicht zu einer Scheidung des Deutschen Juristentags in verschiedene Gruppen geführt hat. Der Juristentag hat sein Votum einstimmig oder fast einstimmig dahin abgegeben, daß, wenn auch die Vereitelung von Verhandlungsterminen nach Möglichkeit vermieden werden soll und wenn auch Maßnahmen nach dieser Richtung in Erwägung gezogen werden sollen, doch eine Antastung des Parteibetriebs, einer der Grundlagen, auf denen das Gebäude der Deutschen Civilprozeßordnung ruht, hierbei nicht in Frage kommen darf. Und wenn das Gewicht der von einer Körperschaft gefaßten Beschlüsse sich wesentlich danach richtet, mit welcher Mehrheit sie gefaßt worden sind, so hoffe ich, daß unter der überaus zahlreicher Betheiligung der Mitglieder des Juristentags gefaßte Beschluß über die Frage der Aufrechterhaltung oder Beschränkung des Parteibetriebs im Civilprozesse das Gewicht für sich in Anspruch nehmen darf, das den einstimmigen Beschlüssen des Juristentags stets beigelegt zu werden pflegt. (Beifall.)

Vicepräsident: Die verehrte Versammlung hat dem Herrn Berichterstatter für seine ausgezeichnete Darlegung des Ganges der Verhandlungen bereits ihren Dank ausgesprochen. — Der letzte der Berathungsgegenstände, welche in die gegenwärtig verhandelte Kategorie gehören, ist Nr. 10. Empfiehlt sich die Aenderung der Vorschrift des § 313 des

Bürgerlichen Gesetzbuchs? Herr Präsident Hamm wird gebeten, uns über das Ergebniß der Abtheilungsarbeiten zu berichten.

Berichterstatter Wirklicher Geheimer Ober-Justizrath, Ober-Landesgerichtspräsident **Hamm** (Köln): Meine Herren! Der letzte Gegenstand, der die IV. Abtheilung beschäftigte, die Nummer 10 der Tagesordnung, betraf eine vorgeschagene Aenderung des § 313 des Bürgerlichen Gesetzbuches; er ist nicht zur Verhandlung gekommen, sondern abgesetzt worden, nicht wegen Mangel an Zeit, sondern aus sachlichen Gründen, und die Abtheilung hielt es deshalb für nöthig, diese sachlichen Gründe, namentlich gegenüber dem Drängen aus einzelnen Kreisen auf eine Aenderung dieses Paragraphen, hier noch einmal vorzutragen.

Ich will mich ganz kurz fassen und auf die materielle Frage nicht eingehen, ich muß aber doch entwickeln, aus welchen Gründen die Abtheilung dazu gekommen ist, die Frage auf einen anderen oder vielmehr auf den nächsten Juristentag zu verschieben.

Für die Uebertraguug des Eigenthums an Immobilien ist in der Grundbuchordnung des Bürgerlichen Gesetzbuches die Formvorschrift der Auflassung bestimmt. Daneben hat nun aber bekanntlich der § 313 des Bürgerlichen Gesetzbuches auch noch eine Formvorschrift gegeben für den Vertrag, für die obligatorische Wirkung des Vertrages, durch welchen sich eine Partei der anderen zur Uebertragung des Eigenthums an Immobilien verpflichtet. Nach der Absicht des Gesetzgebers ist dabei nicht bloß an die Verpflichtung der einen Seite, des Verkäufers, zur Uebertragung des Eigenthums, sondern auch an die Verpflichtung der anderen Seite, des Käufers, zur Uebernahme des Eigenthums gedacht. Als Form eines solchen Vertrages ist nicht bloß Schriftlichkeit, sondern notarieller oder gerichtlicher Abschluß verlangt, so daß die Bedeutung des ersten Absatzes von § 313, um die es sich zunächst handelt, die ist, daß, wenn zwei Parteien die Uebertragung von Grundeigenthum unter sich vereinbaren, also zum Beispiel, wenn sie einen Kaufvertrag miteinander abschließen, keiner von beiden an diesen Vertrag gebunden ist, solange der Vertrag nicht notariell oder gerichtlich abgeschlossen ist.

Der Absatz 2 sagt nun weiter, wenn nachher aufgelassen wird, so ist es nicht nöthig, daß bei der Auflassung ein notarieller oder gerichtlicher Vertrag vorliegt, sondern es braucht nur ein schriftlicher Vertrag vorgelegt, es kann sogar auch auf Grund eines mündlichen Vertrages aufgelassen werden, und von dem Momente der Auflassung an ist dann auch der bloß mündlich oder schriftlich abgeschlossene Vertrag gültig. Es handelt sich also nur um die Zwischenzeit zwischen der Vereinbarung der beiden Parteien und der Auflassung. In der Zwischenzeit ist gemäß

§ 313 keine der Parteien an die Vereinbarung gebunden, wenn die Vereinbarung nicht notariell oder gerichtlich abgeschossen ist. Durch die Auflassung wird der Vertrag gültig und für die Parteien bindend. In letztgedachter Hinsicht ist insofern landesgesetzlich ein Abweichen zulässig, als nach § 98 der Grundbuchordnung durch Landesgesetz bestimmt werden kann, daß das Grundbuchamt die Erklärung der Auflassung nur entgegennehmen soll, wenn die nach § 313 B.G.B. erforderliche Urkunde vorgelegt wird. Von dieser Befugniß hat Bayern Gebrauch gemacht.

Hiernach ist es überall im Deutschen Reiche nicht anders möglich, bei einem Verkauf von Immobilien die Parteien schon vor der Auflassung, die regelmäßig nicht sofort zu bewirken ist, zu binden, als indem man den Verkauf gerichtlich oder notariell abschließt, was auch wiederum meist nicht sofort geschehen kann.

In manchen Bezirken und namentlich am Rhein hat diese Bestimmung eine große Unzufriedenheit hervorgerufen, namentlich in den Kreisen derer, die in den Städten an dem Grundstücksverkehr, an dem Vertrieb der Bauplätze interessirt sind. Aus den Kreisen der Hausbesitzer und Besitzer von Bauplätzen, wie der Makler für den Güterverkehr, wird lebhaft geklagt, daß man auf diese Weise den anderen Theil nicht sofort nach der Einigung binden könne. Man sei stets der Gefahr ausgesetzt, daß der Mitkontrahent das mündlich oder selbst schriftlich Zugesagte wieder zurücknähme.

Diese Klagen haben die Deputation veranlaßt, unsere Frage, obschon es sich um eine Aenderung des eben erst erlassenen Bürgerlichen Gesetzbuches handelt, auf die diesjährige Tagesordnung zu stellen. Es hat sich nun bei den Vorberathungen, bei den Gutachten, bei den Besprechungen und namentlich bei den Berathungen, die der gleichzeitig tagende Notariatsverein abhielt, herausgestellt, daß bezüglich der Bestimmung in Absatz 1 des § 313 ein entschiedener Gegensatz der Ansichten zwischen den verschiedenen Ländern und Landestheilen besteht. Die Bestimmung des Absatzes 1 stammt aus einem bayerischen Notariatsgesetze vom Jahre 1861. Fast nirgend sonst hatte man eine derartige Bestimmung. Wohl war in vielen Ländern Deutschlands für die dingliche Wirkung eines Kaufvertrages notarielle oder gerichtliche Form erforderlich. Aber für die obligatorische Wirkung eines Kaufvertrages war wohl vielfach Schriftlichkeit des Vertrages, nicht aber wie in Bayern, authentische Form verlangt. In Bayern hat die Bestimmung, wie ich von dem zum ersten Berichterstatter bestellten über die Verhältnisse sehr genau informirten Herrn Freiherrn Dr. von Pechmann hörte, von jeher großen Beifall gefunden und verlangt man auf das Entschiedenste deren Beibehaltung. Dagegen stößt sie, wie schon gesagt, in anderen Theilen Deutschlands und vor allem in den Kreisen der rheinischen Städte auf großen Widerstand. Wäre die Frage in der Abtheilung zur Verhandlung gekommen, so würde sich die Abtheilung zu einer ähnlichen entwickelt haben, wie diejenige, von welcher der „Tag" heute in seinem Berichte über den Juristentag sagt: „Mit der Haftpflicht . . . beschäftigte sich die Abtheilung für Zwietracht". (Heiterkeit.) Ich bin überzeugt, unsere Abtheilung wäre auch eine Abtheilung für Zwietracht geworden.

Das wäre natürlich kein Grund gewesen, die Verhandlung der Frage aussetzen. Allein dieser Widerstreit ganz entgegengesetzter Auffassungen und der Gedanke, daß auf der einen Seite die bayerischen Juristen eine Erfahrung seit 1861 für sich haben, und daß dagegen die Gegner aus den wenigen Jahren, welche die Bestimmung bei ihnen gilt, natürlich nur erst wenige Fälle beibringen können, in denen sich die Bestimmung als schädigend erwiesen habe, regte doch schon Zweifel an, ob die Frage spruchreif sei.

Dann kam Folgendes hinzu, was für mich und mehrere andere bestimmend gewesen ist, den Antrag auf Vertagung zu stellen. Das waren die Berathungen des Notariatsvereins. In diesem Vereine spalteten sich die Meinungen ebenso. In dem Notariatsvereine war die Meinung, daß die authentische Form als Bedingung für die obligatorische Wirkung des Kaufvertrages aufzuheben sei, in der Minderheit, der größere Theil der Notarien wollte die authentische Form des § 313 Absatz 1 beibehalten, war aber der Meinung, daß man als Konsequenz dieser Bestimmung, als Grundlage für die Auflassung unter Aenderung des Absatz 2 gleichfalls einen authentischen Vertrag verlangen müsse.

Man muß ja zugeben, daß der im § 313 B.G.B. Absatz 2 zu dem Absatz 1 in einem eigenthümlichen Gegensatz steht. Wenn man im Absatz 1, um im Interesse der Rechtssicherheit die Bestimmnngen eines Kaufvertrages über Grundeigenthum festzustellen, für einen solchen Vertrag die Form einer authentischen Urkunde verlangt, so ist es natürlich inkonsequent, weiterhin im Absatz 2 zu sagen: Du kannst jedoch auf Grund eines privatschriftlichen oder selbst nur mündlichen Vertrages vor den Auflassungsrichter gehen und auflassen und dann bindet dich der privatschriftliche oder mündliche Vertrag. Diese Inkonsequenz führte im Notariatsverein diejenigen Herren, die für die Beibehaltung des § 313 Absatz 1 B.G.B. sind, wonach die Kaufverträge über Grundeigenthum zu ihrer Geltung authentischer Beurkundung bedürfen, zu der Forderung, daß dann aber auch die Auflassung nur auf Grund einer authentischen Beurkundung des Kaufvertrages geschehen dürfe. Mit anderen Worten, es soll das, was der § 98 der Grundbuchordnung landesgesetzlich zuläßt, reichsgerichtlich eingeführt werden. Dann käme folgendes Ergebniß. Wenn ich einen Kaufvertrag über ein Grundstück derart abschließen will, daß er Gültigkeit hat und beide Parteien bindet, so muß ich den Kaufvertrag gerichtlich oder notariell abschließen. Und wenn ich dann auf Grund dieses Vertrages das Eigenthum an dem Grundstück vererben will, so müssen beide Parteien auf Grund dieses Vertrages die Auflassungserklärung abgeben uud zwar in denjenigen weitaus die Mehrheit bildenden Bezirken, welche eine Auflassungserklärung vor Notar nicht kennen, vor Gericht. In diesem Zusammenhange kamen die Notarien in ihrer Berathung auf den Gedanken, ob es sich, wenn man für die Auflassung einen notariellen oder gerichtlichen Vertrag verlange, nicht der Einfachheit halber empfehle, die jetzt am Rhein bestehende Auflassung allgemein zuzulassen und dadurch den Parteien, wenn sie von dem nunmehr vorgeschriebenen Wege, den Vertrag vor Notar oder Gericht abzuschließen, die Abschließung vor Notar wählen, die Möglichkeit zu geben, unmittelbar an den Abschluß vor dem Notar anschließend, auch die Auflassungserklärung vor dem Notar zu erklären.

Die Frage, ob die Auflassungserklärung vor Notar sich empfiehlt und sich am Rhein bewährt hat, ist aber noch so unreif und so wenig ausgetragen, daß der Notariatsverein vorerst beschlossen hat, bei der Ständigen Deputation zu beantragen, solche auf die Tagesordnung des nächsten Deutschen Juristentages zu setzen. Und da bin ich der Meinung: wenn das geschehen soll, wird es das Beste sein, beide zusammenhängende Fragen zu verbinden und demnach auch unsere Frage auf die Tagesordnung des nächsten Juristentages zu setzen. So ist von mir in Gemeinschaft mit mehreren Mitgliedern der Abtheilung folgender Antrag gestellt und nach ganz kurzer Diskussion, ohne auf das Materielle einzugehen, mit großer Majorität zum Beschluß erhoben worden:

> Der Verhandlungsgegenstand Nr. 10 wird von der Tagesordnung abgesetzt, damit er zusammen mit der Frage der notariellen Auflassung auf die Tagesordnung des nächsten Deutschen Juristentages gesetzt werden kann. (Lebhafter Beifall.)

Vicepräsident: Ich danke dem Herrn Oberlandesgerichtspräsidenten für sein außerordentlich unterrichtendes Referat.

(Präsident Geheimer Justizrath Professor Dr. Brunner (Berlin) übernimmt wieder den Vorsitz.)

Präsident Geheimer Justizrath Professor Dr. **Brunner** (Berlin): Meine Herren, gestatten Sie mir, eine Angelegenheit einzuschieben, die uns nur ganz kurze Zeit in Anspruch nehmen wird, nämlich den Kassenbericht, den Herr Rechtsanwalt Neumann so gütig sein wird, zu erstatten.

Berichterstatter Rechtsanwalt Dr. **Hugo Neumann** (Berlin): Meine Herren, nach dem Statut ist Decharge zu ertheilen nicht vom Juristentage, sondern von der Ständigen Deputation; trotzdem wird ein kurzer Bericht dem Gesammtverein gegeben. Ich beschränke mich darauf, mitzutheilen, daß der Barbestand am 1. September 1902 991 Mk. 55 Pf. betrug und Werthpapiere, mündelsicher angelegt, vorhanden waren im Nominalbetrage von 15 800 Mk., so daß unser Gesammtvermögen beträgt 16 791 Mk. 55 Pf. Die übliche Uebersicht wird den Mitgliedern mit dem Berichte über unsere Verhandlungen mitgetheilt werden.

Als Schatzmeister des Juristentages darf ich die Bitte aussprechen, daß die Herren, die aus Anlaß der Berliner Tagung dem Juristentage so zahlreich beigetreten sind, recht ständige Mitglieder und Zahler des Juristentages bleiben mögen! (Bravo!)

Präsident: Wir gelangen nunmehr zu Nr. 6 der Berathungsgegenstände:

> Welche Maßregeln empfehlen sich für die rechtliche Behandlung der Ringe oder Kartelle?

Der Beschluß soll dem Plenum zur Erörterung mitgetheilt werden. Berichterstatter ist Herr Professor Dr. Menzel (Wien).

Berichterstatter Professor Dr. **Menzel** (Wien): Geehrte Herren, die 3. Abtheilung des Juristentages hat gestern nach einer siebenstündigen Berathung auf Antrag des Vorsitzenden einstimmig beschlossen, die Beschlüsse zu Punkt 6, betreffend die Kartelle, der geehrten Plenarversammlung nicht bloß zur Kenntnißnahme, sondern zur Erörteruag mitzutheilen, und mir wurde die ehrenvolle Aufgabe zu Theil, vor Ihnen als Berichterstatter zu erscheinen. Diese Aufgabe ist ebenso ehrenvoll wie schwierig, denn ich vereinige in diesem Momeat in mir zwei Persönlichkeiten; es vollzieht sich, um einen Ausdruck des geehrten Herru Präsidenten in der ersten Plenarversammlung zu wiederholen, in mir eine Personalunion zwischen einem objektiven Berichterstatter und einem subjektiv befangenen Antragsteller. Ich hoffe, daß es mir gelingen wird, diese beiden Rollen streng zu scheiden.

Das Motiv unserer Beschlüsse war ein doppeltes, einmal die große Wichtigkeit der erörterten Frage, und ferner der Umstand, daß unsere Abtheilung Beschlüsse mit einer sehr geringfügigen Majorität, zum Theil mit Stimmengleichheit gefaßt hat. Es gelangte also in diesen Beschlüssen eine entschiedene Meinung nicht zum Ausdruck. Wenn ich nun daran gehe, die Situation zu beleuchten und die Strömungen zu charakterisiren, die in der Debatte und in diesen Beschlüssen zum Ausdruck gelangt sind, so kann ich dies nicht besser thun, als indem ich mich der Worte bediene, welche der verehrte Vorsitzende unserer Abtheilung, Herr Oberreichsanwalt Dr. Olshausen mit gewohntem Scharfsinn am Schlusse der Debatte zur Charakteristik der vorliegenden Anträge gebraucht hat. Er theilt nämlich die Anträge in drei Gruppen. Es lagen Anträge vor, die bereits bestimmte positive gesetzliche Maßregeln zur Regelung der Kartelle in Vorschlag bringen, z. B. ein Antrag: „es soll den Kartellen künftig der Kontrahirungszwang auferlegt werden", ein zweiter Antrag: „es soll die civilrechtliche Giltigkeit der Kartelle abhängig sein von einer Eintragung im Kartellregister"; ein dritter Antrag bezog sich auf die Konkurse, die eventuell über die Kartelle hereinbrechen können. Eine zweite Gruppe von Anträgen hat einen präparatorischen Charakter. Das sind namentlich die Resolutionen, die ich mir vorzulegen erlaubt habe und die Ihnen auch in Vervielfältigung vorliegen. Von diesen Resolutionen ist Punkt I b bereits in unserer Abtheilung mit Stimmenmehrheit beschlossen worden, nämlich der Antrag: „Der Deutsche Juristentag spricht seine Ueberzeugung dahin aus, daß für eine gesetzliche Regelung der Industriekartelle vorerst empfohlen wird die Statuirung einer Auskunftspflicht gegenüber der Staatsverwaltung von Seiten der kartellirten Unternehmer, ihrer Organe und Kommissionäre". Die anderen Punkte meiner Resolution erhielten nicht die erforderliche Majorität und es wird Sache der geehrten Plenarversammlung sein, eventuell diese anderen Punkte zum Gegenstand einer Abstimmung zu machen.

Eine dritte Richtung, die in dieser Debatte hervorgetreten ist, kann man mit den Worten charakterisiren: O rühret, rühret nicht daran, (Heiterkeit), es soll nichts geschehen, die Zeit sei nicht reif für eine gesetzliche Regelung der Kartelle; der Juristentag solle beschließen, es ist nicht angezeigt, auch nur vorbereitende Maßregeln für diesen Gegenstand in Erwägung zu ziehen. Das ist der Antrag des Herrn Justizrath Dr. Simon.

Diese drei Gruppen von Anträgen wurden in der Reihenfolge, die ich erwähnt habe, zur Abstimmung gebracht. Die erste Gruppe vereinigte nur eine ganz geringe Anzahl von Stimmen auf sich. In Folge dessen dürfte es sich empfehlen, von diesen positiven Anträgen zur Regelung der Kartelle auch hier in der Plenarversammlung völlig Abstand zu nehmen, da dieselben sichtbar eine Resonanz in der Abtheilung nicht gefunden haben. Es stehen sich also nur zwei Standpunkte gegenüber: der Standpunkt der absoluten Passivität und der Standpunkt, den ich mir zu vertreten erlaubt habe, der Standpunkt von präparatorischen Maßregeln, welche die eigentliche gesetzliche Regelung ermöglichen.

Um nun mit meiner Berichterstattung noch fortzufahren, möchte ich Folgendes bemerken. Mein Korreferent, der in der heutigen Sitzung nicht anwesend ist, hat folgenden Standpunkt eingenommen. Er ist im allgemeinen nicht für ein Eingreifen der Gesetzgebung im gegenwärtigen Moment; allein er erklärte am Schlusse, daß meine Anträge so harmlos seien, daß man mit voller Beruhigung für sie stimmen könne; sie würden nicht viel nützen, aber auch nicht viel schaden. (Heiterkeit.) Die beiden Herren Gutachter stehen prinzipiell vollständig auf dem Boden, den ich in meinen Resolutionen zum Ausdruck gebracht habe. Beide Herren haben in ihren Gutachten es als dringend nothwendig bezeichnet, mindestens das Prinzip der Publizität durch gewisse Maßregeln zu gewährleisten, damit die Staatsverwaltung in die Lage kommt, gesetzliche Maßregeln überhaupt treffen zu können. Sie muß vorher das Material auf legalem Wege, nicht bloß durch die Gefälligkeit der kartellirten Unternehmer sich verschaffen, und zu diesem Zwecke ist es nothwendig, eine gesetzliche Auskunftspflicht und auch eine Registirungspflicht einzuführen.

So viel zur Charakteristik der Situation. Da ich nun einmal diese Stelle hier eingenommen habe und da es zu einer Erörterung der Frage kommen muß, so möchte ich mir einige Worte auch erlauben, um meinen Standpunkt kurz zu rechtfertigen. Es wird sich mir ja Gelegenheit bieten, falls es zu einer weiteren Erörterung kommt, als Berichterstatter noch auf einige Bedenken zurückzukommen.

Wenn ich mich entschieden gegen eine völlige Passivität ausgesprochen habe, so ist vor allem für mich maßgebend die Rücksicht auf die öffentliche Stimmung. M. H., nicht nur in Deutschland und in Oesterreich, in der ganzen Welt herrscht die Ueberzeugung, es muß etwas geschehen, um den Auswüchsen des Kartellwesens entgegentreten zu können. (Sehr richtig!) Ich würde es nicht für angemessen halten, wenn der Juristentag sich vollständig ablehnend verhält und erklärt im Gegensatz zu dieser allgemeinen Ueberzeugung: er findet, daß gar nichts vorzukehren sei. In der gestrigen Festvorstellung charakterisirte der dichterische Prolog die Männer des Rechtes dahin, daß sie die alte und die neue Zeit miteinander zu verbinden haben. Es tritt eine dunkle Frauengestalt auf, welche das alte, starre, unbeugsame Recht vertritt, und diese verwandelt sich unter dem Einflusse des lichten Zeitgeistes in eine moderne Gestalt. M. H., ich hoffe, daß Sie durch ihren Beschluß zum Ausdruck bringen werden, daß Sie den Sinn dieser Dichtung voll erfaßt haben.

(Beifall und Heiterkeit.)

Präsident: Ich danke Herrn Professor Menzel für seinen vortrefflichen Bericht.

M. H., es ist eine Reihe von Anträgen zur Kartellfrage eingegangn. Ich werde mir erlauben, sie zunächst zu verlesen. Da steht in erster Linie ein Antrag von Professor Dr. Menzel:

I. Der Juristentag spricht seine Ueberzeugung dahin aus, daß für eine gesetzliche Regelung der Industrie-Kartelle vorerst empfohlen wird
   a) die Einführung öffentlicher Kartellregister und
   b) die Statuirung einer Auskunftspflicht gegenüber der Staatsverwaltung von Seiten der kartellirten Unternehmer, ihrer Organe und Kommissionäre.

II. Der Juristentag erklärt eine Reform der Gesetzgebung über die wirthschaftlichen Korporationen, insbesondere die Aktiengesellschaften in der Richtung für wünschenswerth, daß der Staatsverwaltung gegenüber diesen Körperschaften die Wahrung öffentlicher Interessen ermöglicht wird.

Ferner ist ein Antrag eingelaufen, der, wenn ich nicht irre, sich an die Nummer I des Menzel'schen Antrags anschließen soll, nämlich ein Antrag des Herrn Dr. Ullmann (Wien):

II. Der Juristentag erklärt, daß im übrigen mit Rücksicht auf den Stand der Gesetzgebung des deutschen Reiches von einer besonderen gesetzgeberischen Aktion in der Kartellfrage derzeit Umgang zu nehmen ist.

Drittens ein Antrag des Herrn Dr. Krasny (Wien):

A. Der Deutsche Juristentag spricht seine Ueberzeugung dahin aus, daß eine umfassende gesetzliche Regelung der Industriekartelle nur im Zusammenhange mit einer Revision der Gesetzgebung über die wirthschaftlichen Korporationen überhaupt erfolgen kann.

B. Als vorbereitende Maßregeln werden derzeit empfohlen:
   a) die Einführung öffentlicher Kartellregister,
   b) die Statuirung einer Auskunftspflicht gegenüber der Staatsverwaltnng von Seiteu der kartellirten Unternehmer, ihrer Organe und Kommissionäre.

Dann ein Antrag, unterschrieben von den Herren Flatau, Justizrath Boyens, Rechtsanwalt Lilienthal, Dr. Seidler, Dr. Thumim, Bornhak, Holz:

Wir beantragen: der 26. Deutsche Juristentag wolle beschließen nachfolgenden Berathungsgegenstand. „Welche Maßregeln empfehlen sich für die rechtliche Behandlung der Ringe oder Kartelle?" auf die Tagesordnung des nächsten Deutschen Juristentags zu setzen.

Es liegt außerdem noch ein Antrag von Herrn Justizrath Dr. Simon (Berlin) vor:

Der Deutsche Juristentag verkennt nicht, daß die Kartelle, deren wirthschaftliche Berechtigung er nicht in Abrede stellt, bisweilen zu Mißbräuchen Anlaß gegeben haben; er erachtet indessen eine Regelung des Kartellwesens durch Spezialgesetze z. Z. nicht für angebracht, weil jede derartige Regelung wirthschaftlich unübersehbare Folgen nach sich ziehen kann und der Nachweis nicht erbracht ist, daß nicht auf dem Boden des geltenden gemeinen Rechts den Auswüchsen des Kartellwesens entgegengetreten werden kann.

Zum Wort haben sich gemeldet Herr Justizrath Boyens, Herr Justizrath Dr. Rewoldt, Herr Justizrath Dr. Simon, Herr Dr. Krasny, Herr Dr. Solmssen und Herr Dr. Scharlach (Hamburg). Ich bitte zunächst Herrn Justizrath Boyens das Wort zu nehmen und ersuche ihn sowie die sämmtlichen übrigen Redner, hier vom Pult aus zu sprechen, damit sie besser verstanden werden.

Geh. Ober-Justizrath Prof. Dr. **Vierhaus** (Berlin): Zur Geschäftsordnung! Ich möchte den Antrag stellen, daß die Zeit der Herren Redner schon jetzt begrenzt werde. Ich glaube, daß jetzt bereits allgemein ein Rahmen von 5 oder 6 Minuten ausreichend sein wird.

(Zurufe: 10 Minuten!)

Präsident: Eben ist der Vorschlag auf Beschränkung der Redezeit gemacht worden. Ich denke, wir räumen zunächst 10 Minuten Zeit ein. Sollte der Redestrom noch gewaltiger werden, dann würde sich eine Reduktion der Sprechdauer auf 6 oder auf 5 Minuten später noch durchsetzen lassen. Ich bitte also zunächst 10 Minuten festzusetzen. (Zustimmung.) — Herr Justizrath Boyens!

Justizrath **Boyens** (Leipzig): M. H., der Antrag, den ich mit mehreren anderen Herren gestellt habe, der eben verlesen worden ist (Rufe: lauter!) geht dahin, den vorliegenden Gegenstand von der Tagesordnung des diesjährigen Juristentages abzusetzen und auf die Tagesordnung des künftigen Juristentages zu setzen. Wir sind zu diesem Antrag durch folgende Gründe bewogen.

Die vorliegende Frage ist selbstverständlich von der größten Wichtigkeit, aber auch von der größten Schwierigkeit und bedarf der allersorgfältigsten Vorbereitung. Nun hat in der Abtheilung eine sechsstündige Debatte stattgefunden. Bei dieser Debatte sind eine ganze Fülle neuer Gesichtspunkte zum Vorschein gekommen, die in dem schriftlichen Gutachten nicht enthalten waren. Es sind außerdem positive Anträge aus der Mitte der Versammlung gestellt worden, und als es schließlich zur Abstimmung kam, da hat wohl jeder in der Abtheilung das Gefühl gehabt, daß die nöthige Zeit und die nöthige Kraft, alle diese neu hervortretenden Gesichtspunkte genügend zu überlegen, gefehlt habe, sodaß sein Votum als ein unsicheres zu bezeichnen sei. Das positive Resultat ist gewesen, daß die Beschlüsse, die gefaßt worden sind, mit Majoritäten von 1 bis 2 Stimmen gefaßt sind.

Das hat nun dazu geführt, zunächst um die Sache noch zu Ende zu bringen, den Antrag zu stellen, die Sache vor dem Plenum weiter zu verhandeln. Aber es wird unserer Ueberzeugung nach unmöglich sein, ebenso wenig wie es in der Abtheilung möglich gewesen ist, wirklich mit derjenigen Ruhe, die für den Gegenstand nothwendig ist, die vorliegende Frage nach allen ihren Richtungen hin zu prüfen, und für den Einzelnen, ein solches Votum abzugeben, das er mit seinem Gewissen vereinigen kann, und im Ganzen ein solches Votum zu fassen, das der Würde des Juristentags entsprechend ist. Es ist vielmehr angezeigt, daß das ganze Material, das in der allerdings höchst interessanten Verhandlung der Abtheilung zu Tage gekommen ist und das sich weiter etwa durch Erörterung in der Presse durch Einholen neuer Gutachten oder wie sonst noch darbieten würde, fernerhin verwandt wird, und einem künftigen Juristentage die Entscheidung vorbehalten wird. Deshalb, m. H., haben wir uns entschlossen, den Antrag zu stellen, den ich vorhin erwähnte, also die Sache auf die Tagesordnung eines neuen Juristentags zu bringen.

Sollte dieser Antrag nicht angenommen werden, so würden wir, die wir in der Abtheilung Anträge gestellt haben, diese Anträge hier ebenfalls stellen; es würde eine vielstündige Debatte nothwendig sein, um alle die Gesichtspunkte zu wiederholen, die in der Abtheilung vorgebracht wurden, um namentlich die Herren, die das nicht gehört haben, zu informiren. Aber, wie gesagt, nach unserer festen Meinung würden auch sie ebenso wenig wie wir im Stande sein, zu einem sicheren Votum zu gelangen. Ich bitte unseren Vertagungsantrag anzunehmen.

(Lebhaftes Bravo!)

Justizrath Dr. **Rewoldt** (Berlin): M. H., in der gestrigen Versammlung der Abtheilung sind sich zwei Strömungen schroff entgegengetreten, die eine Strömung, daß in der Kartellfrage gesetzgeberische Maßregeln ergriffen werden müßten, die andere Strömung, welche Ergreifung von gesetzgeberischen Maßregeln zur Zeit vollständig ablehnt. Beide Strömungen haben sich ungefähr die Waage gehalten. Ich bin nun der Ansicht, daß diejenige Strömung, welche jede sachliche Beschlußfassung über zu ergreifende Maßregeln ablehnen will, nicht wohl der Sachlage entspricht. Es steht fest, daß die Kartelle eine wirthschaftlich neue Einrichtung von ungeahnter Bedeutung und ungeahntem Umfange sind. Es ist in der langen Verhandlung kaum von irgend einer Seite bestritten worden, daß sich bei diesen Kartellen wesentliche Mißstände herausgestellt haben. Bei dem Umfange der Kartelle folgt hieraus mit Nothwendigkeit, daß die Allgemeinheit unter Mißständen bei ihrer Fortdauer, bezw. bei ihrer Wiederkehr in erheblicher Weise leiden muß, und daß sie daher hiergegen sich auflehnt. Dann folgt daraus weiter für den Vertreter der Allgemeinheit — das ist den Staat —, daß er vorbeugend bezw. abwehrend durch gesetzgeberische Maßregeln die Allgemeinheit schützt.

Es liegt das auch im wohlverstandenen Interesse der Kartelle selbst, denen nur, soweit sie reine Arbeit machen, daran gelegen sein kann, daß nicht Mißbräuche ungeahndet einreißen. Das Widerstreben der Kartelle selbst gegen gesetzgeberische Maßregeln geht wohl daraus hervor — und das ist auch gestern ausgesprochen worden —, daß sie fürchten, es möge eine Knebelung, ein Eindringen in ihre inneren Verhältnisse, in ihre Geschäftsgeheimnisse durch die Gesetzgebung beabsichtigt bezw. die Folge sein. Es kann keinem Zweifel unterliegen, daß diese Befürchtung der Kartelle verständlich ist und daß ihr, wenn es zu gesetzgeberischen Maßregeln kommt, nach allen Richtungen hin Rechnung getragen werden muß, daß die berechtigten Interessen nach innen wie nach außen, namentlich auch gegenüber dem Auslande, nicht geschädigt werden dürfen.

Liegt aber die Sache so, dann kann der Juristentag nicht wohl zu einem vollständig negativen Resultate kommen. Es würde das die Folge haben, daß man den Brunnen erst zuschüttet, wenn das Kind hineingefallen ist, und man würde dereinst dem Juristentage den Vorwurf machen, daß er die Zeichen seiner Zeit nicht verstanden hat. Deshalb, glaube ich, können wir uns auf einen ganz negativen Standpunkt nicht stellen. Wir können aber ebenso wenig Stellung nehmen zu Einzelheiten der Sache. Dazu, glaube ich, kann heute nicht geschritten werden, nachdem gestern eine sechsstündige Debatte nicht zu einer Einigung geführt hat.

Ich hatte die Absicht, heute zu empfehlen, den Antrag des Herrn Berichterstatters anzunehmen, weil dieser Antrag mir — ich muß das sagen — sehr harmlos erscheint, weil er nur den Werth einer Resolution hat, welche die Bahn anzeigt, auf der man weiter schreiten kann. Ich muß aber gestehen, daß es für viele und selbst die meisten derjenigen Herren, welche der gestrigen Verhandlung nicht beigewohnt haben, schwer sein wird, über diese Resolution sich klar zu werden und irgend eine Stellung zu ihr einzunehmen. Ich würde es daher für ausreichend und der Würde des Juristentages entsprechend halten, wenn ein Beschluß dahin erfolgte, wie er soeben von dem Herrn Justizrath Boyens und Genossen beantragt worden ist, welcher besagt, daß die Frage der weiteren Erörterung werth ist, daß sie aber nicht derartig geklärt ist, daß der Juristentag heute dazu eine positive Stellung nehmen kann. Ich schließe mich daher dem Antrage an, die Sache von der Tagesordnung abzusetzen und sie dem nächsten Juristentage zur weiteren Erörterung zu übergeben. (Bravo und Händeklatschen.)

Justizrath Dr. **Veit-Simon** (Berlin): Meine Herren! Die beiden Herren Vorredner haben besonderen Werth darauf gelegt, daß die öffentliche Meinung ein Eingreifen der Gesetzgebung in das Kartellwesen verlange, und glauben, daß der Juristentag an dieser öffentlichen Meinung nicht vorübergehen dürfe. Meine Herren! Man muß sich aber klar machen, wie in diesem Falle nach der Natur der Sache die öffentliche Meinung entsteht. Die Kartelle sind im Wesentlichen Vertreter der Produzenten, also die Vertreter von verhältnißmäßig wenigen Personen; und wenn auch von dem Wohle der Produzenten vielfach das Wohl vieler Millionen von Arbeitern und die Kaufkraft eines großen Theiles der Bevölkerung abhängt, so sind es im Wesentlichen doch immer nur wenige Personen, bei denen man äußerlich erkennen kann, daß sie Vortheile von den Kartellen haben. Denen gegenüber steht die Masse der Konsumenten, das ist die große Masse des Volkes, fast sämmtliche übrige Mitglieder der Volksgemeinschaft; sie glauben sämmtlich oder stehen doch unter dem Eindrucke, daß sie durch die Kartelle benachtheiligt werden, daß die Preise der Lebensmittel durch die Kartelle erhöht werden; die Vortheile dagegen, die aus den Kartellen für das Publikum erwachsen, sind ihm nicht klar und auch bei oberflächlicher Betrachtung schwer erkennbar. So ist es ganz natürlich, daß die öffentliche Meinung leicht geneigt sein wird, gegen die Kartelle aufzutreten. Einer etwa irregeleiteten öffentlichen Meinung aber muß der Juristentag entgegentreten und nicht mit ihr schwimmen.

Meine Herren, wenn wir uns überlegen, welche Erfahrungen anderwärts auf dem Gebiete der Kartellgesetzgebung gemacht worden sind, so werden wir, glaube ich, wenigstens gegenwärtig, davon abstehen müssen, irgendwelche Maßregeln zu empfehlen. Das typische Beispiel von Wirkungen derartiger Maßregeln bieten die Vereinigten Staaten von Nordamerika, wo die Bundesgesetzgebung und die Gesetzgebung von 27 Einzelstaaten gegen die Kartelle eingegriffen hat. Der Erfolg war folgender. Die Gesellschaften haben nothgedrungen versucht, die Kartellwirthschaft loszuwerden und zu Trustbildungen überzugehen, das heißt statt der losen Gefüge der Kartelle kamen die schon erheblich festeren Gefüge der Trusts, die bereits viel gefährlicherer Natur gewesen sind, als die Kartelle. Es ist ungefähr das Verhältniß von Kartellen zu Trusts wie zwischen Staatenbund und Bundesstaat, man könnte die Kartelle Gesellschaftsbünde und die Trusts als Bundesgesellschaften bezeichnen. Bei den Kartellen war es nur ein vertragsmäßiges Verhältniß individuell bestehender Gesellschaften, bei den Trusts liegt dagegen schon eine korporative Zusammenfassung der gleichfalls individuell bestehen bleibenden Gesellschaften vor. Als die Gesetzgebung gegen die Trustgesellschaften vorging, da haben sich Einheitsgesellschaften durch Fusion gebildet. Es hat, um wieder bei dem staatsrechtlichen Vergleiche zu bleiben, sich gewissermaßen wie aus dem Bundesstaat ein Einheitsstaat, so aus den Bundesgesellschaften die Einheitsgesellschaft entwickelt. So ist man zu Bildungen fortgeschritten wie jetzt z. B. bei der Stahlgesellschaft, welche über ein Kapital von $5^1/_2$ Milliarden Mark kommandirt.

Meine Herren! Die Züchtung derartiger Gesellschaften ist meines Erachtens die unausbleibliche Folge jedes gesetzgeberischen Eingreifens auf dem Gebiete des Kartellwesens; in der Förderung der Errichtung einer solchen Gesellschaft, die über ein Kapital von fünf und mehr Milliarden Mark verfügt, sehe ich eine ungeheuere Gefahr. Dadurch wird der Mittelstand erdrückt, eine Reihe von Existenzen brotlos gemacht. Es wird in Amerika z. B. hervorgehoben, daß man in Folge dieser Entwickelung allein 240 Millionen Mark jährlich für Reisende erspart. Es wird aber überdies durch solche Riesengesellschaften ein Staat im Staate geschaffen, den auf die Dauer ja die Gesellschaft gar nicht zu ertragen vermag. Meine Herren! Gerade wenn Sie derartigen Bildungen entgegentreten und eine solche Gefahr beschwören wollen, dann dürfen Sie nicht an eine künstliche gesetzliche Regelung des Kartellwesens herangehen, mag das nun unter der Bezeichnung „präparatorische Maßregel" oder unter anderer Bezeichnung geschehen. Denn sobald Sie eine Bestimmung erlassen, nach der ein Kartellregister eingerichtet wird oder Auskunft ertheilt werden soll über Geschäftsgeheimnisse, deren Geheimhaltung sowohl in dem Gesetze über den unlauteren Wettbewerb als auch bei den gesetzlichen Bestimmungen über das Zeugenverweigerungsrecht gesetzlich gewährleistet ist, so drängen Sie dadurch die kartellirten Gesellschaften dahin, sich zu Einheitsgesellschaften zusammenzuthun und befördern gerade etwas, was im öffentlichen Interesse vermieden werden muß und was Sie gewiß nicht befördern wollen.

Meine Herren! Bisher hat sich noch keiner der Gutachter darüber geäußert, ob unsere deutsche Reichsgesetzgebung auf dem Boden des gemeinen Rechtes nicht bereits ausreichende Fürsorge trifft, um den bei den Kartellen hervorgetretenen Auswüchsen entgegenzutreten. Daß man an sich den Auswüchsen entgegentreten muß, ist ja selbstverständlich. Ich glaube, daß das auch ausreichend geschehen kann, wenn man nur die bestehenden gesetzlichen Bestimmungen anwendet. Die Hauptvorwürfe, die man erhebt, gehen dahin: erstens, daß man sagt: es würde der einzelne Industrielle oft gezwungen, dem Kartell wider seinen Willen beizutreten, und zweitens: es werde bei der Preisnormirung in einer wirthschaftlich nicht zulässigen Weise verfahren. In der ersten Richtung ist meines Erachtens § 826 B.G.B. vollständig ausreichend, um unrechtmäßigen Machenschaften entgegenzutreten. Denn wenn ein Kartell z. B. — das ist das typische Beispiel in der Litteratur —, jemanden dadurch zum Beitritte zwingt, daß die kartellirten Gesellschaften den Betreffenden überall, wo er Bestellungen entgegennehmen will, unterbietet, und zwar zu verlustbringenden Preisen unterbietet, so ist das nach meiner Auffassung eine Handlung, die gegen die guten Sitten verstößt und gegen die auf Grund § 826 B.G.B. eingegriffen werden kann, und nach der Judikatur des Reichsgerichtes kann dann auch derart vorgegangen werden, daß dem Kartelle verboten wird, derartige Handlungen vorzunehmen. Auch wenn die Preise wucherische werden, so wird regelmäßig unser Bürgerliches Gesetzbuch eingreifen; denn bei allen monopolistischen Kartellen ist ja der Konsument in einer Nothlage: er kann nicht von anderer Seite beziehen und ich zweifle nicht, daß das Gericht eventuell wucherischen Preisen gegenüber eine Nothlage annehmen wird.

So komme ich für meine Person zu dem Ergebnisse, daß der Nachweis nicht erbracht ist, daß unsere Gesetzgebung ein Eingreifen erheischt. Noch weniger ist der Nachweis der Zweckmäßigkeit eines Eingreifens erbracht, vielmehr würde man die entgegengesetzten Wirkungen erzielen, als man erzielen will. Die kleineren und mittleren Betriebe würden gestört, der freie Wettbewerb erstickt, die Großindustrie nicht nur gekräftigt, sondern zum Zusammenschlusse gedrängt und dadurch zum Nachtheile der Allgemeinheit zur Alleinherrscherin gemacht werden. Eventuell würde ich mich naturgemäß mit dem Antrage Boyens einverstanden erklären, der insofern sich mit meinen Vorschlägen trifft, als er jedenfalls im gegenwärtigen Augenblicke eine Beschlußfassung der Versammlung nicht herbeiführen will.

(Bravo!)

K. K. Ministerialsekretär Dr. **Krasny** (Wien): M. H.! Ich habe mir erlaubt, den Antrag zu stellen, daß der Deutsche Juristentag seine Ueberzeugung dahin ausspreche, daß eine umfassende gesetzliche Regelung der Industriekartelle **nur** im Zusammenhange mit einer Revision der Gesetzgebung über die wirthschaftlichen Korporationen überhaupt erfolgen kann. Der zweite Punkt meines Antrages schließt sich dem ersten Theile des Referentenantrags an. Gestatten Sie mir, daß ich zur Begründung meines Antrags nur einige wenige Worte spreche!

Es ist bereits wiederholt hervorgehoben worden, daß sich in der gestrigen langwierigen Debatte über die Kartelle zwei Hauptströmungen geltend gemacht haben. Die eine war eine negative, die andere eine positive: die negative, die ein gesetzliches Eingreifen in die Kartellfrage ablehnt, die positive, die gewisse, als präparatorische bezeichnete Maßnahmen vorschlägt. Beide aber hatten einen gemeinsamen Charakter; sie waren durchaus nicht radikal und gingen nicht bis zu den äußersten Konsequenzen. Die negative hat nicht **jedes** Eingreifen und für **immer** abgelehnt, und die positive hat keine **umfassende** Regelung der Kartellfrage für nothwendig erachtet.

Ich möchte nun versuchen, die Abtheilung für die Kartellfrage, die man nach den Vorgängen in der gestrigen Sitzung vielleicht mehr als jede andere als die Abtheilung der Zwietracht bezeichnen kann, wenn möglich, in ein Plenum der Eintracht überzuführen, indem ich eine media sententia vorschlage, auf die sich beide Hauptparteien einigen könnten. Die dilatorische Einrede, daß heute der Zeitpunkt noch nicht für eine umfassende Regelung des Kartellwesens gekommen ist, erachte ich für vollständig berechtigt. Ich glaube aber, daß der wesentlichste Grund für diese Verschiebung der und kein anderer sein kann, als daß eine einseitige Regelung der Kartelle nicht nur unmöglich und nicht nur ungenügend, sondern geradezu schädlich wäre. Mein Antrag geht darum dahin, daß diese gesetzliche Regelung der Kartelle jenem Zeitpunkt vorbehalten werde, in welchem die Frage einer Neugestaltung des gesammten Rechts der wirthschaftlichen Korporationen vollständig geklärt und für gesetzgeberische Maßregeln reif geworden ist.

Kartelle sind nur eine Form wirthschaftlicher Organisationen, für welche das Wirthschaftsleben außerordentlich verschiedene Gestaltungen finden kann und erfunden hat, der Kapitalassoziationen. Ein Kampf gegen die Kartelle allein, oder eine gesetzliche Regelung der Kartelle allein, kann nur ein Kampf gegen und um das Wort „Kartelle" sein und bleiben. Es läßt sich doch beispielsweise nicht leugnen, daß bei der Proteusnatur der Kartelle ein Uebergang der Kartellform in die Form der Aktiengesellschaften oder, wie dies in Deutschland bereits geschehen ist, in Gesellschaften mit beschränkter Haftung möglich ist. Es erscheint mir daher als durchaus unlogisch, daß man die Regelung der Kartell=

frage unternehmen solle, ohne den Zusammenhang mit der Ordnung des Rechtes der anderen wirthschaftlichen Korporationen im Auge zu behalten. Ich kann insbesondere als Oesterreicher mein Bedenken dagegen nicht unterdrücken, daß in Oesterreich eine Regelung des Aktienrechts in der Richtung einer Minderung des staatlichen Einflusses verlangt und unternommen, gleichzeitig aber eine gesetzliche Regelung des Kartellwesens in der Richtung einer Erhöhung der staatlichen Aufsicht postulirt wird. Ich glaube daher, daß eine Regelung der Kartelle in dem in der Diskussion festgehaltenen engeren Sinne eine ungenügende Maßregel wäre.

Sie wäre aber auch geradezu schädlich; denn sie müßte eine Abdrängung der Unternehmer nach viel gefährlicheren Formen der Assoziation zur Folge haben. Wenn wir die Kartelle verbieten oder auch nur einschränken, so wird die Folge keine andere sein als daß trusts, combinations und Fusionen entstehen, welche durch die größere Anhäufung von Kapital und durch die vielleicht rücksichtlosere Behandlung wirthschaftlicher Fragen viel schädlicher sind oder werden können, als die Kartelle.

Diese kurzen Ausführungen mögen den Schluß berechtigen, daß der Juristentag seine Ueberzeugung dahin aussprechen solle, daß eine einseitige Regelung des Kartellwesens nicht möglich und auch nicht wünschenswerth sei, daß er vielmehr die Regelung des Kartellwesens in Connex mit der gesammten Regelung des Rechtes der Unternehmerverbände bringe. Meine Herren, ein Kartellgesetz wird immer nur ein Halbgesetz bleiben, und besser gar kein Gesetz als ein Halbgesetz, welches den Zusammenhang der wirthschaftlichen Erscheinungen nicht erkennt oder zerreißt.

(Bravo!)

Präsident: Das Wort hat Herr Syndikus Dr. Solmssen-Berlin.

Dr. **Solmssen** (Berlin): Meine hochverehrten Herren, ich bin mir bewußt, wenn ich jetzt zu Ihnen rede, als Vertreter eines Standes zu sprechen, welcher seine Interessen hier nur in schwachem Maße wahrgenommen finden wird. Wir sind hier eine Gesellschaft von Juristen, von Nationalökonomen, aber nicht von Kaufleuten, und ich möchte mir gerade deshalb gestatten, als zum Kaufmann gewordener Jurist kurz Ihr Augenmerk darauf zu lenken, welche Gefühle Sie im Kaufmannsstande auslösen, wenn Sie heute den Beschluß fassen und zwar den Plenarbeschluß, daß der Juristentag es für geboten erachte, daß Maßregeln ergriffen werden, welche sich gegen die Kartelle richten. Meine Herren, der Kaufmannsstand ist ein Arbeiterstand; groß geworden aus dem Bürgerstande, hat er sich langsam emporringen müssen und hat deshalb nicht immer die Zeit gefunden, um nach außen hin seinen Interessen

Geltung zu verschaffen. Wir haben es daher bereits erlebt, daß ein Ausnahmegesetz, das Börsengesetz, gegen uns geschaffen wurde, dessen ethische Wirkung viel weitgehender gewesen ist, als es auf den ersten Blick vielleicht scheinen mag. Eine Gemeinschaft, deren Vertreter unter sich auf das Strengste darüber wachen müssen, daß das, was man kaufmännisch Ehre nennt, gewahrt werde, ist durch dieses Gesetz als ein Stand gezeichnet werden, der mit Hilfe eines Ausnahmegesetzes zu maßregeln sei. Eine Wiederholung dieses Vorgangs würde eintreten, wenn Sie heute, wo die Sachlage noch garnicht geklärt ist, den Beschluß faßten, daß man gegen die Kartelle vorgehen solle. Meine Herren, was stellen denn die Kartelle vor? Sie sind doch Vereinigungen, an deren Spitzen gerade diejenigen Vertreter der Kaufmannschaft stehen, welche als vornehmste Repräsentanten derselben gelten können. Man baut nicht Kartelle auf, wenn man nicht Muth, Intelligenz und sehr gutes Können mitbringt. Und es läßt sich wohl sagen, daß die Leiter unserer Kartelle an Verantwortlichkeits- und Pflichtgefühl und an Interesse für das Gemeinwohl denen nicht nachstehen dürfen (Widerspruch), die berufen sind, an hoher Stelle als Regierungsbeamter thätig zu sein.

Ferner müssen aber die Kartelle genannten wirthschaftlichen Vereinigungen als Kulturträger ersten Ranges betrachtet werden.

Ich bin mir bewußt, Ihren Widerspruch herauszufordern, wenn ich zur Erläuterung dieses Satzes auf eine Vereinigung besonders hinweise, deren Name bei uns absolut nicht gut im Klange steht, und die oft Maßregeln ergriffen hat und vielleicht auch hat ergreifen müssen, die man nicht durchaus zu billigen braucht. Aber, meine Herren, wenn man mit ruhigem, wissenschaftlichem Blicke betrachtet, wird man zugeben müssen, daß selbst ein oft so brutal vorgehender Verband wie der standard oil trust — Sie sehen ich scheue mich nicht, diese als Beispiel zu wählen — wenn man seine Wirkung als Ganzes betrachtet, für die kulturelle Welt ungemein segensreich geworden ist. Als dieser trust ins Leben trat, war die amerikanische Petroleumindustrie zerrüttet. Was ist seit dem erreicht worden? Bei stets fallenden Preisen und zwar enorm fallenden Preisen, wenn man die ganze Reihe der Jahre in Betracht zieht, während deren dieser trust gearbeitet hat, ist eine Organisation geschaffen worden, welche das Petroleum dem weitesten Weltmarkt zuführt. Es ist gelungen, zu erreichen, daß nicht nur jeder Produzent in Amerika mit Sicherheit darauf rechnen kann, das, was er produzirt, absetzen zu können. Nein, noch mehr, meine Herren, es ist auch gelungen, in die ärmste Hütte, und wenn auch der halbe Erdenrund sich zwischen sie und die Produktionsstätte spannt, diesen Lichtbringer zu führen. Diese Resultate wären nicht erreicht worden ohne viel Muth und ohne sehr große Energie. Als die noch lebenden Schöpfer dieses trust's an die Arbeit gingen, mußten sie ihr Werk groß konzipiren; aber sie standen Gefahren gegenüber, deren Schwere den Unterschied kennzeichnet, der den Leiter einer großen wirthschaftlichen Vereinigung von dem Staatsbeamten scheidet: sie mußten Alles, was sie begannen, auf eigenes Risiko unternehmen, es war ihr eigenes Geld das sie zu Markte trugen.

M. H., es haben sich, wie Herr Justizrath Simon bereits hervorhob, in den Vereinigten Staaten von Amerika jetzt Trusts gebildet von einer Riesenhaftigkeit, daß ihre Schatten über den Ozean bereits auch auf unser Land fallen. Lassen Sie mich im Hinblick auf diese Erscheinung das eine noch sagen: es wäre ein übel gewählter Moment gerade jetzt, wo der deutsche Kaufmann sich rüsten muß und sich fragt, was er thun soll, um die heimische Industrie gegen diese Gebilde zu schützen, gerade jetzt ihm mit einem Mißtrauenvotum wie es ein die Kartellgesetzgebung empfehlender Beschluß wäre, in die Quere zu fahren. Wenn Sie das thun, so lähmen Sie die Thatkraft der Besten, so empfehlen Sie eine Steuer auf die Intelligenz, eine Steuer auf den Muth! (Bravo!)

Präsident: Zum Worte sind noch gemeldet die Herren Dr. Scharlach, Dr. Ullmann, Dr. Landesberger, Justizrath Kempner, und Professor Wäntig. Es ist angeregt worden — und das dürfte die Verhandlung vereinfachen —, die Debatte zunächst zu beschränken auf den vorliegenden Vertagungsantrag. (Sehr richtig!) Es liegt nämlich der Antrag vor, der 26. Deutsche Juristentag wolle beschließen, unsern Berathungsgegenstand auf die Tagung des nächsten Deutschen Juristentages zu setzen. Zu diesem Antrag hat Herr Staatsanwaltschaftsrath Plaschke das Amendement eingebracht: statt „auf die Tagesordnung des nächsten Deutschen Juristentags" zu sagen: „eines der nächsten Deutschen Juristentage". (Heiterkeit.) Ich bitte die Herren, die nur zur Vertagung sprechen wollen, das Wort zu ergreifen. — Herr Dr. Scharlach! Ich bitte Sie, sich auf die Vertagungsfrage zu beschränken.

Rechtsanwalt Dr. **Scharlach** (Hamburg): Meine Herren, ich stimme dem Vertagungsantrag und zwar eventuell in der Modifikation, daß es heißen möge: „auf einem der nächsten Juristentage" zu. In der gestrigen Abtheilungsberathung hat sich bei den Abstimmungen, natürlich bereits vorbereitet in den Berathungen, folgendes Resultat ergeben. Für positive Maßregeln haben fast ausschließlich die Herren österreichischen Kollegen, für die zeitweilige Verschiebung fast ausschließlich die deutschen Kollegen gestimmt — aus einem überaus begreiflichen Grunde. In Oesterreich besteht ein sogenanntes Kartellgesetz schärffster Art. Dasselbe erklärt alle Kartelle für civilrechtlich nichtig, alle Verträge für nichtig, alle Handlungen, die aus dem Kartell folgen, für nichtig. Dieses Gesetz hat förmliche Gültigkeit, materiell absolut keine Gültigkeit; denn in Oesterreich wie bei uns bestehen die weitgreifendsten wirthschaftlichen Kartelle. Ich brauche Sie nur an das Zuckerkartell in Oesterreich zu erinnern und an die Eisen- und sogenannte Alpine-Vereinigung. Ja, meine Herren, die Herren Oesterreicher wollen vor allen Dingen diesen Zustand los werden. Zu dem Zwecke wünschen sie gesetzgeberische Maßregeln.

Wir stehen vor der Frage, ob wir gesetzgeberische Maßregeln überhaupt und ob wir sie gleich nöthig haben. Meine Herren, Sie alle — und Sie werden sich ja eingehend mit den Kartellen beschäftigt haben — wissen vielleicht von fünf oder sechs hervorragenden Kartellen, haben den Namen noch von acht oder zehn anderen Kartellen gehört, wissen aber kaum, daß es neben diesen noch Hunderte von Kartellen in Deutschland giebt, von deren Existenz wir niemals erfahren, die aber doch in ihrem oft sehr eng begrenzten Produktionskreise stark und heilbringend, geradezu Existenzen aufrechterhaltend wirken. (Sehr richtig!) Und nun sollen wir wegen der angeblichen Schäden, der wirklichen Schäden, will ich auch sagen, die von einem oder einigen Kartellen ausgegangen sind, und denen, wie Alle wissen, die sich mit diesen Dingen beschäftigen, der Staat bereits durch Verwaltungsmaßregeln auf das durchgreifendste entgegentreten und deren Widerholung zum Theil unmöglich geworden ist — an eine Kartellgesetzgebung gehen, ohne daß wir die Hunderte von kleineren Existenzen berücksichtigen, für welche diese kartellirten Vereinigungen nothwendig sind?

Das wäre gewiß verkehrt. Ich, meine Herren, darf sagen, daß ich von den ersten Anfängen der Kartellbewegung in Deutschland inmitten dieser Bewegung gestanden und vielleicht über 20 Kartelle aller möglichen Arten von der losesten bis zur festesten Vereinigung mit gebildet habe. Ich weiß also, welche Kämpfe jedesmal haben geleistet und welche schwierigen Siege erfochten werden müssen, ehe man über die einzelnen Interessen hinweg für eine Industrie, sei es eine große, oder eine kleinere, die Punkte des gemeinschaftlichen Interesses, die allerdings schließlich immer sich in dem Preise und Absatze aussprechen, hat finden können, auf welche hin eine Einigung unter den auch innerhalb des Kartells immer noch widerstrebenden einzelnen Interessen möglich war. (Zuruf: Nur Vertagungsantrag!)

Wenn man an diese Frage rühren will, so muß man das thun, indem man das Material in seiner ganzen Fülle beherrscht. (Sehr richtig!) Dieses Material aber, meine Herren, kann Ihnen niemand geben und niemand auch geben in der innerlich ausgestalteten Fülle, wie die Kartelle selbst. Nun ist der Juristentag eine so hoch angesehene Versammlung, daß, wenn man weiß, er will sich mit diesen Fragen beschäftigen und ihnen wirklich diejenige Muße, Zeit und Akribie widmen, die ihre Lösung beansprucht, dann die Kartelle — ich glaube mich dafür verbürgen zu können — Ihnen das Material in reichster Fülle geben werden, dessen Sie bedürfen, und wenn wir deshalb auf den nächsten Juristentag die Lösung der Frage verschieben wollen, — es mag ungewöhnlich sein, was ich jetzt sage — so biete ich mich an, denjenigen Herren, welche Gutachten für die Frage geben wollen, das Material in der lückenlosen Fülle zu verschaffen, welches nöthig ist, diese Frage zu behandeln, und — mögen Sie es für unbescheiden halten — biete mich an, selbst aus diesem Material, aus meiner zwei Dezennien überschreitenden persönlichen Erfahrung ebenfalls ein Gutachten zu erstatten, das, sofern rechtliche Mittel erforderlich erscheinen, diejenigen vorsichtig einzuschlagenden Wege weist, bei welchen das Interesse der Allgemeinheit welches immer das maßgebende sein soll, schonend gegen diejenigen Interessen gewahrt wird, welche, mögen sie das einzelne Kartell auch als ein Einzelinteresse betrachten, in ihrer Gemeinschaft heute auch schon bei uns ein das allgemeine Interesse in hohem Maße beeinflussendes öffentliches Interesse bilden. (Lebhafter Beifall.)

Präsident: Das Wort hat Herr Dr. Ullmann. Ich wiederhole die Bitte, sich nur über die Vertagungsfrage zu äußern.

Hof- und Gerichtsadvokat Dr **Ullmann** (Wien): Verehrte Herren! Auch ich werde meinen Antrag zu Gunsten des Vertagungsantrags ohne Weiteres zurückstellen, weil auch ich der Ueberzeugung bin, daß in eine solche Frage nicht eingegriffen werden darf, solange sie nicht vollkommen spruchreif ist. Allein ich muß auf die Ausführungen des verehrten Herrn Vorredners, der einen österreichisch-deutschen Widerspruch hier konstatirt hat doch zurückkommen. (Rufe: Lauter!)

Es ist, meine verehrten Herren, nicht richtig, daß gerade wegen jenes Gesetzes, welches hier anspielend erwähnt wurde, dieser Unterschied besteht; denn es wurde auf das sogenannte Koalitionsgesetz vom Jahre 1870 angespielt, welches aber auf die organisirten Verbände gar nicht angewendet werden kann. Auch wir Oesterreicher haben sonach kein Anti-Kartellgesetz. Allein der Unterschied besteht darin — und darauf hat sich der von mir formulirte Antrag bezogen —, daß, wie Herr Präsident Nentwig bemerkt hat, das Bürgerliche Gesetzbuch, welches Sie nunmehr im Deutschen Reiche haben, an zwei Stellen das zu treffen weiß, was wir an den Auswüchsen der Kartelle — und nur um diese handelt es sich — treffen wollen, nämlich Verstöße gegen die public policy; und das haben wir in unserem Bürgerlichen Gesetzbuch nicht, welches nur die unerlaubten also strafrechtlich verbotenen Verträge für ungültig erklärt.

Nun, meine Herren, muß ich in aller Kürze auf einen der wichtigsten Punkte zurückkommen, ohne den die Debatte wohl nicht geschlossen werden kann. Es wurde von mehreren Herren Vorrednern immer auf die amerikanische Judikatur verwiesen. Diese ist in letzter Zeit durch eine oberstgerichtliche Entscheidung vom 18. Dezember 1900, welche im Staate New Jersey verkündet wurde, meines Erachtens für absehbar längere Zeit festgestellt. Es wurde in einer Sache — der Name ist gleichgültig — von dem obersten Gerichtshofe dieses Staates und seither fast von allen obersten Gerichtshöfen aller Bundesstaaten anerkannt: ein pooling agreement Trust oder eine Vereinigung von Corporationsverbänden ist nicht anzufechten, sei es durch Injunktion, sei es durch andere (Klage)-Schritte, wenn ihre Zwecke nicht gegen die public policy oder gegen die statuts (geschriebene Strafgesetze) verstoßen.

Und nun, meine Herren, beziehe ich mich auf die gestrige Debatte. Es wurde hervorgehoben, wir haben in Deutschland im Civilrechte einen Ersatz; wir können in Deutschland uns damit begnügen. Wir können aber in Oesterreich allerdings darauf nicht hinweisen, und da wollte ich nur konstatiren, daß wir Oesterreicher uns allerdings nicht ganz gleichstellen können mit dem Deutschen Reich, und daher habe ich mir erlaubt, in meinem Antrage zu bemerken, daß es im 2. Absatze heißen möge, daß im Uebrigen mit Rücksicht auf den Stand der Gesetzgebung des *Deutschen* Reiches von einem Eingreifen in die Kartellfrage derzeit abzusehen ist. Allein nachdem ja gerade hier sich zeigt, daß die Sache absolut nicht spruchreif ist, wie wir heute gesehen haben, daß Unkraut und wirklich Gesundes immer verwachsen sind, so bin ich der Ansicht, daß auch ein Zurückstellen der Frage selbst zu Gunsten eines kurzen Vertagungsantrages, nämlich für den *nächsten* Juristentag, ohne Weiteres zulässig sein würde, und ein da Antrag im Sinne der gestrigen Vorschläge von anderer Seite gestellt wurde, so erlaube ich mir selbst diesem Vertagungsantrage meine Zustimmung zu geben. Ich bitte Sie, sich in dieser Beziehung an das berühmte Wort *Buckle's* (History of civilisation) zu erinnern, daß meist Gesetze geschaffen werden, um im nächsten Augenblicke wieder mühevoll umgestaltet zu werden. Dieser Ausspruch scheint mir den heutigen Gesetzgebungsverhältnissen besonders zu entsprechen.

Präsident: Meine Herren! Da nur die Vertagungsfrage zu besprechen ist, können wir, glaube ich, die Redezeit auf 5 Minuten herabsetzen. (Zustimmungsrufe. Rufe: „Drei Minuten"! „Schluß!" „Ich bitte zu beschließen, daß die Rednerliste geschlossen wird!") Auf der Rednerliste stehen nur noch Herr Justizrath Kempner, Herr Dr. Landesberger und Herr Professor Waentig.

X.: Ich bitte, auch die Redner, die jetzt noch vorgemerkt sind, nicht mehr zu Worte kommen zu lassen. Ich glaube, es genügt nach den ausführlichen Erörterungen, die wir eben gehört haben, auch wenn sich nicht noch ein weiterer Redner äußert.

Präsident: Es steht selbstverständlich in dem Belieben der Herren Redner, aufs Wort zu verzichten; doch scheint es mir angemessen, jeden der Herren, die sich zum Worte gemeldet hatten, ehe der Schluß beantragt wurde, bis zu höchstens 5 Minuten anzuhören und zwar nur über die Vertagungsfrage.

(**Ruf:** Zur Geschäftsordnung!) Einen Schluß der Rednerliste giebt es nicht; denn man kann niemals wissen, ob der Redner, der noch spricht, nicht einem anderen Redner Veranlassung geben wird, sich zu melden. Es giebt nur einen Schluß der Debatte oder Fortsetzung der Debatte. Der Antrag, der gestellt worden ist, ist absolut unzulässig. Einen Schluß der Rednerliste giebt es nicht.

Präsident: Mit Rücksicht auf die verfügte Abkürzung der Redezeit müssen wir die Herren, die sich rechtzeitig angemeldet hatten, füglich noch zu Worte kommen lassen. Ich bitte Herrn Kempner, da er zunächst auf der Liste steht, sich in Kürze zu äußern.

Justizrath **Kempner** (Berlin): Meine Herren! Fürchten Sie nicht, daß ich die ganze Zeit, 3 Minuten, in Anspruch nehmen werde!

Sie sehen alle und haben es anerkannt, daß ein Beschluß, es soll materiell gar nichts geschehen, ein Beschluß ist, — der der Würde des Juristentages nicht entspricht, deshalb ist an einen solchen Beschluß gar nicht zu denken. Alle Anträge aber, die vorliegen, sind solche, daß sich jede Gruppe darunter etwas anderes denken muß. Herr Prof. Menzel hat Ihnen gesagt, daß der Antrag so harmlos sei, daß er angenommen werden kann, und mein Kollege Rewoldt hat gesagt: man wird nicht verstehen, wenn mit einem materiell so inhaltlosen Beschlusse der Juristentag fortgeht. Der Antrag sagt, die Kartelle sollen im öffentlichen Register eingetragen werden, er sagt aber nicht, was hineinkommen soll, zweitens sagt er, es soll im Interesse des öffentlichen Wohls eine Auskunftsstelle errichtet werden, ohne zu sagen, worüber Auskunft gegeben werden soll. Ich meine, meine Herren, die Wichtigkeit des Gegenstandes, die Verquickung der Rechtsfrage mit großen, einschneidenden Fragen der Wirthschaftspolitik läßt uns zum Schlusse zu der Ueberzeugung kommen, daß es der Würde des Juristentages nicht entsprechen würde, zu einem Beschlusse zu kommen, welcher nach so vielen, nach so verschiedenen Richtungen eine Auslegung erfahren könnte, welche vielleicht von vielen nur im Sinne des Herrn Kollegen Rewoldt aufgefaßt werden würde, daß ein Eingreifen gegen die Kartelle erforderlich sei, während diese Auffassung derjenigen einer großen Anzahl hier Anwesender gar nicht entsprechen würde.

(Bravo!)

Hof- und Gerichtsadvokat und Dozent Dr. **Landesberger** (Wien): Meine hochverehrten Herren! Ich habe als Gutachter bereits Ihre Aufmerksamkeit in Anspruch genommen und kann mich daher vielleicht noch kürzer fassen als drei Minuten. Ich möchte bloß Folgendes zur Diskussion bemerken. Ich glaube, daß der erste Vertagungsantrag die überwiegende Majorität der Versammlung auf sich vereinigen wird. Ich selbst, obwohl ich positive Vorschläge formulirt habe, würde gegen den Vertagungsantrag nichts einwenden, wenn die Vertagung lediglich eine Vertagung auf den nächsten Deutschen Juristentag bedeuten würde. (Sehr richtig!) Ich werde gegen einen solchen Vertagungsantrag aus dem Grunde nichts einwenden, weil er lediglich die Abstimmung betrifft, wogegen die große Bedeutung, die dem Deutschen Juristentage zukommt, nicht in der Abstimmung liegt, die das Werk eines Zufalls sein kann, sondern auf der Diskussion beruht, dem Kampfe der Geister, der gestern in dieser Frage durchgefochten worden ist. (Sehr richtig!) Ich möchte hingegen auf das entschiedenste dagegen sprechen, daß der Deutsche Juristentag einen Antrag annimmt, welcher die Frage von der Tagesordnung absetzt, und ich betrachte als einen solchen Antrag den weitergehenden Antrag des Herrn Dr. Scharlach, die Frage auf die Tagesordnung eines der nächsten Juristentage zu setzen. M. H.! Ich bin zu der Ehre, Ihnen ein Gutachten zu erstatten, obwohl ich als praktischer Jurist mich wohl auch als Vertreter juristischer Disziplinen betrachten darf, im wesentlichen doch als Vertreter der ökonomischen Wissenschaften, gelangt und als solcher darf ich Sie versichern, daß, wenn eine Abstimmung unter den Vertretern der ökonomischen Wissenschaften heute darüber durchgeführt werden würde, ob eine staatliche Regelung des Kartellwesens in's Auge zu fassen sei, diese Abstimmung ein positives Resultat ergeben würde, und diese Ansicht theilen auch einflußreiche wirthschaftliche Wortführer des deutschen Volkes, ja, soweit mir die Stimmung bekannt ist, der größte Theil des deutschen Volkes. Wenn daher der Juristentag einen Antrag des Inhalts annehmen würde, daß er beschließt, die Frage auf die Tagesordnung eines der nächsten Juristentage zu stellen, d. h. wenn er über die gesetzliche Regelung des Kartellwesens zur Tagesordnung übergehen würde, dann, m. H., würde folgendes Resultat erzielt werden: es würde nicht über die Frage des Kartellwesens zur Tagesordnung übergegangen werden, nicht die Kartellfrage würde von der Tagesordnung des Deutschen Juristentages abgesetzt werden, sondern der Deutsche Juristentag würde vielmehr sich selbst von der Tagesordnung absetzen bei der Regelung der Kartellfrage. (Bravo! Händeklatschen.)

Präsident: Das Wort hat noch Herr Prof. Wäntig. (Ruf: Er verzichtet. Prof. Dr. Wäntig betritt die Rednertribüne. Große Heiterkeit.)

Prof. Dr. **Wäntig** (Greifswald): M. H.! Nur wenige Worte! Auch ich habe ein Gutachten für Sie geliefert und habe mich gestern an der Debatte betheiligt. Ich möchte mich auch vollkommen einverstanden erklären mit dem, was der Herr Vorredner bemerkt hat. Auch ich könnte mich dem Vertagungsantrage nur dann anschließen, wenn der nächste Juristentag mit der Behandlung der Kartellfrage betraut wird. Die Kartellfrage hat die Nationökonomen — ich spreche als Nationalökonom — seit nunmehr 10 Jahren in Deutschland beschäftigt. Es war von großter Bedeutung für das ganze Volk und auch für die Wissenschaft, daß der Juristentag diese Frage aufgenommen hat. Ich hoffe, daß der Juristentag, um mit den Worten des Herrn Dr. Landesberger zu sprechen, sich nicht selbst von der Tagesordnung absetzen wird und daß der nächste Juristentag die Verhandlungen da aufnehmen wird, wo wir sie hier, soweit die Frage noch nicht richtig geklärt ist, haben liegen lassen mussen (Bravo!)

Rechtsanwalt Dr. **Scharlach** (Hamburg): Ich bitte ums Wort zu einer persönlichen Bemerkung. Ich möchte nur rektifiziren, daß ich den Antrag, die Kartellfrage auf die Tagesordnung eines der nächsten Juristentage zu setzen, nicht gestellt habe, sondern mich nur eventuell damit einverstanden erklärt habe.

Präsident: Ich muß bemerken, daß eine Absetzung von der Tagesordnung nicht vorliegen würde, wenn es hieße: „eines der nächsten Deutschen Juristentage". Vielmehr würde damit nur der ständigen Deputation ein etwas weiterer Spielraum gegeben. Sie kann dann das Thema auf die Tagesordnung des nächsten Juristentages oder vielleicht des zweitnächsten oder eines anderen setzen. Das nur zur Erläuterung für den Fall, daß der Antrag Plaschke, für den sich auch Herr Dr. Scharlach erklärt hat, angenommen werden sollte!

Die Diskussion ist geschlossen. Dem Herrn Berichterstatter gebührt noch das Schlußwort.

(Derselbe verzichtet.)

Dann kommen wir zur Abstimmung.

Ich werde zunächst den Antrag in seiner ursprünglichen Fassung verlesen:

„Wir beantragen, der XXVI. Deutsche Juristentag wolle beschließen nachfolgenden Berathungsgegenstand:

Welche Maßregeln empfehlen sich für die rechtliche Behandlung der Ringe und Kartelle?

auf die Tagesordnung des nächsten Deutschen Juristentages zu setzen.“

Dazu liegt nun ein Abänderungsantrag vor: statt der Worte: „des nächsten Deutschen Juristentages“ zu setzen: „eines der nächsten Deutschen Juristentage“.

Ich werde diesen Antrag als einen Eventualantrag behandeln und bitte die Herren, die für den Fall der Vertagung die Worte annehmen wollen „eines der nächsten Deutschen Juristentage“, die Hand zu erheben.

(Geschieht.)

Das ist die Minderheit; damit ist der Abänderungsantrag abgelehnt, und es kommt nun der Antrag zur Abstimmung in der ursprünglichen Fassung.

Ich bitte diejenigen Herren, die dafür sind, die Hand zu erheben.

(Geschieht.)

Das ist die weit überwiegende Majorität.

Damit ist diese Angelegenheit erledigt.

Gestatten Sie mir nun zunächst, die Wahl der ständigen Deputation vornehmen zu lassen! Wie Ihnen bekannt ist, gehört dem Vorsitzenden des letzten Juristentages ipso iure der ständigen Deputation an, sodaß ich also selbstverständlich Mitglied der künftigen Deputation bin. Zu wählen sind 19 Mitglieder und als solche schlägt Ihnen die Vertrauensmännerversammlung vor die Herren: Geh. Justizrath Prof. Dr. Enneccerus-Marburg, Geh. Justizrath Prof. Dr. Gierke-Berlin, Wirklicher Geh. Oberjustizrath Oberlandesgerichtspräsident Hamm-Cöln, Prof. Dr. Hanausek-Graz, Geh. Justizrath Dr. Kahl-Berlin, Rechtsanwalt Dr. Hugo Neumann-Berlin, Ober-Reichsanwalt Dr. Olshausen-Leipzig, Direktor der Bayerischen Handelsbank Dr. Freiherr v. Pechmann-München, Hofrath Prof. Dr. Pfaff-Wien, Staatsrath Ober-Landesgerichtspräsident Schmidlin-Stuttgart, Reichsgerichtsrath a. D. Dr. Stenglein-Leipzig, Ober-Landesgerichtspräsident a. D. Dr. v. Stösser-Karlsruhe, Prof. Dr. Strohal-Leipzig, Kammergerichtsrath a. D. Thinius-Berlin, Geh. Ober-Justizrath Prof. Dr. Vierhaus-Berlin, Rechtsanwalt am Reichsgericht Dr. Wildhagen-Leipzig, Geh. Justizrath Dr. Richard Wilke-Berlin, und Justizrath Dr. Riesser-Berlin.

Es steht im Belieben der Versammlung die Wahl vorzunehmen durch Akklamation oder durch Stimmzettel. Bisher ist stets durch Akklamation gewählt worden; ich bitte die Herren, die damit einverstanden sind, dies zum Ausdruck zu bringen.

(Zustimmung.)

Die Wahl der genannten Herren ist durch Akklamation angenommen.

Ich bitte die sämmtlichen Herren, die soeben in die ständige Deputation gewählt worden sind, sich unmittelbar nach Schlusse dieser Plenarversammlung im Deputationszimmer zu versammeln, damit die Deputation sich konstituire.

Noch liegt ein Antrag der dritten Abtheilung vor zur Frage Nr. 3:

> Die Abtheilung beschließt: in die Berathung der Frage nach dem Recht am eigenen Bilde ist heute nicht mehr einzutreten, schlägt aber dem Präsidium des Juristentages vor, diese Frage morgen im Plenum zur Erörterung zu stellen.

Meine Herren, das Statut giebt in § 7 allerdings dem Präsidenten das Recht, einzelne Gegenstände ohne Vorberathung in den Abtheilungen unmittelbar zur Plenarberathung zu stellen. Es ist mir aber zweifelhaft, ob es gerathen sei, diese der Abtheilung zugewiesene Frage, die dort nicht berathen worden ist, heute ohne Vorberathung im Plenum zu erledigen. Das Thema würde uns jedenfalls längere Zeit in Anspruch nehmen. Zudem habe ich statutarische Bedenken: ich bezweifle nämlich, daß es in meiner Befugniß liegt, diesem Gegenstand ohne Vorberathung in der Abtheilung unmittelbar zur Plenarberathung zu stellen, denn das Plenum hat in seiner ersten Versammlung diese Frage der Abtheilung zugewiesen, und ich fühle mich nicht berechtigt, sie jetzt zur Berathung und Beschlußfassung auf die Tagesordnung zu setzen, nachdem die Plenarversammlung früher beschlossen hat, daß sie in der Abtheilung berathen werden solle. Ich würde mich mit diesem Beschlusse des Plenums in Widerspruch setzen, wenn ich von der Befugniß des § 7 im vorliegenden Falle Gebrauch machen wollte. Es erübrigt mir daher nichts, als die Entscheidung der Versammlung selbst anheim zu stellen. Möge die Versammlung selbst beschließen, ob dieser Gegenstand heute noch berathen werden soll oder, was ja selbstverständliche Konsequenz wäre, wenn dieser

Antrag nicht angenommen wird, auf die Tagesordnung des nächsten Deutschen Juristentages zu setzen sei. Es dürfte genügen, wenn in Bezug auf diese Vorfrage ein Redner pro und ein Redner contra gehört und jeder von ihnen auf eine Redezeit von 5 Minuten beschränkt wird. (Beifall.)

Ich darf vielleicht noch eine kurze Mittheilung machen, die für die Geschäftslage von Bedeutung ist. Es liegt noch ein Antrag von Herrn Rechtsanwalt Neumann und Genossen vor. Er ist mir eben zugegangen; ich werde ihn verlesen:

> Wir beantragen, die ständige Deputation zu ersuchen, eine Kommission einzusetzen, welche Vorschläge zur Feststellung einer einheitlichen Citirweise für die Reichsgesetze — nach Befinden auch für Landesgesetze, Gesetzentwürfe, juristische Zeitschriften und Entscheidungssammlungen zu machen hat, die einem der folgenden Juristentage vorzulegen sind.

Ich habe Ihnen dieses nur mitgetheilt, damit die Versammlung eine Uebersicht über unsere heutige Geschäftslage hat.

Das Wort pro hat nunmehr Herr Oberlandesgerichtspräsident Hamm.

Oberlandesgerichtspräsident **Hamm**, Wirkl. Geh. Oberjustizrath (Köln): Ich meine, nach der Organisation des Juristentags müssen wir darauf Bedacht nehmen, daß im Plenum nicht bloß Geschäftssachen erledigt und daneben Mittheilungen über die Beschlüsse der Abtheilungen gemacht werden, sondern auch wirklich positive Arbeit geleistet wird. Nun haben wir zwar eine Berathung gehabt, diese ist aber mit einem non liquet oder einer Vertagung beendigt worden, und wenn wir fragen, was haben beide Plenarversammlungen gethan, so müssen wir zugestehen, wir haben im Plenum über keine der auf die Tagesordnung des Juristentages gesetzten rechtlichen Fragen einen materiellen Beschluß gefaßt. (Widerspruch.) Das ist für die Stellung des Plenums nicht günstig. Dann werden die Sachen rein in den Abtheilungen gemacht und das Plenum kommt bloß zusammen, um entgegenzunehmen, was die Abtheilungen beschlossen haben. (Sehr richtig!) Ich glaube, es macht einen besseren Eindruck, wenn wir im Plenum, das bisher nur eine Frage behandelt hat, die nicht einmal zu Ende geführt wurde, jetzt noch in eine Sache eintreten, die zu einem Beschluß kommen kann. Ich glaube, wenn wir Pause machen, können wir die Reden hören und dann können wir so rechtzeitig fertig werden, daß wir zum Festessen nicht zu spät kommen.

Präsident: Bevor ich dem nächsten Redner das Wort ertheile, erlaube ich mir noch mitzutheilen, daß zu dieser Frage ein Antrag eingelaufen ist, der sich in einem Haupttheile gleichfalls als ein Vertagungsantrag darstellt, nämlich von Herrn Heinrich Lehmann:

Der Juristentag wolle beschließen:

1. Ein Recht am eigenen Bilde ist als Ausfluß eines allgemeinen Rechtes auf unbehelligtes Privatleben in dem aus diesem Gesichtspunkte sich ergebenden Umfange anzuerkennen und zu schützen.
2. Der ständigen Deputation zur Erwägung zu stellen, die Frage, ob es zweckmäßig erscheint, im Falle der Verletzung dieses Rechts und anderer Persönlichkeitsrechte einen im Civilprozeß verfolgbaren Anspruch auf eine nach richterlichem Ermessen an den Verletzten oder an die Armen zu entrichtende Buße zu gewähren, für die Verhandlungen auf einem späteren Juristentage in Aussicht zu nehmen.

Ich bitte nunmehr Herrn Dr. Wildhagen, das Wort zu nehmen.

Rechtsanwalt Dr. **Wildhagen** (Leipzig): M. H., wenn Sie vielleicht im ersten Augenblicke verwundert waren, daß gerade ich als der Referent mich gegen die Berathung in dem heutigen Plenum gemeldet habe, so bitte ich diese Verwunderung fallen zu lassen. Es wird vielleicht außer denen, die sich sonst mit dem Recht am eigenen Bild eingehender beschäftigt haben, kaum Jemand in der Lage sein, zu ermessen, wie viel Zeit etwa noch in Anspruch genommen wird. Wenn wir jetzt eine Pause von einer halben Stunde machen — die würde doch wohl mindestens gemacht werden —, dann würde es $^1/_2$2 Uhr sein, und wenn dieses Thema einigermaßen erschöpfend behandelt werden soll, so würden selbst bei der größten Abkürzung und möglichsten Knappheit in den von mir und dem Herrn Korreferenten zu erstattenden Berichten doch mindestens zwei Stunden zu einer eingehenden Behandlung erforderlich sein. Stehen wir aber vor der Frage, ob das Thema hier vielleicht übers Knie gebrochen oder ob es gründlich verhandelt werden soll, so meine ich, daß es richtiger ist, lieber gar nicht, als mangelhaft. (Sehr richtig!) Ich persönlich blicke freilich mit einem gewissen Schmerz auf die Tage meiner Ferien zurück, die ich nöthig gehabt habe, um mich auf die heutige Verhandlung vorzubereiten. (Heiterkeit.) Aber ich denke, diesen Schmerz der nicht gehaltenen Rede werde ich in der guten gesunden Berliner Luft und in der Fröhlichkeit unserer Feste auch wohl noch überwinden. Ich spreche den Wunsch aus, daß, wenn die Herren nicht bereit sind, mindestens noch zwei Stunden diesem Thema zu widmen, dann die Verhandlung heute lieber ausfallen möge; ich thue das zugleich auch im Namen des Korreferenten, des Herrn Professor Dr. Schuster aus Prag. (Beifall.)

Präsident: Ich bringe nunmehr den Antrag auf Vertagung der Angelegenheit zur Abstimmung. Ich bitte die Herren, die für die **Vertagung dieser Frage** sind, die Hand zu erheben. (Geschieht.) Das ist die überwiegende Majorität; die Angelegenheit kommt also auf die Tagesordnung des nächsten Juristentags oder eines der nächsten Juristentage.

Es liegt dann noch der **Antrag Neumann** vor, den ich früher verlesen habe. Da es sich in diesem Antrag nur um einen Auftrag handelt, welcher der ständigen Deputation ertheilt werden soll, und da der Gegenstand ein solcher ist, der einer Vorberathung in einer der Abtheilungen jedenfalls nicht bedarf (sehr richtig!), deren auch fähig kaum wäre, so nehme ich keinen Anstand, von der mir in § 7 verliehenen Befugniß Gebrauch zu machen und diesen Antrag auf die Tagesordnung der heutigen Plenarversammlung zu stellen. Die Angelegenheit ist ja außerordentlich einfach und klar. Ich denke, es wird genügen, wenn der Antragsteller, Herr Rechtsanwalt Neumann sich in Kürze darüber äußert.

Rechtsanwalt Dr. **Hugo Neumann** (Berlin): M. H., ich glaube, es hat ein jeder von Ihnen die Erfahrung gemacht, daß, wenn er ein Citat verwenden oder verfolgen soll, die Verschiedenheit der Citirmethoden Schwierigkeiten bereitet, und zwar sowohl bei Reichsgesetzen als auch bei Landesgesetzen, sowie bei Gesetzentwürfen, Entscheidungssammlungen und Zeitschriften. Ich bin der Meinung, ebenso, wie man eine einheitliche Orthographie schafft, was viel schwieriger ist, sollte man auch dazu übergehen, eine einheitliche Citirmethode zu schaffen. Mit dem Momente, wo wir eine solche einheitliche Methode haben, fällt eine Reihe kleiner, aber bei der geistigen Arbeit immerhin störender Bedenken fort. Man wird sich sehr schnell an die gegebenen Abkürzungen gewöhnen und hat dann, sobald das geschehen ist, eine bequemere Handhabung der für die rechtswissenschaftliche Arbeit unentbehrlichen Materialien.

Ich glaube, daß es zweckmäßig ist, den in unserem Antrage vorgeschlagenen Weg zu betreten. Es ist nicht möglich, ohne ausführliche Behandlung zu einer solchen Lösung der Sache zu kommen, die ohne weiteres einleuchtende und klare Abkürzungen bietet. Es wird davon auszugehen sein, daß jede Abkürzung aus sich selbst heraus verständlich sein muß. Eine Zusammenstellung von einzelnen nichtssagenden Buchstaben ist zu vermeiden, die Bezeichnungen sind vielmehr so zu wählen, daß man aus ihnen sofort ersieht, was gemeint ist.

Der Beschluß, der von einem künftigen Juristentag etwa zu fassen ist des Inhalts, daß die von der Kommission unterbreiteten Vorschläge anzunehmen sind, kann und soll keine andere Bedeutung haben, als die eines Raths und Vorschlags, der, soweit er vernünftig und verständlich ist, zur Befolgung anreizen wird. Unser Antrag ist mit einer größeren Anzahl von Theilnehmern besprochen worden und ich habe überall nur zustimmende Erklärungen gehört. Ich darf Sie deshalb bitten, diesen Antrag anzunehmen. (Bravo!)

Präsident: Wünscht noch jemand zu dieser Angelegenheit das Wort? — Dann bringe ich den Antrag der Herren Neumann und Genossen zur Abstimmung, welcher dahingeht:

„Die ständige Deputation zu ersuchen, eine Kommission einzusetzen, welche Vorschläge zur Feststellung einer einheitlichen Citirweise für die Reichsgesetze — nach Befinden auch für Landesgesetze, Gesetzentwürfe, juristische Zeitschriften und Entscheidungssammlungen — zu machen hat, die einem der folgenden Juristentage vorzulegen sind."

Ich bitte die Herren, die für diesen Antrag sind, die Hand zu erheben. (Geschieht.) Der Antrag ist nahezu einstimmig angenommen.

M. H., ich habe Ihnen noch einige sehr kurze Mittheilungen zu machen. Ich bin von dem Ortsausschuß gebeten worden, Ihnen Folgendes mitzutheilen. Diejenigen Herren, die etwa die Drucksachen des 26. Juristentages nicht erhalten haben sollten, die zu einer Zeit, in der sie bereits Mitglieder waren, ausgegeben sind, werden gebeten, eine Postkarte an die Verlagsbuchhandlung Guttentag zu senden. Ferner, m. H., wir sind hier ohne unser Wissen — ich wenigstens — photographirt worden. (Heiterkeit.) Ich werde gebeten, Ihnen mitzutheilen, daß beim Empfangsausschuß Photographieen von der Eröffnung des Juristentags ausliegen.

Es bleibt, m. H., mir nur noch eine Pflicht zu erfüllen, nämlich die angenehme Pflicht der Danksagung. Ich sage wiederholten Dank der Reichsregierung und der preußischen Staatsregierung für die uns erwiesene ehrenvolle Theilnahme. Ich danke insbesondere dem Herrn Vertreter des Reichskanzlers, Herrn Staatssekretär Excellenz Dr. Nieberding, und ich danke dem Herrn preußischen Justizminister Excellenz Dr. Schönstedt für die bedeutsamen Erklärungen, die sie hier in der ersten Plenarversammlung abgegeben haben. Ich sage wiederholten Dank dem Präsidium des Abgeordnetenhauses für die freundliche Ueberlassung dieser Räumlichkeiten. Ich sage ferner Dank allen den Herren, die durch treffliche Gutachten unsere Arbeit vorbereitet haben. Ich danke ebenso den Herren Referenten für die Mühewaltung, die sie im Interesse der Sache durch ihre Berichterstattungen auf sich genommen haben. Ich danke der Stadt Berlin für die unvergeßliche Gastfreundschaft, die sie uns durch den Empfang im Rathause zu Theil hat werden lassen. Ich danke namentlich auch der Juristischen Gesellschaft in Berlin, welche sich nicht damit begnügt hat, den ersten Berliner Juristentag in's Leben zu rufen, sondern auch den zweiten gewissermaßen aus der Taufe gehoben hat. Die Berliner Juristische Gesellschaft war so freundlich gewesen, uns in den Räumen der Börse am Vorabende der ersten Plenarversammlung, zu bewillkommnen. Auch dafür sage ich ihr unseren wärmsten Dank; ebenso der Berliner Kaufmannschaft dafür, daß sie zu diesem Zwecke die Räume der Börse freundlichst zur Verfügung gestellt hat. Ich danke dem Herrn Generalintendanten der Kgl. Theater für das liebenswürdige Entgegenkommen in allen Angelegenheiten, welche die gestrige Theatervorstellung betrafen. Die Fülle der Danksagungen ist aber damit noch nicht erschöpft. Wir haben insbesondere zu danken dem Berliner Ortsausschusse. M. H.! Die Thätigkeit des Ortsausschusses ist an sich überall eine anstrengende, eine aufreibende, eine sorgenvolle und eine dornenvolle; sie war das in erhöhtem Maße in der Millionenstadt Berlin. Der Berliner Ortsausschuß hat sich nicht begnügt, das übliche Pensum der Lokalkomités zu erledigen, er hat uns außerdem eine Festschrift werthvollen Inhalts geliefert, welche die Verlagshandlung Vahlen auf ihre Kosten hat herstellen lassen. Mögen die Mitglieder des Ortsausschusses über die vielen Stunden ihrer Arbeit sich trösten mit dem Bewußtsein, daß diese Arbeit trefflich gelungen ist. Hauptsächlich dem Ortsausschusse haben wir es zu verdanken, wenn wir uns alle hier in Berlin so wohl gefühlt haben, wie Berliner inkl. Charlottenburger, ungewöhnlich wohl. (Heiterkeit.) M. H.! Der Berliner Juristentag war einer der besuchtesten seit langen Jahren. Die Präsenzliste weist, wie mir mitgetheilt worden ist, rund 1500 Namen von Theilnehmern auf. (Bravo!) Der Berliner Juristentag war aber auch einer der fleißigsten seit langen Jahren. Auch an diesem zweiten Berliner Juristentage hat sich die bekannte Berliner Arbeitsatmosphäre trefflich bewährt. Die Abtheilungen waren ungewöhnlich stark besucht; eine von ihnen hätte man zeitweilig geradezu für die Plenarversammlung halten können.

M. H.! Mögen die Anregungen, die wir heute hier empfangen haben, mögen die persönlichen Beziehungen wechselseitiger Achtung und Freundschaft, die hier angeknüpft worden sind, noch auf lange hinaus fortwirken! Möge der zweite Berliner Juristentag sich als ein Markstein unserer Wirksamkeit erweisen! Möge uns ein neues Lustrum gesteigerter fruchtbarer Arbeit beschieden sein! Mit diesem Wunsche und in dieser Hoffnung schließe ich die zweite Plenarversammlung des 26. Deutschen Juristentages. (Bravo und Händeklatschen.)

Justizrath **Beckh** (Nürnberg): Meine Herren Kollegen! Ehe wir auseinandergehen, haben wir noch eine Pflicht zu erfüllen; denn zu der Fülle der Danksagungen, von der der Herr Präsident gesprochen hat müssen wir noch die beste hinzufügen, den Dank gegen das Präsidium selbst, den Herrn Präsident und die Beisitzer, die hier auf dem hohen Tische vor uns gesessen und die Verhandlungen in trefflicher Weise geleitet haben. Ich bitte Sie also, diesem Danke allseitig zustimmend auszusprechen, daß der Herr Präsident und die Herren Mitpräsidenten und Schriftführer unseren Dank in vollstem Maße verdient haben.

(Bravo und Händeklatschen.)

Präsident: Ich danke Ihnen für diese Anerkennung in meinem Namen, im Namen der Herren Mitvorsitzenden und im Namen der Herren Schriftführer. Wir sind beglückt, wenn Sie mit uns zufrieden waren.

Damit ist diese Versammlung geschlossen.

(Schluß der Sitzung 1 Uhr 17 Minuten.)

Druck von Leonhard Simion in Berlin SW.

FSC
www.fsc.org
MIX
Papier | Fördert gute Waldnutzung
FSC® C083411

Kolibri 360 GmbH
Ferdinand-Jühlke-Straße 7
99095 Erfurt, Deutschland
produktsicherheit@kolibri360.de